COMPACT
POCKET

INGLÉS

ESPAÑOL ▶ INGLÉS
ENGLISH ▶ SPANISH

grijalbo

Mike Gonzalez
Margaret Tejerizo, John Forry,
Carmen Billinghurst, Liam Kane,
Pat Feehan, Soledad Pérez-López,
José Ramón Parrondo, Teresa Álvarez

editorial staff/redacción
Joyce Littlejohn, Claire Evans,
Jeremy Butterfield, Irene Lakhani,
Lesley Johnson

© 1994, HarperCollins Publishers

D.R. © 1997 por EDITORIAL GRIJALBO, S.A. de C.V.
Calz. San Bartolo Naucalpan núm. 282
Argentina Poniente 11230
Miguel Hidalgo, México, D.F.

ISBN 970-05-0274-0

IMPRESO EN MÉXICO

INTRODUCCION

Como todos los diccionarios HarperCollins Grijalbo, este diccionario español-inglés e inglés-español ha sido diseñado para ofrecer una amplia variedad de vocablos —los más comunes y útiles en el habla diaria, en los estudios y en las actividades profesionales—. También contiene la actualización más completa de los dos idiomas, lo que aumenta su valor como obra de uso escolar y profesional.

Por todas estas razones, el usuario puede estar seguro de que cuenta con un instrumento eficaz y de fácil consulta para resolver todas las dificultades y dudas que se le presenten en ambos idiomas.

INTRODUCTION

Each and every Harper Collins Grijalbo dictionary has been designed to offer a wide range of terms —the most common and useful in daily speech, in studies as well as in professional activities—. In addition, this dictionary contains the most complete and recent update of terms in both languages, which adds to its value in the academic and professional areas.

For all these reasons, the user is assured that this dictionary is an efficient and friendly tool that can be used to solve any difficulties and/or questions that he/she may have in either language.

ABREVIATURAS

ABBREVIATIONS

adjetivo, locución adjetiva	**a**	adjective, adjectival phrase
abreviatura	**ab(b)r**	abbreviation
adverbio, locución adverbial	**ad**	adverb, adverbial phrase
administración, lengua administrativa	**ADMIN**	administration
agricultura	**AGR**	agriculture
América Latina	**AM**	Latin America
anatomía	**ANAT**	anatomy
arquitectura	**ARQ, ARCH**	architecture
astrología, astronomía	**ASTRO**	astrology, astronomy
el automóvil	**AUT(O)**	the motor car and motoring
aviación, viajes aéreos	**AVIAT**	flying, air travel
biología	**BIO(L)**	biology
botánica, flores	**BOT**	botany
inglés británico	**Brit**	British English
química	**CHEM**	chemistry
lengua familiar (! vulgar)	**col(!)**	colloquial usage (! particularly offensive)
comercio, finanzas, banca	**COM(M)**	commerce, finance, banking
informática	**COMPUT**	computers
conjunción	**conj**	conjunction
construcción	**CONSTR**	building
compuesto	**cpd**	compound element
cocina	**CULIN**	cookery
economía	**ECON**	economics
electricidad, electrónica	**ELEC**	electricity, electronics
enseñanza, sistema escolar y universitario	**ESCOL**	schooling, schools and universities
España	**Esp**	Spain
especialmente	**esp**	especially
exclamación, interjección	**excl**	exclamation, interjection
femenino	**f**	feminine
lengua familiar (! vulgar)	**fam(!)**	colloquial usage (! particularly offensive)
ferrocarril	**FERRO**	railways
uso figurado	**fig**	figurative use
fotografía	**FOTO**	photography
(verbo inglés) del cual la partícula es inseparable	**fus**	(phrasal verb) where the particle is inseparable
generalmente	**gen**	generally
geografía, geología	**GEO**	geography, geology
geometría	**GEOM**	geometry
infinitivo	**inf**	infinitive
informática	**INFORM**	computers
invariable	**inv**	invariable
irregular	**irg**	irregular
lo jurídico	**JUR**	law
América Latina	**LAm**	Latin America
gramática, lingüística	**LING**	grammar, linguistics
masculino	**m**	masculine

ABREVIATURAS

ABBREVIATIONS

matemáticas	**MAT(H)**	mathematics
medicina	**MED**	medical term, medicine
masculino/femenino	**m/f**	masculine/feminine
lo militar, ejército	**MIL**	military matters
música	**MUS**	music
sustantivo, nombre	**n**	noun
navegación, náutica	**NAUT**	sailing, navigation
sustantivo numérico	**num**	numeral noun
complemento	**obj**	(grammatical) object
	o.s.	oneself
peyorativo	**pey, pej**	derogatory, pejorative
fotografía	**PHOT**	photography
fisiología	**PHYSIOL**	physiology
plural	**pl**	plural
política	**POL**	politics
participio de pasado	**pp**	past participle
prefijo	**pref**	prefix
preposición	**prep**	preposition
pronombre	**pron**	pronoun
psicología, psiquiatría	**PSICO, PSYCH**	psychology, psychiatry
	pt	past tense
sustantivo no empleado en el plural	**q**	collective (uncountable) noun, not used in plural
química	**QUIM**	chemistry
ferrocarril	**RAIL**	railways
religión, lo eclesiástico	**REL**	religion, church service
	sb	somebody
enseñanza, sistema escolar y universitario	**SCOL**	schooling, schools and universities
singular	**sg**	singular
España	**Sp**	Spain
	sth	something
sujeto	**su(b)j**	(grammatical) subject
subjuntivo	**subjun**	subjunctive
sufijo	**suff**	suffix
tauromaquia	**TAUR**	bullfighting
también	**tb**	also
técnica, tecnología	**TEC(H)**	technical term, technology
telecomunicaciones	**TELEC, TEL**	telecommunications
televisión	**TV**	television
imprenta, tipografía	**TIP, TYP**	typography, printing
inglés norteamericano	**US**	American English
verbo	**vb**	verb
verbo intransitivo	**vi**	intransitive verb
verbo pronominal	**vr**	reflexive verb
verbo transitivo	**vt**	transitive verb
zoología, animales	**ZOOL**	zoology
marca registrada	**®**	registered trademark
indica un equivalente cultural	**≈**	introduces a cultural equivalent

SPANISH PRONUNCIATION

Consonants

b	[b, ß]	*b*oda, *b*omba, la*b*or	see notes on *v* below
c	[k]	*c*aja	*c* before *a, o* or *u* is pronounced as in *c*at
ce, ci	[θe, θi]	*c*ero, *c*ielo	*c* before *e* or *i* is pronounced as in *th*in
ch	[tʃ]	*ch*iste	*ch* is pronounced as *ch* in *ch*air
d	[d, ð]	*d*anés, ciu*d*ad	at the beginning of a phrase or after *l* or *n*, *d* is pronounced as in English. In any other position it is pronounced like *th* in *the*
g	[g, ɤ]	*g*afas, pa*g*a	*g* before *a, o* or *u* is pronounced as in *g*ap, if at the beginning of a phrase or after *n*. In other positions the sound is softened
ge, gi	[xe, xi]	*g*ente, *g*irar	*g* before *e* or *i* is pronounced similar to *ch* in Scottish lo*ch*
h		*h*aber	*h* is always silent in Spanish
j	[x]	*j*ugar	*j* is pronounced similar to *ch* in Scottish lo*ch*
ll	[ʎ]	ta*ll*e	*ll* is pronounced like the *lli* in mi*lli*on
ñ	[ɲ]	ni*ñ*o	*ñ* is pronounced like the *ni* in o*ni*on
q	[k]	*q*ue	*q* is pronounced as *k* in *k*ing
r, rr	[r, rr]	quita*r*, ga*rr*a	*r* is always pronounced in Spanish, unlike the silent *r* in dance*r*. *rr* is trilled, like a Scottish *r*
s	[s]	qui*z*ás, i*s*la	*s* is usually pronounced as in pa*ss*, but before *b, d, g, l, m* or *n* it is pronounced as in ro*s*e
v	[b, ß]	*v*ía, di*v*idir	Spanish *v* and *b* are pronounced in the same way. At the beginning of a phrase or after *m* or *n* they are pronounced as *b* in *b*oy. In any other position the sound is softened and the lips do not meet
z	[θ]	tena*z*	*z* is pronounced as *th* in *th*in

f, k, l, m, n, p, t and x are pronounced as in English.

Vowels

a	[a]	p*a*ta	not as long as *a* in far. When followed by a consonant in the same syllable (i.e. in a closed syllable), as in am*a*nte, the *a* is short, as in b*a*t
e	[e]	m*e*	like *e* in th*ey*. In a closed syllable, as in g*e*nte, the *e* is short as in p*e*t
i	[i]	p*i*no	as in m*ea*n or mach*i*ne
o	[o]	l*o*	as in l*o*cal. In a closed syllable, as in c*o*ntrol, the *o* is short as in c*o*t
u	[u]	l*u*nes	as in r*u*le. It is silent after *q*, and in *gue, gui*, unless marked *güe, güi* e.g. antig*ü*edad, when it is pronounced like *w* in *w*olf

Semivowels

i, y	[j]	b*i*en h*i*elo *y*unta	pronounced like *y* in *y*es
u	[w]	h*u*evo f*u*ente antig*ü*edad	unstressed *u* between consonant and vowel is pronounced like *w* in *w*ell. See also notes on *u* above

Diphthongs

ai, ay	[ai]	b*ai*le	as *i* in r*i*de
au	[au]	*au*to	as *ou* in sh*ou*t
ei, ey	[ei]	bu*ey*	as *ey* in gr*ey*
eu	[eu]	d*eu*da	both elements pronounced independently [e]+[u]
oi, oy	[oi]	h*oy*	as *oy* in t*oy*

Stress

The rules of stress in Spanish are as follows:

(a) when a word ends in a vowel or in *s* or *s*, the second last syllable is stressed: pat*a*ta, pat*a*tas, c*o*me, c*o*men
(b) when a word ends in a consonant other than *n* or *s*, the stress falls on the last syllable: par*e*d, habl*a*r
(c) when the rules set out in a and b are not applied, an acute accent appears over the stressed vowel: com*ú*n, geograf*í*a, ingl*é*s

In the phonetic transcription, the symbol ['] precedes the syllable on which the stress falls.

PRONUNCIACIÓN INGLESA

Vocales y diptongos

	Ejemplo inglés	*Ejemplo español/explicación*
ɑː	father	Entre *a* de padre y *o* de noche
ʌ	but, come	*a* muy breve
æ	man, cat	Con los labios en la posición de *e* en pena se pronuncia el sonido *a* parecido a la *a* de carro
ə	father, ago	Vocal neutra parecida a una *e* u *o* casi mudas
əː	bird, heard	Entre *e* abierta, y *o* cerrada, sonido alargado
ɛ	get, bed	Como en perro
ɪ	it, big	Más breve que en sí
iː	tea, see	Como en fino
ɔ	hot, wash	Como en torre
ɔː	saw, all	Como en por
u	put, book	Sonido breve, más cerrado que burro
uː	too, you	Sonido largo, como en uno
aɪ	fly, high	Como en fraile
au	how, house	Como en pausa
ɛə	there, bear	Casi como en vea, pero el segundo elemento es la vocal neutra [ə]
eɪ	day, obey	*e* cerrada seguida por una *i* débil
ɪə	here, hear	Como en manía, mezclándose el sonido *a* con la vocal neutra [ə]
əu	go, note	[ə] seguido por una breve *u*
ɔɪ	boy, oil	Como en voy
uə	poor, sure	*u* bastante larga más la vocal neutra [ə]

Consonantes

	Ejemplo inglés	*Ejemplo español/explicación*
b	big, lobby	Como en tumba
d	mended	Como en conde, andar
g	go, get, big	Como en grande, gol
dʒ	gin, judge	Como en la ll andaluza y en Generalitat (catalán)
ŋ	sing	Como en vínculo
h	house, he	Como la jota hispanoamericana
j	young, yes	Como en ya
k	come, mock	Como en caña, Escocia
r	red, tread	Se pronuncia con la punta de la lengua hacia atrás y sin hacerla vibrar
s	sand, yes	Como en casa, sesión
z	rose, zebra	Como en desde, mismo
ʃ	she, machine	Como en chambre (francés), roxo (portugués)
tʃ	chin, rich	Como en chocolate
v	valley	Como en f, pero se retiran los dientes superiores vibrándolos contra el labio inferior
w	water, which	Como en la u de huevo, puede
ʒ	vision	Como en journal (francés)
θ	think, myth	Como en receta, zapato
ð	this, the	Como en la d de hablado, verdad

p, f, m, n, l, t iguales que en español
El signo * indica que la r final escrita apenas se pronuncia en inglés británico cuando la palabra siguiente empieza con vocal. El signo ['] indica la sílaba acentuada.

ESPAÑOL - INGLÉS
SPANISH - ENGLISH

A

a [a] *prep* (*a + el = al*) **1** (*dirección*) to; **fueron ~ Madrid/Grecia** they went to Madrid/Greece; **me voy ~ casa** I'm going home **2** (*distancia*): **está ~ 15 km de aquí** it's 15 kms from here **3** (*posición*): **estar ~ la mesa** to be at table; **al lado de** next to, beside; *ver tb* **puerta 4** (*tiempo*): **~ las 10/~ medianoche** at 10/midnight; **~ la mañana siguiente** the following morning; **~ los pocos días** after a few days; **estamos ~ 9 de julio** it's the ninth of July; **~ los 24 años** at the age of 24; **al año/~ la semana** (*AM*) a year/week later **5** (*manera*): **~ la francesa** the French way; **~ caballo** on horseback; **~ oscuras** in the dark **6** (*medio, instrumento*): **~ lápiz** in pencil; **~ mano** by hand; **cocina ~ gas** gas stove **7** (*razón*): **~ 30 ptas el kilo** at 30 pesetas a kilo; **~ más de 50 km/h** at more than 50 kms per hour **8** (*dativo*): **se lo di → él** I gave it to him; **vi al policía** I saw the policeman; **se lo compré → él** I bought it from him **9** (*tras ciertos verbos*): **voy ~ verle** I'm going to see him; **empezó ~ trabajar** he started working *o* to work **10** (*+ infinitivo*): **al verle, le reconocí inmediatamente** when I saw him I recognized him at once; **el camino ~ recorrer** the distance we (*etc*) have to travel; **¡~ callar!** keep quiet!; **¡~ comer!** let's eat!

abad, esa [a'βað, 'ðesa] *nm/f* abbot/abbess; **~ía** *nf* abbey.

abajo [a'βaxo] *ad* (*situación*) (down) below, underneath; (*en edificio*) downstairs; (*dirección*) down, downwards; **~ de** *prep* below, under; **el piso de ~** the downstairs flat; **la parte de ~** the lower part; **¡~ el gobierno!** down with the government!; **cuesta/río ~** downhill/downstream; **de arriba ~** from top to bottom; **el ~ firmante** the undersigned; **más ~** lower *o* further down.

abalorios [aβa'lorjos] *nmpl* (*chucherías*) trinkets.

abalanzarse [aβalan'θarse] *vr*: **~ sobre** *o* **contra** to throw o.s. at.

abanderado [aβande'raðo] *nm* standard bearer.

abandonado, a [aβando'naðo, a] *a* der-

elict; (*desatendido*) abandoned; (*desierto*) deserted; (*descuidado*) neglected.

abandonar [aβando'nar] *vt* to leave; (*persona*) to abandon, desert; (*cosa*) to abandon, leave behind; (*descuidar*) to neglect; (*renunciar a*) to give up; (*INFORM*) to quit; **~se** *vr*: **~se a** to abandon o.s. to; **abandono** *nm* (*acto*) desertion, abandonment; (*estado*) abandon, neglect; (*renuncia*) withdrawal, retirement; **ganar por ~** to win by default.

abanicar [aβani'kar] *vt* to fan; **abanico** *nm* fan; (*NAUT*) derrick.

abaratar [aβara'tar] *vt* to lower the price of // *vi*, **~se** *vr* to go *o* come down in price.

abarcar [aβar'kar] *vt* to include, embrace; (*AM*) to monopolize.

abarrotado, a [aβarro'taðo, a] *a* packed.

abarrote [aβa'rrote] *nm* packing; **~s** *nmpl* (*AM*) groceries, provisions; **~ro, a** *nm/f* (*AM*) grocer.

abastecer [aβaste'θer] *vt* to supply; **abastecimiento** *nm* supply.

abasto [a'βasto] *nm* supply; (*abundancia*) abundance; **no dar ~ a** to be unable to cope with.

abatido, a [aβa'tiðo, a] *a* dejected, downcast.

abatimiento [aβati'mjento] *nm* (*depresión*) dejection, depression.

abatir [aβa'tir] *vt* (*muro*) to demolish; (*pájaro*) to shoot *o* bring down; (*fig*) to depress; **~se** *vr* to get depressed; **~se sobre** to swoop *o* pounce on.

abdicación [aβðika'θjon] *nf* abdication.

abdicar [aβði'kar] *vi* to abdicate.

abdomen [aβ'ðomen] *nm* abdomen.

abecedario [aβeθe'ðarjo] *nm* alphabet.

abedul [aβe'ðul] *nm* birch.

abeja [a'βexa] *nf* bee.

abejorro [aβe'xorro] *nm* bumblebee.

aberración [aβerra'θjon] *nf* aberration.

abertura [aβer'tura] *nf* = **apertura**.

abeto [a'βeto] *nm* fir.

abierto, a *pp de* **abrir** // [a'βjerto, a] *a* open; (*AM*) generous.

abigarrado, a [aβiɣa'rraðo, a] *a* multicoloured.

abismal [aβis'mal] *a* (*fig*) vast, enormous.

abismar [aβis'mar] *vt* to humble, cast down; **~se** *vr* to sink; **~se en** (*fig*) to be plunged into.

abismo [a'βismo] *nm* abyss.

abjurar [aβxu'rar] *vi*: ~ **de** to abjure, forswear.

ablandar [aβlan'dar] *vt* to soften // *vi*, ~**se** *vr* to get softer.

abnegación [aβneɣa'θjon] *nf* self-denial.

abnegado, a [aβne'ɣaðo, a] *a* self-sacrificing.

abocado, a [aβo'kaðo, a] *a*: verse ~ **al** desastre to be heading for disaster.

abochornar [aβotʃor'nar] *vt* to embarrass; ~**se** *vr* to get flustered; (*BOT*) to wilt.

abofetear [aβofete'ar] *vt* to slap (in the face).

abogacía [aβoɣa'θia] *nf* legal profession; (*ejercicio*) practice of the law.

abogado, a [aβo'ɣaðo, a] *nm/f* lawyer; (*notario*) solicitor; (*en tribunal*) barrister (*Brit*), attorney (*US*); ~ defensor defence lawyer *o* attorney (*US*).

abogar [aβo'ɣar] *vi*: ~ **por** to plead for; (*fig*) to advocate.

abolengo [aβo'lengo] *nm* ancestry, lineage.

abolición [aβoli'θjon] *nf* abolition.

abolir [aβo'lir] *vt* to abolish; (*cancelar*) to cancel.

abolladura [aβoʎa'ðura] *nf* dent.

abollar [aβo'ʎar] *vt* to dent.

abominable [aβomi'naβle] *a* abominable.

abominación [aβomina'θjon] *nf* abomination.

abonado, a [aβo'naðo, a] *a* (*deuda*) paid(-up) // *nm/f* subscriber.

abonar [aβo'nar] *vt* (*deuda*) to settle; (*terreno*) to fertilize; (*idea*) to endorse; ~**se** *vr* to subscribe; **abono** *nm* payment; fertilizer; subscription.

abordar [aβor'ðar] *vt* (*barco*) to board; (*asunto*) to broach.

aborigen [aβo'rixen] *nm/f* aborigine.

aborrecer [aβorre'θer] *vt* to hate, loathe.

abortar [aβor'tar] *vi* (*malparir*) to have a miscarriage; (*deliberadamente*) to have an abortion; **aborto** *nm* miscarriage; abortion.

abotagado, a [aβota'ɣaðo, a] *a* swollen.

abotonar [aβoto'nar] *vt* to button (up), do up.

abovedado, a [aβoβe'ðaðo, a] *a* vaulted, domed.

abrasar [aβra'sar] *vt* to burn (up); (*AGR*) to dry up, parch.

abrazadera [aβraθa'ðera] *nf* bracket.

abrazar [aβra'θar] *vt* to embrace, hug.

abrazo [a'βraθo] *nm* embrace, hug; un ~ (*en carta*) with best wishes.

abrebotellas [aβreβo'teʎas] *nm inv* bottle opener.

abrecartas [aβre'kartas] *nm inv* letter opener.

abrelatas [aβre'latas] *nm inv* tin (*Brit*) *o* can opener.

abreviar [aβre'βjar] *vt* to abbreviate; (*texto*) to abridge; (*plazo*) to reduce;

abreviatura *nf* abbreviation.

abridor [aβri'ðor] *nm* bottle opener; (*de latas*) tin (*Brit*) *o* can opener.

abrigar [aβri'ɣar] *vt* (*proteger*) to shelter; (*suj: ropa*) to keep warm; (*fig*) to cherish.

abrigo [a'βriɣo] *nm* (*prenda*) coat, overcoat; (*lugar protegido*) shelter.

abril [a'βril] *nm* April.

abrillantar [aβriʎan'tar] *vt* to polish.

abrir [a'βrir] *vt* to open (up) // *vi* to open; ~**se** *vr* to open (up); (*extenderse*) to open out; (*cielo*) to clear; ~**se paso** to find *o* force a way through.

abrochar [aβro'tʃar] *vt* (*con botones*) to button (up); (*zapato, con broche*) to do up.

abrumar [aβru'mar] *vt* to overwhelm; (*sobrecargar*) to weigh down.

abrupto, a [a'βrupto, a] *a* abrupt; (*empinado*) steep.

absceso [aβs'θeso] *nm* abscess.

absentismo [aβsen'tismo] *nm* absenteeism.

absolución [aβsolu'θjon] *nf* (*REL*) absolution; (*JUR*) acquittal.

absoluto, a [aβso'luto, a] *a* absolute; en ~ *ad* not at all.

absolver [aβsol'βer] *vt* to absolve; (*JUR*) to pardon; (: *acusado*) to acquit.

absorbente [aβsor'βente] *a* absorbent; (*interesante*) absorbing.

absorber [aβsor'βer] *vt* to absorb; (*embeber*) to soak up.

absorción [aβsor'θjon] *nf* absorption; (*COM*) takeover.

absorto, a [aβ'sorto, a] *pp de* **absorber** // *a* absorbed, engrossed.

abstemio, a [aβs'temjo, a] *a* teetotal.

abstención [aβsten'θjon] *nf* abstention.

abstenerse [aβste'nerse] *vr*: ~ (**de**) to abstain *o* refrain (from).

abstinencia [aβsti'nenθja] *nf* abstinence; (*ayuno*) fasting.

abstracción [aβstrak'θjon] *nf* abstraction.

abstracto, a [aβ'strakto, a] *a* abstract.

abstraer [aβstra'er] *vt* to abstract; ~**se** *vr* to be *o* become absorbed.

abstraído, a [aβstra'iðo, a] *a* absent-minded.

absuelto, a [aβ'swelto] *pp de* **absolver.**

absurdo, a [aβ'surðo, a] *a* absurd.

abuelo, a [a'βwelo, a] *nm/f* grandfather/mother; ~s *nmpl* grandparents.

abulia [a'βulja] *nf* lethargy.

abultado, a [aβul'taðo, a] *a* bulky.

abultar [aβul'tar] *vt* to enlarge; (*aumentar*) to increase; (*fig*) to exaggerate // *vi* to be bulky.

abundancia [aβun'danθja] *nf*: una ~ **de** plenty of; **abundante** *a* abundant, plentiful; **abundar** *vi* to abound, be plentiful.

aburguesarse [aβurɣe'sarse] *vr* to

become middle-class.

aburrido, a [aβu'rriðo, a] *a* *(hastiado)* bored; *(que aburre)* boring; **aburrimiento** *nm* boredom, tedium.

aburrir [aβu'rrir] *vt* to bore; **~se** *vr* to be bored, get bored.

abusar [aβu'sar] *vi* to go too far; **~ de** to abuse; **abuso** *nm* abuse.

abusivo, a [aβu'siβo, a] *a* *(precio)* exorbitant.

abyecto, a [aβ'jekto, a] *a* wretched, abject.

A.C. *abr* (= Año de Cristo) A.D.

a/c *abr* (= al cuidado de) c/o.

acá [a'ka] *ad* *(lugar)* here; **¿de cuándo ~?** since when?

acabado, a [aka'βaðo, a] *a* finished, complete; *(perfecto)* perfect; *(agotado)* worn out; *(fig)* masterly // *nm* finish.

acabar [aka'βar] *vt* *(llevar a su fin)* to finish, complete; *(consumir)* to use up; *(rematar)* to finish off // *vi* to finish, end; **~se** *vr* to finish, stop; *(terminarse)* to be over; *(agotarse)* to run out; **~ con** to put an end to; **~ de llegar** to have just arrived; **~ por hacer** to end (up) by doing; **¡se acabó!** it's all over!; *(¡basta!)* that's enough!

acabóse [aka'βose] *nm*: **esto es el ~** this is the last straw.

academia [aka'ðemja] *nf* academy; **académico, a** *a* academic.

acaecer [akae'θer] *vi* to happen, occur.

acalorado, a [akalo'raðo, a] *a* *(discusión)* heated.

acalorarse [akalo'rarse] *vr* *(fig)* to get heated.

acampar [akam'par] *vi* to camp.

acanalar [akana'lar] *vt* to groove; *(ondular)* to corrugate.

acantilado [akanti'laðo] *nm* cliff.

acaparar [akapa'rar] *vt* to monopolize; *(acumular)* to hoard.

acariciar [akari'θjar] *vt* to caress; *(esperanza)* to cherish.

acarrear [akarre'ar] *vt* to transport; *(fig)* to cause, result in.

acaso [a'kaso] *ad* perhaps, maybe // *nm* chance; **(por) si ~** (just) in case.

acatamiento [akata'mjento] *nm* respect; *(de la ley)* observance.

acatar [aka'tar] *vt* to respect, obey.

acatarrarse [akata'rrarse] *vr* to catch a cold.

acaudalado, a [akauða'laðo, a] *a* well-off.

acaudillar [akauði'ʎar] *vt* to lead, command.

acceder [akθe'ðer] *vi*: **~ a** *(petición etc)* to agree to; *(tener acceso a)* to have access to; *(INFORM)* to access.

accesible [akθe'siβle] *a* accessible.

acceso [ak'θeso] *nm* access, entry; *(camino)* access, approach; *(MED)* attack, fit.

accesorio, a [akθe'sorjo, a] *a, nm* accessory.

accidentado, a [akθiðen'taðo, a] *a* uneven; *(montañoso)* hilly; *(azaroso)* eventful // *nm/f* accident victim.

accidental [akθiðen'tal] *a* accidental; **accidentarse** *vr* to have an accident.

accidente [akθi'ðente] *nm* accident.

acción [ak'θjon] *nf* action; *(acto)* action, act; *(COM)* share; *(JUR)* action, lawsuit; **~ ordinaria/preferente** ordinary/ preference share; **accionar** *vt* to work, operate; *(INFORM)* to drive.

accionista [akθjo'nista] *nm/f* shareholder, stockholder.

acebo [a'θeβo] *nm* holly; *(árbol)* holly tree.

acechanza [aθe'tʃanθa] *nf* = **acecho**.

acechar [aθe'tʃar] *vt* to spy on; *(aguardar)* to lie in wait for; **acecho** *nm*: **estar al acecho (de)** to lie in wait (for).

aceitar [aθei'tar] *vt* to oil, lubricate.

aceite [a'θeite] *nm* oil; *(de oliva)* olive oil; **~ra** *nf* oilcan; **aceitoso, a** *a* oily.

aceituna [aθei'tuna] *nf* olive.

acelerador [aθelera'ðor] *nm* accelerator.

acelerar [aθele'rar] *vt* to accelerate.

acelga [a'θelɣa] *nf* chard, beet.

acento [a'θento] *nm* accent; *(acentuación)* stress.

acentuar [aθen'twar] *vt* to accent; to stress; *(fig)* to accentuate.

acepción [aθep'θjon] *nf* meaning.

aceptable [aθep'taβle] *a* acceptable.

aceptación [aθepta'θjon] *nf* acceptance; *(aprobación)* approval.

aceptar [aθep'tar] *vt* to accept; *(aprobar)* to approve.

acequia [a'θekja] *nf* irrigation ditch.

acera [a'θera] *nf* pavement *(Brit)*, sidewalk *(US)*.

acerado, a [aθe'raðo, a] *a* steel; *(afilado)* sharp; *(fig: duro)* steely; *(: mordaz)* biting.

acerbo, a [a'θerβo, a] *a* bitter; *(fig)* harsh.

acerca [a'θerka]: **~ de** *prep* about, concerning.

acercar [aθer'kar] *vt* to bring o move nearer; **~se** *vr* to approach, come near.

acerico [aθe'riko] *nm* pincushion.

acero [a'θero] *nm* steel.

acérrimo, a [a'θerrimo, a] *a* *(partidario)* staunch; *(enemigo)* bitter.

acertado, a [aθer'taðo, a] *a* correct; *(apropiado)* apt; *(sensato)* sensible.

acertar [aθer'tar] *vt* *(blanco)* to hit; *(solución)* to get right; *(adivinar)* to guess // *vi* to get it right, be right; **~ a** to manage to; **~ con** to happen o hit on.

acertijo [aθer'tixo] *nm* riddle, puzzle.

acervo [a'θerβo] *nm* heap; **~ común** undivided estate.

aciago, a [a'θjaɣo, a] *a* ill-fated, fateful.

acicalar [aθika'lar] vt to polish; (persona) to dress up; ~se vr to get dressed up.

acicate [aθi'kate] nm spur.

acidez [aθi'ðeθ] nf acidity.

ácido, a ['aθiðo, a] a sour, acid // nm acid.

acierto etc vb ver **acertar** // [a'θjerto] nm success; (buen paso) wise move; (solución) solution; (habilidad) skill, ability.

aclamación [aklama'θjon] nf acclamation; (aplausos) applause.

aclamar [akla'mar] vt to acclaim; (aplaudir) to applaud.

aclaración [aklara'θjon] nf clarification, explanation.

aclarar [akla'rar] vt to clarify, explain; (ropa) to rinse // vi to clear up; ~se vr (explicarse) to understand; ~se la garganta to clear one's throat.

aclaratorio, a [aklara'torjo, a] a explanatory.

aclimatación [aklimata'θjon] nf acclimatization; **aclimatar** vt to acclimatize; **aclimatarse** vr to become acclimatized.

acné [ak'ne] nm acne.

acobardar [akoβar'ðar] vt to intimidate.

acodarse [ako'ðarse] vr ~ en to lean on.

acogedor, a [akoxe'ðor, a] a welcoming; (hospitalario) hospitable.

acoger [ako'xer] vt to welcome; (abrigar) to shelter; ~se vr to take refuge.

acogida [ako'xiða] nf reception; refuge.

acolchar [akol'tʃar] vt to pad; (fig) to cushion.

acometer [akome'ter] vt to attack; (emprender) to undertake; **acometida** nf attack, assault.

acomodado, a [akomo'ðaðo, a] a (persona) well-to-do.

acomodador, a [akomoða'ðor, a] nm/f usher(ette).

acomodar [akomo'ðar] vt to adjust; (alojar) to accommodate; ~se vr to conform; (instalarse) to install o.s.; (adaptarse): ~se (a) to adapt (to).

acomodaticio, a [akomoða'tiθjo, a] a (pey) accommodating, obliging; (manejable) pliable.

acompañar [akompa'nar] vt to accompany; (documentos) to enclose.

acondicionar [akondiθjo'nar] vt to arrange, prepare; (pelo) to condition.

acongojar [akongo'xar] vt to distress, grieve.

aconsejar [akonse'xar] vt to advise, counsel; ~se vr: ~se con to consult.

acontecer [akonte'θer] vi to happen, occur; **acontecimiento** nm event.

acopio [a'kopjo] nm store, stock.

acoplamiento [akopla'mjento] nm coupling, joint; **acoplar** vt to fit; (ELEC) to connect; (vagones) to couple.

acorazado, a [akora'θaðo, a] a armour-plated, armoured // nm battleship.

acordar [akor'ðar] vt (resolver) to agree, resolve; (recordar) to remind; ~se vr to agree; ~se (de algo) to remember sth; **acorde** a (MUS) harmonious; **acorde con** (medidas etc) in keeping with // nm chord.

acordeón [akorðe'on] nm accordion.

acordonado, a [akorðo'naðo, a] a (calle) cordoned-off.

acorralar [akorra'lar] vt to round up, corral.

acortar [akor'tar] vt to shorten; (duración) to cut short; (cantidad) to reduce; ~se vr to become shorter.

acosar [ako'sar] vt to pursue relentlessly; (fig) to hound, pester.

acostar [akos'tar] vt (en cama) to put to bed; (en suelo) to lay down; (barco) to bring alongside; ~se vr to go to bed; to lie down.

acostumbrado, a [akostum'braðo, a] a usual; ~ a used to.

acostumbrar [akostum'brar] vt: ~ a uno a algo to get sb used to sth // vi: ~ (a) hacer to be in the habit of doing; ~se vr: ~se a to get used to.

acotación [akota'θjon] nf marginal note; (GEO) elevation mark; (de límite) boundary mark; (TEATRO) stage direction.

ácrata ['akrata] a, nm/f anarchist.

acre ['akre] a (sabor) sharp, bitter; (olor) acrid; (fig) biting // nm acre.

acrecentar [akreθen'tar] vt to increase, augment.

acreditar [akreði'tar] vt (garantizar) to vouch for, guarantee; (autorizar) to authorize; (dar prueba de) to prove; (COM: abonar) to credit; (embajador) to accredit; ~se vr to become famous.

acreedor, a [akree'ðor, a] a: ~ a worthy of // nm/f creditor.

acribillar [akriβi'xar] vt: ~ a balazos to riddle with bullets.

acrimonia [akri'monja], **acritud** [akri'tuð] nf acrimony.

acróbata [a'kroβata] nm/f acrobat.

acta ['akta] nf certificate; (de comisión) minutes pl, record; ~ de nacimiento/de matrimonio birth/marriage certificate; ~ notarial affidavit.

actitud [akti'tuð] nf attitude; (postura) posture.

activar [akti'βar] vt to activate; (acelerar) to speed up.

actividad [aktiβi'ðað] nf activity.

activo, a [ak'tiβo, a] a active; (vivo) lively // nm (COM) assets pl.

acto ['akto] nm act, action; (ceremonia) ceremony; (TEATRO) act; **en el ~** immediately.

actor [ak'tor] nm actor; (JUR) plaintiff // a: **parte ~a** prosecution.

actriz [ak'triθ] nf actress.

actuación [aktwa'θjon] *nf* action;
(*comportamiento*) conduct, behaviour;
(*JUR*) proceedings *pl*; (*desempeño*)
performance.

actual [ak'twal] *a* present(-day), current;
~**idad** *nf* present; ~**idades** *nfpl* news
sg; en la ~**idad** at present; (*hoy día*)
nowadays.

actualizar [aktwali'θar] *vt* to update,
modernize.

actualmente [aktwal'mente] *ad* at present; (*hoy día*) nowadays.

actuar [ak'twar] *vi* (*obrar*) to work, operate; (*actor*) to act, perform // *vt* to work,
operate; ~ **de** to act as.

actuario, a [ak'twarjo, a] *nm/f* clerk;
(*COM*) actuary.

acuarela [akwa'rela] *nf* watercolour.

acuario [a'kwarjo] *nm* aquarium; **A~**
Aquarius.

acuartelar [akwarte'lar] *vt* (*MIL: disciplinar*) to confine to barracks.

acuático, a [a'kwatiko, a] *a* aquatic.

acuciar [aku'θjar] *vt* to urge on.

acuclillarse [akukli'ʎarse] *vr* to crouch
down.

acuchillar [akutʃi'ʎar] *vt* (*TEC*) to plane
(down), smooth.

acudir [aku'ðir] *vi* (*asistir*) to attend;
(*ir*) to go; ~ **a** (*fig*) to turn to; ~ **en
ayuda de** to go to the aid of.

acuerdo *etc vb ver* **acordar** // [a'kwerðo]
nm agreement; **¡de ~!** agreed!; **de ~
con** (*persona*) in agreement with;
(*acción, documento*) in accordance with;
estar de ~ to be agreed, agree.

acumular [akumu'lar] *vt* to accumulate,
collect.

acuñar [aku'ɲar] *vt* (*moneda*) to mint;
(*frase*) to coin.

acuoso, a [a'kwoso, a] *a* watery.

acurrucarse [akurru'karse] *vr* to crouch;
(*ovillarse*) to curl up.

acusación [akusa'θjon] *nf* accusation;
acusar *vt* to accuse; (*revelar*) to reveal; (*denunciar*) to denounce.

acuse [a'kuse] *nm*: ~ **de recibo**
acknowledgement of receipt.

acústico, a [a'kustiko, a] *a* acoustic // *nf*
(*de una sala etc*) acoustics *pl*.

achacar [atʃa'kar] *vt* to attribute.

achacoso, a [atʃa'koso, a] *a* sickly.

achantar [atʃan'tar] *vt* (*fam*) to scare,
frighten; ~**se** *vr* to back down.

achaque *etc vb ver* **achacar** // [a'tʃake]
nm ailment.

achicar [atʃi'kar] *vt* to reduce; (*humillar*)
to humiliate; (*NAUT*) to bale out.

achicoria [atʃi'korja] *nf* chicory.

achicharrar [atʃitʃa'rrar] *vt* to scorch,
burn.

adagio [a'ðaxjo] *nm* adage; (*MUS*)
adagio.

adaptación [aðapta'θjon] *nf* adaptation.

adaptador [aðapta'ðor] *nm* (*ELEC*)
adapter.

adaptar [aðap'tar] *vt* to adapt;
(*acomodar*) to fit.

adecuado, a [aðe'kwaðo, a] *a* (*apto*)
suitable; (*oportuno*) appropriate.

adecuar [aðe'kwar] *vt* to adapt; to make
suitable.

a. de J.C. *abr* (= *antes de Jesucristo*)
B.C.

adelantado, a [aðelan'taðo, a] *a*
advanced; (*reloj*) fast; **pagar por ~** to
pay in advance.

adelantamiento [aðelanta'mjento] *nm*
advance, advancement; (*AUTO*) overtak-
ing.

adelantar [aðelan'tar] *vt* to move forward; (*avanzar*) to advance; (*acelerar*)
to speed up; (*AUTO*) to overtake // *vi*,
~**se** *vr* to go forward, advance.

adelante [aðe'lante] *ad* forward(s),
ahead // *excl* come in!; **de hoy en ~** from
now on; **más ~** later on; (*más allá*)
further on.

adelanto [aðe'lanto] *nm* advance;
(*mejora*) improvement; (*progreso*)
progress.

adelgazar [aðelɣa'θar] *vt* to thin (down)
// *vi* to get thin; (*con régimen*) to slim
down, lose weight.

ademán [aðe'man] *nm* gesture; ade-
manes *nmpl* manners; **en ~ de** as if to.

además [aðe'mas] *ad* besides; (*por otra
parte*) moreover; (*también*) also; ~ **de**
besides, in addition to.

adentrarse [aðen'trarse] *vr*: ~ **en** to go
into, get inside; (*penetrar*) to penetrate
(into).

adentro [a'ðentro] *ad* inside, in; **mar ~**
out at sea; **tierra ~** inland.

adepto, a [a'ðepto, a] *nm/f* supporter.

aderezar [aðere'θar] *vt* (*ensalada*) to
dress; (*comida*) to season; **aderezo** *nm*
dressing; seasoning.

adeudar [aðeu'ðar] *vt* to owe; ~**se** *vr* to
run into debt.

adherirse [aðe'rirse] *vr*: ~ **a** to adhere
to; (*partido*) to join.

adhesión [aðe'sjon] *nf* adhesion; (*fig*)
adherence.

adición [aði'θjon] *nf* addition.

adicionar [aðiθjo'nar] *vt* to add.

adicto, a [a'ðikto, a] *a*: ~ **a** addicted to;
(*dedicado*) devoted to // *nm/f* supporter,
follower; (*toxicómano etc*) addict.

adiestrar [aðjes'trar] *vt* to train, teach;
(*conducir*) to guide, lead; ~**se** *vr* to
practise; (*enseñarse*) to train o.s.

adinerado, a [aðine'raðo, a] *a* wealthy.

adiós [a'ðjos] *excl* (*para despedirse*)
goodbye!, cheerio!; (*al pasar*) hello!

aditivo [aði'tiβo] *nm* additive.

adivinanza [aðiβi'nanθa] *nf* riddle; **adivinar** *vt* to prophesy; (*conjeturar*) to
guess; **adivino, a** *nm/f* fortune-teller.

adj *abr* (= *adjunto*) encl.

adjetivo [aðxe'tiβo] *nm* adjective.

adjudicación [aðxuðika'θjon] *nf* award; adjudication.

adjudicar [aðxuði'kar] *vt* to award; ~se vr: ~se algo to appropriate sth.

adjuntar [aðxun'tar] *vt* to attach, enclose; **adjunto, a** *a* attached, enclosed // *nm/f* assistant.

administración [aðministra'θjon] *nf* administration; (*dirección*) management; **administrador, a** *nm/f* administrator; manager(ess).

administrar [aðminis'trar] *vt* to administer; **administrativo, a** *a* administrative.

admirable [aðmi'raβle] *a* admirable.

admiración [aðmira'θjon] *nf* admiration; (*asombro*) wonder; (*LING*) exclamation mark.

admirar [aðmi'rar] *vt* to admire; (*extrañar*) to surprise; ~se vr to be surprised.

admisible [aðmi'siβle] *a* admissible.

admisión [aðmi'sjon] *nf* admission; (*reconocimiento*) acceptance.

admitir [aðmi'tir] *vt* to admit; (*aceptar*) to accept.

admonición [aðmoni'θjon] *nf* warning.

adobar [aðo'βar] *vt* (*CULIN*) to season.

adobe [a'ðoβe] *nm* adobe, sun-dried brick.

adoctrinar [aðoktri'nar] *vt*: ~ en to indoctrinate with.

adolecer [aðole'θer] *vi*: ~ de to suffer from.

adolescente [aðoles'θente] *nm/f* adolescent, teenager.

adonde [a'ðonde] *conj* (to) where.

adónde [a'ðonde] *ad* = **dónde**.

adopción [aðop'θjon] *nf* adoption.

adoptar [aðop'tar] *vt* to adopt.

adoptivo, a [aðop'tiβo, a] *a* (*padres*) adoptive; (*hijo*) adopted.

adoquín [aðo'kin] *nm* paving stone.

adorar [aðo'rar] *vt* to adore.

adormecer [aðorme'θer] *vt* to put to sleep; ~se vr to become sleepy; (*dormirse*) to fall asleep.

adornar [aðor'nar] *vt* to adorn.

adorno [a'ðorno] *nm* adornment; (*decoración*) decoration.

adosado, a [aðo'saðo, a] *a*: **casa adosada** semi-detached house.

adquiero *etc vb ver* **adquirir**.

adquirir [aðki'rir] *vt* to acquire, obtain.

adquisición [aðkisi'θjon] *nf* acquisition.

adrede [a'ðreðe] *ad* on purpose.

adscribir [aðskri'βir] *vt* to appoint.

adscrito *pp de* **adscribir**.

aduana [a'ðwana] *nf* customs *pl*.

aduanero, a [aðwa'nero, a] *a* customs *cpd* // *nm/f* customs officer.

aducir [aðu'θir] *vt* to adduce; (*dar como prueba*) to offer as proof.

adueñarse [aðwe'narse] *vr*: ~ de to take possession of.

adulación [aðula'θjon] *nf* flattery.

adular [aðu'lar] *vt* to flatter.

adulterar [aðulte'rar] *vt* to adulterate // *vi* to commit adultery.

adulterio [aðul'terjo] *nm* adultery.

adúltero, a [a'ðultero, a] *a* adulterous // *nm/f* adulterer/adulteress.

adulto, a [a'ðulto, a] *a*, *nm/f* adult.

adusto, a [a'ðusto, a] *a* stern; (*austero*) austere.

advenedizo, a [aðβene'ðiθo, a] *nm/f* upstart.

advenimiento [aðβeni'mjento] *nm* arrival; (*al trono*) accession.

adverbio [að'βerβjo] *nm* adverb.

adversario, a [aðβer'sarjo, a] *nm/f* adversary.

adversidad [aðβersi'ðað] *nf* adversity; (*contratiempo*) setback.

adverso, a [að'βerso, a] *a* adverse.

advertencia [aðβer'tenθja] *nf* warning; (*prefacio*) preface, foreword.

advertir [aðβer'tir] *vt* to notice; (*avisar*): ~ a uno de to warn sb about *o* of.

Adviento [að'βjento] *nm* Advent.

advierto *etc*, **advirtiendo** *etc vb ver* **advertir**.

adyacente [aðja'θente] *a* adjacent.

aéreo, a [a'ereo, a] *a* aerial.

aerobic [ae'roβik] *nm* aerobics *sg*.

aerodeslizador [aeroðesliθa'ðor], **aerodeslizante** [aeroðesli'θante] *nm* hovercraft.

aeromozo, a [aero'moθo, a] *nm/f* (*AM*) air steward(ess).

aeronáutica [aero'nautika] *nf* aeronautics *sg*.

aeronave [aero'naβe] *nm* spaceship.

aeroplano [aero'plano] *nm* aeroplane.

aeropuerto [aero'pwerto] *nm* airport.

aerosol [aero'sol] *nm* aerosol.

afabilidad [afaβili'ðað] *nf* friendliness; **afable** *a* affable.

afamado, a [afa'maðo, a] *a* famous.

afán [a'fan] *nm* hard work; (*deseo*) desire.

afanar [afa'nar] *vt* to harass; (*fam*) to pinch; ~se vr: ~se por hacer to strive to do; **afanoso, a** *a* (*trabajo*) hard; (*trabajador*) industrious.

afear [afe'ar] *vt* to disfigure.

afección [afek'θjon] *nf* (*MED*) disease.

afectación [afekta'θjon] *nf* affectation; **afectado, a** *a* affected; **afectar** *vt* to affect.

afectísimo, a [afek'tisimo, a] *a* affectionate; ~ **suyo** yours truly.

afectivo, a [afek'tiβo, a] *a* (*problema etc*) emotional.

afecto, a [a'fekto] *nm* affection; **tenerle** ~ **a uno** to be fond of sb.

afectuoso, a [afek'twoso, a] *a* affectionate.

afeitar [afei'tar] *vt* to shave; ~se *vr* to shave.

afeminado, a [afemi'naðo, a] *a* effeminate.

aferrado, a [afe'rraðo, a] *a* stubborn.

aferrar [afe'rrar] *vt* to grasp; (*barco*) to moor // *vi* to moor.

Afganistán [afvanis'tan] *nm* Afghanistan.

afianzamiento [afjanθa'mjento] *nm* strengthening; security; **afianzar** *vt* to strengthen; to secure; **afianzarse** *vr* to become established.

afición [afi'θjon] *nf* fondness, liking; **la ~** the fans *pl*; **pinto por ~** I paint as a hobby; **aficionado, a** *a* keen, enthusiastic; (*no profesional*) amateur; **ser ~ a algo** to be very keen on o fond of sth // *nm/f* enthusiast, fan; amateur.

aficionar [afiθjo'nar] *vt*: **~ a uno a algo** to make sb like sth; **~se** *vr*: **~se a algo** to grow fond of sth.

afiche [a'fitʃe] *nm* (*AM*) poster.

afilado, a [afi'laðo, a] *a* sharp.

afilar [afi'lar] *vt* to sharpen.

afiliarse [afi'ljarse] *vr* to affiliate.

afín [a'fin] *a* (*parecido*) similar; (*conexo*) related.

afinar [afi'nar] *vt* (*TEC*) to refine; (*MUS*) to tune // *vi* to play/sing in tune.

afincarse [afin'karse] *vr* to settle.

afinidad [afini'ðað] *nf* affinity; (*parentesco*) relationship; **por ~** by marriage.

afirmación [afirma'θjon] *nf* affirmation; **afirmar** *vt* to affirm, state; (*reforzar*) to strengthen; **afirmativo, a** *a* affirmative.

aflicción [aflik'θjon] *nf* affliction; (*dolor*) grief.

afligir [afli'xir] *vt* to afflict; (*apenar*) to distress; **~se** *vr* to grieve.

aflojar [aflo'xar] *vt* to slacken; (*desatar*) to loosen, undo; (*relajar*) to relax // *vi* to drop; (*bajar*) to go down; **~se** *vr* to relax.

aflorar [aflo'rar] *vi* to come to the surface, emerge.

afluente [aflu'ente] *a* flowing // *nm* tributary.

afluir [aflu'ir] *vi* to flow.

afmo, a *abr* (= *afectísimo(a) suyo(a)*) Yours.

afónico, a [a'foniko, a] *a*: **estar ~** to have a sore throat; to have lost one's voice.

aforo [a'foro] *nm* (*de teatro etc*) capacity.

afortunado, a [afortu'naðo, a] *a* fortunate, lucky.

afrancesado, a [afranθe'saðo, a] *a* francophile; (*pey*) Frenchified.

afrenta [a'frenta] *nf* affront, insult; (*deshonra*) dishonour, shame.

África ['afrika] *nf* Africa; **~ del Sur** South Africa; **africano, a** *a*, *nm/f* African.

afrontar [afron'tar] *vt* to confront; (*poner cara a cara*) to bring face to face.

afuera [a'fwera] *ad* out, outside; **~s** *nfpl* outskirts.

agachar [ava'tʃar] *vt* to bend, bow; **~se** *vr* to stoop, bend.

agalla [a'vaʎa] *nf* (*ZOOL*) gill; **~s** *nfpl* (*MED*) tonsillitis *sg*; (*ANAT*) tonsils; **tener ~s** (*fam*) to have guts.

agarradera [avarra'ðera] *nf* (*AM*), **agarradero** [avarra'ðero] *nm* handle; **~s** *npl* pull *sg*, influence *sg*.

agarrado, a [ava'rraðo, a] *a* mean, stingy.

agarrar [ava'rrar] *vt* to grasp, grab; (*AM*) to take, catch; (*recoger*) to pick up // *vi* (*planta*) to take root; **~se** *vr* to hold on (tightly).

agarrotar [avarro'tar] *vt* (*lío*) to tie tightly; (*persona*) to squeeze tightly; (*reo*) to garrotte; **~se** *vr* (*motor*) to seize up; (*MED*) to stiffen.

agasajar [avasa'xar] *vt* to treat well, fête.

agencia [a'xenθja] *nf* agency; **~ inmobiliaria** estate (*Brit*) o real estate (*US*) agent's (office); **~ matrimonial** marriage bureau; **~ de viajes** travel agency.

agenciarse [axen'θjarse] *vr* to obtain, procure.

agenda [a'xenda] *nf* diary.

agente [a'xente] *nm* agent; (*de policía*) policeman; **~ femenino** policewoman; **~ inmobiliario** estate agent (*Brit*), realtor (*US*); **~ de bolsa** stockbroker; **~ de seguros** insurance agent.

ágil ['axil] *a* agile, nimble; **agilidad** *nf* agility, nimbleness.

agitación [axita'θjon] *nf* (*de mano etc*) shaking, waving; (*de líquido etc*) stirring; (*fig*) agitation.

agitar [axi'tar] *vt* to wave, shake; (*líquido*) to stir; (*fig*) to stir up, excite; **~se** *vr* to get excited; (*inquietarse*) to get worried o upset.

aglomeración [avlomera'θjon] *nf*: **~ de tráfico/gente** traffic jam/mass of people.

aglomerar [avlome'rar] *vt*, **aglomerarse** *vr* to crowd together.

agnóstico, a [av'nostiko, a] *a*, *nm/f* agnostic.

agobiar [avo'ßjar] *vt* to weigh down; (*oprimir*) to oppress; (*cargar*) to burden.

agolparse [avol'parse] *vr* to crowd together.

agonía [avo'nia] *nf* death throes *pl*; (*fig*) agony, anguish.

agonizante [avoni'θante] *a* dying.

agonizar [avoni'θar] *vi* (*tb*: **estar agonizando**) to be dying.

agosto [a'vosto] *nm* August.

agotado, a [avo'taðo, a] *a* (*persona*) exhausted; (*libros*) out of print; (*acabado*) finished; (*COM*) sold out.

agotador, a [avota'ðor, a] *a* exhausting.

agotamiento [avota'mjento] *nm* exhaustion.

agotar [aɣo'tar] *vt* to exhaust; *(consumir)* to drain; *(recursos)* to use up, deplete; **~se** *vr* to be exhausted; *(acabarse)* to run out; *(libro)* to go out of print.

agraciado, a [aɣra'θjaðo, a] *a (atractivo)* attractive; *(en sorteo etc)* lucky.

agraciar [aɣra'θjar] *vt (JUR)* to pardon; *(con premio)* to reward.

agradable [aɣra'ðaßle] *a* pleasant, nice.

agradar [aɣra'ðar] *vt*: él me agrada I like him.

agradecer [aɣraðe'θer] *vt* to thank; *(favor etc)* to be grateful for; **agradecido, a** *a* grateful; ¡muy ~! thanks a lot!; **agradecimiento** *nm* thanks *pl*; gratitude.

agradezco *etc vb ver* **agradecer.**

agrado [a'ɣraðo] *nm*: ser de tu *etc* ~ to be to your *etc* liking.

agrandar [aɣran'dar] *vt* to enlarge; *(fig)* to exaggerate; **~se** *vr* to get bigger.

agrario, a [a'ɣrarjo, a] *a* agrarian, land *cpd*; *(política)* agricultural, farming.

agravante [aɣra'ßante] *a* aggravating // *nf*: con la ~ de que ... with the further difficulty that ...

agravar [aɣra'ßar] *vt (pesar sobre)* to make heavier; *(irritar)* to aggravate; **~se** *vr* to worsen, get worse.

agraviar [aɣra'ßjar] *vt* to offend; *(ser injusto con)* to wrong; **~se** *vr* to take offence; **agravio** *nm* offence; wrong; *(JUR)* grievance.

agredir [aɣre'ðir] *vt* to attack.

agregado [aɣre'ɣaðo] *nm* aggregate; *(persona)* attaché.

agregar [aɣre'ɣar] *vt* to gather; *(añadir)* to add; *(persona)* to appoint.

agresión [aɣre'sjon] *nf* aggression.

agresivo, a [aɣre'sißo, a] *a* aggressive.

agriar [a'ɣrjar] *vt* to (turn) sour; **~se** *vr* to turn sour.

agrícola [a'ɣrikola] *a* farming *cpd*, agricultural.

agricultor, a [aɣrikul'tor, a] *nm/f* farmer.

agricultura [aɣrikul'tura] *nf* agriculture, farming.

agridulce [aɣri'ðulθe] *a* bittersweet; *(CULIN)* sweet and sour.

agrietarse [aɣrje'tarse] *vr* to crack; *(piel)* to chap.

agrimensor, a [aɣrimen'sor, a] *nm/f* surveyor.

agrio, a [a'ɣrjo, a] *a* bitter.

agronomía [aɣrono'mia] *nf* agronomy, agriculture.

agropecuario, a [aɣrope'kwarjo, a] *a* farming *cpd*, agricultural.

agrupación [aɣrupa'θjon] *nf* group; *(acto)* grouping.

agrupar [aɣru'par] *vt* to group.

agua ['aɣwa] *nf* water; *(NAUT)* wake;

(ARQ) slope of a roof; **~s** *nfpl (de piedra)* water *sg*, sparkle *sg*; *(MED)* water *sg*, urine *sg*; *(NAUT)* waters; **~s abajo/arriba** downstream/upstream; **~ bendita/destilada/potable** holy/distilled/ drinking water; **~ caliente** hot water; **~ corriente** running water; **~ de colonia** eau de cologne; **~ mineral (con/sin gas)** *(fizzy/non-fizzy)* mineral water; **~s jurisdiccionales** territorial waters; **~s mayores** excrement *sg*.

aguacate [aɣwa'kate] *nm* avocado pear.

aguacero [aɣwa'θero] *nm* (heavy) shower, downpour.

aguado, a [a'ɣwaðo, a] *a* watery, watered down // *nf (AGR)* watering place; *(NAUT)* water supply; *(ARTE)* watercolour.

aguafiestas [aɣwa'fjestas] *nm/f inv* spoilsport, killjoy.

aguafuerte [aɣwa'fwerte] *nm o f* etching.

aguamanil [aɣwama'nil] *nm (jofaina)* washbasin.

aguanieve [aɣwa'njeße] *nf* sleet.

aguantar [aɣwan'tar] *vt* to bear, put up with; *(sostener)* to hold up // *vi* to last; **~se** *vr* to restrain o.s.; **aguante** *nm (paciencia)* patience; *(resistencia)* endurance.

aguar [a'ɣwar] *vt* to water down.

aguardar [aɣwar'ðar] *vt* to wait for.

aguardiente [aɣwar'ðjente] *nm* brandy, liquor.

aguarrás [aɣwa'rras] *nm* turpentine.

agudeza [aɣu'ðeθa] *nf* sharpness; *(ingenio)* wit.

agudizar [aɣuði'θar] *vt (crisis)* to make worse; **~se** *vr* to get worse.

agudo, a [a'ɣuðo, a] *a* sharp; *(voz)* high-pitched, piercing; *(dolor, enfermedad)* acute.

agüero [a'ɣwero] *nm*: buen/mal ~ good/ bad omen.

aguijar [aɣi'xar] *vt* to goad; *(incitar)* to urge on // *vi* to hurry along.

aguijón [aɣi'xon] *nm* sting; *(fig)* spur; **aguijonear** *vt* = aguijar.

águila ['aɣila] *nf* eagle; *(fig)* genius.

aguileño, a [aɣi'leɲo, a] *a (nariz)* aquiline; *(rostro)* sharp-featured.

aguinaldo [aɣi'naldo] *nm* Christmas box.

aguja [a'ɣuxa] *nf* needle; *(de reloj)* hand; *(ARQ)* spire; *(TEC)* firing-pin; **~s** *nfpl (ZOOL)* ribs; *(FERRO)* points.

agujerear [aɣuxere'ar] *vt* to make holes in.

agujero [aɣu'xero] *nm* hole.

agujetas [aɣu'xetas] *nfpl* stitch *sg*; *(rigidez)* stiffness *sg*.

aguzar [aɣu'θar] *vt* to sharpen; *(fig)* to incite.

ahí [a'i] *ad* there; de ~ que so that, with the result that; ~ llega here he comes; por ~ that way; *(allá)* over there; 200 o por ~ 200 or so.

ahijado, a [ai'xaðo, a] *nm/f* godson/daughter.

ahínco [a'inko] *nm* earnestness.

ahíto, a [a'ito, a] *a*: **estoy ~** I'm full up.

ahogar [ao'ɣar] *vt* to drown; *(asfixiar)* to suffocate, smother; *(fuego)* to put out; **~se** *vr* *(en el agua)* to drown; *(por asfixia)* to suffocate.

ahogo [a'oɣo] *nm* breathlessness; *(fig)* financial difficulty.

ahondar [aon'dar] *vt* to deepen, make deeper; *(fig)* to study thoroughly // *vi*: **~ en** to study thoroughly.

ahora [a'ora] *ad* now; *(hace poco)* a moment ago, just now; *(dentro de poco)* in a moment; **~ voy** I'm coming; **~ mismo** right now; **~ bien** now then; **por ~** for the present.

ahorcar [aor'kar] *vt* to hang; **~se** *vr* to hang o.s.

ahorita [ao'rita] *ad* (*fam*) right now.

ahorrar [ao'rrar] *vt* (*dinero*) to save; (*esfuerzos*) to save, avoid; **ahorro** *nm* (*acto*) saving; (*frugalidad*) thrift; **ahorros** *nmpl* savings.

ahuecar [awe'kar] *vt* to hollow (out); (*voz*) to deepen; **~se** *vr* to give o.s. airs.

ahumar [au'mar] *vt* to smoke, cure; (*llenar de humo*) to fill with smoke // *vi* to smoke; **~se** *vr* to fill with smoke.

ahuyentar [aujen'tar] *vt* to drive off, frighten off; (*fig*) to dispel.

airado, a [ai'raðo, a] *a* angry; **airar** *vt* to anger; **airarse** *vr* to get angry.

aire ['aire] *nm* air; (*viento*) wind; (*corriente*) draught; (*MUS*) tune; **~s** *nmpl*: **darse ~s** to give o.s. airs; **al ~ libre** in the open air; **~ acondicionado** air conditioning; **airoso, a** *a* windy; draughty; (*fig*) graceful.

aislado, a [ais'laðo, a] *a* isolated; (*incomunicado*) cut-off; (*ELEC*) insulated.

aislar [ais'lar] *vt* to isolate; (*ELEC*) to insulate.

ajar [a'xar] *vt* to spoil; (*fig*) to abuse.

ajardinado, a [axarði'naðo, a] *a* land-scaped.

ajedrez [axe'ðreθ] *nm* chess.

ajeno, a [a'xeno, a] *a* (*que pertenece a otro*) somebody else's; **~ a** foreign to; **~ de** free from, devoid of.

ajetreado, a [axetre'aðo, a] *a* busy.

ajetreo [axe'treo] *nm* bustle.

ají [a'xi] *nm* chili, red pepper; (*salsa*) chili sauce.

ajo ['axo] *nm* garlic.

ajorca [a'xorka] *nf* bracelet.

ajuar [a'xwar] *nm* household furnishings *pl*; (*de novia*) trousseau; (*de niño*) layette.

ajustado, a [axus'taðo, a] *a* (*tornillo*) tight; (*cálculo*) right; (*ropa*) tight (-fitting); (*DEPORTE: resultado*) close.

ajustar [axus'tar] *vt* (*adaptar*) to adjust; (*encajar*) to fit; (*TEC*) to engage; (*IMPRENTA*) to make up; (*apretar*) to tighten; (*concertar*) to agree (on); (*reconciliar*) to reconcile; (*cuenta, deudas*) to settle // *vi* to fit.

ajuste [a'xuste] *nm* adjustment; (*COSTURA*) fitting; (*acuerdo*) compromise; (*de cuenta*) settlement.

al [al] = **a** + **el**, *ver* **a**.

ala ['ala] *nf* wing; (*de sombrero*) brim; (*futbolista*) winger.

alabanza [ala'Banθa] *nf* praise.

alabar [ala'Bar] *vt* to praise.

alacena [ala'θena] *nf* kitchen cupboard (*Brit*), kitchen closet (*US*).

alacrán [ala'kran] *nm* scorpion.

alado, a [a'laðo, a] *a* winged.

alambique [alam'bike] *nm* still.

alambrada [alam'braða] *nf*, **alambrado** [alam'braðo] *nm* wire fence; (*red*) wire netting.

alambre [a'lambre] *nm* wire; **~ de púas** barbed wire; **alambrista** *nm/f* tightrope walker.

alameda [ala'meða] *nf* (*plantío*) poplar grove; (*lugar de paseo*) avenue, boulevard.

álamo ['alamo] *nm* poplar; **~ temblón** aspen.

alano [a'lano] *nm* mastiff.

alarde [a'larðe] *nm* show, display; **hacer ~ de** to boast of.

alargador [alarɣa'ðor] *nm* (*ELEC*) extension lead.

alargar [alar'ɣar] *vt* to lengthen, extend; (*paso*) to hasten; (*brazo*) to stretch out; (*cuerda*) to pay out; (*conversación*) to spin out; **~se** *vr* to get longer.

alarido [ala'riðo] *nm* shriek.

alarma [a'larma] *nf* alarm.

alarmante [alar'mante] *a* alarming.

alazán [ala'θan] *nm* sorrel.

alba ['alBa] *nf* dawn.

albacea [alBa'θea] *nm/f* executor/executrix.

albahaca [al'Baka] *nf* basil.

Albania [al'Banja] *nf* Albania.

albañal [alBa'nal] *nm* drain, sewer.

albañil [alBa'nil] *nm* bricklayer; (*cantero*) mason.

albarán [alBa'ran] *nm* (*COM*) delivery note, invoice.

albaricoque [alBari'koke] *nm* apricot.

albedrío [alBe'ðrio] *nm*: **libre ~** free will.

alberca [al'Berka] *nf* reservoir; (*AM*) swimming pool.

albergar [alBer'ɣar] *vt* to shelter.

albergue *etc vb ver* **albergar** // [al'Berxe] *nm* shelter, refuge; **~ de juventud** youth hostel.

albóndiga [al'Bondiɣa] *nf* meatball.

albor [al'Bor] *nm* whiteness; (*amanecer*) dawn; **~ada** *nf* dawn; (*diana*) reveille; **~ear** *vi* to dawn.

albornoz [alBor'noθ] *nm* (*de los árabes*) burnous; (*para el baño*) bathrobe.

alborotar [alβoro'tar] *vi* to make a row // *vt* to agitate, stir up; ~se *vr* to get excited; (*mar*) to get rough; **alboroto** *nm* row, uproar.

alborozar [alβoro'θar] *vt* to gladden; ~se *vr* to rejoice.

alborozo [alβo'roθo] *nm* joy.

albricias [al'βriθjas] *nfpl*: ¡~! good news!

álbum ['alβum] (*pl* ~s, ~es) *nm* album; ~ de recortes scrapbook.

albumen [al'βumen] *nm* egg white, albumen.

alcachofa [alka'tʃofa] *nf* artichoke.

alcalde, esa [al'kalde, esa] *nm/f* mayor(ess).

alcaldía [alkal'dia] *nf* mayoralty; (*lugar*) mayor's office.

alcance *etc vb ver* **alcanzar** // [al'kanθe] *nm* reach; (*COM*) adverse balance.

alcancía [alkan'θia] *nf* money box.

alcantarilla [alkanta'riʎa] *nf* (*de aguas cloacales*) sewer; (*en la calle*) gutter.

alcanzar [alkan'θar] *vt* (*algo: con la mano, el pie*) to reach; (*alguien: en el camino etc*) to catch up (with); (*autobús*) to catch; (*suj: bala*) to hit, strike // *vi* (*ser suficiente*) to be enough; ~ a hacer to manage to do.

alcaparra [alka'parra] *nf* caper.

alcatraz [alka'traθ] *nm* gannet.

alcayata [alka'jata] *nf* hook.

alcázar [al'kaθar] *nm* fortress; (*NAUT*) quarter-deck.

alcoba [al'koβa] *nf* bedroom.

alcohol [al'kol] *nm* alcohol; ~ metílico methylated spirits *pl* (*Brit*), wood alcohol (*US*); **alcohólico, a** *a, nm/f* alcoholic.

alcoholímetro [alko'limetro] *nm* Breathalyser ® (*Brit*), drunkometer (*US*).

alcoholismo [alko'lismo] *nm* alcoholism.

alcornoque [alkor'noke] *nm* cork tree; (*fam*) idiot.

aldaba [al'daβa] *nf* (door) knocker.

aldea [al'dea] *nf* village; ~no, a *a* village *cpd* // *nm/f* villager.

ale ['ale] *excl* come on!, let's go!

aleación [alea'θjon] *nf* alloy.

aleatorio, a [alea'torjo, a] *a* random.

aleccionar [alekθjo'nar] *vt* to instruct; (*adiestrar*) to train.

alegación [aleɣa'θjon] *nf* allegation; **alegar** *vt* to allege; (*JUR*) to plead // *vi* (*AM*) to argue.

alegato [ale'ɣato] *nm* (*JUR*) allegation; (*AM*) argument.

alegoría [aleɣo'ria] *nf* allegory.

alegrar [ale'ɣrar] *vt* (*causar alegría*) to cheer (up); (*fuego*) to poke; (*fiesta*) to liven up; ~se *vr* (*fam*) to get merry o tight; ~se de to be glad about.

alegre [a'leɣre] *a* happy, cheerful; (*fam*) merry, tight; (*chiste*) risqué, blue; **alegría** *nf* happiness; merriment.

alejamiento [alexa'mjento] *nm* removal;

(*distancia*) remoteness.

alejar [ale'xar] *vt* to remove; (*fig*) to estrange; ~se *vr* to move away.

alemán, ana [ale'man, ana] *a, nm/f* German // *nm* (*LING*) German.

Alemania [ale'manja] *nf*: ~ Occidental/Oriental West/East Germany.

alentador, a [alenta'ðor, a] *a* encouraging.

alentar [alen'tar] *vt* to encourage.

alergia [a'lerxja] *nf* allergy.

alero [a'lero] *nm* (*de tejado*) eaves *pl*; (*de carruaje*) mudguard.

alerta [a'lerta] *a, nm* alert.

aleta [a'leta] *nf* (*de pez*) fin; (*de ave*) wing; (*de foca, DEPORTE*) flipper; (*AUTO*) mudguard.

aletargar [aletar'ɣar] *vt* to make drowsy; (*entumecer*) to make numb; ~se *vr* to grow drowsy; to become numb.

aletear [alete'ar] *vi* to flutter.

alevín [ale'βin], **alevino** [ale'βino] *nm* fry, young fish.

alevosía [aleβo'sia] *nf* treachery.

alfabeto [alfa'βeto] *nm* alphabet.

alfalfa [al'falfa] *nf* alfalfa, lucerne.

alfarería [alfare'ria] *nf* pottery; (*tienda*) pottery shop; **alfarero, a** *nm/f* potter.

alféizar [al'feiðar] *nm* window-sill.

alférez [al'fereθ] *nm* (*MIL*) second lieutenant; (*NAUT*) ensign.

alfil [al'fil] *nm* (*AJEDREZ*) bishop.

alfiler [alfi'ler] *nm* pin; (*broche*) clip; (*pinza*) clothes peg.

alfiletero [alfile'tero] *nm* needlecase.

alfombra [al'fombra] *nf* carpet; (*más pequeña*) rug; **alfombrar** *vt* to carpet; **alfombrilla** *nf* rug, mat.

alforja [al'forxa] *nf* saddlebag.

alforza [al'forθa] *nf* pleat.

algarabía [alɣara'βia] *nf* (*fam*) gibberish.

algarrobo [alɣa'rroβo] *nm* carob tree.

algas ['alɣas] *nfpl* seaweed.

algazara [alɣa'θara] *nf* din, uproar.

álgebra ['alxeβra] *nf* algebra.

álgido, a ['alxiðo] *a* icy, chilly; (*momento etc*) crucial, decisive.

algo ['alɣo] *pron* something; anything // *ad* somewhat, rather; ¿~ más? anything else?; (*en tienda*) is that all?; por ~ será there must be some reason for it.

algodón [alɣo'ðon] *nm* cotton; (*planta*) cotton plant; ~ de azúcar candy floss (*Brit*), cotton candy (*US*); ~ hidrófilo cotton wool (*Brit*), absorbent cotton (*US*).

algodonero, a [alɣoðo'nero, a] *a* cotton *cpd* // *nm/f* cotton grower // *nm* cotton plant.

alguacil [alɣwa'θil] *nm* bailiff; (*TAUR*) mounted official.

alguien ['alɣjen] *pron* someone, somebody; (*en frases interrogativas*) anyone, anybody.

alguno, a [al'ɣuno, a] *a* (*delante de nm*:

algún some; (*después de n*): **no tiene talento alguno** he has no talent, he doesn't have any talent // *pron* (*alguien*) someone, somebody; **algún que otro libro** some book or other; **algún día iré** I'll go one *o* some day; **sin interés ~** without the slightest interest; **~ que otro** an occasional one; **~s piensan** some (people) think.

alhaja [a'laxa] *nf* jewel; (*tesoro*) precious object, treasure.

alhelí [ale'li] *nm* wallflower, stock.

aliado, a [a'ljaðo, a] *a* allied.

alianza [a'ljanθa] *nf* alliance; (*anillo*) wedding ring.

aliar [a'ljar] *vt* to ally; **~se** *vr* to form an alliance.

alias ['aljas] *ad* alias.

alicates [ali'kates] *nmpl* pliers; **~ de uñas** nail clippers.

aliciente [ali'θjente] *nm* incentive; (*atracción*) attraction.

alienación [aljena'θjon] *nf* alienation.

aliento [a'ljento] *nm* breath; (*respiración*) breathing; **sin ~** breathless.

aligerar [alixe'rar] *vt* to lighten; (*reducir*) to shorten; (*aliviar*) to alleviate; (*mitigar*) to ease; (*paso*) to quicken.

alimaña [ali'maɲa] *nf* pest.

alimentación [alimenta'θjon] *nf* (*comida*) food; (*acción*) feeding; (*tienda*) grocer's (shop); **alimentador** *nm*: **alimentador de papel** sheet-feeder; **alimentar** *vt* to feed; (*nutrir*) to nourish; **alimentarse** *vr* to feed.

alimenticio, a [alimen'tiθjo, a] *a* food *cpd*; (*nutritivo*) nourishing, nutritious.

alimento [ali'mento] *nm* food; (*nutrición*) nourishment; **~s** *nmpl* (*JUR*) alimony *sg*.

alineación [alinea'θjon] *nf* alignment; (*DEPORTE*) line-up.

alinear [aline'ar] *vt* to align; **~se** *vr* (*DEPORTE*) to line up; **~se en** to fall in with.

aliñar [ali'ɲar] *vt* (*CULIN*) to season; **aliño** *nm* (*CULIN*) dressing.

alisar [ali'sar] *vt* to smooth.

aliso [a'liso] *nm* alder.

alistarse [alis'tarse] *vr* to enlist; (*inscribirse*) to enrol.

aliviar [ali'βjar] *vt* (*carga*) to lighten; (*persona*) to relieve; (*dolor*) to relieve, alleviate.

alivio [a'liβjo] *nm* alleviation, relief.

aljibe [al'xiβe] *nm* cistern.

alma ['alma] *nf* soul; (*persona*) person; (*TEC*) core.

almacén [alma'θen] *nm* (*depósito*) warehouse, store; (*MIL*) magazine; (*AM*) shop; (**grandes**) **almacenes** *nmpl* department store *sg*; **almacenaje** *nm* storage; **almacenaje secundaria** (*INFORM*) backing storage.

almacenar [almaθe'nar] *vt* to store, put

in storage; (*proveerse*) to stock up with; **almacenero** *nm* warehouseman; (*AM*) shopkeeper.

almanaque [alma'nake] *nm* almanac.

almeja [al'mexa] *nf* clam.

almendra [al'mendra] *nf* almond; **almendro** *nm* almond tree.

almiar [al'mjar] *nm* haystack.

almíbar [al'miβar] *nm* syrup.

almidón [almi'ðon] *nm* starch; **almidonar** *vt* to starch.

almirantazgo [almiran'taɣɣo] *nm* admiralty.

almirante [almi'rante] *nm* admiral.

almirez [almi'reθ] *nm* mortar.

almizcle [al'miθkle] *nm* musk.

almohada [almo'aða] *nf* pillow; (*funda*) pillowcase; **almohadilla** *nf* cushion; (*TEC*) pad; (*AM*) pincushion.

almohadón [almoa'ðon] *nm* large pillow; bolster.

almorranas [almo'rranas] *nfpl* piles, haemorrhoids.

almorzar [almor'θar] *vt*: **~ una tortilla** to have an omelette for lunch // *vi* to (have) lunch.

almuerzo *etc vb ver* **almorzar** // [al'mwerθo] *nm* lunch.

alocado, a [alo'kaðo, a] *a* crazy.

alojamiento [aloxa'mjento] *nm* lodging(s) (*pl*); (*viviendas*) housing.

alojar [alo'xar] *vt* to lodge; **~se** *vr* to lodge, stay.

alondra [a'londra] *nf* lark, skylark.

alpargata [alpar'ɣata] *nf* rope-soled sandal, espadrille.

Alpes ['alpes] *nmpl*: **los ~** the Alps.

alpinismo [alpi'nismo] *nm* mountaineering, climbing; **alpinista** *nm/f* mountaineer, climber.

alpiste [al'piste] *nm* birdseed.

alquería [alke'ria] *nf* farmhouse.

alquilar [alki'lar] *vt* (*suj: propietario*: *inmuebles*) to let, rent (out); (: *coche*) to hire out; (: *TV*) to rent (out); (*suj: alquilador*: *inmuebles, TV*) to rent; (: *coche*) to hire; **'se alquila casa'** 'house to let (*Brit*) *o* to rent' (*US*).

alquiler [alki'ler] *nm* renting; letting; hiring; (*arriendo*) rent; hire charge; **~ de automóviles** car hire; **de ~** for hire.

alquimia [al'kimja] *nf* alchemy.

alquitrán [alki'tran] *nm* tar.

alrededor [alreðe'ðor] *ad* around, about; **~es** *nmpl* surroundings; **~ de** *prep* around, about; **mirar a su ~** to look (round) about one.

alta ['alta] *nf ver* **alto**.

altanería [altane'ria] *nf* haughtiness, arrogance; **altanero, a** *a* arrogant, haughty.

altar [al'tar] *nm* altar.

altavoz [alta'βoθ] *nm* loudspeaker; (*amplificador*) amplifier.

alteración [altera'θjon] *nf* alteration;

(*alboroto*) disturbance.

alterar [alte'rar] *vt* to alter; to disturb; ~se *vr* (*persona*) to get upset.

altercado [alter'kaðo] *nm* argument.

alternar [alter'nar] *vt* to alternate // *vi*, ~se *vr* to alternate; (*turnar*) to take turns; ~ con to mix with; **alternativo, a** *a* alternative; (*alterno*) alternating // *nf* alternative; (*elección*) choice; **alterno, a** *a* alternate; (*ELEC*) alternating.

Alteza [al'teθa] *nf* (*tratamiento*) Highness.

altibajos [alti'βaxos] *nmpl* ups and downs.

altiplanicie [altipla'niθje] *nf*, **altiplano** [alti'plano] *nm* high plateau.

altisonante [altiso'nante] *a* high-flown, high-sounding.

altitud [alti'tuð] *nf* height; (*AVIAT, GEO*) altitude.

altivez [alti'βeθ] *nf* haughtiness, arrogance; **altivo, a** *a* haughty, arrogant.

alto, a ['alto, a] *a* high; (*persona*) tall; (*sonido*) high, sharp; (*noble*) high, lofty // *nm* halt; (*MUS*) alto; (*GEO*) hill; (*AM*) pile // *ad* (*de sitio*) high; (*de sonido*) loud, loudly // *nf* (certificate of) discharge // *excl* halt!; **la pared tiene 2 metros de** ~ the wall is 2 metres high; **en alta mar** on the high seas; **en voz alta** in a loud voice; **las altas horas de la noche** the small *o* wee hours; **en lo** ~ **de** at the top of; **pasar por** ~ to overlook; **dar de alta** to discharge.

altoparlante [altopar'lante] *nm* (*AM*) loudspeaker.

altura [al'tura] *nf* height; (*NAUT*) depth; (*GEO*) latitude; **la pared tiene 1.80 de** ~ the wall is 1 metre 80cm high; **a estas** ~s at this stage; **a estas** ~s **del año** at this time of the year.

alubia [a'luβja] *nf* French bean, kidney bean.

alucinación [aluθina'θjon] *nf* hallucination; **alucinar** *vi* to hallucinate // *vt* to deceive; (*fascinar*) to fascinate.

alud [a'luð] *nm* avalanche; (*fig*) flood.

aludir [alu'ðir] *vi*: ~ a to allude to; **darse por aludido** to take the hint.

alumbrado [alum'braðo] *nm* lighting; **alumbramiento** *nm* lighting; (*MED*) childbirth, delivery.

alumbrar [alum'brar] *vt* to light (up) // *vi* (*MED*) to give birth.

aluminio [alu'minjo] *nm* aluminium (*Brit*), aluminum (*US*).

alumno, a [a'lumno, a] *nm/f* pupil, student.

alunizar [aluni'θar] *vi* to land on the moon.

alusión [alu'sjon] *nf* allusion.

alusivo, a [alu'siβo, a] *a* allusive.

aluvión [alu'βjon] *nm* alluvium; (*fig*) flood.

alverja [al'βerxa] *nf* (*AM*) pea.

alza [al'θa] *nf* rise; (*MIL*) sight.

alzada [al'θaða] *nf* (*de caballos*) height; (*JUR*) appeal.

alzamiento [alθa'mjento] *nm* (*aumento*) rise, increase; (*acción*) lifting, raising; (*mejor postura*) higher bid; (*rebelión*) rising; (*COM*) fraudulent bankruptcy.

alzar [al'θar] *vt* to lift (up); (*precio, muro*) to raise; (*cuello de abrigo*) to turn up; (*AGR*) to gather in; (*IMPRENTA*) to gather; ~se *vr* to get up, rise; (*rebelarse*) to revolt; (*COM*) to go fraudulently bankrupt; (*JUR*) to appeal.

allá [a'ʎa] *ad* (*lugar*) there; (*por ahí*) over there; (*tiempo*) then; ~ **abajo** down there; **más** ~ further on; **más** ~ **de** beyond; **¡~ tú!** that's your problem!

allanamiento [aʎana'mjento] *nm*: ~ **de morada** burglary.

allanar [aʎa'nar] *vt* to flatten, level (out); (*igualar*) to smooth (out); (*fig*) to subdue; (*JUR*) to burgle, break into; ~se *vr* to fall down; ~se a to submit to, accept.

allegado, a [aʎe'γaðo, a] *a* near, close // *nm/f* relation.

allí [a'ʎi] *ad* there; ~ **mismo** right there; **por** ~ over there; (*por ese camino*) that way.

ama ['ama] *nf* lady of the house; (*dueña*) owner; (*institutriz*) governess; (*madre adoptiva*) foster mother; ~ **de casa** housewife; ~ **de cría** *o* **de leche** wet-nurse; ~ **de llaves** housekeeper.

amabilidad [amaβili'ðað] *nf* kindness; (*simpatía*) niceness; **amable** *a* kind; nice; **es Vd muy** ~ that's very kind of you.

amaestrado, a [amaes'traðo, a] *a* (*animal: en circo etc*) performing.

amaestrar [amaes'trar] *vt* to train.

amagar [ama'γar] *vt*, *vi* to threaten; (*DEPORTE, MIL*) to feint; **amago** *nm* threat; (*gesto*) threatening gesture; (*MED*) symptom.

amalgama [amal'γama] *nf* amalgam; **amalgamar** *vt* to amalgamate; (*combinar*) to combine, mix.

amamantar [amaman'tar] *vt* to suckle, nurse.

amanecer [amane'θer] *vi* to dawn // *nm* dawn; **el niño amaneció afiebrado** the child woke up with a fever.

amanerado, a [amane'raðo, a] *a* affected.

amansar [aman'sar] *vt* to tame; (*persona*) to subdue; ~se *vr* (*persona*) to calm down.

amante [a'mante] *a*: ~ **de** fond of // *nm/f* lover.

amapola [ama'pola] *nf* poppy.

amar [a'mar] *vt* to love.

amarar [ama'rar] *vi* (*avión*) to land (on the sea).

amargado, a [amar'ɣaðo, a] *a* bitter.

amargar [amar'ɣar] *vt* to make bitter; (*fig*) to embitter; ~**se** *vr* to become embittered.

amargo, a [a'marɣo, a] *a* bitter; **amargura** *nf* bitterness.

amarillento, a [amari'ʎento, a] *a* yellowish; (*tez*) sallow; **amarillo, a** *a, nm* yellow.

amarrar [ama'rrar] *vt* to moor; (*sujetar*) to tie up.

amarras [a'marras] *nfpl:* soltar ~ to set sail.

amartillar [amarti'ʎar] *vt* (*fusil*) to cock.

amasar [ama'sar] *vt* (*masa*) to knead; (*mezclar*) to mix, prepare; (*confeccionar*) to concoct; **amasijo** *nm* kneading; mixing; (*fig*) hotchpotch.

amateur [ama'tœr] *nm/f* amateur.

amatista [ama'tista] *nf* amethyst.

amazona [ama'θona] *nf* horsewoman; A~**s** *nm:* el A~**s** the Amazon.

ambages [am'baxes] *nmpl:* sin ~ in plain language.

ámbar ['ambar] *nm* amber.

ambición [ambi'θjon] *nf* ambition; **ambicionar** *vt* to aspire to; **ambicioso, a** *a* ambitious.

ambidextro, a [ambi'ðekstro, a] *a* ambidextrous.

ambientación [ambjenta'θjon] *nf* (*CINE, TEATRO etc*) setting; (*RADIO*) sound effects.

ambiente [am'bjente] *nm* (*tb fig*) atmosphere; (*medio*) environment.

ambigüedad [ambiɣwe'ðað] *nf* ambiguity; **ambiguo, a** *a* ambiguous.

ámbito ['ambito] *nm* (*campo*) field; (*fig*) scope.

ambos, as ['ambos, as] *apl, pron pl* both.

ambulancia [ambu'lanθja] *nf* ambulance.

ambulante [ambu'lante] *a* travelling *cpd*, itinerant.

ambulatorio [ambula'torio] *nm* state health-service clinic.

ameba [a'meβa] *nf* amoeba.

amedrentar [ameðren'tar] *vt* to scare.

amén [a'men] *excl* amen; ~ de besides.

amenaza [ame'naθa] *nf* threat.

amenazar [amena'θar] *vt* to threaten // *vi:* ~ con hacer to threaten to do.

amenguar [amen'ɣwar] *vt* to diminish; (*fig*) to dishonour.

amenidad [ameni'ðað] *nf* pleasantness.

ameno, a [a'meno, a] *a* pleasant.

América [a'merika] *nf* America; ~ del Norte/del Sur North/South America; ~ Central/Latina Central/Latin America; **americano, a** *a, nm/f* American // *nf* coat, jacket.

amerizar [ameri'θar] *vi* (*avión*) to land (on the sea).

ametralladora [ametraʎa'ðora] *nf* machine gun.

amianto [a'mjanto] *nm* asbestos.

amigable [ami'ɣaβle] *a* friendly.

amígdala [a'miɣðala] *nf* tonsil; **amigdalitis** *nf* tonsillitis.

amigo, a [a'miɣo, a] *a* friendly // *nm/f* friend; (*amante*) lover; ser ~ de algo to be fond of sth; ser muy ~s to be close friends.

amilanar [amila'nar] *vt* to scare; ~**se** *vr* to get scared.

aminorar [amino'rar] *vt* to diminish; (*reducir*) to reduce; ~ la marcha to slow down.

amistad [amis'tað] *nf* friendship; ~**es** *nfpl* friends; **amistoso, a** *a* friendly.

amnesia [am'nesja] *nf* amnesia.

amnistía [amnis'tia] *nf* amnesty.

amo ['amo] *nm* owner; (*jefe*) boss.

amodorrarse [amoðo'rrarse] *vr* to get sleepy.

amolar [amo'lar] *vt* (*perseguir*) to annoy.

amoldar [amol'dar] *vt* to mould; (*adaptar*) to adapt.

amonestación [amonesta'θjon] *nf* warning; **amonestaciones** *nfpl* marriage banns.

amonestar [amones'tar] *vt* to warn; (*REL*) to publish the banns of.

amontonar [amonto'nar] *vt* to collect, pile up; ~**se** *vr* to crowd together; (*acumularse*) to pile up.

amor [a'mor] *nm* love; (*amante*) lover; hacer el ~ to make love.

amoratado, a [amora'taðo, a] *a* purple.

amordazar [amorða'θar] *vt* to muzzle; (*fig*) to gag.

amorfo, a [a'morfo, a] *a* amorphous, shapeless.

amorío [amo'rio] *nm* (*fam*) love affair.

amoroso, a [amo'roso, a] *a* affectionate, loving.

amortajar [amorta'xar] *vt* to shroud.

amortiguador [amortiɣwa'ðor] *nm* shock absorber; (*parachoques*) bumper; ~**es** *nmpl* (*AUTO*) suspension *sg*.

amortiguar [amorti'ɣwar] *vt* to deaden; (*ruido*) to muffle; (*color*) to soften.

amortización [amortiθa'θjon] *nf* (*de deuda*) repayment; (*de bono*) redemption.

amotinar [amoti'nar] *vt* to stir up, incite (to riot); ~**se** *vr* to mutiny.

amparar [ampa'rar] *vt* to protect; ~**se** *vr* to seek protection; (*de la lluvia etc*) to shelter; **amparo** *nm* help, protection; al amparo de under the protection of.

amperio [am'perjo] *nm* ampère, amp.

ampliación [amplja'θjon] *nf* enlargement; (*extensión*) extension; **ampliar** *vt* to enlarge; to extend.

amplificación [amplifika'θjon] *nf* enlargement; **amplificador** *nm* amplifier.

amplificar [amplifi'kar] *vt* to amplify.

amplio, a ['ampljo, a] *a* spacious; (*de falda etc*) full; (*extenso*) extensive; (*ancho*) wide; **amplitud** *nf* spaciousness; extent; (*fig*) amplitude.

ampolla [am'poʎa] *nf* blister; (*MED*) ampoule.

ampuloso, a [ampu'loso, a] *a* bombastic, pompous.

amputar [ampu'tar] *vt* to cut off, amputate.

amueblar [amwe'ßlar] *vt* to furnish.

amurallar [amura'ʎar] *vt* to wall up *o* in.

anacronismo [anakro'nismo] *nm* anachronism.

ánade ['anaðe] *nm* duck.

anadear [anaðe'ar] *vi* to waddle.

anales [a'nales] *nmpl* annals.

analfabetismo [analfaße'tismo] *nm* illiteracy; **analfabeto, a** *a, nm/f* illiterate.

analgésico [anal'xesiko] *nm* painkiller, analgesic.

análisis [a'nalisis] *nm inv* analysis.

analista [ana'lista] *nm/f* (*gen*) analyst.

analizar [anali'θar] *vt* to analyse.

analogía [analo'xia] *nf* analogy.

analógico, a [ana'loxiko, a] *a* (*INFORM*) analog; (*reloj*) analogue (*Brit*), analog (*US*).

análogo, a [a'naloɣo, a] *a* analogous, similar (*a* to).

ananá(s) [ana'na(s)] *nm* pineapple.

anaquel [ana'kel] *nm* shelf.

anarquía [anar'kia] *nf* anarchy. **anarquismo** *nm* anarchism; **anarquista** *nm/f* anarchist.

anatomía [anato'mia] *nf* anatomy.

anca ['anka] *nf* rump, haunch; ~s *nfpl* (*fam*) behind *sg*.

anciano, a [an'θjano, a] *a* old, aged // *nm/f* old man/woman // *nm/f* elder.

ancla ['ankla] *nf* anchor; ~**dero** *nm* anchorage; **anclar** *vi* to (drop) anchor.

ancho, a [a'ntʃo, a] *a* wide; (*falda*) full; (*fig*) liberal // *nm* width; (*FERRO*) gauge; **ponerse** ~ to get conceited; **estar a sus anchas** to be at one's ease.

anchoa [an'tʃoa] *nf* anchovy.

anchura [an'tʃura] *nf* width; (*extensión*) wideness.

andaderas [anda'ðeras] *nfpl* baby walker *sg*.

andadura [anda'ðura] *nf* gait; (*de caballo*) pace.

Andalucía [andalu'θia] *nf* Andalusia; **andaluz, a** *a, nm/f* Andalusian.

andamio [an'damjo], **andamiaje** [anda'mjaxe] *nm* scaffold(ing).

andar [an'dar] *vt* to go, cover, travel // *vi* to go, walk, travel; (*funcionar*) to go, work; (*estar*) to be // *nm* walk, gait, pace; ~**se** *vr* to go away; ~ **a pie/a caballo/en bicicleta** to go on foot/on horseback/by bicycle; ~ **haciendo algo** to be doing sth; ¡**anda!**, (*sorpresa*) go on!; **anda por** *o* **en los 40** he's about 40.

andariego, a [anda'rjeɣo, a] *a* (*itinerante*) wandering.

andén [an'den] *nm* (*FERRO*) platform; (*NAUT*) quayside; (*AM: de la calle*) pavement (*Brit*), sidewalk (*US*).

Andes ['andes] *nmpl*: los ~ the Andes.

Andorra [an'dorra] *nf* Andorra.

andrajo [an'draxo] *nm* rag; ~**so, a** *a* ragged.

andurriales [andu'rrjales] *nmpl* wilds *npl*.

anduve, anduviera *etc vb ver* **andar**.

anécdota [a'nekðota] *nf* anecdote, story.

anegar [ane'ɣar] *vt* to flood; (*ahogar*) to drown; ~**se** *vr* to drown; (*hundirse*) to sink.

anejo, a [a'nexo, a] *a, nm* = **anexo**.

anemia [a'nemja] *nf* anaemia.

anestésico [anes'tesiko] *nm* anaesthetic.

anexar [anek'sar] *vt* to annex; (*documento*) to attach; **anexión** *nf*, **anexionamiento** *nm* annexation; **anexo, a** *a* attached // *nm* annexe.

anfibio, a [an'fißjo, a] *a* amphibious // *nm* amphibian.

anfiteatro [anfite'atro] *nm* amphitheatre; (*TEATRO*) dress circle.

anfitrión, ona [anfi'trjon, ona] *nm/f* host(ess).

ángel ['anxel] *nm* angel; ~ **de la guarda** guardian angel; **tener** ~ to be charming; **angélico, a, angelical** *a* angelic(al).

angina [an'xina] *nf* (*MED*) inflammation of the throat; ~ **de pecho** angina; **tener** ~**s** to have tonsillitis.

anglicano, a [angli'kano, a] *a, nm/f* Anglican.

angosto, a [an'gosto, a] *a* narrow.

anguila [an'gila] *nf* eel; ~**s** *nfpl* (*NAUT*) slipway *sg*.

angula [an'gula] *nf* elver, baby eel.

ángulo ['angulo] *nm* angle; (*esquina*) corner; (*curva*) bend.

angustia [an'gustja] *nf* anguish; **angustiar** *vt* to distress, grieve.

anhelante [ane'lante] *a* eager; (*deseoso*) longing.

anhelar [ane'lar] *vt* to be eager for; to long for, desire // *vi* to pant, gasp; **anhelo** *nm* eagerness; desire.

anidar [ani'ðar] *vi* to nest.

anillo [a'niʎo] *nm* ring; ~ **de boda** wedding ring.

ánima ['anima] *nf* soul; **las** ~**s** the Angelus (bell) *sg*.

animación [anima'θjon] *nf* liveliness; (*vitalidad*) life; (*actividad*) activity; bustle.

animado, a [ani'maðo, a] *a* lively; (*vivaz*) animated; **animador, a** *nm/f* (*TV*) host(ess), compère; (*DEPORTE*) cheerleader.

animadversión [animaðßer'sjon] *nf* illwill, antagonism.

animal [ani'mal] *a* animal; (*fig*) stupid // *nm* animal; (*fig*) fool; (*bestia*) brute.

animar [ani'mar] *vt* (*BIO*) to animate,

give life to; (*fig*) to liven up, brighten up, cheer up; (*estimular*) to stimulate; ~**se** *vr* to cheer up; to feel encouraged; (*decidirse*) to make up one's mind.

ánimo ['animo] *nm* (*alma*) soul; (*mente*) mind; (*valentía*) courage // *excl* cheer up!

animoso, a [ani'moso, a] *a* brave; (*vivo*) lively.

aniquilar [aniki'lar] *vt* to annihilate, destroy.

anís [a'nis] *nm* aniseed; (*licor*) anisette.

aniversario [aniβer'sarjo] *nm* anniversary.

anoche [a'notʃe] *ad* last night; antes de ~ the night before last.

anochecer [anotʃe'θer] *vi* to get dark // *nm* nightfall, dark; al ~ at nightfall.

anodino, a [ano'ðino, a] *a* dull, anodyne.

anomalía [anoma'lia] *nf* anomaly.

anonimato [anoni'mato] *nm* anonymity.

anónimo, a [a'nonimo, a] *a* anonymous; (COM) limited // *nm* (*carta*) anonymous letter; (: *maliciosa*) poison-pen letter.

anormal [anor'mal] *a* abnormal.

anotación [anota'θjon] *nf* note; annotation.

anotar [ano'tar] *vt* to note down; (*comentar*) to annotate.

anquilosamiento [ankilosa'mjento] *nm* (*fig*) paralysis; stagnation.

ansia ['ansja] *nf* anxiety; (*añoranza*) yearning; **ansiar** *vt* to long for.

ansiedad [ansje'ðað] *nf* anxiety.

ansioso, a [an'sjoso, a] *a* anxious; (*anhelante*) eager; ~ de o por algo greedy for sth.

antagónico, a [anta'voniko, a] *a* antagonistic; (*opuesto*) contrasting; **antagonista** *nm/f* antagonist.

antaño [an'taɲo] *ad* long ago, formerly.

Antártico [an'tartiko] *nm*: el ~ the Antarctic.

ante ['ante] *prep* before, in the presence of; (*encarado con*) faced with // *nm* (*piel*) suede; ~ **todo** above all.

anteanoche [antea'notʃe] *ad* the night before last.

anteayer [antea'jer] *ad* the day before yesterday.

antebrazo [ante'βraθo] *nm* forearm.

antecedente [anteθe'ðente] *a* previous // *nm* antecedent; ~**s** *nmpl* record *sg*; background *sg*.

anteceder [anteθe'ðer] *vt* to precede, go before.

antecesor, a [anteθe'sor, a] *nm/f* predecessor.

antedicho, a [ante'ðitʃo, a] *a* aforementioned.

antelación [antela'θjon] *nf*: con ~ in advance.

antemano [ante'mano]: de ~ *ad* beforehand, in advance.

antena [an'tena] *nf* antenna; (*de

televisión etc*) aerial.

anteojo [ante'oxo] *nm* eyeglass; ~**s** *nmpl* (AM) glasses, spectacles.

antepasados [antepa'saðos] *nmpl* ancestors.

antepecho [ante'petʃo] *nm* guardrail, parapet; (*repisa*) ledge, sill.

anteponer [antepo'ner] *vt* to place in front; (*fig*) to prefer.

anteproyecto [antepro'jekto] *nm* preliminary sketch; (*fig*) blueprint.

anterior [ante'rjor] *a* preceding, previous; ~**idad** *nf*: con ~**idad** a prior to, before.

antes ['antes] *ad* (*con prioridad*) before // *prep*: ~ de before // *conj*: ~ de ir/de que te vayas before going/before you go; ~ bien (but) rather; dos días ~ two days before *o* previously; no quiso venir ~ she didn't want to come any earlier; tomo el avión ~ que el barco I take the plane rather than the boat; ~ que yo before me; lo ~ posible as soon as possible; cuanto ~ mejor the sooner the better.

antesala [ante'sala] *nf* anteroom.

antiaéreo, a [antia'ereo, a] *a* antiaircraft.

antibalas [anti'βalas] *a inv*: chaleco ~ bullet-proof jacket.

antibiótico [anti'βjotiko] *nm* antibiotic.

anticiclón [antiθi'klon] *nm* anticyclone.

anticipación [antiθipa'θjon] *nf* anticipation; con 10 minutos de ~ 10 minutes early.

anticipado, a [antiθi'paðo, a] *a* (in) advance.

anticipar [antiθi'par] *vt* to anticipate; (*adelantar*) to bring forward; (COM) to advance; ~**se** *vr*: ~**se** a su época to be ahead of one's time.

anticipo [anti'θipo] *nm* (COM) advance.

anticonceptivo, a [antikonθep'tiβo, a] *a, nm* contraceptive.

anticongelante [antikonxe'lante] *nm* antifreeze.

anticuado, a [anti'kwaðo, a] *a* out-of-date, old-fashioned; (*desusado*) obsolete.

anticuario [anti'kwarjo] *nm* antique dealer.

anticuerpo [anti'kwerpo] *nm* (MED) antibody.

antídoto [an'tiðoto] *nm* antidote.

antiestético, a [anties'tetiko, a] *a* unsightly.

antifaz [anti'faθ] *nm* mask; (*velo*) veil.

antigualla [anti'ɣwaʎa] *nf* antique; (*reliquia*) relic.

antiguamente [antiɣwa'mente] *ad* formerly; (*hace mucho tiempo*) long ago.

antigüedad [antiɣwe'ðað] *nf* antiquity; (*artículo*) antique; (*rango*) seniority.

antiguo, a [an'tiɣwo, a] *a* old, ancient; (*que fue*) former.

antílope [an'tilope] *nm* antelope.

antillano, a [anti'ʎano, a] *a, nm/f* West

Indian.

Antillas [an'tiʎas] *nfpl*: las ~ the West Indies.

antinatural [antinatu'ral] *a* unnatural.

antipatía [antipa'tia] *nf* antipathy, dislike; **antipático, a** *a* disagreeable, unpleasant.

antirrobo [anti'rroβo] *a inv (alarma etc)* anti-theft.

antisemita [antise'mita] *a* anti-Semitic // *nm/f* anti-Semite.

antiséptico, a [anti'septiko, a] *a* antiseptic // *nm* antiseptic.

antítesis [an'titesis] *nf inv* antithesis.

antojadizo, a [antoxa'ðiθo, a] *a* capricious.

antojarse [anto'xarse] *vr (desear)*: se me antoja comprarlo I have a mind to buy it; *(pensar)*: se me antoja que I have a feeling that.

antojo [an'toxo] *nm* caprice, whim; *(rosa)* birthmark; *(lunar)* mole.

antología [antolo'xia] *nf* anthology.

antorcha [an'tortʃa] *nf* torch.

antro ['antro] *nm* cavern.

antropófago, a [antro'pofaxo, a] *a, nm/f* cannibal.

antropología [antropolo'xia] *nf* anthropology.

anual [a'nwal] *a* annual; **~idad** [anwali'ðað] *nf* annuity.

anuario [a'nwarjo] *nm* yearbook.

anudar [anu'ðar] *vt* to knot, tie; *(unir)* to join; **~se** *vr* to get tied up.

anulación [anula'θjon] *nf* annulment; *(cancelación)* cancellation.

anular [anu'lar] *vt (contrato)* to annul, cancel; *(ley)* to revoke, repeal; *(suscripción)* to cancel // *nm* ring finger.

anunciación [anunθja'θjon] *nf* announcement; **A~** *(REL)* Annunciation.

anunciante [anun'θjante] *nm/f (COM)* advertiser.

anunciar [anun'θjar] *vt* to announce; *(proclamar)* to proclaim; *(COM)* to advertise.

anuncio [a'nunθjo] *nm* announcement; *(señal)* sign; *(COM)* advertisement; *(cartel)* poster.

anzuelo [an'θwelo] *nm* hook; *(para pescar)* fish hook.

añadidura [aɲaði'ðura] *nf* addition, extra; por ~ besides, in addition.

añadir [aɲa'ðir] *vt* to add.

añejo, a [a'ɲexo, a] *a* old; *(vino)* mellow.

añicos [a'ɲikos] *nmpl*: hacer ~ to smash, shatter.

añil [a'ɲil] *nm (BOT, color)* indigo.

año ['aɲo] *nm* year; ¡Feliz A~ Nuevo! Happy New Year!; tener 15 ~s to be 15 (years old); los ~s 80 the eighties; ~ bisiesto/escolar leap/school year; el ~ que viene next year.

añoranza [aɲo'ranθa] *nf* nostalgia;

(anhelo) longing.

apabullar [apaβu'ʎar] *vt (tb fig)* to crush, squash.

apacentar [apaθen'tar] *vt* to pasture, graze.

apacible [apa'θiβle] *a* gentle, mild.

apaciguar [apaθi'ɣwar] *vt* to pacify, calm (down).

apadrinar [apaðri'nar] *vt* to sponsor, support; *(REL)* to be godfather to.

apagado, a [apa'ɣaðo, a] *a (volcán)* extinct; *(color)* dull; *(voz)* quiet; *(sonido)* muted, muffled; *(persona: apático)* listless; estar ~ *(fuego, luz)* to be out; *(RADIO, TV etc)* to be off.

apagar [apa'ɣar] *vt* to put out; *(ELEC, RADIO, TV)* to turn off; *(sonido)* to silence, muffle; *(sed)* to quench.

apagón [apa'ɣon] *nm* blackout; power cut.

apalabrar [apala'βrar] *vt* to agree to; *(contratar)* to engage.

apalear [apale'ar] *vt* to beat, thrash; *(AGR)* to winnow.

apañar [apa'ɲar] *vt* to pick up; *(asir)* to take hold of, grasp; *(reparar)* to mend, patch up; **~se** *vr* to manage, get along.

aparador [apara'ðor] *nm* sideboard; *(escaparate)* shop window.

aparato [apa'rato] *nm* apparatus; *(máquina)* machine; *(doméstico)* appliance; *(boato)* ostentation; ~ de facsímil facsimile (machine), fax; **~so, a** *a* showy, ostentatious.

aparcamiento [aparka'mjento] *nm* car park *(Brit)*, parking lot *(US)*.

aparcar [apar'kar] *vt, vi* to park.

aparear [apare'ar] *vt (objetos)* to pair, match; *(animales)* to mate; **~se** *vr* to make a pair; to mate.

aparecer [apare'θer] *vi*, **aparecerse** *vr* to appear.

aparejado, a [apare'xaðo, a] *a* fit, suitable; llevar *o* traer ~ to involve.

aparejo [apa'rexo] *nm* preparation; harness; rigging; *(de poleas)* block and tackle.

aparentar [aparen'tar] *vt (edad)* to look; *(fingir)*: ~ tristeza to pretend to be sad.

aparente [apa'rente] *a* apparent; *(adecuado)* suitable.

aparezco *etc vb ver* **aparecer**.

aparición [apari'θjon] *nf* appearance; *(de libro)* publication; *(espectro)* apparition.

apariencia [apa'rjenθja] *nf* (outward) appearance; en ~ outwardly, seemingly.

apartado, a [apar'taðo, a] *a* separate; *(lejano)* remote // *nm (tipográfico)* paragraph; ~ (de correos) post office box.

apartamento [aparta'mento] *nm* apartment, flat *(Brit)*.

apartamiento [aparta'mjento] *nm* separation; *(aislamiento)* remoteness, isolation; *(AM)* apartment, flat *(Brit)*.

apartar [apar'tar] *vt* to separate; *(quitar)*

to remove; (*MINEROLOGIA*) to extract; ~se *vr* to separate, part; (*irse*) to move away; to keep away.

aparte [a'parte] *ad* (*separadamente*) separately; (*además*) besides // *nm* aside; (*tipográfico*) new paragraph.

apasionado, a [apasjo'naðo, a] *a* passionate; biassed, prejudiced.

apasionar [apasjo'nar] *vt* to excite; **le apasiona el fútbol** she's crazy about football; ~se *vr* to get excited.

apatía [apa'tia] *nf* apathy.

apático, a [a'patiko, a] *a* apathetic.

apátrida [a'patriða] *a* stateless.

Apdo *abr* (= *Apartado* (*de Correos*)) PO Box.

apeadero [apea'ðero] *nm* halt, stop, stopping place.

apearse [ape'arse] *vr* (*jinete*) to dismount; (*bajarse*) to get down *o* out; (*AUTO, FERRO*) to get off *o* out.

apechugar [apetʃu'ɣar] *vr*: ~ **con algo** to face up to sth.

apedrear [apeðre'ar] *vt* to stone.

apegarse [ape'ɣarse] *vr*: ~se **a** to become attached to; **apego** *nm* attachment, devotion.

apelación [apela'θjon] *nf* appeal.

apelar [ape'lar] *vi* to appeal; ~ **a** (*fig*) to resort to.

apellidar [apeʎi'ðar] *vt* to call, name; ~se *vr*: **se apellida Pérez** her (sur)name's Pérez.

apellido [ape'ʎiðo] *nm* surname.

apenar [ape'nar] *vt* to grieve, trouble; (*AM: avergonzar*) to embarrass; ~se *vr* to grieve; (*AM*) to be embarrassed.

apenas [a'penas] *ad* scarcely, hardly // *conj* as soon as, no sooner.

apéndice [a'pendiθe] *nm* appendix; **apendicitis** *nf* appendicitis.

apercibirse [aperθi'βirse] *vr*: ~ **de** to notice.

aperitivo [aperi'tiβo] *nm* (*bebida*) aperitif; (*comida*) appetizer.

apero [a'pero] *nm* (*AGR*) implement; ~s *nmpl* farm equipment *sg*.

apertura [aper'tura] *nf* opening; (*POL*) liberalization.

apesadumbrar [apesaðum'brar] *vt* to grieve, sadden; ~se *vr* to distress o.s.

apestar [apes'tar] *vt* to infect // *vi*: ~ **(a)** to stink (of).

apetecer [apete'θer] *vt*: **¿te apetece una tortilla?** do you fancy an omelette?; **apetecible** *a* desirable; (*comida*) appetizing.

apetito [ape'tito] *nm* appetite; ~**so, a** *a* appetizing; (*fig*) tempting.

apiadarse [apja'ðarse] *vr*: ~ **de** to take pity on.

ápice ['apiθe] *nm* apex; (*fig*) whit, iota.

apilar [api'lar] *vt* to pile *o* heap up; ~se *vr* to pile up.

apiñarse [api'ɲarse] *vr* to crowd *o* press

together.

apio ['apjo] *nm* celery.

apisonadora [apisona'ðora] *nf* (*máquina*) steamroller.

aplacar [apla'kar] *vt* to placate; ~se *vr* to calm down.

aplanar [apla'nar] *vt* to smooth, level; (*allanar*) to roll flat, flatten.

aplastar [aplas'tar] *vt* to squash (flat); (*fig*) to crush.

aplatanarse [aplata'narse] *vr* to get lethargic.

aplaudir [aplau'ðir] *vt* to applaud.

aplauso [a'plauso] *nm* applause; (*fig*) approval, acclaim.

aplazamiento [aplaθa'mjento] *nm* postponement.

aplazar [apla'θar] *vt* to postpone, defer.

aplicación [aplika'θjon] *nf* application; (*esfuerzo*) effort.

aplicado, a [apli'kaðo, a] *a* diligent, hard-working.

aplicar [apli'kar] *vt* (*ejecutar*) to apply; ~se *vr* to apply o.s.

aplique *etc vb ver* **aplicar** // [a'plike] *nm* wall light.

aplomo [a'plomo] *nm* aplomb, self-assurance.

apocado, a [apo'kaðo, a] *a* timid.

apocamiento [apoka'mjento] *nm* timidity; (*depresión*) depression.

apocarse [apo'karse] *vr* to feel small *o* humiliated.

apodar [apo'ðar] *vt* to nickname.

apoderado [apoðe'raðo] *nm* agent, representative.

apoderar [apoðe'rar] *vt* to authorize, empower; (*JUR*) to grant (a) power of attorney to; ~se *vr*: ~se **de** to take possession of.

apodo [a'poðo] *nm* nickname.

apogeo [apo'xeo] *nm* peak, summit.

apolillarse [apoli'ʎarse] *vr* to get moth-eaten.

apología [apolo'xia] *nf* eulogy; (*defensa*) defence.

apoltronarse [apoltro'narse] *vr* to get lazy.

apoplejía [apople'xia] *nf* apoplexy, stroke.

apoquinar [apoki'nar] *vt* (*fam*) to fork out, cough up.

aporrear [aporre'ar] *vt* to beat (up).

aportar [apor'tar] *vt* to contribute // *vi* to reach port; ~se *vr* (*AM*) to arrive, come.

aposentar [aposen'tar] *vt* to lodge, put up; **aposento** *nm* lodging; (*habitación*) room.

apósito [a'posito] *nm* (*MED*) dressing.

apostar [apos'tar] *vt* to bet, stake; (*tropas etc*) to station, post // *vi* to bet.

apostilla [apos'tiʎa] *nf* note, comment.

apóstol [a'postol] *nm* apostle.

apóstrofo [a'postrofo] *nm* apostrophe.

apostura [apos'tura] *nf* neatness; (*elegancia*) elegance.

apoyar [apo'jar] *vt* to lean, rest; (*fig*) to support, back; ~**se** *vr*: ~**se en** to lean on; **apoyo** *nm* (*gen*) support; backing, help.

apreciable [apre'θjaβle] *a* considerable; (*fig*) esteemed.

apreciación [apreθja'θjon] *nf* appreciation; (*COM*) valuation.

apreciar [apre'θjar] *vt* to evaluate, assess; (*COM*) to appreciate, value.

aprecio [a'preθjo] *nm* valuation, estimate; (*fig*) appreciation.

aprehender [apreen'der] *vt* to apprehend, detain; **aprehensión** *nf* detention, capture.

apremiante [apre'mjante] *a* urgent, pressing.

apremiar [apre'mjar] *vt* to compel, force // *vi* to be urgent, press; **apremio** *nm* urgency.

aprender [apren'der] *vt, vi* to learn.

aprendiz, a [apren'diθ, a] *nm/f* apprentice; (*principiante*) learner; ~**aje** *nm* apprenticeship.

aprensión [apren'sjon] *nm* apprehension, fear; **aprensivo, a** *a* apprehensive.

apresar [apre'sar] *vt* to seize; (*capturar*) to capture.

aprestar [apres'tar] *vt* to prepare, get ready; (*TEC*) to prime, size; ~**se** *vr* to get ready.

apresurado, a [apresu'raðo, a] *a* hurried, hasty; **apresuramiento** *nm* hurry, haste.

apresurar [apresu'rar] *vt* to hurry, accelerate; ~**se** *vr* to hurry, make haste.

apretado, a [apre'taðo, a] *a* tight; (*escritura*) cramped.

apretar [apre'tar] *vt* to squeeze; (*TEC*) to tighten; (*presionar*) to press together, pack // *vi* to be too tight.

apretón [apre'ton] *nm* squeeze; ~ **de manos** handshake.

aprieto [a'prjeto] *nm* squeeze; (*dificultad*) difficulty, jam; **estar en un** ~ to be in a fix.

aprisa [a'prisa] *ad* quickly, hurriedly.

aprisionar [aprisjo'nar] *vt* to imprison.

aprobación [aproβa'θjon] *nf* approval.

aprobar [apro'βar] *vt* to approve (of); (*examen, materia*) to pass // *vi* to pass.

apropiación [apropja'θjon] *nf* appropriation.

apropiado, a [apro'pjaðo, a] *a* appropriate.

apropiarse [apro'pjarse] *vr*: ~ **de** to appropriate.

aprovechado, a [aproβe'tʃaðo, a] *a* industrious, hardworking; (*económico*) thrifty; (*pey*) unscrupulous; **aprovechamiento** *nm* use; exploitation.

aprovechar [aproβe'tʃar] *vt* to use; (*explotar*) to exploit; (*experiencia*) to profit from; (*oferta, oportunidad*) to take advantage of // *vi* to progress, improve; ~**se** *vr*: ~**se de** to make use of; to take advantage of; ¡**que aproveche!** enjoy your meal!

aproximación [aproksima'θjon] *nf* approximation; (*de lotería*) consolation prize; **aproximado, a** *a* approximate.

aproximar [aproksi'mar] *vt* to bring nearer; ~**se** *vr* to come near, approach.

apruebo *etc vb ver* **aprobar.**

aptitud [apti'tuð] *nf* aptitude.

apto, a ['apto, a] *a* suitable.

apuesto, a [a'pwesto, a] *a* neat, elegant // *nf* bet, wager.

apuntador [apunta'ðor] *nm* prompter.

apuntalar [apunta'lar] *vt* to prop up.

apuntar [apun'tar] *vt* (*con arma*) to aim at; (*con dedo*) to point at o to; (*anotar*) to note (down); (*TEATRO*) to prompt; ~**se** *vr* (*DEPORTE*): *tanto, victoria*) to score; (*ESCOL*) to enrol.

apunte [a'punte] *nm* note.

apuñalar [apuɲa'lar] *vt* to stab.

apurado, a [apu'raðo, a] *a* needy; (*difícil*) difficult; (*peligroso*) dangerous; (*AM*) hurried, rushed.

apurar [apu'rar] *vt* (*agotar*) to drain; (*recursos*) to use up; (*molestar*) to annoy; ~**se** *vr* (*preocuparse*) to worry; (*darse prisa*) to hurry.

apuro [a'puro] *nm* (*aprieto*) fix, jam; (*escasez*) want, hardship; (*vergüenza*) embarrassment; (*AM*) haste, urgency.

aquejado, a [ake'xaðo, a] *a*: ~ **de** (*MED*) afflicted by.

aquel, aquella, aquellos, as [a'kel, a'keʎa, a'keʎos, as] *a* that; (*pl*) those.

aquél, aquélla, aquéllos, as [a'kel, a'keʎa, a'keʎos, as] *pron* that (one); (*pl*) those (ones).

aquello [a'keʎo] *pron* that, that business.

aquí [a'ki] *ad* (*lugar*) here; (*tiempo*) now; ~ **arriba** up here; ~ **mismo** right here; ~ **yace** here lies; **de** ~ **a siete días** a week from now.

aquietar [akje'tar] *vt* to quieten (down), calm (down).

ara ['ara] *nf*: **en** ~**s de** for the sake of.

árabe ['araβe] *a, nm/f* Arab // *nm* (*LING*) Arabic.

Arabia [a'raβja] *nf*: ~ **Saudí** o **Saudita** Saudi Arabia.

arado [a'raðo] *nm* plough.

Aragón [ara'ɣon] *nm* Aragon; **aragonés, esa** *a, nm/f* Aragonese.

arancel [aran'θel] *nm* tariff, duty; ~ **de aduanas** customs (duty).

arandela [aran'dela] *nf* (*TEC*) washer.

araña [a'raɲa] *nf* (*ZOOL*) spider; (*lámpara*) chandelier.

arañar [ara'ɲar] *vt* to scratch.

arañazo [ara'ɲaθo] *nm* scratch.

arar [a'rar] *vt* to plough, till.

arbitraje [arβi'traxe] *nm* arbitration.

arbitrar [arβi'trar] *vt* to arbitrate in; (*DEPORTE*) to referee // *vi* to arbitrate.

arbitrariedad [arβitrarje'ðað] *nf* arbitrariness; (*acto*) arbitrary act; **arbitrario, a** *a* arbitrary.

arbitrio [ar'βitrjo] *nm* free will; (*JUR*) adjudication, decision.

árbitro ['arβitro] *nm* arbitrator; (*DEPORTE*) referee; (*TENIS*) umpire.

árbol ['arβol] *nm* (*BOT*) tree; (*NAUT*) mast; (*TEC*) axle, shaft; **arbolado, a** *a* wooded; (*camino etc*) tree-lined // *nm* woodland.

arboladura [arβola'ðura] *nf* rigging.

arbolar [arβo'lar] *vt* to hoist, raise.

arboleda [arβo'leða] *nf* grove, plantation.

arbusto [ar'βusto] *nm* bush, shrub.

arca ['arka] *nf* chest, box.

arcada [ar'kaða] *nf* arcade; (*de puente*) arch, span; ~**s** *nfpl* retching *sg*.

arcaico, a [ar'kaiko, a] *a* archaic.

arce ['arθe] *nm* maple tree.

arcén [ar'θen] *nm* (*de autopista*) hard shoulder; (*de carretera*) verge.

arcilla [ar'θiʎa] *nf* clay.

arco ['arko] *nm* arch; (*MAT*) arc; (*MIL, MUS*) bow; ~ **iris** rainbow.

archipiélago [artʃi'pjelaɣo] *nm* archipelago.

archivador [artʃiβa'ðor] *nm* filing cabinet.

archivar [artʃi'βar] *vt* to file (away); **archivo** *nm* file, archive(s) (*pl*).

arder [ar'ðer] *vi* to burn; **estar que arde** (*persona*) to fume.

ardid [ar'ðið] *nm* ploy, trick.

ardiente [ar'ðjente] *a* burning, ardent.

ardilla [ar'ðiʎa] *nf* squirrel.

ardor [ar'ðor] *nm* (*calor*) heat; (*fig*) ardour; ~ **de estómago** heartburn.

arduo, a ['arðwo, a] *a* arduous.

área ['area] *nf* area; (*DEPORTE*) penalty area.

arena [a'rena] *nf* sand; (*de una lucha*) arena.

arenal [are'nal] *nm* (*arena movediza*) quicksand.

arengar [aren'gar] *vt* to harangue.

arenisca [are'niska] *nf* sandstone; (*cascajo*) grit.

arenoso, a [are'noso, a] *a* sandy.

arenque [a'renke] *nm* herring.

arete [a'rete] *nm* earring.

argamasa [arɣa'masa] *nf* mortar, plaster.

Argel [ar'xel] *nm* Algiers; ~**ia** *nf* Algeria; **argelino, a** *a, nm/f* Algerian.

Argentina [arxen'tina] *nf*: (**la**) **A~** Argentina.

argentino, a [arxen'tino, a] *a* Argentinian; (*de plata*) silvery // *nm/f* Argentinian.

argolla [ar'ɣoʎa] *nf* (large) ring.

argot [ar'ɣo] (*pl* ~**s**) *nm* slang.

argucia [ar'ɣuθja] *nf* subtlety, sophistry.

argüir [ar'ɣwir] *vt* to deduce; (*discutir*) to argue; (*indicar*) to indicate, imply; (*censurar*) to reproach // *vi* to argue.

argumentación [arɣumenta'θjon] *nf* (line of) argument.

argumentar [arɣumen'tar] *vt, vi* to argue.

argumento [arɣu'mento] *nm* argument; (*razonamiento*) reasoning; (*de novela etc*) plot; (*CINE, TV*) storyline.

aria ['arja] *nf* aria.

aridez [ari'ðeθ] *nf* aridity, dryness.

árido, a ['ariðo, a] *a* arid, dry; ~**s** *nmpl* dry goods.

Aries ['arjes] *nm* Aries.

ariete [a'rjete] *nm* battering ram.

ario, a ['arjo, a] *a* Aryan.

arisco, a [a'risko, a] *a* surly; (*insociable*) unsociable.

aristócrata [aris'tokrata] *nm/f* aristocrat.

aritmética [arit'metika] *nf* arithmetic.

arma ['arma] *nf* arm; ~**s** *nfpl* arms; ~ **blanca** blade, knife; (*espada*) sword; ~ **de fuego** firearm; ~**s cortas** small arms.

armadillo [arma'ðiʎo] *nm* armadillo.

armado, a [ar'maðo, a] *a* armed; (*TEC*) reinforced // *nf* armada; (*flota*) fleet.

armadura [arma'ðura] *nf* (*MIL*) armour; (*TEC*) framework; (*ZOOL*) skeleton; (*FÍSICA*) armature.

armamento [arma'mento] *nm* armament; (*NAUT*) fitting-out.

armar [ar'mar] *vt* (*soldado*) to arm; (*máquina*) to assemble; (*navío*) to fit out; ~**la**, ~ **un lío** to start a row, kick up a fuss.

armario [ar'marjo] *nm* wardrobe.

armatoste [arma'toste] *nm* (*mueble*) monstrosity; (*máquina*) contraption.

armazón [arma'θon] *nf o m* body, chassis; (*de mueble etc*) frame; (*ARQ*) skeleton.

armería [arme'ria] *nf* (*museo*) military museum; (*tienda*) gunsmith's.

armiño [ar'miɲo] *nm* stoat; (*piel*) ermine.

armisticio [armis'tiθjo] *nm* armistice.

armonía [armo'nia] *nf* harmony.

armónica [ar'monika] *nf* harmonica.

armonioso, a [armo'njoso, a] *a* harmonious.

armonizar [armoni'θar] *vt* to harmonize; (*diferencias*) to reconcile // *vi*: ~ **con** (*fig*) to be in keeping with; (*colores*) to tone in with, blend.

arnés [ar'nes] *nm* armour; **arneses** *nmpl* harness *sg*.

aro ['aro] *nm* ring; (*tejo*) quoit; (*AM: pendiente*) earring.

aroma [a'roma] *nm* aroma, scent.

aromático, a [aro'matiko, a] *a* aromatic.

arpa ['arpa] *nf* harp.

arpía [ar'pia] *nf* shrew.

arpillera [arpi'ʎera] *nf* sacking, sackcloth.

arpón [ar'pon] *nm* harpoon.

arquear [arke'ar] *vt* to arch, bend; ~**se** *vr* to arch, bend; **arqueo** *nm* (*gen*) arching; (*NAUT*) tonnage.

arqueología [arkeolo'xia] *nf* archaeology; **arqueólogo, a** *nm/f* archaeologist.

arquero [ar'kero] *nm* archer, bowman.

arquetipo [arke'tipo] *nm* archetype.

arquitecto [arki'tekto] *nm* architect; **arquitectura** *nf* architecture.

arrabal [arra'ßal] *nm* suburb; (*AM*) slum; ~**es** *nmpl* outskirts.

arraigado, a [arrai'xaðo, a] *a* deep-rooted; (*fig*) established.

arraigar [arrai'xar] *vt* to establish // *vi*, ~**se** *vr* to take root; (*persona*) to settle.

arrancar [arran'kar] *vt* (*sacar*) to extract, pull out; (*arrebatar*) to snatch (away); (*INFORM*) to boot; (*fig*) to extract // *vi* (*AUTO, máquina*) to start; (*ponerse en marcha*) to get going; ~ **de** to stem from.

arranque *etc vb ver* **arrancar** // [a'rranke] *nm* sudden start; (*AUTO*) start; (*fig*) fit, outburst.

arras ['arras] *nfpl* pledge *sg*, security *sg*.

arrasar [arra'sar] *vt* (*aplanar*) to level, flatten; (*destruir*) to demolish.

arrastrado, a [arras'traðo, a] *a* poor, wretched; (*AM*) servile.

arrastrar [arras'trar] *vt* to drag (along); (*fig*) to drag down, degrade; (*suj: agua, viento*) to carry away // *vi* to drag, trail on the ground; ~**se** *vr* to crawl; (*fig*) to grovel; **llevar algo arrastrado** to drag sth along.

arrastre [a'rrastre] *nm* drag, dragging.

arrayán [arra'jan] *nm* myrtle.

arre ['arre] *excl* gee up!

arrear [arre'ar] *vt* to drive on, urge on // *vi* to hurry along.

arrebatado, a [arreßa'taðo, a] *a* rash, impetuous; (*repentino*) sudden, hasty.

arrebatar [arreßa'tar] *vt* to snatch (away), seize; (*fig*) to captivate; ~**se** *vr* to get carried away, get excited.

arrebato [arre'ßato] *nm* fit of rage, fury; (*éxtasis*) rapture.

arreglado, a [arre'xlaðo, a] *a* (*ordenado*) neat, orderly; (*moderado*) moderate, reasonable.

arreglar [arre'xlar] *vt* (*poner orden*) to tidy up; (*algo roto*) to fix, repair; (*problema*) to solve; ~**se** *vr* to reach an understanding; **arreglárselas** (*fam*) to get by, manage.

arreglo [a'rrexlo] *nm* settlement; (*orden*) order; (*acuerdo*) agreement; (*MUS*) arrangement, setting.

arremangar [arreman'gar] *vt* to roll up, turn up; ~**se** *vr* to roll up one's sleeves.

arremeter [arreme'ter] *vt* to attack, assault.

arrendador, a [arrenda'ðor, a] *nm/f* landlord/lady.

arrendamiento [arrenda'mjento] *nm* letting; (*alquilar*) hiring; (*contrato*) lease; (*alquiler*) rent; **arrendar** *vt* to let, lease; to rent; **arrendatario, a** *nm/f* tenant.

arreo [a'rreo] *nm* adornment; ~**s** *nmpl* harness *sg*, trappings.

arrepentimiento [arrepenti'mjento] *nm* regret, repentance.

arrepentirse [arrepen'tirse] *vr* to repent; ~ **de** to regret.

arrestar [arres'tar] *vt* to arrest; (*encarcelar*) to imprison; **arresto** *nm* arrest; (*MIL*) detention; (*audacia*) boldness, daring; **arresto domiciliario** house arrest.

arriar [a'rrjar] *vt* (*velas*) to haul down; (*bandera*) to lower, strike; (*un cable*) to pay out.

arriba [a'rrißa] ♦ **1** *ad* (*posición*) above; desde ~ from above; ~ **de todo** at the very top, right on top; **Juan está** ~ Juan is upstairs; **lo** ~ **mencionado** the aforementioned

2 (*dirección*): **calle** ~ up the street

3: **de** ~ **abajo** from top to bottom; **mirar a uno de** ~ **abajo** to look sb up and down

4: **para** ~: **de 5000 pesetas para** ~ from 5000 pesetas up(wards)

♦ *a*: **de** ~: **el piso de** ~ the upstairs flat (*Brit*) o apartment; **la parte de** ~ the top o upper part

♦ *prep*: ~ **de** (*AM*) above; ~ **de 200 pesetas** more than 200 pesetas

♦ *excl*: ¡~! up!; ¡**manos** ~! hands up!; ¡~ **España!** long live Spain!

arribar [arri'ßar] *vi* to put into port; (*llegar*) to arrive.

arribista [arri'ßista] *nm/f* parvenu(e), upstart.

arriendo *etc vb ver* **arrendar** // [a'rrjendo] *nm* = **arrendamiento**.

arriero [a'rrjero] *nm* muleteer.

arriesgado, a [arrjes'xaðo, a] *a* (*peligroso*) risky; (*audaz*) bold, daring.

arriesgar [arrjes'xar] *vt* to risk; (*poner en peligro*) to endanger; ~**se** *vr* to take a risk.

arrimar [arri'mar] *vt* (*acercar*) to bring close; (*poner de lado*) to set aside; ~**se** *vr* to come close o closer; ~**se a** to lean on.

arrinconar [arrinko'nar] *vt* (*colocar*) to put in a corner; (*enemigo*) to corner; (*fig*) to put on one side; (*abandonar*) to push aside.

arrobado, a [arro'ßaðo, a] *a* entranced, enchanted.

arrodillarse [arroði'ʎarse] *vr* to kneel (down).

arrogancia [arro'xanθja] *nf* arrogance; **arrogante** *a* arrogant.

arrojar [arro'xar] *vt* to throw, hurl; (*humo*) to emit, give out; (*COM*) to yield, produce; ~**se** *vr* to throw o hurl o.s.

arrojo [a'rroxo] *nm* daring.

arrollador, a [arroʎa'ðor, a] *a* crushing, overwhelming.

arrollar [arro'ʎar] *vt* (*AUTO etc*) to run over, knock down; (*DEPORTE*) to crush.

arropar [arro'par] *vt* to cover, wrap up; ~se *vr* to wrap o.s. up.

arrostrar [arros'trar] *vt* to face (up to); ~se *vr*: ~se con uno to face up to sb.

arroyo [a'rrojo] *nm* stream; (*de la calle*) gutter.

arroz [a'rroθ] *nm* rice; ~ con leche rice pudding.

arruga [a'rruɣa] *nf* fold; (*de cara*) wrinkle; (*de vestido*) crease.

arrugar [arru'ɣar] *vt* to fold; to wrinkle; to crease; ~se *vr* to get creased.

arruinar [arrwi'nar] *vt* to ruin, wreck; ~se *vr* to be ruined, go bankrupt.

arrullar [arru'ʎar] *vi* to coo // *vt* to lull to sleep.

arrumaco [arru'mako] *nm* (*caricia*) caress; (*halago*) piece of flattery.

arsenal [arse'nal] *nm* naval dockyard; (*MIL*) arsenal.

arsénico [ar'seniko] *nm* arsenic.

arte ['arte] *nm* (*gen m en sg y siempre f en pl*) art; (*maña*) skill, guile; ~s *nfpl* arts.

artefacto [arte'fakto] *nm* appliance; (*ARQUEOLOGIA*) artefact.

arteria [ar'terja] *nf* artery.

artesanía [artesa'nia] *nf* craftsmanship; (*artículos*) handicrafts *pl*; **artesano, a** *nm/f* artisan, craftsman/woman.

ártico, a ['artiko, a] *a* Arctic // *nm*: el Á~ the Arctic.

articulación [artikula'θjon] *nf* articulation; (*MED, TEC*) joint; **articulado, a** *a* articulated; jointed.

articular [artiku'lar] *vt* to articulate; to join together.

artículo [ar'tikulo] *nm* article; (*cosa*) thing, article; ~s *nmpl* goods.

artífice [ar'tifiθe] *nm/f* artist, craftsman/woman; (*fig*) architect.

artificial [artifi'θjal] *a* artificial.

artificio [arti'fiθjo] *nm* art, skill; (*artesanía*) craftsmanship; (*astucia*) cunning.

artillería [artiʎe'ria] *nf* artillery.

artillero [arti'ʎero] *nm* artilleryman, gunner.

artimaña [arti'maɲa] *nf* trap, snare; (*astucia*) cunning.

artista [ar'tista] *nm/f* (*pintor*) artist, painter; (*TEATRO*) artist, artiste; **artístico, a** *a* artistic.

artritis [ar'tritis] *nf* arthritis.

arveja [ar'ßexa] *nf* (*AM*) pea.

arzobispo [arθo'ßispo] *nm* archbishop.

as [as] *nm* ace.

asa ['asa] *nf* handle; (*fig*) lever.

asado [a'saðo] *nm* roast (meat); (*AM*) barbecue.

asador [asa'ðor] *nm* spit.

asadura [asa'ðura] *nf* entrails *pl*, offal.

asalariado, a [asala'rjaðo, a] *a* paid, salaried // *nm/f* wage earner.

asaltador, a [asalta'ðor, a], **asaltante** [asal'tante] *nm/f* assailant.

asaltar [asal'tar] *vt* to attack, assault; (*fig*) to assail; **asalto** *nm* attack, assault; (*DEPORTE*) round.

asamblea [asam'blea] *nf* assembly; (*reunión*) meeting.

asar [a'sar] *vt* to roast.

asbesto [as'ßesto] *nm* asbestos.

ascendencia [asθen'denθja] *nf* ancestry; (*AM*) ascendancy; de ~ francesa of French origin.

ascender [asθen'der] *vi* (*subir*) to ascend, rise; (*ser promovido*) to gain promotion // *vt* to promote; ~ a to amount to; **ascendiente** *nm* influence // *nm/f* ancestor.

ascensión [asθen'sjon] *nf* ascent; la A~ (*REL*) the Ascension.

ascenso [as'θenso] *nm* ascent; (*promoción*) promotion.

ascensor [asθen'sor] *nm* lift (*Brit*), elevator (*US*).

ascético, a [as'θetiko, a] *a* ascetic.

asco ['asko] *nm*: ¡qué ~! how revolting o disgusting; el ajo me da ~ I hate o loathe garlic; estar hecho un ~ to be filthy.

ascua ['askwa] *nf* ember; estar en ~s to be on tenterhooks.

aseado, a [ase'aðo, a] *a* clean; (*arreglado*) tidy; (*pulcro*) smart.

asear [ase'ar] *vt* to clean, wash; to tidy (up).

asediar [ase'ðjar] *vt* (*MIL*) to besiege, lay siege to; (*fig*) to chase, pester; **asedio** *nm* siege; (*COM*) fund.

asegurado, a [aseɣu'raðo, a] *a* insured; **asegurador, a** *nm/f* insurer.

asegurar [aseɣu'rar] *vt* (*consolidar*) to secure, fasten; (*dar garantía de*) to guarantee; (*preservar*) to safeguard; (*afirmar, dar por cierto*) to assure, affirm; (*tranquilizar*) to reassure; (*tomar un seguro*) to insure; ~se *vr* to assure o.s., make sure.

asemejarse [aseme'xarse] *vr* to be alike; ~ a to be like, resemble.

asentado, a [asen'taðo, a] *a* established, settled.

asentar [asen'tar] *vt* (*sentar*) to seat, sit down; (*poner*) to place, establish; (*alisar*) to level, smooth down o out; (*anotar*) to note down // *vi* to be suitable, suit.

asentir [asen'tir] *vi* to assent, agree; ~ con la cabeza to nod (one's head).

aseo [a'seo] *nm* cleanliness; ~s *nmpl* toilet *sg* (*Brit*), cloakroom *sg* (*Brit*), restroom *sg* (*US*).

aséptico, a |a'septiko, a| *a* germ-free, free from infection.

asequible |ase'kiβle| *a* (*precio*) reasonable; (*meta*) attainable; (*persona*) approachable.

aserradero |aserra'ðero| *nm* sawmill; **aserrar** *vt* to saw.

aserrín |ase'rrin| *nm* sawdust.

asesinar |asesi'nar| *vt* to murder; (*POL*) to assassinate; **asesinato** *nm* murder; assassination.

asesino, a |ase'sino, a| *nm/f* murderer, killer; (*POL*) assassin.

asesor, a |ase'sor, a| *nm/f* adviser, consultant.

asesorar |aseso'rar| *vt* (*JUR*) to advise, give legal advice to; (*COM*) to act as consultant to; ~**se** *vr*: ~**se con** *o* **de** to take advice from, consult; ~**ía** *nf* (*cargo*) consultancy; (*oficina*) consultant's office.

asestar |ases'tar| *vt* (*golpe*) to deal, strike; (*arma*) to aim; (*tiro*) to fire.

asfalto |as'falto| *nm* asphalt.

asfixia |as'fiksja| *nf* asphyxia, suffocation.

asfixiar |asfik'sjar| *vt* to asphyxiate, suffocate; ~**se** *vr* to be asphyxiated, suffocate.

asgo *etc vb ver* **asir**.

así |a'si| *ad* (*de esta manera*) in this way, like this, thus; (*aunque*) although; (*tan pronto como*) as soon as; ~ **que** so; ~ **como** as well as; ~ **y todo** even so; ¿**no es** ~? isn't it?, didn't you? *etc*; ~ **de grande** this big.

Asia |'asja| *nf* Asia; **asiático, a** *a, nm/f* Asian, Asiatic.

asidero |asi'ðero| *nm* handle.

asiduidad |asiðwi'ðað| *nf* assiduousness; **asiduo, a** *a* assiduous; (*frecuente*) frequent // *nm/f* regular (customer).

asiento |a'sjento| *nm* (*mueble*) seat, chair; (*de coche, en tribunal etc*) seat; (*localidad*) seat, place; (*fundamento*) site; ~ **delantero/trasero** front/back seat.

asignación |asixna'θjon| *nf* (*atribución*) assignment; (*reparto*) allocation; (*sueldo*) salary; ~ (**semanal**) pocket money.

asignar |asix'nar| *vt* to assign, allocate.

asignatura |asixna'tura| *nf* subject; course.

asilado, a |asi'laðo, a| *nm/f* inmate; (*POL*) refugee.

asilo |a'silo| *nm* (*refugio*) asylum, refuge; (*establecimiento*) home, institution; ~ **político** political asylum.

asimilación |asimila'θjon| *nf* assimilation.

asimilar |asimi'lar| *vt* to assimilate.

asimismo |asi'mismo| *ad* in the same way, likewise.

asir |a'sir| *vt* to seize, grasp.

asistencia |asis'tenθja| *nf* audience; (*MED*) attendance; (*ayuda*) assistance;

asistente *nm/f* assistant; **los** ~**s** those present.

asistido, a |asis'tiðo, a| *a*: ~ **por ordenador** computer-assisted.

asistir |asis'tir| *vt* to assist, help // *vi*: ~ **a** to attend, be present at.

asma |'asma| *nf* asthma.

asno |'asno| *nm* donkey; (*fig*) ass.

asociación |asoθja'θjon| *nf* association; (*COM*) partnership; **asociado, a** *a* associate // *nm/f* associate; (*COM*) partner.

asociar |aso'θjar| *vt* to associate.

asolar |aso'lar| *vt* to destroy.

asolear |asole'ar| *vt* to put in the sun; ~**se** *vr* to sunbathe.

asomar |aso'mar| *vt* to show, stick out // *vi* to appear; ~**se** *vr* to appear, show up; ~ **la cabeza por la ventana** to put one's head out of the window.

asombrar |asom'brar| *vt* to amaze, astonish; ~**se** *vr* (*sorprenderse*) to be amazed; (*asustarse*) to get a fright; **asombro** *nm* amazement, astonishment; (*susto*) fright; **asombroso, a** *a* astonishing, amazing.

asomo |a'somo| *nm* hint, sign.

aspa |'aspa| *nf* (*cruz*) cross; (*de molino*) sail; **en** ~ X-shaped.

aspaviento |aspa'βjento| *nm* exaggerated display of feeling; (*fam*) fuss.

aspecto |as'pekto| *nm* (*apariencia*) look, appearance; (*fig*) aspect.

aspereza |aspe'reθa| *nf* roughness; (*agrura*) sourness; (*de carácter*) surliness; **áspero, a** *a* rough; bitter, sour; harsh.

aspersión |asper'sjon| *nf* sprinkling.

aspiración |aspira'θjon| *nf* breath, inhalation; (*MUS*) short pause; **aspiraciones** *nfpl* aspirations.

aspiradora |aspira'ðora| *nf* vacuum cleaner, Hoover ®.

aspirante |aspi'rante| *nm/f* (*candidato*) candidate; (*DEPORTE*) contender.

aspirar |aspi'rar| *vt* to breathe in // *vi*: ~ **a** to aspire to.

aspirina |aspi'rina| *nf* aspirin.

asquear |aske'ar| *vt* to sicken // *vi* to be sickening; ~**se** *vr* to feel disgusted; **asqueroso, a** *a* disgusting, sickening.

asta |'asta| *nf* (*lance*) lance; (*arpón*) spear; (*mango*) shaft, handle; (*ZOOL*) horn; **a media** ~ at half mast.

astado, a |as'taðo, a| *a* horned // *nm* bull.

asterisco |aste'risko| *nm* asterisk.

astilla |as'tiʎa| *nf* splinter; (*pedacito*) chip; ~**s** *nfpl* firewood *sg*.

astillero |asti'ʎero| *nm* shipyard.

astringente |astrin'xente| *a, nm* astringent.

astro |'astro| *nm* star.

astrología |astrolo'xia| *nf* astrology; **as-**

trólogo, a nm/f astrologer.

astronauta [astro'nauta] nm/f astronaut.

astronave [astro'naβe] nm spaceship.

astronomía [astrono'mia] nf astronomy; **astrónomo, a** nm/f astronomer.

astucia [as'tuθja] nf astuteness; (ardid) clever trick; **astuto, a** a astute; (taimado) cunning.

asueto [a'sweto] nm holiday; (tiempo libre) time off q.

asumir [asu'mir] vt to assume.

asunción [asun'θjon] nf assumption; (REL): **A~** Assumption.

asunto [a'sunto] nm (tema) matter, subject; (negocio) business.

asustar [asus'tar] vt to frighten; **~se** vr to be/become frightened.

atacar [ata'kar] vt to attack.

atadura [ata'ðura] nf bond, tie.

atajo [a'taxo] nm short cut; (DEPORTE) tackle.

atañer [ata'ɲer] vi: **~ a** to concern.

ataque etc vb ver **atacar** // [a'take] nm attack; **~ cardíaco** heart attack.

atar [a'tar] vt to tie, tie up.

atardecer [atarðe'θer] vi to get dark // nm evening; (crepúsculo) dusk.

atareado, a [atare'aðo, a] a busy.

atascar [atas'kar] vt to clog up; (obstruir) to jam; (fig) to hinder; **~se** vr to stall; (cañería) to get blocked up; **atasco** nm obstruction; (AUTO) traffic jam.

ataúd [ata'uð] nm coffin.

ataviar [ata'βjar] vt to deck, array; **~se** vr to dress up.

atavío [ata'βio] nm attire, dress; **~s** nmpl finery sg.

atemorizar [atemori'θar] vt to frighten, scare; **~se** vr to get scared.

Atenas [a'tenas] n Athens.

atención [aten'θjon] nf attention; (bondad) kindness // excl (be) careful!, look out!

atender [aten'der] vt to attend to, look after // vi to pay attention.

atenerse [ate'nerse] vr: **~ a** to abide by, adhere to.

atentado [aten'taðo] nm crime, illegal act; (asalto) assault; **~ contra la vida de uno** attempt on sb's life.

atentamente [atenta'mente] ad: **Le saluda ~** Yours faithfully.

atentar [aten'tar] vi: **~ a** o **contra** to commit an outrage against.

atento, a [a'tento, a] a attentive, observant; (cortés) polite, thoughtful.

atenuante [ate'nwante] a attenuating, extenuating.

atenuar [ate'nwar] vt to attenuate; (disminuir) to lessen, minimize.

ateo, a [a'teo, a] a atheistic // nm/f atheist.

aterciopelado, a [aterθjope'laðo, a] a velvety.

aterido, a [ate'riðo, a] a: **~ de frío** frozen stiff.

aterrador, a [aterra'ðor, a] a frightening.

aterrar [ate'rrar] vt to frighten; to terrify; **~se** vr to be frightened; to be terrified.

aterrizaje [aterri'θaxe] nm (AVIAT) landing.

aterrizar [aterri'θar] vi to land.

aterrorizar [aterrori'θar] vt to terrify.

atesorar [ateso'rar] vt to hoard, store up.

atestado, a [ates'taðo, a] a packed // nm (JUR) affidavit.

atestar [ates'tar] vt to pack, stuff; (JUR) to attest, testify to.

atestiguar [atesti'ɣwar] vt to testify to, bear witness to.

atiborrar [atiβo'rrar] vt to fill, stuff; **~se** vr to stuff o.s.

ático ['atiko] nm attic; **~ de lujo** penthouse (flat (Brit) o apartment).

atildar [atil'dar] vt to criticize; **~se** vr to spruce o.s. up.

atinado, a [ati'naðo, a] a (sensato) wise; (correcto) right, correct.

atisbar [atis'βar] vt to spy on; (echar una ojeada) to peep at.

atizar [ati'θar] vt to poke; (horno etc) to stoke; (fig) to stir up, rouse.

atlántico, a [at'lantiko, a] a Atlantic // nm: **el (océano) A~** the Atlantic (Ocean).

atlas ['atlas] nm atlas.

atleta [at'leta] nm athlete; **atlético, a** a athletic; **atletismo** nm athletics sg.

atmósfera [at'mosfera] nf atmosphere.

atolondramiento [atolondra'mjento] nm bewilderment; (insensatez) silliness.

atollar [ato'ʎar] vi, **atollarse** vr to get stuck; (fig) to get into a jam.

atómico, a [a'tomiko, a] a atomic.

atomizador [atomiθa'ðor] nm atomizer; (de perfume) spray.

átomo ['atomo] nm atom.

atónito, a [a'tonito, a] a astonished, amazed.

atontado, a [aton'taðo, a] a stunned; (bobo) silly, daft.

atontar [aton'tar] vt to stun; **~se** vr to become confused.

atormentar [atormen'tar] vt to torture; (molestar) to torment; (acosar) to plague, harass.

atornillar [atorni'ʎar] vt to screw on o down.

atracador, a [ataka'ðor, a] nm/f robber.

atracar [atra'kar] vt (NAUT) to moor; (robar) to hold up, rob // vi to moor; **~se** vr: **~se (de)** to stuff o.s. (with).

atracción [atrak'θjon] nf attraction.

atraco [a'trako] nm holdup, robbery.

atractivo, a [atrak'tiβo, a] a attractive // nm attraction; (belleza) attractiveness.

atraer [atra'er] vt to attract.

atragantarse [atraɣan'tarse] vr: **~ (con)**

to choke (on); **se me ha atragantado el chico** I can't stand the boy.

atrancar [atran'kar] vt (*puerta*) to bar, bolt.

atrapar [atra'par] vt to trap; (*resfriado etc*) to catch.

atrás [a'tras] ad (*movimiento*) back(wards); (*lugar*) behind; (*tiempo*) previously; **ir hacia** ~ to go back(wards); **to go to the rear; estar** ~ to be behind *o* at the back.

atrasado, a [atra'saðo, a] a slow; (*pago*) overdue, late; (*país*) backward.

atrasar [atra'sar] vi to be slow; ~**se** vr to remain behind; (*tren*) to be *o* run late; **atraso** nm slowness; lateness, delay; (*de país*) backwardness; **atrasos** nmpl arrears.

atravesar [atraβe'sar] vt (*cruzar*) to cross (over); (*traspasar*) to pierce; to go through; (*poner al través*) to lay *o* put across; ~**se** vr to come in between; (*intervenir*) to interfere.

atravieso etc vb ver **atravesar**.

atrayente [atra'jente] a attractive.

atreverse [atre'βerse] vr to dare; (*insolentarse*) to be insolent; **atrevido, a** a daring; insolent; **atrevimiento** nm daring; insolence.

atribución [atriβu'θjon] nf: **atribuciones** (*POL*) powers; (*ADMIN*) responsibilities.

atribuir [atriβu'ir] vt to attribute; (*funciones*) to confer.

atribular [atriβu'lar] vt to afflict, distress.

atributo [atri'βuto] nm attribute.

atrocidad [atroθi'ðað] nf atrocity, outrage.

atropellar [atrope'ʎar] vt (*derribar*) to knock over *o* down; (*empujar*) to push (aside); (*AUTO*) to run over, run down; (*agraviar*) to insult; ~**se** vr to act hastily; **atropello** nm (*AUTO*) accident; (*empujón*) push; (*agravio*) wrong; (*atrocidad*) outrage.

atroz [a'troθ] a atrocious, awful.

atto, a abr = **atento**.

atuendo [a'twendo] nm attire.

atún [a'tun] nm tuna.

aturdir [atur'ðir] vt to stun; (*de ruido*) to deafen; (*fig*) to dumbfound, bewilder.

atusar [atu'sar] vt to smooth (down).

audacia [au'ðaθja] nf boldness, audacity; **audaz** a bold, audacious.

audible [au'ðiβle] a audible.

audición [auði'θjon] nf hearing; (*TEATRO*) audition.

audiencia [au'ðjenθja] nf audience; **A~** (*JUR*) High Court.

auditor [auði'tor] nm (*JUR*) judge-advocate; (*COM*) auditor.

auditorio [auði'torjo] nm audience; (*sala*) auditorium.

auge ['auxe] nm boom; (*clímax*) climax.

augurar [auvu'rar] vt to predict; (*presagiar*) to portend.

augurio [au'xurjo] nm omen.

aula ['aula] nf classroom; (*en universidad etc*) lecture room.

aullar [au'ʎar] vi to howl, yell.

aullido [au'ʎiðo] nm howl, yell.

aumentar [aumen'tar] vt to increase; (*precios*) to put up; (*producción*) to step up; (*con microscopio, anteojos*) to magnify // vi, ~**se** vr to increase, be on the increase; **aumento** nm increase; rise.

aun [a'un] ad even; ~ **así** even so; ~ **más** even *o* yet more.

aún [a'un] ad: ~ **está aquí** he's still here; ~ **no lo sabemos** we don't know yet; ¿**no ha venido** ~? hasn't she come yet?

aunque [a'unke] conj though, although, even though.

aúpa [a'upa] excl come on!

aureola [aure'ola] nf halo.

auricular [auriku'lar] nm (*TEL*) earpiece, receiver; ~**es** nmpl headphones.

aurora [au'rora] nf dawn.

auscultar [auskul'tar] vt (*MED: pecho*) to listen to, sound.

ausencia [au'senθja] nf absence.

ausentarse [ausen'tarse] vr to go away; (*por poco tiempo*) to go out.

ausente [au'sente] a absent.

auspicios [aus'piθjos] nmpl auspices; (*protección*) protection sg.

austeridad [austeri'ðað] nf austerity; **austero, a** a austere.

austral [aus'tral] a southern // nm *monetary unit of Argentina*.

Australia [aus'tralja] nf Australia; **australiano, a** a, nm/f Australian.

Austria ['austrja] nf Austria; **austríaco, a** a, nm/f Austrian.

autenticar [autenti'kar] vt to authenticate; **auténtico, a** a authentic.

auto ['auto] nm (*jur*) edict, decree; (: *orden*) writ; (*AUTO*) car; ~**s** nmpl (*JUR*) proceedings; (: *acta*) court record sg.

autoadhesivo [autoaðe'siβo] a self-adhesive; (*sobre*) self-sealing.

autobiografía [autoβjoɣra'fia] nf autobiography.

autobús [auto'βus] nm bus.

autocar [auto'kar] nm coach (*Brit*), (passenger) bus (*US*).

autóctono, a [au'toktono, a] a native, indigenous.

autodefensa [autoðe'fensa] nf self-defence.

autodeterminación [autoðetermina'θjon] nf self-determination.

autoescuela [autoes'kwela] nf driving school.

autógrafo [au'toɣrafo] nm autograph.

automación [automa'θjon] nf = **automatización**.

autómata [au'tomata] nm automaton.

automático, a [auto'matiko, a] a automatic // nm press stud.

automatización [automatiθa'θjon] *nf* automation.

automotor, triz [automo'tor, 'triθ] *a* self-propelled // *nm* diesel train.

automóvil [auto'moβil] *nm* (motor) car (*Brit*), automobile (*US*); **automovilismo** *nm* (*actividad*) motoring; (*DEPORTE*) (sports)car racing; **automovilista** *nm/f* motorist, driver; **automovilístico, a** *a* (*industria*) car *cpd*.

autonomía [autono'mia] *nf* autonomy; **autónomo, a, autonómico, a** (*Esp POL*) *a* autonomous.

autopista [auto'pista] *nf* motorway (*Brit*), freeway (*US*).

autopsia [au'topsja] *nf* autopsy, post-mortem.

autor, a [au'tor, a] *nm/f* author.

autoridad [autori'ðað] *nf* authority; **autoritario, a** *a* authoritarian.

autorización [autoriθa'θjon] *nf* authorization; **autorizado, a** *a* authorized; (*aprobado*) approved.

autorizar [autori'θar] *vt* to authorize; (*aprobar*) to approve.

autorretrato [autorre'trato] *nm* self-portrait.

autoservicio [autoser'βiθjo] *nm* (*tienda*) self-service shop (*Brit*) o store (*US*); (*restaurante*) self-service restaurant.

autostop [auto'stop] *nm* hitch-hiking; **hacer ~** to hitch-hike; **~ista** *nm/f* hitch-hiker.

autosuficiencia [autosufi'θjenθja] *nf* self-sufficiency.

autovía [auto'βia] *nf* ≈ A-road (*Brit*), state highway (*US*).

auxiliar [auksi'ljar] *vt* to help // *nm/f* assistant; **auxilio** *nm* assistance, help; **primeros auxilios** first aid *sg*.

Av *abr* (= *Avenida*) Av(e).

aval [a'βal] *nm* guarantee; (*persona*) guarantor.

avalancha [aβa'lantʃa] *nf* avalanche.

avance [a'βanθe] *nm* advance; (*pago*) advance payment; (*CINE*) trailer.

avanzar [aβan'θar] *vt, vi* to advance.

avaricia [aβa'riθja] *nf* avarice, greed; **avaricioso, a** *a* avaricious, greedy.

avaro, a [a'βaro, a] *a* miserly, mean // *nm/f* miser.

avasallar [aβasa'ʎar] *vt* to subdue, subjugate.

Avda *abr* (= *Avenida*) Av(e).

ave ['aβe] *nf* bird; **~ de rapiña** bird of prey.

avecinarse [aβeθi'narse] *vr* (*tormenta*, *fig*) to be on the way.

avellana [aβe'ʎana] *nf* hazelnut; **avellano** *nm* hazel tree.

avemaría [aβema'ria] *nm* Hail Mary, Ave Maria.

avena [a'βena] *nf* oats *pl*.

avenida [aβe'niða] *nf* (*calle*) avenue.

avenir [aβe'nir] *vt* to reconcile; **~se** *vr* to come to an agreement, reach a compromise.

aventajado, a [aβenta'xaðo, a] *a* outstanding.

aventajar [aβenta'xar] *vt* (*sobrepasar*) to surpass, outstrip.

aventar [aβen'tar] *vt* to fan, blow; (*grano*) to winnow.

aventura [aβen'tura] *nf* adventure; **aventurado, a** *a* risky; **aventurero, a** *a* adventurous.

avergonzar [aβerɣon'θar] *vt* to shame; (*desconcertar*) to embarrass; **~se** *vr* to be ashamed; to be embarrassed.

avería [aβe'ria] *nf* (*TEC*) breakdown, fault.

averiado, a [aβe'rjaðo, a] *a* broken down; **'~'** 'out of order'.

averiguación [aβeriɣwa'θjon] *nf* investigation; (*descubrimiento*) ascertainment.

averiguar [aβeri'ɣwar] *vt* to investigate; (*descubrir*) to find out, ascertain.

aversión [aβer'sjon] *nf* aversion, dislike.

avestruz [aβes'truθ] *nm* ostrich.

aviación [aβja'θjon] *nf* aviation; (*fuerzas aéreas*) air force.

aviador, a [aβja'ðor, a] *nm/f* aviator, airman/woman.

aviar [a'βjar] *vt* to prepare; **estar aviado** (*fig*) to be in a mess.

avicultura [aβikul'tura] *nf* poultry farming.

avidez [aβi'ðeθ] *nf* avidity, eagerness; **ávido, a** *a* avid, eager.

avinagrado, a [aβina'ɣraðo, a] *a* sour, acid.

avinagrarse [aβina'ɣrarse] *vr* to go o turn sour.

avío [a'βio] *nm* preparation; **~s** *nmpl* gear *sg*, kit *sg*.

avión [a'βjon] *nm* aeroplane; (*ave*) martin; **~ de reacción** jet (plane).

avioneta [aβjo'neta] *nf* light aircraft.

avisar [aβi'sar] *vt* (*advertir*) to warn, notify; (*informar*) to tell; (*aconsejar*) to advise, counsel; **aviso** *nm* warning; (*noticia*) notice.

avispa [a'βispa] *nf* wasp.

avispado, a [aβis'paðo, a] *a* sharp, clever.

avispero [aβis'pero] *nm* wasp's nest.

avispón [aβis'pon] *nm* hornet.

avistar [aβis'tar] *vt* to sight, spot.

avituallar [aβitwa'ʎar] *vt* to supply with food.

avivar [aβi'βar] *vt* to strengthen, intensify; **~se** *vr* to revive, acquire new life.

axila [ak'sila] *nf* armpit.

axioma [ak'sjoma] *nm* axiom.

ay [ai] *excl* (*dolor*) ow!, ouch!; (*aflicción*) oh!, oh dear!; **¡~ de mi!** poor me!

aya ['aja] *nf* governess; (*niñera*) nanny.

ayer [a'jer] *ad, nm* yesterday; **antes de ~** the day before yesterday.

ayo ['ajo] *nm* tutor.

ayote [a'jote] *nm* (*AM*) pumpkin.

ayuda [a'juða] *nf* help, assistance // *nm* page; **ayudante, a** *nm/f* assistant, helper; (*ESCOL*) assistant; (*MIL*) adjutant.

ayudar [aju'ðar] *vt* to help, assist.

ayunar [aju'nar] *vi* to fast; **ayunas** *nfpl*: **estar en ayunas** (*no haber comido*) to be fasting; (*ignorar*) to be in the dark; **ayuno** *nm* fasting.

ayuntamiento [ajunta'mjento] *nm* (*consejo*) town (*o* city) council; (*edificio*) town (*o* city) hall.

azabache [aθa'βatʃe] *nm* jet.

azada [a'θaða] *nf* hoe.

azafata [aθa'fata] *nf* air stewardess.

azafrán [aθa'fran] *nm* saffron.

azahar [aθa'ar] *nm* orange/lemon blossom.

azar [a'θar] *nm* (*casualidad*) chance, fate; (*desgracia*) misfortune, accident; **por ~** by chance; **al ~** at random.

azogue [a'θoxe] *nm* mercury.

azoramiento [aθora'mjento] *nm* alarm; (*confusión*) confusion.

azorar [aθo'rar] *vt* to alarm; **~se** *vr* to get alarmed.

Azores [a'θores] *nfpl*: **las ~** the Azores.

azotar [aθo'tar] *vt* to whip, beat; (*pegar*) to spank; **azote** *nm* (*látigo*) whip; (*latigazo*) lash, stroke; (*en las nalgas*) spank; (*calamidad*) calamity.

azotea [aθo'tea] *nf* (flat) roof.

azteca [aθ'teka] *a, nm/f* Aztec.

azúcar [a'θukar] *nm* sugar; **azucarado, a** *a* sugary, sweet.

azucarero, a [aθuka'rero, a] *a* sugar *cpd* // *nm* sugar bowl.

azucena [aθu'θena] *nf* white lily.

azufre [a'θufre] *nm* sulphur.

azul [a'θul] *a, nm* blue.

azulejo [aθu'lexo] *nm* tile.

azuzar [aθu'θar] *vt* to incite, egg on.

B

B.A. *abr* (= *Buenos Aires*) B.A.

baba ['baβa] *nf* spittle, saliva; **babear** *vi* to drool, slaver.

babel [ba'βel] *nm o f* bedlam.

babero [ba'βero] *nm* bib.

babor [ba'βor] *nm* port (side).

baboso, a [ba'βoso, a] *a* (*AM fam*) silly.

babucha [ba'βutʃa] *nf* slipper.

baca ['baka] *nf* (*AUTO*) luggage *o* roof rack.

bacalao [baka'lao] *nm* cod(fish).

bacinica [baθi'nika] *nf*, **bacinilla** [baθi'niʎa] *nf* chamber pot.

bacteria [bak'terja] *nf* bacterium, germ.

báculo ['bakulo] *nm* stick, staff.

bache ['batʃe] *nm* pothole, rut; (*fig*) bad patch.

bachillerato [batʃiʎe'rato] *nm* (*ESCOL*) school-leaving examination (*Brit*), bachelor's degree (*US*), baccalaureate (*US*).

bagaje [ba'xaxe] *nm* baggage, luggage.

bagatela [baxa'tela] *nf* trinket, trifle.

Bahama [ba'ama]: **las (Islas) ~** the Bahamas.

bahía [ba'ia] *nf* bay.

bailar [bai'lar] *vt, vi* to dance; **~ín, ina** *nm/f* (ballet) dancer; **baile** *nm* dance; (*formal*) ball.

baja ['baxa] *nf ver* **bajo**.

bajada [ba'xaða] *nf* descent; (*camino*) slope; (*de aguas*) ebb.

bajamar [baxa'mar] *nf* low tide.

bajar [ba'xar] *vi* to go down, come down; (*temperatura, precios*) to drop, fall // *vt* (*cabeza*) to bow, bend; (*escalera*) to go down, come down; (*precio, voz*) to lower; (*llevar abajo*) to take down; **~se** *vr* to get out of; to get off; **~ de** (*coche*) to get out of; (*autobus*) to get off.

bajeza [ba'xeθa] *nf* baseness *q*; (*una ~*) vile deed.

bajío [ba'xio] *nm* shoal, sandbank; (*AM*) lowlands *pl*.

bajo, a ['baxo, a] *a* (*mueble, número, precio*) low; (*piso*) ground; (*de estatura*) small, short; (*color*) pale; (*sonido*) faint, soft, low; (*voz: en tono*) deep; (*metal*) base; (*humilde*) low, humble // *ad* (*hablar*) softly, quietly; (*volar*) low // *prep* under, below, underneath // *nm* (*MUS*) bass // *nf* drop, fall; (*MIL*) casualty; **~ la lluvia** in the rain; **dar de baja** (*soldado*) to discharge; (*empleado*) to dismiss, sack.

bajón [ba'xon] *nm* fall, drop.

bala ['bala] *nf* bullet.

baladí [bala'ði] *a* trivial.

baladronada [balaðro'naða] *nf* (*dicho*) boast, brag; (*hecho*) piece of bravado.

balance [ba'lanθe] *nm* (*COM*) balance; (: *libro*) balance sheet; (: *cuenta general*) stocktaking.

balancear [balanθe'ar] *vt* to balance // *vi*, **~se** *vr* to swing (to and fro); (*vacilar*) to hesitate; **balanceo** *nm* swinging.

balanza [ba'lanθa] *nf* scales *pl*, balance; **~ comercial** balance of trade; **~ de pagos** balance of payments; (*ASTROLOGIA*) **B~** Libra.

balar [ba'lar] *vi* to bleat.

balaustrada [balaus'traða] *nf* balustrade; (*pasamanos*) banisters *pl*.

balazo [ba'laθo] *nm* (*golpe*) shot; (*herida*) bullet wound.

balbucear [balβuθe'ar] *vi, vt* to stammer, stutter; **balbuceo** *nm* stammering, stuttering.

balbucir [balβu'θir] *vi, vt* to stammer, stutter.

balcón [bal'kon] *nm* balcony.

baldar [bal'dar] *vt* to cripple.

balde ['balde] *nm* bucket, pail; **de ~** *ad* (for) free, for nothing; **en ~** *ad* in vain.

baldío, a [bal'dio, a] *a* uncultivated; (*terreno*) waste // *nm* waste land.

baldosa [bal'dosa] *nf* (*azulejo*) floor tile; (*grande*) flagstone.

Baleares [bale'ares] *nfpl:* **las (Islas) ~** the Balearic Islands.

balido [ba'liðo] *nm* bleat, bleating.

balín [ba'lin] *nm* pellet; **balines** *nmpl* buckshot *sg.*

balística [ba'listika] *nf* ballistics *pl.*

baliza [ba'liθa] *nf* (*AVIAT*) beacon; (*NAUT*) buoy.

balneario, a [balne'arjo, a] *a:* **estación balnearia** (bathing) resort // *nm* spa, health resort.

balón [ba'lon] *nm* ball.

baloncesto [balon'θesto] *nm* basketball.

balonmano [balon'mano] *nm* handball.

balonvolea [balombo'lea] *nm* volleyball.

balsa ['balsa] *nf* raft; (*BOT*) balsa wood.

bálsamo ['balsamo] *nm* balsam, balm.

baluarte [ba'lwarte] *nm* bastion, bulwark.

ballena [ba'ʎena] *nf* whale.

ballesta [ba'ʎesta] *nf* crossbow; (*AUTO*) spring.

ballet [ba'le] *nm* ballet.

bambolear [bambole'ar] *vi*, **bambolearse** *vr* to swing, sway; (*silla*) to wobble; **bamboleo** *nm* swinging, swaying; wobbling.

bambú [bam'bu] *nm* bamboo.

banana [ba'nana] *nf* (*AM*) banana; **banano** *nm* (*AM*) banana tree.

banca ['banka] *nf* (*asiento*) bench; (*COM*) banking.

bancario, a [ban'karjo, a] *a* banking *cpd,* bank *cpd.*

bancarrota [banka'rrota] *nf* bankruptcy; **hacer ~** to go bankrupt.

banco ['banko] *nm* bench; (*ESCOL*) desk; (*COM*) bank; (*GEO*) stratum; **~ de crédito/de ahorros** credit/savings bank; **~ de arena** sandbank; **~ de hielo** iceberg.

banda ['banda] *nf* band; (*pandilla*) gang; (*NAUT*) side, edge; **la B~ Oriental** Uruguay; **~ sonora** soundtrack.

bandada [ban'daða] *nf* (*de pájaros*) flock; (*de peces*) shoal.

bandeja [ban'dexa] *nf* tray.

bandera [ban'dera] *nf* (*de tela*) flag; (*estandarte*) banner.

banderilla [bande'riʎa] *nf* banderilla.

banderín [bande'rin] *nm* pennant, small flag.

banderola [bande'rola] *nf* banderole; (*MIL*) pennant.

bandido [ban'diðo] *nm* bandit.

bando ['bando] *nm* (*edicto*) edict, proclamation; (*facción*) faction; **los ~s** the banns.

bandolero [bando'lero] *nm* bandit, brigand.

banquero [ban'kero] *nm* banker.

banqueta [ban'keta] *nf* stool; (*AM: en la calle*) pavement (*Brit*), sidewalk (*US*).

banquete [ban'kete] *nm* banquet; (*para convidados*) formal dinner.

banquillo [ban'kiʎo] *nm* (*JUR*) dock, prisoner's bench; (*banco*) bench; (*para los pies*) footstool.

bañador [baɲa'ðor] *nm* swimming costume (*Brit*), bathing suit (*US*).

bañar [ba'ɲar] *vt* to bath, bathe; (*objeto*) to dip; (*de barniz*) to coat; **~se** *vr* (*en el mar*) to bathe, swim; (*en la bañera*) to bath, have a bath.

bañera [ba'ɲera] *nf* bath(tub).

bañero [ba'ɲero] *nm* lifeguard.

bañista [ba'ɲista] *nm/f* bather.

baño ['baɲo] *nm* (*en bañera*) bath; (*en río*) dip, swim; (*cuarto*) bathroom; (*bañera*) bath(tub); (*capa*) coating.

baptista [bap'tista] *nm/f* Baptist.

baqueta [ba'keta] *nf* (*MUS*) drumstick.

bar [bar] *nm* bar.

barahúnda [bara'unda] *nf* uproar, hubbub.

baraja [ba'raxa] *nf* pack (of cards); **barajar** *vt* (*naipes*) to shuffle; (*fig*) to jumble up.

baranda [ba'randa], **barandilla** [baran'diʎa] *nf* rail, railing.

baratija [bara'tixa] *nf* trinket.

baratillo [bara'tiʎo] *nm* (*tienda*) junkshop; (*subasta*) bargain sale; (*conjunto de cosas*) secondhand goods *pl.*

barato, a [ba'rato, a] *a* cheap // *ad* cheap, cheaply.

baraúnda [bara'unda] *nf* = **barahúnda.**

barba ['barβa] *nf* (*mentón*) chin; (*pelo*) beard.

barbacoa [barβa'koa] *nf* (*parrilla*) barbecue; (*carne*) barbecued meat.

barbaridad [barβari'ðað] *nf* barbarity; (*acto*) barbarism; (*atrocidad*) outrage; **una ~** (*fam*) loads *pl*; **¡qué ~!** (*fam*) how awful!

barbarie [bar'βarje] *nf*, **barbarismo** [barβa'rismo] *nm* barbarism, savagery; (*crueldad*) barbarity.

bárbaro, a ['barβaro, a] *a* barbarous, cruel; (*grosero*) rough, uncouth // *nm/f* barbarian // *ad:* **lo pasamos ~** (*fam*) we had a great time; **¡qué ~!** (*fam*) how marvellous!; **un éxito ~** (*fam*) a terrific success; **es un tipo ~** (*fam*) he's a great bloke.

barbecho [bar'βetʃo] *nm* fallow land.

barbero [bar'βero] *nm* barber, hairdresser.

barbilampiño [barβilam'piɲo] *a* cleanshaven, smooth-faced; (*fig*) inexperienced.

barbilla [bar'βiʎa] *nf* chin, tip of the chin.

barbo ['barβo] *nm:* **~ de mar** red mullet.

barbotar [barßo'tar], **barbotear** [barßote'ar] vt, vi to mutter, mumble.

barbudo, a [bar'ßuðo, a] a bearded.

barca ['barka] nf (small) boat; ~ pesquera fishing boat; ~ de pasaje ferry; ~za nf barge; ~za de desembarco landing craft.

Barcelona [barθe'lona] nf Barcelona.

barcelonés, esa [barθelo'nes, esa] a of o from Barcelona.

barco ['barko] nm boat; (buque) ship; ~ de carga cargo boat.

barítono [ba'ritono] nm baritone.

barman ['barman] nm barman.

Barna. abr = **Barcelona.**

barniz [bar'niθ] nm varnish; (en la loza) glaze; (fig) veneer; ~ar vt to varnish; (loza) to glaze.

barómetro [ba'rometro] nm barometer.

barquero [bar'kero] nm boatman.

barquillo [bar'kiʎo] nm cone, cornet.

barra ['barra] nf bar, rod; (de un bar, café) bar; (de pan) French loaf; (palanca) lever; ~ de carmín o de labios lipstick.

barraca [ba'rraka] nf hut, cabin.

barranca [ba'rranka] nf ravine, gully; **barranco** nm ravine; (fig) difficulty.

barrena [ba'rrena] nf drill; **barrenar** vt to drill (through), bore; **barreno** nm large drill.

barrer [ba'rrer] vt to sweep; (quitar) to sweep away.

barrera [ba'rrera] nf barrier.

barriada [ba'rrjaða] nf quarter, district.

barricada [barri'kaða] nf barricade.

barrido [ba'rriðo] nm, **barrida** [ba'rriða] nf sweep, sweeping.

barriga [ba'rriɣa] nf belly; (panza) paunch; **barrigón, ona, barrigudo, a** a potbellied.

barril [ba'rril] nm barrel, cask.

barrio ['barrjo] nm (vecindad) area, neighborhood (US); (en las afueras) suburb; ~ chino red-light district.

barro ['barro] nm (lodo) mud; (objetos) earthenware; (MED) pimple.

barroco, a [ba'rroko, a] a, nm baroque.

barrote [ba'rrote] nm (de ventana) bar.

barruntar [barrun'tar] vt (conjeturar) to guess; (presentir) to suspect; **barrunto** nm guess; suspicion.

bartola [bar'tola]: a la ~ ad: tirarse a la ~ to take it easy, be lazy.

bártulos ['bartulos] nmpl things, belongings.

barullo [ba'ruʎo] nm row, uproar.

basamento [basa'mento] nm base, plinth.

basar [ba'sar] vt to base; ~se vr: ~se en to be based on.

basca ['baska] nf nausea.

báscula ['baskula] nf (platform) scales pl.

base ['base] nf base; a ~ de on the basis of; (mediante) by means of; ~ de datos (INFORM) database.

básico, a ['basiko, a] a basic.

basílica [ba'silika] nf basilica.

bastante [bas'tante] ♦ a 1 (suficiente) enough; ~ dinero enough o sufficient money; ~s libros enough books 2 (valor intensivo): ~ gente quite a lot of people; tener ~ calor to be rather hot ♦ ad: ~ bueno/malo quite good/rather bad; ~ rico pretty rich; (lo) ~ inteligente (como) para hacer algo clever enough o sufficiently clever to do sth.

bastar [bas'tar] vi to be enough o sufficient; ~se vr to be self-sufficient; ~ para to be enough to; ¡basta! (that's) enough!

bastardilla [bastar'ðiʎa] nf italics pl.

bastardo, a [bas'tarðo, a] a, nm/f bastard.

bastidor [basti'ðor] nm frame; (de coche) chassis; (TEATRO) wing; entre ~es (fig) behind the scenes.

basto, a ['basto, a] a coarse, rough; ~s nmpl (NAIPES) ≈ clubs.

bastón [bas'ton] nm stick, staff; (para pasear) walking stick.

basura [ba'sura] nf rubbish (Brit), garbage (US).

basurero [basu'rero] nm (hombre) dustman (Brit), garbage man (US); (lugar) dump; (cubo) (rubbish) bin (Brit), trash can (US).

bata ['bata] nf (gen) dressing gown; (cubretodo) smock, overall; (MED, TEC etc) lab(oratory) coat.

batalla [ba'taʎa] nf battle; de ~ for everyday use.

batallar [bata'ʎar] vi to fight.

batallón [bata'ʎon] nm battalion.

batata [ba'tata] nf (AM) sweet potato.

bate ['bate] nm bat; ~ador nm (AM) batter, batsman.

batería [bate'ria] nf battery; (MUS) drums pl; ~ de cocina kitchen utensils pl.

batido, a [ba'tiðo, a] a (camino) beaten, well-trodden // nm (CULIN): ~ (de leche) milk shake.

batidora [bati'ðora] nf beater, mixer; ~ eléctrica food mixer, blender.

batir [ba'tir] vt to beat, strike; (vencer) to beat, defeat; (revolver) to beat, mix; ~se vr to fight; ~ palmas to clap, applaud.

batuta [ba'tuta] nf baton; llevar la ~ (fig) to be the boss, be in charge.

baúl [ba'ul] nm trunk; (AUTO) boot (Brit), trunk (US).

bautismo [bau'tismo] nm baptism, christening.

bautizar [bauti'θar] vt to baptize, christen; (fam: diluir) to water down; **bautizo** nm baptism, christening.

bayeta [ba'jeta] *nf* floorcloth.
bayo, a ['bajo, a] *a* bay // *nf* berry.
bayoneta [bajo'neta] *nf* bayonet.
baza ['baθa] *nf* trick; **meter ~** to butt in.
bazar [ba'θar] *nm* bazaar.
bazofia [ba'θofja] *nf* pigswill (*Brit*), hogwash (*US*); (*libro etc*) trash.
beato, a [be'ato, a] *a* blessed; (*piadoso*) pious.
bebé [be'ße] *nm* baby.
bebedero [beße'ðero] *nm* (*para animales*) drinking trough.
bebedizo, a [beße'ðiθo, a] *a* drinkable // *nm* potion.
bebedor, a [beße'ðor, a] *a* hard-drinking.
beber [be'ßer] *vt, vi* to drink.
bebida [be'ßiða] *nf* drink.
beca ['beka] *nf* grant, scholarship.
befarse [be'farse] *vr*: **~ de algo** to scoff at sth.
beldad [bel'dað] *nf* beauty.
Belén [be'len] *nm* Bethlehem; **b~** (*de navidad*) nativity scene, crib.
belga ['belɣa] *a, nm/f* Belgian.
Bélgica ['belxika] *nf* Belgium.
Belice [be'liðe] *nm* Belize.
bélico, a ['beliko, a] *a* (*actitud*) warlike; **belicoso, a** *a* (*guerrero*) warlike; (*agresivo*) aggressive, bellicose.
beligerante [belixe'rante] *a* belligerent.
bellaco, a [be'ʎako, a] *a* sly, cunning // *nm* villain, rogue; **bellaquería** *nf* (*acción*) dirty trick; (*calidad*) wickedness.
belleza [be'ʎeθa] *nf* beauty.
bello, a ['beʎo, a] *a* beautiful, lovely; **Bellas Artes** Fine Art.
bellota [be'ʎota] *nf* acorn.
bemol [be'mol] *nm* (*MUS*) flat; **esto tiene ~es** (*fam*) this is a tough one.
bencina [ben'θina] *nf* (*AM*: *gasolina*) petrol (*Brit*), gasoline (*US*).
bendecir [bende'ðir] *vt* to bless.
bendición [bendi'θjon] *nf* blessing.
bendito, a [ben'dito, a] *pp de* **bendecir** // *a* holy; (*afortunado*) lucky; (*feliz*) happy; (*sencillo*) simple // *nm/f* simple soul.
benedictino, a [beneðik'tino, a] *a, nm* Benedictine.
beneficencia [benefi'θenθja] *nf* charity.
beneficiar [benefi'θjar] *vt* to benefit, be of benefit to; **~se** *vr* to benefit, profit; **~io, a** *nm/f* beneficiary.
beneficio [bene'fiθjo] *nm* (*bien*) benefit, advantage; (*ganancia*) profit, gain; **~so, a** *a* beneficial.
benéfico, a [be'nefiko, a] *a* charitable.
beneplácito [bene'plaθito] *nm* approval, consent.
benevolencia [beneßo'lenθja] *nf* benevolence, kindness; **benévolo, a** *a* benevolent, kind.
benigno, a [be'niɣno, a] *a* kind; (*suave*)

mild; (*MED*: *tumor*) benign, non-malignant.
beodo, a [be'oðo, a] *a* drunk.
berenjena [beren'xena] *nf* aubergine (*Brit*), eggplant (*US*).
Berlín [ber'lin] *n* Berlin; **berlinés, esa** *a* of o from Berlin // *nm/f* Berliner.
bermejo, a [ber'mexo, a] *a* red.
berrear [berre'ar] *vi* to bellow, low.
berrido [be'rriðo] *nm* bellow(ing).
berrinche [be'rrintʃe] *nm* (*fam*) temper, tantrum.
berro ['berro] *nm* watercress.
berza ['berθa] *nf* cabbage.
besamel [besa'mel] *nf* (*CULIN*) white sauce, bechamel sauce.
besar [be'sar] *vt* to kiss; (*fig*: *tocar*) to graze; **~se** *vr* to kiss (one another); **beso** *nm* kiss.
bestia ['bestja] *nf* beast, animal; (*fig*) idiot; **~ de carga** beast of burden.
bestial [bes'tjal] *a* bestial; (*fam*) terrific; **~idad** *nf* bestiality; (*fam*) stupidity.
besugo [be'suxo] *nm* sea bream; (*fam*) idiot.
besuquear [besuke'ar] *vt* to cover with kisses; **~se** *vr* to kiss and cuddle.
betún [be'tun] *nm* shoe polish; (*QUIMICA*) bitumen.
biberón [biße'ron] *nm* feeding bottle.
Biblia ['bißlja] *nf* Bible.
bibliografía [bißljoɣra'fia] *nf* bibliography.
biblioteca [bißljo'teka] *nf* library; (*mueble*) bookshelves *pl*; **~ de consulta** reference library; **~rio, a** *nm/f* librarian.
B.I.C. *nf abr* (= *Brigada de Investigación Criminal*) CID (*Brit*), FBI (*US*).
bicarbonato [bikarßo'nato] *nm* bicarbonate.
bici ['biθi] *nf* (*fam*) bike.
bicicleta [biθi'kleta] *nf* bicycle, cycle.
bicho ['bitʃo] *nm* (*animal*) small animal; (*sabandija*) bug, insect; (*TAUR*) bull.
bidé [bi'ðe] *nm* bidet.
bien [bjen] ♦ *nm* **1** (*bienestar*) good; **te lo digo por tu ~** I'm telling you for your own good; **el ~ y el mal** good and evil **2** (*posesión*): **~es** goods; **~es de consumo** consumer goods; **~es inmuebles** o **raíces/~es muebles** real estate *sg*/ personal property *sg*
♦ *ad* **1** (*de manera satisfactoria, correcta etc*) well; **trabaja/come ~** she works/eats well; **contestó ~** he answered correctly; **me siento ~** I feel fine; **no me siento ~** I don't feel very well; **se está ~ aquí** it's nice here
2 (*frases*): **hiciste ~ en llamarme** you were right to call me
3 (*valor intensivo*) very; **un cuarto ~ caliente** a nice warm room; **~ se ve que** ... it's quite clear that ...

4: estar ~: estoy muy bien aquí I feel very happy here; está bien que vengan it's alright for them to come; ¡está bien! lo haré oh alright, I'll do it

5 (de buena gana): yo ~ que iría pero ... I'd gladly go but ...

♦ excl: ¡~! (aprobación) O.K!; ¡muy ~! well done!

♦ a inv (matiz despectivo): niño ~ rich kid; gente ~ posh people

♦ conj 1: ~ ... ~: ~ en coche ~ en tren either by car or by train

2: no ~ (esp AM): no ~ llegue te llamaré as soon as I arrive I'll call you

3: si ~ even though; ver tb más.

bienal [bje'nal] a biennial.

bienaventurado, a [bjenaßentu'raðo, a] a (feliz) happy, fortunate.

bienestar [bjenes'tar] nm well-being, welfare.

bienhechor, a [bjene'tʃor, a] a beneficent // nm/f benefactor/benefactress.

bienvenida [bjembe'niða] nf welcome; dar la ~ a uno to welcome sb.

bienvenido [bjembe'niðo] excl welcome!

bife ['bife] nm (AM) steak.

bifurcación [bifurka'θjon] nf fork.

bigamia [bi'ɣamja] nf bigamy; **bígamo, a** a bigamous // nm/f bigamist.

bigote [bi'ɣote] nm moustache; **bigotudo, a** a with a big moustache.

bikini [bi'kini] nm bikini; (CULIN) toasted ham and cheese sandwich.

bilingüe [bi'lingwe] a bilingual.

billar [bi'ʎar] nm billiards sg; (lugar) billiard hall; (mini-casino) amusement arcade.

billete [bi'ʎete] nm ticket; (de banco) banknote (Brit), bill (US); (carta) note; ~ sencillo, ~ de ida solamente/de ida y vuelta single (Brit) o one-way (US) ticket/return (Brit) o round-trip (US) ticket; ~ de 20 libras £20 note.

billetera [biʎe'tera] nf, **billetero** [biʎe'tero] nm wallet.

billón [bi'ʎon] nm billion.

bimensual [bimen'swal] a twice monthly.

bimotor [bimo'tor] a twin-engined // nm twin-engined plane.

binóculo [bi'nokulo] nm pince-nez.

biografía [bjoɣra'fia] nf biography; **biógrafo, a** nm/f biographer.

biología [bjolo'xia] nf biology; **biológico, a** a biological; **biólogo, a** nm/f biologist.

biombo ['bjombo] nm (folding) screen.

biopsia [bi'opsja] nf biopsy.

birlar [bir'lar] vt (fam) to pinch.

Birmania [bir'manja] nf Burma.

bis [bis] excl encore! // ad: viven en el 27 ~ they live at 27a.

bisabuelo, a [bisa'ßwelo, a] nm/f greatgrandfather/mother.

bisagra [bi'saɣra] nf hinge.

bisbisar [bisßi'sar], **bisbisear** [bisßise'ar]

vt to mutter, mumble.

bisiesto [bi'sjesto] a: año ~ leap year.

bisnieto, a [bis'njeto, a] nm/f greatgrandson/daughter.

bisonte [bi'sonte] nm bison.

bistec [bis'tek], **bisté** [bis'te] nm steak.

bisturí [bistu'ri] nm scalpel.

bisutería [bisute'ria] nf imitation o costume jewellery.

bit [bit] nm (INFORM) bit.

bizcar [biθ'kar] vi to squint.

bizco, a ['biθko, a] a cross-eyed.

bizcocho [biθ'kotʃo] nm (CULIN) sponge cake.

bizquear [biθke'ar] vi to squint.

blanco, a ['blanko, a] a white // nm/f white man/woman, white // nm (color) white; (en texto) blank; (MIL, fig) target // nf (MUS) minim; en ~ blank; noche en ~ sleepless night; estar sin ~ to be broke.

blancura [blan'kura] nf whiteness.

blandir [blan'dir] vt to brandish.

blando, a ['blando, a] a soft; (tierno) tender, gentle; (carácter) mild; (fam) cowardly; **blandura** nf softness; tenderness; mildness.

blanquear [blanke'ar] vt to whiten; (fachada) to whitewash; (paño) to bleach // vi to turn white; **blanquecino, a** a whitish.

blasfemar [blasfe'mar] vi to blaspheme, curse; **blasfemia** nf blasphemy.

blasón [bla'son] nm coat of arms; (fig) honour; **blasonar** vt to emblazon // vi to boast, brag.

bledo ['bleðo] nm: me importa un ~ I couldn't care less.

blindado, a [blin'daðo, a] a (MIL) armour-plated; (antibala) bullet-proof; coche (Esp) o carro (AM) ~ armoured car.

blindaje [blin'daxe] nm armour, armourplating.

bloc [blok] (pl ~s) nm writing pad.

bloque ['bloke] nm block; (POL) bloc; ~ de cilindros cylinder block.

bloquear [bloke'ar] vt to blockade; **bloqueo** nm blockade; (COM) freezing, blocking.

blusa ['blusa] nf blouse.

boato [bo'ato] nm show, ostentation.

bobada [bo'ßaða], **bobería** [boße'ria] nf foolish action; foolish statement; **decir bobadas** to talk nonsense.

bobina [bo'ßina] nf (TEC) bobbin; (FOTO) spool; (ELEC) coil.

bobo, a ['boßo, a] a (tonto) daft, silly; (cándido) naïve // nm/f fool, idiot // nm (TEATRO) clown, funny man.

boca ['boka] nf mouth; (de crustáceo) pincer; (de cañón) muzzle; (entrada) mouth, entrance; ~s nfpl (de río) mouth sg; ~ abajo/arriba face down/up; a ~jarro point-blank; se me hace agua la

~ my mouth is watering.

bocacalle [boka'kaʎe] *nf* (entrance to a) street; **la primera** ~ the first turning *o* street.

bocadillo [boka'ðiʎo] *nm* sandwich.

bocado [bo'kaðo] *nm* mouthful, bite; (*de caballo*) bridle; ~ **de Adán** Adam's apple.

bocanada [boka'naða] *nf* (*de vino*) mouthful, swallow; (*de aire*) gust, puff.

bocazas [bo'kaθas] *nm inv* (*fam*) big-mouth.

boceto [bo'θeto] *nm* sketch, outline.

bocina [bo'θina] *nf* (*MUS*) trumpet; (*AUTO*) horn; (*para hablar*) megaphone.

bocha ['botʃa] *nf* bowl; ~s *nfpl* bowls *sg*.

bochinche [bo'tʃintʃe] *nm* (*fam*) uproar.

bochorno [bo'tʃorno] *nm* (*vergüenza*) embarrassment; (*calor*): **hace** ~ it's very muggy; ~**so, a** *a* muggy; embarrassing.

boda ['boða] *nf* (*tb*: ~s) wedding, marriage; (*fiesta*) wedding reception; ~s **de plata/de oro** silver/golden wedding.

bodega [bo'ðeɣa] *nf* (*de vino*) (wine) cellar; (*depósito*) storeroom; (*de barco*) hold.

bodegón [boðe'ɣon] *nm* (*ARTE*) still life.

bofe ['bofe] *nm* (*tb*: ~s: *de res*) lights.

bofetada [bofe'taða] *nf*, **bofetón** [bofe'ton] *nm* slap (in the face).

boga ['boɣa] *nf*: **en** ~ (*fig*) in vogue.

bogar [bo'ɣar] *vi* (*remar*) to row; (*navegar*) to sail.

Bogotá [boɣo'ta] *n* Bogotá; **bogotano, a** *a* o from Bogotá.

bohemio, a [bo'emjo, a] *a, nm/f* Bohemian.

boicot [boi'kot] (*pl* ~s) *nm* boycott; ~**ear** *vt* to boycott; ~**eo** *nm* boycott.

boina ['boina] *nf* beret.

bola ['bola] *nf* ball; (*canica*) marble; (*NAIPES*) (grand) slam; (*betún*) shoe polish; (*mentira*) tale, story; ~s *nfpl* (*AM*) bolas *sg*; ~ **de billar** billiard ball; ~ **de nieve** snowball.

bolchevique [boltʃe'βike] *a, nm/f* Bolshevik.

boleadoras [bolea'ðoras] *nfpl* (*AM*) bolas *sg*.

bolera [bo'lera] *nf* skittle *o* bowling alley.

boleta [bo'leta] *nf* (*AM*: *billete*) ticket; (: *permiso*) pass, permit.

boletería [bolete'ria] *nf* (*AM*) ticket office.

boletín [bole'tin] *nm* bulletin; (*periódico*) journal, review; ~ **escolar** (*Esp*) school report; ~ **de noticias** news bulletin; ~ **de pedido** application form; ~ **de precios** price list; ~ **de prensa** press release.

boleto [bo'leto] *nm* ticket.

boli ['boli] *nm* (*fam*) Biro ®, pen.

boliche [bo'litʃe] *nm* (*bola*) jack; (*juego*) bowls *sg*; (*lugar*) bowling alley.

bolígrafo [bo'liɣrafo] *nm* ball-point pen,

Biro ®.

bolívar [bo'liβar] *nm* monetary unit of Venezuela.

Bolivia [bo'liβja] *nf* Bolivia; **boliviano, a** *a, nm/f* Bolivian.

bolo ['bolo] *nm* skittle; (*píldora*) (large) pill; (**juego de**) ~s *nmpl* skittles *sg*.

bolsa ['bolsa] *nf* (*cartera*) purse; (*saco*) bag; (*AM*) pocket; (*ANAT*) cavity, sac; (*COM*) stock exchange; (*MINERIA*) pocket; ~ **de agua caliente** hot water bottle; ~ **de aire** air pocket; ~ **de papel** paper bag; ~ **de plástico** plastic bag.

bolsillo [bol'siʎo] *nm* pocket; (*cartera*) purse; **de** ~ pocket(-size).

bolsista [bol'sista] *nm/f* stockbroker.

bolso ['bolso] *nm* (*bolsa*) bag; (*de mujer*) handbag.

bollo ['boʎo] *nm* (*pan*) roll; (*bulto*) bump, lump; (*abolladura*) dent.

bomba ['bomba] *nf* (*MIL*) bomb; (*TEC*) pump // *a* (*fam*): **noticia** ~ bombshell // *ad* (*fam*): **pasarlo** ~ to have a great time; ~ **atómica/de humo/de retardo** atomic/smoke/time bomb; ~ **de gasolina** petrol pump.

bombardear [bombarðe'ar] *vt* to bombard; (*MIL*) to bomb; **bombardeo** *nm* bombardment; bombing.

bombardero [bombar'ðero] *nm* bomber.

bombear [bombe'ar] *vt* (*agua*) to pump (out *o* up); (*MIL*) to bomb; ~**se** *vr* to warp.

bombero [bom'bero] *nm* fireman.

bombilla [bom'biʎa] *nf* (*Esp*) (light) bulb.

bombín [bom'bin] *nm* bowler hat.

bombo ['bombo] *nm* (*MUS*) bass drum; (*TEC*) drum.

bombón [bom'bon] *nm* chocolate.

bonachón, ona [bona'tʃon, ona] *a* good-natured, easy-going.

bonaerense [bonae'rense] *a* o from Buenos Aires.

bonanza [bo'nanθa] *nf* (*NAUT*) fair weather; (*fig*) bonanza; (*MINERIA*) rich pocket *o* vein.

bondad [bon'dað] *nf* goodness, kindness; **tenga la** ~ **de** (please) be good enough to; ~**oso, a** *a* good, kind.

bonito, a [bo'nito, a] *a* pretty; (*agradable*) nice // *nm* (*atún*) tuna (fish).

bono ['bono] *nm* voucher; (*FINANZAS*) bond.

bonobús [bono'βus] *nm* (*Esp*) bus pass.

boquear [boke'ar] *vi* to gasp.

boquerón [boke'ron] *nm* (*pez*) (kind of) anchovy; (*agujero*) large hole.

boquete [bo'kete] *nm* gap, hole.

boquiabierto, a [bokia'βjerto, a] *a*: **quedar** ~ to be amazed *o* flabbergasted.

boquilla [bo'kiʎa] *nf* (*para riego*) nozzle; (*para cigarro*) cigarette holder; (*MUS*) mouthpiece.

borbollar [borβo'ʎar], **borbollear**

[borβoʎe'ar], **borbotar** [borβo'tar] *vi* to bubble.

borbotón [borβo'ton] *nm:* **salir a borbotones** to gush out.

bordado [bor'ðaðo] *nm* embroidery.

bordar [bor'ðar] *vt* to embroider.

borde ['borðe] *nm* edge, border; (*de camino etc*) side; (*en la costura*) hem; **al ~ de** (*fig*) on the verge o brink of; **ser ~** (*Esp: fam*) to be a pain (in the neck); **~ar** *vt* to border.

bordillo [bor'ðiʎo] *nm* kerb (*Brit*), curb (*US*).

bordo ['borðo] *nm* (*NAUT*) side; **a ~ on board.**

borinqueño, a [borin'kenjo, a] *a, nm/f* Puerto Rican.

borra ['borra] *nf* (*pelusa*) fluff; (*sedimento*) sediment.

borrachera [borra'tʃera] *nf* (*ebriedad*) drunkenness; (*orgía*) spree, binge.

borracho, a [bo'rratʃo, a] *a* drunk // *nm/f* (*que bebe mucho*) drunkard, drunk; (*temporalmente*) drunk, drunk man/woman.

borrador [borra'ðor] *nm* (*escritura*) first draft, rough sketch; (*cuaderno*) scribbling pad; (*goma*) rubber (*Brit*), eraser.

borrajear [borraxe'ar] *vt, vi* to scribble.

borrar [bo'rrar] *vt* to erase, rub out.

borrasca [bo'rraska] *nf* storm.

borrico, a [bo'rriko, a] *nm/f* donkey/she-donkey; (*fig*) stupid man/woman.

borrón [bo'rron] *nm* (*mancha*) stain.

borroso, a [bo'rroso, a] *a* vague, unclear; (*escritura*) illegible.

bosque ['boske] *nm* wood; (*grande*) forest.

bosquejar [boske'xar] *vt* to sketch; **bosquejo** *nm* sketch.

bosta ['bosta] *nf* dung; (*abono*) manure.

bostezar [boste'θar] *vi* to yawn; **bostezo** *nm* yawn.

bota ['bota] *nf* (*calzado*) boot; (*saco*) leather wine bottle.

botánico, a [bo'taniko, a] *a* botanical // *nm/f* botanist // *nf* botany.

botar [bo'tar] *vt* to throw, hurl; (*NAUT*) to launch; (*fam*) to throw out // *vi* to bounce.

bote ['bote] *nm* (*salto*) bounce; (*golpe*) thrust; (*vasija*) tin, can; (*embarcación*) boat; **de ~ en ~** packed, jammed full; **~ salvavidas** lifeboat; **~ de la basura** (*AM*) dustbin (*Brit*), trashcan (*US*).

botella [bo'teʎa] *nf* bottle.

botica [bo'tika] *nf* chemist's (shop) (*Brit*), pharmacy; **~rio, a** *nm/f* chemist (*Brit*), pharmacist.

botijo [bo'tixo] *nm* (earthenware) jug.

botín [bo'tin] *nm* (*calzado*) half boot; (*polaina*) spat; (*MIL*) booty.

botiquín [boti'kin] *nm* (*armario*) medicine cabinet; (*portátil*) first-aid kit.

botón [bo'ton] *nm* button; (*BOT*) bud;

(*de florete*) tip; **~ de oro** buttercup.

botones [bo'tones] *nm inv* bellboy (*Brit*), bellhop (*US*).

bóveda ['boβeða] *nf* (*ARQ*) vault.

boxeador [boksea'ðor] *nm* boxer.

boxeo [bok'seo] *nm* boxing.

boya ['boja] *nf* (*NAUT*) buoy; (*flotador*) float.

bozal [bo'θal] *nm* (*de caballo*) halter; (*de perro*) muzzle.

bracear [braθe'ar] *vi* (*agitar los brazos*) to wave one's arms.

bracero [bra'θero] *nm* labourer; (*en el campo*) farmhand.

bracete [bra'θete]: **de ~** *ad* arm in arm.

braga ['braxa] *nf* (*cuerda*) sling, rope; (*de bebé*) nappy (*Brit*), diaper (*US*); **~s** *nfpl* (*de mujer*) panties, knickers (*Brit*).

bragueta [bra'ɣeta] *nf* fly, flies *pl*.

braille [breil] *nm* braille.

bramar [bra'mar] *vi* to bellow, roar; **bramido** *nm* bellow, roar.

brasa ['brasa] *nf* live o hot coal.

brasero [bra'sero] *nm* brazier.

Brasil [bra'sil] *nm:* **(el) ~** Brazil; **brasileño, a** *a, nm/f* Brazilian.

bravata [bra'βata] *nf* boast.

braveza [bra'βeθa] *nf* (*valor*) bravery; (*ferocidad*) ferocity.

bravío, a [bra'βio, a] *a* wild; (*feroz*) fierce.

bravo, a ['braβo, a] *a* (*valiente*) brave; (*bueno*) fine, splendid; (*feroz*) ferocious; (*salvaje*) wild; (*mar etc*) rough, stormy // *excl* bravo!; **bravura** *nf* bravery; ferocity; (*pey*) boast.

braza ['braθa] *nf* fathom; **nadar a la ~** to swim (the) breast-stroke.

brazada [bra'θaða] *nf* stroke.

brazado [bra'θaðo] *nm* armful.

brazalete [braθa'lete] *nm* (*pulsera*) bracelet; (*banda*) armband.

brazo ['braθo] *nm* arm; (*ZOOL*) foreleg; (*BOT*) limb, branch; **luchar a ~ partido** to fight hand-to-hand; **ir del ~** to walk arm in arm.

brea ['brea] *nf* pitch, tar.

brebaje [bre'βaxe] *nm* potion.

brecha ['bretʃa] *nf* (*hoyo, vacío*) gap, opening; (*MIL, fig*) breach.

brega ['breɣa] *nf* (*lucha*) struggle; (*trabajo*) hard work.

breve ['breβe] *a* short, brief // *nf* (*MUS*) breve; **~dad** *nf* brevity, shortness.

brezal [bre'θal] *nm* moor(land), heath; **brezo** *nm* heather.

bribón, ona [bri'βon, ona] *a* idle, lazy // *nm/f* (*vagabundo*) vagabond; (*pícaro*) rascal, rogue.

bricolaje [briko'laxe] *nm* do-it-yourself, DIY.

brida ['briða] *nf* bridle, rein; (*TEC*) clamp; **a toda ~** at top speed.

bridge [britʃ] *nm* bridge.

brigada [bri'ɣaða] *nf* (*unidad*) brigade;

(*trabajadores*) squad, gang // *nm* ≈ staff-sergeant, sergeant-major.

brillante [bri'ʎante] *a* brilliant // *nm* diamond.

brillar [bri'ʎar] *vi* (*tb fig*) to shine; (*joyas*) to sparkle.

brillo ['briʎo] *nm* shine; (*brillantez*) brilliance; (*fig*) splendour; **sacar ~ a** to polish.

brincar [brin'kar] *vi* to skip about, hop about, jump about; **está que brinca** he's hopping mad.

brinco ['brinko] *nm* jump, leap.

brindar [brin'dar] *vi*: **~ a o por** to drink (a toast) to // *vt* to offer, present.

brindis ['brindis] *nm* toast; (*TAUR*) (ceremony of) dedication.

brío ['brio] *nm* spirit, dash; **brioso, a** *a* spirited, dashing.

brisa ['brisa] *nf* breeze.

británico, a [bri'taniko, a] *a* British // *nm/f* Briton, British person.

brocal [bro'kal] *nm* rim.

brocha ['brotʃa] *nf* (large) paintbrush; **~ de afeitar** shaving brush.

broche ['brotʃe] *nm* brooch.

broma ['broma] *nf* joke; **en ~** in fun, as a joke; **bromear** *vi* to joke.

bromista [bro'mista] *a* fond of joking // *nm/f* joker, wag.

bronca ['bronka] *nf* row; **echar una ~ a uno** to tick sb off.

bronce ['bronθe] *nm* bronze; **~ado, a** *a* bronze; (*por el sol*) tanned // *nm* (*sun*)tan; (*TEC*) bronzing.

broncearse [bronθe'arse] *vr* to get a suntan.

bronco, a ['bronko, a] *a* (*manera*) rude, surly; (*voz*) harsh.

bronquitis [bron'kitis] *nf* bronchitis.

brotar [bro'tar] *vi* (*BOT*) to sprout; (*aguas*) to gush (forth); (*MED*) to break out.

brote ['brote] *nm* (*BOT*) shoot; (*MED, fig*) outbreak.

bruces ['bruθes]: **de ~** *ad*: **caer o dar de ~** to fall headlong, fall flat.

bruja ['bruxa] *nf* witch; **brujería** *nf* witchcraft.

brujo ['bruxo] *nm* wizard, magician.

brújula ['bruxula] *nf* compass.

bruma ['bruma] *nf* mist; **brumoso, a** *a* misty.

bruñido [bru'ɲiðo] *nm* polish; **bruñir** *vt* to polish.

brusco, a ['brusko, a] *a* (*súbito*) sudden; (*áspero*) brusque.

Bruselas [bru'selas] *n* Brussels.

brutal [bru'tal] *a* brutal.

brutalidad [brutali'ðað] *nf* brutality.

bruto, a ['bruto, a] *a* (*idiota*) stupid; (*bestial*) brutish; (*peso*) gross; **en ~** raw, unworked.

Bs.As. *abr* (= *Buenos Aires*) B.A.

bucal [bu'kal] *a* oral; **por vía ~** orally.

bucear [buθe'ar] *vi* to dive // *vt* to explore; **buceo** *nm* diving; (*fig*) investigation.

bucle ['bukle] *nm* curl.

budismo [bu'ðismo] *nm* Buddhism.

buen [bwen] *am ver* **bueno**.

buenamente [bwena'mente] *ad* (*fácilmente*) easily; (*voluntariamente*) willingly.

buenaventura [bwenaßen'tura] *nf* (*suerte*) good luck; (*adivinación*) fortune.

bueno, a ['bweno, a] ♦ *a* (*antes de nmsg*: **buen**) **1** (*excelente etc*) good; **es un libro ~ o es un buen libro** it's a good book; **hace ~, hace buen tiempo** the weather is *o* it is fine; **el ~ de Paco** good old Paco; **fue muy ~ conmigo** he was very nice *o* kind to me

2 (*apropiado*): **ser bueno/a para** to be good for; **creo que vamos por buen camino** I think we're on the right track

3 (*irónico*): **le di un buen rapapolvo** I gave him a good *o* real ticking off; **¡buen conductor estás hecho!** some *o* a fine driver you are!; **¡estaría ~ que ...!** a fine thing it would be if ...!

4 (*atractivo, sabroso*): **está bueno este bizcocho** this sponge is delicious; **Carmen está muy buena** Carmen is looking good

5 (*saludos*): **¡buen día!, ¡buenos días!** good morning!; **¡buenas (tardes)!** (good) afternoon!; (*más tarde*) (good) evening!; **¡buenas noches!** good night!

6 (*otras locuciones*): **estar de buenas** to be in a good mood; **por las buenas o por las malas** by hook or by crook; **de buenas a primeras** all of a sudden

♦ *excl*: **¡~!** all right!; **~, ¿y qué?** well, so what?

Buenos Aires *nm* Buenos Aires.

buey [bwei] *nm* ox.

búfalo ['bufalo] *nm* buffalo.

bufanda [bu'fanda] *nf* scarf.

bufar [bu'far] *vi* to snort.

bufete [bu'fete] *nm* (*despacho de abogado*) lawyer's office.

buffer ['bufer] *nm* (*INFORM*) buffer.

bufón [bu'fon, ona] *nm* clown.

buhardilla [buar'ðiʎa] *nf* (*desván*) attic.

búho ['buo] *nm* owl; (*fig*) hermit, recluse.

buhonero [buo'nero] *nm* pedlar.

buitre ['bwitre] *nm* vulture.

bujía [bu'xia] *nf* (*vela*) candle; (*ELEC*) candle (power); (*AUTO*) spark plug.

bula ['bula] *nf* (*papal*) bull.

bulbo ['bulßo] *nm* bulb.

bulevar [bule'ßar] *nm* boulevard.

Bulgaria [bul'xarja] *nf* Bulgaria; **búlgaro, a** *a, nm/f* Bulgarian.

bulto ['bulto] *nm* (*paquete*) package; (*fardo*) bundle; (*tamaño*) size, bulkiness; (*MED*) swelling, lump; (*silueta*)

vague shape; (*estatua*) bust, statue.
bulla ['buʎa] *nf* (*ruido*) uproar; (*de gente*) crowd.
bullicio [bu'ʎiθjo] *nm* (*ruido*) uproar; (*movimiento*) bustle.
bullir [bu'ʎir] *vi* (*hervir*) to boil; (*burbujear*) to bubble; (*mover*) to move, stir.
buñuelo [bu'ɲwelo] *nm* ≈ doughnut (*Brit*), donut (*US*); (*fruta de sartén*) fritter.
BUP [bup] *nm abr* (*Esp* = *Bachillerato Unificado Polivalente*) *secondary education and leaving certificate for 14-17 age group.*
buque ['buke] *nm* ship, vessel.
burbuja [bur'βuxa] *nf* bubble; **burbujear** *vi* to bubble.
burdel [bur'ðel] *nm* brothel.
burdo, a ['burðo, a] *a* coarse, rough.
burgués, esa [bur'ɣes, esa] *a* middle-class, bourgeois; **burguesía** *nf* middle class, bourgeoisie.
burla ['burla] *nf* (*mofa*) gibe; (*broma*) joke; (*engaño*) trick.
burladero [burla'ðero] *nm* (bullfighter's) refuge.
burlador, a [burla'ðor, a] *a* mocking // *nm/f* (*bromista*) joker // *nm* (*libertino*) seducer.
burlar [bur'lar] *vt* (*engañar*) to deceive; (*seducir*) to seduce // *vi*, ~**se** *vr* to joke; ~**se de** to make fun of.
burlesco, a [bur'lesko, a] *a* burlesque.
burlón, ona [bur'lon, ona] *a* mocking.
burocracia [buro'kraθja] *nf* civil service; (*pey*) bureaucracy.
burócrata [bu'rokrata] *nm/f* civil servant; (*pey*) bureaucrat.
buromática [buro'matika] *nf* office automation.
burro, a ['burro] *nm/f* donkey/she-donkey; (*fig*) ass, idiot.
bursátil [bur'satil] *a* stock-exchange *cpd*.
bus [bus] *nm* bus.
busca ['buska] *nf* search, hunt // *nm* (*TEL*) bleeper; **en ~ de** in search of.
buscapleitos [buska'pleitos] *nm/f inv* troublemaker.
buscar [bus'kar] *vt* to look for, search for, seek // *vi* to look, search, seek; **busca secretaria** secretary wanted.
buscón, ona [bus'kon, ona] *a* thieving // *nm* petty thief // *nf* whore.
busilis [bu'silis] *nm* (*fam*) snag.
busque *etc vb ver* **buscar**.
búsqueda ['buskeða] *nf* = **busca**.
busto ['busto] *nm* (*ANAT, ARTE*) bust.
butaca [bu'taka] *nf* armchair; (*de cine, teatro*) stall, seat.
butano [bu'tano] *nm* butane (gas).
buzo ['buθo] *nm* diver.
buzón [bu'θon] *nm* (*en puerta*) letter box; (*en la calle*) pillar box.

C

C. *abr* (= *centigrado*) C; (= *compañía*) Co.
c. *abr* (= *capítulo*) ch.
C/ *abr* (= *calle*) St.
c.a. *abr* (= *corriente alterna*) AC.
cabal [ka'βal] *a* (*exacto*) exact; (*correcto*) right, proper; (*acabado*) finished, complete; ~**es** *nmpl*: **estar en sus ~es** to be in one's right mind.
cabalgadura [kaβalva'ðura] *nf* mount, horse.
cabalgar [kaβal'var] *vt*, *vi* to ride.
cabalgata [kaβal'vata] *nf* procession.
caballa [ka'βaʎa] *nf* mackerel.
caballeresco, a [kaβaʎe'resko, a] *a* noble, chivalrous.
caballería [kaβaʎe'ria] *nf* mount; (*MIL*) cavalry.
caballeriza [kaβaʎe'riθa] *nf* stable; **caballerizo** *nm* groom, stableman.
caballero [kaβa'ʎero] *nm* (*hombre galante*) gentleman; (*de la orden de caballería*) knight; (*trato directo*) sir.
caballerosidad [kaβaʎerosi'ðað] *nf* chivalry.
caballete [kaβa'ʎete] *nm* (*ARTE*) easel; (*TEC*) trestle.
caballito [kaβa'ʎito] *nm* (*caballo pequeño*) small horse, pony; ~**s** *nmpl* (*en verbena*) roundabout *sg*, merry-go-round.
caballo [ka'βaʎo] *nm* horse; (*AJEDREZ*) knight; (*NAIPES*) queen; ~ **de vapor** *o* **de fuerza** horsepower.
cabaña [ka'βaɲa] *nf* (*casita*) hut, cabin.
cabaré, cabaret [kaβa're] (*pl* **cabarés, cabarets**) *nm* cabaret.
cabecear [kaβeθe'ar] *vt*, *vi* to nod.
cabecera [kaβe'θera] *nf* head; (*de distrito*) chief town; (*IMPRENTA*) headline.
cabecilla [kaβe'θiʎa] *nm/f* ringleader.
cabellera [kaβe'ʎera] *nf* (head of) hair; (*de cometa*) tail.
cabello [ka'βeʎo] *nm* (*tb*: ~**s**) hair *sg*.
caber [ka'βer] *vi* (*entrar*) to fit, go; **caben 3 más** there's room for 3 more.
cabestrillo [kaβes'triʎo] *nm* sling.
cabestro [ka'βestro] *nm* halter.
cabeza [ka'βeθa] *nf* head; (*POL*) chief, leader; ~**da** *nf* (*golpe*) butt; **dar ~das** to nod off.
cabida [ka'βiða] *nf* space.
cabildo [ka'βildo] *nm* (*de iglesia*) chapter; (*POL*) town council.
cabina [ka'βina] *nf* cabin; (*de camión*) cab; ~ **telefónica** telephone box (*Brit*) *o* booth.
cabizbajo, a [kaβiθ'βaxo, a] *a* crestfallen, dejected.
cable ['kaβle] *nm* cable.
cabo ['kaβo] *nm* (*de objeto*) end,

extremity; (*MIL*) corporal; (*NAUT*) rope, cable; (*GEO*) cape; **al ~ de 3 días** after 3 days.

cabra ['kaßra] *nf* goat.

cabré *etc vb ver* **caber.**

cabrío, a [ka'ßrio, a] *a* goatish; **macho ~** (he-)goat, billy goat.

cabriola [ka'ßrjola] *nf* caper.

cabritilla [kaßri'tiʎa] *nf* kid, kidskin.

cabrito [ka'ßrito] *nm* kid.

cabrón [ka'ßron] *nm* cuckold; (*fam!*) bastard (!).

cacahuete [kaka'wete] *nm* (*Esp*) peanut.

cacao [ka'kao] *nm* cocoa; (*BOT*) cacao.

cacarear [kakare'ar] *vi* (*persona*) to boast; (*gallina*) to crow.

cacería [kaθe'ria] *nf* hunt.

cacerola [kaθe'rola] *nf* pan, saucepan.

cacique [ka'θike] *nm* chief, local ruler; (*POL*) local party boss; **caciquismo** *nm system of dominance by the local boss.*

caco ['kako] *nm* pickpocket.

cacto ['kakto] *nm*, **cactus** ['kaktus] *nm inv* cactus.

cacharro [ka'tʃarro] *nm* earthenware pot; **~s** *nmpl* pots and pans.

cachear [katʃe'ar] *vt* to search, frisk.

cachemir [katʃe'mir] *nm* cashmere.

cacheo [ka'tʃeo] *nm* searching, frisking.

cachete [ka'tʃete] *nm* (*ANAT*) cheek; (*bofetada*) slap (in the face).

cachimba [ka'tʃimba] *nf* pipe.

cachiporra [katʃi'porra] *nf* truncheon.

cachivache [katʃi'Batʃe] *nm* (*trasto*) piece of junk; **~s** *nmpl* junk *sg.*

cacho ['katʃo, a] *nm* (small) bit; (*AM: cuerno*) horn.

cachondeo [katʃon'deo] *nm* (*fam*) farce, joke.

cachondo, a [ka'tʃondo, a] *a* (*ZOOL*) on heat; (*fam*) randy, sexy; (*gracioso*) funny.

cachorro, a [ka'tʃorro, a] *nm/f* (*perro*) pup, puppy; (*león*) cub.

cada ['kaða] *a inv* each; (*antes de número*) every; **~ día** each day, every day; **~ dos días** every other day; **~ uno/ a** each one, every one; **~ vez más** more and more; **uno de ~ diez** one out of every ten.

cadalso [ka'ðalso] *nm* scaffold.

cadáver [ka'ðaßer] *nm* (dead) body, corpse.

cadena [ka'ðena] *nf* chain; (*TV*) channel; **trabajo en ~** assembly line work.

cadencia [ka'ðenθja] *nf* cadence, rhythm.

cadera [ka'ðera] *nf* hip.

cadete [ka'ðete] *nm* cadet.

caducar [kaðu'kar] *vi* to expire; **caduco, a** *a* expired; (*persona*) very old.

C.A.E. *abr* (= *cóbrese al entregar*) COD.

caer [ka'er] *vi*, **caerse** *vr* to fall (down); **me cae bien/mal** I get on well with him/I can't stand him; **~ en la cuenta** to catch on; **su cumpleaños cae en viernes** her

birthday falls on a Friday.

café [ka'fe] (*pl* **~s**) *nm* (*bebida, planta*) coffee; (*lugar*) café // *a* (*color*) brown; **~ con leche** white coffee; **~ solo** black coffee; **cafetal** *nm* coffee plantation.

cafetería [kafete'ria] *nf* (*gen*) café.

cafetero, a [kafe'tero, a] *a* coffee *cpd*; **ser muy ~** to be a coffee addict // *nf* coffee pot.

cagar [ka'ɣar] *vt* (*fam!*) to shit (!); to bungle, mess up // *vi* to have a shit (!).

caída [ka'iða] *nf* fall; (*declive*) slope; (*disminución*) fall, drop.

caiga *etc vb ver* **caer.**

caimán [kai'man] *nm* alligator.

caja ['kaxa] *nf* box; (*para reloj*) case; (*de ascensor*) shaft; (*COM*) cashbox; (*donde se hacen los pagos*) cashdesk; (: *en supermercado*) checkout, till; **~ de ahorros** savings bank; **~ de cambios** gearbox; **~ fuerte, ~ de caudales** safe, strongbox.

cajero, a [ka'xero, a] *nm/f* cashier.

cajetilla [kaxe'tiʎa] *nf* (*de cigarrillos*) packet.

cajón [ka'xon] *nm* big box; (*de mueble*) drawer.

cal [kal] *nf* lime.

cala ['kala] *nf* (*GEO*) cove, inlet; (*de barco*) hold.

calabacín [kalaßa'θin] *nm* (*BOT*) baby marrow; (: *más pequeño*) courgette (*Brit*), zucchini (*US*).

calabacita [kalaßa'θita] *nf* (*AM*) courgette (*Brit*), zucchini (*US*).

calabaza [kala'ßaθa] *nf* (*BOT*) pumpkin.

calabozo [kala'ßoθo] *nm* (*cárcel*) prison; (*celda*) cell.

calado, a [ka'laðo, a] *a* (*prenda*) lace *cpd* // *nm* (*NAUT*) draught // *nf* (*de cigarrillo*) puff.

calamar [kala'mar] *nm* squid.

calambre [ka'lambre] *nm* (*tb:* **~s**) cramp.

calamidad [kalami'ðað] *nf* calamity, disaster.

calamina [kala'mina] *nf* calamine.

calaña [ka'laɲa] *nf* model, pattern.

calar [ka'lar] *vt* to soak, drench; (*penetrar*) to pierce, penetrate; (*comprender*) to see through; (*vela, red*) to lower; **~se** *vr* (*AUTO*) to stall; **~se las gafas** to stick one's glasses on.

calavera [kala'ßera] *nf* skull.

calcañal [kalka'ɲal], **calcañar** [kalka'ɲar], **calcaño** [kal'kaɲo] *nm* heel.

calcar [kal'kar] *vt* (*reproducir*) to trace; (*imitar*) to copy.

calceta [kal'θeta] *nf* (knee-length) stocking; **hacer ~** to knit.

calcetín [kalθe'tin] *nm* sock.

calcinar [kalθi'nar] *vt* to burn, blacken.

calcio ['kalθjo] *nm* calcium.

calco ['kalko] *nm* tracing.

calcomanía [kalkoma'nia] *nf* transfer.

calculadora [kalkula'ðora] *nf* calculator.
calcular [kalku'lar] *vt* (*MAT*) to calculate, compute; ~ **que** ... to reckon that ...; **cálculo** *nm* calculation.
caldear [kalde'ar] *vt* to warm (up), heat (up).
caldera [kal'dera] *nf* boiler.
calderilla [kalde'riʎa] *nf* (*moneda*) small change.
caldero [kal'dero] *nm* small boiler.
caldo ['kaldo] *nm* stock; (*consomé*) consommé.
calefacción [kalefak'θjon] *nf* heating; ~ **central** central heating.
calendario [kalen'darjo] *nm* calendar.
calentador [kalenta'ðor] *nm* heater.
calentar [kalen'tar] *vt* to heat (up); ~**se** *vr* to heat up, warm up; (*fig: discusión etc*) to get heated.
calentura [kalen'tura] *nf* (*MED*) fever, (high) temperature.
calibrar [kali'βrar] *vt* to gauge, measure; **calibre** *nm* (*de cañón*) calibre, bore; (*diámetro*) diameter; (*fig*) calibre.
calidad [kali'ðað] *nf* quality; **de ~** quality *cpd*; **en ~ de** in the capacity of, as.
cálido, a ['kaliðo, a] *a* hot; (*fig*) warm.
caliente *etc vb ver* **calentar** // [ka'ljente] *a* hot; (*fig*) fiery; (*disputa*) heated; (*fam: cachondo*) randy.
calificación [kalifika'θjon] *nf* qualification; (*de alumno*) grade, mark.
calificar [kalifi'kar] *vt* to qualify; (*alumno*) to grade, mark; ~ **de** to describe as.
calizo, a [ka'liθo, a] *a* lime *cpd* // *nf* limestone.
calma ['kalma] *nf* calm; (*pachorra*) slowness.
calmante [kal'mante] *nm* sedative, tranquillizer.
calmar [kal'mar] *vt* to calm, calm down // *vi* (*tempestad*) to abate; (*mente etc*) to become calm.
calmoso, a [kal'moso, a] *a* calm, quiet.
calor [ka'lor] *nm* heat; (~ *agradable*) warmth.
caloría [kalo'ria] *nf* calorie.
calorífero, a [kalo'rifero, a] *a* heat-producing, heat-giving // *nm* heating system.
calumnia [ka'lumnja] *nf* calumny, slander; **calumnioso, a** *a* slanderous.
caluroso, a [kalu'roso, a] *a* hot; (*sin exceso*) warm; (*fig*) enthusiastic.
calvario [kal'βarjo] *nm* stations *pl* of the cross.
calvicie [kal'βiθje] *nf* baldness.
calvo, a ['kalβo, a] *a* bald; (*terreno*) bare, barren; (*tejido*) threadbare // *nf* bald patch; (*en bosque*) clearing.
calza ['kalθa] *nf* wedge, chock.
calzado, a [kal'θaðo, a] *a* shod // *nm* footwear // *nf* roadway, highway.
calzador [kalθa'ðor] *nm* shoehorn.

calzar [kal'θar] *vt* (*zapatos etc*) to wear; (*un mueble*) to put a wedge under; ~**se** *vr*: ~**se los zapatos** to put on one's shoes; **¿qué (número) calza?** what size do you take?
calzón [kal'θon] *nm* (*tb*: **calzones** *nmpl*) shorts *pl*; (*AM: de hombre*) pants, (: *de mujer*) panties.
calzoncillos [kalθon'θiʎos] *nmpl* underpants.
callado, a [ka'ʎaðo, a] *a* quiet.
callar [ka'ʎar] *vt* (*asunto delicado*) to keep quiet about, say nothing about; (*persona, opinión*) to silence // *vi*, ~**se** *vr* to keep quiet, be silent; **¡cállate!** be quiet!, shut up!
calle ['kaʎe] *nf* street; (*DEPORTE*) lane; ~ **arriba/abajo** up/down the street; ~ **de un solo sentido** one-way street.
calleja [ka'ʎexa] *nf* alley, narrow street; **callejear** *vi* to wander (about) the streets; **callejero, a** *a* street *cpd* // *nm* street map; **callejón** *nm* alley, passage; **callejón sin salida** cul-de-sac; **callejuela** *nf* side-street, alley.
callista [ka'ʎista] *nm/f* chiropodist.
callo ['kaʎo] *nm* callus; (*en el pie*) corn; ~**s** *nmpl* (*CULIN*) tripe *sg*; ~**so, a** *a* horny, rough.
cama ['kama] *nf* bed; (*GEO*) stratum; ~ **individual/de matrimonio** single/double bed.
camada [ka'maða] *nf* litter; (*de personas*) gang, band.
camafeo [kama'feo] *nm* cameo.
cámara ['kamara] *nf* chamber; (*habitación*) room; (*sala*) hall; (*CINE*) cine camera; (*fotográfica*) camera; ~ **de aire** inner tube.
camarada [kama'raða] *nm* comrade, companion.
camarera [kama'rera] *nf* (*en restaurante*) waitress; (*en casa, hotel*) maid.
camarero [kama'rero] *nm* waiter.
camarilla [kama'riʎa] *nf* (*clan*) clique; (*POL*) lobby.
camarín [kama'rin] *nm* dressing room.
camarón [kama'ron] *nm* shrimp.
camarote [kama'rote] *nm* cabin.
cambiable [kam'bjaβle] *a* (*variable*) changeable, variable; (*intercambiable*) interchangeable.
cambiante [kam'bjante] *a* variable.
cambiar [kam'bjar] *vt* to change; (*dinero*) to exchange // *vi* to change; ~**se** *vr* (*mudarse*) to move; (*de ropa*) to change; ~ **de idea** to change one's mind; ~ **de ropa** to change (one's clothes).
cambiazo [kam'bjaθo] *nm*: **dar el ~ a uno** to swindle sb.
cambio ['kambjo] *nm* change; (*trueque*) exchange; (*COM*) rate of exchange; (*oficina*) bureau de change; (*dinero menudo*) small change; **en ~** on the other hand; (*en lugar de*) instead; ~ **de**

divisas foreign exchange; **~ de velocidades** gear lever; **~ de vía** points *pl.*

cambista [kam'bista] *nm* (*COM*) exchange broker.

camelar [kame'lar] *vt* (*con mujer*) to flirt with; (*persuadir*) to cajole.

camello [ka'meʎo] *nm* camel; (*fam: traficante*) pusher.

camilla [ka'miʎa] *nf* (*MED*) stretcher.

caminante [kami'nante] *nm/f* traveller.

caminar [kami'nar] *vi* (*marchar*) to walk, go; (*viajar*) to travel, journey // *vt* (*recorrer*) to cover, travel.

caminata [kami'nata] *nf* long walk; (*por el campo*) hike.

camino [ka'mino] *nm* way, road; (*sendero*) track; **a medio ~** halfway (there); **en el ~** on the way, en route; **~ de** on the way to; **~ particular** private road.

camión [ka'mjon] *nm* lorry (*Brit*), truck (*US*); **camionero, a** *nm/f* lorry o truck driver.

camioneta [kamjo'neta] *nf* van, light truck.

camisa [ka'misa] *nf* shirt; (*BOT*) skin; **~ de dormir** nightdress; **~ de fuerza** straitjacket; **camisería** *nf* outfitter's (shop).

camiseta [kami'seta] *nf* (*prenda*) tee-shirt; (: *ropa interior*) vest; (*de deportista*) top.

camisón [kami'son] *nm* nightdress, nightgown.

camorra [ka'morra] *nf*: **armar** o **buscar ~** to look for trouble, kick up a fuss.

campamento [kampa'mento] *nm* camp.

campana [kam'pana] *nf* bell; **~da** *nf* peal; **~rio** *nm* belfry.

campanilla [kampa'niʎa] *nf* small bell.

campaña [kam'paɲa] *nf* (*MIL*, *POL*) campaign.

campechano, a [kampe'tʃano, a] *a* (*franco*) open.

campeón, ona [kampe'on, ona] *nm/f* champion; **campeonato** *nm* championship.

campesino, a [kampe'sino, a] *a* country *cpd*, rural; (*gente*) peasant *cpd* // *nm/f* countryman/woman; (*agricultor*) farmer.

campestre [kam'pestre] *a* country *cpd*, rural.

camping ['kampin] *nm* camping; (*lugar*) campsite; **ir de** o **hacer ~** to go camping.

campiña [kam'piɲa] *nf* countryside.

campo ['kampo] *nm* (*fuera de la ciudad*) country, countryside; (*AGR*, *ELEC*) field; (*de fútbol*) pitch; (*de golf*) course; (*MIL*) camp.

camposanto [kampo'santo] *nm* cemetery.

camuflaje [kamu'flaxe] *nm* camouflage.

cana ['kana] *nf ver* **cano.**

Canadá [kana'ða] *nm* Canada; **canadiense** *a*, *nm/f* Canadian // *nf* fur-lined jacket.

canal [ka'nal] *nm* canal; (*GEO*) channel, strait; (*de televisión*) channel; (*de tejado*) gutter; **~ de Panamá** Panama Canal; **~izar** *vt* to channel.

canalón [kana'lon] *nm* (*conducto vertical*) drainpipe; (*del tejado*) gutter.

canalla [ka'naʎa] *nf* rabble, mob // *nm* swine.

canapé [kana'pe] (*pl* ~s) *nm* sofa, settee; (*CULIN*) canapé.

Canarias [ka'narjas] *nfpl*: (**las Islas) ~** the Canary Islands, the Canaries.

canario, a [ka'narjo, a] *a*, *nm/f* (*native*) of the Canary Isles // *nm* (*ZOOL*) canary.

canasta [ka'nasta] *nf* (*round*) basket; **canastilla** [-'tiʎa] *nf* small basket; (*de niño*) layette.

canasto [ka'nasto] *nm* large basket.

cancela [kan'θela] *nf* gate.

cancelación [kanθela'θjon] *nf* cancellation.

cancelar [kanθe'lar] *vt* to cancel; (*una deuda*) to write off.

cáncer ['kanθer] *nm* (*MED*) cancer; **C~** (*ASTROLOGIA*) Cancer.

canciller [kanθi'ʎer] *nm* chancellor.

canción [kan'θjon] *nf* song; **~ de cuna** lullaby; **cancionero** *nm* song book.

cancha ['kantʃa] *nf* (*de baloncesto, tenis etc*) court; (*AM: de fútbol*) pitch.

candado [kan'daðo] *nm* padlock.

candela [kan'dela] *nf* candle.

candelero [kande'lero] *nm* (*para vela*) candlestick; (*de aceite*) oil lamp.

candente [kan'dente] *a* red-hot; (*fig: tema*) burning.

candidato, a [kandi'ðato, a] *nm/f* candidate.

candidez [kandi'ðeθ] *nf* (*sencillez*) simplicity; (*simpleza*) naiveté; **cándido, a** *a* simple; naive.

candil [kan'dil] *nm* oil lamp; **~ejas** [-'lexas] *nfpl* (*TEATRO*) footlights.

candor [kan'dor] *nm* (*sinceridad*) frankness; (*inocencia*) innocence.

canela [ka'nela] *nf* cinnamon.

cangrejo [kan'grexo] *nm* crab.

canguro [kan'guro] *nm* kangaroo; **hacer de ~** to babysit.

caníbal [ka'niβal] *a*, *nm/f* cannibal.

canica [ka'nika] *nf* marble.

canijo, a [ka'nixo, a] *a* frail, sickly.

canino, a [ka'nino, a] *a* canine // *nm* canine (tooth).

canjear [kanxe'ar] *vt* to exchange.

cano, a ['kano, a] *a* grey-haired, white-haired // *nf* white o grey hair; **tener canas** to be going grey.

canoa [ka'noa] *nf* canoe.

canon ['kanon] *nm* canon; (*pensión*) rent; (*COM*) tax.

canónigo [ka'noniɣo] *nm* canon.

canonizar [kanoni'θar] *vt* to canonize.

cansado, a [kan'saðo, a] *a* tired, weary; (*tedioso*) tedious, boring.

cansancio [kan'sanθjo] *nm* tiredness, fatigue.

cansar [kan'sar] *vt* (*fatigar*) to tire, tire out; (*aburrir*) to bore; (*fastidiar*) to bother; ~**se** *vr* to tire, get tired; (*aburrirse*) to get bored.

cantábrico, a [kan'taβriko, a] *a* Cantabrian; **mar C~** ≈ Bay of Biscay.

cantante [kan'tante] *a* singing // *nm/f* singer.

cantar [kan'tar] *vt* to sing // *vi* to sing; (*insecto*) to chirp; (*rechinar*) to squeak // *nm* (*acción*) singing; (*canción*) song; (*poema*) poem.

cántara ['kantara] *nf* large pitcher.

cántaro ['kantaro] *nm* pitcher, jug; **llover a ~s** to rain cats and dogs.

cante ['kante] *nm*: ~ **jondo** flamenco singing.

cantera [kan'tera] *nf* quarry.

cantidad [kanti'ðað] *nf* quantity, amount.

cantilena [kanti'lena] *nf* = **cantinela**.

cantimplora [kantim'plora] *nf* (*frasco*) water bottle, canteen.

cantina [kan'tina] *nf* canteen; (*de estación*) buffet.

cantinela [kanti'nela] *nf* ballad, song.

canto ['kanto] *nm* singing; (*canción*) song; (*borde*) edge, rim; (*de un cuchillo*) back; ~ **rodado** boulder.

cantor, a [kan'tor, a] *nm/f* singer.

canturrear [kanturre'ar] *vi* to sing softly.

canuto [ka'nuto] *nm* (*tubo*) small tube; (*fam: droga*) joint.

caña ['kaɲa] *nf* (*BOT: tallo*) stem, stalk; (*carrizo*) reed; (*vaso*) tumbler; (*de cerveza*) glass of beer; (*ANAT*) shinbone; ~ **de azúcar** sugar cane; ~ **de pescar** fishing rod.

cañada [ka'ɲaða] *nf* (*entre dos montañas*) gully, ravine; (*camino*) cattle track.

cáñamo ['kaɲamo] *nm* hemp.

caño ['kaɲo] *nm* (*tubo*) tube, pipe; (*de albañal*) sewer; (*MUS*) pipe; (*de fuente*) jet.

cañón [ka'ɲon] *nm* (*MIL*) cannon; (*de fusil*) barrel; (*GEO*) canyon, gorge.

cañonera [kaɲo'nera] *nf* (*tb*: **lancha** ~) gunboat.

caoba [ka'oβa] *nf* mahogany.

caos ['kaos] *nm* chaos.

cap. *abr* (= *capítulo*) ch.

capa ['kapa] *nf* cloak, cape; (*GEO*) layer, stratum; **so ~ de** under the pretext of.

capacidad [kapaθi'ðað] *nf* (*medida*) capacity; (*aptitud*) capacity, ability.

capacitación [kapaθita'θjon] *nf* training.

capar [ka'par] *vt* to castrate, geld.

caparazón [kapara'θon] *nm* shell.

capataz [kapa'taθ] *nm* foreman.

capaz [ka'paθ] *a* able, capable; (*amplio*) capacious, roomy.

capcioso, a [kap'θjoso, a] *a* wily, deceitful.

capellán [kape'ʎan] *nm* chaplain; (*sacerdote*) priest.

caperuza [kape'ruθa] *nf* hood.

capilla [ka'piʎa] *nf* chapel.

capital [kapi'tal] *a* capital // *nm* (*COM*) capital // *nf* (*ciudad*) capital; ~ **social** share capital.

capitalismo [kapita'lismo] *nm* capitalism; **capitalista** *a*, *nm/f* capitalist.

capitalizar [kapitali'θar] *vt* to capitalize.

capitán [kapi'tan] *nm* captain.

capitanear [kapitane'ar] *vt* to captain.

capitolio [kapi'toljo] *nm* capitol.

capitulación [kapitula'θjon] *nf* (*rendición*) capitulation, surrender; (*acuerdo*) agreement, pact; **capitulaciones** (**matrimoniales**) *nfpl* marriage contract *sg*.

capitular [kapitu'lar] *vi* to come to terms, make an agreement.

capítulo [ka'pitulo] *nm* chapter.

capó [ka'po] *nm* (*AUTO*) bonnet.

capón [ka'pon] *nm* (*gallo*) capon.

caporal [kapo'ral] *nm* chief, leader.

capota [ka'pota] *nf* (*de mujer*) bonnet; (*AUTO*) hood (*Brit*), top (*US*).

capote [ka'pote] *nm* (*abrigo: de militar*) greatcoat; (: *de torero*) cloak.

Capricornio [kapri'kornjo] *nm* Capricorn.

capricho [ka'pritʃo] *nm* whim, caprice; ~**so, a** *a* capricious.

cápsula ['kapsula] *nf* capsule.

captar [kap'tar] *vt* (*comprender*) to understand; (*RADIO*) to pick up; (*atención, apoyo*) to attract.

captura [kap'tura] *nf* capture; (*JUR*) arrest; **capturar** *vt* to capture; to arrest.

capucha [ka'putʃa] *nf* hood, cowl.

capullo [ka'puʎo] *nm* (*BOT*) bud; (*ZOOL*) cocoon; (*fam*) idiot.

caqui ['kaki] *nm* khaki.

cara ['kara] *nf* (*ANAT, de moneda*) face; (*aspecto*) appearance; (*de disco*) side; (*fig*) boldness; ~ **a** *ad* facing; **de** ~ opposite, facing; **dar la** ~ to face the consequences; ¿~ **o cruz?** heads or tails?; ¡**qué** ~ **más dura!** what a nerve!

carabina [kara'βina] *nf* carbine, rifle; (*persona*) chaperone.

Caracas [ka'rakas] *n* Caracas.

caracol [kara'kol] *nm* (*ZOOL*) snail; (*concha*) (sea) shell.

caracolear [karakole'ar] *vi* (*caballo*) to prance about.

carácter [ka'rakter] (*pl* **caracteres**) *nm* character; **tener buen/mal** ~ to be good natured/bad tempered.

característico, a [karakte'ristiko, a] *a* characteristic // *nf* characteristic.

caracterizar [karakteri'θar] *vt* (*distinguir*) to characterize, typify; (*honrar*) to confer (a) distinction on.

caradura [kara'ðura] *nm/f*: **es un ~** he's got a nerve.

carajo [ka'raxo] *nm* (*fam!*): **¡~!** shit! (*!*).

caramba [ka'ramba] *excl* good gracious!

carámbano [ka'rambano] *nm* icicle.

caramelo [kara'melo] *nm* (*dulce*) sweet; (*azúcar fundida*) caramel.

carapacho [kara'patʃo] *nm* shell, carapace.

caraqueño, a [kara'keɲo, a] *a, nm/f* of o from Caracas.

carátula [ka'ratula] *nf* (*careta, máscara*) mask; (*TEATRO*): **la ~** the stage.

caravana [kara'ßana] *nf* caravan; (*fig*) group; (*AUTO*) tailback.

carbón [kar'ßon] *nm* coal; **papel ~** carbon paper; **carboncillo** *nm* (*ARTE*) charcoal; **carbonero, a** *nm/f* coal merchant; **carbonilla** [-'niʎa] *nf* coal dust.

carbonizar [karßoni'θar] *vt* to carbonize; (*quemar*) to char.

carbono [kar'ßono] *nm* carbon.

carburador [karßura'ðor] *nm* carburettor.

carcajada [karka'xaða] *nf* (loud) laugh, guffaw.

cárcel ['karθel] *nf* prison, jail; (*TEC*) clamp; **carcelero, a** *a* prison *cpd* // *nm/f* warder.

carcomer [karko'mer] *vt* to bore into, eat into; (*fig*) to undermine; **~se** *vr* to become worm-eaten; (*fig*) to decay; **carcomido, a** *a* worm-eaten; (*fig*) rotten.

cardenal [karðe'nal] *nm* (*REL*) cardinal; (*MED*) bruise.

cárdeno, a [a ['karðeno, a] *a* purple; (*lívido*) livid.

cardíaco, a [kar'ðiako, a] *a* cardiac, heart *cpd*.

cardinal [karði'nal] *a* cardinal.

cardo ['karðo] *nm* thistle.

carear [kare'ar] *vt* to bring face to face; (*comparar*) to compare; **~se** *vr* to come face to face, meet.

carecer [kare'θer] *vi*: **~ de** to lack, be in need of.

carencia [ka'renθja] *nf* lack; (*escasez*) shortage; (*MED*) deficiency.

carente [ka'rente] *a*: **~ de** lacking in, devoid of.

carestía [kares'tia] *nf* (*escasez*) scarcity, shortage; (*COM*) high cost.

careta [ka'reta] *nf* mask.

carga ['karɣa] *nf* (*peso, ELEC*) load; (*de barco*) cargo, freight; (*MIL*) charge; (*obligación, responsabilidad*) duty, obligation.

cargado, a [kar'ɣaðo, a] *a* loaded; (*ELEC*) live; (*café, té*) strong; (*cielo*) overcast.

cargamento [karɣa'mento] *nm* (*acción*) loading; (*mercancías*) load, cargo.

cargar [kar'ɣar] *vt* (*barco, arma*) to load; (*ELEC*) to charge; (*COM: algo en cuenta*) to charge; (*INFORM*) to load // *vi* (*MIL: enemigo*) to charge; (*AUTO*) to load (up); (*inclinarse*) to lean; **~ con** to pick up, carry away; (*peso, fig*) to shoulder, bear; **~se** *vr* (*fam: estropear*) to break; (: *matar*) to bump off.

cargo ['karɣo] *nm* (*puesto*) post, office; (*responsabilidad*) duty, obligation; (*fig*) weight, burden; (*JUR*) charge; **hacerse ~ de** to take charge of o responsibility for.

carguero [kar'ɣero] *nm* freighter, cargo boat; (*avión*) freight plane.

Caribe [ka'riße] *nm*: **el ~** the Caribbean; **del ~** Caribbean.

caribeño, a [kari'ßeɲo, a] *a* Caribbean.

caricatura [karika'tura] *nf* caricature.

caricia [ka'riθja] *nf* caress.

caridad [kari'ðað] *nf* charity.

caries ['karjes] *nf inv* (*MED*) tooth decay.

cariño [ka'riɲo] *nm* affection, love; (*caricia*) caress; (*en carta*) love...; **~so, a** *a* affectionate.

caritativo, a [karita'tißo, a] *a* charitable.

cariz [ka'riθ] *nm*: **tener** o **tomar buen/mal ~** to look good/bad.

carmesí [karme'si] *a, nm* crimson.

carmín [kar'min] *nm* lipstick.

carnal [kar'nal] *a* carnal; **primo ~** first cousin.

carnaval [karna'ßal] *nm* carnival.

carne ['karne] *nf* flesh; (*CULIN*) meat; **~ de cerdo/cordero/ternera/vaca** pork/lamb/veal/beef.

carné [kar'ne] *nm*: **~ de conducir** driving licence (*Brit*), driver's license (*US*); **~ de identidad** identity card.

carnero [kar'nero] *nm* sheep, ram; (*carne*) mutton.

carnet [kar'ne(t)] *nm* = **carné.**

carnicería [karniθe'ria] *nf* butcher's (shop); (*fig: matanza*) carnage, slaughter.

carnicero, a [karni'θero, a] *a* carnivorous // *nm/f* (*tb fig*) butcher; (*carnívoro*) carnivore.

carnívoro, a [kar'nißoro, a] *a* carnivorous.

carnoso, a [kar'noso, a] *a* beefy, fat.

caro, a ['karo, a] *a* dear; (*COM*) dear, expensive // *ad* dear, dearly.

carpa ['karpa] *nf* (*pez*) carp; (*de circo*) big top; (*AM: de camping*) tent.

carpeta [kar'peta] *nf* folder, file.

carpintería [karpinte'ria] *nf* carpentry, joinery; **carpintero** *nm* carpenter.

carraspera [karras'pera] *nf* hoarseness.

carrera [ka'rrera] *nf* (*acción*) run(ning); (*espacio recorrido*) run; (*certamen*) race; (*trayecto*) course; (*profesión*) career; (*ESCOL*) course.

carreta [ka'rreta] nf wagon, cart.

carrete [ka'rrete] nm reel, spool; (TEC) coil.

carretera [karre'tera] nf (main) road, highway; ~ de circunvalación ring road; ~ nacional ≈ A road (Brit), state highway (US).

carretilla [karre'tiʎa] nf trolley; (AGR) (wheel)barrow.

carril [ka'rril] nm furrow; (de autopista) lane; (FERRO) rail.

carrillo [ka'rriʎo] nm (ANAT) cheek; (TEC) pulley.

carrizo [ka'rriθo] nm reed.

carro ['karro] nm cart, wagon; (MIL) tank; (AM: coche) car.

carrocería [karroθe'ria] nf bodywork, coachwork.

carroña [ka'rroɲa] nf carrion q.

carrusel [karru'sel] nm merry-go-round, roundabout.

carta ['karta] nf letter; (CULIN) menu; (naipe) card; (mapa) map; (JUR) document; ~ de crédito credit card; ~ certificada registered letter; ~ marítima chart; ~ verde (AUTO) green card.

cartel [kar'tel] nm (anuncio) poster, placard; (ESCOL) wall chart; (COM) cartel; ~era nf hoarding, billboard; (en periódico etc) entertainments guide; 'en ~era' 'showing'.

cartera [kar'tera] nf (de bolsillo) wallet; (de colegial, cobrador) satchel; (de señora) handbag; (para documentos) briefcase; (COM) portfolio; ocupa la ~ de Agricultura she is Minister of Agriculture.

carterista [karte'rista] nm/f pickpocket.

cartero [kar'tero] nm postman.

cartilla [kar'tiʎa] nf primer, first reading book; ~ de ahorros savings book.

cartón [kar'ton] nm cardboard.

cartucho [kar'tutʃo] nm (MIL) cartridge.

casa ['kasa] nf house; (hogar) home; (edificio) building; (COM) firm, company; ~ consistorial town hall; ~ de huéspedes boarding house; ~ de socorro first aid post.

casadero, a [kasa'ðero, a] a of marrying age.

casado, a [ka'saðo, a] a married // nm/f married man/woman.

casamiento [kasa'mjento] nm marriage, wedding.

casar [ka'sar] vt to marry; (JUR) to quash, annul; ~se vr to marry, get married.

cascabel [kaska'ßel] nm (small) bell.

cascada [kas'kaða] nf waterfall.

cascanueces [kaska'nweθes] nm inv nutcrackers.

cascar [kas'kar] vt, **cascarse** vr to crack, split, break (open).

cáscara ['kaskara] nf (de huevo, fruta seca) shell; (de fruta) skin; (de limón) peel.

casco ['kaskọ] nm (de bombero, soldado) helmet; (NAUT: de barco) hull; (ZOOL: de caballo) hoof; (botella) empty bottle; (de ciudad): el ~ antiguo the old part; el ~ urbano the town centre.

cascote [kas'kote] nm rubble.

caserío [kase'rio] nm hamlet; (casa) country house.

casero, a [ka'sero, a] a (pan etc) homemade // nm/f (propietario) landlord/lady; (COM) house agent; ser muy ~ to be home-loving; 'comida casera' 'home cooking'.

caseta [ka'seta] nf hut; (para bañista) cubicle; (de feria) stall.

casete [ka'sete] nm o f cassette.

casi ['kasi] ad almost, nearly; ~ nada hardly anything; ~ nunca hardly ever, almost never; ~ te caes you almost fell.

casilla [ka'siʎa] nf (casita) hut, cabin; (TEATRO) box office; (AJEDREZ) square; (para cartas) pigeonhole.

casino [ka'sino] nm club; (de juego) casino.

caso ['kaso] nm case; en ~ de... in case of...; el ~ es que the fact is that; en ese ~ in that case; hacer ~ a to pay attention to; hacer o venir al ~ to be relevant.

caspa ['kaspa] nf dandruff.

cassette [ka'sete] nm o f = casete.

casta ['kasta] nf caste; (raza) breed; (linaje) lineage.

castaña [kas'taɲa] nf chestnut.

castañetear [kastaɲete'ar] vi (dientes) to chatter.

castaño, a [kas'taɲo, a] a chestnut (-coloured), brown // nm chestnut tree.

castañuelas [kasta'ɲwelas] nfpl castanets.

castellano, a [kaste'ʎano, a] a Castilian // nm (LING) Castilian, Spanish.

castidad [kasti'ðað] nf chastity, purity.

castigar [kasti'ɣar] vt to punish; (DEPORTE) to penalize; (afligir) to afflict; **castigo** nm punishment; (DEPORTE) penalty.

Castilla [kas'tiʎa] nf Castile.

castillo [kas'tiʎo] nm castle.

castizo, a [kas'tiθo, a] a (LING) pure; (de buena casta) purebred, pedigree.

casto, a ['kasto, a] a chaste, pure.

castor [kas'tor] nm beaver.

castrar [kas'trar] vt to castrate.

casual [ka'swal] a chance, accidental; ~idad nf chance, accident; (combinación de circunstancias) coincidence; ¡qué ~idad! what a coincidence!

cataclismo [kata'klismo] nm cataclysm.

catador, a [kata'ðor, a] nm/f wine taster.

catalán, ana [kata'lan, ana] a, nm/f Catalan // nm (LING) Catalan.

catalizador [kataliθa'ðor] nm catalyst.

catálogo [ka'taloɣo] nm catalogue.

Cataluña [kata'luɲa] nf Catalonia.
catar [ka'tar] vt to taste, sample.
catarata [kata'rata] nf (GEO) waterfall; (MED) cataract.
catarro [ka'tarro] nm catarrh; (constipado) cold.
catástrofe [ka'tastrofe] nf catastrophe.
catedral [kate'ðral] nf cathedral.
catedrático, a [kate'ðratiko, a] nm/f professor.
categoría [kateɣo'ria] nf category; (rango) rank, standing; (calidad) quality; de ~ (hotel) top-class.
categórico, a [kate'ɣoriko, a] a categorical.
catolicismo [katoli'θismo] nm Catholicism.
católico, a [ka'toliko, a] a, nm/f Catholic.
catorce [ka'torθe] num fourteen.
cauce ['kauθe] nm (de río) riverbed; (fig) channel.
caución [kau'θjon] nf bail; **caucionar** vt (JUR) to bail, go bail for.
caucho ['kautʃo] nm rubber; (AM: llanta) tyre.
caudal [kau'ðal] nm (de río) volume, flow; (fortuna) wealth; (abundancia) abundance; **~oso, a** a (río) large; (persona) wealthy, rich.
caudillo [kau'ðiʎo] nm leader, chief.
causa ['kausa] nf cause; (razón) reason; (JUR) lawsuit, case; a ~ de because of.
causar [kau'sar] vt to cause.
cautela [kau'tela] nf caution, cautiousness; **cauteloso, a** a cautious, wary.
cautivar [kauti'ßar] vt to capture; (fig) to captivate.
cautiverio [kauti'ßerjo] nm, **cautividad** [kautißi'ðað] nf captivity.
cautivo, a [kau'tißo, a] a, nm/f captive.
cauto, a ['kauto, a] a cautious, careful.
cava ['kaßa] nm champagne-type wine.
cavar [ka'ßar] vt to dig.
caverna [ka'ßerna] nf cave, cavern.
cavidad [kaßi'ðað] nf cavity.
cavilar [kaßi'lar] vt to ponder.
cayado [ka'jaðo] nm (de pastor) crook; (de obispo) crozier.
cayendo etc vb ver **caer**.
caza ['kaθa] nf (acción: gen) hunting; (: con fusil) shooting; (una ~) hunt, chase; (animales) game // nm (AVIAT) fighter.
cazador, a [kaθa'ðor, a] nm/f hunter // nf jacket.
cazar [ka'θar] vt to hunt; (perseguir) to chase; (prender) to catch.
cazo ['kaθo] nm saucepan.
cazuela [ka'θwela] nf (vasija) pan; (guisado) casserole.
cebada [θe'ßaða] nf barley.
cebar [θe'ßar] vt (animal) to fatten (up); (anzuelo) to bait; (MIL, TEC) to prime.
cebo ['θeßo] nm (para animales) feed, food; (para peces, fig) bait; (de arma)

charge.
cebolla [θe'ßoʎa] nf onion; **cebollín** nm spring onion.
cebra ['θeßra] nf zebra.
cecear [θeθe'ar] vi to lisp; **ceceo** nm lisp.
cedazo [θe'ðaθo] nm sieve.
ceder [θe'ðer] vt to hand over, give up, part with // vi (renunciar) to give in, yield; (disminuir) to diminish, decline; (romperse) to give way.
cedro ['θeðro] nm cedar.
cédula ['θeðula] nf certificate, document.
CEE nf abr (= Comunidad Económica Europea) EEC.
cegar [θe'ɣar] vt to blind; (tubería etc) to block up, stop up // vi to go blind; **~se (de)** to be blinded (by).
ceguera [θe'ɣera] nf blindness.
ceja ['θexa] nf eyebrow.
cejar [θe'xar] vi (fig) to back down.
celada [θe'laða] nf ambush, trap.
celador, a [θela'ðor, a] nm/f (de edificio) watchman; (de museo etc) attendant.
celda ['θelda] nf cell.
celebración [θeleßra'θjon] nf celebration.
celebrar [θele'ßrar] vt to celebrate; (alabar) to praise // vi to be glad; **~se** vr to occur, take place.
célebre ['θelebre] a famous.
celebridad [θeleßri'ðað] nf fame; (persona) celebrity.
celeste [θe'leste] a sky-blue; (ASTRO) celestial, heavenly.
celestial [θeles'tjal] a celestial, heavenly.
celibato [θeli'ßato] nm celibacy.
célibe ['θeliße] a, nm/f celibate.
celo ['θelo] nm zeal; (REL) fervour; (ZOOL): en ~ on heat; **~s** nmpl jealousy sg; tener **~s** to be jealous.
celofán [θelo'fan] nm cellophane.
celoso, a [θe'loso, a] a (envidioso) jealous; (trabajador) zealous; (desconfiado) suspicious.
celta ['θelta] a Celtic // nm/f Celt.
célula ['θelula] nf cell.
celuloide [θelu'loiðe] nm celluloid.
cementerio [θemen'terjo] nm cemetery, graveyard.
cemento [θe'mento] nm cement; (hormigón) concrete; (AM: cola) glue.
cena ['θena] nf evening meal, dinner.
cenagal [θena'ɣal] nm bog, quagmire.
cenar [θe'nar] vt to have for dinner // vi to have dinner.
cenicero [θeni'θero] nm ashtray.
cenit [θe'nit] nm zenith.
ceniza [θe'niθa] nf ash, ashes pl.
censo ['θenso] nm census; ~ **electoral** electoral roll.
censura [θen'sura] nf (POL) censorship; (moral) censure, criticism.
censurar [θensu'rar] vt (idea) to censure; (cortar: película) to censor.
centella [θen'teʎa] nf spark.

centellear [θenteʎe'ar] *vi* (*metal*) to gleam; (*estrella*) to twinkle; (*fig*) to sparkle; **centelleo** *nm* gleam(ing); twinkling; sparkling.

centenar [θente'nar] *nm* hundred.

centenario, a [θente'narjo, a] *a* centenary; hundred-year-old // *nm* centenary.

centésimo, a [θen'tesimo, a] *a* hundredth.

centígrado [θen'tiɣraðo] *a* centigrade.

centímetro [θen'timetro] *nm* centimetre (*Brit*), centimeter (*US*).

céntimo [θentimo] *nm* cent.

centinela [θenti'nela] *nm* sentry, guard.

centollo [θen'toʎo] *nm* spider crab.

central [θen'tral] *a* central // *nf* head office; (*TEC*) plant; (*TEL*) exchange; ~ **nuclear** nuclear power station.

centralización [θentraliθa'θjon] *nf* centralization.

centralizar [θentrali'θar] *vt* to centralize.

centrar [θen'trar] *vt* to centre.

céntrico, a ['θentriko, a] *a* central.

centrista [θen'trista] *a* centre *cpd*.

centro ['θentro] *nm* centre; ~ **comercial** shopping centre; ~ **juvenil** youth club.

centroamericano, a [θentroameri'kano, a] *a*, *nm/f* Central American.

ceñir [θe'ɲir] *vt* (*rodear*) to encircle, surround; (*ajustar*) to fit (tightly); (*apretar*) to tighten.

ceño [θeɲo] *nm* frown, scowl; **fruncir el** ~ to frown, knit one's brow.

CEOE *nf abr* (*Esp* = *Confederación Española de Organizaciones Empresariales*) ≈ CBI (*Brit*), employers' organization.

cepillar [θepi'ʎar] *vt* to brush; (*madera*) to plane (down).

cepillo [θe'piʎo] *nm* brush; (*para madera*) plane.

cera ['θera] *nf* wax.

cerámica [θe'ramika] *nf* ceramics *sg*, pottery.

cerca ['θerka] *nf* fence // *ad* near, nearby, close; ~**s** *nmpl* foreground *sg*; ~ **de** *prep* near, close to.

cercanía [θerka'nia] *nf* nearness, closeness; ~**s** *nfpl* outskirts, suburbs.

cercano, a [θer'kano, a] *a* close, near.

cercar [θer'kar] *vt* to fence in; (*rodear*) to surround.

cerciorar [θerθjo'rar] *vt* (*asegurar*) to assure; ~**se** *vr* (*descubrir*) to find out; (*asegurarse*) to make sure.

cerco ['θerko] *nm* (*AGR*) enclosure; (*AM*) fence; (*MIL*) siege.

cerdo ['θerðo] *nm* pig.

cereal [θere'al] *nm* cereal; ~**es** *nmpl* cereals, grain *sg*.

cerebro [θe'reβro] *nm* brain; (*fig*) brains *pl*.

ceremonia [θere'monja] *nf* ceremony; **ceremonial** *a*, *nm* ceremonial;

ceremonioso, a *a* ceremonious; (*cumplido*) formal.

cereza [θe'reθa] *nf* cherry.

cerilla [θe'riʎa] *nf* (*fósforo*) match.

cernerse [θer'nerse] *vr* to hover.

cernidor [θerni'ðor] *nm* sieve.

cero ['θero] *nm* nothing, zero.

cerrado, a [θe'rraðo, a] *a* closed, shut; (*con llave*) locked; (*tiempo*) cloudy, overcast; (*curva*) sharp; (*acento*) thick, broad.

cerradura [θerra'ðura] *nf* (*acción*) closing; (*mecanismo*) lock.

cerrajero [θerra'xero] *nm* locksmith.

cerrar [θe'rrar] *vt* to close, shut; (*paso*, *carretera*) to close; (*grifo*) to turn off; (*cuenta*, *negocio*) to close // *vi* to close, shut; (*la noche*) to come down; ~**se** *vr* to close, shut; ~ **con llave** to lock; ~ **un trato** to strike a bargain.

cerro ['θerro] *nm* hill.

cerrojo [θe'rroxo] *nm* (*herramienta*) bolt; (*de puerta*) latch.

certamen [θer'tamen] *nm* competition, contest.

certero, a [θer'tero, a] *a* (*gen*) accurate.

certeza [θer'teθa], **certidumbre** [θerti'ðumbre] *nf* certainty.

certificado [θertifi'kaðo] *nm* certificate.

certificar [θertifi'kar] *vt* (*asegurar*, *atestar*) to certify.

cervatillo [θerβa'tiʎo] *nm* fawn.

cervecería [θerβeθe'ria] *nf* (*fábrica*) brewery; (*bar*) public house, pub.

cerveza [θer'βeθa] *nf* beer.

cesación [θesa'θjon] *nf* cessation, suspension.

cesante [θe'sante] *a* redundant.

cesantía [θesan'tia] *nf* unemployment.

cesar [θe'sar] *vi* to cease, stop // *vt* (*funcionario*) to remove from office.

cese ['θese] *nm* (*de trabajo*) dismissal; (*de pago*) suspension.

césped ['θespeð] *nm* grass, lawn.

cesta ['θesta] *nf* basket.

cesto ['θesto] *nm* (large) basket, hamper.

cetro ['θetro] *nm* sceptre.

cfr *abr* (= *confróntese*) cf.

ch... *ver bajo la letra* CH, *después de* C.

Cía *abr* (= *compañía*) Co.

cianuro [θja'nuro] *nm* cyanide.

cicatriz [θika'triθ] *nf* scar; ~**ar** *vt* to heal; ~**arse** *vr* to heal (up), form a scar.

ciclismo [θi'klismo] *nm* cycling.

ciclo ['θiklo] *nm* cycle.

ciclón [θi'klon] *nm* cyclone.

ciego, a ['θjeɣo, a] *a* blind // *nm/f* blind man/woman.

cielo ['θjelo] *nm* sky; (*REL*) heaven; ¡~**s**! good heavens!

ciempiés [θjem'pjes] *nm inv* centipede.

cien [θjen] *num ver* **ciento**.

ciénaga ['θjenaxa] *nf* marsh, swamp.

ciencia ['θjenθja] *nf* science; ~**s** *nfpl*

(ESCOL) science sg; **~-ficción** nf science fiction.

cieno ['θjeno] nm mud, mire.

científico, a [θjen'tifiko, a] a scientific // nm/f scientist.

ciento ['θjento], **cien** num hundred; **pagar al 10 por ~** to pay at 10 per cent.

cierne ['θjerne] nm: **en ~** in blossom.

cierre etc vb ver **cerrar** // ['θjerre] nm closing, shutting; (con llave) locking; **~ de cremallera** zip (fastener).

cierro etc vb ver **cerrar**.

cierto, a ['θjerto, a] a sure, certain; (un tal) a certain; (correcto) right, correct; **~ hombre** a certain man; **ciertas personas** certain o some people; **sí, es ~** yes, that's correct.

ciervo ['θjerβo] nm (ZOOL) deer; (: macho) stag.

cierzo ['θjerθo] nm north wind.

cifra ['θifra] nf number, numeral; (cantidad) number, quantity; (secreta) code.

cifrar [θi'frar] vt to code, write in code; (resumir) to abridge.

cigala [θi'vala] nf Norway lobster.

cigarra [θi'varra] nf cicada.

cigarrera [θiva'rrera] nf cigar case.

cigarrillo [θiva'rriλo] nm cigarette.

cigarro [θi'varro] nm cigarette; (puro) cigar.

cigüeña [θi'vweɲa] nf stork.

cilíndrico, a [θi'lindriko, a] a cylindrical.

cilindro [θi'lindro] nm cylinder.

cima ['θima] nf (de montaña) top, peak; (de árbol) top; (fig) height.

címbalo ['θimbalo] nm cymbal.

cimbrar [θim'brar], **cimbrear** [θimbre'ar] vt to brandish; **~se** vr to sway.

cimentar [θimen'tar] vt to lay the foundations of; (fig: fundar) to found.

cimiento [θi'mjento] nm foundation.

cinc [θink] nm zinc.

cincel [θin'θel] nm chisel; **~ar** vt to chisel.

cinco ['θinko] num five.

cincuenta [θin'kwenta] num fifty.

cine ['θine] nm cinema.

cineasta [θine'asta] nm/f (director de cine) film director.

cinematográfico, a [θinemato'vrafiko, a] a cine-, film cpd.

cínico, a ['θiniko, a] a cynical // nm/f cynic.

cinismo [θi'nismo] nm cynicism.

cinta ['θinta] nf band, strip; (de tela) ribbon; (película) reel; (de máquina de escribir) ribbon; **~ adhesiva** sticky tape; **~ magnetofónica** tape; **~ métrica** tape measure.

cinto ['θinto] nm belt.

cintura [θin'tura] nf waist.

cinturón [θintu'ron] nm belt; **~ de seguridad** safety belt.

ciprés [θi'pres] nm cypress (tree).

circo ['θirko] nm circus.

circuito [θir'kwito] nm circuit.

circulación [θirkula'θjon] nf circulation; (AUTO) traffic.

circular [θirku'lar] a, nf circular // vi, vt to circulate // vi (AUTO) to drive; **'circule por la derecha'** 'keep (to the) right'.

círculo ['θirkulo] nm circle.

circuncidar [θirkunθi'dar] vt to circumcise.

circundar [θirkun'dar] vt to surround.

circunferencia [θirkunfe'renθja] nf circumference.

circunscribir [θirkunskri'βir] vt to circumscribe; **~se** vr to be limited.

circunscripción [θirkunskrip'θjon] nf division; (POL) constituency.

circunspecto, a [θirkuns'pekto, a] a circumspect, cautious.

circunstancia [θirkuns'tanθja] nf circumstance.

circunstante [θirkuns'tante] nm/f onlooker, bystander.

cirio ['θirjo] nm (wax) candle.

ciruela [θi'rwela] nf plum; **~ pasa** prune.

cirugía [θiru'xia] nf surgery; **~ estética** o **plástica** plastic surgery.

cirujano [θiru'xano] nm surgeon.

cisne ['θisne] nm swan.

cisterna [θis'terna] nf cistern, tank.

cita ['θita] nf appointment, meeting; (de novios) date; (referencia) quotation.

citación [θita'θjon] nf (JUR) summons sg.

citar [θi'tar] vt (gen) to make an appointment with; (JUR) to summons; (un autor, texto) to quote; **~se** vr: **se citaron en el cine** they arranged to meet at the cinema.

cítricos ['θitrikos] nmpl citrus fruit(s).

ciudad [θju'ðað] nf town; (más grande) city; **~anía** nf citizenship; **~ano, a** nm/f citizen.

cívico, a ['θiβiko, a] a civic.

civil [θi'βil] a civil // nm (guardia) policeman.

civilización [θiβiliθa'θjon] nf civilization.

civilizar [θiβili'θar] vt to civilize.

civismo [θi'βismo] nm public spirit.

cizaña [θi'θaɲa] nf (fig) discord.

cl. abr (= centilitro) cl.

clamar [kla'mar] vt to clamour for, cry out for // vi to cry out, clamour.

clamor [kla'mor] nm (grito) cry, shout; (fig) clamour, protest.

clandestino, a [klandes'tino, a] a clandestine; (POL) underground.

clara ['klara] nf (de huevo) egg white.

claraboya [klara'βoja] nf skylight.

clarear [klare'ar] vi (el día) to dawn; (el cielo) to clear up, brighten up; **~se** vr to be transparent.

clarete [kla'rete] nm rosé (wine).

claridad [klari'ðað] nf (del día) brightness; (de estilo) clarity.

clarificar [klarifi'kar] *vt* to clarify.
clarín [kla'rin] *nm* bugle.
clarinete [klari'nete] *nm* clarinet.
clarividencia [klariβi'ðenθja] *nf* clairvoyance; (*fig*) far-sightedness.
claro, a ['klaro, a] *a* clear; (*luminoso*) bright; (*color*) light; (*evidente*) clear, evident; (*poco espeso*) thin // *nm* (*en bosque*) clearing // *ad* clearly // *excl* of course!
clase ['klase] *nf* class; ~ **alta/media/obrera** upper/middle/working class.
clásico, a ['klasiko, a] *a* classical; (*fig*) classic.
clasificación [klasifika'θjon] *nf* classification; (*DEPORTE*) league (table).
clasificar [klasifi'kar] *vt* to classify.
claudia ['klauðja] *nf* greengage.
claudicar [klauði'kar] *vi* (*fig*) to back down.
claustro ['klaustro] *nm* cloister.
cláusula ['klausula] *nf* clause.
clausura [klau'sura] *nf* closing, closure; **clausurar** *vt* (*congreso etc*) to bring to a close.
clavar [kla'βar] *vt* (*clavo*) to hammer in; (*cuchillo*) to stick, thrust; (*tablas etc*) to nail (together).
clave ['klaβe] *nf* key; (*MUS*) clef.
clavel [kla'βel] *nm* carnation.
clavícula [kla'βikula] *nf* collar bone.
clavija [kla'βixa] *nf* peg, dowel, pin; (*ELEC*) plug.
clavo ['klaβo] *nm* (*de metal*) nail; (*BOT*) clove.
claxon ['klakson] (*pl* ~s) *nm* horn.
clemencia [kle'menθja] *nf* mercy, clemency.
cleptómano, a [klep'tomano, a] *nm/f* kleptomaniac.
clerical [kleri'kal] *a* clerical.
clérigo ['kleriχo] *nm* clergyman.
clero ['klero] *nm* clergy.
cliché [kli'tʃe] *nm* cliché; (*FOTO*) negative.
cliente, a ['kljente, a] *nm/f* client, customer.
clientela [kljen'tela] *nf* clientele, customers *pl*.
clima ['klima] *nm* climate.
climatizado, a [klimati'θaðo, a] *a* air-conditioned.
clínica ['klinika] *nf* clinic; (*particular*) private hospital.
clip [klip] (*pl* ~s) *nm* paper clip.
clorhídrico, a [klo'riðriko, a] *a* hydrochloric.
club [klub] (*pl* ~s *o* ~es) *nm* club; ~ **de jóvenes** youth club.
cm *abr* (= *centímetro, centímetros*) cm.
C.N.T. *abr* (*Esp*) = *Confederación Nacional de Trabajo.*
coacción [koak'θjon] *nf* coercion, compulsion.
coagular [koaɣu'lar] *vt*, **coagularse** *vr*

(*leche, sangre*) to clot; **coágulo** *nm* clot.
coalición [koali'θjon] *nf* coalition.
coartada [koar'taða] *nf* alibi.
coartar [koar'tar] *vt* to limit, restrict.
coba ['koβa] *nf*: **dar** ~ **a uno** to soft-soap sb.
cobarde [ko'βarðe] *a* cowardly // *nm* coward; **cobardía** *nf* cowardice.
cobaya [ko'βaja] *nf*, **cobayo** [ko'βajo] *nm* guinea pig.
cobertizo [koβer'tiθo] *nm* shelter.
cobertor [koβer'tor] *nm* bedspread.
cobertura [koβer'tura] *nf* cover.
cobija [ko'βixa] *nf* (*AM*) blanket.
cobijar [koβi'xar] *vt* (*cubrir*) to cover; (*abrigar*) to shelter; **cobijo** *nm* shelter.
cobra ['koβra] *nf* cobra.
cobrador, a [koβra'ðor, a] *nm/f* (*de autobús*) conductor/conductress; (*de impuestos, gas*) collector.
cobrar [ko'βrar] *vt* (*cheque*) to cash; (*sueldo*) to collect, draw; (*objeto*) to recover; (*precio*) to charge; (*deuda*) to collect // *vi* to draw one's pay; ~se *vr* to recover, get well; **cóbrese al entregar** cash on delivery (COD).
cobre ['koβre] *nm* copper; ~s *nmpl* brass instruments.
cobro ['koβro] *nm* (*de cheque*) cashing; (*pago*) payment; **presentar al** ~ to cash.
Coca-Cola ['koka'kola] *nf* ® Coca-Cola ®.
cocaína [koka'ina] *nf* cocaine.
cocción [kok'θjon] *nf* (*CULIN*) cooking; (: *el hervir*) boiling.
cocear [koθe'ar] *vi* to kick.
cocer [ko'θer] *vt*, *vi* to cook; (*en agua*) to boil; (*en horno*) to bake.
cocido [ko'θiðo] *nm* stew.
cocina [ko'θina] *nf* kitchen; (*aparato*) cooker, stove; (*acto*) cookery; ~ **eléctrica/de gas** electric/gas cooker; ~ **francesa** French cuisine; **cocinar** *vt*, *vi* to cook.
cocinero, a [koθi'nero, a] *nm/f* cook.
coco ['koko] *nm* coconut; ~**tero** *nm* coconut palm.
cocodrilo [koko'ðrilo] *nm* crocodile.
coche ['kotʃe] *nm* (*AUTO*) car (*Brit*), automobile (*US*); (*de tren, de caballos*) coach, carriage; (*para niños*) pram (*Brit*), baby carriage (*US*); ~ **celular** Black Maria, prison van; ~ **fúnebre** hearse; **coche-cama** (*pl* **coches-camas**) *nm* (*FERRO*) sleeping car, sleeper.
cochera [ko'tʃera] *nf* garage; (*de autobuses, trenes*) depot.
coche restaurante (*pl* **coches restaurante**) *nm* (*FERRO*) dining car, diner.
cochino, a [ko'tʃino, a] *a* filthy, dirty // *nm/f* pig.
codazo [ko'ðaθo] *nm*: **dar un** ~ **a uno** to nudge sb.
codear [koðe'ar] *vi* to elbow, nudge; ~se

vr: ~se con to rub shoulders with.

codicia [ko'ðiθja] *nf* greed; *(fig)* lust; **codiciar** *vt* to covet; **codicioso, a** *a* covetous.

código ['koðixo] *nm* code; ~ de barras bar code; ~ civil common law.

codillo [ko'ðiʎo] *nm* (ZOOL) knee; (TEC) elbow (joint).

codo ['koðo] *nm* (ANAT. de tubo) elbow; (ZOOL) knee.

codorniz [koðor'niθ] *nf* quail.

coerción [koer'θjon] *nf* coercion.

coetáneo, a [koe'taneo, a] *a, nm/f* contemporary.

coexistir [koe(k)sis'tir] *vi* to coexist.

cofradía [kofra'ðia] *nf* brotherhood, fraternity.

coger [ko'xer] *vt (Esp)* to take (hold of); *(objeto caído)* to pick up; *(frutas)* to pick, harvest; *(resfriado, ladrón, pelota)* to catch // *vi:* ~ por el buen camino to take the right road; ~se *vr (el dedo)* to catch; ~se a algo to get hold of sth.

cogollo [ko'xoʎo] *nm (de lechuga)* heart.

cogote [ko'xote] *nm* back o nape of the neck.

cohabitar [koaβi'tar] *vi* to live together, cohabit.

cohecho [ko'etʃo] *nm (acción)* bribery; *(soborno)* bribe.

coherente [koe'rente] *a* coherent.

cohesión [koe'sjon] *nm* cohesion.

cohete [ko'ete] *nm* rocket.

cohibido, a [koi'βiðo, a] *a (PSICO)* inhibited; *(tímido)* shy.

cohibir [koi'βir] *vt* to restrain, restrict.

coima [ko'ima] *nf (AM)* bribe.

coincidencia [koinθi'ðenθja] *nf* coincidence.

coincidir [koinθi'ðir] *vi (en idea)* to coincide, agree; *(en lugar)* to coincide.

coito ['koito] *nm* intercourse, coitus.

coja *etc vb ver* **coger.**

cojear [koxe'ar] *vi (persona)* to limp, hobble; *(mueble)* to wobble, rock.

cojera [ko'xera] *nf* lameness; *(andar cojo)* limp.

cojín [ko'xin] *nm* cushion; **cojinete** *nm* small cushion, pad; *(TEC)* ball bearing.

cojo, a *etc vb ver* **coger** // ['koxo, a] *a (que no puede andar)* lame, crippled; *(mueble)* wobbly // *nm/f* lame person, cripple.

cojón [ko'xon] *nm:* ¡cojones! *(fam!)* shit! (!); **cojonudo, a** *a (fam)* great, fantastic.

col [kol] *nf* cabbage; ~es de Bruselas Brussels sprouts.

cola ['kola] *nf* tail; *(de gente)* queue; *(lugar)* end, last place; *(para pegar)* glue, gum; hacer ~ to queue (up).

colaborador, a [kolaβora'ðor, a] *nm/f* collaborator.

colaborar [kolaβo'rar] *vi* to collaborate.

colada [ko'laða] *nf:* hacer la ~ to do the washing.

colador [kola'ðor] *nm (de té)* strainer; *(para verduras etc)* colander.

colapso [ko'lapso] *nm* collapse; ~ nervioso nervous breakdown.

colar [ko'lar] *vt (líquido)* to strain off; *(metal)* to cast // *vi* to ooze, seep (through); ~se *vr* to jump the queue; ~se en to get into without paying; *(fiesta)* to gatecrash.

colateral [kolate'ral] *nm* collateral.

colcha ['koltʃa] *nf* bedspread.

colchón [kol'tʃon] *nm* mattress.

colchoneta [koltʃo'neta] *nf (en gimnasio)* mattress.

colear [kole'ar] *vi (perro)* to wag its tail.

colección [kolek'θjon] *nf* collection; **coleccionar** *vt* to collect; **coleccionista** *nm/f* collector.

colecta [ko'lekta] *nf* collection.

colectivo, a [kolek'tiβo, a] *a* collective, joint // *nm (AM)* (small) bus.

colector [kolek'tor] *nm* collector; *(sumidero)* sewer.

colega [ko'leɣa] *nm/f* colleague.

colegial, a [kole'xjal, a] *nm/f* schoolboy/girl.

colegio [ko'lexjo] *nm* college; *(escuela)* school; *(de abogados etc)* association.

colegir [kole'xir] *vt (juntar)* to collect, gather; *(deducir)* to infer, conclude.

cólera ['kolera] *nf (ira)* anger; *(MED)* cholera; **colérico, a** [ko'leriko, a] *a* irascible, bad-tempered.

colesterol [koleste'rol] *nm* cholesterol.

coleta [ko'leta] *nf* pigtail.

colgante [kol'ɣante] *a* hanging // *nm (joya)* pendant.

colgar [kol'ɣar] *vt* to hang (up); *(ropa)* to hang out // *vi* to hang; *(teléfono)* to hang up.

coliflor [koli'flor] *nf* cauliflower.

colilla [ko'liʎa] *nf* cigarette end, butt.

colina [ko'lina] *nf* hill.

colindante [kolin'dante] *a* adjacent, neighbouring.

colindar [kolin'dar] *vi* to adjoin, be adjacent.

colisión [koli'sjon] *nf* collision; ~ de frente head-on crash.

colmado, a [kol'maðo, a] *a* full.

colmar [kol'mar] *vt* to fill to the brim; *(fig)* to fulfil, realize.

colmena [kol'mena] *nf* beehive.

colmillo [kol'miʎo] *nm (diente)* eye tooth; *(de elefante)* tusk; *(de perro)* fang.

colmo ['kolmo] *nm* height, summit; ¡es el ~! it's the limit!

colocación [koloka'θjon] *nf (acto)* placing; *(empleo)* job, position; *(situación)* place, position.

colocar [kolo'kar] *vt* to place, put, position; *(dinero)* to invest; *(poner en* *empleo*) to find a job for; ~**se** *vr* to get a job.

Colombia [ko'lombja] *nf* Colombia; **colombiano, a** *a, nm/f* Colombian.

colonia [ko'lonja] *nf* colony; (*de casas*) housing estate; (*agua de* ~) cologne.

colonización [koloniθa'θjon] *nf* colonization; **colonizador, a** [koloniθa'ðor, a] *a* colonizing // *nm/f* colonist, settler.

colonizar [koloni'θar] *vt* to colonize.

coloquio [ko'lokjo] *nm* conversation; (*congreso*) conference.

color [ko'lor] *nm* colour.

colorado, a [kolo'raðo, a] *a* (*rojo*) red; (*chiste*) rude.

colorante [kolo'rante] *nm* colouring.

colorar [kolo'rar] *vt* to colour; (*teñir*) to dye.

colorear [kolore'ar] *vt* to colour.

colorete [kolo'rete] *nm* blusher.

colorido [kolo'riðo] *nm* colouring.

columna [ko'lumna] *nf* column; (*pilar*) pillar; (*apoyo*) support.

columpiar [kolum'pjar] *vt*, **columpiarse** *vr* to swing; **columpio** *nm* swing.

collar [ko'ʎar] *nm* necklace; (*de perro*) collar.

coma ['koma] *nf* comma // *nm* (*MED*) coma.

comadre [ko'maðre] *nf* (*madrina*) godmother; (*vecina*) neighbour; (*chismosa*) gossip; ~**ar** *vi* to gossip.

comandancia [koman'danθja] *nf* command.

comandante [koman'dante] *nm* commandant.

comandar [koman'dar] *vt* to command.

comarca [ko'marka] *nf* region.

comba ['komba] *nf* (*curva*) curve; (*cuerda*) skipping rope; **saltar a la** ~ to skip.

combar [kom'bar] *vt* to bend, curve.

combate [kom'bate] *nm* fight; (*fig*) battle; **combatiente** *nm* combatant.

combatir [komba'tir] *vt* to fight, combat.

combinación [kombina'θjon] *nf* combination; (*QUIMICA*) compound; (*bebida*) cocktail; (*plan*) scheme, setup; (*prenda*) slip.

combinar [kombi'nar] *vt* to combine.

combustible [kombus'tiβle] *nm* fuel.

combustión [kombus'tjon] *nf* combustion.

comedia [ko'meðja] *nf* comedy; (*TEATRO*) play, drama.

comediante [kome'ðjante] *nm/f* (*comic*) actor/actress.

comedido, a [kome'ðiðo, a] *a* moderate.

comedor, a [kome'ðor, a] *nm/f* (*persona*) glutton // *nm* (*habitación*) dining room; (*restaurante*) restaurant; (*cantina*) canteen.

comensal [komen'sal] *nm/f* fellow guest (*o* diner).

comentar [komen'tar] *vt* to comment on;

(*fam*) to discuss.

comentario [komen'tarjo] *nm* comment, remark; (*literario*) commentary; ~**s** *nmpl* gossip *sg*.

comentarista [komenta'rista] *nm/f* commentator.

comenzar [komen'θar] *vt, vi* to begin, start, commence; ~ **a hacer algo** to begin *o* start doing sth.

comer [ko'mer] *vt* to eat; (*DAMAS, AJEDREZ*) to take, capture // *vi* to eat; (*almorzar*) to have lunch; ~**se** *vr* to eat up.

comercial [komer'θjal] *a* commercial; (*relativo al negocio*) business *cpd*.

comerciante [komer'θjante] *nm/f* trader, merchant.

comerciar [komer'θjar] *vi* to trade, do business.

comercio [ko'merθjo] *nm* commerce, trade; (*negocio*) business; (*fig*) dealings *pl*.

comestible [komes'tiβle] *a* eatable, edible; ~**s** *nmpl* food *sg*, foodstuffs.

cometa [ko'meta] *nm* comet // *nf* kite.

cometer [kome'ter] *vt* to commit.

cometido [kome'tiðo] *nm* (*misión*) task, assignment; (*deber*) commitment.

comezón [kome'θon] *nf* itch, itching.

comicios [ko'miθjos] *nmpl* elections.

cómico, a ['komiko, a] *a* comic(al) // *nm/f* comedian; (*de teatro*) (comic) actor/actress.

comida [ko'miða] *nf* (*alimento*) food; (*almuerzo, cena*) meal; (*de mediodía*) lunch.

comidilla [komi'ðiʎa] *nf*: **ser la** ~ **de la ciudad** to be the talk of the town.

comienzo *etc vb ver* **comenzar** // [ko'mjenθo] *nm* beginning, start.

comilona [komi'lona] *nf* (*fam*) blow-out.

comillas [ko'miʎas] *nfpl* quotation marks.

comino [ko'mino] *nm*: (**no**) **me importa un** ~ I don't give a damn.

comisaría [komisa'ria] *nf* (*de policía*) police station; (*MIL*) commissariat.

comisario [komi'sarjo] *nm* (*MIL etc*) commissary; (*POL*) commissar.

comisión [komi'sjon] *nf* commission.

comité [komi'te] (*pl* ~**s**) *nm* committee.

como ['komo] *ad* as; (*tal* ~) like; (*aproximadamente*) about, approximately // *conj* (*ya que, puesto que*) as, since; (*en cuanto*) as soon as; **¡**~**!** no! of course!; ~ **no lo haga hoy unless he does it today**; ~ **si** as if; **es tan alto** ~ **ancho** it is as high as it is wide.

cómo ['komo] *ad* how?, why? // *excl* what?, I beg your pardon? // *nm*: **el** ~ **y el porqué** the whys and wherefores.

cómoda ['komoða] *nf* chest of drawers.

comodidad [komoði'ðað] *nf* comfort; **venga a su** ~ come at your convenience.

comodín [komo'ðin] *nm* joker.

cómodo, a ['komoðo, a] *a* comfortable; (*práctico, de fácil uso*) convenient.

compacto, a [kom'pakto, a] *a* compact.

compadecer [kompaðe'θer] *vt* to pity, be sorry for; ~**se** *vr*: ~**se de** to pity, be *o* feel sorry for.

compadre [kom'paðre] *nm* (*padrino*) godfather; (*amigo*) friend, pal.

compañero, a [kompa'ɲero, a] *nm/f* companion; (*novio*) boy/girlfriend; ~ **de clase** classmate.

compañía [kompa'ɲia] *nf* company.

comparación [kompara'θjon] *nf* comparison; **en** ~ **con** in comparison with.

comparar [kompa'rar] *vt* to compare.

comparativo, a [kompara'tißo, a] *a* comparative.

comparecer [kompare'θer] *vi* to appear (in court).

comparsa [kom'parsa] *nm/f* (*TEATRO*) extra.

compartimiento [komparti'mjento] *nm* (*FERRO*) compartment.

compartir [kompar'tir] *vt* to divide (up), share (out).

compás [kom'pas] *nm* (*MUS*) beat, rhythm; (*MAT*) compasses *pl*; (*NAUT etc*) compass.

compasión [kompa'sjon] *nf* compassion, pity.

compasivo, a [kompa'sißo, a] *a* compassionate.

compatibilidad [kompatißili'ðað] *nf* compatibility.

compatible [kompa'tißle] *a* compatible.

compatriota [kompa'trjota] *nm/f* compatriot, fellow countryman/woman.

compendiar [kompen'djar] *vt* to summarize; (*libro*) to abridge; **compendio** *nm* summary; abridgement.

compensación [kompensa'θjon] *nf* compensation.

compensar [kompen'sar] *vt* to compensate.

competencia [kompe'tenθja] *nf* (*incumbencia*) domain, field; (*JUR, habilidad*) competence; (*rivalidad*) competition.

competente [kompe'tente] *a* (*JUR, persona*) competent; (*conveniente*) suitable.

competición [kompeti'θjon] *nf* competition.

competir [kompe'tir] *vi* to compete.

compilar [kompi'lar] *vt* to compile.

complacencia [kompla'θenθja] *nf* (*placer*) pleasure; (*tolerancia excesiva*) complacency.

complacer [kompla'θer] *vt* to please; ~**se** *vr* to be pleased.

complaciente [kompla'θjente] *a* kind, obliging, helpful.

complejo, a [kom'plexo, a] *a, nm* complex.

complementario, a [komplemen'tarjo,

a] *a* complementary.

completar [komple'tar] *vt* to complete.

completo, a [kom'pleto, a] *a* complete; (*perfecto*) perfect; (*lleno*) full // *nm* full complement.

complicado, a [kompli'kaðo, a] *a* complicated; **estar** ~ **en** to be mixed up in.

complicar [kompli'kar] *vt* to complicate.

cómplice ['kompliθe] *nm/f* accomplice.

complot [kom'plo(t)] (*pl* ~**s**) *nm* plot; (*conspiración*) conspiracy.

componer [kompo'ner] *vt* to make up, put together; (*MUS, LITERATURA, IMPRENTA*) to compose; (*algo roto*) to mend, repair; (*arreglar*) to arrange; ~**se** *vr*: ~**se de** to consist of; **componérselas para hacer algo** to manage to do sth.

comportamiento [komporta'mjento] *nm* behaviour, conduct.

comportarse [kompor'tarse] *vr* to behave.

composición [komposi'θjon] *nf* composition.

compositor, a [komposi'tor, a] *nm/f* composer.

compostura [kompos'tura] *nf* (*composición*) composition; (*reparación*) mending, repair; (*acuerdo*) agreement; (*actitud*) composure.

compra ['kompra] *nf* purchase; ~**s** *nfpl* purchases, shopping *sg*; **ir de** ~**s** to go shopping; **comprador, a** *nm/f* buyer, purchaser.

comprar [kom'prar] *vt* to buy, purchase.

comprender [kompren'der] *vt* to understand; (*incluir*) to comprise, include.

comprensión [kompren'sjon] *nf* understanding; (*totalidad*) comprehensiveness; **comprensivo, a** *a* comprehensive; (*actitud*) understanding.

compresa [kom'presa] *nf*: ~ **higiénica** sanitary towel (*Brit*) *o* napkin (*US*).

comprimido, a [kompri'miðo, a] *a* compressed // *nm* (*MED*) pill, tablet.

comprimir [kompri'mir] *vt* to compress; (*fig*) to control.

comprobante [kompro'ßante] *nm* proof; (*COM*) voucher; ~ **de recibo** receipt.

comprobar [kompro'ßar] *vt* to check; (*probar*) to prove; (*TEC*) to check, test.

comprometer [komprome'ter] *vt* to compromise; (*exponer*) to endanger; ~**se** *vr* to compromise o.s.; (*involucrarse*) to get involved.

compromiso [kompro'miso] *nm* (*obligación*) obligation; (*cometido*) commitment; (*convenio*) agreement; (*dificultad*) awkward situation.

compuesto, a [kom'pwesto, a] *a*: ~ **de** composed of, made up of // *nm* compound.

computador [komputa'ðor] *nm*, **computadora** [komputa'ðora] *nf* computer;

~ **central** mainframe computer; ~ **personal** personal computer.

cómputo ['komputo] *nm* calculation.

comulgar [komul'var] *vi* to receive communion.

común [ko'mun] *a* common // *nm*: **el ~** the community.

comunicación [komunika'θjon] *nf* communication; (*informe*) report.

comunicado [komuni'kado] *nm* announcement; ~ **de prensa** press release.

comunicar [komuni'kar] *vt, vi,* **comunicarse** *vr* to communicate; **está comunicando** (*TEL*) the line's engaged (*Brit*) o busy (*US*); **comunicativo, a** *a* communicative.

comunidad [komuni'dað] *nf* community.

comunión [komu'njon] *nf* communion.

comunismo [komu'nismo] *nm* communism; **comunista** *a, nm/f* communist.

con [kon] ♦ *prep* 1 (*medio, compañía*) with; **comer ~ cuchara** to eat with a spoon; **atar algo ~ cuerda** to tie sth up with string; **pasear ~ uno** to go for a walk with sb

2 (*a pesar de*): ~ **todo, merece nuestros respetos** all the same, he deserves our respect

3 (*para* ~): **es muy bueno para ~ los niños** he's very good with (the) children

4 (*infin*): ~ **llegar tan tarde se quedó sin comer** by arriving so late he missed out on eating

♦ *conj*: ~ **que: será suficiente ~ que le escribas** it will be sufficient if you write to her.

conato [ko'nato] *nm* attempt; ~ **de robo** attempted robbery.

concebir [konθe'βir] *vt, vi* to conceive.

conceder [konθe'ðer] *vt* to concede.

concejal, a [konθe'xal, a] *nm/f* town councillor.

concejo [kon'θexo] *nm* council.

concentración [konθentra'θjon] *nf* concentration.

concentrar [konθen'trar] *vt,* **concentrarse** *vr* to concentrate.

concepción [konθep'θjon] *nf* conception.

concepto [kon'θepto] *nm* concept.

concertar [konθer'tar] *vt* (*MUS*) to harmonize; (*acordar: precio*) to agree; (: *tratado*) to conclude; (*trato*) to arrange, fix up; (*combinar: esfuerzos*) to coordinate; (*reconciliar: personas*) to reconcile // *vi* to harmonize, be in tune.

concesión [konθe'sjon] *nf* concession.

concesionario [konθesjo'narjo] *nm* (licensed) dealer, agent.

conciencia [konθjen'θja] *nf* conscience; **tener/tomar ~ de** to be/become aware of; **tener la ~ limpia/tranquila** to have a clear conscience.

concienciar [konθjen'θjar] *vt* to make aware; ~**se** *vr* to become aware.

concienzudo, a [konθjen'θuðo, a] *a* conscientious.

concierto *etc vb ver* **concertar** // [kon'θjerto] *nm* concert; (*obra*) concerto.

conciliar [konθi'ljar] *vt* to reconcile.

concilio [kon'θiljo] *nm* council.

conciso, a [kon'θiso, a] *a* concise.

conciudadano, a [konθjuða'ðano, a] *nm/f* fellow citizen.

concluir [konklu'ir] *vt, vi,* **concluirse** *vr* to conclude.

conclusión [konklu'sjon] *nf* conclusion.

concluyente [konklu'jente] *a* (*prueba, información*) conclusive.

concordar [konkor'ðar] *vt* to reconcile // *vi* to agree, tally.

concordia [kon'korðja] *nf* harmony.

concretar [konkre'tar] *vt* to make concrete, make more specific; ~**se** *vr* to become more definite.

concreto, a [kon'kreto, a] *a, nm* (*AM*) concrete; **en ~** (*en resumen*) to sum up; (*específicamente*) specifically; **no hay nada en ~** there's nothing definite.

concurrencia [konku'rrenθja] *nf* turnout.

concurrido, a [konku'rriðo, a] *a* (*calle*) busy; (*local, reunión*) crowded.

concurrir [konku'rrir] *vi* (*juntarse: ríos*) to meet, come together; (: *personas*) to gather, meet.

concursante [konkur'sante] *nm/f* competitor.

concurso [kon'kurso] *nm* (*de público*) crowd; (*ESCOL, DEPORTE, competencia*) competition; (*ayuda*) help, cooperation.

concha ['kontʃa] *nf* shell.

conde ['konde] *nm* count; **condal** *a*: **la ciudad condal** Barcelona.

condecoración [kondekora'θjon] *nf* (*MIL*) medal.

condecorar [kondeko'rar] *vt* (*MIL*) to decorate.

condena [kon'dena] *nf* sentence.

condenación [kondena'θjon] *nf* condemnation; (*REL*) damnation.

condenar [konde'nar] *vt* to condemn; (*JUR*) to convict; ~**se** *vr* (*JUR*) to confess (one's guilt); (*REL*) to be damned.

condensar [konden'sar] *vt* to condense.

condesa [kon'desa] *nf* countess.

condescender [kondesθen'der] *vi* to acquiesce, comply.

condición [kondi'θjon] *nf* condition; **condicional** *a* conditional.

condicionar [kondiθjo'nar] *vt* (*acondicionar*) to condition; ~ **algo a** to make sth conditional on.

condimento [kondi'mento] *nm* seasoning.

condolerse [kondo'lerse] *vr* to sympathize.

condón [kon'don] *nm* condom.

conducir [kondu'θir] *vt* to take, convey; (*AUTO*) to drive // *vi* to drive; (*fig*) to lead; ~**se** *vr* to behave.

conducta [kon'dukta] *nf* conduct, behaviour.

conducto [kon'dukto] *nm* pipe, tube; (*fig*) channel.

conductor, a [konduk'tor, a] *a* leading, guiding // *nm* (FISICA) conductor; (*de vehículo*) driver.

conduje etc *vb ver* **conducir**.

conduzco etc *vb ver* **conducir**.

conectado, a [konek'taðo, a] *a* (IN-FORM) on-line.

conectar [konek'tar] *vt* to connect (up); (*enchufar*) plug in.

conejo [ko'nexo] *nm* rabbit.

conexión [konek'sjon] *nf* connection.

confección [konfe(k)'θjon] *nf* preparation; (*industria*) clothing industry.

confeccionar [konfekθjo'nar] *vt* to make (up).

confederación [konfeðera'θjon] *nf* confederation.

conferencia [konfe'renθja] *nf* conference; (*lección*) lecture; (TEL) call.

conferir [konfe'rir] *vt* to award.

confesar [konfe'sar] *vt* to confess, admit.

confesión [konfe'sjon] *nf* confession.

confesionario [konfesjo'narjo] *nm* confessional.

confeti [kon'feti] *nm* confetti.

confiado, a [kon'fjaðo, a] *a* (*crédulo*) trusting; (*seguro*) confident; (*presumido*) conceited, vain.

confianza [kon'fjanθa] *nf* trust; (*aliento, confidencia*) confidence; (*familiaridad*) intimacy, familiarity; (*pey*) vanity, conceit.

confiar [kon'fjar] *vt* to entrust // *vi* to trust.

confidencia [konfi'ðenθja] *nf* confidence.

confidencial [konfiðen'θjal] *a* confidential.

confidente [konfi'ðente] *nm/f* confidant/e; (*policial*) informer.

configurar [konfiɣu'rar] *vt* to shape, form.

confín [kon'fin] *nm* limit; ~**es** *nmpl* confines, limits.

confinar [konfi'nar] *vi* to confine; (*desterrar*) to banish.

confirmar [konfir'mar] *vt* to confirm.

confiscar [konfis'kar] *vt* to confiscate.

confite [kon'fite] *nm* sweet (*Brit*), candy (*US*).

confitería [konfite'ria] *nf* confectionery; (*tienda*) confectioner's (shop).

confitura [konfi'tura] *nf* jam.

conflictivo, a [konflik'tiβo, a] *a* (*asunto, propuesta*) controversial; (*país, situación*) troubled.

conflicto [kon'flikto] *nm* conflict; (*fig*) clash.

confluir [kon'flwir] *vi* (*ríos*) to meet; (*gente*) to gather.

conformar [konfor'mar] *vt* to shape, fashion // *vi* to agree; ~**se** *vr* to conform;

(*resignarse*) to resign o.s.

conforme [kon'forme] *a* alike, similar; (*de acuerdo*) agreed, in agreement // *ad* as // *excl* agreed! // *nm* agreement // *prep*: ~ **a** in accordance with.

conformidad [konformi'ðað] *nf* (*semejanza*) similarity; (*acuerdo*) agreement; (*resignación*) resignation; **conformista** *a, nm/f* conformist.

confortable [konfor'taβle] *a* comfortable.

confortar [konfor'tar] *vt* to comfort.

confrontar [konfron'tar] *vt* to confront; (*dos personas*) to bring face to face; (*cotejar*) to compare // *vi* to border.

confundir [konfun'dir] *vt* (*borrar*) to blur; (*equivocar*) to mistake, confuse; (*mezclar*) to mix; (*turbar*) to confuse; ~**se** *vr* (*hacerse borroso*) to become blurred; (*turbarse*) to get confused; (*equivocarse*) to make a mistake; (*mezclarse*) to mix.

confusión [konfu'sjon] *nf* confusion.

confuso, a [kon'fuso, a] *a* confused.

congelado, a [konxe'laðo, a] *a* frozen; ~**s** *nmpl* frozen food(s); **congelador** *nm*, **congeladora** *nf* (*aparato*) freezer, deep freeze.

congelar [konxe'lar] *vt* to freeze; ~**se** *vr* (*sangre, grasa*) to congeal.

congeniar [konxe'njar] *vi* to get on (*Brit*) o along (*US*) well.

congestionar [konxestjo'nar] *vt* to congest; ~**se** *vr*: **se le congestionó la cara** his face became flushed.

congoja [kon'goxa] *nf* distress, grief.

congraciarse [kongra'θjarse] *vr* to ingratiate o.s.

congratular [kongratu'lar] *vt* to congratulate.

congregación [kongreɣa'θjon] *nf* congregation.

congregar [kongre'ɣar] *vt*, **congregarse** *vr* to gather together.

congresista [kongre'sista] *nm/f* delegate, congressman/woman.

congreso [kon'greso] *nm* congress.

conjetura [konxe'tura] *nf* guess; **conjeturar** *vt* to guess.

conjugar [konxu'ɣar] *vt* to combine, fit together; (LING) to conjugate.

conjunción [konxun'θjon] *nf* conjunction.

conjunto, a [kon'xunto, a] *a* joint, united // *nm* whole; (MUS) band; **en** ~ as a whole.

conjurar [konxu'rar] *vt* (REL) to exorcise; (*fig*) to ward off // *vi* to plot.

conmemoración [konmemora'θjon] *nf* commemoration.

conmemorar [konmemo'rar] *vt* to commemorate.

conmigo [kon'miɣo] *pron* with me.

conminar [konmi'nar] *vt* to threaten.

conmoción [konmo'θjon] *nf* shock; (*fig*) upheaval; ~ **cerebral** (MED) concussion.

conmovedor, a [konmoβe'ðor, a] *a*

touching, moving; (*emocionante*) exciting.

conmover [konmo'ßer] *vt* to shake, disturb; (*fig*) to move.

conmutador [konmuta'ðor] *nm* switch; (*AM TEL: centralita*) switchboard; (: *central*) telephone exchange.

cono ['kono] *nm* cone.

conocedor, a [konoθe'ðor, a] *a* expert, knowledgeable // *nm/f* expert.

conocer [kono'θer] *vt* to know; (*por primera vez*) to meet, get to know; (*entender*) to know about; (*reconocer*) to recognize; **~se** *vr* (*una persona*) to know o.s.; (*dos personas*) to (get to) know each other.

conocido, a [kono'θiðo, a] *a* (well-) known // *nm/f* acquaintance.

conocimiento [konoθi'mjento] *nm* knowledge; (*MED*) consciousness; **~s** *nmpl* (*personas*) acquaintances; (*saber*) knowledge *sg*.

conozco *etc vb ver* **conocer.**

conque ['konke] *conj* and so, so then.

conquista [kon'kista] *nf* conquest; **conquistador, a** *a* conquering // *nm* conqueror.

conquistar [konkis'tar] *vt* to conquer.

consagrar [konsa'ɣrar] *vt* (*REL*) to consecrate; (*fig*) to devote.

consciente [kons'θjente] *a* conscious.

consecución [konseku'θjon] *nf* acquisition; (*de fin*) attainment.

consecuencia [konse'kwenθja] *nf* consequence, outcome; (*firmeza*) consistency.

consecuente [konse'kwente] *a* consistent.

consecutivo, a [konseku'tißo, a] *a* consecutive.

conseguir [konse'ɣir] *vt* to get, obtain; (*sus fines*) to attain.

consejero, a [konse'xero, a] *nm/f* adviser, consultant; (*POL*) councillor.

consejo [kon'sexo] *nm* advice; (*POL*) council.

consenso [kon'senso] *nm* consensus.

consentimiento [konsenti'mjento] *nm* consent.

consentir [konsen'tir] *vt* (*permitir, tolerar*) to consent to; (*mimar*) to pamper, spoil; (*aguantar*) to put up with // *vi* to agree, consent; **~ que uno haga algo** to allow sb to do sth.

conserje [kon'serxe] *nm* caretaker; (*portero*) porter.

conservación [konserßa'θjon] *nf* conservation; (*de alimentos, vida*) preservation.

conservador, a [konserßa'ðor, a] *a* (*POL*) conservative // *nm/f* conservative.

conservante [konser'ßante] *nm* preservative.

conservar [konser'ßar] *vt* to conserve, keep; (*alimentos, vida*) to preserve; **~se**

vr to survive.

conservas [kon'serßas] *nfpl* canned food(s).

conservatorio [konserßa'torjo] *nm* (*MUS*) conservatoire.

considerable [konsiðe'raßle] *a* considerable.

consideración [konsiðera'θjon] *nf* consideration; (*estimación*) respect.

considerado, a [konsiðe'raðo, a] *a* (*atento*) considerate; (*respetado*) respected.

considerar [konsiðe'rar] *vt* to consider.

consigna [kon'siɣna] *nf* (*orden*) order, instruction; (*para equipajes*) left-luggage office.

consigo *etc vb ver* **conseguir** // [kon'siɣo] *pron* (*m*) with him; (*f*) with her; (*Vd.*) with you; (*reflexivo*) with o.s.

consiguiendo *etc vb ver* **conseguir.**

consiguiente [konsi'ɣjente] *a* consequent; **por ~** and so, therefore, consequently.

consistente [konsis'tente] *a* consistent; (*sólido*) solid, firm; (*válido*) sound.

consistir [konsis'tir] *vi*: **~ en** (*componerse de*) to consist of; (*ser resultado de*) to be due to.

consola [kon'sola] *nf* control panel.

consolación [konsola'θjon] *nf* consolation.

consolar [konso'lar] *vt* to console.

consolidar [konsoli'ðar] *vt* to consolidate.

consomé [konso'me] (*pl* **~s**) *nm* consommé, clear soup.

consonante [konso'nante] *a* consonant, harmonious // *nf* consonant.

consorcio [kon'sorθjo] *nm* consortium.

conspiración [konspira'θjon] *nf* conspiracy.

conspirador, a [konspira'ðor, a] *nm/f* conspirator.

conspirar [konspi'rar] *vi* to conspire.

constancia [kon'stanθja] *nf* constancy; **dejar ~ de** to put on record.

constante [kons'tante] *a, nf* constant.

constar [kons'tar] *vi* (*evidenciarse*) to be clear *o* evident; **~ de** to consist of.

constatar [konsta'tar] *vt* (*controlar*) to check; (*observar*) to note.

consternación [konsterna'θjon] *nf* consternation.

constipado, a [konsti'paðo, a] *a*: **estar ~** to have a cold // *nm* cold.

constitución [konstitu'θjon] *nf* constitution; **constitucional** *a* constitutional.

constituir [konstitu'ir] *vt* (*formar, componer*) to constitute, make up; (*fundar, erigir, ordenar*) to constitute, establish.

constitutivo, a [konstitu'tißo, a] *a* constitutive, constituent.

constituyente [konstitu'jente] *a* constituent.

constreñir [konstre'ɲir] vt (restringir) to restrict.

construcción [konstruk'θjon] nf construction, building.

constructor, a [konstruk'tor, a] nm/f builder.

construir [konstru'ir] vt to build, construct.

construyendo etc vb ver **construir**.

consuelo [kon'swelo] nm consolation, solace.

cónsul ['konsul] nm consul; **consulado** nm consulate.

consulta [kon'sulta] nf consultation; (MED): **horas de ~** surgery hours.

consultar [konsul'tar] vt to consult.

consultorio [konsul'torjo] nm (MED) surgery.

consumar [konsu'mar] vt to complete, carry out; (crimen) to commit; (sentencia) to carry out.

consumición [konsumi'θjon] nf consumption; (bebida) drink; (comida) food; **~ mínima** cover charge.

consumidor, a [konsumi'ðor, a] nm/f consumer.

consumir [konsu'mir] vt to consume; **~se** vr to be consumed; (persona) to waste away.

consumismo [konsu'mismo] nm consumerism.

consumo [kon'sumo] nm consumption.

contabilidad [kontaβili'ðað] nf accounting, book-keeping; (profesión) accountancy; **contable** nm/f accountant.

contacto [kon'takto] nm contact; (AUTO) ignition.

contado, a [kon'taðo, a] a: **~s** (escasos) numbered, scarce, few // nm: **pagar al ~** to pay (in) cash.

contador [konta'ðor] nm (aparato) meter; (AM: contante) accountant.

contagiar [konta'xjar] vt (enfermedad) to pass on, transmit; (persona) to infect; **~se** vr to become infected.

contagio [kon'taxjo] nm infection; **contagioso, a** a infectious; (fig) catching.

contaminación [kontamina'θjon] nf contamination; (polución) pollution.

contaminar [kontami'nar] vt to contaminate; (aire, agua) to pollute.

contante [kon'tante] a: **dinero ~ (y sonante)** cash.

contar [kon'tar] vt (páginas, dinero) to count; (anécdota, chiste etc) to tell // vi to count; **~ con** to rely on, count on.

contemplación [kontempla'θjon] nf contemplation.

contemplar [kontem'plar] vt to contemplate; (mirar) to look at.

contemporáneo, a [kontempo'raneo, a] a, nm/f contemporary.

contendiente [konten'djente] nm/f contestant.

contenedor [kontene'ðor] nm container.

contener [konte'ner] vt to contain, hold; (retener) to hold back, contain; **~se** vr to control o restrain o.s.

contenido, a [konte'niðo, a] a (moderado) restrained; (risa etc) suppressed // nm contents pl, content.

contentar [konten'tar] vt (satisfacer) to satisfy; (complacer) to please; **~se** vr to be satisfied.

contento, a [kon'tento, a] a contented, content; (alegre) pleased; (feliz) happy.

contestación [kontesta'θjon] nf answer, reply.

contestador [kontesta'ðor] nm: **~ automático** answering machine.

contestar [kontes'tar] vt to answer, reply; (JUR) to corroborate, confirm.

contexto [kon'te(k)sto] nm context.

contienda [kon'tjenda] nf contest.

contigo [kon'tiɣo] pron with you.

contiguo, a [kon'tiɣwo, a] a (de al lado) next; (vecino) adjacent, adjoining.

continente [konti'nente] a, nm continent.

contingencia [kontin'xenθja] nf contingency; (riesgo) risk; **contingente** a, nm contingent.

continuación [kontinwa'θjon] nf continuation; **a ~** then, next.

continuar [konti'nwar] vt to continue, go on with // vi to continue, go on; **~ hablando** to continue talking o to talk.

continuidad [kontinwi'ðað] nf continuity.

continuo, a [kon'tinwo, a] a (sin interrupción) continuous; (acción perseverante) continual.

contorno [kon'torno] nm outline; (GEO) contour; **~s** nmpl neighbourhood sg, surrounding area sg.

contorsión [kontor'sjon] nf contortion.

contra ['kontra] prep, ad against // nm inv con // nf: **la C~** (Nicaragua) the Contras pl.

contraataque [kontraa'take] nm counter-attack.

contrabajo [kontra'βaxo] nm double bass.

contrabandista [kontraβan'dista] nm/f smuggler.

contrabando [kontra'βando] nm (acción) smuggling; (mercancías) contraband.

contracción [kontrak'θjon] nf contraction.

contrachapado [kontratʃa'paðo] nm plywood.

contradecir [kontraðe'θir] vt to contradict.

contradicción [kontraðik'θjon] nf contradiction.

contradictorio, a [kontraðik'torjo, a] a contradictory.

contraer [kontra'er] vt to contract; (limitar) to restrict; **~se** vr to contract; (limitarse) to limit o.s.

contragolpe [kontra'xolpe] *nm* backlash.
contraluz [kontra'luθ] *nf*: a ~ against the light.
contramaestre [kontrama'estre] *nm* foreman.
contrapartida [kontrapar'tiða] *nf*: como ~ (de) in return (for).
contrapelo [kontra'pelo]: a ~ *ad* the wrong way.
contrapesar [kontrape'sar] *vt* to counterbalance; (*fig*) to offset; **contrapeso** *nm* counterweight.
contraproducente [kontraproðu'θente] *a* counterproductive.
contrariar [kontra'rjar] *vt* (*oponerse*) to oppose; (*poner obstáculo*) to impede; (*enfadar*) to vex.
contrariedad [kontrarje'ðað] *nf* (*oposición*) opposition; (*obstáculo*) obstacle, setback; (*disgusto*) vexation, annoyance.
contrario, a [kon'trarjo, a] *a* contrary; (*persona*) opposed; (*sentido, lado*) opposite // *nm/f* enemy, adversary; (*DEPORTE*) opponent; al/por el ~ on the contrary; de lo ~ otherwise.
contrarrestar [kontrarres'tar] *vt* to counteract.
contrasentido [kontrasen'tiðo] *nm*: es un ~ que él ... it doesn't make sense for him to ....
contraseña [kontra'seɲa] *nf* (*INFORM*) password.
contrastar [kontras'tar] *vt* to resist // *vi* to contrast.
contraste [kon'traste] *nm* contrast.
contratar [kontra'tar] *vt* (*firmar un acuerdo para*) to contract for; (*empleados, obreros*) to hire, engage; ~se *vr* to sign on.
contratiempo [kontra'tjempo] *nm* setback.
contratista [kontra'tista] *nm/f* contractor.
contrato [kon'trato] *nm* contract.
contravenir [kontraβe'nir] *vi*: ~ a to contravene, violate.
contraventana [kontraβen'tana] *nf* shutter.
contribución [kontriβu'θjon] *nf* (*municipal etc*) tax; (*ayuda*) contribution.
contribuir [kontriβu'ir] *vt, vi* to contribute; (*COM*) to pay (in taxes).
contribuyente [kontriβu'jente] *nm/f* (*COM*) taxpayer; (*que ayuda*) contributor.
control [kon'trol] *nm* control; (*inspección*) inspection, check; ~ador, a *nm/f* controller; **controlador aéreo** air-traffic controller.
controlar [kontro'lar] *vt* to control; (*inspeccionar*) to inspect, check.
controversia [kontro'βersja] *nf* controversy.
contundente [kontun'dente] *a* (*instrumento*) blunt; (*argumento, derrota*) overwhelming.
contusión [kontu'sjon] *nf* bruise.
convalecencia [konβale'θenθja] *nf* convalescence.
convalecer [konβale'θer] *vi* to convalesce, get better.
convaleciente [konβale'θjente] *a, nm/f* convalescent.
convalidar [konβali'ðar] *vt* (*título*) to recognize.
convencer [konβen'θer] *vt* to convince; (*persuadir*) to persuade.
convencimiento [konβenθi'mjento] *nm* (*acción*) convincing; (*persuasión*) persuasion; (*certidumbre*) conviction.
convención [konβen'θjon] *nf* convention.
conveniencia [konβe'njenθja] *nf* suitability; (*conformidad*) agreement; (*utilidad, provecho*) usefulness; ~s *nfpl* conventions; (*COM*) property *sg*.
conveniente [konβe'njente] *a* suitable; (*útil*) useful.
convenio [kon'βenjo] *nm* agreement, treaty.
convenir [konβe'nir] *vi* (*estar de acuerdo*) to agree; (*ser conveniente*) to suit, be suitable.
convento [kon'βento] *nm* convent.
convenza *etc vb ver* **convencer**.
converger [konβer'xer], **convergir** [konβer'xir] *vi* to converge.
conversación [konβersa'θjon] *nf* conversation.
conversar [konβer'sar] *vi* to talk, converse.
conversión [konβer'sjon] *nf* conversion.
convertir [konβer'tir] *vt* to convert.
convicción [konβik'θjon] *nf* conviction.
convicto, a [kon'βikto, a] *a* convicted, found guilty; (*condenado*) condemned.
convidado, a [konβi'ðaðo, a] *nm/f* guest.
convidar [konβi'ðar] *vt* to invite.
convincente [konβin'θente] *a* convincing.
convite [kon'βite] *nm* invitation; (*banquete*) banquet.
convivencia [konβi'βenθja] *nf* coexistence, living together.
convocar [konβo'kar] *vt* to summon, call (together).
convulsión [konβul'sjon] *nf* convulsion.
conyugal [konju'yal] *a* conjugal; **cónyuge** ['konjuxe] *nm/f* spouse.
coñac [ko'ɲak] (*pl* ~s) *nm* cognac, brandy.
coño ['koɲo] *excl* (*fam!*: *enfado*) shit! (!); (: *sorpresa*) bloody hell! (!).
cooperación [koopera'θjon] *nf* cooperation.
cooperar [koope'rar] *vi* to cooperate.
cooperativa [koopera'tiβa] *nf* cooperative.
coordinadora [koorðina'ðora] *nf* (*comité*) coordinating committee.

coordinar [koorði'nar] *vt* to coordinate.
copa ['kopa] *nf* cup; (*vaso*) glass; (*de árbol*) top; (*de sombrero*) crown; ~s *nfpl* (*NAIPES*) ≈ hearts; **(tomar una)** ~ (to have a) drink.
copia ['kopja] *nf* copy; ~ **de respaldo** *o* **seguridad** (*INFORM*) back-up copy; **copiar** *vt* to copy.
copioso, a [ko'pjoso, a] *a* copious, plentiful.
copla ['kopla] *nf* verse; (*canción*) (popular) song.
copo ['kopo] *nm*: ~ **de nieve** snowflake; ~s **de maíz** cornflakes.
copropietarios [kopropje'tarjos] *nmpl* joint owners.
coqueta [ko'keta] *a* flirtatious, coquettish; **coquetear** *vi* to flirt.
coraje [ko'raxe] *nm* courage; (*ánimo*) spirit; (*ira*) anger.
coral [ko'ral] *a* choral // *nf* (*MUS*) choir // *nm* (*ZOOL*) coral.
coraza [ko'raθa] *nf* (*armadura*) armour; (*blindaje*) armour-plating.
corazón [kora'θon] *nm* heart.
corazonada [koraθo'naða] *nf* impulse; (*presentimiento*) hunch.
corbata [kor'βata] *nf* tie.
corchete [kor'tʃete] *nm* catch, clasp.
corcho ['kortʃo] *nm* cork; (*PESCA*) float.
cordel [kor'ðel] *nm* cord, line.
cordero [kor'ðero] *nm* lamb.
cordial [kor'ðjal] *a* cordial; ~**idad** *nf* warmth, cordiality.
cordillera [korði'ʎera] *nf* range (of mountains).
Córdoba ['korðoβa] *n* Cordova.
cordón [kor'ðon] *nm* (*cuerda*) cord, string; (*de zapatos*) lace; (*MIL etc*) cordon.
corneta [kor'neta] *nf* bugle.
coro ['koro] *nm* chorus; (*conjunto de cantores*) choir.
corona [ko'rona] *nf* crown; (*de flores*) garland; ~**ción** *nf* coronation; **coronar** *vt* to crown.
coronel [koro'nel] *nm* colonel.
coronilla [koro'niʎa] *nf* (*ANAT*) crown (of the head).
corporación [korpora'θjon] *nf* corporation.
corporal [korpo'ral] *a* corporal, bodily.
corpulento, a [korpu'lento] *a* (*persona*) heavily-built.
corral [ko'rral] *nm* farmyard.
correa [ko'rrea] *nf* strap; (*cinturón*) belt; (*de perro*) lead, leash.
corrección [korrek'θjon] *nf* correction; (*represión*) rebuke; **correccional** *nm* reformatory.
correcto, a [ko'rrekto, a] *a* correct; (*persona*) well-mannered.
corredizo, a [korre'ðiθo, a] *a* (*puerta etc*) sliding.
corredor, a [korre'ðor, a] *a* running //

nm (*pasillo*) corridor; (*balcón corrido*) gallery; (*COM*) agent, broker // *nm/f* (*DEPORTE*) runner.
corregir [korre'xir] *vt* (*error*) to correct; (*amonestar, reprender*) to rebuke, reprimand; ~**se** *vr* to reform.
correo [ko'rreo] *nm* post, mail; (*persona*) courier; **C~s** Post Office *sg*; ~ **aéreo** airmail.
correr [ko'rrer] *vt* to run; (*viajar*) to cover, travel; (*cortinas*) to draw; (*cerrojo*) to shoot // *vi* to run; (*líquido*) to run, flow; ~**se** *vr* to slide, move; (*colores*) to run.
correspondencia [korrespon'denθja] *nf* correspondence; (*FERRO*) connection.
corresponder [korrespon'der] *vi* to correspond; (*convenir*) to be suitable; (*pertenecer*) to belong; (*tocar*) to concern; ~**se** *vr* (*por escrito*) to correspond; (*amarse*) to love one another.
correspondiente [korrespon'djente] *a* corresponding.
corresponsal [korrespon'sal] *nm/f* correspondent.
corrido, a [ko'rriðo, a] *a* (*avergonzado*) abashed // *nf* (*de toros*) bullfight; **3 noches corridas** 3 nights running; **un kilo** ~ a good kilo.
corriente [ko'rrjente] *a* (*agua*) running; (*fig*) flowing; (*dinero etc*) current; (*común*) ordinary, normal // *nf* current // *nm* current month; ~ **eléctrica** electric current.
corrija *etc vb ver* **corregir**.
corrillo [ko'rriʎo] *nm* ring, circle (of people); (*fig*) clique.
corro ['korro] *nm* ring, circle (of people).
corroborar [korroβo'rar] *vt* to corroborate.
corroer [korro'er] *vt* to corrode; (*GEO*) to erode.
corromper [korrom'per] *vt* (*madera*) to rot; (*fig*) to corrupt.
corrosivo, a [korro'siβo, a] *a* corrosive.
corrupción [korrup'θjon] *nf* rot, decay; (*fig*) corruption.
corsé [kor'se] *nm* corset.
cortacésped [korta'θespeð] *nm* lawn mower.
cortado, a [kor'taðo, a] *a* (*gen*) cut; (*leche*) sour; (*confuso*) confused; (*desconcertado*) embarrassed // ·*nm* coffee (with a little milk).
cortar [kor'tar] *vt* to cut; (*suministro*) to cut off; (*un pasaje*) to cut out // *vi* to cut; ~**se** *vr* (*turbarse*) to become embarrassed; (*leche*) to turn, curdle; ~**se el pelo** to have one's hair cut.
cortauñas [korta'uɲas] *nm inv* nail clippers *pl*.
corte ['korte] *nm* cut, cutting; (*de tela*) piece, length; **las C~s** the Spanish Parliament; ~ **y confección** dressmaking; ~ **de luz** power cut.

cortedad [korte'ðað] nf shortness; (fig) bashfulness, timidity.

cortejar [korte'xar] vt to court.

cortejo [kor'texo] nm entourage; ~ fúnebre funeral procession.

cortés [kor'tes] a courteous, polite.

cortesía [korte'sia] nf courtesy.

corteza [kor'teθa] nf (de árbol) bark; (de pan) crust.

cortina [kor'tina] nf curtain.

corto, a ['korto, a] a (breve) short; (tímido) bashful; ~ de luces not very bright; ~ de vista short-sighted; estar ~ de fondos to be short of funds; ~circuito nm short circuit.

corvo, a ['korβo, a] a curved.

cosa ['kosa] nf thing; (asunto) affair; ~ de about; eso es ~ mia that's my business.

cosecha [ko'setʃa] nf (AGR) harvest; (de vino) vintage.

cosechar [kose'tʃar] vt to harvest, gather (in).

coser [ko'ser] vt to sew.

cosmético, a [kos'metiko, a] a, nm cosmetic.

cosquillas [kos'kiʎas] nfpl: hacer ~ to tickle; tener ~ to be ticklish.

costa ['kosta] nf (GEO) coast; C~ Brava Costa Brava; C~ Cantábrica Cantabrian Coast; C~ del Sol Costa del Sol; a toda ~ at any price.

costado [kos'taðo] nm side.

costal [kos'tal] nm sack.

costar [kos'tar] vt (valer) to cost; (necesitar) to require, need; me cuesta hablarle I find it hard to talk to him.

Costa Rica nf Costa Rica; **costarricense, costarriqueño, a** a, nm/f Costa Rican.

coste ['koste] nm = costo.

costear [koste'ar] vt to pay for.

costilla [kos'tiʎa] nf rib; (CULIN) cutlet.

costo ['kosto] nm cost, price; ~ de la vida cost of living; ~so, a a costly, expensive.

costra ['kostra] nf (corteza) crust; (MED) scab.

costumbre [kos'tumbre] nf custom, habit.

costura [kos'tura] nf sewing, needlework; (zurcido) seam.

costurera [kostu'rera] nf dressmaker.

costurero [kostu'rero] nm sewing box o case.

cotejar [kote'xar] vt to compare.

cotidiano, a [koti'ðjano, a] a daily, day to day.

cotización [kotiθa'θjon] nf (COM) quotation, price; (de club) dues pl.

cotizar [koti'θar] vt (COM) to quote, price; ~se vr: ~se a to sell at, fetch; (BOLSA) to stand at, be quoted at.

coto ['koto] nm (terreno cercado) enclosure; (de caza) reserve.

cotorra [ko'torra] nf parrot.

COU [kou] nm abr (Esp) = Curso de Orientación Universitaria.

coyote [ko'jote] nm coyote, prairie wolf.

coyuntura [kojun'tura] nf (ANAT) joint; (fig) juncture, occasion.

coz [koθ] nf kick.

cráneo ['kraneo] nm skull, cranium.

cráter ['krater] nm crater.

creación [krea'θjon] nf creation.

creador, a [krea'ðor, a] a creative // nm/f creator.

crear [kre'ar] vt to create, make.

crecer [kre'θer] vi to grow; (precio) to rise.

creces ['kreθes]: con ~ ad amply, fully.

crecido, a [kre'θiðo, a] a (persona, planta) full-grown; (cantidad) large.

creciente [kre'θjente] a growing; (cantidad) increasing; (luna) crescent // nm crescent.

crecimiento [kreθi'mjento] nm growth; (aumento) increase.

credenciales [kreðen'θjales] nfpl credentials.

crédito ['kreðito] nm credit.

credo ['kreðo] nm creed.

crédulo, a ['kreðulo, a] a credulous.

creencia [kre'enθja] nf belief.

creer [kre'er] vt, vi to think, believe; ~se vr to believe o.s. (to be); ~ en to believe in; ¡ya lo creo! I should think so!

creíble [kre'iβle] a credible, believable.

creído, a [kre'iðo, a] a (engreído) conceited.

crema ['krema] nf cream; (natillas) custard.

cremallera [krema'ʎera] nf zip (fastener).

crepitar [krepi'tar] vi to crackle.

crepúsculo [kre'puskulo] nm twilight, dusk.

crespo, a ['krespo, a] a (pelo) curly.

crespón [kres'pon] nm crêpe.

cresta ['kresta] nf (GEO, ZOOL) crest.

creyendo vb ver **creer**.

creyente [kre'jente] nm/f believer.

creyó etc vb ver **creer**.

crezco etc vb ver **crecer**.

cría etc vb ver **criar** // ['kria] nf (de animales) rearing, breeding; (animal) young; ver tb **crío**.

criadero [kria'ðero] nm nursery; (ZOOL) breeding place.

criado, a [kri'aðo, a] nm servant // nf servant, maid.

criador [kria'ðor] nm breeder.

crianza [kri'anθa] nf rearing, breeding; (fig) breeding.

criar [kri'ar] vt (amamantar) to suckle, feed; (educar) to bring up; (producir) to grow, produce; (animales) to breed.

criatura [kria'tura] nf creature; (niño) baby, (small) child.

criba ['kriβa] nf sieve; **cribar** vt to sieve.

crimen ['krimen] *nm* crime.
criminal [krimi'nal] *a*, *nm/f* criminal.
crin [krin] *nf* (*tb*: ~es *nfpl*) mane.
crío, a ['krio, a] *nm/f* (*fam*) kid.
crisis ['krisis] *nf inv* crisis; ~ **nerviosa** nervous breakdown.
crispar [kris'par] *vt* (*músculo*) to tense (up); (*nervios*) to set on edge.
cristal [kris'tal] *nm* crystal; (*de ventana*) glass, pane; (*lente*) lens; ~**ino, a** *a* crystalline; (*fig*) clear // *nm* lens of the eye; ~**izar** *vt*, *vi* to crystallize.
cristiandad [kristjan'daθ] *nf* Christendom.
cristianismo [kristja'nismo] *nm* Christianity.
cristiano, a [kris'tjano, a] *a*, *nm/f* Christian.
Cristo ['kristo] *nm* (*Dios*) Christ; (*crucifijo*) crucifix.
criterio [kri'terjo] *nm* criterion; (*juicio*) judgement.
criticar [kriti'kar] *vt* to criticize.
crítico, a ['kritiko, a] *a* critical // *nm/f* critic // *nf* criticism.
croar [kro'ar] *vi* to croak.
cromo ['kromo] *nm* chrome.
crónico, a ['kroniko, a] *a* chronic // *nf* chronicle, account.
cronómetro [kro'nometro] *nm* (*DEPORTE*) stopwatch.
cruce *etc vb ver* **cruzar** // ['kruθe] *nm* crossing; (*de carreteras*) crossroads.
crucificar [kruθifi'kar] *vt* to crucify.
crucifijo [kruθi'fixo] *nm* crucifix.
crucigrama [kruθi'γrama] *nm* crossword (puzzle).
crudo, a ['kruðo, a] *a* raw; (*no maduro*) unripe; (*petróleo*) crude; (*rudo, cruel*) cruel // *nm* crude (oil).
cruel [krwel] *a* cruel; ~**dad** *nf* cruelty.
crujido [kru'xiðo] *nm* (*de madera etc*) creak.
crujiente [kru'xjente] *a* (*galleta etc*) crunchy.
crujir [kru'xir] *vi* (*madera etc*) to creak; (*dedos*) to crack; (*dientes*) to grind; (*nieve, arena*) to crunch.
cruz [kruθ] *nf* cross; (*de moneda*) tails *sg*.
cruzado, a [kru'θaðo, a] *a* crossed // *nm* crusader // *nf* crusade.
cruzar [kru'θar] *vt* to cross; ~**se** *vr* (*líneas etc*) to cross; (*personas*) to pass each other.
Cruz Roja *nf* Red Cross.
cuaderno [kwa'ðerno] *nm* notebook; (*de escuela*) exercise book; (*NAUT*) logbook.
cuadra ['kwaðra] *nf* (*caballeriza*) stable; (*AM*) block.
cuadrado, a [kwa'ðraðo, a] *a* square // *nm* (*MAT*) square.
cuadrar [kwa'ðrar] *vt* to square // *vi*: ~ **con** to square with, tally with; ~**se** *vr* (*soldado*) to stand to attention.
cuadrilátero [kwaðri'latero] *nm* (*DEPORTE*) boxing ring; (*GEOM*) quadrilateral.
cuadrilla [kwa'ðriʎa] *nf* party, group.
cuadro ['kwaðro] *nm* square; (*ARTE*) painting; (*TEATRO*) scene; (*diagrama*) chart; (*DEPORTE, MED*) team; (*POL*) executive; **tela a** ~**s** checked (*Brit*) o chequered (*US*) material.
cuádruplo, a ['kwaðruplo, a], **cuádruple** ['kwaðruple] *a* quadruple.
cuajar [kwa'xar] *vt* to thicken; (*leche*) to curdle; (*sangre*) to congeal; (*adornar*) to adorn; (*CULIN*) to set; ~**se** *vr* to curdle; to congeal; to set; (*llenarse*) to fill up.
cual [kwal] *ad* like, as // *pron*: **el** ~ *etc* which; (*persona: sujeto*) who; (: *objeto*) whom // *a* such as; **cada** ~ each one; **tal** ~ just as it is.
cuál [kwal] *pron interr* which (one).
cualesquier(a) [kwales'kjer(a)] *pl de* **cualquier(a)**.
cualidad [kwali'ðaθ] *nf* quality.
cualquier [kwal'kjer], *pl* **cualesquier(a)** *a* (*indefinido*) any; ~ **día de éstos** any day now; (*después de n:* ~**a**): **no es un hombre** ~**a** he isn't an ordinary man, he isn't just anybody; *pron:* ~**a:** **eso** ~**a lo sabe hacer** anybody can do that; **es un** ~**a** he's a nobody.
cuando ['kwando] *ad* when; (*aún si*) if, even if // *conj* (*puesto que*) since // *prep:* **yo,** ~ **niño...** when I was a child...; ~ **no sea así** even if it is not so; ~ **más** at (the) most; ~ **menos** at least; ~ **no** if not, otherwise; **de** ~ **en** ~ from time to time.
cuándo ['kwando] *ad* when; **¿desde** ~?, **¿de** ~ **acá?** since when?
cuantioso, a [kwan'tjoso, a] *a* substantial.
cuanto, a ['kwanto, a] ♦ *a* **1** (*todo*): **tiene todo** ~ **desea** he's got everything he wants; **le daremos** ~**s ejemplares necesite** we'll give him as many copies as o all the copies he needs; ~**s hombres la ven** all the men who see her
2: **unos** ~**s:** **había unos** ~**s periodistas** there were (quite) a few journalists
3 (+ *más*): ~ **más vino bebes peor te sentirás** the more wine you drink the worse you'll feel
♦ *pron:* **tiene** ~ **desea** he has everything he wants; **tome** ~/~**s quiera** take as much/many as you want
♦ *ad:* **en** ~: **en** ~ **profesor** as a teacher; **en** ~ **a mí** as for me; *ver tb* **antes**
♦ *conj* **1:** ~ **más gana menos gasta** the more he earns the less he spends; ~ **más joven se es más se es confiado** the younger you are the more trusting you are
2: **en** ~: **en** ~ **llegue/llegué** as soon as I arrive/arrived
cuánto, a ['kwanto, a] *a* (*exclamación*)

what a lot of; (*interr: sg*) how much?; (: *pl*) how many? // *pron, ad* how; (*interr: sg*) how much?; (: *pl*) how many?; ¡~a gente! what a lot of people!; ¿~ cuesta? how much does it cost?; ¿a ~s estamos? what's the date?; Señor no sé ~s Mr. So-and-So.

cuarenta [kwa'renta] *num* forty.

cuarentena [kwaren'tena] *nf* quarantine.

cuaresma [kwa'resma] *nf* Lent.

cuartear [kwarte'ar] *vt* to quarter; (*dividir*) to divide up; ~se *vr* to crack, split.

cuartel [kwar'tel] *nm* (*de ciudad*) quarter, district; (*MIL*) barracks *pl*; ~ general headquarters *pl*.

cuarteto [kwar'teto] *nm* quartet.

cuarto, a ['kwarto, a] *a* fourth // *nm* (*MAT*) quarter, fourth; (*habitación*) room // *nf* (*MAT*) quarter, fourth; (*palmo*) span; ~ de baño bathroom; ~ de estar living room; ~ de hora quarter (of an) hour; ~ de kilo quarter kilo.

cuatro ['kwatro] *num* four.

cuba ['kuβa] *nf* cask, barrel.

Cuba ['kuβa] *nf* Cuba; **cubano, a** *a, nm/f* Cuban.

cúbico, a ['kuβiko, a] *a* cubic.

cubierto, a *pp de* cubrir // [ku'βjerto, a] *a* covered // *nm* cover; (*en la mesa*) place; ~s *nmpl* cutlery *sg* // *nf* cover, covering; (*neumático*) tyre; (*NAUT*) deck; a ~ de covered with o in.

cubil [ku'βil] *nm* den; **~ete** *nm* (*en juegos*) cup.

cubo ['kuβo] *nm* cube; (*balde*) bucket, tub; (*TEC*) drum.

cubrecama [kuβre'kama] *nm* bedspread.

cubrir [ku'βrir] *vt* to cover; ~se *vr* (*cielo*) to become overcast.

cucaracha [kuka'ratʃa] *nf* cockroach.

cuco, a ['kuko, a] *a* pretty; (*astuto*) sharp // *nm* cuckoo.

cucurucho [kuku'rutʃo] *nm* cornet.

cuchara [ku'tʃara] *nf* spoon; (*TEC*) scoop; **~da** *nf* spoonful; **~dita** *nf* teaspoonful.

cucharita [kutʃa'rita] *nf* teaspoon.

cucharón [kutʃa'ron] *nm* ladle.

cuchichear [kutʃitʃe'ar] *vi* to whisper.

cuchilla [ku'tʃiʎa] *nf* (large) knife; (*de arma blanca*) blade; ~ de afeitar razor blade.

cuchillo [ku'tʃiʎo] *nm* knife.

cuchitril [kutʃi'tril] *nm* hovel; (*habitación etc*) pigsty.

cuello ['kweʎo] *nm* (*ANAT*) neck; (*de vestido, camisa*) collar.

cuenca ['kwenka] *nf* (*ANAT*) eye socket; (*GEO*) bowl, deep valley.

cuenta *etc vb ver* contar // ['kwenta] *nf* (*cálculo*) count, counting; (*en café, restaurante*) bill; (*COM*) account; (*de collar*) bead; (*fig*) account; a fin de ~s in the end; caer en la ~ to catch on;

darse ~ de to realize; **tener en ~** to bear in mind; **echar** ~s to take stock; ~ **corriente/de ahorros** current/savings account; **~kilómetros** *nm inv* ≈ milometer; (*de velocidad*) speedometer.

cuento *etc vb ver* **contar** // ['kwento] *nm* story.

cuerda ['kwerða] *nf* rope; (*hilo*) string; (*de reloj*) spring; **dar ~ a un reloj** to wind up a clock.

cuerdo, a ['kwerðo, a] *a* sane; (*prudente*) wise, sensible.

cuerno ['kwerno] *nm* horn.

cuero ['kwero] *nm* (*ZOOL*) skin, hide; (*TEC*) leather; **en ~s** stark naked; ~ **cabelludo** scalp.

cuerpo ['kwerpo] *nm* body.

cuervo ['kwerβo] *nm* crow.

cuesta *etc vb ver* **costar** // ['kwesta] *nf* slope; (*en camino etc*) hill; ~ **arriba/abajo** uphill/downhill; **a ~s** on one's back.

cueste *etc vb ver* **costar**.

cuestión [kwes'tjon] *nf* matter, question, issue; (*riña*) quarrel, dispute.

cueva ['kweβa] *nf* cave.

cuidado [kwi'ðaðo] *nm* care, carefulness; (*preocupación*) care, worry // *excl* careful!, look out!

cuidadoso, a [kwiða'ðoso, a] *a* careful; (*preocupado*) anxious.

cuidar [kwi'ðar] *vt* (*MED*) to care for; (*ocuparse de*) to take care of, look after // *vi*: ~ de to take care of, look after; ~se *vr* to look after o.s.; ~se de hacer algo to take care to do sth.

culata [ku'lata] *nf* (*de fusil*) butt.

culebra [ku'leβra] *nf* snake.

culinario, a [kuli'narjo, a] *a* culinary, cooking *cpd*.

culminación [kulmina'θjon] *nf* culmination.

culo ['kulo] *nm* bottom, backside; (*de vaso, botella*) bottom.

culpa ['kulpa] *nf* fault; (*JUR*) guilt; **por ~ de** because of, through; **tener la ~ (de)** to be to blame (for); **~bilidad** *nf* guilt; **~ble** *a* guilty // *nm/f* culprit.

culpar [kul'par] *vt* to blame; (*acusar*) to accuse.

cultivar [kulti'βar] *vt* to cultivate.

cultivo [kul'tiβo] *nm* (*acto*) cultivation; (*plantas*) crop.

culto, a ['kulto, a] *a* (*cultivado*) cultivated; (*que tiene cultura*) cultured, educated // *nm* (*homenaje*) worship; (*religión*) cult.

cultura [kul'tura] *nf* culture.

cumbre ['kumbre] *nf* summit, top.

cumpleaños [kumple'aɲos] *nm inv* birthday.

cumplido, a [kum'pliðo, a] *a* complete, perfect; (*abundante*) plentiful; (*cortés*) courteous // *nm* compliment; **visita de ~** courtesy call.

cumplidor, a [kumpli'ðor, a] *a* reliable.
cumplimentar [kumplimen'tar] *vt* to congratulate.
cumplimiento [kumpli'mjento] *nm* (*de un deber*) fulfilment; (*acabamiento*) completion.
cumplir [kum'plir] *vt* (*orden*) to carry out, obey; (*promesa*) to carry out, fulfil; (*condena*) to serve; (*años*) to reach, attain // *vi*: ~ **con** (*deberes*) to carry out, fulfil; ~**se** *vr* (*plazo*) to expire; **hoy cumple dieciocho años** he is eighteen today.
cúmulo ['kumulo] *nm* heap.
cuna ['kuna] *nf* cradle, cot.
cundir [kun'dir] *vi* (*noticia, rumor, pánico*) to spread; (*rendir*) to go a long way.
cuneta [ku'neta] *nf* ditch.
cuña ['kuɲa] *nf* wedge.
cuñado, a [ku'ɲaðo, a] *nm/f* brother/sister-in-law.
cuota ['kwota] *nf* (*parte proporcional*) share; (*cotización*) fee, dues *pl*.
cupe, cupiera *etc vb ver* **caber**.
cupo *vb ver* **caber** // ['kupo] *nm* quota.
cupón [ku'pon] *nm* coupon.
cúpula ['kupula] *nf* dome.
cura ['kura] *nf* (*curación*) cure; (*método curativo*) treatment // *nm* priest.
curación [kura'θjon] *nf* cure; (*acción*) curing.
curar [ku'rar] *vt* (MED: *herida*) to treat, dress; (: *enfermo*) to cure; (CULIN) to cure, salt; (*cuero*) to tan // *vi*, ~**se** *vr* to get well, recover.
curiosear [kurjose'ar] *vt* to glance at, look over // *vi* to look round, wander round; (*explorar*) to poke about.
curiosidad [kurjosi'ðað] *nf* curiosity.
curioso, a [ku'rjoso, a] *a* curious // *nm/f* bystander, onlooker.
currante [ku'rrante] *nm/f* (*fam*) worker.
currar [ku'rrar], **currelar** [kurre'lar] *vi* (*fam*) to work; **curro** *nm* (*fam*) work, job.
currículo [ku'rrikolo], **currículum** [ku'rrikulum] *nm* curriculum vitae.
cursi ['kursi] *a* (*fam*) pretentious; (: *amanerado*) affected.
cursiva [kur'siβa] *nf* italics *pl*.
curso ['kurso] *nm* course; **en** ~ (*año*) current; (*proceso*) going on, under way.
cursor [kur'sor] *nm* (INFORM) cursor.
curtido, a [kur'tiðo, a] *a* (*cara etc*) weather-beaten; (*fig: persona*) experienced.
curtir [kur'tir] *vt* (*cuero etc*) to tan.
curvo, a ['kurßo, a] *a* (*gen*) curved; (*torcido*) bent // *nf* (*gen*) curve, bend.
cúspide ['kuspiðe] *nf* (GEO) peak; (*fig*) top.
custodia [kus'toðja] *nf* safekeeping; custody; **custodiar** *vt* (*conservar*) to take care of; (*vigilar*) to guard.
custodio [kus'toðjo] *nm* guardian,

keeper.
cutícula [ku'tikula] *nf* cuticle.
cutis ['kutis] *nm inv* skin, complexion.
cutre ['kutre] *a* (*fam: lugar*) grotty; (: *persona*) naff.
cuyo, a ['kujo, a] *pron* (*de quien*) whose; (*de que*) whose, of which; **en** ~ **caso** in which case.
C.V. *abr* (= *caballos de vapor*) H.P.

CH

chabacano, a [tʃaβa'kano, a] *a* vulgar, coarse.
chabola [tʃa'βola] *nf* shack; ~**s** *nfpl* shanty town *sg*.
chacal [tʃa'kal] *nm* jackal.
chacra ['tʃakra] *nf* (AM) smallholding.
chacha ['tʃatʃa] *nf* (*fam*) maid.
cháchara ['tʃatʃara] *nf* chatter; **estar de** ~ to chatter away.
chafar [tʃa'far] *vt* (*aplastar*) to crush; (*arruinar*) to ruin.
chal [tʃal] *nm* shawl.
chalado, a [tʃa'lado, a] *a* (*fam*) crazy.
chalé, chalet [tʃa'le] (*pl* **chalés, chalets**) *nm* villa, ≈ detached house.
chaleco [tʃa'leko] *nm* waistcoat, vest (US); ~ **salvavidas** life jacket.
chalupa [tʃa'lupa] *nf* launch, boat.
champán [tʃam'pan], **champaña** [tʃam'paɲa] *nm* champagne.
champiñón [tʃampi'ɲon] *nm* mushroom.
champú [tʃam'pu] (*pl* **champúes, champús**) *nm* shampoo.
chamuscar [tʃamus'kar] *vt* to scorch, sear, singe.
chance ['tʃanθe] *nm* (AM) chance.
chancho, a ['tʃantʃo, a] *nm/f* (AM) pig.
chanchullo [tʃan'tʃuʎo] *nm* (*fam*) fiddle.
chantaje [tʃan'taxe] *nm* blackmail.
chapa ['tʃapa] *nf* (*de metal*) plate, sheet; (*de madera*) board, panel; (AM AUTO) number (*Brit*) o license (US) plate.
chaparrón [tʃapa'rron] *nm* downpour, cloudburst.
chapotear [tʃapote'ar] *vt* to sponge down // *vi* (*fam*) to splash about.
chapucero, a [tʃapu'θero, a] *a* rough, crude // *nm/f* bungler.
chapurrear [tʃapurre'ar] *vt* (*idioma*) to speak badly.
chapuza [tʃa'puθa] *nf* botched job.
chaqueta [tʃa'keta] *nf* jacket.
charca ['tʃarka] *nf* pond, pool.
charco ['tʃarko] *nm* pool, puddle.
charcutería [tʃarkute'ria] *nf* (*tienda*) shop selling chiefly pork meat products; (*productos*) cooked pork meats *pl*.
charla ['tʃarla] *nf* talk, chat; (*conferencia*) lecture.
charlar [tʃar'lar] *vi* to talk, chat.
charlatán, ana [tʃarla'tan, ana] *nm/f* chatterbox; (*estafador*) trickster.

charol [tʃa'rol] nm varnish; (cuero) patent leather.

chascarrillo [tʃaska'rriʎo] nm (fam) funny story.

chasco ['tʃasko] nm (broma) trick, joke; (desengaño) disappointment.

chasis ['tʃasis] nm inv chassis.

chasquear [tʃaske'ar] vt (látigo) to crack; (lengua) to click; **chasquido** nm (de lengua) click; (de látigo) crack.

chatarra [tʃa'tarra] nf scrap (metal).

chato, a ['tʃato, a] a flat; (nariz) snub.

chaval, a [tʃa'ßal, a] nm/f kid, lad/lass.

checo(e)slovaco, a [tʃeko(e)slo'ßako, a, nm/f Czech, Czechoslovak.

Checo(e)slovaquia [tʃeko(e)slo'ßakja] nf Czechoslovakia.

cheque ['tʃeke] nm cheque (Brit), check (US); ~ de viajero traveller's cheque (Brit), traveler's check (US).

chequeo [tʃe'keo] nm (MED) check-up; (AUTO) service.

chequera [tʃe'kera] nf (AM) chequebook (Brit), checkbook (US).

chicano, a [tʃi'kano, a] a, nm/f chicano.

chicle ['tʃikle] nm chewing gum.

chico, a ['tʃiko, a] a small, little // nm/f (niño) child; (muchacho) boy/girl.

chícharo ['tʃitʃaro] nm (AM) pea.

chicharrón [tʃitʃa'rron] nm (pork) crackling.

chichón [tʃi'tʃon] nm bump, lump.

chiflado, a [tʃi'flaðo, a] a crazy.

chiflar [tʃi'flar] vt to hiss, boo.

chile ['tʃile] nm chilli pepper.

Chile ['tʃile] nm Chile; **chileno, a** a, nm/f Chilean.

chillar [tʃi'ʎar] vi (persona) to yell, scream; (animal salvaje) to howl; (cerdo) to squeal; (puerta) to creak.

chillido [tʃi'ʎiðo] nm (de persona) yell, scream; (de animal) howl; (de frenos) screech(ing).

chillón, ona [tʃi'ʎon, ona] a (niño) noisy; (color) loud, gaudy.

chimenea [tʃime'nea] nf chimney; (hogar) fireplace.

China ['tʃina] nf: (la) ~ China.

chinche ['tʃintʃe] nf (insecto) (bed)bug; (TEC) drawing pin (Brit), thumbtack (US) // nm/f nuisance, pest.

chincheta [tʃin'tʃeta] nf drawing pin (Brit), thumbtack (US).

chino, a ['tʃino, a] a, nm/f Chinese // nm (LING) Chinese.

Chipre ['tʃipre] nf Cyprus; **chipriota, chipriote** a, nm/f Cypriot.

chiquito, a [tʃi'kito, a] a very small, tiny // nm/f kid.

chiripa [tʃi'ripa] nf fluke.

chirriar [tʃi'rrjar] vi (goznes etc) to creak, squeak; (pájaros) to chirp, sing.

chirrido [tʃi'rriðo] nm creak(ing), squeak(ing); (de pájaro) chirp(ing).

chis [tʃis] excl sh!

chisme ['tʃisme] nm (habladurías) piece of gossip; (fam: objeto) thingummyjig.

chismoso, a [tʃis'moso, a] a gossiping // nm/f gossip.

chispa ['tʃispa] nf spark; (fig) sparkle; (ingenio) wit; (fam) drunkenness.

chispeante [tʃispe'ante] a sparkling.

chispear [tʃispe'ar] vi to spark; (lloviznar) to drizzle.

chisporrotear [tʃisporrote'ar] vi (fuego) to throw out sparks; (leña) to crackle; (aceite) to hiss, splutter.

chiste ['tʃiste] nm joke, funny story.

chistoso, a [tʃis'toso, a] a (gracioso) funny, amusing; (bromista) witty.

chivo, a ['tʃißo, a] nm/f (billy-/nanny-) goat; ~ expiatorio scapegoat.

chocante [tʃo'kante] a startling; (extraño) odd; (ofensivo) shocking.

chocar [tʃo'kar] vi (coches etc) to collide, crash // vt to shock; (sorprender) to startle; ~ con to collide with; (fig) to run into, run up against; ¡chócala! (fam) put it there!

chocolate [tʃoko'late] a, nm chocolate.

chochear [tʃotʃe'ar] vi to dodder, be senile.

chocho, a ['tʃotʃo, a] a doddering, senile; (fig) soft, doting.

chófer ['tʃofer], **chofer** [tʃo'fer] nm driver.

chollo ['tʃoʎo] nm (fam) bargain, snip.

choque etc vb ver chocar // ['tʃoke] nm (impacto) impact; (golpe) jolt; (AUTO) crash; (fig) conflict.

chorizo [tʃo'riθo] nm hard pork sausage, (type of) salami.

chorrear [tʃorre'ar] vi to gush (out), spout (out); (gotear) to drip, trickle.

chorro ['tʃorro] nm jet; (fig) stream.

choza ['tʃoθa] nf hut, shack.

chubasco [tʃu'ßasko] nm squall.

chuleta [tʃu'leta] nf chop, cutlet.

chulo ['tʃulo] nm (pícaro) rascal; (rufián) pimp.

chupado, a [tʃu'paðo, a] a (delgado) skinny, gaunt.

chupete [tʃu'pete] nm dummy (Brit), pacifier (US).

chupar [tʃu'par] vt to suck; (absorber) to absorb; ~se vr to grow thin.

churro, a ['tʃurro, a] a coarse // nm (type of) fritter.

chusco, a ['tʃusko, a] a funny.

chusma ['tʃusma] nf rabble, mob.

chutar [tʃu'tar] vi (DEPORTE) to shoot (at goal).

D

D. abr (= Don) Esq.

Da. abr = Doña.

dactilógrafo, a [dakti'loγrafo, a] nm/f typist.

dádiva ['daðißa] *nf* (*donación*) donation; (*regalo*) gift; **dadivoso, a** *a* generous.

dado, a ['daðo, a] *pp de* **dar** // *nm* die; ~s *nmpl* dice; ~ **que** *conj* given that.

daltónico, a [dal'toniko, a] *a* colourblind.

dama ['dama] *nf* (*gen*) lady; (*AJEDREZ*) queen; ~s *nfpl* (*juego*) draughts.

damasco [da'masko] *nm* damask.

damnificar [damnifi'kar] *vt* to harm; (*persona*) to injure.

danés, esa [da'nes, esa] *a* Danish // *nm/f* Dane.

danzar [dan'θar] *vt, vi* to dance.

dañar [da'ɲar] *vt* (*objeto*) to damage; (*persona*) to hurt; ~se *vr* (*objeto*) to get damaged.

dañino, a [da'ɲino, a] *a* harmful.

daño ['daɲo] *nm* (*a un objeto*) damage; (*a una persona*) harm, injury; ~s **y perjuicios** (*JUR*) damages; **hacer** ~ **a** to damage; (*persona*) to hurt, injure; **hacerse** ~ to hurt o.s.

dar [dar] ♦ *vt* 1 (*gen*) to give; (*obra de teatro*) to put on; (*film*) to show; (*fiesta*) to hold; ~ **algo a uno** to give sb sth *o* sth to sb; ~ **de beber a uno** to give sb a drink
2 (*producir: intereses*) to yield; (*fruta*) to produce
3 (*locuciones + n*): **da gusto escucharle** it's a pleasure to listen to him; *ver tb* **paseo** *y otros n*
4 (+ *n: = perífrasis de verbo*): **me da pena/asco** it frightens/sickens me
5 (*considerar*): ~ **algo por descontado/entendido** to take sth for granted/as read; ~ **algo por concluido** to consider sth finished
6 (*hora*): **el reloj dio las 6** clock struck 6 (o'clock)
7: **me da lo mismo** it's all the same to me; *ver tb* **igual, más**
♦ *vi* 1: ~ **con**: **dimos con él dos horas más tarde** we came across him two hours later; **al final di con la solución** I eventually came up with the answer
2: ~ **en**: ~ **en** (*blanco, suelo*) to hit; **el sol me da en la cara** the sun is shining (right) on my face
3: ~ **de sí** (*zapatos etc*) to stretch, give
♦ ~se *vr* 1: ~se **por vencido** to give up
2 (*ocurrir*): **se han dado muchos casos** there have been a lot of cases
3: ~se **a**: **se ha dado a la bebida** he's taken to drinking
4: **se me dan bien/mal las ciencias** I'm good/bad at science
5: **dárselas de**: **se las da de experto** he fancies himself *o* poses as an expert.

dardo ['darðo] *nm* dart.

dársena ['darsena] *nf* dock.

datar [da'tar] *vi*: ~ **de** to date from.

dátil ['datil] *nm* date.

dato ['dato] *nm* fact, piece of information.

dcha. *abr* (= *derecha*) r.h.

d. de J.C. *abr* (= *después de Jesucristo*) A.D.

de [de] *prep* (*de + el = del*) 1 (*posesión*) of; **la casa** ~ **Isabel/mis padres** Isabel's/my parents' house; **es** ~ **ellos** it's theirs
2 (*origen, distancia, con números*) from; **soy** ~ **Gijón** I'm from Gijón; ~ 8 **a** 20 from 8 to 20; **salir del cine** to go out of *o* leave the cinema; ~ ... **en** ... **from** ... **to** ...; ~ 2 **en** 2 2 by 2, 2 at a time
3 (*valor descriptivo*): **una copa** ~ **vino** a glass of wine; **la mesa** ~ **la cocina** the kitchen table; **un billete** ~ 1000 **pesetas** a 1000 peseta note; **un niño** ~ **tres años** a three-year-old (child); **una máquina** ~ **coser** a sewing machine; **ir vestido** ~ **gris** to be dressed in grey; **la niña del vestido azul** the girl in the blue dress; **trabaja** ~ **profesora** she works as a teacher; ~ **lado** sideways; ~ **atrás/delante** rear/front
4 (*hora, tiempo*): **a las** 8 ~ **la mañana** at 8 o'clock in the morning; ~ **día/noche** by day/night; ~ **hoy en ocho días** a week from now; ~ **niño era gordo** as a child he was fat
5 (*comparaciones*): **más/menos** ~ **cien personas** more/less than a hundred people; **el más caro** ~ **la tienda** the most expensive in the shop; **menos/más** ~ **lo pensado** less/more than expected
6 (*causa*): **del calor** from the heat; ~ **puro tonto** out of sheer stupidity
7 (*tema*) about; **clases** ~ **inglés** English classes; ¿**sabes algo** ~ **él**? do you know anything about him?; **un libro** ~ **física** a physics book
8 (*adjetivo + de + infin*): **fácil** ~ **entender** easy to understand
9 (*oraciones pasivas*): **fue respetado** ~ **todos** he was loved by all
10 (*condicional + infin*) if; ~ **ser posible** if possible; ~ **no terminarlo hoy** if I *etc* don't finish it today.

dé *vb ver* **dar**.

deambular [deambu'lar] *vi* to stroll, wander.

debajo [de'βaxo] *ad* underneath; ~ **de** below, under; **por** ~ **de** beneath.

debate [de'βate] *nm* debate; **debatir** *vt* to debate.

deber [de'βer] *nm* duty // *vt* to owe // *vi*: **debe (de)** it must, it should; ~**es** *nmpl* (*ESCOL*) homework; **debo hacerlo** I must do it; **debe de ir** he should go; ~se *vr*: ~se **a** to be owing *o* due to.

debido, a [de'βiðo, a] *a* proper, just; ~ **a** due to, because of.

débil ['deβil] *a* (*persona, carácter*) weak; (*luz*) dim; **debilidad** *nf* weakness; dimness.

debilitar [deβili'tar] *vt* to weaken; ~se *vr* to grow weak.

debutar [deßu'tar] *vi* to make one's debut.

década ['dekaða] *nf* decade.

decadencia [deka'ðenθja] *nf* (*estado*) decadence; (*proceso*) decline, decay.

decaer [deka'er] *vi* (*declinar*) to decline; (*debilitarse*) to weaken.

decaído, a [deka'iðo, a] *a*: estar ~ (*abatido*) to be down.

decaimiento [dekai'mjento] *nm* (*declinación*) decline; (*desaliento*) discouragement; (*MED*: *estado débil*) weakness.

decano, a [de'kano, a] *nm/f* (*de universidad etc*) dean.

decapitar [dekapi'tar] *vt* to behead.

decena [de'θena] *nf*: una ~ ten (or so).

decencia [de'θenθja] *nf* (*modestia*) modesty; (*honestidad*) respectability.

decente [de'θente] *a* (*correcto*) seemly, proper; (*honesto*) respectable.

decepción [deθep'θjon] *nf* disappointment.

decepcionar [deθepθjo'nar] *vt* to disappoint.

decidir [deθi'ðir] *vt* (*persuadir*) to convince, persuade; (*resolver*) to decide // *vi* to decide; ~se *vr*: ~se a to make up one's mind to.

décimo, a ['deθimo, a] *a* tenth // *nm* tenth.

decir [de'θir] *vt* (*expresar*) to say; (*contar*) to tell; (*hablar*) to speak // *nm* saying; ~se *vr*: se dice que it is said that; ~ para *o* entre sí to say to o.s.; querer ~ to mean; ¡dígame! (*TEL*) hello!; (*en tienda*) can I help you?

decisión [deθi'sjon] *nf* (*resolución*) decision; (*firmeza*) decisiveness.

decisivo, a [deθi'siβo, a] *a* decisive.

declamar [dekla'mar] *vt*, *vi* to declaim.

declaración [deklara'θjon] *nf* (*manifestación*) statement; (*explicación*) explanation.

declarar [dekla'rar] *vt* to declare, state; to explain // *vi* to declare; (*JUR*) to testify; ~se *vr* to propose.

declinar [dekli'nar] *vt* (*gen*) to decline; (*JUR*) to reject // *vi* (*el día*) to draw to a close.

declive [de'kliβe] *nm* (*cuesta*) slope; (*fig*) decline.

decolorarse [dekolo'rarse] *vr* to become discoloured.

decoración [dekora'θjon] *nf* decoration.

decorado [deko'raðo] *nm* (*CINE*, *TEATRO*) scenery, set.

decorar [deko'rar] *vt* to decorate; **decorativo, a** *a* ornamental, decorative.

decoro [de'koro] *nm* (*respeto*) respect; (*dignidad*) decency; (*recato*) propriety; ~so, a *a* (*decente*) decent; (*modesto*) modest; (*digno*) proper.

decrecer [dekre'θer] *vi* to decrease, diminish.

decrépito, a [de'krepito, a] *a* decrepit.

decretar [dekre'tar] *vt* to decree; **decreto** *nm* decree.

dedal [de'ðal] *nm* thimble.

dedicación [deðika'θjon] *nf* dedication; **dedicar** *vt* (*libro*) to dedicate; (*tiempo*, *dinero*) to devote; (*palabras*: *decir*, *consagrar*) to dedicate, devote; **dedicatoria** *nf* (*de libro*) dedication.

dedo ['deðo] *nm* finger; ~ (**del pie**) toe; ~ **pulgar** thumb; ~ **índice** index finger; ~ **mayor** *o* **cordial** middle finger; ~ **anular** ring finger; ~ **meñique** little finger; **hacer** ~ (*fam*) to hitch (a lift).

deducción [deðuk'θjon] *nf* deduction.

deducir [deðu'θir] *vt* (*concluir*) to deduce, infer; (*COM*) to deduct.

defecto [de'fekto] *nm* defect, flaw; **defectuoso, a** *a* defective, faulty.

defender [defen'der] *vt* to defend.

defensa [de'fensa] *nf* defence // *nm* (*DEPORTE*) defender, back; **defensivo, a** *a* defensive // *nf*: a la defensiva on the defensive.

defensor, a [defen'sor, a] *a* defending // *nm/f* (*abogado* ~) defending counsel; (*protector*) protector.

deficiencia [defi'θjenθja] *nf* deficiency.

deficiente [defi'θjente] *a* (*defectuoso*) defective; ~ **en** lacking *o* deficient in; **ser un** ~ **mental** to be mentally handicapped.

déficit ['defiθit] (*pl* ~s) *nm* deficit.

definir [defi'nir] *vt* (*determinar*) to determine, establish; (*decidir*) to define; (*aclarar*) to clarify; **definitivo, a** *a* definitive; **en definitiva** definitively; (*en resumen*) in short.

deformación [deforma'θjon] *nf* (*alteración*) deformation; (*RADIO etc*) distortion.

deformar [defor'mar] *vt* (*gen*) to deform; ~se *vr* to become deformed; **deforme** *a* (*informe*) deformed; (*feo*) ugly; (*malhecho*) misshapen.

defraudar [defrau'ðar] *vt* (*decepcionar*) to disappoint; (*estafar*) to cheat; to defraud.

defunción [defun'θjon] *nf* death, demise.

degeneración [dexenera'θjon] *nf* (*de las células*) degeneration; (*moral*) degeneracy.

degenerar [dexene'rar] *vi* to degenerate.

degollar [devo'ʎar] *vt* to behead; (*fig*) to slaughter.

degradar [devra'ðar] *vt* to debase, degrade; ~se *vr* to demean o.s.

degustación [devusta'θjon] *nf* sampling, tasting.

deificar [deifi'kar] *vt* (*persona*) to deify.

dejadez [dexa'ðeθ] *nf* (*negligencia*) neglect; (*descuido*) untidiness, carelessness; **dejado, a** *a* (*negligente*) careless; (*indolente*) lazy.

dejar [de'xar] *vt* to leave; (*permitir*) to allow, let; (*abandonar*) to abandon, for-

sake; (*beneficios*) to produce, yield // vi:
~ **de** (*parar*) to stop; (*no hacer*) to fail
to; **no dejes de comprar un billete** make
sure you buy a ticket; ~ **a un lado** to
leave o set aside.

dejo ['dexo] nm (*LING*) accent.

del [del] = **de + el,** ver **de.**

delantal [delan'tal] nm apron.

delante [de'lante] ad in front, (*enfrente*)
opposite; (*adelante*) ahead; ~ **de** in
front of, before.

delantero, a [delan'tero, a] a front // nm
(*DEPORTE*) forward, striker // nf (*de
vestido, casa etc*) front part; (*DEPORTE*)
forward line; **llevar la delantera (a uno)**
to be ahead (of sb).

delatar [dela'tar] vt to inform on o
against, betray; **delator, a** nm/f informer.

delegación [deleɣa'θjon] nf (*acción,
delegados*) delegation; (*COM: oficina*)
office, branch; ~ **de policía** police
station.

delegado, a [dele'ɣaðo, a] nm/f
delegate; (*COM*) agent.

delegar [dele'ɣar] vt to delegate.

deletrear [deletre'ar] vt to spell (out).

deleznable [deleθ'naβle] a brittle;
(*excusa, idea*) feeble.

delfín [del'fin] nm dolphin.

delgadez [delɣa'ðeθ] nf thinness, slim-
ness.

delgado, a [del'ɣaðo, a] a thin;
(*persona*) slim, thin; (*tierra*) poor; (*tela
etc*) light, delicate.

deliberación [deliβera'θjon] nf delibera-
tion.

deliberar [deliβe'rar] vt to debate, discuss.

delicadeza [delika'ðeθa] nf (*gen*)
delicacy; (*refinamiento, sutileza*) refinement.

delicado, a [deli'kaðo, a] a (*gen*)
delicate; (*sensible*) sensitive;
(*quisquilloso*) touchy.

delicia [de'liθja] nf delight.

delicioso, a [deli'θjoso, a] a (*gracioso*)
delightful; (*exquisito*) delicious.

delincuencia [delin'kwenθja] nf
delinquency; **delincuente** nm/f
delinquent; (*criminal*) criminal.

delineante [deline'ante] nm/f
draughtsman/woman.

delinear [deline'ar] vt (*dibujo*) to draw;
(*fig, contornos*) to outline.

delinquir [delin'kir] vi to commit an
offence.

delirante [deli'rante] a delirious.

delirar [deli'rar] vi to be delirious, rave.

delirio [de'lirjo] nm (*MED*) delirium;
(*palabras insensatas*) ravings pl.

delito [de'lito] nm (*gen*) crime; (*infracción*) offence.

demacrado, a [dema'kraðo, a] a: **estar
~** to look pale and drawn, be wasted
away.

demagogo, a [dema'ɣoɣo, a] nm/f
demagogue.

demanda [de'manda] nf (*pedido, COM*)
demand; (*petición*) request; (*JUR*)
action, lawsuit.

demandante [deman'dante] nm/f
claimant.

demandar [deman'dar] vt (*gen*) to
demand; (*JUR*) to sue, file a lawsuit
against.

demarcación [demarka'θjon] nf (*de
terreno*) demarcation.

demás [de'mas] a: **los ~ niños** the other
children, the remaining children // pron:
los/las ~ the others, the rest (of them);
lo ~ the rest of it).

demasía [dema'sia] nf (*exceso*) excess,
surplus; **comer en ~** to eat to excess.

demasiado, a [dema'sjaðo, a] a too
much; ~**s** too many // ad too, too much;
¡es ~! it's too much!; **¡qué ~!** (*fam*)
great!

demencia [de'menθja] nf (*locura*) madness; **demente** nm/f lunatic // a mad,
insane.

democracia [demo'kraθja] nf democracy.

demócrata [de'mokrata] nm/f democrat;
democrático, a a democratic.

demoler [demo'ler] vt to demolish;
demolición nf demolition.

demonio [de'monjo] nm devil, demon;
¡~s! hell!, damn!; **¿cómo ~s?** how the
hell?

demora [de'mora] nf delay; **demorar** vt
(*retardar*) to delay, hold back; (*detener*)
to hold up // vi to linger, stay on; ~**se** vr
to be delayed.

demos vb ver **dar.**

demostración [demostra'θjon] nf (*de
teorema*) demonstration; (*de afecto*)
show, display.

demostrar [demos'trar] vt (*probar*) to
prove; (*mostrar*) to show; (*manifestar*)
to demonstrate; **demostrativo, a** a
demonstrative.

demudado, a [demu'ðaðo, a] a (*rostro*)
pale.

den vb ver **dar.**

denegar [dene'ɣar] vt (*rechazar*) to refuse; (*JUR*) to reject.

denigrar [deni'ɣrar] vt (*desacreditar, in-
famar*) to denigrate; (*injuriar*) to insult.

denominación [denomina'θjon] nf
(*clase*) denomination.

denotar [deno'tar] vt (*indicar*) to indicate; (*significar*) to denote.

densidad [densi'ðað] nf (*FISICA*)
density; (*fig*) thickness.

denso, a ['denso, a] a (*apretado*) solid;
(*espeso, pastoso*) thick; (*fig*) heavy.

dentadura [denta'ðura] nf (set of) teeth
pl; ~ **postiza** false teeth pl.

dentera [den'tera] nf (*sensación desagradable*) the shivers pl.

dentífrico, a [den'tifriko, a] *a* dental // *nm* toothpaste.

dentista [den'tista] *nm/f* dentist.

dentro ['dentro] *ad* inside // *prep*: ~ de in, inside, within; **mirar por** ~ to look inside; ~ **de tres meses** within three months.

denuncia [de'nunθja] *nf* (*delación*) denunciation; (*acusación*) accusation; (*de accidente*) report; **denunciar** *vt* to report; (*delatar*) to inform on *o* against.

departamento [departa'mento] *nm* (*sección administrativa*) department, section; (*AM*: *piso*) flat (*Brit*), apartment.

departir [depar'tir] *vi* to converse.

dependencia [depen'denθja] *nf* dependence; (*POL*) dependency; (*COM*) office, section.

depender [depen'der] *vi*: ~ **de** to depend on.

dependienta [depen'djenta] *nf* saleswoman, shop assistant.

dependiente [depen'djente] *a* dependent // *nm* salesman, shop assistant.

depilar [depi'lar] *vt* (*con cera*) to wax; (*cejas*) to pluck; **depilatorio** *nm* hair remover.

deplorable [deplo'raβle] *a* deplorable.

deplorar [deplo'rar] *vt* to deplore.

deponer [depo'ner] *vt* to lay down // *vi* (*JUR*) to give evidence; (*declarar*) to make a statement.

deportar [depor'tar] *vt* to deport.

deporte [de'porte] *nm* sport; **deportista** *a* sports *cpd* // *nm/f* sportsman/woman; **deportivo, a** *a* (*club*, *periódico*) sports *cpd* // *nm* sports car.

depositante [deposi'tante], **depositador, a** [deposita'ðor, a] *nm/f* depositor.

depositar [deposi'tar] *vt* (*dinero*) to deposit; (*mercaderías*) to put away, store; (*persona*) to confide; ~**se** *vr* to settle; ~**io, a** *nm/f* trustee.

depósito [de'posito] *nm* (*gen*) deposit; (*de mercaderías*) warehouse, store; (*de agua, gasolina etc*) tank.

depravar [depra'βar] *vt* to deprave, corrupt; ~**se** *vr* to become depraved.

depreciar [depre'θjar] *vt* to depreciate, reduce the value of; ~**se** *vr* to depreciate, lose value.

depredador, a [depreða'ðor, a] *a* (*ZOOL*) predatory // *nm* (*ZOOL*) predator.

depresión [depre'sjon] *nf* depression.

deprimido, a [depri'miðo, a] *a* depressed.

deprimir [depri'mir] *vt* to depress; ~**se** *vr* (*persona*) to become depressed.

deprisa [de'prisa] *ad* quickly, hurriedly.

depuración [depura'θjon] *nf* purification; (*POL*) purge; **depurar** *vt* to purify; (*purgar*) to purge.

derecha [de'retʃa] *nf* right(-hand) side; (*POL*) right; **a la** ~ (*estar*) on the right; (*torcer etc*) (to the) right.

derecho, a [de'retʃo, a] *a* right, right-hand // *nm* (*privilegio*) right; (*lado*) right(-hand) side; (*leyes*) law // *ad* straight, directly; ~**s** *nmpl* (*de aduana*) duty *sg*; (*de autor*) royalties; **tener** ~ **a** to have a right to.

deriva [de'riβa] *nf*: **ir** *o* **estar a la** ~ to drift, be adrift.

derivado [deri'βaðo] *nm* (*COM*) by-product.

derivar [deri'βar] *vt* to derive; (*desviar*) to direct // *vi*, ~**se** *vr* to derive, be derived; (*NAUT*) to drift.

derramamiento [derrama'mjento] *nm* (*dispersión*) spilling; ~ **de sangre** bloodshed.

derramar [derra'mar] *vt* to spill; (*verter*) to pour out; (*esparcir*) to scatter; ~**se** *vr* to pour out; ~ **lágrimas** to weep.

derrame [de'rrame] *nm* (*de líquido*) spilling; (*de sangre*) shedding; (*de tubo etc*) overflow; (*pérdida*) leakage; (*MED*) discharge; (*declive*) slope.

derredor [derre'ðor] *ad*: **al** *o* **en** ~ **de** around, about.

derretido, a [derre'tiðo, a] *a* melted; (*metal*) molten.

derretir [derre'tir] *vt* (*gen*) to melt; (*nieve*) to thaw; (*fig*) to squander; ~**se** *vr* to melt.

derribar [derri'βar] *vt* to knock down; (*construcción*) to demolish; (*persona, gobierno, político*) to bring down.

derrocar [derro'kar] *vt* (*gobierno*) to bring down, overthrow.

derrochar [derro'tʃar] *vt* to squander; **derroche** *nm* (*despilfarro*) waste, squandering.

derrota [de'rrota] *nf* (*NAUT*) course; (*MIL, DEPORTE etc*) defeat, rout; **derrotar** *vt* (*gen*) to defeat; **derrotero** *nm* (*rumbo*) course.

derrumbar [derrum'bar] *vt* (*edificio*) to knock down; ~**se** *vr* to collapse.

des *vb ver* **dar**.

desabotonar [desaβoto'nar] *vt* to unbutton, undo // *vi* (*flores*) to bloom; ~**se** *vr* to come undone.

desabrido, a [desa'βriðo, a] *a* (*comida*) insipid, tasteless; (*persona*) rude, surly; (*respuesta*) sharp; (*tiempo*) unpleasant.

desabrochar [desaβro'tʃar] *vt* (*botones, broches*) to undo, unfasten; ~**se** *vr* (*ropa etc*) to come undone.

desacato [desa'kato] *nm* (*falta de respeto*) disrespect; (*JUR*) contempt.

desacertado, a [desaθer'taðo, a] *a* (*equivocado*) mistaken; (*inoportuno*) unwise.

desacierto [desa'θjerto] *nm* mistake, error.

desaconsejado, a [desakonse'xaðo, a] *a*

ill-advised.

desaconsejar [desakonse'xar] vt to advise against.

desacorde [desa'korðe] a discordant; estar ~ con algo to disagree with sth.

desacreditar [desakreði'tar] vt (desprestigiar) to discredit, bring into disrepute; (denigrar) to run down.

desacuerdo [desa'kwerðo] nm (conflicto) disagreement, discord; (error) error, blunder.

desafiar [desa'fjar] vt (retar) to challenge; (enfrentarse a) to defy.

desafilado, a [desafi'laðo, a] a blunt.

desafinado, a [desafi'naðo, a] a: estar ~ to be out of tune.

desafinarse [desafi'narse] vr to go out of tune.

desafío etc vb ver desafiar // [desa'fio] nm (reto) challenge; (combate) duel; (resistencia) defiance.

desaforado, a [desafo'raðo, a] a (grito) ear-splitting; (comportamiento) outrageous.

desafortunadamente [desafortunaða-'mente] ad unfortunately.

desafortunado, a [desafortu'naðo, a] a (desgraciado) unfortunate, unlucky.

desagradable [desaɣra'ðaßle] a (fastidioso, enojoso) unpleasant; (irritante) disagreeable.

desagradar [desaɣra'ðar] vi (disgustar) to displease; (molestar) to bother.

desagradecido, a [desaɣraðe'θiðo, a] a ungrateful.

desagrado [desa'ɣraðo] nm (disgusto) displeasure; (contrariedad) dissatisfaction.

desagraviar [desaɣra'ßjar] vt to make amends to; **desagravio** nm (satisfacción) amends; (compensación) compensation.

desagüe [des'aɣwe] nm (de un líquido) drainage; (cañería) drainpipe; (salida) outlet, drain.

desaguisado, a [desaɣi'saðo, a] a illegal // nm outrage.

desahogado, a [desao'ɣaðo, a] a (holgado) comfortable; (espacioso) roomy, large.

desahogar [desao'ɣar] vt (aliviar) to ease, relieve; (ira) to vent; ~se vr (relajarse) to relax; (desfogarse) to let off steam.

desahogo [desa'oɣo] nm (alivio) relief; (comodidad) comfort, ease.

desahuciar [desau'θjar] vt (enfermo) to give up hope for; (inquilino) to evict; **desahucio** nm eviction.

desairar [desai'rar] vt (menospreciar) to slight, snub; (cosa) to disregard.

desaire [des'aire] nm (menosprecio) slight; (falta de garbo) unattractiveness.

desajustar [desaxus'tar] vt (desarreglar) to disarrange; (desconcertar) to throw

off balance; ~se vr to get out of order; (aflojarse) to loosen.

desajuste [desa'xuste] nm (de máquina) disorder; (situación) imbalance.

desalentador, a [desalenta'ðor, a] a disheartening.

desalentar [desalen'tar] vt (desanimar) to discourage.

desaliento etc vb ver desalentar // [desa'ljento] nm discouragement.

desaliño [desa'liɲo] nm (negligencia) slovenliness.

desalmado, a [desal'maðo, a] a (cruel) cruel, heartless.

desalojar [desalo'xar] vt (expulsar, echar) to eject; (abandonar) to move out of // vi to move out.

desamarrar [desama'rrar] vt to untie; (NAUT) to cast off.

desamor [desa'mor] nm (frialdad) indifference; (odio) dislike.

desamparado, a [desampa'raðo, a] a (persona) helpless; (lugar: expuesto) exposed; (desierto) deserted.

desamparar [desampa'rar] vt (abandonar) to desert, abandon; (JUR) to leave defenceless; (barco) to abandon.

desandar [desan'dar] vt: ~ lo andado o el camino to retrace one's steps.

desangrar [desan'grar] vt to bleed; (fig: persona) to bleed dry; ~se vr to lose a lot of blood.

desanimado, a [desani'maðo, a] a (persona) downhearted; (espectáculo, fiesta) dull.

desanimar [desani'mar] vt (desalentar) to discourage; (deprimir) to depress; ~se vr to lose heart.

desapacible [desapa'θißle] a (gen) unpleasant.

desaparecer [desapare'θer] vi (gen) to disappear; (el sol, la luz) to vanish; **desaparecido, a** a missing; **desaparecidos** nmpl (en accidente) people missing; **desaparición** nf disappearance.

desapasionado, a [desapasjo'naðo, a] a dispassionate, impartial.

desapego [desa'peɣo] nm (frialdad) coolness; (distancia) detachment.

desapercibido, a [desaperθi'ßiðo, a] a (desprevenido) unprepared; pasar ~ to go unnoticed.

desaplicado, a [desapli'kaðo, a] a slack, lazy.

desaprensivo, a [desapren'sißo, a] a unscrupulous.

desaprobar [desapro'ßar] vt (reprobar) to disapprove of; (condenar) to condemn; (no consentir) to reject.

desaprovechado, a [desaproße'tʃaðo, a] a (oportunidad, tiempo) wasted; (estudiante) slack.

desaprovechar [desaproße'tʃar] vt to waste.

desarmar [desar'mar] vt (MIL, fig) to disarm; (TEC) to take apart, dismantle; **desarme** nm disarmament.

desarraigar [desarrai'xar] vt to uproot; **desarraigo** nm uprooting.

desarreglado, a [desarre'xlaðo, a] a (desordenado) disorderly, untidy.

desarreglar [desarre'xlar] vt (desordenar) to disarrange; (trastocar) to upset, disturb.

desarreglo [desa'rrexlo] nm (de casa, persona) untidiness; (desorden) disorder.

desarrollar [desarro'xar] vt (gen) to develop; (extender) to unfold; ~se vr to develop; (extenderse) to open (out); (FOTO) to develop; **desarrollo** nm development.

desarticular [desartiku'lar] vt (hueso) to dislocate; (objeto) to take apart; (fig) to break up.

desaseo [desa'seo] nm (suciedad) slovenliness; (desarreglo) untidiness.

desasir [desa'sir] vt to loosen; ~se vr to extricate o.s.; ~se de to let go, give up.

desasosegar [desasose'xar] vt (inquietar) to disturb, make uneasy; ~se vr to become uneasy.

desasosiego etc vb ver **desasosegar** // [desaso'sjexo] nm (intranquilidad) uneasiness, restlessness; (ansiedad) anxiety.

desastrado, a [desas'traðo, a] a (desaliñado) shabby; (sucio) dirty.

desastre [de'sastre] nm disaster; **desastroso, a** a disastrous.

desatado, a [desa'taðo, a] a (desligado) untied; (violento) violent, wild.

desatar [desa'tar] vt (nudo) to untie; (paquete) to undo; (separar) to detach; ~se vr (zapatos) to come untied; (tormenta) to break.

desatascar [desatas'kar] vt (cañería) to unblock, clear.

desatender [desaten'der] vt (no prestar atención a) to disregard; (abandonar) to neglect.

desatento, a [desa'tento, a] a (distraído) inattentive; (descortés) discourteous.

desatinado, a [desati'naðo, a] a foolish, silly; **desatino** nm (idiotez) foolishness, folly; (error) blunder.

desatornillar [desatorni'xar] vt to unscrew.

desautorizado, a [desautori'θaðo, a] a unauthorized.

desautorizar [desautori'θar] vt (oficial) to deprive of authority; (informe) to deny.

desavenencia [desaβe'nenθja] nf (desacuerdo) disagreement; (discrepancia) quarrel.

desaventajado, a [desaβenta'xaðo, a] a (inferior) inferior; (poco ventajoso) disadvantageous.

desayunar [desaju'nar] vi to have breakfast // vt to have for breakfast; **desayuno** nm breakfast.

desazón [desa'θon] nf (angustia) anxiety; (fig) annoyance.

desazonar [desaθo'nar] vt (fig) to annoy, upset; ~se vr (enojarse) to be annoyed; (preocuparse) to worry, be anxious.

desbandarse [desβan'darse] vr (MIL) to disband; (fig) to flee in disorder.

desbarajuste [desβara'xuste] nm confusion, disorder.

desbaratar [desβara'tar] vt (deshacer, destruir) to ruin.

desbloquear [desβloke'ar] vt (negociaciones, tráfico) to get going again; (COM: cuenta) to unfreeze.

desbocado, a [desβo'kaðo, a] a (caballo) runaway.

desbordar [desβor'ðar] vt (sobrepasar) to go beyond; (exceder) to exceed // vi, ~se vr (río) to overflow; (entusiasmo) to erupt.

descabalgar [deskaβal'xar] vi to dismount.

descabellado, a [deskaβe'xaðo, a] a (disparatado) wild, crazy.

descabellar [deskaβe'xar] vt to ruffle; (TAUR: toro) to give the coup de grace to.

descafeinado, a [deskafei'naðo, a] a decaffeinated // nm decaffeinated coffee.

descalabro [deska'laβro] nm blow; (desgracia) misfortune.

descalificar [deskalifi'kar] vt to disqualify; (desacreditar) to discredit.

descalzar [deskal'θar] vt (zapato) to take off; **descalzo, a** a barefoot(ed); (fig) destitute.

descambiar [deskam'bjar] vt to exchange.

descaminado, a [deskami'naðo, a] a (equivocado) on the wrong road; (fig) misguided.

descampado [deskam'paðo] nm open space.

descansado, a [deskan'saðo, a] a (gen) rested; (que tranquiliza) restful.

descansar [deskan'sar] vt (gen) to rest // vi to rest, have a rest; (echarse) to lie down.

descansillo [deskan'siðo] nm (de escalera) landing.

descanso [des'kanso] nm (reposo) rest; (alivio) relief; (pausa) break; (DEPORTE) interval, half time.

descapotable [deskapo'taβle] nm (tb: coche ~) convertible.

descarado, a [deska'raðo, a] a (sin vergüenza) shameless; (insolente) cheeky.

descarga [des'karγa] nf (ARQ, ELEC, MIL) discharge; (NAUT) unloading.

descargar [deskar'xar] vt to unload; (golpe) to let fly; ~se vr to unburden o.s.; **descargo** nm (COM) receipt; (JUR) evidence.

descarnado, a [deskar'naðo, a] a scrawny; (fig) bare.

descaro [des'karo] nm nerve.

descarriar [deska'rrjar] vt (descaminar) to misdirect; (fig) to lead astray; ~se vr (perderse) to lose one's way; (separarse) to stray; (pervertirse) to err, go astray.

descarrilamiento [deskarrila'mjento] nm (de tren) derailment.

descarrilar [deskarri'lar] vi to be derailed.

descartar [deskar'tar] vt (rechazar) to reject; (eliminar) to rule out; ~se vr (NAIPES) to discard; ~se de to shirk.

descascarillado, a [deskaskari'ʎaðo, a] a (paredes) peeling.

descendencia [desθen'denθja] nf (origen) origin, descent; (hijos) offspring.

descender [desθen'der] vt (bajar: escalera) to go down // vi to descend; (temperatura, nivel) to fall, drop; ~ de to be descended from.

descendiente [desθen'djente] nm/f descendant.

descenso [des'θenso] nm descent; (de temperatura) drop.

descifrar [desθi'frar] vt to decipher; (mensaje) to decode.

descolgar [deskol'ɣar] vt (bajar) to take down; (teléfono) to pick up; ~se vr to let o.s. down.

descolorido, a [deskolo'riðo, a] a faded; (pálido) pale.

descompaginar [deskompaxi'nar] vt (desordenar) to disarrange, mess up.

descompasado, a [deskompa'saðo, a] a (sin proporción) out of all proportion; (excesivo) excessive.

descomponer [deskompo'ner] vt (desordenar) to disarrange, disturb; (TEC) to put out of order; (dividir) to break down (into parts); (fig) to provoke; ~se vr (corromperse) to rot, decompose; (el tiempo) to change (for the worse); (TEC) to break down.

descomposición [deskomposi'θjon] nf (gen) breakdown; (de fruta etc) decomposition.

descompostura [deskompos'tura] nf (TEC) breakdown; (desorganización) disorganization; (desorden) untidiness.

descompuesto, a [deskom'pwesto, a] a (corrompido) decomposed; (roto) broken.

descomunal [deskomu'nal] a (enorme) huge.

desconcertado, a [deskonθer'taðo, a] a disconcerted, bewildered.

desconcertar [deskonθer'tar] vt (confundir) to baffle; (incomodar) to upset, put out; ~se vr (turbarse) to be upset.

desconchado, a [deskon'tʃaðo, a] a

(pintura) peeling.

desconcierto etc vb ver **desconcertar** // [deskon'θjerto] nm (gen) disorder; (desorientación) uncertainty; (inquietud) uneasiness.

desconectar [deskonek'tar] vt to disconnect.

desconfianza [deskon'fjanθa] nf distrust.

desconfiar [deskon'fjar] vi to be distrustful; ~ de to distrust, suspect.

descongelar [deskonxe'lar] vt to defrost; (COM, POL) to unfreeze.

descongestionar [deskonxestjo'nar] vt (cabeza, tráfico) to clear.

desconocer [deskono'θer] vt (ignorar) not to know, be ignorant of; (no aceptar) to deny; (repudiar) to disown.

desconocido, a [deskono'θiðo, a] a unknown // nm/f stranger.

desconocimiento [deskonoθi'mjento] nm (falta de conocimientos) ignorance; (repudio) disregard.

desconsiderado, a [deskonsiðe'raðo, a] a (descuidado) inconsiderate; (insensible) thoughtless.

desconsolar [deskonso'lar] vt to distress; ~se vr to despair.

desconsuelo etc vb ver **desconsolar** // [deskon'swelo] nm (tristeza) distress; (desesperación) despair.

descontado, a [deskon'taðo, a] a: **dar por ~ (que)** to take (it) for granted (that).

descontar [deskon'tar] vt (deducir) to take away, deduct; (rebajar) to discount.

descontento, a [deskon'tento, a] a dissatisfied // nm dissatisfaction, discontent.

descorazonar [deskoraθo'nar] vt to discourage, dishearten.

descorchar [deskor'tʃar] vt to uncork.

descorrer [desko'rrer] vt (cortinas, cerrojo) to draw back.

descortés [deskor'tes] a (mal educado) discourteous; (grosero) rude.

descoser [desko'ser] vt to unstitch; ~se vr to come apart (at the seams).

descosido, a [desko'siðo, a] a (COSTURA) unstitched; (desordenado) disjointed.

descrédito [des'kreðito] nm discredit.

descreído, a [deskre'iðo, a] a (incrédulo) incredulous; (falto de fe) unbelieving.

descremado, a [deskre'maðo, a] a skimmed.

describir [deskri'ßir] vt to describe; **descripción** [deskrip'θjon] nf description.

descrito [des'krito] pp de **describir**.

descuartizar [deskwarti'θar] vt (animal) to cut up.

descubierto, a pp de **descubrir** // [desku'ßjerto, a] a uncovered, bare; (persona) bareheaded // nm (bancario) overdraft; **al ~** in the open.

descubrimiento [deskuβri'mjento] *nm*
(*hallazgo*) discovery; (*revelación*) revelation.

descubrir [desku'βrir] *vt* to discover,
find; (*inaugurar*) to unveil; (*vislumbrar*)
to detect; (*revelar*) to reveal, show;
(*destapar*) to uncover; **~se** *vr* to reveal
o.s.; (*quitarse sombrero*) to take off
one's hat; (*confesar*) to confess.

descuento *etc vb ver* **descontar** //
[des'kwento] *nm* discount.

descuidado, a [deskwi'ðaðo, a] *a* (*sin
cuidado*) careless; (*desordenado*) untidy; (*olvidadizo*) forgetful; (*dejado*)
neglected; (*desprevenido*) unprepared.

descuidar [deskwi'ðar] *vt* (*dejar*) to
neglect; (*olvidar*) to overlook // *vi*, **~se**
vr (*distraerse*) to be careless; (*estar
desaliñado*) to let o.s. go; (*des-
prevenirse*) to drop one's guard; ¡des-
cuida! don't worry!; **descuido** *nm*
(*dejadez*) carelessness; (*olvido*)
negligence.

desde ['desðe] ♦ *prep* 1 (*lugar*) from; ~
Burgos hasta mi casa hay 30 km it's 30
kms from Burgos to my house
2 (*posición*): hablaba ~ el balcón she
was speaking from the balcony
3 (*tiempo*: + *ad, n*): ~ ahora from now
on; ~ la boda since the wedding; ~ niño
since I *etc* was a child; ~ 3 años atrás
since 3 years ago
4 (*tiempo*: + *vb*) since; for; nos
conocemos ~ 1978/hace 20 años we've
known each other since 1978/for 20 years;
no le veo ~ 1983/~ hace 5 años I haven't
seen him since 1983/for 5 years
5 (*gama*): ~ los más lujosos hasta los
más económicos from the most luxurious
to the most reasonably priced
6: ~ luego (que no) of course (not)
♦ *conj*: ~ que: ~ que recuerdo for as
long as o ever since I can remember; ~
que llegó no ha salido he hasn't been out
since he arrived.

desdecirse [desðe'θirse] *vr* to retract; ~
de to go back on.

desdén [des'ðen] *nm* scorn.

desdeñar [desðe'ɲar] *vt* (*despreciar*) to
scorn.

desdicha [des'ðitʃa] *nf* (*desgracia*) misfortune; (*infelicidad*) unhappiness; **des-
dichado, a** *a* (*sin suerte*) unlucky; (*infeliz*) unhappy.

desdoblar [desðo'βlar] *vt* (*extender*) to
spread out; (*desplegar*) to unfold.

desear [dese'ar] *vt* to want, desire, wish
for.

desecar [dese'kar] *vt*, **desecarse** *vr* to
dry up.

desechar [dese'tʃar] *vt* (*basura*) to throw
out o away; (*ideas*) to reject, discard;
desechos *nmpl* rubbish *sg*, waste *sg*.

desembalar [desemba'lar] *vt* to unpack.

desembarazado, a [desembara'θaðo, a]

a (*libre*) clear, free; (*desenvuelto*) free
and easy.

desembarazar [desembara'θar] *vt*
(*desocupar*) to clear; (*desenredar*) to
free; **~se** *vr*: **~se de** to free o.s. of, get
rid of.

desembarcar [desembar'kar] *vt*
(*mercancías etc*) to unload // *vi*, **~se** *vr*
to disembark.

desembocadura [desemboka'ðura] *nf*
(*de río*) mouth; (*de calle*) opening.

desembocar [desembo'kar] *vi* to flow
into; (*fig*) to result in.

desembolso [desem'bolso] *nm* payment.

desembragar [desembra'γar] *vi* to
declutch.

desemejanza [deseme'xanθa] *nf* dis-
similarity.

desempatar [desempa'tar] *vi* to replay,
hold a play-off; **desempate** *nm*
(*FÚTBOL*) replay, play-off; (*TENIS*) tie-
break(er).

desempeñar [desempe'ɲar] *vt* (*cargo*) to
hold; (*papel*) to perform; (*lo empeñado*)
to redeem; **~se** *vr* to get out of debt; ~
un papel (*fig*) to play (a role).

desempeño [desem'peɲo] *nm* redeeming; (*de cargo*) occupation.

desempleado, a [desemple'aðo, a] *nm/f*
unemployed person; **desempleo** *nm* unemployment.

desempolvar [desempol'βar] *vt* (*muebles etc*) to dust; (*lo olvidado*) to revive.

desencadenar [desenkaðe'nar] *vt* to un-
chain; (*ira*) to unleash; **~se** *vr* to break
loose; (*tormenta*) to burst; (*guerra*) to
break out.

desencajar [desenka'xar] *vt* (*hueso*) to
put out of joint; (*mandíbula*) to dislocate; (*mecanismo, pieza*) to disconnect, disengage.

desencanto [desen'kanto] *nm* disillusionment.

desenchufar [desentʃu'far] *vt* to unplug.

desenfadado, a [desenfa'ðaðo, a] *a*
(*desenvuelto*) uninhibited; (*descarado*)
forward; **desenfado** *nm* (*libertad*) freedom; (*comportamiento*) free and easy
manner; (*descaro*) forwardness.

desenfocado, a [desenfo'kaðo, a] *a*
(*FOTO*) out of focus.

desenfrenado, a [desenfre'naðo, a] *a*
(*descontrolado*) uncontrolled; (*inmode-
rado*) unbridled; **desenfreno** *nm* (*vicio*)
wildness; (*de las pasiones*) lack of self-
control.

desenganchar [desengan'tʃar] *vt* (*gen*)
to unhook; (*FERRO*) to uncouple.

desengañar [desenga'ɲar] *vt* to disillusion; **~se** *vr* to become disillusioned;
desengaño *nm* disillusionment; (*decepción*) disappointment.

desenlace [desen'laθe] *nm* outcome.

desenmarañar [desenmara'ɲar] *vt* (*fig*)
to unravel.

desenmascarar [desenmaska'rar] vt to unmask.

desenredar [desenre'ðar] vt (pelo) to untangle; (problema) to sort out.

desentenderse [desenten'derse] vr: ~ de to pretend not to know about; (apartarse) to have nothing to do with.

desenterrar [desente'rrar] vt to exhume; (tesoro, fig) to unearth, dig up.

desentonar [desento'nar] vi (MUS) to sing (o play) out of tune; (color) to clash.

desentrañar [desentra'ɲar] vt (misterio) to unravel.

desentumecer [desentume'θer] vt (pierna etc) to stretch; (DEPORTE) to loosen up.

desenvoltura [desenβol'tura] nf (libertad, gracia) ease; (descaro) free and easy manner.

desenvolver [desenβol'βer] vt (paquete) to unwrap; (fig) to develop; ~se vr (desarrollarse) to unfold, develop; (arreglárselas) to cope.

deseo [de'seo] nm desire, wish; ~so, a a: estar ~so de to be anxious to.

desequilibrado, a [desekili'βraðo, a] a unbalanced.

desertar [deser'tar] vi to desert.

desértico, a [de'sertiko, a] a desert cpd.

desesperación [desespera'θjon] nf (impaciencia) desperation, despair; (irritación) fury.

desesperar [desespe'rar] vt to drive to despair; (exasperar) to drive to distraction // vi: ~ de to despair of; ~se vr to despair, lose hope.

desestabilizar [desestaβili'θar] vt to destabilize.

desestimar [desesti'mar] vt (menospreciar) to have a low opinion of; (rechazar) to reject.

desfachatez [desfatʃa'teθ] nf (insolencia) impudence; (descaro) rudeness.

desfalco [des'falko] nm embezzlement.

desfallecer [desfaʎe'θer] vi (perder las fuerzas) to become weak; (desvanecerse) to faint.

desfasado, a [desfa'saðo, a] a (anticuado) old-fashioned; **desfase** nm (diferencia) gap.

desfavorable [desfaβo'raβle] a unfavourable.

desfigurar [desfiɣu'rar] vt (cara) to disfigure; (cuerpo) to deform.

desfiladero [desfila'ðero] nm gorge.

desfilar [desfi'lar] vi to parade; **desfile** nm procession.

desfogarse [desfo'ɣarse] vr (fig) to let off steam.

desgajar [desɣa'xar] vt (arrancar) to tear off; (romper) to break off; ~se vr to come off.

desgana [des'ɣana] nf (falta de apetito) loss of appetite; (renuencia) unwilling-

ness; ~**do, a** a: estar ~do (sin apetito) to have no appetite; (sin entusiasmo) to have lost interest.

desgarrador, a [desɣarra'ðor, a] a (fig) heartrending.

desgarrar [desɣa'rrar] vt to tear (up); (fig) to shatter; **desgarro** nm (en tela) tear; (aflicción) grief; (descaro) impudence.

desgastar [desɣas'tar] vt (deteriorar) to wear away o down; (estropear) to spoil; ~se vr to get worn out; **desgaste** nm wear (and tear).

desgracia [des'ɣraθja] nf misfortune; (accidente) accident; (vergüenza) disgrace; (contratiempo) setback; **por** ~ unfortunately.

desgraciado, a [desɣra'θjaðo, a] a (sin suerte) unlucky, unfortunate; (miserable) wretched; (infeliz) miserable.

desgreñado, a [desɣre'ɲaðo, a] a dishevelled.

deshabitado, a [desaβi'taðo, a] a uninhabited.

deshacer [desa'θer] vt (casa) to break up; (TEC) to take apart; (enemigo) to defeat; (diluir) to melt; (contrato) to break; (intriga) to solve; ~se vr (disolverse) to melt; (despedazarse) to come apart o undone; ~se de to get rid of; ~se en lágrimas to burst into tears.

deshecho, a [des'etʃo, a] a undone; (roto) smashed; estar ~ (persona) to be shattered.

desheredar [desere'ðar] vt to disinherit.

deshidratar [desiðra'tar] vt to dehydrate.

deshielo [des'jelo] nm thaw.

deshonesto, a [deso'nesto, a] a indecent.

deshonra [des'onra] nf (deshonor) dishonour; (vergüenza) shame; **deshonrar** vt to dishonour.

deshora [des'ora]: a ~ ad at the wrong time.

deshuesar [deswe'sar] vt (carne) to bone; (fruta) to stone.

desierto, a [de'sjerto, a] a (casa, calle, negocio) deserted // nm desert.

designar [desiɣ'nar] vt (nombrar) to designate; (indicar) to fix.

designio [de'siɣnjo] nm plan.

desigual [desi'ɣwal] a (terreno) uneven; (lucha etc) unequal.

desilusión [desilu'sjon] nf disillusionment; (decepción) disappointment; **desilusionar** vt to disillusion; to disappoint; **desilusionarse** vr to become disillusioned.

desinfectar [desinfek'tar] vt to disinfect.

desinflar [desin'flar] vt to deflate.

desintegración [desinteɣra'θjon] nf disintegration.

desinterés [desinte'res] nm (objetividad) disinterestedness; (altruismo) unselfishness.

desistir [desis'tir] vi (renunciar) to stop, desist.

desleal [desle'al] a (infiel) disloyal; (COM: competencia) unfair; **~tad** nf disloyalty.

desleír [desle'ir] vt (líquido) to dilute; (sólido) to dissolve.

deslenguado, a [deslen'gwaðo, a] a (grosero) foul-mouthed.

desligar [desli'ɣar] vt (desatar) to untie, undo; (separar) to separate; **~se** vr (de un compromiso) to extricate o.s.

desliz [des'liθ] nm (fig) lapse; **~ar** vt to slip, slide; **~arse** vr (escurrirse: persona) to slip, slide; (coche) to skid; (aguas mansas) to flow gently; (error) to creep in.

deslucido, a [deslu'θiðo, a] a dull; (torpe) awkward, graceless; (deslustrado) tarnished.

deslumbrar [deslum'brar] vt to dazzle.

desmán [des'man] nm (exceso) outrage; (abuso de poder) abuse.

desmandarse [desman'darse] vr (portarse mal) to behave badly; (excederse) to get out of hand; (caballo) to bolt.

desmantelar [desmante'lar] vt (deshacer) to dismantle; (casa) to strip.

desmaquillador [desmakiʎa'ðor] nm make-up remover.

desmayado, a [desma'jaðo, a] a (sin sentido) unconscious; (carácter) dull; (débil) faint, weak.

desmayar [desma'jar] vi to lose heart; **~se** vr (MED) to faint; **desmayo** nm (MED: acto) faint; (: estado) unconsciousness; (depresión) dejection.

desmedido, a [desme'ðiðo, a] a excessive.

desmejorar [desmexo'rar] vt (dañar) to impair, spoil; (MED) to weaken.

desmembrar [desmem'brar] vt (MED) to dismember; (fig) to separate.

desmemoriado, a [desmemo'rjaðo, a] a forgetful.

desmentir [desmen'tir] vt (contradecir) to contradict; (refutar) to deny // vi: ~ de to refute; **~se** vr to contradict o.s.

desmenuzar [desmenu'θar] vt (deshacer) to crumble; (carne) to chop; (examinar) to examine closely.

desmerecer [desmere'θer] vt to be unworthy of // vi (deteriorarse) to deteriorate.

desmesurado, a [desmesu'raðo, a] a disproportionate.

desmontar [desmon'tar] vt (deshacer) to dismantle; (tierra) to level // vi to dismount.

desmoralizar [desmorali'θar] vt to demoralize.

desmoronar [desmoro'nar] vt to wear away, erode; **~se** vr (edificio, dique) to fall into disrepair; (economía) to decline.

desnatado, a [desna'taðo, a] a skimmed.

desnivel [desni'ßel] nm (de terreno) unevenness.

desnudar [desnu'ðar] vt (desvestir) to undress; (despojar) to strip; **~se** vr (desvestirse) to get undressed; **desnudo, a** a naked // nm/f nude; **desnudo de** devoid o bereft of.

desnutrición [desnutri'θjon] nf malnutrition; **desnutrido, a** a undernourished.

desobedecer [desoßeðe'θer] vt, vi to disobey; **desobediencia** nf disobedience.

desocupado, a [desoku'paðo, a] a at leisure; (desempleado) unemployed; (deshabitado) empty, vacant.

desocupar [desoku'par] vt to vacate.

desodorante [desoðo'rante] nm deodorant.

desolación [desola'θjon] nf (lugar) desolation; (fig) grief.

desolar [deso'lar] vt to ruin, lay waste.

desorden [des'orðen] nm confusion; (político) disorder, unrest.

desorganizar [desorɣani'θar] vt (desordenar) to disorganize.

desorientar [desorjen'tar] vt (extraviar) to mislead; (confundir, desconcertar) to confuse; **~se** vr (perderse) to lose one's way.

desovar [deso'ßar] vi (peces) to spawn; (insectos) to lay eggs.

despabilado, a [despaßi'laðo, a] a (despierto) wide-awake; (fig) alert, sharp.

despabilar [despaßi'lar] vt (el ingenio) to sharpen // vi, **~se** vr to wake up; (fig) to get a move on.

despacio [des'paθjo] ad slowly.

despachar [despa'tʃar] vt (negocio) to do, complete; (enviar) to send, dispatch; (vender) to sell, deal in; (billete) to issue; (mandar ir) to send away.

despacho [des'patʃo] nm (oficina) office; (de paquetes) dispatch; (venta) sale; (comunicación) message.

desparpajo [despar'paxo] nm self-confidence; (pey) nerve.

desparramar [desparra'mar] vt (esparcir) to scatter; (líquido) to spill.

despavorido, a [despaßo'riðo, a] a terrified.

despectivo, a [despek'tißo, a] a (despreciativo) derogatory; (LING) pejorative.

despecho [des'petʃo] nm spite; **a ~ de** in spite of.

despedazar [despeða'θar] vt to tear to pieces.

despedida [despe'ðiða] nf (adiós) farewell; (de obrero) sacking.

despedir [despe'ðir] vt (visita) to see off, show out; (empleado) to dismiss; (inquilino) to evict; (objeto) to hurl; (olor etc) to give out o off; **~se** vr: **~se de** to say goodbye to.

despegar [despe'ɣar] *vt* to unstick // *vi* (*avión*) to take off; ~**se** *vr* to come loose, come unstuck; **despego** *nm* detachment.

despegue *etc vb ver* **despegar** // [des'peɣe] *nm* takeoff.

despeinado, a [despei'naðo, a] *a* dishevelled, unkempt.

despejado, a [despe'xaðo, a] *a* (*lugar*) clear, free; (*cielo*) clear; (*persona*) wide-awake, bright.

despejar [despe'xar] *vt* (*gen*) to clear; (*misterio*) to clear up // *vi* (*el tiempo*) to clear; ~**se** *vr* (*tiempo, cielo*) to clear (up); (*misterio*) to become clearer; (*cabeza*) to clear.

despellejar [despeʎe'xar] *vt* (*animal*) to skin.

despensa [des'pensa] *nf* larder.

despeñadero [despeɲa'ðero] *nm* (*GEO*) cliff, precipice.

desperdicio [desper'ðiθjo] *nm* (*despilfarro*) squandering; ~**s** *nmpl* (*basura*) rubbish *sg* (*Brit*), garbage *sg* (*US*); (*residuos*) waste *sg*.

desperezarse [despere'θarse] *vr* to stretch (o.s.).

desperfecto [desper'fekto] *nm* (*deterioro*) slight damage; (*defecto*) flaw, imperfection.

despertador [desperta'ðor] *nm* alarm clock.

despertar [desper'tar] *vt* (*persona*) to wake up; (*recuerdos*) to revive; (*sentimiento*) to arouse // *vi*, ~**se** *vr* to awaken, wake up // *nm* awakening.

despiadado, a [despja'ðaðo, a] *a* (*ataque*) merciless; (*persona*) heartless.

despido *etc vb ver* **despedir** // [des'piðo] *nm* dismissal, sacking.

despierto, a *etc vb ver* **despertar** // [des'pjerto, a] *a* awake; (*fig*) sharp, alert.

despilfarro [despil'farro] *nm* (*derroche*) squandering; (*lujo desmedido*) extravagance.

despistar [despis'tar] *vt* to throw off the track *o* scent; (*fig*) to mislead, confuse; ~**se** *vr* to take the wrong road; (*fig*) to become confused.

desplazamiento [desplaθa'mjento] *nm* displacement.

desplazar [despla'θar] *vt* to move; (*NAUT*) to displace; (*INFORM*) to scroll; (*fig*) to oust; ~**se** *vr* (*persona*) to travel.

desplegar [desple'ɣar] *vt* (*tela, papel*) to unfold, open out; (*bandera*) to unfurl; **despliegue** *vb etc ver* **desplegar** // [des'pljeɣe] *nm* display.

desplomarse [desplo'marse] *vr* (*edificio, gobierno, persona*) to collapse.

desplumar [desplu'mar] *vt* (*ave*) to pluck; (*fam: estafar*) to fleece.

despoblado, a [despo'βlaðo, a] *a* (*sin*

habitantes) uninhabited.

despojar [despo'xar] *vt* (*alguien: de sus bienes*) to divest of, deprive of; (*casa*) to strip, leave bare; (*alguien: de su cargo*) to strip of.

despojo [des'poxo] *nm* (*acto*) plundering; (*objetos*) plunder, loot; ~**s** *nmpl* (*de ave, res*) offal *sg*.

desposado, a [despo'saðo, a] *a, nm/f* newly-wed.

desposeer [despose'er] *vt*: ~ **a uno de** (*puesto, autoridad*) to strip sb of.

déspota ['despota] *nm/f* despot.

despreciar [despre'θjar] *vt* (*desdeñar*) to despise, scorn; (*afrentar*) to slight; **desprecio** *nm* scorn, contempt; slight.

desprender [despren'der] *vt* (*separar*) to separate; (*desatar*) to unfasten; (*olor*) to give off; ~**se** *vr* (*botón: caerse*) to fall off; (: *abrirse*) to unfasten; (*olor, perfume*) to be given off; ~**se de** to follow from; **se desprende que** it transpires that.

desprendimiento [desprendi'mjento] *nm* (*gen*) loosening; (*generosidad*) disinterestedness; (*indiferencia*) detachment; (*de gas*) leak; (*de tierra, rocas*) landslide.

despreocupado, a [despreoku'paðo, a] *a* (*sin preocupación*) unworried, nonchalant; (*negligente*) careless.

despreocuparse [despreoku'parse] *vr* to be carefree; ~ **de** to have no interest in.

desprestigiar [despresti'xjar] *vt* (*criticar*) to run down; (*desacreditar*) to discredit.

desprevenido, a [despreβe'niðo, a] *a* (*no preparado*) unprepared, unready.

desproporcionado, a [desproporθjo'naðo, a] *a* disproportionate, out of proportion.

después [des'pwes] *ad* afterwards, later; (*próximo paso*) next; ~ **de comer** after lunch; **un año** ~ a year later; ~ **se debatió el tema** next the matter was discussed; ~ **de corregido el texto** after the text had been corrected; ~ **de todo** after all.

desquite [des'kite] *nm* (*satisfacción*) satisfaction; (*venganza*) revenge.

destacar [desta'kar] *vt* to emphasize, point up; (*MIL*) to detach, detail // *vi*, ~**se** *vr* (*resaltarse*) to stand out; (*persona*) to be outstanding *o* exceptional.

destajo [des'taxo] *nm*: **trabajar a** ~ to do piecework.

destapar [desta'par] *vt* (*botella*) to open; (*cacerola*) to take the lid off; (*descubrir*) uncover; ~**se** *vr* (*revelarse*) to reveal one's true character.

destartalado, a [destarta'laðo, a] *a* (*desordenado*) untidy; (*ruinoso*) tumbledown.

destello [des'teʎo] *nm* (*de estrella*)

twinkle; (de faro) signal light.

destemplado, a [destem'plaðo, a] *a* (*MUS*) out of tune; (*voz*) harsh; (*MED*) out of sorts; (*tiempo*) unpleasant, nasty.

desteñir [deste'ɲir] *vt* to fade // *vi*, ~se *vr* to fade; **esta tela no destiñe** this fabric will not run.

desternillarse [desterni'ʎarse] *vr*: ~ **de risa** to split one's sides laughing.

desterrar [deste'rrar] *vt* (*exilar*) to exile; (*fig*) to banish, dismiss.

destetar [deste'tar] *vt* to wean.

destierro *etc vb ver* **desterrar** // [des'tjerro] *nm* exile.

destilar [desti'lar] *vt* to distil; **destilería** *nf* distillery.

destinar [desti'nar] *vt* (*funcionario*) to appoint, assign; (*fondos*) to set aside (a for).

destinatario, a [destina'tarjo, a] *nm/f* addressee.

destino [des'tino] *nm* (*suerte*) destiny; (*de avión, viajero*) destination.

destituir [destitu'ir] *vt* to dismiss.

destornillador [destorniʎa'ðor] *nm* screwdriver.

destornillar [destorni'ʎar] *vt*, **destornillarse** *vr* (*tornillo*) to unscrew.

destreza [des'treθa] *nf* (*habilidad*) skill; (*maña*) dexterity.

destrozar [destro'θar] *vt* (*romper*) to smash, break (up); (*estropear*) to ruin; (*nervios*) to destroy.

destrozo [des'troθo] *nm* (*acción*) destruction; (*desastre*) smashing; ~s *nmpl* (*pedazos*) pieces; (*daños*) havoc *sg*.

destrucción [destruk'θjon] *nf* destruction.

destruir [destru'ir] *vt* to destroy.

desuso [des'uso] *nm* disuse; **caer en ~** to become obsolete.

desvalido, a [desßa'liðo, a] *a* (*desprotegido*) destitute; (*sin fuerzas*) helpless.

desvalijar [desßali'xar] *vt* (*persona*) to rob; (*casa, tienda*) to burgle; (*coche*) to break into.

desván [des'ßan] *nm* attic.

desvanecer [desßane'θer] *vt* (*disipar*) to dispel; (*borrar*) to blur; ~se *vr* (*humo etc*) to vanish, disappear; (*color*) to fade; (*recuerdo, sonido*) to fade away; (*MED*) to pass out; (*duda*) to be dispelled.

desvanecimiento [desßaneθi'mjento] *nm* (*desaparición*) disappearance; (*de colores*) fading; (*evaporación*) evaporation; (*MED*) fainting fit.

desvariar [desßa'rjar] *vi* (*enfermo*) to be delirious; **desvarío** *nm* delirium.

desvelar [desße'lar] *vt* to keep awake; ~se *vr* (*no poder dormir*) to stay awake; (*vigilar*) to be vigilant *o* watchful.

desvencijado, a [desßenθi'xaðo, a] *a*

(*silla*) rickety; (*máquina*) broken-down.

desventaja [desßen'taxa] *nf* disadvantage.

desventura [desßen'tura] *nf* misfortune.

desvergonzado, a [desßerɣon'θaðo, a] *a* shameless.

desvergüenza [desßer'ɣwenθa] *nf* (*descaro*) shamelessness; (*insolencia*) impudence; (*mala conducta*) effrontery.

desvestir [desßes'tir] *vt*, **desvestirse** *vr* to undress.

desviación [desßja'θjon] *nf* deviation; (*AUTO*) diversion, detour.

desviar [des'ßjar] *vt* to turn aside; (*río*) to alter the course of; (*navío*) to divert, re-route; (*conversación*) to sidetrack; ~se *vr* (*apartarse del camino*) to turn aside; (: *barco*) to go off course.

desvío *etc vb ver* **desviar** // [des'ßio] *nm* (*desviación*) detour, diversion; (*fig*) indifference.

desvirtuar [desßir'twar] *vt*, **desvirtuarse** *vr* to spoil.

desvivirse [desßi'ßirse] *vr*: ~ **por** (*anhelar*) to long for, crave for; (*hacer lo posible por*) to do one's utmost for.

detallar [deta'ʎar] *vt* to detail.

detalle [de'taʎe] *nm* detail; (*fig*) gesture, token; **al ~** in detail; (*COM*) retail.

detallista [deta'ʎista] *nm/f* retailer.

detener [dete'ner] *vt* (*gen*) to stop; (*JUR*) to arrest; (*objeto*) to keep; ~se *vr* to stop; (*demorarse*) to delay over, linger over.

detenidamente [deteniða'mente] *ad* (*minuciosamente*) carefully; (*extensamente*) at great length.

detenido, a [dete'niðo, a] *a* (*arrestado*) under arrest; (*minucioso*) detailed // *nm/f* person under arrest, prisoner.

detergente [deter'xente] *nm* detergent.

deteriorar [deterjo'rar] *vt* to spoil, damage; ~se *vr* to deteriorate; **deterioro** *nm* deterioration.

determinación [determina'θjon] *nf* (*empeño*) determination; (*decisión*) decision.

determinar [determi'nar] *vt* (*plazo*) to fix; (*precio*) to settle; ~se *vr* to decide.

detestar [detes'tar] *vt* to detest.

detonar [deto'nar] *vi* to detonate.

detrás [de'tras] *ad* behind; (*atrás*) at the back; ~ **de** behind.

detrimento [detri'mento] *nm*: **en ~ de** to the detriment of.

deuda ['deuða] *nf* (*condición*) indebtedness, debt; (*cantidad*) debt.

deudor, a [deu'ðor, a] *nm/f* debtor.

devaluación [deßalwa'θjon] *nf* devaluation.

devastar [deßas'tar] *vt* (*destruir*) to devastate.

devengar [deßen'gar] *vt* (*COM*) to accrue, earn.

devoción [deßo'θjon] *nf* devotion.

devolución [deβolu'θjon] *nf* (*reenvío*) return, sending back; (*reembolso*) repayment; (*JUR*) devolution.

devolver [deβol'βer] *vt* to return; (*lo extraviado, lo prestado*) to give back; (*carta al correo*) to send back; (*COM*) to repay, refund; (*visita, la palabra*) to return // *vi* (*fam*) to be sick.

devorar [deβo'rar] *vt* to devour.

devoto, a [de'βoto, a] *a* devout // *nm/f* admirer.

devuelto, devuelva *etc vb ver* **devolver**.

di *vb ver* **dar; decir**.

día ['dia] *nm* day; ¿qué ~ es? what's the date?; **estar/poner al ~** to be/keep up to date; **el ~ de hoy/de mañana** today/tomorrow; **al ~ siguiente** (on) the following day; **vivir al ~** to live from hand to mouth; **de ~** by day, in daylight; **en pleno ~** in full daylight; **~ festivo** (*Esp*) *o* **feriado** (*AM*) holiday; **~ libre** day off.

diablo ['djaβlo] *nm* devil; **diablura** *nf* prank.

diafragma [dja'fraɣma] *nm* diaphragm.

diagnosis [djaɣ'nosis] *nf inv*, **diagnóstico** [djaɣ'nostiko] *nm* diagnosis.

diagrama [dja'ɣrama] *nm* diagram; **~ de flujo** flowchart.

dialecto [dja'lekto] *nm* dialect.

dialogar [djalo'ɣar] *vi*: **~ con** (*POL*) to hold talks with.

diálogo ['djaloɣo] *nm* dialogue.

diamante [dja'mante] *nm* diamond.

diana ['djana] *nf* (*MIL*) reveille; (*de blanco*) centre, bull's-eye.

diapositiva [djaposi'tiβa] *nf* (*FOTO*) slide, transparency.

diario, a ['djarjo, a] *a* daily // *nm* newspaper; **a ~** daily; **de ~** everyday.

diarrea [dja'rrea] *nf* diarrhoea.

dibujar [diβu'xar] *vt* to draw, sketch; **dibujo** *nm* drawing; **dibujos animados** cartoons.

diccionario [dikθjo'narjo] *nm* dictionary.

dice *etc vb ver* **decir**.

diciembre [di'θjembre] *nm* December.

dictado [dik'taðo] *nm* dictation.

dictador [dikta'ðor] *nm* dictator; **dictadura** *nf* dictatorship.

dictamen [dik'tamen] *nm* (*opinión*) opinion; (*juicio*) judgment; (*informe*) report.

dictar [dik'tar] *vt* (*carta*) to dictate; (*JUR: sentencia*) to pronounce; (*decreto*) to issue; (*AM: clase*) to give.

dicho, a ['ditʃo, a] *pp de* **decir** // *a*: **en ~s países** in the aforementioned countries // *nm* saying.

diecinueve [djeθi'nweβe] *num* nineteen.

dieciocho [djeθi'otʃo] *num* eighteen.

dieciséis [djeθi'seis] *num* sixteen.

diecisiete [djeθi'sjete] *num* seventeen.

diente ['djente] *nm* (*ANAT, TEC*) tooth; (*ZOOL*) fang; (: *de elefante*) tusk; (*de ajo*) clove; **hablar entre ~s** to mutter, mumble.

diera, dieron *etc vb ver* **dar**.

diesel ['disel] *a*: **motor ~** diesel engine.

dieta ['djeta] *nf* diet.

diez [djeθ] *num* ten.

difamar [difa'mar] *vt* (*JUR: hablando*) to slander; (: *por escrito*) to libel.

diferencia [dife'renθja] *nf* difference; **diferenciar** *vt* to differentiate between // *vi* to differ; **diferenciarse** *vr* to differ, be different; (*distinguirse*) to distinguish o.s.

diferente [dife'rente] *a* different.

diferido [dife'riðo] *nm*: **en ~** (*TV etc*) recorded.

difícil [di'fiθil] *a* difficult.

dificultad [difikul'taθ] *nf* difficulty; (*problema*) trouble; (*objeción*) objection.

dificultar [difikul'tar] *vt* (*complicar*) to complicate, make difficult; (*estorbar*) to obstruct.

difundir [difun'dir] *vt* (*calor, luz*) to diffuse; (*RADIO, TV*) to broadcast; **~ una noticia** to spread a piece of news; **~se** *vr* to spread (out).

difunto, a [di'funto, a] *a* dead, deceased // *nm/f* deceased (person).

diga *etc vb ver* **decir**.

digerir [dixe'rir] *vt* to digest; (*fig*) to absorb.

digital [dixi'tal] *a* (*INFORM*) digital.

dignarse [diɣ'narse] *vr* to deign to.

digno, a ['diɣno, a] *a* worthy.

digo *etc vb ver* **decir**.

dije *etc vb ver* **decir**.

dilatado, a [dila'taðo, a] *a* dilated; (*período*) long drawn-out; (*extenso*) extensive.

dilatar [dila'tar] *vt* (*cuerpo*) to dilate; (*prolongar*) to prolong; (*aplazar*) to delay.

dilema [di'lema] *nm* dilemma.

diligencia [dili'xenθja] *nf* diligence; (*ocupación*) errand, job; **~s** *nfpl* (*JUR*) formalities; **diligente** *a* diligent.

diluir [dilu'ir] *vt* to dilute.

diluvio [di'luβjo] *nm* deluge, flood.

dimensión [dimen'sjon] *nf* dimension.

diminuto, a [dimi'nuto, a] *a* tiny, diminutive.

dimitir [dimi'tir] *vi* to resign.

dimos *vb ver* **dar**.

Dinamarca [dina'marka] *nf* Denmark; **dinamarqués, esa** *a* Danish // *nm/f* Dane.

dinámico, a [di'namiko, a] *a* dynamic.

dinamita [dina'mita] *nf* dynamite.

dínamo ['dinamo] *nf* dynamo.

dineral [dine'ral] *nm* large sum of money, fortune.

dinero [di'nero] *nm* money; **~ contante**, **~ efectivo** cash, ready cash.

dio *vb ver* **dar**.

dios [djos] *nm* god; **¡D~ mío!** (oh,) my

God!

diosa ['djosa] *nf* goddess.

diploma [di'ploma] *nm* diploma.

diplomacia [diplo'maθja] *nf* diplomacy; *(fig)* tact.

diplomado, a [diplo'maðo, a] *a* qualified.

diplomático, a [diplo'matiko, a] *a* diplomatic // *nm/f* diplomat.

diputado, a [dipu'taðo, a] *nm/f* delegate; *(POL)* ≈ member of parliament *(Brit)*, ≈ representative *(US)*.

dique ['dike] *nm* dyke.

diré *etc vb ver* **decir.**

dirección [direk'θjon] *nf* direction; *(señas)* address; *(AUTO)* steering; *(gerencia)* management; *(POL)* leadership; **~ única/prohibida** one-way street/no entry.

directo, a [di'rekto, a] *a* direct; *(RADIO, TV)* live; **transmitir en ~** to broadcast live.

director, a [direk'tor, a] *a* leading // *nm/f* director; *(ESCOL)* head(teacher) *(Brit)*, principal *(US)*; *(gerente)* manager(ess); *(PRENSA)* editor; **~ de cine** film director; **~ general** managing director.

dirigir [diri'xir] *vt* to direct; *(carta)* to address; *(obra de teatro, film)* to direct; *(MUS)* to conduct; *(comercio)* to manage; **~se vr: ~se a** to go towards, make one's way towards; *(hablar con)* to speak to.

dirija *etc vb ver* **dirigir.**

discernir [disθer'nir] *vt* *(distinguir, discriminar)* to discern.

disciplina [disθi'plina] *nf* discipline.

discípulo, a [dis'θipulo, a] *nm/f* disciple.

disco ['disko] *nm* disc; *(DEPORTE)* discus; *(TEL)* dial; *(AUTO: semáforo)* light; *(MUS)* record; **~ compacto/de larga duración** compact disc/long-playing record (L.P.); **~ de freno** brake disc; *(INFORM)*: **~ flexible/rígido** floppy/hard disk.

disconforme [diskon'forme] *a* differing; **estar ~ (con)** to be in disagreement (with).

discordia [dis'korðja] *nf* discord.

discoteca [disko'teka] *nf* disco(theque).

discreción [diskre'θjon] *nf* discretion; *(reserva)* prudence; **comer a ~** to eat as much as one wishes; **discrecional** *a* *(facultativo)* discretionary.

discrepancia [diskre'panθja] *nf* *(diferencia)* discrepancy; *(desacuerdo)* disagreement.

discreto, a [dis'kreto, a] *a* *(diplomático)* discreet; *(sensato)* sensible; *(reservado)* quiet; *(sobrio)* sober.

discriminación [diskrimina'θjon] *nf* discrimination.

disculpa [dis'kulpa] *nf* excuse; *(pedir perdón)* apology; **pedir ~s a/por** to apologize to/for; **disculpar** *vt* to excuse,

pardon; **disculparse** *vr* to excuse o.s.; to apologize.

discurrir [disku'rrir] *vi* *(pensar, reflexionar)* to think, meditate; *(recorrer)* to roam, wander; *(el tiempo)* to pass, flow by.

discurso [dis'kurso] *nm* speech.

discutir [disku'tir] *vt* *(debatir)* to discuss; *(pelear)* to argue about; *(contradecir)* to argue against // *vi* to discuss; *(disputar)* to argue.

disecar [dise'kar] *vt* *(conservar: animal)* to stuff; *(: planta)* to dry.

diseminar [disemi'nar] *vt* to disseminate, spread.

diseño [di'seɲo] *nm* design; *(ARTE)* drawing.

disfraz [dis'fraθ] *nm* *(máscara)* disguise; *(excusa)* pretext; **~ar** *vt* to disguise; **~arse** *vr*: **~arse de** to disguise o.s. as.

disfrutar [disfru'tar] *vt* to enjoy // *vi* to enjoy o.s.; **~ de** to enjoy, possess.

disgustar [disɣus'tar] *vt* *(no gustar)* to displease; *(contrariar, enojar)* to annoy, upset; **~se** *vr* to be annoyed; *(dos personas)* to fall out.

disgusto [dis'ɣusto] *nm* *(repugnancia)* disgust; *(contrariedad)* annoyance; *(tristeza)* grief; *(riña)* quarrel; *(avería)* misfortune.

disidente [disi'ðente] *nm* dissident.

disimular [disimu'lar] *vt* *(ocultar)* to hide, conceal // *vi* to dissemble.

disipar [disi'par] *vt* to dispel; *(fortuna)* to squander; **~se** *vr* *(nubes)* to vanish; *(indisciplinarse)* to dissipate.

disminución [disminu'θjon] *nf* decrease, reduction.

disminuir [disminu'ir] *vt* *(acortar)* to decrease; *(achicar)* to diminish; *(estrechar)* to lessen.

disolver [disol'βer] *vt* *(gen)* to dissolve; **~se** *vr* to dissolve; *(COM)* to go into liquidation.

disparar [dispa'rar] *vt, vi* to shoot, fire.

disparate [dispa'rate] *nm* *(tontería)* foolish remark; *(error)* blunder; **decir ~s** to talk nonsense.

disparo [dis'paro] *nm* shot.

dispensar [dispen'sar] *vt* to dispense; *(disculpar)* to excuse.

dispersar [disper'sar] *vt* to disperse; **~se** *vr* to scatter.

disponer [dispo'ner] *vt* *(arreglar)* to arrange; *(ordenar)* to put in order; *(preparar)* to prepare, get ready // *vi*: **~ de** to have, own; **~se** *vr*: **~se para** to prepare to, prepare for.

disponible [dispo'niβle] *a* available.

disposición [disposi'θjon] *nf* arrangement, disposition; *(aptitud)* aptitude; *(INFORM)* layout; **a la ~ de** at the disposal of.

dispositivo [disposi'tiβo] *nm* device, mechanism.

dispuesto, a pp de **disponer** // [dis'pwesto, a] a (arreglado) arranged; (preparado) disposed.

disputar [dispu'tar] vt (discutir) to dispute, question; (contender) to contend for // vi to argue.

disquete [dis'kete] nm floppy disk, diskette.

distancia [dis'tanθja] nf distance.

distanciar [distan'θjar] vt to space out; ~se vr to become estranged.

distante [dis'tante] a distant.

diste, disteis vb ver **dar**.

distinción [distin'θjon] nf distinction; (elegancia) elegance; (honor) honour.

distinguido, a [distin'giðo, a] a distinguished.

distinguir [distin'gir] vt to distinguish; (escoger) to single out; ~se vr to be distinguished.

distinto, a [dis'tinto, a] a different; (claro) clear.

distracción [distrak'θjon] nf distraction; (pasatiempo) hobby, pastime; (olvido) absent-mindedness, distraction.

distraer [distra'er] vt (atención) to distract; (divertir) to amuse; (fondos) to embezzle; ~se vr (entretenerse) to amuse o.s.; (perder la concentración) to allow one's attention to wander.

distraído, a [distra'iðo, a] a (gen) absent-minded; (entretenido) amusing.

distribuir [distriβu'ir] vt to distribute.

distrito [dis'trito] nm (sector, territorio) region; (barrio) district.

disturbio [dis'turβjo] nm disturbance; (desorden) riot.

disuadir [diswa'ðir] vt to dissuade.

disuelto [di'swelto] pp de **disolver**.

DIU nm abr (= dispositivo intrauterino) IUD.

diurno, a ['djurno, a] a day cpd.

divagar [diβa'ɣar] vi (desviarse) to digress.

diván [di'βan] nm divan.

divergencia [diβer'xenθja] nf divergence.

diversidad [diβersi'ðað] nf diversity, variety.

diversificar [diβersifi'kar] vt to diversify.

diversión [diβer'sjon] nf (gen) entertainment; (actividad) hobby, pastime.

diverso, a [di'βerso, a] a diverse; ~s nmpl sundries; ~s libros several books.

divertido, a [diβer'tiðo, a] a (chiste) amusing; (fiesta etc) enjoyable.

divertir [diβer'tir] vt (entretener, recrear) to amuse; ~se vr (pasarlo bien) to have a good time; (distraerse) to amuse o.s.

dividir [diβi'ðir] vt (gen) to divide; (separar) to separate; (distribuir) to distribute, share out.

divierta etc vb ver **divertir**.

divino, a [di'βino, a] a divine.

divirtiendo etc vb ver **divertir**.

divisa [di'βisa] nf (emblema, moneda) emblem, badge; ~s nfpl foreign exchange sg.

divisar [diβi'sar] vt to make out, distinguish.

división [diβi'sjon] nf (gen) division; (de partido) split; (de país) partition.

divorciar [diβor'θjar] vt to divorce; ~se vr to get divorced; **divorcio** nm divorce.

divulgar [diβul'ɣar] vt (desparramar) to spread; (hacer circular) to divulge, circulate; ~se vr to leak out.

DNI nm abr (Esp: = Documento Nacional de Identidad) national identity card.

dobladillo [doβla'ðiʎo] nm (de vestido) hem; (de pantalón: vuelta) turn-up (Brit), cuff (US).

doblar [do'βlar] vt to double; (papel) to fold; (caño) to bend; (la esquina) to turn, go round; (film) to dub // vi to turn; (campana) to toll; ~se vr (plegarse) to fold (up), crease; (encorvarse) to bend.

doble ['doβle] a double; (de dos aspectos) dual; (fig) two-faced // nm double; ~s nmpl (DEPORTE) doubles sg // nm/f (TEATRO) double, stand-in; **con sentido ~** with a double meaning.

doblegar [doβle'ɣar] vt to fold, crease; ~se vr to yield.

doce ['doθe] num twelve; ~**na** nf dozen.

docente [do'θente] a: **centro/personal ~** teaching establishment/staff.

dócil ['doθil] a (pasivo) docile; (obediente) obedient.

doctor, a [dok'tor, a] nm/f doctor.

doctrina [dok'trina] nf doctrine, teaching.

documentación [dokumenta'θjon] nf documentation, papers pl.

documento [doku'mento] nm (certificado) document; **documental** a, nm documentary.

dólar ['dolar] nm dollar.

doler [do'ler] vt, vi to hurt; (fig) to grieve; ~se vr (de su situación) to grieve, feel sorry; (de las desgracias ajenas) to sympathize; **me duele el brazo** my arm hurts.

dolor [do'lor] nm pain; (fig) grief, sorrow; ~ **de cabeza** headache; ~ **de estómago** stomachache.

domar [do'mar], **domesticar** [domesti'kar] vt to tame.

domiciliación [domiθilia'θjon] nf: ~ **de pagos** (COM) standing order.

domicilio [domi'θiljo] nm home; ~ **particular** private residence; ~ **social** (COM) head office; **sin ~ fijo** of no fixed abode.

dominante [domi'nante] a dominant; (persona) domineering.

dominar [domi'nar] vt (gen) to dominate; (idiomas) to be fluent in // vi to dominate, prevail; ~se vr to control o.s.

domingo [do'mingo] *nm* Sunday.

dominio [do'minjo] *nm* (*tierras*) domain; (*autoridad*) power, authority; (*de las pasiones*) grip, hold; (*de varios idiomas*) command.

don [don] *nm* (*talento*) gift; ~ Juan Gómez Mr Juan Gomez o Juan Gomez Esq.

donaire [do'naire] *nm* charm.

donar [do'nar] *vt* to donate.

doncella [don'θeʎa] *nf* (*criada*) maid.

donde ['donde] *ad* where // *prep*: el coche está allí ~ el farol the car is over there by the lamppost o where the lamppost is; **por** ~ through which; **en** ~ where, in which.

dónde ['donde] *ad interr* where?; **¿a** ~ **vas?** where are you going (to)?; **¿de** ~ **vienes?** where have you come from?; **¿por** ~? where?, whereabouts?

dondequiera [donde'kjera] *ad* anywhere; **por** ~ everywhere, all over the place // *conj*: ~ **que** wherever.

doña ['doɲa] *nf*: ~ **Alicia** Alicia; ~ **Victoria Benito** Mrs Victoria Benito.

dorado, a [do'raðo, a] *a* (*color*) golden; (*TEC*) gilt.

dormir [dor'mir] *vt*: ~ **la siesta por la tarde** to have an afternoon nap // *vi* to sleep; **~se** *vr* to fall asleep.

dormitar [dormi'tar] *vi* to doze.

dormitorio [dormi'torjo] *nm* bedroom; ~ **común** dormitory.

dorsal [dor'sal] *nm* (*DEPORTE*) number.

dos [dos] *num* two.

dosis ['dosis] *nf inv* dose, dosage.

dotado, a [do'taðo, a] *a* gifted; ~ **de** endowed with.

dotar [do'tar] *vt* to endow; **dote** *nf* dowry; **dotes** *nfpl* (*talentos*) gifts.

doy *vb ver* **dar**.

drama ['drama] *nm* drama.

dramaturgo [drama'turɣo] *nm* dramatist, playwright.

droga ['droɣa] *nf* drug.

drogadicto, a [droɣa'ðikto, a] *nm/f* drug addict.

droguería [droɣe'ria] *nf* hardware shop (*Brit*) o store (*US*).

ducha ['dutʃa] *nf* (*baño*) shower; (*MED*) douche; **ducharse** *vr* to take a shower.

duda ['duða] *nf* doubt; **dudar** *vt, vi* to doubt; **dudoso, a** [du'ðoso, a] *a* (*incierto*) hesitant; (*sospechoso*) doubtful.

duela *etc vb ver* **doler**.

duelo *vb ver* **doler** // ['dwelo] *nm* (*combate*) duel; (*luto*) mourning.

duende ['dwende] *nm* imp, goblin.

dueño, a ['dweɲo, a] *nm/f* (*propietario*) owner; (*de pensión, taberna*) landlord/lady; (*empresario*) employer.

duermo *etc vb ver* **dormir**.

dulce ['dulθe] *a* sweet // *ad* gently, softly // *nm* sweet; **~ría** *nf* (*AM*) confectioner's.

dulzura [dul'θura] *nf* sweetness; (*ternura*) gentleness.

duplicar [dupli'kar] *vt* (*hacer el doble de*) to duplicate; **~se** *vr* to double.

duque ['duke] *nm* duke; **~sa** *nf* duchess.

duración [dura'θjon] *nf* duration.

duradero, a [dura'ðero, a] *a* (*tela*) hard-wearing; (*fe, paz*) lasting.

durante [du'rante] *prep* during.

durar [du'rar] *vi* (*permanecer*) to last; (*recuerdo*) to remain.

durazno [du'raθno] *nm* (*AM*: *fruta*) peach; (: *árbol*) peach tree.

durex ['dureks] *nm* (*AM*: *tira adhesiva*) Sellotape ® (*Brit*), Scotch tape ® (*US*).

dureza [du'reθa] *nf* (*calidad*) hardness.

durmiente [dur'mjente] *nm/f* sleeper.

duro, a ['duro, a] *a* hard; (*carácter*) tough // *ad* hard // *nm* (*moneda*) five peseta coin o piece.

E

e [e] *conj* and.

E *abr* (= este) E.

ebanista [eβa'nista] *nm/f* cabinetmaker.

ébano ['eβano] *nm* ebony.

ebrio, a ['eβrjo, a] *a* drunk.

ebullición [eβuʎi'θjon] *nf* boiling.

eccema [ek'θema] *nf* (*MED*) eczema.

eclesiástico, a [ekle'sjastiko, a] *a* ecclesiastical.

eclipse [e'klipse] *nm* eclipse.

eco ['eko] *nm* echo; **tener** ~ to catch on.

ecología [ekolo'xia] *nf* ecology.

economato [ekono'mato] *nm* cooperative store.

economía [ekono'mia] *nf* (*sistema*) economy; (*cualidad*) thrift.

económico, a [ekono'miko, a] *a* (*barato*) cheap, economical; (*persona*) thrifty; (*COM*: *año etc*) financial; (: *situación*) economic.

economista [ekono'mista] *nm/f* economist.

ecuador [ekwa'ðor] *nm* equator; (**el**) **E~** Ecuador.

ecuánime [e'kwanime] *a* (*carácter*) level-headed; (*estado*) calm.

ecuatoriano, a [ekwato'rjano, a] *a, nm/f* Ecuadorian.

ecuestre [e'kwestre] *a* equestrian.

echar [e'tʃar] *vt* to throw; (*agua, vino*) to pour (out); (*empleado: despedir*) to fire, sack; (*hojas*) to sprout; (*cartas*) to post; (*humo*) to emit, give out // *vi*: ~ **a correr/llorar** to run off/burst into tears; **~se** *vr* to lie down; ~ **llave a** to lock (up); ~ **abajo** (*gobierno*) to overthrow; (*edificio*) to demolish; ~ **mano a** to lay hands on; ~ **una mano a uno** (*ayudar*) to give sb a hand; ~ **de menos** to miss.

edad [e'ðað] *nf* age; **¿qué** ~ **tienes?** how

old are you?; **tiene ocho años de ~** he is
eight (years old); **de ~ mediana/
avanzada** middle-aged/advanced in
years; **la E~ Media** the Middle Ages.
edición [eði'θjon] *nf* (*acto*) publication;
(*ejemplar*) edition.
edicto [e'ðikto] *nm* edict, proclamation.
edificio [eði'fiθjo] *nm* building; (*fig*)
edifice, structure.
Edimburgo [eðim'burɣo] *nm* Edinburgh.
editar [eði'tar] *vt* (*publicar*) to publish;
(*preparar textos*) to edit.
editor, a [eði'tor, a] *nm/f* (*que publica*)
publisher; (*redactor*) editor // *a*: **casa
~a** publishing house, publisher; **~ial** *a*
editorial // *nm* leading article, editorial;
casa ~ial publishing house, publisher.
educación [eðuka'θjon] *nf* education;
(*crianza*) upbringing; (*modales*) (good)
manners *pl*.
educar [eðu'kar] *vt* to educate; (*criar*) to
bring up; (*voz*) to train.
EE. UU. *nmpl abr* = **Estados Unidos**.
efectista [efek'tista] *a* sensationalist.
efectivamente [efectiβa'mente] *ad*
(*como respuesta*) exactly, precisely;
(*verdaderamente*) really; (*de hecho*) in
fact.
efectivo, a [efek'tiβo, a] *a* effective;
(*real*) actual, real // *nm*: **pagar en ~** to
pay (in) cash; **hacer ~ un cheque** to
cash a cheque.
efecto [e'fekto] *nm* effect, result; **~s**
nmpl (*~s personales*) effects; (*bienes*)
goods; (*COM*) assets; **en ~** in fact; (*respuesta*) exactly, indeed.
efectuar [efek'twar] *vt* to carry out;
(*viaje*) to make.
eficacia [efi'kaθja] *nf* (*de persona*)
efficiency; (*de medicamento etc*)
effectiveness.
eficaz [efi'kaθ] *a* (*persona*) efficient;
(*acción*) effective.
efusivo, a [efu'siβo, a] *a* effusive; **mis
más efusivas gracias** my warmest
thanks.
EGB *nf abr* (*Esp ESCOL*) = *Educación
General Básica*.
egipcio, a [e'xipθjo, a] *a, nm/f* Egyptian.
Egipto [e'xipto] *nm* Egypt.
egoísmo [eɣo'ismo] *nm* egoism.
egoísta [eɣo'ista] *a* egoistical, selfish //
nm/f egoist.
egregio, a [e'xrexjo, a] *a* eminent, distinguished.
Eire ['eire] *nm* Eire.
ej. *abr* (= *ejemplo*) eg.
eje ['exe] *nm* (*GEO, MAT*) axis; (*de
rueda*) axle; (*de máquina*) shaft,
spindle.
ejecución [exeku'θjon] *nf* execution;
(*cumplimiento*) fulfilment; (*actuación*)
performance; (*JUR: embargo de deudor*)
attachment.
ejecutar [exeku'tar] *vt* to execute, carry

out; (*matar*) to execute; (*cumplir*) to
fulfil; (*MUS*) to perform; (*JUR:
embargar*) to attach, distrain (on).
ejecutivo, a [exeku'tiβo, a] *a* executive;
el (poder) ~ the executive (power).
ejemplar [exem'plar] *a* exemplary // *nm*
example; (*ZOOL*) specimen; (*de libro*)
copy; (*de periódico*) number, issue.
ejemplo [e'xemplo] *nm* example; **por ~**
for example.
ejercer [exer'θer] *vt* to exercise; (*influencia*) to exert; (*un oficio*) to practise
// *vi* (*practicar*) to practise (*de as*);
(*tener oficio*) to hold office.
ejercicio [exer'θiθjo] *nm* exercise;
(*período*) tenure; **~ comercial** financial
year.
ejército [e'xerθito] *nm* army; **entrar en
el ~** to join the army, join up.
ejote [e'xote] *nm* (*AM*) green bean.
el, la, los, las, lo [el, la, los, las, lo] ♦
artículo definido **1** the; **el libro/la mesa/
los estudiantes** the book/table/students
2 (*con n abstracto: no se traduce*): **el
amor/la juventud** love/youth
3 (*posesión: se traduce a menudo por a
posesivo*): **romperse el brazo** to break
one's arm; **levantó la mano** he put his
hand up; **se puso el sombrero** she put
her hat on
4 (*valor descriptivo*): **tener la boca
grande/los ojos azules** to have a big
mouth/blue eyes
5 (*con días*) on; **me iré el viernes** I'll
leave on Friday; **los domingos suelo ir a
nadar** on Sundays I generally go swimming
6 (*lo + a*): **lo difícil/caro** what is
difficult/expensive; (= *cuán*): **no se da
cuenta de lo pesado que es** he doesn't
realise how boring he is
♦ *pron demostrativo* **1**: **mi libro y el de
usted** my book and yours; **las de Pepe
son mejores** Pepe's are better; **no la(s)
blanca(s) sino la(s) gris(es)** not the
white one(s) but the grey one(s)
2: **lo de: lo de ayer** what happened
yesterday; **lo de las facturas** that business about the invoices
♦ *pron relativo*: **el que** *etc* **1** (*indefinido*): **el (los) que quiera(n) que se
vaya(n)** anyone who wants to can leave;
llévese el que más le guste take the one
you like best
2 (*definido*): **el que compré ayer** the one
I bought yesterday; **los que se van** those
who leave
3: **lo que: lo que pienso yo/más me
gusta** what I think/like most
♦ *conj*: **el que: el que lo diga** the fact
that he says so; **el que sea tan vago me
molesta** his being so lazy bothers me
♦ *excl*: **¡el susto que me diste!** what a
fright you gave me!
♦ *pron personal* **1** (*persona: m*) him; (:

f) her; (: *pl*) them; **lo/las veo** I can see him/them

2 (*animal, cosa: sg*) it; (: *pl*) them; **lo** (*o la*) **veo** I can see it; **los** (*o las*) **veo** I can see them

3: **lo** (*como sustituto de frase*): **no lo sabía** I didn't know; **ya lo entiendo** I understand now.

él [el] *pron* (*persona*) he; (*cosa*) it; (*después de prep: persona*) him; (: *cosa*) it.

elaborar [elaβo'rar] *vt* (*producto*) to make, manufacture; (*preparar*) to prepare; (*madera, metal etc*) to work; (*proyecto etc*) to work on o out.

elasticidad [elastiθi'ðað] *nf* elasticity.

elástico, a [e'lastiko, a] *a* elastic; (*flexible*) flexible // *nm* elastic; (*un ~*) elastic band.

elección [elek'θjon] *nf* election; (*selección*) choice, selection.

electorado [elekto'raðo] *nm* electorate, voters *pl*.

electricidad [elektriθi'ðað] *nf* electricity.

electricista [elektri'θista] *nm/f* electrician.

eléctrico, a [e'lektriko, a] *a* electric.

electrizar [elektri'θar] *vt* to electrify.

electro... [elektro] *pref* electro...; **~cución** *nf* electrocution; **~cutar** *vt* to electrocute; **electrodo** *nm* electrode; **~domésticos** *nmpl* (electrical) household appliances; **~imán** *nm* electromagnet; **~magnético, a** *a* electromagnetic.

electrónico, a [elek'troniko, a] *a* electronic // *nf* electronics *sg*.

electrotecnia [elektro'teknja] *nf* electrical engineering; **electrotécnico, a** *nm/f* electrical engineer.

electrotermo [elektro'termo] *nm* immersion heater.

elefante [ele'fante] *nm* elephant.

elegancia [ele'ɣanθja] *nf* elegance, grace; (*estilo*) stylishness.

elegante [ele'ɣante] *a* elegant, graceful; (*estiloso*) stylish, fashionable.

elegía [ele'xia] *nf* elegy.

elegir [ele'xir] *vt* (*escoger*) to choose, select; (*optar*) to opt for; (*presidente*) to elect.

elemental [elemen'tal] *a* (*claro, obvio*) elementary; (*fundamental*) elemental, fundamental.

elemento [ele'mento] *nm* element; (*fig*) ingredient; **~s** *nmpl* elements, rudiments.

elevación [eleβa'θjon] *nf* elevation; (*acto*) raising, lifting; (*de precios*) rise; (*GEO etc*) height, altitude; (*de persona*) loftiness.

elevar [ele'βar] *vt* to raise, lift (up); (*precio*) to put up; **~se** *vr* (*edificio*) to rise; (*precios*) to go up; (*transportarse, enajenarse*) to get carried away.

eligiendo *etc vb ver* **elegir**.

elija *etc vb ver* **elegir**.

eliminar [elimi'nar] *vt* to eliminate, remove.

eliminatoria [elimina'torja] *nf* heat, preliminary (round).

elite [e'lite] *nf* elite.

elocuencia [elo'kwenθja] *nf* eloquence.

elogiar [elo'xjar] *vt* to praise, eulogize; **elogio** *nm* praise.

elote [e'lote] *nm* (*AM*) corn on the cob.

eludir [elu'ðir] *vt* (*evitar*) to avoid, evade; (*escapar*) to escape, elude.

ella ['eʎa] *pron* (*persona*) she; (*cosa*) it; (*después de prep: persona*) her; (: *cosa*) it.

ellas ['eʎas] *pron* (*personas y cosas*) they; (*después de prep*) them.

ello ['eʎo] *pron* it.

ellos ['eʎos] *pron* they; (*después de prep*) them.

emanar [ema'nar] *vi*: **~ de** to emanate from, come from; (*derivar de*) to originate in.

emancipar [emanθi'par] *vt* to emancipate; **~se** *vr* to become emancipated, free o.s.

embadurnar [embaður'nar] *vt* to smear.

embajada [emba'xaða] *nf* embassy.

embajador, a [embaxa'ðor, a] *nm/f* ambassador/ambassadress.

embalar [emba'lar] *vt* (*envolver*) to parcel, wrap (up); (*envasar*) to package // *vi* to sprint.

embalsamar [embalsa'mar] *vt* to embalm.

embalse [em'balse] *nm* (*presa*) dam; (*lago*) reservoir.

embarazada [embara'θaða] *a* pregnant // *nf* pregnant woman.

embarazar [embara'θar] *vt* to obstruct, hamper; **~se** *vr* (*aturdirse*) to become embarrassed; (*confundirse*) to get into a mess.

embarazo [emba'raθo] *nm* (*de mujer*) pregnancy; (*impedimento*) obstacle, obstruction; (*timidez*) embarrassment.

embarcación [embarka'θjon] *nf* (*barco*) boat, craft; (*acto*) embarkation, boarding.

embarcadero [embarka'ðero] *nm* pier, landing stage.

embarcar [embar'kar] *vt* (*cargamento*) to ship, stow; (*persona*) to embark, put on board; **~se** *vr* to embark, go on board.

embargar [embar'ɣar] *vt* (*JUR*) to seize, impound.

embarque *etc vb ver* **embarcar** // [em'barke] *nm* shipment, loading.

embaucar [embau'kar] *vt* to trick, fool.

embeber [embe'βer] *vt* (*absorber*) to absorb, soak up; (*empapar*) to saturate // *vi* to shrink; **~se** *vr*: **~se en la lectura** to be engrossed o absorbed in a book.

embellecer [embeʎe'θer] *vt* to embellish,

beautify.

embestida [embes'tiða] *nf* attack, onslaught; (*carga*) charge; **embestir** *vt* to attack, assault; to charge, attack // *vi* to attack.

emblema [em'blema] *nm* emblem.

embobado, a [embo'ßaðo, a] *a* (*atontado*) stunned, bewildered.

émbolo ['embolo] *nm* (AUTO) piston.

embolsar [embol'sar] *vt* to pocket, put in one's pocket.

emborrachar [emborra'tʃar] *vt* to make drunk, intoxicate; ~se *vr* to get drunk.

emboscada [embos'kaða] *nf* (*celada*) ambush.

embotar [embo'tar] *vt* to blunt, dull; ~se *vr* (*adormecerse*) to go numb.

embotellamiento [emboteʎa'mjento] *nm* (AUTO) traffic jam.

embotellar [embote'ʎar] *vt* to bottle; ~se *vr* (*circulación*) to get into a jam.

embrague [em'braɣe] *nm* (*tb: pedal de* ~) clutch.

embriagar [embrja'ɣar] *vt* (*emborrachar*) to make drunk; (*alegrar*) to delight; ~se *vr* (*emborracharse*) to get drunk.

embriaguez [embrja'veθ] *nf* (*borrachera*) drunkenness.

embrión [em'brjon] *nm* embryo.

embrollar [embro'ʎar] *vt* (*el asunto*) to confuse, complicate; (*persona*) to involve, embroil; ~se *vr* (*confundirse*) to get into a muddle o mess.

embrollo [em'broʎo] *nm* (*enredo*) muddle, confusion; (*aprieto*) fix, jam.

embromar [embro'mar] *vt* (*burlarse de*) to tease, make fun of.

embrujado, a [embru'xado, a] *a* bewitched; **casa embrujada** haunted house.

embrutecer [embrute'θer] *vt* (*atontar*) to stupefy; ~se *vr* to be stupefied.

embudo [em'buðo] *nm* funnel.

embuste [em'buste] *nm* trick; (*mentira*) lie; (*hum*) fib; ~**ro, a** *a* lying, deceitful // *nm/f* (*tramposo*) cheat; (*mentiroso*) liar; (*hum*) fibber.

embutido [embu'tiðo] *nm* (CULIN) sausage; (TEC) inlay.

embutir [embu'tir] *vt* (TEC) to inlay; (*llenar*) to pack tight, cram.

emergencia [emer'xenθja] *nf* emergency; (*surgimiento*) emergence.

emerger [emer'ver] *vi* to emerge, appear.

emigración [emiɣra'θjon] *nf* emigration; (*de pájaros*) migration.

emigrar [emi'rrar] *vi* (*personas*) to emigrate; (*pájaros*) to migrate.

eminencia [emi'nenθja] *nf* eminence; **eminente** *a* eminent, distinguished; (*elevado*) high.

emisario [emi'sarjo] *nm* emissary.

emisión [emi'sjon] *nf* (*acto*) emission;

(COM *etc*) issue; (RADIO, TV: *acto*) broadcasting; (: *programa*) broadcast, programme (*Brit*), program (US).

emisora [emi'sora] *nf* radio o broadcasting station.

emitir [emi'tir] *vt* (*olor etc*) to emit, give off; (*moneda etc*) to issue; (*opinión*) to express; (RADIO) to broadcast.

emoción [emo'θjon] *nf* emotion; (*excitación*) excitement; (*sentimiento*) feeling.

emocionante [emoθjo'nante] *a* (*excitante*) exciting, thrilling.

emocionar [emoθjo'nar] *vt* (*excitar*) to excite, thrill; (*conmover*) to move, touch; (*impresionar*) to impress.

emotivo, a [emo'tißo, a] *a* emotional.

empacar [empa'kar] *vt* (*gen*) to pack; (*en caja*) to bale, crate.

empacho [em'patʃo] *nm* (MED) indigestion; (*fig*) embarrassment.

empadronarse [empaðro'narse] *vr* (POL: *como elector*) to register.

empalagoso, a [empala'xoso, a] *a* cloying; (*fig*) tiresome.

empalmar [empal'mar] *vt* to join, connect // *vi* (*dos caminos*) to meet, join; **empalme** *nm* joint, connection; junction; (*de trenes*) connection.

empanada [empa'naða] *nf* pie, pasty.

empantanarse [empanta'narse] *vr* to get swamped; (*fig*) to get bogged down.

empañarse [empa'narse] *vr* (*nublarse*) to get misty, steam up.

empapar [empa'par] *vt* (*mojar*) to soak, saturate; (*absorber*) to soak up, absorb; ~se *vr*: ~se de to soak up.

empapelar [empape'lar] *vt* (*paredes*) to paper.

empaquetar [empake'tar] *vt* to pack, parcel up.

emparedado [empare'ðaðo] *nm* sandwich.

empastar [empas'tar] *vt* (*embadurnar*) to paste; (*diente*) to fill.

empaste [em'paste] *nm* (*de diente*) filling.

empatar [empa'tar] *vi* to draw, tie; **empate** *nm* draw, tie.

empecé, empecemos *vb ver* empezar.

empedernido, a [empeðer'niðo, a] *a* hard, heartless; (*fijado*) hardened, inveterate.

empedrado, a [empe'ðraðo, a] *a* paved // *nm* paving.

empedrar [empe'ðrar] *vt* to pave.

empeine [em'peine] *nm* (*de pie, zapato*) instep.

empeñado, a [empe'naðo, a] *a* (*persona*) determined; (*objeto*) pawned.

empeñar [empe'nar] *vt* (*objeto*) to pawn, pledge; (*persona*) to compel; ~se *vr* (*obligarse*) to bind o.s., pledge o.s.; (*endeudarse*) to get into debt; ~se en to be set on, be determined to.

empeño [em'peɲo] *nm* (*determinación, insistencia*) determination, insistence; (*cosa prendada*) pledge; **casa de ~s** pawnshop.

empeorar [empeo'rar] *vt* to make worse, worsen // *vi* to get worse, deteriorate.

empequeñecer [empekeɲe'θer] *vt* to dwarf; (*fig*) to belittle.

emperador [empera'ðor] *nm* emperor.

emperatriz [empera'triθ] *nf* empress.

empezar [empe'θar] *vt, vi* to begin, start.

empiece *etc vb ver* **empezar**.

empiezo *etc vb ver* **empezar**.

empinar [empi'nar] *vt* to raise; **~se** *vr* (*persona*) to stand on tiptoe; (*animal*) to rear up; (*camino*) to climb steeply.

empírico, a [em'piriko, a] *a* empirical.

emplasto [em'plasto], **emplaste** [em'plaste] *nm* (*MED*) plaster.

emplazamiento [emplaθa'mjento] *nm* site, location; (*JUR*) summons *sg*.

emplazar [empla'θar] *vt* (*ubicar*) to site, place, locate; (*JUR*) to summons; (*convocar*) to summon.

empleado, a [emple'aðo, a] *nm/f* (*gen*) employee; (*de banco etc*) clerk.

emplear [emple'ar] *vt* (*usar*) to use, employ; (*dar trabajo a*) to employ; **~se** *vr* (*conseguir trabajo*) to be employed; (*ocuparse*) to occupy o.s.

empleo [em'pleo] *nm* (*puesto*) job; (*puestos: colectivamente*) employment; (*uso*) use, employment.

empobrecer [empoßre'θer] *vt* to impoverish; **~se** *vr* to become poor *o* impoverished.

empollar [empo'ʎar] *vt, vi* (*fam*) to swot (up); **empollón, ona** *nm/f* (*fam*) swot.

emporio [em'porjo] *nm* emporium, trading centre; (*AM: gran almacén*) department store.

empotrado, a [empo'traðo, a] *a* (*armario etc*) built-in.

emprender [empren'der] *vt* (*empezar*) to begin, embark on; (*acometer*) to tackle, take on.

empresa [em'presa] *nf* (*de espíritu etc*) enterprise; (*COM*) company, firm; **~rio, a** *nm/f* (*COM*) manager.

empréstito [em'prestito] *nm* (public) loan.

empujar [empu'xar] *vt* to push, shove; **empuje** *nm* thrust; (*presión*) pressure; (*fig*) vigour, drive.

empujón [empu'xon] *nm* push, shove.

empuñar [empu'ɲar] *vt* (*asir*) to grasp, take (firm) hold of.

emular [emu'lar] *vt* to emulate; (*rivalizar*) to rival.

en [en] *prep* **1** (*posición*) in; (: *sobre*) on; **está ~ el cajón** it's in the drawer; **~ Argentina/La Paz** in Argentina/La Paz; **~ la oficina/el colegio** at the office/school; **está ~ el suelo/quinto piso** it's on the floor/the fifth floor

2 (*dirección*) into; **entró ~ el aula** she went into the classroom; **meter algo ~ el bolso** to put sth into one's bag

3 (*tiempo*) in; on; **~ 1605/3 semanas/invierno** in 1605/3 weeks/winter; **~ (el mes de) enero** in (the month of) January; **~ aquella ocasión/aquella época** on that occasion/at that time

4 (*precio*) for; **lo vendió ~ 20 dólares** he sold it for 20 dollars

5 (*diferencia*) by; **reducir/aumentar una tercera parte/un 20 por ciento ~** to reduce/increase by a third/20 per cent

6 (*manera*): **~ avión/autobús** by plane/bus; **escrito ~ inglés** written in English

7 (*después de vb que indica gastar etc*) on; **han cobrado demasiado ~ dietas** they've charged too much to expenses; **se le va la mitad del sueldo ~ comida** he spends half his salary on food

8 (*tema, ocupación*): **experto ~ la materia** expert on the subject; **trabaja ~ la construcción** he works in the building industry

9 (*a* + **~** + *infinitivo*): **lento ~ reaccionar** slow to react.

enajenación [enaxena'θjon] *nf*, **enajenamiento** [enaxena'mjento] *nm* alienation; (*fig: distracción*) absent-mindedness; (: *embelesamiento*) rapture, trance.

enajenar [enaxe'nar] *vt* to alienate; (*fig*) to carry away.

enamorado, a [enamo'raðo, a] *a* in love // *nm/f* lover.

enamorar [enamo'rar] *vt* to win the love of; **~se** *vr*: **~se de alguien** to fall in love with sb.

enano, a [e'nano, a] *a* tiny // *nm/f* dwarf.

enardecer [enarðe'θer] *vt* (*pasiones*) to fire, inflame; (*persona*) to fill with enthusiasm; **~se** *vr*: **~ por** to get excited about; (*entusiasmarse*) to get enthusiastic about.

encabezamiento [enkaßeθa'mjento] *nm* (*de carta*) heading; (*de periódico*) headline; (*preámbulo*) foreword, preface.

encabezar [enkaße'θar] *vt* (*movimiento, revolución*) to lead, head; (*lista*) to head, be at the top of; (*carta*) to put a heading to; (*libro*) to entitle.

encadenar [enkaðe'nar] *vt* to chain (together); (*poner grilletes a*) to shackle.

encajar [enka'xar] *vt* (*ajustar*): **~ (en)** to fit (into); (*fam: golpe*) to give, deal; (*entrometer*) to insert // *vi* to fit (well); (*fig: corresponder a*) to match; **~se** *vr*: **~se en un sillón** to squeeze into a chair.

encaje [en'kaxe] *nm* (*labor*) lace.

encalar [enka'lar] *vt* (*pared*) to whitewash.

encallar [enka'ʎar] *vi* (*NAUT*) to run aground.

encaminar [enkami'nar] *vt* to direct,

send; ~se *vr*: ~se a to set out for.

encandilar [enkandi'lar] *vt* to dazzle.

encantado, a [enkan'taðo, a] *a* (*hechizado*) bewitched; (*muy contento*) delighted; ¡~! how do you do!, pleased to meet you.

encantador, a [enkanta'ðor, a] *a* charming, lovely // *nm/f* magician, enchanter/ enchantress.

encantar [enkan'tar] *vt* to charm, delight; (*hechizar*) to bewitch, cast a spell on; **encanto** *nm* (*magia*) spell, charm; (*fig*) charm, delight.

encarcelar [enkarθe'lar] *vt* to imprison, jail.

encarecer [enkare'θer] *vt* to put up the price of // *vi*, ~se *vr* to get dearer.

encarecimiento [enkareθi'mjento] *nm* price increase.

encargado, a [enkar'ɣaðo, a] *a* in charge // *nm/f* agent, representative; (*responsable*) person in charge.

encargar [enkar'ɣar] *vt* to entrust; (*recomendar*) to urge, recommend; ~se *vr*: ~se de to look after, take charge of.

encargo [enkar'ɣo] *nm* (*pedido*) assignment, job; (*responsabilidad*) responsibility; (*recomendación*) recommendation; (*COM*) order.

encariñarse [enkari'narse] *vr*: ~ con to grow fond of, get attached to.

encarnación [enkarna'θjon] *nf* incarnation, embodiment.

encarnizado, a [enkarni'θaðo, a] *a* (*lucha*) bloody, fierce.

encarrilar [enkarri'lar] *vt* (*tren*) to put back on the rails; (*fig*) to correct, put on the right track.

encasillar [enkasi'ʎar] *vt* (*tb: fig*) to pigeonhole; (*actor*) to typecast.

encauzar [enkau'θar] *vt* to channel.

encendedor [enθende'ðor] *nm* lighter.

encender [enθen'der] *vt* (*con fuego*) to light; (*incendiar*) to set fire to; (*luz, radio*) to put on, switch on; (*avivar: pasiones*) to inflame; ~se *vr* to catch fire; (*excitarse*) to get excited; (*de cólera*) to flare up; (*el rostro*) to blush.

encendido [enθen'diðo] *nm* (*AUTO*) ignition.

encerado [enθe'raðo] *nm* (*ESCOL*) blackboard.

encerar [enθe'rar] *vt* (*suelo*) to wax, polish.

encerrar [enθe'rrar] *vt* (*confinar*) to shut in, shut up; (*comprender, incluir*) to include, contain.

encía [en'θia] *nf* gum.

encienda *etc vb ver* **encender**.

encierro *etc vb ver* **encerrar** // [en'θjerro] *nm* shutting in, shutting up; (*calabozo*) prison.

encima [en'θima] *ad* (*sobre*) above, over; (*además*) besides; ~ de (*en*) on, on top of; (*sobre*) above, over; (*además*

de) besides, on top of; **por ~ de** over; ¿llevas dinero ~? have you (got) any money on you?; se me vino ~ it got on top of me.

encinta [en'θinta] *a* pregnant.

enclenque [en'klenke] *a* weak, sickly.

encoger [enko'xer] *vt* to shrink, contract; (*fig: asustar*) to scare; ~se *vr* to shrink, contract; (*fig*) to cringe; ~se de hombros to shrug one's shoulders.

encolar [enko'lar] *vt* (*engomar*) to glue, paste; (*pegar*) to stick down.

encolerizar [enkoleri'θar] *vt* to anger, provoke; ~se *vr* to get angry.

encomendar [enkomen'dar] *vt* to entrust, commend; ~se *vr*: ~se a to put one's trust in.

encomiar [enko'mjar] *vt* to praise, pay tribute to.

encomienda *etc vb ver* **encomendar** // [enko'mjenda] *nf* (*encargo*) charge, commission; (*elogio*) tribute; ~ postal (*AM*) parcel post.

encono [en'kono] *nm* (*rencor*) rancour, spite.

encontrado, a [enkon'traðo, a] *a* (*contrario*) contrary, conflicting; (*hostil*) hostile.

encontrar [enkon'trar] *vt* (*hallar*) to find; (*inesperadamente*) to meet, run into; ~se *vr* to meet (each other); (*situarse*) to be (situated); (*entrar en conflicto*) to crash, collide; ~se con to meet; ~se bien (de salud) to feel well.

encorvar [enkor'ßar] *vt* to curve; (*inclinar*) to bend (down); ~se *vr* to bend down, bend over.

encrespar [enkres'par] *vt* (*cabellos*) to curl; (*fig*) to anger, irritate; ~se *vr* (*el mar*) to get rough; (*fig*) to get cross, get irritated.

encrucijada [enkruθi'xaða] *nf* crossroads *sg*; (*empalme*) junction.

encuadernación [enkwaðerna'θjon] *nf* binding.

encuadernador, a [enkwaðerna'ðor, a] *nm/f* bookbinder.

encuadrar [enkwa'ðrar] *vt* (*retrato*) to frame; (*ajustar*) to fit, insert; (*encerrar*) to contain.

encubrir [enku'ßrir] *vt* (*ocultar*) to hide, conceal; (*criminal*) to harbour, shelter.

encuentro *etc vb ver* **encontrar** // [en'kwentro] *nm* (*de personas*) meeting; (*AUTO etc*) collision, crash; (*DEPORTE*) match, game; (*MIL*) encounter.

encuesta [en'kwesta] *nf* inquiry, investigation; (*sondeo*) (*public*) opinion poll; ~ judicial post mortem.

encumbrado, a [enkum'braðo, a] *a* eminent, distinguished.

encumbrar [enkum'brar] *vt* (*persona*) to exalt; ~se *vr* (*fig*) to become conceited.

encharcado, a [entʃar'kaðo, a] *a* (*terreno*) flooded.

enchufar [entʃu'far] vt (ELEC) to plug in; (TEC) to connect, fit together; **enchufe** nm (ELEC): clavija) plug; (: toma) socket; (de dos tubos) joint, connection; (fam: influencia) contact, connection; (: puesto) cushy job.

endeble [en'deβle] a (argumento, excusa, persona) weak.

endemoniado, a [endemo'njaðo, a] a possessed (of the devil); (travieso) devilish.

enderezar [endere'θar] vt (poner derecho) to straighten (out); (: verticalmente) to set upright; (fig) to straighten o sort out; (dirigir) to direct; ~se vr to straighten up.

endeudarse [endeu'ðarse] vr to get into debt.

endiablado, a [endja'βlaðo, a] a devilish, diabolical; (hum) mischievous.

endilgar [endil'var] vt (fam): ~le algo a uno to lumber sb with sth; ~le un sermón a uno to lecture sb.

endomingarse [endomin'garse] vr to dress up, put on one's best clothes.

endosar [endo'sar] vt (cheque etc) to endorse.

endulzar [endul'θar] vt to sweeten; (suavizar) to soften.

endurecer [endure'θer] vt to harden; ~se vr to harden, grow hard.

endurecido, a [endure'θiðo, a] a (duro) hard; (fig) hardy, tough; estar ~ a algo to be hardened o used to sth.

enemigo, a [ene'mixo, a] a enemy, hostile // nm/f enemy.

enemistad [enemis'taθ] nf enmity.

enemistar [enemis'tar] vt to make enemies of, cause a rift between; ~se vr to become enemies; (amigos) to fall out.

energía [ener'xia] nf (vigor) energy, drive; (empuje) push; (TEC, ELEC) energy, power.

enérgico, a [e'nerxiko, a] a (gen) energetic; (voz, modales) forceful.

energúmeno, a [ener'γumeno, a] nm/f (fig fam) madman/woman.

enero [e'nero] nm January.

enfadado, a [enfa'ðaðo, a] a angry, annoyed.

enfadar [enfa'ðar] vt to anger, annoy; ~se vr to get angry o annoyed.

enfado [en'faðo] nm (enojo) anger, annoyance; (disgusto) trouble, bother.

énfasis ['enfasis] nm emphasis, stress.

enfático, a [en'fatiko, a] a emphatic.

enfermar [enfer'mar] vt to make ill // vi to fall ill, be taken ill.

enfermedad [enferme'ðaθ] nf illness; ~ venérea venereal disease.

enfermera [enfer'mera] nf nurse.

enfermería [enferme'ria] nf infirmary; (de colegio etc) sick bay.

enfermero [enfer'mero] nm male nurse.

enfermizo, a [enfer'miθo, a] a (persona)

sickly, unhealthy; (fig) unhealthy.

enfermo, a [en'fermo, a] a ill, sick // nm/f invalid, sick person; (en hospital) patient.

enflaquecer [enflake'θer] vt (adelgazar) to make thin; (debilitar) to weaken.

enfocar [enfo'kar] vt (foto etc) to focus; (problema etc) to consider, look at.

enfoque etc vb ver **enfocar** // [en'foke] nm focus.

enfrentar [enfren'tar] vt (peligro) to face (up to), confront; (oponer, carear) to put face to face; ~se vr (dos personas) to face o confront each other; (DEPORTE: dos equipos) to meet; ~se a o con to face up to, confront.

enfrente [en'frente] ad opposite; la casa de ~ the house opposite, the house across the street; ~ de prep opposite, facing.

enfriamiento [enfria'mjento] nm chilling, refrigeration; (MED) cold, chill.

enfriar [enfri'ar] vt (alimentos) to cool, chill; (algo caliente) to cool down; (habitación) to air, freshen; ~se vr to cool down; . (MED) to catch a chill; (amistad) to cool.

enfurecer [enfure'θer] vt to enrage, madden; ~se vr to become furious, fly into a rage; (mar) to get rough.

engalanar [engala'nar] vt (adornar) to adorn; (ciudad) to decorate; ~se vr to get dressed up.

enganchar [engan'tʃar] vt to hook; (ropa) to hang up; (dos vagones) to hitch up; (TEC) to couple, connect; (MIL) to recruit; (fam: persona) to rope in; ~se vr (MIL) to enlist, join up.

enganche [en'gantʃe] nm hook; (TEC) coupling, connection; (acto) hooking (up); (MIL) recruitment, enlistment; (AM: depósito) deposit.

engañar [enga'ɲar] vt to deceive; (estafar) to cheat, swindle; ~se vr (equivocarse) to be wrong; (disimular la verdad) to deceive o kid o.s.

engaño [en'gaɲo] nm deceit; (estafa) trick, swindle; (error) mistake, misunderstanding; (ilusión) delusion; ~so, a a (tramposo) crooked; (mentiroso) dishonest, deceitful; (aspecto) deceptive; (consejo) misleading.

engarzar [engar'θar] vt (joya) to set, mount; (fig) to link, connect.

engatusar [engatu'sar] vt (fam) to coax.

engendrar [enxen'drar] vt to breed; (procrear) to beget; (fig) to cause, produce; **engendro** nm (BIO) foetus; (fig) monstrosity; (idea) brainchild.

englobar [englo'βar] vt (incluir) to include, comprise.

engomar [engo'mar] vt to glue, stick.

engordar [engor'ðar] vt to fatten // vi to get fat, put on weight.

engorroso, a [engo'rroso, a] a bothersome, trying.

engranaje [engraˈnaxe] *nm* (*AUTO*) gear.

engrandecer [engrandeˈθer] *vt* to enlarge, magnify; (*alabar*) to praise, speak highly of; (*exagerar*) to exaggerate.

engrasar [engraˈsar] *vt* (*TEC: poner grasa*) to grease; (: *lubricar*) to lubricate, oil; (*manchar*) to make greasy.

engreído, a [engreˈiðo, a] *a* vain, conceited.

engrosar [engroˈsar] *vt* (*ensanchar*) to enlarge; (*aumentar*) to increase; (*hinchar*) to swell.

enhebrar [eneˈβrar] *vt* to thread.

enhorabuena [enoraˈβwena] *nf* congratulations *pl* // *ad* well and good.

enigma [eˈniɣma] *nm* enigma; (*problema*) puzzle; (*misterio*) mystery.

enjabonar [enxaβoˈnar] *vt* to soap; (*fam: adular*) to soft-soap; (: *regañar*) to tick off.

enjambre [enˈxambre] *nm* swarm.

enjaular [enxauˈlar] *vt* to (put in a) cage; (*fam*) to jail, lock up.

enjuagar [enxwaˈɣar] *vt* (*ropa*) to rinse (out).

enjuague *etc vb ver* **enjuagar** // [enˈxwaɣe] *nm* (*MED*) mouthwash; (*de ropa*) rinse, rinsing.

enjugar [enxuˈɣar] *vt* to wipe (off); (*lágrimas*) to dry; (*déficit*) to wipe out.

enjuiciar [enxwiˈθjar] *vt* (*JUR: procesar*) to prosecute, try; (*fig*) to judge.

enjuto, a [enˈxuto, a] *a* dry, dried up; (*fig*) lean, skinny.

enlace [enˈlaθe] *nm* link, connection; (*relación*) relationship; (*tb*: ~ **matrimonial**) marriage; (*de carretera, trenes*) connection; ~ **sindical** shop steward.

enlazar [enlaˈθar] *vt* (*unir con lazos*) to bind together; (*atar*) to tie; (*conectar*) to link, connect; (*AM*) to lasso.

enlodar [enloˈðar] *vt* to cover in mud; (*fig: manchar*) to stain; (: *rebajar*) to debase.

enloquecer [enlokeˈθer] *vt* to drive mad // *vi*, ~**se** *vr* to go mad.

enlutado, a [enluˈtaðo, a] *a* (*persona*) in mourning.

enmarañar [enmaraˈɲar] *vt* (*enredar*) to tangle (up), entangle; (*complicar*) to complicate; (*confundir*) to confuse; ~**se** *vr* (*enredarse*) to become entangled; (*confundirse*) to get confused.

enmarcar [enmarˈkar] *vt* (*cuadro*) to frame.

enmascarar [enmaskaˈrar] *vt* to mask; ~**se** *vr* to put on a mask.

enmendar [enmenˈdar] *vt* to emend, correct; (*constitución etc*) to amend; (*comportamiento*) to reform; ~**se** *vr* to reform, mend one's ways; **enmienda** *nf* correction; amendment; reform.

enmohecerse [enmoeˈθerse] *vr* (*metal*) to rust, go rusty; (*muro, plantas*) to get mouldy.

enmudecer [enmuðeˈθer] *vi*, **enmudecerse** *vr* (*perder el habla*) to fall silent; (*guardar silencio*) to remain silent.

ennegrecer [enneɣreˈθer] *vt* (*poner negro*) to blacken; (*oscurecer*) to darken; ~**se** *vr* to turn black; (*oscurecerse*) to get dark, darken.

ennoblecer [ennoβleˈθer] *vt* to ennoble.

enojadizo, a [enoxaˈðiθo, a] *a* irritable, short-tempered.

enojar [enoˈxar] *vt* (*encolerizar*) to anger; (*disgustar*) to annoy, upset; ~**se** *vr* to get angry; to get annoyed.

enojo [eˈnoxo] *nm* (*cólera*) anger; (*irritación*) annoyance; ~**so, a** *a* annoying.

enorgullecerse [enorɣuʎeˈθerse] *vr* to be proud; ~ **de** to pride o.s. on, be proud of.

enorme [eˈnorme] *a* enormous, huge; (*fig*) monstrous; **enormidad** *nf* hugeness, immensity.

enraizar [enraiˈθar] *vi* to take root.

enredadera [enreðaˈðera] *nf* (*BOT*) creeper, climbing plant.

enredar [enreˈðar] *vt* (*cables, hilos etc*) to tangle (up), entangle; (*situación*) to complicate, confuse; (*meter cizaña*) to sow discord among *o* between; (*implicar*) to embroil, implicate; ~**se** *vr* to get entangled, get tangled (up); (*situación*) to get complicated; (*persona*) to get embroiled; (*AM: fam*) to meddle.

enredo [enˈreðo] *nm* (*maraña*) tangle; (*confusión*) mix-up, confusion; (*intriga*) intrigue.

enrevesado, a [enreβeˈsaðo, a] *a* (*asunto*) complicated, involved.

enriquecer [enrikeˈθer] *vt* to make rich, enrich; ~**se** *vr* to get rich.

enrojecer [enroxeˈθer] *vt* to redden // *vi*, ~**se** *vr* (*persona*) to blush.

enrolar [enroˈlar] *vt* (*MIL*) to enlist; (*reclutar*) to recruit; ~**se** *vr* (*MIL*) to join up; (*afiliarse*) to enrol.

enrollar [enroˈʎar] *vt* to roll (up), wind (up).

enroscar [enrosˈkar] *vt* (*torcer, doblar*) to coil (round), wind; (*tornillo, rosca*) to screw in; ~**se** *vr* to coil, wind.

ensalada [ensaˈlaða] *nf* salad; **ensaladilla (rusa)** *nf* Russian salad.

ensalzar [ensalˈθar] *vt* (*alabar*) to praise, extol; (*exaltar*) to exalt.

ensambladura [ensamblaˈðura] *nf*, **ensamblaje** [ensamˈblaxe] *nm* assembly; (*TEC*) joint.

ensamblar [ensamˈblar] *vt* to assemble.

ensanchar [ensanˈtʃar] *vt* (*hacer más ancho*) to widen; (*agrandar*) to enlarge, expand; (*COSTURA*) to let out; ~**se** *vr* to get wider, expand; (*pey*) to give o.s.

airs; **ensanche** nm (de calle) widening; (de negocio) expansion.

ensangrentar [ensangren'tar] vt to stain with blood.

ensañar [ensa'ɲar] vt to enrage; ~se vr: ~se con to treat brutally.

ensartar [ensar'tar] vt (cuentas, perlas etc) to string (together).

ensayar [ensa'jar] vt to test, try (out); (TEATRO) to rehearse.

ensayista [ensa'jista] nm/f essayist.

ensayo [en'sajo] nm test, trial; (QUIMICA) experiment; (TEATRO) rehearsal; (DEPORTE) try; (ESCOL, LITE-RATURA) essay.

ensenada [ense'naða] nf inlet, cove.

enseñanza [ense'nanθa] nf (educación) education; (acción) teaching; (doctrina) teaching, doctrine.

enseñar [ense'ɲar] vt (educar) to teach; (instruir) to teach, instruct; (mostrar, señalar) to show.

enseres [en'seres] nmpl belongings.

ensillar [ensi'ʎar] vt to saddle (up).

ensimismarse [ensimis'marse] vr (abstraerse) to become lost in thought; (estar absorto) to be lost in thought; (AM) to become conceited.

ensordecer [ensorðe'θer] vt to deafen // vi to go deaf.

ensortijado, a [ensorti'xaðo, a] (pelo) curly.

ensuciar [ensu'θjar] vt (manchar) to dirty, soil; (fig) to defile; ~se vr (mancharse) to get dirty; (fig) to dirty o.s., wet o.s.

ensueño [en'sweɲo] nm (sueño) dream, fantasy; (ilusión) illusion; (soñando despierto) daydream.

entablado [enta'βlaðo] nm (piso) floor-boards pl; (armazón) boarding.

entablar [enta'βlar] vt (recubrir) to board (up); (AJEDREZ, DAMAS) to set up; (conversación) to strike up; (JUR) to file // vi to draw.

entablillar [entaβli'ʎar] vt (MED) to (put in a) splint.

entallar [enta'ʎar] vt (traje) to tailor // vi: el traje entalla bien the suit fits well.

ente ['ente] nm (organización) body, organization; (fam: persona) odd character.

entender [enten'der] vt (comprender) to understand; (darse cuenta) to realize; (querer decir) to mean // vi to understand; (creer) to think, believe; ~ de to know all about; ~ algo de to know a little about; ~ en to deal with, have to do with; ~se vr (comprenderse) to be understood; (2 personas) to get on together; (ponerse de acuerdo) to agree, reach an agreement; ~se mal (2 personas) to get on badly.

entendido, a [enten'diðo, a] a (comprendido) understood; (hábil) skilled; (inteligente) knowledgeable // nm/f (experto) expert // excl agreed!;

entendimiento nm (comprensión) understanding; (inteligencia) mind, intellect; (juicio) judgement.

enterado, a [ente'raðo, a] a well-informed; estar ~ de to know about, be aware of.

enteramente [entera'mente] ad entirely, completely.

enterar [ente'rar] vt (informar) to inform, tell; ~se vr to find out, get to know.

entereza [ente'reθa] nf (totalidad) entirety; (fig: carácter) strength of mind; (: honradez) integrity.

enternecer [enterne'θer] vt (ablandar) to soften; (apiadar) to touch, move; ~se vr to be touched, be moved.

entero, a [en'tero, a] a (total) whole, entire; (fig: recto) honest; (: firme) firm, resolute // nm (COM: punto) point; (AM: pago) payment.

enterrador [enterra'ðor] nm gravedigger.

enterrar [ente'rrar] vt to bury.

entibiar [enti'βjar] vt (enfriar) to cool; (calentar) to warm; ~se vr (fig) to cool.

entidad [enti'ðað] nf (empresa) firm, company; (organismo) body; (sociedad) society; (FILOSOFIA) entity.

entiendo etc vb ver **entender**.

entierro [en'tjerro] nm (acción) burial; (funeral) funeral.

entomología [entomolo'xia] nf entomology.

entonación [entona'θjon] nf (LING) intonation; (fig) conceit.

entonar [ento'nar] vt (canción) to intone; (colores) to tone; (MED) to tone up // vi to be in tune; ~se vr (engreírse) to give o.s. airs.

entonces [en'tonθes] ad then, at that time; desde ~ since then; en aquel ~ at that time; (pues) ~ and so.

entornar [entor'nar] vt (puerta, ventana) to half close, leave ajar; (los ojos) to screw up.

entorpecer [entorpe'θer] vt (entendimiento) to dull; (impedir) to obstruct, hinder; (: tránsito) to slow down, delay.

entrada [en'traða] nf (acción) entry, access; (sitio) entrance, way in; (IN-FORM) input; (COM) receipts pl, takings pl; (CULIN) entrée; (DEPORTE) innings sg; (TEATRO) house, audience; (para el cine etc) ticket; (COM): ~s y salidas income and expenditure; (TEC): ~ de aire air intake o inlet; de ~ from the outset.

entrado, a [en'traðo, a] a: ~ en años elderly; una vez ~ el verano in the summer(time), when summer comes.

entrante [en'trante] a next, coming; mes/año ~ next month/year.

entraña [en'traɲa] nf (fig: centro) heart, core; (raíz) root; ~s nfpl (ANAT) entrails; (fig) heart sg; **entrañable** a close, intimate.

entrar [en'trar] vt (introducir) to bring in; (INFORM) to input // vi (meterse) to go in, come in, enter; (comenzar): ~ diciendo to begin by saying; **no me entra** I can't get the hang of it.

entre ['entre] prep (dos) between; (más de dos) among(st).

entreabrir [entrea'βrir] vt to half-open, open halfway.

entrecejo [entre'θexo] nm: fruncir el ~ to frown.

entrecortado, a [entrekor'taðo, a] a (respiración) difficult; (habla) faltering.

entredicho [entre'ðitʃo] nm (JUR) injunction; **poner en ~** to cast doubt on; **estar en ~** to be banned.

entrega [en'treɣa] nf (de mercancías) delivery; (de novela etc) instalment.

entregar [entre'ɣar] vt (dar) to hand (over), deliver; ~se vr (rendirse) to surrender, give in, submit; (dedicarse) to devote o.s.

entrelazar [entrela'θar] vt to entwine.

entremeses [entre'meses] nmpl hors d'œuvres.

entremeter [entreme'ter] vt to insert, put in; ~se vr to meddle, interfere; **entremetido, a** a meddling, interfering.

entremezclar [entremeθ'klar] vt, **entremezclarse** vr to intermingle.

entrenador, a [entrena'ðor, a] nm/f trainer, coach.

entrenarse [entre'narse] vr to train.

entrepierna [entre'pjerna] nf crotch.

entresacar [entresa'kar] vt to pick out, select.

entresuelo [entre'swelo] nm mezzanine, entresol.

entretanto [entre'tanto] ad meanwhile, meantime.

entretejer [entrete'xer] vt to interweave.

entretener [entrete'ner] vt (divertir) to entertain, amuse; (detener) to hold up, delay; (mantener) to maintain; ~se vr (divertirse) to amuse o.s.; (retrasarse) to delay, linger; **entretenido, a** a entertaining, amusing; **entretenimiento** nm entertainment, amusement; (mantenimiento) upkeep, maintenance.

entrever [entre'βer] vt to glimpse, catch a glimpse of.

entrevista [entre'βista] nf interview; **entrevistar** vt to interview; **entrevistarse** vr to have an interview.

entristecer [entriste'θer] vt to sadden, grieve; ~se vr to grow sad.

entrometer [entrome'ter] vt etc = **entremeter** etc.

entroncar [entron'kar] vi to be connected o related.

entumecer [entume'θer] vt to numb,

benumb; ~se vr (por el frío) to go o become numb; **entumecido, a** a numb, stiff.

enturbiar [entur'βjar] vt (el agua) to make cloudy; (fig) to confuse; ~se vr (oscurecerse) to become cloudy; (fig) to get confused, become obscure.

entusiasmar [entusjas'mar] vt to excite, fill with enthusiasm; (gustar mucho) to delight; ~se vr: ~se con o por to get enthusiastic o excited about.

entusiasmo [entu'sjasmo] nm enthusiasm; (excitación) excitement.

entusiasta [entu'sjasta] a enthusiastic // nm/f enthusiast.

enumerar [enume'rar] vt to enumerate.

enunciación [enunθja'θjon] nf, **enunciado** [enun'θjaðo] nm enunciation; (declaración) declaration, statement.

envainar [embai'nar] vt to sheathe.

envalentonar [embalento'nar] vt to give courage to; ~se vr (pey: jactarse) to boast, brag.

envanecer [embane'θer] vt to make conceited; ~se vr to grow conceited.

envasar [emba'sar] vt (empaquetar) to pack, wrap; (enfrascar) to bottle; (enlatar) to can; (embolsar) to pocket.

envase [em'base] nm (en paquete) packing, wrapping; (en botella) bottling; (en lata) canning; (recipiente) container; (paquete) package; (botella) bottle; (lata) tin (Brit).

envejecer [embexe'θer] vt to make old, age // vi, ~se vr (volverse viejo) to grow old; (parecer viejo) to age.

envenenar [embene'nar] vt to poison; (fig) to embitter.

envergadura [emberɣa'ðura] nf (fig) scope, compass.

envés [em'bes] nm (de tela) back, wrong side.

enviar [em'bjar] vt to send.

envidia [em'biðja] nf (deseo ferviente) envy; (celos) jealousy; **envidiar** vt (desear) to envy; (tener celos de) to be jealous of.

envío [em'bio] nm (acción) sending; (de mercancías) consignment; (de dinero) remittance.

enviudar [embju'ðar] vi to be widowed.

envoltura [embol'tura] nf (cobertura) cover; (embalaje) wrapper, wrapping.

envolver [embol'βer] vt to wrap (up); (cubrir) to cover; (enemigo) to surround; (implicar) to involve, implicate.

envuelto [em'bwelto] pp de **envolver**.

enyesar [enje'sar] vt (pared) to plaster; (MED) to put in plaster.

épico, a ['epiko, a] a epic // nf epic.

epidemia [epi'ðemja] nf epidemic.

epilepsia [epi'lepsja] nf epilepsy.

epílogo [e'piloxo] nm epilogue.

episodio [epi'soðjo] nm episode.

epístola [e'pistola] *nf* epistle.

época ['epoka] *nf* period, time; (*HISTORIA*) age, epoch; **hacer ~ to** be epoch-making.

equidad [eki'ðað] *nf* equity.

equilibrar [ekili'βrar] *vt* to balance; **equilibrio** *nm* balance, equilibrium; **equilibrista** *nm/f* (*funámbulo*) tightrope walker; (*acróbata*) acrobat.

equipaje [eki'paxe] *nm* luggage; (*avíos*) equipment, kit; **~ de mano** hand luggage.

equipar [eki'par] *vt* (*proveer*) to equip.

equipararse [ekipa'rarse] *vr*: **~ con** to be on a level with.

equipo [e'kipo] *nm* (*conjunto de cosas*) equipment; (*DEPORTE, grupo*) team; (: *de obreros*) shift.

equis ['ekis] *nf inv* (the letter) X.

equitación [ekita'θjon] *nf* (*acto*) riding; (*arte*) horsemanship.

equitativo, a [ekita'tiβo, a] *a* equitable, fair.

equivalente [ekiβa'lente] *a, nm* equivalent.

equivaler [ekiβa'ler] *vi* to be equivalent *o* equal.

equivocación [ekiβoka'θjon] *nf* mistake, error.

equivocado, a [ekiβo'kaðo, a] *a* wrong, mistaken.

equivocarse [ekiβo'karse] *vr* to be wrong, make a mistake; **~ de camino** to take the wrong road.

equívoco, a [e'kiβoko, a] *a* (*dudoso*) suspect; (*ambiguo*) ambiguous // *nm* ambiguity; (*malentendido*) misunderstanding.

era *vb ver* **ser** // ['era] *nf* era, age.

erais *vb ver* **ser**.

éramos *vb ver* **ser**.

eran *vb ver* **ser**.

erario [e'rarjo] *nm* exchequer (*Brit*), treasury.

eras *vb ver* **ser**.

eres *vb ver* **ser**.

erguir [er'xir] *vt* to raise, lift; (*poner derecho*) to straighten; **~se** *vr* to straighten up.

erigir [eri'xir] *vt* to erect, build; **~se** *vr*: **~se en** to set o.s. up as.

erizado, a [eri'θaðo, a] *a* bristly.

erizarse [eri'θarse] *vr* (*pelo: de perro*) to bristle; (: *de persona*) to stand on end.

erizo [e'riθo] *nm* (*ZOOL*) hedgehog; (*tb*: **~ de mar**) sea-urchin.

ermitaño, a [ermi'taɲo, a] *nm/f* hermit.

erosionar [erosjo'nar] *vt* to erode.

erótico, a [e'rotiko, a] *a* erotic; **erotismo** *nm* eroticism.

erradicar [erraði'kar] *vt* to eradicate.

errante [e'rrante] *a* wandering, errant.

errar [e'rrar] *vi* (*vagar*) to wander, roam; (*equivocarse*) to be mistaken // *vt*: **~ el camino** to take the wrong road; **~ el tiro** to miss.

erróneo, a [e'rroneo, a] *a* (*equivocado*) wrong, mistaken; (*falso*) false, untrue.

error [e'rror] *nm* error, mistake; (*INFORM*) bug; **~ de imprenta** misprint.

eructar [eruk'tar] *vt* to belch, burp.

erudito, a [eru'ðito, a] *a* erudite, learned.

erupción [erup'θjon] *nf* eruption; (*MED*) rash.

es *vb ver* **ser**.

esa, esas *a demostrativo ver* **ese**.

ésa, ésas *pron ver* **ése**.

esbelto, a [es'βelto, a] *a* slim, slender.

esbozo [es'βoθo] *nm* sketch, outline.

escabeche [eska'βetʃe] *nm* brine; (*de aceitunas etc*) pickle; **en ~** pickled.

escabroso, a [eska'βroso, a] *a* (*accidentado*) rough, uneven; (*fig*) tough, difficult; (: *atrevido*) risqué.

escabullirse [eskaβu'ʎirse] *vr* to slip away, to clear out.

escafandra [eska'fandra] *nf* (*buzo*) diving suit; (**~ espacial**) space suit.

escala [es'kala] *nf* (*proporción, MUS*) scale; (*de mano*) ladder; (*AVIAT*) stopover; **hacer ~ en** to stop *o* call in at.

escalafón [eskala'fon] *nm* (*escala de salarios*) salary scale, wage scale.

escalar [eska'lar] *vt* to climb, scale.

escalera [eska'lera] *nf* stairs *pl*, staircase; (*escala*) ladder; (*NAIPES*) run; **~ mecánica** escalator; **~ de caracol** spiral staircase.

escalfar [eskal'far] *vt* (*huevos*) to poach.

escalinata [eskali'nata] *nf* staircase.

escalofrío [eskalo'frio] *nm* (*MED*) chill; **~s** *nmpl* (*fig*) shivers; **escalofriante** *a* chilling.

escalón [eska'lon] *nm* step, stair; (*de escalera*) rung.

escalope [eska'lope] *nm* (*CULIN*) escalope.

escama [es'kama] *nf* (*de pez, serpiente*) scale; (*de jabón*) flake; (*fig*) resentment.

escamotear [eskamote'ar] *vt* (*fam: robar*) to lift, swipe; (*hacer desaparecer*) to make disappear.

escampar [eskam'par] *vb impersonal* to stop raining.

escandalizar [eskandali'θar] *vt* to scandalize, shock; **~se** *vr* to be shocked; (*ofenderse*) to be offended.

escándalo [es'kandalo] *nm* scandal; (*alboroto, tumulto*) row, uproar; **escandaloso, a** *a* scandalous, shocking.

escandinavo, a [eskandi'naβo, a] *a, nm/f* Scandinavian.

escaño [es'kaɲo] *nm* bench; (*POL*) seat.

escapar [eska'par] *vi* (*gen*) to escape, run away; (*DEPORTE*) to break away; **~se** *vr* to escape, get away; (*agua, gas*) to leak (out).

escaparate [eskapa'rate] *nm* shop window.

escape [es'kape] nm (de agua, gas) leak; (de motor) exhaust; (de persona) escape.

escarabajo [eskara'βaxo] nm beetle.

escaramuza [eskara'muθa] nf skirmish; (fig) brush.

escarbar [eskar'βar] vt (gallina) to scratch; (fig) to inquire into, investigate.

escarcha [es'kartʃa] nf frost.

escarlata [eskar'lata] a inv scarlet; **escarlatina** nf scarlet fever.

escarmentar [eskarmen'tar] vt to punish severely // vi to learn one's lesson.

escarmiento etc vb ver escarmentar // [eskar'mjento] nm (ejemplo) lesson; (castigo) punishment.

escarnio [es'karnjo] nm mockery; (injuria) insult.

escarola [eska'rola] nf endive.

escarpado, a [eskar'paðo, a] a (pendiente) sheer, steep; (rocas) craggy.

escasear [eskase'ar] vi to be scarce.

escasez [eska'seθ] nf (falta) shortage, scarcity; (pobreza) poverty.

escaso, a [es'kaso, a] a (poco) scarce; (raro) rare; (ralo) thin, sparse; (limitado) limited.

escatimar [eskati'mar] vt (limitar) to skimp (on), be sparing with.

escena [es'θena] nf scene.

escenario [esθe'narjo] nm (TEATRO) stage; (CINE) set; (fig) scene; **escenografía** nf set design.

escepticismo [esθepti'θismo] nm scepticism; **escéptico, a** a sceptical // nm/f sceptic.

esclarecer [esklare'θer] vt (iluminar) to light up, illuminate; (misterio, problema) to shed light on.

esclavitud [esklaβi'tuð] nf slavery.

esclavizar [esklaβi'θar] vt to enslave.

esclavo, a [es'klaβo, a] nm/f slave.

esclusa [es'klusa] nf (de canal) lock; (compuerta) floodgate.

escoba [es'koβa] nf broom.

escocer [esko'θer] vi to burn, sting; ~se vr to chafe, get chafed.

escocés, esa [esko'θes, esa] a Scottish // nm/f Scotsman/woman, Scot.

Escocia [es'koθja] nf Scotland.

escoger [esko'xer] vt to choose, pick, select; **escogido, a** a chosen, selected; (calidad) choice, select.

escolar [esko'lar] a school cpd // nm/f schoolboy/girl, pupil.

escolta [es'kolta] nf escort; **escoltar** vt to escort.

escombros [es'kombros] nmpl (basura) rubbish sg; (restos) debris sg.

esconder [eskon'der] vt to hide, conceal; ~se vr to hide; **escondite** nm hiding place; (juego) hide-and-seek; **escondrijo** nm hiding place, hideout.

escopeta [esko'peta] nf shotgun.

escoria [es'korja] nf (de alto horno) slag; (fig) scum, dregs pl.

Escorpio [es'korpjo] nm Scorpio.

escorpión [eskor'pjon] nm scorpion.

escotado, a [esko'taðo, a] a low-cut.

escote [es'kote] nm (de vestido) low neck; pagar a ~ to share the expenses.

escotilla [esko'tiʎa] nf (NAUT) hatch(way).

escozor [esko'θor] nm (dolor) sting(ing).

escribano, a [eskri'βano, a], **escribiente** [eskri'βjente] nm/f clerk.

escribir [eskri'βir] vt, vi to write; ~ a máquina to type; ¿cómo se escribe? how do you spell it?

escrito, a [es'krito, a] pp de escribir // nm (documento) document; (manuscrito) text, manuscript; por ~ in writing.

escritor, a [eskri'tor, a] nm/f writer.

escritorio [eskri'torjo] nm desk; (oficina) office.

escritura [eskri'tura] nf (acción) writing; (caligrafía) (hand)writing; (JUR: documento) deed.

escrúpulo [es'krupulo] nm scruple; (minuciosidad) scrupulousness; **escrupuloso, a** a scrupulous.

escrutar [eskru'tar] vt to scrutinize, examine; (votos) to count.

escrutinio [eskru'tinjo] nm (examen atento) scrutiny; (POL: recuento de votos) count(ing).

escuadra [es'kwaðra] nf (MIL etc) squad; (NAUT) squadron; (de coches etc) fleet; **escuadrilla** nf (de aviones) squadron; (AM: de obreros) gang.

escuadrón [eskwa'ðron] nm squadron.

escuálido, a [es'kwaliðo, a] a skinny, scraggy; (sucio) squalid.

escuchar [esku'tʃar] vt to listen to // vi to listen.

escudilla [esku'ðiʎa] nf bowl, basin.

escudo [es'kuðo] nm shield.

escudriñar [eskuðri'ɲar] vt (examinar) to investigate, scrutinize; (mirar de lejos) to scan.

escuela [es'kwela] nf school; ~ de artes y oficios (Esp) ≈ technical college; ~ normal teacher training college.

escueto, a [es'kweto, a] a plain; (estilo) simple.

escuincle [es'kwinkle] nm/f (AM fam) kid.

esculpir [eskul'pir] vt to sculpt; (grabar) to engrave; (tallar) to carve; **escultor, a** nm/f sculptor/tress; **escultura** nf sculpture.

escupidera [eskupi'ðera] nf spittoon.

escupir [esku'pir] vt, vi to spit (out).

escurreplatos [eskurre'platos] nm inv plate rack.

escurridizo, a [eskurri'ðiθo, a] a slippery.

escurrir [esku'rrir] vt (ropa) to wring

out; (*verduras, platos*) to drain // *vi* (*los líquidos*) to drip; ~se *vr* (*secarse*) to drain; (*resbalarse*) to slip, slide; (*escaparse*) to slip away.

ese, esa, esos, esas ['ese, 'esa, 'esos, 'esas] *a demostrativo* (*sg*) that; (*pl*) those.

ése, ésa, ésos, ésas ['ese, 'esa, 'esos, 'esas] *pron* (*sg*) that (one); (*pl*) those (ones); ~... éste... the former... the latter...; no me vengas con ésas don't give me any more of that nonsense.

esencia [e'senθja] *nf* essence; **esencial** *a* essential.

esfera [es'fera] *nf* sphere; (*de reloj*) face; **esférico, a** *a* spherical.

esforzado, a [esfor'θaðo, a] *a* (*enérgico*) energetic, vigorous.

esforzarse [esfor'θarse] *vr* to exert o.s., make an effort.

esfuerzo *etc vb ver* **esforzar** // [es'fwerθo] *nm* effort.

esfumarse [esfu'marse] *vr* (*apoyo, esperanzas*) to fade away.

esgrima [es'vrima] *nf* fencing.

esguince [es'vinθe] *nm* (MED) sprain.

eslabón [esla'ßon] *nm* link.

esmaltar [esmal'tar] *vt* to enamel; **esmalte** *nm* enamel; **esmalte de uñas** nail varnish o polish.

esmerado, a [esme'raðo, a] *a* careful, neat.

esmeralda [esme'ralda] *nf* emerald.

esmerarse [esme'rarse] *vr* (*aplicarse*) to take great pains, exercise great care; (*afanarse*) to work hard.

esmero [es'mero] *nm* (great) care.

esnob [es'nob] *a inv* (*persona*) snobbish; (*coche etc*) posh // (*pl* ~s) *nm/f* snob; ~**ismo** *nm* snobbery.

eso ['eso] *pron* that, that thing o matter; ~ de su coche that business about his car; ~ de ir al cine all that about going to the cinema; a ~ de las cinco at about five o'clock; en ~ thereupon, at that point; ~ es that's it; ¡~ sí que es vida! now that is really living!; por ~ te lo dije that's why I told you; y ~ que llovía in spite of the fact it was raining.

esos ['esos] *a demostrativo ver* **ese**.

ésos ['esos] *pron ver* **ése**.

espabilar [espaßi'lar] *vt*, **espabilarse** *vr* = **despabilar**.

espacial [espa'θjal] *a* (*del espacio*) space *cpd*.

espaciar [espa'θjar] *vt* to space (out).

espacio [es'paθjo] *nm* space; (MUS) interval; (RADIO, TV) programme (*Brit*), program (*US*); el ~ space; ~**so, a** *a* spacious, roomy.

espada [es'paða] *nf* sword; ~**s** *nfpl* (NAIPES) spades.

espaguetis [espa'vetis] *nmpl* spaghetti *sg.*

espalda [es'palda] *nf* (*gen*) back; ~**s** *nfpl*

(*hombres*) shoulders; a ~**s de uno** behind sb's back; **tenderse de ~s** to lie (down) on one's back; **volver la ~ a alguien** to cold-shoulder sb.

espaldilla [espal'ðiʎa] *nf* shoulder blade.

espantadizo, a [espanta'ðiθo, a] *a* timid, easily frightened.

espantajo [espan'taxo] *nm*, **espantapájaros** [espanta'paxaros] *nm inv* scarecrow.

espantar [espan'tar] *vt* (*asustar*) to frighten, scare; (*ahuyentar*) to frighten off; (*asombrar*) to horrify, appal; ~**se** *vr* to get frightened o scared; to be appalled.

espanto [es'panto] *nm* (*susto*) fright; (*terror*) terror; (*asombro*) astonishment; ~**so, a** *a* frightening; terrifying; astonishing.

España [es'paɲa] *nf* Spain; **español, a** *a* Spanish // *nm/f* Spaniard // *nm* (LING) Spanish.

esparadrapo [espara'ðrapo] *nm* (sticking) plaster (*Brit*), adhesive tape (*US*).

esparcimiento [esparθi'mjento] *nm* (*dispersión*) spreading; (*derramamiento*) scattering; (*fig*) cheerfulness.

esparcir [espar'θir] *vt* to spread; (*derramar*) to scatter; ~**se** *vr* to spread (out); to scatter; (*divertirse*) to enjoy o.s.

espárrago [es'parravo] *nm* asparagus.

espasmo [es'pasmo] *nm* spasm.

espátula [es'patula] *nf* spatula.

especia [es'peθja] *nf* spice.

especial [espe'θjal] *a* special; ~**idad** *nf* speciality (*Brit*), specialty (*US*).

especie [es'peθje] *nf* (BIO) species; (*clase*) kind, sort; en ~ in kind.

especificar [espeθifi'kar] *vt* to specify; **específico, a** *a* specific.

espécimen [es'peθimen] (*pl* **especímenes**) *nm* specimen.

espectáculo [espek'takulo] *nm* (*gen*) spectacle; (TEATRO *etc*) show.

espectador, a [espekta'ðor, a] *nm/f* spectator.

espectro [es'pektro] *nm* ghost; (*fig*) spectre.

especular [espeku'lar] *vt, vi* to speculate.

espejismo [espe'xismo] *nm* mirage.

espejo [es'pexo] *nm* mirror; (*fig*) model; ~ **retrovisor** rear-view mirror.

espeluznante [espeluθ'nante] *a* horrifying, hair-raising.

espera [es'pera] *nf* (*pausa, intervalo*) wait; (JUR: *plazo*) respite; en ~ de waiting for; (*con expectativa*) expecting.

esperanza [espe'ranθa] *nf* (*confianza*) hope; (*expectativa*) expectation; hay pocas ~**s de que venga** there is little prospect of his coming; **esperanzar** *vt* to give hope to.

esperar [espe'rar] *vt* (*aguardar*) to wait for; (*tener expectativa de*) to expect;

(desear) to hope for // *vi* to wait; to expect; to hope.

esperma [es'perma] *nf* sperm.

espesar [espe'sar] *vt* to thicken; ~se *vr* to thicken, get thicker.

espeso, a [es'peso, a] *a* thick; **espesor** *nm* thickness.

espía [es'pia] *nm/f* spy; **espiar** *vt* *(observar)* to spy on // *vi*: **espiar para** to spy for.

espiga [es'piɣa] *nf* (*BOT: de trigo etc*) ear.

espina [es'pina] *nf* thorn; *(de pez)* bone; ~ **dorsal** *(ANAT)* spine.

espinaca [espi'naka] *nf* spinach.

espinazo [espi'naθo] *nm* spine, backbone.

espinilla [espi'niʎa] *nf* *(ANAT: tibia)* shin(bone); *(grano)* blackhead.

espino [es'pino] *nm* hawthorn.

espinoso, a [espi'noso, a] *a* *(planta)* thorny, prickly; *(fig)* difficult.

espionaje [espjo'naxe] *nm* spying, espionage.

espiral [espi'ral] *a, nf* spiral.

espirar [espi'rar] *vt* to breathe out, exhale.

espiritista [espiri'tista] *a, nm/f* spiritualist.

espíritu [es'piritu] *nm* spirit; **espiritual** *a* spiritual.

espita [es'pita] *nf* tap.

espléndido, a [es'plendiðo, a] *a* *(magnífico)* magnificent, splendid; *(generoso)* generous.

esplendor [esplen'dor] *nm* splendour.

espolear [espole'ar] *vt* to spur on.

espoleta [espo'leta] *nf* *(de bomba)* fuse.

espolvorear [espolβore'ar] *vt* to dust, sprinkle.

esponja [es'ponxa] *nf* sponge; *(fig)* sponger; **esponjoso, a** *a* spongy.

espontaneidad [espontanei'ðað] *nf* spontaneity; **espontáneo, a** *a* spontaneous.

esposa [es'posa] *nf* wife; ~s *nfpl* handcuffs; **esposar** *vt* to handcuff.

esposo [es'poso] *nm* husband.

espuela [es'pwela] *nf* spur.

espuma [es'puma] *nf* foam; *(de cerveza)* froth, head; *(de jabón)* lather; **espumoso, a** *a* frothy, foamy; *(vino)* sparkling.

esqueje [es'kexe] *nm* *(de planta)* cutting.

esqueleto [eske'leto] *nm* skeleton.

esquema [es'kema] *nm* *(diagrama)* diagram; *(dibujo)* plan; *(plan)* scheme; *(FILOSOFIA)* schema.

esquí [es'ki] *(pl* ~s) *nm* *(objeto)* ski; *(DEPORTE)* skiing; ~ **acuático** waterskiing; **esquiar** *vi* to ski.

esquilar [eski'lar] *vt* to shear.

esquimal [eski'mal] *a, nm/f* Eskimo.

esquina [es'kina] *nf* corner.

esquirol [eski'rol] *nm* blackleg.

esquivar [eski'βar] *vt* to avoid; *(evadir)* to dodge, elude.

esquivo, a [es'kiβo, a] *a* *(tímido)* reserved; *(huraño)* unsociable.

esta ['esta] *a demostrativo ver* **este**.

ésta ['esta] *pron ver* **éste**.

está *vb ver* **estar**.

estabilidad [estaβili'ðað] *nf* stability; **estable** *a* stable.

establecer [estaβle'θer] *vt* to establish; ~se *vr* to establish o.s.; *(echar raíces)* to settle (down); **establecimiento** *nm* establishment.

estaca [es'taka] *nf* stake, post; *(de tienda de campaña)* peg.

estacada [esta'kaða] *nf* *(cerca)* fence, fencing; *(palenque)* stockade.

estación [esta'θjon] *nf* station; *(del año)* season; ~ **de autobuses** bus station; ~ **balnearia** seaside resort; ~ **de servicio** service station.

estacionamiento [estaθjona'mjento] *nm* *(AUTO)* parking; *(MIL)* stationing.

estacionar [estaθjo'nar] *vt* *(AUTO)* to park; *(MIL)* to station; ~**io, a** *a* stationary; *(COM: mercado)* slack.

estadio [es'taðjo] *nm* *(fase)* stage, phase; *(DEPORTE)* stadium.

estadista [esta'ðista] *nm* *(POL)* statesman; *(ESTADISTICA)* statistician.

estadística [esta'ðistika] *nf* *(una* ~) figure, statistic; *(ciencia)* statistics *sg.*

estado [es'taðo] *nm* *(POL: condición)* state; ~ **de cuenta** bank statement; ~ **civil** marital status; ~ **mayor** staff; **estar en** ~ to be pregnant; **E**~**s Unidos** (EE.UU.) *nmpl* United States (of America) (USA) *sg.*

estadounidense [estaðouni'ðense] *a* United States *cpd*, American // *nm/f* American.

estafa [es'tafa] *nf* swindle, trick; **estafar** *vt* to swindle, defraud.

estafeta [esta'feta] *nf* *(oficina de correos)* post office; ~ **diplomática** diplomatic bag.

estáis *vb ver* **estar**.

estallar [esta'ʎar] *vi* to burst; *(bomba)* to explode, go off; *(epidemia, guerra, rebelión)* to break out; ~ **en llanto** to burst into tears; **estallido** *nm* explosion; *(fig)* outbreak.

estampa [es'tampa] *nf* *(impresión, imprenta)* print, engraving; *(imagen, figura: de persona)* appearance.

estampado, a [estam'paðo, a] *a* printed // *nm* *(impresión: acción)* printing; *(: efecto)* print; *(marca)* stamping.

estampar [estam'par] *vt* *(imprimir)* to print; *(marcar)* to stamp; *(metal)* to engrave; *(poner sello en)* to stamp; *(fig)* to stamp, imprint.

estampida [estam'piða] *nf* stampede.

estampido [estam'piðo] *nm* bang, report.

estampilla [estam'piʎa] *nf* stamp.

están *vb ver* **estar**.

estancado, a [estan'kaðo, a] *a* stagnant.

estancar [estan'kar] *vt* (*aguas*) to hold up, hold back; (*COM*) to monopolize; (*fig*) to block, hold up; **~se** *vr* to stagnate.

estancia [es'tanθja] *nf* (*permanencia*) stay; (*sala*) room; (*AM*) farm, ranch; **estanciero** *nm* (*AM*) farmer, rancher.

estanco, a [es'tanko, a] *a* watertight // *nm* tobacconist's (shop).

estándar [es'tandar] *a, nm* standard; **estandarizar** *vt* to standardize.

estandarte [estan'darte] *nm* banner, standard.

estanque [es'tanke] *nm* (*lago*) pool, pond; (*AGR*) reservoir.

estanquero, a [estan'kero, a] *nm/f* tobacconist.

estante [es'tante] *nm* (*armario*) rack, stand; (*biblioteca*) bookcase; (*anaquel*) shelf; (*AM*) prop; **estantería** *nf* shelving, shelves *pl*.

estaño [es'taɲo] *nm* tin.

estar [es'tar] ♦ *vi* **1** (*posición*) to be; **está en la plaza** it's in the square; **¿está Juan?** is Juan in?; **estamos a 30 km de Junín** we're 30 kms from Junín
2 (+ *adjetivo: estado*) to be; **~ enfermo** to be ill; **está muy elegante** he's looking very smart; **¿cómo estás?** how are you keeping?
3 (+ *gerundio*) to be; **estoy leyendo** I'm reading
4 (*uso pasivo*): **está condenado a muerte** he's been condemned to death; **está envasado en ...** it's packed in ...
5 (*con fechas*): **¿a cuántos estamos?** what's the date today?; **estamos a 5 de mayo** it's the 5th of May
6 (*locuciones*): **¿estamos?** (*¿de acuerdo?*) okay?; (*¿listo?*) ready?; **¡ya está bien!** that's enough!
7: **~ de: ~ de vacaciones/viaje** to be on holiday/away *o* on a trip; **está de camarero** he's working as a waiter
8: **~ para: está para salir** he's about to leave; **no estoy para bromas** I'm not in the mood for jokes
9: **~ por** (*propuesta etc*) to be in favour of; (*persona etc*) to support, side with; **está por limpiar** it still has to be cleaned
10: **~ sin: ~ sin dinero** to have no money; **está sin terminar** it isn't finished yet
♦ *vr*: **~se: se estuvo en la cama toda la tarde** he stayed in bed all afternoon.

estas ['estas] *a ver* **este**.

éstas ['estas] *pron ver* **éste**.

estatal [esta'tal] *a* state *cpd*.

estático, a [es'tatiko, a] *a* static.

estatua [es'tatwa] *nf* statue.

estatura [esta'tura] *nf* stature, height.

estatuto [esta'tuto] *nm* (*JUR*) statute;

(*de ciudad*) bye-law; (*de comité*) rule.

este ['este] *nm* east.

este, esta, estos, estas ['este, 'esta, 'estos, 'estas] *a demostrativo* (*sg*) this; (*pl*) these.

éste, ésta, éstos, éstas ['este, 'esta, 'estos, 'estas] *pron* (*sg*) this (one); (*pl*) these (ones); **ése... ~...** the former... the latter....

esté *etc vb ver* **estar**.

estela [es'tela] *nf* wake, wash; (*fig*) trail.

estén *etc vb ver* **estar**.

estenografía [estenoɣra'fia] *nf* shorthand.

estera [es'tera] *nf* mat(ting).

estéreo [es'tereo] *a inv, nm* stereo; **estereotipo** *nm* stereotype.

estéril [es'teril] *a* sterile, barren; (*fig*) vain, futile.

esterlina [ester'lina] *a*: **libra ~** pound sterling.

estés *etc vb ver* **estar**.

estético, a [es'tetiko, a] *a* aesthetic // *nf* aesthetics *sg*.

estiércol [es'tjerkol] *nm* dung, manure.

estigma [es'tiɣma] *nm* stigma.

estilar [esti'lar] *vi*, **estilarse** *vr* (*estar de moda*) to be in fashion; (*usarse*) to be used.

estilo [es'tilo] *nm* style; (*TEC*) stylus; (*NATACIÓN*) stroke; **algo por el ~** something along those lines.

estima [es'tima] *nf* esteem, respect.

estimación [estima'θjon] *nf* (*evaluación*) estimation; (*aprecio, afecto*) esteem, regard.

estimar [esti'mar] *vt* (*evaluar*) to estimate; (*valorar*) to value; (*apreciar*) to esteem, respect; (*pensar, considerar*) to think, reckon.

estimulante [estimu'lante] *a* stimulating // *nm* stimulant.

estimular [estimu'lar] *vt* to stimulate; (*excitar*) to excite.

estímulo [es'timulo] *nm* stimulus; (*ánimo*) encouragement.

estío [es'tio] *nm* summer.

estipulación [estipula'θjon] *nf* stipulation, condition; **estipular** *vt* to stipulate.

estirado, a [esti'raðo, a] *a* (*tenso*) (stretched *o* drawn) tight; (*fig: persona*) stiff, pompous.

estirar [esti'rar] *vt* to stretch; (*dinero, suma etc*) to stretch out; **~se** *vr* to stretch.

estirón [esti'ron] *nm* pull, tug; (*crecimiento*) spurt, sudden growth; **dar un ~** (*niño*) to shoot up.

estirpe [es'tirpe] *nf* stock, lineage.

estival [esti'βal] *a* summer *cpd*.

esto ['esto] *pron* this, this thing *o* matter; **~ de la boda** this business about the wedding.

Estocolmo [esto'kolmo] *nm* Stockholm.

estofa [es'tofa] *nf*: **de baja ~** poor-quality.

estofado [esto'faðo] *nm* (*CULIN*) stew.

estofar [esto'far] *vt* (*CULIN*) to stew.

estómago [es'tomaɣo] *nm* stomach; **tener ~** to be thick-skinned.

estorbar [estor'ßar] *vt* to hinder, obstruct; (*fig*) to bother, disturb // *vi* to be in the way; **estorbo** *nm* (*molestia*) bother, nuisance; (*obstáculo*) hindrance, obstacle.

estornudar [estornu'ðar] *vi* to sneeze.

estos ['estos] *a demostrativo ver* **este**.

éstos ['estos] *pron ver* **éste**.

estoy *vb ver* **estar**.

estrafalario, a [estrafa'larjo, a] *a* odd, eccentric; (*desarreglado*) slovenly, sloppy.

estrago [es'traɣo] *nm* ruin, destruction; **hacer ~s en** to wreak havoc among.

estragón [estra'ɣon] *nm* tarragon.

estrangulador, a [estrangula'ðor, a] *nm/f* strangler // *nm* (*TEC*) throttle; (*AUTO*) choke.

estrangulamiento [estrangula'mjento] *nm* (*AUTO*) bottleneck.

estrangular [estrangu'lar] *vt* (*persona*) to strangle; (*MED*) to strangulate.

estraperlo [estra'perlo] *nm* black market.

estratagema [estrata'xema] *nf* (*MIL*) stratagem; (*astucia*) cunning.

estrategia [estra'texja] *nf* strategy; **estratégico, a** *a* strategic.

estratificar [estratifi'kar] *vt* to stratify.

estrato [es'trato] *nm* stratum, layer.

estrechar [estre'tʃar] *vt* (*reducir*) to narrow; (*COSTURA*) to take in; (*persona*) to hug, embrace; **~se** *vr* (*reducirse*) to narrow, grow narrow; (*2 personas*) to embrace; **~ la mano** to shake hands.

estrechez [estre'tʃeθ] *nf* narrowness; (*de ropa*) tightness; (*intimidad*) intimacy; (*COM*) want o shortage of money; **estrecheces** *nfpl* financial difficulties.

estrecho, a [es'tretʃo, a] *a* narrow; (*apretado*) tight; (*íntimo*) close, intimate; (*miserable*) mean // *nm* strait; **~ de miras** narrow-minded.

estrella [es'treʎa] *nf* star.

estrellar [estre'ʎar] *vt* (*hacer añicos*) to smash (to pieces); (*huevos*) to fry; **~se** *vr* to smash; (*chocarse*) to crash; (*fracasar*) to fail.

estremecer [estreme'θer] *vt* to shake; **~se** *vr* to shake, tremble; **estremecimiento** *nm* (*temblor*) trembling, shaking.

estrenar [estre'nar] *vt* (*vestido*) to wear for the first time; (*casa*) to move into; (*película, obra de teatro*) to première; **~se** *vr* (*persona*) to make one's début; **estreno** *nm* (*primer uso*) first use; (*CINE etc*) première.

estreñido, a [estre'niðo, a] *a* con-

stipated.

estreñimiento [estreni'mjento] *nm* constipation.

estrépito [es'trepito] *nm* noise, racket; (*fig*) fuss; **estrepitoso, a** *a* noisy; (*fiesta*) rowdy.

estría [es'tria] *nf* groove.

estribar [estri'ßar] *vi*: **~ en** to rest on, be supported by.

estribillo [estri'ßiʎo] *nm* (*LITERATURA*) refrain; (*MUS*) chorus.

estribo [es'trißo] *nm* (*de jinete*) stirrup; (*de coche, tren*) step; (*de puente*) support; (*GEO*) spur; **perder los ~s** to fly off the handle.

estribor [estri'ßor] *nm* (*NAUT*) starboard.

estricnina [estrik'nina] *nf* strychnine.

estricto, a [es'trikto, a] *a* (*riguroso*) strict; (*severo*) severe.

estropajo [estro'paxo] *nm* scourer.

estropear [estrope'ar] *vt* (*arruinar*) to spoil; (*dañar*) to damage; **~se** *vr* (*objeto*) to get damaged; (*persona*: *la piel etc*) to be ruined.

estructura [estruk'tura] *nf* structure.

estruendo [es'trwendo] *nm* (*ruido*) racket, din; (*fig*: *alboroto*) uproar, turmoil.

estrujar [estru'xar] *vt* (*apretar*) to squeeze; (*aplastar*) to crush; (*fig*) to drain, bleed.

estuario [es'twarjo] *nm* estuary.

estuche [es'tutʃe] *nm* box, case.

estudiante [estu'ðjante] *nm/f* student; **estudiantil** *a* student *cpd*.

estudiar [estu'ðjar] *vt* to study.

estudio [es'tuðjo] *nm* study; (*CINE, ARTE, RADIO*) studio; **~s** *nmpl* studies; (*erudición*) learning *sg*; **~so, a** *a* studious.

estufa [es'tufa] *nf* heater, fire.

estupefaciente [estupefa'θjente] *nm* drug, narcotic.

estupefacto, a [estupe'fakto, a] *a* speechless, thunderstruck.

estupendo, a [estu'pendo, a] *a* wonderful, terrific; (*fam*) great; **¡~!** that's great!, fantastic!

estupidez [estupi'ðeθ] *nf* (*torpeza*) stupidity; (*acto*) stupid thing to do).

estúpido, a [es'tupiðo, a] *a* stupid, silly.

estupor [estu'por] *nm* stupor; (*fig*) astonishment, amazement.

estupro [es'tupro] *nm* rape.

estuve *etc vb ver* **estar**.

esvástica [es'ßastika] *nf* swastika.

ETA ['eta] *nf abr* (*Esp*) ETA.

etapa [e'tapa] *nf* (*de viaje*) stage; (*DEPORTE*) leg; (*parada*) stopping place; (*fig*) stage, phase.

etarra [e'tarra] *nm/f* member of ETA.

etc. *abr* (= *etcétera*) etc.

etcétera [et'θetera] *ad* etcetera.

eternidad [eterni'ðað] *nf* eternity; **eterno, a** *a* eternal, everlasting.

ético, a ['etiko, a] *a* ethical // *nf* ethics

pl.
etiqueta [eti'keta] *nf* (*modales*) etiquette; (*rótulo*) label, tag.
Eucaristía [eukaris'tia] *nf* Eucharist.
eufemismo [eufe'mismo] *nm* euphemism.
euforia [eu'forja] *nf* euphoria.
eunuco [eu'nuko] *nm* eunuch.
Europa [eu'ropa] *nf* Europe; **europeo, a** *a, nm/f* European.
éuscaro, a ['euskaro, a] *a* Basque // *nm* (*LING*) Basque.
Euskadi [eus'kaði] *nm* the Basque Country *o* Provinces *pl.*
euskera [eus'kera] *nm* (*LING*) Basque.
evacuación [eßakwa'θjon] *nf* evacuation; **evacuar** *vt* to evacuate.
evadir [eßa'ðir] *vt* to evade, avoid; ~se *vr* to escape.
evaluar [eßa'lwar] *vt* to evaluate.
evangélico, a [eßan'xeliko, a] *a* evangelic(al).
evangelio [eßan'xeljo] *nm* gospel.
evaporar [eßapo'rar] *vt* to evaporate; ~se *vr* to vanish.
evasión [eßa'sjon] *nf* escape, flight; (*fig*) evasion.
evasivo, a [eßa'sißo, a] *a* evasive, non-committal // *nf* (*pretexto*) excuse.
evento [e'ßento] *nm* event.
eventual [eßen'twal] *a* possible, conditional (*upon* circumstances); (*trabajador*) casual, temporary.
evidencia [eßi'ðenθja] *nf* evidence, proof; **evidenciar** *vt* (*hacer patente*) to make evident; (*probar*) to prove, show; **evidenciarse** *vr* to be evident.
evidente [eßi'ðente] *a* obvious, clear, evident.
evitar [eßi'tar] *vt* (*evadir*) to avoid; (*impedir*) to prevent.
evocar [eßo'kar] *vt* to evoke, call forth.
evolución [eßolu'θjon] *nf* (*desarrollo*) evolution, development; (*cambio*) change; (*MIL*) manoeuvre; **evolucionar** *vi* to evolve; to manoeuvre.
ex [eks] *a* ex-; **el ~ ministro** the former minister, the ex-minister.
exacerbar [eksaθer'ßar] *vt* to irritate, annoy.
exactamente [eksakta'mente] *ad* exactly.
exactitud [eksakti'tuð] *nf* exactness; (*precisión*) accuracy; (*puntualidad*) punctuality; **exacto, a** *a* exact; accurate; punctual; **¡exacto!** exactly!
exageración [eksaxera'θjon] *nf* exaggeration; **exagerar** *vt, vi* to exaggerate.
exaltado, a [eksal'taðo, a] *a* (*apasionado*) over-excited, worked-up; (*exagerado*) extreme.
exaltar [eksal'tar] *vt* to exalt, glorify; ~se *vr* (*excitarse*) to get excited *o* worked-up.

examen [ek'samen] *nm* examination.
examinar [eksami'nar] *vt* to examine; ~se *vr* to be examined, take an examination.
exasperar [eksaspe'rar] *vt* to exasperate; ~se *vr* to get exasperated, lose patience.
Exca. *abr* = **Excelencia.**
excavadora [ekskaßa'ðora] *nf* excavator.
excavar [ekska'ßar] *vt* to excavate.
excedente [eksθe'ðente] *a, nm* excess, surplus.
exceder [eksθe'ðer] *vt* to exceed, surpass; ~se *vr* (*extralimitarse*) to go too far; (*sobrepasarse*) to excel o.s.
excelencia [eksθe'lenθja] *nf* excellence; **E~** Excellency; **excelente** *a* excellent.
excelso, a [eks'θelso, a] *a* lofty, sublime.
excentricidad [eksθentriθi'ðað] *nf* eccentricity; **excéntrico, a** *a, nm/f* eccentric.
excepción [eksθep'θjon] *nf* exception; **excepcional** *a* exceptional.
excepto [eks'θepto] *ad* excepting, except (for).
exceptuar [eksθep'twar] *vt* to except, exclude.
excesivo, a [eksθe'sißo, a] *a* excessive.
exceso [eks'θeso] *nm* (*gen*) excess; (*COM*) surplus; ~ **de equipaje/peso** excess luggage/weight.
excitación [eksθita'θjon] *nf* (*sensación*) excitement; (*acción*) excitation.
excitado, a [eksθi'taðo, a] *a* excited; (*emociones*) aroused.
excitar [eksθi'tar] *vt* to excite; (*incitar*) to urge; ~se *vr* to get excited.
exclamación [eksklama'θjon] *nf* exclamation; **exclamar** *vi* to exclaim.
excluir [eksklu'ir] *vt* to exclude; (*dejar fuera*) to shut out; (*descartar*) to reject; **exclusión** *nf* exclusion.
exclusiva [eksklu'sißa] *nf* (*PRENSA*) exclusive, scoop; (*COM*) sole right.
exclusivo, a [eksklu'sißo, a] *a* exclusive; **derecho ~** sole *o* exclusive right.
Excmo. *abr* = *excelentísimo.*
excomulgar [ekskomul'ɣar] *vt* (*REL*) to excommunicate.
excomunión [ekskomu'njon] *nf* excommunication.
excursión [ekskur'sjon] *nf* excursion, outing; **excursionista** *nm/f* (*turista*) sightseer.
excusa [eks'kusa] *nf* excuse; (*disculpa*) apology.
excusar [eksku'sar] *vt* to excuse; (*evitar*) to avoid, prevent; ~se *vr* (*disculparse*) to apologize.
exento, a [ek'sento, a] *a* exempt.
exequias [ek'sekjas] *nfpl* funeral rites.
exhalar [eksa'lar] *vt* to exhale, breathe out; (*olor etc*) to give off; (*suspiro*) to breathe, heave.
exhausto, a [ek'sausto, a] *a* exhausted.
exhibición [eksißi'θjon] *nf* exhibition, display, show.

exhibir [eksi'βir] *vt* to exhibit, display, show.

exhortación [eksorta'θjon] *nf* exhortation; **exhortar** *vt*: **exhortar a** to exhort to.

exigencia [eksi'xenθja] *nf* demand, requirement; **exigente** *a* demanding.

exigir [eksi'xir] *vt* (*gen*) to demand, require; ~ **el pago** to demand payment.

exiliado, a [eksi'ljaðo, a] *a* exiled // *nm/f* exile.

exilio [ek'siljo] *nm* exile.

eximio, a [ek'simjo, a] *a* (*eminente*) distinguished, eminent.

eximir [eksi'mir] *vt* to exempt.

existencia [eksis'tenθja] *nf* existence; ~s *nfpl* stock(s) (*pl*).

existir [eksis'tir] *vi* to exist, be.

éxito ['eksito] *nm* (*resultado*) result, outcome; (*triunfo*) success; (*MUS etc*) hit; **tener ~** to be successful.

exonerar [eksone'rar] *vt* to exonerate; ~ **de una obligación** to free from an obligation.

exorcizar [eksorθi'θar] *vt* to exorcize.

exótico, a [ek'sotiko, a] *a* exotic.

expandir [ekspan'dir] *vt* to expand.

expansión [ekspan'sjon] *nf* expansion.

expatriarse [ekspa'trjarse] *vr* to emigrate; (*POL*) to go into exile.

expectativa [ekspekta'tiβa] *nf* (*espera*) expectation; (*perspectiva*) prospect.

expedición [ekspeði'θjon] *nf* (*excursión*) expedition.

expediente [ekspe'ðjente] *nm* expedient; (*JUR: procedimento*) action, proceedings *pl*; (: *papeles*) dossier, file, record.

expedir [ekspe'ðir] *vt* (*despachar*) to send, forward; (*pasaporte*) to issue.

expedito, a [ekspe'ðito, a] *a* (*libre*) clear, free.

expendedor, a [ekspende'ðor, a] *nm/f* (*vendedor*) dealer; (*aparato*) (vending) machine; ~ **de cigarrillos** cigarette machine.

expendeduría [ekspendedu'ria] *nf* (*estanco*) tobacconist's (shop).

expensas [eks'pensas] *nfpl*: **a ~ de** at the expense of.

experiencia [ekspe'rjenθja] *nf* experience.

experimentado, a [eksperimen'taðo, a] *a* experienced.

experimentar [eksperimen'tar] *vt* (*en laboratorio*) to experiment with; (*probar*) to test, try out; (*notar, observar*) to experience; (*deterioro, pérdida*) to suffer; **experimento** *nm* experiment.

experto, a [eks'perto, a] *a* expert, skilled // *nm/f* expert.

expiar [ekspi'ar] *vt* to atone for.

expirar [ekspi'rar] *vi* to expire.

explayarse [ekspla'jarse] *vr* (*en discurso*) to speak at length; ~ **con uno** to

confide in sb.

explicación [eksplika'θjon] *nf* explanation; **explicar** *vt* to explain; **explicarse** *vr* to explain (o.s.).

explícito, a [eks'pliθito, a] *a* explicit.

explique *etc vb ver* **explicar**.

explorador, a [eksplora'ðor, a] *nm/f* (*pionero*) explorer; (*MIL*) scout // *nm* (*MED*) probe; (*TEC*) (radar) scanner.

explorar [eksplo'rar] *vt* to explore; (*MED*) to probe; (*radar*) to scan.

explosión [eksplo'sjon] *nf* explosion; **explosivo, a** *a* explosive.

explotación [eksplota'θjon] *nf* exploitation; (*de planta etc*) running.

explotar [eksplo'tar] *vt* to exploit; to run, operate // *vi* to explode.

exponer [ekspo'ner] *vt* to expose; (*cuadro*) to display; (*vida*) to risk; (*idea*) to explain; ~**se** *vr*: ~**se a (hacer) algo** to run the risk of (doing) sth.

exportación [eksporta'θjon] *nf* (*acción*) export; (*mercancías*) exports *pl*; **exportar** *vt* to export.

exposición [eksposi'θjon] *nf* (*gen*) exposure; (*de arte*) show, exhibition; (*explicación*) explanation; (*narración*) account, statement.

expresar [ekspre'sar] *vt* to express; **expresión** *nf* expression.

expreso, a [eks'preso, a] *pp de* **expresar** // [eks'preso, a] *a* (*explícito*) express; (*claro*) specific, clear; (*tren*) fast // *nm*: **mandar ~** to send by express (delivery).

express [eks'pres] *ad* (*AM*): **enviar algo ~** to send sth special delivery.

exprimidor [eksprimi'ðor] *nm* squeezer.

exprimir [ekspri'mir] *vt* (*fruta*) to squeeze; (*zumo*) to squeeze out.

expropiar [ekspro'pjar] *vt* to expropriate.

expuesto, a [eks'pwesto, a] *a* exposed; (*cuadro etc*) on show, on display.

expulsar [ekspul'sar] *vt* (*echar*) to eject, throw out; (*alumno*) to expel; (*despedir*) to sack, fire; (*DEPORTE*) to send off; **expulsión** *nf* expulsion; sending-off.

exquisito, a [ekski'sito, a] *a* exquisite; (*comida*) delicious.

éxtasis ['ekstasis] *nm* ecstasy.

extender [eksten'der] *vt* to extend; (*los brazos*) to stretch out, hold out; (*mapa, tela*) to spread (out), open (out); (*mantequilla*) to spread; (*certificado*) to issue; (*cheque, recibo*) to make out; (*documento*) to draw up; ~**se** *vr* (*gen*) to extend; (*persona: en el suelo*) to stretch out; (*epidemia*) to spread; **extendido, a** *a* (*abierto*) spread out, open; (*brazos*) outstretched; (*prevaleciente*) widespread.

extensión [eksten'sjon] *nf* (*de terreno, mar*) expanse, stretch; (*de tiempo*) length, duration; (*TEL*) extension; **en toda la ~ de la palabra** in every sense of the word.

extenso, a [eks'tenso, a] *a* extensive.
extenuar [ekste'nwar] *vt* (*debilitar*) to weaken.
exterior [ekste'rjor] *a* (*de fuera*) external; (*afuera*) outside, exterior; (*apariencia*) outward; (*deuda, relaciones*) foreign // *nm* (*gen*) exterior, outside; (*aspecto*) outward appearance; (*DEPORTE*) wing(er); (*países extranjeros*) abroad; **en el ~** abroad; **al ~** outwardly, on the surface.
exterminar [ekstermi'nar] *vt* to exterminate; **exterminio** *nm* extermination.
externo, a [eks'terno, a] *a* (*exterior*) external, outside; (*superficial*) outward // *nm/f* day pupil.
extinguir [ekstin'gir] *vt* (*fuego*) to extinguish, put out; (*raza, población*) to wipe out; **~se** *vr* (*fuego*) to go out; (*BIO*) to die out, become extinct.
extinto, a [eks'tinto, a] *a* extinct.
extintor [ekstin'tor] *nm* (fire) extinguisher.
extra ['ekstra] *a inv* (*tiempo*) extra; (*chocolate, vino*) good-quality // *nm/f* extra // *nm* extra; (*bono*) bonus.
extracción [ekstrak'θjon] *nf* extraction; (*en lotería*) draw.
extracto [eks'trakto] *nm* extract.
extraer [ekstra'er] *vt* to extract, take out.
extralimitarse [ekstralimi'tarse] *vr* to go too far.
extranjero, a [ekstran'xero, a] *a* foreign // *nm/f* foreigner // *nm* foreign countries *pl*; **en el ~** abroad.
extrañar [ekstra'nar] *vt* (*sorprender*) to find strange *o* odd; (*echar de menos*) to miss; **~se** *vr* (*sorprenderse*) to be amazed, be surprised; (*distanciarse*) to become estranged, grow apart.
extrañeza [ekstra'neθa] *nf* (*rareza*) strangeness, oddness; (*asombro*) amazement, surprise.
extraño, a [eks'trano, a] *a* (*extranjero*) foreign; (*raro, sorprendente*) strange, odd.
extraordinario, a [ekstraorði'narjo, a] *a* extraordinary; (*edición, número*) special // *nm* (*de periódico*) special edition; **horas extraordinarias** overtime *sg*.
extrarradio [ekstra'rraðjo] *nm* poor suburban area.
extravagancia [ekstraβaɣa'ɣanθja] *nf* oddness; outlandishness; **extravagante** *a* (*excéntrico*) eccentric; (*estrafalario*) outlandish.
extraviado, a [ekstra'βjaðo, a] *a* lost, missing.
extraviar [ekstra'βjar] *vt* (*persona: desorientar*) to mislead, misdirect; (*perder*) to lose, misplace; **~se** *vr* to lose one's way, get lost; **extravío** *nm* loss; (*fig*) deviation.
extremar [ekstre'mar] *vt* to carry to

extremes; **~se** *vr* to do one's utmost, make every effort.
extremaunción [ekstremaun'θjon] *nf* extreme unction.
extremidad [ekstremi'ðað] *nf* (*punta*) extremity; (*fila*) edge; **~es** *nfpl* (*ANAT*) extremities.
extremo, a [eks'tremo, a] *a* extreme; (*último*) last // *nm* end; (*límite, grado sumo*) extreme; **en último ~** as a last resort.
extrovertido, a [ekstroβer'tiðo, a] *a, nm/f* extrovert.
exuberancia [eksuβe'ranθja] *nf* exuberance; **exuberante** *a* exuberant; (*fig*) luxuriant, lush.
eyacular [ejaku'lar] *vt, vi* to ejaculate.

F

f.a.b. *abr* (= *franco a bordo*) f.o.b.
fábrica ['faβrika] *nf* factory; **marca de ~** trademark; **precio de ~** factory price.
fabricación [faβrika'θjon] *nf* (*manufactura*) manufacture; (*producción*) production; **de ~ casera** home-made; **~ en serie** mass production.
fabricante [faβri'kante] *nm/f* manufacturer.
fabricar [faβri'kar] *vt* (*manufacturar*) to manufacture, make; (*construir*) to build; (*cuento*) to fabricate, devise.
fábula ['faβula] *nf* (*cuento*) fable; (*chisme*) rumour; (*mentira*) fib.
facción [fak'θjon] *nf* (*POL*) faction; **facciones** *nfpl* (*del rostro*) features.
fácil ['faθil] *a* (*simple*) easy; (*probable*) likely.
facilidad [faθili'ðað] *nf* (*capacidad*) ease; (*sencillez*) simplicity; (*de palabra*) fluency; **~es** *nfpl* facilities.
facilitar [faθili'tar] *vt* (*hacer fácil*) to make easy; (*proporcionar*) to provide.
fácilmente ['faθilmente] *ad* easily.
facsímil [fak'simil] *nm* facsimile, fax.
factible [fak'tiβle] *a* feasible.
factor [fak'tor] *nm* factor.
factura [fak'tura] *nf* (*cuenta*) bill; (*hechura*) manufacture; **facturar** *vt* (*COM*) to invoice, charge for; (*equipaje*) to register (*Brit*), check (*US*).
facultad [fakul'tað] *nf* (*aptitud, ESCOL etc*) faculty; (*poder*) power.
facha ['fatʃa] *nf* (*fam: aspecto*) look; (*: cara*) face.
fachada [fa'tʃaða] *nf* (*ARQ*) façade, front.
faena [fa'ena] *nf* (*trabajo*) work; (*quehacer*) task, job.
fagot [fa'ɣot] (*pl* **~es**) [fa'ɣot] *nm* (*MUS*) bassoon.
faisán [fai'san] *nm* pheasant.
faja ['faxa] *nf* (*para la cintura*) sash; (*de mujer*) corset; (*de tierra*) strip.
fajo ['faxo] *nm* (*de papeles*) bundle; (*de*

billetes) wad.

Falange [fa'lanxe] *nf* (POL) Falange.

falda ['falda] *nf* (*prenda de vestir*) skirt.

falo ['falo] *nm* phallus.

falsedad [false'ðað] *nf* falseness; (*hipocresía*) hypocrisy; (*mentira*) false-hood.

falsificar [falsifi'kar] *vt* (*firma etc*) to forge; (*voto etc*) to rig; (*moneda*) to counterfeit.

falso, a ['falso, a] *a* false; (*erróneo*) mistaken; (*documento, moneda etc*) fake; **en ~** falsely.

falta ['falta] *nf* (*defecto*) fault, flaw; (*privación*) lack, want; (*ausencia*) absence; (*carencia*) shortage; (*equivocación*) mistake; (DEPORTE) foul; **echar en ~** to miss; **hacer ~** hacer algo to be necessary to do sth; **me hace falta una pluma** I need a pen.

faltar [fal'tar] *vi* (*escasear*) to be lacking, be wanting; (*ausentarse*) to be absent, be missing; **faltan 2 horas para llegar** there are 2 hours to go till arrival; **~ al respeto a uno** to be disrespectful to uno; **¡no faltaba más!** that's the last straw!

falto, a ['falto, a] *a* (*desposeído*) deficient, lacking; (*necesitado*) poor, wretched.

falla ['faʎa] *nf* (*defecto*) fault, flaw.

fallar [fa'ʎar] *vt* (JUR) to pronounce sentence on // *vi* (*memoria*) to fail; (*motor*) to miss.

fallecer [faʎe'θer] *vi* to pass away, die; **fallecimiento** *nm* decease, demise.

fallido, a [fa'ʎiðo] *a* (*gen*) frustrated, unsuccessful.

fallo ['faʎo] *nm* (JUR) verdict, ruling; (*fracaso*) failure.

fama ['fama] *nf* (*renombre*) fame; (*reputación*) reputation.

famélico, a [fa'meliko, a] *a* starving.

familia [fa'milja] *nf* family.

familiar [fami'ljar] *a* (*relativo a la familia*) family *cpd*; (*conocido, informal*) familiar // *nm* relative, relation; **~idad** *nf* (*gen*) familiarity; (*informalidad*) homeliness; **~izarse** *vr*: **~izarse con** to familiarize o.s. with.

famoso, a [fa'moso, a] *a* (*renombrado*) famous.

fanático, a [fa'natiko, a] *a* fanatical // *nm/f* fanatic; (CINE, DEPORTE) fan; **fanatismo** *nm* fanaticism.

fanfarrón, ona [fanfa'rron, ona] *a* boastful; (*pey*) showy.

fango ['fango] *nm* mud; **~so, a** *a* muddy.

fantasía [fanta'sia] *nf* fantasy, imagination; **joyas de ~** imitation jewellery *sg*.

fantasma [fan'tasma] *nm* (*espectro*) ghost, apparition; (*presumido*) show-off.

fantástico, a [fan'tastiko, a] *a* (*irreal, fam*) fantastic.

farmacéutico, a [farma'θeutiko, a] *a*

pharmaceutical // *nm/f* chemist (*Brit*), pharmacist.

farmacia [far'maθja] *nf* chemist's (shop) (*Brit*), pharmacy; **~ de turno** duty chemist.

fármaco ['farmako] *nm* drug.

faro ['faro] *nm* (NAUT: *torre*) lighthouse; (AUTO) headlamp; (*foco*) floodlight; **~s antiniebla** fog lamps; **~s delanteros/traseros** headlights/rear lights.

farol [fa'rol] *nm* lantern, lamp.

farola [fa'rola] *nf* street lamp (*Brit*) o light (*US*).

farsa ['farsa] *nf* (*gen*) farce.

farsante [far'sante] *nm/f* fraud, fake.

fascículo [fas'θikulo] *nm* (*de revista*) part, instalment.

fascinar [fasθi'nar] *vt* (*gen*) to fascinate.

fascismo [fas'θismo] *nm* fascism; **fascista** *a, nm/f* fascist.

fase ['fase] *nf* phase.

fastidiar [fasti'ðjar] *vt* (*disgustar*) to annoy, bother; (*estropear*) to spoil; **~se** *vr* (*disgustarse*) to get annoyed o cross; **¡que se fastidie!** (*fam*) he'll just have to put up with it!

fastidio [fas'tiðjo] *nm* (*disgusto*) annoyance; **~so, a** *a* (*molesto*) annoying.

fatal [fa'tal] *a* (*gen*) fatal; (*desgraciado*) ill-fated; (*fam: malo, pésimo*) awful; **~idad** *nf* (*destino*) fate; (*mala suerte*) misfortune.

fatiga [fa'tiɣa] *nf* (*cansancio*) fatigue, weariness.

fatigar [fati'ɣar] *vt* to tire, weary; **~se** *vr* to get tired.

fatigoso, a [fati'ɣoso, a] *a* (*cansador*) tiring.

fatuo, a ['fatwo, a] *a* (*vano*) fatuous; (*presuntuoso*) conceited.

fauces ['fauθes] *nfpl* jaws, mouth *sg*.

favor [fa'βor] *nm* favour; **estar a ~ de** to be in favour of; **haga el ~ de...** would you be so good as to..., kindly...; **por ~** please; **~able** *a* favourable.

favorecer [faβore'θer] *vt* to favour; (*vestido etc*) to become, flatter; **este peinado le favorece** this hairstyle suits him.

favorito, a [faβo'rito, a] *a, nm/f* favourite.

faz [faθ] *nf* face; **la ~ de la tierra** the face of the earth.

fe [fe] *nf* (REL) faith; (*confianza*) belief; (*documento*) certificate; **prestar ~ a** to believe, credit; **actuar con buena/mala ~** to act in good/bad faith; **dar ~ de** to bear witness to.

fealdad [feal'dað] *nf* ugliness.

febrero [fe'βrero] *nm* February.

fecundar [fekun'dar] *vt* (*generar*) to fertilize, make fertile; **fecundo, a** *a* (*fértil*) fertile; (*fig*) prolific; (*productivo*) productive.

fecha ['fetʃa] *nf* date; ~ de caducidad, ~ límite de venta (*de producto alimenticio*) sell-by date; **en** ~ **próxima** soon; **hasta la** ~ to date, so far; **poner** ~ to date; **fechar** *vt* to date.

federación [federa'θjon] *nf* federation.

federal [feðe'ral] *a* federal.

felicidad [feliθi'ðað] *nf* (*satisfacción, contento*) happiness; ~es *nfpl* best wishes, congratulations.

felicitaciones [feliθita'θjon] *nf*: ¡felicitaciones! congratulations.

felicitar [feliθi'tar] *vt* to congratulate.

feligrés, esa [feli'ɣres, esa] *nm/f* parishioner.

feliz [fe'liθ] *a* (*contento*) happy; (*afortunado*) lucky.

felpudo [fel'puðo] *nm* doormat.

femenino, a [feme'nino, a] *a, nm* feminine.

feminista [femi'nista] *a, nm/f* feminist.

fenómeno [fe'nomeno] *nm* phenomenon; (*fig*) freak, accident // *a* great // *excl* great!, marvellous!

feo, a ['feo, a] *a* (*gen*) ugly; (*desagradable*) bad, nasty.

féretro ['feretro] *nm* (*ataúd*) coffin; (*sarcófago*) bier.

feria ['ferja] *nf* (*gen*) fair; (*descanso*) holiday, rest day; (*AM: mercado*) village market; (*: cambio*) loose o small change.

fermentar [fermen'tar] *vi* to ferment.

ferocidad [feroθi'ðað] *nf* fierceness, ferocity.

feroz [fe'roθ] *a* (*cruel*) cruel; (*salvaje*) fierce.

férreo, a ['ferreo, a] *a* iron.

ferretería [ferrete'ria] *nf* (*tienda*) ironmonger's (shop) (*Brit*), hardware store.

ferrocarril [ferroka'rril] *nm* railway.

ferroviario, a [ferro'βjarjo, a] *a* rail *cpd*.

fértil ['fertil] *a* (*productivo*) fertile; (*rico*) rich; **fertilidad** *nf* (*gen*) fertility; (*productividad*) fruitfulness.

fertilizar [fertili'θar] *vt* to fertilize.

fervor [fer'βor] *nm* fervour; ~**oso, a** *a* fervent.

festejar [feste'xar] *vt* (*agasajar*) to wine and dine; (*galantear*) to court; (*celebrar*) to celebrate; **festejo** *nm* (*diversión*) entertainment; (*galanteo*) courtship; (*fiesta*) celebration.

festividad [festiβi'ðað] *nf* festivity.

festivo, a [fes'tiβo, a] *a* (*de fiesta*) festive; (*fig*) witty; (*CINE, LITERATURA*) humorous; **día** ~ holiday.

fétido, a ['fetiðo, a] *a* (*hediondo*) foul-smelling.

feto ['feto] *nm* foetus.

fiable ['fjaβle] *a* (*persona*) trustworthy; (*máquina*) reliable.

fiador, a [fia'ðor, a] *nm/f* (*JUR*) surety, guarantor; (*COM*) backer; **salir** ~ **por alguien** to stand bail for sb.

fiambre ['fjambre] *nm* cold meat.

fianza ['fjanθa] *nf* surety; (*JUR*): **libertad bajo** ~ release on bail.

fiar [fi'ar] *vt* (*salir garante de*) to guarantee; (*vender a crédito*) to sell on credit; (*secreto*) to confide (*a* to) // *vi* to trust; ~**se** *vr* to trust (in), rely on; ~**se de uno** to rely on sb.

fibra ['fiβra] *nf* fibre; ~ **óptica** optical fibre.

ficción [fik'θjon] *nf* fiction.

ficticio, a [fik'tiθjo, a] *a* (*imaginario*) fictitious; (*falso*) fabricated.

ficha ['fitʃa] *nf* (*TEL*) token; (*en juegos*) counter, marker; (*tarjeta*) (index) card; **fichar** *vt* (*archivar*) to file, index; (*DEPORTE*) to sign; **estar fichado** to have a record; **fichero** *nm* box file; (*INFORM*) file.

fidelidad [fiðeli'ðað] *nf* (*lealtad*) fidelity, loyalty; **alta** ~ high fidelity, hi-fi.

fideos [fi'ðeos] *nmpl* noodles.

fiebre ['fjeβre] *nf* (*MED*) fever; (*fig*) fever, excitement; ~ **amarilla/del heno** yellow/hay fever; ~ **palúdica** malaria; **tener** ~ to have a temperature.

fiel [fjel] *a* (*leal*) faithful, loyal; (*fiable*) reliable; (*exacto*) accurate, faithful // *nm*: **los** ~**es** the faithful.

fieltro ['fjeltro] *nm* felt.

fiero, a ['fjero, a] *a* (*cruel*) cruel; (*feroz*) fierce; (*duro*) harsh // *nf* (*animal feroz*) wild animal o beast; (*fig*) dragon // *nm/f* (*fig*) fiend.

fiesta ['fjesta] *nf* party; (*de pueblo*) festival; (*vacaciones, tb*: ~**s**) holiday *sg*; (*REL*): ~ **de guardar** day of obligation.

figura [fi'ɣura] *nf* (*gen*) figure; (*forma, imagen*) shape, form; (*NAIPES*) face card.

figurar [fiɣu'rar] *vt* (*representar*) to represent; (*fingir*) to figure // *vi* to figure; ~**se** *vr* (*imaginarse*) to imagine; (*suponer*) to suppose.

fijador [fixa'ðor] *nm* (*FOTO etc*) fixative; (*de pelo*) gel.

fijar [fi'xar] *vt* (*gen*) to fix; (*estampilla*) to affix, stick (on); (*fig*) to settle (on), decide; ~**se** *vr*: ~**se en** to notice.

fijo, a ['fixo, a] *a* (*gen*) fixed; (*firme*) firm; (*permanente*) permanent // *ad*: **mirar** ~ to stare.

fila ['fila] *nf* row; (*MIL*) rank; (*cadena*) line; **ponerse en** ~ to line up, get into line.

filántropo, a [fi'lantropo, a] *nm/f* philanthropist.

filatelia [fila'telja] *nf* philately, stamp collecting.

filete [fi'lete] *nm* (*carne*) fillet steak; (*pescado*) fillet.

filial [fi'ljal] *a* filial // *nf* subsidiary.

Filipinas [fili'pinas] *nfpl*: **las** ~ the Philippines; **filipino, a** *a, nm/f*

Philippine.

filmar [fil'mar] *vt* to film, shoot.

filo ['filo] *nm* (*gen*) edge; **sacar ~ a** to sharpen; **al ~ del mediodía** at about midday; **de doble ~** double-edged.

filón [fi'lon] *nm* (*MINERIA*) vein, lode; (*fig*) goldmine.

filosofía [filoso'fia] *nf* philosophy; **filósofo, a** *nm/f* philosopher.

filtrar [fil'trar] *vt, vi* to filter, strain; **~se** *vr* to filter; (*fig: dinero*) to dwindle; **filtro** *nm* (*TEC, utensilio*) filter.

fin [fin] *nm* end; (*objetivo*) aim, purpose; **al ~ y al cabo** when all's said and done; **a ~ de** in order to; **por ~** finally; **en ~** in short; **~ de semana** weekend.

final [fi'nal] *a* final // *nm* end, conclusion // *nf* final; **~idad** *nf* (*propósito*) purpose, intention; **~ista** *nm/f* finalist; **~izar** *vt* to end, finish; (*INFORM*) to log out o off // *vi* to end, come to an end.

financiar [finan'θjar] *vt* to finance; **financiero, a** *a* financial // *nm/f* financier.

finca ['finka] *nf* country estate; (*AM*) farm.

fingir [fin'xir] *vt* (*simular*) to simulate, feign; (*pretextar*) to sham, fake // *vi* (*aparentar*) to pretend; **~se** *vr* to pretend to be.

finlandés, esa [finlan'des, esa] *a* Finnish // *nm/f* Finn // *nm* (*LING*) Finnish.

Finlandia [fin'landja] *nf* Finland.

fino, a ['fino, a] *a* fine; (*delgado*) slender; (*de buenas maneras*) polite, refined; (*jerez*) fino, dry.

firma ['firma] *nf* signature; (*COM*) firm, company; **firmar** *vt* to sign.

firme ['firme] *a* firm; (*estable*) stable; (*sólido*) solid; (*constante*) steady; (*decidido*) resolute // *nm* road (surface); **~mente** *ad* firmly; **~za** *nf* firmness; (*constancia*) steadiness; (*solidez*) solidity.

fiscal [fis'kal] *a* fiscal // *nm/f* public prosecutor; **año ~** tax o fiscal year.

fisco ['fisko] *nm* (*hacienda*) treasury, exchequer (*Brit*).

fisgar [fis'xar] *vt* to pry into.

físico, a ['fisiko, a] *a* physical // *nm* physique // *nm/f* physicist // *nf* physics *sg*.

flaco, a ['flako, a] *a* (*muy delgado*) skinny, thin; (*débil*) weak, feeble.

flagrante [fla'yrante] *a* flagrant.

flamante [fla'mante] *a* (*fam*) brilliant; (: *nuevo*) brand-new.

flamenco, a [fla'menko, a] *a* (*de Flandes*) Flemish; (*baile, música*) flamenco // *nm* (*baile, música*) flamenco.

flan [flan] *nm* creme caramel.

flaqueza [fla'keθa] *nf* (*delgadez*) thinness, leanness; (*fig*) weakness.

flash [flaʃ] (*pl* ~s o ~es) *nm* (*FOTO*) flash.

flauta ['flauta] *nf* (*MUS*) flute.

fleco ['fleko] *nm* fringe.

flecha ['fletʃa] *nf* arrow.

flema ['flema] *nm* phlegm.

flequillo [fle'kiʎo] *nm* (*pelo*) fringe.

flete ['flete] *nm* (*carga*) freight; (*alquiler*) charter; (*precio*) freightage.

flexible [flek'siβle] *a* flexible.

flipper ['fliper] *nm* pinball (machine).

flojera [flo'xera] *nf* (*AM fam*): **me da ~** I can't be bothered.

flojo, a ['floxo, a] *a* (*gen*) loose; (*sin fuerzas*) limp; (*débil*) weak.

flor [flor] *nf* flower; (*piropo*) compliment; **a ~ de** on the surface of; **~ecer** *vi* (*BOT*) to flower, bloom; (*fig*) to flourish; **~eciente** *a* (*BOT*) in flower, flowering; (*fig*) thriving; **~ero** *nm* vase; **~ista** *nm/f* florist.

flota ['flota] *nf* fleet.

flotador [flota'ðor] *nm* (*gen*) float; (*para nadar*) rubber ring.

flotar [flo'tar] *vi* (*gen*) to float; **flote** *nm*: **a flote** afloat; **salir a flote** (*fig*) to get back on one's feet.

fluctuar [fluk'twar] *vi* (*oscilar*) to fluctuate.

fluidez [flui'ðeθ] *nf* fluidity; (*fig*) fluency.

flúido, a ['fluiðo, a] *a, nm* fluid.

fluir [flu'ir] *vi* to flow.

flujo ['fluxo] *nm* flow; **~ y reflujo** ebb and flow; **~ de sangre** (*MED*) loss of blood; **~grama** *nm* flowchart.

foca ['foka] *nf* seal.

foco ['foko] *nm* focus; (*ELEC*) floodlight; (*AM*) (light) bulb.

fogón [fo'ɣon] *nm* (*de cocina*) ring, burner.

fogoso, a [fo'ɣoso, a] *a* spirited.

follaje [fo'ʎaxe] *nm* foliage.

folleto [fo'ʎeto] *nm* pamphlet.

follón [fo'ʎon] *nm* (*fam: lío*) mess; (: *conmoción*) fuss; **armar un ~** to kick up a row.

fomentar [fomen'tar] *vt* (*MED*) to foment; **fomento** *nm* (*promoción*) promotion.

fonda ['fonda] *nf* inn.

fondo ['fondo] *nm* (*de mar*) bottom; (*de coche, sala*) back; (*ARTE etc*) background; (*reserva*) fund; **~s** *nmpl* (*COM*) funds, resources; **una investigación a ~** a thorough investigation; **en el ~** at bottom, deep down.

fono ['fono] *nm* (*AM*) telephone number.

fontanería [fontane'ria] *nf* plumbing; **fontanero, a** *nm/f* plumber.

forastero, a [foras'tero, a] *nm/f* stranger.

forcejear [forθexe'ar] *vi* (*luchar*) to struggle.

forjar [for'xar] *vt* to forge.

forma ['forma] *nf* (*figura*) form, shape; (*molde*) mould, pattern; (*MED*) fitness; (*método*) way, means; **las ~s** the con-

ventions; **estar en ~** to be fit.
formación [forma'θjon] *nf* (*gen*) formation; (*educación*) education; **~ profesional** vocational training.
formal [for'mal] *a* (*gen*) formal; (*fig: persona*) serious; (*: de fiar*) reliable; **~idad** *nf* formality; seriousness; **~izar** *vt* (*JUR*) to formalize; (*situación*) to put in order, regularize; **~izarse** *vr* (*situación*) to be put in order, be regularized.
formar [for'mar] *vt* (*componer*) to form, shape; (*constituir*) to make up, constitute; (*ESCOL*) to train, educate; **~se** *vr* (*ESCOL*) to be trained, educated; (*cobrar forma*) to form, take form; (*desarrollarse*) to develop.
formatear [formate'ar] *vt* to format.
formidable [formi'ðaßle] *a* (*temible*) formidable; (*asombroso*) tremendous.
formulario [formu'larjo] *nm* form.
fornido, a [for'niðo, a] *a* well-built.
foro ['foro] *nm* (*gen*) forum; (*JUR*) court.
forrar [fo'rrar] *vt* (*abrigo*) to line; (*libro*) to cover; **forro** *nm* (*de cuaderno*) cover; (*COSTURA*) lining; (*de sillón*) upholstery.
fortalecer [fortale'θer] *vt* to strengthen.
fortaleza [forta'leθa] *nf* (*MIL*) fortress, stronghold; (*fuerza*) strength; (*determinación*) resolution.
fortuito, a [for'twito, a] *a* accidental.
fortuna [for'tuna] *nf* (*suerte*) fortune, (good) luck; (*riqueza*) fortune, wealth.
forzar [for'θar] *vt* (*puerta*) to force (open); (*compeler*) to compel.
forzoso, a [for'θoso, a] *a* necessary.
fosa ['fosa] *nf* (*sepultura*) grave; (*en tierra*) pit; (*MED*) cavity.
fósforo ['fosforo] *nm* (*QUIMICA*) phosphorus; (*AM*) match.
foso ['foso] *nm* ditch; (*TEATRO*) pit; (*AUTO*): **~ de reconocimiento** inspection pit.
foto ['foto] *nf* photo, snap(shot); **sacar una ~** to take a photo o picture.
fotocopia [foto'kopja] *nf* photocopy; **fotocopiadora** *nf* photocopier; **fotocopiar** *vt* to photocopy.
fotografía [fotoɣra'fia] *nf* (*ARTE*) photography; (*una ~*) photograph; **fotografiar** *vt* to photograph.
fotógrafo, a [fo'toɣrafo, a] *nm/f* photographer.
fracaso [fra'kaso] *nm* (*desgracia, revés*) failure; **fracasar** *vi* (*gen*) to fail.
fracción [frak'θjon] *nf* fraction; (*POL*) faction; **fraccionamiento** *nm* (*AM*) housing estate.
fractura [frak'tura] *nf* fracture, break.
fragancia [fra'ɣanθja] *nf* (*olor*) fragrance, perfume.
frágil ['fraxil] *a* (*débil*) fragile; (*COM*) breakable.
fragmento [fraɣ'mento] *nm* (*pedazo*) fragment.
fragua ['fraɣwa] *nf* forge; **fraguar** *vt* to

forge; (*fig*) to concoct // *vi* to harden.
fraile ['fraile] *nm* (*REL*) friar; (*: monje*) monk.
frambuesa [fram'bwesa] *nf* raspberry.
francés, esa [fran'θes, esa] *a* French // *nm/f* Frenchman/woman // *nm* (*LING*) French.
Francia ['franθja] *nf* France.
franco, a ['franko, a] *a* (*cándido*) frank, open; (*COM: exento*) free // *nm* (*moneda*) franc.
francotirador, a [frankotira'ðor, a] *nm/f* sniper.
franela [fra'nela] *nf* flannel.
franja ['franxa] *nf* fringe.
franquear [franke'ar] *vt* (*camino*) to clear; (*carta, paquete postal*) to frank, stamp; (*obstáculo*) to overcome.
franqueo [fran'keo] *nm* postage.
franqueza [fran'keθa] *nf* (*candor*) frankness.
frasco ['frasko] *nm* bottle, flask; **~ al vacío** (vacuum) flask.
frase ['frase] *nf* sentence; **~ hecha** set phrase; (*pey*) stock phrase.
fraude ['frauðe] *nm* (*cualidad*) dishonesty; (*acto*) fraud; **fraudulento, a** *a* fraudulent.
frazada [fra'saða] *nf* (*AM*) blanket.
frecuencia [fre'kwenθja] *nf* frequency; **con ~** frequently, often.
fregadero [freɣa'ðero] *nm* (kitchen) sink.
fregar [fre'ɣar] *vt* (*frotar*) to scrub; (*platos*) to wash (up); (*AM*) to annoy.
fregona [fre'ɣona] *nf* (*utensilio*) mop; (*pey: sirvienta*) skivvy.
freír [fre'ir] *vt* to fry.
frenar [fre'nar] *vt* to brake; (*fig*) to check.
frenesí [frene'si] *nm* frenzy; **frenético, a** *a* frantic.
freno ['freno] *nm* (*TEC, AUTO*) brake; (*de cabalgadura*) bit; (*fig*) check.
frente ['frente] *nm* (*ARQ, POL*) front; (*de objeto*) front part // *nf* forehead, brow; **~ a** in front of; (*en situación opuesta de*) opposite; **al ~ de** (*fig*) at the head of; **chocar de ~** to crash head-on; **hacer ~ a** to face up to.
fresa ['fresa] *nf* (*Esp*) strawberry.
fresco, a ['fresko, a] *a* (*nuevo*) fresh; (*frío*) cool; (*descarado*) cheeky // *nm* (*aire*) fresh air; (*ARTE*) fresco; (*AM: jugo*) fruit drink // *nm/f* (*fam*): **ser un ~** to have a nerve; **tomar el ~** to get some fresh air; **frescura** *nf* freshness; (*descaro*) cheek, nerve; (*calma*) calmness.
frialdad [frial'daθ] *nf* (*gen*) coldness; (*indiferencia*) indifference.
fricción [frik'θjon] *nf* (*gen*) friction; (*acto*) rub(bing); (*MED*) massage.
frigidez [frixi'ðeθ] *nf* frigidity.
frigorífico [friɣo'rifiko] *nm* refrigerator.

frijol [fri'xol] *nm* kidney bean.
frío, a *etc vb ver* **freír** // ['frio, a] *a* cold; (*indiferente*) indifferent // *nm* cold; indifference; **tener ~** to be cold.
frito, a ['frito, a] *a* fried; **me trae ~ ese hombre** I'm sick and tired of that man.
frívolo, a ['friβolo, a] *a* frivolous.
frontera [fron'tera] *nf* frontier; **fronterizo, a** *a* frontier *cpd*; (*contiguo*) bordering.
frontón [fron'ton] *nm* (*DEPORTE*: *cancha*) pelota court; (: *juego*) pelota.
frotar [fro'tar] *vt* to rub; **~se** *vr*: **~se las manos** to rub one's hands.
fructífero, a [fruk'tifero, a] *a* fruitful.
frugal [fru'xal] *a* frugal.
fruncir [frun'θir] *vt* to pucker; (*COSTURA*) to pleat; **~ el ceño** to knit one's brow.
frustrar [frus'trar] *vt* to frustrate.
fruta ['fruta] *nf* fruit; **frutería** *nf* fruit shop; **frutero, a** *a* fruit *cpd* // *nm/f* fruiterer // *nm* fruit bowl.
frutilla [fru'tiʎa] *nf* (*AM*) strawberry.
fue *vb ver* **ser, ir.**
fuego ['fweɣo] *nm* (*gen*) fire; **a ~ lento** on a low flame *o* gas; **¿tienes ~?** have you (got) a light?
fuente ['fwente] *nf* fountain; (*manantial*, *fig*) spring; (*origen*) source; (*plato*) large dish.
fuera *etc vb ver* **ser, ir** // ['fwera] *ad* out(side); (*en otra parte*) away; (*excepto, salvo*) except, save // *prep*: **~ de** outside; (*fig*) besides; **~ de sí** beside o.s.
fuerte ['fwerte] *a* strong; (*golpe*) hard; (*ruido*) loud; (*comida*) rich; (*lluvia*) heavy; (*dolor*) intense // *ad* strongly; hard; loud(ly).
fuerza *etc vb ver* **forzar** // ['fwerθa] *nf* (*fortaleza*) strength; (*TEC, ELEC*) power; (*coacción*) force; (*MIL*: *tb*: **~s**) forces *pl*; **a ~ de** by dint of; **cobrar ~s** to recover one's strength; **tener ~s para** to have the strength to; **a la ~** forcibly, by force; **por ~** of necessity.
fuga ['fuɣa] *nf* (*huida*) flight, escape; (*de gas etc*) leak.
fugarse [fu'ɣarse] *vr* to flee, escape.
fugaz [fu'ɣaθ] *a* fleeting.
fugitivo, a [fuxi'tiβo, a] *a, nm/f* fugitive.
fui *vb ver* **ser, ir.**
fulano, a [fu'lano, a] *nm/f* so-and-so, what's-his-name/what's-her-name.
fulgor [ful'ɣor] *nm* brilliance.
fumador, a [fuma'ðor, a] *nm/f* smoker.
fumar [fu'mar] *vt, vi* to smoke; **~se** *vr* (*disipar*) to squander; **~ en pipa** to smoke a pipe.
funambulista [funambu'lista] *nm/f* tight-rope walker.
función [fun'θjon] *nf* function; (*de puesto*) duties *pl*; (*espectáculo*) show; **entrar en funciones** to take up one's duties.

funcionar [funθjo'nar] *vi* (*gen*) to function; (*máquina*) to work; **'no funciona'** 'out of order'.
funcionario, a [funθjo'narjo, a] *nm/f* official; (*público*) civil servant.
funda ['funda] *nf* (*gen*) cover; (*de almohada*) pillowcase.
fundación [funda'θjon] *nf* foundation.
fundamental [fundamen'tal] *a* fundamental, basic.
fundamentar [fundamen'tar] *vt* (*poner base*) to lay the foundations of; (*establecer*) to found; (*fig*) to base; **fundamento** *nm* (*base*) foundation.
fundar [fun'dar] *vt* to found; **~se** *vr*: **~se en** to be founded on.
fundición [fundi'θjon] *nf* fusing; (*fábrica*) foundry.
fundir [fun'dir] *vt* (*gen*) to fuse; (*metal*) to smelt, melt down; (*nieve etc*) to melt; (*COM*) to merge; (*estatua*) to cast; **~se** *vr* (*colores etc*) to merge, blend; (*unirse*) to fuse together; (*ELEC*: *fusible, lámpara etc*) to fuse, blow; (*nieve etc*) to melt.
fúnebre ['funeβre] *a* funeral *cpd*, funereal.
funeral [fune'ral] *nm* funeral.
furgón [fur'ɣon] *nm* wagon; **furgoneta** *nf* (*AUTO, COM*) (transit) van (*Brit*), pick-up (truck) (*US*).
furia ['furja] *nf* (*ira*) fury; (*violencia*) violence; **furibundo, a** *a* furious; **furioso, a** *a* (*iracundo*) furious; (*violento*) violent; **furor** *nm* (*cólera*) rage.
furúnculo [fu'runkulo] *nm* boil.
fusible [fu'siβle] *nm* fuse.
fusil [fu'sil] *nm* rifle; **~ar** *vt* to shoot.
fusión [fu'sjon] *nf* (*gen*) melting; (*unión*) fusion; (*COM*) merger.
fusta ['fusta] *nf* (*látigo*) riding crop.
fútbol ['futβol] *nm* football; **futbolista** *nm* footballer.
fútil ['futil] *a* trifling; **futilidad** *nf* triviality.
futuro, a [fu'turo, a] *a, nm* future.

G

gabán [ga'βan] *nm* overcoat.
gabardina [gaβar'ðina] *nf* raincoat, gabardine.
gabinete [gaβi'nete] *nm* (*POL*) cabinet; (*estudio*) study; (*de abogados etc*) office.
gaceta [ga'θeta] *nf* gazette.
gachas ['gatʃas] *nfpl* porridge *sg*.
gafar [ga'far] *vt* to jinx.
gafas ['gafas] *nfpl* glasses; **~ de sol** sunglasses.
gafe ['gafe] *nm* jinx.
gaita ['gaita] *nf* bagpipes *pl*.
gajes ['gaxes] *nmpl*: **los ~ del oficio** occupational hazards.

gajo ['gaxo] nm (de naranja) segment.

gala ['gala] nf (traje de etiqueta) full dress; (fig: lo mejor) cream, flower; ~s nfpl finery sg; estar de ~ to be in one's best clothes; hacer ~ de to display, show off.

galán [ga'lan] nm lover; (Don Juan) ladies' man; (TEATRO): primer ~ leading man.

galante [ga'lante] a gallant; **galantear** vt (hacer la corte) to court, woo; **galantería** nf (caballerosidad) gallantry; (cumplido) politeness; (comentario) compliment.

galápago [ga'lapaɣo] nm (ZOOL) turtle.

galaxia [ga'laksja] nf galaxy.

galera [ga'lera] nf (nave) galley; (carro) wagon; (IMPRENTA) galley.

galería [gale'ria] nf (gen) gallery; (balcón) veranda(h); (pasillo) corridor.

Gales ['gales] nm (tb: País de ~) Wales; **galés, esa** a Welsh // nm/f Welshman/woman // nm (LING) Welsh.

galgo, a ['galɣo, a] nm/f greyhound.

galimatías [galima'tias] nmpl (lenguaje) gibberish sg, nonsense sg.

galón [ga'lon] nm (MIL) stripe; (COSTURA) braid; (medida) gallon.

galopar [galo'par] vi to gallop.

gallardía [gaʎar'ðia] nf (galantería) dash; (valor) bravery; (elegancia) elegance.

gallego, a [ga'ʎeɣo, a] a, nm/f Galician.

galleta [ga'ʎeta] nf biscuit (Brit), cookie (US).

gallina [ga'ʎina] nf hen // nm/f (fam: cobarde) chicken.

gallo ['gaʎo] nm cock, rooster.

gama ['gama] nf (fig) range.

gamba ['gamba] nf prawn (Brit), shrimp (US).

gamberro, a [gam'berro, a] nm/f hooligan, lout.

gamuza [ga'muθa] nf chamois.

gana ['gana] nf (deseo) desire, wish; (apetito) appetite; (voluntad) will; (añoranza) longing; de buena ~ willingly; de mala ~ reluctantly; me da ~s de I feel like, I want to; no me da la ~ I don't feel like it; tener ~s de to feel like.

ganadería [ganaðe'ria] nf (ganado) livestock; (ganado vacuno) cattle pl; (cría, comercio) cattle raising.

ganado [ga'naðo] nm livestock; ~ lanar sheep pl; ~ mayor cattle pl; ~ porcino pigs pl.

ganador, a [gana'ðor, a] a winning // nm/f winner.

ganancia [ga'nanθja] nf (lo ganado) gain; (aumento) increase; (beneficio) profit; ~s nfpl (ingresos) earnings; (beneficios) profit sg, winnings.

ganar [ga'nar] vt (obtener) to get, obtain; (sacar ventaja) to gain; (salario etc) to earn; (DEPORTE, premio) to win; (de-

rrotar a) to beat; (alcanzar) to reach // vi (DEPORTE) to win; ~se vr: ~se la vida to earn one's living.

gancho ['gantʃo] nm (gen) hook; (colgador) hanger.

gandul, a [gan'dul, a] a, nm/f good-for-nothing, layabout.

ganga ['ganga] nf (cosa buena y barata) bargain; (buena situación) cushy job.

gangrena [gaŋ'grena] nf gangrene.

gansada [gan'saða] nf (fam) stupid thing to do.

ganso, a ['ganso, a] nm/f (ZOOL) goose; (fam) idiot.

ganzúa [gan'θua] nf skeleton key.

garabatear [garaβate'ar] vi, vt (al escribir) to scribble, scrawl.

garabato [gara'βato] nm (escritura) scrawl, scribble.

garaje [ga'raxe] nm garage.

garante [ga'rante] a responsible // nm/f guarantor.

garantía [garan'tia] nf guarantee.

garantizar [garanti'θar] vt (hacerse responsable de) to vouch for; (asegurar) to guarantee.

garbanzo [gar'βanθo] nm chickpea (Brit), garbanzo (US).

garbo ['garβo] nm grace, elegance.

garfio ['garfjo] nm grappling iron.

garganta [gar'ɣanta] nf (ANAT) throat; (de botella) neck; **gargantilla** nf necklace.

gárgaras ['garɣaras] nfpl: hacer ~ to gargle.

garita [ga'rita] nf cabin, hut; (MIL) sentry box.

garito [ga'rito] nm (lugar) gambling house o den.

garra ['garra] nf (de gato, TEC) claw; (de ave) talon; (fam) hand, paw.

garrafa [ga'rrafa] nf carafe, decanter.

garrapata [garra'pata] nf tick.

garrapatear [garrapate'ar] vi, vt = garabatear.

garrote [ga'rrote] nm (palo) stick; (porra) cudgel; (suplicio) garrotte.

garúa [ga'rua] nf (AM) drizzle.

garza ['garθa] nf heron.

gas [gas] nm gas.

gasa ['gasa] nf gauze.

gaseoso, a [gase'oso, a] a gassy, fizzy // nf lemonade, pop (Brit).

gasfitero [gasfi'tero] nm (AM) plumber.

gasoil [ga'soil], **gasóleo** [ga'soleo] nm diesel (oil).

gasolina [gaso'lina] nf petrol, gas(oline) (US); **gasolinera** nf petrol (Brit) o gas (US) station.

gastado, a [gas'taðo, a] a (rendido) spent; (raído) worn out; (usado: frase etc) trite.

gastar [gas'tar] vt (dinero, tiempo) to spend; (fuerzas) to use up; (desperdiciar) to waste; (llevar) to wear; **~se** *vr* to wear out; (*estropearse*) to waste; **~ bromas** to crack jokes; **¿qué número gastas?** what size (shoe) do you take?

gasto ['gasto] *nm* (*desembolso*) expenditure, spending; (*consumo, uso*) use; **~s** *nmpl* (*desembolsos*) expenses; (*cargos*) charges, costs.

gatear [gate'ar] *vi* (*andar a gatas*) to go on all fours.

gatillo [ga'tiʎo] *nm* (*de arma de fuego*) trigger; (*de dentista*) forceps.

gato, a ['gato, a] *nm/f* cat // *nm* (TEC) jack; **andar a gatas** to go on all fours.

gaveta [ga'βeta] *nf* drawer.

gaviota [ga'βjota] *nf* seagull.

gay [ge] *a inv*, *nm* gay, homosexual.

gazapo [ga'θapo] *nm* young rabbit.

gazpacho [gaθ'patʃo] *nm* gazpacho.

gelatina [xela'tina] *nf* jelly; (*polvos etc*) gelatine.

gema ['xema] *nf* gem.

gemelo, a [xe'melo, a] *a, nm/f* twin; **~s** *nmpl* (*de camisa*) cufflinks; **~s de campo** field glasses, binoculars.

Géminis ['xeminis] *nm* Gemini.

gemido [xe'miðo] *nm* (*quejido*) moan, groan; (*aullido*) howl.

gemir [xe'mir] *vi* (*quejarse*) to moan, groan; (*aullar*) to howl.

generación [xenera'θjon] *nf* generation.

general [xene'ral] *a* general // *nm* general; **por lo o en ~** in general; **G~itat** *nf* Catalan parliament; **~izar** *vt* to generalize; **~izarse** *vr* to become generalized, spread; **~mente** *ad* generally.

generar [xene'rar] *vt* to generate.

género ['xenero] *nm* (*clase*) kind, sort; (*tipo*) type; (BIO) genus; (LING) gender; (COM) material; **~ humano** human race.

generosidad [xenerosi'ðað] *nf* generosity; **generoso, a** *a* generous.

genial [xe'njal] *a* inspired; (*idea*) brilliant; (*afable*) genial.

genio ['xenjo] *nm* (*carácter*) nature, disposition; (*humor*) temper; (*facultad creadora*) genius; **de mal ~** bad-tempered.

genitales [xeni'tales] *nmpl* genitals.

gente ['xente] *nf* (*personas*) people *pl*; (*raza*) race; (*nación*) nation; (*parientes*) relatives *pl*.

gentil [xen'til] *a* (*elegante*) graceful; (*encantador*) charming; **~eza** *nf* grace; charm; (*cortesía*) courtesy.

gentío [xen'tio] *nm* crowd, throng.

genuino, a [xe'nwino, a] *a* genuine.

geografía [xeoɣra'fia] *nf* geography.

geología [xeolo'xia] *nf* geology.

geometría [xeome'tria] *nf* geometry.

gerencia [xe'renθja] *nf* management; **gerente** *nm/f* (*supervisor*) manager; (*jefe*) director.

geriatría [xeria'tria] *nf* (MED) geriatrics *sg*.

germen ['xermen] *nm* germ.

germinar [xermi'nar] *vi* to germinate.

gesticulación [xestikula'θjon] *nf* gesticulation; (*mueca*) grimace.

gestión [xes'tjon] *nf* management; (*diligencia, acción*) negotiation; **gestionar** *vt* (*lograr*) to try to arrange; (*llevar*) to manage.

gesto ['xesto] *nm* (*mueca*) grimace; (*ademán*) gesture.

Gibraltar [xiβral'tar] *nm* Gibraltar; **gibraltareño, a** *a, nm/f* Gibraltarian.

gigante [xi'ɣante] *a, nm/f* giant.

gilipollas [xili'poʎas] (col) *a inv* daft // *nm/f inv* wally.

gimnasia [xim'nasja] *nf* gymnastics *pl*; **gimnasio** *nm* gymnasium; **gimnasta** *nm/f* gymnast.

gimotear [ximote'ar] *vi* to whine, whimper.

ginebra [xi'neβra] *nf* gin.

ginecólogo, a [xine'koloɣo, a] *nm/f* gynaecologist.

gira ['xira] *nf* tour, trip.

girar [xi'rar] *vt* (*dar la vuelta*) to turn (around); (: *rápidamente*) to spin; (COM: *giro postal*) to draw; (*comerciar: letra de cambio*) to issue // *vi* to turn (round); (*rápido*) to spin; (COM) to draw.

girasol [xira'sol] *nm* sunflower.

giratorio, a [xira'torjo, a] *a* (*gen*) revolving; (*puente*) swing.

giro ['xiro] *nm* (*movimiento*) turn, revolution; (LING) expression; (COM) draft; **~ bancario/postal** bank giro/postal order.

gis [xis] *nm* (AM) chalk.

gitano, a [xi'tano, a] *a, nm/f* gypsy.

glacial [gla'θjal] *a* icy, freezing.

glaciar [gla'θjar] *nm* glacier.

glándula ['glandula] *nf* gland.

globo ['gloβo] *nm* (*esfera*) globe, sphere; (*aerostato, juguete*) balloon.

glóbulo ['gloβulo] *nm* globule; (ANAT) corpuscle.

gloria ['glorja] *nf* glory.

glorieta [glo'rjeta] *nf* (*de jardín*) bower, arbour; (*plazoleta*) roundabout (Brit), traffic circle (US).

glorificar [glorifi'kar] *vt* (*enaltecer*) to glorify, praise.

glorioso, a [glo'rjoso, a] *a* glorious.

glosa ['glosa] *nf* comment; **glosar** *vt* (*comentar*) to comment on.

glosario [glo'sarjo] *nm* glossary.

glotón, ona [glo'ton, ona] *a* gluttonous, greedy // *nm/f* glutton.

gobernación [goβerna'θjon] *nf* government, governing; **G~** (AM ADMIN) Ministry of the Interior; **gobernador, a** *a* governing // *nm/f* governor; **gobernante** *a* governing.

gobernar [goβer'nar] *vt* (*dirigir*) to guide, direct; (POL) to rule, govern // *vi* to govern; (NAUT) to steer.

gobierno *etc vb ver* **gobernar** // [go'βjerno] *nm* (POL) government; (*dirección*) guidance, direction; (NAUT) steering.

goce *etc vb ver* **gozar** // ['goθe] *nm* enjoyment.

gol [gol] *nm* goal.

golf [golf] *nm* golf.

golfo, a ['golfo, a] *nm* (GEO) gulf // *nm/f* (*fam: niño*) urchin; (*gamberro*) lout // *nf* (*fam: mujer*) slut, whore.

golondrina [golon'drina] *nf* swallow.

golosina [golo'sina] *nf* titbit; (*dulce*) sweet; **goloso, a** *a* a sweet-toothed.

golpe ['golpe] *nm* blow; (*de puño*) punch; (*de mano*) smack; (*de remo*) stroke; (*fig: choque*) clash; **no dar ~** to be bone idle; **de un ~** with one blow; **de ~** suddenly; **~ (de estado)** coup (d'état); **golpear** *vt*, *vi* to strike, knock; (*asestar*) to beat; (*de puño*) to punch; (*golpetear*) to tap.

goma ['goma] *nf* (*caucho*) rubber; (*elástico*) elastic; (*una ~*) elastic band; **~ espuma** foam rubber; **~ de pegar** gum, glue.

gordo, a ['gorðo, a] *a* (*gen*) fat; (*persona*) plump; (*fam*) enormous; **el (premio)** (*en lotería*) first prize; **gordura** *nf* fat; (*corpulencia*) fatness, stoutness.

gorila [go'rila] *nm* gorilla.

gorjear [gorxe'ar] *vi* to twitter, chirp.

gorra ['gorra] *nf* cap; (*de niño*) bonnet; (*militar*) bearskin; **entrar de ~** (*fam*) to gatecrash; **ir de ~** to sponge.

gorrión [go'rrjon] *nm* sparrow.

gorro ['gorro] *nm* (*gen*) cap; (*de niño, mujer*) bonnet.

gorrón, ona [go'rron, ona] *nm/f* scrounger.

gota ['gota] *nf* (*gen*) drop; (*de sudor*) bead; (MED) gout; **gotear** *vi* to drip; (*lloviznar*) to drizzle; **gotera** *nf* leak.

gozar [go'θar] *vi* to enjoy o.s.; **~ de** (*disfrutar*) to enjoy; (*poseer*) to possess.

gozne ['goθne] *nm* hinge.

gozo ['goθo] *nm* (*alegría*) joy; (*placer*) pleasure.

gr. *abr* (= *gramo, gramos*) g.

grabación [graβa'θjon] *nf* recording.

grabado [gra'βaðo] *nm* print, engraving.

grabadora [graβa'ðora] *nf* tape-recorder.

grabar [gra'βar] *vt* to engrave; (*discos, cintas*) to record.

gracia ['graθja] *nf* (*encanto*) grace, gracefulness; (*humor*) humour, wit; **¡(muchas) ~s!** thanks (very much)!; **~s a** thanks to; **tener ~** (*chiste etc*) to be funny; **no me hace ~** I am not keen; **gracioso, a** *a* (*divertido*) funny, amusing; (*cómico*) comical // *nm/f* (TEATRO) comic character.

grada ['graða] *nf* (*de escalera*) step; (*de anfiteatro*) tier, row; **~s** *nfpl* (DEPORTE: *de estadio*) terraces.

gradación [graða'θjon] *nf* gradation.

gradería [graðe'ria] *nf* (*gradas*) (flight of) steps *pl*; (*de anfiteatro*) tiers *pl*, rows *pl*; (DEPORTE: *de estadio*) terraces *pl*; **~ cubierta** covered stand.

grado ['graðo] *nm* degree; (*de aceite, vino*) grade; (*grada*) step; (MIL) rank; **de buen ~** willingly.

graduación [graðwa'θjon] *nf* (*del alcohol*) proof, strength; (ESCOL) graduation; (MIL) rank.

gradual [gra'ðwal] *a* gradual.

graduar [gra'ðwar] *vt* (*gen*) to graduate; (MIL) to commission; **~se** *vr* to graduate; **~se la vista** to have one's eyes tested.

gráfico, a ['grafiko, a] *a* graphic // *nm* diagram // *nf* graph; **~s** *nmpl* (INFORM) graphics.

grajo ['graxo] *nm* rook.

Gral *abr* (= *General*) Gen.

gramática [gra'matika] *nf* grammar.

gramo ['gramo] *nm* gramme (Brit), gram (US).

gran [gran] *a ver* **grande**.

grana ['grana] *nf* (BOT) seedling; (*color, tela*) scarlet.

granada [gra'naða] *nf* pomegranate; (MIL) grenade.

Gran Bretaña [-bre'taɲa] *nf* Great Britain.

grande ['grande] *a* (*antes de nmsg*: **gran**) *a* (*de tamaño*) big, large; (*alto*) tall; (*distinguido*) great; (*impresionante*) grand // *nm* grandee; **grandeza** *nf* greatness.

grandioso, a [gran'djoso, a] *a* magnificent, grand.

granel [gra'nel]: **a ~** *ad* (COM) in bulk.

granero [gra'nero] *nm* granary, barn.

granito [gra'nito] *nm* (AGR) small grain; (*roca*) granite.

granizado [grani'θaðo] *nm* iced drink.

granizar [grani'θar] *vi* to hail; **granizo** *nm* hail.

granja ['granxa] *nf* (*gen*) farm; **granjero, a** *nm/f* farmer.

grano ['grano] *nm* grain; (*semilla*) seed; (*baya*) berry; (MED) pimple, spot; **~s** *nmpl* cereals.

granuja [gra'nuxa] *nm/f* rogue; (*golfillo*) urchin.

grapa ['grapa] *nf* staple; (TEC) clamp.

grasa ['grasa] *nf* (*gen*) grease; (*de cocina*) fat, lard; (*sebo*) suet; (*mugre*) filth; **grasiento, a** *a* greasy; (*de aceite*) oily.

gratificación [gratifika'θjon] *nf* (*propina*) tip; (*bono*) bonus; (*recompensa*) reward; **gratificar** *vt* to tip; to reward.

gratis ['gratis] *ad* free.

gratitud [grati'tuð] *nf* gratitude.

grato, a ['grato, a] *a* (*agradable*) pleasant, agreeable; (*bienvenido*) welcome.

gratuito, a [gra'twito, a] a (*gratis*) free; (*sin razón*) gratuitous.

gravamen [gra'ßamen] nm (*carga*) burden; (*impuesto*) tax.

gravar [gra'ßar] vt to burden; (COM) to tax.

grave ['graße] a heavy; (*serio*) grave, serious; **~dad** nf gravity.

gravilla [gra'ßiʎa] nf gravel.

gravitar [graßi'tar] vi to gravitate; ~ sobre to rest on.

gravoso, a [gra'ßoso, a] a (*pesado*) burdensome; (*costoso*) costly.

graznar [graθ'nar] vi (*cuervo*) to squawk; (*pato*) to quack; (*hablar ronco*) to croak.

Grecia ['greθja] nf Greece.

gremio ['gremjo] nm (*asociación*) trade, industry.

greña ['grena] nf (*cabellos*) shock of hair; (*maraña*) tangle.

gresca ['greska] nf uproar.

griego, a ['grjeʝo, a] a, nm/f Greek.

grieta ['grjeta] nf crack.

grifo ['grifo] nm tap; (AM AUTO) petrol (*Brit*) o gas (US) station.

grilletes [gri'ʎetes] nmpl fetters.

grillo ['griʎo] nm (ZOOL) cricket; (BOT) shoot.

gripe ['gripe] nf flu, influenza.

gris [gris] a (*color*) grey.

gritar [gri'tar] vt, vi to shout, yell; **grito** nm shout, yell; (*de horror*) scream.

grosella [gro'seʎa] nf (red)currant; ~ negra blackcurrant.

grosería [grose'ria] nf (*actitud*) rudeness; (*comentario*) vulgar comment; **grosero, a** a (*poco cortés*) rude, bad-mannered; (*ordinario*) vulgar, crude.

grosor [gro'sor] nm thickness.

grúa ['grua] nf (TEC) crane; (*de petróleo*) derrick.

grueso, a ['grweso, a] a thick; (*persona*) stout // nm bulk; **el** ~ **de** the bulk of.

grulla ['gruʎa] nf crane.

grumo ['grumo] nm clot, lump.

gruñido [gru'niðo] nm grunt; (*fig*) grumble; **gruñir** vi (*animal*) to growl; (*fam*) to grumble.

grupa ['grupa] nf (ZOOL) rump.

grupo ['grupo] nm group; (TEC) unit, set.

gruta ['gruta] nf grotto.

guadaña [gwa'ðaɲa] nf scythe.

guagua [gwa'ɣwa] nf (AM: *niño*) baby; (: *bus*) bus.

guante ['gwante] nm glove.

guapo, a ['gwapo, a] a good-looking, attractive; (*hombre*) handsome; (*elegante*) smart.

guarda ['gwarða] nm/f (*persona*) guard, keeper // nf (*acto*) guarding; (*custodia*) custody; **~bosques** nm inv gamekeeper; **~costas** nm inv coastguard vessel; **~dor, a** a protec tive // nm/f

guardian, protector; **~espaldas** nm/f inv bodyguard; **~meta** nm/f goalkeeper; **~polvo** nm dust cover; (*prenda de vestir*) overalls pl; **guardar** vt (*gen*) to keep; (*vigilar*) to guard, watch over; (*dinero: ahorrar*) to save; ~ **cama** to stay in bed; **guardarse** vr (*preservarse*) to protect o.s.; (*evitar*) to avoid; **guardarropa** nm (*armario*) wardrobe; (*en establecimiento público*) cloakroom.

guardería [gwarðe'ria] nf nursery.

guardia ['gwarðja] nf (MIL) guard; (*cuidado*) care, custody // nm/f guard; (*policía*) policeman/woman; **estar de** ~ to be on guard; **montar** ~ to mount guard; **G~ Civil** Civil Guard; **G~ Nacional** National Guard.

guardián, ana [gwar'ðjan, ana] nm/f (*gen*) guardian, keeper.

guardilla [gwar'ðiʎa] nf attic.

guarecer [gware'θer] vt (*proteger*) to protect; (*abrigar*) to shelter; **~se** vr to take refuge.

guarida [gwa'riða] nf (*de animal*) den, lair; (*refugio*) refuge.

guarnecer [gwarne'θer] vt (*equipar*) to provide; (*adornar*) to adorn; (TEC) to reinforce; **guarnición** nf (*de vestimenta*) trimming; (*de piedra*) mount; (CULIN) garnish; (*arneses*) harness; (MIL) garrison.

guarro, a ['gwarro, a] nm/f pig.

guasa ['gwasa] nf joke; **guasón, ona** a witty; (*bromista*) joking // nm/f wit; joker.

Guatemala [gwate'mala] nf Guatemala.

gubernativo, a [gußerna'tißo, a] a governmental.

guerra ['gerra] nf war; (*pelea*) struggle; ~ **civil** civil war; ~ **fría** cold war; **dar** ~ to annoy; **guerrear** vi to wage war; **guerrero, a** a fighting; (*carácter*) war-like // nm/f warrior.

guerrilla [ge'rriʎa] nf guerrilla warfare; (*tropas*) guerrilla band o group.

guía etc vb ver **guiar** // ['gia] nm/f (*persona*) guide // nf (*libro*) guidebook; ~ **de ferrocarriles** railway timetable; ~ **telefónica** telephone directory.

guiar [gi'ar] vt to guide, direct; (AUTO) to steer; **~se** vr: **~se por** to be guided by.

guijarro [gi'xarro] nm pebble.

guinda ['ginda] nf morello cherry.

guindilla [gin'diʎa] nf chilli pepper.

guiñapo [gi'napo] nm (*harapo*) rag; (*persona*) reprobate, rogue.

guiñar [gi'nar] vt to wink.

guión [gi'on] nm (LING) hyphen, dash; (CINE) script; **guionista** nm/f scriptwriter.

guirnalda [gir'nalda] nf garland.

guisa ['gisa] nf: **a** ~ **de** as, like.

guisado [gi'saðo] nm stew.

guisante [gi'sante] nm pea.

guisar [gi'sar] *vt*, *vi* to cook; **guiso** *nm* cooked dish.

guitarra [gi'tarra] *nf* guitar.

gula ['gula] *nf* gluttony, greed.

gusano [gu'sano] *nm* maggot; (*lombriz*) earthworm.

gustar [gus'tar] *vt* to taste, sample // *vi* to please, be pleasing; **~ de algo** to like *o* enjoy sth; **me gustan las uvas** I like grapes; **le gusta nadar** she likes *o* enjoys swimming.

gusto ['gusto] *nm* (*sentido*, *sabor*) taste; (*placer*) pleasure; **tiene ~ a menta** it tastes of mint; **tener buen ~** to have good taste; **sentirse a ~** to feel at ease; **mucho ~ (en conocerle)** pleased to meet you; **el ~ es mío** the pleasure is mine; **con ~** willingly, gladly; **~so, a** *a* (*sabroso*) tasty; (*agradable*) pleasant.

gutural [gutu'ral] *a* guttural.

H

ha *vb ver* **haber**.

haba ['aβa] *nf* bean.

Habana [a'βana] *nf*: **la ~** Havana.

habano [a'βano] *nm* Havana cigar.

habéis *vb ver* **haber**.

haber [a'βer] ♦ *vb auxiliar* **1** (*tiempos compuestos*) to have; **he/había comido** I have/had eaten; **antes/después de ~lo visto** before seeing/after seeing *o* having seen it
2: **¡~lo dicho antes!** you should have said so before!
3: **~ de: he de hacerlo** I have to do it; **ha de llegar mañana** it should arrive tomorrow
♦ *vb impersonal* **1** (*existencia: sg*) there is; (: *pl*) there are; **hay un hermano/dos hermanos** there is one brother/there are two brothers; **¿cuánto hay de aquí a Sucre?** how far is it from here to Sucre?
2 (*obligación*): **hay que hacer algo** something must be done; **hay que apuntarlo para acordarse** you have to write it down to remember
3: **¡hay que ver!** well I never!
4: **¡no hay de o por (AM) qué!** don't mention it!, not at all!
5: **¿qué hay?** (*¿qué pasa?*) what's up?, what's the matter?; (*¿qué tal?*) how's it going?
♦ *vr*: **habérselas con uno** to have it out with sb
♦ *vt*: **he aquí unas sugerencias** here are some suggestions; **no hay cintas blancas pero sí las hay rojas** there aren't any white ribbons but there are some red ones
♦ *nm* (*en cuenta*) credit side; **~es** *nmpl* assets; **¿cuánto tengo en el ~?** how much do I have in my account?; **tiene varias novelas en su ~** he has several

novels to his credit.

habichuela [aβi'tʃwela] *nf* kidney bean.

hábil ['aβil] *a* (*listo*) clever, smart; (*capaz*) fit, capable; (*experto*) expert; **día ~** working day; **habilidad** *nf* (*gen*) skill, ability; (*inteligencia*) cleverness.

habilitar [aβili'tar] *vt* (*capacitar*) to enable; (*dar instrumentos*) to equip; (*financiar*) to finance.

hábilmente [aβil'mente] *ad* skilfully, expertly.

habitación [aβita'θjon] *nf* (*cuarto*) room; (*casa*) dwelling, abode; (*BIO: morada*) habitat; **~ sencilla o individual** single room; **~ doble o de matrimonio** double room.

habitante [aβi'tante] *nm/f* inhabitant.

habitar [aβi'tar] *vt* (*residir en*) to inhabit; (*ocupar*) to occupy // *vi* to live.

hábito ['aβito] *nm* habit.

habituar [aβi'twar] *vt* to accustom; **~se** *vr*: **~se a** to get used to.

habla ['aβla] *nf* (*capacidad de hablar*) speech; (*idioma*) language; (*dialecto*) dialect; **perder el ~** to become speechless; **de ~ francesa** French-speaking; **estar al ~** to be in contact; (*TEL*) to be on the line; **¡González al ~!** (*TEL*) González speaking!

hablador, a [aβla'ðor, a] *a* talkative // *nm/f* chatterbox.

habladuría [aβlaðu'ria] *nf* rumour; **~s** *nfpl* gossip *sg*.

hablante [a'βlante] *a* speaking // *nm/f* speaker.

hablar [a'βlar] *vt* to speak, talk // *vi* to speak; **~se** *vr* to speak to each other; **~ con** to speak to; **~ de** to speak of *o* about; **'se habla inglés'** 'English spoken here'.

habré *etc vb ver* **haber**.

hacedor, a [aθe'ðor, a] *nm/f* maker.

hacendado [asen'daðo] *nm* (*AM*) large landowner.

hacendoso, a [aθen'doso, a] *a* industrious.

hacer [a'θer] ♦ *vt* **1** (*fabricar*, *producir*) to make; (*construir*) to build; **~ una película/un ruido** to make a film/noise; **el guisado lo hice yo** I made *o* cooked the stew
2 (*ejecutar: trabajo etc*) to do; **~ la colada** to do the washing; **~ la comida** to do the cooking; **¿qué haces?** what are you doing?; **~ el malo o el papel del malo** (*TEATRO*) to play the villain
3 (*estudios*, *algunos deportes*) to do; **~ español/económicas** to do *o* study Spanish/Economics; **~ yoga/gimnasia** to do yoga/go to gym
4 (*transformar*, *incidir en*): **esto lo hará más difícil** this will make it more difficult; **salir te hará sentir mejor** going out will make you feel better
5 (*cálculo*): **2 y 2 hacen 4** 2 and 2 make

4; **éste hace 100** this one makes 100
6 (+ *subjun*): **esto hará que ganemos**
this will make us win; **harás que no
quiera venir** you'll stop him wanting to
come
7 (*como sustituto de vb*) to do; **él bebió
y yo hice lo mismo** he drank and I did
likewise
8: **no hace más que criticar** all he does
is criticize
♦ *vb semi-auxiliar*: ~ + *infinitivo* **1** (*directo*): **les hice venir** I made o had them
come; ~ **trabajar a los demás** to get
others to work
2 (*por intermedio de otros*): ~ **reparar
algo** to get sth repaired
♦ *vi* **1**: **haz como que no lo sabes** act as
if you don't know
2 (*ser apropiado*): **si os hace** if it's
alright with you
3: ~ **de**: ~ **de madre para uno** to be like
a mother to sb; (*TEATRO*): ~ **de Otelo** to
play Othello
♦ *vb impersonal* **1**: **hace calor/frío** it's
hot/cold; *ver tb* **bueno, sol, tiempo**
2 (*tiempo*): **hace 3 años** 3 years ago;
hace un mes que voy/no voy I've been
going/I haven't been for a month
3: **¿cómo has hecho para llegar tan
rápido?** how did you manage to get here
so quickly?
♦ *vr* **1** (*volverse*) to become; **se hicieron
amigos** they became friends
2 (*acostumbrarse*): ~**se a** to get used to
3: **se hace con huevos y leche** it's made
out of eggs and milk; **eso no se hace**
that's not done
4 (*obtener*): ~**se de** o **con algo** to get
hold of sth
5 (*fingirse*): ~**se el sueco** to turn a deaf
ear.

hacia ['aθja] *prep* (*en dirección de*)
towards; (*cerca de*) near; (*actitud*)
towards; ~ **arriba/abajo** up(wards)/
down(wards); ~ **mediodía** about noon.

hacienda [a'θjenda] *nf* (*propiedad*)
property; (*finca*) farm; (*AM*) ranch; ~
pública public finance; (**Ministerio de**)
H~ Exchequer (*Brit*), Treasury Department (*US*).

hacha ['atʃa] *nf* axe; (*antorcha*) torch.

hada ['aða] *nf* fairy.

hago *etc vb ver* **hacer**.

Haití [ai'ti] *nm* Haiti.

halagar [ala'ɣar] *vt* (*lisonjear*) to flatter.

halago [a'laɣo] *nm* (*adulación*) flattery;
halagüeño, a *a* flattering.

halcón [al'kon] *nm* falcon, hawk.

hálito ['alito] *nm* breath.

halterofilia [altero'filja] *nf* weightlifting.

hallar [a'ʎar] *vt* (*gen*) to find; (*descubrir*)
to discover; (*toparse con*) to run into;
~**se** *vr* to be (situated); **hallazgo** *nm*
discovery; (*cosa*) find.

hamaca [a'maka] *nf* hammock.

hambre ['ambre] *nf* hunger; (*carencia*)
famine; (*fig*) longing; **tener** ~ to be
hungry; **hambriento, a** *a* hungry,
starving.

hamburguesa [ambur'ɣesa] *nf*
hamburger.

hampón [am'pon] *nm* thug.

han *vb ver* **haber**.

haragán, ana [ara'ɣan, ana] *a, nm/f*
good-for-nothing.

harapiento, a [ara'pjento, a] *a* tattered,
in rags; **harapo** *nm* rag.

haré *etc vb ver* **hacer**.

harina [a'rina] *nf* flour.

hartar [ar'tar] *vt* to satiate, glut; (*fig*) to
tire, sicken; ~**se** *vr* (*de comida*) to fill
o.s., gorge o.s.; (*cansarse*) to get fed up
(*de* with); **hartazgo** *nm* surfeit, glut;
harto, a *a* (*lleno*) full; (*cansado*) fed up
// *ad* (*bastante*) enough; (*muy*) very;
estar harto de to be fed up with;
hartura *nf* (*exceso*) surfeit;
(*abundancia*) abundance; (*satisfacción*)
satisfaction.

has *vb ver* **haber**.

hasta ['asta] *ad* even // *prep* (*alcanzando
a*) as far as, up to, down to; (*de tiempo*:
a tal hora) till, until; (*antes de*) before //
conj: ~ **que** until; ~ **luego/el sábado** see
you soon/on Saturday.

hastiar [as'tjar] *vt* (*gen*) to weary;
(*aburrir*) to bore; ~**se** *vr*: ~**se de** to get
fed up with; **hastío** *nm* weariness; boredom.

hatillo [a'tiʎo] *nm* belongings *pl*, kit;
(*montón*) bundle, heap.

hay *vb ver* **haber**.

Haya ['aja] *nf*: **la** ~ The Hague.

haya *etc vb ver* **haber** // ['aja] *nf* beech
tree.

haz *vb ver* **hacer** // [aθ] *nm* bundle,
bunch; (*rayo: de luz*) beam.

hazaña [a'θaɲa] *nf* feat, exploit.

hazmerreír [aθmerre'ir] *nm inv* laughing
stock.

he *vb ver* **haber**.

hebilla [e'βiʎa] *nf* buckle, clasp.

hebra ['eβra] *nf* thread; (*BOT: fibra*)
fibre, grain.

hebreo, a [e'βreo, a] *a, nm/f* Hebrew //
nm (*LING*) Hebrew.

hectárea [ek'tarea] *nf* hectare.

hechizar [etʃi'θar] *vt* to cast a spell on,
bewitch.

hechizo [e'tʃiθo] *nm* witchcraft, magic;
(*acto de magia*) spell, charm.

hecho, a *pp de* **hacer** // ['etʃo, a] *a*
complete; (*maduro*) mature; (*COSTURA*)
ready-to-wear // *nm* deed, act; (*dato*)
fact; (*cuestión*) matter; (*suceso*) event //
excl agreed!, done!; **¡bien** ~! well
done!; **de** ~ in fact, as a matter of fact.

hechura [e'tʃura] *nf* making, creation;
(*producto*) product; (*forma*) form,
shape; (*de persona*) build; (*TEC*)

craftsmanship.
heder [e'ðer] *vi* to stink, smell; (*fig*) to be unbearable.
hediondo, a [e'ðjondo, a] *a* stinking.
hedor [e'ðor] *nm* stench.
heladera [ela'ðera] *nf* (*AM: refrigerador*) refrigerator.
helado, a [e'laðo, a] *a* frozen; (*glacial*) icy; (*fig*) chilly, cold // *nm* ice cream // *nf* frost.
helar [e'lar] *vt* to freeze, ice (up); (*dejar atónito*) to amaze; (*desalentar*) to discourage // *vi*, ~se *vr* to freeze.
helecho [e'letʃo] *nm* fern.
hélice ['eliθe] *nf* spiral; (*TEC*) propeller.
helicóptero [eli'koptero] *nm* helicopter.
hembra ['embra] *nf* (*BOT, ZOOL*) female; (*mujer*) woman; (*TEC*) nut.
hemorroides [emo'rroiðes] *nfpl* haemorrhoids, piles.
hemos *vb ver* **haber.**
hendidura [endi'ðura] *nf* crack, split; (*GEO*) fissure.
heno ['eno] *nm* hay.
herbicida [erβi'θiða] *nm* weedkiller.
heredad [ere'ðað] *nf* landed property; (*granja*) farm.
heredar [ere'ðar] *vt* to inherit; **heredero, a** *nm/f* heir/heiress.
hereje [e'rexe] *nm/f* heretic.
herencia [e'renθja] *nf* inheritance.
herido, a [e'riðo, a] *a* injured, wounded // *nm/f* casualty // *nf* wound, injury.
herir [e'rir] *vt* to wound, injure; (*fig*) to offend.
hermanastro, a [erma'nastro, a] *nm/f* stepbrother/sister.
hermandad [erman'dað] *nf* brotherhood.
hermano, a [er'mano, a] *nm/f* brother/sister; ~ **gemelo** twin brother; ~ **político** brother-in-law; **hermana política** sister-in-law.
hermético, a [er'metiko, a] *a* hermetic; (*fig*) watertight.
hermoso, a [er'moso, a] *a* beautiful, lovely; (*estupendo*) splendid; (*guapo*) handsome; **hermosura** *nf* beauty.
héroe ['eroe] *nm* hero.
heroína [ero'ina] *nf* (*mujer*) heroine; (*droga*) heroin.
heroísmo [ero'ismo] *nm* heroism.
herradura [erra'ðura] *nf* horseshoe.
herramienta [erra'mjenta] *nf* tool.
herrería [erre'ria] *nf* smithy; (*TEC*) forge; **herrero** [e'rrero] *nm* blacksmith.
herrumbre [e'rrumbre] *nf* rust.
hervidero [erβi'ðero] *nm* (*fig*) swarm; (*POL etc*) hotbed.
hervir [er'βir] *vi* to boil; (*burbujear*) to bubble; (*fig*): ~ **de** to teem with; ~ **a fuego lento** to simmer; **hervor** *nm* boiling; (*fig*) ardour, fervour.
heterosexual [eterosek'swal] *a* heterosexual.
hice *etc vb ver* **hacer.**

hidratante [iðra'tante] *a*: **crema** ~ moisturizing cream, moisturizer.
hidráulico, a [i'ðrauliko, a] *a* hydraulic // *nf* hydraulics *sg.*
hidro... [iðro] *pref* hydro..., water-...; ~**eléctrico, a** *a* hydroelectric; ~**fobia** *nf* hydrophobia, rabies; **hidrógeno** *nm* hydrogen.
hiedra ['jeðra] *nf* ivy.
hiel [jel] *nf* gall, bile; (*fig*) bitterness.
hiela *etc vb ver* **helar.**
hielo ['jelo] *nm* (*gen*) ice; (*escarcha*) frost; (*fig*) coldness, reserve.
hiena ['jena] *nf* hyena.
hierba ['jerβa] *nf* (*pasto*) grass; (*CULIN, MED: planta*) herb; **mala** ~ weed; (*fig*) evil influence; ~**buena** *nf* mint.
hierro ['jerro] *nm* (*metal*) iron; (*objeto*) iron object.
hígado ['iɣaðo] *nm* liver.
higiene [i'xjene] *nf* hygiene; **higiénico, a** *a* hygienic.
higo ['iɣo] *nm* fig; **higuera** *nf* fig tree.
hijastro, a [i'xastro, a] *nm/f* stepson/daughter.
hijo, a [i'xo, a] *nm/f* son/daughter, child; ~**s** *nmpl* children, sons and daughters; ~ **de papá/mamá** daddy's/mummy's boy; ~ **de puta** (*fam!*) bastard (!), son of a bitch (!).
hilar [i'lar] *vt* to spin; ~ **fino** to split hairs.
hilera [i'lera] *nf* row, file.
hilo ['ilo] *nm* thread; (*BOT*) fibre; (*metal*) wire; (*de agua*) trickle, thin stream; (*de luz*) beam, ray.
hilvanar [ilβa'nar] *vt* (*COSTURA*) to tack (*Brit*), baste (*US*); (*fig*) to do hurriedly.
himno ['imno] *nm* hymn; ~ **nacional** national anthem.
hincapié [inka'pje] *nm*: **hacer** ~ **en** to emphasize.
hincar [in'kar] *vt* to drive (in), thrust (in); ~**se** *vr*: ~**se de rodillas** to kneel down.
hincha ['intʃa] *nm/f* (*fam*) fan.
hinchado, a [in'tʃaðo, a] *a* (*gen*) swollen; (*persona*) pompous.
hinchar [in'tʃar] *vt* (*gen*) to swell; (*inflar*) to blow up, inflate; (*fig*) to exaggerate; ~**se** *vr* (*inflarse*) to swell up; (*fam: llenarse*) to stuff o.s.; **hinchazón** *nf* (*MED*) swelling; (*altivez*) arrogance.
hinojo [i'noxo] *nm* fennel.
hipermercado [ipermer'kaðo] *nm* hypermarket, superstore.
hipnotismo [ipno'tismo] *nm* hypnotism; **hipnotizar** *vt* to hypnotize.
hipo ['ipo] *nm* hiccups *pl.*
hipocresía [ipokre'sia] *nf* hypocrisy; **hipócrita** *a* hypocritical // *nm/f* hypocrite.
hipódromo [i'poðromo] *nm* racetrack.
hipopótamo [ipo'potamo] *nm* hippopotamus.

hipoteca [ipo'teka] *nf* mortgage.

hipótesis [i'potesis] *nf inv* hypothesis.

hiriente [i'rjente] *a* offensive, wounding.

hispánico, a [is'paniko, a] *a* Hispanic.

hispano, a [is'pano, a] *a* Hispanic, Spanish, Hispano- // *nm/f* Spaniard; **H~américa** *nf* Spanish o Latin America; **~americano, a** *a, nm/f* Spanish o Latin American.

histeria [is'terja] *nf* hysteria.

historia [is'torja] *nf* history; (*cuento*) story, tale; **~s** *nfpl* (*chismes*) gossip *sg*; **dejarse de ~s** to come to the point; **pasar a la ~** to go down in history; **~dor, a** *nm/f* historian; **historiar** *vt* to chronicle, write the history of; **histórico, a** *a* historical; (*fig*) historic.

historieta [isto'rjeta] *nf* tale, anecdote; (*dibujos*) comic strip.

hito ['ito] *nm* (*fig*) landmark; (*objetivo*) goal, target.

hizo *vb ver* **hacer.**

Hnos *abr* (= *Hermanos*) Bros.

hocico [o'θiko] *nm* snout; (*fig*) grimace.

hockey ['xoki] *nm* hockey; **~ sobre hielo** ice hockey.

hogar [o'ɣar] *nm* fireplace, hearth; (*casa*) home; (*vida familiar*) home life; **~eño, a** *a* home; (*persona*) home-loving.

hoguera [o'ɣera] *nf* (*gen*) bonfire.

hoja ['oxa] *nf* (*gen*) leaf; (*de flor*) petal; (*de papel*) sheet; (*página*) page; **~ de afeitar** razor blade.

hojalata [oxa'lata] *nf* tin(plate).

hojaldre [o'xaldre] *nm* (*CULIN*) puff pastry.

hojear [oxe'ar] *vt* to leaf through, turn the pages of.

hola ['ola] *excl* hello!

Holanda [o'landa] *nf* Holland; **holandés, esa** *a* Dutch // *nm/f* Dutchman/woman // *nm* (*LING*) Dutch.

holgado, a [ol'ɣaðo, a] *a* loose, baggy; (*rico*) well-to-do.

holgar [ol'ɣar] *vi* (*descansar*) to rest; (*sobrar*) to be superfluous; **huelga decir que** it goes without saying that.

holgazán, ana [olɣa'θan, ana] *a* idle, lazy // *nm/f* loafer.

holgura [ol'ɣura] *nf* looseness, baggi-ness; (*TEC*) play, free movement; (*vida*) comfortable living, luxury.

hollín [o'ʎin] *nm* soot.

hombre ['ombre] *nm* (*gen*) man; (*raza humana*): **el ~** man(kind); (*uno*) man // *excl*: ¡sí **~!** (*claro*) of course!; (*para énfasis*) man, old boy; **~ de negocios** businessman; **~-rana** frogman; **~ de pro** honest man.

hombrera [om'brera] *nf* shoulder strap.

hombro ['ombro] *nm* shoulder.

hombruno, a [om'bruno, a] *a* mannish.

homenaje [ome'naxe] *nm* (*gen*) homage; (*tributo*) tribute.

homicida [omi'θiða] *a* homicidal // *nm/f* murderer; **homicidio** *nm* murder, homicide.

homosexual [omosek'swal] *a, nm/f* homosexual.

hondo, a ['ondo, a] *a* deep; **lo ~** the depth(s) (*pl*), the bottom; **~nada** *nf* hollow, depression; (*cañón*) ravine; (*GEO*) lowland; **hondura** *nf* depth, profundity.

Honduras [on'duras] *nf* Honduras.

hondureño, a [ondu'reɲo, a] *a, nm/f* Honduran.

honestidad [onesti'ðað] *nf* purity, chastity; (*decencia*) decency; **honesto, a** *a* chaste; decent, honest; (*justo*) just.

hongo ['ongo] *nm* (*BOT: gen*) fungus; (: *comestible*) mushroom; (: *venenoso*) toadstool.

honor [o'nor] *nm* (*gen*) honour; (*gloria*) glory; **en ~ a la verdad** to be fair; **~able** *a* honourable.

honorario, a [ono'rarjo, a] *a* honorary; **~s** *nmpl* fees.

honra ['onra] *nf* (*gen*) honour; (*renombre*) good name; **~dez** *nf* honesty; (*de persona*) integrity; **~do, a** *a* honest, upright.

honrar [on'rar] *vt* to honour; **~se** *vr*: **~se con algo/de hacer algo** to be honoured by sth/to do sth.

honroso, a [on'roso, a] *a* (*honrado*) honourable; (*respetado*) respectable.

hora ['ora] *nf* (*una ~*) hour; (*tiempo*) time; ¿**qué ~ es?** what time is it?; ¿**a qué ~?** at what time?; **media ~** half an hour; **a la ~ de recreo** at playtime; **a primera ~** first thing (in the morning); **a última ~** at the last moment; **a altas ~s** in the small hours; ¡**a buena ~!** about time, too!; **dar la ~** to strike the hour; **~s de oficina/de trabajo** office/working hours; **~s de visita** visiting times; **~s extras o extraordinarias** overtime *sg*; **~s punta** rush hours.

horadar [ora'ðar] *vt* to drill, bore.

horario, a [o'rarjo, a] *a* hourly, hour *cpd* // *nm* timetable; **~ comercial** business hours *pl*.

horca ['orka] *nf* gallows *sg*.

horcajadas [orka'xaðas]: **a ~** *ad* astride.

horchata [or'tʃata] *nf* cold drink made from tiger nuts and water, tiger nut milk.

horda ['orða] *nf* horde.

horizontal [oriθon'tal] *a* horizontal.

horizonte [ori'θonte] *nm* horizon.

horma ['orma] *nf* mould.

hormiga [or'miɣa] *nf* ant; **~s** *nfpl* (*MED*) pins and needles.

hormigón [ormi'ɣon] *nm* concrete; **~ armado/pretensado** reinforced/prestressed concrete.

hormigueo [ormi'ɣeo] *nm* (*comezón*) itch; (*fig*) uneasiness.

hormona [or'mona] *nf* hormone.
hornada [or'naða] *nf* batch (of loaves *etc*).
hornillo [or'niʎo] *nm* (*cocina*) portable stove.
horno ['orno] *nm* (*CULIN*) oven; (*TEC*) furnace; **alto ~** blast furnace.
horóscopo [o'roskopo] *nm* horoscope.
horquilla [or'kiʎa] *nf* hairpin; (*AGR*) pitchfork.
horréndo, a [o'rrendo, a] *a* horrendous, frightful.
horrible [o'rriβle] *a* horrible, dreadful.
horripilante [orripi'lante] *a* hair-raising, horrifying.
horror [o'rror] *nm* horror, dread; (*atrocidad*) atrocity; ¡**qué ~**! (*fam*) oh, my God!; **~izar** *vt* to horrify, frighten; **~izarse** *vr* to be horrified; **~oso, a** *a* horrifying, ghastly.
hortaliza [orta'liθa] *nf* vegetable.
hortelano, a [orte'lano, a] *nm/f* (market) gardener.
hosco, a ['osko, a] *a* dark; (*persona*) sullen, gloomy.
hospedar [ospe'ðar] *vt* to put up; **~se** *vr* to stay, lodge.
hospital [ospi'tal] *nm* hospital.
hospitalario, a [ospita'larjo, a] *a* (*acogedor*) hospitable; **hospitalidad** *nf* hospitality.
hostal [os'tal] *nm* small hotel.
hostelería [ostele'ria] *nf* hotel business *o* trade.
hostelero, a [oste'lero, a] *nm/f* innkeeper, landlord/lady.
hostia ['ostja] *nf* (*REL*) host, consecrated wafer; (*fam: golpe*) whack, punch // *excl:* ¡**~(s)**! (*fam!*) damn!
hostigar [osti'var] *vt* to whip; (*fig*) to harass, pester.
hostil [os'til] *a* hostile; **~idad** *nf* hostility.
hotel [o'tel] *nm* hotel; **~ero, a** *a* hotel *cpd* // *nm/f* hotelier.
hoy [oi] *ad* (*este día*) today; (*la actualidad*) now(adays) // *nm* present time; **~ (en) día** now(adays).
hoyo ['ojo] *nm* hole, pit; **hoyuelo** *nm* dimple.
hoz [oθ] *nf* sickle.
hube *etc vb ver* **haber**.
hucha ['utʃa] *nf* money box.
hueco, a ['weko, a] *a* (*vacío*) hollow, empty; (*resonante*) booming // *nm* hollow, cavity.
huelga *etc vb ver* **holgar** // ['welɣa] *nf* strike; **declararse en ~** to go on strike, come out on strike; **~ de hambre** hunger strike.
huelgo *etc vb ver* **holgar**.
huelguista [wel'ɣista] *nm/f* striker.
huelo *etc vb ver* **oler**.
huella ['weʎa] *nf* (*acto de pisar, pisada*) tread(ing); (*marca del paso*) footprint,

footstep; (*: de animal, máquina*) track; **~ digital** fingerprint.
huérfano, a ['werfano, a] *a* orphan(ed) // *nm/f* orphan.
huerta ['werta] *nf* market garden; (*en Murcia y Valencia*) irrigated region.
huerto ['werto] *nm* kitchen garden; (*de árboles frutales*) orchard.
hueso ['weso] *nm* (*ANAT*) bone; (*de fruta*) stone.
huésped, a ['wespeð, a] *nm/f* (*invitado*) guest; (*habitante*) resident; (*anfitrión*) host(ess).
huesudo, a [we'suðo, a] *a* bony, big-boned.
huevera [we'βera] *nf* eggcup.
huevo ['weβo] *nm* egg; **~ duro/escalfado/frito** (*Esp*) *o* **estrellado** (*AM*)/**pasado por agua** hard-boiled/poached/fried/soft-boiled egg; **~s revueltos** scrambled eggs.
huida [u'iða] *nf* escape, flight.
huidizo, a [ui'ðiθo, a] *a* (*tímido*) shy; (*pasajero*) fleeting.
huir [u'ir] *vi* (*escapar*) to flee, escape; (*evadir*) to avoid; **~se** *vr* (*escaparse*) to escape.
hule ['ule] *nm* (*encerado*) oilskin.
humanidad [umani'ðað] *nf* (*género humano*) man(kind); (*cualidad*) humanity.
humano, a [u'mano, a] *a* (*gen*) human; (*humanitario*) humane // *nm* human; **ser ~** human being.
humareda [uma'reða] *nf* cloud of smoke.
humedad [ume'ðað] *nf* (*del clima*) humidity; (*de pared etc*) dampness; **a prueba de ~** damp-proof; **humedecer** *vt* to moisten, wet; **humedecerse** *vr* to get wet.
húmedo, a ['umeðo, a] *a* (*mojado*) damp, wet; (*tiempo etc*) humid.
humildad [umil'dað] *nf* humility, humbleness; **humilde** *a* humble, modest.
humillación [umiʎa'θjon] *nf* humiliation; **humillante** *a* humiliating.
humillar [umi'ʎar] *vt* to humiliate; **~se** *vr* to humble o.s., grovel.
humo ['umo] *nm* (*de fuego*) smoke; (*gas nocivo*) fumes *pl*; (*vapor*) steam, vapour; **~s** *nmpl* (*fig*) conceit *sg*.
humor [u'mor] *nm* (*disposición*) mood, temper; (*lo que divierte*) humour; **de buen/mal ~** in a good/bad mood; **~ismo** *nm* humour; **~ista** *nm/f* comic; **~ístico, a** *a* funny, humorous.
hundimiento [undi'mjento] *nm* (*gen*) sinking; (*colapso*) collapse.
hundir [un'dir] *vt* to sink; (*edificio, plan*) to ruin, destroy; **~se** *vr* to sink, collapse.
húngaro, a ['ungaro, a] *a, nm/f* Hungarian.
Hungría [un'gria] *nf* Hungary.
huracán [ura'kan] *nm* hurricane.

huraño, a [u'raɲo, a] *a* shy; *(antisocial)* unsociable.

hurgar [ur'ɣar] *vt* to poke, jab; *(remover)* to stir (up); **~se** *vr*: **~se (las narices)** to pick one's nose.

hurón, ona [u'ron, ona] *nm* (*ZOOL*) ferret.

hurtadillas [urta'ðiʎas]: **a ~** *ad* stealthily, on the sly.

hurtar [ur'tar] *vt* to steal; **hurto** *nm* theft, stealing.

husmear [usme'ar] *vt* (*oler*) to sniff out, scent; *(fam)* to pry into // *vi* to smell bad.

huyo *etc vb ver* **huir**.

I

iba *etc vb ver* **ir**.

ibérico, a [i'ßeriko, a] *a* Iberian.

iberoamericano, a [ißeroameri'kano, a] *a*, *nm/f* Latin American.

íbice ['ißiθe] *nm* ibex.

Ibiza [i'ßiθa] *nf* Ibiza.

iceberg [iθe'ßer] *nm* iceberg.

ícono ['ikono] *nm* ikon, icon.

iconoclasta [ikono'klasta] *a* iconoclastic // *nm/f* iconoclast.

ictericia [ikte'riθja] *nf* jaundice.

ida ['iða] *nf* going, departure; **~ y vuelta** round trip, return.

idea [i'ðea] *nf* idea; **no tengo la menor ~** I haven't a clue.

ideal [iðe'al] *a*, *nm* ideal; **~ista** *nm/f* idealist; **~izar** *vt* to idealize.

idear [iðe'ar] *vt* to think up; *(aparato)* to invent; *(viaje)* to plan.

ídem ['iðem] *pron* ditto.

idéntico, a [i'ðentiko, a] *a* identical.

identidad [iðenti'ðað] *nf* identity.

identificación [iðentifika'θjon] *nf* identification.

identificar [iðentifi'kar] *vt* to identify; **~se** *vr*: **~se con** to identify with.

ideología [iðeolo'xia] *nf* ideology.

idioma [i'ðjoma] *nm* (*gen*) language.

idiota [i'ðjota] *a* idiotic // *nm/f* idiot; **idiotez** *nf* idiocy.

ídolo ['iðolo] *nm* (*tb: fig*) idol.

idóneo, a [i'ðoneo, a] *a* suitable.

iglesia [i'ɣlesja] *nf* church.

ignominia [iɣno'minja] *nf* ignominy.

ignorancia [iɣno'ranθja] *nf* ignorance; **ignorante** *a* ignorant, uninformed // *nm/f* ignoramus.

ignorar [iɣno'rar] *vt* not to know, be ignorant of; *(no hacer caso a)* to ignore.

igual [i'ɣwal] *a* (*gen*) equal; *(similar)* like, similar; *(mismo)* (the) same; *(constante)* constant; *(temperatura)* even // *nm/f* equal; **~ que** like, the same as; **me da o es ~** I don't care; **son ~es** they're the same; **al ~ que** *prep*, *conj* like, just like.

igualada [iɣwa'laða] *nf* equaliser.

igualar [iɣwa'lar] *vt* (*gen*) to equalize, make equal; *(allanar, nivelar)* to level (off), even (out); **~se** *vr* (*platos de balanza*) to balance out.

igualdad [iɣwal'dað] *nf* equality; *(similaridad)* sameness; *(uniformidad)* uniformity.

igualmente [iɣwal'mente] *ad* equally; *(también)* also, likewise // *excl* the same to you!

ikurriña [iku'rriɲa] *nf* Basque flag.

ilegal [ile'ɣal] *a* illegal.

ilegítimo, a [ile'xitimo, a] *a* illegitimate.

ileso, a [i'leso, a] *a* unhurt.

ilícito, a [i'liθito] *a* illicit.

ilimitado, a [ilimi'taðo, a] *a* unlimited.

ilógico, a [i'loxiko, a] *a* illogical.

iluminación [ilumina'θjon] *nf* illumination; *(alumbrado)* lighting.

iluminar [ilumi'nar] *vt* to illuminate, light (up); *(fig)* to enlighten.

ilusión [ilu'sjon] *nf* illusion; *(quimera)* delusion; *(esperanza)* hope; **hacerse ilusiones** to build up one's hopes; **ilusionado, a** *a* excited.

ilusionista [ilusjo'nista] *nm/f* conjurer.

iluso, a [i'luso, a] *a* easily deceived // *nm/f* dreamer.

ilusorio, a [ilu'sorjo, a] *a* (*de ilusión*) illusory, deceptive; *(esperanza)* vain.

ilustración [ilustra'θjon] *nf* illustration; *(saber)* learning, erudition; **la I~** the Enlightenment; **ilustrado, a** *a* illustrated; learned.

ilustrar [ilus'trar] *vt* to illustrate; *(instruir)* to instruct; *(explicar)* to explain, make clear; **~se** *vr* to acquire knowledge.

ilustre [i'lustre] *a* famous, illustrious.

imagen [i'maxen] *nf* (*gen*) image; *(dibujo)* picture.

imaginación [imaxina'θjon] *nf* imagination.

imaginar [imaxi'nar] *vt* (*gen*) to imagine; *(idear)* to think up; *(suponer)* to suppose; **~se** *vr* to imagine; **~io, a** *a* imaginary; **imaginativo, a** *a* imaginative.

imán [i'man] *nm* magnet.

imbécil [im'beθil] *nm/f* imbecile, idiot.

imbuir [imbu'ir] *vi* to imbue.

imitación [imita'θjon] *nf* imitation.

imitar [imi'tar] *vt* to imitate; *(parodiar, remedar)* to mimic, ape.

impaciencia [impa'θjenθja] *nf* impatience; **impaciente** *a* impatient; *(nervioso)* anxious.

impacto [im'pakto] *nm* impact.

impar [im'par] *a* odd.

imparcial [impar'θjal] *a* impartial, fair; **~idad** *nf* impartiality, fairness.

impartir [impar'tir] *vt* to impart, give.

impasible [impa'sißle] *a* impassive.

impávido, a [im'paßiðo, a] *a* fearless,

intrepid.

impecable [impe'kaβle] *a* impeccable.

impedimento [impeði'mento] *nm* impediment, obstacle.

impedir [impe'ðir] *vt* (*obstruir*) to impede, obstruct; (*estorbar*) to prevent.

impeler [impe'ler] *vt* to drive, propel; (*fig*) to impel.

impenetrable [impene'traβle] *a* impenetrable; (*fig*) incomprehensible.

imperar [impe'rar] *vi* (*reinar*) to rule, reign; (*fig*) to prevail, reign; (*precio*) to be current.

imperativo, a [impera'tiβo, a] *a* (*persona*) imperious; (*urgente, LING*) imperative.

imperceptible [imperθep'tiβle] *a* imperceptible.

imperdible [imper'ðiβle] *nm* safety pin.

imperdonable [imperðo'naβle] *a* unforgivable, inexcusable.

imperfección [imperfek'θjon] *nf* imperfection.

imperfecto, a [imper'fekto, a] *a* imperfect.

imperial [impe'rjal] *a* imperial; **~ismo** *nm* imperialism.

imperio [im'perjo] *nm* empire; (*autoridad*) rule, authority; (*fig*) pride, haughtiness; **~so, a** *a* imperious; (*urgente*) urgent; (*imperativo*) imperative.

impermeable [imperme'aβle] *a* (*a prueba de agua*) waterproof // *nm* raincoat.

impersonal [imperso'nal] *a* impersonal.

impertérrito, a [imper'territo, a] *a* undaunted.

impertinencia [imperti'nenθja] *nf* impertinence; **impertinente** *a* impertinent.

imperturbable [impertur'βaβle] *a* imperturbable.

ímpetu ['impetu] *nm* (*impulso*) impetus, impulse; (*impetuosidad*) impetuosity; (*violencia*) violence.

impetuoso, a [impe'twoso, a] *a* impetuous; (*río*) rushing; (*acto*) hasty.

impío, a [im'pio, a] *a* impious, ungodly.

implacable [impla'kaβle] *a* implacable.

implicar [impli'kar] *vt* to implicate, involve; (*entrañar*) to imply.

implícito, a [im'pliθito, a] *a* (*tácito*) implicit; (*sobreentendido*) implied.

implorar [implo'rar] *vt* to beg, implore.

imponente [impo'nente] *a* (*impresionante*) impressive, imposing; (*solemne*) grand.

imponer [impo'ner] *vt* (*gen*) to impose; (*exigir*) to exact, command; **~se** *vr* to assert o.s.; (*prevalecer*) to prevail; **imponible** *a* (*COM*) taxable.

impopular [impopu'lar] *a* unpopular.

importación [importa'θjon] *nf* (*acto*) importing; (*mercancías*) imports *pl*.

importancia [impor'tanθja] *nf* importance; (*valor*) value, significance; (*extensión*) size, magnitude; **importante** *a* important, valuable, significant.

importar [impor'tar] *vt* (*del extranjero*) to import; (*valer*) to amount to, be worth // *vi* to be important, matter; **me importa un rábano** I don't give a damn; **no importa** it doesn't matter; ¿**le importa que fume?** do you mind if I smoke?

importe [im'porte] *nm* (*total*) amount; (*valor*) value.

importunar [importu'nar] *vt* to bother, pester.

imposibilidad [imposiβili'ðað] *nf* impossibility; **imposibilitar** *vt* to make impossible, prevent.

imposible [impo'siβle] *a* (*gen*) impossible; (*insoportable*) unbearable, intolerable.

imposición [imposi'θjon] *nf* imposition; (*COM: impuesto*) tax; (: *inversión*) deposit.

impostor, a [impos'tor, a] *nm/f* impostor.

impotencia [impo'tenθja] *nf* impotence; **impotente** *a* impotent, powerless.

impracticable [imprakti'kaβle] *a* (*irrealizable*) impracticable; (*intransitable*) impassable.

imprecar [impre'kar] *vi* to curse.

impreciso, a [impre'θiso, a] *a* imprecise, vague.

impregnar [impreɣ'nar] *vt* to impregnate; **~se** *vr* to become impregnated.

imprenta [im'prenta] *nf* (*acto*) printing; (*aparato*) press; (*casa*) printer's; (*letra*) print.

imprescindible [impresθin'diβle] *a* essential, vital.

impresión [impre'sjon] *nf* (*gen*) impression; (*IMPRENTA*) printing; (*edición*) edition; (*FOTO*) print; (*marca*) imprint; **~ digital** fingerprint.

impresionable [impresjo'naβle] *a* (*sensible*) impressionable.

impresionante [impresjo'nante] *a* impressive; (*tremendo*) tremendous; (*maravilloso*) great, marvellous.

impresionar [impresjo'nar] *vt* (*conmover*) to move; (*afectar*) to impress, strike; (*película fotográfica*) to expose; **~se** *vr* to be impressed; (*conmoverse*) to be moved.

impreso, a *pp de* **imprimir** // [im'preso, a] *a* printed **~s** *nmpl*; printed matter; **impresora** *nf* printer.

imprevisto, a [impre'βisto, a] *a* (*gen*) unforeseen; (*inesperado*) unexpected **~s** *nmpl*; (*gastos*) unforeseen expenses.

imprimir [impri'mir] *vt* to imprint, impress, stamp; (*textos*) to print; (*IN-*

FORM) to output, print out.

improbable [impro'βaßle] *a* improbable; (*inverosímil*) unlikely.

improcedente [improθe'ðente] *a* inappropriate.

improductivo, a [improðuk'tiβo, a] *a* unproductive.

improperio [impro'perjo] *nm* insult.

impropiedad [impropje'ðað] *nf* impropriety (of language).

impropio, a [im'propjo, a] *a* improper.

improvisación [improβisa'θjon] *nf* improvisation; **improvisado, a** *a* improvised.

improvisar [improβi'sar] *vt* to improvise.

improviso, a [impro'βiso, a] *a*: **de ~** unexpectedly, suddenly.

imprudencia [impru'ðenθja] *nf* imprudence; (*indiscreción*) indiscretion; (*descuido*) carelessness; **imprudente** *a* imprudent; indiscreet; (*irreflexivo*) unwise.

impúdico, a [im'puðiko, a] *a* shameless; (*lujurioso*) lecherous.

impudor [impu'ðor] *nm* shamelessness; (*lujuria*) lechery.

impuesto, a [im'pwesto, a] *a* imposed // *nm* tax; **~ sobre el valor añadido (IVA)** value added tax (VAT).

impugnar [impuɣ'nar] *vt* to oppose, contest; (*refutar*) to refute, impugn.

impulsar [impul'sar] *vt* = **impeler.**

impulso [im'pulso] *nm* impulse; (*fuerza, empuje*) thrust, drive; (*fig: sentimiento*) urge, impulse.

impune [im'pune] *a* unpunished; **impunidad** *nf* impunity.

impureza [impu'reθa] *nf* impurity; (*fig*) lewdness; **impuro, a** *a* impure; lewd.

imputar [impu'tar] *vt* (*atribuir*) to attribute to; (*cargar*) to impute to.

inacabable [inaka'ßaßle] *a* (*infinito*) endless; (*interminable*) interminable.

inaccesible [inakθe'siβle] *a* inaccessible.

inacción [inak'θjon] *nf* (*gen*) inaction; (*desocupación*) inactivity.

inaceptable [inaθep'taßle] *a* unacceptable.

inactividad [inaktiβi'ðað] *nf* inactivity; (*COM*) dullness; **inactivo, a** *a* inactive.

inadaptación [inaðapta'θjon] *nf* maladjustment.

inadecuado, a [inaðe'kwaðo, a] *a* (*insuficiente*) inadequate; (*inapto*) unsuitable.

inadmisible [inaðmi'siβle] *a* inadmissible.

inadvertido, a [inaðßer'tiðo, a] *a* (*no visto*) unnoticed.

inagotable [inaɣo'taßle] *a* inexhaustible.

inaguantable [inaɣwan'taßle] *a* unbearable.

inalterable [inalte'raßle] *a* immutable, unchangeable.

inanición [inani'θjon] *nf* starvation.

inanimado, a [inani'maðo, a] *a* inanimate.

inapto, a [in'apto] *a* unsuited.

inaudito, a [inau'ðito, a] *a* unheard-of.

inauguración [inauɣura'θjon] *nf* inauguration; (*de exposición*) opening; **inaugurar** *vt* to inaugurate; to open.

I.N.B. *abr* (*Esp* = *Instituto Nacional de Bachillerato*) ≈ comprehensive school (*Brit*), ≈ high school (*US*).

inca ['inka] *nm/f* Inca; **~ico, a** *a* Inca *cpd*.

incalculable [inkalku'laßle] *a* incalculable.

incandescente [inkandes'θente] *a* incandescent.

incansable [inkan'saßle] *a* tireless, untiring.

incapacidad [inkapaθi'ðað] *nf* incapacity; (*incompetencia*) incompetence; **~ física/mental** physical/mental disability.

incapacitar [inkapaθi'tar] *vt* (*inhabilitar*) to incapacitate, render unfit; (*descalificar*) to disqualify.

incapaz [inka'paθ] *a* incapable.

incautación [inkauta'θjon] *nf* confiscation.

incautarse [inkau'tarse] *vr*: **~ de** to seize, confiscate.

incauto, a [in'kauto, a] *a* (*imprudente*) incautious, unwary.

incendiar [inθen'djar] *vt* to set fire to; (*fig*) to inflame; **~se** *vr* to catch fire; **~io, a** *a* incendiary.

incendio [in'θendjo] *nm* fire.

incentivo [inθen'tiβo] *nm* incentive.

incertidumbre [inθerti'ðumßre] *nf* (*inseguridad*) uncertainty; (*duda*) doubt.

incesante [inθe'sante] *a* incessant.

incesto [in'θesto] *nm* incest.

incidencia [inθi'ðenθja] *nf* (*MAT*) incidence.

incidente [inθi'ðente] *nm* incident.

incidir [inθi'ðir] *vi* (*influir*) to influence; (*afectar*) to affect; **~ en un error** to fall into error.

incienso [in'θjenso] *nm* incense.

incierto, a [in'θjerto, a] *a* uncertain.

incineración [inθinera'θjon] *nf* incineration; (*de cadáveres*) cremation.

incinerar [inθine'rar] *vt* to burn; (*cadáveres*) to cremate.

incipiente [inθi'pjente] *a* incipient.

incisión [inθi'sjon] *nf* incision.

incisivo, a [inθi'siβo, a] *a* sharp, cutting; (*fig*) incisive.

incitar [inθi'tar] *vt* to incite, rouse.

incivil [inθi'ßil] *a* rude, uncivil.

inclemencia [inkle'menθja] *nf* (*severidad*) harshness, severity; (*del tiempo*) inclemency.

inclinación [inkli'naθjon] *nf* (*gen*) inclination; (*de tierras*) slope, incline; (*de cabeza*) nod, bow; (*fig*) leaning, bent.

inclinar [inkli'nar] *vt* to incline; *(cabeza)* to nod, bow; *(tierras)* to slope; ~se *vr* to bow; *(encorvarse)* to stoop; ~se a to take after, resemble; ~se ante to bow down to; me inclino a pensar que I'm inclined to think that.

incluir [inklu'ir] *vt* to include; *(incorporar)* to incorporate; *(meter)* to enclose.

inclusive [inklu'siße] *ad* inclusive // *prep* including.

incluso, a [in'kluso, a] *a* included // *ad* inclusively; *(hasta)* even.

incógnito [in'koʏnito] *nm*: de ~ incognito.

incoherente [inkoe'rente] *a* incoherent.

incoloro, a [inko'loro, a] *a* colourless.

incólume [in'kolume] *a* *(gen)* safe; *(indemne)* unhurt, unharmed.

incomodar [inkomo'ðar] *vt* to inconvenience; *(molestar)* to bother, trouble; *(fastidiar)* to annoy; ~se *vr* to put o.s. out; *(fastidiarse)* to get annoyed.

incomodidad [inkomoði'ðað] *nf* inconvenience; *(fastidio, enojo)* annoyance; *(de vivienda)* discomfort.

incómodo, a [in'komoðo, a] *a* *(inconfortable)* uncomfortable; *(molesto)* annoying; *(inconveniente)* inconvenient.

incomparable [inkompa'raßle] *a* incomparable.

incompatible [inkompa'tißle] *a* incompatible.

incompetencia [inkompe'tenθja] *nf* incompetence; **incompetente** *a* incompetent.

incompleto, a [inkom'pleto, a] *a* incomplete, unfinished.

incomprensible [inkompren'sißle] *a* incomprehensible.

incomunicado, a [inkomuni'kaðo, a] *a* *(aislado)* cut off, isolated; *(confinado)* in solitary confinement.

inconcebible [inkonθe'ßißle] *a* inconceivable.

inconcluso, a [inkon'kluso, a] *a* *(inacabado)* unfinished.

incondicional [inkondiθjo'nal] *a* unconditional; *(apoyo)* wholehearted; *(partidario)* staunch.

inconexo, a [inko'nekso, a] *a* *(gen)* unconnected; *(desunido)* disconnected.

inconfundible [inkonfun'dißle] *a* unmistakable.

incongruente [inkon'grwente] *a* incongruous.

inconmensurable [inkonmensu'raßle] *a* immeasurable, vast.

inconsciencia [inkons'θjenθja] *nf* unconsciousness; *(fig)* thoughtlessness; **inconsciente** *a* unconscious; thoughtless.

inconsecuente [inkonse'kwente] *a* inconsistent.

inconsiderado, a [inkonsiðe'raðo, a] *a* inconsiderate.

inconsistente [inkons'tente] *a* weak; *(tela)* flimsy.

inconstancia [inkon'stanθja] *nf* *(veleidad)* inconstancy; *(inestabilidad)* unsteadiness; **inconstante** *a* inconstant.

incontable [inkon'taßle] *a* countless, innumerable.

incontestable [inkontes'taßle] *a* unanswerable; *(innegable)* undeniable.

incontinencia [inkonti'nenθja] *nf* incontinence.

inconveniencia [inkonße'njenθja] *nf* unsuitability, inappropriateness; *(descortesía)* impoliteness; **inconveniente** *a* unsuitable; impolite // *nm* obstacle; *(desventaja)* disadvantage; el inconveniente es que... the trouble is that...

incorporación [inkorpora'θjon] *nf* incorporation.

incorporar [inkorpo'rar] *vt* to incorporate; ~se *vr* to sit/stand up.

incorrección [inkorrek'θjon] *nf* *(gen)* incorrectness, inaccuracy; *(descortesía)* bad-mannered behaviour; **incorrecto, a** *a* *(gen)* incorrect, wrong; *(comportamiento)* bad-mannered.

incorregible [inkorre'xißle] *a* incorrigible.

incredulidad [inkreðuli'ðað] *nf* credulity; *(escepticismo)* scepticism; **incrédulo, a** *a* incredulous, unbelieving; sceptical.

increíble [inkre'ißle] *a* incredible.

incremento [inkre'mento] *nm* increment; *(aumento)* rise, increase.

increpar [inkre'par] *vt* to reprimand.

incruento, a [in'krwento, a] *a* bloodless.

incrustar [inkrus'tar] *vt* to incrust; *(piedras: en joya)* to inlay.

incubar [inku'ßar] *vt* to incubate; *(fig)* to hatch.

inculcar [inkul'kar] *vt* to inculcate.

inculpar [inkul'par] *vt* *(acusar)* to accuse; *(achacar, atribuir)* to charge, blame.

inculto, a [in'kulto, a] *a* *(persona)* uneducated; *(grosero)* uncouth // *nm/f* ignoramus.

incumplimiento [inkumpli'mjento] *nm* non-fulfilment; ~ de contrato breach of contract.

incurrir [inku'rrir] *vi*: ~ en to incur; *(crimen)* to commit; ~ en un error to fall into error.

indagación [indaʏa'θjon] *nf* investigation; *(búsqueda)* search; *(JUR)* inquest.

indagar [inda'ʏar] *vt* to investigate; to search; *(averiguar)* to ascertain.

indecente [inde'θente] *a* indecent, improper; *(lascivo)* obscene.

indecible [inde'θißle] *a* unspeakable; *(indescriptible)* indescribable.

indeciso, a [inde'θiso, a] *a* *(por decidir)*

undecided; (*vacilante*) hesitant.

indefenso, a [inde'fenso, a] *a* defenceless.

indefinido, a [indefi'niðo, a] *a* indefinite; (*vago*) vague, undefined.

indeleble [inde'leßle] *a* indelible.

indemne [in'demne] *a* (*objeto*) undamaged; (*persona*) unharmed, unhurt.

indemnizar [indemni'θar] *vt* to indemnify; (*compensar*) to compensate.

independencia [indepen'denθja] *nf* independence.

independiente [indepen'djente] *a* (*libre*) independent; (*autónomo*) self-sufficient.

indeterminado, a [indetermi'naðo, a] *a* indefinite; (*desconocido*) indeterminate.

India ['indja] *nf*: **la ~** India.

indicación [indika'θjon] *nf* indication; (*señal*) sign; (*sugerencia*) suggestion, hint.

indicador [indika'ðor] *nm* indicator; (*TEC*) gauge, meter.

indicar [indi'kar] *vt* (*mostrar*) to indicate, show; (*termómetro etc*) to read, register; (*señalar*) to point to.

índice ['indiθe] *nm* index; (*catálogo*) catalogue; (*ANAT*) index finger, forefinger.

indicio [in'diθjo] *nm* indication, sign; (*pista*) clue.

indiferencia [indife'renθja] *nf* indifference; (*apatía*) apathy; **indiferente** *a* indifferent.

indígena [in'dixena] *a* indigenous, native // *nm/f* native.

indigencia [indi'xenθja] *nf* poverty, need.

indigestión [indixes'tjon] *nf* indigestion.

indigesto, a [indi'xesto, a] *a* undigested; (*indigestible*) indigestible; (*fig*) turgid.

indignación [indixna'θjon] *nf* indignation.

indignar [indix'nar] *vt* to anger, make indignant; **~se** *vr*: **~se por** to get indignant about.

indigno, a [in'diɣno, a] *a* (*despreciable*) low, contemptible; (*inmerecido*) unworthy.

indio, a ['indjo, a] *a, nm/f* Indian.

indirecta [indi'rekta] *nf* insinuation, innuendo; (*sugerencia*) hint.

indirecto, a [indi'rekto, a] *a* indirect.

indiscreción [indiskre'θjon] *nf* (*imprudencia*) indiscretion; (*irreflexión*) tactlessness; (*acto*) gaffe, faux pas.

indiscreto, a [indis'kreto, a] *a* indiscreet.

indiscutible [indisku'tißle] *a* indisputable, unquestionable.

indispensable [indispen'saßle] *a* indispensable, essential.

indisponer [indispo'ner] *vt* to spoil, upset; (*salud*) to make ill; **~se** *vr* to fall ill; **~se con uno** to fall out with sb.

indisposición [indisposi'θjon] *nf* indisposition.

indistinto, a [indis'tinto, a] *a* indistinct; (*vago*) vague.

individual [indiβi'ðwal] *a* individual; (*habitación*) single // *nm* (*DEPORTE*) singles *sg*.

individuo, a [indi'βiðwo, a] *a* individual // *nm* individual.

índole ['indole] *nf* (*naturaleza*) nature; (*clase*) sort, kind.

indolencia [indo'lenθja] *nf* indolence, laziness.

indómito, a [in'domito, a] *a* indomitable.

inducir [indu'θir] *vt* to induce; (*inferir*) to infer; (*persuadir*) to persuade.

indudable [indu'ðaßle] *a* undoubted; (*incuestionable*) unquestionable.

indulgencia [indul'xenθja] *nf* indulgence.

indultar [indul'tar] *vt* (*perdonar*) to pardon, reprieve; (*librar de pago*) to exempt; **indulto** *nm* pardon; exemption.

industria [in'dustrja] *nf* industry; (*habilidad*) skill; **industrial** *a* industrial // *nm* industrialist.

inédito, a [in'eðito, a] *a* (*libro*) unpublished; (*fig*) new.

inefable [ine'faßle] *a* ineffable, indescribable.

ineficaz [inefi'kaθ] *a* (*inútil*) ineffective; (*ineficiente*) inefficient.

ineludible [inelu'ðißle] *a* inescapable, unavoidable.

ineptitud [inepti'tuð] *nf* ineptitude, incompetence; **inepto, a** *a* inept, incompetent.

inequívoco, a [ine'kißoko, a] *a* unequivocal; (*inconfundible*) unmistakable.

inercia [in'erθja] *nf* inertia; (*pasividad*) passivity.

inerme [in'erme] *a* (*sin armas*) unarmed; (*indefenso*) defenceless.

inerte [in'erte] *a* inert; (*inmóvil*) motionless.

inesperado, a [inespe'raðo, a] *a* unexpected, unforeseen.

inestable [ines'taßle] *a* unstable.

inevitable [ineßi'taßle] *a* inevitable.

inexactitud [ineksakti'tuð] *nf* inaccuracy; **inexacto, a** *a* inaccurate; (*falso*) untrue.

inexperto, a [inek'sperto, a] *a* (*novato*) inexperienced.

infalible [infa'lißle] *a* infallible; (*plan*) foolproof.

infame [in'fame] *a* infamous; (*horrible*) dreadful; **infamia** *nf* infamy; (*deshonra*) disgrace.

infancia [in'fanθja] *nf* infancy, childhood.

infante [in'fante] *nm* (*hijo del rey*) infante, prince; (*MIL*) infantryman.

infantería [infante'ria] *nf* infantry.

infantil [infan'til] *a* (*pueril, aniñado*) infantile; (*cándido*) childlike; (*literatura, ropa etc*) children's.

infarto [in'farto] *nm* (*tb: ~ de**

miocardio) heart attack.
infatigable [infati'vaßle] a tireless, untiring.
infección [infek'θjon] nf infection; **infeccioso, a** a infectious.
infectar [infek'tar] vt to infect; ~se vr to become infected.
infeliz [infe'liθ] a unhappy, wretched // nm/f wretch.
inferior [infe'rjor] a inferior; (situación) lower // nm/f inferior, subordinate.
inferir [infe'rir] vt (deducir) to infer, deduce; (causar) to cause.
infestar [infes'tar] vt (apestar) to infest; (fig) to harass.
infidelidad [infiðeli'ðað] nf (gen) infidelity, unfaithfulness.
infiel [in'fjel] a unfaithful, disloyal; (erróneo) inaccurate // nm/f infidel, unbeliever.
infierno [in'fjerno] nm hell.
ínfimo, a ['infimo, a] a (más bajo) lowest; (despreciable) vile, mean.
infinidad [infini'ðað] nf infinity; (abundancia) great quantity.
infinito, a [infi'nito, a] a, nm infinite.
inflación [infla'θjon] nf (hinchazón) swelling; (monetaria) inflation; (fig) conceit; **inflacionario, a** a inflationary.
inflamar [infla'mar] vt to set on fire; (MED) to inflame; ~se vr to catch fire; (fig) to become inflamed.
inflar [in'flar] vt (hinchar) to inflate, blow up; (fig) to exaggerate; ~se vr to swell (up); (fig) to get conceited.
inflexible [inflek'sißle] a inflexible; (fig) unbending.
infligir [infli'xir] vt to inflict.
influencia [influ'enθja] nf influence; **influenciar** vt to influence.
influir [influ'ir] vt to influence.
influjo [in'fluxo] nm influence.
influya etc vb ver **influir.**
influyente [influ'jente] a influential.
información [informa'θjon] nf information; (noticias) news sg; (JUR) inquiry; I~ (oficinas) Information Office; (mostrador) Information Desk; (TEL) Directory Enquiries.
informal [infor'mal] a (gen) informal.
informante [infor'mante] nm/f informant.
informar [infor'mar] vt (gen) to inform; (revelar) to reveal, make known // vi (JUR) to plead; (denunciar) to inform; (dar cuenta de) to report on; ~se vr to find out; ~se de to inquire into.
informática [infor'matika] nf computer science, information technology.
informe [in'forme] a shapeless // nm report.
infortunio [infor'tunjo] nm misfortune.
infracción [infrak'θjon] nf infraction, infringement.
infranqueable [infranke'aßle] a impass-

able; (fig) insurmountable.
infringir [infrin'xir] vt to infringe, contravene.
infructuoso, a [infruk'twoso, a] a fruitless, unsuccessful.
infundado, a [infun'daðo, a] a groundless, unfounded.
infundir [infun'dir] vt to infuse, instil.
infusión [infu'sjon] nf infusion; ~ de manzanilla camomile tea.
ingeniar [inxe'njar] vt to think up, devise; ~se vr: ~se para to manage to.
ingeniería [inxenje'ria] nf engineering; **ingeniero, a** nm/f engineer; **ingeniero de caminos/de sonido** civil engineer/sound engineer.
ingenio [in'xenjo] nm (talento) talent; (agudeza) wit; (habilidad) ingenuity, inventiveness; (TEC): ~ azucarero sugar refinery.
ingenioso, a [inxe'njoso, a] a ingenious, clever; (divertido) witty.
ingenuidad [inxenwi'ðað] nf ingenuousness; (sencillez) simplicity; **ingenuo, a** a ingenuous.
ingerir [inxe'rir] vt to ingest; (tragar) to swallow; (consumir) to consume.
Inglaterra [ingla'terra] nf England.
ingle ['ingle] nf groin.
inglés, esa [in'gles, esa] a English // nm/f Englishman/woman // nm (LING) English.
ingratitud [ingrati'tuð] nf ingratitude; **ingrato, a** a (gen) ungrateful.
ingrediente [ingre'ðjente] nm ingredient.
ingresar [ingre'sar] vt (dinero) to deposit // vi to come in; ~ en un club to join a club; ~ en el hospital to go into hospital.
ingreso [in'greso] nm (entrada) entry; (: en hospital etc) admission; ~s nmpl (dinero) income sg; (: COM) takings pl.
inhabitable [inaßi'taßle] a uninhabitable.
inhalar [ina'lar] vt to inhale.
inherente [ine'rente] a inherent.
inhibir [ini'ßir] vt to inhibit; (REL) to restrain.
inhumano, a [inu'mano, a] a inhuman.
INI ['ini] nm abr (Esp = Instituto Nacional de Industria) ≈ NEB (Brit).
inicial [ini'θjal] a, nf initial.
iniciar [ini'θjar] vt (persona) to initiate; (empezar) to begin, commence; (conversación) to start up.
iniciativa [iniθja'tißa] nf initiative; la ~ privada private enterprise.
inicuo, a [in'ikwo, a] a iniquitous.
ininterrumpido, a [ininterrum'piðo, a] a uninterrupted.
injerencia [inxe'renθja] nf interference.
injertar [inxer'tar] vt to graft; **injerto** nm graft.
injuria [in'xurja] nf (agravio, ofensa) offence; (insulto) insult; **injuriar** vt to insult; **injurioso, a** a offensive, insulting.

injusticia [inxus'tiθja] nf injustice.
injusto, a [in'xusto, a] a unjust, unfair.
inmadurez [inmaðu're θ] nf immaturity.
inmediaciones [inmeðja'θjones] nfpl neighbourhood sg, environs.
inmediato, a [inme'ðjato, a] a immediate; (contiguo) adjoining; (rápido) prompt; (próximo) neighbouring, next; de ~ immediately.
inmejorable [inmexo'raβle] a unsurpassable; (precio) unbeatable.
inmenso, a [in'menso, a] a immense, huge.
inmerecido, a [inmere'θiðo, a] a undeserved.
inmigración [inmiɣra'θjon] nf immigration.
inmiscuirse [inmisku'irse] vr to interfere, meddle.
inmobiliario, a [inmoβi'ljarjo, a] a real-estate cpd, property cpd // nf estate agency.
inmolar [inmo'lar] vt to immolate, sacrifice.
inmoral [inmo'ral] a immoral.
inmortal [inmor'tal] a immortal; ~izar vt to immortalize.
inmóvil [in'moβil] a immobile.
inmueble [in'mweβle] a: bienes ~s real estate, landed property // nm property.
inmundicia [inmun'diθja] nf filth; **inmundo, a** a filthy.
inmunidad [inmuni'ðað] nf immunity.
inmutarse [inmu'tarse] vr to turn pale; no se inmutó he didn't turn a hair.
innato, a [in'nato, a] a innate.
innecesario, a [inneθe'sarjo, a] a unnecessary.
innoble [in'noβle] a ignoble.
innovación [innoβa'θjon] nf innovation.
innovar [inno'βar] vt to introduce.
inocencia [ino'θenθja] nf innocence.
inocentada [inoθen'taða] nf practical joke.
inocente [ino'θente] a (ingenuo) naive, innocent; (inculpable) innocent; (sin malicia) harmless // nm/f simpleton.
inodoro [ino'ðoro] nm toilet, lavatory (Brit).
inofensivo, a [inofen'siβo, a] a inoffensive, harmless.
inolvidable [inolβi'ðaβle] a unforgettable.
inoperante [inope'rante] a ineffective.
inopinado, a [inopi'naðo, a] a unexpected.
inoportuno, a [inopor'tuno, a] a untimely; (molesto) inconvenient.
inoxidable [inoksi'ðaβle] a: acero ~ stainless steel.
inquebrantable [inkeβran'taβle] a unbreakable.
inquietar [inkje'tar] vt to worry, trouble; ~se vr to worry, get upset; **inquieto, a** a anxious, worried; **inquietud** nf

anxiety, worry.
inquilino, a [inki'lino, a] nm/f tenant.
inquirir [inki'rir] vt to enquire into, investigate.
insaciable [insa'θjaβle] a insatiable.
insalubre [insa'luβre] a unhealthy.
inscribir [inskri'βir] vt to inscribe; (lista) to list; (censo) to register; ~se vr to register; (ESCOL etc) to enrol.
inscripción [inskrip'θjon] nf inscription; (ESCOL etc) enrolment; (censo) registration.
insecticida [insekti'θiða] nm insecticide.
insecto [in'sekto] nm insect.
inseguridad [inseɣuri'ðað] nf insecurity.
inseguro, a [inse'ɣuro, a] a insecure; (inconstante) unsteady; (incierto) uncertain.
insensato, a [insen'sato, a] a foolish, stupid.
insensibilidad [insensiβili'ðað] nf (gen) insensitivity; (dureza de corazón) callousness.
insensible [insen'siβle] a (gen) insensitive; (movimiento) imperceptible; (sin sentido) numb.
insertar [inser'tar] vt to insert.
inservible [inser'βiβle] a useless.
insidioso, a [insi'ðjoso, a] a insidious.
insignia [in'siɣnja] nf (señal distintiva) badge; (estandarte) flag.
insignificante [insiɣnifi'kante] a insignificant.
insinuar [insi'nwar] vt to insinuate, imply; ~se vr: ~se con uno to ingratiate o.s. with sb.
insípido, a [in'sipiðo, a] a insipid.
insistencia [insis'tenθja] nf insistence.
insistir [insis'tir] vi to insist; ~ en algo to insist on sth; (enfatizar) to stress sth.
insolación [insola'θjon] nf (MED) sunstroke.
insolencia [inso'lenθja] nf insolence; **insolente** a insolent.
insólito, a [in'solito, a] a unusual.
insoluble [inso'luβle] a insoluble.
insolvencia [insol'βenθja] nf insolvency.
insomnio [in'somnjo] nm insomnia.
insondable [inson'daβle] a bottomless; (fig) impenetrable.
insonorizado, a [insonori'θaðo, a] a (cuarto etc) soundproof.
insoportable [insopor'taβle] a unbearable.
insospechado, a [insospe'tʃaðo, a] a (inesperado) unexpected.
inspección [inspek'θjon] nf inspection, check; **inspeccionar** vt (examinar) to inspect, examine; (controlar) to check.
inspector, a [inspek'tor, a] nm/f inspector.
inspiración [inspira'θjon] nf inspiration.
inspirar [inspi'rar] vt to inspire; (MED) to inhale; ~se vr: ~se en to be inspired by.
instalación [instala'θjon] nf (equipo)

fittings *pl*, equipment; ~ **eléctrica** wiring.

instalar [insta'lar] *vt* (*establecer*) to instal; (*erguir*) to set up, erect; ~**se** *vr* to establish o.s.; (*en una vivienda*) to move into.

instancia [ins'tanθja] *nf* (*JUR*) petition; (*ruego*) request; **en última** ~ as a last resort.

instantáneo, a [instan'taneo, a] *a* instantaneous // *nf* snap(shot); **café** ~ instant coffee.

instante [ins'tante] *nm* instant, moment.

instar [ins'tar] *vt* to press, urge.

instigar [insti'ɣar] *vt* to instigate.

instinto [ins'tinto] *nm* instinct; **por** ~ instinctively.

institución [institu'θjon] *nf* institution, establishment.

instituir [institu'ir] *vt* to establish; (*fundar*) to found; **instituto** *nm* (*gen*) institute; **Instituto Nacional de Enseñanza** (*Esp*) ≈ comprehensive (*Brit*) o high (*US*) school.

institutriz [institu'triθ] *nf* governess.

instrucción [instruk'θjon] *nf* instruction.

instructivo, a [instruk'tiβo, a] *a* instructive.

instruir [instru'ir] *vt* (*gen*) to instruct; (*enseñar*) to teach, educate.

instrumento [instru'mento] *nm* (*gen*) instrument; (*herramienta*) tool, implement.

insubordinarse [insuβorði'narse] *vr* to rebel.

insuficiencia [insufi'θjenθja] *nf* (*carencia*) lack; (*inadecuación*) inadequacy; **insuficiente** *a* (*gen*) insufficient; (*ESCOL*: *calificación*) unsatisfactory.

insufrible [insu'friβle] *a* insufferable.

insular [insu'lar] *a* insular.

insultar [insul'tar] *vt* to insult; **insulto** *nm* insult.

insuperable [insupe'raβle] *a* (*excelente*) unsurpassable; (*arduo*) insurmountable.

insurgente [insur'xente] *a*, *nm/f* insurgent.

insurrección [insurrek'θjon] *nf* insurrection, rebellion.

intacto, a [in'takto, a] *a* intact.

intachable [inta'tʃaβle] *a* irreproachable.

integral [inte'ɣral] *a* integral; (*completo*) complete; **pan** ~ wholemeal (*Brit*) o wholewheat (*US*) bread.

integrar [inte'ɣrar] *vt* to make up, compose; (*MAT*, *fig*) to integrate.

integridad [inteɣri'ðað] *nf* wholeness; (*carácter*) integrity; **íntegro, a** *a* whole, entire; (*honrado*) honest.

intelectual [intelek'twal] *a*, *nm/f* intellectual.

inteligencia [inteli'xenθja] *nf* intelligence; (*ingenio*) ability; **inteligente** *a* intelligent.

inteligible [inteli'xiβle] *a* intelligible.

intemperie [intem'perje] *nf*: **a la** ~ out in the open, exposed to the elements.

intempestivo, a [intempes'tiβo, a] *a* untimely.

intención [inten'θjon] *nf* (*gen*) intention, purpose; **con segundas intenciones** maliciously; **con** ~ deliberately.

intencionado, a [intenθjo'naðo, a] *a* deliberate; **bien/mal** ~ well-meaning/ill-disposed, hostile.

intensidad [intensi'ðað] *nf* (*gen*) intensity; (*ELEC*, *TEC*) strength; **llover con** ~ to rain hard.

intenso, a [in'tenso, a] *a* intense; (*sentimiento*) profound, deep.

intentar [inten'tar] *vt* (*tratar*) to try, attempt; **intento** *nm* (*intención*) intention, purpose; (*tentativa*) attempt.

intercalar [interka'lar] *vt* to insert.

intercambio [inter'kambjo] *nm* exchange, swap.

interceder [interθe'ðer] *vi* to intercede.

interceptar [interθep'tar] *vt* to intercept.

intercesión [interθe'sjon] *nf* intercession.

interés [inte'res] *nm* (*gen*) interest; (*parte*) share, part; (*pey*) self-interest; **intereses creados** vested interests.

interesado, a [intere'saðo, a] *a* interested; (*prejuiciado*) prejudiced; (*pey*) mercenary, self-seeking.

interesante [intere'sante] *a* interesting.

interesar [intere'sar] *vt*, *vi* to interest, be of interest to; ~**se** *vr*: ~**se en** o **por** to take an interest in.

interface [inter'faθe], **interfase** [-'fase] *nm* (*INFORM*) interface.

interferir [interfe'rir] *vt* to interfere with; (*TEL*) to jam // *vi* to interfere.

interfono [inter'fono] *nm* intercom.

interino, a [inte'rino, a] *a* temporary // *nm/f* temporary holder of a post; (*MED*) locum; (*ESCOL*) supply teacher.

interior [inte'rjor] *a* inner, inside; (*COM*) domestic, internal // *nm* interior, inside; (*fig*) soul, mind; **Ministerio del I~** ≈ Home Office (*Brit*), ≈ Department of the Interior (*US*).

interjección [interxek'θjon] *nf* interjection.

interlocutor, a [interloku'tor, a] *nm/f* speaker.

intermediario, a [interme'ðjarjo, a] *nm/f* intermediary.

intermedio, a [inter'meðjo, a] *a* intermediate // *nm* interval.

interminable [intermi'naβle] *a* endless.

intermitente [intermi'tente] *a* intermittent // *nm* (*AUTO*) indicator.

internacional [internaθjo'nal] *a* international.

internado [inter'naðo] *nm* boarding school.

internar [inter'nar] *vt* to intern; (*en un manicomio*) to commit; ~**se** *vr* (*pene-*

trar) to penetrate.

interno, a [in'terno, a] *a* internal, interior; (*POL etc*) domestic // *nm/f* (*alumno*) boarder.

interponer [interpo'ner] *vt* to interpose, put in; ~**se** *vr* to intervene.

interpretación [interpreta'θjon] *nf* interpretation.

interpretar [interpre'tar] *vt* to interpret; (*TEATRO*, *MUS*) to perform, play; **intérprete** *nm/f* (*LING*) interpreter; translator; (*MUS*, *TEATRO*) performer, artist(e).

interrogación [interroɣa'θjon] *nf* interrogation; (*LING*: *tb*: **signo de** ~) question mark.

interrogar [interro'ɣar] *vt* to interrogate, question.

interrumpir [interrum'pir] *vt* to interrupt.

interrupción [interrup'θjon] *nf* interruption.

interruptor [interrup'tor] *nm* (*ELEC*) switch.

intersección [intersek'θjon] *nf* intersection.

interurbano, a [interur'βano, a] *a*: **llamada interurbana** long-distance call.

intervalo [inter'βalo] *nm* interval; (*descanso*) break; **a** ~**s** at intervals, every now and then.

intervenir [interβe'nir] *vt* (*controlar*) to control, supervise; (*MED*) to operate on // *vi* (*participar*) to take part, participate; (*mediar*) to intervene.

interventor, a [interβen'tor, a] *nm/f* inspector; (*COM*) auditor.

interviú [inter'βju] *nf* interview.

intestino [intes'tino] *nm* intestine.

intimar [inti'mar] *vi* to become friendly.

intimidad [intimi'ðað] *nf* intimacy; (*familiaridad*) familiarity; (*vida privada*) private life; (*JUR*) privacy.

íntimo, a ['intimo, a] *a* intimate.

intolerable [intole'raβle] *a* intolerable, unbearable.

intranquilizarse [intrankili'θarse] *vr* to get worried *o* anxious; **intranquilo, a** *a* worried.

intransigente [intransi'xente] *a* intransigent.

intransitable [intransi'taβle] *a* impassable.

intrepidez [intrepi'ðeθ] *nf* courage, bravery; **intrépido, a** *a* intrepid.

intriga [in'triɣa] *nf* intrigue; (*plan*) plot; **intrigar** *vt*, *vi* to intrigue.

intrincado, a [intrin'kaðo, a] *a* intricate.

intrínseco, a [in'trinseko, a] *a* intrinsic.

introducción [introðuk'θjon] *nf* introduction.

introducir [introðu'θir] *vt* (*gen*) to introduce; (*moneda etc*) to insert; (*INFORM*) to input, enter.

intromisión [intromi'sjon] *nf* interfer-ence, meddling.

introvertido, a [introβer'tiðo, a] *a*, *nm/f* introvert.

intruso, a [in'truso, a] *a* intrusive // *nm/f* intruder.

intuición [intwi'θjon] *nf* intuition.

inundación [inunda'θjon] *nf* flood(ing); **inundar** *vt* to flood; (*fig*) to swamp, inundate.

inusitado, a [inusi'taðo, a] *a* unusual, rare.

inútil [in'util] *a* useless; (*esfuerzo*) vain, fruitless; **inutilidad** *nf* uselessness.

inutilizar [inutili'θar] *vt* to make *o* render useless; ~**se** *vr* to become useless.

invadir [inβa'ðir] *vt* to invade.

inválido, a [in'βaliðo, a] *a* invalid // *nm/f* invalid.

invariable [inβa'rjaβle] *a* invariable.

invasión [inβa'sjon] *nf* invasion.

invasor, a [inβa'sor, a] *a* invading // *nm/f* invader.

invención [inβen'θjon] *nf* invention.

inventar [inβen'tar] *vt* to invent.

inventario [inβen'tarjo] *nm* inventory.

inventiva [inβen'tiβa] *nf* inventiveness.

inventor, a [inβen'tor, a] *nm/f* inventor.

invernadero [inβerna'ðero] *nm* greenhouse.

inverosímil [inβero'simil] *a* implausible.

inversión [inβer'sjon] *nf* (*COM*) investment.

inverso, a [in'βerso, a] *a* inverse, opposite; **en el orden** ~ in reverse order; **a la inversa** inversely, the other way round.

inversor, a [inβer'sor, a] *nm/f* (*COM*) investor.

invertir [inβer'tir] *vt* (*COM*) to invest; (*volcar*) to turn upside down; (*tiempo etc*) to spend.

investigación [inβestiɣa'θjon] *nf* investigation; (*ESCOL*) research; ~ **de mercado** market research.

investigar [inβesti'ɣar] *vt* to investigate; (*ESCOL*) to do research into.

invicto, a [in'βikto, a] *a* unconquered.

invierno [in'βjerno] *nm* winter.

invisible [inβi'siβle] *a* invisible.

invitado, a [inβi'taðo, a] *nm/f* guest.

invitar [inβi'tar] *vt* to invite; (*incitar*) to entice; (*pagar*) to buy, pay for.

invocar [inβo'kar] *vt* to invoke, call on.

inyección [injek'θjon] *nf* injection.

inyectar [injek'tar] *vt* to inject.

ir [ir] ♦ *vi* **1** to go; (*a pie*) to walk; (*viajar*) to travel; ~ **caminando** to walk; **fui en tren** I went *o* travelled by train; **¡(ahora) voy!** (I'm just) coming!

2: ~ **(a) por**: ~ **(a) por el médico** to fetch the doctor

3 (*progresar: persona, cosa*) to go; **el trabajo va muy bien** work is going very well; **¿cómo te va?** how are things going?; **me va muy bien** I'm getting on very well; **le fue fatal** it went awfully badly for him

4 (*funcionar*): **el coche no va muy bien** the car isn't running very well

5: te va estupendamente ese color that colour suits you fantastically well

6 (*locuciones*): **¿vino? - ¡que va!** did he come? - of course not!; **vamos, no llores** come on, don't cry; **¡vaya coche!** what a car!, that's some car!

7: no vaya a ser: tienes que correr, no vaya a ser que pierdas el tren you'll have to run so as not to miss the train

8 (+ *pp*): **iba vestido muy bien** he was very well dressed

9: no me *etc* **va ni me viene** I *etc* don't care

♦ *vb auxiliar* **1: ~ a: voy/iba a hacerlo hoy** I am/was going to do it today

2 (+ *gerundio*): **iba anocheciendo** it was getting dark; **todo se me iba aclarando** everything was gradually becoming clearer to me

3 (+ *pp* = *pasivo*): **van vendidos 300 ejemplares** 300 copies have been sold so far

♦ **~se** *vr* **1: ¿por dónde se va al zoológico?** which is the way to the zoo?

2 (*marcharse*) to leave; **ya se habrán ido** they must already have left *o* gone.

ira ['ira] *nf* anger, rage.

iracundo, a [ira'kundo, a] *a* irascible.

Irak [i'rak] *nm* = **Iraq**.

Irán [i'ran] *nm* Iran; **iraní** *a, nm/f* Iranian.

Iraq [i'rak], **Irak** *nm* Iraq; **iraquí** [ira'ki] *a, nm/f* Iraquí.

iris ['iris] *nm* (*arco* ~) rainbow; (*ANAT*) iris.

Irlanda [ir'landa] *nf* Ireland; **irlandés, esa** *a* Irish // *nm/f* Irishman/woman; **los irlandeses** the Irish.

ironía [iro'nia] *nf* irony; **irónico, a** *a* ironic (al).

irreal [irre'al] *a* unreal.

irrecuperable *a* [irrekupe'raßle] irrecoverable, irretrievable.

irreflexión [irreflek'sjon] *nf* thoughtlessness.

irregular [irreɣu'lar] *a* (*gen*) irregular; (*situación*) abnormal.

irremediable [irreme'ðjaßle] *a* irremediable; (*vicio*) incurable.

irresoluto, a [irreso'luto, a] *a* irresolute, hesitant.

irrespetuoso, a [irrespe'twoso, a] *a* disrespectful.

irresponsable [irrespon'saßle] *a* irresponsible.

irrigar [irri'ɣar] *vt* to irrigate.

irrisorio, a [irri'sorjo, a] *a* derisory, ridiculous.

irritar [irri'tar] *vt* to irritate, annoy.

irrupción [irrup'θjon] *nf* irruption; (*invasión*) invasion.

isla ['isla] *nf* island.

islandés, esa [islan'des, esa] *a* Icelandic // *nm/f* Icelander.

Islandia [is'landja] *nf* Iceland.

isleño, a [is'leɲo, a] *a* island *cpd* // *nm/f* islander.

Israel [isra'el] *nm* Israel; **israelí** *a, nm/f* Israeli.

istmo ['istmo] *nm* isthmus.

Italia [i'talja] *nf* Italy; **italiano, a** *a, nm/f* Italian.

itinerario [itine'rarjo] *nm* itinerary, route.

IVA ['iβa] *nm abr ver* **impuesto**.

izar [i'θar] *vt* to hoist.

izdo, a *abr* (= *izquierdo, a*) l.

izquierda [iθ'kjerda] *nf* left; (*POL*) left (wing); **a la ~** (*estar*) on the left; (*torcer etc*) (to the) left.

izquierdista [iθkjer'ðista] *nm/f* leftwinger, leftist.

izquierdo, a [iθ'kjerðo, a] *a* left.

J

jabalí [xaßa'li] *nm* wild boar.

jabalina [xaßa'lina] *nf* javelin.

jabón [xa'ßon] *nm* soap; **jabonar** *vt* to soap.

jaca ['xaka] *nf* pony.

jacinto [xa'θinto] *nm* hyacinth.

jactarse [xak'tarse] *vr* to boast, brag.

jadear [xaðe'ar] *vi* to pant, gasp for breath; **jadeo** *nm* panting, gasping.

jaguar [xa'ɣwar] *nm* jaguar.

jalbegue [xal'ßeɣe] *nm* (*pintura*) whitewash.

jalea [xa'lea] *nf* jelly.

jaleo [xa'leo] *nm* racket, uproar; **armar un ~** to kick up a racket.

jalón [xa'lon] *nm* (*AM*) tug.

Jamaica [xa'maika] *nf* Jamaica.

jamás [xa'mas] *ad* never; (*sin negación*) ever.

jamón [xa'mon] *nm* ham; **~ dulce, ~ de York** cooked ham; **~ serrano** cured ham.

Japón [xa'pon] *nm*: **el ~** Japan; **japonés, esa** *a, nm/f* Japanese.

jaque ['xake] *nm*: **~ mate** checkmate.

jaqueca [xa'keka] *nf* (*very bad*) headache, migraine.

jarabe [xa'raße] *nm* syrup.

jarcia ['xarθja] *nf* (*NAUT*) ropes *pl*, rigging.

jardín [xar'ðin] *nm* garden; **~ de (la) infancia** (*Esp*) *o* **de niños** (*AM*) nursery (school); **jardinería** *nf* gardening; **jardinero, a** *nm/f* gardener.

jarra ['xarra] *nf* jar; (*jarro*) jug.

jarro ['xarro] *nm* jug.

jaula ['xaula] *nf* cage.

jauría [xau'ria] *nf* pack of hounds.

J. C. *abr* (= *Jesucristo*) J.C.

jefa ['xefa] *nf* woman head *o* boss.

jefatura [xefa'tura] *nf*: ~ de policía police headquarters *sg*.

jefe ['xefe] *nm/f* (*gen*) chief, head; (*patrón*) boss; ~ de camareros head waiter; ~ de cocina chef; ~ de estación stationmaster; ~ de estado head of state; ~ supremo commander-in-chief; ser el ~ (*fig*) to be the boss.

jengibre [xen'xiβre] *nm* ginger.

jeque ['xeke] *nm* sheik.

jerarquía [xerar'kia] *nf* (*orden*) hierarchy; (*rango*) rank; **jerárquico, a** *a* hierarchic(al).

jerez [xe're θ] *nm* sherry.

jerga ['xerγa] *nf* (*tela*) coarse cloth; (*lenguaje*) jargon.

jerigonza [xeri'yonθa] *nf* (*jerga*) jargon, slang; (*galimatías*) nonsense, gibberish.

jeringa [xe'ringa] *nf* syringe; (*AM*) annoyance, bother; ~ de engrase grease gun; **jeringar** *vt* (*AM*) to annoy, bother.

jeroglífico [xero'ylifiko] *nm* hieroglyphic.

jersé, jersey [xer'sei] (*pl* jerseys) *nm* jersey, pullover, jumper.

Jerusalén [xerusa'len] *n* Jerusalem.

Jesucristo [xesu'kristo] *nm* Jesus Christ.

jesuita [xe'swita] *a, nm* Jesuit.

Jesús [xe'sus] *nm* Jesus; ¡~! good heavens!; (*al estornudar*) bless you!

jet ['jet] (*pl* ~s) *nm* jet (plane).

jícara ['xikara] *nf* small cup.

jinete, a [xi'nete, a] *nm/f* horseman/woman, rider.

jipijapa [xipi'xapa] *nm* (*AM*) straw hat.

jirafa [xi'rafa] *nf* giraffe.

jirón [xi'ron] *nm* rag, shred.

jocoso, a [xo'koso, a] *a* humorous, jocular.

jofaina [xo'faina] *nf* washbasin.

jornada [xor'naða] *nf* (*viaje de un día*) day's journey; (*camino o viaje entero*) journey; (*día de trabajo*) working day.

jornal [xor'nal] *nm* (day's) wage; ~ero *nm* (day) labourer.

joroba [xo'roβa] *nf* hump, hunched back; ~do, a *a* hunchbacked // *nm/f* hunchback.

jota ['xota] *nf* (the letter) J; (*danza*) Aragonese dance; (*fam*) jot, iota; **no saber ni** ~ to have no idea.

joven ['xoβen] (*pl* jóvenes) *a* young // *nm* young man, youth // *nf* young woman, girl.

jovial [xo'βjal] *a* cheerful, jolly; ~idad *nf* cheerfulness, jolliness.

joya ['xoja] *nf* jewel, gem; (*fig: persona*) gem; **joyería** *nf* (*joyas*) jewellery; (*tienda*) jeweller's (shop); **joyero** *nm* (*persona*) jeweller; (*caja*) jewel case.

juanete [xwa'nete] *nm* (*del pie*) bunion.

jubilación [xuβila'θjon] *nf* (*retiro*) retirement.

jubilado, a [xuβi'laðo, a] *a* retired // *nm/f* pensioner (*Brit*), senior citizen.

jubilar [xuβi'lar] *vt* to pension off, retire;

(*fam*) to discard; ~se *vr* to retire.

jubileo [xuβi'leo] *nm* jubilee.

júbilo ['xuβilo] *nm* joy, rejoicing; **jubiloso, a** *a* jubilant.

judía [xu'ðia] *nf* Jewess; (*CULIN*) bean; ~ verde French bean.

judicial [xuði'θjal] *a* judicial.

judío, a [xu'ðio, a] *a* Jewish // *nm/f* Jew(ess).

judo ['juðo] *nm* judo.

juego *etc vb ver* jugar // ['xweγo] *nm* (*gen*) play; (*pasatiempo, partido*) game; (*en casino*) gambling; (*conjunto*) set; **fuera de** ~ (*DEPORTE: persona*) offside; (*: pelota*) out of play; **J~s Olímpicos** Olympic Games.

juerga ['xwerγa] *nf* binge; (*fiesta*) party; **ir de** ~ to go out on a binge.

jueves ['xweβes] *nm inv* Thursday.

juez [xweθ] *nm/f* judge; ~ de línea linesman; ~ de salida starter.

jugada [xu'γaða] *nf* play; **buena** ~ good move/shot/stroke *etc*.

jugador, a [xuγa'ðor, a] *nm/f* player; (*en casino*) gambler.

jugar [xu'γar] *vt, vi* to play; (*en casino*) to gamble; (*apostar*) to bet; ~ al fútbol to play football; ~se *vr* to gamble (away).

juglar [xu'γlar] *nm* minstrel.

jugo ['xuγo] *nm* (*BOT*) juice; (*fig*) essence, substance; ~ de fruta (*AM*) fruit juice; ~so, a *a* juicy; (*fig*) substantial, important.

juguete [xu'γete] *nm* toy; ~ar *vi* to play; ~ría *nf* toyshop.

juguetón, ona [xuγe'ton, ona] *a* playful.

juicio ['xwiθjo] *nm* judgement; (*razón*) sanity, reason; (*opinión*) opinion; **estar fuera de** ~ to be out of one's mind; ~so, a *a* wise, sensible.

julio ['xuljo] *nm* July.

junco ['xunko] *nm* rush, reed.

jungla ['xungla] *nf* jungle.

junio ['xunjo] *nm* June.

junta ['xunta] *nf ver* junto.

juntar [xun'tar] *vt* to join, unite; (*maquinaria*) to assemble, put together; (*dinero*) to collect; ~se *vr* to join, meet; (*reunirse: personas*) to meet, assemble; (*arrimarse*) to approach, draw closer; ~se con uno to join sb.

junto, a ['xunto, a] *a* joined; (*unido*) united; (*anexo*) near, close; (*contiguo, próximo*) next, adjacent // *ad*: **todo** ~ all at once // *nf* (*asamblea*) meeting, assembly; (*comité, consejo*) board, council, committee; (*articulación*) joint; ~ a near (to), next to; ~s together.

jurado [xu'raðo] *nm* (*JUR: individuo*) juror; (*: grupo*) jury; (*de concurso: grupo*) panel (of judges); (*: individuo*) member of a panel.

juramento [xura'mento] *nm* oath; (*maldición*) oath, curse; **prestar** ~ to take the oath; **tomar ~ a** to swear in, administer the oath to.

jurar [xu'rar] *vt*, *vi* to swear; **~ en falso** to commit perjury; **jurárselas a uno** to have it in for sb.

jurídico, a [xu'riðiko, a] *a* legal.

jurisdicción [xurisðik'θjon] *nf* (*poder*, *autoridad*) jurisdiction; (*territorio*) district.

jurisprudencia [xurispru'ðenθja] *nf* jurisprudence.

jurista [xu'rista] *nm/f* jurist.

justamente [xusta'mente] *ad* justly, fairly; (*precisamente*) just, exactly.

justicia [xus'tiθja] *nf* justice; (*equidad*) fairness, justice; **justiciero, a** *a* just, righteous.

justificación [xustifika'θjon] *nf* justification; **justificar** *vt* to justify.

justo, a ['xusto, a] *a* (*equitativo*) just, fair, right; (*preciso*) exact, correct; (*ajustado*) tight // *ad* (*precisamente*) exactly, precisely; (*AM: apenas a tiempo*) just in time.

juvenil [xuße'nil] *a* youthful.

juventud [xußen'tuð] *nf* (*adolescencia*) youth; (*jóvenes*) young people *pl*.

juzgado [xuθ'ɣaðo] *nm* tribunal; (*JUR*) court.

juzgar [xuθ'ɣar] *vt* to judge; **a ~ por...** to judge by..., judging by... .

K

kg *abr* (= *kilogramo*) kg.

kilo ['kilo] *nm* kilo // *pref*: **~gramo** *nm* kilogramme; **~metraje** *nm* distance in kilometres, ≈ mileage; **kilómetro** *nm* kilometre; **~vatio** *nm* kilowatt.

kiosco ['kjosko] *nm* = **quiosco**.

km *abr* (= *kilómetro*) km.

kv *abr* (= *kilovatio*) kw.

L

l *abr* (= *litro*) l.

la [la] *artículo definido* the // *pron* her; (*Ud.*) you; (*cosa*) it // *nm* (*MUS*) la; **~ del sombrero rojo** the girl in the red hat; *tb ver* **el**.

laberinto [laße'rinto] *nm* labyrinth.

labia ['laßja] *nf* fluency; (*pey*) glib tongue.

labial [la'βjal] *a* labial.

labio ['laßjo] *nm* lip.

labor [la'βor] *nf* labour; (*AGR*) farm work; (*tarea*) job, task; (*COSTURA*) needlework; **~able** *a* (*AGR*) workable; **día ~able** working day; **~ar** *vi* to work.

laboratorio [laßora'torjo] *nm* laboratory.

laborioso, a [laßo'rjoso, a] *a* (*persona*) hard-working; (*trabajo*) tough.

laborista [laßo'rista] *a*: **Partido L~** La-

bour Party.

labrado, a [la'βraðo, a] *a* worked; (*madera*) carved; (*metal*) wrought // *nm* (*AGR*) cultivated field.

labrador, a [laβra'ðor, a] *a* farming *cpd* // *nm/f* farmer.

labranza [la'βranθa] *nf* (*AGR*) cultivation.

labrar [la'βrar] *vt* (*gen*) to work; (*madera etc*) to carve; (*fig*) to cause, bring about.

labriego, a [la'βrjeɣo, a] *nm/f* peasant.

laca ['laka] *nf* lacquer.

lacayo [la'kajo] *nm* lackey.

lacerar [laθe'rar] *vt* to lacerate.

lacio, a ['laθjo, a] *a* (*pelo*) lank, straight.

lacónico, a [la'koniko, a] *a* laconic.

lacrar [la'krar] *vt* (*cerrar*) to seal (with sealing wax); **lacre** *nm* sealing wax.

lacrimoso, a [lakri'moso, a] *a* tearful.

lactar [lak'tar] *vt*, *vi* to suckle.

lácteo, a ['lakteo, a] *a*: **productos ~s** dairy products.

ladear [laðe'ar] *vt* to tip, tilt // *vi* to tilt; **~se** *vr* to lean.

ladera [la'ðera] *nf* slope.

ladino, a [la'ðino, a] *a* cunning.

lado ['laðo] *nm* (*gen*) side; (*fig*) protection; (*MIL*) flank; **al ~ de** beside; **poner de ~** to put on its side; **poner a un ~** to put aside; **por todos ~s** on all sides, all round (*Brit*).

ladrar [la'ðrar] *vi* to bark; **ladrido** *nm* bark, barking.

ladrillo [la'ðriʎo] *nm* (*gen*) brick; (*azulejo*) tile.

ladrón, ona [la'ðron, ona] *nm/f* thief.

lagar [la'ɣar] *nm* (wine/oil) press.

lagartija [laɣar'tixa] *nf* (small) lizard.

lagarto [la'ɣarto] *nm* (*ZOOL*) lizard.

lago ['laɣo] *nm* lake.

lágrima ['laɣrima] *nf* tear.

laguna [la'ɣuna] *nf* (*lago*) lagoon; (*hueco*) gap.

laico, a ['laiko, a] *a* lay.

lamentable [lamen'taβle] *a* lamentable, regrettable; (*miserable*) pitiful.

lamentar [lamen'tar] *vt* (*sentir*) to regret; (*deplorar*) to lament; **lo lamento mucho** I'm very sorry; **~se** *vr* to lament; **lamento** *nm* lament.

lamer [la'mer] *vt* to lick.

lámina ['lamina] *nf* (*plancha delgada*) sheet; (*para estampar, estampa*) plate; **laminar** *vt* (*en libro*) to laminate.

lámpara ['lampara] *nf* lamp; **~ de alcohol/gas** spirit/gas lamp; **~ de pie** standard lamp.

lamparón [lampa'ron] *nm* grease spot.

lampiño [lam'piɲo] *a* clean-shaven.

lana ['lana] *nf* wool.

lance [lance] *vt ver* **lanzar** // ['lanθe] *nm* (*golpe*) stroke; (*suceso*) event, incident.

lancha ['lantʃa] *nf* launch; **~ de pesca** fishing boat; **~ salvavidas/torpedera** lifeboat/torpedo boat.

lanero, a [la'nero, a] *a* woollen.
langosta [lan'gosta] *nf* (*insecto*) locust; (*crustáceo*) lobster; (*fig*) plague; **langostino** *nm* king prawn (*Brit*), crayfish (*US*).
languidecer [langiðe'θer] *vi* to languish; **languidez** *nf* languour; **lánguido, a** *a* (*gen*) languid; (*sin energía*) listless.
lanilla [la'niʎa] *nf* nap.
lanudo, a [la'nuðo, a] *a* woolly.
lanza ['lanθa] *nf* (*arma*) lance, spear.
lanzadera [lanθa'ðera] *nf* shuttle.
lanzamiento [lanθa'mjento] *nm* (*gen*) throwing; (*NAUT, COM*) launch, launching; ~ **de peso** putting the shot.
lanzar [lan'θar] *vt* (*gen*) to throw; (*DEPORTE: pelota*) to bowl; (*NAUT, COM*) to launch; (*JUR*) to evict; **~se** *vr* to throw o.s.
lapa ['lapa] *nf* limpet.
lapicero [lapi'θero] *nm* propelling (*Brit*) *o* mechanical (*US*) pencil; (*AM*: **bolígrafo**) Biro ®.
lápida ['lapiða] *nf* stone; ~ **mortuoria** headstone; ~ **conmemorativa** memorial stone; **lapidar** *vt* to stone; **lapidario, a** *a, nm* lapidary.
lápiz ['lapiθ] *nm* pencil; ~ **de color** coloured pencil; ~ **de labios** lipstick.
lapón, ona [la'pon, ona] *nm/f* Laplander, Lapp.
Laponia [la'ponja] *nf* Lapland.
lapso ['lapso] *nm* (*de tiempo*) interval; (*error*) error.
lapsus ['lapsus] *nm inv* error, mistake.
largar [lar'ɣar] *vt* (*soltar*) to release; (*aflojar*) to loosen; (*lanzar*) to launch; (*fam*) to let fly; (*velas*) to unfurl; (*AM*) to throw; **~se** *vr* (*fam*) to beat it; **~se a** (*AM*) to start to.
largo, a ['larɣo, a] *a* (*longitud*) long; (*tiempo*) lengthy; (*fig*) generous // *nm* length; (*MUS*) largo // *ad* widely; **dos años ~s** two long years; **tiene 9 metros de ~** it is 9 metres long; **a lo ~ de** along; (*tiempo*) all through, throughout.
laringe [la'rinxe] *nf* larynx; **laringitis** *nf* laryngitis.
larva ['larβa] *nf* larva.
las [las] *artículo definido* the // *pron* them; ~ **que cantan** the ones/women/girls who sing; *tb ver* **el**.
lascivo, a [las'θiβo, a] *a* lewd.
láser ['laser] *nm* laser.
lástima ['lastima] *nf* (*pena*) pity; **dar ~** to be pitiful; **es una ~ que** it's a pity that; **¡qué ~!** what a pity!; **ella está hecha una ~** she looks pitiful.
lastimar [lasti'mar] *vt* (*herir*) to wound; (*ofender*) to offend; **~se** *vr* to hurt o.s.; **lastimero, a** *a* pitiful, pathetic.
lastre ['lastre] *nm* (*TEC, NAUT*) ballast; (*fig*) dead weight.
lata ['lata] *nf* (*metal*) tin; (*caja*) tin (*Brit*), can; (*fam*) nuisance; **en ~** tinned

(*Brit*), canned; **dar (la) ~** to be a nuisance.
latente [la'tente] *a* latent.
lateral [late'ral] *a* side *cpd*, lateral // *nm* (*TEATRO*) wings.
latido [la'tiðo] *nm* (*del corazón*) beat.
latifundio [lati'fundjo] *nm* large estate; **latifundista** *nm/f* owner of a large estate.
latigazo [lati'ɣaθo] *nm* (*golpe*) lash; (*sonido*) crack.
látigo ['latiɣo] *nm* whip.
latín [la'tin] *nm* Latin.
latino, a [la'tino, a] *a* Latin; **~americano, a** *a, nm/f* Latin-American.
latir [la'tir] *vi* (*corazón, pulso*) to beat.
latitud [lati'tuð] *nf* (*GEO*) latitude.
latón [la'ton] *nm* brass.
latoso, a [la'toso, a] *a* (*molesto*) annoying; (*aburrido*) boring.
laúd [la'uð] *nm* lute.
laureado, a [laure'aðo, a] *a* honoured // *nm* laureate.
laurel [lau'rel] *nm* (*BOT*) laurel; (*CULIN*) bay.
lava ['laβa] *nf* lava.
lavabo [la'βaβo] *nm* (*jofaina*) washbasin; (*tb*: **~s**) toilet.
lavadero [laβa'ðero] *nm* laundry.
lavado [la'βaðo] *nm* washing; (*de ropa*) laundry; (*ARTE*) wash; ~ **de cerebro** brainwashing; ~ **en seco** dry-cleaning.
lavadora [laβa'ðora] *nf* washing machine.
lavanda [la'βanda] *nf* lavender.
lavandería [laβande'ria] *nf* laundry; ~ **automática** launderette.
lavaplatos [laβa'platos] *nm inv* dishwasher.
lavar [la'βar] *vt* to wash; (*borrar*) to wipe away; **~se** *vr* to wash o.s.; **~se las manos** to wash one's hands; ~ **y marcar** (*pelo*) to shampoo and set; ~ **en seco** to dry-clean.
lavavajillas [laβaβa'xiʎas] *nm inv* dishwasher.
laxante [lak'sante] *nm* laxative.
lazada [la'θaða] *nf* bow.
lazarillo [laθa'riʎo] *nm*: **perro ~** guide dog.
lazo ['laθo] *nm* knot; (*lazada*) bow; (*para animales*) lasso; (*trampa*) snare; (*vínculo*) tie.
le [le] *pron* (*directo*) him; (: *usted*) you; (*indirecto*) to him; (: *usted*) to you.
leal [le'al] *a* loyal; **~tad** *nf* loyalty.
lebrel [le'βrel] *nm* greyhound.
lección [lek'θjon] *nf* lesson.
lector, a [lek'tor, a] *nm/f* reader.
lectura [lek'tura] *nf* reading.
leche ['letʃe] *nf* milk; **tener mala ~** (*fam!*) to be nasty; ~ **condensada/en polvo** condensed/powdered milk; ~ **desnatada** skimmed milk; **~ra** *nf* (*vendedora*) milkmaid; (*recipiente*) milk churn; (*AM*) cow; **~ría** *nf* dairy; **~ro,**

a a dairy.

lecho [ˈletʃo] nm (cama, de río) bed; (GEO) layer.

lechón [leˈtʃon] nm sucking (Brit) o suckling (US) pig.

lechoso, a [leˈtʃoso, a] a milky.

lechuga [leˈtʃuɣa] nf lettuce.

lechuza [leˈtʃuθa] nf owl.

leer [leˈer] vt to read.

legado [leˈxaðo] nm (don) bequest; (herencia) legacy; (enviado) legate.

legajo [leˈxaxo] nm file.

legal [leˈɣal] a (gen) legal; (persona) trustworthy; ~**idad** nf legality; ~**izar** vt to legalize; (documento) to authenticate.

legaña [leˈɣaɲa] nf sleep (in eyes).

legar [leˈɣar] vt to bequeath, leave.

legendario, a [lexenˈdarjo, a] a legendary.

legión [leˈxjon] nf legion; **legionario, a** a legionary // nm legionnaire.

legislación [lexislaˈθjon] nf legislation; **legislar** vt to legislate.

legitimar [lexitiˈmar] vt to legitimize; **legítimo, a** a (genuino) authentic; (legal) legitimate.

lego, a [ˈleɣo, a] a (REL) secular; (ignorante) ignorant // nm layman.

legua [ˈleɣwa] nf league.

legumbres [leˈɣumbres] nfpl pulses.

leído, a [leˈiðo, a] a well-read.

lejanía [lexaˈnia] nf distance; **lejano, a** a far-off; (en el tiempo) distant; (fig) remote.

lejía [leˈxia] nf bleach.

lejos [ˈlexos] ad far, far away; a lo ~ in the distance; de o desde ~ from afar; ~ de prep far from.

lelo, a [ˈlelo, a] a silly // nm/f idiot.

lema [ˈlema] nm motto; (POL) slogan.

lencería [lenθeˈria] nf linen, drapery.

lengua [ˈlengwa] nf tongue; (LING) language; morderse la ~ to hold one's tongue.

lenguado [lenˈgwaðo] nm sole.

lenguaje [lenˈgwaxe] nm language.

lengüeta [lenˈgweta] nf (ANAT) epiglottis; (zapatos, MUS) tongue.

lente [ˈlente] nf lens; (lupa) magnifying glass; ~**s** nfpl glasses; ~**s de contacto** contact lenses.

lenteja [lenˈtexa] nf lentil; **lentejuela** nf sequin.

lentilla [lenˈtiʎa] nf contact lens.

lentitud [lentiˈtuð] nf slowness; con ~ slowly.

lento, a [ˈlento, a] a slow.

leña [ˈleɲa] nf firewood; ~**dor, a** nm/f woodcutter.

leño [ˈleɲo] nm (trozo de árbol) log; (madera) timber; (fig) blockhead.

Leo [ˈleo] nm Leo.

león [leˈon] nm lion; ~ **marino** sea lion; **leonino, a** a leonine.

leopardo [leoˈparðo] nm leopard.

leotardos [leoˈtarðos] nmpl tights.

lepra [ˈlepra] nf leprosy; **leproso, a** nm/f leper.

lerdo, a [ˈlerðo, a] a (lento) slow; (patoso) clumsy.

les [les] pron (directo) them; (: ustedes) you; (indirecto) to them; (: ustedes) to you.

lesbiana [lesˈβjana] a, nf lesbian.

lesión [leˈsjon] nf wound, lesion; (DEPORTE) injury; **lesionado, a** a injured // nm/f injured person.

letal [leˈtal] a lethal.

letanía [letaˈnia] nf litany.

letargo [leˈtarɣo] nm lethargy.

letra [ˈletra] nf letter; (escritura) handwriting; (MUS) lyrics pl; ~ **de cambio** bill of exchange; ~ **de imprenta** print; ~**do, a** a learned; (fam) pedantic // nm lawyer; **letrero** nm (cartel) sign; (etiqueta) label.

letrina [leˈtrina] nf latrine.

leucemia [leuˈθemja] nf leukaemia.

levadizo, a [leβaˈðiθo] a: puente ~ drawbridge.

levadura [leβaˈðura] nf (para el pan) yeast; (de la cerveza) brewer's yeast.

levantamiento [leβantaˈmjento] nm raising, lifting; (rebelión) revolt, rising; ~ **de pesos** weight-lifting.

levantar [leβanˈtar] vt (gen) to raise; (del suelo) to pick up; (hacia arriba) to lift (up); (plan) to make, draw up; (mesa) to clear away; (campamento) to strike; (fig) to cheer up, hearten; ~**se** vr to get up; (enderezarse) to straighten up; (rebelarse) to rebel; ~ **el ánimo** to cheer up.

levante [leˈβante] nm east coast; el L~ region of Spain extending from Castellón to Murcia.

levar [leˈβar] vt to weigh anchor.

leve [ˈleβe] a light; (fig) trivial; ~**dad** nf lightness.

levita [leˈβita] nf frock coat.

léxico [ˈleksiko] nm (vocabulario) vocabulary.

ley [lei] nf (gen) law; (metal) standard.

leyenda [leˈjenda] nf legend.

leyó etc vb ver **leer**.

liar [liˈar] vt to tie (up); (unir) to bind; (envolver) to wrap (up); (enredar) to confuse; (cigarrillo) to roll; ~**se** vr (fam) to get involved; ~**se a palos** to get involved in a fight.

Líbano [ˈliβano] nm: el ~ the Lebanon.

libar [liˈβar] vt to suck.

libelo [liˈβelo] nm satire, lampoon; (JUR) petition.

libélula [liˈβelula] nf dragonfly.

liberación [liβeraˈθjon] nf liberation; (de la cárcel) release.

liberal [liβeˈral] a, nm/f liberal; ~**idad** nf liberality, generosity.

liberar [liße'rar] *vt* to liberate.
libertad [lißer'tað] *nf* liberty, freedom; ~ de culto/de prensa/de comercio freedom of worship/of the press/of trade; ~ condicional probation; ~ bajo palabra parole; ~ bajo fianza bail.
libertar [lißer'tar] *vt* (*preso*) to set free; (*de una obligación*) to release; (*eximir*) to exempt.
libertino, a [lißer'tino, a] *a* permissive // *nm/f* permissive person.
libra ['lißra] *nf* pound; **L~** (*ASTROLOGIA*) Libra; ~ **esterlina** pound sterling.
librador, a [lißra'ðor, a] *nm/f* drawer.
libramiento [lißra'mjento] *nm* rescue; (*COM*) delivery.
libranza [li'ßranθa] *nf* (*COM*) draft; (*letra de cambio*) bill of exchange.
librar [li'ßrar] *vt* (*de peligro*) to save; (*batalla*) to wage, fight; (*de impuestos*) to exempt; (*cheque*) to make out; (*JUR*) to exempt; ~**se** *vr*: ~**se de** to escape from, free o.s. from.
libre ['lißre] *a* free; (*lugar*) unoccupied; (*asiento*) vacant; (*de deudas*) free of debts; ~ **de impuestos** free of tax; **tiro** ~ free kick; **los 100 metros** ~ the 100 metres free-style (race); **al aire** ~ in the open air.
librería [lißre'ria] *nf* (*tienda*) bookshop; **librero, a** *nm/f* bookseller.
libreta [li'ßreta] *nf* notebook; ~ **de ahorros** savings book.
libro ['lißro] *nm* book; ~ **de bolsillo** paperback; ~ **de caja** cashbook; ~ **de cheques** chequebook (*Brit*), checkbook (*US*); ~ **de texto** textbook.
Lic. *abr* = **licenciado, a.**
licencia [li'θenθja] *nf* (*gen*) licence; (*permiso*) permission; ~ **por enfermedad/con goce de sueldo** sick leave/paid leave; ~ **de caza** game licence; ~**do, a** *a* licensed // *nm/f* graduate; **licenciar** *vt* (*empleado*) to dismiss; (*permitir*) to permit, allow; (*soldado*) to discharge; (*estudiante*) to confer a degree upon; **licenciarse** *vr*: **licenciarse en letras** to graduate in arts.
licencioso, a [liθen'θjoso, a] *a* licentious.
liceo [li'θeo] *nm* (high) school.
licitar [liθi'tar] *vt* to bid for; (*AM*) to sell by auction.
lícito, a ['liθito, a] *a* (*legal*) lawful; (*justo*) fair, just; (*permisible*) permissible.
licor [li'kor] *nm* spirits *pl* (*Brit*), liquor (*US*); (*de frutas etc*) liqueur.
licuadora [likwa'ðora] *nf* blender.
licuar [li'kwar] *vt* to liquidize.
lid [lið] *nf* combat; (*fig*) controversy.
líder ['liðer] *nm/f* leader; **liderato, liderazgo** *nm* leadership.
lidia ['liðja] *nf* bullfighting; (*una ~*) bullfight; **toros de** ~ fighting bulls; **lidiar** *vt, vi* to fight.

liebre ['ljeßre] *nf* hare.
lienzo ['ljenθo] *nm* linen; (*ARTE*) canvas; (*ARQ*) wall.
liga ['liva] *nf* (*de medias*) garter, suspender; (*AM: gomita*) rubber band; (*confederación*) league.
ligadura [liva'ðura] *nf* bond, tie; (*MED, MUS*) ligature.
ligamento [liva'mento] *nm* (*ANAT*) ligament; (*atadura*) tie; (*unión*) bond.
ligar [li'var] *vt* (*atar*) to tie; (*unir*) to join; (*MED*) to bind up; (*MUS*) to slur // *vi* to mix, blend; (*fam*) to pick up; ~**se** *vr* to commit o.s.
ligereza [lixe'reθa] *nf* lightness; (*rapidez*) swiftness; (*agilidad*) agility; (*superficialidad*) flippancy.
ligero, a [li'xero, a] *a* (*de peso*) light; (*tela*) thin; (*rápido*) swift, quick; (*ágil*) agile, nimble; (*de importancia*) slight; (*de carácter*) flippant, superficial // *ad*: **a la ligera** superficially.
liguero [li'vero] *nm* suspender (*Brit*) o garter (*US*) belt.
lija ['lixa] *nf* (*ZOOL*) dogfish; (*papel de*) ~ sandpaper.
lila ['lila] *nf* lilac.
lima ['lima] *nf* file; (*BOT*) lime; ~ **de uñas** nailfile; **L~** *n* (*GEO*) Lima; **limar** *vt* to file.
limitación [limita'θjon] *nf* limitation, limit; ~ **de velocidad** speed limit.
limitar [limi'tar] *vt* (*gen*) to limit; (*reducir*) to reduce, cut down // *vi*: ~ **con** to border on; ~**se** *vr*: ~**se a** to limit o.s. to.
límite ['limite] *nm* (*gen*) limit; (*fin*) end; (*frontera*) border; ~ **de velocidad** speed limit.
limítrofe [li'mitrofe] *a* bordering, neighbouring.
limón [li'mon] *nm* lemon // *a*: **amarillo** ~ lemon-yellow; **limonada** *nf* lemonade; **limonero** *nm* lemon tree.
limosna [li'mosna] *nf* alms *pl*; **vivir de** ~ to live on charity.
limpiabotas [limpja'ßotas] *nm/f inv* bootblack (*Brit*), shoeshine boy/girl.
limpiaparabrisas [limpjapara'ßrisas] *nm inv* windscreen (*Brit*) o windshield (*US*) wiper.
limpiar [lim'pjar] *vt* to clean; (*con trapo*) to wipe; (*quitar*) to wipe away; (*zapatos*) to shine, polish; (*fig*) to clean up.
limpieza [lim'pjeθa] *nf* (*estado*) cleanliness; (*acto*) cleaning; (: *de las calles*) cleansing; (: *de zapatos*) polishing; (*habilidad*) skill; (*fig: POLICIA*) clean-up; (*pureza*) purity; (*MIL*): **operación de** ~ mopping-up operation; ~ **en seco** dry cleaning.
limpio, a ['limpjo, a] *a* clean; (*moralmente*) pure; (*COM*) clear, net; (*fam*) honest // *ad*: **jugar** ~ to play fair // *nm*: **pasar a** (*Esp*) o **en** (*AM*) ~ to make a

fair copy.

linaje [li'naxe] *nm* lineage, family.

linaza [li'naθa] *nf* linseed.

lince ['linθe] *nm* lynx.

linchar [lin'tʃar] *vt* to lynch.

lindar [lin'dar] *vi* to adjoin; ~ **con** to border on; **linde** *nm o f* boundary; **lindero, a** *a* adjoining // *nm* boundary.

lindo, a ['lindo, a] *a* pretty, lovely // *ad*: **nos divertimos de lo ~** we had a marvellous time; **canta muy ~** (*AM*) he sings beautifully.

línea ['linea] *nf* (*gen*) line; **en ~** (*IN-FORM*) on line; **~ aérea** airline; **~ de meta** goal line; (*de carrera*) finishing line; **~ recta** straight line.

lingote [lin'gote] *nm* ingot.

lingüista [lin'gwista] *nm/f* linguist; **lingüística** *nf* linguistics *sg*.

linimento [lini'mento] *nm* liniment.

lino ['lino] *nm* linen; (*BOT*) flax.

linóleo [li'noleo] *nm* lino, linoleum.

linterna [lin'terna] *nf* lantern, lamp; ~ **eléctrica** *o* **a pilas** torch (*Brit*), flashlight (*US*).

lío ['lio] *nm* bundle; (*fam*) fuss; (*desorden*) muddle, mess; **armar un ~** to make a fuss.

liquen ['liken] *nm* lichen.

liquidación [likiða'θjon] *nf* liquidation; **venta de ~** clearance sale.

liquidar [liki'ðar] *vt* (*mercancías*) to liquidate; (*deudas*) to pay off; (*empresa*) to wind up.

líquido, a ['likiðo, a] *a* liquid; (*ganancia*) net // *nm* liquid; ~ **imponible** net taxable income.

lira ['lira] *nf* (*MUS*) lyre; (*moneda*) lira.

lírico, a ['liriko, a] *a* lyrical.

lirio ['lirjo] *nm* (*BOT*) iris.

lirón [li'ron] *nm* (*ZOOL*) dormouse; (*fig*) sleepyhead.

Lisboa [lis'βoa] *n* Lisbon.

lisiado, a [li'sjaðo, a] *a* injured // *nm/f* cripple.

lisiar [li'sjar] *vt* to maim; **~se** *vr* to injure o.s.

liso, a ['liso, a] *a* (*terreno*) flat; (*cabello*) straight; (*superficie*) even; (*tela*) plain.

lisonja [li'sonxa] *nf* flattery; **lisonjear** *vt* to flatter; (*fig*) to please; **lisonjero, a** *a* flattering; (*agradable*) gratifying, pleasing // *nm/f* flatterer.

lista ['lista] *nf* list; (*de alumnos*) school register; (*de libros*) catalogue; (*de platos*) menu; (*de precios*) price list; **pasar ~** to call the roll; **~ de correos** poste restante; **~ de espera** waiting list; **tela a ~s** striped material.

listado, a [lis'taðo, a] *a* striped.

listo, a ['listo, a] *a* (*perspicaz*) smart, clever; (*preparado*) ready.

listón [lis'ton] *nm* (*tela*) ribbon; (*de madera, metal*) strip.

litera [li'tera] *nf* (*en barco, tren*) berth;

(*en dormitorio*) bunk, bunk bed.

literal [lite'ral] *a* literal.

literario, a [lite'rarjo, a] *a* literary.

literato, a [lite'rato, a] *a* literary // *nm/f* writer.

literatura [litera'tura] *nf* literature.

litigar [liti'var] *vt* to fight // *vi* (*JUR*) to go to law; (*fig*) to dispute, argue.

litigio [li'tixjo] *nm* (*JUR*) lawsuit; (*fig*): **en ~ con** in dispute with.

litografía [litoxra'fia] *nf* lithography; (*una ~*) lithograph.

litoral [lito'ral] *a* coastal // *nm* coast, seaboard.

litro ['litro] *nm* litre.

liviano, a [li'βjano, a] *a* (*persona*) fickle; (*cosa, objeto*) trivial.

lívido, a ['liβiðo, a] *a* livid.

ll... *ver bajo la letra LL, después de L.*

lo [lo] *artículo definido neutro*; ~ **bello** the beautiful, what is beautiful, that which is beautiful // *pron* (*persona*) him; (*cosa*) it; *tb ver* **el**.

loa ['loa] *nf* praise; **loable** *a* praiseworthy; **loar** *vt* to praise.

lobato [lo'βato] *nm* (*ZOOL*) wolf cub.

lobo ['loβo] *nm* wolf; ~ **de mar** (*fig*) sea dog; ~ **marino** seal.

lóbrego, a ['loβreγo, a] *a* dark; (*fig*) gloomy.

lóbulo ['loβulo] *nm* lobe.

local [lo'kal] *a* local // *nm* place, site; (*oficinas*) premises *pl*; **~idad** *nf* (*barrio*) locality; (*lugar*) location; (*TEA-TRO*) seat, ticket; **~izar** *vt* (*ubicar*) to locate, find; (*restringir*) to localize; (*situar*) to place.

loción [lo'θjon] *nf* lotion.

loco, a ['loko, a] *a* mad // *nm/f* lunatic, mad person.

locomoción [lokomo'θjon] *nf* locomotion.

locomotora [lokomo'tora] *nf* engine, locomotive.

locuaz [lo'kwaθ] *a* loquacious.

locución [loku'θjon] *nf* expression.

locura [lo'kura] *nf* madness; (*acto*) crazy act.

locutor, a [loku'tor, a] *nm/f* (*RADIO*) announcer; (*comentarista*) commentator; (*TV*) newsreader.

locutorio [loku'torjo] *nm* (*en telefónica*) telephone booth.

lodo ['lodo] *nm* mud.

lógico, a ['loxiko, a] *a* logical // *nf* logic.

logística [lo'xistika] *nf* logistics *pl*.

lograr [lo'xrar] *vt* to achieve; (*obtener*) to get, obtain; ~ **hacer** to manage to do; ~ **que uno venga** to manage to get sb to come.

logro ['loxro] *nm* achievement, success.

loma ['loma] *nf* hillock (*Brit*), small hill.

lombriz [lom'briθ] *nf* worm.

lomo ['lomo] *nm* (*de animal*) back; (*CULIN: de cerdo*) pork loin; (: *de vaca*)

rib steak; (de libro) spine.
lona ['lona] nf canvas.
loncha ['lontʃa] nf = **lonja**.
lonche ['lontʃe] nm (AM) lunch; ~**ría** nf (AM) snack bar, diner (US).
Londres ['londres] n London.
longaniza [longa'niθa] nf pork sausage.
longitud [lonxi'tuð] nf length; (GEO) longitude; **tener 3 metros de ~** to be 3 metres long; **~ de onda** wavelength.
lonja ['lonxa] nf slice; (de tocino) rasher; **~ de pescado** fish market.
loro ['loro] nm parrot.
los [los] artículo definido the // pron them; (ustedes) you; **mis libros y ~ de Ud** my books and yours; tb ver **el**.
losa ['losa] nf stone; **~ sepulcral** gravestone.
lote ['lote] nm portion; (COM) lot.
lotería [lote'ria] nf lottery; (juego) lotto.
loza ['loθa] nf crockery.
lozanía [loθa'nia] nf (lujo) luxuriance; **lozano, a** a luxuriant; (animado) lively.
lubricante [lußri'kante] nm lubricant.
lubricar [lußri'kar] vt to lubricate.
lucero [lu'θero] nm bright star; (fig) brilliance.
lucidez [luθi'ðeθ] nf lucidity; **lúcido, a** a lucid.
luciérnaga [lu'θjernava] nf glow-worm.
lucimiento [luθi'mjento] nm (brillo) brilliance; (éxito) success.
lucir [lu'θir] vt to illuminate, light (up); (ostentar) to show off // vi (brillar) to shine; **~se** vr (irónico) to make a fool of o.s.
lucro ['lukro] nm profit, gain.
lucha ['lutʃa] nf fight, struggle; **~ de clases** class struggle; **~ libre** wrestling; **luchar** vi to fight.
luego ['lwevo] ad (después) next; (más tarde) later, afterwards; **desde ~** of course.
lugar [lu'var] nm place; (sitio) spot; **en ~ de** instead of; **hacer ~** to make room; **fuera de ~** out of place; **tener ~** to take place; **~ común** commonplace.
lugareño, a [luva'reɲo, a] a village cpd // nm/f villager.
lugarteniente [luvarte'njente] nm deputy.
lúgubre [lu'vußre] a mournful.
lujo ['luxo] nm luxury; (fig) profusion, abundance; **~so, a** a luxurious.
lujuria [lu'xurja] nf lust.
lumbre ['lumbre] nf (gen) light.
lumbrera [lum'brera] nf luminary.
luminoso, a [lumi'noso, a] a luminous, shining.
luna ['luna] nf moon; (de un espejo) glass; (de gafas) lens; (fig) crescent; **~ llena/nueva** full/new moon; **estar en la ~** to have one's head in the clouds; **~ de miel** honeymoon.
lunar [lu'nar] a lunar // nm (ANAT) mole;

tela a **~es** spotted material.
lunes ['lunes] nm inv Monday.
lupa ['lupa] nf magnifying glass.
lustrar [lus'trar] vt (mueble) to polish; (zapatos) to shine; **lustre** nm polish; (fig) lustre; **dar lustre a** to polish; **lustroso, a** a shining.
luterano, a [lute'rano, a] a Lutheran.
luto ['luto] nm mourning; (congoja) grief, sorrow; **llevar el o vestirse de ~** to be in mourning.
Luxemburgo [luksem'burvo] nm Luxemburgo.
luz [luθ] (pl **luces**) nf light; **dar a ~ un niño** to give birth to a child; **sacar a la ~** to bring to light; (ELEC): **dar o encender** (Esp) **o prender** (AM)/**apagar la ~** to switch the light on/off; **a todas luces** by any reckoning; **hacer la ~ sobre** to shed light on; **tener pocas luces** to be dim o stupid; **~ roja/verde** red/green light; (AUTO): **~ de freno** brake light; **luces de tráfico** traffic lights; **traje de luces** bullfighter's costume.

LL

llaga ['ʎava] nf wound.
llama ['ʎama] nf flame; (ZOOL) llama.
llamada [ʎa'maða] nf call; **~ al orden** call to order; **~ a pie de página** reference note.
llamamiento [ʎama'mjento] nm call.
llamar [ʎa'mar] vt to call; (atención) to attract // vi (por teléfono) to telephone; (a la puerta) to knock/ring; (por señas) to beckon; (MIL) to call up; **~se** vr to be called, be named; **¿cómo se llama usted?** what's your name?
llamarada [ʎama'raða] nf (llamas) blaze; (rubor) flush; (fig) flare-up.
llamativo, a [ʎama'tiβo, a] a showy; (color) loud.
llamear [ʎame'ar] vi to blaze.
llano, a ['ʎano, a] a (superficie) flat; (persona) straightforward; (estilo) clear // nm plain, flat ground.
llanta ['ʎanta] nf (wheel) rim; (AM): **~ (de goma)** tyre; (: cámara) inner (tube).
llanto ['ʎanto] nm weeping.
llanura [ʎa'nura] nf plain.
llave ['ʎaβe] nf key; (del agua) tap; (MECÁNICA) spanner; (de la luz) switch; (MUS) key; **~ inglesa** monkey wrench; **~ maestra** master key; **~ de contacto** (AUTO) ignition key; **~ de paso** stopcock; **echar ~ a** to lock up; **~ro** nm keyring; **llavín** nm latchkey.
llegada [ʎe'vaða] nf arrival.
llegar [ʎe'var] vi to arrive; (alcanzar) to reach; (bastar) to be enough; **~se** vr: **~se a** to approach; **~ a** to manage to, succeed in; **~ a saber** to find out; **~ a**

ser to become; ~ **a las manos de** to come into the hands of.

llenar [ʎe'nar] vt to fill; (espacio) to cover; (formulario) to fill in o up; (fig) to heap.

lleno, a ['ʎeno, a] a full, filled; (repleto) full up // nm (abundancia) abundance; (TEATRO) full house; **dar de ~ contra un muro** to hit a wall head-on.

llevadero, a [ʎeβa'ðero, a] a bearable, tolerable.

llevar [ʎe'βar] vt to take; (ropa) to wear; (cargar) to carry; (quitar) to take away; (conducir a alguien) to drive; (transportar) to transport; (traer: dinero) to carry; (conducir) to lead; (MAT) to carry; ~**se** vr to carry off, take away; **llevamos dos días aquí** we have been here for two days; **él me lleva 2 años** he's 2 years older than me; (COM): ~ **los libros** to keep the books; ~**se bien** to get on well (together).

llorar [ʎo'rar] vt, vi to cry, weep; ~ **de risa** to cry with laughter.

lloriquear [ʎorike'ar] vi to snivel, whimper.

lloro ['ʎoro] nm crying, weeping; **llorón, ona** a tearful // nm/f cry-baby; ~**so, a** a (gen) weeping, tearful; (triste) sad, sorrowful.

llover [ʎo'βer] vi to rain.

llovizna [ʎo'βiθna] nf drizzle; **lloviznar** vi to drizzle.

llueve etc vb ver **llover.**

lluvia ['ʎuβja] nf rain; ~ **radioactiva** radioactive fallout; **lluvioso, a** a rainy.

M

m abr (= metro) m; (= minuto) m.

macarrones [maka'rrones] nmpl macaroni sg.

macedonia [maθe'ðonja] nf: ~ **de frutas** fruit salad.

macerar [maθe'rar] vt to macerate.

maceta [ma'θeta] nf (de flores) pot of flowers; (para plantas) flowerpot.

macizo, a [ma'θiθo, a] a (grande) massive; (fuerte, sólido) solid // nm mass, chunk.

mácula ['makula] nf stain, blemish.

machacar [matʃa'kar] vt to crush, pound // vi (insistir) to go on, keep on.

machete [ma'tʃete] nm (AM) machete, (large) knife.

machista [ma'tʃista] a, nm sexist.

macho ['matʃo] a male; (fig) virile // nm male; (~) he-man.

machucar [matʃu'kar] vt to pound.

madeja [ma'ðexa] nf (de lana) skein, hank; (de pelo) mass, mop.

madera [ma'ðera] nf wood; (fig) nature, character; **una ~** a piece of wood.

madero [ma'ðero] nm beam; (fig) ship.

madrastra [ma'ðrastra] nf stepmother.

madre ['maðre] a mother cpd; (AM) tremendous // nf mother; (de vino etc) dregs pl; ~ **política/soltera** mother-in-law/unmarried mother.

madreperla [maðre'perla] nf mother-of-pearl.

madreselva [maðre'selβa] nf honeysuckle.

Madrid [ma'ðrið] n Madrid.

madriguera [maðri'ɣera] nf burrow.

madrileño, a [maðri'leɲo, a] a of o from Madrid // nm/f native of Madrid.

madrina [ma'ðrina] nf godmother; (ARQ) prop, shore; (TEC) brace; ~ **de boda** bridesmaid.

madrugada [maðru'ɣaða] nf early morning; (alba) dawn, daybreak.

madrugador, a [maðruɣa'ðor, a] a early-rising.

madrugar [maðru'ɣar] vi to get up early; (fig) to get ahead.

madurar [maðu'rar] vt, vi (fruta) to ripen; (fig) to mature; **madurez** nf ripeness; maturity; **maduro, a** a ripe; mature.

maestra [ma'estra] nf ver **maestro.**

maestría [maes'tria] nf mastery; (habilidad) skill, expertise.

maestro, a [ma'estro, a] a masterly; (perito) skilled, expert; (principal) main; (educado) trained // nm/f master/mistress; (profesor) teacher // nm (autoridad) authority; (MUS) maestro; (AM) skilled workman; ~ **albañil** master mason.

magia ['maxja] nf magic; **mágico, a** a magic(al) // nm/f magician.

magisterio [maxis'terjo] nm (enseñanza) teaching; (profesión) teaching profession; (maestros) teachers pl.

magistrado [maxis'traðo] nm magistrate.

magistral [maxis'tral] a magisterial; (fig) masterly.

magnánimo, a [maɣ'nanimo, a] a magnanimous.

magnate [maɣ'nate] nm magnate, tycoon.

magnético, a [maɣ'netiko, a] a magnetic; **magnetizar** vt to magnetize.

magnetofón [maɣneto'fon] **magnetófono** [maɣne'tofono] nm tape recorder; **magnetofónico, a** a: **cinta magnetofónica** recording tape.

magnífico, a [maɣ'nifiko, a] a splendid, magnificent.

magnitud [maɣni'tuð] nf magnitude.

mago, a ['maɣo, a] nm/f magician; **los Reyes M~s** the Magi, the Three Wise Men.

magro, a ['maɣro, a] a (persona) thin, lean; (carne) lean.

maguey [ma'ɣei] nm agave.

magullar [maɣu'ʎar] vt (amoratar) to

bruise; (*dañar*) to damage; (*fam: golpear*) to bash, beat.

mahometano, a [maome'tano, a] *a* Mohammedan.

mahonesa [mao'nesa] *nf* = **mayonesa**.

maíz [ma'iθ] *nm* maize (*Brit*), corn (*US*); sweet corn.

majadero, a [maxa'ðero, a] *a* silly, stupid.

majestad [maxes'tað] *nf* majesty; **majestuoso, a** *a* majestic.

majo, a ['maxo, a] *a* nice; (*guapo*) attractive, good-looking; (*elegante*) smart.

mal [mal] *ad* badly; (*equivocadamente*) wrongly; (*con dificultad*) with difficulty // *a* = **malo** // *nm* evil; (*desgracia*) misfortune; (*daño*) harm, damage; (*MED*) illness; ¡**menos ~!** just as well!; **~ que** bien rightly or wrongly.

malabarismo [malaβa'rismo] *nm* juggling; **malabarista** *nm/f* juggler.

malaconsejado, a [malakonse'xaðo, a] *a* ill-advised.

malaria [ma'larja] *nf* malaria.

malcriado, a [mal'krjaðo, a] *a* (*consentido*) spoiled.

maldad [mal'dað] *nf* evil, wickedness.

maldecir [malde'θir] *vt* to curse // *vi*: **~ de** to speak ill of.

maldición [maldi'θjon] *nf* curse.

maldito, a [mal'dito, a] *a* (*condenado*) damned; (*perverso*) wicked; ¡**~ sea!** damn it!

maleante [male'ante] *a* wicked // *nm/f* malefactor.

malecón [male'kon] *nm* pier, jetty.

maledicencia [maleði'θenθja] *nf* slander, scandal.

maleducado, a [maleðu'kaðo, a] *a* bad-mannered, rude.

maleficio [male'fiθjo] *nm* curse, spell.

malestar [males'tar] *nm* (*gen*) discomfort; (*fig: inquietud*) uneasiness; (*POL*) unrest.

maleta [ma'leta] *nf* case, suitcase; (*AUTO*) boot (*Brit*), trunk (*US*); **maletera** *nf* (*AM AUTO*); **maletero** *nm* (*AUTO*) boot (*Brit*), trunk (*US*); **maletín** *nm* small case, bag.

malévolo, a [ma'leβolo, a] *a* malicious, spiteful.

maleza [ma'leθa] *nf* (*hierbas malas*) weeds *pl*; (*arbustos*) thicket.

malgastar [malɣas'tar] *vt* (*tiempo, dinero*) to waste; (*salud*) to ruin.

malhechor, a [male'tʃor, a] *nm/f* malefactor; (*criminal*) criminal.

malhumorado, a [malumo'raðo, a] *a* bad-tempered, cross.

malicia [ma'liθja] *nf* (*maldad*) wickedness; (*astucia*) slyness, guile; (*mala intención*) malice, spite; (*carácter travieso*) mischievousness; **malicioso, a** *a* wicked, evil; sly, crafty; malicious,

spiteful; mischievous.

maligno, a [ma'liɣno, a] *a* evil; (*malévolo*) malicious; (*MED*) malignant.

malo, a ['malo, a] *a* bad; (*falso*) false // *nm/f* villain // *nf* spell of bad luck; **estar ~** to be ill; **estar de malas** (*de mal humor*) to be in a bad mood.

malograr [malo'ɣrar] *vt* to spoil; (*plan*) to upset; (*ocasión*) to waste; **~se** *vr* (*plan etc*) to fail, come to grief; (*persona*) to die before one's time.

malparado, a [malpa'raðo, a] *a*: **salir ~** to come off badly.

malparir [malpa'rir] *vi* to have a miscarriage.

malsano, a [mal'sano, a] *a* unhealthy.

Malta ['malta] *nf* Malta.

malteada [malte'aða] *nf* (*AM*) milk shake.

maltratar [maltra'tar] *vt* to ill-treat, mistreat.

maltrecho, a [mal'tretʃo, a] *a* battered, damaged.

malvado, a [mal'βaðo, a] *a* evil, villainous.

malvavisco [malβa'βisko] *nm* marshmallow.

malversar [malβer'sar] *vt* to embezzle, misappropriate.

Malvinas [mal'βinas]: **Islas ~** *nfpl* Falkland Islands.

malla ['maʎa] *nf* mesh; (*de baño*) swimsuit; (*de ballet, gimnasia*) leotard; **~s** *nfpl* tights; **~ de alambre** wire mesh.

Mallorca [ma'ʎorka] *nf* Majorca.

mama ['mama] *nf* (*de animal*) teat; (*de mujer*) breast.

mamá [ma'ma] (*pl* **~s**) *nf* (*fam*) mum, mummy.

mamar [ma'mar] *vt* (*pecho*) to suck; (*fig*) to absorb, assimilate // *vi* to suck.

mamarracho [mama'rratʃo] *nm* sight, mess.

mamífero [ma'mifero] *nm* mammal.

mampara [mam'para] *nf* (*entre habitaciones*) partition; (*biombo*) screen.

mampostería [mamposte'ria] *nf* masonry.

mamut [ma'mut] (*pl* **~s**) *nm* mammoth.

manada [ma'naða] *nf* (*ZOOL*) herd; (: *de leones*) pride; (: *de lobos*) pack.

Managua [ma'naɣwa] *n* Managua.

manantial [manan'tjal] *nm* spring; (*fuente*) fountain; (*fig*) source.

manar [ma'nar] *vt* to run with, flow with // *vi* to run, flow; (*abundar*) to abound.

mancilla [man'θiʎa] *nf* stain, blemish.

manco, a ['manko, a] *a* (*de un brazo*) one-armed; (*de una mano*) one-handed; (*fig*) defective, faulty.

mancomunar [mankomu'nar] *vt* to unite, bring together; (*recursos*) to pool; (*JUR*) to make jointly responsible; **mancomunidad** *nf* union, association; (*comunidad*) community; (*JUR*) joint responsibility.

mancha ['mantʃa] *nf* stain, mark; (*ZOOL*) patch; (*boceto*) sketch, outline; **manchar** *vt* (*gen*) to stain, mark; (*ensuciar*) to soil, dirty.

manchego, a [man'tʃeɣo, a] *a* of *o* from La Mancha.

mandado [man'daðo] *nm* (*orden*) order; (*comisión*) commission, errand.

mandamiento [manda'mjento] *nm* (*orden*) order, command; (*REL*) commandment; ~ **judicial** warrant.

mandar [man'dar] *vt* (*ordenar*) to order; (*dirigir*) to lead, command; (*enviar*) to send; (*pedir*) to order, ask for // *vi* to be in charge; (*pey*) to be bossy; **¿mande?** pardon?, excuse me?; ~ **hacer un traje** to have a suit made.

mandarín [manda'rin] *nm* mandarin.

mandarina [manda'rina] *nf* (*fruta*) tangerine, mandarin (orange).

mandatario, a [manda'tarjo, a] *nm/f* (*representante*) agent; (*AM: líder*) leader.

mandato [man'dato] *nm* (*orden*) order; (*INFORM*) command; (*POL: período*) term of office; (*: territorio*) mandate; ~ **judicial** (search) warrant.

mandíbula [man'diβula] *nf* jaw.

mandil [man'dil] *nm* (*delantal*) apron.

mando ['mando] *nm* (*MIL*) command; (*de país*) rule; (*el primer lugar*) lead; (*POL*) term of office; (*TEC*) control; ~ **a la izquierda** left-hand drive.

mandolina [mando'lina] *nf* mandolin(e).

mandón, ona [man'don, ona] *a* bossy, domineering.

manejable [mane'xaβle] *a* manageable.

manejar [mane'xar] *vt* to manage; (*máquina*) to work, operate; (*caballo etc*) to handle; (*casa*) to run, manage; (*AM: AUTO*) to drive; ~**se** *vr* (*comportarse*) to act, behave; (*arreglárselas*) to manage; **manejo** *nm* management; handling; running; driving; (*facilidad de trato*) ease, confidence; **manejos** *nmpl* intrigues.

manera [ma'nera] *nf* way, manner, fashion; ~**s** *nfpl* (*modales*) manners; **su** ~ **de ser** the way he is; (*aire*) his manner; **de ninguna** ~ no way, by no means; **de otra** ~ otherwise; **de todas** ~**s** at any rate; **no hay** ~ **de persuadirle** there's no way of convincing him.

manga ['manga] *nf* (*de camisa*) sleeve; (*de riego*) hose.

mangana [man'gana] *nf* lasso.

mango ['mango] *nm* handle; (*BOT*) mango.

mangonear [mangone'ar] *vi* (*meterse*) to meddle, interfere; (*ser mandón*) to boss people about.

manguera [man'gera] *nf* (*de riego*) hose; (*tubo*) pipe.

maní [ma'ni] *nm* (*AM*) peanut.

manía [ma'nia] *nf* (*MED*) mania; (*fig:*

moda) rage, craze; (*disgusto*) dislike; (*malicia*) spite; **maníaco, a** *a* maniac(al) // *nm/f* maniac.

maniatar [manja'tar] *vt* to tie the hands of.

maniático, a [ma'njatiko, a] *a* maniac(al) // *nm/f* maniac.

manicomio [mani'komjo] *nm* mental hospital (*Brit*), insane asylum (*US*).

manicura [mani'kura] *nf* manicure.

manifestación [manifesta'θjon] *nf* (*declaración*) statement, declaration; (*de emoción*) show, display; (*POL: desfile*) demonstration; (*: concentración*) mass meeting.

manifestar [manifes'tar] *vt* to show, manifest; (*declarar*) to state, declare; **manifiesto, a** *a* clear, manifest // *nm* manifesto.

manija [ma'nixa] *nf* handle.

maniobra [ma'njoβra] *nf* manœuvring; (*manejo*) handling; (*fig*) manœuvre; (*estratagema*) stratagem; ~**s** *nfpl* manœuvres; **maniobrar** *vt* to manœuvre; (*manejar*) to handle.

manipulación [manipula'θjon] *nf* manipulation; **manipular** *vt* to manipulate; (*manejar*) to handle.

maniquí [mani'ki] *nm* dummy // *nm/f* model.

manirroto, a [mani'rroto, a] *a* lavish, extravagant // *nm/f* spendthrift.

manivela [mani'βela] *nf* crank.

manjar [man'xar] *nm* (*tasty*) dish.

mano ['mano] *nf* hand; (*ZOOL*) foot, paw; (*de pintura*) coat; (*serie*) series; **a** ~ by hand; **a** ~ **derecha/izquierda** on the right(-hand side)/left(-hand side); **de primera** ~ (at) first hand; **de segunda** ~ (at) second hand; **robo a** ~ **armada** armed robbery; ~ **de obra** labour, manpower; **estrechar la** ~ **a uno** to shake sb's hand.

manojo [ma'noxo] *nm* handful, bunch; ~ **de llaves** bunch of keys.

manopla [ma'nopla] *nf* (*guante*) glove; (*paño*) face cloth.

manoseado, a [manose'aðo, a] *a* well-worn; **manosear** *vt* (*tocar*) to handle, touch; (*desordenar*) to mess up, rumple; (*insistir en*) to overwork; (*AM*) to caress, fondle.

manotazo [mano'taθo] *nm* slap, smack.

mansalva [man'salβa]: **a** ~ *ad* indiscriminately.

mansedumbre [manse'ðumbre] *nf* gentleness, meekness.

mansión [man'sjon] *nf* mansion.

manso, a ['manso, a] *a* gentle, mild; (*animal*) tame.

manta ['manta] *nf* blanket; (*AM: poncho*) poncho.

manteca [man'teka] *nf* fat; ~ **de cacahuete/cacao** peanut/cocoa butter; ~ **de cerdo** lard.

mantecado [mante'kaðo] *nm* (*AM*) ice cream.

mantel [man'tel] *nm* tablecloth.

mantendré *etc vb ver* **mantener**.

mantener [mante'ner] *vt* to support, maintain; (*alimentar*) to sustain; (*conservar*) to keep; (*TEC*) to maintain, service; ~**se** *vr* (*seguir de pie*) to be still standing; (*no ceder*) to hold one's ground; (*subsistir*) to sustain o.s., keep going; **mantenimiento** *nm* maintenance; sustenance; (*sustento*) support.

mantequilla [mante'kiʎa] *nf* butter.

mantilla [man'tiʎa] *nf* mantilla; ~**s** *nfpl* baby clothes.

manto ['manto] *nm* (*capa*) cloak; (*de ceremonia*) robe, gown.

mantón [man'ton] *nm* shawl.

mantuve, mantuviera *etc vb ver* **mantener**.

manual [ma'nwal] *a* manual // *nm* manual, handbook.

manufactura [manufak'tura] *nf* manufacture; (*fábrica*) factory.

manuscrito, a [manus'krito, a] *a* handwritten // *nm* manuscript.

manutención [manuten'θjon] *nf* maintenance; (*sustento*) support.

manzana [man'θana] *nf* apple; (*ARQ*) block (of houses).

manzanilla [manθa'niʎa] *nf* (*planta*) camomile; (*infusión*) camomile tea; (*vino de jerez*) manzanilla sherry.

manzano [man'θano] *nm* apple tree.

maña ['maɲa] *nf* (*gen*) skill, dexterity; (*pey*) guile; (*costumbre*) habit; (*destreza*) trick, knack.

mañana [ma'ɲana] *ad* tomorrow // *nm* future // *nf* morning; de o por la ~ in the morning; ¡hasta ~! see you tomorrow!; ~ **por la** ~ tomorrow morning; **mañanero, a** *a* early-rising.

mañoso, a [ma'ɲoso, a] *a* (*hábil*) skilful; (*astuto*) smart, clever.

mapa ['mapa] *nm* map.

maqueta [ma'keta] *nf* (scale) model.

maquillaje [maki'ʎaxe] *nm* make-up; (*acto*) making up.

maquillar [maki'ʎar] *vt* to make up; ~**se** *vr* to put on (some) make-up.

máquina ['makina] *nf* machine; (*de tren*) locomotive, engine; (*FOTO*) camera; (*fig*) machinery; (: *proyecto*) plan, project; **escrito a** ~ typewritten; ~ **de escribir** typewriter; ~ **de coser/lavar** sewing/washing machine.

maquinación [makina'θjon] *nf* machination, plot.

maquinal [maki'nal] *a* (*fig*) mechanical, automatic.

maquinaria [maki'narja] *nf* (*máquinas*) machinery; (*mecanismo*) mechanism, works *pl*.

maquinilla [maki'niʎa] *nf*: ~ **de afeitar** razor.

maquinista [maki'nista] *nm/f* (*de tren*) engine driver; (*TEC*) operator; (*NAUT*) engineer.

mar [mar] *nm o f* sea; ~ **adentro** *o* **afuera** out at sea; **en alta** ~ on the high seas; **la** ~ **de** (*fam*) lots of; **el M**~ **Negro/Báltico** the Black/Baltic Sea.

maraña [ma'raɲa] *nf* (*maleza*) thicket; (*confusión*) tangle.

maravilla [mara'βiʎa] *nf* marvel, wonder; (*BOT*) marigold; **maravillar** *vt* to astonish, amaze; **maravillarse** *vr* to be astonished, be amazed; **maravilloso, a** *a* wonderful, marvellous.

marca ['marka] *nf* (*gen*) mark; (*sello*) stamp; (*COM*) make, brand; **de** ~ excellent, outstanding; ~ **de fábrica** trademark; ~ **registrada** registered trademark.

marcado, a [mar'kaðo, a] *a* marked, strong.

marcador [marka'ðor] *nm* (*DEPORTE*) scoreboard; (: *persona*) scorer.

marcar [mar'kar] *vt* (*gen*) to mark; (*número de teléfono*) to dial; (*gol*) to score; (*números*) to record, keep a tally of; (*pelo*) to set // *vi* (*DEPORTE*) to score; (*TEL*) to dial.

marcial [mar'θjal] *a* martial, military.

marciano, a [mar'θjano, a] *a* Martian.

marco ['marko] *nm* frame; (*DEPORTE*) goal-posts *pl*; (*moneda*) mark; (*fig*) framework; ~ **de chimenea** mantelpiece.

marcha ['martʃa] *nf* march; (*TEC*) running, working; (*AUTO*) gear; (*velocidad*) speed; (*fig*) progress; (*dirección*) course; **poner en** ~ to put into gear; (*fig*) to set in motion, get going; **dar** ~ **atrás** to reverse, put into reverse; **estar en** ~ to be under way, be in motion.

marchar [mar'tʃar] *vi* (*ir*) to go; (*funcionar*) to work, go; ~**se** *vr* to go (away), leave.

marchitar [martʃi'tar] *vt* to wither, dry up; ~**se** *vr* (*BOT*) to wither; (*fig*) to fade away; **marchito, a** *a* withered, faded; (*fig*) in decline.

marea [ma'rea] *nf* tide; (*llovizna*) drizzle.

marear [mare'ar] *vt* (*fig*) to annoy, upset; (*MED*): ~ **a uno** to make sb feel sick; ~**se** *vr* (*tener náuseas*) to feel sick; (*desvanecerse*) to feel faint; (*aturdirse*) to feel dizzy; (*fam: emborracharse*) to get tipsy.

maremoto [mare'moto] *nm* tidal wave.

mareo [ma'reo] *nm* (*náusea*) sick feeling; (*aturdimiento*) dizziness; (*fam: lata*) nuisance.

marfil [mar'fil] *nm* ivory.

margarina [marɣa'rina] *nf* margarine.

margarita [marɣa'rita] *nf* (*BOT*) daisy; (*rueda*) ~ daisywheel.

margen ['marxen] *nm* (*borde*) edge, border; (*fig*) margin, space // *nf* (*de río* *etc*) bank; **dar ~ para** to give an opportunity for; **mantenerse al ~** to keep out (of things).

marica [ma'rika] *nm* (*fam*) sissy.

maricón [mari'kon] *nm* (*fam*) queer.

marido [ma'riðo] *nm* husband.

mariguana [mari'ɣwana], **mariuana** [mari'wana] *nf* marijuana, cannabis.

marimacho [mari'matʃo] *nm* (*fam*) mannish woman.

marina [ma'rina] *nf* navy; **~ mercante** merchant navy.

marinero, a [mari'nero, a] *a* sea *cpd*; (*barco*) seaworthy // *nm* sailor, seaman.

marino, a [ma'rino, a] *a* sea *cpd*, marine // *nm* sailor.

marioneta [marjo'neta] *nf* puppet.

mariposa [mari'posa] *nf* butterfly.

mariquita [mari'kita] *nf* ladybird (*Brit*), ladybug (*US*).

mariscos [ma'riskos] *nmpl* shellfish *inv*, seafood(s).

marisma [ma'risma] *nf* marsh, swamp.

marítimo, a [ma'ritimo, a] *a* sea *cpd*, maritime.

marmita [mar'mita] *nf* pot.

mármol ['marmol] *nm* marble.

marqués, esa [mar'kes, esa] *nm/f* marquis/marchioness.

marrón [ma'rron] *a* brown.

marroquí [marro'ki] *a*, *nm/f* Moroccan // *nm* Morocco (leather).

Marruecos [ma'rrwekos] *nm* Morocco.

martes ['martes] *nm inv* Tuesday.

martillar [marti'ʎar] *vt* to hammer.

martillo [mar'tiʎo] *nm* hammer; **~ neumático** pneumatic drill (*Brit*), jackhammer.

mártir ['martir] *nm/f* martyr; **martirio** *nm* martyrdom; (*fig*) torture, torment.

marxismo [mark'sismo] *nm* Marxism; **marxista** *a*, *nm/f* Marxist.

marzo ['marθo] *nm* March.

mas [mas] *conj* but.

más [mas] ♦ *a*, *ad* **1**: **~ (que, de)** (*comparativo*) more (than), ...+er (than); **~ grande/inteligente** bigger/more intelligent; **trabaja ~ (que yo)** he works more (than me); *ver tb* **cada**

2 (*superlativo*): **el ~** the most, ...+est; **el ~ grande/inteligente (de)** the biggest/most intelligent (in)

3 (*negativo*): **no tengo ~ dinero** I haven't got any more money; **no viene ~ por aquí** he doesn't come round here any more

4 (*adicional*): **no le veo ~ solución que ...** I see no other solution than to ...; **¿quién ~?** anybody else?

5 (+ *a*: *valor intensivo*): **¡qué perro ~ sucio!** what a filthy dog!; **¡es ~ tonto!** he's so stupid!

6 (*locuciones*): **~ o menos** more or less; **los ~** most people; **es ~** furthermore; **bien ~** rather; **¡qué ~ da!** what does it

matter!; *ver tb* **no**

7: **por ~:** **por ~ que te esfuerces** no matter how hard you try; **por ~ que quisiera ...** much as I should like to ...

8: **de ~:** **veo que aquí estoy de ~** I can see I'm not needed here; **tenemos uno de ~** we've got one extra

♦ *prep*: **2 ~ 2 son 4** 2 and 2 are 4 o plus 2 are 4

♦ *nm*: **este trabajo tiene sus ~ y sus menos** this job's got its good points and its bad points.

masa ['masa] *nf* (*mezcla*) dough; (*volumen*) volume, mass; (*FÍSICA*) mass; **en ~** en masse; **las ~s** (*POL*) the masses.

masacre [ma'sakre] *nf* massacre.

masaje [ma'saxe] *nm* massage.

mascar [mas'kar] *vt* to chew; (*fig*) to mumble, mutter.

máscara ['maskara] *nf* (*gen*) mask // *nm/f* masked person; **mascarada** *nf* masquerade; **mascarilla** *nf* (*de belleza*, *MED*) mask.

masculino, a [masku'lino, a] *a* masculine; (*BIO*) male.

mascullar [masku'ʎar] *vt* to mumble, mutter.

masilla [ma'siʎa] *nf* putty.

masivo, a [ma'siβo, a] *a* (*en masa*) mass, en masse.

masón [ma'son] *nm* (free)mason.

masoquista [maso'kista] *nm/f* masochist.

masticar [masti'kar] *vt* to chew; (*fig*) to ponder.

mástil ['mastil] *nm* (*de navío*) mast; (*de guitarra*) neck.

mastín [mas'tin] *nm* mastiff.

masturbación [masturβa'θjon] *nf* masturbation; **masturbarse** *vr* to masturbate.

mata ['mata] *nf* (*arbusto*) bush, shrub; (*de hierba*) tuft.

matadero [mata'ðero] *nm* slaughterhouse, abattoir.

matador, a [mata'ðor, a] *a* killing // *nm/f* killer // *nm* (*TAUR*) matador, bullfighter.

matamoscas [mata'moskas] *nm inv* (*palo*) fly swat.

matanza [ma'tanθa] *nf* (*de personas*) slaughter, killing; (*de animales*) slaughter(ing).

matar [ma'tar] *vt*, *vi* to kill; **~se** *vr* (*suicidarse*) to kill o.s., commit suicide; (*morir*) to be o get killed; **~ el hambre** to stave off hunger.

matasellos [mata'seʎos] *nm inv* postmark.

mate ['mate] *a* (*sin brillo: color*) dull, matt // *nm* (*en ajedrez*) (check)mate; (*AM: hierba*) maté; (: *vasija*) gourd.

matemáticas [mate'matikas] *nfpl* mathematics; **matemático, a** *a* mathematical // *nm/f* mathematician.

materia [ma'terja] *nf* (*gen*) matter; (*TEC*) material; (*ESCOL*) subject; **en ~ de** on the subject of; **~ prima** raw material; **material** *a* material; (*dolor*) physical // *nm* material; (*TEC*) equipment; **materialismo** *nm* materialism; **materialista** *a* materialist(ic); **materialmente** *ad* materially; (*fig*) absolutely.

maternal [mater'nal] *a* motherly, maternal.

maternidad [materni'ðað] *nf* motherhood, maternity; **materno, a** *a* maternal; (*lengua*) mother *cpd*.

matinal [mati'nal] *a* morning *cpd*.

matiz [ma'tiθ] *nm* shade; ~**ar** *vt* (*dar tonos de*) to tinge, tint; (*variar*) to vary; (*ARTE*) to blend.

matón [ma'ton] *nm* bully.

matorral [mato'rral] *nm* thicket.

matraca [ma'traka] *nf* rattle.

matrícula [ma'trikula] *nf* (*registro*) register; (*AUTO*) registration number; (: *placa*) number plate; **matricular** *vt* to register, enrol.

matrimonial [matrimo'njal] *a* matrimonial.

matrimonio [matri'monjo] *nm* (*pareja*) (married) couple; (*unión*) marriage.

matriz [ma'triθ] *nf* (*ANAT*) womb; (*TEC*) mould; **casa** ~ (*COM*) head office.

matrona [ma'trona] *nf* (*persona de edad*) matron.

maullar [mau'ʎar] *vi* to mew, miaow.

mausoleo [mauso'leo] *nm* mausoleum.

maxilar [maksi'lar] *nm* jaw(bone).

máxima ['maksima] *ver* **máximo**.

máxime ['maksime] *ad* especially.

máximo, a ['maksimo, a] *a* maximum; (*más alto*) highest; (*más grande*) greatest // *nm* maximum // *nf* maxim.

mayo ['majo] *nm* May.

mayonesa [majo'nesa] *nf* mayonnaise.

mayor [ma'jor] *a* main, chief; (*adulto*) adult; (*de edad avanzada*) elderly; (*MUS*) major; (*comparativo: de tamaño*) bigger; (: *de edad*) older; (*superlativo: de tamaño*) biggest; (: *de edad*) oldest // *nm* chief, boss; (*adulto*) adult; **al por** ~ wholesale; ~ **de edad** adult; ~**es** *nmpl* (*antepasados*) ancestors.

mayoral [majo'ral] *nm* foreman.

mayordomo [major'ðomo] *nm* butler.

mayoría [majo'ria] *nf* majority, greater part.

mayorista [majo'rista] *nm/f* wholesaler.

mayúsculo, a [ma'juskulo, a] *a* (*fig*) big, tremendous // *nf* capital (letter).

mazapán [maθa'pan] *nm* marzipan.

mazo ['maθo] *nm* (*martillo*) mallet; (*de flores*) bunch; (*DEPORTE*) bat.

me [me] *pron* (*directo*) me; (*indirecto*) (to) me; (*reflexivo*) (to) myself; ¡dámelo! give it to me!

mear [me'ar] *vi* (*fam*) to pee, piss.

mecánico, a [me'kaniko, a] *a* mechanical // *nm/f* mechanic // *nf* (*estudio*) mechanics *sg*; (*mecanismo*) mechanism.

mecanismo [meka'nismo] *nm* mechanism; (*marcha*) gear.

mecanografía [mekanoɣra'fia] *nf* typewriting; **mecanógrafo, a** *nm/f* typist.

mecate [me'kate] *nm* (*AM*) rope.

mecedora [meθe'ðora] *nf* rocking chair.

mecer [me'θer] *vt* (*cuna*) to rock; ~**se** *vr* to rock; (*ramo*) to sway.

mecha ['metʃa] *nf* (*de vela*) wick; (*de bomba*) fuse.

mechero [me'tʃero] *nm* (cigarette) lighter.

mechón [me'tʃon] *nm* (*gen*) tuft; (*manojo*) bundle; (*de pelo*) lock.

medalla [me'ðaʎa] *nf* medal.

media ['meðja] *nf ver* **medio**.

mediado, a [me'ðjaðo, a] *a* half-full; (*trabajo*) half-complete; **a** ~**s de** in the middle of, halfway through.

mediano, a [me'ðjano, a] *a* (*regular*) medium, average; (*mediocre*) mediocre.

medianoche [meðja'notʃe] *nf* midnight.

mediante [me'ðjante] *ad* by (means of), through.

mediar [me'ðjar] *vi* (*interceder*) to mediate, intervene.

medicación [meðika'θjon] *nf* medication, treatment.

medicamento [meðika'mento] *nm* medicine, drug.

medicina [meði'θina] *nf* medicine.

medición [meði'θjon] *nf* measurement.

médico, a ['meðiko, a] *a* medical // *nm/f* doctor.

medida [me'ðiða] *nf* measure; (*medición*) measurement; (*prudencia*) moderation, prudence; **en cierta/gran** ~ up to a point/to a great extent; **un traje a la** ~ made-to-measure suit; ~ **de cuello** collar size; **a** ~ **de** in proportion to; (*de acuerdo con*) in keeping with; **a** ~ **que** (*conforme*) as.

medio, a ['meðjo, a] *a* half (a); (*punto*) mid, middle; (*promedio*) average // *ad* half // *nm* (*centro*) middle, centre; (*promedio*) average; (*método*) means, way; (*ambiente*) environment // *nf* (*Esp: prenda de vestir*) stocking; (*AM: prenda de vestir*) sock; (*promedio*) average; ~**s** *nmpl* means, resources; ~ **litro** half a litre; **las tres y media** half past three; **M~ Oriente** Middle East; **a** ~ **terminar** half finished; **pagar a medias** to share the cost.

mediocre [me'ðjokre] *a* middling, average; (*pey*) mediocre.

mediodía [meðjo'ðia] *nm* midday, noon.

medir [me'ðir] *vt, vi* (*gen*) to measure.

meditar [meði'tar] *vt* to ponder, think over, meditate (on); (*planear*) to think out.

mediterráneo, a [meðite'rraneo, a] *a* Mediterranean // *nm*: **el M~** the Mediterranean.

médula ['meðula] *nf* (*ANAT*) marrow; ~

espinal spinal cord.

medusa [me'ðusa] nf (Esp) jellyfish.

megáfono [me'yafono] nm megaphone.

megalómano, a [meɣa'lomano, a] nm/f megalomaniac.

mejicano, a [mexi'kano, a] a, nm/f Mexican.

Méjico ['mexiko] nm Mexico.

mejilla [me'xiʎa] nf cheek.

mejillón [mexi'ʎon] nm mussel.

mejor [me'xor] a, ad (comparativo) better; (superlativo) best; a lo ~ probably; (quizá) maybe; ~ dicho rather; tanto ~ so much the better.

mejora [me'xora] nf improvement; **mejorar** vt to improve, make better // vi, **mejorarse** vr to improve, get better.

melancólico, a [melan'koliko, a] a (triste) sad, melancholy; (soñador) dreamy.

melena [me'lena] nf (de persona) long hair; (ZOOL) mane.

melocotón [meloko'ton] nm (Esp) peach.

melodía [melo'ðia] nf melody, tune.

melodrama [melo'ðrama] nm melodrama; **melodramático, a** a melodramatic.

melón [me'lon] nm melon.

meloso, a [me'loso, a] a honeyed, sweet.

mellizo, a [me'ʎiθo, a] a, nm/f twin; ~s nmpl (AM) cufflinks.

membrete [mem'brete] nm letterhead.

membrillo [mem'briʎo] nm quince; carne de ~ quince jelly.

memorable [memo'raßle] a memorable.

memorándum [memo'randum] (pl ~s) nm (libro) notebook; (comunicación) memorandum.

memoria [me'morja] nf (gen) memory; ~s nfpl (de autor) memoirs; ~ intermedia (INFORM) buffer; **memorizar** vt to memorize.

menaje [me'naxe] nm: ~ de cocina kitchenware.

mencionar [menθjo'nar] vt to mention.

mendigar [mendi'ɣar] vt to beg (for).

mendigo, a [men'diɣo, a] nm/f beggar.

mendrugo [men'druɣo] nm crust.

menear [mene'ar] vt to move; (fig) to handle; ~se vr to shake; (balancearse) to sway; (moverse) to move; (fig) to get a move on.

menester [menes'ter] nm (necesidad) necessity; ~es nmpl (deberes) duties; es ~ it is necessary.

menestra [me'nestra] nf: ~ de verduras vegetable stew.

menguante [men'gwante] a decreasing, diminishing; **menguar** vt to lessen, diminish; (fig) to discredit // vi to diminish, decrease; (fig) to decline.

menopausia [meno'pausja] nf menopause.

menor [me'nor] a (más pequeño: comparativo) smaller; (: superlativo) smallest; (más joven: comparativo) younger; (: superlativo) youngest; (MUS) minor // nm/f (joven) young person, juvenile; **no tengo la ~ idea** I haven't the faintest idea; **al por ~** retail; **~ de edad** person under age.

Menorca [me'norka] nf Minorca.

menoría [meno'ria] nf: a ~ (AM) retail.

menos [menos] ♦ a 1: ~ (que, de) (comparativo: cantidad) less (than); (: número) fewer (than); **con ~ entusiasmo** with less enthusiasm; ~ **gente** fewer people; ver tb **cada**
2 (superlativo): **es el que ~ culpa tiene** he is the least to blame
♦ ad 1 (comparativo): ~ (que, de) less (than); **me gusta ~ que el otro** I like it less than the other one
2 (superlativo): **es la ~ lista (de su clase)** she's the least bright in her class; **de todas ellas es la que ~ me agrada** out of all of them she's the one I like least; **(por) lo ~** at (the very) least
3 (locuciones): **no quiero verle y ~ visitarle** I don't want to see him let alone visit him; **tenemos 7 de ~** we're seven short
♦ prep except; (cifras) minus; **todos ~ él** everyone except (for) him; **5 ~ 2 5** minus 2
♦ conj: **a ~ que: a ~ que venga mañana** unless he comes tomorrow.

menoscabar [menoska'ßar] vt (estropear) to damage, harm; (fig) to discredit.

menospreciar [menospre'θjar] vt to underrate, undervalue; (despreciar) to scorn, despise.

mensaje [men'saxe] nm message; ~**ro, a** nm/f messenger.

menstruación [menstrua'θjon] nf menstruation.

menstruar [mens'trwar] vi to menstruate.

mensual [men'swal] a monthly; **1000 ptas** ~**es** 1000 ptas a month; ~**idad** nf (salario) monthly salary; (COM) monthly payment, monthly instalment.

menta ['menta] nf mint.

mental [men'tal] a mental; ~**idad** nf mentality.

mentar [men'tar] vt to mention, name.

mente ['mente] nf mind.

mentecato, a [mente'kato, a] a silly, stupid // nm/f fool, idiot.

mentir [men'tir] vi to lie.

mentira [men'tira] nf (una ~) lie; (acto) lying; (invención) fiction; **parece ~ que...** it seems incredible that..., I can't believe that....

mentiroso, a [menti'roso, a] a lying // nm/f liar.

menú [me'nu] (pl ~s) nm menu; (AM) set meal.

menudo, a [me'nuðo, a] *a (pequeño)* small, tiny; *(sin importancia)* petty, insignificant; **¡~ negocio!** *(fam)* some deal!; **a ~** often, frequently.

meñique [me'ɲike] *nm* little finger.

meollo [me'oʎo] *nm (fig)* core.

mercadería [merkaðe'ria] *nf* commodity; **~s** *nfpl* goods, merchandise *sg*.

mercado [mer'kaðo] *nm* market; **M~ Común** Common Market.

mercancía [merkan'θia] *nf* commodity; **~s** *nfpl* goods, merchandise *sg*.

mercantil [merkan'til] *a* mercantile, commercial.

mercenario, a [merθe'narjo, a] *a, nm* mercenary.

mercería [merθe'ria] *nf* haberdashery *(Brit)*, notions *(US)*; *(tienda)* haberdasher's *(Brit)*, notions store *(US)*; *(AM)* drapery.

mercurio [mer'kurjo] *nm* mercury.

merecer [mere'θer] *vt* to deserve, merit // *vi* to be deserving, be worthy; **merece la pena** it's worthwhile; **merecido, a** *a* (well) deserved; **llevar su merecido** to get one's deserts.

merendar [meren'dar] *vt* to have for tea // *vi* to have tea; *(en el campo)* to have a picnic.

merengue [me'renge] *nm* meringue.

meridiano [meri'ðjano] *nm (GEO)* meridian.

merienda [me'rjenda] *nf* (light) tea, afternoon snack; *(de campo)* picnic.

mérito ['merito] *nm* merit; *(valor)* worth, value.

merluza [mer'luθa] *nf* hake.

merma ['merma] *nf* decrease; *(pérdida)* wastage; **mermar** *vt* to reduce, lessen // *vi* to decrease, dwindle.

mermelada [merme'laða] *nf* jam.

mero, a ['mero, a] *a* mere; *(AM: fam)* very.

mes [mes] *nm* month; *(salario)* month's pay.

mesa ['mesa] *nf* table; *(de trabajo)* desk; *(GEO)* plateau; *(ARQ)* landing; **~ directiva** board; **~ redonda** *(reunión)* round table; **poner/quitar la ~** to lay/ clear the table; **mesero, a** *nm/f (AM)* waiter/waitress.

meseta [me'seta] *nf (GEO)* meseta, tableland; *(ARQ)* landing.

mesilla [me'siʎa], **mesita** [me'sita] *nf*: **~ (de noche)** bedside table.

mesón [me'son] *nm* inn.

mestizo, a [mes'tiθo, a] *a* half-caste, of mixed race; *(ZOOL)* crossbred // *nm/f* half-caste.

mesura [me'sura] *nf (moderación)* moderation, restraint; *(cortesía)* courtesy.

meta ['meta] *nf* goal; *(de carrera)* finish.

metáfora [me'tafora] *nf* metaphor.

metal [me'tal] *nm (materia)* metal; *(MUS)* brass; **metálico, a** *a* metallic; *(de metal)* metal // *nm (dinero contante)* cash.

metalurgia [meta'lurxja] *nf* metallurgy.

meteoro [mete'oro] *nm* meteor.

meter [me'ter] *vt (colocar)* to put, place; *(introducir)* to put in, insert; *(involucrar)* to involve; *(causar)* to make, cause; **~se** *vr*: **~se en** to go into, enter; *(fig)* to interfere in, meddle in; **~se a** to start; **~se a escritor** to become a writer; **~se con uno** to provoke sb, pick a quarrel with sb.

meticuloso, a [metiku'loso, a] *a* meticulous, thorough.

metódico, a [me'toðiko, a] *a* methodical.

metodismo [meto'ðismo] *nm* Methodism.

método ['metoðo] *nm* method.

metralleta [metra'ʎeta] *nf* sub-machine-gun.

métrico, a ['metriko, a] *a* metric.

metro ['metro] *nm* metre; *(tren)* underground *(Brit)*, subway *(US)*.

México ['mexiko] *nm* Mexico; **Ciudad de ~** Mexico City.

mezcla ['meθkla] *nf* mixture; **mezclar** *vt* to mix (up); **mezclarse** *vr* to mix, mingle; **mezclarse en** to get mixed up in, get involved in.

mezquino, a [meθ'kino, a] *a (cicatero)* mean.

mezquita [meθ'kita] *nf* mosque.

mg. *abr* (= miligramo) mg.

mi [mi] *adjetivo posesivo* my // *nm (MUS)* E.

mí [mi] *pron* me; myself.

miaja ['mjaxa] *nf* crumb.

micro ['mikro] *nm (AM)* minibus.

microbio [mi'kroβjo] *nm* microbe.

microbús [mikro'βus] *nm* minibus.

micrófono [mi'krofono] *nm* microphone.

microordenador [mikro(o)rðena'ðor] *nm* microcomputer.

microscopio [mikro'skopjo] *nm* microscope.

miedo ['mjeðo] *nm* fear; *(nerviosismo)* apprehension, nervousness; **tener ~ to** be afraid; **de ~** wonderful, marvellous; **hace un frío de ~** *(fam)* it's terribly cold; **~so, a** *a* fearful, timid.

miel [mjel] *nf* honey.

miembro ['mjembro] *nm* limb; *(socio)* member; **~ viril** penis.

mientras ['mjentras] *conj* while; *(duración)* as long as // *ad* meanwhile; **~ tanto** meanwhile; **~ más tiene, más quiere** the more he has, the more he wants.

miércoles ['mjerkoles] *nm inv* Wednesday.

mierda ['mjerða] *nf (fam!)* shit (!).

miga ['mixa] *nf* crumb; *(fig: meollo)* essence; **hacer buenas ~s** *(fam)* to get on well.

migración [mixra'θjon] nf migration.

mil [mil] num thousand; **dos ~ libras** two thousand pounds.

milagro [mi'lavro] nm miracle; **~so, a** a miraculous.

mili ['mili] nf: **hacer la ~** (fam) to do one's military service.

milicia [mi'liθja] nf militia; (servicio militar) military service.

milímetro [mi'limetro] nm millimetre.

militante [mili'tante] a militant.

militar [mili'tar] a (del ejército) military // nm/f soldier // vi to serve in the army; (fig) to be a member of a party.

milla ['miʎa] nf mile.

millar [mi'ʎar] nm thousand.

millón [mi'ʎon] num million; **millonario, a** nm/f millionaire.

mimar [mi'mar] vt (gen) to spoil, pamper.

mimbre ['mimbre] nm wicker.

mímica ['mimika] nf (para comunicarse) sign language; (imitación) mimicry.

mimo ['mimo] nm (caricia) caress; (de niño) spoiling; (TEATRO) mime (: actor) mime artist.

mina ['mina] nf mine; **minar** vt to mine; (fig) to undermine.

mineral [mine'ral] a mineral // nm (GEO) mineral; (mena) ore.

minero, a [mi'nero, a] a mining cpd // nm/f miner.

miniatura [minja'tura] a inv, nf miniature.

minifalda [mini'falda] nf miniskirt.

mínimo, a ['minimo, a] a, nm minimum.

minino, a [mi'nino, a] nm/f (fam) puss, pussy.

ministerio [minis'terjo] nm Ministry; **M~ de Hacienda/del Exterior** Treasury (Brit), Treasury Department (US)/Foreign Office (Brit), State Department (US).

ministro, a [mi'nistro, a] nm/f minister.

minoría [mino'ria] nf minority.

minucioso, a [minu'θjoso, a] a thorough, meticulous; (prolijo) very detailed.

minúsculo, a [mi'nuskulo, a] a tiny, minute // nf small letter.

minusválido, a [minus'βaliðo, a] a (physically) handicapped; nm/f (physically) handicapped person.

minuta [mi'nuta] nf (de comida) menu.

minutero [minu'tero] nm minute hand.

minuto [mi'nuto] nm minute.

mío, a ['mio, a] pron: **el ~** mine; **un amigo ~** a friend of mine; **lo ~** what is mine.

miope [mi'ope] a short-sighted.

mira ['mira] nf (de arma) sight(s) (pl); (fig) aim, intention.

mirada [mi'raða] nf look, glance; (expresión) look, expression; **clavar la ~ en** to stare at; **echar una ~ a** to glance at.

mirado, a [mi'raðo, a] a (sensato) sensible; (considerado) considerate; **bien/mal ~** well/not well thought of; **bien ~** ad all things considered.

mirador [mira'ðor] nm viewpoint, vantage point.

mirar [mi'rar] vt to look at; (observar) to watch; (considerar) to consider, think over; (vigilar, cuidar) to watch, look after // vi to look; (ARQ) to face; **~se** vr (dos personas) to look at each other; **~se bien/mal** to think highly of/have a poor opinion of; **~se al espejo** to look at o.s. in the mirror.

mirilla [mi'riʎa] nf (agujero) spyhole, peephole.

mirlo ['mirlo] nm blackbird.

misa ['misa] nf mass.

miserable [mise'raßle] a (avaro) mean, stingy; (nimio) miserable, paltry; (lugar) squalid; (fam) vile, despicable // nm/f (perverso) rotter (Brit).

miseria [mi'serja] nf misery; (pobreza) poverty; (tacañería) meanness, stinginess; (condiciones) squalor; **una ~** a pittance.

misericordia [miseri'korðja] nf (compasión) compassion, pity; (piedad) mercy.

misil [mi'sil] nm missile.

misión [mi'sjon] nf mission; **misionero, a** nm/f missionary.

mismo, a ['mismo, a] a (semejante) same; (después de pronombre) -self; (para énfasis) very; **el ~ traje** the same suit; **en ese ~ momento** at that very moment; **vino el ~ Ministro** the minister himself came; **yo ~ lo vi** I saw it myself; **lo ~** the same (thing); **da lo ~** it's all the same; **quedamos en las mismas** we're no further forward // ad: **aquí/hoy ~** right here/this very day; **ahora ~** right now // conj: **lo ~ que** just like, just as; **por lo ~** for the same reason.

misterio [mis'terjo] nm (gen) mystery; (lo secreto) secrecy; **~so, a** a mysterious.

mitad [mi'tað] nf (medio) half; (centro) middle; **a ~ de precio** (at) half-price; **en o a ~ del camino** halfway along the road; **cortar por la ~** to cut through the middle.

mitigar [miti'var] vt to mitigate; (dolor) to ease; (sed) to quench.

mitin [mi'tin] nm (pl mítines) meeting.

mito ['mito] nm myth.

mixto, a ['miksto, a] a mixed.

ml. abr (= mililitro) ml.

mm. abr (= milímetro) mm.

mobiliario [moßi'ljarjo] nm furniture.

moción [mo'θjon] nf motion.

mocos ['mokos] nmpl mucus sg; (fam) snot sg.

mochila [mo'tʃila] nf rucksack (Brit), back-pack.

moda ['moða] *nf* fashion; (*estilo*) style; de *o* a la ~ in fashion, fashionable; pasado de ~ out of fashion.

modales [mo'ðales] *nmpl* manners.

modalidad [moðali'ðað] *nf* kind, variety.

modelar [moðe'lar] *vt* to model.

modelo [mo'ðelo] *a inv*, *nm/f* model.

moderado, a [moðe'raðo, a] *a* moderate.

moderar [moðe'rar] *vt* to moderate; (*violencia*) to restrain, control; (*velocidad*) to reduce; ~se *vr* to restrain o.s., control o.s.

modernizar [moðerni'θar] *vt* to modernize.

moderno, a [mo'ðerno, a] *a* modern; (*actual*) present-day.

modestia [mo'ðestja] *nf* modesty; **modesto, a** *a* modest.

módico, a [mo'ðiko, a] *a* moderate, reasonable.

modificar [moðifi'kar] *vt* to modify.

modista [mo'ðista] *nm/f* dressmaker.

modo ['moðo] *nm* (*manera, forma*) way, manner; (*MUS*) mode; ~s *nmpl* manners; de ningún ~ in no way; de todos ~s at any rate; ~ de empleo directions *pl* (for use).

modorra [mo'ðorra] *nf* drowsiness.

modular [moðu'lar] *vt* to modulate.

mofa ['mofa] *nf*: hacer ~ de to mock; **mofarse** *vr*: **mofarse de** to mock, scoff at.

moho ['moo] *nm* (*BOT*) mould, mildew; (*en metal*) rust; ~so, a *a* mouldy; rusty.

mojar [mo'xar] *vt* to wet; (*humedecer*) to damp(en), moisten; (*calar*) to soak; ~se *vr* to get wet.

mojón [mo'xon] *nm* (*en un camino*) boundary stone.

molde ['molde] *nm* mould; (*COSTURA*) pattern; (*fig*) model; ~ar *vt* to mould.

mole ['mole] *nf* mass, bulk; (*edificio*) pile.

moler [mo'ler] *vt* to grind, crush; (*cansar*) to tire out, exhaust.

molestar [moles'tar] *vt* to bother; (*fastidiar*) to annoy; (*incomodar*) to inconvenience, put out // *vi* to be a nuisance; ~se *vr* to bother; (*incomodarse*) to go to trouble; (*ofenderse*) to take offence.

molestia [mo'lestja] *nf* bother, trouble; (*incomodidad*) inconvenience; (*MED*) discomfort; es una ~ it's a nuisance; **molesto, a** *a* (*que fastidia*) annoying; (*incómodo*) inconvenient; (*inquieto*) uncomfortable, ill at ease; (*enfadado*) annoyed.

molinillo [moli'niʎo] *nm*: ~ de carne/café mincer/coffee grinder.

molino [mo'lino] *nm* (*edificio*) mill; (*máquina*) grinder.

momentáneo, a [momen'taneo, a] *a* momentary.

momento [mo'mento] *nm* (*gen*) moment; (*TEC*) momentum; de ~ at the moment, for the moment.

momia ['momja] *nf* mummy.

monarca [mo'narka] *nm/f* monarch, ruler; **monarquía** *nf* monarchy; **monárquico, a** *nm/f* royalist, monarchist.

monasterio [monas'terjo] *nm* monastery.

mondadientes [monda'ðjentes] *nm inv* toothpick.

mondar [mon'dar] *vt* (*limpiar*) to clean; (*pelar*) to peel; ~se de risa (*fam*) to split one's sides laughing.

moneda [mo'neða] *nf* (*tipo de dinero*) currency, money; (*pieza*) coin; una ~ de 5 pesetas a 5 peseta piece; **monedero** *nm* purse; **monetario, a** *a* monetary, financial.

monja ['monxa] *nf* nun.

monje ['monxe] *nm* monk.

mono, a ['mono, a] *a* (*bonito*) lovely, pretty; (*gracioso*) nice, charming // *nm/f* monkey, ape // *nm* dungarees *pl*; (*overoles*) overalls *pl*.

monopolio [mono'poljo] *nm* monopoly; **monopolizar** *vt* to monopolize.

monotonía [monoto'nia] *nf* (*sonido*) monotone; (*fig*) monotony.

monótono, a [mo'notono, a] *a* monotonous.

monstruo ['monstrwo] *nm* monster // *a inv* fantastic; ~so, a *a* monstrous.

monta ['monta] *nf* total, sum; de poca ~ unimportant, of little account.

montaje [mon'taxe] *nm* assembly; (*TEATRO*) décor; (*CINE*) montage.

montaña [mon'tana] *nf* (*monte*) mountain; (*sierra*) mountains *pl*, mountainous area; (*AM*: selva) forest; ~ rusa roller coaster; **montañés, esa** *a* mountain *cpd* // *nm/f* highlander.

montar [mon'tar] *vt* (*subir a*) to mount, get on; (*TEC*) to assemble, put together; (*negocio*) to set up; (*arma*) to cock; (*colocar*) to lift on to; (*CULIN*) to beat // *vi* to mount, get on; (*sobresalir*) to overlap; ~ en cólera to get angry; ~ a caballo to ride, go horseriding.

montaraz [monta'raθ] *a* mountain *cpd*, highland *cpd*; (*salvaje*) wild, untamed; (*pey*) uncivilized.

monte ['monte] *nm* (*montaña*) mountain; (*bosque*) woodland; (*área sin cultivar*) wild area, wild country; **M~ de Piedad** pawnshop.

Montevideo [monteßi'ðeo] *n* Montevideo.

monto ['monto] *nm* total, amount.

montón [mon'ton] *nm* heap, pile; (*fig*): un ~ de heaps of, lots of.

monumento [monu'mento] *nm* monument.

monzón [mon'θon] *nm* monsoon.

moño ['moɲo] nm bun.

mora ['mora] nf blackberry.

morado, a [mo'raðo, a] a purple, violet // nm bruise // nf (casa) dwelling, abode.

moral [mo'ral] a moral // nf (ética) ethics pl; (moralidad) morals pl, morality; (ánimo) morale.

moraleja [mora'lexa] nf moral.

moralizar [morali'θar] vt to moralize.

morboso, a [mor'βoso, a] a morbid.

morcilla [mor'θiʎa] nf blood sausage, ≈ black pudding (Brit).

mordaz [mor'ðaθ] a (crítica) biting, scathing.

mordaza [mor'ðaθa] nf (para la boca) gag; (TEC) clamp.

morder [mor'ðer] vt to bite; (mordisquear) to nibble; (fig: consumir) to eat away, eat into; **mordisco** nm bite.

moreno, a [mo'reno, a] a (color) (dark) brown; (de tez) dark; (de pelo ~) dark-haired; (negro) black.

moretón [more'ton] nm (fam) bruise.

morfina [mor'fina] nf morphine.

moribundo, a [mori'βundo, a] a dying.

morir [mo'rir] vi to die; (fuego) to die down; (luz) to go out; ~se vr to die; (fig) to be dying; **fue muerto en un accidente** he was killed in an accident; ~se por algo to be dying for sth.

moro, a ['moro, a] a Moorish // nm/f Moor.

moroso, a [mo'roso, a] nm/f (COM) bad debtor, defaulter.

morral [mo'rral] nm haversack.

morro ['morro] nm (ZOOL) snout, nose; (AUTO, AVIAT) nose.

morsa ['morsa] nf walrus.

mortaja [mor'taxa] nf shroud.

mortal [mor'tal] a mortal; (golpe) deadly; ~idad, mortandad nf mortality.

mortero [mor'tero] nm mortar.

mortífero, a [mor'tifero, a] a deadly, lethal.

mortificar [mortifi'kar] vt to mortify.

mosca ['moska] nf fly.

Moscú [mos'ku] n Moscow.

mosquearse [moske'arse] vr (fam: enojarse) to get cross; (: ofenderse) to take offence.

mosquitero [moski'tero] nm mosquito net.

mosquito [mos'kito] nm mosquito.

mostaza [mos'taθa] nf mustard.

mostrador [mostra'ðor] nm (de tienda) counter; (de café) bar.

mostrar [mos'trar] vt to show; (exhibir) to display, exhibit; (explicar) to explain; ~se vr: ~se amable to be kind; to prove to be kind; **no se muestra muy inteligente** he doesn't seem (to be) very intelligent.

mota ['mota] nf speck, tiny piece; (en diseño) dot.

mote ['mote] nm (apodo) nickname.

motín [mo'tin] nm (del pueblo) revolt, rising; (del ejército) mutiny.

motivar [moti'βar] vt (causar) to cause, motivate; (explicar) to explain, justify; **motivo** nm motive, reason.

moto ['moto] (fam), **motocicleta** [motoθi'kleta] nf motorbike (Brit), motorcycle.

motor [mo'tor] nm motor, engine; ~ a chorro o de reacción/de explosión jet engine/internal combustion engine.

motora [mo'tora] nf, **motorbote** [motor'βote] nm motorboat.

motosierra [moto'sjerra] nf mechanical saw.

movedizo, a [moβe'ðiθo, a] a (inseguro) unsteady; (fig) unsettled, changeable; (persona) fickle.

mover [mo'βer] vt to move; (cabeza) to shake; (accionar) to drive; (fig) to cause, provoke; ~se vr to move; (fig) to get a move on.

móvil ['moβil] a mobile; (pieza de máquina) moving; (mueble) movable // nm motive; **movilidad** nf mobility; **movilizar** vt to mobilize.

movimiento [moβi'mjento] nm movement; (TEC) motion; (actividad) activity.

mozo, a ['moθo, a] a (joven) young // nm/f (joven) youth, young man/girl; (camarero) waiter; (camarera) waitress.

muchacho, a [mu'tʃatʃo, a] nm/f (niño) boy/girl; (criado) servant; (criada) maid.

muchedumbre [mutʃe'ðumbre] nf crowd.

mucho, a ['mutʃo, a] ♦ a **1** (cantidad) a lot of, much; (número) lots of, a lot of, many; ~ dinero a lot of money; **hace** ~ **calor** it's very hot; **muchas amigas** lots o a lot of friends

2 (sg: grande): **ésta es mucha casa para él** this house is much too big for him

♦ pron: **tengo** ~ **que hacer** I've got a lot to do; ~s **dicen que ...** a lot of people say that ...; ver tb tener

♦ ad **1**: **me gusta** ~ I like it a lot; **lo siento** ~ I'm very sorry; **come** ~ he eats a lot; ¿te vas a quedar ~? are you going to be staying long?

2 (respuesta) very; ¿estás cansado? - ¡~! are you tired? - very!

3 (locuciones): **como** ~ at (the) most; **con** ~: **el mejor con** ~ by far the best; **ni** ~ **menos**: **no es rico ni** ~ **menos** he's far from being rich

4: **por** ~ **que**: **por** ~ **que le creas** no matter how o however much you believe her.

muda ['muða] nf change of clothes.

mudanza [mu'ðanθa] nf (cambio) change; (de casa) move.

mudar [mu'ðar] *vt* to change; (*ZOOL*) to shed // *vi* to change; **~se** *vr* (*la ropa*) to change; **~se de casa** to move house.

mudo, a ['muðo, a] *a* dumb; (*callado, CINE*) silent.

mueble ['mweβle] *nm* piece of furniture; **~s** *nmpl* furniture *sg*.

mueca ['mweka] *nf* face, grimace; **hacer ~s a** to make faces at.

muela ['mwela] *nf* (*diente*) tooth; (: *de atrás*) molar.

muelle ['mweʎe] *nm* spring; (*NAUT*) wharf; (*malecón*) pier.

muero *etc vb ver* **morir**.

muerte ['mwerte] *nf* death; (*homicidio*) murder; **dar ~ a** to kill.

muerto, a *pp de* **morir** // ['mwerto, a] *a* dead; (*color*) dull // *nm/f* dead man/woman; (*difunto*) deceased; (*cadáver*) corpse; **estar ~ de cansancio** to be dead tired.

muestra ['mwestra] *nf* (*señal*) indication, sign; (*demostración*) demonstration; (*prueba*) proof; (*estadística*) sample; (*modelo*) model, pattern; (*testimonio*) token.

muestreo [mwes'treo] *nm* sample, sampling.

muestro *etc vb ver* **mostrar**.

muevo *etc vb ver* **mover**.

mugir [mu'xir] *vi* (*vaca*) to moo.

mugre ['muxre] *nf* dirt, filth; **mugriento, a** *a* dirty, filthy.

mujer [mu'xer] *nf* woman; (*esposa*) wife; **~iego** *nm* womanizer.

mula ['mula] *nf* mule.

mulato, a [mu'lato, a] *a, nm/f* mulatto.

muleta [mu'leta] *nf* (*para andar*) crutch; (*TAUR*) stick with red cape attached.

multa ['multa] *nf* fine; **multar** *vt* to fine.

multicopista [multiko'pista] *nm* duplicator.

múltiple ['multiple] *a* multiple; (*pl*) many, numerous.

multiplicar [multipli'kar] *vt* (*MAT*) to multiply; (*fig*) to increase; **~se** *vr* (*BIO*) to multiply; (*fig*) to be everywhere at once.

multitud [multi'tuð] *nf* (*muchedumbre*) crowd; **~ de** lots of.

mullido, a [mu'ʎiðo, a] *a* (*cama*) soft; (*hierba*) soft, springy.

mundano, a [mun'dano, a] *a* worldly; (*de moda*) fashionable.

mundial [mun'djal] *a* world-wide, universal; (*guerra, récord*) world *cpd*.

mundo ['mundo] *nm* world; **todo el ~** everybody; **tener ~** to be experienced, know one's way around.

munición [muni'θjon] *nf* (*MIL: provisiones*) stores *pl*, supplies *pl*; (: *balas*) ammunition.

municipio [muni'θipjo] *nm* (*ayuntamiento*) town council, corporation; (*territorio administrativo*) town, municipality.

muñeca [mu'ɲeka] *nf* (*ANAT*) wrist; (*juguete*) doll.

muñeco [mu'ɲeko] *nm* (*figura*) figure; (*marioneta*) puppet; (*fig*) puppet, pawn.

mural [mu'ral] *a* mural, wall *cpd* // *nm* mural.

muralla [mu'raʎa] *nf* (city) wall(s) (*pl*).

murciélago [mur'θjelaɣo] *nm* bat.

murmullo [mur'muʎo] *nm* murmur(ing); (*cuchicheo*) whispering; (*de arroyo*) murmur, rippling.

murmuración [murmura'θjon] *nf* gossip; **murmurar** *vi* to murmur, whisper; (*criticar*) to criticize; (*cotillear*) to gossip.

muro ['muro] *nm* wall.

muscular [musku'lar] *a* muscular.

músculo ['muskulo] *nm* muscle.

museo [mu'seo] *nm* museum.

musgo ['musɣo] *nm* moss.

músico, a ['musiko, a] *a* musical // *nm/f* musician // *nf* music.

musitar [musi'tar] *vt, vi* to mutter, mumble.

muslo ['muslo] *nm* thigh.

mustio, a ['mustjo, a] *a* (*persona*) depressed, gloomy; (*planta*) faded, withered.

musulmán, ana [musul'man, ana] *nm/f* Moslem.

mutación [muta'θjon] *nf* (*BIO*) mutation; (: *cambio*) (sudden) change.

mutilar [muti'lar] *vt* to mutilate; (*a una persona*) to maim.

mutuamente [mutwa'mente] *ad* mutually.

mutuo, a ['mutwo, a] *a* mutual.

muy [mwi] *ad* very; (*demasiado*) too; **M~ Señor mío** Dear Sir; **~ de noche** very late at night; **eso es ~ de él** that's just like him.

N

N *abr* (= *norte*) N.

n/ *abr* = **nuestro, a**.

nabo ['naβo] *nm* turnip.

nácar ['nakar] *nm* mother-of-pearl.

nacer [na'θer] *vi* to be born; (*de huevo*) to hatch; (*vegetal*) to sprout; (*río*) to rise; **nací en Barcelona** I was born in Barcelona; **nació una sospecha en su mente** a suspicion formed in her mind; **nacido, a** *a* born; **recién nacido** newborn; **naciente** *a* new, emerging; (*sol*) rising; **nacimiento** *nm* birth; (*fig*) birth, origin; (*de Navidad*) Nativity; (*linaje*) descent, family; (*de río*) source.

nación [na'θjon] *nf* nation; **nacional** *a* national; **nacionalismo** *nm* nationalism; **nacionalista** *nm/f* nationalist; **nacionalizar** *vt* to nationalize; **nacionalizarse** *vr* (*persona*) to become naturalized.

nada ['naða] *pron* nothing // *ad* not at all, in no way; **no decir ~** to say nothing, not to say anything; **de ~** don't mention it.

nadador, a [naða'ðor, a] *nm/f* swimmer.

nadar [na'ðar] *vi* to swim.

nadie ['naðje] *pron* nobody, no-one; **~ habló** nobody spoke; **no había ~** there was nobody there, there wasn't anybody there.

nado ['naðo]: **a ~** *ad*: **pasar a ~** to swim across.

nafta ['nafta] *nf* (*AM*) petrol (*Brit*), gas (*US*).

naipe ['naipe] *nm* (playing) card; **~s** *nmpl* cards.

nalgas ['nalɣas] *nfpl* buttocks.

nana ['nana] *nf* lullaby.

naranja [na'ranxa] *a inv*, *nf* orange; **media ~** (*fam*) better half; **naranjada** *nf* orangeade; **naranjo** *nm* orange tree.

narciso [nar'θiso] *nm* narcissus.

narcótico, a [nar'kotiko, a] *a*, *nm* narcotic; **narcotizar** *vt* to drug.

nardo ['narðo] *nm* lily.

narigón, ona [nari'ɣon, ona] **narigudo, a** [nari'yuðo, a] *a* big-nosed.

nariz [na'riθ] *nf* nose; **narices** *nfpl* nostrils; **delante de las narices de uno** under one's (very) nose.

narración [narra'θjon] *nf* narration; **narrador, a** *nm/f* narrator.

narrar [na'rrar] *vt* to narrate, recount; **narrativa** *nf* narrative, story.

nata ['nata] *nf* cream.

natación [nata'θjon] *nf* swimming.

natal [na'tal] *a*: **ciudad ~** home town; **~icio** *nm* birthday; **~idad** *nf* birth rate.

natillas [na'tiʎas] *nfpl* custard *sg*.

natividad [natiβi'ðað] *nf* nativity.

nativo, a [na'tiβo, a] *a*, *nm/f* native.

nato, a ['nato, a] *a* born; **un músico ~** a born musician.

natural [natu'ral] *a* natural; (*fruta etc*) fresh // *nm/f* native // *nm* (*disposición*) nature.

naturaleza [natura'leθa] *nf* nature; (*género*) nature, kind; **~ muerta** still life.

naturalidad [naturali'ðað] *nf* naturalness.

naturalización [naturaliθa'θjon] *nf* naturalization.

naturalizarse [naturali'θarse] *vr* to become naturalized; (*aclimatarse*) to become acclimatized.

naturalmente [natural'mente] *ad* (*de modo natural*) in a natural way; **¡~!** of course!

naufragar [naufra'ɣar] *vi* to sink; **naufragio** *nm* shipwreck; **náufrago, a** *nm/f* castaway, shipwrecked person.

nauseabundo, a [nausea'βundo, a] *a* nauseating, sickening.

náuseas ['nauseas] *nfpl* nausea; **me da ~** it makes me feel sick.

náutico, a ['nautiko, a] *a* nautical.

navaja [na'βaxa] *nf* (*cortaplumas*) clasp knife (*Brit*), penknife; (*de barbero, peluquero*) razor.

Navarra [na'βarra] *n* Navarre.

nave ['naβe] *nf* (*barco*) ship, vessel; (*ARQ*) nave; **~ espacial** spaceship.

navegación [naβeɣa'θjon] *nf* navigation; (*viaje*) sea journey; **~ aérea** air traffic; **~ costera** coastal shipping; **navegante** *nm/f* navigator; **navegar** *vi* (*barco*) to sail; (*avión*) to fly // *vt* to sail; to fly; (*dirigir el rumbo*) to navigate.

navidad [naβi'ðað] *nf* Christmas; **~es** *nfpl* Christmas time; **navideño, a** *a* Christmas *cpd*.

navío [na'βio] *nm* ship.

nazca *etc vb ver* **nacer**.

nazi ['naθi] *a*, *nm/f* Nazi.

NE *abr* (= *nor(d)este*) NE.

neblina [ne'βlina] *nf* mist.

nebuloso, a [neβu'loso, a] *a* foggy; (*calinoso*) misty; (*indefinido*) nebulous, vague // *nf* nebula.

necedad [neθe'ðað] *nf* foolishness; (*una ~*) foolish act.

necesario, a [neθe'sarjo, a] *a* necessary.

neceser [neθe'ser] *nm* toilet bag; (*bolsa grande*) holdall.

necesidad [neθesi'ðað] *nf* need; (*lo inevitable*) necessity; (*miseria*) poverty, need; **en caso de ~** in case of need *o* emergency; **hacer sus ~es** to relieve o.s.

necesitado, a [neθesi'taðo, a] *a* needy, poor; **~ de** in need of.

necesitar [neθesi'tar] *vt* to need, require // *vi*: **~ de** to have need of.

necio, a ['neθjo, a] *a* foolish.

necrología [nekrolo'xia] *nf* obituary.

necrópolis [ne'kropolis] *nf inv* cemetery.

nectarina [nekta'rina] *nf* nectarine.

nefasto, a [ne'fasto, a] *a* ill-fated, unlucky.

negación [neɣa'θjon] *nf* negation; (*rechazo*) refusal, denial.

negar [ne'ɣar] *vt* (*renegar, rechazar*) to refuse; (*prohibir*) to refuse, deny; (*desmentir*) to deny; **~se** *vr*: **~se a** to refuse to.

negativo, a [neɣa'tiβo, a] *a*, *nm* negative // *nf* (*gen*) negative; (*rechazo*) refusal, denial.

negligencia [neɣli'xenθja] *nf* negligence; **negligente** *a* negligent.

negociable [neɣo'θjaβle] *a* (*COM*) negotiable.

negociado [neɣo'θjaðo] *nm* department, section.

negociante [neɣo'θjante] *nm/f* businessman/woman.

negociar [neɣo'θjar] *vt*, *vi* to negotiate; **~ en** to deal in, trade in.

negocio [ne'ɣoθjo] *nm* (*COM*) business; (*asunto*) affair, business; (*operación comercial*) deal, transaction; (*AM*) firm; (*lugar*) place of business; **los ~s** business *sg*; hacer ~ to do business.

negro, a ['neɣro, a] *a* black; (*suerte*) awful // *nm* black // *nm/f* Negro/Negress, Black // *nf* (*MUS*) crotchet; **negrura** *nf* blackness.

nene, a ['nene, a] *nm/f* baby, small child.

nenúfar [ne'nufar] *nm* water lily.

neologismo [neolo'xismo] *nm* neologism.

neoyorquino, a [neojor'kino, a] *a* (of) New York.

nepotismo [nepo'tismo] *nm* nepotism.

nervio ['nerßjo] *nm* (*ANAT*) nerve; (: *tendón*) tendon; (*fig*) vigour; **nerviosismo** *nm* nervousness, nerves *pl*; ~**so, a, nervudo, a** *a* nervous.

neto, a ['neto, a] *a* clear; (*limpio*) clean; (*COM*) net.

neumático, a [neu'matiko, a] *a* pneumatic // *nm* (*Esp*) tyre (*Brit*), tire (*US*); ~ **de recambio** spare tyre.

neurastenia [neuras'tenja] *nf* (*MED*) neurasthenia; (*fig*) excitability.

neurólogo, a [neu'roloɣo, a] *nm/f* neurologist.

neutral [neu'tral] *a* neutral; ~**izar** *vt* to neutralize; (*contrarrestar*) to counteract.

neutro, a ['neutro, a] *a* (*BIO*) neuter; (*LING*) neuter.

neutrón [neu'tron] *nm* neutron.

nevada [ne'ßaða] *nf* snowstorm; (*caída de nieve*) snowfall.

nevar [ne'ßar] *vi* to snow.

nevera [ne'ßera] *nf* (*Esp*) refrigerator (*Brit*), icebox (*US*).

nevería [neße'ria] *nf* (*AM*) ice-cream parlour.

nevisca [ne'ßiska] *nf* flurry of snow.

nexo ['nekso] *nm* link, connection.

ni [ni] *conj* nor, neither; (*tb*: ~ **siquiera**) not ... even; ~ **que** not even if; ~ **blanco** ~ **negro** neither white nor black.

Nicaragua [nika'raɣwa] *nf* Nicaragua; **nicaragüense** *a, nm/f* Nicaraguan.

nicotina [niko'tina] *nf* nicotine.

nicho ['nitʃo] *nm* niche.

nido ['niðo] *nm* nest; (*fig*) hiding place.

niebla ['njeßla] *nf* fog; (*neblina*) mist.

niego *etc vb ver* **negar**.

nieto, a ['njeto, a] *nm/f* grandson/daughter; ~**s** *nmpl* grandchildren.

nieve *etc vb ver* **nevar** // ['njeße] *nf* snow; (*AM*) icecream.

nigromancia [niɣro'manθja] *nf* necromancy, black magic.

Nilo ['nilo] *nm*: **el** ~ the Nile.

nimiedad [nimje'ðað] *nf* smallmindedness; (*trivialidad*) triviality.

nimio, a ['nimjo, a] *a* trivial, insignificant.

ninfa ['ninfa] *nf* nymph.

ninfómana [nin'fomana] *nf* nymphomaniac.

ninguno, a [nin'guno, a], **ningún** [nin'gun] *a* no // *pron* (*nadie*) nobody; (*ni uno*) none, not one; (*ni uno ni otro*) neither; **de ninguna manera** by no means, not at all.

niña ['niɲa] *nf ver* **niño**.

niñera [ni'ɲera] *nf* nursemaid, nanny; **niñería** *nf* childish act.

niñez [ni'ɲeθ] *nf* childhood; (*infancia*) infancy.

niño, a ['niɲo, a] *a* (*joven*) young; (*inmaduro*) immature // *nm* (*chico*) boy, child // *nf* (*chica*) girl, child; (*ANAT*) pupil.

nipón, ona [ni'pon, ona] *a, nm/f* Japanese.

níquel ['nikel] *nm* nickel; **niquelar** *vt* (*TEC*) to nickel-plate.

níspero ['nispero] *nm* medlar.

nitidez [niti'ðeθ] *nf* (*claridad*) clarity; (: *de atmósfera*) brightness; (: *de imagen*) sharpness; **nítido, a** *a* clear; sharp.

nitrato [ni'trato] *nm* nitrate.

nitrógeno [ni'troxeno] *nm* nitrogen.

nitroglicerina [nitroɣliθe'rina] *nf* nitroglycerine.

nivel [ni'ßel] *nm* (*GEO*) level; (*norma*) level, standard; (*altura*) height; ~ **de aceite** oil level; ~ **de aire** spirit level; ~ **de vida** standard of living; ~**ar** *vt* to level out; (*fig*) to even up; (*COM*) to balance.

NN. UU. *nfpl abr* (= *Naciones Unidas*) U.N. *sg*.

NO *abr* (= *noroeste*) NW.

no [no] *ad* no; not; (*con verbo*) not // *excl* no!; ~ **tengo nada** I don't have anything, I have nothing; ~ **es el mío** it's not mine; **ahora** ~ not now; **¿~ lo sabes?** don't you know?; ~ **mucho** not much; ~ **bien termine, lo entregaré** as soon as I finish I'll hand it over; **¡a que** ~ **lo sabes!** I bet you don't know!; **¡cómo ~!** of course!; **los países** ~ **alineados** the non-aligned countries; **la** ~ **intervención** non-intervention.

noble ['noßle] *a, nm/f* noble; ~**za** *nf* nobility.

noción [no'θjon] *nf* notion.

nocivo, a [no'θißo, a] *a* harmful.

noctámbulo, a [nok'tambulo, a] *nm/f* sleepwalker.

nocturno, a [nok'turno, a] *a* (*de la noche*) nocturnal, night *cpd*; (*de la tarde*) evening *cpd* // *nm* nocturne.

noche ['notʃe] *nf* night, night-time; (*la tarde*) evening; (*fig*) darkness; **de** ~, **por la** ~ at night.

nochebuena [notʃe'ßwena] *nf* Christmas Eve.

nochevieja [notʃe'ßjexa] *nf* New Year's Eve.

nodriza [no'ðriθa] *nf* wet nurse; **buque** *o* **nave** ~ supply ship.

nogal [no'ɣal] *nm* walnut tree.

nómada ['nomaða] *a* nomadic // *nm/f*

nomad.

nombramiento [nombra'mjento] *nm* naming; (*a un empleo*) appointment.

nombrar [nom'brar] *vt* (*designar*) to name; (*mencionar*) to mention; (*dar puesto a*) to appoint.

nombre ['nombre] *nm* name; (*sustantivo*) noun; (*fama*) renown; ~ y apellidos name in full; ~ común/propio common/proper noun; ~ de pila/de soltera Christian/maiden name.

nomenclatura [nomenkla'tura] *nf* nomenclature.

nomeolvides [nomeol'βiðes] *nm inv* forget-me-not.

nómina ['nomina] *nf* (*lista*) list; (*COM*) payroll.

nominal [nomi'nal] *a* nominal.

nominar [nomi'nar] *vt* to nominate.

nominativo, a [nomina'tiβo, a] *a* (*COM*): **cheque ~ a X** cheque made out to X.

non [non] *a* odd, uneven // *nm* odd number.

nono, a ['nono, a] *a* ninth.

nordeste [nor'ðeste] *a* north-east, north-eastern, north-easterly // *nm* north-east.

nórdico, a ['norðiko, a] *a* (*del norte*) northern, northerly; (*escandinavo*) Nordic.

noreste [no'reste] *a, nm* = **nordeste**.

noria ['norja] *nf* (*AGR*) waterwheel; (*de carnaval*) big (*Brit*) o Ferris (*US*) wheel.

normal [nor'mal] *a* (*corriente*) normal; (*habitual*) usual, natural; (*gasolina*) ~ two-star petrol; **~idad** *nf* normality; **restablecer la ~idad** to restore order; **~izar** *vt* (*reglamentar*) to normalize; (*TEC*) to standardize; **~izarse** *vr* to return to normal.

normando, a [nor'mando, a] *a, nm/f* Norman.

noroeste [noro'este] *a* north-west, north-western, north-westerly // *nm* north-west.

norte ['norte] *a* north, northern, northerly // *nm* north; (*fig*) guide.

norteamericano, a [norteameri'kano, a] *a, nm/f* (North) American.

Noruega [no'rweɣa] *nf* Norway.

noruego, a [no'rweɣo, a] *a, nm/f* Norwegian.

nos [nos] *pron* (*directo*) us; (*indirecto*) us; to us; for us; from us; (*reflexivo*) (to) ourselves; (*recíproco*) (to) each other; ~ **levantamos a las 7** we get up at 7.

nosotros, as [no'sotros, as] *pron* (*sujeto*) we; (*después de prep*) us.

nostalgia [nos'talxja] *nf* nostalgia.

nota ['nota] *nf* note; (*ESCOL*) mark.

notable [no'taβle] *a* notable; (*ESCOL*) outstanding // *nm/f* notable.

notar [no'tar] *vt* to notice, note; **~se** *vr* to be obvious; **se nota que ...** one observes

that ....

notarial [nota'rjal] *a*: **acta ~** affidavit.

notario [no'tarjo] *nm* notary.

noticia [no'tiθja] *nf* (*información*) piece of news; **las ~s** the news *sg*; **tener ~s de alguien** to hear from sb.

noticiario [notiθjarjo] *nm* (*CINE*) newsreel; (*TV*) news bulletin.

noticiero [noti'θjero] *nm* (*AM*) news bulletin.

notificación [notifika'θjon] *nf* notification; **notificar** *vt* to notify, inform.

notoriedad [notorje'ðað] *nf* fame, renown; **notorio, a** *a* (*público*) well-known; (*evidente*) obvious.

novato, a [no'βato, a] *a* inexperienced // *nm/f* beginner, novice.

novecientos, as [noβe'θjentos, as] *a, num* nine hundred.

novedad [noβe'ðað] *nf* (*calidad de nuevo*) newness; (*noticia*) piece of news; (*cambio*) change, (new) development.

novedoso, a [noβe'ðoso, a] *a* novel.

novel [no'βel] *a* new; (*inexperto*) inexperienced // *nm/f* beginner.

novela [no'βela] *nf* novel.

novelero, a [noβe'lero, a] *a* highly imaginative.

novelesco, a [noβe'lesko, a] *a* fictional; (*romántico*) romantic; (*fantástico*) fantastic.

noveno, a [no'βeno, a] *a* ninth.

noventa [no'βenta] *num* ninety.

novia ['noβja] *nf ver* **novio**.

noviazgo [no'βjaɣvo] *nm* engagement.

novicio, a [no'βiθjo, a] *nm/f* novice.

noviembre [no'βjembre] *nm* November.

novilla [no'βiʎa] *nf* heifer; **~da** *nf* (*TAUR*) bullfight with young bulls; **novillero** *nm* novice bullfighter; **novillo** *nm* young bull, bullock; **hacer novillos** (*fam*) to play truant.

novio, a ['noβjo, a] *nm/f* boyfriend/girlfriend; (*prometido*) fiancé/fiancée; (*recién casado*) bridegroom/bride; **los ~s** the newly-weds.

N. S. *abr* = **Nuestro Señor**.

nubarrón [nuβa'rron] *nm* storm cloud.

nube ['nuβe] *nf* cloud.

nublado, a [nu'βlaðo, a] *a* cloudy // *nm* storm cloud; **nublar** *vt* (*oscurecer*) to darken; (*confundir*) to cloud; **nublarse** *vr* to grow dark.

nuca ['nuka] *nf* nape of the neck.

nuclear [nukle'ar] *a* nuclear.

núcleo ['nukleo] *nm* (*centro*) core; (*FÍSICA*) nucleus.

nudillo [nu'ðiʎo] *nm* knuckle.

nudo ['nuðo] *nm* knot; (*unión*) bond; (*de problema*) crux; **~so, a** *a* knotty.

nuera ['nwera] *nf* daughter-in-law.

nuestro, a ['nwestro, a] *adjetivo posesivo* our // *pron* ours; ~ **padre** our father; **un amigo ~** a friend of ours; **es el ~** it's ours.

nueva ['nweβa] af, nf ver **nuevo**.
nuevamente [nweβa'mente] ad (otra vez) again; (de nuevo) anew.
nueve ['nweβe] num nine.
nuevo, a ['nweβo, a] a (gen) new // nf piece of news; de ~ again; **Nueva York** n New York; **Nueva Zelandia** nf New Zealand.
nuez [nweθ] nf (fruto) nut; (del nogal) walnut; ~ **de Adán** Adam's apple; ~ **moscada** nutmeg.
nulidad [nuli'δaδ] nf (incapacidad) incompetence; (abolición) nullity.
nulo, a ['nulo, a] a (inepto, torpe) useless; (inválido) (null and) void; (DEPORTE) drawn, tied.
núm. abr (= número) no.
numeración [numera'θjon] nf (cifras) numbers pl; (arábiga, romana etc) numerals pl.
numeral [nume'ral] nm numeral.
numerar [nume'rar] vt to number.
numérico, a [nu'meriko, a] a numerical.
número ['numero] nm (gen) number; (tamaño: de zapato) size; (ejemplar: de diario) number, issue; sin ~ numberless, unnumbered; ~ **de matrícula/de teléfono** registration/telephone number; ~ **atrasado** back number.
numeroso, a [nume'roso, a] a numerous.
nunca ['nunka] ad (jamás) never; ~ **lo pensé** I never thought it; **no viene** ~ he never comes; ~ **más** never again.
nuncio ['nunθjo] nm (REL) nuncio.
nupcias ['nupθjas] nfpl wedding sg, nuptials.
nutria ['nutrja] nf otter.
nutrición [nutri'θjon] nf nutrition.
nutrido, a [nu'triδo, a] a (alimentado) nourished; (fig: grande) large; (abundante) abundant.
nutrir [nu'trir] vt (alimentar) to nourish; (dar de comer) to feed; (fig) to strengthen; **nutritivo, a** a nourishing, nutritious.
nylon [ni'lon] nm nylon.

Ñ

ñato, a ['ɲato, a] a (AM) snub-nosed.
ñoñería [ɲoɲe'ria], **ñoñez** [ɲo'ɲeθ] nf insipidness.
ñoño, a ['ɲoɲo, a] a (AM: tonto) silly, stupid; (soso) insipid; (persona) spineless.

O

o [o] conj or.
O abr (= oeste) W.
o/ abr (= orden) O.
oasis [o'asis] nm inv oasis.

obcecar [oβθe'kar] vt to blind.
obedecer [oβeδe'θer] vt to obey; **obediencia** nf obedience; **obediente** a obedient.
obertura [oβer'tura] nf overture.
obesidad [oβesi'δaδ] nf obesity; **obeso, a** a obese.
obispo [o'βispo] nm bishop.
objeción [oβxe'θjon] nf objection.
objetar [oβxe'tar] vt, vi to object.
objetivo, a [oβxe'tiβo, a] a, nm objective.
objeto [oβ'xeto] nm (cosa) object; (fin) aim.
objetor, a [oβxe'tor, a] nm/f objector.
oblicuo, a [o'βlikwo, a] a oblique; (mirada) sidelong.
obligación [oβliɣa'θjon] nf obligation; (COM) bond.
obligar [oβli'ɣar] vt to force; ~**se** vr to bind o.s.; **obligatorio, a** a compulsory, obligatory.
oboe [o'βoe] nm oboe.
obra ['oβra] nf work; (hechura) piece of work; (ARQ) construction, building; (TEATRO) play; ~ **maestra** masterpiece; o~**s públicas** public works; **por** ~ thanks to (the efforts of); **obrar** vt to work; (tener efecto) to have an effect on // vi to act, behave; (tener efecto) to have an effect; **la carta obra en su poder** the letter is in his/her possession.
obrero, a [o'βrero, a] a (clase) working; (movimiento) labour cpd; **clase obrera** working class // nm/f (gen) worker; (sin oficio) labourer.
obscenidad [oβsθeni'δaδ] nf obscenity; **obsceno, a** a obscene.
obscu... = **oscu...** .
obsequiar [oβse'kjar] vt (ofrecer) to present with; (agasajar) to make a fuss of, lavish attention on; **obsequio** nm (regalo) gift; (cortesía) courtesy, attention; **obsequioso, a** a attentive.
observación [oβserβa'θjon] nf observation; (reflexión) remark.
observador, a [oβserβa'δor, a] nm/f observer.
observancia [oβserβ'banθja] nf observance.
observar [oβser'βar] vt to observe; (anotar) to notice; ~**se** vr to keep to, observe.
obsesión [oβse'sjon] nf obsession; **obsesionar** vt to obsess.
obstaculizar [oβstakuli'θar] vt (dificultar) to hinder, hamper.
obstáculo [oβ'stakulo] nm (gen) obstacle; (impedimento) hindrance, drawback.
obstante [oβ'stante]: **no** ~ ad nevertheless // prep in spite of.
obstetricia [oβste'triθja] nf obstetrics sg; **obstétrico, a** a obstetric // nm/f obstetrician.

obstinado, a [oßsti'naðo, a] *a* (*gen*) obstinate, stubborn.

obstinarse [oßsti'narse] *vr* to be obstinate; ~ en to persist in.

obstrucción [oßstruk'θjon] *nf* obstruction; **obstruir** *vt* to obstruct.

obtener [oßte'ner] *vt* (*conseguir*) to obtain; (*ganar*) to gain.

obturador [oßtura'ðor] *nm* (*FOTO*) shutter.

obtuso, a [oß'tuso, a] *a* (*filo*) blunt; (*MAT, fig*) obtuse.

obviar [oß'ßjar] *vt* to obviate, remove.

obvio, a ['oßßjo, a] *a* obvious.

ocasión [oka'sjon] *nf* (*oportunidad*) opportunity, chance; (*momento*) occasion, time; (*causa*) cause; de ~ second-hand; **ocasionar** *vt* to cause.

ocaso [o'kaso] *nm* (*fig*) decline.

occidente [okθi'ðente] *nm* west.

océano [o'θeano] *nm* ocean; el ~ Índico the Indian Ocean.

OCDE *nf abr* (= *Organización de Cooperación y Desarrollo Económico*) OECD.

ocio ['oθjo] *nm* (*tiempo*) leisure; (*pey*) idleness; ~**sidad** *nf* idleness; ~**so, a** *a* (*inactivo*) idle; (*inútil*) useless.

octanaje [okta'naxe] *nm*: de alto ~ high octane; **octano** *nm* octane.

octavilla [okta'viʎa] *nf* leaflet, pamphlet.

octavo, a [ok'taßo, a] *a* eighth.

octogenario, a [oktoxe'narjo, a] *a* octogenarian.

octubre [ok'tußre] *nm* October.

ocular [oku'lar] *a* ocular, eye *cpd*; testigo ~ eyewitness.

oculista [oku'lista] *nm/f* oculist.

ocultar [okul'tar] *vt* (*esconder*) to hide; (*callar*) to conceal; **oculto, a** *a* hidden; (*fig*) secret.

ocupación [okupa'θjon] *nf* occupation.

ocupado, a [oku'paðo, a] *a* (*persona*) busy; (*plaza*) occupied, taken; (*teléfono*) engaged; **ocupar** *vt* (*gen*) to occupy; **ocuparse** *vr*: **ocuparse de** o **en** (*gen*) to concern o.s. with; (*cuidar*) to look after.

ocurrencia [oku'rrenθja] *nf* (*suceso*) incident, event; (*idea*) bright idea.

ocurrir [oku'rrir] *vi* to happen; ~**se** *vr*: se me ocurrió que... it occurred to me that... .

ochenta [o'tʃenta] *num* eighty.

ocho ['otʃo] *num* eight; ~ días a week.

odiar [o'ðjar] *vt* to hate; **odio** *nm* (*gen*) hate, hatred; (*disgusto*) dislike; **odioso, a** *a* (*gen*) hateful; (*malo*) nasty.

odontólogo, a [oðon'toloxo, a] *nm/f* dentist, dental surgeon.

OEA *nf abr* (= *Organización de Estados Americanos*) OAS.

oeste [o'este] *nm* west; una película del ~ a western.

ofender [ofen'der] *vt* (*agraviar*) to offend; (*insultar*) to insult; ~**se** *vr* to take offence; **ofensa** *nf* offence; **ofensivo, a** *a* (*insultante*) insulting; (*MIL*) offensive // *nf* offensive.

oferta [o'ferta] *nf* offer; (*propuesta*) proposal; la ~ y la demanda supply and demand; artículos en ~ goods on offer.

oficial [ofi'θjal] *a* official // *nm* official; (*MIL*) officer.

oficina [ofi'θina] *nf* office; ~ de correos post office; ~ de turismo tourist office; **oficinista** *nm/f* clerk.

oficio [o'fiθjo] *nm* (*profesión*) profession; (*puesto*) post; (*REL*) service; ser del ~ to be an old hand; tener mucho ~ to have a lot of experience; ~ de difuntos funeral service; de ~ officially.

oficioso, a [ofi'θjoso, a] *a* (*pey*) officious; (*no oficial*) unofficial, informal.

ofimática [ofi'matika] *nf* office automation.

ofrecer [ofre'θer] *vt* (*dar*) to offer; (*proponer*) to propose; ~**se** *vr* (*persona*) to offer o.s., volunteer; (*situación*) to present itself; ¿qué se le ofrece?, ¿se le ofrece algo? what can I do for you?, can I get you anything?

ofrecimiento [ofreθi'mjento] *nm* offer, offering.

ofrendar [ofren'dar] *vt* to offer, contribute.

oftalmólogo, a [oftal'moloxo, a] *nm/f* ophthalmologist.

ofuscación [ofuska'θjon] *nf*, **ofuscamiento** [ofuska'mjento] *nm* (*fig*) bewilderment.

ofuscar [ofus'kar] *vt* (*confundir*) to bewilder; (*enceguecer*) to dazzle, blind.

oída [o'iða] *nf*: de ~s by hearsay.

oído [o'iðo] *nm* (*ANAT*) ear; (*sentido*) hearing.

oigo *etc vb ver* **oír**.

oír [o'ir] *vt* (*gen*) to hear; (*atender a*) to listen to; ¡oiga! listen!; ~ misa to attend mass.

OIT *nf abr* (= *Organización Internacional del Trabajo*) ILO.

ojal [o'xal] *nm* buttonhole.

ojalá [oxa'la] *excl* if only (it were so)!, some hope! // *conj* if only...!, would that...!; ~ que venga hoy I hope he comes today.

ojeada [oxe'aða] *nf* glance.

ojera [o'xera] *nf*: tener ~s to have bags under one's eyes.

ojeriza [oxe'riθa] *nf* ill-will.

ojeroso, a [oxe'roso, a] *a* haggard.

ojete [o'xete] *nm* eye(let).

ojo ['oxo] *nm* eye; (*de puente*) span; (*de cerradura*) keyhole // *excl* careful!; tener ~ para to have an eye for; ~ de buey porthole.

ola ['ola] *nf* wave.

olé [o'le] *excl* bravo!, olé!

oleada [ole'aða] *nf* big wave, swell; (*fig*)

wave.

oleaje [ole'axe] *nm* swell.

óleo ['oleo] *nm* oil; **oleoducto** *nm* (oil) pipeline.

oler [o'ler] *vt* (*gen*) to smell; (*inquirir*) to pry into; (*fig: sospechar*) to sniff out // *vi* to smell; ~ **a** to smell of.

olfatear [olfate'ar] *vt* to smell; (*fig: sospechar*) to sniff out; (*inquirir*) to pry into; **olfato** *nm* sense of smell.

oligarquía [oliɣar'kia] *nf* oligarchy.

olimpíada [olim'piaða] *nf*: **las O~s** the Olympics.

oliva [o'liβa] *nf* (*aceituna*) olive; **aceite de ~** olive oil; **olivo** *nm* olive tree.

olmo ['olmo] *nm* elm (tree).

olor [o'lor] *nm* smell; **~oso, a** *a* scented.

olvidadizo, a [olβiða'ðiθo, a] *a* (*desmemoriado*) forgetful; (*distraído*) absent-minded.

olvidar [olβi'ðar] *vt* to forget; (*omitir*) to omit; **~se** *vr* (*fig*) to forget o.s.; **se me olvidó** I forgot.

olvido [ol'βiðo] *nm* oblivion; (*despiste*) forgetfulness.

olla ['oʎa] *nf* pan; (*comida*) stew; ~ **a presión** o **exprés** pressure cooker; ~ **podrida** *type of Spanish stew*.

ombligo [om'bliɣo] *nm* navel.

ominoso, a [omi'noso, a] *a* ominous.

omisión [omi'sjon] *nf* (*abstención*) omission; (*descuido*) neglect.

omiso, a [o'miso, a] *a*: **hacer caso ~ de** to ignore, pass over.

omitir [omi'tir] *vt* to omit.

omnipotente [omnipo'tente] *a* omnipotent.

omnívoro, a [om'niβoro, a] *a* omnivorous.

omóplato [o'moplato] *nm* shoulder blade.

OMS *nf abr* (= *Organización Mundial de la Salud*) WHO.

once ['onθe] *num* eleven; **~s** *nmpl* (*AM*) tea break.

onda ['onda] *nf* wave; ~ **corta/larga/media** short/long/medium wave; **ondear** *vt, vi* to wave; (*tener ondas*) to be wavy; (*agua*) to ripple; **ondearse** *vr* to swing, sway.

ondulación [ondula'θjon] *nf* undulation; **ondulado, a** *a* wavy // *nm* wave; **ondulante** *a* undulating.

ondular [ondu'lar] *vt* (*el pelo*) to wave // *vi*, **~se** *vr* to undulate.

oneroso, a [one'roso, a] *a* onerous.

ONU ['onu] *nf abr* (= *Organización de las Naciones Unidas*) UNO.

opaco, a [o'pako, a] *a* opaque; (*fig*) dull.

ópalo ['opalo] *nm* opal.

opción [op'θjon] *nf* (*gen*) option; (*derecho*) right, option.

OPEP ['opep] *nf abr* (= *Organización de Países Exportadores de Petróleo*) OPEC.

ópera ['opera] *nf* opera; ~ **bufa** o **cómica** comic opera.

operación [opera'θjon] *nf* (*gen*) operation; (*COM*) transaction, deal.

operador, a [opera'ðor, a] *nm/f* operator; (*CINE: proyección*) projectionist; (: *rodaje*) cameraman.

operante [ope'rante] *a* operating.

operar [ope'rar] *vt* (*producir*) to produce, bring about; (*MED*) to operate on // *vi* (*COM*) to operate, deal; **~se** *vr* to occur; (*MED*) to have an operation.

opereta [ope'reta] *nf* operetta.

opinar [opi'nar] *vt* (*estimar*) to think // *vi* (*enjuiciar*) to give one's opinion; **opinión** *nf* (*creencia*) belief; (*criterio*) opinion.

opio ['opjo] *nm* opium.

oponente [opo'nente] *nm/f* opponent.

oponer [opo'ner] *vt* (*resistencia*) to put up, offer; (*negativa*) to raise; **~se** *vr* (*objetar*) to object; (*estar frente a frente*) to be opposed; (*dos personas*) to oppose each other; ~ **A a B** to set A against B; **me opongo a pensar que...** I refuse to believe o think that... .

oportunidad [oportuni'ðað] *nf* (*ocasión*) opportunity; (*posibilidad*) chance.

oportunismo [oportu'nismo] *nm* opportunism; **oportunista** *nm/f* opportunist.

oportuno, a [opor'tuno, a] *a* (*en su tiempo*) opportune, timely; (*respuesta*) suitable; **en el momento ~** at the right moment.

oposición [oposi'θjon] *nf* opposition; **oposiciones** *nfpl* public examinations.

opositor, a [oposi'tor, a] *nm/f* (*adversario*) opponent; (*candidato*) candidate.

opresión [opre'sjon] *nf* oppression; **opresivo, a** *a* oppressive; **opresor, a** *nm/f* oppressor.

oprimir [opri'mir] *vt* to squeeze; (*fig*) to oppress.

oprobio [o'proβjo] *nm* (*infamia*) ignominy; (*descrédito*) shame.

optar [op'tar] *vi* (*elegir*) to choose; ~ **a** o **por** to opt for; **optativo, a** *a* optional.

óptico, a ['optiko, a] *a* optic(al) // *nm/f* optician.

optimismo [opti'mismo] *nm* optimism; **optimista** *nm/f* optimist.

óptimo, a ['optimo, a] *a* (*el mejor*) very best.

opuesto, a [o'pwesto, a] *a* (*contrario*) opposite; (*antagónico*) opposing.

opulencia [opu'lenθja] *nf* opulence; **opulento, a** *a* opulent.

oración [ora'θjon] *nf* (*discurso*) speech; (*REL*) prayer; (*LING*) sentence.

oráculo [o'rakulo] *nm* oracle.

orador, a [ora'ðor, a] *nm/f* (*conferenciante*) speaker, orator.

oral [o'ral] *a* oral.

orangután [orangu'tan] *nm* orang-utan.

orar [o'rar] vi (REL) to pray.

oratoria [ora'torja] nf oratory.

órbita ['orβita] nf orbit.

orden ['orðen] nm (gen) order // nf (gen) order; (INFORM) command; ~ del día agenda; **de primer ~** first-rate; **en ~ de prioridad** in order of priority.

ordenado, a [orðe'naðo, a] a (metódico) methodical; (arreglado) orderly.

ordenador [orðena'ðor] nm computer; ~ **central** mainframe computer.

ordenanza [orðe'nanθa] nf ordinance.

ordenar [orðe'nar] vt (mandar) to order; (poner orden) to put in order, arrange; **~se** vr (REL) to be ordained.

ordeñar [orðe'ɲar] vt to milk.

ordinario, a [orði'narjo, a] a (común) ordinary, usual; (vulgar) vulgar, common.

orégano [o'reɣano] nm oregano.

oreja [o'rexa] nf ear; (MECÁNICA) lug, flange.

orfanato [orfa'nato] nm orphanage.

orfandad [orfan'dað] nf orphanhood.

orfebrería [orfeβre'ria] nf gold/silver work.

orgánico, a [or'ɣaniko, a] a organic.

organigrama [orvani'ɣrama] nm flow chart.

organismo [orva'nismo] nm (BIO) organism; (POL) organization.

organista [orva'nista] nm/f organist.

organización [orvaniθa'θjon] nf organization; **organizar** vt to organize.

órgano ['orvano] nm organ.

orgasmo [or'vasmo] nm orgasm.

orgía [or'xia] nf orgy.

orgullo [or'vuʎo] nm (altanería) pride; (autorespeto) self-respect; **orgulloso, a** a (gen) proud; (altanero) haughty.

orientación [orjenta'θjon] nf (posición) position; (dirección) direction.

orientar [orjen'tar] vt (situar) to orientate; (señalar) to point; (dirigir) to direct; (guiar) to guide; **~se** vr to get one's bearings; (decidirse) to decide on a course of action.

oriente [o'rjente] nm east; **Cercano/Medio/Lejano O~** Near/ Middle/Far East.

origen [o'rixen] nm origin; (nacimiento) lineage, birth.

original [orixi'nal] a (nuevo) original; (extraño) odd, strange; **~idad** nf originality.

originar [orixi'nar] vt to start, cause; **~se** vr to originate; **~io, a** a (nativo) native; (primordial) original.

orilla [o'riʎa] nf (borde) border; (de río) bank; (de bosque, tela) edge; (de mar) shore.

orín [o'rin] nm rust.

orina [o'rina] nf urine; **orinal** nm (chamber) pot; **orinar** vi to urinate; **orinarse** vr to wet o.s.; **orines** nmpl urine sg.

oriundo, a [o'rjundo, a] a: **~ de** native of.

ornamento [orna'mento] nm ornament.

ornar [or'nar] vt to adorn.

ornitología [ornitolo'xia] nf ornithology, bird-watching.

oro ['oro] nm gold; **~s** nmpl (NAIPES) hearts.

oropel [oro'pel] nm tinsel.

orquesta [or'kesta] nf orchestra; **~ de cámara/sinfónica** chamber/symphony orchestra.

orquídea [or'kiðea] nf orchid.

ortiga [or'tiva] nf nettle.

ortodoxo, a [orto'ðokso, a] a orthodox.

ortografía [ortovra'fia] nf spelling.

ortopedia [orto'peðja] nf orthopaedics sg.

oruga [o'ruva] nf caterpillar.

orzuelo [or'θwelo] nm (MED) stye.

os [os] pron (gen) you; (a vosotros) to you.

osa ['osa] nf (she-)bear; **O~ Mayor/Menor** Great/Little Bear.

osadía [osa'ðia] nf daring.

osar [o'sar] vi to dare.

oscilación [osθila'θjon] nf (movimiento) oscillation; (fluctuación) fluctuation; (vacilación) hesitation; (columpio) swinging, movement to and fro.

oscilar [osθi'lar] vi to oscillate; to fluctuate; to hesitate.

oscurecer [oskure'θer] vt to darken // vi to grow dark; **~se** vr to grow o get dark.

oscuridad [oskuri'ðað] nf obscurity; (tinieblas) darkness.

oscuro, a [os'kuro, a] a dark; (fig) obscure; **a oscuras** in the dark.

óseo, a ['oseo, a] a bony.

oso ['oso] nm bear; **~ de peluche** teddy bear; **~ hormiguero** anteater.

ostensible [osten'siβle] a obvious.

ostentación [ostenta'θjon] nf (gen) ostentation; (acto) display.

ostentar [osten'tar] vt (gen) to show; (pey) to flaunt, show off; (poseer) to have, possess; **ostentoso, a** a ostentatious, showy.

ostra ['ostra] nf oyster.

OTAN ['otan] nf abr (= Organización del Tratado del Atlántico Norte) NATO.

otear [ote'ar] vt to observe; (fig) to look into.

otitis [o'titis] nf earache.

otoñal [oto'ɲal] a autumnal.

otoño [o'toɲo] nm autumn.

otorgamiento [otorva'mjento] nm conferring, granting; (JUR) execution.

otorgar [otor'var] vt (conceder) to concede; (dar) to grant.

otorrino, a [oto'rrino, a], **otorrinolaringólogo, a** [otorrinolarin'golovo, a] nm/f ear, nose and throat specialist.

otro, a ['otro, a] ♦ a 1 (distinto: sg)

another; (: *pl*) other; con ~s amigos
with other *o* different friends
2 (*adicional*): tráigame ~ café (más),
por favor can I have another coffee
please; ~s 10 días más another ten days
♦ *pron* **1**: el ~ the other one; (los) ~s
(the) others; de ~ somebody else's'; que
lo haga ~ let somebody else do it
2 (*recíproco*): se odian (la) una a (la)
otra they hate one another *o* each other
3: ~ tanto: comer ~ tanto to eat the
same *o* as much again; recibió una
decena de telegramas y otras tantas
llamadas he got about ten telegrams and
as many calls.

ovación [oβa'θjon] *nf* ovation.

oval [o'βal], **ovalado, a** [oβa'laðo, a] *a*
oval; **óvalo** *nm* oval.

oveja [o'βexa] *nf* sheep.

overol [oβe'rol] *nm* (*AM*) overalls *pl*.

ovillo [o'βiʎo] *nm* (*de lana*) ball of wool;
hacerse un ~ to curl up.

OVNI ['oβni] *nm abr* (= *objeto volante
no identificado*) UFO.

ovulación [oβula'θjon] *nf* ovulation;
óvulo *nm* ovum.

oxidación [oksiða'θjon] *nf* rusting.

oxidar [oksi'ðar] *vt* to rust; ~se *vr* to go
rusty.

óxido ['oksiðo] *nm* oxide.

oxigenado, a [oksixe'naðo, a] *a* (*QUI-
MICA*) oxygenated; (*pelo*) bleached.

oxígeno [ok'sixeno] *nm* oxygen.

oyente [o'jente] *nm/f* listener, hearer.

oyes, oyó *etc vb ver* oír.

P

P *abr* (= *padre*) Fr.

pabellón [paβe'ʎon] *nm* bell tent; (*ARQ*)
pavilion; (*de hospital etc*) block, section;
(*bandera*) flag.

pábilo ['paβilo] *nm* wick.

pacer [pa'θer] *vi* to graze.

paciencia [pa'θjenθja] *nf* patience.

paciente [pa'θjente] *a, nm/f* patient.

pacificación [paθifika'θjon] *nf* pacifica-
tion.

pacificar [paθifi'kar] *vt* to pacify;
(*tranquilizar*) to calm.

pacífico, a [pa'θifiko, a] *a* (*persona*)
peaceable; (*existencia*) peaceful; el
(*océano*) P~ the Pacific (Ocean).

pacifismo [paθi'fismo] *nm* pacifism;
pacifista *nm/f* pacifist.

pacotilla [pako'tiʎa] *nf*: de ~ (*actor,
escritor*) third-rate; (*mueble etc*) cheap.

pactar [pak'tar] *vt* to agree to *o* on // *vi* to
come to an agreement.

pacto ['pakto] *nm* (*tratado*) pact;
(*acuerdo*) agreement.

padecer [paðe'θer] *vt* (*sufrir*) to suffer;
(*soportar*) to endure, put up with;
(*engaño, error*) to be a victim of;

padecimiento *nm* suffering.

padrastro [pa'ðrastro] *nm* stepfather.

padre ['paðre] *nm* father // *a* (*fam*): un
éxito ~ a tremendous success; ~s *nmpl*
parents.

padrino [pa'ðrino] *nm* (*REL*) godfather;
(*tb*: ~ de boda) best man; (*fig*) sponsor,
patron; ~s *nmpl* godparents.

padrón [pa'ðron] *nm* (*censo*) census,
roll; (*de socios*) register.

paella [pa'eʎa] *nf* paella, *dish of rice with
meat, shellfish etc.*

pág(s). *abr* (= *página(s)*) p(p).

paga ['paɣa] *nf* (*pago*) payment; (*sueldo*)
pay, wages *pl*.

pagadero, a [paɣa'ðero, a] *a* payable; ~
a plazos payable in instalments.

pagano, a [pa'ɣano, a] *a, nm/f* pagan,
heathen.

pagar [pa'ɣar] *vt* to pay; (*las compras,
crimen*) to pay for; (*fig: favor*) to repay
// *vi* to pay; ~ al contado/a plazos to pay
(in) cash/in instalments.

pagaré [paɣa're] *nm* I.O.U.

página ['paxina] *nf* page.

pago ['paɣo] *nm* (*dinero*) payment; (*fig*)
return; estar ~ to be even *o* quits; ~
anticipado/a cuenta/contra reembolso/en
especie advance payment/payment on
account/cash on delivery/payment in
kind.

pague *etc vb ver* pagar.

país [pa'is] *nm* (*gen*) country; (*región*)
land; los P~es Bajos the Low Countries;
el P~ Vasco the Basque Country.

paisaje [pai'saxe] *nm* countryside,
scenery.

paisano, a [pai'sano, a] *a* of the same
country // *nm/f* (*compatriota*) fellow
countryman/woman; vestir de ~
(*soldado*) to be in civvies; (*guardia*) to
be in plain clothes.

paja ['paxa] *nf* straw; (*fig*) rubbish
(*Brit*), trash (*US*).

pájara ['paxara] *nf* hen (bird).

pajarita [paxa'rita] *nf* (*corbata*) bow tie.

pájaro ['paxaro] *nm* bird; ~ carpintero
woodpecker.

pajita [pa'xita] *nf* (drinking) straw.

pala ['pala] *nf* spade, shovel; (*raqueta
etc*) bat; (: *de tenis*) racquet; (*CULIN*)
slice; ~ matamoscas fly swat.

palabra [pa'laβra] *nf* word; (*facultad*)
(power of) speech; (*derecho de hablar*)
right to speak; tomar la ~ (*en mitin*) to
take the floor.

palabrota [pala'brota] *nf* swearword.

palacio [pa'laθjo] *nm* palace; (*mansión*)
mansion, large house; ~ de justicia
courthouse; ~ municipal town/city hall.

paladar [pala'ðar] *nm* palate; **paladear**
vt to taste.

palanca [pa'lanka] *nf* lever; (*fig*) pull, influence.

palangana [palan'gana] *nf* washbasin.

palco ['palko] *nm* box.

Palestina [pales'tina] *nf* Palestine; **palestino, a** *nm/f* Palestinian.

paleta [pa'leta] *nf* (*de pintor*) palette; (*de albañil*) trowel; (*de ping-pong*) bat; (*AM*) ice lolly.

paliar [pa'ljar] *vt* (*mitigar*) to mitigate, alleviate; **paliativo** *nm* palliative.

palidecer [paliðe'θer] *vi* to turn pale; **palidez** *nf* paleness; **pálido, a** *a* pale.

palillo [pa'liʎo] *nm* small stick; (*mondadientes*) toothpick.

paliza [pa'liθa] *nf* beating, thrashing.

palma ['palma] *nf* (*ANAT*) palm; (*árbol*) palm tree; **batir** *o* **dar** ~s to clap, applaud; ~**da** *nf* slap; ~s *nfpl* clapping *sg*, applause *sg*.

palmear [palme'ar] *vi* to clap.

palmo ['palmo] *nm* (*medida*) span; (*fig*) small amount; ~ **a** ~ inch by inch.

palmotear [palmote'ar] *vi* to clap, applaud; **palmoteo** *nm* clapping, applause.

palo ['palo] *nm* stick; (*poste*) post, pole; (*mango*) handle, shaft; (*golpe*) blow, hit; (*de golf*) club; (*de béisbol*) bat; (*NAUT*) mast; (*NAIPES*) suit.

paloma [pa'loma] *nf* dove, pigeon.

palomilla [palo'miʎa] *nf* moth; (*TEC: tuerca*) wing nut; (: *hierro*) angle iron.

palomitas [palo'mitas] *nfpl* popcorn *sg*.

palpar [pal'par] *vt* to touch, feel.

palpitación [palpita'θjon] *nf* palpitation.

palpitante [palpi'tante] *a* palpitating; (*fig*) burning.

palpitar [palpi'tar] *vi* to palpitate; (*latir*) to beat.

palta ['palta] *nf* (*AM*) avocado (pear).

palúdico, a [pa'luðiko, a] *a* marshy.

paludismo [palu'ðismo] *nm* malaria.

pampa ['pampa] *nf* (*AM*) pampa(s), prairie.

pan [pan] *nm* bread; (*una barra*) loaf; ~ **integral** wholemeal (*Brit*) *o* wholewheat (*US*) bread; ~ **rallado** breadcrumbs *pl*.

pana ['pana] *nf* corduroy.

panadería [panaðe'ria] *nf* baker's (shop); **panadero, a** *nm/f* baker.

Panamá [pana'ma] *nm* Panama; **panameño, a** *a* Panamanian.

pancarta [pan'karta] *nf* placard, banner.

panda ['panda] *nm* (*ZOOL*) panda.

pandereta [pande'reta] *nf* tambourine.

pandilla [pan'diʎa] *nf* set, group; (*de criminales*) gang; (*pey: camarilla*) clique.

panecillo [pane'θiʎo] *nm* (bread) roll.

panel [pa'nel] *nm* panel.

panfleto [pan'fleto] *nm* pamphlet.

pánico ['paniko] *nm* panic.

panorama [pano'rama] *nm* panorama; (*vista*) view.

pantalón [panta'lon] *nm*, **pantalones** [panta'lones] *nmpl* trousers.

pantalla [pan'taʎa] *nf* (*de cine*) screen; (*de lámpara*) lampshade.

pantano [pan'tano] *nm* (*ciénaga*) marsh, swamp; (*depósito: de agua*) reservoir; (*fig*) jam, difficulty.

panteón [pante'on] *nm*: ~ **familiar** family tomb.

pantera [pan'tera] *nf* panther.

pantomima [panto'mima] *nf* pantomime.

pantorrilla [panto'rriʎa] *nf* calf (of the leg).

pantufla [pan'tufla] *nf* slipper.

panza ['panθa] *nf* belly, paunch; **panzón, ona, panzudo, a** *a* fat, potbellied.

pañal [pa'ɲal] *nm* nappy (*Brit*), diaper (*US*); ~**es** *nmpl* (*fig*) early stages, infancy *sg*.

pañería [paɲe'ria] *nf* drapery.

paño ['paɲo] *nm* (*tela*) cloth; (*pedazo de tela*) (piece of) cloth; (*trapo*) duster, rag; ~ **higiénico** sanitary towel; ~s **menores** underclothes.

pañuelo [pa'ɲwelo] *nm* handkerchief, hanky (*fam*); (*para la cabeza*) (head)scarf.

papa ['papa] *nf* (*AM*) potato // *nm*: **el P**~ the Pope.

papá [pa'pa] (*pl* ~s) *nm* (*fam*) dad(dy), pa (*US*).

papagayo [papa'ɣajo] *nm* parrot.

papanatas [papa'natas] *nm inv* (*fam*) simpleton.

paparrucha [papa'rrutʃa] *nf* piece of nonsense.

papaya [pa'paja] *nf* papaya.

papel [pa'pel] *nm* paper; (*hoja de* ~) sheet of paper; (*TEATRO, fig*) role; ~ **de calco/carbón/de cartas** tracing paper/ carbon paper/stationery; ~ **de envolver/ pintado** wrapping paper/wallpaper; ~ **de aluminio/higiénico** aluminium (*Brit*) *o* aluminum (*US*) foil/toilet paper; ~ **de lija** sandpaper; ~ **moneda** paper money; ~ **secante** blotting paper.

papeleo [pape'leo] *nm* red tape.

papelera [pape'lera] *nf* wastepaper basket; (*escritorio*) desk.

papelería [papele'ria] *nf* stationer's (shop).

papeleta [pape'leta] *nf* (*pedazo de papel*) slip of paper; (*POL*) ballot paper; (*ESCOL*) report.

paperas [pa'peras] *nfpl* mumps.

papilla [pa'piʎa] *nf* (*para niños*) baby food.

paquete [pa'kete] *nm* (*de cigarrillos etc*) packet; (*CORREOS etc*) parcel; (*AM*) package tour; (: *fam*) nuisance, bore.

par [par] *a* (*igual*) like, equal; (*MAT*) even // *nm* equal; (*de guantes*) pair; (*de veces*) couple; (*POL*) peer; (*GOLF, COM*) par; **abrir de** ~ **en** ~ to open wide.

para ['para] *prep* for; **no es** ~ **comer** it's not for eating; **decir** ~ **sí** to say to o.s.; ¿~ **qué lo quieres?** what do you want it for?; **se casaron ~ separarse otra vez** they married only to separate again; **lo tendré ~ mañana** I'll have it (for) tomorrow; **ir ~ casa** to go home, head for home; **~ profesor es muy estúpido** he's very stupid for a teacher; **¿quién es usted ~ gritar así?** who are you to shout like that?; **tengo bastante ~ vivir** I have enough to live on.

parabién [para'βjen] *nm* congratulations *pl*.

parábola [pa'raβola] *nf* parable; (MAT) parabola.

parabrisas [para'βrisas] *nm inv* windscreen (Brit), windshield (US).

paracaídas [paraka'iðas] *nm inv* parachute; **paracaidista** *nm/f* parachutist; (MIL) paratrooper.

parachoques [para'tʃokes] *nm inv* (AUTO) bumper; (MECANICA etc) shock absorber.

parada [pa'raða] *nf* stop; (acto) stopping; (de industria) shutdown, stoppage; (lugar) stopping place; **~ de autobús** bus stop.

paradero [para'ðero] *nm* stopping-place; (situación) whereabouts.

parado, a [pa'raðo, a] *a* (persona) motionless, standing still; (fábrica) closed, at a standstill; (coche) stopped; (AM) standing (up); (sin empleo) unemployed, idle.

paradoja [para'ðoxa] *nf* paradox.

parador [para'ðor] *nm* parador, stateowned hotel.

paráfrasis [pa'rafrasis] *nf inv* paraphrase.

paraguas [pa'raɣwas] *nm inv* umbrella.

Paraguay [para'ɣwai] *nm*: **el ~** Paraguay; **paraguayo, a** *a, nm/f* Paraguayan.

paraíso [para'iso] *nm* paradise, heaven.

paraje [pa'raxe] *nm* place, spot.

paralelo, a [para'lelo, a] *a* parallel.

parálisis [pa'ralisis] *nf inv* paralysis; **paralítico, a** *a, nm/f* paralytic.

paralizar [parali'θar] *vt* to paralyse; **~se** *vr* to become paralysed; (fig) to come to a standstill.

paramilitar [paramili'tar] *a* paramilitary.

páramo ['paramo] *nm* bleak plateau.

parangón [paran'gon] *nm*: **sin ~** incomparable.

paranoico, a [para'noiko, a] *nm/f* paranoiac.

parapléjico, a [para'plexiko, a] *a, nm/f* paraplegic.

parar [pa'rar] *vt* to stop; (golpe) to ward off // *vi* to stop; **~se** *vr* to stop; (AM) to stand up; **ha parado de llover** it has stopped raining; **van a ~ en la comisaria** they're going to end up in the police station; **~se** en to pay attention to.

parásito, a [pa'rasito, a] *nm/f* parasite.

parasol [para'sol] *nm* parasol, sunshade.

parcela [par'θela] *nf* plot, piece of ground.

parcial [par'θjal] *a* (pago) part-; (eclipse) partial; (JUR) prejudiced, biased; (POL) partisan; **~idad** *nf* (prejuicio) prejudice, bias.

parco, a ['parko, a] *a* (moderado) moderate.

parche ['partʃe] *nm* (gen) patch.

parear [pare'ar] *vt* (juntar, hacer par) to match, put together; (BIO) to mate, pair.

parecer [pare'θer] *nm* (opinión) opinion, view; (aspecto) looks *pl* // *vi* (tener apariencia) to seem, look; (asemejarse) to look o seem like; (aparecer, llegar) to appear; **~se** *vr* to look alike, resemble each other; **~se a** to look like, resemble; **según o a lo que parece** evidently, apparently; **me parece que** I think (that), it seems to me that.

parecido, a [pare'θiðo, a] *a* similar // *nm* similarity, likeness, resemblance; **bien ~** good-looking, nice-looking.

pared [pa'reð] *nf* wall.

parejo, a [pa'rexo, a] *a* (igual) equal; (liso) smooth, even // *nf* (par) pair; (dos personas) couple; (otro: de un par) other one (of a pair); (persona) partner.

parentela [paren'tela] *nf* relations *pl*.

parentesco [paren'tesko] *nm* relationship.

paréntesis [pa'rentesis] *nm inv* parenthesis; (digresión) digression; (en escrito) bracket.

parezco etc *vb ver* **parecer**.

pariente, a [pa'rjente, a] *nm/f* relative, relation.

parir [pa'rir] *vt* to give birth to // *vi* (mujer) to give birth, have a baby.

París [pa'ris] *n* Paris.

parking ['parkin] *nm* car park (Brit), parking lot (US).

parlamentar [parlamen'tar] *vi* (negociar) to parley.

parlamentario, a [parlamen'tarjo, a] *a* parliamentary // *nm/f* member of parliament.

parlamento [parla'mento] *nm* (POL) parliament.

parlanchín, ina [parlan'tʃin, ina] *a* indiscreet // *nm/f* chatterbox.

paro ['paro] *nm* (huelga) stoppage (of work), strike; (desempleo) unemployment; **subsidio de ~** unemployment benefit; **hay ~ en la industria** work in the industry is at a standstill.

parodia [pa'roðja] *nf* parody; **parodiar** *vt* to parody.

parpadear [parpaðe'ar] *vi* (ojos) to blink; (luz) to flicker.

párpado ['parpaðo] *nm* eyelid.

parque ['parke] *nm* (lugar verde) park; **~ de atracciones/infantil/zoológico** fairground/playground/zoo.

parquímetro [par'kimetro] *nm* parking

meter.

parra ['parra] *nf* (grape)vine.

párrafo ['parrafo] *nm* paragraph; **echar un ~** (*fam*) to have a chat.

parranda [pa'rranda] *nf* (*fam*) spree, binge.

parrilla [pa'rriʎa] *nf* (CULIN) grill; (*de coche*) grille; (**carne a la**) ~ barbecue; **~da** *nf* barbecue.

párroco ['parroko] *nm* parish priest.

parroquia [pa'rrokja] *nf* parish; (*iglesia*) parish church; (COM) clientele, customers *pl*; **~no, a** *nm/f* parishioner; client, customer.

parte ['parte] *nm* message; (*informe*) report // *nf* part; (*lado, cara*) side; (*de reparto*) share; (JUR) party; **en alguna ~ de Europa** somewhere in Europe; **en/por todas ~s** everywhere; **en gran ~** to a large extent; **la mayor ~ de los españoles** most Spaniards; **de un tiempo a esta ~** for some time past; **de ~ de alguien** on sb's behalf; **¿de ~ de quién?** (TEL) who is speaking?; **por ~ de** on the part of; **yo por mi ~** I for my part; **por otra ~** on the other hand; **dar ~** to inform; **tomar ~** to take part.

partera [par'tera] *nf* midwife.

partición [parti'θjon] *nf* division, sharing-out; (POL) partition.

participación [partiθipa'θjon] *nf* (*acto*) participation, taking part; (*parte, COM*) share; (*de lotería*) shared prize; (*aviso*) notice, notification.

participante [partiθi'pante] *nm/f* participant.

participar [partiθi'par] *vt* to notify, inform // *vi* to take part, participate.

partícipe [par'tiθipe] *nm/f* participant.

particular [partiku'lar] *a* (*especial*) particular, special; (*individual, personal*) private, personal // *nm* (*punto, asunto*) particular, point; (*individuo*) individual; **tiene coche ~** he has a car of his own; **~izar** *vt* to distinguish; (*especificar*) to specify; (*detallar*) to give details about.

partida [par'tiða] *nf* (*salida*) departure; (COM) entry, item; (*juego*) game; (*grupo de personas*) band, group; **mala ~** dirty trick; **~ de nacimiento/matrimonio/defunción** birth/marriage/death certificate.

partidario, a [parti'ðarjo, a] *a* partisan // *nm/f* supporter, partisan.

partido [par'tiðo] *nm* (POL) party; (DEPORTE: *encuentro*) game, match; (: *equipo*) team; (*apoyo*) support; **sacar ~ de** to profit *o* benefit from; **tomar ~** to take sides.

partir [par'tir] *vt* (*dividir*) to split, divide; (*compartir, distribuir*) to share (out), distribute; (*romper*) to break open, split open; (*rebanada*) to cut (off) // *vi* (*ponerse en camino*) to set off *o* out;

(*comenzar*) to start (off *o* out); **~se** *vr* to crack *o* split *o* break (in two *etc*); **a ~ de** (starting) from.

parto ['parto] *nm* birth; (*fig*) product, creation; **estar de ~** to be in labour.

parvulario [parβu'larjo] *nm* nursery school, kindergarten.

pasa ['pasa] *nf* raisin; **~ de Corinto/de Esmirna** currant/sultana.

pasada [pa'saða] *af, nf ver* **pasado**.

pasadizo [pasa'ðiθo] *nm* (*pasillo*) passage, corridor; (*callejuela*) alley.

pasado, a [pa'saðo, a] *a* past; (*malo: comida, fruta*) bad; (*muy cocido*) overdone; (*anticuado*) out of date // *nm* past // *nf* passing, passage; **~ mañana** the day after tomorrow; **el mes ~** last month; **de pasada** in passing, incidentally; **una mala pasada** a dirty trick.

pasador [pasa'ðor] *nm* (*gen*) bolt; (*de pelo*) hair slide; (*horquilla*) grip.

pasaje [pa'saxe] *nm* passage; (*pago de viaje*) fare; (*los pasajeros*) passengers *pl*; (*pasillo*) passageway.

pasajero, a [pasa'xero, a] *a* passing // *nm/f* passenger.

pasamanos [pasa'manos] *nm inv* (hand)rail; (*de escalera*) banisters *pl*.

pasamontañas [pasamon'taɲas] *nm inv* balaclava helmet.

pasaporte [pasa'porte] *nm* passport.

pasar [pa'sar] *vt* to pass; (*tiempo*) to spend; (*desgracias*) to suffer, endure; (*noticia*) to give, pass on; (*río*) to cross; (*barrera*) to pass through; (*falta*) to overlook, tolerate; (*contrincante*) to surpass, do better than; (*coche*) to overtake; (CINE) to show; (*enfermedad*) to give, infect with // *vi* (*gen*) to pass; (*terminarse*) to be over; (*ocurrir*) to happen; **~se** *vr* (*flores*) to fade; (*comida*) to go bad *o* off; (*fig*) to overdo it, go too far; **~ de** to go beyond, exceed; **~ por** (AM) to fetch; **¡lo bien/mal** to have a good/bad time; **¡pase!** come in!; **~se al enemigo** to go over to the enemy; **se me pasó** I forgot; **no se le pasa nada** he misses nothing; **pase lo que pase** come what may.

pasarela [pasa'rela] *nf* footbridge; (*en barco*) gangway.

pasatiempo [pasa'tjempo] *nm* pastime, hobby.

Pascua ['paskwa] *nf*: **~ (de Resurrección)** Easter; **~ de Navidad** Christmas; **~s** *nfpl* Christmas (time); **¡felices ~s!** Merry Christmas!

pase ['pase] *nm* pass; (CINE) performance, showing.

pasear [pase'ar] *vt* to take for a walk; (*exhibir*) to parade, show off // *vi, ~se* *vr* to walk, go for a walk; **~ en coche** to go for a drive; **paseo** *nm* (*avenida*) avenue; (*distancia corta*) walk, stroll; **dar un *o* ir de paseo** to go for a walk.

pasillo [pa'siʎo] *nm* passage, corridor.
pasión [pa'sjon] *nf* passion.
pasivo, a [pa'siβo, a] *a* passive; (*inactivo*) inactive // *nm* (*COM*) liabilities *pl*, debts *pl*; (*LING*) passive.
pasmar [pas'mar] *vt* (*asombrar*) to amaze, astonish; **pasmo** *nm* amazement, astonishment; (*resfriado*) chill; (*fig*) wonder, marvel; **pasmoso, a** *a* amazing, astonishing.
paso, a ['paso, a] *a* dried // *nm* step; (*modo de andar*) walk; (*huella*) footprint; (*rapidez*) speed, pace, rate; (*camino accesible*) way through, passage; (*cruce*) crossing; (*pasaje*) passing, passage; (*GEO*) pass; (*estrecho*) strait; ~ **de peatones** pedestrian crossing; **a ese ~** (*fig*) at that rate; **salir al ~ de** *o* **a** to waylay; **estar de ~** to be passing through; ~ **elevado** flyover; **prohibido el ~** no entry; **ceda el ~** give way.
pasota [pa'sota] *a, nm/f* (*fam*) ≈ dropout; **ser un (tipo) ~** to be a bit of a dropout; (*ser indiferente*) not to care about anything.
pasta ['pasta] *nf* paste; (*CULIN*: *masa*) dough; (: *de bizcochos etc*) pastry; (*fam*) dough; ~**s** *nfpl* (*bizcochos etc*) pastries, small cakes; (*fideos, espaguetis etc*) pasta; ~ **de dientes** *o* **dentífrica** toothpaste.
pastar [pas'tar] *vt, vi* to graze.
pastel [pas'tel] *nm* (*dulce*) cake; ~ **de carne** meat pie; (*ARTE*) pastel; ~**ería** *nf* cake shop.
pasteurizado, a [pasteuri'θaðo, a] *a* pasteurized.
pastilla [pas'tiʎa] *nf* (*de jabón, chocolate*) bar; (*píldora*) tablet, pill.
pasto ['pasto] *nm* (*hierba*) grass; (*lugar*) pasture, field.
pastor, a [pas'tor, a] *nm/f* shepherd/ess // *nm* (*REL*) clergyman, pastor.
pata ['pata] *nf* (*pierna*) leg; (*pie*) foot; (*de muebles*) leg; ~**s arriba** upside down; **meter la ~** to put one's foot in it; (*TEC*): ~ **de cabra** crowbar; **tener buena/mala ~** to be lucky/unlucky; ~**da** *nf* kick; (*en el suelo*) stamp.
patalear [patale'ar] *vi* (*en el suelo*) to stamp one's feet.
patata [pa'tata] *nf* potato; ~**s fritas** *o* **a la española** chips, French fries; ~**s fritas** (*de bolsa*) crisps.
paté [pa'te] *nm* pâté.
patear [pate'ar] *vt* (*pisar*) to stamp on, trample (on); (*pegar con el pie*) to kick // *vi* to stamp (with rage), stamp one's feet.
patente [pa'tente] *a* obvious, evident; (*COM*) patent // *nf* patent.
paternal [pater'nal] *a* fatherly, paternal; **paterno, a** *a* paternal.
patético, a [pa'tetiko, a] *a* pathetic,

moving.
patillas [pa'tiʎas] *nfpl* sideburns.
patín [pa'tin] *nm* skate; (*de trineo*) runner; **patinaje** *nm* skating; **patinar** *vi* to skate; (*resbalarse*) to skid, slip; (*fam*) to slip up, blunder.
patio ['patjo] *nm* (*de casa*) patio, courtyard; ~ **de recreo** playground.
pato ['pato] *nm* duck; **pagar el ~** (*fam*) to take the blame, carry the can.
patológico, a [pato'loxiko, a] *a* pathological.
patoso, a [pa'toso, a] *a* (*fam*) clumsy.
patraña [pa'traɲa] *nf* story, fib.
patria ['patrja] *nf* native land, mother country.
patrimonio [patri'monjo] *nm* inheritance; (*fig*) heritage.
patriota [pa'trjota] *nm/f* patriot; **patriotismo** *nm* patriotism.
patrocinar [patroθi'nar] *vt* to sponsor; (*apoyar*) to back, support; **patrocinio** *nm* sponsorship; backing, support.
patrón, ona [pa'tron, ona] *nm/f* (*jefe*) boss, chief, master/mistress; (*propietario*) landlord/lady; (*REL*) patron saint // *nm* (*TEC, COSTURA*) pattern.
patronal [patro'nal] *a*: **la clase ~** management.
patronato [patro'nato] *nm* sponsorship; (*acto*) patronage; (*fundación benéfica*) trust, foundation.
patrulla [pa'truʎa] *nf* patrol.
pausa ['pausa] *nf* pause, break.
pausado, a [pau'saðo, a] *a* slow, deliberate.
pauta ['pauta] *nf* line, guide line.
pavimento [paβi'mento] *nm* (*con losas*) pavement, paving.
pavo ['paβo] *nm* turkey; ~ **real** peacock.
pavor [pa'βor] *nm* dread, terror.
payaso, a [pa'jaso, a] *nm/f* clown.
payo, a ['pajo] *nm/f* (*para gitanos*) nongipsy.
paz [paθ] *nf* peace; (*tranquilidad*) peacefulness, tranquillity; **hacer las paces** to make peace; (*fig*) to make up; **La P~** *n* (*GEO*) La Paz.
PC *abr* = **Partido Comunista**.
P.D. *abr* (= *posdata*) PS, ps.
peaje [pe'axe] *nm* toll.
peatón [pea'ton] *nm* pedestrian.
peca ['peka] *nf* freckle.
pecado [pe'kaðo] *nm* sin; **pecador, a** *a* sinful // *nm/f* sinner.
pecaminoso, a [pekami'noso, a] *a* sinful.
pecar [pe'kar] *vi* (*REL*) to sin; (*fig*): **peca de generoso** he is generous to a fault.
peculiar [peku'ljar] *a* special, peculiar; (*característico*) typical, characteristic; ~**idad** *nf* peculiarity; special feature, characteristic.
pecho ['petʃo] *nm* (*ANAT*) chest; (*de mujer*) breast(s) (*pl*), bosom; (*fig*: *co-*

razón) heart, breast; (: *valor*) courage, spirit; **dar el ~ a** to breast-feed; **tomar algo a ~** to take sth to heart.

pechuga [pe'tʃuɣa] *nf* breast.

pedal [pe'ðal] *nm* pedal; **~ear** *vi* to pedal.

pédalo ['peðalo] *nm* pedal boat.

pedante [pe'ðante] *a* pedantic // *nm/f* pedant; **~ría** *nf* pedantry.

pedazo [pe'ðaθo] *nm* piece, bit; **hacerse ~s** (*romperse*) to smash, shatter.

pedernal [peðer'nal] *nm* flint.

pediatra [pe'ðjatra] *nm/f* paediatrician.

pedicuro, a [peði'kuro, a] *nm/f* chiropodist.

pedido [pe'ðiðo] *nm* (*COM: mandado*) order; (*petición*) request.

pedir [pe'ðir] *vt* to ask for, request; (*comida, COM: mandar*) to order; (*exigir: precio*) to ask; (*necesitar*) to need, demand, require // *vi* to ask; **me pidió que cerrara la puerta** he asked me to shut the door; **¿cuánto piden por el coche?** how much are they asking for the car?

pegadizo, a [peɣa'ðiθo, a] *a* (*MUS*) catchy.

pegajoso, a [peɣa'xoso, a] *a* sticky, adhesive.

pegamento [peɣa'mento] *nm* gum, glue.

pegar [pe'ɣar] *vt* (*papel, sellos*) to stick (on); (*cartel*) to stick up; (*coser*) to sew (on); (*unir: partes*) to join, fix together; (*MED*) to give, infect with; (*dar: golpe*) to give, deal // *vi* (*adherirse*) to stick, adhere; (*ir juntos: colores*) to match, go together; (*golpear*) to hit; (*quemar: el sol*) to strike hot, burn (*fig*); **~se** *vr* (*gen*) to stick; (*dos personas*) to hit each other, fight; (*fam*): **~ un grito** to let out a yell; **~ un salto** to jump (with fright); **~ en** to touch; **~se un tiro** to shoot o.s.

pegatina [peɣa'tina] *nf* sticker.

peinado [pei'naðo] *nm* (*en peluquería*) hairdo; (*estilo*) hair style.

peinar [pei'nar] *vt* to comb; (*hacer estilo*) to style; **~se** *vr* to comb one's hair.

peine ['peine] *nm* comb; **~ta** *nf* ornamental comb.

p.ej. *abr* (= *por ejemplo*) eg.

Pekín [pe'kin] *n* Pekin(g).

pelado, a [pe'laðo, a] *a* (*fruta, patata etc*) peeled; (*cabeza*) shorn; (*campo, fig*) bare; (*fam: sin dinero*) broke.

pelaje [pe'laxe] *nm* (*ZOOL*) fur, coat; (*fig*) appearance.

pelambre [pe'lambre] *nm* (*pelo largo*) long hair, mop.

pelar [pe'lar] *vt* (*fruta, patatas etc*) to peel; (*cortar el pelo a*) to cut the hair of; (*quitar la piel: animal*) to skin; **~se** *vr* (*la piel*) to peel off; **voy a ~me** I'm going to get my hair cut.

peldaño [pel'daño] *nm* step.

pelea [pe'lea] *nf* (*lucha*) fight; (*discusión*) quarrel, row.

peleado, a [pele'aðo, a] *a*: **estar ~ (con uno)** to have fallen out (with sb).

pelear [pele'ar] *vi* to fight; **~se** *vr* to fight; (*reñirse*) to fall out, quarrel.

peletería [pelete'ria] *nf* furrier's, fur shop.

pelícano [pe'likano] *nm* pelican.

película [pe'likula] *nf* film; (*cobertura ligera*) thin covering; (*FOTO: rollo*) roll o reel of film.

peligro [pe'liɣro] *nm* danger; (*riesgo*) risk; **correr ~ de** to run the risk of; **~so, a** *a* dangerous; risky.

pelirrojo, a [peli'rroxo, a] *a* red-haired, red-headed // *nm/f* redhead.

pelma ['pelma] *nm/f*, **pelmazo** [pel'maθo] *nm* (*fam*) pain (in the neck).

pelo ['pelo] *nm* (*cabellos*) hair; (*de barba, bigote*) whisker; (*de animal: pellejo*) hair, fur, coat; **al ~** just right; **venir al ~** to be exactly what one needs; **un hombre de ~ en pecho** a brave man; **por los ~s** by the skin of one's teeth; **no tener ~s en la lengua** to be outspoken, not mince words; **tomar el ~ a uno** to pull sb's leg.

pelón, ona [pe'lon, ona] *a* hairless, bald.

pelota [pe'lota] *nf* ball; (*fam: cabeza*) nut; **en ~** stark naked; **hacer la ~ (a uno)** (*fam*) to creep (to sb); **~ vasca** pelota.

pelotari [pelo'tari] *nm* pelota player.

pelotón [pelo'ton] *nm* (*MIL*) squad, detachment.

peluca [pe'luka] *nf* wig.

peluche [pe'lutʃe] *nm*: **oso/muñeco de ~** teddy bear/soft toy.

peludo, a [pe'luðo, a] *a* hairy, shaggy.

peluquería [peluke'ria] *nf* hairdresser's; (*para hombres*) barber's (shop); **peluquero, a** *nm/f* hairdresser; barber.

pelusa [pe'lusa] *nf* (*BOT*) down; (*COSTURA*) fluff.

pellejo [pe'ʎexo] *nm* (*de animal*) skin, hide.

pellizcar [peʎiθ'kar] *vt* to pinch, nip.

pena ['pena] *nf* (*congoja*) grief, sadness; (*remordimiento*) regret; (*dificultad*) trouble; (*dolor*) pain; (*JUR*) sentence; **merecer o valer la ~** to be worthwhile; **a duras ~s** with great difficulty; **~ de muerte** death penalty; **~ pecuniaria** fine; **¡qué ~!** what a shame!

penal [pe'nal] *a* penal // *nm* (*cárcel*) prison.

penalidad [penali'ðað] *nf* (*problema, dificultad*) trouble, hardship; (*JUR*) penalty, punishment.

penalti, penalty [pe'nalti] (*pl* **penaltis**, **penálty(e)s**, **penalties**) *nm* penalty (kick).

penar [pe'nar] *vt* to penalize; (*castigar*) to punish // *vi* to suffer.

pendiente [pen'djente] *a* pending, unsettled // *nm* earring // *nf* hill, slope.

pene ['pene] *nm* penis.

penetración [penetra'θjon] *nf* (*acto*) penetration; (*agudeza*) sharpness, insight.

penetrante [pene'trante] *a* (*herida*) deep; (*persona, arma*) sharp; (*sonido*) penetrating, piercing; (*mirada*) searching; (*viento, ironía*) biting.

penetrar [pene'trar] *vt* to penetrate, pierce; (*entender*) to grasp // *vi* to penetrate, go in; (*entrar*) to enter, go in; (*líquido*) to soak in; (*fig*) to pierce.

penicilina [peniθi'lina] *nf* penicillin.

península [pe'ninsula] *nf* peninsula; **peninsular** *a* peninsular.

penique [pe'nike] *nm* penny.

penitencia [peni'tenθja] *nf* (*remordimiento*) penitence; (*castigo*) penance; **~ría** *nf* prison, penitentiary.

penoso, a [pe'noso, a] *a* (*difícil*) arduous, difficult.

pensador, a [pensa'ðor, a] *nm/f* thinker.

pensamiento [pensa'mjento] *nm* thought; (*mente*) mind; (*idea*) idea.

pensar [pen'sar] *vt* to think; (*considerar*) to think over, think out; (*proponerse*) to intend, plan; (*imaginarse*) to think up, invent // *vi* to think; **~ en** to aim at, aspire to; **pensativo, a** *a* thoughtful, pensive.

pensión [pen'sjon] *nf* (*casa*) boarding *o* guest house; (*dinero*) pension; (*cama y comida*) board and lodging; **~ completa** full board; **pensionista** *nm/f* (*jubilado*) (old-age) pensioner; (*huésped*) lodger.

penúltimo, a [pe'nultimo, a] *a* penultimate, last but one.

penumbra [pe'numbra] *nf* half-light.

penuria [pe'nurja] *nf* shortage, want.

peña ['peɲa] *nf* (*roca*) rock; (*cuesta*) cliff, crag; (*grupo*) group, circle; (*AM: club*) folk club.

peñasco [pe'ɲasko] *nm* large rock, boulder.

peñón [pe'ɲon] *nm* wall of rock; **el P~** the Rock (of Gibraltar).

peón [pe'on] *nm* labourer; (*AM*) farm labourer, farmhand; (*AJEDREZ*) pawn.

peonza [pe'onθa] *nf* spinning top.

peor [pe'or] *a* (*comparativo*) worse; (*superlativo*) worst // *ad* worse; worst; **de mal en ~** from bad to worse.

pepinillo [pepi'niʎo] *nm* gherkin.

pepino [pe'pino] *nm* cucumber; **(no) me importa un ~** I don't care one bit.

pepita [pe'pita] *nf* (*BOT*) pip; (*MINERIA*) nugget.

pequeñez [peke'ɲeθ] *nf* smallness, littleness; (*trivialidad*) trifle, triviality.

pequeño, a [pe'keɲo, a] *a* small, little.

pera ['pera] *nf* pear; **peral** *nm* pear tree.

percance [per'kanθe] *nm* setback, misfortune.

percatarse [perka'tarse] *vr*: **~ de** to notice, take note of.

percepción [perθep'θjon] *nf* (*vista*) perception; (*idea*) notion, idea.

perceptible [perθep'tiβle] *a* perceptible, noticeable; (*COM*) payable, receivable.

percibir [perθi'βir] *vt* to perceive, notice; (*COM*) to earn, get.

percusión [perku'sjon] *nf* percussion.

percha ['pertʃa] *nf* (*ganchos*) coat hooks *pl*; (*colgador*) coat hanger; (*de ave*) perch.

perdedor, a [perðe'ðor, a] *a* losing // *nm/f* loser.

perder [per'ðer] *vt* to lose; (*tiempo, palabras*) to waste; (*oportunidad*) to lose, miss; (*tren*) to miss // *vi* to lose; **~se** *vr* (*extraviarse*) to get lost; (*desaparecer*) to disappear, be lost to view; (*arruinarse*) to be ruined; **echar a ~** (*comida*) to spoil, ruin; (*oportunidad*) to waste.

perdición [perði'θjon] *nf* perdition, ruin.

pérdida ['perðiða] *nf* loss; (*de tiempo*) waste; **~s** *nfpl* (*COM*) losses.

perdido, a [per'ðiðo, a] *a* lost.

perdiz [per'ðiθ] *nf* partridge.

perdón [per'ðon] *nm* (*disculpa*) pardon, forgiveness; (*clemencia*) mercy; **¡~!** sorry!, I beg your pardon!; **perdonar** *vt* to pardon, forgive; (*la vida*) to spare; (*excusar*) to exempt, excuse; **¡perdone (usted)!** sorry!, I beg your pardon!

perdurable [perðu'raβle] *a* lasting; (*eterno*) everlasting.

perdurar [perðu'rar] *vi* (*resistir*) to last, endure; (*seguir existiendo*) to stand, still exist.

perecedero, a [pereθe'ðero, a] *a* (*COM etc*) perishable.

perecer [pere'θer] *vi* (*morir*) to perish, die; (*objeto*) to shatter.

peregrinación [pereɣrina'θjon] *nf* (*REL*) pilgrimage.

peregrino, a [pere'ɣrino, a] *a* (*idea*) strange, absurd // *nm/f* pilgrim.

perejil [pere'xil] *nm* parsley.

perenne [pe'renne] *a* everlasting, perennial.

perentorio, a [peren'torjo, a] *a* (*urgente*) urgent, peremptory; (*fijo*) set, fixed.

pereza [pe'reθa] *nf* laziness, idleness; **perezoso, a** *a* lazy, idle.

perfección [perfek'θjon] *nf* perfection; **perfeccionar** *vt* to perfect; (*mejorar*) to improve; (*acabar*) to complete, finish.

perfectamente [perfecta'mente] *ad* perfectly.

perfecto, a [per'fekto, a] *a* perfect; (*terminado*) complete, finished.

perfidia [per'fiðja] *nf* perfidy, treachery.

perfil [per'fil] *nm* profile; (*contorno*) silhouette, outline; (*ARQ*) (cross) section; **~es** *nmpl* features; (*fig*) social graces; ~**ado, a** *a* (*bien formado*) well-shaped; (*largo: cara*) long; ~**ar** *vt* (*trazar*) to outline; (*fig*) to shape, give character to.

perforación [perfora'θjon] *nf* perforation; (*con taladro*) drilling; **perforadora** *nf* punch.

perforar [perfo'rar] *vt* to perforate; (*agujero*) to drill, bore; (*papel*) to punch a hole in // *vi* to drill, bore.

perfume [per'fume] *nm* perfume, scent.

pericia [pe'riθja] *nf* skill, expertise.

periferia [peri'ferja] *nf* periphery; (*de ciudad*) outskirts *pl*.

periférico [peri'feriko] *nm* (*AM*) ring road (*Brit*), beltway (*US*).

perímetro [pe'rimetro] *nm* perimeter.

periódico, a [pe'rjoðiko, a] *a* periodic(al) // *nm* newspaper.

periodismo [perjo'ðismo] *nm* journalism; **periodista** *nm/f* journalist.

periodo [pe'rjoðo], **período** [pe'rioðo] *nm* period.

periquito [peri'kito] *nm* budgerigar, budgie.

perito, a [pe'rito, a] *a* (*experto*) expert; (*diestro*) skilled, skilful // *nm/f* expert; skilled worker; (*técnico*) technician.

perjudicar [perxuði'kar] *vt* (*gen*) to damage, harm; **perjudicial** *a* damaging, harmful; (*en detrimento*) detrimental; **perjuicio** *nm* damage, harm.

perjurar [perxu'rar] *vi* to commit perjury.

perla ['perla] *nf* pearl; me viene de ~ it suits me fine.

permanecer [permane'θer] *vi* (*quedarse*) to stay, remain; (*seguir*) to continue to be.

permanencia [perma'nenθja] *nf* permanence; (*estancia*) stay.

permanente [perma'nente] *a* permanent, constant // *nf* perm.

permisible [permi'sißle] *a* permissible, allowable.

permiso [per'miso] *nm* permission; (*licencia*) permit, licence; con ~ excuse me; estar de ~ (*MIL*) to be on leave; ~ de conducir driving licence (*Brit*), driver's license (*US*).

permitir [permi'tir] *vt* to permit, allow.

pernera [per'nera] *nf* trouser leg.

pernicioso, a [perni'θjoso, a] *a* (*maligno, MED*) pernicious; (*persona*) wicked.

pernio ['pernjo] *nm* hinge.

perno ['perno] *nm* bolt.

pero ['pero] *conj* but; (*aún*) yet // *nm* (*defecto*) flaw, defect; (*reparo*) objection.

perol [pe'rol] *nm*, **perola** [pe'rola] *nf* (large metal) pan.

perpendicular [perpendiku'lar] *a* perpendicular.

perpetrar [perpe'trar] *vt* to perpetrate.

perpetuar [perpe'twar] *vt* to perpetuate;

perpetuo, a *a* perpetual.

perplejo, a [per'plexo, a] *a* perplexed, bewildered.

perra ['perra] *nf* (*ZOOL*) bitch; (*fam: dinero*) money; estar sin una ~ to be flat broke.

perrera [pe'rrera] *nf* kennel.

perro ['perro] *nm* dog.

persa ['persa] *a, nm/f* Persian.

persecución [perseku'θjon] *nf* pursuit, chase; (*REL, POL*) persecution.

perseguir [perse'xir] *vt* to pursue, hunt; (*cortejar*) to chase after; (*molestar*) to pester, annoy; (*REL, POL*) to persecute.

perseverante [perseße'rante] *a* persevering, persistent.

perseverar [perseße'rar] *vi* to persevere, persist; ~ en to persevere in, persist with.

persiana [per'sjana] *nf* (Venetian) blind.

persignarse [persix'narse] *vr* to cross o.s.

persistente [persis'tente] *a* persistent.

persistir [persis'tir] *vi* to persist.

persona [per'sona] *nf* person; ~ mayor elderly person; 10 ~s 10 people.

personaje [perso'naxe] *nm* important person, celebrity; (*TEATRO etc*) character.

personal [perso'nal] *a* (*particular*) personal; (*para una persona*) single, for one person // *nm* personnel, staff; ~**idad** *nf* personality.

personarse [perso'narse] *vr* to appear in person.

personificar [personifi'kar] *vt* to personify.

perspectiva [perspek'tißa] *nf* perspective; (*vista, panorama*) view, panorama; (*posibilidad futura*) outlook, prospect.

perspicacia [perspi'kaθja] *nf* (*fig*) discernment, perspicacity.

perspicaz [perspi'kaθ] *a* shrewd.

persuadir [perswa'ðir] *vt* (*gen*) to persuade; (*convencer*) to convince; ~**se** *vr* to become convinced; **persuasión** *nf* persuasion; **persuasivo, a** *a* persuasive; convincing.

pertenecer [pertene'θer] *vi* to belong; (*fig*) to concern; **pertenencia** *nf* ownership; **pertenencias** *nfpl* possessions, property *sg*; **perteneciente** *a*: perteneciente a belonging to.

pertenezca *etc vb ver* **pertenecer**.

pértiga ['pertixa] *nf*: salto de ~ pole vault.

pertinaz [perti'naθ] *a* (*persistente*) persistent; (*terco*) obstinate.

pertinente [perti'nente] *a* relevant, pertinent; (*apropiado*) appropriate; ~ a concerning, relevant to.

perturbación [perturßa'θjon] *nf* (*POL*) disturbance; (*MED*) upset, disturbance.

perturbado, a [pertur'ßaðo, a] *a* mentally unbalanced.

perturbador, a [perturßa'ðor, a] *a* perturbing, disturbing; (*subversivo*) subversive.

perturbar [pertur'ßar] *vt* (*el orden*) to disturb; (*MED*) to upset, disturb; (*mentalmente*) to perturb.

Perú [pe'ru] *nm*: el ~ Peru; **peruano, a** *a, nm/f* Peruvian.

perversión [perßer'sjon] *nf* perversion; **perverso, a** *a* perverse; (*depravado*) depraved.

pervertido, a [perßer'tiðo, a] *a* perverted // *nm/f* pervert.

pervertir [perßer'tir] *vt* to pervert, corrupt.

pesa ['pesa] *nf* weight; (*DEPORTE*) shot.

pesadez [pesa'ðeθ] *nf* (*peso*) heaviness; (*lentitud*) slowness; (*aburrimiento*) tediousness.

pesadilla [pesa'ðiʎa] *nf* nightmare, bad dream.

pesado, a [pe'saðo, a] *a* heavy; (*lento*) slow; (*difícil, duro*) tough, hard; (*aburrido*) boring, tedious; (*tiempo*) sultry.

pesadumbre [pesa'ðumbre] *nf* grief, sorrow.

pésame ['pesame] *nm* expression of condolence, message of sympathy; **dar el ~** to express one's condolences.

pesar [pe'sar] *vt* to weigh // *vi* to weigh; (*ser pesado*) to weigh a lot, be heavy; (*fig: opinión*) to carry weight; **no pesa mucho** it doesn't weigh much // *nm* (*arrepentimiento*) regret; (*pena*) grief, sorrow; **a ~ de** o **pese a (que)** in spite of, despite.

pesario [pe'sarjo] *nm* pessary.

pesca ['peska] *nf* (*acto*) fishing; (*lo pescado*) catch; **ir de ~** to go fishing.

pescadería [peskaðe'ria] *nf* fish shop, fishmonger's (*Brit*).

pescado [pes'kaðo] *nm* fish.

pescador, a [peska'ðor, a] *nm/f* fisherman/woman.

pescar [pes'kar] *vt* (*tomar*) to catch; (*intentar tomar*) to fish for; (*conseguir: trabajo*) to manage to get // *vi* to fish, go fishing.

pescuezo [pes'kweθo] *nm* (*ZOOL*) neck.

pesebre [pe'seßre] *nm* manger.

peseta [pe'seta] *nf* peseta.

pesimista [pesi'mista] *a* pessimistic // *nm/f* pessimist.

pésimo, a ['pesimo, a] *a* awful, dreadful.

peso ['peso] *nm* weight; (*balanza*) scales *pl*; (*moneda*) peso; ~ **bruto/neto** gross/net weight; **vender a ~** to sell by weight.

pesquero, a [pes'kero, a] *a* fishing *cpd*.

pesquisa [pes'kisa] *nf* inquiry, investigation.

pestaña [pes'taɲa] *nf* (*ANAT*) eyelash; (*borde*) rim; **pestañear** *vi* to blink.

peste ['peste] *nf* plague; (*mal olor*) stink, stench.

pesticida [pesti'θiða] *nm* pesticide.

pestilencia [pesti'lenθja] *nf* (*mal olor*) stink, stench.

pestillo [pes'tiʎo] *nm* (*cerrojo*) bolt; (*picaporte*) doorhandle.

petaca [pe'taka] *nf* (*AM*) suitcase.

pétalo ['petalo] *nm* petal.

petardo [pe'tardo] *nm* firework, firecracker.

petición [peti'θjon] *nf* (*pedido*) request, plea; (*memorial*) petition; (*JUR*) plea.

petrificar [petrifi'kar] *vt* to petrify.

petróleo [pe'troleo] *nm* oil, petroleum; **petrolero, a** *a* petroleum *cpd* // *nm* (*COM: persona*) oil man; (*buque*) (oil) tanker.

peyorativo, a [pejora'tißo, a] *a* pejorative.

pez [peθ] *nm* fish.

pezón [pe'θon] *nm* teat, nipple.

pezuña [pe'θuɲa] *nf* hoof.

piadoso, a [pja'ðoso, a] *a* (*devoto*) pious, devout; (*misericordioso*) kind, merciful.

pianista [pja'nista] *nm/f* pianist.

piano ['pjano] *nm* piano.

piar [pjar] *vi* to cheep.

pibe, a ['piße, a] *nm/f* (*AM*) boy/girl.

picadero [pika'ðero] *nm* riding school.

picadillo [pika'ðiʎo] *nm* mince, minced meat.

picado, a [pi'kaðo, a] *a* pricked, punctured; (*CULIN*) minced, chopped; (*mar*) choppy; (*diente*) bad; (*tabaco*) cut; (*enfadado*) cross.

picador [pika'ðor] *nm* (*TAUR*) picador; (*minero*) faceworker.

picadura [pika'ðura] *nf* (*pinchazo*) puncture; (*de abeja*) sting; (*de mosquito*) bite; (*tabaco picado*) cut tobacco.

picante [pi'kante] *a* hot; (*comentario*) racy, spicy.

picaporte [pika'porte] *nm* (*manija*) doorhandle; (*pestillo*) latch.

picar [pi'kar] *vt* (*agujerear, perforar*) to prick, puncture; (*abeja*) to sting; (*mosquito, serpiente*) to bite; (*CULIN*) to mince, chop; (*incitar*) to incite, goad; (*dañar, irritar*) to annoy, bother; (*quemar: lengua*) to burn, sting // *vi* (*pez*) to bite, take the bait; (*sol*) to burn, scorch; (*abeja, MED*) to sting; (*mosquito*) to bite; **~se** *vr* (*agriarse*) to turn sour, go off; (*ofenderse*) to take offence.

picardía [pikar'ðia] *nf* villainy; (*astucia*) slyness, craftiness; (*una ~*) dirty trick; (*palabra*) rude/bad word o expression.

pícaro, a ['pikaro, a] *a* (*malicioso*) villainous; (*travieso*) mischievous // *nm* (*astuto*) crafty sort; (*sinvergüenza*) rascal, scoundrel.

pico ['piko] *nm* (*de ave*) beak; (*punta*)

sharp point; (*TEC*) pick, pickaxe; (*GEO*) peak, summit; **y ~** and a bit.

picotear [pikote'ar] *vt* to peck // *vi* to nibble, pick.

picudo, a [pi'kuðo, a] *a* pointed, with a point.

pichón [pi'tʃon] *nm* young pigeon.

pido, pidió *etc vb ver* **pedir.**

pie [pje] (*pl* ~s) *nm* foot; (*fig: motivo*) motive, basis; (: *fundamento*) foothold; **ir a ~** to go on foot, walk; **estar de ~** to be standing (up); **ponerse de ~** to stand up; **de ~s a cabeza** from top to bottom; **al ~ de la letra** (*citar*) literally, verbatim; (*copiar*) exactly, word for word; **en ~ de guerra** on a war footing; **dar ~ a** to give cause for; **hacer ~** (*en el agua*) to touch (the) bottom.

piedad [pje'ðað] *nf* (*lástima*) pity, compassion; (*clemencia*) mercy; (*devoción*) piety, devotion.

piedra ['pjeðra] *nf* stone; (*roca*) rock; (*de mechero*) flint; (*METEOROLOGIA*) hailstone.

piel [pjel] *nf* (*ANAT*) skin; (*ZOOL*) skin, hide, fur; (*cuero*) leather; (*BOT*) skin, peel.

pienso *etc vb ver* **pensar.**

pierdo *etc vb ver* **perder.**

pierna ['pjerna] *nf* leg.

pieza ['pjeθa] *nf* piece; (*habitación*) room; **~ de recambio** *o* **repuesto** spare (part).

pigmeo, a [piɣ'meo, a] *a, nm/f* pigmy.

pijama [pi'xama] *nm* pyjamas *pl.*

pila ['pila] *nf* (*ELEC*) battery; (*montón*) heap, pile; (*lavabo*) sink.

píldora ['pilðora] *nf* pill; **la ~** (*anticonceptiva*) the (contraceptive) pill.

pileta [pi'leta] *nf* basin, bowl; (*AM*) swimming pool.

piloto [pi'loto] *nm* pilot; (*de aparato*) (pilot) light; (*AUTO: luz*) tail *o* rear light; (: *conductor*) driver.

pillaje [pi'ʎaxe] *nm* pillage, plunder.

pillar [pi'ʎar] *vt* (*saquear*) to pillage, plunder; (*fam: coger*) to catch; (: *agarrar*) to grasp, seize; (: *entender*) to grasp, catch on to; **~se** *vr*: **~se un dedo con la puerta** to catch one's finger in the door.

pillo, a ['piʎo, a] *a* villainous; (*astuto*) sly, crafty // *nm/f* rascal, rogue, scoundrel.

pimentón [pimen'ton] *nm* paprika.

pimienta [pi'mjenta] *nf* pepper.

pimiento [pi'mjento] *nm* pepper, pimiento.

pinacoteca [pinako'teka] *nf* art gallery.

pinar [pi'nar] *nm* pine forest (*Brit*), pine grove (*US*).

pincel [pin'θel] *nm* paintbrush.

pinchar [pin'tʃar] *vt* (*perforar*) to prick, pierce; (*neumático*) to puncture; (*fig*) to prod.

pinchazo [pin'tʃaθo] *nm* (*perforación*) prick; (*de neumático*) puncture; (*fig*) prod.

pinchito [pin'tʃito] *nm* shish kebab.

pincho ['pintʃo] *nm* savoury (snack); **~ moruno** shish kebab; **~ de tortilla** small slice of omelette.

ping-pong [pin'pon] *nm* table tennis.

pingüino [pin'gwino] *nm* penguin.

pino ['pino] *nm* pine (tree).

pinta ['pinta] *nf* spot; (*de líquidos*) spot, drop; (*aspecto*) appearance, look(s) (*pl*); **~do, a** *a* spotted; (*de muchos colores*) colourful.

pintar [pin'tar] *vt* to paint // *vi* to paint; (*fam*) to count, be important; **~se** *vr* to put on make-up.

pintor, a [pin'tor, a] *nm/f* painter.

pintoresco, a [pinto'resko, a] *a* picturesque.

pintura [pin'tura] *nf* painting; **~ a la acuarela** watercolour; **~ al óleo** oil painting.

pinza ['pinθa] *nf* (*ZOOL*) claw; (*para colgar ropa*) clothes peg; (*TEC*) pincers *pl*; **~s** *nfpl* (*para depilar etc*) tweezers *pl.*

piña ['piɲa] *nf* (*fruto del pino*) pine cone; (*fruta*) pineapple; (*fig*) group.

piñon [pi'ɲon] *nm* (*fruto*) pine nut; (*TEC*) pinion.

pío, a ['pio, a] *a* (*devoto*) pious, devout; (*misericordioso*) merciful.

piojo ['pjoxo] *nm* louse.

pionero, a [pjo'nero, a] *a* pioneering // *nm/f* pioneer.

pipa ['pipa] *nf* pipe; (*BOT*) (edible) sunflower seed.

pipí [pi'pi] *nm* (*fam*): **hacer ~** to have a wee(-wee) (*Brit*), have to go (wee-wee) (*US*).

pique ['pike] *nm* (*resentimiento*) pique, resentment; (*rivalidad*) rivalry, competition; **irse a ~** to sink; (*esperanza, familia*) to be ruined.

piqueta [pi'keta] *nf* pick(axe).

piquete [pi'kete] *nm* (*agujerito*) small hole; (*MIL*) squad, party; (*de obreros*) picket.

piragua [pi'raɣwa] *nf* canoe; **piragüismo** *nm* canoeing.

pirámide [pi'ramiðe] *nf* pyramid.

pirata [pi'rata] *a, nm* pirate.

Pirineo(s) [piri'neo(s)] *nm(pl)* Pyrenees *pl.*

piropo [pi'ropo] *nm* compliment, (piece of) flattery.

pirueta [pi'rweta] *nf* pirouette.

pisada [pi'saða] *nf* (*paso*) footstep; (*huella*) footprint.

pisar [pi'sar] *vt* (*caminar sobre*) to walk on, tread on; (*apretar con el pie*) to press; (*fig*) to trample on, walk all over // *vi* to tread, step, walk.

piscina [pis'θina] *nf* swimming pool.

Piscis ['pisθis] nm Pisces.

piso ['piso] nm (suelo, planta) floor; (apartamento) flat (Brit), apartment; primer ~ (Esp) first floor; (AM) ground floor.

pisotear [pisote'ar] vt to trample (on o underfoot).

pista ['pista] nf track, trail; (indicio) clue; ~ de aterrizaje runway; ~ de baile dance floor; ~ de tenis tennis court; ~ de hielo ice rink.

pistola [pis'tola] nf pistol; (TEC) spraygun; **pistolero, a** nm/f gunman/woman, gangster // nf holster.

pistón [pis'ton] nm (TEC) piston; (MUS) key.

pitar [pi'tar] vt (silbato) to blow; (rechiflar) to whistle at, boo // vi to whistle; (AUTO) to sound o toot one's horn; (AM) to smoke.

pitillo [pi'tiʎo] nm cigarette.

pito ['pito] nm whistle; (de coche) horn.

pitón [pi'ton] nm (ZOOL) python.

pitonisa [pito'nisa] nf fortune-teller.

pitorreo [pito'rreo] nm joke; estar de ~ to be joking.

pizarra [pi'θarra] nf (piedra) slate; (encerado) blackboard.

pizca ['piθka] nf pinch, spot; (fig) spot, speck; ni ~ not a bit.

placa ['plaka] nf plate; (distintivo) badge, insignia; ~ de matrícula number plate.

placentero, a [plaθen'tero, a] a pleasant, agreeable.

placer [pla'θer] nm pleasure // vt to please.

plácido, a ['plaθiðo, a] a placid.

plaga ['plaxa] nf pest; (MED) plague; (abundancia) abundance; **plagar** vt to infest, plague; (llenar) to fill.

plagio ['plaxjo] nm plagiarism.

plan [plan] nm (esquema, proyecto) plan; (idea, intento) idea, intention; tener ~ (fam) to have a date; tener un ~ (fam) to have an affair; en ~ económico (fam) on the cheap; vamos en ~ de turismo we're going as tourists; si te pones en ese ~... if that's your attitude... .

plana ['plana] nf ver plano.

plancha ['plantʃa] nf (para planchar) iron; (rótulo) plate, sheet; (NAUT) gangway; a la ~ grilled; ~do nm ironing; **planchar** vt, vi to iron.

planeador [planea'ðor] nm glider.

planear [plane'ar] vt to plan // vi to glide.

planeta [pla'neta] nm planet.

planicie [pla'niθje] nf plain.

planificación [planifika'θjon] nf planning; ~ familiar family planning.

plano, a ['plano, a] a flat, level, even // nm (MAT, TEC, AVIAT) plane; (FOTO) shot; (ARQ) plan; (GEO) map; (de ciudad) map, street plan // nf sheet (of paper), page; (TEC) trowel; primer ~

close-up; **caer de ~** to fall flat; **en primera plana** on the front page; **plana mayor** staff.

planta ['planta] nf (BOT, TEC) plant; (ANAT) sole of the foot, foot; (piso) floor; (AM: personal) staff; ~ baja ground floor.

plantación [planta'θjon] nf (AGR) plantation; (acto) planting.

plantar [plan'tar] vt (BOT) to plant; (levantar) to erect, set up; ~se vr to stand firm; ~ a uno en la calle to throw sb out; **dejar plantado a uno** (fam) to stand sb up.

plantear [plante'ar] vt (problema) to pose; (dificultad) to raise.

plantilla [plan'tiʎa] nf (de zapato) insole; (personal) personnel; **ser de** ~ to be on the staff.

plantón [plan'ton] nm (MIL) guard, sentry; (fam) long wait; **dar (un) ~ a uno** to stand sb up.

plañir [pla'ɲir] vi to mourn.

plasmar [plas'mar] vt (dar forma) to mould, shape; (representar) to represent // vi: ~ en to take the form of.

Plasticina ® [plasti'θina] nf Plasticine ®.

plástico, a ['plastiko, a] a plastic // nm plastic // nf (art of) sculpture, modelling.

Plastilina ® [plasti'lina] nf (AM) Plasticine ®.

plata ['plata] nf (metal) silver; (cosas hechas de ~) silverware; (AM) cash, dough; **hablar en** ~ to speak bluntly o frankly.

plataforma [plata'forma] nf platform; ~ de lanzamiento/perforación launch(ing) pad/drilling rig.

plátano ['platano] nm (fruta) banana; (árbol) banana tree.

platea [pla'tea] nf (TEATRO) pit.

plateado, a [plate'aðo, a] a silver; (TEC) silver-plated.

plática ['platika] nf talk, chat; **platicar** vi to talk, chat.

platillo [pla'tiʎo] nm saucer; ~s nmpl cymbals; ~ volador o volante flying saucer.

platino [pla'tino] nm platinum; ~s nmpl (AUTO) contact points.

plato ['plato] nm plate, dish; (parte de comida) course; (comida) dish; **primer** ~ first course.

playa ['plaja] nf beach; (costa) seaside; ~ de estacionamiento (AM) car park.

playera [pla'jera] nf (AM: camiseta) T-shirt; ~s nfpl (slip-on) canvas shoes.

plaza ['plaθa] nf square; (mercado) market(place); (sitio) room, space; (en vehículo) seat, place; (colocación) post, job; ~ de toros bullring.

plazo ['plaθo] nm (lapso de tiempo) time, period; (fecha de vencimiento) expiry date; (pago parcial) instalment; **a corto/largo** ~ short-/long-term; **comprar**

a ~**s** to buy on hire purchase, pay for in instalments.

plazoleta [plaθo'leta], **plazuela** [pla'θwela] *nf* small square.

pleamar [plea'mar] *nf* high tide.

plebe ['pleβe] *nf*: **la** ~ the common people *pl*, the masses *pl*; (*pey*) the plebs *pl*; ~**yo, a** *a* plebeian; (*pey*) coarse, common.

plebiscito [pleβis'θito] *nm* plebiscite.

plegable [ple'βaβle] *a* pliable; (*silla*) folding.

plegar [ple'var] *vt* (*doblar*) to fold, bend; (*COSTURA*) to pleat; ~**se** *vr* to yield, submit.

pleito ['pleito] *nm* (*JUR*) lawsuit, case; (*fig*) dispute, feud.

plenilunio [pleni'lunjo] *nm* full moon.

plenitud [pleni'tuð] *nf* plenitude, fullness; (*abundancia*) abundance.

pleno, a ['pleno, a] *a* full; (*completo*) complete // *nm* plenum; **en** ~ **día** in broad daylight; **en** ~ **verano** at the height of summer; **en plena cara** full in the face.

pleuresía [pleure'sia] *nf* pleurisy.

Plexiglás ® [pleksi'vlas] *nm* acrylic glass, Plexiglas (*US*).

pliego *etc vb ver* **plegar** // ['pljevo] *nm* (*hoja*) sheet (of paper); (*carta*) sealed letter/document; ~ **de condiciones** details *pl*, specifications *pl*.

pliegue *etc vb ver* **plegar** // ['pljeve] *nm* fold, crease; (*de vestido*) pleat.

plisado [pli'saðo] *nm* pleating.

plomero [plo'mero] *nm* (*AM*) plumber.

plomo ['plomo] *nm* (*metal*) lead; (*ELEC*) fuse.

pluma ['pluma] *nf* feather; (*para escribir*) pen.

plumero [plu'mero] *nm* (*quitapolvos*) feather duster.

plumón [plu'mon] *nm* (*AM: fino*) felt-tip pen; (: *ancho*) marker.

plural [plu'ral] *a* plural; ~**idad** *nf* plurality; **una** ~**idad de votos** a majority of votes.

plus [plus] *nm* bonus; ~**valía** *nf* (*COM*) appreciation.

plutocracia [pluto'kraθja] *nf* plutocracy.

población [poβla'θjon] *nf* population; (*pueblo, ciudad*) town, city.

poblado, a [po'βlaðo, a] *a* inhabited // *nm* (*aldea*) village; (*pueblo*) (small) town; **densamente** ~ densely populated.

poblador, a [poβla'ðor, a] *nm/f* settler, colonist.

poblar [po'βlar] *vt* (*colonizar*) to colonize; (*fundar*) to found; (*habitar*) to inhabit.

pobre ['poβre] *a* poor // *nm/f* poor person; ¡~! poor thing!; ~**za** *nf* poverty.

pocilga [po'θilva] *nf* pigsty.

pocillo [po'siʎo] *nm* (*AM*) coffee cup.

poción [po'θjon], **pócima** ['poθima] *nf* potion.

poco, a ['poko, a] ♦ *a* **1** (*sg*) little, not much; ~ **tiempo** little *o* not much time; **de** ~ **interés** of little interest, not very interesting; **poca cosa** not much

2 (*pl*) few, not many; **unos** ~**s** a few, some; ~**s niños comen lo que les conviene** few children eat what they should

♦ *ad* **1** little, not much; **cuesta** ~ it doesn't cost much

2 (+ *a*: = *negativo, antónimo*): ~ **amable/inteligente** not very nice/intelligent

3: **por** ~ **me caigo** I almost fell

4: **a** ~: **a** ~ **de haberse casado** shortly after getting married

5: ~ **a** ~ little by little

♦ *nm* a little, a bit; **un** ~ **triste/de dinero** a little sad/money.

podar [po'ðar] *vt* to prune.

poder [po'ðer] ♦ *vi* **1** (*capacidad*) can, be able to; **no puedo hacerlo** I can't do it, I'm unable to do it

2 (*permiso*) can, may, be allowed to; ¿**se puede?** may I (*o* we)?; **puedes irte ahora** you may go now; **no se puede fumar en este hospital** smoking is not allowed in this hospital

3 (*posibilidad*) may, might, could; **puede llegar mañana** he may *o* might arrive tomorrow; **pudiste haberte hecho daño** you might *o* could have hurt yourself; ¡**podías habérmelo dicho antes!** you might have told me before!

4: **puede ser: puede ser** perhaps; **puede ser que lo sepa Tomás** Tomás may *o* might know

5: ¡**no puedo más!** I've had enough!; **no pude menos que dejarlo** I couldn't help but leave it; **es tonto a más no** ~ he's as stupid as they come

6: ~ **con: no puedo con este crío** this kid's too much for me

♦ *nm* power; ~ **adquisitivo** purchasing power; **detentar** *o* **ocupar** *o* **estar en el** ~ to be in power.

podrido, a [po'ðriðo, a] *a* rotten, bad; (*fig*) rotten, corrupt.

podrir [po'ðrir] = **pudrir**.

poema [po'ema] *nm* poem.

poesía [poe'sia] *nf* poetry.

poeta [po'eta] *nm* poet; **poético, a** *a* poetic(al).

poetisa [poe'tisa] *nf* (woman) poet.

póker ['poker] *nm* poker.

polaco, a [po'lako, a] *a* Polish // *nm/f* Pole.

polar [po'lar] *a* polar; ~**idad** *nf* polarity; ~**izarse** *vr* to polarize.

polea [po'lea] *nf* pulley.

polémica [po'lemika] *nf* polemics *sg*; (*una* ~) controversy, polemic.

polen ['polen] *nm* pollen.

policía [poli'θia] *nm/f* policeman/woman // *nf* police; **~co, a** *a* police *cpd*; **novela policíaca** detective story; **policial** *a* police *cpd*.

polideportivo [poliðepor'tißo] *nm* sports centre *o* complex.

polietileno [polieti'leno] *nm* polythene (*Brit*), polyethylene (*US*).

poligamia [poli'γamja] *nf* polygamy.

polilla [po'liʎa] *nf* moth.

polio ['poljo] *nf* polio.

politécnico [poli'tekniko] *nm* polytechnic.

político, a [po'litiko, a] *a* political; (*discreto*) tactful; (*de familia*) -in-law // *nm/f* politician // *nf* politics *sg*; (*económica, agraria etc*) policy; **padre ~** father-in-law; **politicastro** *nm* (*pey*) politician, politico.

póliza ['poliθa] *nf* certificate, voucher; (*impuesto*) tax stamp; **~ de seguros** insurance policy.

polizón [poli'θon] *nm* (*en barco etc*) stowaway.

polo ['polo] *nm* (*GEO, ELEC*) pole; (*helado*) ice lolly; (*DEPORTE*) polo; (*suéter*) polo-neck; **~ Norte/Sur** North/ South Pole.

Polonia [po'lonja] *nf* Poland.

poltrona [pol'trona] *nf* easy chair.

polución [polu'θjon] *nf* pollution.

polvera [pol'ßera] *nf* powder compact.

polvo ['polßo] *nm* dust; (*QUIMICA, CULIN, MED*) powder; **~s** *nmpl* powder *sg*; **~ de talco** talcum powder; **estar hecho ~** (*fam*) to be worn out *o* exhausted.

pólvora ['polßora] *nf* gunpowder; (*fuegos artificiales*) fireworks *pl*.

polvoriento, a [polßo'rjento, a] *a* (*superficie*) dusty; (*sustancia*) powdery.

pollera [po'ʎera] *nf* (*AM*) skirt.

pollería [poʎe'ria] *nf* poulterer's (shop).

pollo ['poʎo] *nm* chicken.

pomada [po'maða] *nf* (*MED*) cream, ointment.

pomelo [po'melo] *nm* grapefruit.

pómez ['pomeθ] *nf*: **piedra ~** pumice stone.

pompa ['pompa] *nf* (*burbuja*) bubble; (*bomba*) pump; (*esplendor*) pomp, splendour; **pomposo, a** *a* splendid, magnificent; (*pey*) pompous.

pómulo ['pomulo] *nm* cheekbone.

pon [pon] *vb ver* **poner**.

ponche ['pontʃe] *nm* punch.

poncho ['pontʃo] *nm* (*AM*) poncho.

ponderar [ponde'rar] *vt* (*considerar*) to weigh up, consider; (*elogiar*) to praise highly, speak in praise of.

pondré *etc vb ver* **poner**.

poner [po'ner] ♦ *vt* **1** (*colocar*) to put; (*telegrama*) to send; (*obra de teatro*) to put on; (*película*) to show; **ponlo más fuerte** turn it up; **¿qué ponen en el Excelsior?** what's on at the Excelsior?

2 (*tienda*) to open; (*instalar: gas etc*) to put in; (*radio, TV*) to switch *o* turn on

3 (*suponer*): **pongamos que ...** let's suppose that

4 (*contribuir*): **el gobierno ha puesto otro millón** the government has contributed another million

5 (*TELEC*): **póngame con el Sr. López** can you put me through to Mr. López

6: **~ de**: **le han puesto de director general** they've appointed him general manager

7 (+ *a*) to make; **me estás poniendo nerviosa** you're making me nervous

8 (*dar nombre*): **al hijo le pusieron Diego** they called their son Diego

♦ *vi* (*gallina*) to lay

♦ **~se** *vr* **1** (*colocarse*): **se puso a mi lado** he came and stood beside me; **tú ponte en esa silla** you go and sit on that chair

2 (*vestido, cosméticos*) to put on; **¿por qué no te pones el vestido nuevo?** why don't you put on *o* wear your new dress?

3: (+ *a*) to turn; to get, become; **se puso muy serio** he got very serious; **después de lavarla la tela se puso azul** after washing it the material turned blue

4: **~se a**: **se puso a llorar** he started to cry; **tienes que ~te a estudiar** you must get down to studying

5: **~se bien con uno** to make it up with sb; **~se a mal con uno** to get on the wrong side of sb.

pongo *etc vb ver* **poner**.

poniente [po'njente] *nm* (*occidente*) west; (*viento*) west wind.

pontificado [pontifi'kaðo] *nm* papacy, pontificate; **pontifice** *nm* pope, pontiff.

pontón [pon'ton] *nm* pontoon.

ponzoña [pon'θoɲa] *nf* poison, venom.

popa ['popa] *nf* stern.

popular [popu'lar] *a* popular; (*cultura*) of the people, folk *cpd*; **~idad** *nf* popularity; **~izarse** *vr* to become popular.

por [por] ♦ *prep* **1** (*objetivo*) for; **luchar ~ la patria** to fight for one's country

2 (+ *infinitivo*): **~ no llegar tarde** so as not to arrive late; **~ citar unos ejemplos** to give a few examples

3 (*causa*) out of, because of; **~ escasez de fondos** through *o* for lack of funds

4 (*tiempo*): **~ la mañana/noche** in the morning/at night; **se queda ~ una semana** she's staying (for) a week

5 (*lugar*): **pasar ~ Madrid** to pass through Madrid; **ir a Guayaquil ~ Quito** to go to Guayaquil via Quito; **caminar ~ la calle** to walk along the street; *ver tb* **todo**

6 (*cambio, precio*): **te doy uno nuevo ~ el que tienes** I'll give you a new one (in return) for the one you've got

7 (*valor distributivo*): **550 pesetas ~**

hora/cabeza 550 pesetas an *o* per hour/a *o* per head
8 (*modo, medio*) by; ~ **correo/avión** by post/air; **día ~ día** day by day; **entrar ~ la entrada principal** to go in through the main entrance
9: 10 ~ 10 son 100 10 by 10 is 100
10 (*en lugar de*): **vino él ~ su jefe** he came instead of his boss
11: ~ **mí que revienten** as far as I'm concerned they can drop dead.

porcelana [porθe'lana] *nf* porcelain; (*china*) china.

porcentaje [porθen'taxe] *nm* percentage.

porción [por'θjon] *nf* (*parte*) portion, share; (*cantidad*) quantity, amount.

pordiosero, a [porðjo'sero, a] *nm/f* beggar.

porfía [por'fia] *nf* persistence; (*terquedad*) obstinacy.

porfiado, a [por'fjaðo, a] *a* persistent; obstinate.

porfiar [por'fjar] *vi* to persist, insist; (*disputar*) to argue stubbornly.

pormenor [porme'nor] *nm* detail, particular.

pornografía [pornoɣra'fia] *nf* pornography.

poro ['poro] *nm* pore; ~**so, a** *a* porous.

porque ['porke] *conj* (*a causa de*) because; (*ya que*) since; (*con el fin de*) so that, in order that.

porqué [por'ke] *nm* reason, cause.

porquería [porke'ria] *nf* (*suciedad*) filth, dirt; (*acción*) dirty trick; (*objeto*) small thing, trifle; (*fig*) rubbish.

porra ['porra] *nf* (*arma*) stick, club.

porrón [po'rron] *nm* glass wine jar with a long spout.

portada [por'taða] *nf* (*de revista*) cover.

portador, a [porta'ðor, a] *nm/f* carrier, bearer; (*COM*) bearer, payee.

portaequipajes [portaeki'paxes] *nm inv* (*AUTO: maletero*) boot; (: *baca*) luggage rack.

portal [por'tal] *nm* (*entrada*) vestibule, hall; (*portada*) porch, doorway; (*puerta de entrada*) main door; (*DEPORTE*) goal.

portaligas [porta'liɣas] *nm inv* suspender belt.

portamaletas [portama'letas] *nm inv* (*AUTO: maletero*) boot; (: *baca*) roof rack.

portamonedas [portamo'neðas] *nm inv* purse.

portarse [por'tarse] *vr* to behave, conduct o.s.

portátil [por'tatil] *a* portable.

porta(a)viones [porta'(a)βjones] *nm inv* aircraft carrier.

portavoz [porta'βoθ] *nm/f* (*persona*) spokesman/woman.

portazo [por'taθo] *nm*: **dar un ~** to slam the door.

porte ['porte] *nm* (*COM*) transport; (*pre-*

cio) transport charges *pl*.

portento [por'tento] *nm* marvel, wonder; ~**so, a** *a* marvellous, extraordinary.

porteño, a [por'teɲo, a] *a* of *o* from Buenos Aires.

portería [porte'ria] *nf* (*oficina*) porter's office; (*gol*) goal.

portero, a [por'tero, a] *nm/f* porter; (*conserje*) caretaker; (*ujier*) doorman; (*DEPORTE*) goalkeeper.

pórtico ['portiko] *nm* (*patio*) portico, porch; (*fig*) gateway; (*arcada*) arcade.

portilla [por'tiʎa] *nf*, **portillo** [por'tiʎo] *nm* (*cancela*) gate.

portorriqueño, a [portorri'keɲo, a] *a* Puerto Rican.

Portugal [portu'ɣal] *nm* Portugal; **portugués, esa** *a, nm/f* Portuguese // *nm* (*LING*) Portuguese.

porvenir [porβe'nir] *nm* future.

pos [pos] *prep*: **en ~ de** after, in pursuit of.

posada [po'saða] *nf* (*refugio*) shelter, lodging; (*mesón*) guest house; **dar ~ a** to give shelter to, take in.

posaderas [posa'ðeras] *nfpl* backside *sg*, buttocks.

posar [po'sar] *vt* (*en el suelo*) to lay down, put down; (*la mano*) to place, put gently // *vi* to sit, pose; ~**se** *vr* to settle; (*pájaro*) to perch; (*avión*) to land, come down.

posdata [pos'ðata] *nf* postscript.

pose ['pose] *nf* pose.

poseedor, a [posee'ðor, a] *nm/f* owner, possessor; (*de récord, puesto*) holder.

poseer [pose'er] *vt* to possess, own; (*ventaja*) to enjoy; (*récord, puesto*) to hold; **poseído, a** *a* possessed.

posesión [pose'sjon] *nf* possession; **posesionarse** *vr*: **posesionarse de** to take possession of, take over.

posesivo, a [pose'siβo, a] *a* possessive.

posibilidad [posiβili'ðað] *nf* possibility; (*oportunidad*) chance; **posibilitar** *vt* to make possible; (*hacer realizable*) to make feasible.

posible [po'siβle] *a* possible; (*realizable*) feasible; **de ser ~** if possible; **en lo ~** as far as possible.

posición [posi'θjon] *nf* position; (*rango social*) status.

positivo, a [posi'tiβo, a] *a* positive // *nf* (*FOTO*) print.

poso ['poso] *nm* sediment; (*heces*) dregs *pl*.

posponer [pospo'ner] *vt* to put behind/below; (*aplazar*) to postpone.

posta ['posta] *nf*: **a ~** *ad* deliberately, on purpose.

postal [pos'tal] *a* postal // *nf* postcard.

poste ['poste] *nm* (*de telégrafos etc*) post, pole; (*columna*) pillar.

póster ['poster] *nm* (*pl* **pósteres, pósters**) *nm* poster.

postergar [poster'ɣar] *vt* to postpone, delay.

posteridad [posteri'ðað] *nf* posterity.

posterior [poste'rjor] *a* back, rear; (*siguiente*) following, subsequent; (*más tarde*) later; **~idad** *nf*: **con ~idad** later, subsequently.

postizo, a [pos'tiθo, a] *a* false, artificial // *nm* hairpiece.

postor, a [pos'tor, a] *nm/f* bidder.

postrado, a [pos'traðo, a] *a* prostrate.

postre ['postre] *nm* sweet, dessert.

postrero, a [pos'trero, a] *a* (*delante de nmsg*: **postrer**) (*último*) last; (*que viene detrás*) rear.

postulado [postu'laðo] *nm* postulate.

póstumo, a ['postumo, a] *a* posthumous.

postura [pos'tura] *nf* (*del cuerpo*) posture, position; (*fig*) attitude, position.

potable [po'taβle] *a* drinkable; **agua ~** drinking water.

potaje [po'taxe] *nm* thick vegetable soup.

pote ['pote] *nm* pot, jar.

potencia [po'tenθja] *nf* power.

potencial [poten'θjal] *a, nm* potential.

potenciar [po'tenθjar] *vt* to boost.

potente [po'tente] *a* powerful.

potro, a ['potro, a] *nm/f* (*ZOOL*) colt/filly // *nm* (*de gimnasia*) vaulting horse.

pozo ['poθo] *nm* well; (*de río*) deep pool; (*de mina*) shaft.

P.P. *abr* (= *porte pagado*) CP.

p.p. *abr* (= *por poder*) p.p.

práctica ['praktika] *nf ver* **práctico**.

practicable [prakti'kaβle] *a* practicable; (*camino*) passable.

practicante [prakti'kante] *nm/f* (*MED*: *ayudante de doctor*) medical assistant; (: *enfermero*) male nurse; (*quien practica algo*) practitioner // *a* practising.

practicar [prakti'kar] *vt* to practise; (*DEPORTE*) to go in for (*Brit*) o out for (*US*), play; (*realizar*) to carry out, perform.

práctico, a ['praktiko, a] *a* practical; (*instruido: persona*) skilled, expert // *nf* practice; (*método*) method; (*arte, capacidad*) skill; **en la práctica** in practice.

practique *etc vb ver* **practicar**.

pradera [pra'ðera] *nf* meadow; (*US etc*) prairie.

prado ['praðo] *nm* (*campo*) meadow, field; (*pastizal*) pasture.

Praga ['praɣa] *n* Prague.

pragmático, a [praɣ'matiko, a] *a* pragmatic.

preámbulo [pre'ambulo] *nm* preamble, introduction.

precario, a [pre'karjo, a] *a* precarious.

precaución [prekau'θjon] *nf* (*medida preventiva*) preventive measure, precaution; (*prudencia*) caution, wariness.

precaver [preka'βer] *vt* to guard against;

(*impedir*) to forestall; **~se** *vr*: **~se de** o **contra algo** to (be on one's) guard against sth; **precavido, a** *a* cautious, wary.

precedencia [preθe'ðenθja] *nf* precedence; (*prioridad*) priority; (*preeminencia*) greater importance, superiority; **precedente** *a* preceding; (*anterior*) former // *nm* precedent.

preceder [preθe'ðer] *vt, vi* to precede, go before, come before.

precepto [pre'θepto] *nm* precept.

preciado, a [pre'θjaðo, a] *a* (*estimado*) esteemed, valuable.

preciar [pre'θjar] *vt* to esteem, value; **~se** *vr* to boast; **~se de** to pride o.s. on, boast of being.

precinto [pre'θinto] *nm* (*tb*: **~ de garantía**) seal.

precio ['preθjo] *nm* price; (*costo*) cost; (*valor*) value, worth; (*de viaje*) fare; **~ al contado/de coste/de oportunidad** cash/cost/bargain price; **~ al detalle** o **al por menor** retail price; **~ tope** top price.

preciosidad [preθjosi'ðað] *nf* (*valor*) (high) value, (great) worth; (*encanto*) charm; (*cosa bonita*) beautiful thing; **es una ~** it's lovely, it's really beautiful.

precioso, a [pre'θjoso, a] *a* precious; (*de mucho valor*) valuable; (*fam*) lovely, beautiful.

precipicio [preθi'piθjo] *nm* cliff, precipice; (*fig*) abyss.

precipitación [preθipita'θjon] *nf* haste; (*lluvia*) rainfall.

precipitado, a [preθipi'taðo, a] *a* (*conducta*) hasty, rash; (*salida*) hasty, sudden.

precipitar [preθipi'tar] *vt* (*arrojar*) to hurl down, throw; (*apresurar*) to hasten; (*acelerar*) to speed up, accelerate; **~se** *vr* to throw o.s.; (*apresurarse*) to rush; (*actuar sin pensar*) to act rashly.

precisamente [preθisa'mente] *ad* precisely; (*exactamente*) precisely, exactly.

precisar [preθi'sar] *vt* (*necesitar*) to need, require; (*fijar*) to determine exactly, fix; (*especificar*) to specify.

precisión [preθi'sjon] *nf* (*exactitud*) precision.

preciso, a [pre'θiso, a] *a* (*exacto*) precise; (*necesario*) necessary, essential.

preconcebido, a [prekonθe'βiðo, a] *a* preconceived.

precoz [pre'koθ] *a* (*persona*) precocious; (*calvicie etc*) premature.

precursor, a [prekur'sor, a] *nm/f* predecessor, forerunner.

predecir [preðe'θir] *vt* to predict, forecast.

predestinado, a [preðesti'naðo, a] *a* predestined.

predeterminar [preðetermi'nar] *vt* to predetermine.

prédica ['preðika] *nf* sermon.

predicador, a [preðika'ðor, a] *nm/f* preacher.

predicar [preði'kar] *vt, vi* to preach.

predicción [preðik'θjon] *nf* prediction.

predilecto, a [preði'lekto, a] *a* favourite.

predisponer [preðispo'ner] *vt* to predispose; *(pey)* to prejudice; **predisposición** *nf* inclination; prejudice, bias.

predominante [preðomi'nante] *a* predominant.

predominar [preðomi'nar] *vt* to dominate // *vi* to predominate; *(prevalecer)* to prevail; **predominio** *nm* predominance; prevalence.

preescolar [pre(e)sko'lar] *a* preschool.

prefabricado, a [prefaßri'kaðo, a] *a* prefabricated.

prefacio [pre'faθjo] *nm* preface.

preferencia [prefe'renθja] *nf* preference; **de ~** preferably, for preference.

preferible [prefe'rißle] *a* preferable.

preferir [prefe'rir] *vt* to prefer.

prefiero *etc vb ver* **preferir.**

prefigurar [prefiɣu'rar] *vt* to foreshadow, prefigure.

pregonar [preɣo'nar] *vt* to proclaim, announce.

pregunta [pre'ɣunta] *nf* question; **hacer una ~** to ask *o* put (forth *(US)*) a question.

preguntar [preɣun'tar] *vt* to ask; *(cuestionar)* to question // *vi* to ask; **~se** *vr* to wonder; **~ por alguien** to ask for sb.

preguntón, ona [preɣun'ton, ona] *a* inquisitive.

prehistórico, a [preis'toriko, a] *a* prehistoric.

prejuicio [pre'xwiθjo] *nm* *(acto)* prejudgement; *(idea preconcebida)* preconception; *(parcialidad)* prejudice, bias.

preliminar [prelimi'nar] *a* preliminary.

preludio [pre'luðjo] *nm* prelude.

prematuro, a [prema'turo, a] *a* premature.

premeditación [premeðita'θjon] *nf* premeditation.

premeditar [premeði'tar] *vt* to premeditate.

premiar [pre'mjar] *vt* to reward; *(en un concurso)* to give a prize to.

premio ['premjo] *nm* reward; prize; *(COM)* premium.

premonición [premoni'θjon] *nf* premonition.

premura [pre'mura] *nf* *(aprieto)* pressure; *(prisa)* haste, urgency.

prenatal [prena'tal] *a* antenatal, prenatal.

prenda ['prenda] *nf* *(ropa)* garment, article of clothing; *(garantía)* pledge; **~s** *nfpl* talents, gifts.

prendar [pren'dar] *vt* to captivate, en-

chant; **~se de uno** to fall in love with sb.

prendedor [prende'ðor] *nm* brooch.

prender [pren'der] *vt* *(captar)* to catch, capture; *(detener)* to arrest; *(COSTURA)* to pin, attach; *(sujetar)* to fasten // *vi* to catch; *(arraigar)* to take root; **~se** *vr* *(encenderse)* to catch fire.

prendido, a [pren'diðo, a] *a* *(AM: luz etc)* on.

prensa ['prensa] *nf* press; **la P~** the press; **prensar** *vt* to press.

preñado, a [pre'ɲaðo, a] *a* *(ZOOL)* pregnant; **~ de** pregnant with, full of; **preñez** *nf* pregnancy.

preocupación [preokupa'θjon] *nf* worry, concern; *(ansiedad)* anxiety.

preocupado, a [preoku'paðo, a] *a* worried, concerned; *(ansioso)* anxious.

preocupar [preoku'par] *vt* to worry; **~se** *vr* to worry; **~se de algo** *(hacerse cargo)* to take care of sth.

preparación [prepara'θjon] *nf* *(acto)* preparation; *(estado)* readiness; *(entrenamiento)* training.

preparado, a [prepa'raðo, a] *a* *(dispuesto)* prepared; *(CULIN)* ready (to serve) // *nm* preparation.

preparador, a [prepara'ðor, a] *nm/f* trainer.

preparar [prepa'rar] *vt* *(disponer)* to prepare, get ready; *(TEC: tratar)* to prepare, process; *(entrenar)* to teach, train; **~se** *vr*: **~se a** *o* **para** to prepare to *o* for, get ready to *o* for; **preparativo, a** *a* preparatory, preliminary; **preparativos** *nmpl* preparations; **preparatorio, a** *a* preparatory // *nf* *(AM)* sixth-form college *(Brit)*, senior high school *(US)*.

prerrogativa [prerroɣa'tißa] *nf* prerogative, privilege.

presa ['presa] *nf* *(cosa apresada)* catch; *(víctima)* victim; *(de animal)* prey; *(de agua)* dam.

presagiar [presa'xjar] *vt* to presage, forebode.

presbítero [pres'ßitero] *nm* priest.

prescindir [presθin'dir] *vi*: **~ de** *(privarse de)* to do without, go without; *(descartar)* to dispense with.

prescribir [preskri'ßir] *vt* to prescribe; **prescripción** *nf* prescription.

presencia [pre'senθja] *nf* presence; **presencial** *a*: **testigo presencial** eyewitness; **presenciar** *vt* to be present at; *(asistir a)* to attend; *(ver)* to see, witness.

presentación [presenta'θjon] *nf* presentation; *(introducción)* introduction.

presentador, a [presenta'ðor, a] *nm/f* presenter, compère.

presentar [presen'tar] *vt* to present; *(ofrecer)* to offer; *(mostrar)* to show, display; *(a una persona)* to introduce; **~se** *vr* *(llegar inesperadamente)* to appear, turn up; *(ofrecerse como candidato)* to run, stand; *(aparecer)* to show, appear; (*solicitar empleo*) to apply.

presente [pre'sente] *a* present // *nm* present; **hacer ~** to state, declare; **tener ~** to remember, bear in mind.

presentimiento [presenti'mjento] *nm* premonition, presentiment.

presentir [presen'tir] *vt* to have a premonition of.

preservación [preserβa'θjon] *nf* protection, preservation.

preservar [preser'βar] *vt* to protect, preserve; **preservativo** *nm* sheath, condom.

presidencia [presi'ðenθja] *nf* presidency; (*de comité*) chairmanship.

presidente [presi'ðente] *nm/f* president; (*de comité*) chairman/woman.

presidiario [presi'ðjarjo] *nm* convict.

presidio [pre'sidjo] *nm* prison, penitentiary.

presidir [presi'ðir] *vt* (*dirigir*) to preside at, preside over; (: *comité*) to take the chair at; (*dominar*) to dominate, rule // *vi* to preside; to take the chair.

presión [pre'sjon] *nf* pressure; **presionar** *vt* to press; (*fig*) to press, put pressure on // *vi*: **presionar para** to press for.

preso, a ['preso, a] *nm/f* prisoner; **tomar o llevar ~ a uno** to arrest sb, take sb prisoner.

prestado, a [pres'taðo, a] *a* on loan; **pedir ~** to borrow.

prestamista [presta'mista] *nm/f* moneylender.

préstamo ['prestamo] *nm* loan; **~ hipotecario** mortgage.

prestar [pres'tar] *vt* to lend, loan; (*atención*) to pay; (*ayuda*) to give.

presteza [pres'teθa] *nf* speed, promptness.

prestigio [pres'tixjo] *nm* prestige; **~so, a** *a* (*honorable*) prestigious; (*famoso, renombrado*) renowned, famous.

presto, a ['presto, a] *a* (*rápido*) quick, prompt; (*dispuesto*) ready // *ad* at once, right away.

presumir [presu'mir] *vt* to presume // *vi* (*tener aires*) to be conceited; **según cabe ~** as may be presumed, presumably; **presunción** *nf* presumption; **presunto, a** *a* (*supuesto*) supposed, presumed; (*así llamado*) so-called; **presuntuoso, a** *a* conceited, presumptuous.

presuponer [presupo'ner] *vt* to presuppose.

presupuesto [presu'pwesto] *pp de presuponer* // *nm* (*FINANZAS*) budget; (*estimación: de costo*) estimate.

presuroso, a [presu'roso, a] *a* (*rápido*) quick, speedy; (*que tiene prisa*) hasty.

pretencioso, a [preten'θjoso, a] *a* pretentious.

pretender [preten'der] *vt* (*intentar*) to try to, seek to; (*reivindicar*) to claim; (*buscar*) to seek, try for; (*cortejar*) to woo, court; **~ que** to expect that; **pretendiente** *nm/f* (*candidato*) candidate, applicant; (*amante*) suitor; **pretensión** *nf* (*aspiración*) aspiration; (*reivindicación*) claim; (*orgullo*) pretension.

pretexto [pre'teksto] *nm* pretext; (*excusa*) excuse.

prevalecer [preβale'θer] *vi* to prevail.

prevención [preβen'θjon] *nf* (*preparación*) preparation; (*estado*) preparedness, readiness; (*el evitar*) prevention; (*previsión*) foresight, forethought; (*precaución*) precaution.

prevenido, a [preβe'niðo, a] *a* prepared, ready; (*cauteloso*) cautious.

prevenir [preβe'nir] *vt* (*impedir*) to prevent; (*prever*) to foresee, anticipate; (*predisponer*) to prejudice, bias; (*avisar*) to warn; (*preparar*) to prepare, get ready; **~se** *vr* to get ready, prepare; **~se contra** to take precautions against; **preventivo, a** *a* preventive, precautionary.

prever [pre'βer] *vt* to foresee.

previo, a ['preβjo, a] *a* (*anterior*) previous; (*preliminar*) preliminary // *prep*: **~ acuerdo de los otros** subject to the agreement of the others.

previsión [preβi'sjon] *nf* (*perspicacia*) foresight; (*predicción*) forecast.

prima ['prima] *nf ver* **primo**.

primacía [prima'θia] *nf* primacy.

primario, a [pri'marjo, a] *a* primary.

primavera [prima'βera] *nf* spring(time).

primero, a [pri'mero, a] *a* (*delante de nmsg*: **primer**) first; (*principal*) prime // *ad* first; (*más bien*) sooner, rather // *a* (*AUTO*) first gear; (*FERRO*: *tb*: **primera clase**) first class; **de primera** (*fam*) first-class, first-rate; **primera plana** front page.

primitivo, a [primi'tiβo, a] *a* primitive; (*original*) original.

primo, a ['primo, a] *a* prime // *nm/f* cousin; (*fam*) fool, idiot // *nf* (*COM*) bonus; **~ de seguro** insurance premium; **~ hermano** first cousin; **materias primas** raw materials.

primogénito, a [primo'xenito, a] *a* firstborn.

primordial [primor'ðjal] *a* basic, fundamental.

primoroso, a [primo'roso, a] *a* exquisite, delicate.

princesa [prin'θesa] *nf* princess.

principal [prinθi'pal] *a* principal, main // *nm* (*jefe*) chief, principal.

príncipe ['prinθipe] *nm* prince.

principiante [prinθi'pjante] *nm/f* beginner.

principiar [prinθi'pjar] *vt* to begin.

principio [prin'θipjo] *nm* (*comienzo*) beginning, start; (*origen*) origin;

(*primera etapa*) rudiment, basic idea; (*moral*) principle; **a ~s de** at the beginning of.

pringue, a [prin'ɣoso, a] *a* (*grasiento*) greasy; (*pegajoso*) sticky.

pringue ['pringe] *nm* (*grasa*) grease, fat, dripping.

prioridad [priori'ðað] *nf* priority.

prisa ['prisa] *nf* (*apresuramiento*) hurry, haste; (*rapidez*) speed; (*urgencia*) (sense of) urgency; **a o de ~** quickly; **correr ~** to be urgent; **darse ~** to hurry up; **estar de o tener ~** to be in a hurry.

prisión [pri'sjon] *nf* (*cárcel*) prison; (*periodo de cárcel*) imprisonment; **prisionero, a** *nm/f* prisoner.

prismáticos [pris'matikos] *nmpl* binoculars.

privación [priβa'θjon] *nf* deprivation; (*falta*) want, privation.

privado, a [pri'βaðo, a] *a* private.

privar [pri'βar] *vt* to deprive; **privativo, a** *a* exclusive.

privilegiado, a [priβile'xjaðo, a] *a* privileged; (*memoria*) very good.

privilegiar [priβile'xjar] *vt* to grant a privilege to; (*favorecer*) to favour.

privilegio [priβi'lexjo] *nm* privilege; (*concesión*) concession.

pro [pro] *nm o f* profit, advantage // *prep*: **asociación ~ ciegos** association for the blind // *pref*: **~ soviético/americano** pro-Soviet/American; **en ~ de** on behalf of, for; **los ~s y los contras** the pros and cons.

proa ['proa] *nf* bow, prow; **de ~** bow *cpd*, fore.

probabilidad [proβaβili'ðað] *nf* probability, likelihood; (*oportunidad, posibilidad*) chance, prospect; **probable** *a* probable, likely.

probador [proβa'ðor] *nm* (*en tienda*) fitting room.

probar [pro'βar] *vt* (*demostrar*) to prove; (*someter a prueba*) to test, try out; (*ropa*) to try on; (*comida*) to taste // *vi* to try; **~se un traje** to try on a suit.

probeta [pro'βeta] *nf* test tube.

problema [pro'βlema] *nm* problem.

procedente [proθe'ðente] *a* (*razonable*) reasonable; (*conforme a derecho*) proper, fitting; **~ de** coming from, originating in.

proceder [proθe'ðer] *vi* (*avanzar*) to proceed; (*actuar*) to act; (*ser correcto*) to be right (and proper), be fitting; **~ de** to come from, originate in // *nm* (*comportamiento*) behaviour, conduct; **procedimiento** *nm* procedure; (*proceso*) process; (*método*) means *pl*, method.

procesado, a [proθe'saðo, a] *nm/f* accused.

procesador [proθesa'ðor] *nm*: **~ de textos** word processor.

procesar [proθe'sar] *vt* to try, put on trial.

procesión [proθe'sjon] *nf* procession.

proceso [pro'θeso] *nm* process; (*JUR*) trial; (*lapso*) course (of time).

proclamar [prokla'mar] *vt* to proclaim.

procreación [prokrea'θjon] *nf* procreation.

procrear [prokre'ar] *vt, vi* to procreate.

procurador, a [prokura'ðor, a] *nm/f* attorney.

procurar [proku'rar] *vt* (*intentar*) to try, endeavour; (*conseguir*) to get, obtain; (*asegurar*) to secure; (*producir*) to produce.

prodigio [pro'ðixjo] *nm* prodigy; (*milagro*) wonder, marvel; **~so, a** *a* prodigious, marvellous.

pródigo, a ['proðiɣo, a] *a*: **hijo ~** prodigal son.

producción [proðuk'θjon] *nf* (*gen*) production; (*producto*) product; **~ en serie** mass production.

producir [proðu'θir] *vt* to produce; (*causar*) to cause, bring about; **~se** *vr* (*cambio*) to come about; (*accidente*) to take place; (*problema etc*) to arise; (*hacerse*) to be produced, be made; (*estallar*) to break out.

productividad [proðuktiβi'ðað] *nf* productivity; **productivo, a** *a* productive; (*provechoso*) profitable.

producto [pro'ðukto] *nm* product; (*producción*) production.

productor, a [proðuk'tor, a] *a* productive, producing // *nm/f* producer.

proeza [pro'eθa] *nf* exploit, feat.

profanar [profa'nar] *vt* to desecrate, profane; **profano, a** *a* profane // *nm/f* layman/woman.

profecía [profe'θia] *nf* prophecy.

proferir [profe'rir] *vt* (*palabra, sonido*) to utter; (*injuria*) to hurl, let fly.

profesar [profe'sar] *vt* (*practicar*) to practise.

profesión [profe'sjon] *nf* profession; **profesional** *a* professional.

profesor, a [profe'sor, a] *nm/f* teacher; **~ado** *nm* teaching profession.

profeta [pro'feta] *nm/f* prophet; **profetizar** *vt, vi* to prophesy.

prófugo, a ['profuɣo, a] *nm/f* fugitive; (*MIL: desertor*) deserter.

profundidad [profundi'ðað] *nf* depth; **profundizar** *vt* (*fig*) to go deeply into; **profundo, a** *a* deep; (*misterio, pensador*) profound.

profusión [profu'sjon] *nf* (*abundancia*) profusion; (*prodigalidad*) extravagance.

progenitor [proxeni'tor] *nm* ancestor; **~es** *nmpl* (*padres*) parents.

programa [pro'ɣrama] *nm* programme (*Brit*), program (*US*); **~ción** *nf* programming; **~dor, a** *nm/f* programmer; **programar** *vt* to program.

progresar [proɣre'sar] *vi* to progress, make progress; **progresista** *a*, *nm/f* progressive; **progresivo, a** *a* progressive; (*gradual*) gradual; (*continuo*) continuous; **progreso** *nm* progress.

prohibición [proiβi'θjon] *nf* prohibition, ban.

prohibir [proi'βir] *vt* to prohibit, ban, forbid; **se prohíbe fumar, prohibido fumar** no smoking.

prójimo, a ['proximo, a] *nm/f* fellow man; (*vecino*) neighbour.

proletariado [proleta'rjaðo] *nm* proletariat.

proletario, a [prole'tarjo, a] *a*, *nm/f* proletarian.

proliferación [prolifera'θjon] *nf* proliferation.

proliferar [prolife'rar] *vi* to proliferate; **prolífico, a** *a* prolific.

prolijo, a [pro'lixo, a] *a* long-winded, tedious.

prólogo ['proloɣo] *nm* prologue.

prolongación [prolonga'θjon] *nf* extension; **prolongado, a** *a* (*largo*) long; (*alargado*) lengthy.

prolongar [prolon'ɣar] *vt* to extend; (*reunión etc*) to prolong; (*calle, tubo*) to extend.

promedio [pro'meðjo] *nm* average; (*de distancia*) middle, mid-point.

promesa [pro'mesa] *nf* promise.

prometer [prome'ter] *vt* to promise // *vi* to show promise; **~se** *vr* (*novios*) to get engaged; **prometido, a** *a* promised; engaged // *nm/f* fiancé/fiancée.

prominente [promi'nente] *a* prominent.

promiscuo, a [pro'miskwo, a] *a* promiscuous.

promoción [promo'θjon] *nf* promotion.

promotor [promo'tor] *nm* promoter; (*instigador*) instigator.

promover [promo'βer] *vt* to promote; (*causar*) to cause; (*instigar*) to instigate, stir up.

promulgar [promul'ɣar] *vt* to promulgate; (*fig*) to proclaim.

pronombre [pro'nombre] *nm* pronoun.

pronosticar [pronosti'kar] *vt* to predict, foretell, forecast; **pronóstico** *nm* prediction, forecast; **pronóstico del tiempo** weather forecast.

pronto, a ['pronto, a] *a* (*rápido*) prompt, quick; (*preparado*) ready // *ad* quickly, promptly; (*en seguida*) at once, right away; (*dentro de poco*) soon; (*temprano*) early // *nm*: **tener ~s de enojo** to be quick-tempered; **al ~** at first; **de ~** suddenly; **por lo ~** meanwhile, for the present.

pronunciación [pronunθja'θjon] *nf* pronunciation.

pronunciar [pronun'θjar] *vt* to pronounce; (*discurso*) to make, deliver; **~se** *vr* to revolt, rebel; (*declararse*) to declare o.s.

propagación [propaɣa'θjon] *nf* propagation.

propaganda [propa'ɣanda] *nf* (*política*) propaganda; (*comercial*) advertising.

propagar [propa'ɣar] *vt* to propagate.

propensión [propen'sjon] *nf* inclination, propensity; **propenso, a** *a* inclined to; **ser propenso a** to be inclined to, have a tendency to.

propiamente [propja'mente] *ad* properly; (*realmente*) really, exactly.

propicio, a [pro'piθjo, a] *a* favourable, propitious.

propiedad [propje'ðað] *nf* property; (*posesión*) possession, ownership; **~ particular** private property.

propietario, a [propje'tarjo, a] *nm/f* owner, proprietor.

propina [pro'pina] *nf* tip.

propio, a ['propjo, a] *a* own, of one's own; (*característico*) characteristic, typical; (*debido*) proper; (*mismo*) selfsame, very; **el ~ ministro** the minister himself; **¿tienes casa propia?** have you a house of your own?

proponer [propo'ner] *vt* to propose, put forward; (*problema*) to pose; **~se** *vr* to propose, intend.

proporción [propor'θjon] *nf* proportion; (*MAT*) ratio; **proporciones** *nfpl* dimensions; (*fig*) size *sg*; **proporcionado, a** *a* proportionate; (*regular*) medium, middling; (*justo*) just right; **proporcionar** *vt* (*dar*) to give, supply, provide.

proposición [proposi'θjon] *nf* proposition; (*propuesta*) proposal.

propósito [pro'posito] *nm* purpose; (*intento*) aim, intention // *ad*: **a ~** by the way, incidentally; (*a posta*) on purpose, deliberately; **a ~ de** about, with regard to.

propuesta *vb ver* **proponer** // [pro'pwesta] *nf* proposal.

propulsar [propul'sar] *vt* to drive, propel; (*fig*) to promote, encourage; **propulsión** *nf* propulsion; **propulsión a chorro** o **por reacción** jet propulsion.

prórroga ['prorroɣa] *nf* extension; (*JUR*) stay; (*COM*) deferment; (*DEPORTE*) extra time; **prorrogar** *vt* (*período*) to extend; (*decisión*) to defer, postpone.

prorrumpir [prorrum'pir] *vi* to burst forth, break out.

prosa ['prosa] *nf* prose.

proscripción [proscrip'θjon] *nf* prohibition, ban; (*destierro*) banishment; (*de un partido*) proscription.

proscrito, a [pro'skrito, a] *a* (*prohibido, desterrado*) banned.

prosecución [proseku'θjon] *nf* continuation.

proseguir [prose'ɣir] *vt* to continue, carry on // *vi* to continue, go on.

prospección [prospek'θjon] *nf* explora-

tion; (*del oro*) prospecting.
prospecto [pros'pekto] *nm* prospectus.
prosperar [prospe'rar] *vi* to prosper,
thrive, flourish; **prosperidad** *nf*
prosperity; (*éxito*) success; **próspero, a**
a prosperous, flourishing; (*que tiene
éxito*) successful.
prostíbulo [pros'tiβulo] *nm* brothel
(*Brit*), house of prostitution (*US*).
prostitución [prostitu'θjon] *nf* prostitution.
prostituir [prosti'twir] *vt* to prostitute;
~**se** *vr* to prostitute o.s., become a
prostitute.
prostituta [prosti'tuta] *nf* prostitute.
protagonista [protaγo'nista] *nm/f*
protagonist.
protagonizar [protaγoni'θar] *vt* to take
the chief rôle in.
protección [protek'θjon] *nf* protection.
protector, a [protek'tor, a] *a* protective,
protecting // *nm/f* protector.
proteger [prote'xer] *vt* to protect;
protegido, a *nm/f* protégé/protégée.
proteína [prote'ina] *nf* protein.
protesta [pro'testa] *nf* protest; (*declaración*) protestation.
protestante [protes'tante] *a* Protestant.
protestar [protes'tar] *vt* to protest,
declare; (*fe*) to protest // *vi* to protest.
protocolo [proto'kolo] *nm* protocol.
prototipo [proto'tipo] *nm* prototype.
prov. *abr* (= *provincia*) prov.
provecho [pro'βetʃo] *nm* advantage,
benefit; (*FINANZAS*) profit; ¡buen ~! bon
appétit!; **en ~ de** to the benefit of; **sacar
~ de** to benefit from, profit by.
proveer [proβe'er] *vt* to provide, supply //
vi: ~ **a** to provide for.
provenir [proβe'nir] *vi*: ~ **de** to come
from, stem from.
proverbio [pro'βerβjo] *nm* proverb.
providencia [proβi'ðenθja] *nf* provi-
dence; (*previsión*) foresight.
provincia [pro'βinθja] *nf* province; ~**no,
a** *a* provincial; (*del campo*) country *cpd*.
provisión [proβi'sjon] *nf* provision;
(*abastecimiento*) provision, supply;
(*medida*) measure, step.
provisional [proβisjo'nal] *a* provisional.
provocación [proβoka'θjon] *nf* provoca-
tion.
provocar [proβo'kar] *vt* to provoke;
(*alentar*) to tempt, invite; (*causar*) to
bring about, lead to; (*promover*) to
promote; (*estimular*) to rouse,
stimulate; ¿**te provoca un café?** (*AM*)
would you like a coffee?; **provocativo,
a** *a* provocative.
próximamente [proksima'mente] *ad*
shortly, soon.
proximidad [proksimi'ðað] *nf* closeness,
proximity; **próximo, a** *a* near, close;
(*vecino*) neighbouring; (*siguiente*) next.
proyectar [projek'tar] *vt* (*objeto*) to hurl,

throw; (*luz*) to cast, shed; (*CINE*) to
screen, show; (*planear*) to plan.
proyectil [projek'til] *nm* projectile, missile.
proyecto [pro'jekto] *nm* plan;
(*estimación de costo*) detailed estimate.
proyector [projek'tor] *nm* (*CINE*)
projector.
prudencia [pru'ðenθja] *nf* (*sabiduría*)
wisdom; (*cuidado*) care; **prudente** *a*
sensible, wise; (*conductor*) careful.
prueba *etc vb ver* **probar** // ['prweβa] *nf*
proof; (*ensayo*) test, trial; (*degustación*)
tasting, sampling; (*de ropa*) fitting; **a ~**
on trial; **a ~ de** proof against; **a ~ de
agua/fuego** waterproof/fireproof; **someter
a ~** to put to the test.
prurito [pru'rito] *nm* itch; (*de bebé*)
nappy (*Brit*) o diaper (*US*) rash.
psico... [siko] *pref* psycho...; ~**análisis**
nm inv psychoanalysis; ~**logía** *nf*
psychology; ~**lógico, a** *a* psychological;
psicólogo, a *nm/f* psychologist;
psicópata *nm/f* psychopath; ~**sis** *nf inv*
psychosis.
psiquiatra [si'kjatra] *nm/f* psychiatrist;
psiquiátrico, a *a* psychiatric.
psíquico, a ['sikiko, a] *a* psychic(al).
PSOE [pe'soe] *nm abr* = *Partido
Socialista Obrero Español*.
pta(s) *abr* = **peseta(s)**.
pts *abr* = **pesetas**.
púa ['pua] *nf* sharp point; (*BOT, ZOOL*)
prickle, spine; (*para guitarra*) plectrum
(*Brit*), pick (*US*); **alambre de ~** barbed
wire.
pubertad [puβer'tað] *nf* puberty.
publicación [puβlika'θjon] *nf* publication.
publicar [puβli'kar] *vt* (*editar*) to publish; (*hacer público*) to publicize;
(*divulgar*) to make public, divulge.
publicidad [puβliθi'ðað] *nf* publicity;
(*COM: propaganda*) advertising; **publicitario, a** *a* publicity *cpd*; advertising
cpd.
público, a ['puβliko, a] *a* public // *nm*
public; (*TEATRO etc*) audience.
puchero [pu'tʃero] *nm* (*CULIN: guiso*)
stew; (: *olla*) cooking pot; **hacer ~s** to
pout.
pude *etc vb ver* **poder**.
púdico, a ['puðiko, a] *a* modest.
pudiente [pu'ðjente] *a* (*rico*) wealthy,
well-to-do.
pudiera *etc vb ver* **poder**.
pudor [pu'ðor] *nm* modesty.
pudrir [pu'ðrir] *vt* to rot; (*fam*) to upset,
annoy; ~**se** *vr* to rot, decay.
pueblo ['pweβlo] *nm* people; (*nación*)
nation; (*aldea*) village.
puedo *etc vb ver* **poder**.
puente ['pwente] *nm* bridge; ~ **aéreo**
shuttle service; ~ **colgante** suspension
bridge; **hacer ~** (*fam*) *to take an extra
day off work between 2 public holidays;*

to take a long weekend.

puerco, a ['pwerko, a] nmf pig/sow // a (sucio) dirty, filthy; (obsceno) disgusting; ~ **de mar** porpoise; ~ **marino** dolphin.

pueril [pwe'ril] a childish.

puerro ['pwerro] nm leek.

puerta ['pwerta] nf door; (de jardín) gate; (portal) doorway; (fig) gateway; (portería) goal; **a la** ~ at the door; **a** ~ **cerrada** behind closed doors; ~ **giratoria** revolving door.

puertaventana [pwertaβen'tana] nf shutter.

puerto ['pwerto] nm port; (paso) pass; (fig) haven, refuge.

Puerto Rico ['pwerto'riko] nm Puerto Rico; **puertorriqueño, a** a, nmf Puerto Rican.

pues [pwes] ad (entonces) then; (bueno) well, well then; (así que) so // conj (ya que) since; ¡~! (sí) yes!, certainly!

puesto, a ['pwesto, a] pp de **poner** // a dressed // nm (lugar, posición) place; (trabajo) post, job; (COM) stall // conj: ~ **que** since, as // nf (apuesta) bet, stake; **puesta en marcha** starting; **puesta del sol** sunset.

púgil ['puxil] nm boxer.

pugna ['puɣna] nf battle, conflict; ~**cidad** nf pugnacity, aggressiveness; **pugnar** vi (luchar) to struggle, fight; (pelear) to fight.

pujar [pu'xar] vi (en subasta) to bid; (esforzarse) to struggle, strain.

pulcro, a ['pulkro, a] a neat, tidy; (bello) exquisite.

pulga ['pulɣa] nf flea.

pulgada [pul'ɣaða] nf inch.

pulgar [pul'ɣar] nm thumb.

pulir [pu'lir], **pulimentar** [pulimen'tar] vt to polish; (alisar) to smooth; (fig) to polish up, touch up.

pulmón [pul'mon] nm lung; **pulmonía** nf pneumonia.

pulpa ['pulpa] nf pulp; (de fruta) flesh, soft part.

pulpería [pulpe'ria] nf (AM: tienda) small grocery store.

púlpito ['pulpito] nm pulpit.

pulpo ['pulpo] nm octopus.

pulsación [pulsa'θjon] nf beat, pulsation; (ANAT) throb(bing).

pulsador [pulsa'ðor] nm button, push button.

pulsar [pul'sar] vt (tecla) to touch, tap; (MUS) to play; (botón) to press, push // vi to pulsate; (latir) to beat, throb; (MED): ~ **a uno** to take sb's pulse.

pulsera [pul'sera] nf bracelet.

pulso ['pulso] nm (ANAT) pulse; (: muñeca) wrist; (fuerza) strength; (firmeza) steadiness, steady hand; (tacto) tact, good sense.

pulverizador [pulβeriθa'ðor] nm spray, spray gun.

pulverizar [pulβeri'θar] vt to pulverize; (líquido) to spray.

pulla ['puʎa] nf cutting remark; (expresión grosera) obscene remark.

puna ['puna] nf (AM MED) mountain sickness.

pungir [pun'xir] vt to puncture, pierce; (fig) to cause suffering to.

punición [puni'θjon] nf punishment; **punitivo, a** a punitive.

punta ['punta] nf point, tip; (extremidad) end; (fig) touch, trace; **horas** ~**s** peak hours, rush hours; **sacar** ~ **a** to sharpen; **estar de** ~ to be edgy.

puntada [pun'taða] nf (COSTURA) stitch.

puntal [pun'tal] nm prop, support.

puntapié [punta'pje] nm kick.

puntear [punte'ar] vt to tick, mark.

puntería [punte'ria] nf (de arma) aim, aiming; (destreza) marksmanship.

puntero, a [pun'tero, a] a leading // nm (palo) pointer.

puntiagudo, a [puntja'ɣuðo, a] a sharp, pointed.

puntilla [pun'tiʎa] nf (encaje) lace edging o trim; (andar) **de** ~**s** (to walk) on tiptoe.

punto ['punto] nm (gen) point; (señal diminuta) spot, dot; (COSTURA, MED) stitch; (lugar) spot, place; (momento) point, moment; **a** ~ ready; **estar a** ~ **de** to be on the point of o about to; **en** ~ on the dot; ~ **muerto** dead centre; (AUTO) neutral (gear); ~ **final** full stop (Brit), period (US); ~ **y coma** semicolon; ~ **de interrogación** question mark; **hacer** ~ (tejer) to knit.

puntuación [puntwa'θjon] nf punctuation; (puntos: en examen) mark(s) (pl); (: DEPORTE) score.

puntual [pun'twal] a (a tiempo) punctual; (exacto) exact, accurate; (seguro) reliable; ~**idad** nf punctuality; (exactness, accuracy; reliability; ~**izar** vt to fix, specify.

punzante [pun'θante] a (dolor) shooting, sharp; (herramienta) sharp; **punzar** vt to prick, pierce // vi to shoot, stab.

puñado [pu'ɲaðo] nm handful.

puñal [pu'ɲal] nm dagger; ~**ada** nf stab.

puñetazo [puɲe'taθo] nm punch.

puño ['puɲo] nm (ANAT) fist; (cantidad) fistful, handful; (COSTURA) cuff; (de herramienta) handle.

pupila [pu'pila] nf pupil.

pupitre [pu'pitre] nm desk.

puré [pu're] nm puree; (sopa) (thick) soup; ~ **de patatas** mashed potatoes.

pureza [pu'reθa] nf purity.

purga ['purɣa] nf purge; **purgante** a, nm purgative; **purgar** vt to purge.

purgatorio [purɣa'torjo] nm purgatory.

purificar [purifi'kar] vt to purify; (refinar) to refine.

puritano, a [puri'tano, a] a (actitud) puritanical; (iglesia, tradición) puritan // nm/f puritan.

puro, a ['puro, a] a pure; (cielo) clear; (verdad) simple, plain // ad: **de ~ cansado** out of sheer tiredness // nm cigar.

púrpura ['purpura] nf purple; **purpúreo, a** a purple.

pus [pus] nm pus.

puse, pusiera etc vb ver **poner**.

pústula ['pustula] nf pimple, sore.

puta ['puta] nf whore, prostitute.

putrefacción [putrefak'θjon] nf rotting, putrefaction.

pútrido, a ['putriðo, a] a rotten.

PVP abr (Esp: = precio venta al público) RRP.

Q

q.e.p.d. abr (= que en paz descanse) R.I.P.

que [ke] ♦ conj 1 (con oración subordinada: muchas veces no se traduce) that; **dijo ~ vendría** he said (that) he would come; **espero ~ lo encuentres** I hope (that) you find it; ver tb **el**

2 (en oración independiente): **¡~ entre!** send him in; **¡que se mejore tu padre!** I hope your father gets better

3 (enfático): **¿me quieres? - ¡~ sí!** do you love me? - of course!

4 (consecutivo: muchas veces no se traduce) that; **es tan grande ~ no lo puedo levantar** it's so big (that) I can't lift it

5 (comparaciones) than; **yo ~ tú/él** if I were you/him; ver tb **más, menos, mismo**

6 (valor disyuntivo): **~ le guste o no** whether he likes it or not; **~ venga o ~ no venga** whether he comes or not

7 (porque): **no puedo, ~ tengo ~ quedarme en casa** I can't, I've got to stay in

♦ pron **1** (cosa) that, which; (+ prep) which; **el sombrero ~ te compraste** the hat (that o which) you bought; **la cama en ~ dormí** the bed (that o which) I slept in

2 (persona: suj) that, who; (: objeto) that, whom; **el amigo ~ me acompañó al museo** the friend that o who went to the museum with me: **la chica que invité** the girl (that o whom) I invited.

qué [ke] a what?, which? // pron what?; **¡~ divertido!** how funny!; **¿~ edad tienes?** how old are you?; **¿de ~ me hablas?** what are you saying to me?; **¿~ tal?** how are you?, how are things?; **¿~ hay (de nuevo)?** what's new?

quebrada [ke'βraða] nf ver **quebrado**.

quebradizo, a [keβra'ðiθo, a] a fragile;

(persona) frail.

quebrado, a [ke'βraðo, a] a (roto) broken // nm/f bankrupt // nm (MAT) fraction // nf ravine.

quebradura [keβra'ðura] nf (fisura) fissure; (GEO) gorge; (MED) rupture.

quebrantar [keβran'tar] vt (infringir) to violate, transgress; **~se** vr (persona) to fail in health.

quebranto [ke'βranto] nm damage, harm; (decaimiento) exhaustion; (dolor) grief, pain.

quebrar [ke'βrar] vt to break, smash // vi to go bankrupt; **~se** vr to break, get broken; (MED) to be ruptured.

quedar [ke'ðar] vi to stay, remain; (encontrarse: sitio) to be; (restar) to remain, be left; **~se** vr to remain, stay (behind); **~se (con) algo** to keep sth; **~ en** (acordar) to agree on/to; **~ en nada** to come to nothing; **~ por hacer** to be still to be done; **~ ciego/mudo** to be left blind/dumb; **no te queda bien ese vestido** that dress doesn't suit you; **eso queda muy lejos** that's a long way (away); **quedamos a las seis** we agreed to meet at six.

quedo, a ['keðo, a] a still // ad softly, gently.

quehacer [kea'θer] nm task, job; **~es** (domésticos) nmpl household chores.

queja ['kexa] nf complaint; **quejarse** vr (enfermo) to moan, groan; (protestar) to complain; **quejarse de que** to complain (about the fact) that; **quejido** nm moan; **quejoso, a** a complaining.

quemado, a [ke'maðo, a] a burnt.

quemadura [kema'ðura] nf burn, scald.

quemar [ke'mar] vt to burn; (fig: malgastar) to burn up, squander // vi to be burning hot; **~se** vr (consumirse) to burn (up); (del sol) to get sunburnt.

quemarropa [kema'rropa]: **a ~** ad point-blank.

quemazón [kema'θon] nf burn; (calor) intense heat; (sensación) itch.

quepo etc vb ver **caber**.

querella [ke're\ʎa] nf (JUR) charge; (disputa) dispute.

querer [ke'rer] vt **1** (desear) to want; **quiero más dinero** I want more money; **quisiera o querría un té** I'd like a tea; **sin ~** unintentionally; **quiero ayudar/que vayas** I want to help/you to go

2 (preguntas: para pedir algo): **¿quiere abrir la ventana?** could you open the window?; **¿quieres echarme una mano?** can you give me a hand?

3 (amar) to love; (tener cariño a) to be fond of; **quiere mucho a sus hijos** he's very fond of his children

4 (requerir): **esta planta quiere más luz** this plant needs more light

5: le pedí que me dejara ir pero no quiso I asked him to let me go but he refused.

querido, a [ke'riðo, a] *a* dear // *nm/f* darling; (*amante*) lover.

quesería [kese'ria] *nf* dairy; (*fábrica*) cheese factory.

queso ['keso] *nm* cheese; ~ **crema** cream cheese.

quicio ['kiθjo] *nm* hinge; **sacar a uno de** ~ to get on sb's nerves.

quiebra ['kjeβra] *nf* break, split; (*COM*) bankruptcy; (*ECON*) slump.

quiebro ['kjeβro] *nm* (*del cuerpo*) swerve.

quien [kjen] *pron* who; **hay ~ piensa que** there are those who think that; **no hay ~ lo haga** no-one will do it.

quién [kjen] *pron* who, whom; **¿~ es?** who's there?

quienquiera [kjen'kjera] (*pl* **quienes- quiera**) *pron* whoever.

quiero *etc vb ver* **querer**.

quieto, a ['kjeto, a] *a* still; (*carácter*) placid; **quietud** *nf* stillness.

quijada [ki'xaða] *nf* jaw, jawbone.

quilate [ki'late] *nm* carat.

quilla ['kiʎa] *nf* keel.

quimera [ki'mera] *nf* chimera; **quimé- rico, a** *a* fantastic.

químico, a ['kimiko, a] *a* chemical // *nm/f* chemist // *nf* chemistry.

quincalla [kin'kaʎa] *nf* hardware, iron- mongery (*Brit*).

quince ['kinθe] *num* fifteen; ~ **días a** fortnight; **~añero, a** *nm/f* teenager; **~na** *nf* fortnight; (*pago*) fortnightly pay; **~nal a** a fortnightly.

quiniela [ki'njela] *nf* football pools *pl*; **~s** *nfpl* pools coupon *sg*.

quinientos, as [ki'njentos, as] *a, num* five hundred.

quinina [ki'nina] *nf* quinine.

quinqui ['kinki] *nm* delinquent.

quinto, a ['kinto, a] *a* fifth // *nf* country house; (*MIL*) call-up, draft.

quiosco ['kjosko] *nm* (*de música*) band- stand; (*de periódicos*) news stand.

quirúrgico, a [ki'rurxiko, a] *a* surgical.

quise, quisiera *etc vb ver* **querer**.

quisquilloso, a [kiski'ʎoso, a] *a* (*suscep- tible*) touchy; (*meticuloso*) pernickety.

quiste ['kiste] *nm* cyst.

quitaesmalte [kitaes'malte] *nm* nail- polish remover.

quitamanchas [kita'mantʃas] *nm inv* stain remover.

quitanieves [kita'njeβes] *nm inv* snowplough (*Brit*), snowplow (*US*).

quitar [ki'tar] *vt* to remove, take away; (*ropa*) to take off; (*dolor*) to relieve; **¡quita de ahí!** get away!; **~se** *vr* to with- draw; (*ropa*) to take off; **se quitó el sombrero** he took off his hat.

quitasol [kita'sol] *nm* sunshade (*Brit*), parasol.

quite ['kite] *nm* (*esgrima*) parry; (*eva- sión*) dodge.

Quito ['kito] *n* Quito.

quizá(s) [ki'θa(s)] *ad* perhaps, maybe.

R

rábano ['raβano] *nm* radish; **me importa un ~** I don't give a damn.

rabia ['raβja] *nf* (*MED*) rabies *sg*; (*fig: ira*) fury, rage; **rabiar** *vi* to have rabies; to rage, be furious; **rabiar por algo** to long for sth.

rabieta [ra'βjeta] *nf* tantrum, fit of temper.

rabino [ra'βino] *nm* rabbi.

rabioso, a [ra'βjoso, a] *a* rabid; (*fig*) fu- rious.

rabo ['raβo] *nm* tail.

racial [ra'θjal] *a* racial, race *cpd*.

racimo [ra'θimo] *nm* bunch.

raciocinio [raθjo'θinjo] *nm* reason.

ración [ra'θjon] *nf* portion; **raciones** *nfpl* rations.

racional [raθjo'nal] *a* (*razonable*) reason- able; (*lógico*) rational; **~izar** *vt* to rationalize.

racionar [raθjo'nar] *vt* to ration (out).

racismo [ra'θismo] *nm* racialism, racism; **racista** *a, nm/f* racist.

racha ['ratʃa] *nf* gust of wind: **buena/ mala ~** (*fig*) spell of good/bad luck.

radar [ra'ðar] *nm* radar.

radiactivo, a [raðiak'tiβo, a] *a* = **radioactivo**.

radiador [raðja'ðor] *nm* radiator.

radiante [ra'ðjante] *a* radiant.

radical [raði'kal] *a, nm/f* radical.

radicar [raði'kar] *vi* to take root; ~ **en** to lie *o* consist in; **~se** *vr* to establish o.s., put down (one's) roots.

radio ['raðjo] *nf* radio; (*aparato*) radio (set) // *nm* (*MAT*) radius; (*QUIMICA*) radium; **~activo, a** *a* radioactive; **~difusión** *nf* broadcasting; **~emisora** *nf* transmitter, radio station; **~escucha** *nm/f* listener; **~grafía** *nf* X-ray; **~grafiar** *vt* to X-ray; **~terapia** *nf* radiotherapy.

raer [ra'er] *vt* to scrape (off).

ráfaga ['rafaɣa] *nf* gust; (*de luz*) flash; (*de tiros*) burst.

raído, a [ra'iðo, a] *a* (*ropa*) threadbare.

raigambre [rai'ɣambre] *nf* (*BOT*) roots *pl*; (*fig*) tradition.

raíz [ra'iθ] *nf* root; ~ **cuadrada** square root; **a ~ de** as a result of.

raja ['raxa] *nf* (*de melón etc*) slice; (*grieta*) crack; **rajar** *vt* to split; (*fam*) to slash; **rajarse** *vr* to split, crack; **rajarse de** to back out of.

rajatabla [raxa'taβla]: **a ~** *ad* (*estrictamente*) strictly, to the letter.

ralo, a ['ralo, a] *a* thin, sparse.

rallado, a [ra'ʎaðo, a] *a* grated; **rallador** *nm* grater.

rallar [ra'ʎar] *vt* to grate.

RAM [ram] *nf abr* (= *memoria de acceso aleatorio*) RAM.

rama ['rama] *nf* branch; **~je** *nm* branches *pl*, foliage; **ramal** *nm* (*de cuerda*) strand; (*FERRO*) branch line (*Brit*); (*AUTO*) branch (road) (*Brit*).

rambla ['rambla] *nf* (*avenida*) avenue.

ramera [ra'mera] *nf* whore.

ramificación [ramifika'θjon] *nf* ramification.

ramificarse [ramifi'karse] *vr* to branch out.

ramillete [rami'ʎete] *nm* bouquet.

ramo ['ramo] *nm* branch; (*sección*) department, section.

rampa ['rampa] *nf* ramp.

ramplón, ona [ram'plon, ona] *a* uncouth, coarse.

rana ['rana] *nf* frog; **salto de ~** leapfrog.

rancio, a ['ranθjo, a] *a* (*comestibles*) rancid; (*vino*) aged, mellow; (*fig*) ancient.

ranchero [ran'tʃero] *nm* (*AM*) rancher; smallholder.

rancho ['rantʃo] *nm* grub (*fam*); (*AM*: *grande*) ranch; (: *pequeño*) small farm.

rango ['rango] *nm* rank, standing.

ranura [ra'nura] *nf* groove; (*de teléfono etc*) slot.

rapar [ra'par] *vt* to shave; (*los cabellos*) to crop.

rapaz [ra'paθ] *a* (*ZOOL*) predatory // *nm/f* (*f*: **rapaza**) young boy/girl.

rape ['rape] *nm* quick shave; (*pez*) angler (fish); **al ~** cropped.

rapé [ra'pe] *nm* snuff.

rapidez [rapi'ðeθ] *nf* speed, rapidity; **rápido, a** *a* fast, quick // *ad* quickly // *nm* (*FERRO*) express; **rápidos** *nmpl* rapids.

rapiña [ra'piɲa] *nm* robbery; **ave de ~** bird of prey.

raptar [rap'tar] *vt* to kidnap; **rapto** *nm* kidnapping; (*impulso*) sudden impulse; (*éxtasis*) ecstasy, rapture.

raqueta [ra'keta] *nf* racquet.

raquítico, a [ra'kitiko, a] *a* stunted; (*fig*) poor, inadequate; **raquitismo** *nm* rickets *sg*.

rareza [ra'reθa] *nf* rarity; (*fig*) eccentricity.

raro, a ['raro, a] *a* (*poco común*) rare; (*extraño*) odd, strange; (*excepcional*) remarkable.

ras [ras] *nm*: **a ~ de** level with; **a ~ de tierra** at ground level.

rasar [ra'sar] *vt* (*igualar*) to level.

rascacielos [raska'θjelos] *nm inv* skyscraper.

rascar [ras'kar] *vt* (*con las uñas etc*) to scratch; (*raspar*) to scrape; **~se** *vr* to scratch (o.s.).

rasgar [ras'ɣar] *vt* to tear, rip (up).

rasgo ['rasɣo] *nm* (*con pluma*) stroke; **~s** *nmpl* features, characteristics; **a grandes ~s** in outline, broadly.

rasguñar [rasɣu'ɲar] *vt* to scratch; **rasguño** *nm* scratch.

raso, a ['raso, a] *a* (*liso*) flat, level; (*a baja altura*) very low // *nm* satin; **cielo ~** clear sky.

raspadura [raspa'ðura] *nf* (*acto*) scrape, scraping; (*marca*) scratch; **~s** *nfpl* scrapings.

raspar [ras'par] *vt* to scrape; (*arañar*) to scratch; (*limar*) to file.

rastra ['rastra] *nf* (*AGR*) rake; **a ~s** by dragging; (*fig*) unwillingly.

rastreador [rastrea'ðor] *nm* tracker; **~ de minas** minesweeper.

rastrear [rastre'ar] *vt* (*seguir*) to track.

rastrero, a [ras'trero, a] *a* (*BOT, ZOOL*) creeping; (*fig*) despicable, mean.

rastrillar [rastri'ʎar] *vt* to rake; **rastrillo** *nm* rake.

rastro ['rastro] *nm* (*AGR*) rake; (*pista*) track, trail; (*vestigio*) trace; **el R~** the Madrid fleamarket.

rastrojo [ras'troxo] *nm* stubble.

rasurador [rasura'ðor] *nm*, **rasuradora** [rasura'ðora] *nf* (*AM*) electric shaver.

rasurarse [rasu'rarse] *vr* to shave.

rata ['rata] *nf* rat.

ratear [rate'ar] *vt* (*robar*) to steal.

ratería [rate'ria] *nf* petty theft.

ratero, a [ra'tero, a] *a* light-fingered // *nm/f* (*carterista*) pickpocket; (*AM*: *de casas*) burglar.

ratificar [ratifi'kar] *vt* to ratify.

rato ['rato] *nm* while, short time; **a ~s** from time to time; **hay para ~** there's still a long way to go; **al poco ~** soon afterwards; **pasar el ~** to kill time; **pasar un buen/mal ~** to have a good/ rough time.

ratón [ra'ton] *nm* mouse; **ratonera** *nf* mousetrap.

raudal [rau'ðal] *nm* torrent; **a ~es** in abundance.

raya ['raja] *nf* line; (*marca*) scratch; (*en tela*) stripe; (*de pelo*) parting; (*límite*) boundary; (*pez*) ray; (*puntuación*) hyphen; **a ~s** striped; **pasarse de la ~** to go too far; **tener a ~** to keep in check; **rayar** *vt* to line; to scratch; (*subrayar*) to underline // *vi*: **rayar en o con** to border on.

rayo ['rajo] *nm* (*del sol*) ray, beam; (*de luz*) shaft; (*en una tormenta*) (flash of) lightning; **~s X** X-rays.

rayón [ra'jon] *nm* rayon.

raza ['raθa] *nf* race; **~ humana** human race.

razón [ra'θon] *nf* reason; (*justicia*) right, justice; (*razonamiento*) reasoning; (*motivo*) reason, motive; (*MAT*) ratio; **a ~ de 10 cada día** at the rate of 10 a day;

'~: 'inquiries to ...'; en ~ de with regard to; **dar ~ a** uno to agree that sb is right; **tener ~ to** be right; **~ directa/inversa** direct/inverse proportion; **~ de ser** raison d'être; **razonable** a reasonable; (*justo, moderado*) fair; **razonamiento** *nm* (*juicio*) judgement; (*argumento*) reasoning; **razonar** *vt* to reason, argue // *vi* to reason, argue.

reacción [reak'θjon] *nf* reaction; avión a ~ jet plane; **~ en cadena** chain reaction; **reaccionar** *vi* to react; **reaccionario, a** *a* reactionary.

reacio, a [re'aθjo, a] *a* stubborn.

reactor [reak'tor] *nm* reactor.

readaptación [reaδapta'θjon] *nf*: **~ profesional** industrial retraining.

reajuste [rea'xuste] *nm* readjustment.

real [re'al] *a* real; (*del rey, fig*) royal.

realce [re'alθe] *nm* (*TEC*) embossing; (*lustre, fig*) splendour; (*ARTE*) highlight; **poner de ~** to emphasize.

realidad [reali'δaδ] *nf* reality, fact; (*verdad*) truth.

realista [rea'lista] *nm/f* realist.

realización [realiθa'θjon] *nf* fulfilment; (*COM*) selling up (*Brit*), conversion into money (*US*).

realizador, a [realiθa'δor, a] *nm/f* (*TV etc*) producer.

realizar [reali'θar] *vt* (*objetivo*) to achieve; (*plan*) to carry out; (*viaje*) to make, undertake; (*COM*) to sell up (*Brit*), convert into money (*US*); **~se** *vr* to come about, come true.

realmente [real'mente] *ad* really, actually.

realquilar [realki'lar] *vt* (*subarrendar*) to sublet.

realzar [real'θar] *vt* (*TEC*) to raise; (*embellecer*) to enhance; (*acentuar*) to highlight.

reanimar [reani'mar] *vt* to revive; (*alentar*) to encourage; **~se** *vr* to revive.

reanudar [reanu'δar] *vt* (*renovar*) to renew; (*historia, viaje*) to resume.

reaparición [reapari'θjon] *nf* reappearance.

rearme [re'arme] *nm* rearmament.

rebaja [re'βaxa] *nf* (*COM*) reduction; (*menoscabo*) lessening; **~s** *nfpl* (*COM*) sale; **rebajar** *vt* (*bajar*) to lower; (*reducir*) to reduce; (*disminuir*) to lessen; (*humillar*) to humble.

rebanada [reβa'naδa] *nf* slice.

rebaño [re'βaɲo] *nm* herd; (*de ovejas*) flock.

rebasar [reβa'sar] *vt* (*tb*: **~ de**) to exceed.

rebatir [reβa'tir] *vt* to refute.

rebeca [re'βeka] *nf* cardigan.

rebelarse [reβe'larse] *vr* to rebel, revolt.

rebelde [re'βelde] *a* rebellious; (*niño*) unruly // *nm/f* rebel; **rebeldía** *nf* rebelliousness; (*desobediencia*) disobedience.

rebelión [reβe'ljon] *nf* rebellion.

reblandecer [reβlande'θer] *vt* to soften.

rebosante [reβo'sante] *a* overflowing.

rebosar [reβo'sar] *vi* (*líquido, recipiente*) to overflow; (*abundar*) to abound, be plentiful.

rebotar [reβo'tar] *vt* to bounce; (*rechazar*) to repel // *vi* (*pelota*) to bounce; (*bala*) to ricochet; **rebote** *nm* rebound; **de rebote** on the rebound.

rebozado, a [reβo'θaδo, a] *a* fried in batter *o* breadcrumbs.

rebozar [reβo'θar] *vt* to wrap up; (*CULIN*) to fry in batter *o* breadcrumbs.

rebuscado, a [reβus'kaδo, a] *a* (*amanerado*) affected; (*palabra*) recherché; (*idea*) far-fetched.

rebuznar [reβuθ'nar] *vi* to bray.

recabar [reka'βar] *vt* (*obtener*) to manage to get.

recado [re'kaδo] *nm* message; **tomar un ~** (*TEL*) to take a message.

recaer [reka'er] *vi* to relapse; **~ en** to fall to *o* on; (*criminal etc*) to fall back into, relapse into; **recaída** *nf* relapse.

recalcar [rekal'kar] *vt* (*fig*) to stress, emphasize.

recalcitrante [rekalθi'trante] *a* recalcitrant.

recalentar [rekalen'tar] *vt* (*volver a calentar*) to reheat; (*calentar demasiado*) to overheat.

recámara [re'kamara] *nf* (*AM*) bedroom.

recambio [re'kambjo] *nm* spare; (*de pluma*) refill.

recapacitar [rekapaθi'tar] *vi* to reflect.

recargado, a [rekar'xaδo, a] *a* overloaded.

recargar [rekar'xar] *vt* to overload; (*batería*) to recharge; **recargo** *nm* surcharge; (*aumento*) increase.

recatado, a [reka'taδo, a] *a* (*modesto*) modest, demure; (*prudente*) cautious.

recato [re'kato] *nm* (*modestia*) modesty, demureness; (*cautela*) caution.

recaudación [rekauδa'θjon] *nf* (*acción*) collection; (*cantidad*) takings *pl*; (*en deporte*) gate; **recaudador, a** *nm/f* tax collector.

recelar [reθe'lar] *vt*: **~ que** (*sospechar*) to suspect that; (*temer*) to fear that // *vi*: **~ de** to distrust; **recelo** *nm* distrust, suspicion; **receloso, a** *a* distrustful, suspicious.

recepción [reθep'θjon] *nf* reception; **recepcionista** *nm/f* receptionist.

receptáculo [reθep'takulo] *nm* receptacle.

receptivo, a [reθep'tiβo, a] *a* receptive.

receptor, a [reθep'tor, a] *nm/f* recipient // *nm* (*TEL*) receiver.

recesión [reθe'sjon] *nf* (*COM*) recession.

receta [re'θeta] *nf* (*CULIN*) recipe; (*MED*) prescription.

recibidor, a [reθiβi'δor, a] *nm* entrance

hall.
recibimiento [reθiβi'mjento] *nm* reception, welcome.
recibir [reθi'βir] *vt* to receive; (*dar la bienvenida*) to welcome // *vi* to entertain; ~se *vr*: ~se de (*AM*) to qualify as; **recibo** *nm* receipt.
recién [re'θjen] *ad* recently, newly; los ~ casados the newly-weds; el ~ llegado the newcomer; el ~ nacido the newborn child.
reciente [re'θjente] *a* recent; (*fresco*) fresh; ~mente *ad* recently.
recinto [re'θinto] *nm* enclosure; (*área*) area, place.
recio, a ['reθjo, a] *a* strong, tough; (*voz*) loud // *ad* hard; loud(ly).
recipiente [reθi'pjente] *nm* receptacle.
reciprocidad [reθiproθi'ðað] *nf* reciprocity; **recíproco, a** *a* reciprocal.
recital [reθi'tal] *nm* (*MUS*) recital; (*LITERATURA*) reading.
recitar [reθi'tar] *vt* to recite.
reclamación [reklama'θjon] *nf* claim, demand; (*queja*) complaint.
reclamar [rekla'mar] *vt* to claim, demand // *vi*: ~ contra to complain about; ~ a uno en justicia to take sb to court; **reclamo** *nm* (*anuncio*) advertisement; (*tentación*) attraction.
reclinar [rekli'nar] *vt* to recline, lean; ~se *vr* to lean back.
recluir [reklu'ir] *vt* to intern, confine.
reclusión [reklu'sjon] *nf* (*prisión*) prison; (*refugio*) seclusion; ~ perpetua life imprisonment.
recluta [re'kluta] *nm/f* recruit // *nf* recruitment.
reclutamiento [rekluta'mjento] *nm* recruitment.
recobrar [reko'βrar] *vt* (*salud*) to recover; (*rescatar*) to get back; ~se *vr* to recover.
recodo [re'koðo] *nm* (*de río, camino*) bend.
recoger [reko'xer] *vt* to collect; (*AGR*) to harvest; (*levantar*) to pick up; (*juntar*) to gather; (*pasar a buscar*) to come for, get; (*dar asilo*) to give shelter to; (*faldas*) to gather up; (*pelo*) to put up; ~se *vr* (*retirarse*) to retire; **recogido, a** *a* (*lugar*) quiet, secluded; (*pequeño*) small // *nf* (*CORREOS*) collection; (*AGR*) harvest.
recolección [rekolek'θjon] *nf* (*AGR*) harvesting; (*colecta*) collection.
recomendación [rekomenda'θjon] *nf* (*sugerencia*) suggestion, recommendation; (*referencia*) reference.
recomendar [rekomen'dar] *vt* to suggest, recommend; (*confiar*) to entrust.
recompensa [rekom'pensa] *nf* reward, recompense; **recompensar** *vt* to reward, recompense.
recomponer [rekompo'ner] *vt* to mend.

reconciliación [rekonθilja'θjon] *nf* reconciliation.
reconciliar [rekonθi'ljar] *vt* to reconcile; ~se *vr* to become reconciled.
recóndito, a [re'kondito, a] *a* (*lugar*) hidden, secret.
reconfortar [rekonfor'tar] *vt* to comfort.
reconocer [rekono'θer] *vt* to recognize; (*registrar*) to search; (*MED*) to examine; **reconocido, a** *a* recognized; (*agradecido*) grateful; **reconocimiento** *nm* recognition; search; examination; gratitude; (*confesión*) admission.
reconquista [rekon'kista] *nf* reconquest; la R~ the Reconquest (of Spain).
reconstituyente [rekonstitu'jente] *nm* tonic.
reconstruir [rekonstru'ir] *vt* to reconstruct.
reconversión [rekonβer'sjon] *nf*: ~ industrial industrial rationalization.
recopilación [rekopila'θjon] *nf* (*resumen*) summary; (*compilación*) compilation; **recopilar** *vt* to compile.
récord ['rekorð] *a inv, nm* record.
recordar [rekor'ðar] *vt* (*acordarse de*) to remember; (*acordar a otro*) to remind // *vi* to remember.
recorrer [reko'rrer] *vt* (*país*) to cross, travel through; (*distancia*) to cover; (*registrar*) to search; (*repasar*) to look over; **recorrido** *nm* run, journey; tren de largo recorrido main-line train.
recortado, a [rekor'taðo, a] *a* uneven, irregular.
recortar [rekor'tar] *vt* to cut out; **recorte** *nm* (*acción, de prensa*) cutting; (*de telas, chapas*) trimming.
recostado, a [rekos'taðo, a] *a* leaning; estar ~ to be lying down.
recostar [rekos'tar] *vt* to lean; ~se *vr* to lie down.
recoveco [reko'βeko] *nm* (*de camino, río etc*) bend; (*en casa*) cubbyhole.
recreación [rekrea'θjon] *nf* recreation.
recrear [rekre'ar] *vt* (*entretener*) to entertain; (*volver a crear*) to recreate; **recreativo, a** *a* recreational; **recreo** *nm* recreation; (*ESCOL*) break, playtime.
recriminar [rekrimi'nar] *vt* to reproach // *vi* to recriminate; ~se *vr* to reproach each other.
recrudecer [rekruðe'θer] *vt, vi*, **recrudecerse** *vr* to worsen.
recrudecimiento [rekruðeθi'mjento] *nm* upsurge.
recta ['rekta] *nf ver* **recto**.
rectángulo, a [rek'tangulo, a] *a* rectangular // *nm* rectangle.
rectificar [rektifi'kar] *vt* to rectify; (*volverse recto*) to straighten // *vi* to correct o.s.
rectitud [rekti'tuð] *nf* straightness; (*fig*) rectitude.
recto, a ['rekto, a] *a* straight; (*persona*)

honest, upright // *nm* rectum // *nf* straight line.

rector, a [rek'tor, a] *a* governing.

recua ['rekwa] *nf* mule train.

recuadro [re'kwaðro] *nm* box; (*TIPO-GRAFIA*) inset.

recuento [re'kwento] *nm* inventory; hacer el ~ de to count o reckon up.

recuerdo [re'kwerðo] *nm* souvenir; ~s *nmpl* memories; ¡~s a tu madre! give my regards to your mother!

recular [reku'lar] *vi* to back down.

recuperable [rekupe'raßle] *a* recoverable.

recuperación [rekupera'θjon] *nf* recovery.

recuperar [rekupe'rar] *vt* to recover; (*tiempo*) to make up; ~se *vr* to recuperate.

recurrir [reku'rrir] *vi* (*JUR*) to appeal; ~ a to resort to; (*persona*) to turn to; **recurso** *nm* resort; (*medios*) means *pl*, resources *pl*; (*JUR*) appeal.

recusar [reku'sar] *vt* to reject, refuse.

rechazar [retʃa'θar] *vt* to repel, drive back; (*idea*) to reject; (*oferta*) to turn down.

rechazo [re'tʃaθo] *nm* (*de fusil*) recoil; (*rebote*) rebound; (*negación*) rebuff.

rechifla [re'tʃifla] *nf* hissing, booing; (*fig*) derision.

rechiflar [retʃi'flar] *vt* to hiss, boo.

rechinar [retʃi'nar] *vi* to creak; (*dientes*) to grind.

rechistar [retʃis'tar] *vi*: sin ~ without a murmur.

rechoncho, a [re'tʃontʃo, a] *a* (*fam*) thickset (*Brit*), heavy-set (*US*).

red [reð] *nf* net, mesh; (*FERRO etc*) network; (*trampa*) trap.

redacción [reðak'θjon] *nf* (*acción*) editing; (*personal*) editorial staff; (*ESCOL*) essay, composition.

redactar [reðak'tar] *vt* to draw up, draft; (*periódico*) to edit.

redactor, a [reðak'tor, a] *nm/f* editor.

redada [re'ðaða] *nf*: ~ policial police raid, round-up.

rededor [reðe'ðor] *nm*: al o en ~ around, round about.

redención [reðen'θjon] *nf* redemption; **redentor, a** *a* redeeming.

redescubrir [reðesku'ßrir] *vt* to rediscover.

redicho [re'ðitʃo, a] *a* affected.

redil [re'ðil] *nm* sheepfold.

redimir [reði'mir] *vt* to redeem.

rédito ['reðito] *nm* interest, yield.

redoblar [reðo'ßlar] *vt* to redouble // *vi* (*tambor*) to play a roll on the drums.

redomado, a [reðo'maðo, a] *a* (*astuto*) sly, crafty; (*perfecto*) utter.

redonda [re'ðonda] *nf ver* **redondo**.

redondear [reðonde'ar] *vt* to round, round off.

redondel [reðon'del] *nm* (*círculo*) circle; (*TAUR*) bullring, arena; (*AUTO*) roundabout.

redondo, a [re'ðondo, a] *a* (*circular*) round; (*completo*) complete // *nf*: a la redonda around, round about.

reducción [reðuk'θjon] *nf* reduction.

reducido, a [reðu'θiðo, a] *a* reduced; (*limitado*) limited; (*pequeño*) small.

reducir [reðu'θir] *vt* to reduce; to limit; ~se *vr* to diminish.

redundancia [reðun'danθja] *nf* redundancy.

reembolsar [re(e)mbol'sar] *vt* (*persona*) to reimburse; (*dinero*) to repay, pay back; (*depósito*) to refund; **reembolso** *nm* reimbursement; refund.

reemplazar [re(e)mpla'θar] *vt* to replace; **reemplazo** *nm* replacement; de reemplazo (*MIL*) reserve.

referencia [refe'renθja] *nf* reference; con ~ a with reference to.

referéndum [refe'rendum] (*pl* ~s) *nm* referendum.

referente [refe'rente] *a*: ~ a concerning, relating to.

referir [refe'rir] *vt* (*contar*) to tell, recount; (*relacionar*) to refer, relate; ~se *vr*: ~se a to refer to.

refilón [refi'lon]: de ~ *ad* obliquely.

refinado, a [refi'naðo, a] *a* refined.

refinamiento [refina'mjento] *nm* refinement.

refinar [refi'nar] *vt* to refine; **refinería** *nf* refinery.

reflejar [refle'xar] *vt* to reflect; **reflejo, a** *a* reflected; (*movimiento*) reflex // *nm* reflection; (*ANAT*) reflex.

reflexión [reflek'sjon] *nf* reflection; **reflexionar** *vt* to reflect on // *vi* to reflect; (*detenerse*) to pause (to think).

reflexivo, a [reflek'sißo, a] *a* thoughtful; (*LING*) reflexive.

reflujo [re'fluxo] *nm* ebb.

reforma [re'forma] *nf* reform; (*ARQ etc*) repair; ~ agraria agrarian reform.

reformar [refor'mar] *vt* to reform; (*modificar*) to change, alter; (*ARQ*) to repair; ~se *vr* to mend one's ways.

reformatorio [reforma'torjo] *nm* reformatory.

reforzar [refor'θar] *vt* to strengthen; (*ARQ*) to reinforce; (*fig*) to encourage.

refractario, a [refrak'tarjo, a] *a* (*TEC*) heat-resistant.

refrán [re'fran] *nm* proverb, saying.

refregar [refre'xar] *vt* to scrub.

refrenar [refre'nar] *vt* to check, restrain.

refrendar [refren'dar] *vt* (*firma*) to endorse, countersign; (*ley*) to approve.

refrescante [refres'kante] *a* refreshing, cooling.

refrescar [refres'kar] *vt* to refresh // *vi* to cool down; ~se *vr* to get cooler; (*tomar aire fresco*) to go out for a breath of fresh air; (*beber*) to have a drink.

refresco [re'fresko] *nm* soft drink, cool drink; '~s' 'refreshments'.

refriega [re'frjeɣa] *nf* scuffle, brawl.

refrigeración [refrixera'θjon] *nf* refrigeration; (*de sala*) air-conditioning.

refrigerador [refrixera'ðor] *nm*, **refrigeradora** [-a] *nf* (*AM*) refrigerator (*Brit*), icebox (*US*).

refrigerar [refrixe'rar] *vt* to refrigerate; (*sala*) to air-condition.

refuerzo [re'fwerθo] *nm* reinforcement; (*TEC*) support.

refugiado, a [refu'xjaðo, a] *nm/f* refugee.

refugiarse [refu'xjarse] *vr* to take refuge, shelter.

refugio [re'fuxjo] *nm* refuge; (*protección*) shelter.

refulgir [reful'xir] *vi* to shine, be dazzling.

refunfuñar [refunfu'ɲar] *vi* to grunt, growl; (*quejarse*) to grumble.

refutar [refu'tar] *vt* to refute.

regadera [reɣa'ðera] *nf* watering can.

regadío [reɣa'ðio] *nm* irrigated land.

regalado, a [reɣa'laðo, a] *a* comfortable, luxurious; (*gratis*) free, for nothing.

regalar [reɣa'lar] *vt* (*dar*) to give (as a present); (*entregar*) to give away; (*mimar*) to pamper, make a fuss of.

regalía [reɣa'lia] *nf* privilege, prerogative; (*COM*) bonus; (*de autor*) royalty.

regaliz [reɣa'liθ] *nm* liquorice.

regalo [re'ɣalo] *nm* (*obsequio*) gift, present; (*gusto*) pleasure; (*comodidad*) comfort.

regalón, ona [reɣa'lon, ona] *a* spoiled, pampered.

regañadientes [reɣaɲa'ðjentes]: **a ~** *ad* reluctantly.

regañar [reɣa'ɲar] *vt* to scold // *vi* to grumble; **regaño** *nm* scolding, telling-off; (*queja*) grumble; **regañón, ona** *a* nagging.

regar [re'ɣar] *vt* to water, irrigate; (*fig*) to scatter, sprinkle.

regatear [reɣate'ar] *vt* (*COM*) to bargain over; (*escatimar*) to be mean with // *vi* to bargain, haggle; (*DEPORTE*) to dribble; **regateo** *nm* bargaining; dribbling; (*del cuerpo*) swerve, dodge.

regazo [re'ɣaθo] *nm* lap.

regeneración [rexenera'θjon] *nf* regeneration.

regenerar [rexene'rar] *vt* to regenerate.

regentar [rexen'tar] *vt* to direct, manage; **regente** *nm* (*COM*) manager; (*POL*) regent.

régimen ['reximen] (*pl* **regímenes**) *nm* regime; (*MED*) diet.

regimiento [rexi'mjento] *nm* regiment.

regio, a ['rexjo, a] *a* royal, regal; (*fig: suntuoso*) splendid; (*AM fam*) great, terrific.

región [re'xjon] *nf* region; **regionalista**

nm/f regionalist.

regir [re'xir] *vt* to govern, rule; (*dirigir*) to manage, run // *vi* to apply, be in force.

registrador [rexistra'ðor] *nm* registrar, recorder.

registrar [rexis'trar] *vt* (*buscar*) to search; (: *en cajón*) to look through; (*inspeccionar*) to inspect; (*anotar*) to register, record; (*INFORM*) to log; **~se** *vr* to register; (*ocurrir*) to happen.

registro [re'xistro] *nm* (*acto*) registration; (*MUS, libro*) register; (*inspección*) inspection, search; **~ civil** registry office.

regla ['reɣla] *nf* (*ley*) rule, regulation; (*de medir*) ruler, rule; (*MED: período*) period.

reglamentación [reɣlamenta'θjon] *nf* (*acto*) regulation; (*lista*) rules *pl*.

reglamentar [reɣlamen'tar] *vt* to regulate; **reglamentario, a** *a* statutory; **reglamento** *nm* rules *pl*, regulations *pl*.

reglar [re'ɣlar] *vt* (*acciones*) to regulate.

regocijarse [reɣoθi'xarse] *vr* (*pasarlo bien*) to have a good time; (*alegrarse*) to rejoice; **regocijo** *nm* joy, happiness.

regodearse [reɣoðe'arse] *vr* to be glad, be delighted; **regodeo** *nm* delight.

regresar [reɣre'sar] *vi* to come back, go back, return; **regresivo, a** *a* backward; (*fig*) regressive; **regreso** *nm* return.

reguero [re'ɣero] *nm* (*de sangre etc*) trickle; (*de humo*) trail.

regulador [reɣula'ðor] *nm* regulator; (*de radio etc*) knob, control.

regular [reɣu'lar] *a* regular; (*normal*) normal, usual; (*común*) ordinary; (*organizado*) regular, orderly; (*mediano*) average; (*fam*) not bad, so-so // *ad* so-so, alright // *vt* (*controlar*) to control, regulate; (*TEC*) to adjust; **por lo ~** as a rule; **~idad** *nf* regularity; **~izar** *vt* to regularize.

regusto [re'ɣusto] *nm* aftertaste.

rehabilitación [reaβilita'θjon] *nf* rehabilitation; (*ARQ*) restoration.

rehabilitar [reaβili'tar] *vt* to rehabilitate; (*ARQ*) to restore; (*reintegrar*) to reinstate.

rehacer [rea'θer] *vt* (*reparar*) to mend, repair; (*volver a hacer*) to redo, repeat; **~se** *vr* (*MED*) to recover.

rehén [re'en] *nm* hostage.

rehuir [reu'ir] *vt* to avoid, shun.

rehusar [reu'sar] *vt, vi* to refuse.

reina ['reina] *nf* queen; **~do** *nm* reign.

reinante [rei'nante] *a* (*fig*) prevailing.

reinar [rei'nar] *vi* to reign.

reincidir [reinθi'ðir] *vi* to relapse.

reincorporarse [reinkorpo'rarse] *vr*: **~ a** to rejoin.

reino ['reino] *nm* kingdom; **el R~ Unido** the United Kingdom.

reintegrar [reinte'ɣrar] *vt* (*reconstituir*) to reconstruct; (*persona*) to reinstate;

(dinero) to refund, pay back; ~**se** *vr*: ~**se a** to return to.

reír [re'ir] *vi*, **reírse** *vr* to laugh; ~**se de** to laugh at.

reiterar [reite'rar] *vt* to reiterate.

reivindicación [reißindika'θjon] *nf (demanda)* claim, demand; *(justificación)* vindication.

reivindicar [reißindi'kar] *vt* to claim.

reja ['rexa] *nf (de ventana)* grille, bars *pl*; *(en la calle)* grating.

rejilla [re'xiʎa] *nf* grating, grille; *(muebles)* wickerwork; *(de ventilación)* vent; *(de coche etc)* luggage rack.

rejoneador [rexonea'ðor] *nm* mounted bullfighter.

rejuvenecer [rexußene'θer] *vt, vi* to rejuvenate.

relación [rela'θjon] *nf* relation, relationship; *(MAT)* ratio; *(narración)* report; **relaciones públicas** public relations; **con ~ a, en ~ con** in relation to; **relacionar** *vt* to relate, connect; **relacionarse** *vr* to be connected, be linked.

relajación [relaxa'θjon] *nf* relaxation.

relajado, a [rela'xaðo, a] *a (disoluto)* loose; *(cómodo)* relaxed; *(MED)* ruptured.

relajar [rela'xar] *vt*, **relajarse** *vr* to relax.

relamerse [rela'merse] *vr* to lick one's lips.

relamido, a [rela'miðo, a] *a (pulcro)* overdressed; *(afectado)* affected.

relámpago [re'lampaxo] *nm* flash of lightning; **visita/huelga ~** lightning visit/strike; **relampaguear** *vi* to flash.

relatar [rela'tar] *vt* to tell, relate.

relativo, a [rela'tiβo, a] *a* relative; **en lo ~ a** concerning.

relato [re'lato] *nm (narración)* story, tale.

relax [re'la(k)s] *nm*: **hacer ~** to relax.

relegar [rele'xar] *vt* to relegate.

relevante [rele'ßante] *a* eminent, outstanding.

relevar [rele'ßar] *vt (sustituir)* to relieve; ~**se** *vr* to relay; **~ a uno de un cargo** to relieve sb of his post.

relevo [re'leßo] *nm* relief; **carrera de ~s** relay race.

relieve [re'ljeße] *nm (ARTE, TEC)* relief; *(fig)* prominence, importance; **bajo ~** bas-relief.

religión [reli'xjon] *nf* religion; **religioso, a** *a* religious // *nm/f* monk/nun.

relinchar [relin't∫ar] *vi* to neigh; **relincho** *nm* neigh; *(acto)* neighing.

reliquia [re'likja] *nf* relic; **~ de familia** heirloom.

reloj [re'lo(x)] *nm* clock; **~ (de pulsera)** wristwatch; **~ despertador** alarm (clock); **poner el ~** to set one's watch (*o* the clock); **~ero, a** *nm/f* clockmaker; watchmaker.

reluciente [relu'θjente] *a* brilliant, shin-

ing.

relucir [relu'θir] *vi* to shine; *(fig)* to excel.

relumbrar [relum'brar] *vi* to dazzle, shine brilliantly.

rellano [re'ʎano] *nm (ARQ)* landing.

rellenar [reʎe'nar] *vt (llenar)* to fill up; *(CULIN)* to stuff; *(COSTURA)* to pad; **relleno, a** *a* full up; stuffed // *nm* stuffing; *(de tapicería)* padding.

remachar [rema't∫ar] *vt* to rivet; *(fig)* to hammer home, drive home; **remache** *nm* rivet.

remanente [rema'nente] *nm* remainder; *(COM)* balance; *(de producto)* surplus.

remangar [reman'gar] *vt* to roll up.

remanso [re'manso] *nm* pool.

remar [re'mar] *vi* to row.

rematado, a [rema'taðo, a] *a* complete, utter.

rematar [rema'tar] *vt* to finish off; *(COM)* to sell off cheap // *vi* to end, finish off; *(DEPORTE)* to shoot.

remate [re'mate] *nm* end, finish; *(punta)* tip; *(DEPORTE)* shot; *(ARQ)* top; *(COM)* auction sale; **de *o* para ~** to crown it all *(Brit)*, to top it off.

remedar [reme'ðar] *vt* to imitate.

remediar [reme'ðjar] *vt* to remedy; *(subsanar)* to make good, repair; *(evitar)* to avoid.

remedio [re'meðjo] *nm* remedy; *(alivio)* relief, help; *(JUR)* recourse, remedy; **poner ~ a** to correct, stop; **no tener más ~** to have no alternative; **¡qué ~!** there's no choice!; **sin ~** hopeless.

remedo [re'meðo] *nm* imitation; *(pey)* parody.

remendar [remen'dar] *vt* to repair; *(con parche)* to patch.

remesa [re'mesa] *nf* remittance; *(COM)* shipment.

remiendo [re'mjendo] *nm* mend; *(con parche)* patch; *(cosido)* darn.

remilgado, a [remil'xaðo, a] *a* prim; *(afectado)* affected.

remilgo [re'milxo] *nm* primness; *(afectación)* affectation.

reminiscencia [reminis'θenθja] *nf* reminiscence.

remiso, a [re'miso, a] *a* slack, slow.

remitir [remi'tir] *vt* to remit, send // *vi* to slacken; *(en carta)*: **remite: X** sender: X; **remitente** *nm/f* sender.

remo ['remo] *nm (de barco)* oar; *(DEPORTE)* rowing.

remojar [remo'xar] *vt* to steep, soak; *(galleta etc)* to dip, dunk.

remojo [re'moxo] *nm*: **dejar la ropa en ~** to leave clothes to soak.

remolacha [remo'lat∫a] *nf* beet, beetroot.

remolcador [remolka'ðor] *nm (NAUT)* tug; *(AUTO)* breakdown lorry.

remolcar [remol'kar] *vt* to tow.

remolino [remo'lino] *nm* eddy; *(de*

agua) whirlpool; (*de viento*) whirlwind; (*de gente*) crowd.

remolque [re'molke] *nm* tow, towing; (*cuerda*) towrope; **llevar a ~** to tow.

remontar [remon'tar] *vt* to mend; ~**se** *vr* to soar; ~**se a** (*COM*) to amount to; ~ **el vuelo** to soar.

remorder [remor'ðer] *vt* to distress, disturb; ~**le la conciencia a uno** to have a guilty conscience; **remordimiento** *nm* remorse.

remoto, a [re'moto, a] *a* remote.

remover [remo'ßer] *vt* to stir; (*tierra*) to turn over; (*objetos*) to move round.

remozar [remo'θar] *vt* (*ARQ*) to refurbish.

remuneración [remunera'θjon] *nf* remuneration.

remunerar [remune'rar] *vt* to remunerate; (*premiar*) to reward.

renacer [rena'θer] *vi* to be reborn; (*fig*) to revive; **renacimiento** *nm* rebirth; **el Renacimiento** the Renaissance.

renacuajo [rena'kwaxo] *nm* (*ZOOL*) tadpole.

renal [re'nal] *a* renal, kidney *cpd*.

rencilla [ren'θiλa] *nf* quarrel.

rencor [ren'kor] *nm* rancour, bitterness; ~**oso, a** *a* spiteful.

rendición [rendi'θjon] *nf* surrender.

rendido, a [ren'diðo, a] *a* (*sumiso*) submissive; (*cansado*) worn-out, exhausted.

rendija [ren'dixa] *nf* (*hendedura*) crack, cleft.

rendimiento [rendi'mjento] *nm* (*producción*) output; (*TEC, COM*) efficiency.

rendir [ren'dir] *vt* (*vencer*) to defeat; (*producir*) to produce; (*dar beneficio*) to yield; (*agotar*) to exhaust // *vi* to pay; ~**se** *vr* (*someterse*) to surrender; (*cansarse*) to wear o.s. out; ~ **homenaje** o **culto a** to pay homage to.

renegado, a [rene'xaðo, a] *a, nm/f* renegade.

renegar [rene'xar] *vi* (*renunciar*) to renounce; (*blasfemar*) to blaspheme; (*quejarse*) to complain.

RENFE ['renfe] *nf abr* (= *Red Nacional de los Ferrocarriles Españoles*) ≈ BR (*Brit*).

renglón [ren'glon] *nm* (*línea*) line; (*COM*) item, article; **a ~ seguido** immediately after.

renombrado, a [renom'braðo, a] *a* renowned.

renombre [re'nombre] *nm* renown.

renovación [renoßa'θjon] *nf* (*de contrato*) renewal; (*ARQ*) renovation.

renovar [reno'ßar] *vt* to renew; (*ARQ*) to renovate.

renta ['renta] *nf* (*ingresos*) income; (*beneficio*) profit; (*alquiler*) rent; ~ **vitalicia** annuity; **rentable** *a* profitable; **rentar** *vt* to produce, yield.

rentista [ren'tista] *nm/f* (*accionista*)

stockholder.

renuencia [re'nwenθja] *nf* reluctance.

renuncia [re'nunθja] *nf* resignation.

renunciar [renun'θjar] *vt* to renounce // *vi* to resign; ~ **a hacer algo** to give up doing sth.

reñido, a [re'niðo, a] *a* (*batalla*) bitter, hard-fought; **estar ~ con uno** to be on bad terms with sb.

reñir [re'nir] *vt* (*regañar*) to scold // *vi* (*estar peleado*) to quarrel, fall out; (*combatir*) to fight.

reo ['reo] *nm/f* culprit, offender; ~ **de muerte** prisoner condemned to death.

reojo [re'oxo]: **de ~** *ad* out of the corner of one's eye.

reparación [repara'θjon] *nf* (*acto*) mending, repairing; (*TEC*) repair; (*fig*) amends, reparation.

reparar [repa'rar] *vt* to repair; (*fig*) to make amends for; (*observar*) to observe // *vi*: ~ **en** (*darse cuenta de*) to notice; (*prestar atención a*) to pay attention to.

reparo [re'paro] *nm* (*advertencia*) observation; (*duda*) doubt; (*dificultad*) difficulty; **poner ~s (a)** to raise objections (to).

repartición [reparti'θjon] *nf* distribution; (*división*) division; **repartidor, a** *nm/f* distributor.

repartir [repar'tir] *vt* to distribute, share out; (*CORREOS*) to deliver; **reparto** *nm* distribution; delivery; (*TEATRO, CINE*) cast; (*AM: urbanización*) housing estate (*Brit*), real estate development (*US*).

repasar [repa'sar] *vt* (*ESCOL*) to revise; (*MECANICA*) to check, overhaul; (*COSTURA*) to mend; **repaso** *nm* revision; overhaul, checkup; mending.

repatriar [repa'trjar] *vt* to repatriate.

repecho [re'petʃo] *nm* steep incline.

repelente [repe'lente] *a* repellent, repulsive.

repeler [repe'ler] *vt* to repel.

repensar [repen'sar] *vt* to reconsider.

repente [re'pente] *nm*: **de ~** suddenly; ~ **de ira** fit of anger.

repentino, a [repen'tino, a] *a* sudden.

repercusión [reperku'sjon] *nf* repercussion.

repercutir [reperku'tir] *vi* (*objeto*) to rebound; (*sonido*) to echo; ~ **en** (*fig*) to have repercussions on.

repertorio [reper'torjo] *nm* list; (*TEATRO*) repertoire.

repetición [repeti'θjon] *nf* repetition.

repetir [repe'tir] *vt* to repeat; (*plato*) to have a second helping of // *vi* to repeat; (*sabor*) to come back; ~**se** *vr* (*volver sobre un tema*) to repeat o.s.

repicar [repi'kar] *vt* (*campanas*) to ring.

repique [re'pike] *nm* pealing, ringing; ~**teo** *nm* pealing; (*de tambor*) drumming.

repisa [re'pisa] *nf* ledge, shelf; (*de*

ventana) windowsill; ~ **de chimenea** mantelpiece.

repito *etc vb ver* **repetir.**

replegarse [reple'varse] *vr* to fall back, retreat.

repleto, a [re'pleto, a] *a* replete, full up.

réplica ['replika] *nf* answer; (*ARTE*) replica.

replicar [repli'kar] *vi* to answer; (*objetar*) to argue, answer back.

repliegue [re'pljeve] *nm* (*MIL*) withdrawal.

repoblación [repoβla'θjon] *nf* repopulation; (*de río*) restocking; ~ **forestal** reafforestation.

repoblar [repo'βlar] *vt* to repopulate; (*con árboles*) to reafforest.

repollo [re'poʎo] *nm* cabbage.

reponer [repo'ner] *vt* to replace, put back; (*TEATRO*) to revive; ~**se** *vr* to recover; ~ **que** to reply that.

reportaje [repor'taxe] *nm* report, article.

reportero, a [repor'tero, a] *nm/f* reporter.

reposacabezas [reposaka'βeθas] *nm inv* headrest.

reposado, a [repo'saðo, a] *a* (*descansado*) restful; (*tranquilo*) calm.

reposar [repo'sar] *vi* to rest, repose.

reposición [reposi'θjon] *nf* replacement; (*CINE*) remake.

reposo [re'poso] *nm* rest.

repostar [repos'tar] *vt* to replenish; (*AUTO*) to fill up (with petrol (*Brit*) o gasoline (*US*)).

repostería [reposte'ria] *nf* confectioner's (shop); **repostero, a** *nm/f* confectioner.

reprender [repren'der] *vt* to reprimand.

represa [re'presa] *nf* dam; (*lago artificial*) lake, pool.

represalia [repre'salja] *nf* reprisal.

representación [representa'θjon] *nf* representation; (*TEATRO*) performance; **representante** *nm/f* representative; performer.

representar [represen'tar] *vt* to represent; (*TEATRO*) to perform; (*edad*) to look; ~**se** *vr* to imagine; **representativo, a** *a* representative.

represión [repre'sjon] *nf* repression.

reprimenda [repri'menda] *nf* reprimand, rebuke.

reprimir [repri'mir] *vt* to repress.

reprobar [repro'βar] *vt* to censure, reprove.

réprobo, a ['reproβo, a] *nm/f* reprobate.

reprochar [repro'tʃar] *vt* to reproach; **reproche** *nm* reproach.

reproducción [reproðuk'θjon] *nf* reproduction.

reproducir [reproðu'θir] *vt* to reproduce; ~**se** *vr* to breed; (*situación*) to recur.

reproductor, a [reproðuc'tor, a] *a* reproductive.

reptil [rep'til] *nm* reptile.

república [re'puβlika] *nf* republic; **republicano, a** *a*, *nm/f* republican.

repudiar [repu'ðjar] *vt* to repudiate; (*fe*) to renounce; **repudio** *nm* repudiation.

repuesto [re'pwesto] *nm* (*pieza de recambio*) spare (part); (*abastecimiento*) supply; **rueda de** ~ spare wheel.

repugnancia [repuv'nanθja] *nf* repugnance; **repugnante** *a* repugnant, repulsive.

repugnar [repuv'nar] *vt* to disgust.

repujar [repu'xar] *vt* to emboss.

repulsa [re'pulsa] *nf* rebuff.

repulsión [repul'sjon] *nf* repulsion, aversion; **repulsivo, a** *a* repulsive.

reputación [reputa'θjon] *nf* reputation.

reputar [repu'tar] *vt* to consider, deem.

requemado, a [reke'maðo, a] *a* (*quemado*) scorched; (*bronceado*) tanned.

requerimiento [rekeri'mjento] *nm* request; (*JUR*) summons.

requerir [reke'rir] *vt* (*pedir*) to ask, request; (*exigir*) to require; (*llamar*) to send for, summon.

requesón [reke'son] *nm* cottage cheese.

requete... [rekete] *pref* extremely.

réquiem ['rekjem] (*pl* ~s) *nm* requiem.

requisa [re'kisa] *nf* (*inspección*) survey, inspection; (*MIL*) requisition.

requisito [reki'sito] *nm* requirement, requisite.

res [res] *nf* beast, animal.

resabido, a [resa'βiðo, a] *a*: **tener algo sabido y** ~ to know sth perfectly well.

resabio [re'saβjo] *nm* (*maña*) vice, bad habit; (*dejo*) (*unpleasant*) aftertaste.

resaca [re'saka] *nf* (*en el mar*) undertow, undercurrent; (*fig*) backlash; (*fam*) hangover.

resalado, a [resa'laðo, a] *a* (*fam*) lively.

resaltar [resal'tar] *vi* to project, stick out; (*fig*) to stand out.

resarcir [resar'θir] *vt* to compensate; ~**se** *vr* to make up for.

resbaladizo, a [resβala'ðiθo, a] *a* slippery.

resbalar [resβa'lar] *vi*, **resbalarse** *vr* to slip, slide; (*fig*) to slip (up); **resbalón** *nm* (*acción*) slip.

rescatar [reska'tar] *vt* (*salvar*) to save, rescue; (*objeto*) to get back, recover; (*cautivos*) to ransom.

rescate [res'kate] *nm* rescue; (*objeto*) recovery; **pagar un** ~ to pay a ransom.

rescindir [resθin'dir] *vt* to rescind.

rescisión [resθi'sjon] *nf* cancellation.

rescoldo [res'koldo] *nm* embers *pl*.

resecar [rese'kar] *vt* to dry thoroughly; (*MED*) to cut out, remove; ~**se** *vr* to dry up.

reseco, a [re'seko, a] *a* very dry; (*fig*) skinny.

resentido, a [resen'tiðo, a] *a* resentful.

resentimiento [resenti'mjento] *nm* resentiment, bitterness.

resentirse [resen'tirse] *vr* (*debilitarse:
persona*) to suffer; ~ de (*consecuencias*)
to feel the effects of; ~ de (*o por*) algo
to resent sth, be bitter about sth.

reseña [re'seɲa] *nf* (*cuenta*) account; (*informe*) report; (*LITERATURA*) review.

reseñar [rese'ɲar] *vt* to describe; (*LITERATURA*) to review.

reserva [re'serßa] *nf* reserve; (*reservación*) reservation; a ~ de que ... unless
...; con toda ~ in strictest confidence.

reservado, a [reser'ßaðo, a] *a* reserved;
(*retraído*) cold, distant // *nm* private
room.

reservar [reser'ßar] *vt* (*guardar*) to keep;
(*habitación, entrada*) to reserve; ~se *vr*
to save o.s.; (*callar*) to keep to o.s.

resfriado [resfri'aðo] *nm* cold; **resfriarse**
vr to cool; (*MED*) to catch (a) cold.

resguardar [resɣwar'ðar] *vt* to protect,
shield; ~se *vr*: ~se de to guard against;
resguardo *nm* defence; (*vale*) voucher;
(*recibo*) receipt, slip.

residencia [resi'ðenθja] *nf* residence; ~l
nf (*urbanización*) housing estate.

residente [resi'ðente] *a, nm/f* resident.

residir [resi'ðir] *vi* to reside, live; ~ en to
reside in, lie in.

residuo [re'siðwo] *nm* residue.

resignación [resiɣna'θjon] *nf* resignación; **resignarse** *vr*: **resignarse a** *o* **con** to
resign o.s. to, be resigned to.

resina [re'sina] *nf* resin.

resistencia [resis'tenθja] *nf* (*dureza*) endurance, strength; (*oposición, ELEC*) resistance; **resistente** *a* strong, hardy; resistant.

resistir [resis'tir] *vt* (*soportar*) to bear;
(*oponerse a*) to resist, oppose;
(*aguantar*) to put up with // *vi* to resist;
(*aguantar*) to last, endure; ~se *vr*: ~se
a to refuse to, resist.

resma ['resma] *nf* ream.

resol [re'sol] *nm* glare of the sun.

resolución [resolu'θjon] *nf* resolution;
(*decisión*) decision; **resoluto, a** *a* resolute.

resolver [resol'ßer] *vt* to resolve;
(*solucionar*) to solve, resolve; (*decidir*)
to decide, settle; ~se *vr* to make up
one's mind.

resollar [reso'ʎar] *vi* to breathe noisily,
wheeze.

resonancia [reso'nanθja] *nf* (*del sonido*)
resonance; (*repercusión*) repercussion;
resonante *a* resonant, resounding; (*fig*)
tremendous.

resonar [reso'nar] *vi* to ring, echo.

resoplar [reso'plar] *vi* to snort; **resoplido** *nm* heavy breathing.

resorte [re'sorte] *nm* spring; (*fig*) lever.

respaldar [respal'dar] *vt* to back (up),
support; ~se *vr* to lean back; ~se con *o*
en (*fig*) to take one's stand on; **respaldo**
nm (*de sillón*) back; (*fig*) support, backing.

respectivo, a [respek'tißo, a] *a* respective; en lo ~ a with regard to.

respecto [res'pekto] *nm*: al ~ on this
matter; con ~ a, ~ de with regard to, in
relation to.

respetable [respe'taßle] *a* respectable.

respetar [respe'tar] *vt* to respect;
respeto *nm* respect; (*acatamiento*)
deference; **respetos** *nmpl* respects;
respetuoso, a *a* respectful.

respingar [respin'gar] *vi* to shy;
respingo *nm* start, jump.

respiración [respira'θjon] *nf* breathing;
(*MED*) respiration; (*ventilación*) ventilation.

respirar [respi'rar] *vi* to breathe;
respiratorio, a *a* respiratory; **respiro**
nm breathing; (*fig: descanso*) respite.

resplandecer [resplande'θer] *vi* to shine;
resplandeciente *a* resplendent, shining;
resplandor *nm* brilliance, brightness;
(*de luz, fuego*) blaze.

responder [respon'der] *vt* to answer // *vi*
to answer; (*fig*) to respond; (*pey*) to
answer back; ~ de *o* por to answer for;
respondón, ona *a* cheeky.

responsabilidad, [responsaßili'ðað] *nf*
responsibility.

responsabilizarse [responsaßili'θarse] *vr*
to make o.s. responsible, take charge.

responsable [respon'saßle] *a* responsible.

respuesta [res'pwesta] *nf* answer, reply.

resquebrajar [reskeßra'xar] *vt*, **resquebrajarse** *vr* to crack, split.

resquemor [reske'mor] *nm* resentment.

resquicio [res'kiθjo] *nm* chink; (*hendedura*) crack.

restablecer [restaßle'θer] *vt* to reestablish, restore; ~se *vr* to recover.

restallar [resta'ʎar] *vi* to crack.

restante [res'tante] *a* remaining; lo ~ the
remainder.

restar [res'tar] *vt* (*MAT*) to subtract; (*fig*)
to take away // *vi* to remain, be left.

restauración [restaura'θjon] *nf* restoration.

restaurante [restau'rante] *nm* restaurant.

restaurar [restau'rar] *vt* to restore.

restitución [restitu'θjon] *nf* return, restitution.

restituir [restitu'ir] *vt* (*devolver*) to return, give back; (*rehabilitar*) to restore.

resto ['resto] *nm* (*residuo*) rest, remainder; (*apuesta*) stake; ~s *nmpl* remains.

restregar [restre'ɣar] *vt* to scrub, rub.

restricción [restrik'θjon] *nf* restriction.

restrictivo, a [restrik'tißo, a] *a* restrictive.

restringir [restrin'xir] *vt* to restrict, limit.

resucitar [resuθi'tar] *vt, vi* to resuscitate,

revive.

resuelto, a pp de **resolver** // [re'swelto, a] a resolute, determined.

resuello [re'sweʎo] nm (aliento) breath; estar sin ~ to be breathless.

resultado [resul'taðo] nm result; (conclusión) outcome; **resultante** a resulting, resultant.

resultar [resul'tar] vi (ser) to be; (llegar a ser) to turn out to be; (salir bien) to turn out well; (COM) to amount to; ~ de to stem from; **me resulta difícil hacerlo** it's difficult for me to do it.

resumen [re'sumen] (pl resúmenes) nm summary, résumé; **en ~** in short.

resumir [resu'mir] vt to sum up; (cortar) to abridge, cut down; (condensar) to summarize.

resurgir [resur'xir] vi (reaparecer) to reappear.

resurrección [resurre(k)'θjon] nf resurrection.

retablo [re'taβlo] nm altarpiece.

retaguardia [reta'ɣwarðja] nf rearguard.

retahíla [reta'ila] nf series, string.

retal [re'tal] nm remnant.

retar [re'tar] vt to challenge; (desafiar) to defy, dare.

retardar [retar'ðar] vt (demorar) to delay; (hacer más lento) to slow down; (retener) to hold back; **retardo** nm delay.

retazo [re'taθo] nm snippet (Brit), fragment.

rete... [rete] pref very, extremely.

retener [rete'ner] vt (intereses) to withhold.

retina [re'tina] nf retina.

retintín [retin'tin] nm jangle, jingle.

retirada [reti'raða] nf (MIL, refugio) retreat; (de dinero) withdrawal; (de embajador) recall; **retirado, a** a (lugar) remote; (vida) quiet; (jubilado) retired.

retirar [reti'rar] vt to withdraw; (quitar) to remove; (jubilar) to retire, pension off; ~se vr to retreat, withdraw; to retire; (acostarse) to retire, go to bed; **retiro** nm retreat; retirement; (pago) pension.

reto ['reto] nm dare, challenge.

retocar [reto'kar] vt (fotografía) to touch up, retouch.

retoño [re'toɲo] nm sprout, shoot; (fig) offspring, child.

retoque [re'toke] nm retouching.

retorcer [retor'θer] vt to twist; (manos, lavado) to wring; ~se vr to become twisted; (mover el cuerpo) to writhe.

retorcimiento [retorθi'mjento] nm twist, twisting.

retórica [re'torika] nf rhetoric; (pey) affectedness.

retornar [retor'nar] vt to return, give back // vi to return, go/come back;

retorno nm return.

retortijón [retorti'xon] nm twist, twisting.

retozar [reto'θar] vi (juguetear) to frolic, romp; (saltar) to gambol; **retozón, ona** a playful.

retracción [retrak'θjon] nf retraction.

retractarse [retrak'tarse] vr to retract; **me retracto** I take that back.

retraerse [retra'erse] vr to retreat, withdraw; **retraído, a** a shy, retiring; **retraimiento** nm retirement; (timidez) shyness.

retransmisión [retransmi'sjon] nf repeat (broadcast).

retransmitir [retransmi'tir] vt (mensaje) to relay; (TV etc) to repeat, retransmit; (: en vivo) to broadcast live.

retrasado, a [retra'saðo, a] a late; (MED) mentally retarded; (país etc) backward, underdeveloped.

retrasar [retra'sar] vt (demorar) to postpone, put off; (retardar) to slow down // vi, ~se vr (atrasarse) to be late; (reloj) to be slow; (producción) to fall (away); (quedarse atrás) to lag behind.

retraso [re'traso] nm (demora) delay; (lentitud) slowness; (tardanza) lateness; (atraso) backwardness; ~s nmpl arrears; **llegar con ~** to arrive late; **~ mental** mental deficiency.

retratar [retra'tar] vt (ARTE) to paint the portrait of; (fotografiar) to photograph; (fig) to depict, describe; ~se vr to have one's portrait painted; to have one's photograph taken; **retrato** nm portrait; (fig) likeness; **retrato-robot** nm identikit picture.

retreta [re'treta] nf retreat.

retrete [re'trete] nm toilet.

retribución [retriβu'θjon] nf (recompensa) reward; (pago) pay, payment.

retribuir [retri'βwir] vt (recompensar) to reward; (pagar) to pay.

retro... [retro] pref retro... .

retroactivo, a [retroak'tiβo, a] a retroactive, retrospective.

retroceder [retroθe'ðer] vi (echarse atrás) to move back(wards); (fig) to back down.

retroceso [retro'θeso] nm backward movement; (MED) relapse; (fig) backing down.

retrógrado, a [re'troɣraðo, a] a retrograde, retrogressive; (POL) reactionary.

retropropulsión [retropropul'sjon] nf jet propulsion.

retrospectivo, a [retrospek'tiβo, a] a retrospective.

retrovisor [retroβi'sor] nm rear-view mirror.

retumbar [retum'bar] vi to echo, resound.

reuma ['reuma], **reumatismo** [reuma-

'tismo] nm rheumatism.
reunificar [reunifi'kar] vt to reunify.
reunión [reu'njon] nf (asamblea) meeting; (fiesta) party.
reunir [reu'nir] vt (juntar) to reunite, join (together); (recoger) to gather (together); (personas) to get together; (cualidades) to combine; ~se vr (personas: en asamblea) to meet, gather.
revalidar [reßali'ðar] vt (ratificar) to confirm, ratify.
revalorar [reßalo'rar], **revalorizar** [reßalori'θar] vt to revalue, reassess.
revancha [re'ßantʃa] nf revenge.
revelación [reßela'θjon] nf revelation.
revelado [reße'laðo] nm developing.
revelar [reße'lar] vt to reveal; (FOTO) to develop.
reventar [reßen'tar] vt to burst, explode.
reventón [reßen'ton] nm (AUTO) blowout (Brit), flat (US).
reverberación [reßerßera'θjon] nf reverberation.
reverberar [reßerße'rar] vi to reverberate.
reverencia [reße'renθja] nf reverence; **reverenciar** vt to revere.
reverendo, a [reße'rendo, a] a reverend.
reverente [reße'rente] a reverent.
reverso [re'ßerso] nm back, other side; (de moneda) reverse.
revertir [reßer'tir] vi to revert.
revés [re'ßes] nm back, wrong side; (fig) reverse, setback; (DEPORTE) backhand; al ~ the wrong way round; (de arriba abajo) upside down; (ropa) inside out; volver algo al ~ to turn sth round; (ropa) to turn sth inside out.
revestir [reßes'tir] vt (poner) to put on; (cubrir) to cover, coat; ~ con o de to invest with.
revisar [reßi'sar] vt (examinar) to check; (texto etc) to revise; **revisión** nf revision.
revisor, a [reßi'sor, a] nm/f inspector; (FERRO) ticket collector.
revista [re'ßista] nf magazine, review; (TEATRO) revue; (inspección) inspection; pasar ~ a to review, inspect.
revivir [reßi'ßir] vi to revive.
revocación [reßoka'θjon] nf repeal.
revocar [reßo'kar] vt to revoke.
revolcarse [reßol'karse] vr to roll about.
revolotear [reßolote'ar] vi to flutter.
revoltijo [reßol'tixo] nm mess, jumble.
revoltoso, a [reßol'toso, a] a (travieso) naughty, unruly.
revolución [reßolu'θjon] nf revolution; **revolucionar** vt to revolutionize; **revolucionario, a** a, nm/f revolutionary.
revolver [reßol'ßer] vt (desordenar) to disturb, mess up; (mover) to move about; (POL) to stir up // vi: ~ en to go through, rummage (about) in; ~se vr

(volver contra) to turn on o against.
revólver [re'ßolßer] nm revolver.
revuelo [re'ßwelo] nm fluttering; (fig) commotion.
revuelto, a pp de revolver // [re'ßwelto, a] a (mezclado) mixed-up, in disorder // nf (motín) revolt; (agitación) commotion.
revulsivo [reßul'sißo] nm enema.
rey [rei] nm king; Día de R~es Epiphany.
reyerta [re'jerta] nf quarrel, brawl.
rezagado, a [reθa'xaðo, a] nm/f straggler.
rezagar [reθa'var] vt (dejar atrás) to leave behind; (retrasar) to delay, postpone.
rezar [re'θar] vi to pray; ~ con (fam) to concern, have to do with; **rezo** nm prayer.
rezongar [reθon'gar] vi to grumble.
rezumar [reθu'mar] vt to ooze.
ría ['ria] nf estuary.
riada [ri'aða] nf flood.
ribera [ri'ßera] nf (de río) bank; (: área) riverside.
ribete [ri'ßete] nm (de vestido) border; (fig) addition; ~ar vt to edge, border.
ricino [ri'θino] nm: aceite de ~ castor oil.
rico, a ['riko, a] a rich; (adinerado) wealthy, rich; (lujoso) luxurious; (comida) delicious; (niño) lovely, cute // nm/f rich person.
rictus ['riktus] nm (mueca) sneer, grin.
ridiculez [riðiku'leθ] nf absurdity.
ridiculizar [riðikuli'θar] vt to ridicule.
ridículo, a [ri'ðikulo, a] a ridiculous; hacer el ~ to make a fool of o.s.; poner a uno en ~ to make a fool of sb.
riego ['rjexo] nm (aspersión) watering; (irrigación) irrigation.
riel [rjel] nm rail.
rienda ['rjenda] nf rein; dar ~ suelta a to give free rein to.
riesgo ['rjesxo] nm risk; correr el ~ de to run the risk of.
rifa ['rifa] nf (lotería) raffle; **rifar** vt to raffle.
rifle ['rifle] nm rifle.
rigidez [rixi'ðeθ] nf rigidity, stiffness; (fig) strictness; **rígido, a** a rigid, stiff; strict, inflexible.
rigor [ri'vor] nm strictness, rigour; (inclemencia) harshness; de ~ de rigueur, essential; **riguroso, a** a rigorous; harsh; (severo) severe.
rimar [ri'mar] vi to rhyme.
rimbombante [rimbom'bante] a (fig) pompous.
rímel, rímmel ['rimel] nm mascara.
rincón [rin'kon] nm corner (inside).
rinoceronte [rinoθe'ronte] nm rhinoceros.
riña ['riɲa] nf (disputa) argument; (pelea) brawl.
riñón [ri'ɲon] nm kidney; tener riñones

to have guts.

río *etc vb ver* **reír** // ['rio] *nm* river; *(fig)* torrent, stream; ~ **abajo/arriba** downstream/upstream; ~ **de la Plata** River Plate.

rioja [ri'oxa] *nm (vino)* rioja (wine).

rioplatense [riopla'tense] *a* of o from the River Plate region.

riqueza [ri'keθa] *nf* wealth, riches *pl*; *(cualidad)* richness.

risa ['risa] *nf* laughter; *(una ~)* laugh; ¡qué ~! what a laugh!

risco ['risko] *nm* crag, cliff.

risible [ri'siβle] *a* ludicrous, laughable.

risotada [riso'taða] *nf* guffaw, loud laugh.

ristra ['ristra] *nf* string.

risueño, a [ri'sweɲo, a] *a (sonriente)* smiling; *(contento)* cheerful.

ritmo ['ritmo] *nm* rhythm; **a ~ lento** slowly; **trabajar a ~ lento** to go slow.

rito ['rito] *nm* rite.

ritual [ri'twal] *a, nm* ritual.

rival [ri'βal] *a, nm/f* rival; **~idad** *nf* rivalry; **~izar** *vi*: **~izar con** to rival, vie with.

rizado, a [ri'θaðo, a] *a* curly // *nm* curls *pl*.

rizar [ri'θar] *vt* to curl; **~se** *vr (pelo)* to curl; *(agua)* to ripple; **rizo** *nm* curl; ripple.

RNE *nf abr* = **Radio Nacional de España**.

robar [ro'βar] *vt* to rob; *(objeto)* to steal; *(casa etc)* to break into; *(NAIPES)* to draw.

roble ['roβle] *nm* oak; **~do, ~dal** *nm* oakwood.

robo ['roβo] *nm* robbery, theft.

robot [ro'βot] *nm* robot; ~ *(de cocina)* food processor.

robustecer [roβuste'θer] *vt* to strengthen.

robusto, a [ro'βusto, a] *a* robust, strong.

roca ['roka] *nf* rock.

rocalla [ro'kaʎa] *nf* pebbles *pl*.

roce ['roθe] *nm (caricia)* brush; *(TEC)* friction; *(en la piel)* graze; **tener ~ con** to be in close contact with.

rociar [ro'θjar] *vt* to spray.

rocín [ro'θin] *nm* nag, hack.

rocío [ro'θio] *nm* dew.

rocoso, a [ro'koso, a] *a* rocky.

rodado, a [ro'ðaðo, a] *a (con ruedas)* wheeled // *nf* rut.

rodaja [ro'ðaxa] *nf (raja)* slice.

rodaje [ro'ðaxe] *nm (CINE)* shooting, filming; *(AUTO):* **en ~** running in.

rodar [ro'ðar] *vt (vehículo)* to wheel (along); *(escalera)* to roll down; *(viajar por)* to travel (over) // *vi* to roll; *(coche)* to go, run; *(CINE)* to shoot, film.

rodear [roðe'ar] *vt* to surround // *vi* to go round; **~se** *vr*: **~se de amigos** to surround o.s. with friends.

rodeo [ro'ðeo] *nm (ruta indirecta)* detour; *(evasión)* evasion; *(AM)* rodeo; **hablar sin ~s** to come to the point, speak plainly.

rodilla [ro'ðiʎa] *nf* knee; **de ~s** kneeling; **ponerse de ~s** to kneel (down).

rodillo [ro'ðiʎo] *nm* roller; *(CULIN)* rolling-pin.

rododendro [roðo'ðendro] *nm* rhododendron.

roedor, a [roe'ðor, a] *a* gnawing // *nm* rodent.

roer [ro'er] *vt (masticar)* to gnaw; *(corroer, fig)* to corrode.

rogar [ro'var] *vt, vi (pedir)* to ask for; *(suplicar)* to beg, plead; **se ruega no fumar** please do not smoke.

rojizo, a [ro'xiθo, a] *a* reddish.

rojo, a ['roxo, a] *a, nm* red; **al ~ vivo** red-hot.

rol [rol] *nm* list, roll; *(AM: papel)* role.

rollizo, a [ro'ʎiθo, a] *a (objeto)* cylindrical; *(persona)* plump.

rollo ['roʎo] *nm* roll; *(de cuerda)* coil; *(madera)* log; *(fam)* bore; ¡qué ~! what a carry-on!

ROM [rom] *nf abr* (= **memoria de sólo lectura**) ROM.

Roma ['roma] *n* Rome.

romance [ro'manθe] *nm (idioma castellano)* Romance language; *(LITERATURA)* ballad; **hablar en ~** to speak plainly.

romanticismo [romanti'θismo] *nm* romanticism.

romántico, a [ro'mantiko, a] *a* romantic.

romería [rome'ria] *nf (REL)* pilgrimage; *(excursión)* trip, outing.

romero, a [ro'mero, a] *nm/f* pilgrim // *nm* rosemary.

romo, a ['romo, a] *a* blunt; *(fig)* dull.

rompecabezas [rompeka'βeθas] *nm inv* riddle, puzzle; *(juego)* jigsaw (puzzle).

rompehuelgas [rompe'welɣas] *nm inv* strikebreaker, blackleg.

rompeolas [rompe'olas] *nm inv* breakwater.

romper [rom'per] *vt* to break; *(hacer pedazos)* to smash; *(papel, tela etc)* to tear, rip // *vi (olas)* to break; *(sol, diente)* to break through; ~ **un contrato** to break a contract; ~ **a** to start (suddenly) to; ~ **a llorar** to burst into tears; ~ **con uno** to fall out with sb.

rompimiento [rompi'mjento] *nm (acto)* breaking; *(fig)* break; *(quiebra)* crack.

ron [ron] *nm* rum.

roncar [ron'kar] *vi* to snore.

ronco, a ['ronko, a] *a (afónico)* hoarse; *(áspero)* raucous.

roncha ['rontʃa] *nf* weal; *(contusión)* bruise.

ronda ['ronda] *nf (gen)* round; *(patrulla)* patrol; **rondar** *vt* to patrol // *vi* to patrol; *(fig)* to prowl round.

ronquido [ron'kiðo] *nm* snore, snoring.

ronronear [ronrone'ar] *vi* to purr; **ronroneo** *nm* purr.

roña ['roɲa] *nf* (VETERINARIA) mange; *(mugre)* dirt, grime; *(óxido)* rust.

roñoso, a [ro'ɲoso, a] *a (mugriento)* filthy; *(tacaño)* mean.

ropa ['ropa] *nf* clothes *pl*, clothing; ~ **blanca** linen; ~ **de cama** bed linen; ~ **interior** underwear; ~ **para lavar** washing; ~**je** *nm* gown, robes *pl*; ~**vejero, a** *nm/f* second-hand clothes dealer.

ropero [ro'pero] *nm* linen cupboard; *(guardarropa)* wardrobe.

rosa ['rosa] *a inv* pink // *nf* rose; (ANAT) red birthmark; ~ **de los vientos** the compass.

rosado, a [ro'saðo, a] *a* pink // *nm* rosé.

rosal [ro'sal] *nm* rosebush.

rosario [ro'sarjo] *nm* (REL) rosary; **rezar el** ~ to say the rosary.

rosca ['roska] *nf (de tornillo)* thread; *(de humo)* coil, spiral; *(pan, postre)* ring-shaped roll/pastry.

rosetón [rose'ton] *nm* rosette; (ARQ) rose window.

rosquilla [ros'kiʎa] *nf* doughnut-shaped fritter.

rostro ['rostro] *nm (cara)* face.

rotación [rota'θjon] *nf* rotation; ~ **de cultivos** crop rotation.

rotativo, a [rota'tiβo, a] *a* rotary.

roto, a ['roto] *pp de* **romper** // ['roto, a] *a* broken.

rótula ['rotula] *nf* kneecap; (TEC) ball-and-socket joint.

rotulador [rotula'ðor] *nm* felt-tip pen.

rotular [rotu'lar] *vt (carta, documento)* to head, entitle; *(objeto)* to label; **rótulo** *nm* heading, title; label; *(letrero)* sign.

rotundo, a [ro'tundo, a] *a* round; *(enfático)* emphatic.

rotura [ro'tura] *nf (rompimiento)* breaking; (MED) fracture.

roturar [rotu'rar] *vt* to plough.

rozadura [roθa'ðura] *nf* abrasion, graze.

rozar [ro'θar] *vt (frotar)* to rub; *(arañar)* to scratch; *(tocar ligeramente)* to shave, touch lightly; ~**se** *vr* to rub (together); ~**se con** *(fam)* to rub shoulders with.

r.p.m. *abr* (= revoluciones por minuto) rpm.

rte. *abr* (= remite, remitente) sender.

RTVE *nf abr* = Radiotelevisión Española.

rubí [ru'βi] *nm* ruby; *(de reloj)* jewel.

rubicundo, a [ruβi'kundo, a] *a* ruddy.

rubio, a ['ruβjo, a] *a* fair-haired, blond(e) // *nm/f* blond/blonde; **tabaco** ~ Virginia tobacco.

rubor [ru'βor] *nm (sonrojo)* blush; *(timidez)* bashfulness; ~**izarse** *vr* to blush; ~**oso, a** *a* blushing.

rúbrica ['ruβrika] *nf (título)* title, head-

ing; *(de la firma)* flourish; **rubricar** *vt (firmar)* to sign with a flourish; *(concluir)* to sign and seal.

rudeza [ru'ðeθa] *nf (tosquedad)* coarseness; *(sencillez)* simplicity.

rudimento [ruði'mento] *nm* rudiment.

rudo, a ['ruðo, a] *a (sin pulir)* unpolished; *(grosero)* coarse; *(violento)* violent; *(sencillo)* simple.

rueda ['rweða] *nf* wheel; *(círculo)* ring, circle; *(rodaja)* slice, round; ~ **delantera/trasera/de repuesto** front/back/spare wheel; ~ **de prensa** press conference.

ruedo ['rweðo] *nm (contorno)* edge, border; *(de vestido)* hem; *(círculo)* circle; (TAUR) arena, bullring.

ruego *etc vb ver* **rogar** // ['rweɣo] *nm* request.

rufián [ru'fjan] *nm* scoundrel.

rugby ['ruɣβi] *nm* rugby.

rugido [ru'xiðo] *nm* roar.

rugir [ru'xir] *vi* to roar.

rugoso, a [ru'ɣoso, a] *a (arrugado)* wrinkled; *(áspero)* rough; *(desigual)* ridged.

ruibarbo [rui'βarβo] *nm* rhubarb.

ruido ['rwiðo] *nm* noise; *(sonido)* sound; *(alboroto)* racket, row; *(escándalo)* commotion, rumpus; ~**so, a** *a* noisy, loud; *(fig)* sensational.

ruin [rwin] *a* contemptible, mean.

ruina ['rwina] *nf* ruin; *(colapso)* collapse; *(de persona)* ruin, downfall.

ruindad [rwin'dað] *nf* lowness, meanness; *(acto)* low o mean act.

ruinoso, a [rwi'noso, a] *a* ruinous; *(destartalado)* dilapidated, tumbledown; (COM) disastrous.

ruiseñor [rwise'ɲor] *nm* nightingale.

rula ['rula], **ruleta** [ru'leta] *nf* roulette.

rulo ['rulo] *nm (para el pelo)* curler.

rulota [ru'lota] *nf* caravan *(Brit)*, trailer *(US)*.

Rumania [ru'manja] *nf* Rumania.

rumba ['rumba] *nf* rumba.

rumbo ['rumbo] *nm (ruta)* route, direction; *(ángulo de dirección)* course, bearing; *(fig)* course of events: **ir con** ~ **a** to be heading for.

rumboso, a [rum'boso, a] *a (generoso)* generous.

rumiante [ru'mjante] *nm* ruminant.

rumiar [ru'mjar] *vt* to chew; *(fig)* to chew over // *vi* to chew the cud.

rumor [ru'mor] *nm (ruido sordo)* low sound; *(murmuración)* murmur, buzz; **rumorearse** *vr:* **se rumorea que** it is rumoured that.

runrún [run'run] *nm (voces)* murmur, sound of voices; *(fig)* rumour.

rupestre [ru'pestre] *a* rock *cpd*.

ruptura [rup'tura] *nf* rupture.

rural [ru'ral] *a* rural.

Rusia ['rusja] *nf* Russia; **ruso, a** *a*, *nm/f*

Russian.

rústico, a ['rustiko, a] *a* rustic; (*ordinario*) coarse, uncouth // *nm/f* yokel // *nf*: libro en rústica paperback.

ruta ['ruta] *nf* route.

rutina [ru'tina] *nf* routine; ~**rio, a** *a* routine.

S

S *abr* (= *santo, a*) St; (= *sur*) S.

s. *abr* (= *siglo*) C.; (= *siguiente*) foll.

S.A. *abr* (= *Sociedad Anónima*) Ltd (*Brit*), Inc (*US*).

sábado ['saβaðo] *nm* Saturday.

sábana ['saβana] *nf* sheet.

sabandija [saβan'dixa] *nf* bug, insect.

sabañón [saβa'non] *nm* chilblain.

sabelotodo [saβelo'toðo] *nm/f inv* know-all.

saber [sa'βer] *vt* to know; (*llegar a conocer*) to find out, learn; (*tener capacidad de*) to know how to // *vi*: ~ **a** to taste of, taste like // *nm* knowledge, learning; **a** ~ namely; ¿**sabes conducir/nadar?** can you drive/swim?; ¿**sabes francés?** do you speak French?; ~ **de memoria** to know by heart; **hacer** ~ **algo a uno** to inform sb of sth, let sb know sth.

sabiduría [saβiðu'ria] *nf* (*conocimientos*) wisdom; (*instrucción*) learning.

sabiendas [sa'βjendas]: **a** ~ *ad* knowingly.

sabio, a ['saβjo,a] *a* (*docto*) learned; (*prudente*) wise, sensible.

sabor [sa'βor] *nm* taste, flavour; ~**ear** *vt* to taste, savour; (*fig*) to relish.

sabotaje [saβo'taxe] *nm* sabotage.

saboteador, a [saβotea'ðor, a] *nm/f* saboteur.

sabotear [saβote'ar] *vt* to sabotage.

sabré *etc vb ver* **saber.**

sabroso, a [sa'βroso, a] *a* tasty; (*fig: fam*) racy, salty.

sacacorchos [saka'kortʃos] *nm inv* corkscrew.

sacapuntas [saka'puntas] *nm inv* pencil sharpener.

sacar [sa'kar] *vt* to take out; (*fig: extraer*) to get (out); (*quitar*) to remove, get out; (*hacer salir*) to bring out; (*conclusión*) to draw; (*novela etc*) to publish, bring out; (*ropa*) to take off; (*obra*) to make; (*premio*) to receive; (*entradas*) to get; (*TENIS*) to serve; ~ **adelante** (*niño*) to bring up; (*negocio*) to carry on, go on with; ~ **a uno a bailar** to get sb up to dance; ~ **una foto** to take a photo; ~ **la lengua** to stick out one's tongue; ~ **buenas/malas notas** to get good/bad marks.

sacarina [saka'rina] *nf* saccharin(e).

sacerdote [saθer'ðote] *nm* priest.

saco ['sako] *nm* bag; (*grande*) sack; (*su contenido*) bagful; (*AM*) jacket; ~ **de dormir** sleeping bag.

sacramento [sakra'mento] *nm* sacrament.

sacrificar [sakrifi'kar] *vt* to sacrifice; **sacrificio** *nm* sacrifice.

sacrilegio [sakri'lexjo] *nm* sacrilege; **sacrílego, a** *a* sacrilegious.

sacristía [sakris'tia] *nf* sacristy.

sacro, a ['sakro, a] *a* sacred.

sacudida [saku'ðiða] *nf* (*agitación*) shake, shaking; (*sacudimiento*) jolt, bump; ~ **eléctrica** electric shock.

sacudir [saku'ðir] *vt* to shake; (*golpear*) to hit.

sádico, a ['saðiko, a] *a* sadistic // *nm/f* sadist; **sadismo** *nm* sadism.

saeta [sa'eta] *nf* (*flecha*) arrow.

sagacidad [saɣaθi'ðað] *nf* shrewdness, cleverness; **sagaz** *a* shrewd, clever.

sagitario [saxi'tarjo] *nm* Sagittarius.

sagrado, a [sa'ɣraðo, a] *a* sacred, holy.

Sáhara ['saara] *nm*: **el** ~ **the Sahara** (desert).

sal *vb ver* **salir** // [sal] *nf* salt.

sala ['sala] *nf* (*cuarto grande*) large room; (~ **de estar**) living room; (*TEATRO*) house, auditorium; (*de hospital*) ward; ~ **de apelación** court; ~ **de espera** waiting room; ~ **de estar** living room; ~ **de fiestas** dance hall.

salado, a [sa'laðo, a] *a* salty; (*fig*) witty, amusing; **agua salada** salt water.

salar [sa'lar] *vt* to salt, add salt to.

salarial [sala'rjal] *a* (*aumento, revisión*) wage *cpd*, salary *cpd*.

salario [sa'larjo] *nm* wage, pay.

salchicha [sal'tʃitʃa] *nf* (pork) sausage; **salchichón** *nm* (salami-type) sausage.

saldar [sal'dar] *vt* to pay; (*vender*) to sell off; (*fig*) to settle, resolve; **saldo** *nm* (*pago*) settlement; (*de una cuenta*) balance; (*lo restante*) remnant(s) (*pl*), remainder; ~**s** *nmpl* (*en tienda*) sale.

saldré *etc vb ver* **salir.**

salero [sa'lero] *nm* salt cellar.

salgo *etc vb ver* **salir.**

salida [sa'liða] *nf* (*puerta etc*) exit, way out; (*acto*) leaving, going out; (*de tren, AVIAT*) departure; (*TEC*) output, production; (*fig*) way out; (*COM*) opening; (*GEO, válvula*) outlet; (*de gas*) leak; **calle sin** ~ cul-de-sac; ~ **de incendios** fire escape.

saliente [sa'ljente] *a* (*ARQ*) projecting; (*sol*) rising; (*fig*) outstanding.

salir [sa'lir] ♦ *vi* **1** (*partir: tb*: ~ **de**) to leave; **Juan ha salido** Juan is out; **salió de la cocina** he came out of the kitchen

2 (*aparecer*) to appear; (*disco, libro*) to come out; **anoche salió en la tele** she appeared o was on TV last night; **salió en todos los periódicos** it was in all the papers

3 (*resultar*): **la muchacha nos salió muy**

trabajadora the girl turned out to be a very hard worker; **la comida te ha salido exquisita** the food was delicious; **sale muy caro** it's very expensive
4: ~**le a uno algo**: **la entrevista que hice me salió bien/mal** the interview I did went o turned out well/badly
5: ~ **adelante: no sé como haré para ~ adelante** I don't know how I'll get by
♦ ~**se** vr (líquido) to spill; (animal) to escape.

saliva [sa'lißa] nf saliva.

salmo ['salmo] nm psalm.

salmón [sal'mon] nm salmon.

salmuera [sal'mwera] nf pickle, brine.

salón [sa'lon] nm (de casa) living room, lounge; (muebles) lounge suite; ~ **de belleza** beauty parlour; ~ **de baile** dance hall.

salpicadero [salpika'ðero] nm (AUTO) dashboard.

salpicar [salpi'kar] vt (rociar) to sprinkle, spatter; (esparcir) to scatter.

salsa ['salsa] nf sauce; (con carne asada) gravy; (fig) spice.

saltado, a [sal'taðo, a] a (botón etc) missing; (ojos) bulging.

saltamontes [salta'montes] nm inv grasshopper.

saltar [sal'tar] vt to jump (over), leap (over); (dejar de lado) to skip, miss out // vi to jump, leap; (pelota) to bounce; (al aire) to fly up; (quebrarse) to break; (al agua) to dive; (fig) to explode, blow up.

saltear [salte'ar] vt (robar) to rob (in a holdup); (asaltar) to assault, attack; (CULIN) to sauté.

saltimbanqui [saltim'banki] nm/f acrobat.

salto ['salto] nm jump, leap; (al agua) dive; ~ **de agua** waterfall; ~ **de altura** high jump.

saltón, ona [sal'ton, ona] a (ojos) bulging, popping; (dientes) protruding.

salubre [sa'lußre] a healthy, salubrious.

salud [sa'luð] nf health; ¡**(a su)** ~! cheers!, good health!; ~**able** a (de buena ~) healthy; (provechoso) good, beneficial.

saludar [salu'ðar] vt to greet; (MIL) to salute; **saludo** nm greeting; **saludos** (en carta) best wishes, regards.

salva ['salßa] nf: ~ **de aplausos** ovation.

salvación [salßa'θjon] nf salvation; (rescate) rescue.

salvado [sal'ßaðo] nm bran.

Salvador [salßa'ðor] nm: **El** ~ El Salvador; **San** ~ San Salvador; **s~eño, a** a, nm/f Salvadorian.

salvaguardar [salßaɣwar'ðar] vt to safeguard.

salvaje [sal'ßaxe] a wild; (tribu) savage; **salvajismo** nm savagery.

salvar [sal'ßar] vt (rescatar) to save,

rescue; (resolver) to overcome, resolve; (cubrir distancias) to cover, travel; (hacer excepción) to except, exclude; (un barco) to salvage.

salvavidas [salßa'ßiðas] a inv: **bote/chaleco/cinturón** ~ lifeboat/life jacket/life belt.

salvia ['salßja] nf sage.

salvo, a ['salßo, a] a safe // ad except (for), save; **a** ~ out of danger; ~ **que** unless; ~**conducto** nm safe-conduct.

san [san] a saint; ~ **Juan** St. John.

sanar [sa'nar] vt (herida) to heal; (persona) to cure // vi (persona) to get well, recover; (herida) to heal.

sanatorio [sana'torjo] nm sanatorium.

sanción [san'θjon] nf sanction; **sancionar** vt to sanction.

sandalia [san'dalja] nf sandal.

sandía [san'dia] nf watermelon.

sandwich ['sandwitʃ] (pl ~s, ~es) nm sandwich.

saneamiento [sanea'mjento] nm sanitation.

sanear [sane'ar] vt (terreno) to drain.

sangrar [san'grar] vt, vi to bleed; **sangre** nf blood.

sangría [san'gria] nf sangria, sweetened drink of red wine with fruit.

sangriento, a [san'grjento, a] a bloody.

sanguijuela [sangi'xwela] nf (ZOOL, fig) leech.

sanguinario, a [sangi'narjo, a] a bloodthirsty.

sanguíneo, a [san'gineo, a] a blood cpd.

sanidad [sani'ðað] nf sanitation; (calidad de sano) health, healthiness; ~ **pública** public health.

sanitario, a [sani'tarjo, a] a sanitary; (de la salud) health; ~**s** nmpl toilets (Brit), washroom (US).

sano, a ['sano, a] a healthy; (sin daños) sound; (comida) wholesome; (entero) whole, intact; ~ **y salvo** safe and sound.

Santiago [san'tjaɣo] nm: ~ **(de Chile)** Santiago.

santiamén [santja'men] nm: **en un** ~ in no time at all.

santidad [santi'ðað] nf holiness, sanctity; **santificar** vt to sanctify, make holy.

santiguarse [santi'ɣwarse] vr to make the sign of the cross.

santo, a ['santo, a] a holy; (fig) wonderful, miraculous // nm/f saint // nm saint's day; ~ **y seña** password.

santuario [san'twarjo] nm sanctuary, shrine.

saña ['saɲa] nf rage, fury.

sapo ['sapo] nm toad.

saque ['sake] nm (TENIS) service, serve; (FUTBOL) throw-in; ~ **de esquina** corner (kick).

saquear [sake'ar] vt (MIL) to sack; (robar) to loot, plunder; (fig) to ransack; **saqueo** nm sacking; looting, plundering; ransacking.

sarampión [saram'pjon] nm measles sg.

sarcasmo [sar'kasmo] nm sarcasm; **sarcástico, a** a sarcastic.

sardina [sar'ðina] nf sardine.

sardónico, a [sar'ðoniko, a] a sardonic; (irónico) ironical, sarcastic.

sargento [sar'xento] nm sergeant.

sarna ['sarna] nf itch; (MED) scabies.

sarpullido [sarpu'ʎiðo] nm (MED) rash.

sartén [sar'ten] nf frying pan.

sastre ['sastre] nm tailor; **~ría** nf (arte) tailoring; (tienda) tailor's (shop).

Satanás [sata'nas] nm Satan.

satélite [sa'telite] nm satellite.

sátira ['satira] nf satire.

satisfacción [satisfak'θjon] nf satisfaction.

satisfacer [satisfa'θer] vt to satisfy; (gastos) to meet; (pérdida) to make good; **~se** vr to satisfy o.s., be satisfied; (vengarse) to take revenge; **satisfecho, a** a satisfied; (contento) content(ed), happy; (tb: ~ de sí mismo) self-satisfied, smug.

saturar [satu'rar] vt to saturate.

sauce ['sauθe] nm willow; ~ **llorón** weeping willow.

sauna ['sauna] nf sauna.

savia ['saβja] nf sap.

saxofón [sakso'fon] nm saxophone.

sazonado, a [saθo'naðo, a] a (fruta) ripe; (CULIN) flavoured, seasoned.

sazonar [saθo'nar] vt to ripen; (CULIN) to flavour, season.

scotch [es'kotʃ] nm ® adhesive o sticky tape.

se [se] pron 1 (reflexivo: sg: m) himself; (: f) herself; (: pl) themselves; (: cosa) itself; (: de Vd) yourself; (: de Vds) yourselves; ~ **está preparando** she's preparing herself; para usos léxicos del pronombre ver el vb en cuestión, p.ej. arrepentirse
2 (con complemento indirecto) to him; to her; to them; to it; to you; a usted ~ **lo dije ayer** I told you yesterday; ~ **compró un sombrero** he bought himself a hat; ~ **rompió la pierna** he broke his leg
3 (uso recíproco) each other, one another; ~ **miraron (el uno al otro)** they looked at each other o one another
4 (en oraciones pasivas): **se han vendido muchos libros** a lot of books have been sold
5 (impersonal): ~ **dice que ...** people say that, it is said that; **allí** ~ **come muy bien** the food there is very good, you can eat very well there.

SE abr (= sudeste) SE.

sé vb ver **saber, ser**.

sea etc vb ver **ser**.

sebo ['seβo] nm fat, grease.

secador [seka'ðor] nm: ~ **de pelo** hairdryer.

secadora [seka'ðora] nf (ELEC) tumble dryer.

secar [se'kar] vt to dry; **~se** vr to dry (off); (río, planta) to dry up.

sección [sek'θjon] nf section.

seco, a ['seko, a] a dry; (carácter) cold; (respuesta) sharp, curt; **habrá pan a secas** there will be just bread; **decir algo a secas** to say sth curtly; **parar en** ~ to stop dead.

secretaría [sekreta'ria] nf secretariat.

secretario, a [sekre'tarjo, a] nm/f secretary.

secreto, a [se'kreto, a] a secret; (persona) secretive // nm secret; (calidad) secrecy.

secta ['sekta] nf sect; **~rio, a** a sectarian.

sector [sek'tor] nm sector.

secuela [se'kwela] nf consequence.

secuencia [se'kwenθja] nf sequence.

secuestrar [sekwes'trar] vt to kidnap; (bienes) to seize, confiscate; **secuestro** nm kidnapping; seizure, confiscation.

secular [seku'lar] a secular.

secundar [sekun'dar] vt to second, support.

secundario, a [sekun'darjo, a] a secondary.

sed [seð] nf thirst; **tener** ~ to be thirsty.

seda ['seða] nf silk.

sedal [se'ðal] nm fishing line.

sedante [se'ðante] nm sedative.

sede ['seðe] nf (de gobierno) seat; (de compañía) headquarters pl; **Santa S~** Holy See.

sediento, a [se'ðjento, a] a thirsty.

sedimentar [seðimen'tar] vt to deposit; **~se** vr to settle; **sedimento** nm sediment.

sedoso, a [se'ðoso, a] a silky, silken.

seducción [seðuk'θjon] nf seduction.

seducir [seðu'θir] vt to seduce; (sobornar) to bribe; (cautivar) to charm, fascinate; (atraer) to attract; **seductor, a** a seductive; charming, fascinating; attractive; (engañoso) deceptive, misleading // nm/f seducer.

segadora-trilladora [seɣa'ðora triʎa'ðora] nf combine harvester.

seglar [se'ɣlar] a secular, lay.

segregación [seɣreɣa'θjon] nf segregation. ~ **racial** racial segregation.

segregar [seɣre'ɣar] vt to segregate, separate.

seguido, a [se'ɣiðo, a] a (continuo) continuous, unbroken; (recto) straight; **~s** consecutive, successive // ad (directo) straight (on); (después) after; (AM: a menudo) often // nf: **en seguida** at once, right away; **5 días ~s** 5 days running, 5 days in a row.

seguimiento [seɣi'mjento] nm chase, pursuit; (continuación) continuation.

seguir [se'ɣir] vt to follow; (venir

después) to follow on, come after; (*proseguir*) to continue; (*perseguir*) to chase, pursue // *vi* (*gen*) to follow; (*continuar*) to continue, carry *o* go on; **~se** *vr* to follow; **sigo sin comprender** I still don't understand; **sigue lloviendo** it's still raining.

según [se'ɣun] *prep* according to // *ad* according to circumstances; **~ esté el tiempo** depending on the weather; **está ~ lo dejaste** it is just as you left it.

segundo, a [se'ɣundo, a] *a* second // *nm* (*gen, medida de tiempo*) second // *nf* second meaning; **segunda (clase)** second class; **segunda (marcha)** (*AUTO*) second (gear); **de segunda mano** second hand.

seguramente [seɣura'mente] *ad* surely; (*con certeza*) for sure, with certainty.

seguridad [seɣuri'ðað] *nf* safety; (*del estado, de casa etc*) security; (*certidumbre*) certainty; (*confianza*) confidence; (*estabilidad*) stability; **~ social** social security.

seguro, a [se'ɣuro, a] *a* (*cierto*) sure, certain; (*fiel*) trustworthy; (*libre del peligro*) safe; (*bien defendido, firme*) secure // *ad* for sure, certainly // *nm* (*COM*) insurance; **~ contra terceros/a todo riesgo** third party/comprehensive insurance; **~s sociales** social security *sg*.

seis [seis] *num* six.

seísmo [se'ismo] *nm* tremor, earthquake.

selección [selek'θjon] *nf* selection; **seleccionar** *vt* to pick, choose, select.

selectividad [selektiβi'ðað] *nf* (*Esp*) university entrance examination.

selecto, a [se'lekto, a] *a* select, choice; (*escogido*) selected.

selva ['selβa] *nf* (*bosque*) forest, woods *pl*; (*jungla*) jungle.

sellar [se'ʎar] *vt* (*documento oficial*) to seal; (*pasaporte, visado*) to stamp.

sello ['seʎo] *nm* stamp; (*precinto*) seal.

semáforo [se'maforo] *nm* (*AUTO*) traffic lights *pl*; (*FERRO*) signal.

semana [se'mana] *nf* week; **entre ~** during the week; **S~ Santa** Holy Week; **semanal** *a* weekly.

semblante [sem'blante] *nm* face; (*fig*) look.

sembrar [sem'brar] *vt* to sow; (*objetos*) to sprinkle, scatter about; (*noticias etc*) to spread.

semejante [seme'xante] *a* (*parecido*) similar; **~s** alike, similar // *nm* fellow man, fellow creature; **nunca hizo cosa ~** he never did any such thing; **semejanza** *nf* similarity, resemblance.

semejar [seme'xar] *vi* to seem like, resemble; **~se** *vr* to look alike, be similar.

semen ['semen] *nm* semen; **~tal** *nm* stud.

semestral [semes'tral] *a* half-yearly, bi-annual.

semicírculo [semi'θirkulo] *nm* semi-circle.

semiconsciente [semikons'θjente] *a* semiconscious.

semifinal [semifi'nal] *nf* semifinal.

semilla [se'miʎa] *nf* seed.

seminario [semi'narjo] *nm* (*REL*) seminary; (*ESCOL*) seminar.

sémola ['semola] *nf* semolina.

sempiterno, a [sempi'terno, a] *a* everlasting.

Sena ['sena] *nm*: **el ~ the** (river) Seine.

senado [se'naðo] *nm* senate; **senador, a** *nm/f* senator.

sencillez [senθi'ʎeθ] *nf* simplicity; (*de persona*) naturalness; **sencillo, a** *a* simple; natural, unaffected.

senda ['senda] *nf*, **sendero** [sen'dero] *nm* path, track.

sendos, as ['sendos, as] *apl*: **les dio ~ golpes** he hit both of them.

senil [se'nil] *a* senile.

seno ['seno] *nm* (*ANAT*) bosom, bust; (*fig*) bosom; **~s** breasts.

sensación [sensa'θjon] *nf* sensation; (*sentido*) sense; (*sentimiento*) feeling; **sensacional** *a* sensational.

sensato, a [sen'sato, a] *a* sensible.

sensible [sen'sible] *a* sensitive; (*apreciable*) perceptible, appreciable; (*pérdida*) considerable; **~ro, a** *a* sentimental.

sensitivo, a [sensi'tiβo, a], **sensorial** [senso'rjal] *a* sense.

sensual [sen'swal] *a* sensual.

sentado, a [sen'taðo, a] *a* (*establecido*) settled; (*carácter*) sensible; **estar ~** to sit, be sitting (down) // *nf* sitting; (*protesta*) sit-in; **dar por ~** to take for granted, assume.

sentar [sen'tar] *vt* to sit, seat; (*fig*) to establish // *vi* (*vestido*) to suit; (*alimento*): **~ bien/mal a** to agree/disagree with; **~se** *vr* (*persona*) to sit, sit down; (*el tiempo*) to settle (down); (*los depósitos*) to settle.

sentencia [sen'tenθja] *nf* (*máxima*) maxim, saying; (*JUR*) sentence; **sentenciar** *vt* to sentence.

sentido, a [sen'tiðo, a] *a* (*pérdida*) regrettable; (*carácter*) sensitive // *nm* sense; (*sentimiento*) feeling; (*significado*) sense, meaning; (*dirección*) direction; **mi más ~ pésame** my deepest sympathy; **~ del humor** sense of humour; **~ único** one-way (street); **tener ~** to make sense.

sentimental [sentimen'tal] *a* sentimental; **vida ~** love life.

sentimiento [senti'mjento] *nm* (*emoción*) feeling, emotion; (*sentido*) sense; (*pesar*) regret, sorrow.

sentir [sen'tir] *vt* to feel; (*percibir*) to perceive, sense; (*lamentar*) to regret, be sorry for // *vi* (*tener la sensación*) to feel; (*lamentarse*) to feel sorry // *nm* opinion, judgement; **~se bien/mal** to feel well/ill; **lo siento** I'm sorry.

seña ['seɲa] *nf* sign; (*MIL*) password; ~s *nfpl* address *sg*; ~s **personales** personal description *sg*.

señal [se'ɲal] *nf* sign; (*síntoma*) symptom; (*FERRO, TELEC*) signal; (*marca*) mark; (*COM*) deposit; **en ~ de** as a token of, as a sign of; ~**ar** *vt* to mark; (*indicar*) to point out, indicate; (*fijar*) to fix, settle.

señor [se'ɲor] *nm* (*hombre*) man; (*caballero*) gentleman; (*dueño*) owner, master; (*trato: antes de nombre propio*) Mr; (: *hablando directamente*) sir; **muy ~ mío** Dear Sir; **el ~ alcalde/presidente** the mayor/president.

señora [se'ɲora] *nf* (*dama*) lady; (*trato: antes de nombre propio*) Mrs; (: *hablando directamente*) madam; (*esposa*) wife; **Nuestra S~** Our Lady.

señorita [seɲo'rita] *nf* (*con nombre y/o apellido*) Miss; (*mujer joven*) young lady.

señorito [seɲo'rito] *nm* young gentleman; (*pey*) rich kid.

señuelo [se'ɲwelo] *nm* decoy.

sepa *etc vb ver* **saber**.

separación [separa'θjon] *nf* separation; (*división*) division; (*distancia*) gap, distance.

separar [sepa'rar] *vt* to separate; (*dividir*) to divide; ~**se** *vr* (*parte*) to come away; (*partes*) to come apart; (*persona*) to leave, go away; (*matrimonio*) to separate; **separatismo** *nm* separatism.

sepia ['sepja] *nf* cuttlefish.

septiembre [sep'tjembre] *nm* September.

séptimo, a ['septimo, a] *a, nm* seventh.

sepultar [sepul'tar] *vt* to bury; **sepultura** *nf* (*acto*) burial; (*tumba*) grave, tomb; **sepulturero, a** *nm/f* gravedigger.

sequedad [seke'ðað] *nf* dryness; (*fig*) brusqueness, curtness.

sequía [se'kia] *nf* drought.

séquito ['sekito] *nm* (*de rey etc*) retinue; (*POL*) followers *pl*.

ser [ser] ♦ *vi* **1** (*descripción*) to be; **es médica/muy alta** she's a doctor/very tall; **la familia es de Cuzco** his (*o* her *etc*) family is from Cuzco; **soy Anna** (*TELEC*) Anna speaking *o* here

2 (*propiedad*): **es de Joaquín** it's Joaquín's, it belongs to Joaquín

3 (*horas, fechas, números*): **es la una** it's one o'clock; **son las seis y media** it's half-past six; **es el 1 de junio** it's the first of June; **somos/son seis** there are six of us/them

4 (*en oraciones pasivas*): **ha sido descubierto ya** it's already been discovered

5: **es de esperar que** ... it is to be hoped *o* I *etc* hope that ...

6 (*locuciones con subjun*): **o sea** that is

to say; **sea él sea su hermana** either him or his sister

7: **a no ~ por él** ... but for him ...

8: **a no ~ que: a no ~ que tenga uno ya** unless he's got one already

♦ *nm* being; **~ humano** human being.

serenarse [sere'narse] *vr* to calm down.

sereno, a [se'reno, a] *a* (*persona*) calm, unruffled; (*el tiempo*) fine, settled; (*ambiente*) calm, peaceful // *nm* night watchman.

serial [ser'jal] *nm* serial.

serie ['serje] *nf* series; (*cadena*) sequence, succession; **fuera de ~** out of order; (*fig*) special, out of the ordinary; **fabricación en ~** mass production.

seriedad [serje'ðað] *nf* seriousness; (*formalidad*) reliability; (*de crisis*) gravity, seriousness; **serio, a** *a* serious; reliable, dependable; grave, serious; **en serio** *ad* seriously.

sermón [ser'mon] *nm* (*REL*) sermon.

serpentear [serpente'ar] *vi* to wriggle; (*camino, río*) to wind, snake.

serpentina [serpen'tina] *nf* streamer.

serpiente [ser'pjente] *nf* snake; **~ boa** boa constrictor; **~ de cascabel** rattlesnake.

serranía [serra'nia] *nf* mountainous area.

serrano, a [se'rrano] *a* highland *cpd* // *nm/f* highlander.

serrar [se'rrar] *vt* = **aserrar**.

serrín [se'rrin] *nm* = **aserrín**.

serrucho [se'rrutʃo] *nm* saw.

servicio [ser'Biθjo] *nm* service; ~**s** *nmpl* toilet(s); **~ incluido** service charge included; **~ militar** military service.

servidor, a [serBi'ðor, a] *nm/f* servant.

servidumbre [serBi'ðumbre] *nf* (*sujeción*) servitude; (*criados*) servants *pl*, staff.

servil [ser'Bil] *a* servile.

servilleta [serBi'ʎeta] *nf* serviette, napkin.

servir [ser'Bir] *vt* to serve // *vi* to serve; (*tener utilidad*) to be of use, be useful; ~**se** *vr* to serve *o* help o.s.; ~**se de algo** to make use of sth, use sth; **sírvase pasar** please come in.

sesenta [se'senta] *num* sixty.

sesgo ['sesɣo] *nm* slant; (*fig*) slant, twist.

sesión [se'sjon] *nf* (*POL*) session, sitting; (*CINE*) showing.

seso ['seso] *nm* brain; **sesudo, a** *a* sensible, wise.

seta ['seta] *nf* mushroom; **~ venenosa** toadstool.

setecientos, as [sete'θjentos, as] *a, num* seven hundred.

setenta [se'tenta] *num* seventy.

seudo... [seuðo] *pref* pseudo... .

seudónimo [seu'ðonimo] *nm* pseudonym.

severidad [seBeri'ðað] *nf* severity;

severo, a *a* severe.

Sevilla [se'βiʎa] *n* Seville; **sevillano, a** *a* of *o* from Seville // *nm/f* native *o* inhabitant of Seville.

sexo ['sekso] *nm* sex.

sexto, a ['seksto, a] *a, nm* sixth.

sexual [sek'swal] *a* sexual; **vida ~** sex life.

si [si] *conj* if; **me pregunto ~...** I wonder if *o* whether... .

sí [si] *ad* yes // *nm* consent // *pron* (*uso impersonal*) oneself; (*sg: m*) himself; (: *f*) herself; (: *de cosa*) itself; (*de usted*) yourself; (*pl*) themselves; (*de ustedes*) yourselves; (*recíproco*) each other; **él no quiere pero yo ~** he doesn't want to but I do; **ella ~ vendrá** she will certainly come, she is sure to come; **claro que ~** of course; **creo que ~** I think so.

siamés, esa [sja'mes, esa] *a, nm/f* Siamese.

SIDA ['siða] *nm abr* (= *Síndrome de Inmuno-deficiencia Adquirida*) AIDS.

siderúrgico, a [siðe'rurxico, a] *a* iron and steel *cpd* // *nf:* **la siderúrgica** the iron and steel industry.

sidra ['siðra] *nf* cider.

siembra ['sjembra] *nf* sowing.

siempre ['sjempre] *ad* always; (*todo el tiempo*) all the time; **~ que** *conj* (*cada vez*) whenever; (*dado que*) provided that; **como ~** as usual; **para ~** for ever.

sien [sjen] *nf* temple.

siento *etc vb ver* **sentar, sentir.**

sierra ['sjerra] *nf* (*TEC*) saw; (*cadena de montañas*) mountain range.

siervo, a ['sjerβo, a] *nm/f* slave.

siesta ['sjesta] *nf* siesta, nap; **echar la ~** to have an afternoon nap o a siesta.

siete ['sjete] *num* seven.

sífilis ['sifilis] *nf* syphilis.

sifón [si'fon] *nm* syphon; **whisky con ~** whisky and soda.

sigla ['sixla] *nf* abbreviation; acronym.

siglo ['sixlo] *nm* century; (*fig*) age.

significación [sixnifika'θjon] *nf* significance.

significado [sixnifi'kaðo] *nm* significance; (*de palabra etc*) meaning.

significar [sixnifi'kar] *vt* to mean, signify; (*notificar*) to make known, express; **significativo, a** *a* significant.

signo ['sixno] *nm* sign; **~ de admiración** *o* **exclamación** exclamation mark; **~ de interrogación** question mark.

sigo *etc vb ver* **seguir.**

siguiente [si'vjente] *a* next, following.

siguió *etc vb ver* **seguir.**

sílaba ['silaβa] *nf* syllable.

silbar [sil'βar] *vt, vi* to whistle; **silbato** *nm* whistle; **silbido** *nm* whistle, whistling.

silenciador [silenθja'ðor] *nm* silencer.

silenciar [silen'θjar] *vt* (*persona*) to silence; (*escándalo*) to hush up; **silencio**

nm silence, quiet; **silencioso, a** *a* silent, quiet.

silicio [si'liθjo] *nm* silicon.

silueta [si'lweta] *nf* silhouette; (*de edificio*) outline; (*figura*) figure.

silvestre [sil'βestre] *a* (*BOT*) wild; (*fig*) rustic, rural.

silla ['siʎa] *nf* (*asiento*) chair; (*tb:* **~ de montar**) saddle; **~ de ruedas** wheelchair.

sillón [si'ʎon] *nm* armchair, easy chair.

simbólico, a [sim'boliko, a] *a* symbolic(al).

simbolizar [simboli'θar] *vt* to symbolize.

símbolo ['simbolo] *nm* symbol.

simetría [sime'tria] *nf* symmetry.

simiente [si'mjente] *nf* seed.

similar [simi'lar] *a* similar.

simio ['simjo] *nm* ape.

simpatía [simpa'tia] *nf* liking; (*afecto*) affection; (*amabilidad*) kindness; (*solidaridad*) mutual support, solidarity; **simpático, a** *a* nice, pleasant; kind.

simpatizante [simpati'θante] *nm/f* sympathizer.

simpatizar [simpati'θar] *vi:* **~ con** to get on well with.

simple ['simple] *a* simple; (*elemental*) simple, easy; (*mero*) mere; (*puro*) pure, sheer // *nm/f* simpleton; **~za** *nf* simpleness; (*necedad*) silly thing; **simplicidad** *nf* simplicity; **simplificar** *vt* to simplify.

simular [simu'lar] *vt* to simulate.

simultáneo, a [simul'taneo, a] *a* simultaneous.

sin [sin] *prep* without; **la ropa está ~ lavar** the clothes are unwashed; **~ que** *conj* without; **~ embargo** however, still.

sinagoga [sina'xoxa] *nf* synagogue.

sinceridad [sinθeri'ðað] *nf* sincerity; **sincero, a** *a* sincere.

sincronizar [sinkroni'θar] *vt* to synchronize.

sindical [sindi'kal] *a* union *cpd*, tradeunion *cpd*; **~ista** *a, nm/f* trade-unionist.

sindicato [sindi'kato] *nm* (*de trabajadores*) trade(s) union; (*de negociantes*) syndicate.

sinfín [sin'fin] *nm:* **un ~ de** a great many, no end of.

sinfonía [sinfo'nia] *nf* symphony.

singular [singu'lar] *a* singular; (*fig*) outstanding, exceptional; (*pey*) peculiar, odd; **~idad** *nf* singularity, peculiarity; **~izar** *vt* to single out; **~izarse** *vr* to distinguish o.s., stand out.

siniestro, a [si'njestro, a] *a* left; (*fig*) sinister // *nm* (*accidente*) accident.

sinnúmero [sin'numero] *nm* = **sinfín.**

sino ['sino] *nm* fate, destiny // *conj* (*pero*) but; (*salvo*) except, save.

sinónimo, a [si'nonimo, a] *a* synonymous // *nm* synonym.

síntesis ['sintesis] *nf* synthesis; **sintético, a** *a* synthetic.

sintetizar [sinteti'θar] *vt* to synthesize.

sintió vb ver **sentir**.

síntoma ['sintoma] nm symptom.

sinvergüenza [simber'ɣwenθa] nm/f rogue, scoundrel; ¡es un ~! he's got a nerve!

sionismo [sjo'nismo] nm Zionism.

siquiera [si'kjera] conj even if, even though // ad at least; ni ~ not even.

sirena [si'rena] nf siren.

Siria ['sirja] nf Syria; **sirio, a** a, nm/f Syrian.

sirviente, a [sir'βjente, a] nm/f servant.

sirvo etc vb ver **servir**.

sisear [sise'ar] vt, vi to hiss.

sismógrafo [sis'moɣrafo] nm seismograph.

sistema [sis'tema] nm system; (método) method; **sistemático, a** a systematic.

sitiar [si'tjar] vt to beseige, lay seige to.

sitio ['sitjo] nm (lugar) place; (espacio) room, space; (MIL) siege.

situación [sitwa'θjon] nf situation, position; (estatus) position, standing.

situado, a [situ'aðo] a situated, placed.

situar [si'twar] vt to place, put; (edificio) to locate, situate.

slip [slip] nm pants pl, briefs pl.

smoking ['smokin, es'mokin] (pl ~s) nm dinner jacket (Brit), tuxedo (US).

snob [es'nob] = **esnob**.

so [so] prep under.

SO abr (= suroeste) SW.

sobaco [so'βako] nm armpit.

soberanía [soβera'nia] nf sovereignty; **soberano, a** a sovereign; (fig) supreme // nm/f sovereign.

soberbio, a [so'βerβjo, a] a (orgulloso) proud; (altivo) haughty, arrogant; (fig) magnificent, superb // nf pride; haughtiness, arrogance; magnificence.

sobornar [soβor'nar] vt to bribe; **soborno** nm bribe.

sobra ['soβra] nf excess, surplus; ~s nfpl left-overs, scraps; de ~ surplus, extra; tengo de ~ I've more than enough; ~do, a a (más que suficiente) more than enough; (superfluo) excessive // ad too, exceedingly; **sobrante** a remaining, extra // nm surplus, remainder.

sobrar [so'βrar] vt to exceed, surpass // vi (tener de más) to be more than enough; (quedar) to remain, be left (over).

sobrasada [soβra'saða] nf pork sausage spread.

sobre ['soβre] prep (gen) on; (encima) on (top of); (por encima de, arriba de) over, above; (más que) than; (además) in addition to, besides; (alrededor de, tratando de) about // nm envelope; ~ todo above all.

sobrecama [soβre'kama] nf bedspread.

sobrecargar [soβrekar'ɣar] vt (camión) to overload; (COM) to surcharge.

sobredosis [soβre'ðosis] nf inv overdose.

sobreentender [soβre(e)nten'der] vt (adivinar) to deduce, infer; ~se vr: se sobreentiende que ... it is implied that ....

sobrehumano, a [soβreu'mano, a] a superhuman.

sobrellevar [soβreʎe'βar] vt (fig) to bear, endure.

sobrenatural [soβrenatu'ral] a supernatural.

sobrepasar [soβrepa'sar] vt to exceed, surpass.

sobreponer [soβrepo'ner] vt (poner encima) to put on top; (añadir) to add; ~se vr: ~se a to win through, pull through.

sobresaliente [soβresa'ljente] a projecting; (fig) outstanding, excellent.

sobresalir [soβresa'lir] vi to project, jut out; (fig) to stand out, excel.

sobresaltar [soβresal'tar] vt (asustar) to scare, frighten; (sobrecoger) to startle; **sobresalto** nm (movimiento) start; (susto) scare; (turbación) sudden shock.

sobretodo [soβre'toðo] nm overcoat.

sobrevenir [soβreβe'nir] vi (ocurrir) to happen (unexpectedly); (resultar) to follow, ensue.

sobreviviente [soβreβi'βjente] a surviving // nm/f survivor.

sobrevivir [soβreβi'βir] vi to survive.

sobrevolar [soβreβo'lar] vt to fly over.

sobriedad [soβrje'ðað] nf sobriety, soberness; (moderación) moderation, restraint.

sobrino, a [so'βrino, a] nm/f nephew/niece.

sobrio, a ['soβrjo, a] a (moderado) moderate, restrained.

socarrón, ona [soka'rron, ona] a (sarcástico) sarcastic, ironic(al).

socavón [soka'βon] nm (hoyo) hole.

sociable [so'θjaβle] a (persona) sociable, friendly; (animal) social.

social [so'θjal] a social; (COM) company cpd.

socialdemócrata [soθjalde'mokrata] nm/f social democrat.

socialista [soθja'lista] a, nm/f socialist.

socializar [soθjali'θar] vt to socialize.

sociedad [soθje'ðað] nf society; (COM) company; ~ anónima limited company; ~ de consumo consumer society.

socio, a ['soθjo, a] nm/f (miembro) member; (COM) partner.

sociología [soθjolo'xia] nf sociology; **sociólogo, a** nm/f sociologist.

socorrer [soko'rrer] vt to help; **socorrista** nm/f first aider; (en piscina, playa) lifeguard; **socorro** nm (ayuda) help, aid; (MIL) relief; ¡socorro! help!

soda ['soða] nf (sosa) soda; (bebida) soda (water).

sofá [so'fa] (pl ~s) nm sofa, settee; ~-**cama** nm studio couch, sofa bed.

sofisticación [sofistika'θjon] nf sophistication.

sofocar [sofo'kar] vt to suffocate; (apagar) to smother, put out; ~se vr to suffocate; (fig) to blush, feel embarrassed; **sofoco** nm suffocation; embarrassment.

soga ['soɣa] nf rope.

sois vb ver **ser**.

soja ['soxa] nf soya.

sojuzgar [soxuθ'ɣar] vt to subdue, rule despotically.

sol [sol] nm sun; (luz) sunshine, sunlight; **hace o hay** ~ it is sunny.

solamente [sola'mente] ad only, just.

solapa [so'lapa] nf (de chaqueta) lapel; (de libro) jacket.

solar [so'lar] a solar, sun cpd.

solaz [so'laθ] nm recreation, relaxation; ~**ar** vt (divertir) to amuse.

soldada [sol'daða] nf pay.

soldado [sol'daðo] nm soldier; ~ **raso** private.

soldador [solda'ðor] nm soldering iron; (persona) welder.

soldar [sol'dar] vt to solder, weld; (unir) to join, unite.

soleado, a [sole'aðo, a] a sunny.

soledad [sole'ðað] nf solitude; (estado infeliz) loneliness.

solemne [so'lemne] a solemn; **solemnidad** nf solemnity.

soler [so'ler] vi to be in the habit of, be accustomed to; **suele salir a las ocho** she usually goes out at 8 o'clock.

solfeo [sol'feo] nm solfa.

solicitar [soliθi'tar] vt (permiso) to ask for, seek; (puesto) to apply for; (votos) to canvass for; (atención) to attract; (persona) to pursue, chase after.

solícito, a [so'liθito, a] a (diligente) diligent; (cuidadoso) careful; **solicitud** nf (calidad) great care; (petición) request; (a un puesto) application.

solidaridad [soliðari'ðað] nf solidarity; **solidario, a** a (participación) joint, common; (compromiso) mutually binding.

solidez [soli'ðeθ] nf solidity; **sólido, a** a solid.

soliloquio [soli'lokjo] nm soliloquy.

solista [so'lista] nm/f soloist.

solitario, a [soli'tarjo, a] a (persona) lonely, solitary; (lugar) lonely, desolate // nm/f (recluso) recluse; (en la sociedad) loner // nm solitaire.

solo, a ['solo, a] a (único) single, sole; (sin compañía) alone; (solitario) lonely; **hay una sola dificultad** there is just one difficulty; **a solas** alone, by o.s.

sólo ['solo] ad only, just.

solomillo [solo'miʎo] nm sirloin.

soltar [sol'tar] vt (dejar ir) to let go of; (desprender) to unfasten, loosen; (librar) to release, set free; (risa etc) to let out.

soltero, a [sol'tero, a] a single, unmarried // nm/f bachelor/single woman; **solterón, ona** nm/f old bachelor/ spinster.

soltura [sol'tura] nf looseness, slackness; (de los miembros) agility, ease of movement; (en el hablar) fluency, ease.

soluble [so'luβle] a (QUIMICA) soluble; (problema) solvable; ~ **en agua** soluble in water.

solución [solu'θjon] nf solution; **solucionar** vt (problema) to solve; (asunto) to settle, resolve.

solventar [solβen'tar] vt (pagar) to settle, pay; (resolver) to resolve.

sollozar [soʎo'θar] vi to sob; **sollozo** nm sob.

sombra ['sombra] nf shadow; (como protección) shade; ~**s** nfpl darkness sg, shadows; **tener buena/mala** ~ to be lucky/unlucky.

sombrero [som'brero] nm hat.

sombrilla [som'briʎa] nf parasol, sunshade.

sombrío, a [som'brio, a] a (oscuro) dark; (fig) sombre, sad; (persona) gloomy.

somero, a [so'mero, a] a superficial.

someter [some'ter] vt (país) to conquer; (persona) to subject to one's will; (informe) to present, submit; ~**se** vr to give in, yield, submit; ~ **a** to subject to.

somnífero [som'nifero] nm sleeping pill.

somos vb ver **ser**.

son vb ver **ser** // [son] nm sound; **en** ~ **de broma** as a joke.

sonajero [sona'xero] nm (baby's) rattle.

sonambulismo [sonambu'lismo] nm sleepwalking; **sonámbulo, a** nm/f sleepwalker.

sonar [so'nar] vt to ring // vi to sound; (hacer ruido) to make a noise; (pronunciarse) to be sounded, be pronounced; (ser conocido) to sound familiar; (campana) to ring; (reloj) to strike, chime; ~**se** vr: ~**se (las narices)** to blow one's nose; **me suena ese nombre** that name rings a bell.

sonda ['sonda] nf (NAUT) sounding; (TEC) bore, drill; (MED) probe.

sondear [sonde'ar] vt to sound; to bore (into), drill; to probe, sound; (fig) to sound out; **sondeo** nm sounding; boring, drilling; (fig) poll, enquiry.

sónico, a [so'niko, a] a sonic, sound cpd.

sonido [so'niðo] nm sound.

sonoro, a [so'noro, a] a sonorous; (resonante) loud, resonant.

sonreír [sonre'ir] vi, **sonreírse** vr to smile; **sonriente** a smiling; **sonrisa** nf smile.

sonrojo [son'roxo] nm blush.

soñador, a [sona'ðor, a] nm/f dreamer.

soñar [so'nar] vt, vi to dream; ~ **con** to dream about o of.

soñoliento, a [soɲo'ljento, a] *a* sleepy, drowsy.

sopa ['sopa] *nf* soup; **sopera** *nf* soup tureen.

soplar [so'plar] *vt* (*polvo*) to blow away, blow off; (*inflar*) to blow up; (*vela*) to blow out // *vi* to blow; **soplo** *nm* blow, puff; (*de viento*) puff, gust.

soporífero [sopo'rifero] *nm* sleeping pill.

soportable [sopor'taβle] *a* bearable.

soportar [sopor'tar] *vt* to bear, carry; (*fig*) to bear, put up with; **soporte** *nm* support; (*fig*) pillar, support.

soprano [so'prano] *nf* soprano.

sorber [sor'ßer] *vt* (*chupar*) to sip; (*inhalar*) to inhale; (*tragar*) to swallow (up); (*absorber*) to soak up, absorb.

sorbete [sor'ßete] *nm* iced fruit drink.

sorbo ['sorßo] *nm* (*trago: grande*) gulp, swallow; (: *pequeño*) sip.

sordera [sor'ðera] *nf* deafness.

sórdido, a ['sorðiðo, a] *a* dirty, squalid.

sordo, a ['sorðo, a] *a* (*persona*) deaf // *nm/f* deaf person; **~mudo, a** *a* deaf and dumb.

soroche [so'rotʃe] *nm* (*AM*) mountain sickness.

sorprendente [sorpren'dente] *a* surprising.

sorprender [sorpren'der] *vt* to surprise; **sorpresa** *nf* surprise.

sortear [sorte'ar] *vt* to draw lots for; (*rifar*) to raffle; (*dificultad*) to avoid; **sorteo** *nm* (*en lotería*) draw; (*rifa*) raffle.

sortija [sor'tixa] *nf* ring; (*rizo*) ringlet, curl.

sosegado, a [sose'ɣaðo, a] *a* quiet, calm.

sosegar [sose'ɣar] *vt* to quieten, calm; (*el ánimo*) to reassure // *vi* to rest; **sosiego** *nm* quiet(ness), calm(ness).

soslayo [sos'lajo]: **de ~** *ad* obliquely, sideways.

soso, a ['soso, a] *a* (*CULIN*) tasteless; (*fig*) dull, uninteresting.

sospecha [sos'petʃa] *nf* suspicion; **sospechar** *vt* to suspect; **sospechoso, a** *a* suspicious; (*testimonio, opinión*) suspect // *nm/f* suspect.

sostén [sos'ten] *nm* (*apoyo*) support; (*sujetador*) bra; (*alimentación*) sustenance, food.

sostener [soste'ner] *vt* to support; (*mantener*) to keep up, maintain; (*alimentar*) to sustain, keep going; **~se** *vr* to support o.s.; (*seguir*) to continue, remain; **sostenido, a** *a* continuous, sustained; (*prolongado*) prolonged.

sótano ['sotano] *nm* basement.

soviético, a [so'ßjetiko, a] *a* Soviet; **los ~s** the Soviets.

soy *vb ver* **ser**.

Sr. *abr* (= *Señor*) Mr.

Sra. *abr* (= *Señora*) Mrs.

S.R.C. *abr* (= *se ruega contestación*) R.S.V.P.

Sres. *abr* (= *Señores*) Messrs.

Srta. *abr* (= *Señorita*) Miss.

Sta. *abr* (= *Santa*) St.

status ['status, e'status] *nm inv* status.

Sto. *abr* (= *Santo*) St.

su [su] *pron* (*de él*) his; (*de ella*) her; (*de una cosa*) its; (*de ellos, ellas*) their; (*de usted, ustedes*) your.

suave ['swaße] *a* gentle; (*superficie*) smooth; (*trabajo*) easy; (*música, voz*) soft, sweet; **suavidad** *nf* gentleness; smoothness; softness, sweetness; **suavizar** *vt* to soften; (*quitar la aspereza*) to smooth (out).

subalimentado, a [sußalimen'taðo, a] *a* undernourished.

subasta [su'ßasta] *nf* auction; **subastar** *vt* to auction (off).

subcampeón, ona [sußkampe'on, ona] *nm/f* runner-up.

subconsciente [sußkon'sθjente] *a, nm* subconscious.

subdesarrollado, a [sußðesarro'ʎaðo, a] *a* underdeveloped.

subdesarrollo [sußðesa'rroʎo] *nm* underdevelopment.

subdirector, a [sußðirek'tor, a] *nm/f* assistant director.

súbdito, a ['sußðito, a] *nm/f* subject.

subdividir [sußðißi'ðir] *vt* to subdivide.

subestimar [sußesti'mar] *vt* to underestimate, underrate.

subido, a [su'ßiðo, a] *a* (*color*) bright, strong; (*precio*) high // *nf* (*de montaña etc*) ascent, climb; (*de precio*) rise, increase; (*pendiente*) slope, hill.

subir [su'ßir] *vt* (*objeto*) to raise, lift up; (*cuesta, calle*) to go up; (*colina, montaña*) to climb; (*precio*) to raise, put up // *vi* to go up, come up; (*a un coche*) to get in; (*a un autobús, tren o avión*) to get on, board; (*precio*) to rise, go up; (*río, marea*) to rise; **~se** *vr* to get up, climb.

súbito, a ['sußito, a] *a* (*repentino*) sudden; (*imprevisto*) unexpected.

subjetivo, a [sußxe'tißo, a] *a* subjective.

sublevación [sußleßa'θjon] *nf* revolt, rising.

sublevar [sußle'ßar] *vt* to rouse to revolt; **~se** *vr* to revolt, rise.

sublime [su'ßlime] *a* sublime.

submarino, a [sußma'rino, a] *a* underwater // *nm* submarine.

subnormal [sußnor'mal] *a* subnormal // *nm/f* subnormal person.

subordinado, a [sußorði'naðo, a] *a, nm/f* subordinate.

subrayar [sußra'jar] *vt* to underline.

subrepticio, a [sußrep'tiθjo, a] *a* surreptitious.

subsanar [sußsa'nar] *vt* (*reparar*) to make good; (*perdonar*) to excuse; (*so-*

breponerse a) to overcome.

subscribir [sußskri'ßir] *vt* = suscribir.

subsidiario, a [sußsi'ðjarjo, a] *a* subsidiary.

subsidio [suß'siðjo] *nm* (*ayuda*) aid, financial help; (*subvención*) subsidy, grant; (*de enfermedad, paro etc*) benefit, allowance.

subsistencia [sußsis'tenθja] *nf* subsistence.

subsistir [sußsis'tir] *vi* to subsist; (*vivir*) to live; (*sobrevivir*) to survive, endure.

subterráneo, a [sußte'rraneo, a] *a* underground, subterranean // *nm* underpass, underground passage.

suburbano, a [sußur'ßano, a] *a* suburban.

suburbio [su'ßurßjo] *nm* (*barrio*) slum quarter; (*afueras*) suburbs *pl*.

subvencionar [sußßenθjo'nar] *vt* to subsidize.

subversión [sußßer'sjon] *nf* subversion; **subversivo, a** *a* subversive.

subyugar [sußju'var] *vt* (*país*) to subjugate, subdue; (*enemigo*) to overpower; (*voluntad*) to dominate.

succión [suk'θjon] *nf* suction.

sucedáneo, a [suθe'ðaneo, a] *a* substitute // *nm* substitute (food).

suceder [suθe'ðer] *vt, vi* to happen; (*seguir*) to succeed, follow; **lo que sucede es que...** the fact is that...;
sucesión *nf* succession; (*serie*) sequence, series.

sucesivamente [suθesißa'mente] *ad*: **y así ~** and so on.

sucesivo, a [suθe'sißo, a] *a* successive, following; **en lo ~** in future, from now on.

suceso [su'θeso] *nm* (*hecho*) event, happening; (*incidente*) incident.

suciedad [suθje'ðað] *nf* (*estado*) dirtiness; (*mugre*) dirt, filth.

sucinto, a [su'θinto, a] *a* (*conciso*) succinct, concise.

sucio, a [su'θjo, a] *a* dirty.

Sucre ['sukre] *n* Sucre.

suculento, a [suku'lento, a] *a* succulent.

sucumbir [sukum'bir] *vi* to succumb.

sucursal [sukur'sal] *nf* branch (office).

Sudáfrica [suð'afrika] *nf* South Africa.

Sudamérica [suða'merika] *nf* South America; **sudamericano, a** *a, nm/f* South American.

sudar [su'ðar] *vt, vi* to sweat.

sudeste [su'ðeste] *nm* south-east.

sudoeste [suðo'este] *nm* south-west.

sudor [su'ðor] *nm* sweat; **~oso, a** *a* sweaty, sweating.

Suecia ['sweθja] *nf* Sweden; **sueco, a** *a* Swedish // *nm/f* Swede.

suegro, a ['swevro, a] *nm/f* father-/mother-in-law.

suela ['swela] *nf* sole.

sueldo ['sweldo] *nm* pay, wage(s) (*pl*).

suele *etc vb ver* **soler.**

suelo ['swelo] *nm* (*tierra*) ground; (*de casa*) floor.

suelto, a ['swelto, a] *a* loose; (*libre*) free; (*separado*) detached; (*ágil*) quick, agile; (*corriente*) fluent, flowing // *nm* (loose) change, small change.

sueño *etc vb ver* **soñar** // ['sweɲo] *nm* sleep; (*somnolencia*) sleepiness, drowsiness; (*lo soñado, fig*) dream; **tener ~** to be sleepy.

suero ['swero] *nm* (*MED*) serum; (*de leche*) whey.

suerte ['swerte] *nf* (*fortuna*) luck; (*azar*) chance; (*destino*) fate, destiny; (*condición*) lot; (*género*) sort, kind; **tener ~** to be lucky; **de otra ~** otherwise, if not; **de ~ que** so that, in such a way that.

suéter ['sweter] *nm* sweater.

suficiente [sufi'θjente] *a* enough, sufficient // *nm* (*ESCOL*) pass.

sufragio [su'fraxjo] *nm* (*voto*) vote; (*derecho de voto*) suffrage.

sufrido, a [su'friðo, a] *a* (*persona*) tough; (*paciente*) long-suffering, patient.

sufrimiento [sufri'mjento] *nm* (*dolor*) suffering.

sufrir [su'frir] *vt* (*padecer*) to suffer; (*soportar*) to bear, put up with; (*apoyar*) to hold up, support // *vi* to suffer.

sugerencia [suxe'renθja] *nf* suggestion.

sugerir [suxe'rir] *vt* to suggest; (*sutilmente*) to hint.

sugestión [suxes'tjon] *nf* suggestion; (*sutil*) hint; **sugestionar** *vt* to influence.

sugestivo, a [suxes'tißo, a] *a* stimulating; (*fascinante*) fascinating.

suicida [sui'θiða] *a* suicidal // *nm/f* suicidal person; (*muerto*) suicide, person who has committed suicide; **suicidarse** *vr* to commit suicide, kill o.s.; **suicidio** *nm* suicide.

Suiza ['swiθa] *nf* Switzerland; **suizo, a** *a, nm/f* Swiss.

sujeción [suxe'θjon] *nf* subjection.

sujetador [suxeta'ðor] *nm* fastener, clip; (*sostén*) bra.

sujetar [suxe'tar] *vt* (*fijar*) to fasten; (*detener*) to hold down; (*fig*) to subject, subjugate; **~se** *vr* to subject o.s.; **sujeto, a** *a* fastened, secure // *nm* subject; (*individuo*) individual; **sujeto a** subject to.

suma ['suma] *nf* (*cantidad*) total, sum; (*de dinero*) sum; (*acto*) adding (up), addition; **en ~** in short.

sumamente [suma'mente] *ad* extremely, exceedingly.

sumar [su'mar] *vt* to add (up); (*reunir*) to collect, gather // *vi* to add up.

sumario, a [su'marjo, a] *a* brief, concise // *nm* summary.

sumergir [sumer'xir] *vt* to submerge; (*hundir*) to sink; (*bañar*) to immerse,

dip.
sumidero [sumi'ðero] nm drain, sewer; (TEC) sump.
suministrar [sumini'strar] vt to supply, provide; **suministro** nm supply; (acto) supplying, providing.
sumir [su'mir] vt to sink, submerge; (fig) to plunge.
sumisión [sumi'sjon] nf (acto) submission; (calidad) submissiveness, docility; **sumiso, a** a submissive, docile.
sumo, a ['sumo, a] a great, extreme; (mayor) highest, supreme.
suntuoso, a [sun'twoso, a] a sumptuous, magnificent.
supe etc vb ver **saber.**
super... [super] pref super..., over...; ~**bueno** great, fantastic.
súper ['super] nm (gasolina) three-star (petrol).
superar [supe'rar] vt (sobreponerse a) to overcome; (rebasar) to surpass, do better than; (pasar) to go beyond; ~**se** vr to excel o.s.
superávit [supe'raβit] nm inv surplus.
superficial [superfi'θjal] a superficial; (medida) surface cpd, of the surface.
superficie [super'fiθje] nf surface; (área) area.
superfluo, a [su'perflwo, a] a superfluous.
superintendente [superinten'dente] nm/ f supervisor, superintendent.
superior [supe'rjor] a (piso, clase) upper; (temperatura, número, nivel) higher; (mejor: calidad, producto) superior, better // nm/f superior; ~**idad** nf superiority.
supermercado [supermer'kaðo] nm supermarket.
supersónico, a [super'soniko, a] a supersonic.
superstición [supersti'θjon] nf superstition; **supersticioso, a** a superstitious.
supervisor, a [superβi'sor, a] nm/f supervisor.
supervivencia [superβi'βenθja] nf survival.
superviviente [superβi'βjente] a surviving.
supiera etc vb ver **saber.**
suplantar [suplan'tar] vt (persona) to supplant.
suplementario, a [suplemen'tarjo, a] a supplementary; **suplemento** nm supplement.
suplente [su'plente] a, nm/f substitute.
supletorio, a [suple'torjo, a] a supplementary // nm supplement; **mesa supletoria** spare table.
súplica ['suplika] nf request; (JUR) petition.
suplicar [supli'kar] vt (cosa) to beg (for), plead for; (persona) to beg, plead with.
suplicio [su'pliθjo] nm torture.

suplir [su'plir] vt (compensar) to make good, make up for; (reemplazar) to replace, substitute // vi: ~ **a** to take the place of, substitute for.
supo etc vb ver **saber.**
suponer [supo'ner] vt to suppose // vi to have authority; **suposición** nf supposition.
supremacía [suprema'θia] nf supremacy.
supremo, a [su'premo, a] a supreme.
supresión [supre'sjon] nf suppression; (de derecho) abolition; (de dificultad) removal; (de palabra etc) deletion; (de restricción) cancellation, lifting.
suprimir [supri'mir] vt to suppress; (derecho, costumbre) to abolish; (dificultad) to remove; (palabra etc) to delete; (restricción) to cancel, lift.
supuesto, a [su'pwesto, a] a (hipotético) supposed; (falso) false // nm assumption, hypothesis; ~ **que** conj since; **por** ~ of course.
sur [sur] nm south.
surcar [sur'kar] vt to plough; (superficie) to cut, score; **surco** nm (en metal, disco) groove; (AGR) furrow.
surgir [sur'xir] vi to arise, emerge; (dificultad) to come up, crop up.
surtido, a [sur'tiðo, a] a mixed, assorted // nm (selección) selection, assortment; (abastecimiento) supply, stock.
surtir [sur'tir] vt to supply, provide // vi to spout, spurt.
susceptible [susθep'tiβle] a susceptible; (sensible) sensitive; ~ **de** capable of.
suscitar [susθi'tar] vt to cause, provoke; (interés, sospechas) to arouse.
suscribir [suskri'βir] vt (firmar) to sign; (respaldar) to subscribe to, endorse; ~**se** vr to subscribe; **suscripción** nf subscription.
susodicho, a [suso'ðitʃo, a] a abovementioned.
suspender [suspen'der] vt (objeto) to hang (up), suspend; (trabajo) to stop, suspend; (ESCOL) to fail; **suspensión** nf suspension; (fig) stoppage, suspension.
suspenso, a [sus'penso, a] a hanging, suspended; (ESCOL) failed // nm: **quedar** o **estar en** ~ to be pending.
suspicacia [suspi'kaθja] nf suspicion, mistrust; **suspicaz** a suspicious, distrustful.
suspirar [suspi'rar] vi to sigh; **suspiro** nm sigh.
sustancia [sus'tanθja] nf substance.
sustentar [susten'tar] vt (alimentar) to sustain, nourish; (objeto) to hold up, support; (idea, teoría) to maintain, uphold; (fig) to sustain, keep going; **sustento** nm support; (alimento) sustenance, food.
sustituir [sustitu'ir] vt to substitute, replace; **sustituto, a** nm/f substitute, re-

placement.

susto ['susto] *nm* fright, scare.

sustraer [sustra'er] *vt* to remove, take away; (*MAT*) to subtract.

susurrar [susu'rrar] *vi* to whisper; **susurro** *nm* whisper.

sutil [su'til] *a* (*aroma, diferencia*) subtle; (*tenue*) thin; (*inteligencia, persona*) sharp; **~eza** *nf* subtlety; thinness.

suyo, a ['sujo, a] *a* (*con artículo o después del verbo* ser: *de él*) his; (: *de ella*) hers; (: *de ellos, ellas*) theirs; (: *de Ud, Uds*) yours; **un amigo ~** a friend of his (*o* hers *o* theirs *o* yours).

T

taba ['taβa] *nf* (*ANAT*) anklebone; (*juego*) jacks *sg*.

tabacalero, a [taβaka'lero, a] *nm/f* (*vendedor*) tobacconist // *nf*: **T~** Spanish state tobacco monopoly.

tabaco [ta'βako] *nm* tobacco; (*fam*) cigarettes *pl*: **tabaquería** *nf* tobacconist's (*Brit*), cigar store (*US*).

taberna [ta'βerna] *nf* bar, pub (*Brit*); **tabernero, a** *nm/f* (*encargado*) publican; (*camarero*) barman/maid.

tabique [ta'βike] *nm* partition (wall).

tabla ['taβla] *nf* (*de madera*) plank; (*estante*) shelf; (*de vestido*) pleat; (*ARTE*) panel; **~s** *nfpl*: estar *o* quedar en **~s** to draw; **~do** *nm* (*plataforma*) platform; (*TEATRO*) stage.

tablero [ta'βlero] *nm* (*de madera*) plank, board; (*de ajedrez, damas*) board; (*AUTO*) dashboard; **~ de anuncios** notice (*Brit*) *o* bulletin (*US*) board.

tableta [ta'βleta] *nf* (*MED*) tablet; (*de chocolate*) bar.

tablilla [ta'βliʎa] *nf* small board; (*MED*) splint.

tablón [ta'βlon] *nm* (*de suelo*) plank; (*de techo*) beam; **~ de anuncios** notice board (*Brit*), bulletin board (*US*).

tabú [ta'βu] *nm* taboo.

tabular [taβu'lar] *vt* to tabulate.

taburete [taβu'rete] *nm* stool.

tacaño, a [ta'kaɲo, a] *a* (*avaro*) mean.

tácito, a ['taθito, a] *a* tacit.

taciturno, a [taθi'turno, a] *a* (*callado*) silent; (*malhumorado*) sullen.

taco ['tako] *nm* (*BILLAR*) cue; (*libro de billetes*) book; (*AM: de zapato*) heel; (*tarugo*) peg; (*palabrota*) swear word.

tacón [ta'kon] *nm* heel; **de ~ alto** high-heeled; **taconeo** *nm* (heel) stamping.

táctico, a ['taktiko, a] *a* tactical // *nf* tactics *pl*.

tacto ['takto] *nm* touch; (*fig*) tact.

tacha ['tatʃa] *nf* flaw; (*TEC*) stud; **tachar** *vt* (*borrar*) to cross out; **tachar de** to accuse of.

tafetán [tafe'tan] *nm* taffeta.

tafilete [tafi'lete] *nm* morocco leather.

tahona [ta'ona] *nf* (*panadería*) bakery.

tahur, a [ta'ur, a] *nm/f* gambler; (*pey*) cheat.

taimado, a [tai'maðo, a] *a* (*astuto*) sly.

taita ['taita] *nm* (*fam*) dad, daddy.

tajada [ta'xaða] *nf* slice.

tajante [ta'xante] *a* sharp.

tajar [ta'xar] *vt* to cut; **tajo** *nm* (*corte*) cut; (*GEO*) cleft.

tal [tal] *a* such; **~ vez** perhaps // *pron* (*persona*) someone, such a one; (*cosa*) something, such a thing; **~ como** such as; **~ para cual** tit for tat; (*dos iguales*) two of a kind // *ad*: **~ como** (*igual*) just as; **~ cual** (*como es*) just as it is; **¿qué ~?** how are things?; **¿qué ~ te gusta?** how do you like it? // *conj*: **con ~ de que** provided that.

taladrar [tala'ðrar] *vt* to drill; **taladro** *nm* drill; (*hoyo*) drill hole.

talante [ta'lante] *nm* (*humor*) mood; (*voluntad*) will, willingness.

talar [ta'lar] *vt* to fell, cut down; (*devastar*) to devastate.

talco ['talko] *nm* (*polvos*) talcum powder.

talego [ta'leɣo] *nm*, **talega** [ta'leɣa] *nf* sack.

talento [ta'lento] *nm* talent; (*capacidad*) ability.

TALGO ['talɣo] *nm abr* (*Esp = tren articulado ligero Goicoechea-Oriol*) ≈ HST (*Brit*).

talismán [talis'man] *nm* talisman.

talón [ta'lon] *nm* (*ANAT*) heel; (*COM*) counterfoil; (*cheque*) cheque (*Brit*), check (*US*).

talonario [talo'narjo] *nm* (*de cheques*) chequebook (*Brit*), checkbook (*US*); (*de billetes*) book of tickets; (*de recibos*) receipt book.

talla ['taʎa] *nf* (*estatura, fig, MED*) height, stature; (*palo*) measuring rod; (*ARTE*) carving; (*medida*) size.

tallado, a [ta'ʎaðo, a] *a* carved // *nm* carving.

tallar [ta'ʎar] *vt* (*madera*) to carve; (*metal etc*) to engrave; (*medir*) to measure.

tallarines [taʎa'rines] *nmpl* noodles.

talle ['taʎe] *nm* (*ANAT*) waist; (*fig*) appearance.

taller [ta'ʎer] *nm* (*TEC*) workshop; (*de artista*) studio.

tallo ['taʎo] *nm* (*de planta*) stem; (*de hierba*) blade; (*brote*) shoot.

tamaño, a [ta'maɲo, a] *a* (*tan grande*) such a big; (*tan pequeño*) such a small // *nm* size; **de ~ natural** full-size.

tamarindo [tama'rindo] *nm* tamarind.

tambalearse [tambale'arse] *vr* (*persona*) to stagger; (*vehículo*) to sway.

también [tam'bjen] *ad* (*igualmente*) also, too, as well; (*además*) besides.

tambor [tam'bor] *nm* drum; (*ANAT*) eardrum; ~ **del freno** brake drum.

tamiz [ta'miθ] *nm* sieve; **~ar** *vt* to sieve.

tampoco [tam'poko] *ad* nor, neither; yo ~ **lo compré** I didn't buy it either.

tampón [tam'pon] *nm* tampon.

tan [tan] *ad* so; ~ **es así que ...** so much so that ...

tanda ['tanda] *nf* (*gen*) series; (*turno*) shift.

tangente [tan'xente] *nf* tangent.

Tánger ['tanxer] *n* Tangier(s).

tangible [tan'xiβle] *a* tangible.

tanque ['tanke] *nm* (*cisterna, MIL*) tank; (*AUTO*) tanker.

tantear [tante'ar] *vt* (*calcular*) to reckon (up); (*medir*) to take the measure of; (*probar*) to test, try out; (*tomar la medida: persona*) to take the measurements of; (*situación*) to weigh up; (*persona: opinión*) to sound out // *vi* (*DEPORTE*) to score; **tanteo** *nm* (*cálculo*) (rough) calculation; (*prueba*) test, trial; (*DEPORTE*) scoring.

tanto, a ['tanto] *a* (*cantidad*) so much, as much; **~s** so many, as many; 20 y ~s 20-odd // *ad* (*cantidad*) so much, as much; (*tiempo*) so long, as long; ~ **tú como yo** both you and I; ~ **como eso** it's not as bad as that; ~ **más ... cuanto que** it's all the more ... because; ~ **mejor/ peor** so much the better/the worse; ~ **si viene como si va** whether he comes or whether he goes; ~ **es así que** so much so that; **por** *o* **por lo** ~ therefore; **me he vuelto ronco de** *o* **con** ~ **hablar** I have become hoarse with so much talking // *conj*: **en** ~ **que** while; **hasta** ~ **(que)** until such time as // *nm* (*suma*) certain amount; (*proporción*) so much; (*punto*) point; (*gol*) goal; **un** ~ **perezoso** somewhat lazy // *pron*: **cado uno paga** ~ each one pays so much; **a** **~s de agosto** on such and such a day in August.

tapa ['tapa] *nf* (*de caja, olla*) lid; (*de botella*) top; (*de libro*) cover; (*comida*) snack.

tapadera [tapa'ðera] *nf* lid, cover.

tapar [ta'par] *vt* (*cubrir*) to cover; (*envolver*) to wrap *o* cover up; (*la vista*) to obstruct; (*persona, falta*) to conceal; (*AM*) to fill; **~se** *vr* to wrap o.s. up.

taparrabo [tapa'rraβo] *nm* loincloth.

tapete [ta'pete] *nm* table cover.

tapia ['tapja] *nf* (garden) wall; **tapiar** *vt* to wall in.

tapicería [tapiθe'ria] *nf* tapestry; (*para muebles*) upholstery; (*tienda*) upholsterer's (shop).

tapiz [ta'piθ] *nm* (*alfombra*) carpet; (*tela tejida*) tapestry; **~ar** *vt* (*muebles*) to upholster.

tapón [ta'pon] *nm* (*corcho*) stopper; (*TEC*) plug; ~ **de rosca** screw-top.

taquigrafía [takiɣra'fia] *nf* shorthand; **taquígrafo, a** *nm/f* shorthand writer,

stenographer.

taquilla [ta'kiʎa] *nf* (*donde se compra*) booking office; (*suma recogida*) takings *pl*; **taquillero, a** *a*: **función taquillera** box office success // *nm/f* ticket clerk.

tara ['tara] *nf* (*defecto*) defect; (*COM*) tare.

tarántula [ta'rantula] *nf* tarantula.

tararear [tarare'ar] *vi* to hum.

tardanza [tar'ðanθa] *nf* (*demora*) delay.

tardar [tar'ðar] *vi* (*tomar tiempo*) to take a long time; (*llegar tarde*) to be late; (*demorar*) to delay; **¿tarda mucho el tren?** does the train take (very) long?; **a más** ~ at the latest; **no tardes en venir** come soon.

tarde ['tarðe] *ad* late // *nf* (*de día*) afternoon; (*al anochecer*) evening; **de** ~ **en** ~ from time to time; **¡buenas ~s!** good afternoon!; **a** *o* **por la** ~ in the afternoon; in the evening.

tardío, a [tar'ðio, a] *a* (*retrasado*) late; (*lento*) slow (to arrive).

tardo, a ['tarðo, a] *a* (*lento*) slow; (*torpe*) dull.

tarea [ta'rea] *nf* task; (*ESCOL*) homework.

tarifa [ta'rifa] *nf* (*lista de precios*) price list; (*precio*) tariff.

tarima [ta'rima] *nf* (*plataforma*) platform.

tarjeta [tar'xeta] *nf* card; ~ **postal/de crédito/de Navidad** postcard/credit card/ Christmas card.

tarro ['tarro] *nm* jar, pot.

tarta ['tarta] *nf* (*pastel*) cake; (*torta*) tart.

tartamudear [tartamuðe'ar] *vi* to stammer; **tartamudo, a** *a* stammering // *nm/f* stammerer.

tártaro, a ['tartaro, a] *a*: **salsa tártara** tartare sauce.

tasa ['tasa] *nf* (*precio*) (fixed) price, rate; (*valoración*) valuation; (*medida, norma*) measure, standard; ~ **de cambio/interés** exchange/interest rate; **~ción** *nf* valuation; **~dor, a** *nm/f* valuer.

tasar [ta'sar] *vt* (*arreglar el precio*) to fix a price for; (*valorar*) to value, assess.

tasca ['taska] *nf* (*fam*) pub.

tatarabuelo, a [tatara'βwelo, a] *nm/f* great-great-grandfather/mother.

tatuaje [ta'twaxe] *nm* (*dibujo*) tattoo; (*acto*) tattooing.

tatuar [ta'twar] *vt* to tattoo.

taurino, a [tau'rino, a] *a* bullfighting *cpd*.

Tauro ['tauro] *nm* Taurus.

tauromaquia [tauro'makja] *nf* tauromachy, (art of) bullfighting.

taxi ['taksi] *nm* taxi.

taxista [tak'sista] *nm/f* taxi driver.

taza ['taθa] *nf* cup; (*de retrete*) bowl; ~ **para café** coffee cup; **tazón** *nm* (~ *grande*) mug, large cup; (*de fuente*) basin.

te [te] *pron (complemento de objeto)* you; *(complemento indirecto)* (to) you; *(reflexivo)* (to) yourself; ¿~ **duele mucho el brazo?** does your arm hurt a lot?; ~ **equivocas** you're wrong; ¡**cálma~**! calm down!

té [te] *nm* tea.

tea ['tea] *nf* torch.

teatral [tea'tral] *a* theatre *cpd*; *(fig)* theatrical.

teatro [te'atro] *nm* theatre; *(LITERATURA)* plays *pl*, drama.

tebeo [te'βeo] *nm* comic.

tecla ['tekla] *nf* key; ~**do** *nm* keyboard; **teclear** *vi* to strum; *(fig)* to drum; **tecleo** *nm (MUS: sonido)* strumming; *(fig)* drumming.

técnico, a [a 'tekniko, a] *a* technical // *nm/f* technician; *(experto)* expert // *nf (procedimientos)* technique; *(arte, oficio)* craft.

tecnócrata [tek'nokrata] *nm/f* technocrat.

tecnología [teknolo'xia] *nf* technology; **tecnológico, a** *a* technological.

techo ['tetʃo] *nm (externo)* roof; *(interno)* ceiling; ~ **corredizo** sunroof.

tedio ['teðjo] *nm* boredom, tedium; ~**so, a** *a* boring, tedious.

teja ['texa] *nf (azulejo)* tile; *(BOT)* lime (tree); ~**do** *nm* (tiled) roof.

tejanos [te'xanos] *nmpl* jeans.

tejemaneje [texema'nexe] *nm (lío)* fuss; *(intriga)* intrigue.

tejer [te'xer] *vt* to weave; *(hacer punto)* to knit; *(fig)* to fabricate; **tejido** *nm (tela)* material, fabric; *(telaraña)* web; *(ANAT)* tissue.

tel *abr (= teléfono)* tel.

tela ['tela] *nf (tejido)* material; *(telaraña)* web; *(en líquido)* skin; **telar** *nm (máquina)* loom; **telares** *nmpl* textile mill *sg*.

telaraña [tela'raɲa] *nf* cobweb.

tele ['tele] *nf (fam)* telly *(Brit)*, tube *(US)*.

tele... [tele] *pref* tele...; ~**comunicación** *nf* telecommunication; ~**control** *nm* remote control; ~**diario** *nm* television news; ~**difusión** *nf* (television) broadcast; ~**dirigido, a** *a* remote-controlled.

teléf *abr (= teléfono)* tel.

telefax [tele'faks] *nm inv* fax; *(aparato)* fax (machine).

teleférico [tele'feriko] *nm (tren)* cable-railway; *(de esquí)* ski-lift.

telefonear [telefone'ar] *vi* to telephone.

telefónicamente [tele'fonikamente] *ad* by (tele)phone.

telefónico, a [tele'foniko, a] *a* telephone *cpd*.

telefonista [telefo'nista] *nm/f* telephonist.

teléfono [te'lefono] *nm* (tele)phone; **estar hablando al** ~ to be on the phone; **llamar a uno por** ~ to ring *o* phone sb

up.

telegrafía [teleɣra'fia] *nf* telegraphy.

telégrafo [te'leɣrafo] *nm* telegraph.

telegrama [tele'ɣrama] *nm* telegram.

tele-: ~**impresor** *nm* teleprinter *(Brit)*, teletype *(US)*; ~**objetivo** *nm* telephoto lens; ~**pático, a** *a* telepathic; ~**scópico, a** *a* telescopic; ~**scopio** *nm* telescope; ~**silla** *nm* chairlift; ~**spectador, a** *nm/f* viewer; ~**squí** *nm* ski-lift; ~**tipo** *nm* teletype.

televidente [teleβi'ðente] *nm/f* viewer.

televisar [teleβi'sar] *vt* to televise.

televisión [teleβi'sjon] *nf* television; ~ **en colores** colour television.

televisor [teleβi'sor] *nm* television set.

télex ['teleks] *nm inv* telex.

telón [te'lon] *nm* curtain; ~ **de acero** *(POL)* iron curtain; ~ **de fondo** backcloth, background.

tema ['tema] *nm (asunto)* subject, topic; *(MUS)* theme // *nf (obsesión)* obsession; **temático, a** *a* thematic.

temblar [tem'blar] *vi* to shake, tremble; *(de frío)* to shiver; **tembleque** *nm* shaking; **temblón, ona** *a* shaking; **temblor** *nm* trembling; *(de tierra)* earthquake; **tembloroso, a** *a* trembling.

temer [te'mer] *vt* to fear // *vi* to be afraid; **temo que llegue tarde** I am afraid he may be late.

temerario, a [teme'rarjo, a] *a (descuidado)* reckless; *(irreflexivo)* hasty; **temeridad** *nf (imprudencia)* rashness; *(audacia)* boldness.

temeroso, a [teme'roso, a] *a (miedoso)* fearful; *(que inspira temor)* frightful.

temible [te'miβle] *a* fearsome.

temor [te'mor] *nm (miedo)* fear; *(duda)* suspicion.

témpano ['tempano] *nm:* ~ **de hielo** ice-floe.

temperamento [tempera'mento] *nm* temperament.

temperatura [tempera'tura] *nf* temperature.

tempestad [tempes'tað] *nf* storm; **tempestuoso, a** *a* stormy.

templado, a [tem'plaðo, a] *a (moderado)* moderate; *(: en el comer)* frugal; *(: en el beber)* abstemious; *(agua)* lukewarm; *(clima)* mild; *(MUS)* well-tuned; **templanza** *nf* moderation; abstemiousness; mildness.

templar [tem'plar] *vt (moderar)* to moderate; *(furia)* to restrain; *(calor)* to reduce; *(afinar)* to tune (up); *(acero)* to temper; *(tuerca)* to tighten up; **temple** *nm (ajuste)* tempering; *(afinación)* tuning; *(clima)* temperature; *(pintura)* tempera.

templete [tem'plete] *nm* bandstand.

templo ['templo] *nm (iglesia)* church; *(pagano etc)* temple.

temporada [tempo'raða] *nf* time, period; (*estación*) season.

temporal [tempo'ral] *a* (*no permanente*) temporary; (*REL*) temporal // *nm* storm.

tempranero, a [tempra'nero, a] *a* (*BOT*) early; (*persona*) early-rising.

temprano, a [tem'prano, a] *a* early; (*demasiado pronto*) too soon, too early.

ten *vb ver* **tener.**

tenaces [te'naθes] *apl ver* **tenaz.**

tenacidad [tenaθi'ðað] *nf* tenacity; (*dureza*) toughness; (*terquedad*) stubbornness.

tenacillas [tena'θiʎas] *nfpl* tongs; (*para el pelo*) curling tongs (*Brit*) o iron (*US*); (*MED*) forceps.

tenaz [te'naθ] *a* (*material*) tough; (*persona*) tenacious; (*creencia, resistencia*) stubborn.

tenaza(s) [te'naθa(s)] *nf(pl)* (*MED*) forceps; (*TEC*) pliers; (*ZOOL*) pincers.

tendedero [tende'ðero] *nm* (*para ropa*) drying place; (*cuerda*) clothes line.

tendencia [ten'denθja] *nf* tendency; (*proceso*) trend; **tener ~ a** to tend to, have a tendency to; **tendencioso, a** *a* tendentious.

tender [ten'der] *vt* (*extender*) to spread out; (*colgar*) to hang out; (*vía férrea, cable*) to lay; (*estirar*) to stretch // *vi*: ~ **a** to tend to, have a tendency towards; ~**se** *vr* to lie down; ~ **la cama/la mesa** (*AM*) to make the bed/lay (*Brit*) o set (*US*) the table.

tenderete [tende'rete] *nm* (*puesto*) stall; (*exposición*) display of goods.

tendero, a [ten'dero, a] *nm/f* shopkeeper.

tendido, a [ten'diðo, a] *a* (*acostado*) lying down, flat; (*colgado*) hanging // *nm* (*TAUR*) front rows of seats; **a galope** ~ flat out.

tendón [ten'don] *nm* tendon.

tendré *etc vb ver* **tener.**

tenebroso, a [tene'βroso, a] *a* (*oscuro*) dark; (*fig*) gloomy; (*complot*) sinister.

tenedor [tene'ðor] *nm* (*CULIN*) fork; (*poseedor*) holder; ~ **de libros** bookkeeper.

teneduría [teneðu'ria] *nf* keeping; ~ **de libros** book-keeping.

tenencia [te'nenθja] *nf* (*de casa*) tenancy; (*de oficio*) tenure; (*de propiedad*) possession.

tener [te'ner] ♦ *vt* 1 (*poseer, gen*) to have; (*en la mano*) to hold; **¿tienes un boli?** have you got a pen?; **va a ~ un niño** she's going to have a baby; **¡ten** (*o* **tenga**)!, **¡aquí tienes** (*o* **tiene**)! here you are!

2 (*edad, medidas*) to be; **tiene 7 años** she's 7 (years old); **tiene 15 cm. de largo** it's 15 cms long; *ver* **calor, hambre** *etc*

3 (*considerar*): **lo tengo por brillante** I consider him to be brilliant; ~ **en mucho** a **uno** to think very highly of sb

4 (+ *pp*: = *pretérito*): **tengo terminada ya la mitad del trabajo** I've done half the work already

5: ~ **que hacer** algo to have to do sth; **tengo que acabar este trabajo hoy** I have to finish this job today

6: **¿qué tienes, estás enfermo?** what's the matter with you, are you ill?

♦ ~**se** *vr* 1: ~**se en pie** to stand up

2: ~**se por**: to think o.s.; **se tiene por muy listo** he thinks himself very clever.

tengo *etc vb ver* **tener.**

tenia ['tenja] *nf* tapeworm.

teniente [te'njente] *nm* (*rango*) lieutenant; (*ayudante*) deputy.

tenis ['tenis] *nm* tennis; ~ **de mesa** table tennis; ~**ta** *nm/f* tennis player.

tenor [te'nor] *nm* (*sentido*) meaning; (*MUS*) tenor; **a** ~ **de** on the lines of.

tensar [ten'sar] *vt* to tauten; (*arco*) to draw.

tensión [ten'sjon] *nf* tension; (*TEC*) stress; (*MED*): ~ **arterial** blood pressure; **tener la** ~ **alta** to have high blood pressure.

tenso, a ['tenso, a] *a* tense.

tentación [tenta'θjon] *nf* temptation.

tentáculo [ten'takulo] *nm* tentacle.

tentador, a [tenta'ðor, a] *a* tempting // *nm/f* tempter/temptress.

tentar [ten'tar] *vt* (*tocar*) to touch, feel; (*seducir*) to tempt; (*atraer*) to attract; **tentativa** *nf* attempt; **tentativa de asesinato** attempted murder.

tentempié [tentem'pje] *nm* (*fam*) snack.

tenue ['tenwe] *a* (*delgado*) thin, slender; (*neblina*) light; (*lazo, vínculo*) slight.

teñir [te'ɲir] *vt* to dye; (*fig*) to tinge; ~**se** *vr* to dye; ~**se el pelo** to dye one's hair.

teología [teolo'xia] *nf* theology.

teorema [teo'rema] *nm* theorem.

teoría [teo'ria] *nf* theory; **en** ~ in theory; **teóricamente** *ad* theoretically; **teórico, a** *a* theoretic(al) // *nm/f* theoretician, theorist; **teorizar** *vi* to theorize.

terapéutico, a [tera'peutiko, a] *a* therapeutic.

terapia [te'rapja] *nf* therapy.

tercer [ter'θer] *a ver* **tercero.**

tercermundista [terθermun'dista] *a* Third World *cpd*.

tercer(o), a [ter'θer(o), a] *a* third // *nm* (*JUR*) third party.

terceto [ter'θeto] *nm* trio.

terciado, a [ter'θjaðo, a] *a* slanting.

terciar [ter'θjar] *vt* (*llevar*) to wear (across the shoulder) // *vi* (*participar*) to take part; (*hacer de árbitro*) to mediate; ~**se** *vr* to come up; ~**io, a** *a* tertiary.

tercio ['terθjo] *nm* third.

terciopelo [terθjo'pelo] *nm* velvet.

terco, a ['terko, a] *a* obstinate.

tergiversar [terxiβer'sar] *vt* to distort.

termal [ter'mal] *a* thermal.

termas ['termas] *nfpl* hot springs.

terminación [termina'θjon] *nf* (*final*) end; (*conclusión*) conclusion, ending.

terminal [termi'nal] *a, nm, nf* terminal.

terminante [termi'nante] *a* (*final*) final, definitive; (*tajante*) categorical.

terminar [termi'nar] *vt* (*completar*) to complete, finish; (*concluir*) to end // *vi* (*llegar a su fin*) to end; (*parar*) to stop; (*acabar*) to finish; ~**se** *vr* to come to an end; ~ **por hacer algo** to end up (by) doing sth.

término ['termino] *nm* end, conclusion; (*parada*) terminus; (*límite*) boundary; ~ **medio** average; (*fig*) middle way; **en último** ~ (*a fin de cuentas*) in the last analysis; (*como último recurso*) as a last resort; **en** ~**s de** in terms of.

terminología [terminolo'xia] *nf* terminology.

termodinámico, a [termoδi'namiko, a] *a* thermodynamic.

termómetro [ter'mometro] *nm* thermometer.

termonuclear [termonukle'ar] *a* thermonuclear.

termo(s) ® ['termo(s)] *nm* Thermos ® (flask).

termostato [termo'stato] *nm* thermostat.

ternero, a [ter'nero, a] *nm/f* (*animal*) calf // *nf* (*carne*) veal.

terno ['terno] *nm* (*AM*) three-piece suit.

ternura [ter'nura] *nf* (*trato*) tenderness; (*palabra*) endearment; (*cariño*) fondness.

terquedad [terke'δaδ] *nf* obstinacy; (*dureza*) harshness.

terrado [te'rraδo] *nm* terrace.

terraplén [terra'plen] *nm* (*AGR*) terrace; (*cuesta*) slope.

terrateniente [terrate'njente] *nm/f* landowner.

terraza [te'rraθa] *nf* (*balcón*) balcony; (*techo*) (flat) roof; (*AGR*) terrace.

terremoto [terre'moto] *nm* earthquake.

terrenal [terre'nal] *a* earthly.

terreno [te'rreno] *nm* (*tierra*) land; (*parcela*) plot; (*suelo*) soil; (*fig*) field; **un** ~ a piece of land.

terrestre [te'rrestre] *a* terrestrial; (*ruta*) land *cpd*.

terrible [te'rriβle] *a* terrible, awful.

territorio [terri'torjo] *nm* territory.

terrón [te'rron] *nm* (*de azúcar*) lump; (*de tierra*) clod, lump.

terror [te'rror] *nm* terror; ~**ífico, a** *a* terrifying; ~**ista** *a, nm/f* terrorist.

terroso, a [te'rroso, a] *a* earthy.

terruño [te'rruɲo] *nm* (*parcela*) plot; (*fig*) native soil.

terso, a ['terso, a] *a* (*liso*) smooth; (*pulido*) polished; **tersura** *nf* smoothness.

tertulia [ter'tulja] *nf* (*reunión informal*) social gathering; (*grupo*) group, circle.

tesis ['tesis] *nf inv* thesis.

tesón [te'son] *nm* (*firmeza*) firmness; (*tenacidad*) tenacity.

tesorero, a [teso'rero, a] *nm/f* treasurer.

tesoro [te'soro] *nm* treasure; (*COM, POL*) treasury.

testaferro [testa'ferro] *nm* figurehead.

testamentaría [testamenta'ria] *nf* execution of a will.

testamentario, a [testamen'tarjo, a] *a* testamentary // *nm/f* executor/executrix.

testamento [testa'mento] *nm* will.

testar [tes'tar] *vi* to make a will.

testarudo, a [testa'ruδo, a] *a* stubborn.

testículo [tes'tikulo] *nm* testicle.

testificar [testifi'kar] *vt* to testify; (*fig*) to attest // *vi* to give evidence.

testigo [tes'tivo] *nm/f* witness; ~ **de cargo/descargo** witness for the prosecution/defence; ~ **ocular** eye witness.

testimoniar [testimo'njar] *vt* to testify to; (*fig*) to show; **testimonio** *nm* testimony.

teta ['teta] *nf* (*de biberón*) teat; (*ANAT: pezón*) nipple; (: *fam*) breast.

tétanos ['tetanos] *nm* tetanus.

tetera [te'tera] *nf* teapot.

tetilla [te'tiʎa] *nf* (*ANAT*) nipple; (*de biberón*) teat.

tétrico, a ['tetriko, a] *a* gloomy, dismal.

textil [teks'til] *a* textile; ~**es** *nmpl* textiles.

texto ['teksto] *nm* text; **textual** *a* textual.

textura [teks'tura] *nf* (*de tejido*) texture.

tez [teθ] *nf* (*cutis*) complexion; (*color*) colouring.

ti [ti] *pron* you; (*reflexivo*) yourself.

tía ['tia] *nf* (*pariente*) aunt; (*fam*) chick, bird.

tibieza [ti'βjeθa] *nf* (*temperatura*) tepidness; (*fig*) coolness; **tibio, a** *a* lukewarm.

tiburón [tiβu'ron] *nm* shark.

tic [tik] *nm* (*ruido*) click; (*de reloj*) tick; (*MED*): ~ **nervioso** nervous tic.

tictac [tik'tak] *nm* (*de reloj*) tick tock.

tiempo ['tjempo] *nm* time; (*época, período*) age, period; (*METEOROLOGIA*) weather; (*LING*) tense; (*DEPORTE*) half; **a** ~ in time; **a un** *o* **al mismo** ~ at the same time; **al poco** ~ very soon (after); **se quedó poco** ~ he didn't stay very long; **hace poco** ~ not long ago; **mucho** ~ a long time; **de** ~ **en** ~ from time to time; **hace buen/mal** ~ the weather is fine/bad; **estar a** ~ to be in time; **hace** ~ some time ago; **hacer** ~ to while away the time; **motor de 2** ~**s** two-stroke engine; **primer** ~ first half.

tienda ['tjenda] *nf* shop, store; ~ **(de campaña)** tent.

tienes *etc vb ver* **tener**.

tienta *etc vb ver* **tentar** // ['tjenta] *nf*:

andar a ~s to grope one's way along.

tiento *vb ver* **tentar** // ['tjento] *nm* (*tacto*) touch; (*precaución*) wariness.

tierno, a ['tjerno, a] *a* (*blando*) tender; (*fresco*) fresh; (*amable*) sweet.

tierra ['tjerra] *nf* earth; (*suelo*) soil; (*mundo*) earth, world; (*país*) country, land; **~ adentro** inland.

tieso, a ['tjeso, a] *a* (*rígido*) rigid; (*duro*) stiff; (*fam: orgulloso*) conceited.

tiesto ['tjesto] *nm* flowerpot.

tifoidea [tifoi'ðea] *nf* typhoid.

tifón [ti'fon] *nm* typhoon.

tifus ['tifus] *nm* typhus.

tigre ['tiɣre] *nm* tiger.

tijera [ti'xera] *nf* scissors *pl*; (*ZOOL*) claw; **~s** *nfpl* scissors; (*para plantas*) shears.

tijereta [tixe'reta] *nf* earwig.

tijeretear [tixerete'ar] *vt* to snip.

tildar [til'dar] *vt*: **~ de** to brand as.

tilde ['tilde] *nf* (*TIPOGRAFIA*) tilde.

tilín [ti'lin] *nm* tinkle.

tilo ['tilo] *nm* lime tree.

timar [ti'mar] *vt* (*robar*) to steal; (*estafar*) to swindle.

timbal [tim'bal] *nm* small drum.

timbrar [tim'brar] *vt* to stamp.

timbre ['timbre] *nm* (*sello*) stamp; (*campanilla*) bell; (*tono*) timbre; (*COM*) stamp duty.

timidez [timi'ðeθ] *nf* shyness; **tímido, a** *a* shy.

timo ['timo] *nm* swindle.

timón [ti'mon] *nm* helm, rudder; **timonel** *nm* helmsman.

tímpano ['timpano] *nm* (*ANAT*) eardrum; (*MUS*) small drum.

tina ['tina] *nf* tub; (*baño*) bath(tub); **tinaja** *nf* large jar.

tinglado [tin'glaðo] *nm* (*cobertizo*) shed; (*fig: truco*) trick; (*intriga*) intrigue.

tinieblas [ti'njeβlas] *nfpl* darkness *sg*; (*sombras*) shadows.

tino ['tino] *nm* (*habilidad*) skill; (*juicio*) insight.

tinta ['tinta] *nf* ink; (*TEC*) dye; (*ARTE*) colour.

tinte ['tinte] *nm* (*acto*) dyeing.

tintero [tin'tero] *nm* inkwell.

tintinear [tintine'ar] *vt* to tinkle.

tinto, a ['tinto, a] *a* (*teñido*) dyed // *nm* red wine.

tintorería [tintore'ria] *nf* dry cleaner's.

tintura [tin'tura] *nf* (*acto*) dyeing; (*QUIMICA*) dye; (*farmacéutico*) tincture.

tío ['tio] *nm* (*pariente*) uncle; (*fam: individuo*) bloke (*Brit*), guy.

tiovivo [tio'βiβo] *nm* merry-go-round.

típico, a ['tipiko, a] *a* typical.

tiple ['tiple] *nm* soprano (voice) // *nf* soprano.

tipo ['tipo] *nm* (*clase*) type, kind; (*norma*) norm; (*patrón*) pattern; (*hombre*) fellow; (*ANAT: de hombre*) build; (: *de mujer*) figure; (*IMPRENTA*) type; **~ bancario/de descuento/de interés/de cambio** bank/discount/interest/exchange rate.

tipografía [tipoɣra'fia] *nf* (*tipo*) printing *cpd*; (*lugar*) printing press; **tipográfico, a** *a* printing *cpd*; **tipógrafo, a** *nm/f* printer.

tíquet ['tiket] (*pl* **~s**) *nm* ticket; (*en tienda*) cash slip.

tiquismiquis [tikis'mikis] *nm inv* fussy person // *nmpl* (*querellas*) squabbling *sg*; (*escrúpulos*) silly scruples.

tira ['tira] *nf* strip; (*fig*) abundance; **~ y afloja** give and take.

tirabuzón [tiraβu'θon] *nm* (*rizo*) curl.

tirachinas [tira'tʃinas] *nm inv* catapult.

tiradero [tira'ðero] *nm* rubbish dump.

tirado, a [ti'raðo, a] *a* (*barato*) dirtcheap; (*fam: fácil*) very easy // *nf* (*acto*) cast, throw; (*distancia*) distance; (*serie*) series; (*TIPOGRAFIA*) printing, edition; **de una tirada** at one go.

tirador [tira'ðor] *nm* (*mango*) handle.

tiranía [tira'nia] *nf* tyranny; **tirano, a** *a* tyrannical // *nm/f* tyrant.

tirante [ti'rante] *a* (*cuerda etc*) tight, taut; (*relaciones*) strained // *nm* (*ARQ*) brace; (*TEC*) stay; (*correa*) shoulder strap; **~s** *nmpl* braces (*Brit*), suspenders (*US*); **tirantez** *nf* tightness; (*fig*) tension.

tirar [ti'rar] *vt* to throw; (*dejar caer*) to drop; (*volcar*) to upset; (*derribar*) to knock down *o* over; (*jalar*) to pull; (*desechar*) to throw out *o* away; (*disipar*) to squander; (*imprimir*) to print; (*dar: golpe*) to deal // *vi* (*disparar*) to shoot; (*jalar*) to pull; (*fig*) to draw; (*fam: andar*) to go; (*tender a, buscar realizar*) to tend to; (*DEPORTE*) to shoot; **~se** *vr* to throw o.s.; (*fig*) to cheapen o.s.; **~ abajo** to bring down, destroy; **tira más a su padre** he takes more after his father; **ir tirando** to manage; **a todo ~** at the most.

tirita [ti'rita] *nf* (sticking) plaster (*Brit*), bandaid (*US*).

tiritar [tiri'tar] *vi* to shiver.

tiro ['tiro] *nm* (*lanzamiento*) throw; (*disparo*) shot; (*disparar*) shooting; (*DEPORTE*) shot; (*GOLF, TENIS*) drive; (*alcance*) range; (*golpe*) blow; (*engaño*) hoax; **~ al blanco** target practice; **caballo de ~** cart-horse; **andar de ~s largos** to be all dressed up; **al ~** (*AM*) at once.

tirón [ti'ron] *nm* (*sacudida*) pull, tug; **de un ~** in one go, all at once.

tiroteo [tiro'teo] *nm* exchange of shots, shooting.

tísico, a ['tisiko, a] *a* consumptive.

tisis ['tisis] *nf inv* consumption, tuberculosis.

títere ['titere] *nm* puppet.

titilar [titi'lar] *vi* (*luz, estrella*) to

twinkle; (*párpado*) to flutter.

titiritero, a [titiri'tero, a] *nm/f* puppeteer.

titubeante [tituße'ante] *a* (*inestable*) shaky, tottering; (*farfullante*) stammering; (*dudoso*) hesitant.

titubear [tituße'ar] *vi* to stagger; to stammer; (*fig*) to hesitate; **titubeo** *nm* staggering; stammering; hesitation.

titulado, a [titu'laðo, a] *a* (*libro*) entitled; (*persona*) titled.

titular [titu'lar] *a* titular // *nm/f* occupant // *nm* headline // *vt* to title; **~se** *vr* to be entitled; **título** *nm* title; (*de diario*) headline; (*certificado*) professional qualification; (*universitario*) (university) degree; (*fig*) right; **a título de** in the capacity of.

tiza ['tiθa] *nf* chalk.

tiznar [tiθ'nar] *vt* to blacken; (*fig*) to tarnish.

tizón [ti'θon], **tizo** ['tiθo] *nm* brand; (*fig*) stain.

toalla [to'aʎa] *nf* towel.

tobillo [to'βiʎo] *nm* ankle.

tobogán [toβo'van] *nm* toboggan; (*montaña rusa*) roller-coaster; (*resbaladilla*) chute, slide.

toca ['toka] *nf* headdress.

tocadiscos [toka'ðiskos] *nm inv* record player.

tocado, a [to'kaðo, a] *a* (*fam*) touched // *nm* headdress.

tocador [toka'ðor] *nm* (*mueble*) dressing table; (*cuarto*) boudoir; (*fam*) ladies' toilet (*Brit*) o room (*US*).

tocante [to'kante]: **~ a** *prep* with regard to.

tocar [to'kar] *vt* to touch; (*MUS*) to play; (*topar con*) to run into, strike; (*referirse a*) to allude to; (*padecer*) to suffer // *vi* to take; (*a la puerta*) to knock (on o at the door); (*ser de turno*) to fall to, be the turn of; (*ser hora*) to be due; (*barco, avión*) to call at; (*atañer*) to concern; **~se** *vr* (*cubrirse la cabeza*) to cover one's head; (*tener contacto*) to touch (each other); **por lo que a mí me toca** as far as I am concerned.

tocayo, a [to'kajo, a] *nm/f* namesake.

tocino [to'θino] *nm* bacon.

todavía [toða'βia] *ad* (*aun*) even; (*aún*) still, yet; **~ más** yet more; **~ no** not yet.

todo, a ['toðo, a] ♦ *a* **1** (*con artículo sg*) all; **toda la carne** all the meat; **toda la noche** all night, the whole night; **~ el libro** the whole book; **una botella** a whole bottle; **~ lo contrario** quite the opposite; **está toda sucia** she's all dirty; **por ~ el país** throughout the whole country

2 (*con artículo pl*) all; every; **~s los libros** all the books; **todas las noches** every night; **~s los que quieran salir** all those who want to leave

♦ *pron* **1** everything, all; **~s** everyone, everybody; **lo sabemos ~** we know everything; **~s querían más tiempo** everybody o everyone wanted more time; **nos marchamos ~s** all of us left

2: **con ~**: **con ~ él me sigue gustando** even so I still like him

♦ *ad* all; **vaya ~ seguido** keep straight on o ahead

♦ *nm*: **como un ~** as a whole; **del ~**: **no me agrada del ~** I don't entirely like it.

todopoderoso, a [toðopoðe'roso, a] *a* all powerful; (*REL*) almighty.

toga ['toṿa] *nf* toga; (*ESCOL*) gown.

Tokio ['tokjo] *n* Tokyo.

toldo ['toldo] *nm* (*para el sol*) sunshade (*Brit*), parasol; (*tienda*) marquee.

tole ['tole] *nm* (*fam*) commotion.

tolerancia [tole'ranθja] *nf* tolerance.

tolerar [tole'rar] *vt* to tolerate; (*resistir*) to endure.

toma ['toma] *nf* (*acto*) taking; (*MED*) dose; **~ (de corriente)** socket.

tomar [to'mar] *vt* to take; (*aspecto*) to take on; (*beber*) to drink // *vi* to take; (*AM*) to drink; **~se** *vr* to take; **~ por** to consider o.s. to be; **~ a bien/a mal** to take well/badly; **~ en serio** to take seriously; **~ el pelo a alguien** to pull sb's leg; **~la con uno** to pick a quarrel with sb.

tomate [to'mate] *nm* tomato; **~ra** *nf* tomato plant.

tomavistas [toma'βistas] *nm inv* movie camera.

tomillo [to'miʎo] *nm* thyme.

tomo ['tomo] *nm* (*libro*) volume.

ton [ton] *abr* = **tonelada** // *nm*: **sin ~ ni son** without rhyme or reason.

tonada [to'naða] *nf* tune.

tonalidad [tonali'ðað] *nf* tone.

tonel [to'nel] *nm* barrel.

tonelada [tone'laða] *nf* ton; **tonelaje** *nm* tonnage.

tonelero [tone'lero] *nm* cooper.

tónico, a ['toniko, a] *a* tonic // *nm* (*MED*) tonic // *nf* (*MUS*) tonic; (*fig*) keynote.

tonificar [tonifi'kar] *vt* to tone up.

tono ['tono] *nm* tone; **fuera de ~** inappropriate; **darse ~** to put on airs.

tontería [tonte'ria] *nf* (*estupidez*) foolishness; (*cosa*) stupid thing; (*acto*) foolish act; **~s** *nfpl* rubbish *sg*, nonsense *sg*.

tonto, a ['tonto, a] *a* stupid, silly // *nm/f* fool; (*payaso*) clown.

topacio [to'paθjo] *nm* topaz.

topar [to'par] *vt* (*tropezar*) to bump into; (*encontrar*) to find, come across; (*ZOOL*) to butt // *vi*: **~ contra** o **en** to run into; **~ con** to run up against.

tope ['tope] *a* maximum // *nm* (*fin*) end; (*límite*) limit; (*FERRO*) buffer; (*AUTO*) bumper; **al ~** end to end.

tópico, a ['topiko, a] *a* topical // *nm* platitude.

topo ['topo] *nm* (*ZOOL*) mole; (*fig*)

blunderer.

topografía [topoɣra'fia] *nf* topography; **topógrafo, a** *nm/f* topographer.

toque *etc vb ver* **tocar** // ['toke] *nm* touch; (*MUS*) beat; (*de campana*) peal; (*fig*) crux; **dar un ~ a** to test; **~ de queda** curfew.

toquetear [tokete'ar] *vt* to handle.

toquilla [to'kiʎa] *nf* (*pañuelo*) headscarf; (*chal*) shawl.

tórax ['toraks] *nm* thorax.

torbellino [torbe'ʎino] *nm* whirlwind; (*fig*) whirl.

torcedura [torθe'ðura] *nf* twist; (*MED*) sprain.

torcer [tor'θer] *vt* to twist; (*la esquina*) to turn; (*MED*) to sprain // *vi* (*desviar*) to turn off; **~se** *vr* (*ladearse*) to bend; (*desviarse*) to go astray; (*fracasar*) to go wrong; **torcido, a** *a* twisted; (*fig*) crooked // *nm* curl.

tordo, a ['torðo, a] *a* dappled // *nm* thrush.

torear [tore'ar] *vt* (*fig: evadir*) to avoid; (*jugar con*) to tease // *vi* to fight bulls; **toreo** *nm* bullfighting; **torero, a** *nm/f* bullfighter.

tormenta [tor'menta] *nf* storm; (*fig: confusión*) turmoil.

tormento [tor'mento] *nm* torture; (*fig*) anguish.

tornar [tor'nar] *vt* (*devolver*) to return, give back; (*transformar*) to transform // *vi* to go back; **~se** *vr* (*ponerse*) to become.

tornasolado, a [tornaso'laðo, a] *a* (*brillante*) iridescent; (*reluciente*) shimmering.

torneo [tor'neo] *nm* tournament.

tornillo [tor'niʎo] *nm* screw.

torniquete [torni'kete] *nm* (*puerta*) turnstile; (*MED*) tourniquet.

torno ['torno] *nm* (*TEC*) winch; (*tambor*) drum; **en ~ (a)** round, about.

toro ['toro] *nm* bull; (*fam*) he-man; **los ~s** bullfighting.

toronja [to'ronxa] *nf* grapefruit.

torpe ['torpe] *a* (*poco hábil*) clumsy, awkward; (*necio*) dim; (*lento*) slow.

torpedo [tor'peðo] *nm* torpedo.

torpeza [tor'peθa] *nf* (*falta de agilidad*) clumsiness; (*lentitud*) slowness; (*error*) mistake.

torre ['torre] *nf* tower; (*de petróleo*) derrick.

torrefacto, a [torre'facto, a] *a* roasted.

torrente [to'rrente] *nm* torrent.

tórrido, a ['torriðo, a] *a* torrid.

torrija [to'rrixa] *nf* French toast.

torsión [tor'sjon] *nf* twisting.

torso ['torso] *nm* torso.

torta ['torta] *nf* cake; (*fam*) slap.

tortícolis [tor'tikolis] *nm inv* stiff neck.

tortilla [tor'tiʎa] *nf* omelette; **~ francesa/española** maize pancake;

plain/potato omelette.

tórtola ['tortola] *nf* turtledove.

tortuga [tor'tuɣa] *nf* tortoise.

tortuoso, a [tor'twoso, a] *a* winding.

tortura [tor'tura] *nf* torture; **torturar** *vt* to torture.

tos [tos] *nf* cough; **~ ferina** whooping cough.

tosco, a ['tosko, a] *a* coarse.

toser [to'ser] *vi* to cough.

tostado, a [tos'taðo, a] *a* toasted; (*por el sol*) dark brown; (*piel*) tanned.

tostador [tosta'ðor] *nm* toaster.

tostar [tos'tar] *vt* to toast; (*café*) to roast; (*persona*) to tan; **~se** *vr* to get brown.

total [to'tal] *a* total // *ad* in short; (*al fin y al cabo*) when all is said and done // *nm* total; **~ que** to cut (*Brit*) o make (*US*) a long story short.

totalidad [totali'ðað] *nf* whole.

totalitario, a [totali'tarjo, a] *a* totalitarian.

tóxico, a ['toksiko, a] *a* toxic // *nm* poison; **toxicómano, a** *nm/f* drug addict.

tozudo, a [to'θuðo, a] *a* obstinate.

traba ['traβa] *nf* bond, tie; (*cadena*) shackle.

trabajador, a [traβaxa'ðor, a] *a* hardworking // *nm/f* worker.

trabajar [traβa'xar] *vt* to work; (*AGR*) to till; (*empeñarse en*) to work at; (*empujar: persona*) to push; (*convencer*) to persuade // *vi* to work; (*esforzarse*) to strive; **trabajo** *nm* work; (*tarea*) task; (*POL*) labour; (*fig*) effort; **tomarse el trabajo de** to take the trouble to; **trabajo por turno/a destajo** shift work/ piecework; **trabajoso, a** *a* hard.

trabalenguas [traβa'lengwas] *nm inv* tongue twister.

trabar [tra'βar] *vt* (*juntar*) to join, unite; (*atar*) to tie down, fetter; (*agarrar*) to seize; (*amistad*) to strike up; **~se** *vr* to become entangled; **trabársele a uno la lengua** to be tongue-tied.

tracción [trak'θjon] *nf* traction; **~ delantera/trasera** front-wheel/rear-wheel drive.

tractor [trak'tor] *nm* tractor.

tradición [traði'θjon] *nf* tradition; **tradicional** *a* traditional.

traducción [traðuk'θjon] *nf* translation.

traducir [traðu'θir] *vt* to translate; **traductor, a** *nm/f* translator.

traer [tra'er] *vt* to bring; (*llevar*) to carry; (*ropa*) to wear; (*incluir*) to carry; (*fig*) to cause; **~se** *vr*: **~se algo** to be up to sth.

traficar [trafi'kar] *vi* to trade.

tráfico ['trafiko] *nm* (*COM*) trade; (*AUTO*) traffic.

tragaluz [traɣa'luθ] *nm* skylight.

tragaperras [traɣa'perras] *nm o f inv* slot machine.

tragar [tra'ɣar] *vt* to swallow; (*devorar*) to devour, bolt down; ~se *vr* to swallow.

tragedia [tra'xeðja] *nf* tragedy; **trágico, a** *a* tragic.

trago ['traɣo] *nm* (*líquido*) drink; (*bocado*) gulp; (*fam: de bebida*) swig; (*desgracia*) blow.

traición [trai'θjon] *nf* treachery; (*JUR*) treason; (*una* ~) act of treachery; **traicionar** *vt* to betray.

traicionero, a [traiθjo'nero, a] *a* treacherous.

traidor, a, [trai'ðor, a] *a* treacherous // *nm/f* traitor.

traigo *etc vb ver* **traer.**

traje *vb ver* **traer** // ['traxe] *nm* (*de hombre*) suit; (*de mujer*) dress; (*vestido típico*) costume; ~ **de baño** swimsuit; ~ **de luces** bullfighter's costume.

trajera *etc vb ver* **traer.**

trajín [tra'xin] *nm* haulage; (*fam: movimiento*) bustle; **trajinar** *vt* (*llevar*) to carry, transport // *vi* (*moverse*) to bustle about; (*viajar*) to travel around.

trama ['trama] *nf* (*intriga*) plot; (*de tejido*) weft (*Brit*), woof (*US*); **tramar** *vt* to plot; (*TEC*) to weave.

tramitar [trami'tar] *vt* (*asunto*) to transact; (*negociar*) to negotiate; (*manejar*) to handle.

trámite ['tramite] *nm* (*paso*) step; (*JUR*) transaction; ~**s** *nmpl* (*burocracia*) procedure *sg*; (*JUR*) proceedings.

tramo ['tramo] *nm* (*de tierra*) plot; (*de escalera*) flight; (*de vía*) section.

tramoya [tra'moja] *nf* (*TEATRO*) piece of stage machinery; (*fig*) scheme; **tramoyista** *nm/f* scene shifter; (*fig*) trickster.

trampa ['trampa] *nf* trap; (*en el suelo*) trapdoor; (*engaño*) trick; (*fam*) fiddle; **trampear** *vt, vi* to cheat.

trampolín [trampo'lin] *nm* trampoline; (*de piscina etc*) diving board.

tramposo, a [tram'poso, a] *a* crooked, cheating // *nm/f* crook, cheat.

tranca ['tranka] *nf* (*palo*) stick; (*de puerta, ventana*) bar; **trancar** *vt* to bar.

trance ['tranθe] *nm* (*momento difícil*) difficult moment *o* juncture; (*estado hipnotizado*) trance.

tranco ['tranko] *nm* stride.

tranquilidad [trankili'ðað] *nf* (*calma*) calmness, stillness; (*paz*) peacefulness.

tranquilizar [trankili'θar] *vt* (*calmar*) to calm (down); (*asegurar*) to reassure; ~**se** *vr* to calm down; **tranquilo, a** *a* (*calmado*) calm; (*apacible*) peaceful; (*mar*) calm; (*mente*) untroubled.

transacción [transak'θjon] *nf* transaction.

transbordador [transßorða'ðor] *nm* ferry.

transbordar [transßor'ðar] *vt* to transfer; **transbordo** *nm* transfer; hacer transbordo to change (trains).

transcurrir [transku'rrir] *vi* (*tiempo*) to pass; (*hecho*) to turn out.

transcurso [trans'kurso] *nm*: ~ **del tiempo** lapse (of time).

transeúnte [transe'unte] *a* transient // *nm/f* passer-by.

transferencia [transfe'renθja] *nf* transference; (*COM*) transfer.

transferir [transfe'rir] *vt* to transfer.

transformador [transforma'ðor] *nm* (*ELEC*) transformer.

transformar [transfor'mar] *vt* to transform; (*convertir*) to convert.

tránsfuga ['transfuɣa] *nm/f* (*MIL*) deserter; (*POL*) turncoat.

transfusión [transfu'sjon] *nf* transfusion.

transición [transi'θjon] *nf* transition.

transido, a [tran'siðo, a] *a* overcome.

transigir [transi'xir] *vi* to compromise, make concessions.

transistor [transis'tor] *nm* transistor.

transitar [transi'tar] *vi* to go (from place to place); **tránsito** *nm* transit; (*AUTO*) traffic; **transitorio, a** *a* transitory.

transmisión [transmi'sjon] *nf* (*TEC*) transmission; (*transferencia*) transfer; ~ **en directo/exterior** live/outside broadcast.

transmitir [transmi'tir] *vt* to transmit; (*RADIO, TV*) to broadcast.

transparencia [transpa'renθja] *nf* transparency; (*claridad*) clearness, clarity; (*foto*) slide.

transparentar [transparen'tar] *vt* to reveal // *vi* to be transparent; **transparente** *a* transparent; (*claro*) clear; (*ligero*) diaphanous.

transpirar [transpi'rar] *vi* to perspire; (*fig*) to transpire.

transponer [transpo'ner] *vt* to transpose; (*cambiar de sitio*) to change the place of.

transportar [transpor'tar] *vt* to transport; (*llevar*) to carry; **transporte** *nm* transport; (*COM*) haulage.

transversal [transßer'sal] *a* transverse, cross.

tranvía [tram'bia] *nm* tram.

trapecio [tra'peθjo] *nm* trapeze; **trapecista** *nm/f* trapeze artist.

trapero, a [tra'pero, a] *nm/f* ragman.

trapicheo [trapi'tʃeo] *nm* (*fam*) scheme, fiddle.

trapo ['trapo] *nm* (*tela*) rag; (*de cocina*) cloth.

tráquea ['trakea] *nf* windpipe.

traqueteo [trake'teo] *nm* (*golpeteo*) rattling.

tras [tras] *prep* (*detrás*) behind; (*después*) after; ~ **de** besides.

trascendencia [trasßen'denθja] *nf* (*importancia*) importance; (*FILOSOFIA*) transcendence.

trascendental [trasθenden'tal] *a* important; (*FILOSOFIA*) transcendental.

trascender [trasθen'der] *vi* (*noticias*) to come out; (*suceso*) to have a wide effect.

trasegar [trase'ɣar] *vt* (*moverse*) to move about; (*vino*) to decant.

trasero, a [tra'sero, a] *a* back, rear // *nm* (*ANAT*) bottom.

trasfondo [tras'fondo] *nm* background.

trasgredir [trasɣre'ðir] *vt* to contravene.

trashumante [trasu'mante] *a* (*animales*) migrating.

trasladar [trasla'ðar] *vt* to move; (*persona*) to transfer; (*postergar*) to postpone; (*copiar*) to copy; ~**se** *vr* (*mudarse*) to move; **traslado** *nm* (*mudanza*) move, removal.

traslucir [traslu'θir] *vt* to show; ~**se** *vr* to be translucent; (*fig*) to be revealed.

trasluz [tras'luθ] *nm* reflected light; **al** ~ against *o* up to the light.

trasnochar [trasno'tʃar] *vi* (*acostarse tarde*) to stay up late; (*no dormir*) to have a sleepless night.

traspasar [traspa'sar] *vt* (*bala etc*) to pierce, go through; (*propiedad*) to sell, transfer; (*calle*) to cross over; (*límites*) to go beyond; (*ley*) to break; **traspaso** *nm* (*venta*) transfer, sale.

traspié [tras'pje] *nm* (*tropezón*) trip; (*fig*) blunder.

trasplantar [trasplan'tar] *vt* to transplant.

traste ['traste] *nm* (*MUS*) fret; **dar al** ~ **con algo** to ruin sth.

trastienda [tras'tjenda] *nf* backshop.

trasto ['trasto] *nm* (*pey: cosa*) piece of junk; (: *persona*) dead loss.

trastornado, a [trastor'naðo, a] *a* (*loco*) mad, crazy.

trastornar [trastor'nar] *vt* to overturn, upset; (*fig: ideas*) to confuse; (: *nervios*) to shatter; (: *persona*) to drive crazy; ~**se** *vr* (*volverse loco*) to go mad *o* crazy; **trastorno** *nm* (*acto*) overturning; (*confusión*) confusion.

tratable [tra'taβle] *a* friendly.

tratado [tra'taðo] *nm* (*POL*) treaty; (*COM*) agreement.

tratamiento [trata'mjento] *nm* treatment.

tratar [tra'tar] *vt* (*ocuparse de*) to treat; (*manejar, TEC*) to handle; (*MED*) to treat; (*dirigirse a: persona*) to address // *vi*: ~ **de** (*hablar sobre*) to deal with, be about; (*intentar*) to try to; ~ **con** (*COM*) to trade in; (*negociar*) to negotiate with; (*tener contactos*) to have dealings with; ~**se** *vr* to treat each other; **¿de qué se trata?** what's it about?; **trato** *nm* dealings *pl*; (*relaciones*) relationship; (*comportamiento*) manner; (*COM*) agreement; (*título*) (form of) address.

trauma ['trauma] *nm* trauma.

través [tra'βes] *nm* (*fig*) reverse; **al** ~ *ad* across, crossways; **a** ~ **de** *prep* across; (*sobre*) over; (*por*) through.

travesaño [traβe'saɲo] *nm* (*ARQ*) crossbeam; (*DEPORTE*) crossbar.

travesía [traβe'sia] *nf* (*calle*) crossstreet; (*NAUT*) crossing.

travesura [traβe'sura] *nf* (*broma*) prank; (*ingenio*) wit; **travieso, a** *a* (*niño*) naughty // *nf* (*ARQ*) crossbeam.

trayecto [tra'jekto] *nm* (*ruta*) road, way; (*viaje*) journey; (*tramo*) stretch; (*curso*) course; ~**ria** *nf* trajectory; (*fig*) path.

traza ['traθa] *nf* (*aspecto*) looks *pl*; (*señal*) sign; ~**do, a** *a*: **bien** ~**do** shapely, well-formed // *nm* (*ARQ*) plan, design; (*fig*) outline.

trazar [tra'θar] *vt* (*ARQ*) to plan; (*ARTE*) to sketch; (*fig*) to trace; (*plan*) to follow; **trazo** *nm* (*línea*) line; (*bosquejo*) sketch.

trébol ['treβol] *nm* (*BOT*) clover.

trece ['treθe] *num* thirteen.

trecho ['tretʃo] *nm* (*distancia*) distance; (*de tiempo*) while; (*fam*) piece; **de** ~ **en** ~ at intervals.

tregua ['treɣwa] *nf* (*MIL*) truce; (*fig*) lull.

treinta ['treinta] *num* thirty.

tremendo, a [tre'mendo, a] *a* (*terrible*) terrible; (*imponente: cosa*) imposing; (*fam: fabuloso*) tremendous.

trémulo, a ['tremulo, a] *a* quivering.

tren [tren] *nm* train; ~ **de aterrizaje** undercarriage.

trenza ['trenθa] *nf* (*de pelo*) plait (*Brit*), braid (*US*); **trenzar** *vt* (*pelo*) to plait; **trenzarse** *vr* (*AM*) to become involved with.

trepadora [trepa'ðora] *nf* (*BOT*) climber.

trepar [tre'par] *vt, vi* to climb.

trepidar [trepi'ðar] *vi* to shake, vibrate.

tres [tres] *num* three.

tresillo [tre'siʎo] *nm* three-piece suite; (*MUS*) triplet.

treta ['treta] *nf* (*COM etc*) gimmick; (*fig*) trick.

triángulo ['trjangulo] *nm* triangle.

tribu ['triβu] *nf* tribe.

tribuna [tri'βuna] *nf* (*plataforma*) platform; (*DEPORTE*) (grand)stand; (*fig*) public speaking.

tribunal [triβu'nal] *nm* (*JUR*) court; (*comisión, fig*) tribunal.

tributar [triβu'tar] *vt* (*gen*) to pay; **tributo** *nm* (*COM*) tax.

tricotar [triko'tar] *vi* to knit.

trigal [tri'ɣal] *nm* wheat field.

trigo ['triɣo] *nm* wheat.

trigueño, a [tri'ɣeɲo, a] *a* (*pelo*) corn-coloured; (*piel*) olive-skinned.

trillado, a [tri'ʎaðo, a] *a* threshed; (*fig*) trite, hackneyed; **trilladora** *nf* threshing machine.

trillar [tri'ʎar] *vt* (*AGR*) to thresh.

trimestral [trimes'tral] *a* quarterly; (*ESCOL*) termly.

trimestre [tri'mestre] *nm* (*ESCOL*) term.

trinar [tri'nar] *vi* (*pájaros*) to sing; (*rabiar*) to fume, be angry.

trincar [trin'kar] *vt* (*atar*) to tie up; (*inmovilizar*) to pinion.

trinchar [trin'tʃar] *vt* to carve.

trinchera [trin'tʃera] *nf* (*fosa*) trench.

trineo [tri'neo] *nm* sledge.

trinidad [trini'ðað] *nf* trio; (*REL*): **la T~** the Trinity.

trino [tri'no] *nm* trill.

tripa ['tripa] *nf* (*ANAT*) intestine; (*fam: tb: ~s*) insides *pl*.

triple ['triple] *a* triple.

triplicado, a [tripli'kaðo, a] *a*: **por ~ in** triplicate.

tripulación [tripula'θjon] *nf* crew.

tripulante [tripu'lante] *nm/f* crewman/woman.

tripular [tripu'lar] *vt* (*barco*) to man; (*AUTO*) to drive.

triquiñuela [triki'nwela] *nf* trick.

tris [tris] *nm inv* crack; **en un ~** in an instant.

triste ['triste] *a* (*afligido*) sad; (*sombrío*) melancholy, gloomy; (*lamentable*) sorry, miserable; (*~za nf* (*aflicción*) sadness; (*melancolía*) melancholy.

triturar [tritu'rar] *vt* (*moler*) to grind; (*mascar*) to chew.

triunfar [trjun'far] *vi* (*tener éxito*) to triumph; (*ganar*) to win; **triunfo** *nm* triumph.

trivial [tri'βjal] *a* trivial; **~izar** *vt* to minimize, play down.

triza ['triθa] *nf*: **hacer ~s** to smash to bits; (*papel*) to tear to shreds.

trizar [tri'θar] *vt* to smash to bits; (*papel*) to tear to shreds.

trocar [tro'kar] *vt* to exchange.

trocha ['trotʃa] *nf* short cut.

troche ['trotʃe]: **a ~ y moche** *ad* helterskelter, pell-mell.

trofeo [tro'feo] *nm* (*premio*) trophy; (*éxito*) success.

tromba ['tromba] *nf* whirlwind.

trombón [trom'bon] *nm* trombone.

trombosis [trom'bosis] *nf inv* thrombosis.

trompa ['trompa] *nf* horn; (*trompo*) humming top; (*hocico*) snout; (*fam*): **cogerse una ~** to get tight.

trompeta [trom'peta] *nf* trumpet; (*clarín*) bugle.

trompo ['trompo] *nm* spinning top.

trompón [trom'pon] *nm* bump.

tronar [tro'nar] *vt* (*AM*) to shoot // *vi* to thunder; (*fig*) to rage.

tronco ['tronko] *nm* (*de árbol*, *ANAT*) trunk.

tronchar [tron'tʃar] *vt* (*árbol*) to chop down; (*fig: vida*) to cut short; (: *espe-*

ranza) to shatter; (*persona*) to tire out; **~se** *vr* to fall down.

tronera [tro'nera] *nf* (*MIL*) loophole; (*ARQ*) small window.

trono ['trono] *nm* throne.

tropa ['tropa] *nf* (*MIL*) troop; (*soldados*) soldiers *pl*.

tropel [tro'pel] *nm* (*muchedumbre*) crowd.

tropelía [trope'lia] *nm* outrage.

tropezar [trope'θar] *vi* to trip, stumble; (*fig*) to slip up; **~ con** to run into; (*topar con*) to bump into; **tropezón** *nm* trip; (*fig*) blunder.

tropical [tropi'kal] *a* tropical.

trópico ['tropiko] *nm* tropic.

tropiezo *vb ver* **tropezar** // [tro'pjeθo] *nm* (*error*) slip, blunder; (*desgracia*) misfortune; (*obstáculo*) snag.

trotamundos [trota'mundos] *nm inv* globetrotter.

trotar [tro'tar] *vi* to trot; **trote** *nm* trot; (*fam*) travelling; **de mucho trote** hardwearing.

trozo ['troθo] *nm* bit, piece.

truco ['truko] *nm* (*habilidad*) knack; (*engaño*) trick.

trucha ['trutʃa] *nf* trout.

trueno ['trweno] *nm* thunder; (*estampido*) bang.

trueque *etc vb ver* **trocar** // ['trweke] *nm* exchange; (*COM*) barter.

trufa ['trufa] *nf* (*BOT*) truffle.

truhán, ana [tru'an, ana] *nm/f* rogue.

truncar [trun'kar] *vt* (*cortar*) to truncate; (*fig: la vida etc*) to cut short; (: *el desarrollo*) to stunt.

tu [tu] *a* your.

tú [tu] *pron* you.

tubérculo [tu'βerkulo] *nm* (*BOT*) tuber.

tuberculosis [tußerku'losis] *nf inv* tuberculosis.

tubería [tuße'ria] *nf* pipes *pl*; (*conducto*) pipeline.

tubo ['tußo] *nm* tube, pipe; **~ de ensayo** test tube; **~ de escape** exhaust (pipe).

tuerca ['twerka] *nf* nut.

tuerto, a ['twerto, a] *a* blind in one eye // *nm/f* one-eyed person.

tuerza *etc vb ver* **torcer**.

tuétano ['twetano] *nm* marrow; (*BOT*) pith.

tufo ['tufo] *nm* vapour; (*fig: pey*) stench.

tugurio [tu'xurio] *nm* slum.

tul [tul] *nm* tulle.

tulipán [tuli'pan] *nm* tulip.

tullido, a [tu'ʎiðo, a] *a* crippled.

tumba ['tumba] *nf* (*sepultura*) tomb.

tumbar [tum'bar] *vt* to knock down; **~se** *vr* (*echarse*) to lie down; (*extenderse*) to stretch out.

tumbo ['tumbo] *nm* (*caída*) fall; (*de vehículo*) jolt.

tumbona [tum'bona] *nf* (*butaca*) easy chair; (*de playa*) deckchair (*Brit*), beach chair (*US*).

tumido, a [tu'miðo, a] *a* swollen.

tumor [tu'mor] *nm* tumour.

tumulto [tu'multo] *nm* turmoil.

tuna ['tuna] *nf ver* **tuno**.

tunante [tu'nante] *nm/f* rascal.

tunda ['tunda] *nf* (*golpeo*) beating.

túnel ['tunel] *nm* tunnel.

Túnez ['tuneθ] *nm* Tunisia; (*ciudad*) Tunis.

tuno, a ['tuno, a] *nm/f* (*fam*) rogue // *nm* member of student music group // *nf* (*BOT*) prickly pear; (*MUS*) student music group.

tuntún [tun'tun]: **al ~** *ad* thoughtlessly.

tupido, a [tu'piðo, a] *a* (*denso*) dense; (*tela*) close-woven; (*fig*) dim.

turba ['turßa] *nf* crowd.

turbación [turßa'θjon] *nf* (*molestia*) disturbance; (*preocupación*) worry; **turbado, a** *a* (*molesto*) disturbed; (*preocupado*) worried.

turbar [tur'ßar] *vt* (*molestar*) to disturb; (*incomodar*) to upset; **~se** *vr* to be disturbed.

turbina [tur'ßina] *nf* turbine.

turbio, a ['turßjo, a] *a* cloudy; (*tema etc*) confused // *ad* indistinctly.

turbulencia [turßu'lenθja] *nf* turbulence; (*fig*) restlessness; **turbulento, a** *a* turbulent; (*fig*: *intranquilo*) restless; (: *ruidoso*) noisy.

turco, a ['turko, a] *a* Turkish // *nm/f* Turk.

turismo [tu'rismo] *nm* tourism; (*coche*) saloon car; **turista** *nm/f* tourist; **turístico, a** *a* tourist *cpd*.

turnar [tur'nar] *vi*, **turnarse** *vr* to take (it in) turns; **turno** *nm* (*INDUSTRIA*) shift; (*oportunidad, orden de prioridad*) opportunity; (*juegos etc*) turn.

turquesa [tur'kesa] *nf* turquoise.

Turquía [tur'kia] *nf* Turkey.

turrón [tu'rron] *nm* (*dulce*) nougat.

tutear [tute'ar] *vt* to address as familiar 'tú'; **~se** *vr* to be on familiar terms.

tutela [tu'tela] *nf* (*legal*) guardianship; (*instrucción*) guidance; **tutelar** *a* tutelary // *vt* to protect.

tutor, a [tu'tor, a] *nm/f* (*legal*) guardian; (*ESCOL*) tutor.

tuve, tuviera *etc vb ver* **tener**.

tuyo, a ['tujo, a] *a* yours, of yours // *pron* yours; los **~s** (*fam*) your relations, your family.

TV ['te'ße] *nf abr* (= *televisión*) TV.

TVE *nf abr* = *Televisión Española*.

U

u [u] *conj* or.

ubicar [ußi'kar] *vt* to place, situate; (: *fig*) to install in a post; (*AM: encontrar*) to find; **~se** *vr* to lie, to be located.

ubre ['ußre] *nf* udder.

UCD *nf abr* = *Unión del Centro Democrático*.

Ud(s) *abr* = **usted(es)**.

ufanarse [ufa'narse] *vr* to boast; **~ de** to pride o.s. on; **ufano, a** *a* (*arrogante*) arrogant; (*presumido*) conceited.

UGT *nf abr* = *Unión General de Trabajadores*.

ujier [u'xjer] *nm* usher; (*portero*) doorkeeper.

úlcera ['ulθera] *nf* ulcer.

ulcerar [ulθe'rar] *vt* to make sore; **~se** *vr* to ulcerate.

ulterior [ulte'rjor] *a* (*más allá*) farther, further; (*subsecuente, siguiente*) subsequent.

últimamente ['ultimamente] *ad* (*recientemente*) lately, recently.

ultimar [ulti'mar] *vt* to finish; (*finalizar*) to finalize; (*AM: rematar*) to finish off.

último, a ['ultimo, a] *a* last; (*más reciente*) latest, most recent; (*más bajo*) bottom; (*más alto*) top; (*fig*) final, extreme; **en las últimas** on one's last legs; **por ~** finally.

ultra ['ultra] *a* ultra // *nm/f* extreme right-winger.

ultrajar [ultra'xar] *vt* (*escandalizar*) to outrage; (*insultar*) to insult, abuse; **ultraje** *nm* outrage; insult.

ultramar [ultra'mar] *nm*: **de o en ~** abroad, overseas.

ultramarinos [ultrama'rinos] *nmpl* groceries; **tienda de ~** grocer's (shop).

ultranza [ul'tranθa]: **a ~** *ad* (*a todo trance*) at all costs; (*completo*) outright.

ultrasónico, a [ultra'soniko, a] *a* ultrasonic.

ultratumba [ultra'tumba] *nf*: **la vida de ~** the next life.

ulular [ulu'lar] *vi* to howl; (*búho*) to hoot.

umbral [um'bral] *nm* (*gen*) threshold.

umbroso, a [um'broso, a], **umbrio, a** [um'brio, a] *a* shady.

un, una [un, 'una] ♦ *artículo definido* a; (*antes de vocal*) an; **una mujer/naranja** a woman/an orange

♦ *a*: **unos** (*o* **unas**): **hay unos regalos para ti** there are some presents for you; **hay unas cervezas en la nevera** there are some beers in the fridge.

unánime [u'nanime] *a* unanimous; **unanimidad** *nf* unanimity.

unción [un'θjon] *nf* anointing; **extrema~** extreme unction.

undécimo, a [un'deθimo, a] *a* eleventh.

ungir [un'xir] *vt* to rub with ointment; (*REL*) to anoint.

ungüento [un'gwento] *nm* ointment; (*fig*) salve, balm.

únicamente ['unikamente] *ad* solely, only.

único, a ['uniko, a] *a* only, sole; (*sin par*) unique.

unidad [uni'ðaθ] *nf* unity; (*COM, TEC etc*) unit.

unido, a [u'niðo, a] *a* joined, linked; (*fig*) united.

unificar [unifi'kar] *vt* to unite, unify.

uniformar [unifor'mar] *vt* to make uniform, level up; (*persona*) to put into uniform.

uniforme [uni'forme] *a* uniform, equal; (*superficie*) even // *nm* uniform; **uniformidad** *nf* uniformity; (*llaneza*) levelness, evenness.

unilateral [unilate'ral] *a* unilateral.

unión [u'njon] *nf* union; (*acto*) uniting, joining; (*calidad*) unity; (*TEC*) joint; (*fig*) closeness, togetherness; **la U~ Soviética** the Soviet Union.

unir [u'nir] *vt* (*juntar*) to join, unite; (*atar*) to tie, fasten; (*combinar*) to combine; ~**se** *vr* to join together, unite; (*empresas*) to merge.

unísono [u'nisono] *nm*: **al ~** in unison.

universal [uniβer'sal] *a* universal; (*mundial*) world *cpd*.

universidad [uniβersi'ðaθ] *nf* university.

universitario, a [uniβersi'tarjo, a] *a* university *cpd* // *nm/f* (*profesor*) lecturer; (*estudiante*) (*university*) student; (*graduado*) graduate.

universo [uni'βerso] *nm* universe.

uno, a [un'o, a] ♦ *a* one; **es todo ~** it's all one and the same; ~**s pocos** a few; ~**s cien** about a hundred

♦ *pron* **1** one; **quiero ~ solo** I only want one; ~ **de ellos** one of them

2 (*alguien*) somebody, someone; **conozco a ~ que se te parece** I know somebody *o* someone who looks like you; ~ **mismo** oneself; ~**s querían quedarse** some (people) wanted to stay

3: (**los**) ~**s** ... (**los**) **otros** ... some ... others; **each other, one another**; **una y otra son muy agradables** they're both very nice

♦ *nf* one; **es la una** it's one o'clock

♦ *nm* (number) one.

untar [un'tar] *vt* to rub; (*engrasar*) to grease, oil; (*fig*) to bribe.

uña [u'na] *nf* (*ANAT*) nail; (*garra*) claw; (*casco*) hoof; (*arrancaclavos*) claw.

uranio [u'ranjo] *nm* uranium.

urbanidad [urβani'ðaθ] *nf* courtesy, politeness.

urbanismo [urβa'nismo] *nm* town planning.

urbanización [urβaniθa'θjon] *nf* (*barrio, colonia*) housing estate.

urbano, a [ur'βano, a] *a* (*de ciudad*) urban; (*cortés*) courteous, polite.

urbe [ur'βe] *nf* large city.

urdimbre [ur'ðimbre] *nf* (*de tejido*) warp; (*intriga*) intrigue.

urdir [ur'ðir] *vt* to warp; (*fig*) to plot, contrive.

urgencia [ur'xenθja] *nf* urgency; (*prisa*) haste, rush; (*emergencia*) emergency; **servicios de ~** emergency services; **urgente** *a* urgent.

urgir [ur'xir] *vi* to be urgent; **me urge** I'm in a hurry for it.

urinario, a [uri'narjo, a] *a* urinary // *nm* urinal.

urna ['urna] *nf* urn; (*POL*) ballot box.

urraca [u'rraka] *nf* magpie.

URSS *nf*: **la ~** the USSR.

Uruguay [uru'ɣwai] *nm*: **el ~** Uruguay; **uruguayo, a** *a, nm/f* Uruguayan.

usado, a [u'saðo, a] *a* used; (*ropa etc*) worn.

usanza [u'sanθa] *nf* custom, usage.

usar [u'sar] *vt* to use; (*ropa*) to wear; (*tener costumbre*) to be in the habit of; ~**se** *vr* to be used; **uso** *nm* use; wear; (*costumbre*) usage, custom; (*moda*) fashion; **al uso** in keeping with custom; **al uso de** in the style of.

usted [us'teθ] *pron* (*sg*) you *sg*; (*pl*) ~**es** you *pl*.

usual [u'swal] *a* usual.

usuario, a [usu'arjo, a] *nm/f* user.

usufructo [usu'frukto] *nm* use.

usura [u'sura] *nf* usury; **usurero, a** *nm/f* usurer.

usurpar [usur'par] *vt* to usurp.

utensilio [uten'siljo] *nm* tool; (*CULIN*) utensil.

útero ['utero] *nm* uterus, womb.

útil ['util] *a* useful // *nm* tool; **utilidad** *nf* usefulness; (*COM*) profit; **utilizar** *vt* to use, utilize.

utopía [uto'pia] *nf* Utopia; **utópico, a** *a* Utopian.

uva ['uβa] *nf* grape.

V

v *abr* = (*voltio*) v.

va *vb ver* **ir**.

vaca ['baka] *nf* (*animal*) cow; **carne de ~** beef.

vacaciones [baka'θjones] *nfpl* holidays.

vacante [ba'kante] *a* vacant, empty // *nf* vacancy.

vaciar [ba'θjar] *vt* to empty out; (*ahuecar*) to hollow out; (*moldear*) to cast // *vi* (*río*) to flow (*en* into); ~**se** *vr* to empty.

vaciedad [baθje'ðaθ] *nf* emptiness.

vacilación [baθila'θjon] *nf* hesitation.

vacilante [baθi'lante] *a* unsteady; (*habla*) faltering; (*fig*) hesitant.

vacilar [baθi'lar] *vi* to be unsteady; (*al hablar*) to falter; (*fig*) to hesitate, waver; (*memoria*) to fail.

vacío, a [ba'θio, a] *a* empty; (*puesto*) vacant; (*desocupado*) idle; (*vano*) vain // *nm* emptiness; (*FISICA*) vacuum; (*un ~*) (empty) space.

vacuna [ba'kuna] nf vaccine; **vacunar** vt to vaccinate.

vacuno, a [ba'kuno, a] a cow cpd; ganado ~ cattle.

vacuo, a ['bakwo, a] a empty.

vadear [baðe'ar] vt (río) to ford; **vado** nm ford.

vagabundo, a [baɣa'ßundo, a] a wandering; (pey) vagrant // nm tramp.

vagamente [baɣa'mente] ad vaguely.

vagancia [ba'ɣanθja] nf vagrancy.

vagar [ba'ɣar] vi to wander; (no hacer nada) to idle.

vagina [ba'xina] nf vagina.

vago, a ['baɣo, a] a vague; (perezóso) lazy; (ambulante) wandering // nm/f (vagabundo) tramp; (flojo) lazybones sg, idler.

vagón [ba'ɣon] nm (FERRO: de pasajeros) carriage; (: de mercancías) wagon.

vaguedad [baɣe'ðað] nf vagueness.

vaho ['bao] nm (vapor) vapour, steam; (respiración) breath.

vaina ['baina] nf sheath.

vainilla [bai'niʎa] nf vanilla.

vainita [bai'nita] nf (AM) green o French bean.

vais vb ver **ir**.

vaivén [bai'ßen] nm to-and-fro movement; (de tránsito) coming and going; vaivenes nmpl (fig) ups and downs.

vajilla [ba'xiʎa] nf crockery, dishes pl; lavar la ~ to do the washing-up (Brit), wash the dishes (US).

valdré etc vb ver **valer**.

vale ['bale] nm voucher; (recibo) receipt; (pagaré) IOU.

valedero, a [bale'ðero, a] a valid.

valenciano, a [balen'θjano, a] a Valencian.

valentía [balen'tia] nf courage, bravery; (acción) heroic deed; **valentón, ona** a blustering.

valer [ba'ler] vi to be worth; (costar) to cost; (ser útil) to be useful; (ser válido) to be valid; ~se vr to defend o.s.; ~se de to make use of, take advantage of; ~ la pena to be worthwhile; ¿vale? (Esp) OK?

valeroso, a [bale'roso, a] a brave, valiant.

valgo etc vb ver **valer**.

valía [ba'lia] nf worth, value.

validar [bali'ðar] vt to validate; **validez** nf validity; **válido, a** a valid.

valiente [ba'ljente] a brave, valiant // nm hero.

valija [ba'lixa] nf suitcase; ~ diplomática diplomatic bag.

valioso, a [ba'ljoso, a] a valuable; (rico) wealthy.

valor [ba'lor] nm value, worth; (precio) price; (valentía) valour, courage; (importancia) importance; ~es nmpl (COM) securities; **~ación** nf valuation; **~ar** vt to value.

vals [bals] nm inv waltz.

válvula ['balßula] nf valve.

valla ['baʎa] nf fence; (DEPORTE) hurdle; (fig) barrier; **vallar** vt to fence in.

valle ['baʎe] nm valley.

vamos vb ver **ir**.

vampiro, resa [bam'piro, 'resa] nm/f vampire.

van vb ver **ir**.

vanagloriarse [banaɣlo'rjarse] vr to boast.

vándalo, a ['bandalo, a] nm/f vandal; **vandalismo** nm vandalism.

vanguardia [ban'gwardja] nf vanguard; (ARTE etc) avant-garde.

vanidad [bani'ðað] nf vanity; **vanidoso, a** a vain, conceited.

vano, a ['bano, a] a (irreal) unreal, vain; (inútil) useless; (persona) vain, conceited; (frívolo) frivolous.

vapor [ba'por] nm vapour; (vaho) steam; al ~ (CULIN) steamed; **~izador** nm atomizer; **~izar** vt to vaporize; **~oso, a** a vaporous.

vaquero, a [ba'kero, a] a cattle cpd // nm cowboy; ~s nmpl jeans.

vara ['bara] nf stick; (TEC) rod; ~ mágica magic wand.

variable [ba'rjaßle] a, nf variable.

variación [baria'θjon] nf variation.

variar [bar'jar] vt to vary; (modificar) to modify; (cambiar de posición) to switch around // vi to vary.

varices [ba'riθes] nfpl varicose veins.

variedad [barje'ðað] nf variety.

varilla [ba'riʎa] nf stick; (BOT) twig; (TEC) rod; (de rueda) spoke.

vario, a ['barjo, a] a varied; ~s various, several.

varón [ba'ron] nm male, man; **varonil** a manly, virile.

Varsovia [bar'soßja] n Warsaw.

vas vb ver **ir**.

vasco, a ['basko, a] a, nm/f Basque.

vascongado, a [baskon'gaðo, a], **vascuence** [bas'kwenθe] a Basque; las Vascongadas the Basque Country.

vaselina [base'lina] nf Vaseline ®.

vasija [ba'sixa] nf container, vessel.

vaso ['baso] nm glass, tumbler; (ANAT) vessel.

vástago ['bastaɣo] nm (BOT) shoot; (TEC) rod; (fig) offspring.

vasto, a ['basto, a] a vast, huge.

Vaticano [bati'kano] nm: el ~ the Vatican.

vaticinio [bati'θinjo] nm prophecy.

vatio ['batjo] nm (ELEC) watt.

vaya etc vb ver **ir**.

Vd(s) abr = **usted(es)**.

ve vb ver **ir**, **ver**.

vecindad [beθin'dað] nf, **vecindario** [beθin'darjo] nm neighbourhood;

(habitantes) residents *pl.*

vecino, a [be'θino, a] *a* neighbouring // *nm/f* neighbour; *(residente)* resident.

veda ['beða] *nf* prohibition.

vedado [be'ðaðo] *nm* preserve.

vedar [be'ðar] *vt (prohibir)* to ban, prohibit; *(impedir)* to stop, prevent.

vegetación [bexeta'θjon] *nf* vegetation.

vegetariano, a [bexeta'rjano, a] *a, nm/f* vegetarian.

vegetal [bexe'tal] *a, nm* vegetable.

vehemencia [be(e)'menθja] *nf (insistencia)* vehemence; *(pasión)* passion; *(fervor)* fervour; *(violencia)* violence; **vehemente** *a* vehement; passionate; fervent.

vehículo [be'ikulo] *nm* vehicle; *(MED)* carrier.

veía *etc vb ver* **ver**.

veinte ['beinte] *num* twenty.

vejación [bexa'θjon] *nf* vexation; *(humillación)* humiliation.

vejar [be'xar] *vt (irritar)* to annoy, vex; *(humillar)* to humiliate.

vejez [be'xeθ] *nf* old age.

vejiga [be'xixa] *nf (ANAT)* bladder.

vela ['bela] *nf (de cera)* candle; *(NAUT)* sail; *(insomnio)* sleeplessness; *(vigilia)* vigil; *(MIL)* sentry duty; **estar a dos ~s** *(fam)* to be skint.

velado, a [be'laðo, a] *a* veiled; *(sonido)* muffled; *(FOTO)* blurred // *nf* soirée.

velador [bela'ðor] *nm (mesa)* pedestal table; *(AM)* lampshade.

velar [be'lar] *vt (vigilar)* to keep watch over // *vi* to stay awake; **~ por** to watch over, look after.

veleidad [belei'ðað] *nf (ligereza)* fickleness; *(capricho)* whim.

velero [be'lero] *nm (NAUT)* sailing ship; *(AVIAT)* glider.

veleta [be'leta] *nf* weather vane.

veliz [be'lis] *nm (AM)* suitcase.

velo ['belo] *nm* veil.

velocidad [beloθi'ðað] *nf* speed; *(TEC, AUTO)* gear.

velocímetro [belo'θimetro] *nm* speedometer.

veloz [be'loθ] *a* fast.

vello ['beʎo] *nm* down, fuzz; **vellón** *nm* fleece; **~so, a** *a* fuzzy; **velludo, a** *a* shaggy.

ven *vb ver* **venir**.

vena ['bena] *nf* vein.

venado [be'naðo] *nm* deer.

vencedor, a [benθe'ðor, a] *a* victorious // *nm/f* victor, winner.

vencer [ben'θer] *vt (dominar)* to defeat, beat; *(derrotar)* to vanquish; *(superar, controlar)* to overcome, master // *vi (triunfar)* to win (through); triumph; *(plazo)* to expire; **vencido, a** *a (derrotado)* defeated, beaten; *(COM)* due // *ad*: **pagar vencido** to pay in arrears; **vencimiento** *nm (COM)* maturity.

venda ['benda] *nf* bandage; **~je** *nm* bandage, dressing; **vendar** *vt* to bandage; **vendar los ojos** to blindfold.

vendaval [benda'βal] *nm (viento)* gale.

vendedor, a [bende'ðor, a] *nm/f* seller.

vender [ben'der] *vt* to sell; **~ al contado/ al por mayor/al por menor** to sell for cash/wholesale/retail.

vendimia [ben'dimja] *nf* grape harvest.

vendré *etc vb ver* **venir**.

veneno [be'neno] *nm* poison; *(de serpiente)* venom; **~so, a** *a* poisonous; venomous.

venerable [bene'raβle] *a* venerable; **venerar** *vt (respetar)* to revere; *(adorar)* to worship.

venéreo, a [be'nereo, a] *a*: **enfermedad venérea** venereal disease.

venezolano, a [beneθo'lano, a] *a* Venezuelan.

Venezuela [bene'θwela] *nf* Venezuela.

venganza [ben'ganθa] *nf* vengeance, revenge; **vengar** *vt* to avenge; **vengarse** *vr* to take revenge; **vengativo, a** *a (persona)* vindictive.

vengo *etc vb ver* **venir**.

venia ['benja] *nf (perdón)* pardon; *(permiso)* consent.

venial [be'njal] *a* venial.

venida [be'niða] *nf (llegada)* arrival; *(regreso)* return.

venidero, a [beni'ðero, a] *a* coming, future.

venir [be'nir] *vi* to come; *(llegar)* to arrive; *(ocurrir)* to happen; *(fig):* **~ de** to stem from; **~ bien/mal** to be suitable/ unsuitable; **el año que viene** next year; **~se abajo** to collapse.

venta ['benta] *nf (COM)* sale; **~ a plazos** hire purchase; **~ al contado/al por mayor/al por menor** *o* **al detalle** cash sale/ wholesale/retail; **~ con derecho a retorno** sale or return; **'en ~'** 'for sale'.

ventaja [ben'taxa] *nf* advantage; **ventajoso, a** *a* advantageous.

ventana [ben'tana] *nf* window; **~ de guillotina/salediza** sash/bay window; **ventanilla** *nf (de taquilla)* window *(of booking office etc)*.

ventilación [bentila'θjon] *nf* ventilation; *(corriente)* draught; **ventilar** *vt* to ventilate; *(para secar)* to put out to dry; *(fig)* to air, discuss.

ventisca [ben'tiska] *nf*, **ventisquero** [bentis'kero] *nm* blizzard; *(nieve amontonada)* snowdrift.

ventoso, a [ben'toso, a] *a* windy.

ventrílocuo, a [ben'trilokwo, a] *nm/f* ventriloquist.

ventura [ben'tura] *nf (felicidad)* happiness; *(buena suerte)* luck; *(destino)* fortune; **a la (buena) ~** at random; **venturoso, a** *a* happy; *(afortunado)* lucky, fortunate.

veo *etc vb ver* **ver**.

ver [ber] *vt* to see; (*mirar*) to look at, watch; (*entender*) to understand; (*investigar*) to look into; // *vi* to see; to understand; ~**se** *vr* (*encontrarse*) to meet; (*dejarse* ~) to be seen; (*hallarse: en un apuro*) to find o.s., be // *nm* looks *pl*, appearance; **a** ~ let's see; **dejarse** ~ to become apparent; **no tener nada que** ~ **con** to have nothing to do with; **a mi modo de** ~ as I see it.

vera ['bera] *nf* edge, verge; (*de río*) bank.

veracidad [beraθi'ðað] *nf* truthfulness.

veranear [berane'ar] *vi* to spend the summer; **veraneo** *nm* summer holiday; **veraniego, a** *a* summer *cpd*.

verano [be'rano] *nm* summer.

veras ['beras] *nfpl* truth *sg*; **de** ~ really, truly.

veraz [be'raθ] *a* truthful.

verbal [ber'ßal] *a* verbal.

verbena [ber'ßena] *nf* (*fiesta*) fair; (*baile*) open-air dance.

verbo ['berßo] *nm* verb; ~**so, a** *a* verbose.

verdad [ber'ðað] *nf* truth; (*fiabilidad*) reliability; **de** ~ *a* real, proper; **a decir** ~ to tell the truth; ~**ero, a** *a* (*veraz*) true, truthful; (*fiable*) reliable; (*fig*) real.

verde ['berðe] *a* green; (*chiste*) dirty // *nm* green; **viejo** ~ dirty old man; ~**ar**, ~**cer** *vi* to turn green; **verdor** *nm* (*lo* ~) greenness; (*BOT*) verdure.

verdugo [ber'ðuɣo] *nm* executioner.

verdulero, a [berðu'lero, a] *nm/f* green-grocer.

verduras [ber'ðuras] *nfpl* (*CULIN*) greens.

vereda [be'reða] *nf* path; (*AM*) pavement (*Brit*), sidewalk (*US*).

veredicto [bere'ðikto] *nm* verdict.

vergonzoso, a [berɣon'θoso, a] *a* shameful; (*tímido*) timid, bashful.

vergüenza [ber'ɣwenθa] *nf* shame, sense of shame; (*timidez*) bashfulness; (*pudor*) modesty; **me da** ~ I'm ashamed.

verídico, a [be'riðiko, a] *a* true, truthful.

verificar [berifi'kar] *vt* to check; (*corroborar*) to verify; (*llevar a cabo*) to carry out; ~**se** *vr* to occur, happen.

verja ['berxa] *nf* grating.

vermut [ber'mut] (*pl* ~s) *nm* vermouth.

verosímil [bero'simil] *a* likely, probable; (*relato*) credible.

verruga [be'rruɣa] *nf* wart.

versado, a [ber'saðo, a] *a*: ~ **en** versed in.

versátil [ber'satil] *a* versatile.

versión [ber'sjon] *nf* version.

verso ['berso] *nm* verse; **un** ~ a line of poetry.

vértebra ['berteßra] *nf* vertebra.

verter [ber'ter] *vt* (*líquido: adrede*) to empty, pour (out); (: *sin querer*) to

spill; (*basura*) to dump // *vi* to flow.

vertical [berti'kal] *a* vertical.

vértice ['bertiθe] *nm* vertex, apex.

vertiente [ber'tjente] *nf* slope; (*fig*) aspect.

vertiginoso, a [bertixi'noso, a] *a* giddy, dizzy.

vértigo ['bertiɣo] *nm* vertigo; (*mareo*) dizziness.

vesícula [be'sikula] *nf* blister.

vespertino, a [besper'tino, a] *a* evening *cpd*.

vestíbulo [bes'tißulo] *nm* hall; (*de teatro*) foyer.

vestido [bes'tiðo] *pp de* vestir; ~ **de azul/marinero** dressed in blue/as a sailor // *nm* (*ropa*) clothes *pl*, clothing; (*de mujer*) dress, frock.

vestigio [bes'tixjo] *nm* (*huella*) trace; ~**s** *nmpl* remains.

vestimenta [besti'menta] *nf* clothing.

vestir [bes'tir] *vt* (*poner: ropa*) to put on; (*llevar: ropa*) to wear; (*proveer de ropa a*) to clothe; (*suj: sastre*) to make clothes for // *vi* to dress; (*verse bien*) to look good; ~**se** *vr* to get dressed, dress o.s.

vestuario [bes'twarjo] *nm* clothes *pl*, wardrobe; (*TEATRO: cuarto*) dressing room; (*DEPORTE*) changing room.

veta ['beta] *nf* (*vena*) vein, seam; (*en carne*) streak; (*de madera*) grain.

vetar [be'tar] *vt* to veto.

veterano, a [bete'rano, a] *a, nm* veteran.

veterinario, a [beteri'narjo, a] *nm/f* vet(erinary surgeon) // *nf* veterinary science.

veto ['beto] *nm* veto.

vetusto, a [be'tusto, a] *a* ancient.

vez [beθ] *nf* time; (*turno*) turn; **a la** ~ **que** at the same time as; **a su** ~ in its turn; **otra** ~ again; **una** ~ once; **de una** ~ in one go; **de una** ~ **para siempre** once and for all; **en** ~ **de** instead of; **a o algunas veces** sometimes; **una y otra** ~ repeatedly; **de** ~ **en cuando** from time to time; **7 veces 9** 7 times 9; **hacer las veces de** to stand in for; **tal** ~ perhaps.

vía ['bia] *nf* track, route; (*FERRO*) line; (*fig*) way; (*ANAT*) passage, tube // *prep* via, by way of; **por** ~ **judicial** by legal means; **por** ~ **oficial** through official channels; **en** ~**s de** in the process of; ~ **aérea** airway; **V**~ **Láctea** Milky Way.

viaducto [bja'ðukto] *nm* viaduct.

viajante [bja'xante] *nm* commercial traveller.

viajar [bja'xar] *vi* to travel; **viaje** *nm* journey; (*gira*) tour; (*NAUT*) voyage; **estar de viaje** to be on a journey; **viaje de ida y vuelta** round trip; **viaje de novios** honeymoon; **viajero, a** *a* travelling; (*ZOOL*) migratory // *nm/f* (*quien viaja*) traveller; (*pasajero*) passenger.

vial [bjal] *a* road *cpd*, traffic *cpd*.

víbora ['biβora] *nf* viper; (*AM*) poisonous snake.

vibración [biβra'θjon] *nf* vibration; **vibrador** *nm* vibrator; **vibrante** *a* vibrant.

vibrar [bi'βrar] *vt*, *vi* to vibrate.

vicario [bi'karjo] *nm* curate.

vicegerente [biθexe'rente] *nm* assistant manager.

vicepresidente [biθepresi'ðente] *nm/f* vice-president.

viceversa [biθe'ßersa] *ad* vice versa.

viciado, a [bi'θjaðo, a] *a* (*corrompido*) corrupt; (*contaminado*) foul, contaminated; **viciar** *vt* (*pervertir*) to pervert; (*JUR*) to nullify; (*estropear*) to spoil; **viciarse** *vr* to become corrupted.

vicio ['biθjo] *nm* vice; (*mala costumbre*) bad habit; **~so, a** *a* (*muy malo*) vicious; (*corrompido*) depraved // *nm/f* depraved person.

vicisitud [biθisi'tuð] *nf* vicissitude.

víctima ['biktima] *nf* victim.

victoria [bik'torja] *nf* victory; **victorioso, a** *a* victorious.

vicuña [bi'kuɲa] *nf* vicuna.

vid [bið] *nf* vine.

vida ['biða] *nf* (*gen*) life; (*duración*) lifetime; **de por ~** for life; **en la/mi ~** never; **estar con ~** to be still alive; **ganarse la ~** to earn one's living.

video ['biðeo] *nm* video // *a inv*: **película ~** video film.

vidriero, a [bi'ðrjero, a] *nm/f* glazier // *nf* (*ventana*) stained-glass window; (*AM*: *de tienda*) shop window; (*puerta*) glass door.

vidrio ['biðrjo] *nm* glass; **~so, a** *a* glassy.

vieira ['bjeira] *nf* scallop.

viejo, a [bi'ejo, a] *a* old // *nm/f* old man/woman; **hacerse ~** to get old.

Viena ['bjena] *n* Vienna.

vienes *etc vb ver* **venir**.

vienés, esa [bje'nes, esa] *a* Viennese.

viento ['bjento] *nm* wind; **hacer ~** to be windy.

vientre ['bjentre] *nm* belly; (*matriz*) womb.

viernes ['bjernes] *nm inv* Friday; **V~ Santo** Good Friday.

Vietnam [bjet'nam] *nm*: **el ~** Vietnam; **vietnamita** *a* Vietnamese.

viga ['biɣa] *nf* beam, rafter; (*de metal*) girder.

vigencia [bi'xenθja] *nf* validity; **estar en ~** to be in force; **vigente** *a* valid, in force; (*imperante*) prevailing.

vigésimo, a [bi'xesimo, a] *a* twentieth.

vigía [bi'xia] *nm* look-out // *nf* (*atalaya*) watchtower; (*acción*) watching.

vigilancia [bixi'lanθja] *nf*: **tener a uno bajo ~** to keep watch on sb.

vigilar [bixi'lar] *vt* to watch over // *vi*

(*gen*) to be vigilant; (*hacer guardia*) to keep watch; **~ por** to take care of.

vigilia [vi'xilja] *nf* wakefulness, being awake; (*REL*) fast.

vigor [bi'ɣor] *nm* vigour, vitality; **en ~** in force; **entrar/poner en ~** to take/put into effect; **~oso, a** *a* vigorous.

vil [bil] *a* vile, low; **~eza** *nf* vileness; (*acto*) base deed.

vilipendiar [bilipen'djar] *vt* to vilify, revile.

vilo ['bilo]: **en ~** *ad* in the air, suspended; (*fig*) on tenterhooks, in suspense.

villa ['biʎa] *nf* (*casa*) villa; (*pueblo*) small town; (*municipalidad*) municipality; **~ miseria** (*AM*) shantytown.

villancico [biʎan'θiko] *nm* (Christmas) carol.

villorio [bi'ʎorjo] *nm* (*AM*) shantytown.

vinagre [bi'naɣre] *nm* vinegar; **~ras** *nfpl* cruet *sg*.

vinagreta [bina'ɣreta] *nf* vinaigrette, French dressing.

vinculación [binkula'θjon] *nf* (*lazo*) link, bond; (*acción*) linking.

vincular [binku'lar] *vt* to link, bind; **vínculo** *nm* link, bond.

vine *etc vb ver* **venir**.

vinicultura [binikul'tura] *nf* wine growing.

viniera *etc vb ver* **venir**.

vino *vb ver* **venir** // ['bino] *nm* wine; **~ blanco/tinto** white/red wine.

viña ['biɲa] *nf*, **viñedo** [bi'ɲeðo] *nm* vineyard.

viola ['bjola] *nf* viola.

violación [bjola'θjon] *nf* violation; (*estupro*): **~ (sexual)** rape.

violar [bjo'lar] *vt* to violate; (*cometer estupro*) to rape.

violencia [bjo'lenθja] *nf* (*fuerza*) violence, force; (*embarazo*) embarrassment; (*acto injusto*) unjust act; **violentar** *vt* to force; (*casa*) to break into; (*agredir*) to assault; (*violar*) to violate; **violento, a** *a* violent; (*furioso*) furious; (*situación*) embarrassing; (*acto*) forced, unnatural.

violeta [bjo'leta] *nf* violet.

violín [bjo'lin] *nm* violin.

violón [bjo'lon] *nm* double bass.

viraje [bi'raxe] *nm* turn; (*de vehículo*) swerve; (*de carretera*) bend; (*fig*) change of direction; **virar** *vi* to change direction.

virgen ['birxen] *a*, *nf* virgin.

Virgo ['birɣo] *nm* Virgo.

viril [bi'ril] *a* virile; **~idad** *nf* virility.

virtualmente [birtwal'mente] *ad* virtually.

virtud [bir'tuð] *nf* virtue; **en ~ de** by virtue of; **virtuoso, a** *a* virtuous // *nm/f* virtuoso.

viruela [bi'rwela] *nf* smallpox; ~s *nfpl* pockmarks.

virulento, a [biru'lento, a] *a* virulent.

virus ['birus] *nm inv* virus.

visa ['bisa] *nf* (*AM*), **visado** [bi'saðo] *nm* visa.

viscoso, a [bis'koso, a] *a* viscous.

visera [bi'sera] *nf* visor.

visibilidad [bisiβili'ðað] *nf* visibility; **visible** *a* visible; (*fig*) obvious.

visillos [bi'siʎos] *nmpl* lace curtains.

visión [bi'sjon] *nf* (*ANAT*) vision, (eye)sight; (*fantasía*) vision, fantasy; **visionario, a** *a* (*que prevé*) visionary; (*alucinado*) deluded // *nm/f* visionary.

visita [bi'sita] *nf* call, visit; (*persona*) visitor; **hacer una** ~ to pay a visit.

visitar [bisi'tar] *vt* to visit, call on.

vislumbrar [bislum'brar] *vt* to glimpse, catch a glimpse of; **vislumbre** *nf* glimpse; (*centelleo*) gleam; (*idea vaga*) glimmer.

viso ['biso] *nm* (*del metal*) glint, gleam; (*de tela*) sheen; (*aspecto*) appearance.

visón [bi'son] *nm* mink.

visor [bi'sor] *nm* (*FOTO*) viewfinder.

víspera ['bispera] *nf*: **la** ~ **de ... the** day before ....

vista ['bista] *nf* sight, vision; (*capacidad de ver*) (eye)sight; (*mirada*) look(s) (*pl*) // *nm* customs officer; **a primera** ~ at first glance; **hacer la** ~ **gorda** to turn a blind eye; **volver la** ~ to look back; **está a la** ~ **que** it's obvious that; **en** ~ **de** in view of; **en** ~ **de que** in view of the fact that; **¡hasta la** ~! so long!, see you!; **con** ~s **a** with a view to; ~**zo** *nm* glance; **dar** o **echar un** ~**zo a** to glance at.

visto, a *pp de* **ver** // *vb ver tb* **vestir** // ['bisto, a] *a* seen; (*considerado*) considered // *nm*: ~ **bueno** approval; '~ **bueno**' 'approved'; **por lo** ~ evidently; **está** ~ **que** it's clear that; **está bien/mal** ~ it's acceptable/unacceptable; ~ **que** *conj* since, considering that.

vistoso, a [bis'toso, a] *a* colourful.

vital [bi'tal] *a* life *cpd*, living *cpd*; (*fig*) vital; (*persona*) lively, vivacious; ~**icio, a** *a* for life.

vitamina [bita'mina] *nf* vitamin.

viticultor, a [bitikul'tor, a] *nm/f* wine grower; **viticultura** *nf* wine growing.

vitorear [bitore'ar] *vt* to cheer, acclaim.

vítreo, a ['bitreo, a] *a* vitreous.

vitrina [bi'trina] *nf* show case; (*AM*) shop window.

vituperio [bitu'perjo] *nm* (*condena*) condemnation; (*censura*) censure; (*insulto*) insult.

viudo, a ['bjuðo, a] *nm/f* widower/widow; **viudez** *nf* widowhood.

vivacidad [biβaθi'ðað] *nf* (*vigor*) vigour; (*vida*) liveliness.

vivaracho, a [biβa'ratʃo, a] *a* jaunty,

lively; (*ojos*) bright, twinkling.

vivaz [bi'βaθ] *a* lively.

víveres ['biβeres] *nmpl* provisions.

vivero [bi'βero] *nm* (*para plantas*) nursery; (*para peces*) fish farm; (*fig*) hotbed.

viveza [bi'βeθa] *nf* liveliness; (*agudeza: mental*) sharpness.

vivienda [bi'βjenda] *nf* housing; (*una* ~) house; (*piso*) flat (*Brit*), apartment (*US*).

viviente [bi'βjente] *a* living.

vivir [bi'βir] *vt, vi* to live // *nm* life, living.

vivo, a ['biβo, a] *a* living, alive; (*fig: descripción*) vivid; (*persona: astuto*) smart, clever; **en** ~ (*transmisión etc*) live.

vocablo [bo'kaβlo] *nm* (*palabra*) word; (*término*) term.

vocabulario [bokaβu'larjo] *nm* vocabulary.

vocación [boka'θjon] *nf* vocation; **vocacional** *nf* (*AM*) ≈ technical college.

vocal [bo'kal] *a* vocal // *nf* vowel; ~**izar** *vt* to vocalize.

vocear [boθe'ar] *vt* (*para vender*) to cry; (*aclamar*) to acclaim; (*fig*) to proclaim // *vi* to yell; **vocerío** *nm*, **vocería** *nf* shouting.

vocero [bo'θero] *nm/f* spokesman/woman.

voces ['boθes] *nfpl ver* **voz**.

vociferar [boθife'rar] *vt* to shout // *vi* to yell.

vodka ['boðka] *nm o f* vodka.

vol *abr* = **volumen**.

volador, a [bola'ðor, a] *a* flying.

volandas [bo'landas]: **en** ~ *ad* in the air; (*fig*) swiftly.

volante [bo'lante] *a* flying // *nm* (*de coche*) steering wheel; (*de reloj*) balance.

volar [bo'lar] *vt* (*edificio*) to blow up // *vi* to fly.

volátil [bo'latil] *a* volatile.

volcán [bol'kan] *nm* volcano; ~**ico, a** *a* volcanic.

volcar [bol'kar] *vt* to upset, overturn; (*tumbar, derribar*) to knock over; (*vaciar*) to empty out // *vi* to overturn; ~**se** *vr* to tip over.

voleíbol [bolei'βol] *nm* volleyball.

volqué, volquemos *etc vb ver* **volcar**.

volquete [bol'kete] *nm* (*carro*) tipcart; (*AUTO*) dumper.

voltaje [bol'taxe] *nm* voltage.

voltear [bolte'ar] *vt* to turn over; (*volcar*) to turn upside down.

voltereta [bolte'reta] *nf* somersault.

voltio ['boltjo] *nm* volt.

voluble [bo'luβle] *a* fickle.

volumen [bo'lumen] (*pl* **volúmenes**) *nm* volume; **voluminoso, a** *a* voluminous; (*enorme*) massive.

voluntad [bolun'tað] *nf* will; (*resolución*) willpower; (*deseo*) desire, wish.

voluntario, a [bolun'tarjo, a] *a* voluntary // *nm/f* volunteer.
voluntarioso, a [bolunta'rjoso, a] *a* headstrong.
voluptuoso, a [bolup'twoso, a] *a* voluptuous.
volver [bol'ßer] *vt* (*gen*) to turn; (*dar vuelta a*) to turn (over); (*voltear*) to turn round, turn upside down; (*poner al revés*) to turn inside out; (*devolver*) to return // *vi* to return, go back, come back; ~se *vr* to turn round; ~ **la espalda** to turn one's back; ~ **triste** *etc* a uno to make sb sad *etc*; ~ **a hacer** to do again; ~ **en sí** to come to; ~se **insoportable/ muy caro** to get o become unbearable/ very expensive; ~se **loco** to go mad.
vomitar [bomi'tar] *vt, vi* to vomit; **vómito** *nm* (*acto*) vomiting; (*resultado*) vomit.
voraz [bo'raθ] *a* voracious.
vórtice [ˈbortiθe] *nm* whirlpool; (*de aire*) whirlwind.
vos [bos] *pron* (*AM*) you.
vosotros, as [bo'sotros, as] *pron* you; (*reflexivo*): **entre/para** ~ among/for yourselves.
votación [bota'θjon] *nf* (*acto*) voting; (*voto*) vote.
votar [bo'tar] *vi* to vote.
voto [ˈboto] *nm* vote; (*promesa*) vow; ~s (good) wishes.
voy *vb ver* **ir**.
voz [boθ] *nf* voice; (*grito*) shout; (*chisme*) rumour; (*LING*) word; **dar voces** to shout, yell; **a media** ~ in a low voice; **a** ~ **en cuello** o **en grito** at the top of one's voice; **de viva** ~ verbally; **en** ~ **alta** aloud; ~ **de mando** command.
vuelco *vb ver* **volcar** // [ˈbwelko] *nm* spill, overturning.
vuelo *vb ver* **volar** // [ˈbwelo] *nm* flight; (*encaje*) lace, frill; **coger al** ~ to catch in flight; ~ **charter/regular** charter/ regular flight.
vuelque *etc vb ver* **volcar**.
vuelta [ˈbwelta] *nf* (*gen*) turn; (*curva*) bend, curve; (*regreso*) return; (*revolución*) revolution; (*circuito*) lap; (*de papel, tela*) reverse; (*cambio*) change; **a la** ~ on one's return; **a** ~ **de correo** by return of post; **dar** ~s (*suj: cabeza*) to spin; **dar** ~s a una idea to turn over an idea (in one's head); **estar de** ~ to be back; **dar una** ~ to go for a walk; (*en coche*) to go for a drive.
vuelto *pp de* **volver**.
vuelvo *etc vb ver* **volver**.
vuestro, a [ˈbwestro, a] *a* your; **un amigo** ~ a friend of yours // *pron*: **el** ~/**la vuestra, los** ~s/**las vuestras** yours.
vulgar [bul'xar] *a* (*ordinario*) vulgar; (*común*) common; ~**idad** *nf* commonness; (*acto*) vulgarity; (*expresión*) coarse expression; ~**idades** *nfpl*

banalities; ~**izar** *vt* to popularize.
vulgo [ˈbulxo] *nm* common people.
vulnerable [bulne'raßle] *a* vulnerable.

W

wáter [ˈbater] *nm* toilet.
whisky [ˈwiski] *nm* whisky, whiskey.

X

xenofobia [kseno'foßja] *nf* xenophobia.
xilófono [ksi'lofono] *nm* xylophone.

Y

y [i] *conj* and.
ya [ja] *ad* (*gen*) already; (*ahora*) now; (*en seguida*) at once; (*pronto*) soon // *excl* all right! // *conj* (*ahora que*) now that; ~ **lo sé** I know; ~ **que** since.
yacer [ja'θer] *vi* to lie.
yacimiento [jaθi'mjento] *nm* deposit.
yanqui [ˈjanki] *a, nm/f* Yankee.
yate [ˈjate] *nm* yacht.
yazco *etc vb ver* **yacer**.
yedra [ˈjeðra] *nf* ivy.
yegua [ˈjexwa] *nf* mare.
yema [ˈjema] *nf* (*del huevo*) yoke; (*BOT*) leaf bud; (*fig*) best part; ~ **del dedo** fingertip.
yergo *etc vb ver* **erguir**.
yermo, a [ˈjermo, a] *a* (*despoblado*) uninhabited; (*estéril, fig*) barren // *nm* wasteland.
yerno [ˈjerno] *nm* son-in-law.
yerro *etc vb ver* **errar**.
yerto, a [ˈjerto, a] *a* stiff.
yesca [ˈjeska] *nf* tinder.
yeso [ˈjeso] *nm* (*GEO*) gypsum; (*ARQ*) plaster.
yodo [ˈjoðo] *nm* iodine.
yogur [jo'xur] *nm* yoghurt.
yugo [ˈjuxo] *nm* yoke.
Yugoslavia [juxos'laßja] *nf* Yugoslavia.
yugular [juxu'lar] *a* jugular.
yunque [ˈjunke] *nm* anvil.
yunta [ˈjunta] *nf* yoke; **yuntero** *nm* ploughman.
yute [ˈjute] *nm* jute.
yuxtaponer [jukstapo'ner] *vt* to juxtapose; **yuxtaposición** *nf* juxtaposition.

Z

zafar [θa'far] *vt* (*soltar*) to untie; (*superficie*) to clear; ~se *vr* (*escaparse*) to escape; (*TEC*) to slip off.
zafio, a [ˈθafjo, a] *a* coarse.

zafiro [θa'firo] nm sapphire.
zaga ['θaɣa] nf: a la ~ behind, in the rear.
zagal, a [θa'ɣal, a] nm/f boy/girl, lad/lass (Brit).
zaguán [θa'ɣwan] nm hallway.
zaherir [θae'rir] vt (criticar) to criticize.
zahorí [θao'ri] nm clairvoyant.
zaino, a ['θaino, a] a (color de caballo) chestnut.
zalamería [θalame'ria] nf flattery; **zalamero, a** a flattering; (relamido) suave.
zamarra [θa'marra] nf (piel) sheepskin; (chaqueta) sheepskin jacket.
zambullirse [θambu'ʎirse] vr to dive; (ocultarse) to hide o.s.
zampar [θam'par] vt to gobble down // vi to gobble (up).
zanahoria [θana'orja] nf carrot.
zancada [θan'kaða] nf stride.
zancadilla [θanka'ðiʎa] nf trip; (fig) stratagem.
zanco ['θanko] nm stilt.
zancudo, a [θan'kuðo, a] a long-legged // nm (AM) mosquito.
zángano ['θangano] nm drone.
zanja ['θanxa] nf ditch; **zanjar** vt (superar) to surmount; (resolver) to resolve.
zapata [θa'pata] nf half-boot; (MECANICA) shoe.
zapatear [θapate'ar] vi to tap with one's feet.
zapatería [θapate'ria] nf (oficio) shoemaking; (tienda) shoe shop; (fábrica) shoe factory; **zapatero, a** nm/f shoemaker.
zapatilla [θapa'tiʎa] nf slipper.
zapato [θa'pato] nm shoe.

zar [θar] nm tsar, czar.
zarandear [θarandе'ar] vt (fam) to shake vigorously.
zarpa ['θarpa] nf (garra) claw.
zarpar [θar'par] vi to weigh anchor.
zarza ['θarθa] nf (BOT) bramble; **zarzal** nm (matorral) bramble patch.
zarzamora [θarθa'mora] nf blackberry.
zarzuela [θar'θwela] nf Spanish light opera.
zigzag [θiɣ'θaɣ] a zigzag; **zigzaguear** vi to zigzag.
zinc [θink] nm zinc.
zócalo ['θokalo] nm (ARQ) plinth, base.
zona ['θona] nf zone; ~ fronteriza border area.
zoo ['θoo] nm zoo.
zoología [θoolo'xia] nf zoology; **zoológico, a** a zoological // nm zoo; **zoólogo, a** nm/f zoologist.
zopenco, a [θo'penko, a] nm/f fool.
zopilote [θopi'lote] nm (AM) buzzard.
zoquete [θo'kete] nm (madera) block; (fam) blockhead.
zorro, a ['θorro, a] a crafty // nm/f fox/vixen.
zozobra [θo'θoβra] nf (fig) anxiety; **zozobrar** vi (hundirse) to capsize; (fig) to fail.
zueco ['θweko] nm clog.
zumbar [θum'bar] vt (golpear) to hit // vi to buzz; **zumbido** nm buzzing.
zumo ['θumo] nm juice.
zurcir [θur'θir] vt (coser) to darn.
zurdo, a ['θurðo, a] a (mano) left; (persona) left-handed.
zurrar [θu'rrar] vt (fam) to wallop.
zurrón [θu'rron] nm pouch.
zutano, a [θu'tano, a] nm/f so-and-so.

ENGLISH-SPANISH
INGLÉS-ESPAÑOL

A

A [ei] *n* (*MUS*) la *m*; (*AUT*): ~ **road** ≈ carretera nacional.

a *indefinite article* (*before vowel or silent h*: **an**) [æ, æn] **1** un(a); ~ **book** un libro; **an apple** una manzana; **she's** ~ **doctor** (ella) es médica

2 (*instead of the number 'one'*) un(a); ~ **year ago** hace un año; ~ **hundred/thousand** *etc* **pounds** cien/mil *etc* libras

3 (*in expressing ratios, prices etc*): **3** ~ **day/week** 3 al día/a la semana; **10 km an hour** 10 km por hora; **£5** ~ **person** £5 por persona; **30p** ~ **kilo** 30p el kilo.

A.A. *n abbr* (*Brit*: = *Automobile Association*) ≈ RACE *m* (*Sp*); (= *Alcoholics Anonymous*) Alcohólicos Anónimos.

A.A.A. *n abbr* (*US*: = *American Automobile Association*) ≈ RACE *m* (*Sp*).

aback [ə'bæk] *ad*: **to be taken** ~ quedar desconcertado.

abandon [ə'bændən] *vt* abandonar; (*renounce*) renunciar a // *n* abandono; (*wild behaviour*): **with** ~ sin reparos.

abashed [ə'bæʃt] *a* avergonzado.

abate [ə'beit] *vi* (*noise, pain*) aplacarse; (*storm*) amainar // *vt* reducir.

abattoir ['æbətwɑ:*] *n* (*Brit*) matadero.

abbey ['æbɪ] *n* abadía.

abbot ['æbət] *n* abad *m*.

abbreviate [ə'bri:vieɪt] *vt* abreviar; **abbreviation** [-'eɪʃən] *n* (*short form*) abreviatura; (*act*) abreviación *f*.

abdicate ['æbdɪkeɪt] *vt*, *vi* abdicar; **abdication** [-'keɪʃən] *n* abdicación *f*.

abdomen ['æbdəmən] *n* abdomen *m*.

abduct [æb'dʌkt] *vt* raptar, secuestrar.

aberration [æbə'reɪʃən] *n* aberración *f*.

abet [ə'bet] *vt see* **aid**.

abeyance [ə'beɪəns] *n*: **in** ~ (*law*) en desuso; (*matter*) en suspenso.

abhor [əb'hɔ:*] *vt* aborrecer, abominar (de).

abide [ə'baɪd] *vt*: **I can't** ~ **it/him** no lo/le puedo ver; **to** ~ **by** *vt fus* atenerse a.

ability [ə'bɪlɪtɪ] *n* habilidad *f*, capacidad *f*; (*talent*) talento.

abject ['æbdʒekt] *a* (*poverty*) miserable; (*apology*) rastrero.

ablaze [ə'bleɪz] *a* en llamas, ardiendo.

able ['eɪbl] *a* capaz; (*skilled*) hábil; **to be** ~ **to do sth** poder hacer algo; ~-**bodied** *a* sano; **ably** *ad* hábilmente.

abnormal [æb'nɔ:məl] *a* anormal.

aboard [ə'bɔ:d] *ad* a bordo // *prep* a bordo de.

abode [ə'bəud] *n*: **of no fixed** ~ sin domicilio fijo.

abolish [ə'bɔlɪʃ] *vt* suprimir, abolir; **abolition** [æbəu'lɪʃən] *n* supresión *f*, abolición *f*.

abominable [ə'bɔmɪnəbl] *a* abominable.

aborigine [æbə'rɪdʒɪnɪ] *n* aborigen *m/f*.

abort [ə'bɔ:t] *vt* abortar; ~**ion** [ə'bɔ:ʃən] *n* aborto (provocado); **to have an** ~**ion** abortarse, hacerse abortar; ~**ive** *a* malogrado.

abound [ə'baund] *vi*: **to** ~ (**in** *or* **with**) abundar (de *or* en).

about [ə'baut] ♦ *ad* **1** (*approximately*) más o menos, aproximadamente; ~ **a hundred/thousand** *etc* unos(unas) cien/mil *etc*; **it takes** ~ **10 hours** se tarda unas *or* más o menos 10 horas; **at** ~ **2 o'clock** hacia las dos; **I've just** ~ **finished** casi he terminado

2 (*referring to place*) por todas partes; **to leave things lying** ~ dejar las cosas (tiradas) por ahí; **to run** ~ correr por todas partes; **to walk** ~ pasearse, ir y venir

3: **to be** ~ **to do sth** estar a punto de hacer algo

♦ *prep* **1** (*relating to*) de, sobre, acerca de; **a book** ~ **London** un libro sobre *or* acerca de Londres; **what is it** ~? ¿de qué se trata?; **we talked** ~ **it** hablamos de eso *or* ello; **what** *or* **how** ~ **doing this?** ¿qué tal si hacemos esto?

2 (*referring to place*) por; **to walk** ~ **the town** caminar por la ciudad.

above [ə'bʌv] *ad* encima, por encima, arriba // *prep* encima de; **mentioned** ~ susodicho; ~ **all** sobre todo; ~ **board** *a* legítimo.

abrasive [ə'breɪzɪv] *a* abrasivo.

abreast [ə'brest] *ad* de frente; **to keep** ~ **of** mantenerse al corriente de.

abridge [ə'brɪdʒ] *vt* (*book*) abreviar.

abroad [ə'brɔ:d] *ad* (*to be*) en el extranjero; (*to go*) al extranjero.

abrupt [ə'brʌpt] *a* (*sudden*) brusco; (*gruff*) áspero.

abruptly [ə'brʌptlɪ] *ad* (*leave*) repentinamente; (*speak*) bruscamente.

abscess ['æbsɪs] *n* absceso.

abscond [əb'skɔnd] *vi* fugarse.

absence ['æbsəns] *n* ausencia.

absent ['æbsənt] *a* ausente; ~**ee** [-'ti:] *n* ausente *m/f*; ~**eeism** [-'ti:ɪzəm] *n* absentismo; ~-**minded** *a* distraído.

absolute ['æbsəlu:t] *a* absoluto; ~**ly** [-'lu:tlɪ] *ad* totalmente.

absolve [əb'zɔlv] *vt*: to ~ sb (from) absolver a alguien (de).

absorb [əb'zɔːb] *vt* absorber; to be ~ed in a book estar absorto en un libro; ~ent cotton *n* (US) algodón *m* hidrófilo; ~ing *a* absorbente.

absorption [əb'zɔːpʃən] *n* absorción *f*.

abstain [əb'steɪn] *vi*: to ~ (from) abstenerse (de).

abstemious [əb'stiːmɪəs] *a* abstemio.

abstention [əb'stenʃən] *n* abstención *f*.

abstinence ['æbstɪnəns] *n* abstinencia.

abstract ['æbstrækt] *a* abstracto.

abstruse [æb'struːs] *a* oscuro.

absurd [əb'sɔːd] *a* absurdo.

abundance [ə'bʌndəns] *n* abundancia.

abuse [ə'bjuːs] *n* (*insults*) improperios *mpl*, injurias *fpl*; (*misuse*) abuso // *vt* [ə'bjuːz] (*ill-treat*) maltratar; (*take advantage of*) abusar de; **abusive** *a* ofensivo.

abysmal [ə'bɪzməl] *a* pésimo; (*ignorance*) supino.

abyss [ə'bɪs] *n* abismo.

AC *abbr* (= *alternating current*) corriente *f* alterna.

academic [ækə'demɪk] *a* académico, universitario; (*pej*: *issue*) puramente teórico // *n* estudioso/a; profesor(a) *m/f* universitario/a.

academy [ə'kædəmɪ] *n* (*learned body*) academia; (*school*) instituto, colegio; ~ of music conservatorio.

accelerate [æk'seləreɪt] *vt* acelerar // *vi* acelerarse; **accelerator** *n* (*Brit*) acelerador *m*.

accent ['æksent] *n* acento.

accept [ək'sept] *vt* aceptar; (*approve*) aprobar; (*concede*) admitir; ~**able** *a* aceptable; admisible; ~**ance** *n* aceptación *f*; aprobación *f*.

access ['ækses] *n* acceso; to have ~ to tener libre acceso a; ~**ible** [-'sesəbl] *a* accesible.

accessory [æk'sesərɪ] *n* accesorio; toilet accessories artículos *mpl* de tocador.

accident ['æksɪdənt] *n* accidente *m*; (*chance*) casualidad *f*; by ~ (*unintentionally*) sin querer; (*by coincidence*) por casualidad; ~**al** [-'dentl] *a* accidental, fortuito; ~**ally** [-'dentəlɪ] *ad* sin querer; por casualidad; ~**-prone** *a* propenso a los accidentes.

acclaim [ə'kleɪm] *vt* aclamar, aplaudir // *n* aclamación *f*, aplausos *mpl*.

acclimatize [ə'klaɪmətaɪz], (US) **acclimate** [ə'klaɪmət] *vt*: to become ~d aclimatarse.

accolade ['ækəleɪd] *n* (*prize*) premio; (*praise*) alabanzas *fpl*.

accommodate [ə'kɔmədeɪt] *vt* alojar, hospedar; (*oblige*, *help*) complacer; **accommodating** *a* servicial, complaciente.

accommodation *n*, (US) **accommoda-**

tions *npl* [əkɔmə'deɪʃən(z)] alojamiento.

accompany [ə'kʌmpənɪ] *vt* acompañar.

accomplice [ə'kʌmplɪs] *n* cómplice *m/f*.

accomplish [ə'kʌmplɪʃ] *vt* (*finish*) acabar; (*aim*) realizar; (*task*) llevar a cabo; ~**ed** *a* experto, hábil; ~**ment** *n* (*skill*) talento; (*feat*) hazaña; (*realization*) realización *f*.

accord [ə'kɔːd] *n* acuerdo // *vt* conceder; of his own ~ espontáneamente; ~**ance** *n*: in ~ance with de acuerdo con; ~**ing** to *prep* según; (*in accordance with*) conforme a; ~**ingly** *ad* (*thus*) por consiguiente.

accordion [ə'kɔːdɪən] *n* acordeón *m*.

accost [ə'kɔst] *vt* abordar, dirigirse a.

account [ə'kaunt] *n* (*COMM*) cuenta, factura; (*report*) informe *m*; ~s *npl* (*COMM*) cuentas *fpl*; of little ~ de poca importancia; on ~ a cuenta; on no ~ bajo ningún concepto; on ~ of a causa de, por motivo de; to take into ~, take ~ of tener en cuenta; to ~ for *vt fus* (*explain*) explicar; ~**able** *a* responsable.

accountancy [ə'kauntənsɪ] *n* contabilidad *f*.

accountant [ə'kauntənt] *n* contable *m/f*, contador(a) *m/f*.

account number *n* (*at bank etc*) número de cuenta.

accredited [ə'kredɪtɪd] *a* (*agent etc*) autorizado.

accrue [ə'kruː] *vi*: ~d interest interés *m* acumulado.

accumulate [ə'kjuːmjuleɪt] *vt* acumular // *vi* acumularse.

accuracy ['ækjurəsɪ] *n* exactitud *f*, precisión *f*.

accurate ['ækjurɪt] *a* (*number*) exacto; (*answer*) acertado; (*shot*) certero; ~**ly** *ad* (*count, shoot, answer*) con precisión.

accusation [ækju'zeɪʃən] *n* acusación *f*.

accuse [ə'kjuːz] *vt* acusar; (*blame*) echar la culpa a; ~**d** *n* acusado/a.

accustom [ə'kʌstəm] *vt* acostumbrar; ~**ed** *a*: ~ed to acostumbrado a.

ace [eɪs] *n* as *m*.

acetate ['æsɪteɪt] *n* acetato.

ache [eɪk] *n* dolor *m* // *vi* doler; my head ~s me duele la cabeza.

achieve [ə'tʃiːv] *vt* (*reach*) alcanzar; (*realize*) realizar; (*victory, success*) lograr, conseguir; ~**ment** *n* (*completion*) realización *f*; (*success*) éxito.

acid ['æsɪd] *a* ácido; (*bitter*) agrio // *n* ácido; ~ rain *n* lluvia ácida.

acknowledge [ək'nɔlɪdʒ] *vt* (*letter*: *also*: ~ receipt of) acusar recibo de; (*fact*) reconocer; ~**ment** *n* acuse *m* de recibo; reconocimiento.

acne ['æknɪ] *n* acné *m*.

acorn ['eɪkɔːn] *n* bellota.

acoustic [ə'kuːstɪk] *a* acústico; ~**s** *n*, *npl* acústica *sg*.

acquaint [ə'kweɪnt] *vt*: to ~ sb with sth

(*inform*) poner a uno al corriente de algo; **to be ~ed with** (*person*) conocer; (*fact*) estar al corriente de; **~ance** *n* conocimiento; (*person*) conocido/a.

acquiesce [ækwɪˈes] *vi*: **to ~ (in)** consentir (en), conformarse (con).

acquire [əˈkwaɪə*] *vt* adquirir; **acquisition** [ækwɪˈzɪʃən] *n* adquisición *f*; **acquisitive** [əˈkwɪzɪtɪv] *a* codicioso.

acquit [əˈkwɪt] *vt* absolver, exculpar; **to ~ o.s. well** salir con éxito; **~tal** *n* absolución *f*, exculpación *f*.

acre [ˈeɪkə*] *n* acre *m*.

acrid [ˈækrɪd] *a* acre.

acrimonious [ækrɪˈməʊnɪəs] *a* (*remark*) mordaz; (*argument*) reñido.

acrobat [ˈækrəbæt] *n* acróbata *m/f*.

acronym [ˈækrənɪm] *n* siglas *fpl*.

across [əˈkrɒs] *prep* (*on the other side of*) al otro lado de, del otro lado de; (*crosswise*) a través de // *ad* de un lado a otro, de una parte a otra; a través, al través; **to run/swim ~** atravesar corriendo/ nadando; **~ from** enfrente de.

acrylic [əˈkrɪlɪk] *a* acrílico.

act [ækt] *n* acto, acción *f*; (*THEATRE*) acto; (*in music hall etc*) número; (*LAW*) decreto, ley *f* // *vi* (*behave*) comportarse; (*THEATRE*) actuar; (*pretend*) fingir; (*take action*) obrar // *vt* (*part*) hacer el papel de; **to ~ as** actuar or hacer de; **~ing** *a* suplente // *n*: **to do some ~ing** hacer algo de teatro.

action [ˈækʃən] *n* acción *f*, acto; (*MIL*) acción *f*, batalla; (*LAW*) proceso, demanda; **out of ~** (*person*) fuera de combate; (*thing*) descompuesto; **to take ~** tomar medidas; **~ replay** *n* (*TV*) repetición *f*.

activate [ˈæktɪveɪt] *vt* activar.

active [ˈæktɪv] *a* activo, enérgico; (*volcano*) en actividad; **~ly** *ad* (*participate*) activamente; (*discourage, dislike*) enérgicamente; **~ist** *n* activista *m/f*; **activity** [-ˈtɪvɪtɪ] *n* actividad *f*.

actor [ˈæktə*] *n* actor *m*.

actress [ˈæktrɪs] *n* actriz *f*.

actual [ˈæktjuəl] *a* verdadero, real; **~ly** *ad* realmente, en realidad.

acumen [ˈækjumən] *n* perspicacia.

acute [əˈkjuːt] *a* agudo.

ad [æd] *n abbr* = **advertisement**.

A.D. *ad abbr* (= *Anno Domini*) A.C.

adamant [ˈædəmənt] *a* firme, inflexible.

adapt [əˈdæpt] *vt* adaptar // *vi*: **to ~ (to)** adaptarse (a), ajustarse (a); **~able** *a* (*device*) adaptable; (*person*) que se adapta; **~er** or **~or** *n* (*ELEC*) adaptador *m*.

add [æd] *vt* añadir, agregar; (*figures: also*: **~ up**) sumar // *vi*: **to ~ to** (*increase*) aumentar, acrecentar; **it doesn't ~ up** (*fig*) no tiene sentido.

adder [ˈædə*] *n* víbora.

addict [ˈædɪkt] *n* (*to drugs etc*) adicto/a; (*enthusiast*) entusiasta *m/f*; **~ed**

[əˈdɪktɪd] *a*: **to be ~ed to** ser adicto a; ser aficionado de; **~ion** [əˈdɪkʃən] *n* (*dependence*) hábito morboso; (*enthusiasm*) afición *f*; **~ive** [əˈdɪktɪv] *a* que causa adicción.

addition [əˈdɪʃən] *n* (*adding up*) adición *f*; (*thing added*) añadidura, añadido; **in ~** además, por añadidura; **in ~ to** además de; **~al** *a* adicional.

additive [ˈædɪtɪv] *n* aditivo.

address [əˈdres] *n* dirección *f*, señas *fpl*; (*speech*) discurso // *vt* (*letter*) dirigir; (*speak to*) dirigirse a, dirigir la palabra a.

adenoids [ˈædənɔɪdz] *npl* vegetaciones *fpl* adenoideas.

adept [ˈædept] *a*: **~ at** experto *or* hábil en.

adequate [ˈædɪkwɪt] *a* (*apt*) adecuado; (*enough*) suficiente.

adhere [ədˈhɪə*] *vi*: **to ~ to** pegarse a; (*fig*: *abide by*) observar.

adhesive [ədˈhiːzɪv] *a*, *n* adhesivo; **~ tape** *n* (*Brit*) cinta adhesiva; (*US*: *MED*) esparadrapo.

adjacent [əˈdʒeɪsənt] *a*: **~ to** contiguo a, inmediato a.

adjective [ˈædʒektɪv] *n* adjetivo.

adjoining [əˈdʒɔɪnɪŋ] *a* contiguo, vecino.

adjourn [əˈdʒɜːn] *vt* aplazar // *vi* suspenderse.

adjudicate [əˈdʒuːdɪkeɪt] *vi* sentenciar.

adjust [əˈdʒʌst] *vt* (*change*) modificar; (*machine*) ajustar // *vi*: **to ~ (to)** adaptarse (a); **~able** *a* ajustable; **~ment** *n* modificación *f*; ajuste *m*.

adjutant [ˈædʒətənt] *n* ayudante *m*.

ad-lib [ædˈlɪb] *vt*, *vi* improvisar; **ad lib** *ad* a voluntad, a discreción.

administer [ədˈmɪnɪstə*] *vt* proporcionar; (*justice*) administrar; **administration** [-ˈtreɪʃən] *n* administración *f*; (*government*) gobierno; **administrative** [-trətɪv] *a* administrativo.

admiral [ˈædmərəl] *n* almirante *m*; **A~ty** *n* (*Brit*) Ministerio de Marina, Almirantazgo.

admiration [ædməˈreɪʃən] *n* admiración *f*.

admire [ədˈmaɪə*] *vt* admirar; **~r** *n* admirador(a) *m/f*; (*suitor*) pretendiente *m*.

admission [ədˈmɪʃən] *n* (*exhibition*, *nightclub*) entrada; (*enrolment*) ingreso; (*confession*) confesión *f*.

admit [ədˈmɪt] *vt* dejar entrar, dar entrada a; (*permit*) admitir; (*acknowledge*) reconocer; **to ~ to** *vt fus* confesarse culpable de; **~tance** *n* entrada; **~tedly** *ad* de acuerdo que.

admonish [ədˈmɒnɪʃ] *vt* amonestar.

ad nauseam [ædˈnɔːsɪæm] *ad* hasta el cansancio.

ado [əˈduː] *n*: **without (any) more ~** sin más (ni más).

adolescence [ædəʊˈlesns] *n* adolescencia.

adolescent [ædəu'lɛsnt] a, n adolescente m/f.

adopt [ə'dɒpt] vt adoptar; ~**ed**, ~**ive** a adoptivo; ~**ion** [ə'dɒpʃən] n adopción f.

adore [ə'dɔ:*] vt adorar.

adorn [ə'dɔ:n] vt adornar.

Adriatic [eɪdrɪ'ætɪk] n: the ~ (Sea) el (Mar) Adriático.

adrift [ə'drɪft] ad a la deriva.

adult ['ædʌlt] n adulto/a.

adultery [ə'dʌltərɪ] n adulterio.

advance [əd'vɑ:ns] n adelanto, progreso; (money) anticipo, préstamo; (MIL) avance m // vt avanzar, adelantar; (money) anticipar // vi avanzar, adelantarse; **in** ~ por adelantado; ~**d** a avanzado; (SCOL: studies) adelantado; ~**ment** n progreso; (in rank) ascenso.

advantage [əd'vɑ:ntɪdʒ] n (also TENNIS) ventaja; **to take** ~ **of** aprovecharse de; ~**ous** [ædvən'teɪdʒəs] a ventajoso, provechoso.

advent ['ædvənt] n advenimiento; **A**~ Adviento.

adventure [əd'vɛntʃə*] n aventura; **adventurous** [-tʃərəs] a aventurero.

adverb ['ædvɜːb] n adverbio.

adversary ['ædvəsərɪ] n adversario/a, contrario/a.

adverse ['ædvɜːs] a adverso, contrario; ~ **to** adverso a.

adversity [əd'vɜːsɪtɪ] n infortunio.

advert ['ædvɜːt] n abbr (Brit) = **advertisement**.

advertise ['ædvətaɪz] vi hacer propaganda; (in newspaper etc) poner un anuncio; **to** ~ **for** (staff) buscar por medio de anuncios // vt anunciar; (publicise) dar publicidad a; ~**ment** [əd'vɜːtɪsmənt] n (COMM) anuncio; ~**r** n anunciante m/f; **advertising** n publicidad f, propaganda; anuncios mpl.

advice [əd'vaɪs] n consejo, consejos mpl; (notification) aviso; **a piece of** ~ un consejo; **to take legal** ~ consultar con un abogado.

advisable [əd'vaɪzəbl] a aconsejable, conveniente.

advise [əd'vaɪz] vt aconsejar; (inform): **to** ~ **sb of sth** informar a uno de algo; **to** ~ **sb against sth/doing sth** desaconsejar algo a uno/aconsejar a uno que no haga algo; ~**dly** [əd'vaɪzɪdlɪ] ad (deliberately) deliberadamente; ~**r** n consejero/a; (business adviser) asesor(a) m/f; **advisory** a consultivo.

advocate ['ædvəkeɪt] vt (argue for) abogar por; (give support to) ser partidario de // n [-kɪt] abogado/a.

Aegean [iː'dʒiːən] n: the ~ (Sea) el Mar Egeo.

aerial ['ɛərɪəl] n antena // a aéreo.

aerobics [ɛə'rəubɪks] n aerobic m.

aerodrome ['ɛərədrəum] n (Brit) aeródromo.

aeroplane ['ɛərəpleɪn] n (Brit) avión m.

aerosol ['ɛərəsɔl] n aerosol m.

aesthetic [iːs'θɛtɪk] a estético.

afar [ə'fɑː*] ad: **from** ~ desde lejos.

affair [ə'fɛə*] n asunto; (also: love ~) relación f amorosa.

affect [ə'fɛkt] vt afectar, influir en; (move) conmover; ~**ed** a afectado.

affection [ə'fɛkʃən] n afecto, cariño; ~**ate** a afectuoso, cariñoso.

affirmation [æfə'meɪʃən] n afirmación f.

affix [ə'fɪks] vt (signature) estampar; (stamp) pegar.

afflict [ə'flɪkt] vt afligir.

affluence ['æfluəns] n opulencia, riqueza.

affluent ['æfluənt] a acaudalado.

afford [ə'fɔːd] vt (provide) dar, proporcionar; **can we** ~ **it/to buy it?** ¿tenemos bastante dinero para comprarlo?

affront [ə'frʌnt] n afrenta, ofensa.

Afghanistan [æf'gænɪstæn] n Afganistán m.

afield [ə'fiːld] ad: **far** ~ muy lejos.

afloat [ə'fləut] ad (floating) a flote; (at sea) en el mar.

afoot [ə'fut] ad: **there is something** ~ algo se está tramando.

afraid [ə'freɪd] a: **to be** ~ **of** (person) tener miedo a; (thing) tener miedo de; **to be** ~ **to** tener miedo de, temer; **I am** ~ **that** me temo que.

afresh [ə'frɛʃ] ad de nuevo, otra vez.

Africa ['æfrɪkə] n África; ~**n** a, n africano/a m/f.

aft [ɑːft] ad (to be) en popa; (to go) a popa.

after ['ɑːftə*] prep (time) después de; (place, order) detrás de, tras // ad después // conj después (de) que; **what/who are you** ~? ¿qué/a quién busca usted?; ~ **having done/he left** después de haber hecho/después de que se marchó; **to ask** ~ **sb** preguntar por alguien; ~ **all** después de todo, al fin y al cabo; ~ **you!** ¡pase usted!; ~-**effects** npl consecuencias fpl, efectos mpl; ~**life** n vida eterna; ~**math** n consecuencias fpl, resultados mpl; ~**noon** n tarde f; ~**s** n (col: dessert) postre m; ~-**sales service** n (Brit: for car, washing machine etc) servicio de asistencia pos-venta; ~-**shave (lotion)** n aftershave m; ~**thought** n ocurrencia (tardía); ~**wards** ad después, más tarde.

again [ə'gɛn] ad otra vez, de nuevo; **to do sth** ~ volver a hacer algo; ~ **and** ~ una y otra vez.

against [ə'gɛnst] prep (opposed) en contra de; (close to) contra, junto a.

age [eɪdʒ] n edad f; (old ~) vejez f; (period) época // vi envejecer(se) // vt envejecer; **she is 20 years of** ~ tiene 20 años; **to come of** ~ llegar a la mayoría de edad; **it's been** ~**s since I saw you** hace siglos que no te veo; ~**d** a: ~**d 10** de 10 a años de edad; **the ~d** ['eɪdʒɪd] *npl* los ancianos; **~ group** *n*: **to be in the same ~ group** tener la misma edad; **~ limit** *n* edad *f* mínima/máxima.

agency ['eɪdʒənsɪ] *n* agencia; **through** *or* **by the ~ of** por medio de.

agenda [ə'dʒɛndə] *n* orden *m* del día.

agent ['eɪdʒənt] *n* (*gen*) agente *m/f*; (*representative*) representante *m/f*, delegado/a.

aggravate ['ægrəveɪt] *vt* agravar; (*annoy*) irritar.

aggregate ['ægrɪgeɪt] *n* (*whole*) conjunto; (*collection*) agregado.

aggressive [ə'grɛsɪv] *a* agresivo; (*vigorous*) enérgico.

aggrieved [ə'gri:vd] *a* ofendido, agraviado.

aghast [ə'gɑ:st] *a* horrorizado.

agile ['ædʒaɪl] *a* ágil.

agitate ['ædʒɪteɪt] *vt* (*shake*) agitar; (*trouble*) inquietar; **to ~ for** hacer campaña pro *or* en favor de; **agitator** *n* agitador(a) *m/f*.

ago [ə'gəu] *ad*: **2 days ~** hace 2 días; **not long ~** hace poco; **how long ~?** ¿hace cuánto tiempo?

agog [ə'gɔg] *a* (*anxious*) ansiado; (*excited*) emocionado.

agonizing ['ægənaɪzɪŋ] *a* (*pain*) atroz; (*suspense*) angustioso.

agony ['ægənɪ] *n* (*pain*) dolor *m* agudo; (*distress*) angustia; **to be in ~** retorcerse de dolor.

agree [ə'gri:] *vt* (*price*) acordar, quedar en // *vi* (*statements etc*) coincidir, concordar; **to ~ (with)** (*person*) estar de acuerdo (con), ponerse de acuerdo (con); **to ~ to do** aceptar hacer; **to ~ to sth** consentir en algo; **to ~ that** (*admit*) estar de acuerdo en que; **garlic doesn't ~ with me** el ajo no me sienta bien; **~able** *a* agradable; (*person*) simpático; (*willing*) de acuerdo, conforme; **~d** *a* (*time, place*) convenido; **~ment** *n* acuerdo; (*COMM*) contrato; **in ~ment de** acuerdo, conforme.

agricultural [ægrɪ'kʌltʃərəl] *a* agrícola.

agriculture ['ægrɪkʌltʃə*] *n* agricultura.

aground [ə'graund] *ad*: **to run ~** encallar, embarrancar.

ahead [ə'hɛd] *ad* delante; **~ of** delante de; (*fig*: *schedule etc*) antes de; **~ of time** antes de la hora; **to be ~ of sb** (*fig*) llevar la ventaja a alguien; **go right** *or* **straight ~** siga adelante; **they were (right) ~ of us** iban (justo) delante de nosotros.

aid [eɪd] *n* ayuda, auxilio // *vt* ayudar, auxiliar; **in ~ of** a beneficio de; **to ~ and abet** (*LAW*) ser cómplice de.

aide [eɪd] *n* (*POL*) ayudante *m/f*.

AIDS [eɪdz] *n abbr* (= *acquired immune deficiency syndrome*) SIDA *m*.

ailing [eɪlɪŋ] *a* (*person, economy*) enfermizo.

ailment ['eɪlmənt] *n* enfermedad *f*, achaque *m*.

aim [eɪm] *vt* (*gun, camera*) apuntar; (*missile, remark*) dirigir; (*blow*) asestar // *vi* (*also*: **take ~**) apuntar // *n* puntería; (*objective*) propósito, meta; **to ~ at** (*objective*) aspirar a, pretender; **to ~ to do** tener la intención de hacer; **~less** *a* sin propósito, sin objeto; **~lessly** *ad* a la ventura, a la deriva.

ain't [eɪnt] (*col*) = **am not**; **aren't**; **isn't**.

air [ɛə*] *n* aire *m*; (*appearance*) aspecto // *vt* ventilar; (*grievances, ideas*) airear // *cpd* aéreo; **to throw sth into the ~** (*ball etc*) lanzar algo al aire; **by ~** (*travel*) en avión; **to be on the ~** (*RADIO, TV*) estar en antena; **~ bed** (*Brit*) colchón *m* neumático; **~borne** *a* (*in the air*) en el aire; (*MIL*) aerotransportado; **~-conditioned** *a* climatizado; **~ conditioning** *n* aire acondicionado; **~craft** *n*, *pl inv* avión *m*; **~craft carrier** *n* portaaviones *m inv*; **~ field** *n* campo de aviación; **~ force** *n* fuerzas *fpl* aéreas, aviación *f*; **~ freshener** *n* ambientador *m*; **~gun** *n* escopeta de aire comprimido; **~ hostess** (*Brit*) *n* azafata; **~ letter** *n* (*Brit*) carta aérea; **~lift** *n* puente *m* aéreo; **~line** *n* línea aérea; **~liner** *n* avión *m* de pasajeros; **~lock** *n* (*in pipe*) esclusa de aire; **~mail** *n*: **by ~mail** por avión; **~ mattress** *n* colchón *m* neumático; **~plane** *n* (*US*) avión *m*; **~port** *n* aeropuerto; **~ raid** *n* ataque *m* aéreo; **~sick** *a*: **to be ~sick** marearse (en avión); **~strip** *n* pista de aterrizaje; **~ terminal** *n* terminal *f*; **~tight** *a* hermético; **~ traffic controller** *n* controlador(a) *m/f* aéreo/a; **~y** *a* (*room*) bien ventilado; (*manners*) ligero.

aisle [aɪl] *n* (*of church*) nave *f*; (*of theatre*) pasillo.

ajar [ə'dʒɑ:*] *a* entreabierto.

akin [ə'kɪn] *a*: **~ to** parecido a.

alacrity [ə'lækrɪtɪ] *n*: **with ~** con presteza.

alarm [ə'lɑ:m] *n* alarma; (*anxiety*) inquietud *f* // *vt* asustar, inquietar; **~ (clock)** *n* despertador *m*.

alas [ə'læs] *ad* desgraciadamente.

albeit [ɔ:l'bi:ɪt] *conj* aunque.

album ['ælbəm] *n* álbum *m*; (*L.P.*) elepé *m*.

alcohol ['ælkəhɔl] *n* alcohol *m*; **~ic** [-'hɔlɪk] *a*, *n* alcohólico/a *m/f*.

alcove ['ælkəuv] *n* nicho, hueco.

alderman ['ɔ:ldəmən] *n* concejal *m*.

ale [eɪl] *n* cerveza.

alert [ə'lɔ:t] *a* alerta; (*sharp*) despierto, despabilado // *n* alerta *m*, alarma // *vt* poner sobre aviso; **to be on the ~** estar alerta or sobre aviso.

algebra ['ældʒɪbrə] *n* álgebra.

Algeria [æl'dʒɪərɪə] n Argelia; ~n a, n argelino/a m/f.

alias ['eɪlɪəs] ad alias, conocido por // n alias m.

alibi ['ælɪbaɪ] n coartada.

alien ['eɪlɪən] n (foreigner) extranjero/a // a: ~ to ajeno a; ~ate vt enajenar, alejar.

alight [ə'laɪt] a ardiendo // vi apearse, bajar.

align [ə'laɪn] vt alinear.

alike [ə'laɪk] a semejantes, iguales // ad igualmente, del mismo modo; to look ~ parecerse.

alimony ['ælɪmənɪ] n (LAW) manutención f.

alive [ə'laɪv] a (gen) vivo; (lively) activo.

all [ɔːl] ♦ a (singular) todo/a; (plural) todos/as; ~ day todo el día; ~ night toda la noche; ~ men todos los hombres; ~ five came vinieron los cinco; ~ the books todos los libros; ~ his life toda su vida
♦ pron 1 todo; I ate it ~, I ate ~ of it me lo comí todo; ~ of us went fuimos todos; ~ the boys went fueron todos los chicos; is that ~? ¿eso es todo?, ¿algo más?; (in shop) ¿algo más?, ¿alguna cosa más?
2 (in phrases): above ~ sobre todo; por encima de todo; after ~ después de todo; at ~: not at ~ (in answer to question) en absoluto; (in answer to thanks) ¡de nada!, ¡no hay de qué!; I'm not at ~ tired no estoy nada cansado/a; anything at ~ will do cualquier cosa viene bien; ~ in ~ a fin de cuentas
♦ ad: ~ alone completamente solo/a; it's not as hard as ~ that no es tan difícil como lo pintas; ~ the more/the better tanto más/mejor; ~ but casi; the score is 2 ~ están empatados a 2.

allay [ə'leɪ] vt (fears) aquietar; (pain) aliviar.

all clear n (after attack etc) fin m de la alerta; (fig) luz f verde.

allegation [ælɪ'geɪʃən] n alegato.

allege [ə'ledʒ] vt pretender; ~dly [ə'ledʒɪdlɪ] ad supuestamente, según se afirma.

allegiance [ə'liːdʒəns] n lealtad f.

allergy ['ælədʒɪ] n alergia.

alleviate [ə'liːvɪeɪt] vt aliviar.

alley ['ælɪ] n (street) callejuela; (in garden) paseo.

alliance [ə'laɪəns] n alianza.

allied ['ælaɪd] a aliado.

alligator ['ælɪgeɪtə*] n caimán m.

all-in ['ɔːlɪn] a (Brit) (also ad: charge) todo incluido; ~ wrestling n lucha libre.

all-night ['ɔːl'naɪt] a (café, shop) abierto toda la noche.

allocate ['æləkeɪt] vt (share out) repartir; (devote) asignar; **allocation** [-'keɪʃən] n (of money) cuota; (distribu-

tion) reparto.

allot [ə'lɔt] vt asignar; ~ment n ración f; (garden) parcela.

all-out ['ɔːlaut] a (effort etc) supremo; **all out** ad con todas las fuerzas.

allow [ə'lau] vt (permit) permitir, dejar; (a claim) admitir; (sum to spend etc, time estimated) dar, conceder; (concede): to ~ that reconocer que; to ~ sb to do permitir a alguien hacer; he is ~ed to ... se le permite ...; to ~ for vt fus tener en cuenta; ~ance n concesión f; (payment) subvención f, pensión f; (discount) descuento, rebaja; to make ~ances for disculpar a; tener en cuenta.

alloy ['ælɔɪ] n (mix) mezcla.

all: ~ **right** ad (feel, work) bien; (as answer) ¡conforme!, ¡está bien!; ~ **round** a completo; (view) amplio; ~-**time** a (record) de todos los tiempos.

allude [ə'luːd] vi: to ~ to aludir a.

alluring [ə'ljuərɪŋ] a seductor(a), atractivo.

allusion [ə'luːʒən] n referencia, alusión f.

ally ['ælaɪ] n aliado/a.

almighty [ɔːl'maɪtɪ] a todopoderoso.

almond ['aːmənd] n almendra.

almost ['ɔːlməust] ad casi.

alms [aːmz] npl limosna sg.

aloft [ə'lɔft] ad arriba.

alone [ə'ləun] a solo // ad sólo, solamente; to leave sb ~ dejar a uno en paz; to leave sth ~ no tocar algo, dejar algo sin tocar; let ~ ... sin hablar de ...

along [ə'lɔŋ] prep a lo largo de, por // ad: is he coming ~ with us? ¿viene con nosotros?; he was limping ~ iba cojeando; ~ with junto con; all ~ (all the time) desde el principio; ~side prep al lado de // ad (NAUT) de costado.

aloof [ə'luːf] a reservado // ad: to stand ~ mantenerse apartado.

aloud [ə'laud] ad en voz alta.

alphabet ['ælfəbet] n alfabeto; ~ical [-'betɪkəl] a alfabético.

alpine ['ælpaɪn] a alpino, alpestre.

Alps [ælps] npl: the ~ los Alpes.

already [ɔːl'redɪ] ad ya.

alright ['ɔːl'raɪt] ad (Brit) = **all right**.

Alsatian [æl'seɪʃən] n (Brit: dog) pastor m alemán.

also ['ɔːlsəu] ad también, además.

altar ['ɔltə*] n altar m.

alter ['ɔltə*] vt cambiar, modificar.

alternate [ɔl'təːnɪt] a alterno // vi ['ɔltəːneɪt]: to ~ (with) alternar (con); on ~ days un día sí y otro no; **alternating** [-'neɪtɪŋ] a (current) alterno.

alternative [ɔl'təːnətɪv] a alternativo // n alternativa; ~ly ad: ~ly one could... por otra parte se podría... .

alternator ['ɔltəːneɪtə*] n (AUT) alternador m.

although [ɔːl'ðəu] conj aunque; (given that) si bien.

altitude ['æltɪtjuːd] n altitud f, altura.

alto ['æltəu] n (female) contralto f; (male) alto.

altogether [ɔːltə'geðə*] ad completamente, del todo; (on the whole, in all) en total, en conjunto.

aluminium [ælju'mɪnɪəm], (US) **aluminum** [ə'luːmɪnəm] n aluminio.

always ['ɔːlweɪz] ad siempre.

am [æm] vb see **be**.

a.m. ad abbr (= ante meridiem) de la mañana.

amalgamate [ə'mælgəmeɪt] vi amalgamarse // vt amalgamar, unir.

amass [ə'mæs] vt amontonar, acumular.

amateur ['æmətə*] n aficionado/a, amateur m/f; ~ish a (pej) torpe, inexperto.

amaze [ə'meɪz] vt asombrar, pasmar; to be ~d (at) quedar pasmado (de); ~ment n asombro, sorpresa; **amazing** a extraordinario, pasmoso.

Amazon ['æməzən] n (GEO) Amazonas m.

ambassador [æm'bæsədə*] n embajador(a) m/f.

amber ['æmbə*] n ámbar m; at ~ (Brit AUT) en el amarillo.

ambiguity [æmbɪ'gjuːtɪ] n ambigüedad f; (of meaning) doble sentido; **ambiguous** [-'bɪgjuəs] a ambiguo.

ambition [æm'bɪʃən] n ambición f; **ambitious** [-ʃəs] a ambicioso.

amble ['æmbl] vi (gen: ~ along) deambular, andar sin prisa.

ambulance ['æmbjuləns] n ambulancia; ~**man/woman** (Brit) ambulanciero/a.

ambush ['æmbuʃ] n emboscada // vt tender una emboscada a.

amenable [ə'miːnəbl] a: ~ to (advice etc) sensible a.

amend [ə'mend] vt (law, text) enmendar; to make ~s enmendarlo; (apologize) dar cumplida satisfacción; ~**ment** n enmienda.

amenities [ə'miːnɪtɪz] npl comodidades fpl.

America [ə'merɪkə] n (North ~) América del norte; (USA) Estados mpl Unidos; ~**n** a, n norteamericano/a m/f.

amiable ['eɪmɪəbl] a (kind) amable, simpático.

amicable ['æmɪkəbl] a amistoso, amigable.

amid(st) [ə'mɪd(st)] prep entre, en medio de.

amiss [ə'mɪs] ad: to take sth ~ tomar algo a mal; **there's something** ~ pasa algo.

ammonia [ə'məunɪə] n amoníaco.

ammunition [æmju'nɪʃən] n municiones fpl.

amnesia [æm'niːzɪə] n amnesia.

amnesty ['æmnɪstɪ] n amnistía.

amok [ə'mɔk] ad: **to run** ~ enloquecerse, desbocarse.

among(st) [ə'mʌŋ(st)] prep entre, en medio de.

amoral [æ'mɔrəl] a amoral.

amorous ['æmərəs] a cariñoso.

amorphous [ə'mɔːfəs] a amorfo.

amount [ə'maunt] n (gen) cantidad f; (of bill etc) suma, importe m // vi: **to** ~ **to** (total) sumar; (be same as) equivaler a, significar.

amp(ère) ['æmp(ɛə*)] n amperio.

amphibian [æm'fɪbɪən] n anfibio; **amphibious** [-bɪəs] a anfibio.

amphitheatre ['æmfɪθɪətə*] n anfiteatro.

ample ['æmpl] a (spacious) amplio; (abundant) abundante; (enough) bastante, suficiente.

amplifier ['æmplɪfaɪə*] n amplificador m.

amputate ['æmpjuteɪt] vt amputar.

amuck [ə'mʌk] ad = **amok**.

amuse [ə'mjuːz] vt divertir; (distract) distraer, entretener; ~**ment** n diversión f; (pastime) pasatiempo; (laughter) risa; ~**ment arcade** n mini-casino.

an [æn, ən, n] indefinite article see **a**.

anaemia [ə'niːmɪə] n (Brit) anemia; **anaemic** [-mɪk] a anémico; (fig) soso, insípido.

anaesthetic [ænɪs'θetɪk] n (Brit) anestesia; **anaesthetist** [æ'niːsθɪtɪst] n anestesista m/f.

analog(ue) ['ænəlɔg] a (computer, watch) analógico.

analogy [ə'nælədʒɪ] n análogo.

analyse ['ænəlaɪz] vt (Brit) analizar; **analysis** [ə'næləsɪs], pl -**ses** [-siːz] n análisis m inv; **analyst** [-lɪst] n (political ~, psycho~) analista m/f; **analytic(al)** [-'lɪtɪk(əl)] a analítico.

analyze ['ænəlaɪz] vt (US) = **analyse**.

anarchist ['ænəkɪst] a, n anarquista m/f.

anarchy ['ænəkɪ] n anarquía; (fam) desorden m.

anathema [ə'næθɪmə] n: that is ~ to him eso es pecado para él.

anatomy [ə'nætəmɪ] n anatomía.

ancestor ['ænsɪstə*] n antepasado.

anchor ['æŋkə*] n ancla, áncora // vi (also: to drop ~) anclar // vt (fig) sujetar, afianzar; to weigh ~ levar anclas; ~**age** n ancladero.

anchovy ['æntʃəvɪ] n anchoa.

ancient ['eɪnʃənt] a antiguo.

ancillary [æn'sɪlərɪ] a (worker, staff) auxiliar.

and [ænd] conj y; (before i-, hi- + consonant) e; men ~ women hombres y mujeres; father ~ son padre e hijo; trees ~ grass árboles y hierba; ~ so on etcétera, y así sucesivamente; try ~ come procura venir; he talked ~ talked habló sin parar; better ~ better cada vez mejor.

Andalusia [ændə'luːzɪə] n Andalucía.

Andes ['ændiːz] npl: the ~ los Andes.

anemia etc [ə'niːmɪə] n (US) = **anae-**

mia *etc.*

anesthetic *etc* [ænɪs'θɛtɪk] *n* (*US*) = **anaesthetic** *etc.*

anew [ə'nju:] *ad* de nuevo, otra vez.

angel ['eɪndʒəl] *n* ángel *m*.

anger ['æŋgə*] *n* cólera // *vt* enojar, enfurecer.

angina [æn'dʒaɪnə] *n* angina (del pecho).

angle ['æŋgl] *n* ángulo; **from their** ~ desde su punto de vista.

angler ['æŋglə*] *n* pescador(a) *m/f* (de caña).

Anglican ['æŋglɪkən] *a*, *n* anglicano/a *m/f*.

angling ['æŋglɪŋ] *n* pesca con caña.

Anglo... [æŋgləu] *pref* anglo... .

angrily ['æŋgrɪlɪ] *ad* enojado, enfadado.

angry ['æŋgrɪ] *a* enfadado, enojado; **to be** ~ **with** sb/at sth estar enfadado con alguien/por algo; **to get** ~ enfadarse, enojarse.

anguish ['æŋgwɪʃ] *n* (*physical*) tormentos *mpl*; (*mental*) angustia.

angular ['æŋgjulə*] *a* (*shape*) angular; (*features*) anguloso.

animal ['ænɪməl] *n* animal *m*, bestia // *a* animal.

animate ['ænɪmeɪt] *vt* (*enliven*) animar; (*encourage*) estimular, alentar // *a* ['ænɪmɪt] vivo; ~**d** *a* vivo.

animosity [ænɪ'mɔsɪtɪ] *n* animosidad *f*, rencor *m*.

aniseed ['ænɪsi:d] *n* anís *m*.

ankle ['æŋkl] *n* tobillo *m*; ~ **sock** *n* calcetín *m*.

annex ['ænɛks] *n* (*also: Brit: annexe*) (*building*) edificio anexo // *vt* [æ'nɛks] (*territory*) anexar.

annihilate [ə'naɪəleɪt] *vt* aniquilar.

anniversary [ænɪ'vɜːsərɪ] *n* aniversario.

announce [ə'nauns] *vt* (*gen*) anunciar; (*inform*) comunicar; ~**ment** *n* (*gen*) anuncio; (*declaration*) declaración *f*; ~**r** *n* (*RADIO, TV*) locutor(a) *m/f*.

annoy [ə'nɔɪ] *vt* molestar, fastidiar; **don't get** ~**ed!** ¡no se enfade!; ~**ance** *n* enojo; (*thing*) molestia; ~**ing** *a* molesto, fastidioso; (*person*) pesado.

annual ['ænjuəl] *a* anual // *n* (*BOT*) anual *m*; (*book*) anuario // ~**ly** *ad* anualmente, cada año.

annul [ə'nʌl] *vt* anular; (*law*) revocar; ~**ment** *n* anulación *f*.

annum ['ænəm] *n* see **per.**

anomaly [ə'nɔməlɪ] *n* anomalía.

anonymity [ænə'nɪmɪtɪ] *n* anonimato.

anonymous [ə'nɔnɪməs] *a* anónimo.

anorak ['ænəræk] *n* anorak *m*.

anorexia [ænə'rɛksɪə] *n* (*MED*) anorexia.

another [ə'nʌðə*] *a*: ~ **book** (*one more*) otro libro; (*a different one*) un libro distinto // *pron* otro; see also **one.**

answer ['ɑːnsə*] *n* contestación *f*, respuesta; (*to problem*) solución *f* // *vi* contestar, responder // *vt* (*reply to*) contes-

tar a, responder a; (*problem*) resolver; **to** ~ **the phone** contestar el teléfono; **in** ~ **to your letter** contestando *or* en contestación a su carta; **to** ~ **the door** acudir a la puerta; **to** ~ **back** *vi* replicar, ser respondón/ona; **to** ~ **for** *vt fus* responder de *or* por; **to** ~ **to** *vt fus* (*description*) corresponder a; ~**able** *a*: ~**able to sb for sth** responsable ante uno de algo; ~**ing machine** *n* contestador *m* automático.

ant [ænt] *n* hormiga.

antagonism [æn'tægənɪzm] *n* hostilidad *f*.

antagonize [æn'tægənaɪz] *vt* provocar.

Antarctic [ænt'ɑːktɪk] *n*: **the** ~ el Antártico.

antelope ['æntɪləup] *n* antílope *m*.

antenatal ['æntɪ'neɪtl] *a* antenatal, prenatal; ~ **clinic** *n* clínica prenatal.

antenna [æn'tɛnə], *pl* ~**e** [-niː] *n* antena.

anthem ['ænθəm] *n*: **national** ~ himno nacional.

anthology [æn'θɔlədʒɪ] *n* antología.

anthropology [ænθrə'pɔlədʒɪ] *n* antropología.

anti-aircraft [æntɪ'ɛəkrɑːft] *a* antiaéreo.

antibiotic [æntɪbaɪ'ɔtɪk] *a*, *n* antibiótico.

antibody ['æntɪbɔdɪ] *n* anticuerpo.

anticipate [æn'tɪsɪpeɪt] *vt* (*foresee*) prever; (*expect*) esperar, contar con; (*forestall*) anticiparse a, adelantarse a; **anticipation** [-'peɪʃən] *n* previsión *f*; esperanza; anticipación *f*.

anticlimax [æntɪ'klaɪmæks] *n* decepción *f*.

anticlockwise [æntɪ'klɔkwaɪz] *ad* en dirección contraria a la de las agujas del reloj.

antics ['æntɪks] *npl* payasadas *fpl*; (*of child*) travesuras *fpl*.

anticyclone [æntɪ'saɪkləun] *n* anticiclón *m*.

antidote ['æntɪdəut] *n* antídoto.

antifreeze ['æntɪfriːz] *n* anticongelante *m*.

antihistamine [æntɪ'hɪstəmiːn] *n* antihistamínico.

antipathy [æn'tɪpəθɪ] *n* (*between people*) antipatía; (*to person, thing*) aversión *f*.

antiquated ['æntɪkweɪtɪd] *a* anticuado.

antique [æn'tiːk] *n* antigüedad *f* // *a* antiguo; ~ **dealer** *n* anticuario/a; ~ **shop** *n* tienda de antigüedades.

antiquity [æn'tɪkwɪtɪ] *n* antigüedad *f*.

anti-semitism [æntɪ'sɛmɪtɪzm] *n* antisemitismo.

antiseptic [æntɪ'sɛptɪk] *a*, *n* antiséptico.

antisocial [æntɪ'səuʃəl] *a* antisocial.

antlers ['æntləz] *npl* cuernas *fpl*.

anus ['eɪnəs] *n* ano.

anvil ['ænvɪl] *n* yunque *m*.

anxiety [æŋ'zaɪətɪ] *n* (*worry*) inquietud *f*; (*eagerness*) ansia, anhelo.

anxious ['æŋkʃəs] *a* (*worried*) inquieto; (*keen*) deseoso.

any ['ɛnɪ] ♦ a 1 (*in questions etc*) algún/alguna; have you ~ butter/children? ¿tienes mantequilla/hijos?; if there are ~ tickets left si quedan billetes, si queda algún billete
2 (*with negative*): I haven't ~ money/books no tengo dinero/libros
3 (*no matter which*) cualquier; ~ excuse will do valdrá o servirá cualquier excusa; choose ~ book you like escoge el libro que quieras; ~ teacher you ask will tell you cualquier profesor al que preguntes te lo dirá
4 (*in phrases*): in ~ case de todas formas, en cualquier caso; ~ day now cualquier día (de estos); at ~ moment en cualquier momento, de un momento a otro; at ~ rate en todo caso; ~ time: come (at) ~ time venga cuando quieras; he might come (at) ~ time podría llegar de un momento a otro
♦ pron 1 (*in questions etc*): have you got ~? ¿tienes alguno(s)/a(s)?; can ~ of you sing? ¿sabéis/saben cantar alguno de vosotros/ustedes?
2 (*with negative*): I haven't ~ (of them) no tengo ninguno
3 (*no matter which one(s)*): take ~ of those books (you like) toma cualquier libro que quieras de ésos
♦ ad 1 (*in questions etc*): do you want ~ more soup/sandwiches? ¿quieres más sopa/sandwiches?; are you feeling ~ better? ¿te sientes algo mejor?
2 (*with negative*): I can't hear him ~ more ya no le oigo; don't wait ~ longer no esperes más.

anybody ['ɛnɪbɔdɪ] pron cualquiera; (*in interrogative sentences*) alguien; (*in negative sentences*): I don't see ~ no veo a nadie; if ~ should phone... si llama alguien....

anyhow ['ɛnɪhau] ad (*at any rate*) de todos modos, de todas formas; (*haphazard*): do it ~ you like hazlo como quieras; she leaves things just ~ deja las cosas como quiera o de cualquier modo; I shall go ~ de todos modos iré.

anyone ['ɛnɪwʌn] pron = **anybody**.

anything ['ɛnɪθɪŋ] pron (*in questions etc*) algo, alguna cosa; (*with negative*) nada; can you see ~? ¿ves algo?; if ~ happens to me... si algo me ocurre...; (*no matter what*): you can say ~ you like puedes decir lo que quieras; ~ will do vale todo o cualquier cosa; he'll eat ~ come de todo o lo que sea.

anyway ['ɛnɪweɪ] ad (*at any rate*) de todos modos, de todas formas; I shall go ~ iré de todos modos; (*besides*): ~, I couldn't come even if I wanted to además, no podría venir aunque quisiera; why are you phoning, ~? ¿entonces, por qué llamas? ¿por qué llamas, pues?

anywhere ['ɛnɪwɛə*] ad (*in questions etc*): can you see him ~? ¿le ves por algún lado?; are you going ~? ¿vas a algún sitio?; (*with negative*): I can't see him ~ no le veo por ninguna parte; (*no matter where*): ~ in the world en cualquier parte (del mundo); put the books down ~ posa los libros donde quieras.

apart [ə'pɑːt] ad aparte, separadamente; 10 miles ~ separados por 10 millas; to take ~ desmontar; ~ from prep aparte de.

apartheid [ə'pɑːteɪt] n apartheid m.

apartment [ə'pɑːtmənt] n (*US*) piso, departamento (*LAm*), apartamento; (*room*) cuarto; ~ house n (*US*) casa de apartamentos.

apathetic [æpə'θɛtɪk] a apático, indiferente.

apathy ['æpəθɪ] n apatía, indiferencia.

ape [eɪp] n mono // vt remedar.

aperitif [ə'pɛrɪtɪf] n aperitivo.

aperture ['æpətʃjuə*] n rendija, resquicio; (*PHOT*) abertura.

apex ['eɪpɛks] n ápice m; (*fig*) cumbre f.

apiece [ə'piːs] ad cada uno.

aplomb [ə'plɔm] n aplomo.

apologetic [əpɔlə'dʒɛtɪk] a (*look, remark*) de disculpa.

apologize [ə'pɔlədʒaɪz] vi: to ~ (for sth to sb) disculparse (con alguien de algo).

apology [ə'pɔlədʒɪ] n disculpa, excusa.

apostle [ə'pɔsl] n apóstol m/f.

apostrophe [ə'pɔstrəfɪ] n apóstrofe m.

appal [ə'pɔːl] vt horrorizar, espantar; ~ling a espantoso; (*awful*) pésimo.

apparatus [æpə'reɪtəs] n aparato; (*in gymnasium*) aparatos mpl.

apparel [ə'pærəl] n (*US*) ropa.

apparent [ə'pærənt] a aparente; ~ly ad por lo visto, al parecer.

appeal [ə'piːl] vi (*LAW*) apelar // n (*LAW*) apelación f; (*request*) llamamiento; (*plea*) súplica; (*charm*) atractivo, encanto; to ~ for suplicar, reclamar; to ~ to (*subj: person*) rogar a, suplicar a; (*subj: thing*) atraer, interesar; it doesn't ~ to me no me atrae, no me llama la atención; ~ing a (*nice*) atractivo; (*touching*) conmovedor(a), emocionante.

appear [ə'pɪə*] vi aparecer, presentarse; (*LAW*) comparecer; (*publication*) salir (a luz), publicarse; (*seem*) parecer; it would ~ that parecería que; ~ance n aparición f; (*look, aspect*) apariencia, aspecto.

appease [ə'piːz] vt (*pacify*) apaciguar; (*satisfy*) satisfacer.

appendicitis [əpendɪ'saɪtɪs] n apendicitis f.

appendix [ə'pendɪks], pl **-dices** [-dɪsiːz] n apéndice m.

appetite ['æpɪtaɪt] n apetito; (*fig*) deseo, anhelo.

appetizer ['æpɪtaɪzə*] n (*drink*) aperitivo; (*food*) tapas fpl (*Sp*).

applaud [ə'plɔːd] vt, vi aplaudir.
applause [ə'plɔːz] n aplausos mpl.
apple ['æpl] n manzana; ~ **tree** n manzano.
appliance [ə'plaɪəns] n aparato.
applicant ['æplɪkənt] n candidato/a; solicitante m/f.
application [æplɪ'keɪʃən] n aplicación f; (for a job, a grant etc) solicitud f, petición f; ~ **form** n solicitud f.
applied [ə'plaɪd] a aplicado.
apply [ə'plaɪ] vt: to ~ (to) aplicar (a); (fig) emplear (para) // vi: to ~ to (ask) dirigirse a; (be suitable for) ser aplicable a; (be relevant to) tener que ver con; to ~ for (permit, grant, job) solicitar; to ~ the brakes aplicar los frenos; to ~ o.s. to aplicarse a, dedicarse a.
appoint [ə'pɔɪnt] vt (to post) nombrar; (date, place) fijar, señalar; ~**ment** n (engagement) cita; (date) compromiso; (act) nombramiento; (post) puesto.
appraisal [ə'preɪzl] n apreciación f.
appreciable [ə'priːʃəbl] a sensible.
appreciate [ə'priːʃɪeɪt] vt (like) apreciar, tener en mucho; (be grateful for) agradecer; (be aware of) comprender // vi (COMM) aumentar(se) en valor; **appreciation** [-'eɪʃən] n aprecio; reconocimiento, agradecimiento; aumento en valor.
appreciative [ə'priːʃɪətɪv] a apreciativo, agradecido.
apprehend [æprɪ'hɛnd] vt percibir; (arrest) detener.
apprehension [æprɪ'hɛnʃən] n (fear) aprensión f; **apprehensive** [-'hɛnsɪv] a aprensivo.
apprentice [ə'prɛntɪs] n aprendiz/a m/f; ~**ship** n aprendizaje m.
approach [ə'prəʊtʃ] vi acercarse // vt acercarse a; (be approximate) aproximarse a; (ask, apply to) dirigirse a // n acercamiento; aproximación f; (access) acceso; (proposal) proposición f; ~**able** a (person) abordable; (place) accesible.
appropriate [ə'prəʊprɪɪt] a apropiado, conveniente // vt [-rɪeɪt] (take) apropiarse de; (allot): to ~ sth for destinar algo a.
approval [ə'pruːvəl] n aprobación f, visto bueno; on ~ (COMM) a prueba.
approve [ə'pruːv] vt aprobar; to ~ of vt fus aprobar; ~**d school** n (Brit) correccional m.
approximate [ə'prɒksɪmɪt] a aproximado; ~**ly** ad aproximadamente, más o menos.
apricot ['eɪprɪkɔt] n albaricoque m (Sp), damasco (LAm).
April ['eɪprəl] n abril m; ~ **Fool's Day** n (1 April) ≈ día m de los Inocentes (28 December).
apron ['eɪprən] n delantal m.
apt [æpt] a (to the point) acertado, opor-

tuno; (appropriate) apropiado; (likely): ~ to do propenso a hacer.
aqualung ['ækwəlʌŋ] n escafandra autónoma.
aquarium [ə'kwɛərɪəm] n acuario.
Aquarius [ə'kwɛərɪəs] n Acuario.
aquatic [ə'kwætɪk] a acuático.
aqueduct ['ækwɪdʌkt] n acueducto.
Arab ['ærəb] n árabe m/f.
Arabian [ə'reɪbɪən] a árabe.
Arabic ['ærəbɪk] a (language, manuscripts) árabe // n árabe m; ~ **numerals** numeración f arábiga.
arable ['ærəbl] a cultivable.
Aragon ['ærəgən] n Aragón m.
arbitrary ['ɑːbɪtrərɪ] a arbitrario.
arbitration [ɑːbɪ'treɪʃən] n arbitraje m.
arcade [ɑː'keɪd] n (ARCH) arcada; (round a square) soportales mpl; (shopping ~) galería, pasaje m.
arch [ɑːtʃ] n arco; (vault) bóveda; (of foot) arco del pie // vt arquear.
archaeologist [ɑːkɪ'ɔlədʒɪst] n arqueólogo/a.
archaeology [ɑːkɪ'ɔlədʒɪ] n arqueología.
archaic [ɑː'keɪɪk] a arcaico.
archbishop [ɑːtʃ'bɪʃəp] n arzobispo.
arch-enemy ['ɑːtʃ'ɛnəmɪ] n enemigo jurado.
archeology etc [ɑːkɪɔlədʒɪ] (US) = **archaeology** etc.
archer ['ɑːtʃə*] n arquero; ~**y** n tiro al arco.
archipelago [ɑːkɪ'pɛlɪgəʊ] n archipiélago.
architect ['ɑːkɪtɛkt] n arquitecto/a; ~**ural** [-'tɛktʃərəl] a arquitectónico; ~**ure** n arquitectura.
archives ['ɑːkaɪvz] npl archivo sg.
archway ['ɑːtʃweɪ] n arco, arcada.
Arctic ['ɑːktɪk] a ártico // n: the ~ el Ártico.
ardent ['ɑːdənt] a (desire) ardiente; (supporter, lover) apasionado.
arduous ['ɑːdjuəs] a (gen) arduo; (journey) penoso.
are [ɑː*] vb see **be**.
area ['ɛərɪə] n área; (MATH etc) superficie f, extensión f; (zone) región f, zona; ~ **code** n (US TEL) prefijo.
arena [ə'riːnə] n arena; (of circus) pista; (for bullfight) plaza, ruedo.
aren't [ɑːnt] = **are not**.
Argentina [ɑːdʒən'tiːnə] n Argentina; **Argentinian** [-'tɪnɪən] a, n argentino/a m/f.
arguably ['ɑːgjuəblɪ] ad posiblemente.
argue ['ɑːgjuː] vi (quarrel) discutir, pelearse; (reason) razonar, argumentar; to ~ that sostener que.
argument ['ɑːgjumənt] n (reasons) argumento; (quarrel) discusión f, pelea; (debate) debate m, disputa; ~**ative** [-'mɛntətɪv] a discutidor(a).
aria ['ɑːrɪə] n (MUS) aria.

Aries ['ɛərɪz] n Aries m.

arise [ə'raɪz], pt **arose**, pp **arisen** [ə'rɪzn] vi (rise up) levantarse, alzarse; (emerge) surgir, presentarse; **to ~ from** derivar de.

aristocrat ['ærɪstəkræt] n aristócrata m/f.

arithmetic [ə'rɪθmətɪk] n aritmética.

ark [ɑːk] n: Noah's A~ el Arca f de Noé.

arm [ɑːm] n (ANAT) brazo // vt armar; **~s** npl (weapons) armas fpl; (HERALDRY) escudo sg; **~ in ~** cogidos del brazo; **~s race** n carrera de armamentos.

armaments ['ɑːməmənts] npl (weapons) armamentos mpl.

armchair ['ɑːmtʃɛə*] n sillón m.

armed [ɑːmd] a armado; **~ robbery** n robo a mano armada.

armour, (US) **armor** ['ɑːmə*] n armadura; **~ed car** n coche m or carro (LAm) blindado; **~y** n arsenal m.

armpit ['ɑːmpɪt] n sobaco, axila.

armrest ['ɑːmrɛst] n apoyabrazos m inv.

army ['ɑːmɪ] n ejército.

aroma [ə'rəumə] n aroma m, fragancia.

arose [ə'rəuz] pt of **arise**.

around [ə'raund] ad alrededor; (in the area) a la redonda // prep alrededor de.

arouse [ə'rauz] vt despertar.

arrange [ə'reɪndʒ] vt arreglar, ordenar; (programme) organizar; **to ~ to do sth** quedar en hacer algo; **~ment** n arreglo; (agreement) acuerdo; **~ments** npl (preparations) preparativos mpl.

array [ə'reɪ] n: **~ of** (things) serie f de; (people) conjunto de.

arrears [ə'rɪəz] npl atrasos mpl; **to be in ~ with one's rent** estar retrasado en el pago del alquiler.

arrest [ə'rɛst] vt detener; (sb's attention) llamar // n detención f; **under ~** detenido.

arrival [ə'raɪvəl] n llegada; **new ~** recién llegado/a.

arrive [ə'raɪv] vi llegar.

arrogant ['ærəgənt] a arrogante.

arrow ['ærəu] n flecha.

arse [ɑːs] n (Brit col!) culo, trasero.

arsenal ['ɑːsɪnl] n arsenal m.

arsenic ['ɑːsnɪk] n arsénico.

arson ['ɑːsn] n incendio premeditado.

art [ɑːt] n arte m; (skill) destreza; (technique) técnica; **A~s** npl (SCOL) Letras fpl.

artery ['ɑːtərɪ] n arteria.

artful [ɑːtful] a (cunning: person, trick) mañoso.

art gallery n pinacoteca; (saleroom) galería de arte.

arthritis [ɑː'θraɪtɪs] n artritis f.

artichoke ['ɑːtɪtʃəuk] n alcachofa; Jerusalem ~ aguaturma.

article ['ɑːtɪkl] n artículo, (in newspaper) artículo; (Brit LAW: training): **~s** npl contrato sg de aprendizaje; **~ of clothing** prenda de vestir.

articulate [ɑː'tɪkjulɪt] a (speech) claro; (person) que se expresa bien // vi [-leɪt] articular; **~d lorry** n (Brit) trailer m.

artificial [ɑːtɪ'fɪʃəl] a artificial; (teeth etc) postizo.

artillery [ɑː'tɪlərɪ] n artillería.

artisan ['ɑːtɪzæn] n artesano.

artist ['ɑːtɪst] n artista m/f; (MUS) intérprete m/f; **~ic** [ɑː'tɪstɪk] a artístico; **~ry** n arte m, habilidad f (artística).

artless ['ɑːtlɪs] a (innocent) natural, sencillo; (clumsy) torpe.

art school n escuela de bellas artes.

as [əz] conj 1 (referring to time) cuando, mientras; a medida que; **~ the years went by** con el paso de los años; **he came in ~** I was leaving entró cuando me marchaba; **~ from tomorrow** desde or a partir de mañana

2 (in comparisons): **~ big ~** tan grande como; **twice ~ big ~** el doble de grande que; **~ much money/many books ~** tanto dinero/tantos libros como; **~ soon ~** en cuanto

3 (since, because) como, ya que; **he left early ~** he had to be home by 10 se fue temprano como tenía que estar en casa a las 10

4 (referring to manner, way): **do ~ you wish** haz lo que quieras; **~ she said** como dijo; **he gave it to me ~ a present** me lo dio de regalo

5 (in the capacity of): **he works ~ a barman** trabaja de barman; **~ chairman of the company, he...** como presidente de la compañía, ...

6 (concerning): **~ for or to that** por or en lo que respecta a eso

7: **~ if or though** como si: **he looked ~ if he was ill** parecía como si estuviera enfermo, tenía aspecto de enfermo

see also long, such, well.

a.s.a.p. abbr (= as soon as possible) cuanto antes.

asbestos [æz'bɛstɔs] n asbesto, amianto.

ascend [ə'sɛnd] vt subir; **~ancy** n ascendiente m, dominio.

ascent [ə'sɛnt] n subida; (of plane) ascenso.

ascertain [æsə'teɪn] vt averiguar.

ascribe [ə'skraɪb] vt: **to ~ sth to** atribuir algo a.

ash [æʃ] n ceniza; (tree) fresno; **~can** n (US) cubo or bote m (LAm) de la basura.

ashamed [ə'ʃeɪmd] a avergonzado, apenado (LAm); **to be ~ of** avergonzarse de.

ashen ['æʃn] a pálido.

ashore [ə'ʃɔː*] ad en tierra.

ashtray ['æʃtreɪ] n cenicero.

Ash Wednesday n miércoles m de Cenizas.

Asia ['eɪʃə] n Asia; **~n, ~tic** [eɪsɪ'ætɪk]

a, n asiático/a *m/f*.

aside [ə'saɪd] *ad* a un lado.

ask [ɑːsk] *vt (question)* preguntar; *(demand)* pedir; *(invite)* invitar; **to ~ sb sth/to do sth** preguntar algo a alguien/ pedir a alguien que haga algo; **to ~ sb about sth** preguntar algo a alguien; **to ~ (sb) a question** hacer una pregunta (a alguien); **to ~ sb out to dinner** invitar a cenar a uno; **to ~ after** *vt fus* preguntar por; **to ~ for** *vt fus* pedir.

askance [ə'skɑːns] *ad*: **to look ~ at sb** mirar con recelo a uno.

askew [ə'skjuː] *ad* sesgado, ladeado.

asking price *n* precio inicial.

asleep [ə'sliːp] *a* dormido; **to fall ~** dormirse, quedarse dormido.

asparagus [əs'pærəgəs] *n* espárragos *mpl*.

aspect ['æspɛkt] *n* aspecto, apariencia; *(direction in which a building etc faces)* orientación *f*.

aspersions [əs'pəːʃənz] *npl*: **to cast ~ on** difamar a, calumniar a.

asphyxiation [æs'fɪksɪ'eɪʃən] *n* asfixia.

aspirations [æspə'reɪʃənz] *npl* anhelo *sg*, deseo *sg*; *(ambition)* ambición *fsg*.

aspire [əs'paɪə*] *vi*: **to ~ to** aspirar a, ambicionar.

aspirin ['æsprɪn] *n* aspirina.

ass [æs] *n* asno, burro; *(col)* imbécil *m/f*; *(US col!)* culo, trasero.

assailant [ə'seɪlənt] *n* asaltador(a) *m/f*, agresor(a) *m/f*.

assassin [ə'sæsɪn] *n* asesino/a; **~ate** *vt* asesinar; **~ation** [-'neɪʃən] *n* asesinato.

assault [ə'sɔːlt] *n (gen: attack)* asalto // *vt* asaltar, atacar; *(sexually)* violar.

assemble [ə'sɛmbl] *vt* reunir, juntar; *(TECH)* montar // *vi* reunirse, juntarse.

assembly [ə'sɛmblɪ] *n (meeting)* reunión *f*, asamblea; *(construction)* montaje *m*; **~ line** *n* cadena de montaje.

assent [ə'sɛnt] *n* asentimiento, aprobación *f* // *vi* consentir, asentir.

assert [ə'səːt] *vt* afirmar; *(insist on)* hacer valer.

assess [ə'sɛs] *vt* valorar, calcular; *(tax, damages)* fijar; *(property etc: for tax)* gravar; **~ment** *n* valoración *f*; gravamen *m*; **~or** *n* asesor(a) *m/f*; *(of tax)* tasador(a) *m/f*.

asset ['æsɛt] *n* posesión *f*; *(quality)* ventaja; **~s** *npl (funds)* activo *sg*, fondos *mpl*.

assign [ə'saɪn] *vt (date)* fijar; *(task)* asignar; *(resources)* destinar; *(property)* traspasar; **~ment** *n* asignación *f*; *(task)* tarea.

assist [ə'sɪst] *vt* ayudar; **~ance** *n* ayuda, auxilio; **~ant** *n* ayudante *m/f*; *(Brit: also: shop ~ant)* dependiente/a *m/f*.

associate [ə'səuʃɪt] *a* asociado // *n* socio/a, colega *m/f*; *(in crime)* cómplice *m/f*; *(member)* miembro // *vb* [-ʃɪeɪt] *vt*

asociar; *(ideas)* relacionar // *vi*: **to ~ with sb** tratar con alguien.

association [əsəusɪ'eɪʃən] *n* asociación *f*; *(COMM)* sociedad *f*.

assorted [ə'sɔːtɪd] *a* surtido, variado.

assortment [ə'sɔːtmənt] *n* surtido.

assume [ə'sjuːm] *vt (suppose)* suponer; *(responsibilities etc)* asumir; *(attitude, name)* adoptar, tomar; **~d name** *n* nombre *m* falso.

assumption [ə'sʌmpʃən] *n (supposition)* suposición *f*, presunción *f*; *(act)* asunción *f*.

assurance [ə'ʃuərəns] *n* garantía, promesa; *(confidence)* confianza, aplomo; *(insurance)* seguro.

assure [ə'ʃuə*] *vt* asegurar.

astern [ə'stəːn] *ad* a popa.

asthma ['æsmə] *n* asma.

astonish [ə'stɔnɪʃ] *vt* asombrar, pasmar; **~ment** *n* asombro, sorpresa.

astound [ə'staund] *vt* asombrar, pasmar.

astray [ə'streɪ] *ad*: **to go ~** extraviarse; **to lead ~** llevar por mal camino.

astride [ə'straɪd] *prep* a caballo *or* horcajadas sobre.

astrology [æs'trɔlədʒɪ] *n* astrología.

astronaut ['æstrənɔːt] *n* astronauta *m/f*.

astronomical [æstrə'nɔmɪkəl] *a* astronómico.

astronomy [æs'trɔnəmɪ] *n* astronomía.

astute [əs'tjuːt] *a* astuto.

asylum [ə'saɪləm] *n (refuge)* asilo; *(hospital)* manicomio.

at [æt] *prep* **1** *(referring to position)* en; *(direction)* a; **~ the top** en lo alto; **~ home/school** en casa/la escuela; **to look ~ sth/sb** mirar algo/a uno

2 *(referring to time)*: **~ 4 o'clock** a las 4; **~ night** por la noche; **~ Christmas** en Navidad; **~ times** a veces

3 *(referring to rates, speed etc)*: **~ £1 a kilo** a una libra el kilo; **two ~ a time** de dos en dos; **~ 50 km/h** a 50 km/h

4 *(referring to manner)*: **~ a stroke** de un golpe; **~ peace** en paz

5 *(referring to activity)*: **to be ~ work** estar trabajando; *(in the office etc)* estar en el trabajo; **to play ~ cowboys** jugar a los vaqueros; **to be good ~ sth** ser bueno en algo

6 *(referring to cause)*: **shocked/surprised/annoyed ~ sth** asombrado/sorprendido/fastidiado por algo; **I went ~ his suggestion** fui a instancias suyas.

ate [eɪt] *pt of* **eat.**

atheist ['eɪθɪɪst] *n* ateo/a.

Athens ['æθɪnz] *n* Atenas *f*.

athlete ['æθliːt] *n* atleta *m/f*.

athletic [æθ'lɛtɪk] *a* atlético; **~s** *n* atletismo.

Atlantic [ət'læntɪk] *a* atlántico // *n*: **the ~ (Ocean)** el (Océano) Atlántico.

atlas ['ætləs] *n* atlas *m*.

atmosphere ['ætməsfɪə*] *n* atmósfera;

(fig) ambiente *m*.

atom ['ætəm] *n* átomo; **~ic** [ə'tɔmɪk] *a* atómico; **~(ic) bomb** *n* bomba atómica; **~izer** ['ætəmaɪzə*] *n* atomizador *m*.

atone [ə'təʊn] *vi*: to ~ for expiar.

atrocious [ə'trəʊʃəs] *a* atroz.

attach [ə'tætʃ] *vt* sujetar; *(stick)* pegar; *(document, letter)* adjuntar; **to be ~ed to sb/sth** *(to like)* tener cariño a alguien/ algo.

attaché [ə'tæʃeɪ] *n* agregado/a; **~ case** *n (Brit)* maletín *m*.

attachment [ə'tætʃmənt] *n (tool)* accesorio; *(love)*: ~ **(to)** apego (a).

attack [ə'tæk] *vt (MIL)* atacar; *(criminal)* agredir, asaltar; *(task etc)* emprender // *n* ataque *m*, asalto; *(on sb's life)* atentado; **heart ~** infarto (de miocardio); **~er** *n* agresor(a) *m/f*, asaltante *m/f*.

attain [ə'teɪn] *vt (also:* ~ **to)** alcanzar; *(achieve)* lograr, conseguir; **~ments** *npl (skill)* talento *sg*.

attempt [ə'tɛmpt] *n* tentativa, intento; *(attack)* atentado // *vt* intentar; **~ed** *a*: **~ed burglary** tentativa *or* intento de robo.

attend [ə'tɛnd] *vt* asistir a; *(patient)* atender; **to ~ to** *vt fus (needs, affairs etc)* ocuparse de; *(speech etc)* prestar atención a; *(customer)* atender a; **~ance** *n* asistencia, presencia; *(people present)* concurrencia; **~ant** *n* sirviente/a *m/f*, mozo/a; *(THEATRE)* acomodador(a) *m/f* // *a* concomitante.

attention [ə'tɛnʃən] *n* atención *f* // *excl (MIL)* ¡firme(s)!; **for the ~ of...** *(ADMIN)* atención... .

attentive [ə'tɛntɪv] *a* atento; *(polite)* cortés.

attest [ə'tɛst] *vi*: **to ~ to** dar fe de.

attic ['ætɪk] *n* desván *m*.

attitude ['ætɪtjuːd] *n (gen)* actitud *f*; *(disposition)* disposición *f*.

attorney [ə'tɜːnɪ] *n (lawyer)* abogado/a; *(having proxy)* apoderado; **A~ General** *n (Brit)* ≈ Presidente *m* del Consejo del Poder Judicial *(Sp)*; *(US)* ≈ ministro de justicia.

attract [ə'trækt] *vt* atraer; *(attention)* llamar; **~ion** [ə'trækʃən] *n (gen)* encanto; *(amusements)* diversiones *fpl*; *(PHYSICS)* atracción *f*; *(fig: towards sth)* atractivo; **~ive** *a* atractivo; *(interesting)* atrayente; *(pretty)* guapo, mono.

attribute ['ætrɪbjuːt]: *n* atributo // *vt* [ə'trɪbjuːt]: **to ~ sth to** atribuir algo a; *(accuse)* achacar algo a.

attrition [ə'trɪʃən] *n*: **war of ~** guerra de agotamiento.

aubergine ['əʊbəʒiːn] *n (Brit)* berenjena.

auburn ['ɔːbən] *a* color castaño rojizo.

auction ['ɔːkʃən] *n (also:* **sale by ~)** subasta // *vt* subastar; **~eer** [-'nɪə*] *n* subastador(a) *m/f*.

audacity [ɔː'dæsɪtɪ] *n* audacia, atrevimiento; *(pej)* descaro.

audience ['ɔːdɪəns] *n* auditorio; *(gathering)* público; *(interview)* audiencia.

audio-typist [ɔːdɪəʊ'taɪpɪst] *n* mecanógrafo/a de dictáfono.

audio-visual [ɔːdɪəʊ'vɪzjuəl] *a* audiovisual; **~ aid** *n* ayuda audiovisual.

audit ['ɔːdɪt] *vt* revisar, intervenir.

audition [ɔː'dɪʃən] *n* audición *f*.

auditor ['ɔːdɪtə*] *n* interventor(a) *m/f*, censor(a) *m/f* de cuentas.

augment [ɔːg'mɛnt] *vt* aumentar // *vi* aumentarse.

augur ['ɔːgə*] *vi*: **it ~s well** es de buen agüero.

August ['ɔːgəst] *n* agosto.

aunt [ɑːnt] *n* tía; **~ie, ~y** *n diminutive of* aunt.

au pair ['əʊ'pɛə*] *n (also:* ~ **girl)** au pair *f*.

aura ['ɔːrə] *n* aura; *(atmosphere)* ambiente *m*.

auspices ['ɔːspɪsɪz] *npl*: **under the ~ of** bajo los auspicios de.

auspicious [ɔːs'pɪʃəs] *a* propicio, de buen augurio.

austerity [ɔ'stɛrɪtɪ] *n* austeridad *f*.

Australia [ɔs'treɪlɪə] *n* Australia; **~n** *a*, *n* australiano/a *m/f*.

Austria ['ɔstrɪə] *n* Austria; **~n** *a*, *n* austríaco/a *m/f*.

authentic [ɔː'θɛntɪk] *a* auténtico.

author ['ɔːθə] *n* autor(a) *m/f*.

authoritarian [ɔːθɔrɪ'tɛərɪən] *a* autoritario.

authoritative [ɔː'θɔrɪtətɪv] *a* autorizado; *(manner)* autoritario.

authority [ɔː'θɔrɪtɪ] *n* autoridad *f*; **the authorities** *npl* las autoridades.

authorize ['ɔːθəraɪz] *vt* autorizar.

auto ['ɔːtəʊ] *n (US)* coche *m*, carro *(LAm)*, automóvil *m*.

autobiography [ɔːtəbaɪ'ɔgrəfɪ] *n* autobiografía.

autograph ['ɔːtəgrɑːf] *n* autógrafo // *vt* firmar; *(photo etc)* dedicar.

automated ['ɔːtəmeɪtɪd] *a* automatizado.

automatic [ɔːtə'mætɪk] *a* automático // *n (gun)* pistola automática; **~ally** *ad* automáticamente.

automation [ɔːtə'meɪʃən] *n* reconversión *f*.

automaton [ɔː'tɔmətən], *pl* **-mata** [-tə] *n* autómata *m/f*.

automobile ['ɔːtəməbiːl] *n (US)* coche *m*, carro *(LAm)*, automóvil *m*.

autonomy [ɔː'tɔnəmɪ] *n* autonomía.

autopsy ['ɔːtɔpsɪ] *n* autopsia.

autumn ['ɔːtəm] *n* otoño.

auxiliary [ɔːg'zɪlɪərɪ] *a* auxiliar.

Av. *abbr* = **avenue**.

avail [ə'veɪl] *vt*: **to ~ o.s. of** aprovechar(se) de, valerse de // *n*: **to no ~** en vano, sin resultado.

available [ə'veɪləbl] *a* disponible.
avalanche ['ævəlɑːnʃ] *n* alud *m*, avalancha.
avant-garde ['ævɑ̃ŋ'gɑːd] *a* de vanguardia.
Ave. *abbr* = **avenue**.
avenge [ə'vɛndʒ] *vt* vengar.
avenue ['ævənjuː] *n* avenida; (*fig*) camino.
average ['ævərɪdʒ] *n* promedio, término medio // *a* (*mean*) medio, de término medio; (*ordinary*) regular, corriente // *vt* calcular el promedio de, prorratear; **on ~** por regla general; **to ~ out** *vi*: **to ~ out at** salir en un promedio de.
averse [ə'vɜːs] *a*: **to be ~ to** sth/doing sentir aversión *or* antipatía por algo/por hacer.
avert [ə'vɜːt] *vt* prevenir; (*blow*) desviar; (*one's eyes*) apartar.
aviary ['eɪvɪərɪ] *n* pajarera, avería.
avid ['ævɪd] *a* ávido, ansioso.
avocado [ævə'kɑːdəu] *n* (*also*: *Brit*: **~ pear**) aguacate *m*, palta (*LAm*).
avoid [ə'vɔɪd] *vt* evitar, eludir.
avuncular [ə'vʌnkjulə*] *a* paternal.
await [ə'weɪt] *vt* esperar, aguardar.
awake [ə'weɪk] *a* despierto // *vb* (*pt* **awoke**, *pp* **awoken** *or* **awaked**) *vt* despertar // *vi* despertarse; **to be ~** estar despierto; **~ning** *n* el despertar.
award [ə'wɔːd] *n* (*prize*) premio; (*medal*) condecoración *f*; (*LAW*) fallo, sentencia; (*act*) concesión *f* // *vt* (*prize*) otorgar, conceder; (*LAW*: *damages*) adjudicar.
aware [ə'wɛə*] *a* consciente; (*awake*) despierto; (*informed*) enterado; **to become ~ of** darse cuenta de, enterarse de; **~ness** *n* conciencia, conocimiento.
awash [ə'wɔʃ] *a* inundado.
away [ə'weɪ] *ad* (*gen*) fuera; (*far* ~) lejos; **two kilometres ~** a dos kilómetros de distancia; **two hours ~ by car** a dos horas en coche; **the holiday was two weeks ~** faltaba dos semanas para las vacaciones; **~ from** lejos de, fuera de; **he's ~ for a week** estará ausente una semana; **to work/pedal ~** seguir trabajando/pedaleando; **to fade ~** desvanecerse; (*sound*) apagarse; **~ game** *n* (*SPORT*) partido de fuera.
awe [ɔː] *n* pavor *m*, respeto, temor *m* reverencial; **~-inspiring,** **~some** *a* imponente, pasmoso.
awful ['ɔːfəl] *a* terrible, pasmoso; **~ly** *ad* (*very*) terriblemente.
awhile [ə'waɪl] *ad* (durante) un rato, algún tiempo.
awkward ['ɔːkwəd] *a* (*clumsy*) desmañado, torpe; (*shape*) incómodo; (*problem*) difícil; (*embarrassing*) delicado.
awning ['ɔːnɪŋ] *n* (*of shop*) toldo; (*of window etc*) marquesina.
awoke [ə'wəuk], **awoken** [-kən] *pt, pp of*

awake.
awry [ə'raɪ] *ad*: **to be ~** estar descolocado *or* atravesado; **to go ~** salir mal, fracasar.
axe, (*US*) **ax** [æks] *n* hacha // *vt* (*employee*) despedir; (*project etc*) cortar; (*jobs*) reducir.
axis ['æksɪs], *pl* **axes** [-siːz] *n* eje *m*.
axle ['æksl] *n* eje *m*, árbol *m*.
ay(e) [aɪ] *excl* (*yes*) sí; **the ayes** *npl* los que votan a favor.

B

B [biː] *n* (*MUS*) si *m*.
B.A. *abbr* = **Bachelor of Arts**.
babble ['bæbl] *vi* barbullar.
baby ['beɪbɪ] *n* bebé *m/f*; **~ carriage** *n* (*US*) cochecito; **~-sit** *vi* hacer de canguro; **~-sitter** *n* canguro/a.
bachelor ['bætʃələ*] *n* soltero; **B~ of Arts/Science (B.A./B.Sc.)** licenciado/a en Filosofía y Letras/Ciencias.
back [bæk] *n* (*of person*) espalda; (*of animal*) lomo; (*of hand*) dorso; (*as opposed to front*) parte *f* de atrás; (*of room, car, etc*) fondo; (*of chair*) respaldo; (*of page*) reverso; (*FOOTBALL*) defensa *m* // *vi* (*candidate*: *also*: **~ up**) respaldar, apoyar; (*horse*: *at races*) apostar a; (*car*) dar marcha atrás a *or* con // *vi* (*car etc*) dar marcha atrás // *a* (*in compounds*) de atrás; **~ seats/wheels** (*AUT*) asientos *mpl*/ruedas *fpl* de atrás; **~ payments** pagos *mpl* con efecto retroactivo; **~ rent** renta atrasada // *ad* (*not forward*) (hacia) atrás; (*returned*): **he's ~** está de vuelta, ha vuelto; **he ran ~** volvió corriendo; (*restitution*): **throw the ball ~** devuelve la pelota; **can I have it ~?** ¿me lo devuelve?; (*again*): **he called ~** llamó de nuevo; **to ~ down** *vi* echarse atrás; **to ~ out** *vi* (*of promise*) volverse atrás; **to ~ up** *vt* (*support*: *person*) apoyar, respaldar; (: *theory*) defender; (*car*) dar marcha atrás a; (*COMPUT*) hacer una copia preventiva *or* de reserva; **~bencher** *n* (*Brit*) miembro del parlamento sin portafolio; **~bone** *n* columna vertebral; **~-cloth** *n* telón *m* de fondo; **~date** *vt* (*letter*) poner fecha atrasada a; **~drop** *n* = **~cloth**; **~fire** *vi* (*AUT*) petardear; (*plans*) fallar, salir mal; **~ground** *n* fondo; (*of events*) antecedentes *mpl*; (*basic knowledge*) bases *fpl*; (*experience*) conocimientos *mpl*, educación *f*; **family ~ground** origen *m*, antecedentes *mpl*; **~hand** *n* (*TENNIS*: *also*: **~hand stroke**) revés *m*; **~handed** *a* (*fig*) ambiguo; **~hander** *n* (*Brit*: *bribe*) soborno; **~ing** *n* (*fig*) apoyo, respaldo; **~lash** *n* reacción *f*, resaca; **~log** *n*: **~log of work** atrasos *mpl*; **~ num-**

ber n (of magazine etc) número atrasado; **~pack** n mochila; **~ pay** n pago atrasado; **~side** n (col) trasero, culo; **~stage** ad entre bastidores; **~stroke** n braza de espaldas; **~up** a (train, plane) suplementario; (COMPUT: disk, file) de reserva // n (support) apoyo; (also: **~up file**) copia preventiva or de reserva; **~up lights** npl (US) luces fpl de marcha atrás; **~ward** a (movement) hacia atrás; (person, country) atrasado; (shy) tímido; **~wards** ad (move, go) hacia atrás; (read a list) al revés; (fall) de espaldas; **~water** n (fig) lugar m atrasado or apartado; **~yard** n traspatio.

bacon ['beɪkən] n tocino, beicon m.

bad [bæd] a malo; (serious) grave; (meat, food) podrido, pasado; **his ~ leg** su pierna lisiada; **to go ~** pasarse.

bade [bæd, beɪd] pt of **bid**.

badge [bædʒ] n insignia; (metal ~) chapa, placa.

badger ['bædʒə*] n tejón m.

badly ['bædlɪ] ad (work, dress etc) mal; **~ wounded** gravemente herido; **he needs it ~** le hace gran falta; **to be ~ off** (for money) andar mal de dinero.

badminton ['bædmɪntən] n bádminton m.

bad-tempered ['bæd'tɛmpəd] a de mal genio or carácter; (temporary) de mal humor.

baffle ['bæfl] vt desconcertar, confundir.

bag [bæg] n bolsa, saco; (handbag) bolso; (satchel) mochila; (case) maleta; (of hunter) caza // (col: take) coger (Sp), agarrar (LAm), pescar; **~s of** (col: lots of) un montón de; **~gage** n equipaje m; **~gy** a (clothing) amplio; **~pipes** npl gaita sg.

Bahamas [bə'hɑːməz] npl: **the ~** las Islas Bahama.

bail [beɪl] n fianza // vt (prisoner: gen: **grant ~ to**) poner en libertad bajo fianza; (boat: also: **~ out**) achicar; **on ~** (prisoner) bajo fianza; **to ~ sb out** obtener la libertad de uno bajo fianza; **bail bond** n fianza; see also **bale**.

bailiff ['beɪlɪf] n alguacil m.

bait [beɪt] n cebo // vt cebar.

bake [beɪk] vt cocer (al horno) // vi (cook) cocerse; (be hot) hacer un calor terrible; **~d beans** npl judías fpl en salsa de tomate; **~r** n panadero; **~ry** n (for bread) panadería; (for cakes) pastelería; **baking** n (act) amasar m; (batch) hornada; **baking powder** n levadura (en polvo).

balance ['bæləns] n equilibrio; (COMM: sum) balance m; (remainder) resto; (scales) balanza // vt equilibrar; (budget) nivelar; (account) saldar; (compensate) contrapesar; **~ of trade/payments** balanza de comercio/pagos; **~d** a (personality, diet) equilibrado; **~ sheet** n

balance m.

balcony ['bælkənɪ] n (open) balcón m; (closed) galería.

bald [bɔːld] a calvo; (tyre) liso.

bale [beɪl] n (AGR) paca, fardo; **to ~ out** vi (of a plane) lanzarse en paracaídas.

Balearics [bælɪ'ærɪks] npl: **the ~** las Baleares.

baleful ['beɪlful] a (look) triste; (sinister) funesto, siniestro.

ball [bɔːl] n (sphere) bola; (football) balón m; (for tennis, golf etc) pelota; (dance) baile m.

ballad ['bæləd] n balada, romance m.

ballast ['bæləst] n lastre m.

ball bearings npl cojinetes mpl de bolas.

ballerina [bælə'riːnə] n bailarina.

ballet ['bæleɪ] n ballet m; **~ dancer** n bailarín/ina m/f.

ballistic [bə'lɪstɪk] a balístico.

balloon [bə'luːn] n globo.

ballot ['bælət] n votación f.

ball-point (pen) ['bɔːlpɔɪnt-] n bolígrafo.

ballroom ['bɔːlrum] n salón m de baile.

balm [bɑːm] n (also fig) bálsamo.

Baltic ['bɔːltɪk] a báltico // n: **the ~ (Sea)** el (Mar) Báltico.

balustrade ['bæləstreɪd] n barandilla.

bamboo [bæm'buː] n bambú m.

ban [bæn] n prohibición f, proscripción f // vt prohibir, proscribir.

banal [bə'nɑːl] a banal, vulgar.

banana [bə'nɑːnə] n plátano, banana (LAm).

band [bænd] n (group) banda; (gang) pandilla; (strip) faja, tira; (: circular) anillo; (at a dance) orquesta; (MIL) banda; **to ~ together** vi juntarse, asociarse.

bandage ['bændɪdʒ] n venda, vendaje m // vt vendar.

bandaid ['bændeɪd] n ® (US) tirita.

bandit ['bændɪt] n bandido.

bandstand ['bændstænd] n quiosco.

bandwagon ['bændwægən] n: **to jump on the ~** (fig) subirse al carro.

bandy ['bændɪ] vt (jokes, insults) cambiar.

bandy-legged ['bændɪ'lɛgd] a estevado.

bang [bæŋ] n estallido; (of door) portazo; (blow) golpe m // vt hacer estallar; (door) cerrar de golpe // vi estallar.

bangle ['bæŋgl] n ajorca.

bangs [bæŋz] npl (US) flequillo sg.

banish ['bænɪʃ] vt desterrar.

banister(s) ['bænɪstə(z)] n(pl) pasamanos m inv.

bank [bæŋk] n (COMM) banco; (of river, lake) ribera, orilla; (of earth) terraplén m // vi (AVIAT) ladearse; **to ~ on** vt fus contar con; **~ account** n cuenta de banco; **~ card** n tarjeta bancaria; **~er** n banquero; **~er's card** n (Brit) = **~**

card; B~ holiday n (Brit) día m festivo; **~ing** n banca; **~note** n billete m de banco; **~ rate** n tipo de interés bancario.

bankrupt ['bæŋkrʌpt] a quebrado, insolvente; **to go ~** hacer bancarrota; **to be ~** estar en quiebra; **~cy** n quiebra, bancarrota.

bank statement n balance m or detalle m de cuenta.

banner ['bænə*] n bandera; (in demonstration) pancarta.

banns [bænz] npl amonestaciones fpl.

banquet ['bæŋkwɪt] n banquete m.

baptism ['bæptɪzəm] n bautismo.

baptize [bæp'taɪz] vt bautizar.

bar [ba:*] n barra; (on door) tranca; (of window, cage) reja; (of soap) pastilla; (fig: hindrance) obstáculo; (prohibition) proscripción f; (pub) bar m; (counter: in pub) mostrador m; (MUS) barra // vt (road) obstruir; (window, door) atrancar; (person) excluir; (activity) prohibir; **behind ~s** entre rejas; **the B~** (LAW: profession) la abogacía; (: people) el cuerpo de abogados; **~ none** sin excepción.

barbaric [ba:'bærɪk] a bárbaro.

barbarous ['ba:bərəs] a bárbaro.

barbecue ['ba:bɪkju:] n barbacoa.

barbed wire ['ba:bd-] n alambre m de púas.

barber ['ba:bə*] n peluquero, barbero.

bar code n código de barras.

bare [bɛə*] a desnudo; (head) descubierto // vt desnudar; **~back** ad sin silla; **~faced** a descarado; **~foot** a, ad descalzo; **~ly** ad apenas.

bargain ['ba:gɪn] n pacto, negocio; (good buy) ganga // vi negociar; (haggle) regatear; **into the ~** además, por añadidura; **to ~ for** vt fus: he got more than he ~ed for le resultó peor de lo que esperaba.

barge [ba:dʒ] n barcaza; **to ~ in** vi irrumpir; (conversation) entrometerse; **to ~ into** vt fus dar contra.

bark [ba:k] n (of tree) corteza; (of dog) ladrido // vi ladrar.

barley ['ba:lɪ] n cebada; **~ sugar** n azúcar m cande.

barmaid ['ba:meɪd] n camarera.

barman ['ba:mən] n camarero, barman m.

barn [ba:n] n granero.

barometer [bə'rɔmɪtə*] n barómetro.

baron ['bærən] n barón m; **~ess** n baronesa.

barracks ['bærəks] npl cuartel m.

barrage ['bæra:ʒ] n (MIL) descarga, bombardeo; (dam) presa; (fig: of criticism etc) lluvia, aluvión m.

barrel ['bærəl] n tonel m, barril m; (of gun) cañón m.

barren ['bærən] a estéril.

barricade [bærɪ'keɪd] n barricada // vt cerrar con barricadas.

barrier ['bærɪə*] n barrera.

barring ['ba:rɪŋ] prep excepto, salvo.

barrister ['bærɪstə*] n (Brit) abogado/a.

barrow ['bærəu] n (cart) carretilla (de mano).

bartender ['ba:tɛndə*] n (US) camarero, barman m.

barter ['ba:tə*] vt: **to ~ sth for sth** trocar algo por algo.

base [beɪs] n base f // vt: **to ~ sth on** basar or fundar algo en // a bajo, infame.

baseball ['beɪsbɔ:l] n béisbol m.

basement ['beɪsmənt] n sótano.

bases ['beɪsiːz] npl of **basis**; ['beɪsɪz] npl of **base**.

bash [bæʃ] vt (col) golpear.

bashful ['bæʃful] a tímido, vergonzoso.

basic ['beɪsɪk] a básico; **~ally** ad fundamentalmente, en el fondo.

basil ['bæzl] n albahaca.

basin ['beɪsn] n (vessel) cuenco, tazón m; (GEO) cuenca; (also: wash~) palangana, jofaina.

basis ['beɪsɪs], pl **bases** ['beɪsiːz] n base f.

bask [ba:sk] vi: **to ~ in the sun** tomar el sol.

basket ['ba:skɪt] n cesta, cesto; (with handle) canasta; **~ball** n baloncesto.

Basque [bæsk] a, n vasco/a m/f; **~ Country** n Euskadi m, País m Vasco.

bass [beɪs] n (MUS) contrabajo.

bassoon [bə'su:n] n fagot m.

bastard ['ba:stəd] n bastardo; (col!) hijo de puta (!).

bastion ['bæstɪən] n baluarte m.

bat [bæt] n (ZOOL) murciélago; (for ball games) palo; (for cricket, baseball) bate m; (Brit: for table tennis) pala; **he didn't ~ an eyelid** ni pestañeó.

batch [bætʃ] n (of bread) hornada; (of goods) lote m.

bated ['beɪtɪd] a: **with ~ breath** sin respirar.

bath [ba:θ, pl ba:ðz] n (action) baño; (~tub) baño, bañera, tina (LAm); (see also **baths**) piscina // vt bañar; **to have a ~** bañarse, tomar un baño; **~chair** n silla de ruedas.

bathe [beɪð] vi bañarse // vt bañar; **~r** n bañista m/f.

bathing ['beɪðɪŋ] n el bañarse; **~ cap** n gorro de baño; **~ costume**, (US) **~ suit** n traje m de baño; **~ trunks** npl bañador m.

bath: ~ robe n (man's) batín m; (woman's) bata; **~room** n (cuarto de) baño.

baths [ba:ðz] npl piscina sg.

baton ['bætən] n (MUS) batuta.

battalion [bə'tælɪən] n batallón m.

batter ['bætə*] vt apalear, azotar // n batido; **~ed** a (hat, pan) estropeado.

battery ['bætərɪ] n batería; (of torch)

pila.

battle ['bætl] *n* batalla; (*fig*) lucha // *vi* luchar; **~field** *n* campo de batalla; **~ship** *n* acorazado.

bawdy ['bɔːdɪ] *a* indecente; (*joke*) verde.

bawl [bɔːl] *vi* chillar, gritar.

bay [beɪ] *n* (GEO) bahía; (BOT) laurel *m* // *vi* aullar; B~ of Biscay ≈ mar Cantábrico; **to hold sb at ~** mantener a alguien a raya.

bay window *n* ventana salediza.

bazaar [bə'zɑː*] *n* bazar *m*.

b. & b., B. & B. *abbr* (= *bed and breakfast*) cama y desayuno.

BBC *n abbr* (= *British Broadcasting Corporation*) cadena de radio y televisión estatal británica.

B.C. *ad abbr* (= *before Christ*) a. de C.

be [biː], *pt* **was, were,** *pp* **been** ♦ *auxiliary vb* **1** (*with present participle: forming continuous tenses*): **what are you doing?** ¿qué estás haciendo?, ¿qué haces?; **they're coming tomorrow** vienen mañana; **I've been waiting for you for hours** llevo horas esperándote **2** (*with pp: forming passives*) ser (*but often replaced by active or reflexive constructions*); **to ~ murdered** ser asesinado; **the box had been opened** habían abierto la caja; **the thief was nowhere to ~ seen** no se veía al ladrón por ninguna parte **3** (*in tag questions*): **it was fun, wasn't it?** fue divertido, ¿no? *or* ¿verdad?; **he's good-looking, isn't he?** es guapo, ¿no te parece?; **she's back again, is she?** entonces, ¿ha vuelto? **4** (*+to + infinitive*): **the house is to ~ sold** (*necessity*) hay que vender la casa; (*future*) van a vender la casa; **he's not to open it** no tiene que abrirlo ♦ *vb + complement* **1** (*with noun or numeral complement, but see also 3, 4, 5 and impersonal vb below*): **he's a doctor** es médico; **2 and 2 are 4** 2 y 2 son 4 **2** (*with adjective complement: expressing permanent or inherent quality*) ser; (: *expressing state seen as temporary or reversible*) estar; **I'm English** soy inglés/esa; **she's tall/pretty** es alta/bonita; **he's young** es joven; **~ careful/quiet/good** ten cuidado/cállate/pórtate bien; **I'm tired** estoy cansado/a; **it's dirty** está sucio/a **3** (*of health*) estar; **how are you?** ¿cómo estás?; **he's very ill** está muy enfermo; **I'm better now** ya estoy mejor **4** (*of age*) tener; **how old are you?** ¿cuántos años tienes?; **I'm sixteen (years old)** tengo dieciséis años **5** (*cost*) costar; ser; **how much was the meal?** ¿cuánto fue *or* costó la comida?; **that'll ~ £5.75, please** son £5.75, por favor; **this shirt is £17.00** esta camisa cuesta £17.00 ♦ *vi* **1** (*exist, occur etc*) existir, haber; **the best singer that ever was** el mejor cantante que existió jamás; **is there a God?** ¿hay un Dios?, ¿existe Dios?; **~ that as it may** sea como sea; **so ~ it** así sea **2** (*referring to place*) estar; **I won't ~ here tomorrow** no estaré aquí mañana **3** (*referring to movement*): **where have you been?** ¿dónde has estado? ♦ *impersonal vb* **1** (*referring to time*): **it's 5 o'clock** son las 5; **it's the 28th of April** estamos a 28 de abril **2** (*referring to distance*): **it's 10 km to the village** el pueblo está a 10 km **3** (*referring to the weather*): **it's too hot/cold** hace demasiado calor/frio; **it's windy today** hace viento hoy **4** (*emphatic*): **it's me** soy yo; **it was Maria who paid the bill** fue María la que pagó la cuenta.

beach [biːtʃ] *n* playa // *vt* varar.

beacon ['biːkən] *n* (*lighthouse*) faro; (*marker*) guía.

bead [biːd] *n* cuenta, abalorio; (*of sweat*) gota.

beak [biːk] *n* pico.

beaker ['biːkə*] *n* jarra.

beam [biːm] *n* (ARCH) viga, travesaño; (*of light*) rayo, haz *m* de luz // *vi* brillar; (*smile*) sonreír.

bean [biːn] *n* judía; **runner/broad ~** habichuela/haba; **coffee ~** grano de café; **~sprouts** *npl* brotes *mpl* de soja.

bear [bɛə*] *n* oso // *vb* (*pt* **bore,** *pp* **borne**) *vt* (*weight etc*) llevar; (*cost*) pagar; (*responsibility*) tener; (*endure*) soportar, aguantar; (*stand up to*) resistir a; (*children*) parir // *vi*: **to ~ right/left** torcer a la derecha/izquierda; **to ~ out** *vt* (*suspicions*) corroborar, confirmar; (*person*) llevar; **to ~ up** *vi* (*person: remain cheerful*) animarse.

beard [bɪəd] *n* barba.

bearer ['bɛərə*] *n* (*of news, cheque*) portador(a) *m/f*.

bearing ['bɛərɪŋ] *n* porte *m*, comportamiento; (*connection*) relación *f*; (*ball*) **~s** *npl* cojinetes *mpl* a bolas; **to take a ~** marcarse; **to find one's ~s** orientarse.

beast [biːst] *n* bestia; (*col*) bruto, salvaje *m*; **~ly** *a* bestial; (*awful*) horrible.

beat [biːt] *n* (*of heart*) latido; (MUS) ritmo, compás *m*; (*of policeman*) ronda // *vb* (*pt* **beat,** *pp* **beaten**) *vt* (*hit*) golpear; (*eggs*) batir; (*defeat*) vencer, derrotar; (*better*) sobrepasar; (*drum*) tocar; (*rhythm*) marcar // *vi* (*heart*) latir; **off the ~en track** aislado; **to ~ it** largarse; **to ~ off** *vt* rechazar; **to ~ up** *vt* (*col: person*) dar una paliza a; **~ing** *n* golpeo.

beautiful ['bjuːtɪful] *a* hermoso, bello; **~ly** *ad* maravillosamente.

beauty ['bjuːtɪ] n belleza, hermosura; (person) belleza; ~ **salon** n salón m de belleza; ~ **spot** n lunar m postizo; (Brit TOURISM) lugar m pintoresco.

beaver ['biːvə*] n castor m.

became [bɪ'keɪm] pt of **become**.

because [bɪ'kɔz] conj porque; ~ **of** prep debido a, a causa de.

beck [bɛk] n: to be at the ~ **and call of** estar a disposición de.

beckon ['bɛkən] vt (also: ~ **to**) llamar con señas.

become [bɪ'kʌm] (irg: like **come**) vt (suit) favorecer, sentar bien a // vi (+ noun) hacerse, llegar a ser; (+ adj) ponerse, volverse; to ~ **fat** engordarse.

becoming [bɪ'kʌmɪŋ] a (behaviour) decoroso; (clothes) favorecedor(a).

bed [bɛd] n cama; (of flowers) macizo; (of coal, clay) capa; to go to ~ acostarse; ~ **and breakfast (b.&b.)** n (place) pensión f; (terms) cama y desayuno; ~**clothes** npl ropa sg de cama; ~**ding** n ropa de cama.

bedlam ['bɛdləm] n confusión f.

bedraggled [bɪ'drægld] a mojado; desastrado.

bed: ~**ridden** a postrado (en cama); ~**room** n dormitorio, alcoba; ~**side** n: at sb's ~**side** a la cabecera de alguien; ~**sit(ter)** n (Brit) estudio, suite m (LAm); ~**spread** n sobrecama m, colcha; ~**time** n hora de acostarse.

bee [biː] n abeja.

beech [biːtʃ] n haya.

beef [biːf] n carne f de vaca; **roast** ~ rosbif m; ~**burger** n hamburguesa; ~**eater** n alabardero de la Torre de Londres.

bee: ~**hive** n colmena; ~**line** n: to make a ~**line for** ir derecho a.

been [biːn] pp of **be**.

beer [bɪə*] n cerveza.

beet [biːt] n (US) remolacha.

beetle ['biːtl] n escarabajo.

beetroot ['biːtruːt] n (Brit) remolacha.

before [bɪ'fɔː*] prep (of time) antes de; (of space) delante de // conj antes (de) que // ad (time) antes, anteriormente; (space) delante, adelante; ~ **going** antes de marcharse; ~ **she goes** antes de que se vaya; **the week** ~ la semana anterior; **I've never seen it** ~ no lo he visto nunca; ~**hand** ad de antemano, con anticipación.

beg [bɛg] vi pedir limosna // vt pedir, rogar; (entreat) suplicar.

began [bɪ'gæn] pt of **begin**.

beggar ['bɛgə*] n mendigo/a.

begin [bɪ'gɪn], pt **began**, pp **begun** vt, vi empezar, comenzar; to ~ **doing** or **to do sth** empezar a hacer algo; ~**ner** n principiante m/f; ~**ning** n principio, comienzo.

begun [bɪ'gʌn] pp of **begin**.

behalf [bɪ'hɑːf] n: **on** ~ **of** en nombre de, por.

behave [bɪ'heɪv] vi (person) portarse, comportarse; (thing) funcionar; (well: also: ~ **o.s.**) portarse bien; **behaviour**, (US) **behavior** n comportamiento, conducta.

behead [bɪ'hɛd] vt decapitar.

beheld [bɪ'hɛld] pt, pp of **behold**.

behind [bɪ'haɪnd] prep detrás de // ad detrás, por detrás, atrás // n trasero; to be ~ (schedule) ir retrasado; ~ **the scenes** (fig) entre bastidores.

behold [bɪ'həuld] vt (irg: like **hold**) contemplar.

beige [beɪʒ] a color beige.

being ['biːɪŋ] n ser m; to **come into** ~ nacer, aparecer.

belated [bɪ'leɪtɪd] a atrasado, tardío.

belch [bɛltʃ] vi eructar // vt (also: ~ **out:** smoke etc) arrojar.

belfry ['bɛlfrɪ] n campanario.

Belgian ['bɛldʒən] a, n belga m/f.

Belgium ['bɛldʒəm] n Bélgica.

belie [bɪ'laɪ] vt desmentir, contradecir.

belief [bɪ'liːf] n (opinion) opinión f; (trust, faith) fe f; (acceptance as true) creencia.

believe [bɪ'liːv] vt, vi creer; to ~ **in** creer en; ~**r** n (in idea, activity) partidario/a; (REL) creyente m/f, fiel m/f.

belittle [bɪ'lɪtl] vt minimizar, despreciar.

bell [bɛl] n campana; (small) campanilla; (on door) timbre m; (animal's) cencerro; (on toy etc) cascabel m.

belligerent [bɪ'lɪdʒərənt] a (at war) beligerante; (fig) agresivo.

bellow ['bɛləu] vi bramar; (person) rugir.

bellows ['bɛləuz] npl fuelle msg.

belly ['bɛlɪ] n barriga, panza.

belong [bɪ'lɔŋ] vi: to ~ **to** pertenecer a; (club etc) ser socio de; **this book** ~**s here** este libro va aquí; ~**ings** npl pertenencias fpl.

beloved [bɪ'lʌvɪd] a, n querido/a m/f, amado/a m/f.

below [bɪ'ləu] prep bajo, debajo de // ad abajo, (por) debajo; **see** ~ véase más abajo.

belt [bɛlt] n cinturón m; (TECH) correa, cinta // vt (thrash) golpear con correa; ~**way** n (US AUT) carretera de circunvalación.

bemused [bɪ'mjuːzd] a aturdido.

bench [bɛntʃ] n banco; **the B~** (LAW) tribunal m; (people) judicatura.

bend [bɛnd], vb (pt, pp **bent**) vt doblar, inclinar; (leg, arm) torcer // vi inclinarse; (road) curvarse // n (Brit: in road, river) recodo; (in pipe) codo; **to** ~ **down** vi inclinarse, doblarse; **to** ~ **over** vi inclinarse.

beneath [bɪ'niːθ] prep bajo, debajo de; (unworthy of) indigno de // ad abajo, (por) debajo.

benefactor ['benɪfæktə*]n bienhechor m.

beneficial [benɪ'fɪʃəl] a beneficioso.

benefit ['benɪfɪt] n beneficio, provecho; (allowance of money) subsidio // vt beneficiar // vi: he'll ~ **from** it le sacará provecho.

benevolent [bɪ'nevələnt] a benévolo.

benign [bɪ'naɪn] a (person, MED) benigno; (smile) afable.

bent [bent] pt, pp of **bend** // n inclinación f // a: **to be** ~ **on** estar empeñado en.

bequeath [bɪ'kwi:ð] vt legar.

bequest [bɪ'kwest] n legado.

bereaved [bɪ'ri:vd] npl: **the** ~ los afligidos mpl.

beret ['bereɪ] n boina.

Berlin [bə:'lɪn] n Berlín m.

berm [bə:m] n (US AUT) arcén m.

Bermuda [bə:'mju:də] n las Bermudas fpl.

berry ['berɪ] n baya.

berserk [bə'sə:k] a: **to go** ~ perder los estribos.

berth [bə:θ] n (bed) litera; (cabin) camarote m; (for ship) amarradero // vi atracar, amarrar.

beseech [bɪ'si:tʃ], pt, pp **besought** [-'sɔ:t] vt suplicar.

beset [bɪ'set], pt, pp **beset** vt (person) acosar.

beside [bɪ'saɪd] prep junto a, al lado de; **to be** ~ **o.s. with anger** estar fuera de sí; **that's** ~ **the point** eso no tiene nada que ver.

besides [bɪ'saɪdz] ad además // prep (as well as) además de; (except) excepto.

besiege [bɪ'si:dʒ] vt (town) sitiar; (fig) asediar.

besought [bɪ'sɔ:t] pt, pp of **beseech**.

best [best] a (el/la) mejor // ad (lo) mejor; **the** ~ **part of** (quantity) la mayor parte de; **at** ~ en el mejor de los casos; **to make the** ~ **of sth** sacar el mejor partido de algo; **to do one's** ~ hacer todo lo posible; **to the** ~ **of my knowledge** que yo sepa; **to the** ~ **of my ability** como mejor puedo; ~ **man** n padrino de boda.

bestow [bɪ'stəu] vt otorgar; (honour, praise) dispensar.

bestseller ['best'selə*] n éxito de librería, bestseller m.

bet [bet] n apuesta // vt, vi (pt, pp **bet** or **betted**) apostar (on a).

betray [bɪ'treɪ] vt traicionar; (inform on) delatar; ~**al** n traición f.

better ['betə*] a mejor // ad mejor // vt mejorar; (record etc) superar // n: **to get the** ~ **of sb** quedar por encima de alguien; **you had** ~ **do** it más vale que lo hagas; **he thought** ~ **of it** cambió de parecer; **to get** ~ mejorar(se); (MED) reponerse; ~ **off** a más acomodado.

betting ['betɪŋ] n juego, el apostar; ~ **shop** n (Brit) agencia de apuestas.

between [bɪ'twi:n] prep entre // ad

(time) mientras tanto; (place) en medio.

beverage ['bevərɪdʒ] n bebida.

bevy ['bevɪ] n: **a** ~ **of** una bandada de.

beware [bɪ'weə*] vi: **to** ~ (**of**) tener cuidado (con) // excl ¡cuidado!

bewildered [bɪ'wɪldəd] a aturdido, perplejo.

bewitching [bɪ'wɪtʃɪŋ] a hechicero, encantador(a).

beyond [bɪ'jɔnd] prep más allá de; (exceeding) además de, fuera de; (above) superior a // ad más allá, más lejos; ~ **doubt** fuera de toda duda; ~ **repair** irreparable.

bias ['baɪəs] n (prejudice) prejuicio, pasión f; (preference) predisposición f; ~(**s**)**ed** a parcial.

bib [bɪb] n babero.

Bible ['baɪbl] n Biblia.

bicarbonate of soda [baɪ'kɑ:bənɪt-] n bicarbonato de soda.

bicker ['bɪkə*] vi reñir.

bicycle ['baɪsɪkl] n bicicleta.

bid [bɪd] n (at auction) oferta, postura; (attempt) tentativa, conato // vi (pt, pp bid) hacer una oferta // vt (pt **bade** [bæd], pp **bidden** ['bɪdn]) mandar, ordenar; **to** ~ **sb good day** dar a uno los buenos días; ~**der** n: **the highest** ~**der** el mejor postor; ~**ding** n (at auction) ofertas fpl; (order) orden f, mandato.

bide [baɪd] vt: **to** ~ **one's time** esperar el momento adecuado.

bifocals [baɪ'fəuklz] npl gafas fpl or anteojos mpl (LAm) bifocales.

big [bɪg] a grande.

bigamy ['bɪgəmɪ] n bigamia.

big dipper [-'dɪpə*] n montaña rusa.

bigheaded ['bɪg'hedɪd] a engreído.

bigot ['bɪgət] n fanático/a, intolerante m/f; ~**ed** a fanático, intolerante; ~**ry** n fanatismo, intolerancia.

big top n (circus) circo; (main tent) tienda principal.

bike [baɪk] n bici f.

bikini [bɪ'ki:nɪ] n bikini m.

bile [baɪl] n bilis f.

bilingual [baɪ'lɪŋgwəl] a bilingüe.

bill [bɪl] n (account) cuenta; (invoice) factura; (POL) proyecto de ley; (US: banknote) billete m; (of bird) pico; '**post no** ~**s**' 'prohibido fijar carteles'; ~**board** n (US) cartelera.

billet ['bɪlɪt] n alojamiento.

billfold ['bɪlfəuld] n (US) cartera.

billiards ['bɪljədz] n billar m.

billion ['bɪljən] n (Brit) billón m (millón de millones); (US) mil millones.

billy ['bɪlɪ] n (US) porra.

bin [bɪn] n (gen) cubo or bote m (LAm) de la basura; **litter** ~ (Brit) papelera.

bind [baɪnd], pt, pp **bound** vt atar, liar; (wound) vendar; (book) encuadernar; (oblige) obligar; ~**ing** a (contract) obligatorio.

binge [bɪndʒ] *n* borrachera, juerga.

bingo ['bɪŋgəu] *n* bingo *m*.

binoculars [bɪ'nɔkjuləz] *npl* prismáticos *mpl*.

bio... [baɪə'] *pref*: ~**chemistry** *n* bioquímica; ~**graphy** [baɪ'ɔgrəfɪ] *n* biografía; ~**logical** *a* biológico; ~**logy** [baɪ'ɔlədʒɪ] *n* biología.

birch [bɜːtʃ] *n* abedul *m*; (*cane*) vara.

bird [bɜːd] *n* ave *f*, pájaro; (*Brit col: girl*) chica; ~'**s eye view** *n* vista de pájaro; ~ **watcher** *n* ornitólogo/a.

Biro ['baɪrəu] *n* ® bolígrafo.

birth [bɜːθ] *n* nacimiento; (*MED*) parto; **to give** ~ **to** parir, dar a luz; ~ **certificate** *n* partida de nacimiento; ~ **control** *n* control *m* de natalidad; (*methods*) métodos *mpl* anticonceptivos; ~**day** *n* cumpleaños *m inv*; ~ **rate** *n* (tasa de) natalidad *f*.

biscuit ['bɪskɪt] *n* (*Brit*) galleta, bizcocho (*LAm*).

bisect [baɪ'sɛkt] *vt* bisecar.

bishop ['bɪʃəp] *n* obispo.

bit [bɪt] *pt of* **bite** // *n* trozo, pedazo, pedacito; (*COMPUT*) bit *m*, bitio; (*for horse*) freno, bocado; **a** ~ **of** un poco de; **a** ~ **mad** un poco loco; ~ **by** ~ poco a poco.

bitch [bɪtʃ] *n* (*dog*) perra; (*col!*) zorra (*!*).

bite [baɪt] (*pt* bit, *pp* bitten) *vt*, *vi* morder; (*insect etc*) picar // *n* mordedura; (*insect* ~) picadura; (*mouthful*) bocado; **to** ~ **one's nails** comerse las uñas; **let's have a** ~ (**to eat**) comamos algo.

biting ['baɪtɪŋ] *a* (*wind*) que traspasa los huesos; (*criticism*) mordaz.

bitten ['bɪtn] *pp of* **bite**.

bitter ['bɪtə*] *a* amargo; (*wind, criticism*) cortante, penetrante; (*battle*) encarnizado // *n* (*Brit: beer*) cerveza típica británica a base de lúpulos; ~**ness** *n* amargura; (*anger*) rencor *m*.

bizarre [bɪ'zɑː*] *a* raro, estrafalario.

blab [blæb] *vi* chismear, soplar.

black [blæk] *a* (*colour*) negro; (*dark*) oscuro // *n* (*colour*) color *m* negro; (*person*): **B**~ negro/a // *vt* (*shoes*) lustrar; (*Brit: INDUSTRY*) boicotear; **to give sb a** ~ **eye** ponerle a uno el ojo morado; ~ **and blue** amoratado; **to be in the** ~ (*bank account*) estar en números negros; ~**berry** *n* zarzamora; ~**bird** *n* mirlo; ~**board** *n* pizarra; ~ **coffee** *n* café *m* solo; ~**currant** *n* grosella negra; ~**en** *vt* ennegrecer; (*fig*) denigrar; ~**head** *n* espinilla; ~ **ice** *n* hielo invisible en la carretera; ~**jack** *n* (*US*) veintiuna; ~**leg** *n* (*Brit*) esquirol *m*, rompehuelgas *m inv*; ~**list** *n* lista negra; ~**mail** *n* chantaje *m* // *vt* chantajear; ~ **market** *n* mercado negro; ~**out** *n* apagón *m*; (*fainting*) desmayo, pérdida de conocimiento; **the B**~ **Sea** *n* el Mar Negro; ~ **sheep** *n* oveja negra; ~**smith** *n*

herrero; ~ **spot** *n* (*AUT*) lugar *m* peligroso.

bladder ['blædə*] *n* vejiga.

blade [bleɪd] *n* hoja; (*cutting edge*) filo; **a** ~ **of grass** una brizna de hierba.

blame [bleɪm] *n* culpa // *vt*: **to** ~ **sb for sth** echar a uno la culpa de algo; **to be to** ~ tener la culpa de; ~**less** *a* (*person*) inocente.

bland [blænd] *a* suave; (*taste*) soso.

blank [blæŋk] *a* en blanco; (*shot*) sin bala; (*look*) sin expresión // *n* blanco, espacio en blanco; cartucho sin bala *or* de fogueo; ~ **cheque** *n* cheque *m* en blanco.

blanket ['blæŋkɪt] *n* manta, cobija (*LAm*).

blare [blɛə*] *vi* resonar.

blasé ['blɑːzeɪ] *a* hastiado.

blasphemy ['blæsfɪmɪ] *n* blasfemia.

blast [blɑːst] *n* (*of wind*) ráfaga, soplo; (*of whistle*) toque *m*; (*of explosive*) carga explosiva; (*force*) choque *m* // *vt* (*blow up*) volar; (*blow open*) abrir con carga explosiva; ~**off** *n* (*SPACE*) lanzamiento.

blatant ['bleɪtənt] *a* descarado.

blaze [bleɪz] *n* (*fire*) fuego; (*flames*) llamarada; (*fig*) arranque *m* // *vi* (*fire*) arder en llamas; (*fig*) brillar // *vt*: **to** ~ **a trail** (*fig*) abrir (un) camino.

blazer ['bleɪzə*] *n* chaqueta de uniforme de colegial *o* de socio de club.

bleach [bliːtʃ] *n* (*also*: **household** ~) lejía // *vt* (*linen*) blanquear; ~**ed** *a* (*hair*) teñido de rubio; (*clothes*) decolorado; ~**ers** *npl* (*US SPORT*) gradas *fpl* al sol.

bleak [bliːk] *a* (*countryside*) desierto; (*prospect*) poco prometedor(a).

bleary-eyed ['blɪərɪ'aɪd] *a*: **to be** ~ tener ojos de cansado.

bleat [bliːt] *vi* balar.

bleed [bliːd], *pt*, *pp* **bled** [blɛd] *vt*, *vi* sangrar.

bleeper ['bliːpə*] *n* (*of doctor etc*) busca *m*.

blemish ['blɛmɪʃ] *n* mancha, tacha.

blend [blɛnd] *n* mezcla // *vt* mezclar // *vi* (*colours etc*) combinarse, mezclarse.

bless [blɛs], *pt*, *pp* **blessed** *or* **blest** [blɛst] *vt* bendecir; ~**ing** *n* bendición *f*; (*advantage*) beneficio, ventaja.

blew [bluː] *pt of* **blow**.

blight [blaɪt] *vt* (*hopes etc*) frustrar, arruinar.

blimey ['blaɪmɪ] *excl* (*Brit col*) ¡caray!

blind [blaɪnd] *a* ciego // *n* (*for window*) persiana // *vt* cegar; (*dazzle*) deslumbrar; ~ **alley** *n* callejón *m* sin salida; ~ **corner** *n* (*Brit*) esquina escondida; ~**ers** *npl* (*US*) anteojeras *fpl*; ~**fold** *n* venda // *a*, *ad* con los ojos vendados // *vt* vendar los ojos a; ~**ly** *ad* a ciegas, ciegamente; ~**ness** *n* ceguera; ~ **spot** *n* mácula.

blink [blɪŋk] *vi* parpadear, pestañear; (*light*) oscilar; ~**ers** *npl* (*esp Brit*) anteojeras *fpl*.

bliss [blɪs] *n* felicidad *f*.

blister ['blɪstə*] *n* (*on skin*) ampolla // *vi* (*paint*) ampollarse.

blithely ['blaɪðlɪ] *ad* alegremente.

blitz [blɪts] *n* bombardeo aéreo.

blizzard ['blɪzəd] *n* ventisca.

bloated ['bləʊtɪd] *a* hinchado.

blob [blɔb] *n* (*drop*) gota; (*stain, spot*) mancha.

bloc [blɔk] *n* (*POL*) bloque *m*.

block [blɔk] *n* bloque *m*; (*in pipes*) obstáculo; (*of buildings*) manzana, cuadra (*LAm*) // *vt* (*gen*) obstruir, cerrar; (*progress*) estorbar; ~**ade** [-'keɪd] *n* bloqueo // *vt* bloquear; ~**age** *n* estorbo, obstrucción *f*; ~**buster** *n* (*book*) bestseller *m*; (*film*) éxito de público; ~ **of flats** *n* (*Brit*) bloque *m* de pisos; ~ **letters** *npl* letras *fpl* de molde.

bloke [bləʊk] *n* (*Brit col*) tipo, tío.

blond(e) [blɔnd] *a, n* rubio/a *m/f*.

blood [blʌd] *n* sangre *f*; ~ **donor** *n* donador(a) *m/f* de sangre; ~ **group** *n* grupo sanguíneo; ~**hound** *n* sabueso; ~ **poisoning** *n* envenenamiento de la sangre; ~ **pressure** *n* presión *f* sanguínea; ~**shed** *n* derramamiento de sangre; ~**shot** *a* inyectado en sangre; ~**stream** *n* corriente *f* sanguínea; ~ **test** *n* análisis *m inv* de sangre; ~**thirsty** *a* sanguinario; ~ **transfusion** *n* transfusión *f* de sangre; ~**y** *a* sangriento; (*Brit col!*): this ~**y**... este condenado o puñetero... (!) // *ad*: ~**y strong/good** (*Brit col!*) terriblemente fuerte/bueno; ~**y-minded** *a* (*Brit col*): to be ~**y-minded** ser un mala-sangre.

bloom [blu:m] *n* floración *f*; in ~ en flor // *vi* florecer; ~**ing** *a* (*col*): this ~**ing**... este condenado... .

blossom ['blɔsəm] *n* flor *f* // *vi* (*also fig*) florecer; (*person*) realizarse.

blot [blɔt] *n* borrón *m* // *vt* (*dry*) secar; (*stain*) manchar; to ~ **out** *vt* (*view*) tapar; (*memories*) borrar.

blotchy ['blɔtʃɪ] *a* (*complexion*) lleno de manchas.

blotting paper ['blɔtɪŋ-] *n* papel *m* secante.

blouse [blauz] *n* blusa.

blow [bləʊ] *n* golpe *m* // *vb* (*pt* blew [blu:], *pp* blown [bləʊn]) *vi* soplar; (*fuse*) fundirse // *vt* (*glass*) soplar; (*fuse*) quemar; (*instrument*) tocar; to ~ **one's nose** sonarse; to ~ **away** *vt* llevarse, arrancar; to ~ **down** *vt* derribar; to ~ **off** *vt* arrebatar; to ~ **out** *vi* apagarse; to ~ **over** *vi* amainar; to ~ **up** *vi* estallar // *vt* volar; (*tyre*) inflar; (*PHOT*) ampliar; **blow-dry** *n* moldeado (con secador); ~**lamp** *n* (*Brit*) soplete *m*, lámpara de soldar; ~**out** *n* (*of tyre*) pincha-

zo; ~**torch** *n* = ~**lamp**.

blubber ['blʌbə*] *n* grasa de ballena // *vi* (*pej*) lloriquear.

blue [blu:] *a* azul; ~ **film/joke** film/chiste verde; **out of the** ~ (*fig*) completamente inesperado; **to have the** ~s estar decaído; ~**bell** *n* campanilla, campánula azul; ~**bottle** *n* moscarda, mosca azul; ~ **jeans** *npl* bluejean *m inv*, vaqueros *mpl*; ~**print** *n* (*fig*) anteproyecto.

bluff [blʌf] *vi* hacer un bluff, farolear // *n* bluff *m*, farol *m*; to call sb's ~ coger a uno en un renuncio.

blunder ['blʌndə*] *n* patinazo, metedura de pata // *vi* cometer un error, meter la pata.

blunt [blʌnt] *a* embotado, desafilado; (*person*) franco, directo // *vt* embotar, desafilar.

blur [blə:*] *n* aspecto borroso // *vt* (*vision*) enturbiar; (*memory*) empañar.

blurb [blə:b] *n* comentario de sobrecubierta.

blurt [blə:t] *vt*: to ~ **out** (*say*) descolgarse con, dejar escapar.

blush [blʌʃ] *vi* ruborizarse, ponerse colorado // *n* rubor *m*.

blustering ['blʌstərɪŋ] *a* (*person*) fanfarrón/ona.

blustery ['blʌstərɪ] *a* (*weather*) tempestuoso, tormentoso.

boar [bɔ:*] *n* verraco, cerdo.

board [bɔ:d] *n* tabla, tablero; (*on wall*) tablón *m*; (*for chess etc*) tablero; (*committee*) junta, consejo; (*in firm*) mesa or junta directiva; (*NAUT, AVIAT*): **on ~ a bordo** // *vt* (*ship*) embarcarse en; (*train*) subir a; **full ~** (*Brit*) pensión completa; **half ~** (*Brit*) media pensión; **to go by the ~** (*fig*) ser abandonado *or* olvidado; **to ~ up** *vt* (*door*) tapiar; ~ **and lodging** *n* casa y comida; ~**er** *n* huésped(a) *m/f*; (*SCOL*) interno/a; ~**ing card** *n* (*Brit*) tarjeta de embarque; ~**ing house** *n* casa de huéspedes; ~**ing pass** *n* (*US*) = ~**ing card**; ~**ing school** *n* internado; ~ **room** *n* sala de juntas.

boast [bəʊst] *vi*: to ~ (**about** *or* **of**) alardear (de) // *vt* ostentar // *n* alarde *m*, baladronada.

boat [bəʊt] *n* barco, buque *m*; (*small*) barca, bote *m*; ~**er** *n* (*hat*) canotié *m*; ~**swain** ['bəʊsn] *n* contramaestre *m*.

bob [bɔb] *vi* (*boat, cork on water*): **also**: ~ **up and down** menearse, balancearse // *n* (*Brit col*) = **shilling**; to ~ **up** *vi* reaparecer de repente.

bobby ['bɔbɪ] *n* (*Brit col*) poli *m*.

bobsleigh ['bɔbsleɪ] *n* bob *m*.

bode [bəʊd] *vi*: to ~ **well/ill** (**for**) ser prometedor/poco prometedor (para).

bodily ['bɔdɪlɪ] *a* corpóreo, corporal // *ad* (*move: person*) en peso; (: *building*) de una pieza.

body ['bɔdɪ] n cuerpo; (corpse) cadáver m; (of car) caja, carrocería; (fig: organization) organismo; (fig: quantity) masa; ~-**building** n culturismo; ~**guard** n guardaespaldas m inv; ~**work** n carrocería.

bog [bɔg] n pantano, ciénaga // vt: **to get** ~**ged down** (fig) empantanarse, atascarse.

boggle ['bɔgl] vi: **the mind** ~**s!** ¡no puedo creerlo!

bogus ['bəugəs] a falso, fraudulento; (person) fingido.

boil [bɔɪl] vt cocer; (eggs) pasar por agua // vi hervir // n (MED) furúnculo, divieso; **to come to the** (Brit) **or a** (US) ~ comenzar a hervir; **to** ~ **down to** (fig) reducirse a; **to** ~ **over** vi rebosar; (anger etc) llegar al colmo; ~**ed egg** n huevo cocido (Sp) or pasado (LAm); ~**ed potatoes** npl patatas fpl or papas fpl (LAm) hervidas; ~**er** n caldera; ~**er suit** n (Brit) mono; ~**ing point** n punto de ebullición.

boisterous ['bɔɪstərəs] a (noisy) bullicioso; (excitable) exuberante; (crowd) tumultuoso.

bold [bəuld] a (brave) valiente, audaz; (pej) descarado; (outline) grueso; (colour) llamativo.

Bolivia [bə'lɪvɪə] n Bolivia; ~**n** a, n boliviano/a m/f.

bollard ['bɔləd] n (Brit AUT) poste m.

bolster ['bəulstə*] n travesero, cabezal m; **to** ~ **up** vt reforzar.

bolt [bəult] n (lock) cerrojo; (with nut) perno, tornillo // ad: ~ **upright** rígido, erguido // vt (door) echar el cerrojo a; (food) engullir // vi fugarse; (horse) desbocarse.

bomb [bɔm] n bomba // vt bombardear; ~**ard** [-'bɑːd] vt bombardear; (fig) asediar; ~**ardment** [-'bɑːdmənt] n bombardeo.

bombastic [bɔm'bæstɪk] a rimbombante; (person) farolero.

bomb: ~ **disposal** n desmontaje m de explosivos; ~**er** n (AVIAT) bombardero; ~**shell** n obús m, granada; (fig) bomba.

bona fide ['bəunə'faɪdɪ] a genuino, auténtico.

bond [bɔnd] n (binding promise) fianza; (FINANCE) bono; (link) vínculo, lazo; (COMM): **in** ~ en depósito bajo fianza.

bondage ['bɔndɪdʒ] n esclavitud f.

bone [bəun] n hueso; (of fish) espina // vt deshuesar; quitar las espinas a; ~-**dry** a completamente seco; ~ **idle** a gandul.

bonfire ['bɔnfaɪə*] n hoguera, fogata.

bonnet ['bɔnɪt] n gorra; (Brit: of car) capó m.

bonus ['bəunəs] n sobrepaga, prima.

bony ['bəunɪ] a (arm, face, MED: tissue) huesudo; (meat) lleno de huesos; (fish) lleno de espinas.

boo [buː] vt abuchear, rechiflar.

booby trap ['buːbɪ-] n trampa explosiva.

book [buk] n libro; (notebook) libreta; (of stamps etc) librito; (COMM): ~**s** cuentas fpl, contabilidad f // vt (ticket, seat, room) reservar; (driver) fichar; ~**case** n librería, estante m para libros; ~**ing office** n (Brit RAIL) despacho de billetes or boletos (LAm); (THEATRE) taquilla, boletería (LAm); ~-**keeping** n contabilidad f; ~**let** n folleto; ~**maker** n corredor m de apuestas; ~**seller** n librero; ~**shop**, ~ **store** n librería.

boom [buːm] n (noise) trueno, estampido; (in prices etc) alza rápida; (ECON) boom m, auge m // vi (cannon) hacer gran estruendo, retumbar; (ECON) estar en alza.

boon [buːn] n favor m, beneficio.

boost [buːst] n estímulo, empuje m // vt estimular, empujar; ~**er** n (MED) reinyección f.

boot [buːt] n bota; (Brit: of car) maleta, maletero // vt dar un puntapié a; (COMPUT) arrancar; **to** ~ (in addition) además, por añadidura.

booth [buːð] n (at fair) barraca; (telephone ~, voting ~) cabina.

booty ['buːtɪ] n botín m.

booze [buːz] n (col) bebida, trago // vi emborracharse.

border ['bɔːdə*] n borde m, margen m; (of a country) frontera // a fronterizo; **the B**~**s** región fronteriza entre Escocia e Inglaterra; **to** ~ **on** vt fus lindar con; (fig) rayar en; ~**line** n (fig) frontera.

bore [bɔː*] pt of **bear** // vt (hole) hacer un agujero en; (well) perforar; (person) aburrir // n (person) pelmazo, pesado; (of gun) calibre m; ~**d** a aburrido; ~**dom** n aburrimiento.

boring ['bɔːrɪŋ] a aburrido.

born [bɔːn] a: **to be** ~ nacer; **I was** ~ **in** 1960 nací en 1960.

borne [bɔːn] pp of **bear**.

borough ['bʌrə] n municipio.

borrow ['bɔrəu] vt: **to** ~ **sth (from sb)** tomar algo prestado (a alguien).

bosom ['buzəm] n pecho; (fig) seno.

boss [bɔs] n jefe/a m/f; (employer) patrón/ona m/f; (political etc) cacique m // vt (also: ~ **about** or **around**) mangonear; ~**y** a mandón/ona.

bosun ['bəusn] n contramaestre m.

botany ['bɔtənɪ] n botánica.

botch [bɔtʃ] vt (also: ~ **up**) arruinar, estropear.

both [bəuθ] a, pron ambos/as, los/las dos; ~ **of us went, we** ~ **went** fuimos los dos, ambos fuimos // ad: ~ **A and B** tanto A como B.

bother ['bɔðə*] vt (worry) preocupar; (disturb) molestar, fastidiar // vi (gen: ~ **o.s.**) molestarse // n: **what a** ~**!** ¡qué

lata!; **to ~ doing** tomarse la molestia de
hacer.
bottle ['bɔtl] *n* botella; (*small*) frasco;
(*baby's*) biberón *m* // *vt* embotellar; **to
~ up** *vt* suprimir; **~neck** *n* embotellamiento; **~-opener** *n* abrebotellas *m inv*.
bottom ['bɔtəm] *n* (*of box, sea*) fondo;
(*buttocks*) trasero, culo; (*of page*) pie
m; (*of list*) final *m* // *a* (*lowest*) más
bajo; (*last*) último; **~less** *a* sin fondo,
insondable.
bough [bau] *n* rama.
bought [bɔ:t] *pt, pp of* **buy.**
boulder ['bəuldə*] *n* canto rodado.
bounce [bauns] *vi* (*ball*) (re)botar; (*cheque*) ser rechazado // *vt* hacer (re)botar
// *n* (*rebound*) (re)bote *m*; **~r** *n* (*col*)
matón/ona *m/f*.
bound [baund] *pt, pp of* **bind** // *n* (*leap*)
salto; (*gen pl: limit*) límite *m* // *vi*
(*leap*) saltar // *a*: **~ by** rodeado de; **to
be ~ to do sth** (*obliged*) tener el deber
de hacer algo; **he's ~ to come** es seguro
que vendrá; **out of ~s** prohibido el paso;
~ for con destino a.
boundary ['baundrɪ] *n* límite *m*.
boundless ['baundlɪs] *a* ilimitado.
bouquet ['bukeɪ] *n* (*of flowers*) ramo;
(*of wine*) aroma *m*.
bourgeois ['buəʒwɑ:] *a, n* burgués/esa
m/f.
bout [baut] *n* (*of malaria etc*) ataque *m*;
(*BOXING etc*) combate *m*, encuentro.
bow [bau] *n* (*knot*) lazo; (*weapon, MUS*)
arco // *n* [bau] (*of the head*) reverencia;
(*NAUT: also:* **~s**) proa // *vi* [bau] inclinarse, hacer una reverencia; (*yield*): **to
~ to** *or* **before** ceder ante, someterse a.
bowels [bauəlz] *npl* intestinos *mpl*, vientre *m*.
bowl [bəul] *n* tazón *m*, cuenco; (*for
washing*) palangana, jofaina; (*ball*) bola
// *vi* (*CRICKET*) arrojar la pelota; **~s** *n*
juego de las bochas, bolos *mpl*.
bow-legged ['bəu'lɛgɪd] *a* estevado.
bowler ['bəulə*] *n* (*CRICKET*) lanzador *m*
(de la pelota); (*Brit: also:* **~ hat**) hongo, bombín *m*.
bowling ['bəulɪŋ] *n* (*game*) bochas *fpl*,
bolos *mpl*; **~ alley** *n* bolera; **~ green**
n pista para bochas.
bow tie ['bəu-] *n* corbata de lazo, pajarita.
box [bɔks] *n* (*also:* **cardboard ~**) caja,
cajón *m*; (*for jewels*) estuche *m*; (*for
money*) cofre *m*; (*THEATRE*) palco // *vt*
encajonar // *vi* (*SPORT*) boxear; **~er** *n*
(*person*) boxeador *m*; (*dog*) boxer *m*;
~ing *n* (*SPORT*) boxeo; **B~ing Day** *n*
(*Brit*) día de San Esteban, 26 de diciembre; **~ing gloves** *npl* guantes *mpl* de
boxeo; **~ing ring** *n* ring *m*, cuadrilátero; **~ office** *n* taquilla, boletería
(*LAm*); **~room** *n* trastero.
boy [bɔɪ] *n* (*young*) niño; (*older*) mucha-

cho.
boycott ['bɔɪkɔt] *n* boicot *m* // *vt* boicotear.
boyfriend ['bɔɪfrɛnd] *n* novio.
boyish ['bɔɪʃ] *a* muchachil.
B.R. *abbr* = **British Rail.**
bra [brɑ:] *n* sostén *m*, sujetador *m*.
brace [breɪs] *n* refuerzo, abrazadera;
(*Brit: also:* **~s: on teeth**) corrector *m*;
(*tool*) berbiquí *m* // *vt* asegurar, reforzar; **~s** *npl* (*Brit*) tirantes *mpl*; **to ~ o.s.**
(*for*) (*fig*) prepararse (para).
bracelet ['breɪslɪt] *n* pulsera, brazalete
m.
bracing ['breɪsɪŋ] *a* vigorizante, tónico.
bracken ['brækən] *n* helecho.
bracket ['brækɪt] *n* (*TECH*) soporte *m*,
puntal *m*; (*group*) clase *f*, categoría;
(*also:* **brace ~**) soporte *m*, abrazadera;
(*also:* **round ~**) paréntesis *m inv*; (*gen:*
square ~) corchete *m* // *vt* (*group*) agrupar.
brag [bræg] *vi* jactarse.
braid [breɪd] *n* (*trimming*) galón *m*; (*of
hair*) trenza.
brain [breɪn] *n* cerebro; **~s** *npl* sesos
mpl; **she's got ~s** es muy lista; **~child**
n parto del ingenio; **~wash** *vt* lavar el
cerebro; **~wave** *n* idea luminosa; **~y** *a*
muy inteligente.
braise [breɪz] *vt* cocer a fuego lento.
brake [breɪk] *n* (*on vehicle*) freno // *vt, vi*
frenar; **~ fluid** *n* líquido de frenos; **~
light** *n* luz *f* de frenado.
bramble ['bræmbl] *n* zarza.
bran [bræn] *n* salvado.
branch [brɑ:ntʃ] *n* rama; (*fig*) ramo;
(*COMM*) sucursal *f* // *vi* (*also:* **~ out**) ramificarse; (: *fig*) extenderse.
brand [brænd] *n* marca; (*iron*) hierro de
marcar // *vt* (*cattle*) marcar con hierro
candente.
brandish ['brændɪʃ] *vt* blandir.
brand-new ['brænd'nju:] *a* flamante,
completamente nuevo.
brandy ['brændɪ] *n* coñac *m*, brandy *m*.
brash [bræʃ] *a* (*rough*) tosco; (*cheeky*)
descarado.
brass [brɑ:s] *n* latón *m*; **the ~** (*MUS*) los
cobres; **~ band** *n* banda de metal.
brassière ['bræsɪə*] *n* sostén *m*, sujetador *m*.
brat [bræt] *n* (*pej*) mocoso/a.
bravado [brə'vɑ:dəu] *n* fanfarronería.
brave [breɪv] *a* valiente, valeroso // *n*
guerrero indio // *vt* (*challenge*) desafiar;
(*resist*) aguantar; **~ry** *n* valor *m*, valentía.
brawl [brɔ:l] *n* pendencia, reyerta // *vi*
pelearse.
brawn [brɔ:n] *n* fuerza muscular; (*meat*)
carne *f* en gelatina.
bray [breɪ] *n* rebuzno // *vi* rebuznar.
brazen ['breɪzn] *a* descarado, cínico //
vt: **to ~ it out** echarle cara.

brazier ['breɪzɪə*] *n* brasero.

Brazil [brə'zɪl] *n* (el) Brasil; ~**ian** *a*, *n* brasileño/a *m/f*.

breach [briːtʃ] *vt* abrir brecha en // (*gap*) brecha; (*treaking*): ~ **of confidence** abuso de confianza; ~ **of contract** infracción *f* de contrato; ~ **of the peace** perturbación *f* del órden público.

bread [bred] *n* pan *m*; ~ **and butter** *n* pan con mantequilla; (*fig*) pan (de cada día) // *a* común y corriente; ~**bin**, (*US*) ~**box** *n* panera; ~**crumbs** *npl* migajas *fpl*; (*CULIN*) pan molido; ~**line** *n*: **on the ~line** en la miseria.

breadth [bretθ] *n* anchura; (*fig*) amplitud *f*.

breadwinner ['bredwɪnə*] *n* sostén *m* de la familia.

break [breɪk] *vb* (*pt* **broke**, *pp* **broken**) *vt* (*gen*) romper; (*promise*) faltar a; (*fall*) amortiguar; (*journey*) interrumpir; (*law*) violar, infringir; (*record*) batir; (*news*) comunicar // *vi* romperse, quebrarse; (*storm*) estallar; (*weather*) cambiar // *n* (*gap*) abertura; (*crack*) grieta; (*fracture*) fractura; (*in relations*) ruptura; (*rest*) descanso; (*time*) intérvalo; (: *at school*) (período de) recreo; (*chance*) oportunidad *f*; **to ~ down** *vt* (*figures, data*) analizar, descomponer; (*undermine*) acabar con // *vi* estropearse; (*MED*) sufrir un colapso; (*AUT*) averiarse; (*person*) romper a llorar; **to ~ even** *vi* cubrir los gastos; **to ~ free** *or* **loose** *vi* escaparse; **to ~ in** *vt* (*horse etc*) domar // *vi* (*burglar*) forzar una entrada; **to ~ into** *vt fus* (*house*) forzar; **to ~ off** *vi* (*speaker*) pararse, detenerse; (*branch*) partir; **to ~ open** *vt* (*door etc*) abrir por la fuerza, forzar; **to ~ out** *vi* estallar; **to ~ out in spots** salir a uno granos; **to ~ up** *vi* (*partnership*) disolverse; (*friends*) romper // *vt* (*rocks etc*) partir; (*crowd*) disolver; ~**age** *n* rotura; ~**down** *n* (*AUT*) avería; (*in communications*) interrupción *f*; (*MED: also*: **nervous ~down**) colapso, crisis *f* nerviosa; ~**down van** *n* (*Brit*) (camión *m*) grúa; ~**er** *n* rompiente *m*.

breakfast ['brekfəst] *n* desayuno.

break: ~**in** *n* robo con allanamiento de morada; ~**ing and entering** *n* (*LAW*) violación *f* de domicilio, allanamiento de morada; ~**through** *n* (*fig*) avance *m*; ~**water** *n* rompeolas *m inv*.

breast [brest] *n* (*of woman*) pecho, seno; (*chest*) pecho; (*of bird*) pechuga; **to ~-feed** *vt*, *vi* (*irg: like* **feed**) amamantar, criar a los pechos; ~**-stroke** *n* braza de pecho.

breath [breθ] *n* aliento, respiración *f*; **out of** ~ sin aliento, sofocado.

Breathalyser ['breθəlaɪzə*] *n* ® (*Brit*) alcoholímetro *m*; ~ **test** *n* prueba de al-coholemia.

breathe [briːð] *vt*, *vi* respirar; (*noisily*) resollar; **to ~ in** *vt*, *vi* aspirar; **to ~ out** *vt*, *vi* espirar; ~**r** *n* respiro; **breathing** *n* respiración *f*.

breath: ~**less** *a* sin aliento, jadeante; ~**taking** *a* imponente, pasmoso.

breed [briːd] *vb* (*pt*, *pp* **bred**) *vt* criar // *vi* reproducirse, procrear // *n* raza, casta; ~**er** *n* (*person*) criador(a) *m/f*; ~**ing** *n* (*of person*) educación *f*.

breeze [briːz] *n* brisa.

breezy ['briːzɪ] *a* de mucho viento, ventoso; (*person*) despreocupado.

brevity ['brevɪtɪ] *n* brevedad *f*.

brew [bruː] *vt* (*tea*) hacer; (*beer*) elaborar; (*plot*) tramar // *vi* hacerse; elaborarse; tramarse; (*storm*) amenazar; ~**er** *n* cervecero; ~**ery** *n* fábrica de cerveza, cervecería.

bribe [braɪb] *n* soborno // *vt* sobornar, cohechar; ~**ry** *n* soborno, cohecho.

bric-a-brac ['brɪkəbræk] *n inv* baratijas *fpl*.

brick [brɪk] *n* ladrillo; ~**layer** *n* albañil *m*; ~**works** *n* ladrillar *m*.

bridal ['braɪdl] *a* nupcial.

bride [braɪd] *n* novia; ~**groom** *n* novio; ~**smaid** *n* dama de honor.

bridge [brɪdʒ] *n* puente *m*; (*NAUT*) puente *m* de mando; (*of nose*) caballete *m*; (*CARDS*) bridge *m* // *vt* (*river*) tender un puente sobre.

bridle ['braɪdl] *n* brida, freno // *vt* poner la brida a; (*fig*) reprimir, refrenar; ~ **path** *n* camino de herradura.

brief [briːf] *a* breve, corto // *n* (*LAW*) escrito // *vt* (*inform*) informar; (*instruct*) dar instrucciones a; ~**s** *npl* (*for men*) calzoncillos *mpl*; (*for women*) bragas *fpl*; ~**case** *n* cartera, portafolio (*LAm*); ~**ing** *n* (*PRESS*) informe *m*; ~**ly** *ad* (*smile, glance*) fugazmente; (*explain, say*) en pocas palabras.

brigadier [brɪgə'dɪə*] *n* general *m* de brigada.

bright [braɪt] *a* claro; (*room*) luminoso; (*day*) de sol; (*person: clever*) listo, inteligente; (: *lively*) alegre; (*colour*) vivo; ~**en** (*also*: ~**en up**) *vt* (*room*) hacer más alegre // *vi* (*weather*) despejarse; (*person*) animarse, alegrarse.

brilliance ['brɪljəns] *n* brillo, brillantez *f*.

brilliant ['brɪljənt] *a* brillante.

brim [brɪm] *n* borde *m*; (*of hat*) ala.

brine [braɪn] *n* (*CULIN*) salmuera.

bring [brɪŋ], *pt*, *pp* **brought** *vt* (*thing*) traer; (*person*) conducir; **to ~ about** *vt* ocasionar, producir; **to ~ back** *vt* volver a traer; (*return*) devolver; **to ~ down** *vt* bajar; (*price*) rebajar; **to ~ forward** *vt* adelantar; **to ~ off** *vt* (*task, plan*) lograr, conseguir; **to ~ out** *vt* (*object*) sacar; **to ~ round** *vt* (*unconscious person*) hacer volver en sí;

(*convince*) convencer; **to ~ up** *vt* (*person*) educar, criar; (*carry up*) subir; (*question*) sacar a colación a; (*food*: *vomit*) devolver, vomitar.

brink [brɪŋk] *n* borde *m*.

brisk [brɪsk] *a* enérgico, vigoroso; (*speedy*) rápido; (*trade*) activo.

brisket ['brɪskɪt] *n* carne *f* de vaca para asar.

bristle ['brɪsl] *n* cerda // *vi* erizarse.

Britain ['brɪtən] *n* (*also*: **Great ~**) Gran Bretaña.

British ['brɪtɪʃ] *a* británico; **the ~** *npl* los británicos; **the ~ Isles** *npl* las Islas Británicas; **~ Rail (B.R.)** *n* ≈ RENFE *f* (*Sp*).

Briton ['brɪtən] *n* británico/a.

brittle ['brɪtl] *a* quebradizo, frágil.

broach [brəʊtʃ] *vt* (*subject*) abordar.

broad [brɔːd] *a* ancho, amplio; (*accent*) cerrado; **in ~ daylight** en pleno día; **~cast** *n* emisión *f* // *vb* (*pt, pp* **~cast**) *vt* (*RADIO*) emitir; (*TV*) transmitir // *vi* emitir; transmitir; **~casting** *n* radiodifusión *f*, difusión *f*; **~en** *vt* ensanchar // *vi* ensancharse; **~ly** *ad* en general; **~-minded** *a* tolerante, liberal.

broccoli ['brɔkəlɪ] *n* brécol *m*.

brochure ['brəʊʃjuə*] *n* folleto.

broil [brɔɪl] *vt* (*US*) asar a la parrilla.

broke [brəʊk] *pt of* **break** // *a* (*col*) pelado, sin blanca.

broken ['brəʊkən] *pp of* **break** // *a*: **~ leg** pierna rota; **in ~ English** en un inglés imperfecto; **~-hearted** *a* con el corazón partido.

broker ['brəʊkə*] *n* agente *m/f*, bolsista *m/f*.

brolly ['brɔlɪ] *n* (*Brit col*) paraguas *m inv*.

bronchitis [brɔŋ'kaɪtɪs] *n* bronquitis *f*.

bronze [brɔnz] *n* bronce *m*.

brooch [brəʊtʃ] *n* prendedor *m*.

brood [bruːd] *n* camada, cría; (*children*) progenie *f* // *vi* (*hen*) empollar; **to ~ over** sth dejarse obsesionar por algo.

brook [bruk] *n* arroyo.

broom [brum] *n* escoba; (*BOT*) retama; **~stick** *n* palo de escoba.

Bros. *abbr* (= **Brothers**) Hnos.

broth [brɔθ] *n* caldo.

brothel ['brɔθl] *n* burdel *m*.

brother ['brʌðə*] *n* hermano; **~-in-law** *n* cuñado.

brought [brɔːt] *pt, pp of* **bring**.

brow [brau] *n* (*forehead*) frente *m*; (*of hill*) cumbre *f*.

brown [braun] *a* moreno; (*hair*) castaño; (*tanned*) bronceado // *n* (*colour*) color *m* moreno or pardo // *vt* (*tan*) broncear; (*CULIN*) dorar; **~ bread** *n* pan moreno.

brownie ['braunɪ] *n* niña exploradora.

brown paper *n* papel *m* de estraza.

brown sugar *n* azúcar *m* terciado.

browse [brauz] *vi* (*among books*) hojear libros.

bruise [bruːz] *n* cardenal *m*, moretón *m* (*LAm*) // *vt* magullar.

brunch [brʌntʃ] *n* desayuno-almuerzo.

brunette [bruː'net] *n* morena.

brunt [brʌnt] *n*: **to bear the ~ of** llevar el peso de.

brush [brʌʃ] *n* cepillo; (*large*) escoba; (*for painting, shaving etc*) brocha; (*artist's*) pincel *m*; (*BOT*) maleza; (*with police etc*) roce *m* // *vt* cepillar; (*gen*: **~ past**, **~ against**) rozar al pasar; **to ~ aside** *vt* rechazar, no hacer caso a; **to ~ up** *vt* (*knowledge*) repasar, refrescar; **~wood** *n* (*bushes*) maleza; (*sticks*) leña.

brusque [bruːsk] *a* brusco, áspero.

Brussels ['brʌslz] *n* Bruselas; **~ sprout** *n* col de Bruselas.

brutal ['bruːtl] *a* brutal.

brute [bruːt] *n* bruto; (*person*) bestia // *a*: **by ~ force** a fuerza bruta.

B.Sc. *abbr* = **Bachelor of Science**.

bubble ['bʌbl] *n* burbuja; (*in paint*) ampolla // *vi* burbujear, borbotar; **~ bath** *n* espuma para el baño; **~ gum** *n* chicle *m* de globo.

buck [bʌk] *n* macho; (*US col*) dólar *m* // *vi* corcovear; **to pass the ~ (to sb)** echar (a uno) el muerto; **to ~ up** *vi* (*cheer up*) animarse, cobrar ánimo.

bucket ['bʌkɪt] *n* cubo, balde *m*.

buckle ['bʌkl] *n* hebilla // *vt* abrochar con hebilla // *vi* combarse.

bud [bʌd] *n* brote *m*, yema; (*of flower*) capullo // *vi* brotar, echar brotes.

Buddhism ['budɪzm] *n* Budismo.

budding ['bʌdɪŋ] *a* en ciernes, en embrión.

buddy ['bʌdɪ] *n* (*US*) compañero, compinche *m*.

budge [bʌdʒ] *vt* mover; (*fig*) hacer ceder // *vi* moverse.

budgerigar ['bʌdʒərɪgɑː*] *n* periquito.

budget ['bʌdʒɪt] *n* presupuesto // *vi*: **to ~ for sth** presupuestar algo.

budgie ['bʌdʒɪ] *n* = **budgerigar**.

buff [bʌf] *a* (*colour*) color de ante // *n* (*enthusiast*) entusiasta *m/f*.

buffalo ['bʌfələu], *pl* **~** *or* **~es** *n* (*Brit*) búfalo; (*US*: *bison*) bisonte *m*.

buffer ['bʌfə*] *n* amortiguador *m*; (*COMPUT*) memoria intermedia.

buffet ['bufeɪ] *n* (*Brit*: *bar*) bar *m*, cafetería; (*food*) buffet *m* // *vt* ['bʌfɪt] (*strike*) abofetear; (*wind etc*) golpear; **~ car** *n* (*Brit RAIL*) coche-comedor *m*.

bug [bʌg] *n* (*insect*) chinche *m*; (: *gen*) bicho, sabandija; (*germ*) microbio, bacilo; (*spy device*) micrófono oculto // *vt* (*fam*) fastidiar; (*room*) poner micrófono oculto en.

bugle ['bjuːgl] *n* corneta, clarín *m*.

build [bɪld] *n* (*of person*) talle *m*, tipo // *vt* (*pt, pp* **built**) construir, edificar; **to**

~ **up** vt (MED) fortalecer; (stocks) acumular; ~**er** n constructor(a) m/f; (contractor) contratista m/f; ~**ing** n (act of) construcción f; (habitation, offices) edificio; ~**ing society** n (Brit) sociedad f inmobiliaria, cooperativa de construcciones.

built [bɪlt] pt, pp of build // a: ~**-in** (cupboard) empotrado; (device) interior, incorporado; ~**-up** (area) urbanizado.

bulb [bʌlb] n (BOT) bulbo; (ELEC) bombilla, foco (LAm).

Bulgaria [bʌlˈgeərɪə] n Bulgaria; ~**n** a, n búlgaro/a m/f.

bulge [bʌldʒ] n bombeo, pandeo // vi bombearse, pandearse; (pocket etc) hacer bulto.

bulk [bʌlk] n (mass) bulto, volumen m; (major part) grueso; **in ~** (COMM) a granel; **the ~ of** la mayor parte de; ~**head** n mamparo; ~**y** a voluminoso, abultado.

bull [bul] n toro; ~**dog** n dogo.

bulldozer ['buldəuzə*] n aplanadora, motoniveladora.

bullet ['bulɪt] n bala.

bulletin ['bulɪtɪn] n anuncio, parte m; ~ **board** n (US) tablón m de anuncios.

bullet: ~**proof** a a prueba de balas; ~ **wound** n balazo.

bullfight ['bulfaɪt] n corrida de toros; ~**er** n torero; ~**ing** n los toros mpl, el toreo; (art of ~ing) tauromaquia.

bullion ['buljən] n oro or plata en barras.

bullock ['bulək] n novillo.

bullring ['bulrɪŋ] n plaza de toros.

bull's-eye ['bulzaɪ] n centro del blanco.

bully ['bulɪ] n valentón m, matón m // vt intimidar, tiranizar.

bum [bʌm] n (Brit: col: backside) culo; (tramp) vagabundo.

bumblebee ['bʌmblbiː] n abejorro.

bump [bʌmp] n (blow) tope m, choque m; (jolt) sacudida; (on road etc) bache m; (on head) chichón m // vt (strike) chocar contra, topetar // vi dar sacudidas; **to ~ into** vt fus chocar contra, tropezar con; (person) topar con; ~**er** n (Brit) parachoques m inv // a: ~**er crop/harvest** cosecha abundante; ~**er cars** npl coches mpl de choque.

bumptious ['bʌmpfəs] a engreído, presuntuoso.

bumpy ['bʌmpɪ] a (road) lleno de baches; (journey) zarandeado.

bun [bʌn] n (Brit: cake) pastel m; (US: bread) bollo; (of hair) moño.

bunch [bʌntʃ] n (of flowers) ramo; (of keys) manojo; (of bananas) piña; (of people) grupo; (pej) pandilla.

bundle ['bʌndl] n (gen) bulto, fardo; (of sticks) haz m; (of papers) legajo // vt (also: ~ **up**) atar, envolver; **to ~ sth/sb into** meter algo/a alguien precipitadamente en.

bungalow ['bʌngələu] n bungalow m, chalé m.

bungle ['bʌngl] vt chapucear.

bunion ['bʌnjən] n juanete m.

bunk [bʌnk] n litera; ~ **beds** npl literas fpl.

bunker ['bʌnkə*] n (coal store) carbonera; (MIL) refugio; (GOLF) bunker m.

bunny ['bʌnɪ] n (also: ~ **rabbit**) conejito.

bunting ['bʌntɪŋ] n empavesada, banderas fpl.

buoy [bɔɪ] n boya; **to ~ up** vt mantener a flote; (fig) animar; ~**ancy** n (of ship) capacidad f para flotar; ~**ant** a (carefree) boyante, optimista.

burden ['bəːdn] n carga // vt cargar.

bureau [bjuəˈrəu], pl ~**x** [-z] n (Brit: writing desk) escritorio, buró m; (US: chest of drawers) cómoda; (office) oficina, agencia.

bureaucracy [bjuəˈrɔkrəsɪ] n burocracia; **bureaucrat** ['bjuərəkræt] n burócrata m/f.

burglar ['bəːglə*] n ladrón/ona m/f; ~ **alarm** n alarma de ladrones; ~**y** n robo con allanamiento, robo de una casa.

burial ['berɪəl] n entierro.

burly ['bəːlɪ] a fornido, membrudo.

Burma ['bəːmə] n Birmania.

burn [bəːn] vb (pt, pp burned or burnt) vt quemar; (house) incendiar // vi quemarse, arder; incendiarse; (sting) escocer // n quemadura; **to ~ down** vt incendiar; ~**er** n (gas) quemador m; ~**ing** a ardiente.

burrow ['bʌrəu] n madriguera // vt hacer una madriguera.

bursar ['bəːsə*] n tesorero; (Brit: student) becario/a; ~**y** n (Brit) beca.

burst [bəːst] (pt, pp burst) vt (balloon, pipe) reventar; (banks etc) romper // vi reventarse; romperse; (tyre) pincharse; (bomb) estallar // n (explosion) estallido; (also: ~ **pipe**) reventón m; **a ~ of energy** una explosión f de energía; **to ~ into flames** estallar en llamas; **to ~ out laughing** soltar la carcajada; **to ~ into tears** deshacerse en lágrimas; **to be ~ing with** reventar por or de; **to ~ into** vt fus (room etc) irrumpir en; **to ~ open** vi abrirse de golpe.

bury ['berɪ] vt enterrar; (body) enterrar, sepultar.

bus [bʌs] n autobús m.

bush [buʃ] n arbusto; (scrub land) monte m; **to beat about the ~** andar(se) con rodeos; ~**y** a (thick) espeso, poblado.

busily ['bɪzɪlɪ] ad afanosamente.

business ['bɪznɪs] n (matter) asunto; (trading) comercio, negocios mpl; (firm) empresa, casa; (occupation) oficio; (affair) asunto; **to be away on ~** estar en viaje de negocios; **it's my ~ to...** me toca or corresponde...; **it's none of my ~** yo no tengo nada que ver; **he means ~**

habla en serio; ~**like** a (*company*) serio; (*person*) eficiente; ~**man** n hombre m de negocios; ~ **trip** n viaje m de negocios; ~**woman** n mujer f de negocios.
busker ['bʌskə*] n (*Brit*) músico/a ambulante.
bus-stop ['bʌsstɔp] n parada de autobús.
bust [bʌst] n (ANAT) pecho // a (col: *broken*) roto, estropeado; **to go** ~ quebrarse.
bustle ['bʌsl] n bullicio, movimiento // vi menearse, apresurarse; **bustling** a (*town*) animado, bullicioso.
busy ['bɪzɪ] a ocupado, atareado; (*shop, street*) concurrido, animado // vr: **to** ~ **o.s. with** ocuparse en; ~**body** n entrometido/a; ~ **signal** n (US TEL) señal f de comunicando.
but [bʌt] ♦ conj 1 pero; **he's not very bright,** ~ **he's hard-working** no es muy inteligente, pero es trabajador
2 (*in direct contradiction*) sino; **he's not English** ~ **French** no es inglés sino francés; **he didn't sing** ~ **he shouted** no cantó sino que gritó
3 (*showing disagreement, surprise etc*): ~ **that's far too expensive!** ¡pero eso es carísimo!; ~ **it does work!** ¡(pero) sí que funciona!
♦ prep (*apart from, except*) menos, salvo; **we've had nothing** ~ **trouble** no hemos tenido más que problemas; **no-one** ~ **him can do it** nadie más que él puede hacerlo; **who** ~ **a lunatic would do such a thing?** ¡sólo un loco haría una cosa así!; ~ **for your help** si no fuera por ti/tu ayuda; **anything** ~ **that** cualquier cosa menos eso
♦ ad (*just, only*): **she's** ~ **a child** no es más que una niña; **had I** ~ **known** si lo hubiera sabido; **I can** ~ **try** al menos lo puedo intentar; **it's all** ~ **finished** está casi acabado.
butcher ['butʃə*] n carnicero // vt hacer una carnicería con; (*cattle etc for meat*) matar; ~**'s (shop)** n carnicería.
butler ['bʌtlə*] n mayordomo.
butt [bʌt] n (*cask*) tonel m; (*for rain*) tina; (*thick end*) cabo, extremo; (*of gun*) culata; (*of cigarette*) colilla; (*Brit fig: target*) blanco // vt dar cabezadas contra, topetar; **to** ~ **in** vi (*interrupt*) interrumpir.
butter ['bʌtə*] n mantequilla // vt untar con mantequilla; ~**cup** n ranúnculo.
butterfly ['bʌtəflaɪ] n mariposa; (SWIMMING: *also:* ~ **stroke**) braza de mariposa.
buttocks ['bʌtəks] npl nalgas fpl.
button ['bʌtn] n botón m // vt (*also:* ~ **up**) abotonar, abrochar // vi abrocharse.
buttress ['bʌtrɪs] n contrafuerte m; (*fig*) apoyo, sostén m.
buxom ['bʌksəm] a (*woman*) frescachona.

buy [baɪ] vt (*pt, pp bought*) comprar // n compra; **to** ~ **sb sth/sth from sb** comprarle algo a alguien; **to** ~ **sb a drink** invitar a alguien a tomar algo; ~**er** n comprador(a) m/f.
buzz [bʌz] n zumbido; (*col: phone call*) llamada (por teléfono) // vi zumbar.
buzzer ['bʌzə*] n timbre m.
buzz word n palabra que está de moda.
by [baɪ] ♦ prep 1 (*referring to cause, agent*) por; de; **killed** ~ **lightning** muerto por un relámpago; **a painting** ~ **Picasso** un cuadro de Picasso
2 (*referring to method, manner, means*): ~ **bus/car/train** en autobús/coche/tren; **to pay** ~ **cheque** pagar con un cheque; ~ **moonlight/candlelight** a la luz de la luna/una vela; ~ **saving hard, he ...** ahorrando, ...
3 (*via, through*) por; **we came** ~ **Dover** vinimos por Dover
4 (*close to, past*): **the house** ~ **the river** la casa junto al río; **she rushed** ~ **me** pasó a mi lado como una exhalación; **I go** ~ **the post office every day** paso por delante de Correos todos los días
5 (*time: not later than*) para; (: *during*): ~ **daylight** de día; ~ **4 o'clock** para las cuatro; ~ **this time tomorrow** para mañana a esta hora; ~ **the time I got here it was too late** cuando llegué ya era demasiado tarde
6 (*amount*): ~ **the kilo/metre** por kilo/metro; **paid** ~ **the hour** pagado/a por hora
7 (MATH, *measure*): **to divide/multiply** ~ **3** dividir/multiplicar por 3; **a room 3 metres** ~ **4** una habitación de 3 metros por 4; **it's broader** ~ **a metre** es un metro más ancho
8 (*according to*) según, de acuerdo con; **it's 3 o'clock** ~ **my watch** según mi reloj, son las tres; **it's all right** ~ **me** por mí, está bien
9: **(all)** ~ **oneself** etc todo solo/a; **he did it (all)** ~ **himself** lo hizo él solo; **he was standing (all)** ~ **himself in a corner** estaba de pie solo en un rincón
10: ~ **the way** a propósito, por cierto; **this wasn't my idea** ~ **the way** pues, no fue idea mía
♦ ad 1 see **go, pass** etc
2: ~ **and** ~ finalmente; **they'll come back** ~ **and** ~ acabarán volviendo; ~ **and large** en líneas generales, en general.
bye(-bye) ['baɪ('baɪ)] excl adiós, hasta luego.
by(e)-law ['baɪlɔ:] n ordenanza municipal.
by-election ['baɪɪlɛkʃən] n (*Brit*) elección f parcial.
bygone ['baɪgɔn] a pasado, del pasado // n: **let** ~s **be** ~s lo pasado, pasado está.
bypass ['baɪpɑ:s] n carretera de circun-

valación; (*MED*) (operación *f* de) by-pass *m* // *vt* evitar.

by-product ['baɪprɔdʌkt] *n* subproducto, derivado.

bystander ['baɪstændə*] *n* espectador(a) *m/f*.

byte [baɪt] *n* (*COMPUT*) byte *m*, octeto.

byword ['baɪwɔːd] *n*: **to be a ~ for** ser conocidísimo por.

by-your-leave ['baɪjɔː'liːv] *n*: **without so much as a ~** sin decir nada, sin dar ningún tipo de explicación.

C

C [siː] *n* (*MUS*) do *m*.

C. *abbr* = **centigrade**.

C.A. *abbr* = **chartered accountant**.

cab [kæb] *n* taxi *m*; (*of truck*) cabina.

cabbage ['kæbɪdʒ] *n* col *f*, berza.

cabin ['kæbɪn] *n* cabaña; (*on ship*) camarote *m*.

cabinet ['kæbɪnɪt] *n* (*POL*) consejo de ministros; (*furniture*) armario; (*also: display* ~) vitrina; **~-maker** *n* ebanista *m*.

cable ['keɪbl] *n* cable *m* // *vt* cablegrafiar; **~-car** *n* teleférico; **~ television** *n* televisión *f* por cable.

cache [kæʃ] *n* (*of weapons, drugs etc*) alijo.

cackle ['kækl] *vi* cacarear.

cactus ['kæktəs], *pl* **cacti** [-taɪ] *n* cacto.

cadet [kə'dɛt] *n* (*MIL*) cadete *m*.

cadge [kædʒ] *vt* gorronear.

Caesarean [siː'zɛərɪən] *a*: **~ (section)** cesárea.

café ['kæfeɪ] *n* café *m*.

cafeteria [kæfɪ'tɪərɪə] *n* café *m*.

caffein(e) ['kæfiːn] *n* cafeína.

cage [keɪdʒ] *n* jaula // *vt* enjaular.

cagey ['keɪdʒɪ] *a* (*col*) cauteloso, reservado.

cagoule [kə'guːl] *n* chubasquero.

Cairo ['kaɪərəu] *n* el Cairo.

cajole [kə'dʒəul] *vt* engatusar.

cake [keɪk] *n* pastel *m*; (*of soap*) pastilla; **~d** *a*: **~d with** cubierto de.

calculate ['kælkjuleɪt] *vt* calcular; **calculating** *a* (*scheming*) calculador(a); **calculation** [-'leɪʃən] *n* cálculo, cómputo; **calculator** *n* calculadora.

calendar ['kæləndə*] *n* calendario; **~ month/year** *n* mes *m*/año civil.

calf [kɑːf], *pl* **calves** *n* (*of cow*) ternero, becerro; (*of other animals*) cría; (*also: ~skin*) piel *f* de becerro; (*ANAT*) pantorrilla.

calibre, (*US*) **caliber** ['kælɪbə*] *n* calibre *m*.

call [kɔːl] *vt* (*gen*) llamar // *vi* (*shout*) llamar; (*TEL*) llamar (por teléfono), telefonear (*esp LAm*); (*visit: also:* ~ **in,** ~ **round**) hacer una visita // *n* (*shout, TEL*) llamada; (*of bird*) canto; (*appeal*) lla-

mamiento; **to be ~ed** (*person, object*) llamarse; **on ~** (*nurse, doctor etc*) de guardia; **to ~ back** *vi* (*return*) volver; (*TEL*) volver a llamar; **to ~ for** *vt fus* (*demand*) pedir, exigir; (*fetch*) venir por, pasar por (*LAm*); **to ~ off** *vt* suspender; (*cancel*) cancelar; **to ~ on** *vt fus* (*visit*) visitar; (*turn to*) acudir a; **to ~ out** *vi* gritar, dar voces; **to ~ up** *vt* (*MIL*) llamar al servicio militar; **~box** *n* (*Brit*) cabina telefónica; **~er** *n* visita *f*; (*TEL*) usuario/a; **~ girl** *n* prostituta; **~-in** *n* (*US*) (programa *m*) coloquio (por teléfono); **~ing** *n* vocación *f*, profesión *f*; **~ing card** *n* (*US*) tarjeta de visita *or* comercial.

callous ['kæləs] *a* insensible, cruel.

calm [kɑːm] *a* tranquilo; (*sea*) liso, en calma // *n* calma, tranquilidad *f* // *vt* calmar, tranquilizar; **to ~ down** *vi* calmarse, tranquilizarse // *vt* calmar, tranquilizar.

Calor gas ['kælə*-] *n* ® butano.

calorie ['kælərɪ] *n* caloría.

calve [kɑːv] *vi* parir.

calves [kɑːvz] *pl of* **calf**.

camber ['kæmbə*] *n* (*of road*) combadura, comba.

Cambodia [kæm'bəudjə] *n* Camboya.

came [keɪm] *pt of* **come**.

camel ['kæməl] *n* camello.

cameo ['kæmɪəu] *n* camafeo.

camera ['kæmərə] *n* máquina fotográfica; (*CINEMA, TV*) cámara; **in ~** en secreto; **~man** *n* cámara *m*.

camouflage ['kæməflɑːʒ] *n* camuflaje *m* // *vt* camuflar.

camp [kæmp] *n* campo, campamento // *vi* acampar // *a* afectado, afeminado.

campaign [kæm'peɪn] *n* (*MIL, POL etc*) campaña // *vi* hacer campaña.

camp: **~bed** *n* (*Brit*) cama de campaña; **~er** *n* campista *m/f*; (*vehicle*) caravana; **~ing** *n* camping *m*; **to go ~ing** hacer camping; **~site** *n* camping *m*.

campus ['kæmpəs] *n* ciudad *f* universitaria.

can [kæn] ♦ *n*, *vt see next headword* ♦ *auxiliary vb* (*negative* **cannot**, **can't**; *conditional and pt* **could**) **1** (*be able to*) poder; **you ~ do it if you try** puedes hacerlo si lo intentas; **I ~'t see you** no te veo

2 (*know how to*) saber; **I ~ swim/play tennis/drive** sé nadar/jugar al tenis/conducir; **~ you speak French?** ¿hablas *or* sabes hablar francés?

3 (*may*) poder; **~ I use your phone?** ¿me dejas *or* puedo usar tu teléfono?

4 (*expressing disbelief, puzzlement etc*): **it ~'t be true!** ¡no puede ser (verdad)!; **what CAN he want?** ¿qué querrá?

5 (*expressing possibility, suggestion etc*): **he could be in the library** podría estar en la biblioteca; **she could have**

been delayed pudo haberse retrasado.

can [kæn] *auxiliary vb see previous head-word // n (of oil, water)* bidón *m; (tin)* lata, bote *m // vt* enlatar; *(preserve)* conservar en lata.

Canada ['kænədə] *n* el Canadá; **Canadian** [kə'neɪdɪən] *a, n* canadiense *m/f.*

canal [kə'næl] *n* canal *m.*

canary [kə'nɛərɪ] *n* canario; **C~ Islands** *npl* las (Islas) Canarias.

cancel ['kænsəl] *vt* cancelar; *(train)* suprimir; *(appointment)* anular; *(cross out)* tachar, borrar; **~lation** [-'leɪʃən] *n* cancelación *f*; supresión *f.*

cancer ['kænsə*] *n* cáncer *m*; **C~ (ASTRO)** Cáncer *m.*

candid ['kændɪd] *a* franco, abierto.

candidate ['kændɪdeɪt] *n* candidato/a.

candle ['kændl] *n* vela; *(in church)* cirio; **by ~ light** a la luz de una vela; **~stick** *n (also: ~ holder) (single)* candelero; *(low)* palmatoria; *(bigger, ornate)* candelabro.

candour, *(US)* **candor** ['kændə*] *n* franqueza.

candy ['kændɪ] *n* azúcar *m* cande; *(US)* caramelo; **~-floss** *n (Brit)* algodón *m* (azucarado).

cane [keɪn] *n (BOT)* caña; *(stick)* vara, palmeta // vt (Brit SCOL)* castigar (con palmeta).

canister ['kænɪstə*] *n* bote *m*, lata.

cannabis ['kænəbɪs] *n* marijuana.

canned [kænd] *a* en lata, de lata.

cannibal ['kænɪbəl] *n* caníbal *m/f.*

cannon ['kænən], *pl ~ or ~s n* cañón *m.*

cannot ['kænɒt] = **can not.**

canny ['kænɪ] *a* astuto.

canoe [kə'nuː] *n* canoa; *(SPORT)* piragua.

canon ['kænən] *n (clergyman)* canónigo; *(standard)* canon *m.*

can opener ['kænəupnə*] *n* abrelatas *m inv.*

canopy ['kænəpɪ] *n* dosel *m*; toldo.

can't [kænt] = **can not.**

cantankerous [kæn'tæŋkərəs] *a* arisco, malhumorado.

canteen [kæn'tiːn] *n (eating place)* cantina; *(Brit: of cutlery)* juego.

canter ['kæntə*] *n* medio galope // vi* ir a medio galope.

canvas ['kænvəs] *n (material)* lona; *(painting)* lienzo; *(NAUT)* velas *fpl.*

canvass ['kænvəs] *vt (POL)* solicitar votos de; *(COMM)* sondear.

canyon ['kænjən] *n* cañón *m.*

cap [kæp] *n (hat)* gorra; *(of pen)* capuchón *m; (of bottle)* tapa, cápsula *// vt (outdo)* superar; *(bottle etc)* tapar; *(tooth)* poner una corona a.

capability [keɪpə'bɪlɪtɪ] *n* capacidad *f.*

capable ['keɪpəbl] *a* capaz.

capacity [kə'pæsɪtɪ] *n* capacidad *f; (position)* calidad *f.*

cape [keɪp] *n* capa; *(GEO)* cabo.

capital ['kæpɪtl] *n (also: ~ city)* capital *f; (money)* capital *m; (also: ~ letter)* mayúscula; **~ gains tax** *n* impuesto sobre las ganancias de capital; **~ism** *n* capitalismo; **~ist** *a, n* capitalista *m/f*; **to ~ize on** *vt fus* aprovechar; **~ punishment** *n* pena de muerte.

capitulate [kə'pɪtjuleɪt] *vi* capitular, rendirse.

Capricorn ['kæprɪkɔːn] *n* Capricornio.

capsize [kæp'saɪz] *vt* volcar, hacer zozobrar // vi* volcarse, zozobrar.

capsule ['kæpsjuːl] *n* cápsula.

captain ['kæptɪn] *n* capitán *m.*

caption ['kæpʃən] *n (heading)* título; *(to picture)* leyenda.

captive ['kæptɪv] *a, n* cautivo/a *m/f*; **captivity** [-'tɪvɪtɪ] *n* cautiverio.

capture ['kæptʃə*] *vt* prender, apresar; *(place)* tomar; *(attention)* captar, llamar // n* apresamiento; toma; *(data ~)* formulación *f* de datos.

car [kɑː*] *n* coche *m*, carro *(LAm)*, automóvil *m; (US RAIL)* vagón *m.*

carafe [kə'ræf] *n* garrafa.

caramel ['kærəməl] *n* caramelo.

carat ['kærət] *n* quilate *m.*

caravan ['kærəvæn] *n (Brit)* caravana, ruló *f; (of camels)* caravana; **~ site** *n (Brit)* camping *m* para caravanas.

carbohydrates [kɑːbəu'haɪdreɪts] *npl* hidratos *mpl* de carbono; *(food)* fécula *sg.*

carbon ['kɑːbən] *n* carbono; **~ copy** *n* copia al carbón; **~ paper** *n* papel *m* carbón.

carburettor, *(US)* **carburetor** [kɑːbju'retə*] *n* carburador *m.*

card [kɑːd] *n (playing ~)* carta, naipe *m; (visiting ~, post~ etc)* tarjeta; **~board** *n* cartón *m*, cartulina; **~ game** *n* juego de naipes.

cardiac ['kɑːdɪæk] *a* cardíaco.

cardigan ['kɑːdɪɡən] *n* rebeca.

cardinal ['kɑːdɪnl] *a* cardinal // n* cardenal *m.*

card index *n* fichero.

care [kɛə*] *n* cuidado; *(worry)* inquietud *f; (charge)* cargo, custodia // vi:* **to ~ about** preocuparse por; **~ of** en casa de, al cuidado de; **in sb's ~** a cargo de uno; **to take ~ to** cuidarse de, tener cuidado de; **to take ~ of** cuidar; **I don't ~** no me importa; **I couldn't ~ less** eso me trae sin cuidado; **to ~ for** *vt fus* cuidar a; *(like)* querer.

career [kə'rɪə*] *n* carrera // vi (also: ~ along)* correr a toda velocidad.

carefree ['kɛəfriː] *a* despreocupado.

careful ['kɛəful] *a* cuidadoso; *(cautious)* cauteloso; **(be) ~!** ¡tenga cuidado!; **~ly** *ad* con cuidado, cuidadosamente.

careless ['kɛəlɪs] *a* descuidado; *(heedless)* poco atento; **~ness** *n* descuido, falta de atención.

caress [kə'rɛs] *n* caricia // vt* acariciar.

caretaker ['kɛəteɪkə*] n portero, conserje m/f.

car-ferry ['kɑːfɛrɪ] n transbordador m para coches.

cargo ['kɑːgəu], pl ~es n cargamento, carga.

car hire n alquiler m de automóviles.

Caribbean [kærɪ'biːən] n: the ~ (Sea) el (Mar) Caribe.

caring ['kɛərɪŋ] a humanitario.

carnal ['kɑːnl] a carnal.

carnation [kɑː'neɪʃən] n clavel m.

carnival ['kɑːnɪvəl] n carnaval m; (US) parque m de atracciones.

carnivorous [kɑː'nɪvrəs] a carnívoro.

carol ['kærəl] n: (Christmas) ~ villancico.

carp [kɑːp] n (fish) carpa; **to ~ at** or **about** vt fus quejarse de.

car park n (Brit) aparcamiento, parking m.

carpenter ['kɑːpɪntə*] n carpintero/a.

carpentry ['kɑːpɪntrɪ] n carpintería.

carpet ['kɑːpɪt] n alfombra // vt alfombrar; **~ slippers** npl zapatillas fpl; **~ sweeper** n escoba mecánica.

carriage ['kærɪdʒ] n coche m; (Brit RAIL) vagón m; (for goods) transporte m; (: cost) porte m, flete m; (of typewriter) carro; (bearing) porte m; **~ return** n (on typewriter etc) retorno del carro; **~way** n (Brit: part of road) calzada.

carrier ['kærɪə*] n trajinista m/f; (company) empresa de transportes; **~ bag** n (Brit) bolsa de papel or plástico.

carrot ['kærət] n zanahoria.

carry ['kærɪ] vt (subj: person) llevar; (transport) transportar; (a motion, bill) aprobar; (involve: responsibilities etc) entrañar, implicar // vi (sound) oírse; **to get carried away** (fig) entusiasmarse; **to ~ on** vi (continue) seguir (adelante), continuar; (fam: complain) quejarse, protestar // vt proseguir, continuar; **to ~ out** vt (orders) cumplir; (investigation) llevar a cabo, realizar; **~ cot** n (Brit) cuna portátil; **~-on** n (col: fuss) lío.

cart [kɑːt] n carro, carreta // vt llevar (en carro).

carton ['kɑːtən] n (box) caja (de cartón); (of yogurt) pote m.

cartoon [kɑː'tuːn] n (PRESS) caricatura; (comic strip) tira cómica; (film) dibujos mpl animados; **~ist** n dibujante m/f de historietas.

cartridge ['kɑːtrɪdʒ] n cartucho.

carve [kɑːv] vt (meat) trinchar; (wood, stone) cincelar, esculpir; (on tree) grabar; **to ~ up** vt dividir, repartir; **carving** n (in wood etc) escultura, (obra de) talla; **carving knife** n trinchante m.

car wash n lavado de coches.

case [keɪs] n (container) caja; (MED) caso; (for jewels etc) estuche m; (LAW) causa, proceso; (Brit: also: suit~) maleta; **in ~ of** en caso de, por si; **in any ~** en todo caso; **just in ~** por si acaso; **to make a good ~** tener buenos argumentos.

cash [kæʃ] n dinero en efectivo, dinero contante // vt cobrar, hacer efectivo; **to pay (in) ~** pagar al contado; **~ on delivery** cóbrese al entregar; **~book** n libro de caja; **~ card** n tarjeta f dinero; **~desk** n (Brit) caja; **~ dispenser** n cajero automático.

cashew [kæ'ʃuː] n (also: ~ **nut**) anacardo.

cashier [kæ'ʃɪə*] n cajero/a.

cashmere ['kæʃmɪə*] n casimir m, cachemira.

cash register n caja.

casing ['keɪsɪŋ] n revestimiento.

casino [kə'siːnəu] n casino.

cask [kɑːsk] n tonel m, barril m.

casket ['kɑːskɪt] n cofre m, estuche m; (US: coffin) ataúd m.

casserole ['kæsərəul] n (food, pot) cazuela.

cassette [kæ'sɛt] n cassette m; **~ player/recorder** n tocacassettes m inv.

cast [kɑːst] vb (pt, pp cast) vt (throw) echar, arrojar, lanzar; (skin) mudar, perder; (metal) fundir; (THEATRE): **to ~ sb as Othello** dar a alguien el papel de Otelo // vi (FISHING) lanzar // n (THEATRE) reparto; (mould) forma, molde m; (also: plaster ~) vaciado; **to ~ one's vote** votar; **to ~ off** vi (NAUT) desamarrar.

castanets [kæstə'nɛts] npl castañuelas fpl.

castaway ['kɑːstəwəɪ] n náufrago/a.

caste [kɑːst] n casta.

caster sugar [kɑːstə*-] n (Brit) azúcar m extrafino.

Castile [kæs'tiːl] n Castilla.

casting vote ['kɑːstɪŋ-] n (Brit) voto decisivo.

cast iron n hierro fundido.

castle ['kɑːsl] n castillo; (CHESS) torre f.

castor ['kɑːstə*] n (wheel) ruedecilla; **~ oil** n aceite m de ricino.

castrate [kæs'treɪt] vt castrar.

casual ['kæʒjul] a (by chance) fortuito; (irregular: work etc) eventual, temporero; (unconcerned) despreocupado; (informal: clothes) de sport; **~ly** ad de manera despreocupada.

casualty ['kæʒjultɪ] n víctima, herido; (dead) muerto; (MIL) baja.

cat [kæt] n gato.

Catalan ['kætəlæn] a, n catalán/ana m/f.

catalogue, (US) **catalog** ['kætəlɒg] n catálogo // vt catalogar.

Catalonia [kætə'ləunɪə] n Cataluña.

catalyst ['kætəlɪst] n catalizador m.

catapult ['kætəpʌlt] n tirador m.

catarrh |kə'tɑ:*| n catarro.
catastrophe |kə'tæstrəfi| n catástrofe f.
catch |kætʃ| vb (pt, pp caught) vt coger (Sp), agarrar (LAm); (arrest) detener; (grasp) asir; (breath) suspender; (person: by surprise) sorprender; (attract: attention) ganar; (MED) contagiarse de, coger; (also: ~ up) alcanzar // vi coger encenderse; (in branches etc) enredarse // n (fish etc) pesca; (act of catching) cogida; (trick) trampa; (of lock) pestillo, cerradura; **to ~ fire** encenderse; **to ~ sight of** divisar; **to ~ on** vi (understand) caer en la cuenta; (grow popular) hacerse popular; **to ~ up** vi (fig) ponerse al día.
catching |'kætʃɪŋ| a (MED) contagioso.
catchment area |'kætʃmənt-| n (Brit) zona de captación.
catchphrase |'kætʃfreɪz| n lema m, eslogan m.
catchy |'kætʃɪ| a (tune) pegadizo.
categorize |'kætɪgəraɪz| vt clasificar.
category |'kætɪgərɪ| n categoría, clase f.
cater |'keɪtə*| vi: **to ~ for** (Brit) abastecer a; (needs) atender a; (consumers) proveer a; **~er** n abastecedor(a) m/f, proveedor(a) m/f; **~ing** n (trade) (ramo de la) alimentación f.
caterpillar |'kætəpɪlə*| n oruga, gusano; **~ track** n rodado de oruga.
cathedral |kə'θi:drəl| n catedral f.
catholic |'kæθəlɪk| a católico; **C~** a, n (REL) católico/a m/f.
cat's-eye |'kætsaɪ| n (Brit AUT) catafoto.
cattle |'kætl| npl ganado sg.
catty |'kætɪ| a malicioso, rencoroso.
caucus |'kɔ:kəs| n (POL: local committee) comité m local; (: US: to elect candidates) comité m electoral.
caught |kɔ:t| pt, pp of **catch**.
cauliflower |'kɔlɪflauə*| n coliflor f.
cause |kɔ:z| n causa, motivo, razón f // vt causar; (provoke) provocar.
caustic |'kɔ:stɪk| a cáustico; (fig) mordaz.
caution |'kɔ:ʃən| n cautela, prudencia; (warning) advertencia, amonestación f // vt amonestar.
cautious |'kɔ:ʃəs| a cauteloso, prudente, precavido; **~ly** ad con cautela.
cavalier |kævə'lɪə*| a arrogante, desdeñoso.
cavalry |'kævəlrɪ| n caballería.
cave |keɪv| n cueva, caverna; **to ~ in** vi (roof etc) derrumbarse, hundirse; **~man/woman** n cavernícola m/f, troglodita m/f.
cavern |'kævən| n caverna.
caviar(e) |'kævɪɑ:*| n caviar m.
cavity |'kævɪtɪ| n hueco, cavidad f.
cavort |kə'vɔ:t| vi dar cabrioladas.
CB n abbr (= Citizen's Band (Radio)) banda ciudadana.
CBI n abbr (= Confederation of British

Industry) ≈ C.E.O.E. f (Sp).
cc abbr = **cubic centimetres**; = **carbon copy**.
cease |si:s| vt cesar; **~fire** n alto m el fuego; **~less** a incesante; **~lessly** ad sin cesar.
cedar |'si:də*| n cedro.
ceiling |'si:lɪŋ| n techo; (fig) límite m.
celebrate |'sɛlɪbreɪt| vt celebrar; (have a party) festejar // vi divertirse; **~d** a célebre; **celebration** |-'breɪʃən| n fiesta, celebración f.
celery |'sɛlərɪ| n apio.
celibacy |'sɛlɪbəsɪ| n celibato.
cell |sɛl| n celda; (BIOL) célula; (ELEC) elemento.
cellar |'sɛlə*| n sótano; (for wine) bodega.
'cello |'tʃɛləu| n violoncelo.
cellophane |'sɛləfeɪn| n celofán m.
Celt |kɛlt, sɛlt| a, n celta m/f; **~ic** a celta.
cement |sə'mɛnt| n cemento // vt cementar; (fig) cimentar, fortalecer; **~ mixer** n hormigonera.
cemetery |'sɛmɪtrɪ| n cementerio.
censor |'sɛnsə*| n censor m // vt (cut) censurar; **~ship** n censura.
censure |'sɛnʃə*| vt censurar.
census |'sɛnsəs| n censo.
cent |sɛnt| n (US: coin) centavo, céntimo; see also **per**.
centenary |sɛn'ti:nərɪ| n centenario.
center |'sɛntə*| n (US) = **centre**.
centi... |sɛntɪ| pref: **~grade** a centígrado; **~litre**, (US) **~liter** n centilitro; **~metre**, (US) **~meter** n centímetro.
centipede |'sɛntɪpi:d| n ciempiés m inv.
central |'sɛntrəl| a central; (of house etc) céntrico; **C~ America** n Centroamérica; **~ heating** n calefacción f central; **~ize** vt centralizar.
centre |'sɛntə*| n centro // vt centrar; **~-forward** n (SPORT) delantero centro; **~-half** n (SPORT) medio centro.
century |'sɛntjurɪ| n siglo; **20th ~** siglo veinte.
ceramic |sɪ'ræmɪk| a cerámico; **~s** n cerámica.
cereal |'si:rɪəl| n cereal m.
cerebral |'sɛrɪbrəl| a cerebral; intelectual.
ceremony |'sɛrɪmənɪ| n ceremonia; **to stand on ~** hacer ceremonias, estar de cumplido.
certain |'sə:tən| a seguro; (correct) cierto; (person) seguro; (a particular) cierto; **for ~** a ciencia cierta; **~ly** ad desde luego, por supuesto; **~ty** n certeza, certidumbre f, seguridad f.
certificate |sə'tɪfɪkɪt| n certificado.
certified |'sə:tɪfaɪd| a: **~ mail** n (US) correo certificado; **~ public accountant (C.P.A)** n (US) contable m/f diplomado/a.

certify ['sɜːtɪfaɪ] *vt* certificar.

cervical ['sɜːvɪkl] *a* (*of cervix: smear, cancer*) cervical.

cervix ['sɜːvɪks] *n* cerviz *f*.

cessation [sə'seɪʃən] *n* cese *m*, suspensión *f*.

cesspit ['sespɪt] *n* pozo negro.

cf. *abbr* (= *compare*) cfr.

ch. *abbr* (= *chapter*) cap.

chafe [tʃeɪf] *vt* (*rub*) rozar; (*irritate*) irritar.

chaffinch ['tʃæfɪntʃ] *n* pinzón *m* (vulgar).

chagrin ['ʃægrɪn] *n* (*annoyance*) disgusto; (*disappointment*) desazón *f*.

chain [tʃeɪn] *n* cadena // *vt* (*also*: ~ up) encadenar; **to ~-smoke** *vi* fumar un cigarrillo tras otro; ~ **reaction** *n* reacción *f* en cadena; ~ **store** *n* tienda de una cadena, ≈ gran almacén.

chair [tʃeə*] *n* silla; (*armchair*) sillón *m*; (*of university*) cátedra // *vt* (*meeting*) presidir; ~**lift** *n* telesilla; ~**man** *n* presidente *m*.

chalet ['ʃæleɪ] *n* chalet *m*.

chalk [tʃɔːk] *n* (*GEO*) creta; (*for writing*) tiza, gis *m* (*LAm*).

challenge ['tʃælɪndʒ] *n* desafío, reto // *vt* desafiar, retar; (*statement, right*) poner en duda; **to ~ sb to do sth** retar a uno a que haga algo; **challenging** *a* desafiante; (*tone*) de desafío.

chamber ['tʃeɪmbə*] *n* cámara, sala; ~ **of commerce** cámara de comercio; ~**maid** *n* camarera; ~ **music** *n* música de cámara.

champagne [ʃæm'peɪn] *n* champaña *m*, champán *m*.

champion ['tʃæmpɪən] *n* campeón/ona *m/f*; ~**ship** *n* campeonato.

chance [tʃɑːns] *n* (*coincidence*) casualidad *f*; (*luck*) suerte *f*; (*fate*) azar *m*; (*opportunity*) ocasión *f*, oportunidad *f*; (*likelihood*) posibilidad *f*; (*risk*) riesgo // *vt* arriesgar, probar // *a* fortuito, casual; **to ~ it** arriesgarse, intentarlo; **to take a ~** arriesgarse; **by ~** por casualidad.

chancellor ['tʃɑːnsələ*] *n* canciller *m*; **C~ of the Exchequer** *n* (*Brit*) Ministro de Hacienda.

chandelier [ʃændə'lɪə*] *n* araña (de luces).

change [tʃeɪndʒ] *vt* cambiar; (*replace*) reemplazar; (*gear*) cambiar de; (*clothes, house*) mudarse de; (*exchange*) trocar; (*transform*) transformar // *vi* cambiar(se); (*trains*) hacer transbordo; (*be transformed*): **to ~ into** transformarse en // *n* cambio; (*alteration*) modificación *f*, transformación *f*; (*coins*) suelto, sencillo; (*money returned*) vuelta; **to ~ one's mind** cambiar de opinión *or* idea; **for a ~** para variar; ~**able** *a* (*weather*) cambiable; ~ **machine** *n* máquina de cambio; ~**over** *n* (*to new system*) cambio.

changing ['tʃeɪndʒɪŋ] *a* cambiante; ~ **room** *n* (*Brit*) vestuario.

channel ['tʃænl] *n* (*TV*) canal *m*; (*of river*) cauce *m*; (*of sea*) estrecho; (*groove, fig: medium*) conducto, medio // *vt* (*river etc*) encauzar; **the (English) C~** el Canal (de la Mancha); **the C~ Islands** las Islas Normandas.

chant [tʃɑːnt] *n* canto // *vt* cantar.

chaos ['keɪɔs] *n* caos *m*.

chap [tʃæp] *n* (*Brit col: man*) tío, tipo.

chapel ['tʃæpəl] *n* capilla.

chaperone ['ʃæpərəun] *n* carabina.

chaplain ['tʃæplɪn] *n* capellán *m*.

chapped [tʃæpt] *a* agrietado.

chapter ['tʃæptə*] *n* capítulo.

char [tʃɑː*] *vt* (*burn*) carbonizar, chamuscar // *n* (*Brit*) = **charlady**.

character ['kærɪktə*] *n* carácter *m*, naturaleza, índole *f*; (*in novel, film*) personaje *m*; (*role*) papel *m*; ~**istic** [-'rɪstɪk] *a* característico // *n* característica; ~**ize** *vt* caracterizar.

charcoal ['tʃɑːkəul] *n* carbón *m* vegetal; (*ART*) carboncillo.

charge [tʃɑːdʒ] *n* carga; (*LAW*) cargo, acusación *f*; (*cost*) precio, coste *m*; (*responsibility*) cargo; (*task*) encargo // *vt* (*LAW*) acusar (with de); (*gun, battery, MIL: enemy*) cargar; (*price*) pedir; (*customer*) cobrar; (*sb with task*) encargar // *vi* precipitarse; (*make pay*) cobrar; ~**s** *npl*: **bank ~s** comisiones *fpl* bancarias; **free of ~** gratis; **to reverse the ~s** (*Brit TEL*) revertir el cobro; **to take ~ of** hacerse cargo de, encargarse de; **to be in ~ of** estar encargado de; **how much do you ~?** ¿cuánto cobra usted?; **to ~ an expense (up) to sb's account** cargar algo a cuenta de alguien; ~ **card** *n* tarjeta de cuenta.

charitable ['tʃærɪtəbl] *a* caritativo.

charity ['tʃærɪtɪ] *n* (*gen*) caridad *f*; (*organization*) sociedad *y* benéfica.

charlady ['tʃɑːleɪdɪ] *n* (*Brit*) mujer *f* de la limpieza.

charlatan ['ʃɑːlətən] *n* farsante *m/f*.

charm [tʃɑːm] *n* encanto, atractivo // *vt* encantar; ~**ing** *a* encantador(a).

chart [tʃɑːt] *n* (*table*) cuadro; (*graph*) gráfica; (*map*) carta de navegación // *vt* (*course*) trazar.

charter ['tʃɑːtə*] *vt* (*plane*) alquilar; (*ship*) fletar // *n* (*document*) carta; ~**ed accountant** *n* (*Brit*) contable *m/f* diplomado/a; ~ **flight** *n* vuelo chárter.

charwoman ['tʃɑːwumən] *n* = **charlady**.

chase [tʃeɪs] *vt* (*pursue*) perseguir; (*hunt*) cazar // *n* persecución *f*; caza; **to ~ after** correr tras.

chasm ['kæzəm] *n* abismo.

chassis ['ʃæsɪ] *n* chasis *m*.

chat [tʃæt] *vi* (*also*: **have a ~**) charlar // *n* charla; ~ **show** *n* (*Brit*) (programa *m*) magazine *m*.

chatter ['tʃætə*] vi (person) charlar; (teeth) castañetear // n (of birds) parloteo; (of people) charla, cháchara; ~**box** n parlanchín/ina m/f.

chatty ['tʃætɪ] a (style) familiar; (person) hablador(a).

chauffeur ['ʃəufə*] n chófer m.

chauvinist ['ʃəuvɪnɪst] n (male ~) machista m; (nationalist) chovinista m/f.

cheap [tʃiːp] a barato; (joke) de mal gusto; (poor quality) de mala calidad // ad barato; ~**en** vt rebajar el precio, abaratar; ~**er** a más barato; ~**ly** ad barato, a bajo precio.

cheat [tʃiːt] vi hacer trampa // vt estafar, timar // n trampa; estafa; (person) tramposo/a.

check [tʃɛk] vt (examine) controlar; (facts) comprobar; (count) contar; (halt) parar, detener; (restrain) refrenar, restringir // n (inspection) control m, inspección f; (curb) freno; (bill) nota, cuenta; (US) = **cheque**; (pattern: gen pl) cuadro // a (also ~**ed**: pattern, cloth) a cuadros; **to** ~ **in** vi (in hotel, airport) registrarse // vt (luggage) facturar; **to** ~ **out** vi (of hotel) desocupar su cuarto; **to** ~ **up** vi: **to** ~ **up on sth** comprobar algo; **to** ~ **up on sb** investigar a alguien; ~**ered** a (US) = **chequered**; ~**ers** n (US) juego de damas; ~**in (desk)** n mesa de facturación; ~**ing account** n (US) cuenta corriente; ~**mate** n jaque m mate; ~**out** n caja; ~**point** n (punto de) control m; ~**room** n (US) consigna; ~**up** n (MED) reconocimiento general; (of machine) repaso.

cheek [tʃiːk] n mejilla; (impudence) descaro; ~**bone** n pómulo; ~**y** a fresco, descarado.

cheep [tʃiːp] vi piar.

cheer [tʃɪə*] vt vitorear, aplaudir; (gladden) alegrar, animar // vi aplaudir, dar vivas // n viva m; ~**s** npl aplausos mpl; ~**s!** ¡salud!; **to** ~ **up** vi animarse // vt alegrar, animar; ~**ful** a alegre.

cheerio [tʃɪərɪ'əu] excl (Brit) ¡hasta luego!

cheese [tʃiːz] n queso; ~**board** n plato de quesos.

cheetah ['tʃiːtə] n leopardo cazador.

chef [ʃɛf] n jefe/a m/f de cocina.

chemical ['kɛmɪkəl] a químico // n producto químico.

chemist ['kɛmɪst] n (Brit: pharmacist) farmacéutico/a; (scientist) químico/a; ~**ry** n química; ~**'s (shop)** n (Brit) farmacia.

cheque [tʃɛk] n (Brit) cheque m; ~**book** n libro de cheques, chequera (LAm); ~ **card** n tarjeta de cheque.

chequered ['tʃɛkəd] a (fig) accidentado.

cherish ['tʃɛrɪʃ] vt (love) querer, apreciar; (protect) cuidar; (hope etc) abrigar.

cherry ['tʃɛrɪ] n cereza.

chess [tʃɛs] n ajedrez m; ~**board** n tablero (de ajedrez); ~**man** n pieza, trebejo.

chest [tʃɛst] n (ANAT) pecho; (box) cofre m, cajón m; ~ **of drawers** n cómoda.

chestnut ['tʃɛsnʌt] n castaña; ~ **(tree)** n castaño.

chew [tʃuː] vt mascar, masticar; ~**ing gum** n chicle m.

chic [ʃiːk] a elegante.

chick [tʃɪk] n pollito, polluelo; (US col) chica.

chicken ['tʃɪkɪn] n gallina, pollo; (food) pollo; **to** ~ **out** vi (col) rajarse; ~**pox** n varicela.

chicory ['tʃɪkərɪ] n (for coffee) achicoria; (salad) escarola.

chief [tʃiːf] n jefe/a m/f // a principal; ~ **executive** n director(a) m/f general; ~**ly** ad principalmente.

chiffon ['ʃɪfɔn] n gasa.

chilblain ['tʃɪlbleɪn] n sabañón m.

child [tʃaɪld], pl ~**ren** ['tʃɪldrən] n niño/a; (offspring) hijo/a; ~**birth** n parto; ~**hood** n niñez f, infancia; ~**ish** a pueril, aniñado; ~**like** a de niño; ~ **minder** n (Brit) niñera.

Chile ['tʃɪlɪ] n Chile m; ~**an** a, n chileno/a m/f.

chill [tʃɪl] n frío; (MED) resfriado // a frío // vt enfriar; (CULIN) congelar.

chilli ['tʃɪlɪ] n (Brit) chile m, ají m (LAm).

chilly ['tʃɪlɪ] a frío.

chime [tʃaɪm] n repique m, campanada // vi repicar, sonar.

chimney ['tʃɪmnɪ] n chimenea; ~ **sweep** n deshollinador m.

chimpanzee [tʃɪmpæn'ziː] n chimpancé m.

chin [tʃɪn] n mentón m, barbilla.

china ['tʃaɪnə] n porcelana; (crockery) loza.

China ['tʃaɪnə] n China; **Chinese** [tʃaɪ'niːz] a chino // n, pl inv chino/a; (LING) chino.

chink [tʃɪŋk] n (opening) grieta, hendedura; (noise) tintineo.

chip [tʃɪp] n (gen pl: CULIN: Brit) patata or papa (LAm) frita; (: US: also: **potato** ~) patata or papa frita; (of wood) astilla; (of glass, stone) lasca; (at poker) ficha; (COMPUT) chip m // vt (cup, plate) desconchar; **to** ~ **in** vi interrumpir; (contribute) compartir los gastos.

chiropodist [kɪ'rɔpədɪst] n (Brit) pedicuro/a.

chirp [tʃəːp] vi gorjear, piar.

chisel ['tʃɪzl] n (for wood) formón m; (for stone) cincel m.

chit [tʃɪt] n nota.

chitchat ['tʃɪttʃæt] n chismes mpl, habladurías fpl.

chivalry [ʃɪvəlrɪ] n caballerosidad f.

chives |tʃaɪvz| *npl* cebollinos *mpl.*

chlorine |'klɔːriːn| *n* cloro.

chock |tʃɔk|: **~-a-block**, **~-full** *a* atestado.

chocolate |'tʃɔklɪt| *n* chocolate *m.*

choice |tʃɔɪs| *n* elección *f* // *a* escogido.

choir |'kwaɪə•| *n* coro; **~boy** *n* corista *m.*

choke |tʃəuk| *vi* sofocarse; *(on food)* atragantarse // *vt* ahogar, sofocar; *(block)* obstruir // *n* (AUT) estárter *m.*

choose |tʃuːz|, *pt* **chose**, *pp* **chosen** *vt* escoger, elegir; *(team)* seleccionar.

choosy |'tʃuːzɪ| *a* remilgado.

chop |tʃɔp| *vt* *(wood)* cortar, tajar; *(CULIN: also:* **~ up)** picar // *n* golpe *m* cortante; *(CULIN)* chuleta; **~s** *npl (jaws)* boca *sg*, labios *mpl.*

chopper |'tʃɔpə•| *n (helicopter)* helicóptero.

choppy |'tʃɔpɪ| *a (sea)* picado, agitado.

chopsticks |'tʃɔpstɪks| *npl* palillos *mpl.*

chord |kɔːd| *n* (MUS) acorde *m.*

chore |tʃɔː•| *n* faena, tarea; *(routine task)* trabajo rutinario.

chortle |'tʃɔːtl| *vi* reír entre dientes.

chorus |'kɔːrəs| *n* coro; *(repeated part of song)* estribillo.

chose |tʃəuz| *pt* of **choose.**

chosen |'tʃəuzn| *pp* of **choose.**

Christ |kraɪst| *n* Cristo.

christen |'krɪsn| *vt* bautizar.

Christian |'krɪstiən| *a, n* cristiano/a *m/f*; **~ity** |-'ænɪtɪ| *n* cristianismo; **~ name** *n* nombre *m* de pila.

Christmas |'krɪsməs| *n* Navidad *f*; Merry **~!** ¡Felices Pascuas!; **~ card** *n* crismas *m inv*, tarjeta de Navidad; **~ Day** *n* día *m* de Navidad; **~ Eve** *n* Nochebuena; **~ tree** *n* árbol *m* de Navidad.

chrome |krəum| *n* = **chromium plating.**

chromium |'krəumɪəm| *n* cromo; **~ plating** *n* cromado.

chronic |'krɔnɪk| *a* crónico.

chronicle |'krɔnɪkl| *n* crónica.

chronological |krɔnə'lɔdʒɪkəl| *a* cronológico.

chrysanthemum |krɪ'sænθəməm| *n* crisantemo.

chubby |'tʃʌbɪ| *a* rechoncho.

chuck |tʃʌk| *vt* lanzar, arrojar; **to ~ out** *vt* echar (fuera), tirar; **to ~ (up)** *vt (Brit)* abandonar.

chuckle |'tʃʌkl| *vi* reírse entre dientes.

chug |tʃʌg| *vi* resoplar.

chum |tʃʌm| *n* compañero/a.

chunk |tʃʌŋk| *n* pedazo, trozo.

church |tʃəːtʃ| *n* iglesia; **~yard** *n* campo santo.

churlish |'tʃəːlɪʃ| *a* grosero.

churn |tʃəːn| *n (for butter)* mantequera; *(for milk)* lechera; **to ~ out** *vt* producir en serie.

chute |ʃuːt| *n (also:* **rubbish ~)** vertedero; *(Brit: children's slide)* tobogán *m.*

chutney |'tʃʌtnɪ| *n* salsa picante.

CIA *n abbr (US:* = *Central Intelligence Agency)* CIA *f.*

CID *n abbr (Brit:* = *Criminal Investigation Department)* ≈ B.I.C. *f (Sp).*

cider |'saɪdə•| *n* sidra.

cigar |sɪ'gɑː•| *n* puro.

cigarette |sɪgə'rɛt| *n* cigarrillo, cigarro *(LAm)*; pitillo; **~ case** *n* pitillera; **~ end** *n* colilla; **~ holder** *n* boquilla.

Cinderella |sɪndə'rɛlə| *n* Cenicienta.

cine |'sɪnɪ|: **~-camera** *n (Brit)* cámara cinematográfica; **~-film** *n (Brit)* película de cine.

cinema |'sɪnəmə| *n* cine *m.*

cinnamon |'sɪnəmən| *n* canela.

cipher |'saɪfə•| *n* cifra.

circle |'səːkl| *n* círculo; *(in theatre)* anfiteatro // *vi* dar vueltas // *vt (surround)* rodear, cercar; *(move round)* dar la vuelta a.

circuit |'səːkɪt| *n* circuito; *(track)* pista; *(lap)* vuelta; **~ous** |səː'kjuɪtəs| *a* indirecto.

circular |'səːkjulə•| *a* circular // *n* circular *f.*

circulate |'səːkjuleɪt| *vi* circular // *vt* poner en circulación; **circulation** |-'leɪʃən| *n* circulación *f*; *(of newspaper)* tirada.

circumcise |'səːkəmsaɪz| *vt* circuncidar.

circumstances |'səːkəmstənsɪz| *npl* circunstancias *fpl*; *(financial condition)* situación *f* económica.

circumvent |'səːkəmvɛnt| *vt* burlar.

circus |'səːkəs| *n* circo.

cistern |'sɪstən| *n* tanque *m*, depósito; *(in toilet)* cisterna.

citizen |'sɪtɪzn| *n* (POL) ciudadano/a; *(of city)* vecino/a, habitante *m/f*; **~ship** *n* ciudadanía.

citrus fruits |'sɪtrəs-| *npl* agrios *mpl.*

city |'sɪtɪ| *n* ciudad *f*; the C**~** centro financiero de Londres.

civic |'sɪvɪk| *a* cívico, municipal; **~ centre** *n (Brit)* centro público.

civil |'sɪvɪl| *a* civil; *(polite)* atento, cortés; *(well-bred)* educado; **~ defence** *n* protección *f* civil; **~ engineer** *n* ingeniero civil; **~ian** |sɪ'vɪlɪən| *a* civil *(no militar)* // *n* civil *m/f*, paisano/a; **~ian clothing** *n* ropa de paisano.

civilization |sɪvɪlaɪ'zeɪʃən| *n* civilización *f.*

civilized |'sɪvɪlaɪzd| *a* civilizado.

civil: **~ law** *n* derecho civil; **~ servant** *n* funcionario/a del Estado; C**~ Service** *n* administración *f* pública; **~ war** *n* guerra civil.

clad |klæd| *a*: **~ (in)** vestido (de).

claim |kleɪm| *vt* exigir, reclamar; *(rights etc)* reivindicar; *(assert)* pretender // *vi (for insurance)* reclamar // *n* reclamación *f*; (LAW) demanda; *(pretension)* pretensión *f*; **~ant** *n* (ADMIN, LAW) demandante *m/f*.

clairvoyant [klɛə'vɔɪənt] *n* clarividente *m/f*.

clam [klæm] *n* almeja.

clamber ['klæmbə*] *vi* trepar.

clammy ['klæmɪ] *a* (*cold*) frío y húmedo; (*sticky*) pegajoso.

clamour ['klæmə*] *vi*: to ~ for clamar por, pedir a voces.

clamp [klæmp] *n* abrazadera, grapa // *vt* afianzar (con abrazadera); to ~ **down on** *vt fus* (*subj*: *government*, *police*) reforzar la lucha contra.

clang [klæŋ] *n* estruendo // *vi* sonar, hacer estruendo.

clap [klæp] *vi* aplaudir; ~**ping** *n* aplausos *mpl*.

claret ['klærət] *n* clarete *m*.

clarify ['klærɪfaɪ] *vt* aclarar.

clarinet [klærɪ'nɛt] *n* clarinete *m*.

clarity ['klærɪtɪ] *n* claridad *f*.

clash [klæʃ] *n* estruendo; (*fig*) choque *m* // *vi* (*battle*) chocar; (*disagree*) estar en desacuerdo.

clasp [klɑːsp] *n* broche *m*; (*on jewels*) cierre *m* // *vt* abrochar; (*hand*) apretar; (*embrace*) abrazar.

class [klɑːs] *n* (*gen*) clase *f* // *a* clasista, de clase // *vt* clasificar.

classic ['klæsɪk] *a*, *n* clásico. ~**al** *a* clásico.

classified ['klæsɪfaɪd] *a* (*information*) reservado; ~ **advertisement** *n* anuncio por palabras.

classify ['klæsɪfaɪ] *vt* clasificar.

classmate ['klɑːsmeɪt] *n* compañero/a de clase.

classroom ['klɑːsrʊm] *n* aula.

clatter ['klætə*] *n* ruido, estruendo; (*of hooves*) trápala // *vi* hacer ruido *or* estruendo.

clause [klɔːz] *n* cláusula; (*LING*) oración *f*.

claw [klɔː] *n* (*of cat*) uña; (*of bird of prey*) garra; (*of lobster*) pinza; (*TECH*) garfio; to ~ **at** *vt fus* arañar; (*tear*) desgarrar.

clay [kleɪ] *n* arcilla.

clean [kliːn] *a* limpio; (*clear*) neto, bien definido // *vt* limpiar; to ~ **out** *vt* limpiar; to ~ **up** *vt* limpiar, asear; ~**er** *n* (*person*) asistenta; ~**ing** *n* limpieza; ~**liness** ['klɛnlɪnɪs] *n* limpieza.

cleanse [klɛnz] *vt* limpiar; ~**r** *n* detergente *m*; (*for face*) crema limpiadora; **cleansing department** *n* (*Brit*) departamento de limpieza.

clear [klɪə*] *a* claro; (*road*, *way*) libre // *vt* (*space*) despejar, limpiar; (*LAW*: *suspect*) absolver; (*obstacle*) salvar, saltar por encima de; (*debt*) liquidar; (*cheque*) pasar por un banco // *vi* (*fog etc*) despejarse // *ad*: ~ **of** a distancia de; to ~ **the table** recoger *or* levantar la mesa; to ~ **up** *vt* limpiar; (*mystery*) aclarar, resol-

ver; ~**ance** *n* (*removal*) despeje *m*; (*permission*) acreditación *f*; ~**-cut** *a* bien definido, nítido; ~**ing** *n* (*in wood*) claro; ~**ing bank** *n* (*Brit*) cámara de compensación; ~**ly** *ad* claramente; ~**way** *n* (*Brit*) carretera donde no se puede aparcar.

cleaver ['kliːvə] *n* cuchilla (de carnicero).

clef [klɛf] *n* (*MUS*) clave *f*.

cleft [klɛft] *n* (*in rock*) grieta, hendedura.

clench [klɛntʃ] *vt* apretar, cerrar.

clergy ['klɜːdʒɪ] *n* clero; ~**man** *n* clérigo.

clerical ['klɛrɪkəl] *a* de oficina; (*REL*) clerical.

clerk [klɑːk, (*US*) klɜːrk] *n* oficinista *m/f*; (*US*) dependiente/a *m/f*, vendedor(a) *m/f*.

clever ['klɛvə*] *a* (*mentally*) inteligente, listo; (*skilful*) hábil; (*device*, *arrangement*) ingenioso.

click [klɪk] *vt* (*tongue*) chasquear; (*heels*) taconear.

client ['klaɪənt] *n* cliente *m/f*.

cliff [klɪf] *n* acantilado.

climate ['klaɪmɪt] *n* clima *m*.

climax ['klaɪmæks] *n* colmo, punto culminante; (*sexual*) clímax *m*.

climb [klaɪm] *vi* subir, trepar // *vt* (*stairs*) subir; (*tree*) trepar a; (*mountain*) escalar // *n* subida; ~**-down** *n* vuelta atrás; ~**er** *n* alpinista *m/f*, andinista *m/f* (*LAm*); ~**ing** *n* alpinismo, andinismo (*LAm*).

clinch [klɪntʃ] *vt* (*deal*) cerrar; (*argument*) remachar.

cling [klɪŋ], *pt*, *pp* **clung** [klʌŋ] *vi*: to ~ to agarrarse a; (*clothes*) pegarse a.

clinic ['klɪnɪk] *n* clínica.

clink [klɪŋk] *vi* tintinar.

clip [klɪp] *n* (*for hair*) horquilla; (*also*: **paper** ~) sujetapapeles *m inv*, clip *m*; (*clamp*) grapa // *vt* (*cut*) cortar; (*hedge*) podar; (*also*: ~ **together**) unir; ~**pers** *npl* (*for gardening*) tijeras *fpl*; (*for hair*) maquinilla *sg*; (*for nails*) cortaúñas *m inv*; ~**ping** *n* (*newspaper*) recorte *m*.

clique [kliːk] *n* camarilla.

cloak [kləʊk] *n* capa, manto // *vt* (*fig*) encubrir, disimular; ~**room** *n* guardarropa; (*Brit*: *WC*) lavabo, aseos *mpl*, baño (*LAm*).

clock [klɒk] *n* reloj *m*; (*in taxi*) taxímetro; to ~ **in** *or* **on** *vi* fichar, picar; to ~ **off** *or* **out** *vi* fichar *or* picar la salida; ~**wise** *ad* en el sentido de las agujas del reloj; ~**work** *n* aparato de relojería // *a* (*toy*) de cuerda.

clog [klɒg] *n* zueco, chanclo // *vt* atascar // *vi* atascarse.

cloister ['klɔɪstə*] *n* claustro.

close *a*, *ad and derivatives* [kləʊs] *a* cercano, próximo; (*near*): ~ (**to**) cerca (de); (*print*, *weave*) tupido, compacto;

(friend) íntimo; *(connection)* estrecho; *(examination)* detallado, minucioso; *(weather)* bochornoso; *(atmosphere)* sofocante; *(room)* mal ventilado; **to have a ~ shave** *(fig)* escaparse por un pelo // *ad* cerca; **~ by, ~ at hand** *a, ad* muy cerca; **~ to** *prep* cerca de // *vb and derivatives* [kləuz] *vt (shut)* cerrar; *(end)* concluir, terminar // *vi (shop etc)* cerrarse; *(end)* concluirse, terminarse // *n (end)* fin *m*, final *m*, conclusión *f*; **to ~ down** *vi* cerrarse definitivamente; **~d** *a (shop etc)* cerrado; **~d shop** *n* taller *m* gremial; **~-knit** *a (fig)* muy unido; **~ly** *ad (study)* con detalle; *(listen)* con atención; *(watch)* de cerca.

closet ['klɔzɪt] *n (cupboard)* armario.

close-up ['kləusʌp] *n* primer plano.

closure ['kləuʒə*] *n* cierre *m*.

clot [klɔt] *n (gen: blood ~)* embolia; *(fam: idiot)* imbécil *m/f* // *vi (blood)* coagularse.

cloth [klɔθ] *n (material)* tela, paño; *(rag)* trapo.

clothe [kləuð] *vt* vestir; *(fig)* revestir; **~s** *npl* ropa *sg*; **~s brush** *n* cepillo (para la ropa); **~s line** *n* cuerda (para tender la ropa); **~s peg,** *(US)* **~s pin** *n* pinza.

clothing ['kləuðɪŋ] *n* = **clothes.**

cloud [klaud] *n* nube *f*; *(storm ~)* nubarrón *m*; **~y** *a* nublado, nubloso; *(liquid)* turbio.

clout [klaut] *vt* dar un tortazo a.

clove [kləuv] *n* clavo; **~ of garlic** diente *m* de ajo.

clover ['kləuvə*] *n* trébol *m*.

clown [klaun] *n* payaso // *vi (also: ~ about, ~ around)* hacer el payaso.

cloying ['klɔɪɪŋ] *a (taste)* empalagoso.

club [klʌb] *n (society)* club *m*; *(weapon)* porra, cachiporra; *(also: golf ~)* palo // *vt* aporrear // *vi:* **to ~ together** *(join forces)* unir fuerzas; **~s** *npl (CARDS)* tréboles *mpl*; **~ car** *n (US RAIL)* coche *m* salón; **~house** *n* local social, sobre todo en clubs deportivos.

cluck [klʌk] *vi* cloquear.

clue [klu:] *n* pista; *(in crosswords)* indicación *f*; **I haven't a ~** no tengo ni idea.

clump [klʌmp] *n (of trees)* grupo.

clumsy ['klʌmzɪ] *a (person)* torpe, desmañado; *(tool)* difícil de manejar.

clung [klʌŋ] *pt, pp of* **cling.**

cluster ['klʌstə*] *n* grupo; *(BOT)* racimo // *vi* agruparse, apiñarse.

clutch [klʌtʃ] *n (AUT)* embrague *m*; *(pedal)* pedal *m* de embrague; **to fall into sb's ~es** caer en las garras de alguien // *vt* asir; agarrar.

clutter ['klʌtə*] *vt* atestar.

cm *abbr (= centimetre)* cm.

CND *n abbr (= Campaign for Nuclear Disarmament)* plataforma pro desarme nuclear.

Co. *abbr* = **county;** = **company.**

c/o *abbr (= care of)* c/a, a/c.

coach [kəutʃ] *n (bus)* autocar *m (Sp)*, autobús *m*; *(horse-drawn)* coche *m*; *(of train)* vagón *m*, coche *m*; *(SPORT)* entrenador(a) *m/f*, instructor(a) *m/f* // *vt (SPORT)* entrenar; *(student)* preparar, enseñar; **~ trip** *n* excursión *f* en autocar.

coal [kəul] *n* carbón *m*; **~ face** *n* frente *m* de carbón; **~field** *n* yacimiento de carbón.

coalition [kəuə'lɪʃən] *n* coalición *f*.

coal man, coal merchant *n* carbonero.

coalmine ['kəulmaɪn] *n* mina de carbón.

coarse [kɔːs] *a* basto, burdo; *(vulgar)* grosero, ordinario.

coast [kəust] *n* costa, litoral *m* // *vi (AUT)* ir en punto muerto; **~al** *a* costero, costanero; **~guard** *n* guardacostas *m inv*; **~line** *n* litoral *m*.

coat [kəut] *n (jacket)* chaqueta; *(overcoat)* abrigo; *(of animal)* pelo, lana; *(of paint)* mano *f*, capa // *vt* cubrir, revestir; **~ of arms** *n* escudo de armas; **~ hanger** *n* percha, gancho *(LAm)*; **~ing** *n* capa, baño.

coax [kəuks] *vt* engatusar.

cob [kɔb] *n see* **corn.**

cobbler ['kɔblə*] *n* zapatero (remendón).

cobbles ['kɔblz], **cobblestones** ['kɔblstəunz] *npl* adoquines *mpl*.

cobweb ['kɔbwɛb] *n* telaraña.

cocaine [kə'keɪn] *n* cocaína.

cock [kɔk] *n (rooster)* gallo; *(male bird)* macho // *vt (gun)* amartillar; **~erel** *n* gallito; **~eyed** *a (fig: crooked)* torcido; *(: idea)* disparatado.

cockle ['kɔkl] *n* berberecho.

cockney ['kɔknɪ] *n* habitante *m/f* de ciertos barrios de Londres.

cockpit ['kɔkpɪt] *n (in aircraft)* cabina.

cockroach ['kɔkrəutʃ] *n* cucaracha.

cocktail ['kɔkteɪl] *n* coctel *m*, cóctel *m*; **~ cabinet** *n* mueble-bar *m*; **~ party** *n* coctel *m*, cóctel *m*.

cocoa ['kəukəu] *n* cacao; *(drink)* chocolate *m*.

coconut ['kəukənʌt] *n* coco.

cod [kɔd] *n* bacalao.

C.O.D. *abbr (= cash on delivery)* C.A.E.

code [kəud] *n* código; *(cipher)* clave *f*.

cod-liver oil ['kɔdlɪvə*-] *n* aceite *m* de hígado de bacalao.

coercion [kəu'ɜːʃən] *n* coacción *f*.

coffee ['kɔfɪ] *n* café *m*; **~ bar** *n (Brit)* cafetería; **~ break** *n* descanso (para tomar café); **~pot** *n* cafetera; **~ table** *n* mesita (para servir el café).

coffin ['kɔfɪn] *n* ataúd *m*.

cog [kɔg] *n* diente *m*.

cogent ['kəudʒənt] *a* convincente.

cognac ['kɔnjæk] *n* coñac *m*.

coil [kɔɪl] *n* rollo; *(rope)* adujada;

(*ELEC*) bobina, carrete *m*; (*contraceptive*) espiral *f* // *vt* enrollar.

coin [kɔɪn] *n* moneda // *vt* (*word*) inventar, idear; **~age** *n* moneda; **~-box** *n* (*Brit*) cabina telefónica.

coincide [kəʊɪn'saɪd] *vi* coincidir; (*agree*) estar de acuerdo; **~nce** [kəʊ'ɪnsɪdəns] *n* casualidad *f*.

coke [kəʊk] *n* (*coal*) coque *m*.

Coke ® [kəʊk] *n* Coca Cola ®.

colander ['kɔləndə*] *n* colador *m*, escurridor *m*.

cold [kəʊld] *a* frío // *n* frío; (*MED*) resfriado; it's ~ hace frío; to be ~ tener frío; to catch ~ resfriarse, acatarrarse; in ~ blood a sangre fría; ~ sore *n* herpes *m* labial.

coleslaw ['kəʊlslɔː] *n* especie de ensalada de col.

colic ['kɔlɪk] *n* cólico.

collapse [kə'læps] *vi* (*gen*) hundirse, derrumbarse; (*MED*) sufrir un colapso // *n* (*gen*) hundimiento; (*MED*) colapso; **collapsible** *a* plegable.

collar ['kɔlə*] *n* (*of coat, shirt*) cuello; **~bone** *n* clavícula.

collateral [kɔ'lætərəl] *n* garantía colateral.

colleague ['kɔliːg] *n* colega *m/f*.

collect [kə'lɛkt] *vt* reunir; (*as a hobby*) coleccionar; (*Brit: call and pick up*) recoger; (*wages*) cobrar; (*debts*) recaudar; (*donations, subscriptions*) colectar // *vi* reunirse; coleccionar; to call ~ (*US TEL*) llamar a cobro revertido; **~ion** [kə'lɛkʃən] *n* colección *f*; (*of post*) recogida.

collector [kə'lɛktə*] *n* coleccionista *m/f*; (*of taxes etc*) recaudador(a) *m/f*.

college ['kɔlɪdʒ] *n* colegio.

collide [kə'laɪd] *vi* chocar.

collie ['kɔlɪ] *n* perro pastor.

colliery ['kɔlɪərɪ] *n* (*Brit*) mina de carbón.

collision [kə'lɪʒən] *n* choque *m*.

colloquial [kə'ləʊkwɪəl] *a* familiar, coloquial.

collusion [kə'luːʒən] *n* confabulación *f*, connivencia.

cologne [kə'ləʊn] *n* = eau de cologne.

Colombia [kə'lɔmbɪə] *n* Colombia; **Colombian** *a, n* colombiano/a.

colon ['kəʊlən] *n* (*sign*) dos puntos; (*MED*) colón *m*.

colonel ['kɔːnl] *n* coronel *m*.

colonial [kə'ləʊnɪəl] *a* colonial.

colony ['kɔlənɪ] *n* colonia.

colour, (*US*) **color** ['kʌlə*] *n* color *m* // *vt* color(e)ar; (*with crayons*) colorear (al pastel); (*dye*) teñir // *vi* (*blush*) sonrojarse; **~s** *npl* (*of party, club*) colores *mpl*; **~ bar** *n* segregación *f* racial; **~blind** *a* daltoniano; **~ed** *a* de color; (*photo*) en color; **~ film** *n* película en color; **~ful** *a* lleno de color; (*person*)

excéntrico; **~ing** *n* colorido; **~less** *a* incoloro, sin color; **~ scheme** *n* combinación *f* de colores; **~ television** *n* televisión *f* en color.

colt [kəʊlt] *n* potro.

column ['kɔləm] *n* columna; **~ist** ['kɔləmnɪst] *n* columnista *m/f*.

coma ['kəʊmə] *n* coma *m*.

comb [kəʊm] *n* peine *m*; (*ornamental*) peineta // *vt* (*hair*) peinar; (*area*) registrar a fondo.

combat ['kɔmbæt] *n* combate *m* // *vt* combatir.

combination [kɔmbɪ'neɪʃən] *n* (*gen*) combinación *f*.

combine [kəm'baɪn] *vt* combinar; (*qualities*) reunir // *vi* combinarse // *n* ['kɔmbaɪn] (*ECON*) cartel *m*; **~ (harvester)** *n* cosechadora.

come [kʌm], *pt* came, *pp* come *vi* venir; to ~ undone desatarse; to ~ loose aflojarse; to ~ about *vi* suceder, ocurrir; to ~ across *vt fus* (*person*) topar con; (*thing*) dar con; to ~ away *vi* marcharse; desprenderse; to ~ back *vi* volver; to ~ by *vt fus* (*acquire*) conseguir; to ~ down *vi* bajar; (*buildings*) ser derribado; derrumbarse; to ~ forward *vi* presentarse; to ~ from *vt fus* ser de; to ~ in *vi* entrar; (*train*) llegar; (*fashion*) ponerse de moda; to ~ in for *vt fus* (*criticism etc*) merecer; to ~ into *vt fus* (*money*) heredar; to ~ off *vi* (*button*) soltarse, desprenderse; (*succeed*) salir bien; to ~ on *vi* (*pupil, work, project*) desarrollarse; (*lights*) encenderse; ~ on! ¡vamos!; to ~ out *vi* salir; (*book*) aparecer; (*be revealed*) salir a luz; (*strike*) declararse en huelga; to ~ out for/against declararse por/contra; to ~ round *vi* (*after faint, operation*) volver en sí; to ~ to *vi* volver en sí; (*total*) sumar; to ~ up *vi* subir; (*sun*) salir; (*problem*) surgir; to ~ up against *vt fus* (*resistance, difficulties*) tropezar con; to ~ up with *vt fus* (*idea*) sugerir, proponer; to ~ upon *vt fus* dar *or* topar con; **~back** *n*: to make a **~back** (*THEATRE*) volver a las tablas.

comedian [kə'miːdɪən] *n* cómico; **comedienne** [-'ɛn] *n* cómica.

comedown ['kʌmdaʊn] *n* revés *m*, bajón *m*.

comedy ['kɔmɪdɪ] *n* comedia.

comet ['kɔmɪt] *n* cometa *m*.

comeuppance [kʌm'ʌpəns] *n*: to get one's ~ llevar su merecido.

comfort ['kʌmfət] *n* comodidad *f*, confort *m*; (*well-being*) bienestar *m*; (*solace*) consuelo; (*relief*) alivio // *vt* consolar; **~able** *a* cómodo; **~ably** *ad* (*sit*) cómodamente; (*live*) holgadamente; **~er** *n* (*US: pacifier*) chupete *m*; (: *bed cover*) colcha; **~ station** *n* (*US*) servicios *mpl*.

comic ['kɔmɪk] *a* (*also*: **~al**) cómico // *n*

(*for children*) tebeo; (*for adults*) comic *m*; ~ **strip** *n* tira cómica.

coming ['kʌmɪŋ] *n* venida, llegada // *a* que viene; ~(s) **and going(s)** *n(pl)* ir y venir *m*, ajetreo.

comma ['kɒmə] *n* coma.

command [kə'mɑːnd] *n* orden *f*, mandato; (*MIL: authority*) mando; (*mastery*) dominio // *vt* (*troops*) mandar; (*give orders to*) mandar, ordenar; (*be able to get*) disponer de; (*deserve*) merecer; ~**eer** [kɒmən'dɪə*] *vt* requisar; ~**er** *n* (*MIL*) comandante *m/f*, jefe/a *m/f*; ~**ment** *n* (*REL*) mandamiento.

commando [kə'mɑːndəu] *n* comando.

commemorate [kə'meməreɪt] *vt* conmemorar.

commence [kə'mens] *vt*, *vi* comenzar, empezar.

commend [kə'mend] *vt* (*praise*) elogiar, alabar; (*recommend*) recomendar; (*entrust*) encomendar.

commensurate [kə'menʃərɪt] *a*: ~ **with** en proporción a, que corresponde a.

comment ['kɒment] *n* comentario // *vi*: **to ~ on** hacer comentarios sobre; ~**ary** ['kɒməntəri] *n* comentario; ~**ator** ['kɒmənteɪtə*] *n* comentarista *m/f*.

commerce ['kɒmɜːs] *n* comercio.

commercial [kə'mɜːʃəl] *a* comercial // *n* (*TV: also:* ~ **break**) anuncio.

commiserate [kə'mɪzəreɪt] *vi*: **to ~ with** compadecerse de, condolerse de.

commission [kə'mɪʃən] *n* (*committee, fee*) comisión *f*; (*act*) perpetración *f* // *vt* (*MIL*) nombrar; (*work of art*) encargar; **out of ~** fuera de servicio; ~**aire** [kəmɪʃə'neə*] *n* (*Brit*) portero; ~**er** *n* comisario/a, (*POLICE*) comisario *m* de policía.

commit [kə'mɪt] *vt* (*act*) cometer; (*to sb's care*) entregar; **to ~ o.s. (to do)** comprometerse (a hacer); **to ~ suicide** suicidarse; ~**ment** *n* compromiso.

committee [kə'mɪtɪ] *n* comité *m*.

commodity [kə'mɒdɪtɪ] *n* mercancía.

common ['kɒmən] *a* (*gen*) común; (*pej*) ordinario // *n* campo común; **the C~s** *npl* (*Brit*) (la Cámara de) los Comunes *mpl*; **in ~** en común; ~**er** *n* plebeyo; ~ **law** *n* ley *f* consuetudinaria; ~**ly** *ad* comúnmente; **C~ Market** *n* Mercado Común; ~**place** *a* de lo más común; ~**room** *n* sala común; ~ **sense** *n* sentido común; **the C~wealth** *n* la Mancomunidad (Británica).

commotion [kə'məuʃən] *n* tumulto, confusión *f*.

commune ['kɒmjuːn] *n* (*group*) comuna // *vi* [kə'mjuːn]: **to ~ with** comulgar *or* conversar con.

communicate [kə'mjuːnɪkeɪt] *vt* comunicar // *vi*: **to ~ (with)** comunicarse (con).

communication [kəmjuːnɪ'keɪʃən] *n* comunicación *f*; ~ **cord** *n* (*Brit*) timbre

m de alarma.

communion [kə'mjuːnɪən] *n* (*also:* Holy C~) comunión *f*.

communiqué [kə'mjuːnɪkeɪ] *n* comunicado, parte *m*.

communism ['kɒmjunɪzəm] *n* comunismo; **communist** *a*, *n* comunista *m/f*.

community [kə'mjuːnɪtɪ] *n* comunidad *f*; (*large group*) colectividad *f*; (*local*) vecindario; ~ **centre** *n* centro social; ~ **chest** *n* (*US*) arca comunitaria, fondo común.

commutation ticket [kɒmjuː'teɪʃən-] *n* (*US*) billete *m* de abono.

commute [kə'mjuːt] *vi* viajar a diario de la casa al trabajo // *vt* conmutar; ~**r** *n* persona (que ... *see vi*).

compact [kəm'pækt] *a* compacto // *n* ['kɒmpækt] (*pact*) pacto; (*also:* **powder** ~) polvera; ~ **disc** *n* compact disc *m*.

companion [kəm'pænɪən] *n* compañero/a; ~**ship** *n* compañerismo.

company ['kʌmpənɪ] *n* (*gen*) compañía; (*COMM*) sociedad *f*, compañía; **to keep sb ~** acompañar a uno; ~ **secretary** *n* (*Brit*) secretario/a de compañía.

comparative [kəm'pærətɪv] *a* relativo; ~**ly** *ad* (*relatively*) relativamente.

compare [kəm'peə*] *vt* comparar; (*set side by side*) cotejar // *vi*: **to ~ (with)** compararse (con); **comparison** [-'pærɪsn] *n* comparación *f*; cotejo.

compartment [kəm'pɑːtmənt] *n* (*also: RAIL*) departamento.

compass ['kʌmpəs] *n* brújula; ~**es** *npl* compás *msg*.

compassion [kəm'pæʃən] *n* compasión *f*; ~**ate** *a* compasivo.

compatible [kəm'pætɪbl] *a* compatible.

compel [kəm'pel] *vt* obligar; ~**ling** *a* (*fig: argument*) convincente.

compensate ['kɒmpənseɪt] *vt* compensar // *vi*: **to ~ for** compensar; **compensation** [-'seɪʃən] *n* (*for loss*) indemnización *f*.

compère ['kɒmpeə*] *n* presentador *m*.

compete [kəm'piːt] *vi* (*take part*) tomar parte, concurrir; (*vie with*) competir, hacer competencia.

competence ['kɒmpɪtəns] *n* capacidad *f*, aptitud *f*.

competent ['kɒmpɪtənt] *a* competente, capaz.

competition [kɒmpɪ'tɪʃən] *n* (*contest*) concurso; (*ECON, rivalry*) competencia.

competitive [kəm'petɪtɪv] *a* (*ECON, SPORT*) competitivo; (*spirit*) competidor(a), de competencia.

competitor [kəm'petɪtə*] *n* (*rival*) competidor(a) *m/f*; (*participant*) concursante *m/f*.

compile [kəm'paɪl] *vt* recopilar.

complacency [kəm'pleɪsnsɪ] *n* autosatisfacción *f*.

complacent [kəm'pleɪsənt] *a* autocomplaciente.

complain [kəm'pleɪn] *vi* (*gen*) quejarse; (*COMM*) reclamar; ~**t** *n* (*gen*) queja; reclamación *f*; (*LAW*) demanda; (*MED*) enfermedad *f*.

complement ['komplɪmənt] *n* complemento; (*especially of ship's crew*) dotación *f* // [-mɛnt] *vt* (*enhance*) complementar; ~**ary** [komplɪ'mɛntərɪ] *a* complementario.

complete [kəm'pliːt] *a* (*full*) completo; (*finished*) acabado // *vt* (*fulfil*) completar; (*finish*) acabar; (*a form*) llenar; ~**ly** *ad* completamente; **completion** [-'pliːʃən] *n* terminación *f*.

complex ['kompleks] *a*, *n* complejo.

complexion [kəm'plekʃən] *n* (*of face*) tez *f*, cutis *m*; (*fig*) aspecto.

compliance [kəm'plaɪəns] *n* (*submission*) sumisión *f*; (*agreement*) conformidad *f*; **in** ~ **with** de acuerdo con.

complicate ['komplɪkeɪt] *vt* complicar; ~**d** *a* complicado; **complication** [-'keɪʃən] *n* complicación *f*.

complicity [kəm'plɪsɪtɪ] *n* complicidad *f*.

compliment *n* ['komplɪmənt] (*formal*) cumplido; (*flirtation*) piropo // *vt* felicitar; ~**s** *npl* saludos *mpl*; **to pay sb a** ~ (*formal*) hacer cumplidos a alguien; (*flirt*) piropear *o* echar piropos a alguien; ~**ary** [-'mɛntərɪ] *a* lisonjero; (*free*) de favor.

comply [kəm'plaɪ] *vi*: **to** ~ **with** cumplir con.

component [kəm'pəunənt] *a* componente // *n* (*TECH*) pieza.

compose [kəm'pəuz] *vt* componer; **to** ~ **o.s.** tranquilizarse; ~**d** *a* sosegado; ~**r** *n* (*MUS*) compositor(a) *m/f*.

composite ['kompəzɪt] *a* compuesto.

composition [kompə'zɪʃən] *n* composición *f*.

compost ['kompost] *n* abono.

composure [kəm'pəuʒə*] *n* serenidad *f*, calma.

compound ['kompaund] *n* (*CHEM*) compuesto; (*LING*) palabra compuesta; (*enclosure*) recinto // *a* (*gen*) compuesto; (*fracture*) complicado.

comprehend [komprɪ'hɛnd] *vt* comprender; **comprehension** [-'hɛnʃən] *n* comprensión *f*.

comprehensive [komprɪ'hɛnsɪv] *a* (*broad*) extenso; (*general*) de conjunto; (*INSURANCE*) contra todo riesgo; ~ (**school**) *n* centro estatal de enseñanza secundaria; ≈ Instituto Nacional de Bachillerato (*Sp*).

compress [kəm'pres] *vt* comprimir // *n* ['kompres] (*MED*) compresa.

comprise [kəm'praɪz] *vt* (*also*: **be** ~**d of**) comprender, constar de.

compromise ['komprəmaɪz] *n* (*agreement*) arreglo // *vt* comprometer // *vi* transigir.

compulsion [kəm'pʌlʃən] *n* obligación *f*.

compulsive [kəm'pʌlsɪv] *a* compulsivo.

compulsory [kəm'pʌlsərɪ] *a* obligatorio.

computer [kəm'pjuːtə*] *n* ordenador *m*, computador *m*, computadora; ~**ize** *vt* (*data*) computerizar; (*system*) informatizar; ~ **programmer** *n* programador(a) *m/f*; ~ **programming** *n* programación *f*; ~ **science** *n* informática.

computing [kəm'pjuːtɪŋ] *n* (*activity*) informática.

comrade ['komrɪd] *n* compañero/a; ~**ship** *n* camaradería, compañerismo.

con [kon] *vt* estafar // *n* estafa.

conceal [kən'siːl] *vt* ocultar; (*thoughts etc*) disimular.

conceit [kən'siːt] *n* presunción *f*; ~**ed** *a* presumido.

conceivable [kən'siːvəbl] *a* concebible.

conceive [kən'siːv] *vt*, *vi* concebir.

concentrate ['konsəntreɪt] *vi* concentrarse // *vt* concentrar.

concentration [konsən'treɪʃən] *n* concentración *f*; ~ **camp** *n* campo de concentración.

concept ['konsept] *n* concepto.

conception [kən'sepʃən] *n* (*idea*) concepto, idea; (*BIOL*) concepción *f*.

concern [kən'səːn] *n* (*matter*) asunto; (*COMM*) empresa; (*anxiety*) preocupación *f* // *vt* tener que ver con; **to be** ~**ed** (**about**) interesarse (por), preocuparse (por); ~**ing** *prep* sobre, acerca de.

concert ['konsət] *n* concierto; ~**ed** [kən'səːtəd] *a* (*efforts etc*) concertado; ~ **hall** *n* sala de conciertos.

concertina [konsə'tiːnə] *n* concertina.

concerto [kən'tʃəːtəu] *n* concierto.

concession [kən'sefən] *n* concesión *f*; **tax** ~ privilegio fiscal.

concise [kən'saɪs] *a* conciso.

conclude [kən'kluːd] *vt* (*finish*) concluir; (*treaty etc*) firmar; (*agreement*) llegar a; (*decide*) llegar a la conclusión de; **conclusion** [-'kluːʒən] *n* conclusión *f*; **conclusive** [-'kluːsɪv] *a* decisivo, concluyente.

concoct [kən'kokt] *vt* (*gen*) confeccionar; (*plot*) tramar; ~**ion** [-'kokʃən] *n* confección *f*.

concourse ['koŋkɔːs] *n* (*hall*) vestíbulo.

concrete ['koŋkriːt] *n* hormigón *m* // *a* concreto.

concur [kən'kəː*] *vi* estar de acuerdo, asentir.

concurrently [kən'kʌrntlɪ] *ad* al mismo tiempo.

concussion [kən'kʌʃən] *n* conmoción *f* cerebral.

condemn [kən'dem] *vt* condenar; ~**ation** [kondem'neɪʃən] *n* (*gen*) condena; (*blame*) censura.

condense [kən'dens] *vi* condensarse // *vt* condensar, abreviar; ~**d milk** *n* leche *f* condensada.

condescending [kɔndɪ'sɛndɪŋ] *a* condescendiente.

condition [kən'dɪʃən] *n* condición *f* // *vt* condicionar; **on ~** that a condición (de) que; **~al** *a* condicional; **~er** *n* (*for hair*) acondicionador *m*.

condolences [kən'dəulənsɪz] *npl* pésame *msg*.

condom ['kɔndəm] *n* condón *m*.

condominium [kɔndə'mɪnɪəm] *n* (*US*) condominio.

condone [kən'dəun] *vt* condonar.

conducive [kən'dju:sɪv] *a*: **~ to** conducente a.

conduct ['kɔndʌkt] *n* conducta, comportamiento // *vt* [kən'dʌkt] (*lead*) conducir; (*manage*) llevar, dirigir; (*MUS*) dirigir // *vi* (*MUS*) llevar la batuta; **to ~** o.s. comportarse; **~ed tour** *n* (*Brit*) visita acompañada; **~or** *n* (*of orchestra*) director *m*; (*US: on train*) revisor(a) *m/f*; (*on bus*) cobrador *m*; (*ELEC*) conductor *m*; **~ress** *n* (*on bus*) cobradora.

cone [kəun] *n* cono; (*pine ~*) piña; (*for ice-cream*) barquillo.

confectioner [kən'fɛkʃənə*] *n* (*of cakes*) pastelero; (*of sweets*) confitero/a; **~'s (shop)** *n* pastelería; confitería; **~y** *n* pasteles *mpl*; dulces *mpl*.

confer [kən'fə:*] *vt*: **to ~ sth on** otorgar algo a // *vi* conferenciar.

conference ['kɔnfərns] *n* (*meeting*) reunión *f*; (*convention*) congreso.

confess [kən'fɛs] *vt* confesar // *vi* confesarse; **~ion** [-'fɛʃən] *n* confesión *f*; **~ional** [-'fɛʃənl] *n* confesionario.

confetti [kən'fɛtɪ] *n* confeti *m*.

confide [kən'faɪd] *vi*: **to ~ in** confiar en.

confidence ['kɔnfɪdns] *n* (*gen, also: self ~*) confianza; (*secret*) confidencia; **in ~** (*speak, write*) en confianza; **~ trick** *n* timo; **confident** *a* seguro de sí mismo; **confidential** [kɔnfɪ'dɛnʃəl] *a* confidencial; (*secretary*) de confianza.

confine [kən'faɪn] *vt* (*limit*) limitar; (*shut up*) encerrar; **~s** ['kɔnfaɪnz] *npl* confines *mpl*; **~d** *a* (*space*) reducido; **~ment** *n* (*prison*) prisión *f*; (*MED*) parto.

confirm [kən'fə:m] *vt* confirmar; **~ation** [kɔnfə'meɪʃən] *n* confirmación *f*; **~ed** *a* empedernido.

confiscate ['kɔnfɪskeɪt] *vt* confiscar.

conflict ['kɔnflɪkt] *n* conflicto // *vi* [kən'flɪkt] (*opinions*) chocar; **~ing** *a* contradictorio.

conform [kən'fɔ:m] *vi* conformarse; **to ~ to** ajustarse a.

confound [kən'faund] *vt* confundir.

confront [kən'frʌnt] *vt* (*problems*) hacer frente a; (*enemy, danger*) enfrentarse con; **~ation** [kɔnfrən'teɪʃən] *n* enfrentamiento.

confuse [kən'fju:z] *vt* (*perplex*) aturdir,

desconcertar; (*mix up*) confundir; **~d** *a* confuso; (*person*) perplejo; **confusing** *a* confuso; **confusion** [-'fju:ʒən] *n* confusión *f*.

congeal [kən'dʒi:l] *vi* (*blood*) coagularse.

congenial [kən'dʒi:nɪəl] *a* agradable.

congenital [kən'dʒɛnɪtl] *a* congénito.

congested [kən'dʒɛstɪd] *a* (*gen*) atestado.

congestion [kən'dʒɛstʃən] *n* congestión *f*.

conglomerate [kən'glɔmərət] *n* (*COMM, GEO*) conglomerado.

conglomeration [kənglɔmə'reɪʃən] *n* conglomeración *f*.

congratulate [kən'grætjuleɪt] *vt*: **to ~ sb (on)** felicitar a uno (por); **congratulations** [-'leɪʃənz] *npl* felicidades *fpl*.

congregate ['kɔngrɪgeɪt] *vi* congregarse; **congregation** [-'geɪʃən] *n* (*in church*) fieles *mpl*.

congress ['kɔngrɛs] *n* congreso; **~man** *n* (*US*) miembro del Congreso.

conifer ['kɔnɪfə*] *n* conífera.

conjecture [kən'dʒɛktʃə*] *n* conjetura.

conjugal ['kɔndʒugl] *a* conyugal.

conjugate ['kɔndʒugeɪt] *vt* conjugar.

conjunction [kən'dʒʌŋkʃən] *n* conjunción *f*.

conjunctivitis [kəndʒʌŋktɪ'vaɪtɪs] *n* conjuntivitis *f*.

conjure ['kʌndʒə*] *vi* hacer juegos de manos; **to ~ up** *vt* (*ghost, spirit*) hacer aparecer; (*memories*) evocar; **~r** *n* ilusionista *m/f*.

conk out [kɔŋk-] *vi* (*col*) descomponerse.

con man ['kɔn-] *n* timador *m*.

connect [kə'nɛkt] *vt* juntar, unir; (*ELEC*) conectar; (*fig*) relacionar, asociar // *vi*: **to ~ with** (*train*) enlazar con; **to be ~ed with** (*associated*) estar relacionado con; (*related*) estar emparentado con; **~ion** [-ʃən] *n* juntura, unión *f*; (*ELEC*) conexión *f*; (*RAIL*) enlace *m*; (*TEL*) comunicación *f*; (*fig*) relación *f*.

connive [kə'naɪv] *vi*: **to ~ at** hacer la vista gorda a.

connoisseur [kɔnɪ'sə*] *n* experto/a, entendido/a.

conquer ['kɔŋkə*] *vt* (*territory*) conquistar; (*enemy, feelings*) vencer; **~or** *n* conquistador *m*.

conquest ['kɔŋkwɛst] *n* conquista.

cons [kɔnz] *npl see* **convenience, pro.**

conscience ['kɔnʃəns] *n* conciencia.

conscientious [kɔnʃɪ'ɛnʃəs] *a* concienzudo; (*objection*) de conciencia.

conscious ['kɔnʃəs] *a* consciente; **~ness** *n* conciencia; (*MED*) conocimiento.

conscript ['kɔnskrɪpt] *n* recluta *m*; **~ion** [kən'skrɪpʃən] *n* servicio militar (obligatorio).

consecrate ['kɔnsɪkreɪt] *vt* consagrar.

consensus [kən'sɛnsəs] *n* consenso.

consent [kən'sɛnt] n consentimiento // vi: to ~ (to) consentir (en).

consequence ['kɔnsɪkwəns] n consecuencia.

consequently ['kɔnsɪkwəntlɪ] ad por consiguiente.

conservation [kɔnsə'veɪʃən] n conservación f.

conservative [kən'səːvətɪv] a conservador(a); (cautious) cauteloso; **C~** a, n (Brit POL) conservador(a) m/f.

conservatory [kən'səːvətrɪ] n (greenhouse) invernadero.

conserve [kən'səːv] vt conservar // n conserva.

consider [kən'sɪdə*] vt considerar; (take into account) tomar en cuenta; (study) estudiar, examinar; to ~ doing sth pensar en (la posibilidad de) hacer algo; ~**able** a considerable; ~**ably** ad notablemente.

considerate [kən'sɪdərɪt] a considerado; **consideration** [-'reɪʃən] n consideración f; (reward) retribución f.

considering [kən'sɪdərɪŋ] prep teniendo en cuenta.

consign [kən'saɪn] vt consignar; ~**ment** n envío.

consist [kən'sɪst] vi: to ~ of consistir en.

consistency [kən'sɪstənsɪ] n (of person etc) consecuencia; (thickness) consistencia.

consistent [kən'sɪstənt] a (person, argument) consecuente; (results) constante.

consolation [kɔnsə'leɪʃən] n consuelo.

console [kən'səul] vt consolar // n ['kɔnsəul] consola.

consonant ['kɔnsənənt] n consonante f.

consortium [kən'sɔːtɪəm] n consorcio.

conspicuous [kən'spɪkjuəs] a (visible) visible; (garish etc) llamativo; (outstanding) notable.

conspiracy [kən'spɪrəsɪ] n conjura, complot m.

conspire [kən'spaɪə*] vi conspirar.

constable ['kʌnstəbl] n (Brit) policía m/f; chief ~ n jefe m de policía.

constabulary [kən'stæbjulərɪ] n ≈ policía.

constant ['kɔnstənt] a (gen) constante; (loyal) leal, fiel; ~**ly** ad constantemente.

consternation [kɔnstə'neɪʃən] n consternación f.

constipated ['kɔnstɪpeɪtəd] a estreñido.

constipation [kɔnstɪ'peɪʃən] n estreñimiento.

constituency [kən'stɪtjuənsɪ] n (POL) distrito electoral; **constituent** [-ənt] n (POL) elector(a) m/f; (part) componente m.

constitute ['kɔnstɪtjuːt] vt constituir.

constitution [kɔnstɪ'tjuːʃən] n constitución f; ~**al** a constitucional.

constrain ['kɔnstreɪn] vt obligar; ~**ed** a: to feel ~ed to ... sentirse en la necesidad de ....

constraint [kən'streɪnt] n (force) fuerza; (limit) restricción f; (restraint) reserva.

construct [kən'strʌkt] vt construir; ~**ion** [-ʃən] n construcción f; ~**ive** a constructivo.

construe [kən'struː] vt interpretar.

consul ['kɔnsl] n cónsul m/f; ~**ate** ['kɔnsjulɪt] n consulado.

consult [kən'sʌlt] vt, vi consultar; ~**ant** n (Brit MED) especialista m/f; (other specialist) asesor(a) m/f; ~**ation** [kɔnsəl'teɪʃən] n consulta; ~**ing room** n (Brit) consultorio.

consume [kən'sjuːm] vt (eat) comerse; (drink) beberse; (fire etc, COMM) consumir; ~**r** n consumidor/a m/f; ~**r goods** npl bienes mpl de consumo; ~**rism** n consumismo; ~**r society** n sociedad f de consumo.

consummate ['kɔnsʌmeɪt] vt consumar.

consumption [kən'sʌmpʃən] n consumo; (MED) tisis f.

cont. abbr = (continued) sigue.

contact ['kɔntækt] n contacto; (person) enchufe m // vt ponerse en contacto con; ~ **lenses** npl lentes fpl de contacto.

contagious [kən'teɪdʒəs] a contagioso.

contain [kən'teɪn] vt contener; to ~ o.s. contenerse; ~**er** n recipiente m; (for shipping etc) contenedor m.

contaminate [kən'tæmɪneɪt] vt contaminar; **contamination** [-'neɪʃən] n contaminación f.

cont'd abbr = (continued) sigue.

contemplate ['kɔntəmpleɪt] vt (gen) contemplar; (reflect upon) considerar; (intend) pensar.

contemporary [kən'tɛmpərərɪ] a, n contemporáneo/a m/f.

contempt [kən'tɛmpt] n desprecio; ~ of court (LAW) desacato (a los tribunales); ~**ible** a despreciable; ~**uous** a desdeñoso.

contend [kən'tɛnd] vt (argue) afirmar // vi (struggle) luchar; ~**er** n (SPORT) contendiente m/f.

content [kən'tɛnt] a (happy) contento; (satisfied) satisfecho // vt contentar; satisfacer // n ['kɔntɛnt] contenido; (table of) ~s índice m de materias; ~**ed** a contento; satisfecho.

contention [kən'tɛnʃən] n discusión f; (belief) argumento.

contentment [kən'tɛntmənt] n contento.

contest ['kɔntɛst] n contienda; (competition) concurso // vt [kən'tɛst] (dispute) impugnar; (POL) presentarse como candidato/a en; ~**ant** [kən'tɛstənt] n concursante m/f; (in fight) contendiente m/f.

continent ['kɔntɪnənt] n continente m; the **C~** (Brit) el continente europeo; ~**al** [-'nɛntl] a continental; ~**al quilt** n (Brit) edredón m.

contingency [kən'tɪndʒənsɪ] n contingencia.

contingent [kən'tɪndʒənt] (*group*) grupo.

continual [kən'tɪnjuəl] *a* continuo; **~ly** *ad* constantemente.

continuation [kəntɪnju'eɪʃən] *n* prolongación *f*; (*after interruption*) reanudación *f*.

continue [kən'tɪnju:] *vi, vt* seguir, continuar.

continuous [kən'tɪnjuəs] *a* continuo; **~ stationery** *n* papel *m* continuo.

contort [kən'tɔːt] *vt* retorcer; **~ion** [-'tɔːʃən] *n* (*movement*) contorsión *f*.

contour ['kɒntuə•] *n* contorno; (*also*: **~ line**) curva de nivel.

contraband ['kɒntrəbænd] *n* contrabando.

contraception [kɒntrə'sɛpʃən] *n* contracepción *f*.

contraceptive [kɒntrə'sɛptɪv] *a, n* anticonceptivo.

contract ['kɒntrækt] *n* contrato // (*vb*: [kən'trækt]) *vi* (*COMM*): **to ~ to do sth** comprometerse por contrato a hacer algo; (*become smaller*) contraerse, encogerse // *vt* contraer; **~ion** [kən'trækʃən] *n* contracción *f*; **~or** *n* contratista *m/f*.

contradict [kɒntrə'dɪkt] *vt* (*declare to be wrong*) desmentir; (*be contrary to*) contradecir; **~ion** [-ʃən] *n* contradicción *f*; **~ory** *a* (*statements*) contradictorio.

contraption [kən'træpʃən] *n* (*pej*) artilugio *m*.

contrary ['kɒntrərɪ] *a* (*opposite, different*) contrario; [kən'trɛərɪ] (*perverse*) terco // *n*: **on the ~** al contrario; **unless you hear to the ~** a no ser que le digan lo contrario.

contrast ['kɒntrɑːst] *n* contraste *m* // *vt* [kən'trɑːst] comparar; **~ing** *a* (*opinion*) opuesto; (*colour*) que hace contraste.

contravene [kɒntrə'viːn] *vt* infringir.

contribute [kən'trɪbjuːt] *vi* contribuir // *vt*: **to ~ to** (*gen*) contribuir a; (*newspaper*) escribir para; **contribution** [kɒntrɪ'bjuːʃən] *n* (*money*) contribución *f*; (*to debate*) intervención *f*; (*to journal*) colaboración *f*; **contributor** *n* (*to newspaper*) colaborador(a) *m/f*.

contrive [kən'traɪv] *vt* (*invent*) idear // *vi*: **to ~ to do** lograr hacer.

control [kən'trəul] *vt* controlar; (*traffic etc*) dirigir; (*machinery*) manejar; (*temper*) dominar // *n* (*command*) control *m*; (*of car*) conducción *f*; (*check*) freno; **~s** *npl* mando *sg*; **everything is under ~** todo está bajo control; **to be in ~ of** tener el mando de; **the car went out of ~** se perdió el control del coche; **~ panel** *n* tablero de instrumentos; **~ room** *n* sala de mando; **~ tower** *n* (*AVIAT*) torre *f* de control.

controversial [kɒntrə'vəːʃl] *a* polémico.

controversy ['kɒntrəvəːsɪ] *n* polémica.

conurbation [kɒnəː'beɪʃən] *n* urbaniza-

ción *f*.

convalesce [kɒnvə'lɛs] *vi* convalecer; **convalescence** *n* convalecencia; **convalescent** *a, n* convaleciente *m/f*.

convene [kən'viːn] *vt* convocar // *vi* reunirse.

convenience [kən'viːnɪəns] *n* (*comfort*) comodidad *f*; (*advantage*) ventaja; **at your ~** cuando le sea conveniente; **all modern ~s**, (*Brit*) **all mod cons** todo confort.

convenient [kən'viːnɪənt] *a* (*useful*) útil; (*place, time*) conveniente.

convent ['kɒnvənt] *n* convento.

convention [kən'vɛnʃən] *n* convención *f*; (*meeting*) asamblea; **~al** *a* convencional.

conversant [kən'vəːsnt] *a*: **to be ~ with** estar al tanto de.

conversation [kɒnvə'seɪʃən] *n* conversación *f*; **~al** *a* (*familiar*) familiar; (*talkative*) locuaz.

converse ['kɒnvəːs] *n* inversa // *vi* [kən'vəːs] conversar; **~ly** [-'vəːslɪ] *ad* a la inversa.

conversion [kən'vəːʃən] *n* conversión *f*.

convert [kən'vəːt] *vt* (*REL, COMM*) convertir; (*alter*) transformar // *n* ['kɒnvəːt] converso/a; **~ible** *a* convertible // *n* descapotable *m*.

convex ['kɒn'vɛks] *a* convexo.

convey [kən'veɪ] *vt* llevar; (*thanks*) comunicar; (*idea*) expresar; **~or belt** *n* cinta transportadora.

convict [kən'vɪkt] *vt* (*gen*) condenar; (*find guilty*) declarar culpable a // *n* ['kɒnvɪkt] presidiario/a; **~ion** [-ʃən] *n* condena; (*belief*) creencia, convicción *f*.

convince [kən'vɪns] *vt* convencer; **~d** *a*: **~d of/that** convencido de/de que; **convincing** *a* convincente.

convoluted ['kɒnvəluːtɪd] *a* (*argument etc*) enrevesado.

convoy ['kɒnvɔɪ] *n* convoy *m*.

convulse [kən'vʌls] *vt* convulsionar; **to be ~d with laughter** dislocarse de risa; **convulsion** [-'vʌlʃən] *n* convulsión *f*.

coo [kuː] *vi* arrullar.

cook [kuk] *vt* cocinar; (*stew etc*) guisar; (*meal*) preparar // *vi* cocer; (*person*) cocinar // *n* cocinero/a; **~ book** *n* libro de cocina; **~er** *n* cocina; **~ery** *n* (*dishes*) cocina; (*art*) arte *m* culinario; **~ery book** *n* (*Brit*) = **~ book**; **~ie** *n* (*US*) galleta; **~ing** *n* cocina.

cool [kuːl] *a* fresco; (*not hot*) tibio; (*not afraid*) tranquilo; (*unfriendly*) frío // *vt* enfriar // *vi* enfriarse; **~ness** *n* frescura; tranquilidad *f*; (*hostility*) frialdad *f*; (*indifference*) falta de entusiasmo.

coop [kuːp] *n* gallinero // *vt*: **to ~ up** (*fig*) encerrar.

cooperate [kəu'ɒpəreɪt] *vi* cooperar, colaborar; **cooperation** [-'reɪʃən] *n* cooperación *f*, colaboración *f*; **cooperative**

[-rətɪv] *a* cooperativo // *n* cooperativa.

coordinate [kəu'ɔ:dɪneɪt] *vt* coordinar // *n* [kəu'ɔ:dɪnət] (*MATH*) coordenada; **~s** *npl* (*clothes*) coordinados *mpl*; **coordination** [-'neɪʃən] *n* coordinación *f*.

co-ownership [kəu'əunəʃɪp] *n* copropiedad *f*.

cop [kɔp] *n* (*col*) poli *m*, tira *m* (*LAm*).

cope [kəup] *vi*: **to ~ with** poder con; (*problem*) hacer frente a.

copious ['kəupɪəs] *a* copioso, abundante.

copper ['kɔpə*] *n* (*metal*) cobre *m*; (*col: policeman*) poli *m*; **~s** *npl* perras *fpl*, centavos *mpl* (*LAm*).

coppice ['kɔpɪs], **copse** [kɔps] *n* bosquecillo.

copulate ['kɔpjuleɪt] *vi* copularse.

copy ['kɔpɪ] *n* copia; (*of book etc*) ejemplar *m*; (*of writing*) original *m* // *vt* copiar; **~right** *n* derechos *mpl* de autor.

coral ['kɔrəl] *n* coral *m*; **~ reef** *n* arrecife *m* (de coral).

cord [kɔːd] *n* cuerda; (*ELEC*) cable *m*; (*fabric*) pana.

cordial ['kɔːdɪəl] *a* afectuoso // *n* cordial *m*.

cordon ['kɔːdn] *n* cordón *m*; **to ~ off** *vt* acordonar.

corduroy ['kɔːdərɔɪ] *n* pana.

core [kɔː*] *n* (*gen*) centro, núcleo; (*of fruit*) corazón *m* // *vt* quitar el corazón de.

coriander [kɔrɪ'ændə*] *n* culantro.

cork [kɔːk] *n* corcho; (*tree*) alcornoque *m*; **~screw** *n* sacacorchos *m inv*.

corn [kɔːn] *n* (*Brit: wheat*) trigo; (*US: maize*) maíz *m*; (*on foot*) callo; **~ on the cob** (*CULIN*) maíz en la mazorca, choclo (*LAm*).

cornea ['kɔːnɪə] *n* córnea.

corned beef ['kɔːnd-] *n* carne *f* acecinada.

corner ['kɔːnə*] *n* ángulo; (*outside*) esquina; (*inside*) rincón *m*; (*in road*) curva; (*FOOTBALL*) córner *m* // *vt* (*trap*) arrinconar; (*COMM*) acaparar // *vi* (*in car*) tomar las curvas; **~stone** *n* piedra angular.

cornet ['kɔːnɪt] *n* (*MUS*) corneta; (*Brit: of ice-cream*) barquillo.

cornflakes ['kɔːnfleɪks] *npl* copos *mpl* de maíz, cornflakes *mpl*.

cornflour ['kɔːnflauə*] *n* (*Brit*) harina de maíz.

cornstarch ['kɔːnstɑːtʃ] *n* (*US*) = **cornflour**.

Cornwall ['kɔːnwəl] *n* Cornualles *m*.

corny ['kɔːnɪ] *a* (*col*) gastado.

corollary [kə'rɔlərɪ] *n* corolario.

coronary ['kɔrənərɪ] *n*: **~ (thrombosis)** infarto.

coronation [kɔrə'neɪʃən] *n* coronación *f*.

coroner ['kɔrənə*] *n* juez *m* (de instrucción).

coronet ['kɔrənɪt] *n* corona.

corporal ['kɔːpərl] *n* cabo // *a*: **~ punishment** castigo corporal.

corporate ['kɔːpərɪt] *a* corporativo.

corporation [kɔːpə'reɪʃən] *n* (*of town*) ayuntamiento; (*COMM*) corporación *f*.

corps [kɔː*], *pl* **corps** [kɔːz] *n* cuerpo.

corpse [kɔːps] *n* cadáver *m*.

corpuscle ['kɔːpʌsl] *n* corpúsculo.

corral [kə'rɑːl] *n* corral *m*.

correct [kə'rekt] *a* (*accurate*) justo, exacto; (*proper*) correcto // *vt* corregir; (*exam*) calificar; **~ion** [-ʃən] *n* rectificación *f*; (*erasure*) tachadura.

correlation [kɔrɪ'leɪʃən] *n* correlación *f*.

correspond [kɔrɪs'pɔnd] *vi* (*write*) escribirse; (*be equal to*) corresponder; **~ence** *n* correspondencia; **~ence course** *n* curso por correspondencia; **~ent** *n* corresponsal *m/f*.

corridor ['kɔrɪdɔː*] *n* pasillo.

corroborate [kə'rɔbəreɪt] *vt* corroborar.

corrode [kə'rəud] *vt* corroer // *vi* corroerse; **corrosion** [-'rəuʒən] *n* corrosión *f*.

corrugated ['kɔrəgeɪtɪd] *a* ondulado; **~ iron** *n* chapa ondulada.

corrupt [kə'rʌpt] *a* corrompido; (*person*) corrupto // *vt* corromper; (*bribe*) sobornar; **~ion** [-ʃən] *n* corrupción *f*.

corset ['kɔːsɪt] *n* faja.

Corsica ['kɔːsɪkə] *n* Córcega.

cortège [kɔː'teɪʒ] *n* cortejo, desfile *m*.

cosh [kɔʃ] *n* (*Brit*) cachiporra.

cosmetic [kɔz'metɪk] *n* cosmético.

cosmic ['kɔzmɪk] *a* cósmico.

cosmonaut ['kɔzmənɔːt] *n* cosmonauta *m/f*.

cosmopolitan [kɔzmə'pɔlɪtn] *a* cosmopolita.

cosset ['kɔsɪt] *vt* mimar.

cost [kɔst] *n* (*gen*) coste *m*, costo; (*price*) precio; **~s** *npl* costas *fpl* // *vb* (*pt, pp* cost) *vi* costar, valer // *vt* preparar el presupuesto de; **how much does it ~?** ¿cuánto cuesta?; **at all ~s** cueste lo que cueste.

co-star ['kəustɑː*] *n* colega *m/f* de reparto.

Costa Rican ['kɔstə'riːkən] *a*, *n* costarriqueño/a *m/f*.

cost-effective [kɔstɪ'fektɪv] *a* rentable.

costly ['kɔstlɪ] *a* (*expensive*) costoso.

cost-of-living [kɔstəv'lɪvɪŋ] *a*: **~ allowance** *n* plus *m* de carestía de vida; **~ index** *n* índice *m* del costo de la vida.

cost price *n* (*Brit*) precio de coste.

costume ['kɔstjuːm] *n* traje *m*; (*Brit: also: swimming ~*) traje de baño; **~ jewellery** *n* bisutería.

cosy, (*US*) **cozy** ['kəuzɪ] *a* cómodo; (*atmosphere*) acogedor(a).

cot [kɔt] *n* (*Brit: child's*) cuna.

cottage ['kɔtɪdʒ] *n* casita de campo; (*rustic*) barraca; **~ cheese** *n* requesón *m*; **~ industry** *n* industria casera; **~ pie** *n* pastel *m* de carne cubierta de *puré de patatas.*

cotton ['kɔtn] *n* algodón *m*; (*thread*) hilo; **to ~ on to** *vt fus* (col) caer en la cuenta de; **~ candy** *n* (US) algodón *m* (azucarado); **~ wool** *n* (Brit) algodón *m* (hidrófilo).

couch [kautʃ] *n* sofá *m*.

couchette [kuːˈʃet] *n* litera.

cough [kɔf] *vi* toser // *n* tos *f*; **~ drop** *n* pastilla para la tos.

could [kud] *pt of* **can; ~n't** = **could not.**

council ['kaunsl] *n* consejo; **city or town ~** consejo municipal; **~ estate** *n* (Brit) urbanización *f* de viviendas municipales de alquiler; **~ house** *n* (Brit) vivienda municipal de alquiler; **~lor** *n* concejal(a) *m/f*.

counsel ['kaunsl] *n* (*advice*) consejo; (*lawyer*) abogado/a // *vt* aconsejar; **~lor** *n* consejero/a; **~or** *n* (US) abogado/a.

count [kaunt] *vt* (*gen*) contar; (*include*) incluir // *vi* contar // *n* cuenta; (*of votes*) escrutinio; (*nobleman*) conde *m*; (*sum*) total *m*, suma; **to ~ on** *vt fus* contar con; **that doesn't ~!** ¡eso no vale!; **~down** *n* cuenta atrás.

countenance ['kauntinəns] *n* semblante *m*, rostro // *vt* (*tolerate*) aprobar, tolerar.

counter ['kauntə*] *n* (*in shop*) mostrador *m*; (*in games*) ficha // *vt* contrarrestar.

counterfeit ['kauntəfit] *n* falsificación *f*, simulación *f* // *vt* falsificar // *a* falso, falsificado.

counterfoil ['kauntəfɔil] *n* (Brit) talón *m*.

countermand ['kauntəmɑːnd] *vt* revocar, cancelar.

counterpart ['kauntəpɑːt] *n* (*of person*) homólogo/a.

counter-productive [kauntəprə'dʌktiv] *a* contraproducente.

countersign ['kauntəsain] *vt* refrendar.

countess ['kauntis] *n* condesa.

countless ['kauntlis] *a* innumerable.

country ['kʌntri] *n* país *m*; (*native land*) patria; (*as opposed to town*) campo; (*region*) región *f*, tierra; **~ dancing** *n* (Brit) baile *m* regional; **~ house** *n* casa de campo; **~man** *n* (*national*) compatriota *m*; (*rural*) campesino, paisano; **~side** *n* campo.

county ['kaunti] *n* condado.

coup [kuː], *pl* **~s** [-z] *n* (*also*: **~ d'état**) golpe *m* (de estado).

coupé ['kuːpei] *n* cupé *m*.

couple ['kʌpl] *n* (*of things*) par *m*; (*of people*) pareja; (*married ~*) matrimonio // *vt* (*ideas, names*) unir, juntar; (*machinery*) acoplar; **a ~ of** un par de.

coupling ['kʌpliŋ] *n* (RAIL) enganche *m*.

coupon ['kuːpon] *n* cupón *m*; (*pools ~*) boleto de quiniela.

courage ['kʌridʒ] *n* valor *m*, valentía;

~ous [kəˈreidʒəs] *a* valiente.

courgette [kuəˈʒet] *n* (Brit) calabacín *m*, calabacita.

courier ['kuriə*] *n* mensajero/a; (*diplomatic*) correo; (*for tourists*) guía *m/f* (de turismo).

course [kɔːs] *n* (*direction*) dirección *f*; (*of river*, SCOL) curso; (*of ship*) rumbo; (*fig*) proceder *m*; (GOLF) campo; (*part of meal*) plato; **of ~** *ad* desde luego, naturalmente; **of ~!** ¡claro!

court [kɔːt] *n* (*royal*) corte *f*; (LAW) tribunal *m*, juzgado; (TENNIS) pista, cancha // *vt* (*woman*) cortejar a; (*danger etc*) buscar; **to take to ~** demandar.

courteous ['kɔːtiəs] *a* cortés.

courtesan [kɔːtiˈzæn] *n* cortesana.

courtesy ['kɔːtəsi] *n* cortesía; **by ~ of** por cortesía de.

court-house ['kɔːthaus] *n* (US) palacio de justicia.

courtier ['kɔːtiə*] *n* cortesano.

court-martial ['kɔːt'mɑːʃəl], *pl* **courts-martial** *n* consejo de guerra // *vt* someter a consejo de guerra.

courtroom ['kɔːtrum] *n* sala de justicia.

courtyard ['kɔːtjɑːd] *n* patio.

cousin ['kʌzn] *n* primo/a; **first ~** primo/a carnal.

cove [kəuv] *n* cala, ensenada.

covenant ['kʌvənənt] *n* convenio.

cover ['kʌvə*] *vt* cubrir; (*with lid*) tapar; (*chairs etc*) revestir; (*distance*) recorrer; (*include*) abarcar; (*protect*) abrigar; (*journalist*) investigar; (*issues*) tratar // *n* cubierta; (*lid*) tapa; (*for chair etc*) funda; (*for bed*) cobertor *m*; (*envelope*) sobre *m*; (*for book*) forro; (*of magazine*) portada; (*shelter*) abrigo; (*insurance*) cobertura; **to take ~** (*shelter*) protegerse, resguardarse; **under ~** (*indoors*) bajo techo; **under ~ of darkness** al amparo de la oscuridad; **under separate ~** (COMM) por separado; **to ~ up for sb** encubrir a uno; **~age** *n* alcance *m*; **~alls** *npl* (US) mono *sg*; **~ charge** *n* precio del cubierto; **~ing** *n* cubierta, envoltura; **~ing letter**, (US) **~ letter** *n* carta de explicación; **~ note** *n* (INSURANCE) póliza provisional.

covert ['kʌvət] *a* secreto, encubierto.

cover-up ['kʌvərʌp] *n* encubrimiento.

covet ['kʌvit] *vt* codiciar.

cow [kau] *n* vaca // *vt* intimidar.

coward ['kauəd] *n* cobarde *m/f*; **~ice** [-is] *n* cobardía; **~ly** *a* cobarde.

cowboy ['kaubɔi] *n* vaquero.

cower ['kauə*] *vi* encogerse (de miedo).

coxswain ['kɔksn] *n* (*abbr*: **cox**) timonel *m/f*.

coy [kɔi] *a* tímido.

cozy ['kəuzi] *a* (US) = **cosy.**

CPA *n abbr* (US) = **certified public accountant.**

crab [kræb] *n* cangrejo; **~ apple** *n* manzana silvestre.

crack [kræk] *n* grieta; *(noise)* crujido; (: *of whip*) chasquido; *(joke)* chiste *m*; **to have a ~ at** intentar // *vt* agrietar, romper; *(nut)* cascar; *(safe)* forzar; *(whip etc)* chasquear; *(knuckles)* crujir; *(joke)* contar // *a (athlete)* de primera clase; **to ~ down on** *vt fus* reprimandar fuertemente; **to ~ up** *vi (MED)* sufrir una crisis nerviosa; **~er** *n (biscuit)* crácker *m*; *(Christmas cracker)* petardo sorpresa.

crackle ['krækl] *vi* crepitar.

cradle ['kreɪdl] *n* cuna.

craft [krɑːft] *n (skill)* arte *m*; *(trade)* oficio; *(cunning)* astucia; *(boat)* barco.

craftsman ['krɑːftsmən] *n* artesano; **~ship** *n* artesanía.

crafty ['krɑːftɪ] *a* astuto.

crag [kræg] *n* peñasco.

cram [kræm] *vt (fill)*: **to ~ sth with** llenar algo (a reventar) de; *(put)*: **to ~ sth into** meter algo a la fuerza en // *vi (for exams)* empollar; **~med** *a* atestado.

cramp [kræmp] *n (MED)* calambre *m*; *(TECH)* grapa // *vt (limit)* poner trabas a; **~ed** *a* apretado, estrecho.

crampon ['kræmpən] *n* crampón *m*.

cranberry ['krænbərɪ] *n* arándano agrio.

crane [kreɪn] *n (TECH)* grúa; *(bird)* grulla.

crank [kræŋk] *n* manivela; *(person)* chiflado; **~shaft** *n* cigüeñal *m*.

cranny ['krænɪ] *n see* **nook**.

crash [kræʃ] *n (noise)* estrépito; *(of cars etc)* choque *m*; *(of plane)* accidente *m* de aviación; *(COMM)* quiebra // *vt (plane)* estrellar // *vi (plane)* estrellarse; *(two cars)* chocar; *(fall noisily)* caer con estrépito; **~ course** *n* curso acelerado; **~ helmet** *n* casco (protector); **~ landing** *n* aterrizaje *m* forzado.

crass [kræs] *a* grosero, maleducado.

crate [kreɪt] *n* cajón *m* de embalaje.

crater ['kreɪtə*] *n* cráter *m*.

cravat(e) [krə'væt] *n* pañuelo.

crave [kreɪv] *vt, vi*: **to ~ (for)** ansiar, anhelar; **craving** *n (of pregnant woman)* antojo.

crawl [krɔːl] *vi (drag o.s.)* arrastrarse; *(child)* andar a gatas, gatear; *(vehicle)* avanzar (lentamente) // *n (SWIMMING)* crol *m*.

crayfish ['kreɪfɪʃ] *n, pl inv (freshwater)* cangrejo de río; *(saltwater)* cigala.

crayon ['kreɪɔn] *n* lápiz *m* de color.

craze [kreɪz] *n* manía; *(fashion)* moda.

crazy ['kreɪzɪ] *a (person)* loco; *(idea)* disparatado; **~ paving** *n* pavimento de baldosas irregulares.

creak [kriːk] *vi* crujir; *(hinge etc)* chirriar, rechinar.

cream [kriːm] *n (of milk)* nata, crema; *(lotion)* crema; *(fig)* flor *f* y nata // *a (colour)* color crema; **~ cake** *n* pastel

m de nata; **~ cheese** *n* queso crema; **~y** *a* cremoso.

crease [kriːs] *n (fold)* pliegue *m*; *(in trousers)* raya; *(wrinkle)* arruga // *vt (fold)* doblar, plegar; *(wrinkle)* arrugar // *vi (wrinkle up)* arrugarse.

create [kriː'eɪt] *vt* crear; **creation** [-ʃən] *n* creación *f*; **creative** *a* creador(a); **creator** *n* creador(a) *m/f*.

creature ['kriːtʃə*] *n (animal)* animal *m*, bicho; *(living thing)* criatura.

crèche, creche [krɛʃ] *n (Brit)* guardería (infantil).

credence ['kriːdəns] *n*: **to lend** *or* **give ~ to** creer en, dar crédito a.

credentials [krɪ'dɛnʃlz] *npl* credenciales *fpl*.

credible ['krɛdɪbl] *a* creíble.

credit ['krɛdɪt] *n (gen)* crédito; *(merit)* honor *m*, mérito // *vt (COMM)* abonar; *(believe)* creer, prestar fe a // *a* crediticio; **~s** *npl (CINEMA)* fichas *fpl* técnicas; **to be in ~** *(person)* tener saldo a favor; **to ~ sb with** *(fig)* reconocer a uno el mérito de; **~ card** *n* tarjeta de crédito; **~or** *n* acreedor(a) *m/f*.

creed [kriːd] *n* credo.

creek [kriːk] *n* cala, ensenada; *(US)* riachuelo.

creep [kriːp], *pt, pp* **crept** *vi (animal)* deslizarse; *(gen)* arrastrarse; *(plant)* trepar; **~er** *n* enredadera; **~y** *a (frightening)* horripilante.

cremate [krɪ'meɪt] *vt* incinerar.

crematorium [krɛmə'tɔːrɪəm], *pl* **-ria** [-rɪə] *n* crematorio.

crêpe [kreɪp] *n (fabric)* crespón *m*; *(also*: **~ rubber)** crepé *m*; **~ bandage** *n (Brit)* venda de crepé.

crept [krɛpt] *pt, pp of* **creep**.

crescent ['krɛsnt] *n* media luna; *(street)* calle *f (en forma de semicírculo)*.

cress [krɛs] *n* berro.

crest [krɛst] *n (of bird)* cresta; *(of hill)* cima, cumbre *f*; *(of helmet)* cimera; *(of coat of arms)* blasón *m*; **~fallen** *a* alicaído.

crevasse [krɪ'væs] *n* grieta.

crevice ['krɛvɪs] *n* grieta, hendedura.

crew [kruː] *n (of ship etc)* tripulación *f*; *(gang)* banda; *(MIL)* dotación *f*; **~-cut** *n* corte *m* al rape; **~-neck** *n* cuello plano.

crib [krɪb] *n* pesebre *m* // *vt (col)* plagiar.

crick [krɪk] *n (in neck)* tortícolis *m*.

cricket ['krɪkɪt] *n (insect)* grillo; *(game)* críquet *m*.

crime [kraɪm] *n* crimen *m*; *(less serious)* delito; **criminal** ['krɪmɪnl] *n* criminal *m/f*, delincuente *m/f* // *a* criminal; *(law)* penal.

crimson ['krɪmzn] *a* carmesí.

cringe [krɪndʒ] *vi* agacharse, encogerse.

crinkle ['krɪŋkl] *vt* arrugar.

cripple ['krɪpl] *n* lisiado/a, cojo/a // *vt* lisiar, mutilar.

crisis ['kraɪsɪs], pl **-ses** [-siːz] n crisis f inv.

crisp [krɪsp] a fresco; (cooked) tostado; (manner) seco; ~**s** npl (Brit) patatas fpl or papas fpl fritas.

criss-cross ['krɪskrɔs] a entrelazado.

criterion [kraɪ'tɪərɪən], pl **-ria** [-rɪə] n criterio.

critic ['krɪtɪk] n (paper) crítico/a; ~**al** a (gen) crítico; (illness) grave; ~**ally** ad (speak etc) en tono crítico; (ill) gravemente; ~**ism** ['krɪtɪsɪzm] n crítica; ~**ize** ['krɪtɪsaɪz] vt criticar.

croak [krəuk] vi (frog) croar; (raven) graznar.

crochet ['krəuʃeɪ] n ganchillo.

crockery ['krɔkərɪ] n loza, vajilla.

crocodile ['krɔkədaɪl] n cocodrilo.

crocus ['krəukəs] n azafrán m.

croft [krɔft] n (Brit) granja pequeña.

crony ['krəunɪ] n compinche m/f.

crook [kruk] n (fam) ladrón/ona m/f; (of shepherd) cayado; (of arm) pliegue m; ~**ed** ['krukɪd] a torcido; (path) tortuoso; (fam) sucio.

crop [krɔp] n (produce) cultivo; (amount produced) cosecha; (riding) látigo de montar // vt cortar, recortar; **to ~ up** vi surgir, presentarse.

croquette [krə'kɛt] n croqueta.

cross [krɔs] n cruz f // vt (street etc) cruzar, atravesar // a de mal humor, enojado; **to ~ o.s.** santiguarse; **to ~ out** vt tachar; **to ~ over** vi cruzar; ~**bar** n travesaño; ~**country (race)** n carrera a campo traviesa, cross m; **to ~-examine** vt interrogar; ~**-eyed** a bizco; ~**fire** n fuego cruzado; ~**ing** n (road) cruce m; (rail) paso a nivel; (sea passage) travesía; (also: pedestrian ~ing) paso para peatones; ~**ing guard** n (US) persona encargada de ayudar a los niños a cruzar la calle; ~**purposes** npl: **to be at ~ purposes** malentenderse uno a otro; ~**-reference** n contrarreferencia; ~**roads** n cruce m, encrucijada; ~ **section** n corte m transversal; (of population) muestra (representativa); ~**walk** n (US) paso de peatones; ~**wind** n viento de costado; ~**word** n crucigrama m.

crotch [krɔtʃ] n (of garment) entrepierna.

crotchet ['krɔtʃɪt] n (Brit MUS) negra.

crotchety ['krɔtʃɪtɪ] a (person) arisco.

crouch [krautʃ] vi agacharse, acurrucarse.

crow [krəu] n (bird) cuervo; (of cock) canto, cacareo // vi (cock) cantar; (fig) jactarse.

crowbar ['krəubɑː*] n palanca.

crowd [kraud] n muchedumbre f; (SPORT) público; (common herd) vulgo // vt (gather) amontonar; (fill) llenar // vi

(gather) reunirse; (pile up) amontonarse; ~**ed** a (full) atestado; (well-attended) concurrido.

crown [kraun] n corona; (of head) coronilla; (of hat) copa; (of hill) cumbre f // vt coronar; ~ **jewels** npl joyas fpl reales; ~ **prince** n príncipe m heredero.

crow's feet npl patas fpl de gallo.

crucial ['kruːʃl] a decisivo.

crucifix ['kruːsɪfɪks] n crucifijo; ~**ion** [-'fɪkʃən] n crucifixión f.

crucify ['kruːsɪfaɪ] vt crucificar.

crude [kruːd] a (materials) bruto; (fig: basic) tosco; (: vulgar) ordinario; ~ **(oil)** n petróleo crudo.

cruel [kruəl] a cruel; ~**ty** n crueldad f.

cruet ['kruːɪt] n angarillas fpl.

cruise [kruːz] n crucero // vi (ship) hacer un crucero; (car) mantener la velocidad; ~**r** n crucero.

crumb [krʌm] n miga, migaja.

crumble ['krʌmbl] vt desmenuzar // vi (gen) desmenuzarse; (building) desmoronarse; **crumbly** a desmenuzable.

crumpet ['krʌmpɪt] n ≈ bollo para tostar.

crumple ['krʌmpl] vt (paper) estrujar; (material) arrugar.

crunch [krʌntʃ] vt (with teeth) ronzar; (underfoot) hacer crujir // n (fig) crisis f; ~**y** a crujiente.

crusade [kruː'seɪd] n cruzada.

crush [krʌʃ] n (crowd) aglomeración f // vt (gen) aplastar; (paper) estrujar; (cloth) arrugar; (fruit) exprimir.

crust [krʌst] n corteza.

crutch [krʌtʃ] n muleta.

crux [krʌks] n lo esencial.

cry [kraɪ] vi llorar; (shout: also: ~ out) gritar // n grito; **to ~ off** vi echarse atrás.

cryptic ['krɪptɪk] a enigmático, secreto.

crystal ['krɪstl] n cristal m; ~**-clear** a claro como el agua; ~**lize** vt cristalizar // vi cristalizarse.

cub [kʌb] n cachorro; (also: ~ scout) niño explorador.

Cuba ['kjuːbə] n Cuba; ~**n** a, n cubano/a m/f.

cubbyhole ['kʌbɪhəul] n chiribitil m.

cube [kjuːb] n cubo; (of sugar) terrón m // vt (MATH) cubicar; ~ **root** n raíz f cúbica; **cubic** a cúbico.

cubicle ['kjuːbɪkl] n (at pool) caseta; (for bed) cubículo.

cuckoo ['kuku:] n cuco; ~ **clock** n cucú m.

cucumber ['kjuːkʌmbə*] n pepino.

cuddle ['kʌdl] vt abrazar // vi abrazarse.

cue [kjuː] n (snooker ~) taco; (THEATRE etc) entrada.

cuff [kʌf] n (Brit: of shirt, coat etc) puño; (US: of trousers) vuelta; (blow) bofetada; **off the ~** ad improvisado; ~**links** npl gemelos mpl.

cuisine [kwɪ'ziːn] n cocina.

cul-de-sac ['kʌldəsæk] n callejón m sin salida.

cull [kʌl] vt (select) entresacar.

culminate ['kʌlmɪneɪt] vi: **to ~ in** terminar en; **culmination** [-'neɪʃən] n culminación f, colmo.

culottes [kuː'lɒts] npl falda fsg pantalón.

culprit ['kʌlprɪt] n culpable m/f, delincuente m/f.

cult [kʌlt] n culto.

cultivate ['kʌltɪveɪt] vt (also fig) cultivar; **~d** a culto; **cultivation** [-'veɪʃən] n cultivo; (fig) cultura.

cultural ['kʌltʃərəl] a cultural.

culture ['kʌltʃə*] n (also fig) cultura; **~d** a culto.

cumbersome ['kʌmbəsəm] a de mucho bulto, voluminoso.

cunning ['kʌnɪŋ] n astucia // a astuto.

cup [kʌp] n taza; (prize, event) copa.

cupboard ['kʌbəd] n armario; (kitchen) alacena.

cup-tie ['kʌptaɪ] n (Brit) partido de copa.

curate ['kjuərɪt] n cura m.

curator [kjuə'reɪtə*] n conservador(a) m/f.

curb [kəːb] vt refrenar // n freno; (US) bordillo.

curdle ['kəːdl] vi cuajarse.

cure [kjuə*] vt curar // n cura, curación f.

curfew ['kəːfjuː] n toque m de queda.

curio ['kjuərɪəu] n curiosidad f.

curiosity [kjuərɪ'ɒsɪtɪ] n curiosidad f.

curious ['kjuərɪəs] a curioso.

curl [kəːl] n rizo // a (hair) rizar; (paper) arrollar; (lip) fruncir // vi rizarse, arrollarse; **to ~ up** vi arrollarse; (person) hacerse un ovillo; **~er** n bigudí m; **~y** a rizado.

currant ['kʌrnt] n pasa.

currency ['kʌrnsɪ] n moneda; **to gain ~** (fig) difundirse.

current ['kʌrnt] n corriente f // a corriente, actual; **~ account** n (Brit) cuenta corriente; **~ affairs** npl actualidades fpl; **~ly** ad actualmente.

curriculum [kə'rɪkjuləm], pl **~s** or **curricula** [-lə] n plan m de estudios; **~ vitae (CV)** n curriculum m.

curry ['kʌrɪ] n curry m // vt: **to ~ favour with** buscar favores con; **~ powder** n curry m en polvo.

curse [kəːs] vi echar pestes // vt maldecir // n maldición f; (swearword) palabrota.

cursor ['kəːsə*] n (COMPUT) cursor m.

cursory ['kəːsərɪ] a rápido, superficial.

curt [kəːt] a corto, seco.

curtail [kəː'teɪl] vt (cut short) acortar; (restrict) restringir.

curtain ['kəːtn] n cortina; (THEATRE) telón m.

curts(e)y ['kəːtsɪ] n reverencia // vi hacer una reverencia.

curve [kəːv] n curva // vi encorvarse, torcerse; (road) hacer curva.

cushion ['kuʃən] n cojín m; (SNOOKER) banda // vt (shock) amortiguar.

custard ['kʌstəd] n (for pouring) natillas fpl.

custodian [kʌs'təudɪən] n custodio m/f.

custody ['kʌstədɪ] n custodia; **to take into ~** detener.

custom ['kʌstəm] n costumbre f; (COMM) clientela; **~ary** a acostumbrado.

customer ['kʌstəmə*] n cliente m/f.

customized ['kʌstəmaɪzd] a (car etc) hecho a encargo.

custom-made ['kʌstəm'meɪd] a hecho a la medida.

customs ['kʌstəmz] npl aduana sg; **~ duty** n derechos mpl de aduana; **~ officer** n aduanero/a.

cut [kʌt] vb (pt, pp **cut**) vt cortar; (price) rebajar; (record) grabar; (reduce) reducir // vi cortar; (intersect) cruzarse // n corte m; (in skin) cortadura; (with sword) tajo; (of knife) cuchillada; (in salary etc) rebaja; (slice of meat) tajada; **to ~ a tooth** echar un diente; **to ~ down** vt (tree) derribar; (reduce) reducir; **to ~ off** vt cortar; (fig) aislar; (troops) cercar; **to ~ out** vt (shape) recortar; (delete) suprimir; **to ~ up** vt cortar (en pedazos); **~back** n reducción f.

cute [kjuːt] a lindo; (shrewd) listo.

cuticle ['kjuːtɪkl] n cutícula.

cutlery ['kʌtlərɪ] n cubiertos mpl.

cutlet ['kʌtlɪt] n chuleta.

cut: **~out** n (cardboard ~) recortable m; **~-price,** (US) **~-rate** a a precio reducido; **~throat** n asesino/a // a feroz.

cutting ['kʌtɪŋ] a (gen) cortante; (remark) mordaz // n (Brit: from newspaper) recorte m; (: RAIL) desmonte m.

CV n abbr = **curriculum vitae**.

cwt abbr = **hundredweight(s)**.

cyanide ['saɪənaɪd] n cianuro.

cycle ['saɪkl] n ciclo; (bicycle) bicicleta // vi ir en bicicleta; **cycling** n ciclismo; **cyclist** n ciclista m/f.

cyclone ['saɪkləun] n ciclón m.

cygnet ['sɪgnɪt] n pollo de cisne.

cylinder ['sɪlɪndə*] n cilindro; **~-head gasket** n junta de culata.

cymbals ['sɪmblz] npl platillos mpl.

cynic ['sɪnɪk] n cínico/a; **~al** a cínico; **~ism** ['sɪnɪsɪzəm] n cinismo.

cypress ['saɪprɪs] n ciprés m.

Cypriot ['sɪprɪət] a, n chipriota m/f.

Cyprus ['saɪprəs] n Chipre f.

cyst [sɪst] n quiste m; **~itis** n cistitis f.

czar [zɑː*] n zar m.

Czech [tʃek] a, n checo/a m/f.

Czechoslovakia [tʃekəslə'vækɪə] n Checoslovaquia; **~n** a, n checo/a m/f.

D

D [di:] n (MUS) re m.

dab [dæb] vt (eyes, wound) tocar (ligeramente); (paint, cream) mojar ligeramente // n (light stroke) toque m; (small amount) pizca.

dabble ['dæbl] vi: to ~ in ser algo aficionado a.

Dacron ['deɪkrɒn] n ® (US) terylene m.

dad [dæd], **daddy** ['dædɪ] n papá m; **daddy-long-legs** n típula.

daffodil ['dæfədɪl] n narciso.

daft [dɑ:ft] a chiflado.

dagger ['dægə*] n puñal m, daga.

daily ['deɪlɪ] a diario, cotidiano // n (paper) diario; (domestic help) asistenta // ad todos los días, cada día.

dainty ['deɪntɪ] a delicado; (tasteful) elegante; primoroso.

dairy ['dɛərɪ] n (shop) lechería; (on farm) vaquería // a (cow etc) lechero; ~ **farm** n granja; ~ **produce** n productos mpl lácteos.

dais ['deɪɪs] n estrado.

daisy ['deɪzɪ] n margarita; ~ **wheel** n margarita.

dale [deɪl] n valle m.

dam [dæm] n presa // vt represar.

damage ['dæmɪdʒ] n daño; (fig) perjuicio; (to machine) avería // vt dañar; perjudicar; averiar; ~s npl (LAW) daños mpl y perjuicios.

damn [dæm] vt condenar; (curse) maldecir // n (col): I don't give a ~ me importa un pito // a (col: also: ~ed) maldito; ~ (it)! ¡maldito sea!; ~ing a (evidence) irrecusable.

damp [dæmp] a húmedo, mojado // n humedad f // vt (also: ~en) (cloth, rag) mojar; (fig) desalentar; ~ness n humedad f.

damson ['dæmzən] n ciruela damascena.

dance [dɑ:ns] n baile m // vi bailar; ~ **hall** n salón m de baile; ~**r** n bailador(a) m/f; (professional) bailarín/ina m/f; **dancing** n baile m.

dandelion ['dændɪlaɪən] n diente m de león.

dandruff ['dændrəf] n caspa.

Dane [deɪn] n danés/esa m/f.

danger ['deɪndʒə*] n peligro; (risk) riesgo; ~! (on sign) ¡peligro de muerte!; to be in ~ of correr riesgo de; ~**ous** a peligroso; ~**ously** ad peligrosamente.

dangle ['dæŋgl] vt colgar // vi pender, estar colgado.

Danish ['deɪnɪʃ] a danés/esa // n (LING) danés m.

dapper ['dæpə*] a pulcro, apuesto.

dare [dɛə*] vt: to ~ sb to do desafiar a uno a hacer // vi: to ~ (to) do sth atreverse a hacer algo; I ~ say (I suppose)

puede ser, a lo mejor; ~**devil** n temerario/a, atrevido/a; **daring** a atrevido, osado // n atrevimiento, osadía.

dark [dɑ:k] a oscuro; (hair, complexion) moreno; (fig: cheerless) triste, sombrío // n (gen) oscuridad f; (night) tinieblas fpl; in the ~ about (fig) en ignorancia de; after ~ después del anochecer; ~**en** vt oscurecer; (colour) hacer más oscuro // vi oscurecerse; (cloud over) anublarse; ~ **glasses** npl gafas fpl negras; ~**ness** n (in room) oscuridad f; (night) tinieblas fpl; ~**room** n cuarto oscuro.

darling ['dɑ:lɪŋ] a, n querido/a m/f.

darn [dɑ:n] vt zurcir.

dart [dɑ:t] n dardo; (in sewing) sisa // vi precipitarse; to ~ **away/along** vi salir/marchar disparado; ~**board** n diana; ~**s** n dardos mpl.

dash [dæʃ] n (small quantity: of liquid) gota, chorrito; (: of solid) pizca; (sign) guión m; (: long) raya // vt romper, estrellar; (hopes) defraudar // vi precipitarse, ir de prisa; to ~ **away** or **off** vi marcharse apresuradamente.

dashboard ['dæʃbɔ:d] n (AUT) tablero de instrumentos.

dashing ['dæʃɪŋ] a gallardo.

data ['deɪtə] npl datos mpl; ~**base** n base f de datos; ~ **processing** n proceso de datos.

date [deɪt] n (day) fecha; (with friend) cita; (fruit) dátil m // vt fechar; ~ of birth fecha de nacimiento; to ~ ad hasta la fecha; out of ~ pasado de moda; up to ~ moderno; ~**d** a anticuado.

daub [dɔ:b] vt embadurnar.

daughter ['dɔ:tə*] n hija; ~**-in-law** n nuera, hija política.

daunting ['dɔ:ntɪŋ] a desalentador(a).

dawdle ['dɔ:dl] vi (waste time) perder el tiempo; (go slowly) andar muy despacio.

dawn [dɔ:n] n alba, amanecer m // vi (day) amanecer; (fig): it ~ed on him that... cayó en la cuenta de que....

day [deɪ] n día m; (working ~) jornada; the ~ before el día anterior; the ~ after tomorrow pasado mañana; the ~ before yesterday anteayer; the ~ after, the following ~ el día siguiente; by ~ de día; ~**break** n amanecer m; ~**dream** vi soñar despierto; ~**light** n luz f (del día); ~**light saving time** n (US) hora de verano; ~ **return** n (Brit) billete m de ida y vuelta (en un día); ~**time** n día m; ~**-to-~** a cotidiano.

daze [deɪz] vt (stun) aturdir // n: in a ~ aturdido.

dazzle ['dæzl] vt deslumbrar; **dazzling** a deslumbrante.

DC abbr (= direct current) corriente f continua.

deacon ['di:kən] n diácono.

dead [dɛd] a muerto; (limb) dormido; (telephone) cortado; (battery) agotado //

ad totalmente; **to shoot sb ~** matar a uno a tiros; **~ tired** muerto (de cansancio); **to stop ~** parar en seco; **the ~** *npl* los muertos; **to be a ~ loss** (*col*: *person*) ser un inútil; (: *thing*) ser una birria; **~en** *vt* (*blow, sound*) amortiguar; (*make numb*) calmar, aliviar; **~ end** *n* callejón *m* sin salida; **~ heat** *n* (*SPORT*) empate *m*; **~line** *n* fecha *or* hora tope; **~lock** *n* punto muerto; **~ly** *a* mortal, fatal; **~pan** *a* sin expresión.

deaf [def] *a* sordo; **~en** *vt* ensordecer; **~-mute** *n* sordomudo/a; **~ness** *n* sordera.

deal [di:l] *n* (*agreement*) pacto, convenio; (*business*) negocio, transacción *f*; (*CARDS*) reparto // *vt* (*pt, pp* **dealt** [delt]) (*gen*) dar; **a great ~ (of)** bastante, mucho; **to ~ in** *vt fus* tratar en, comerciar en; **to ~ with** *vt fus* (*people*) tratar con; (*problem*) ocuparse de; (*subject*) tratar de; **~er** *n* comerciante *m/f*; (*CARDS*) mano *f*; **~ings** *npl* (*COMM*) transacciones *fpl*; (*relations*) relaciones *fpl*.

dean [di:n] *n* (*REL*) deán *m*; (*SCOL*) decano/a.

dear [dɪə*] *a* querido; (*expensive*) caro // *n*: **my ~** mi querido/a; **~ me!** ¡Dios mío!; **D~ Sir/Madam** (*in letter*) Muy Señor Mío, Estimado Señor/Estimada Señora; **D~ Mr/Mrs X** Estimado/a Señor(a) X; **~ly** *ad* (*love*) mucho; (*pay*) caro.

death [deθ] *n* muerte *f*; **~ certificate** *n* partida de defunción; **~ duties** *npl* (*Brit*) derechos *mpl* de sucesión; **~ly** *a* mortal; (*silence*) profundo; **~ penalty** *n* pena de muerte; **~ rate** *n* mortalidad *f*.

debacle [deɪ'bɑːkl] *n* desastre *m*.

debar [dɪ'bɑː*] *vt*: **to ~ sb from doing** prohibir a uno hacer.

debase [dɪ'beɪs] *vt* degradar.

debatable [dɪ'beɪtəbl] *a* discutible.

debate [dɪ'beɪt] *n* debate *m* // *vt* discutir.

debauchery [dɪ'bɔːtʃərɪ] *n* libertinaje *m*.

debilitating [dɪ'bɪlɪteɪtɪŋ] *a* (*illness etc*) debilitante.

debit ['debɪt] *n* debe *m* // *vt*: **to ~ a sum to sb or to sb's account** cargar una suma en cuenta a alguien.

debris ['debriː] *n* escombros *mpl*.

debt [det] *n* deuda; **to be in ~** tener deudas; **~or** *n* deudor(a) *m/f*.

debunk [diː'bʌŋk] *vt* desprestigiar, desacreditar.

début ['deɪbjuː] *n* presentación *f*.

decade ['dekeɪd] *n* decenio.

decadence ['dekədəns] *n* decadencia.

decaffeinated [dɪ'kæfɪneɪtɪd] *a* descafeinado.

decanter [dɪ'kæntə*] *n* garrafa.

decay [dɪ'keɪ] *n* (*fig*) decadencia; (*of building*) desmoronamiento; (*rotting*) pudrición *f*; (*of tooth*) caries *f inv* // *vi*

(*rot*) pudrirse; (*fig*) decaer.

deceased [dɪ'siːst] *a* difunto.

deceit [dɪ'siːt] *n* engaño; **~ful** *a* engañoso.

deceive [dɪ'siːv] *vt* engañar.

December [dɪ'sembə*] *n* diciembre *m*.

decent ['diːsənt] *a* (*proper*) decente; (*person*) amable, bueno.

deception [dɪ'sepʃən] *n* engaño.

deceptive [dɪ'septɪv] *a* engañoso.

decibel ['desɪbel] *n* decibel(io) *m*.

decide [dɪ'saɪd] *vt* (*person*) decidir; (*question, argument*) resolver // *vi*: **to ~ to do/that** decidir hacer/que; **to ~ on sth** decidir por algo; **~d** *a* (*resolute*) decidido; (*clear, definite*) indudable; **~dly** [-dɪdlɪ] *ad* decididamente.

deciduous [dɪ'sɪdjuəs] *a* de hoja caduca.

decimal ['desɪməl] *a* decimal // *n* decimal *f*; **~ point** *n* coma decimal.

decimate ['desɪmeɪt] *vt* diezmar.

decipher [dɪ'saɪfə*] *vt* descifrar.

decision [dɪ'sɪʒən] *n* decisión *f*.

deck [dek] *n* (*NAUT*) cubierta; (*of bus*) piso; (*of cards*) baraja; **~chair** *n* tumbona.

declaration [deklə'reɪʃən] *n* declaración *f*.

declare [dɪ'kleə*] *vt* (*gen*) declarar.

decline [dɪ'klaɪn] *n* decaimiento, decadencia; (*lessening*) disminución *f* // *vt* rehusar // *vi* decaer; disminuir.

declutch ['diː'klʌtʃ] *vi* desembragar.

decode [diː'kəud] *vt* descifrar.

decompose [diːkəm'pəuz] *vi* descomponerse.

décor ['deɪkɔː*] *n* decoración *f*; (*THEATRE*) decorado.

decorate ['dekəreɪt] *vt* (*adorn*): **to ~ (with)** adornar (de), decorar (de); (*paint*) pintar; (*paper*) empapelar; **decoration** [-'reɪʃən] *n* adorno; (*act*) decoración *f*; (*medal*) condecoración *f*; **decorative** ['dekərətɪv] *a* decorativo; **decorator** (*workman*) pintor *m* decorador.

decorum [dɪ'kɔːrəm] *n* decoro.

decoy ['diːkɔɪ] *n* señuelo.

decrease ['diːkriːs] *n* disminución *f* // (*vb*: [diː'kriːs]) *vt* disminuir, reducir // *vi* reducirse.

decree [dɪ'kriː] *n* decreto; **~ nisi** *n* sentencia provisional de divorcio.

dedicate ['dedɪkeɪt] *vt* dedicar; **dedication** [-'keɪʃən] *n* (*devotion*) dedicación *f*; (*in book*) dedicatoria.

deduce [dɪ'djuːs] *vt* deducir.

deduct [dɪ'dʌkt] *vt* restar; (*from wage etc*) descontar; **~ion** [dɪ'dʌkʃən] *n* (*amount deducted*) descuento; (*conclusion*) deducción *f*, conclusión *f*.

deed [diːd] *n* hecho, acto; (*feat*) hazaña; (*LAW*) escritura.

deem [diːm] *vt* juzgar.

deep [diːp] *a* profundo; (*voice*) bajo;

(breath) profundo, a pleno pulmón // *ad:* **the spectators stood 20** ~ los espectadores se formaron de 20 en fondo; **to be 4 metres** ~ tener 4 metros de profundo; ~**en** *vt* ahondar, profundizar // *vi (darkness)* intensificarse; ~**freeze** *n* congeladora; ~**fry** *vt* freír en aceite abundante; ~**ly** *ad (breathe)* a pleno pulmón, *(interested, moved, grateful)* profundamente, hondamente; ~**sea diving** *n* buceo de altura; ~**seated** *a (beliefs)* (profundamente) arraigado.

deer [dɪə*] *n, pl inv* ciervo.

deface [dɪ'feɪs] *vt* desfigurar, mutilar.

defamation [defə'meɪʃən] *n* difamación *f.*

default [dɪ'fɔːlt] *vi* faltar al pago; *(SPORT)* dejar de presentarse // *n (COMPUT)* defecto; **by** ~ *(LAW)* en rebeldía; *(SPORT)* por incomparecencia; ~**er** *n (in debt)* moroso/a.

defeat [dɪ'fiːt] *n* derrota // *vt* derrotar, vencer; *(fig: efforts)* frustrar; ~**ist** *a, n* derrotista *m/f.*

defect [dɪ'fɛkt] *n* defecto // *vi* [dɪ'fɛkt]: **to** ~ **to the enemy** pasarse al enemigo; ~**ive** [dɪ'fɛktɪv] *a (gen)* defectuoso; *(person)* anormal.

defence [dɪ'fɛns] *n* defensa; ~**less** *a* indefenso.

defend [dɪ'fɛnd] *vt* defender; ~**ant** *n* acusado/a; *(in civil case)* demandado/a; ~**er** *n* defensor(a) *m/f.*

defense [dɪ'fɛns] *n (US)* = **defence.**

defensive [dɪ'fɛnsɪv] *a* defensivo; **on the** ~ a la defensiva.

defer [dɪ'fəː*] *vt (postpone)* aplazar; **to** ~ **to** diferir a; ~**ence** ['defərəns] *n* deferencia, respeto.

defiance [dɪ'faɪəns] *n* desafío; **in** ~ **of** en contra de.

defiant [dɪ'faɪənt] *a (insolent)* insolente; *(challenging)* retador(a).

deficiency [dɪ'fɪʃənsɪ] *n (lack)* falta; *(defect)* defecto.

deficient [dɪ'fɪʃənt] *a (lacking)* insuficiente; *(incomplete)* incompleto; *(defective)* defectuoso; *(mentally)* anormal; ~ **in** deficiente en.

deficit ['defɪsɪt] *n* déficit *m.*

defile [dɪ'faɪl] *vt* manchar; *(violate)* violar.

define [dɪ'faɪn] *vt* definir.

definite ['defɪnɪt] *a (fixed)* determinado; *(clear, obvious)* claro; **he was** ~ **about it** no dejó lugar a dudas (sobre ello); ~**ly** *ad:* **he's** ~**ly mad** no cabe duda de que está loco.

definition [defɪ'nɪʃən] *n* definición *f.*

deflate [diː'fleɪt] *vt (gen)* desinflar; *(person)* quitar los humos a.

deflect [dɪ'flɛkt] *vt* desviar.

defraud [dɪ'frɔːd] *vt* estafar; **to** ~ **sb of sth** estafar algo a uno.

defray [dɪ'freɪ] *vt:* **to** ~ **sb's expenses** reembolsar(le) a uno los gastos.

defrost [diː'frɔst] *vt (food)* deshelar; *(fridge)* descongelar; ~**er** *n (US: demister)* eliminador *m* de vaho.

deft [dɛft] *a* diestro, hábil.

defunct [dɪ'fʌŋkt] *a* difunto.

defuse [diː'fjuːz] *vt* desarmar; *(situation)* calmar.

defy [dɪ'faɪ] *vt (resist)* oponerse a; *(challenge)* desafiar; *(order)* contravenir.

degenerate [dɪ'dʒenəreɪt] *vi* degenerar // *a* [dɪ'dʒenərɪt] degenerado.

degree [dɪ'griː] *n* grado; *(SCOL)* título; **to have a** ~ **in maths** tener una licenciatura en matemáticas; **by** ~**s** *(gradually)* poco a poco, por etapas; **to some** ~ hasta cierto punto.

dehydrated [diːhaɪ'dreɪtɪd] *a* deshidratado; *(milk)* en polvo.

deign [deɪn] *vi:* **to** ~ **to do** dignarse hacer.

deity ['diːɪtɪ] *n* deidad *f,* divinidad *f.*

dejected [dɪ'dʒektɪd] *a* abatido, desanimado.

delay [dɪ'leɪ] *vt* demorar, aplazar; *(person)* entretener; *(train)* retrasar // *vi* tardar // *n* demora, retraso; **without** ~ en seguida, sin tardar.

delectable [dɪ'lektəbl] *a (person)* encantador(a); *(food)* delicioso.

delegate ['delɪgɪt] *n* delegado/a // *vt* ['delɪgeɪt] delegar.

delete [dɪ'liːt] *vt* suprimir, tachar.

deliberate [dɪ'lɪbərɪt] *a (intentional)* intencionado; *(slow)* pausado, lento // *vi* [dɪ'lɪbəreɪt] deliberar; ~**ly** *ad (on purpose)* a propósito; *(slowly)* pausadamente.

delicacy ['delɪkəsɪ] *n* delicadeza; *(choice food)* golosina.

delicate ['delɪkɪt] *a (gen)* delicado; *(fragile)* frágil.

delicatessen [delɪkə'tesn] *n* ultramarinos *mpl* finos.

delicious [dɪ'lɪʃəs] *a* delicioso, rico.

delight [dɪ'laɪt] *n (feeling)* placer *m,* deleite *m; (object)* encanto, delicia // *vt* encantar, deleitar; **to take** ~ **in** deleitarse en; ~**ed** *a:* ~**ed (at** *or* **with/to do)** encantado (con/de hacer); ~**ful** *a* encantador(a), delicioso.

delinquent [dɪ'lɪŋkwənt] *a, n* delincuente *m/f.*

delirious [dɪ'lɪrɪəs] *a:* **to be** ~ delirar, desvariar.

deliver [dɪ'lɪvə*] *vt (distribute)* repartir; *(hand over)* entregar; *(message)* comunicar; *(speech)* pronunciar; *(blow)* lanzar, dar; *(MED)* asistir al parto de; ~**y** *n* reparto; entrega; *(of speaker)* modo de expresarse; *(MED)* parto, alumbramiento; **to take** ~**y of** recibir.

delude [dɪ'luːd] *vt* engañar.

deluge ['deljuːdʒ] *n* diluvio // *vt* inundar.

delusion [dɪ'luːʒən] *n* ilusión *f,* engaño.

de luxe [dǝ'lʌks] *a* de lujo.
delve [dɛlv] *vi*: to ~ into hurgar en.
demand [dɪ'maːnd] *vt* (*gen*) exigir; (*rights*) reclamar // *n* (*gen*) exigencia; (*claim*) reclamación *f*; (*ECON*) demanda; **to be in** ~ ser muy solicitado; **on** ~ a solicitud; **~ing** *a* (*boss*) exigente; (*work*) absorbente.
demean [dɪ'miːn] *vt*: to ~ o.s. rebajarse.
demeanour, (*US*) **demeanor** [dɪ'miːnǝ*] *n* porte *m*, conducta.
demented [dɪ'mɛntɪd] *a* demente.
demise [dɪ'maɪz] *n* (*death*) fallecimiento.
demister [diː'mɪstǝ*] *n* (*AUT*) eliminador *m* de vaho.
demo ['dɛmǝu] *n abbr* (*col*: = *demonstration*) manifestación *f*.
democracy [dɪ'mɔkrǝsɪ] *n* democracia; **democrat** ['dɛmǝkræt] *n* demócrata *m/f*; **democratic** [dɛmǝ'krætɪk] *a* democrático.
demolish [dɪ'mɔlɪʃ] *vt* derribar, demoler; **demolition** [dɛmǝ'lɪʃǝn] *n* derribo, demolición *f*.
demon ['diːmǝn] *n* (*evil spirit*) demonio.
demonstrate ['dɛmǝnstreɪt] *vt* demostrar // *vi* manifestarse; **demonstration** [-'streɪʃǝn] *n* (*POL*) manifestación *f*; (*proof*) prueba, demostración *f*; **demonstrator** *n* (*POL*) manifestante *m/f*.
demoralize [dɪ'mɔrǝlaɪz] *vt* desmoralizar.
demote [dɪ'mǝut] *vt* degradar.
demure [dɪ'mjuǝ*] *a* recatado.
den [dɛn] *n* (*of animal*) guarida; (*study*) estudio.
denatured alcohol [diː'neɪtʃǝd-] *n* (*US*) alcohol *m* desnaturalizado.
denial [dɪ'naɪǝl] *n* (*refusal*) negativa; (*of report etc*) negación *f*.
denim ['dɛnɪm] *n* tela vaquera; **~s** *npl* vaqueros *mpl*.
Denmark ['dɛnmɑːk] *n* Dinamarca.
denomination [dɪnɔmɪ'neɪʃǝn] *n* valor *m*; (*REL*) confesión *f*.
denote [dɪ'nǝut] *vt* indicar, significar.
denounce [dɪ'naʊns] *vt* denunciar.
dense [dɛns] *a* (*thick*) espeso; (: *foliage etc*) tupido; (*stupid*) torpe; **~ly** *ad*: **~ly populated** con una alta densidad de población.
density ['dɛnsɪtɪ] *n* densidad *f*; **double-~ disk** *n* (*COMPUT*) disco de doble densidad.
dent [dɛnt] *n* abolladura // *vt* (*also*: **make a ~ in**) abollar.
dental ['dɛntl] *a* dental; **~ surgeon** *n* odontólogo/a.
dentist ['dɛntɪst] *n* dentista *m/f*; **~ry** *n* odontología.
dentures ['dɛntʃǝz] *npl* dentadura *sg* (postiza).
denunciation [dɪnʌnsɪ'eɪʃǝn] *n* denuncia, denunciación *f*.
deny [dɪ'naɪ] *vt* negar; (*charge*) recha-

zar; (*report*) desmentir.
deodorant [diː'ǝudǝrǝnt] *n* desodorante *m*.
depart [dɪ'pɑːt] *vi* irse, marcharse; (*train*) salir; to ~ from (*fig*: *differ from*) apartarse de.
department [dɪ'pɑːtmǝnt] *n* (*COMM*) sección *f*; (*SCOL*) departamento; (*POL*) ministerio; ~ **store** *n* gran almacén *m*.
departure [dɪ'pɑːtʃǝ*] *n* partida, ida; (*of train*) salida; **a new** ~ un nuevo rumbo; ~ **lounge** *n* (*at airport*) sala de embarque.
depend [dɪ'pɛnd] *vi*: to ~ on depender de; (*rely on*) contar con; it ~s depende, según; ~ing on the result según el resultado; **~able** *a* (*person*) formal, serio; **~ant** *n* dependiente *m/f*; **~ence** *n* dependencia; **~ent** *a*: to be ~ent on depender de // *n* = **~ant**.
depict [dɪ'pɪkt] *vt* (*in picture*) pintar; (*describe*) representar.
depleted [dɪ'pliːtɪd] *a* reducido.
deplorable [dɪ'plɔːrǝbl] *a* deplorable.
deplore [dɪ'plɔː*] *vt* deplorar.
deploy [dɪ'plɔɪ] *vt* desplegar.
depopulation ['diːpɔpju'leɪʃǝn] *n* despoblación *f*.
deport [dɪ'pɔːt] *vt* deportar.
deportment [dɪ'pɔːtmǝnt] *n* comportamiento.
depose [dɪ'pǝuz] *vt* deponer.
deposit [dɪ'pɔzɪt] *n* depósito; (*CHEM*) sedimento; (*of ore, oil*) yacimiento // *vt* (*gen*) depositar; ~ **account** *n* (*Brit*) cuenta de ahorros; **~or** *n* depositante *m/f*.
depot ['dɛpǝu] *n* (*storehouse*) depósito; (*for vehicles*) parque *m*.
depreciate [dɪ'priːʃɪeɪt] *vi* depreciarse, perder valor; **depreciation** [-'eɪʃǝn] *n* depreciación *f*.
depress [dɪ'prɛs] *vt* deprimir; (*press down*) apretar; **~ed** *a* deprimido; **~ing** *a* deprimente; **~ion** [dɪ'prɛʃǝn] *n* depresión *f*.
deprivation [dɛprɪ'veɪʃǝn] *n* privación *f*; (*loss*) pérdida.
deprive [dɪ'praɪv] *vt*: to ~ sb of privar a uno de; **~d** *a* necesitado.
depth [dɛpθ] *n* profundidad *f*; **in the ~s of** en lo más hondo de.
deputation [dɛpju'teɪʃǝn] *n* delegación *f*.
deputize ['dɛpjutaɪz] *vi*: to ~ for sb suplir a uno.
deputy ['dɛpjutɪ] *a*: ~ **head** subdirector(a) *m/f* // *n* sustituto/a, suplente *m/f*; (*POL*) diputado/a; (*agent*) representante *m/f*.
derail [dɪ'reɪl] *vt*: to be ~ed descarrilarse; **~ment** *n* descarrilamiento.
deranged [dɪ'reɪndʒd] *a* trastornado.
derby ['dǝːbɪ] *n* (*US*) hongo.
derelict ['dɛrɪlɪkt] *a* abandonado.
deride [dɪ'raɪd] *vt* ridiculizar, mofarse

de.

derisive [dɪˈraɪsɪv] a burlón/ona.

derisory [dɪˈraɪzərɪ] a (sum) irrisorio.

derivative [dɪˈrɪvətɪv] n derivado // a (work) poco original.

derive [dɪˈraɪv] vt derivar // vi: to ~ from derivarse de.

derogatory [dɪˈrɔgətərɪ] a despectivo.

derrick [ˈderɪk] n torre f de perforación.

derv [dəːv] n (Brit) gasoil m.

descend [dɪˈsend] vt, vi descender, bajar; to ~ from descender de; **~ant** n descendiente m/f.

descent [dɪˈsent] n descenso; (origin) descendencia.

describe [dɪsˈkraɪb] vt describir; **description** [-ˈkrɪpʃən] n descripción f; (sort) clase f, género.

desecrate [ˈdesɪkreɪt] vt profanar.

desert [ˈdezət] n desierto // (vb: [dɪˈzəːt]) vt abandonar, desamparar // vi (MIL) desertar; **~s** [dɪˈzəːts] npl: to get one's just **~s** llevar su merecido; **~er** [dɪˈzəːtə*] n desertor(a) m/f; **~ion** [dɪˈzəːʃən] n deserción f; ~ **island** n isla desierta.

deserve [dɪˈzəːv] vt merecer, ser digno de; **deserving** a (person) digno; (action, cause) meritorio.

design [dɪˈzaɪn] n (sketch) bosquejo; (layout, shape) diseño; (pattern) dibujo // vt (gen) diseñar; to have **~s on sb** tener la(s) mira(s) puesta(s) en uno.

designate [ˈdezɪgneɪt] vt (appoint) nombrar; (destine) designar // a [ˈdezɪgnɪt] designado.

designer [dɪˈzaɪnə*] n diseñador(a) m/f; (fashion ~) modista/o.

desirable [dɪˈzaɪərəbl] a (proper) deseable; (attractive) atractivo.

desire [dɪˈzaɪə*] n deseo // vt desear.

desk [desk] n (in office) escritorio; (for pupil) pupitre m; (in hotel, at airport) recepción f; (Brit: in shop, restaurant) caja.

desolate [ˈdesəlɪt] a (place) desierto; (person) afligido; **desolation** [-ˈleɪʃən] n (of place) desolación f; (of person) aflicción f.

despair [dɪsˈpeə*] n desesperación f // vi: to ~ of desesperarse de.

despatch [dɪsˈpætʃ] n, vt = **dispatch**.

desperate [ˈdespərɪt] a desesperado; (fugitive) peligroso; **~ly** ad desesperadamente; (very) terriblemente, gravemente.

desperation [despəˈreɪʃən] n desesperación f; **in ~** desesperado.

despicable [dɪsˈpɪkəbl] a vil, despreciable.

despise [dɪsˈpaɪz] vt despreciar.

despite [dɪsˈpaɪt] prep a pesar de, pese a.

despondent [dɪsˈpɔndənt] a deprimido, abatido.

dessert [dɪˈzəːt] n postre m; **~spoon** n cuchara (de postre).

destination [destɪˈneɪʃən] n destino.

destine [ˈdestɪn] vt destinar.

destiny [ˈdestɪnɪ] n destino.

destitute [ˈdestɪtjuːt] a desamparado, indigente.

destroy [dɪsˈtrɔɪ] vt destruir; (finish) acabar con; **~er** n (NAUT) destructor m.

destruction [dɪsˈtrʌkʃən] n destrucción f; (fig) ruina.

destructive [dɪsˈtrʌktɪv] a destructivo, destructor(a).

detach [dɪˈtætʃ] vt separar; (unstick) despegar; **~able** a separable; (TECH) desmontable; **~ed** a (attitude) objetivo, imparcial; **~ed house** n ≈ chalé m, chalet m; **~ment** n separación f; (MIL) destacamento; (fig) objetividad f, imparcialidad f.

detail [ˈdiːteɪl] n detalle m // vt detallar; (MIL) destacar; **in ~** detalladamente; **~ed** a detallado.

detain [dɪˈteɪn] vt retener; (in captivity) detener.

detect [dɪˈtekt] vt (gen) descubrir; (MED, POLICE) identificar; (MIL, RADAR, TECH) detectar; **~ion** [dɪˈtekʃən] n descubrimiento; identificación f; **~ive** n detective m/f; **~ive story** n novela policíaca; **~or** n detector m.

détente [deɪˈtɔːnt] n distensión f.

detention [dɪˈtenʃən] n detención f, arresto.

deter [dɪˈtəː*] vt (dissuade) disuadir; (prevent) impedir; to ~ sb from doing sth disuadir a uno de que haga algo.

detergent [dɪˈtəːdʒənt] n detergente m.

deteriorate [dɪˈtɪərɪəreɪt] vi deteriorarse; **deterioration** [-ˈreɪʃən] n deterioro.

determination [dɪtəːmɪˈneɪʃən] n resolución f.

determine [dɪˈtəːmɪn] vt determinar; **~d** a: **~d to do** resuelto a hacer.

deterrent [dɪˈterənt] n fuerza de disuasión.

detest [dɪˈtest] vt aborrecer.

detonate [ˈdetəneɪt] vi estallar // vt hacer detonar.

detour [ˈdiːtuə*] n (gen, US AUT: diversion) desviación f // vt (US AUT) desviar.

detract [dɪˈtrækt] vt: to ~ from quitar mérito a, desvirtuar.

detriment [ˈdetrɪmənt] n: to the ~ of en perjuicio de; **~al** [detrɪˈmentl] a: **~al (to)** perjudicial (a).

devaluation [dɪvæljuˈeɪʃən] n devaluación f.

devastating [ˈdevəsteɪtɪŋ] a devastador(a); (fig) arrollador(a).

develop [dɪˈveləp] vt desarrollar; (PHOT) revelar; (disease) coger; (habit) adquirir // vi desarrollarse; (advance) progresar; **~ing country** país m en (vías de) desarrollo; ~**ment** *n* desarrollo; (*advance*) progreso; (*of affair, case*) desenvolvimiento; (*of land*) urbanización *f*.

deviate ['di:vɪeɪt] *vi*: to ~ (**from**) desviarse (de); **deviation** [-'eɪʃən] *n* desviación *f*.

device [dɪ'vaɪs] *n* (*scheme*) estratagema, recurso; (*apparatus*) aparato, mecanismo.

devil ['dɛvl] *n* diablo, demonio; ~**ish** *a* diabólico.

devious ['di:vɪəs] *a* intricado, enrevesado; (*person*) taimado.

devise [dɪ'vaɪz] *vt* idear, inventar.

devoid [dɪ'vɔɪd] *a*: ~ **of** desprovisto de.

devolution [di:və'lu:ʃən] *n* (*POL*) descentralización *f*.

devote [dɪ'vəut] *vt*: to ~ **sth** to dedicar algo a; ~**d** *a* (*loyal*) leal, fiel; **the book is** ~**d to politics** el libro trata de la política; ~**e** [dɛvəu'ti:] *n* devoto/a.

devotion [dɪ'vəuʃən] *n* dedicación *f*; (*REL*) devoción *f*.

devour [dɪ'vauə*] *vt* devorar.

devout [dɪ'vaut] *a* devoto.

dew [dju:] *n* rocío.

dexterity [dɛks'tɛrɪtɪ] *n* destreza.

diabetes [daɪə'bi:ti:z] *n* diabetes *f*; **diabetic** [-'bɛtɪk] *a*, *n* diabético/a *m/f*.

diabolical [daɪə'bɔlɪkəl] *a* (*col: weather, behaviour*) pésimo.

diagnose [daɪəg'nəuz] *vt* diagnosticar; **diagnosis** [-'nəusɪs], *pl* -**ses** [-'nəusi:z] *n* diagnóstico.

diagonal [daɪ'ægənl] *a*, *n* diagonal *f*.

diagram ['daɪəgræm] *n* diagrama *m*, esquema *m*.

dial ['daɪəl] *n* esfera, cuadrante *m*, cara (*LAm*); (*of phone*) disco // *vt* (*number*) marcar; ~ **code** *n* (*US*) prefijo; ~ **tone** *n* (*US*) señal *f* or tono de marcar.

dialect ['daɪəlɛkt] *n* dialecto.

dialling ['daɪəlɪŋ]: ~ **code** *n* (*Brit*) prefijo; ~ **tone** *n* (*Brit*) señal *f* or tono de marcar.

dialogue ['daɪəlɔg] *n* diálogo.

diameter [daɪ'æmɪtə*] *n* diámetro.

diamond ['daɪəmənd] *n* diamante *m*; ~**s** *npl* (*CARDS*) diamantes *mpl*.

diaper ['daɪəpə*] *n* (*US*) pañal *m*.

diaphragm ['daɪəfræm] *n* diafragma *m*.

diarrhoea, (*US*) **diarrhea** [daɪə'ri:ə] *n* diarrea.

diary ['daɪərɪ] *n* (*daily account*) diario; (*book*) agenda.

dice [daɪs] *n*, *pl inv* dados *mpl* // *vt* (*CULIN*) cortar en cuadritos.

dichotomy [daɪ'kɔtəmɪ] *n* dicotomía.

Dictaphone ['dɪktəfəun] *n* ® dictáfono ®.

dictate [dɪk'teɪt] *vt* dictar; ~**s** ['dɪkteɪts] *npl* dictados *mpl*; **dictation** [-'teɪʃən] *n* dictado.

dictator [dɪk'teɪtə*] *n* dictador *m*; ~**ship**

n dictadura.

dictionary ['dɪkʃənrɪ] *n* diccionario.

did [dɪd] *pt of* **do**.

didn't ['dɪdənt] = **did not**.

die [daɪ] *vi* morir; to **be dying for sth/to do sth** morirse por algo/de ganas de hacer algo; to ~ **away** *vi* (*sound, light*) perderse; to ~ **down** *vi* (*gen*) apagarse; (*wind*) amainar; to ~ **out** *vi* desaparecer, extinguirse.

diehard ['daɪhɑ:d] *n* reaccionario/a.

diesel ['di:zəl]: ~ **engine** *n* motor *m* Diesel; ~ (**oil**) *n* gasoil *m*.

diet ['daɪət] *n* dieta; (*restricted food*) régimen *m* // *vi* (*also*: **be on a** ~) estar a dieta, hacer régimen.

differ ['dɪfə*] *vi* (*be different*) ser distinto, diferenciarse; (*disagree*) discrepar; ~**ence** *n* diferencia; (*quarrel*) desacuerdo; ~**ent** *a* diferente, distinto; ~**entiate** [-'rɛnʃɪeɪt] *vt* distinguir // *vi* diferenciarse; to ~**entiate between** distinguir entre; ~**ently** *ad* de otro modo, en forma distinta.

difficult ['dɪfɪkəlt] *a* difícil; ~**y** *n* dificultad *f*.

diffident ['dɪfɪdənt] *a* tímido.

diffuse [dɪ'fju:s] *a* difuso // *vt* [dɪ'fju:z] difundir.

dig [dɪg] *vt* (*pt, pp* **dug**) (*hole*) cavar; (*ground*) remover // *n* (*prod*) empujón *m*; (*archaeological*) excavación *f*; (*remark*) indirecta; to ~ **one's nails into** clavar las uñas en; to ~ **in** *vi* atrincherarse; to ~ **into** *vt fus* (*savings*) consumir; to ~ **out** *vt* (*hole*) excavar; (*fig*) sacar; to ~ **up** *vt* desenterrar; (*plant*) desarraigar.

digest [daɪ'dʒɛst] *vt* (*food*) digerir; (*facts*) asimilar // *n* ['daɪdʒɛst] resumen *m*; ~**ion** [dɪ'dʒɛstʃən] *n* digestión *f*.

digit ['dɪdʒɪt] *n* (*number*) dígito; (*finger*) dedo; ~**al** *a* digital.

dignified ['dɪgnɪfaɪd] *a* grave, solemne; (*action*) decoroso.

dignity ['dɪgnɪtɪ] *n* dignidad *f*.

digress [daɪ'grɛs] *vi*: to ~ **from** apartarse de.

digs [dɪgz] *npl* (*Brit: col*) pensión *fsg*, alojamiento *sg*.

dike [daɪk] *n* = **dyke**.

dilapidated [dɪ'læpɪdeɪtɪd] *a* desmoronado, ruinoso.

dilemma [daɪ'lɛmə] *n* dilema *m*.

diligent ['dɪlɪdʒənt] *a* diligente.

dilute [daɪ'lu:t] *vt* diluir.

dim [dɪm] *a* (*light*) débil; (*sight*) turbio; (*outline*) indistinto; (*stupid*) lerdo; (*room*) oscuro // *vt* (*light*) bajar.

dime [daɪm] *n* (*US*) moneda de diez centavos.

dimension [dɪ'mɛnʃən] *n* dimensión *f*.

diminish [dɪ'mɪnɪʃ] *vt*, *vi* disminuir.

diminutive [dɪ'mɪnjutɪv] *a* diminuto // *n* (*LING*) diminutivo.

dimly ['dımlı] *ad* débilmente; *(not clearly)* indistintamente.

dimmer ['dımə*] *n (US AUT)* interruptor *m*.

dimple ['dımpl] *n* hoyuelo.

din [dın] *n* estruendo, estrépito.

dine [daın] *vi* cenar; **~r** *n (person)* comensal *m/f*; *(Brit RAIL)* = **dining car**; *(US)* restaurante *m* económico.

dinghy ['dıŋgı] *n* bote *m*; *(also:* **rubber ~)** lancha (neumática.)

dingy ['dındʒı] *a (room)* sombrío; *(dirty)* sucio; *(dull)* deslucido.

dining ['daınıŋ]: **~ car** *n (Brit RAIL)* coche-comedor *m*; **~ room** *n* comedor *m*.

dinner ['dınə*] *n (evening meal)* cena; *(lunch)* comida; *(public)* cena, banquete *m*; **~'s ready!** ¡la cena está servida!; **~ jacket** *n* smoking *m*; **~ party** *n* cena; **~ time** *n* hora de cenar *or* comer.

dinosaur ['daınəsɔ:*] *n* dinosaurio.

dint [dınt] *n*: **by ~ of** a fuerza de.

diocese ['daıəsıs] *n* diócesis *f inv*.

dip [dıp] *n (slope)* pendiente *m*; *(in sea)* baño // *vt (in water)* mojar; *(ladle etc)* meter; *(Brit AUT)*: **to ~ one's lights** poner luces de cruce // *vi* inclinarse hacia abajo.

diphthong ['dıfθɔŋ] *n* diptongo.

diploma [dı'pləumə] *n* diploma *m*.

diplomacy [dı'pləuməsı] *n* diplomacia.

diplomat ['dıpləmæt] *n* diplomático/a; **~ic** [dıplə'mætık] *a* diplomático.

dipstick ['dıpstık] *n (AUT)* varilla de nivel (del aceite).

dipswitch ['dıpswıtʃ] *n (Brit AUT)* interruptor *m*.

dire [daıə*] *a* calamitoso.

direct [daı'rɛkt] *a (gen)* directo // *vt* dirigir; **can you ~ me to...?** ¿puede indicarme dónde está...?

direction [dı'rɛkʃən] *n* dirección *f*; **sense of ~** sentido de la dirección; **~s** *npl (advice)* órdenes *fpl*, instrucciones *fpl*; **~s for use** modo de empleo.

directly [dı'rɛktlı] *ad (in straight line)* directamente; *(at once)* en seguida.

director [dı'rɛktə*] *n* director(a) *m/f*.

directory [dı'rɛktərı] *n (TEL)* guía (telefónica.)

dirt [də:t] *n* suciedad *f*; **~-cheap** *a* baratísimo; **~y** *a* sucio; *(joke)* verde, colorado *(LAm)* // *vt* ensuciar; *(stain)* manchar; **~y trick** *n* juego sucio.

disability [dısə'bılıtı] *n* incapacidad *f*.

disabled [dıs'eıbld] *a* minusválido.

disadvantage [dısəd'vɑ:ntıdʒ] *n* desventaja, inconveniente *m*.

disaffection [dısə'fɛkʃən] *n* desafecto.

disagree [dısə'gri:] *vi (differ)* discrepar; **to ~ (with)** no estar de acuerdo (con); **~able** *a* desagradable; **~ment** *n (gen)* desacuerdo; *(quarrel)* riña.

disallow ['dısə'lau] *vt (goal)* anular;

(claim) rechazar.

disappear [dısə'pıə*] *vi* desaparecer; **~ance** *n* desaparición *f*.

disappoint [dısə'pɔınt] *vt* decepcionar; *(hopes)* defraudar; **~ed** *a* decepcionado; **~ing** *a* decepcionante; **~ment** *n* decepción *f*.

disapproval [dısə'pru:vəl] *n* desaprobación *f*.

disapprove [dısə'pru:v] *vi*: **to ~ of** desaprobar.

disarm [dıs'ɑ:m] *vt* desarmar; **~ament** *n* desarme *m*.

disarray [dısə'reı] *n*: **in ~** *(army, organization)* desorganizado; *(hair, clothes)* desarreglado.

disaster [dı'zɑ:stə*] *n* desastre *m*.

disband [dıs'bænd] *vt* disolver // *vi* desbandarse.

disbelief [dısbə'li:f] *n* incredulidad *f*.

disc [dısk] *n* disco; *(COMPUT)* = **disk**.

discard [dıs'kɑ:d] *vt (old things)* tirar; *(fig)* descartar.

discern [dı'sə:n] *vt* percibir, discernir; *(understand)* comprender; **~ing** *a* perspicaz.

discharge [dıs'tʃɑ:dʒ] *vt (task, duty)* cumplir; *(ship etc)* descargar; *(patient)* dar de alta; *(employee)* despedir; *(soldier)* licenciar; *(defendant)* poner en libertad // *n* ['dıstʃɑ:dʒ] *(ELEC)* descarga; *(dismissal)* despedida; *(of duty)* desempeño; *(of debt)* pago, descargo.

disciple [dı'saıpl] *n* discípulo.

discipline ['dısıplın] *n* disciplina // *vt* disciplinar.

disc jockey *n* pinchadiscos *m/f inv*.

disclaim [dıs'kleım] *vt* negar.

disclose [dıs'kləuz] *vt* revelar; **disclosure** [-'kləuʒə*] *n* revelación *f*.

disco ['dıskəu] *n abbr* = **discotheque**.

discoloured, *(US)* **discolored** [dıs'kʌləd] *a* descolorado.

discomfort [dıs'kʌmfət] *n* incomodidad *f*; *(unease)* inquietud *f*; *(physical)* malestar *m*.

disconcert [dıskən'sə:t] *vt* desconcertar.

disconnect [dıskə'nɛkt] *vt (gen)* separar; *(ELEC etc)* desconectar; *(supply)* cortar (el suministro) a.

discontent [dıskən'tɛnt] *n* descontento; **~ed** *a* descontento.

discontinue [dıskən'tınju:] *vt* interrumpir; *(payments)* suspender.

discord ['dıskɔ:d] *n* discordia; *(MUS)* disonancia; **~ant** [dıs'kɔ:dənt] *a* disonante.

discothèque ['dıskəutɛk] *n* discoteca.

discount *n* ['dıskaunt] *n* descuento // *vt* [dıs'kaunt] descontar.

discourage [dıs'kʌrıdʒ] *vt* desalentar; *(oppose)* oponerse a; **discouraging** *a* desalentador(a).

discover [dıs'kʌvə*] *vt* descubrir; **~y** *n* descubrimiento.

discredit [dıs'krɛdıt] *vt* desacreditar.

discreet [dɪ'skriːt] a (*tactful*) discreto; (*careful*) circunspecto, prudente.

discrepancy [dɪ'skrɛpənsɪ] n diferencia.

discretion [dɪ'skrɛʃən] n (*tact*) discreción f; (*care*) prudencia, circunspección f.

discriminate [dɪ'skrɪmɪneɪt] vi: to ~ between distinguir entre; to ~ against discriminar contra; **discriminating** a entendido; **discrimination** [-'neɪʃən] n (*discernment*) perspicacia; (*bias*) discriminación f.

discuss [dɪ'skʌs] vt (*gen*) discutir; (*a theme*) tratar; ~**ion** [dɪ'skʌʃən] n discusión f.

disdain [dɪs'deɪn] n desdén m // vt desdeñar.

disease [dɪ'ziːz] n enfermedad f.

disembark [dɪsɪm'baːk] vt, vi desembarcar.

disenchanted [dɪsɪn'tʃɑːntɪd] a: ~ (with) desilusionado (con).

disengage [dɪsɪn'geɪdʒ] vt soltar; to ~ the clutch (*AUT*) desembragar.

disentangle [dɪsɪn'tæŋgl] vt desenredar.

disfigure [dɪs'fɪgə*] vt desfigurar.

disgrace [dɪs'greɪs] n ignominia; (*shame*) vergüenza, escándalo // vt deshonrar; ~**ful** a vergonzoso; (*behaviour*) escandaloso.

disgruntled [dɪs'grʌntld] a disgustado, descontento.

disguise [dɪs'gaɪz] n disfraz m // vt disfrazar; **in** ~ disfrazado.

disgust [dɪs'gʌst] n repugnancia // vt repugnar, dar asco a; ~**ing** a repugnante, asqueroso.

dish [dɪʃ] n (*gen*) plato; **to do** or **wash the** ~**es** fregar los platos; **to** ~ **up** vt servir; **to** ~ **out** vt repartir; ~**cloth** n paño de cocina, bayeta.

dishearten [dɪs'hɑːtn] vt desalentar.

dishevelled [dɪ'ʃevəld] a (*hair*) despeinado; (*clothes, appearance*) desarreglado.

dishonest [dɪs'ɔnɪst] a (*person*) poco honrado, tramposo; (*means*) fraudulento; ~**y** n falta de honradez.

dishonour, (*US*) **dishonor** [dɪs'ɔnə*] n deshonra; ~**able** a deshonroso.

dishtowel ['dɪʃtauəl] n (*US*) trapo de fregar.

dishwasher ['dɪʃwɔʃə*] n lavaplatos m inv; (*person*) friegaplatos m/f inv.

disillusion [dɪsɪ'luːʒən] vt desilusionar.

disincentive [dɪsɪn'sɛntɪv] n desincentivo.

disinfect [dɪsɪn'fɛkt] vt desinfectar; ~**ant** n desinfectante m.

disintegrate [dɪs'ɪntɪgreɪt] vi disgregarse, desintegrarse.

disinterested [dɪs'ɪntrəstɪd] a desinteresado.

disjointed [dɪs'dʒɔɪntɪd] a inconexo.

disk [dɪsk] n (*esp US*) = **disc**; (*COMPUT*)

disco, disquete m; **single-/double-sided** ~ disco de una cara/dos caras; ~ **drive** n disc drive m; ~**ette** n (*US*) = **disk**.

dislike [dɪs'laɪk] n antipatía, aversión f // vt tener antipatía a.

dislocate ['dɪsləkeɪt] vt dislocar.

dislodge [dɪs'lɔdʒ] vt sacar; (*enemy*) desalojar.

disloyal [dɪs'lɔɪəl] a desleal.

dismal ['dɪzml] a (*gloomy*) deprimente, triste.

dismantle [dɪs'mæntl] vt desmontar, desarmar.

dismay [dɪs'meɪ] n consternación f.

dismiss [dɪs'mɪs] vt (*worker*) despedir; (*official*) destituir; (*idea, LAW*) rechazar; (*possibility*) descartar // vi (*MIL*) romper filas; ~**al** n despedida; destitución f.

dismount [dɪs'maunt] vi apearse.

disobedience [dɪsə'biːdɪəns] n desobediencia.

disobedient [dɪsə'biːdɪənt] a desobediente.

disobey [dɪsə'beɪ] vt desobedecer.

disorder [dɪs'ɔːdə*] n desorden m; (*rioting*) disturbio; (*MED*) trastorno; (*disease*) enfermedad f; ~**ly** a (*untidy*) desordenado; (*meeting*) alborotado; (*conduct*) escandaloso.

disorientated [dɪs'ɔːrɪenteɪtəd] a desorientado.

disown [dɪs'əun] vt desconocer.

disparaging [dɪs'pærɪdʒɪŋ] a despreciativo.

disparity [dɪs'pærɪtɪ] n disparidad f.

dispassionate [dɪs'pæʃənɪt] a (*unbiased*) imparcial; (*unemotional*) desapasionado.

dispatch [dɪs'pætʃ] vt enviar // n (*sending*) envío; (*PRESS*) informe m; (*MIL*) parte m.

dispel [dɪs'pɛl] vt disipar, dispersar.

dispensary [dɪs'pɛnsərɪ] n dispensario, farmacia.

dispense [dɪs'pɛns] vt dispensar, repartir; **to** ~ **with** vt fus prescindir de; ~**r** n (*container*) distribuidor m automático; **dispensing chemist** n (*Brit*) farmacia.

dispersal [dɪs'pəːsl] n dispersión f.

disperse [dɪs'pəːs] vt dispersar // vi dispersarse.

dispirited [dɪ'spɪrɪtɪd] a desanimado, desalentado.

displace [dɪs'pleɪs] vt (*person*) desplazar; (*replace*) reemplazar; ~**d person** n (*POL*) desplazado m.

display [dɪs'pleɪ] n (*exhibition*) exposición f; (*COMPUT*) visualización f; (*MIL*) exhibición f; (*of feeling*) manifestación f; (*pej*) aparato, pompa // vt exponer; manifestar; (*ostentatiously*) lucir.

displease [dɪs'pliːz] vt (*offend*) ofender; (*annoy*) fastidiar; ~**d** a: ~**d with** disgustado con; **displeasure** [-'plɛʒə*] n disgusto.

disposable [dɪsˈpəuzəbl] a (*not reusable*) desechable; (*income*) disponible; ~ **nappy** n pañal m desechable.

disposal [dɪsˈpəuzl] n (*sale*) venta; (*of house*) traspaso; (*arrangement*) colocación f; (*of rubbish*) destrucción f; at one's ~ a su disposición.

dispose [dɪsˈpəuz] vt disponer; **to ~ of** vt (*time, money*) disponer de; (*unwanted goods*) deshacerse de; (*throw away*) tirar; ~**d** a: ~**d to do** dispuesto a hacer; **disposition** [-ˈzɪʃən] n disposición f.

disproportionate [dɪsprəˈpɔːʃənət] a desproporcionado.

disprove [dɪsˈpruːv] vt refutar.

dispute [dɪsˈpjuːt] n disputa; (*verbal*) discusión f; (*also: industrial ~*) conflicto (laboral) // vt (*argue*) disputar; (*question*) cuestionar.

disqualify [dɪsˈkwɔlɪfaɪ] vt (SPORT) desclasificar; **to ~ sb for sth/from doing sth** incapacitar a alguien para algo/hacer algo.

disquiet [dɪsˈkwaɪət] n preocupación f, inquietud f.

disregard [dɪsrɪˈgɑːd] vt desatender; (*ignore*) no hacer caso de.

disrepair [dɪsrɪˈpɛə*] n: **to fall into ~** desmoronarse.

disreputable [dɪsˈrɛpjutəbl] a (*person*) de mala fama; (*behaviour*) vergonzoso.

disrespectful [dɪsrɪˈspɛktful] a irrespetuoso.

disrupt [dɪsˈrʌpt] vt (*plans*) desbaratar, trastornar; (*conversation*) interrumpir; ~**ion** [-ˈrʌpʃən] n trastorno; desbaratamiento; interrupción f.

dissatisfaction [dɪssætɪsˈfækʃən] n disgusto, descontento.

dissect [dɪˈsɛkt] vt disecar.

disseminate [dɪˈsɛmɪneɪt] vt divulgar, difundir.

dissent [dɪˈsɛnt] n disensión f.

dissertation [dɪsəˈteɪʃən] n tesina.

disservice [dɪsˈsəːvɪs] n: **to do sb a ~** perjudicar a alguien.

dissident [ˈdɪsɪdnt] a, n disidente m/f.

dissimilar [dɪˈsɪmɪlə*] a distinto.

dissipate [ˈdɪsɪpeɪt] vt disipar; (*waste*) desperdiciar.

dissociate [dɪˈsəufɪeɪt] vt disociar.

dissolute [ˈdɪsəluːt] a disoluto.

dissolution [dɪsəˈluːʃən] n (*of organization, marriage, POL*) disolución f.

dissolve [dɪˈzɔlv] vt disolver // vi disolverse.

dissuade [dɪˈsweɪd] vt: **to ~ sb (from)** disuadir a uno (de).

distance [ˈdɪstns] n distancia; **in the ~** a lo lejos.

distant [ˈdɪstnt] a lejano; (*manner*) reservado, frío.

distaste [dɪsˈteɪst] n repugnancia; ~**ful** a repugnante, desagradable.

distended [dɪˈstɛndɪd] a (*stomach*) hinchado.

distil [dɪsˈtɪl] vt destilar; ~**lery** n destilería.

distinct [dɪsˈtɪŋkt] a (*different*) distinto; (*clear*) claro; (*unmistakeable*) inequívoco; **as ~ from** a diferencia de; ~**ion** [dɪsˈtɪŋkʃən] n distinción f; (*in exam*) sobresaliente m; ~**ive** a distintivo.

distinguish [dɪsˈtɪŋgwɪʃ] vt distinguir; ~**ed** a (*eminent*) distinguido; ~**ing** a (*feature*) distintivo.

distort [dɪsˈtɔːt] vt torcer, retorcer; ~**ion** [dɪsˈtɔːʃən] n deformación f; (*of sound*) distorsión f.

distract [dɪsˈtrækt] vt distraer; ~**ed** a distraído; ~**ion** [dɪsˈtrækʃən] n distracción f; (*confusion*) aturdimiento.

distraught [dɪsˈtrɔːt] a turbado, enloquecido.

distress [dɪsˈtrɛs] n (*anguish*) angustia; (*pain*) dolor m // vt afligir; (*pain*) doler; ~**ing** a angustioso; doloroso; ~ **signal** n señal f de socorro.

distribute [dɪsˈtrɪbjuːt] vt (*gen*) distribuir; (*share out*) repartir; **distribution** [-ˈbjuːʃən] n distribución f; **distributor** n (AUT) distribuidor m; (COMM) distribuidora.

district [ˈdɪstrɪkt] n (*of country*) zona, región f; (*of town*) barrio; (ADMIN) distrito; ~ **attorney** n (US) fiscal m/f; ~ **nurse** n (Brit) enfermera que atiende a pacientes a domicilio.

distrust [dɪsˈtrʌst] n desconfianza // vt desconfiar de.

disturb [dɪsˈtəːb] vt (*person: bother, interrupt*) molestar; (*meeting*) interrumpir; ~**ance** n (*political etc*) disturbio; (*violence*) alboroto; ~**ed** a (*worried, upset*) preocupado, angustiado; **emotionally** ~**ed** trastornado; ~**ing** a inquietante, perturbador(a).

disuse [dɪsˈjuːs] n: **to fall into ~** caer en desuso.

disused [dɪsˈjuːzd] a abandonado.

ditch [dɪtʃ] n zanja; (*irrigation ~*) acequia // vt (*col*) deshacerse de.

dither [ˈdɪðə*] vi vacilar.

ditto [ˈdɪtəu] ad ídem, lo mismo.

dive [daɪv] n (*from board*) salto; (*underwater*) buceo; (*of submarine*) sumersión f; (AVIAT) picada // vi saltar; bucear; sumergirse; picar; ~**r** n (SPORT) saltador(a) m/f; (*underwater*) buzo.

diverge [daɪˈvəːdʒ] vi divergir.

diverse [daɪˈvəːs] a diversos/as, varios/as.

diversion [daɪˈvəːʃən] n (Brit AUT) desviación f; (*distraction, MIL*) diversión f.

divert [daɪˈvəːt] vt (*turn aside*) desviar.

divide [dɪˈvaɪd] vt dividir; (*separate*) separar // vi dividirse; (*road*) bifurcarse; ~**d highway** n (US) carretera de doble calzada.

dividend [ˈdɪvɪdɛnd] n dividendo; (*fig*)

beneficio.

divine [dɪ'vaɪn] a divino.

diving ['daɪvɪŋ] n (SPORT) salto; (underwater) buceo; ~ **board** n trampolín m.

divinity [dɪ'vɪnɪtɪ] n divinidad f; (SCOL) teología.

division [dɪ'vɪʒən] n división f; (sharing out) repartimiento.

divorce [dɪ'vɔːs] n divorcio // vt divorciarse de; ~**d** a divorciado; ~**e** [-'siː] n divorciado/a.

divulge [daɪ'vʌldʒ] vt divulgar, revelar.

D.I.Y. a, n abbr (Brit) = **do-it-yourself**.

dizziness ['dɪzɪnɪs] n vértigo.

dizzy ['dɪzɪ] a (person) mareado; (height) vertiginoso; **to feel** ~ marearse.

DJ n abbr = **disc jockey**.

do [duː] ♦ n (col: party etc): **we're having a little** ~ **on Saturday** damos una fiestecita el sábado; **it was rather a grand** ~ fue un acontecimiento a lo grande

♦ auxiliary vb (pt did, pp done) **1** (in negative constructions) not translated: **I don't understand** no entiendo

2 (to form questions) not translated: **didn't you know?** ¿no lo sabías?; **what** ~ **you think?** ¿qué opinas?

3 (for emphasis, in polite expressions): **people** ~ **make mistakes sometimes** sí que se cometen errores a veces; **she does seem rather late** a mí también me parece que se ha retrasado; ~ **sit down/help yourself** siéntate/sírvete por favor; ~ **take care!** ten cuidado, te pido

4 (used to avoid repeating vb): **she sings better than I** ~ canta mejor que yo; ~ **you agree? — yes, I** ~/**no, I don't** ¿estás de acuerdo? — sí (lo estoy)/no (lo estoy); **she lives in Glasgow — so** ~ **I** vive en Glasgow — yo también; **he didn't like it and neither did we** no le gustó y a nosotros tampoco; **who made this mess? — I did** ¿quién hizo esta chapuza? — yo; **he asked me to help him and I did** me pidió qué le ayudara y lo hice

5 (in question tags): **you like him, don't you?** te gusta, ¿verdad? or ¿no?; **I don't know him, do** ~ **I?** creo que no le conozco

♦ vt **1** (gen, carry out, perform etc): **what are you** ~**ing tonight?** ¿qué haces esta noche?; **what can I** ~ **for you?** ¿en qué puedo servirle?; **to** ~ **the washing-up/cooking** fregar los platos/cocinar; **to** ~ **one's teeth/hair/nails** lavarse los dientes/arreglarse el pelo/arreglarse las uñas

2 (AUT etc): **the car was** ~**ing 100** el coche iba a 100; **we've done 200 km already** ya hemos hecho 200 km; **he can** ~ **100 in that car** puede dar los 100 en ese coche

♦ vi **1** (act, behave) hacer; ~ **as I** ~ haz como yo

2 (get on, fare): **he's** ~**ing well/badly at school** va bien/mal en la escuela; **the firm is** ~**ing well** la empresa anda or va bien; **how** ~ **you** ~? mucho gusto; (less formal) ¿qué tal?

3 (suit): **will it** ~? ¿sirve?, ¿está or va bien?

4 (be sufficient) bastar; **will £10** ~? ¿será bastante con £10?; **that'll** ~ así está bien; **that'll** ~! (in annoyance) ¡ya está bien!, ¡basta ya!; **to make** ~ (**with**) arreglárselas (con)

to ~ **away with** vt fus (kill, disease) eliminar; (abolish: law etc) abolir; (withdraw) retirar

to ~ **up** vt (laces) atar; (zip, dress, shirt) abrochar; (renovate: room, house) renovar

to ~ **with** vt fus (need): **I could** ~ **with a drink/some help** no me vendría mal un trago/un poco de ayuda; (be connected): **tener que ver con; what has it got to** ~ **with you?** ¿qué tiene que ver contigo?

to do without vi pasar sin; **if you're late for tea then you'll** ~ **without** si llegas tarde para la merienda pasarás sin él // vt fus pasar sin; **I can** ~ **without a car** puedo pasar sin coche

dock [dɔk] n (NAUT) muelle m; (LAW) banquillo (de los acusados); ~s npl muelles mpl, puerto sg // vi (enter ~) atracar el muelle; ~**er** n trabajador m portuario, estibador m; ~**yard** n astillero.

doctor ['dɔktə*] n médico/a; (Ph.D. etc) doctor(a) m/f // vt (fig) arreglar, falsificar; (drink etc) adulterar; **D**~ **of Philosophy (Ph.D.)** n Doctor en Filosofía y Letras.

doctrine ['dɔktrɪn] n doctrina.

document ['dɔkjumənt] n documento; ~**ary** [-'mɛntərɪ] a documental // n documental m.

dodge [dɔdʒ] n (of body) regate m; (fig) truco // vt (gen) evadir; (blow) esquivar.

dodgems ['dɔdʒəmz] npl (Brit) coches mpl de choque.

doe [dəu] n (deer) cierva, gama; (rabbit) coneja.

does [dʌz] vb see **do**; ~**n't** = = **not**.

dog [dɔg] n perro // vt seguir los pasos de; ~ **collar** n collar m de perro; (fig) cuello de cura; ~**-eared** a sobado.

dogged ['dɔgɪd] a tenaz, obstinado.

dogsbody ['dɔgzbɔdɪ] n (Brit) burro de carga.

doings ['duɪŋz] npl (events) sucesos mpl; (acts) hechos mpl.

do-it-yourself [duːɪtjɔː'sɛlf] n bricolaje m.

doldrums ['dɔldrəmz] npl: **to be in the** ~ (person) estar abatido; (business) estar encalmado.

dole [dəul] n (Brit: payment) subsidio de paro; **on the** ~ parado; **to** ~ **out** vt repartir.

doleful ['dəulful] *a* triste, lúgubre.
doll [dɔl] *n* muñeca; **to ~ o.s. up** ataviarse.
dollar ['dɔlə*] *n* dólar *m*.
dolphin ['dɔlfɪn] *n* delfín *m*.
domain [də'meɪn] *n* (*fig*) campo, competencia; (*land*) dominios *mpl*.
dome [dəum] *n* (*ARCH*) cúpula; (*shape*) bóveda.
domestic [də'mestɪk] *a* (*animal, duty*) doméstico; (*flight, policy*) nacional; **~ated** *a* domesticado; (*home-loving*) casero, hogareño.
dominant ['dɔmɪnənt] *a* dominante.
dominate ['dɔmɪneɪt] *vt* dominar.
domineering [dɔmɪ'nɪərɪŋ] *a* dominante.
dominion [də'mɪnɪən] *n* dominio.
domino ['dɔmɪnəu], *pl* **~es** *n* ficha de dominó; **~es** *n* (*game*) dominó.
don [dɔn] *n* (*Brit*) profesor(a) *m/f* universitario/a.
donate [də'neɪt] *vt* donar; **donation** [də'neɪʃən] *n* donativo.
done [dʌn] *pp of* **do.**
donkey ['dɔŋkɪ] *n* burro.
donor ['dəunə*] *n* donante *m/f*.
don't [dəunt] = **do not.**
doodle ['duːdl] *vi* hacer dibujitos *or* garabatos.
doom [duːm] *n* (*fate*) suerte *f*; (*death*) muerte *f* // *vt*: **to be ~ed to failure** ser condenado al fracaso; **~sday** *n* día *m* del juicio final.
door [dɔ:*] *n* puerta; (*entry*) entrada; **~bell** *n* timbre *m*; **~ handle** *n* tirador *m*; (*of car*) manija; **~man** *n* (*in hotel*) portero; **~mat** *n* felpudo, estera; **~step** *n* peldaño; **~way** *n* entrada, puerta.
dope [dəup] *n* (*col: person*) imbécil *m/f* // *vt* (*horse etc*) drogar.
dopey ['dəupɪ] *a* atontado.
dormant ['dɔ:mənt] *a* inactivo; (*latent*) latente.
dormitory ['dɔ:mɪtrɪ] *n* (*Brit*) dormitorio; (*US*) colegio mayor.
dormouse ['dɔ:maus], *pl* **-mice** [-maɪs] *n* lirón *m*.
DOS *n abbr* (= disk operating system) DOS *m*.
dosage ['dəusɪdʒ] *n* dosis *f inv*.
dose [dəus] *n* dósis *f inv*.
doss house ['dɔss-] *n* (*Brit*) pensión *f* de mala muerte.
dossier ['dɔsɪeɪ] *n* expediente *m*.
dot [dɔt] *n* punto; **~ted with** salpicado de; **on the ~** en punto.
dote [dəut]: **to ~ on** *vt fus* adorar, idolatrar.
dot matrix printer *n* impresora matricial (*or* de matriz) de puntos.
double ['dʌbl] *a* doble // *ad* (*twice*): **to cost ~** costar el doble // *n* (*gen*) doble *m* // *vt* doblar; (*efforts*) redoblar // *vi* doblarse; **on the ~**, (*Brit*) **at the ~** corriendo; **~s** *n* (*TENNIS*) juego de dobles; **~**

bass *n* contrabajo; **~ bed** *n* cama matrimonial; **~ bend** *n* (*Brit*) doble curva; **~-breasted** *a* cruzado; **~cross** *vt* (*trick*) engañar; (*betray*) traicionar; **~decker** *n* autobús *m* de dos pisos; **~ glazing** *n* (*Brit*) doble acristalamiento; **~ room** *n* cuarto para dos; **doubly** *ad* doblemente.
doubt [daut] *n* duda // *vt* dudar; (*suspect*) dudar de; **to ~ that** dudar que; **there is no ~ that** no cabe duda de que; **~ful** *a* dudoso; (*person*): **to be ~ful about sth** tener dudas sobre algo; **~less** *ad* sin duda.
dough [dəu] *n* masa, pasta; **~nut** *n* buñuelo.
douse [daus] *vt* (*drench*) mojar; (*extinguish*) apagar.
dove [dʌv] *n* paloma.
dovetail ['dʌvteɪl] *vi* (*fig*) encajar.
dowdy ['daudɪ] *a* (*person*) mal vestido; (*clothes*) pasado de moda.
down [daun] *n* (*fluff*) pelusa; (*feathers*) plumón *m*, flojel *m* // *ad* (*~wards*) abajo, hacia abajo; (*on the ground*) por/en tierra // *prep* abajo // *vt* (*col: drink*) beberse; **~ with X!** ¡abajo X!; **~ under** (*Australia etc*) Australia, Nueva Zelanda; **~-and-out** *n* vagabundo/a; **~-at-heel** *a* venido a menos; (*appearance*) desaliñado; **~cast** *a* abatido; **~fall** *n* caída, ruina; **~hearted** *a* desanimado; **~hill** *ad*: **to go ~hill** ir cuesta abajo; **~ payment** *n* entrada, pago al contado; **~pour** *n* aguacero; **~right** *a* (*nonsense, lie*) manifiesto; (*refusal*) terminante; **~stairs** *ad* (*below*) (en la casa de) abajo; (*~wards*) escaleras abajo; **~stream** *ad* aguas *or* río abajo; **~-to-earth** *a* práctico; **~town** *ad* en el centro de la ciudad; **~ward** *a*, *ad* [-wəd], **~wards** [-wədz] *ad* hacia abajo.
dowry ['dauri] *n* dote *f*.
doz. *abbr* = **dozen.**
doze [dəuz] *vi* dormitar; **to ~ off** *vi* quedarse medio dormido.
dozen ['dʌzn] *n* docena; **a ~ books** una docena de libros; **~s of** cantidad de.
Dr. *abbr* = **doctor; drive.**
drab [dræb] *a* gris, monótono.
draft [drɑ:ft] *n* (*first copy*) borrador *m*; (*COMM*) giro; (*US: call-up*) quinta // *vt* (*write roughly*) hacer un borrador de; *see also* **draught.**
draftsman ['drɑ:ftsmən] *n* (*US*) = **draughtsman.**
drag [dræg] *vt* arrastrar; (*river*) dragar, rastrear // *vi* arrastrarse por el suelo // *n* (*col*) lata; (*women's clothing*): **in ~** vestido de travesti; **to ~ on** *vi* ser interminable.
dragon ['drægən] *n* dragón *m*.
dragonfly ['drægənflaɪ] *n* libélula.
drain [dreɪn] *n* desaguadero; (*in street*) sumidero // *vt* (*land, marshes*) desaguar;

(*MED*) drenar; (*reservoir*) desecar; (*fig*) agotar // *vi* escurrirse; **to be a ~ on** agotar; **~age** *n* (*act*) desagüe *m*; (*MED, AGR*) drenaje *m*; (*sewage*) alcantarillado; **~ing board**, (*US*) **~board** *n* escurridera, escurridor *m*; **~pipe** *n* tubo de desagüe.

dram [dræm] *n* (*drink*) traguito, copita.

drama ['drɑːmə] *n* (*art*) teatro; (*play*) drama *m*; **~tic** [drəˈmætɪk] *a* dramático; **~tist** ['dræmətɪst] *n* dramaturgo/a; **~tize** ['dræmətaɪz] *vt* (*events*) dramatizar; (*adapt: for TV, cinema*) adaptar a la televisión/al cine.

drank [dræŋk] *pt of* **drink**.

drape [dreɪp] *vt* cubrir; **~s** *npl* (*US*) cortinas *fpl*; **~r** *n* (*Brit*) pañero/a.

drastic ['dræstɪk] *a* (*measure, reduction*) severo; (*change*) radical.

draught, (*US*) **draft** [drɑːft] *n* (*of air*) corriente *f* de aire; (*drink*) trago; (*NAUT*) calado; **~s** *n* (*Brit*) juego de damas; **on ~** (*beer*) de barril; **~board** (*Brit*) *n* tablero de damas.

draughtsman ['drɑːftsmən] *n* delineante *m*.

draw [drɔː] *vb* (*pt* drew, *pp* drawn) *vt* (*pull*) tirar; (*take out*) sacar; (*attract*) atraer; (*picture*) dibujar; (*money*) retirar // *vi* (*SPORT*) empatar // *n* (*SPORT*) empate *m*; (*lottery*) sorteo; (*attraction*) atracción *f*; **to ~ near** *vi* acercarse; **to ~ out** *vi* (*lengthen*) alargarse; **to ~ up** *vi* (*stop*) pararse // *vt* (*document*) redactar; **~back** *n* inconveniente *m*, desventaja; **~bridge** *n* puente *m* levadizo.

drawer [drɔː*] *n* cajón *m*; (*of cheque*) librador(a) *m/f*.

drawing ['drɔːɪŋ] *n* dibujo; **~ board** *n* tablero de (dibujante); **~ pin** *n* (*Brit*) chinche *m*; **~ room** *n* salón *m*.

drawl [drɔːl] *n* habla lenta y cansina.

drawn [drɔːn] *pp of* **draw**.

dread [drɛd] *n* pavor *m*, terror *m* // *vt* temer, tener miedo or pavor a; **~ful** *a* espantoso.

dream [driːm] *n* sueño // *vt, vi* (*pt, pp* dreamed *or* dreamt [drɛmt]) soñar; **~er** *n* soñador(a) *m/f*; **~y** *a* (*distracted*) soñador(a), distraído.

dreary ['drɪərɪ] *a* monótono.

dredge [drɛdʒ] *vt* dragar.

dregs [drɛgz] *npl* heces *fpl*.

drench [drɛntʃ] *vt* empapar.

dress [drɛs] *n* vestido; (*clothing*) ropa // *vt* vestir; (*wound*) vendar; (*CULIN*) aliñar // *vi* vestirse; **to ~ up** *vi* vestirse de etiqueta; (*in fancy dress*) disfrazarse; **~ circle** *n* (*Brit*) principal *m*; **~er** *n* (*furniture*) aparador *m*; (: *US*) cómoda con espejo; (*THEAT*) camarero/a; **~ing** *n* (*MED*) vendaje *m*; (*CULIN*) aliño; **~ing gown** *n* (*Brit*) bata; **~ing room** *n* (*THEATRE*) camarín *m*; (*SPORT*) vestidor *m*; **~ing table** *n* tocador *m*;

~maker *n* modista, costurera; **~ rehearsal** *n* ensayo general; **~ shirt** *n* camisa de frac; **~y** *a* (*col*) elegante.

drew [druː] *pt of* **draw**.

dribble ['drɪbl] *vi* gotear, caer gota a gota; (*baby*) babear // *vt* (*ball*) regatear.

dried [draɪd] *a* (*gen*) seco; (*fruit*) paso; (*milk*) en polvo.

drier ['draɪə*] *n* = **dryer**.

drift [drɪft] *n* (*of current etc*) velocidad *f*; (*of sand*) montón *m*; (*of snow*) ventisquero; (*meaning*) significado // *vi* (*boat*) ir a la deriva; (*sand, snow*) amontonarse; **~wood** *n* madera de deriva.

drill [drɪl] *n* taladro; (*bit*) broca; (*of dentist*) fresa; (*for mining etc*) perforadora, barrena; (*MIL*) instrucción *f* // *vt* perforar, taladrar // *vi* (*for oil*) perforar.

drink [drɪŋk] *n* bebida // *vt, vi* (*pt* drank, *pp* drunk) beber; **to have a ~** tomar algo; tomar una copa *or* un trago; **a ~ of water** un trago de agua; **~er** *n* bebedor(a) *m/f*; **~ing water** *n* agua potable.

drip [drɪp] *n* (*act*) goteo; (*one ~*) gota; (*MED*) gota a gota *m* // *vi* gotear, caer gota a gota; **~-dry** *a* (*shirt*) de lava y pon; **~ping** *n* (*animal fat*) pringue *m*.

drive [draɪv] *n* paseo (en coche); (*journey*) viaje *m* (en coche); (*also: ~way*) entrada; (*energy*) energía, vigor *m*; (*PSYCH*) impulso; (*SPORT*) ataque *m*; (*COMPUT: also:* disk **~**) drive *m* // *vb* (*pt* drove, *pp* driven) *vt* (*car*) conducir, manejar (*LAm*); (*nail*) clavar; (*push*) empujar; (*TECH: motor*) impulsar // *vi* (*AUT: at controls*) conducir; (: *travel*) pasearse en coche; **left-/right-hand ~** conducción *f* a la izquierda/derecha; **to ~ sb mad** volverle loco a uno.

drivel ['drɪvl] *n* (*col*) tonterías *fpl*.

driven ['drɪvn] *pp of* **drive**.

driver ['draɪvə*] *n* conductor(a) *m/f*, chofer *m* (*LAm*); (*of taxi, bus*) chofer; **~'s license** *n* (*US*) carnet *m* de conducir.

driveway ['draɪvweɪ] *n* entrada.

driving ['draɪvɪŋ] *n* el conducir, el manejar (*LAm*); **~ instructor** *n* instructor(a) *m/f* de conducción *or* manejo (*LAm*); **~ lesson** *n* clase *f* de conducción *or* manejo (*LAm*); **~ licence** *n* (*Brit*) permiso de conducir; **~ mirror** *n* retrovisor *m*; **~ school** *n* autoescuela; **~ test** *n* examen *m* de conducción *or* manejo (*LAm*).

drizzle ['drɪzl] *n* llovizna // *vi* lloviznar.

droll [drəʊl] *a* gracioso.

drone [drəʊn] *n* (*noise*) zumbido.

drool [druːl] *vi* babear; **to ~ over sth** extasiarse ante algo.

droop [druːp] *vi* (*fig*) decaer, desanimarse.

drop [drɔp] *n* (*of water*) gota; (*lessening*) baja // *vt* (*allow to fall*) dejar caer; (*voice, eyes, price*) bajar; (*set down from car*) dejar; (*price, temperature*) bajar; (*wind*) amainar; ~s *npl* (*MED*) gotas *fpl*; **to ~ off** *vi* (*sleep*) dormirse // *vt* (*passenger*) bajar; **to ~ out** *vi* (*withdraw*) retirarse; **~-out** *n* marginado/a; **~per** *n* cuentagotas *m inv*; **~pings** *npl* excremento *sg*.

drought [draut] *n* sequía.

drove [drəuv] *pt of* **drive**.

drown [draun] *vt* ahogar // *vi* ahogarse.

drowsy ['drauzı] *a* soñoliento; **to be ~** tener sueño.

drudgery ['drʌdʒərı] *n* trabajo monótono.

drug [drʌg] *n* medicamento; (*narcotic*) droga // *vt* drogar; **~ addict** *n* drogadicto/a; **~gist** *n* (*US*) farmacéutico; **~store** *n* (*US*) farmacia.

drum [drʌm] *n* tambor *m*; (*large*) bombo; (*for oil, petrol*) bidón *m*; **~s** *npl* batería *sg* // *vi* tocar el tambor; (*with fingers*) tamborilear; **~mer** *n* tambor *m*.

drunk [drʌŋk] *pp of* **drink** // *a* borracho // *n* (*also*: ~**ard**) borracho/a; **~en** *a* borracho.

dry [draı] *a* seco; (*day*) sin lluvia; (*climate*) árido, seco // *vt* secar; (*tears*) enjugarse // *vi* secarse; **to ~ up** *vi* agotarse; (*in speech*) atascarse; **~-cleaner's** *n* tintorería; **~-cleaning** *n* lavado en seco; **~er** *n* (*for hair*) secador *m*; (*for clothes*) secadora; **~ goods store** *n* (*US*) mercería; **~ness** *n* sequedad *f*; **~ rot** *n* putrefacción *f* fungoide.

dual ['djuəl] *a* doble; **~ carriageway** *n* (*Brit*) carretera de doble calzada; **~-control** *a* de doble mando; **~ nationality** *n* doble nacionalidad *f*; **~-purpose** *a* de doble uso.

dubbed [dʌbd] *a* (*CINEMA*) doblado.

dubious ['dju:bıəs] *a* indeciso; (*reputation, company*) sospechoso.

duchess ['dʌtʃıs] *n* duquesa.

duck [dʌk] *n* pato // *vi* agacharse; **~ling** *n* patito.

duct [dʌkt] *n* conducto, canal *m*.

dud [dʌd] *n* (*shell*) obús *m* que no estalla; (*object, tool*): **it's a ~** es una filfa // *a*: **~ cheque** (*Brit*) cheque *m* sin fondos.

due [dju:] *a* (*proper*) debido; (*fitting*) conveniente, oportuno // *ad*: **~ north** derecho al norte; **~s** *npl* (*for club, union*) cuota *sg*; (*in harbour*) derechos *mpl*; **in ~ course** a su debido tiempo; **~ to** debido a; **to be ~ to do** deberse a; **the train is ~ to arrive at 8.00** el tren debe llegar a las ocho.

duet [dju:'ɛt] *n* dúo.

duffel ['dʌfəl] *a*: **~ bag** *n* bolsa de lona; **~ coat** *n* comando, abrigo de tres cuartos.

dug [dʌg] *pt, pp of* **dig**.

duke [dju:k] *n* duque *m*.

dull [dʌl] *a* (*light*) apagado; (*stupid*) torpe; (*boring*) pesado; (*sound, pain*) sordo; (*weather, day*) gris // *vt* (*pain, grief*)

aliviar; (*mind, senses*) entorpecer.

duly ['dju:lı] *ad* debidamente; (*on time*) a su debido tiempo.

dumb [dʌm] *a* mudo; (*stupid*) estúpido; **~founded** [dʌm'faundıd] *a* pasmado.

dummy ['dʌmı] *n* (*tailor's model*) maniquí *m*; (*Brit: for baby*) chupete *m* // *a* falso, postizo.

dump [dʌmp] *n* (*heap*) montón *m* de basura; (*place*) basurero, vaciadero; (*col*) casucha; (*MIL*) depósito // *vt* (*put down*) dejar; (*get rid of*) deshacerse de; **~ing** *n* (*ECON*) dumping *m*; (*of rubbish*): **'no ~ing'** 'prohibido verter basura'.

dumpling ['dʌmplıŋ] *n* bola de masa hervida.

dumpy ['dʌmpı] *a* regordete/a.

dunce [dʌns] *n* zopenco.

dung [dʌŋ] *n* estiércol *m*.

dungarees [dʌŋgə'ri:z] *npl* mono *sg*.

dungeon ['dʌndʒən] *n* calabozo.

duo ['dju:əu] *n* (*gen, MUS*) dúo.

dupe [dju:p] *n* (*victim*) víctima // *vt* engañar.

duplex ['dju:plɛks] *n* dúplex *m*.

duplicate ['dju:plıkət] *n* duplicado // *vt* ['dju:plıkeıt] duplicar; (*on machine*) multicopiar; **in ~** por duplicado.

durable ['djuərəbl] *a* duradero.

duration [djuə'reıʃən] *n* duración *f*.

duress [djuə'rɛs] *n*: **under ~** por compulsión.

during ['djuərıŋ] *prep* durante.

dusk [dʌsk] *n* crepúsculo, anochecer *m*.

dust [dʌst] *n* polvo // *vt* (*furniture*) desempolvorar; (*cake etc*): **to ~ with** espolvorear de; **~bin** *n* (*Brit*) cubo de la basura, balde *m* (*LAm*); **~er** *n* paño, trapo; (*feather ~er*) plumero; **~ jacket** *n* sobrecubierta; **~man** *n* (*Brit*) basurero; **~y** *a* polvoriento.

Dutch [dʌtʃ] *a* holandés/esa // *n* (*LING*) holandés *m*; **the ~** *npl* los holandeses; **to go ~** pagar cada uno lo suyo; **~man/ woman** *n* holandés/esa *m/f*.

dutiful ['dju:tıful] *a* obediente, sumiso.

duty ['dju:tı] *n* deber *m*; (*tax*) derechos *mpl* de aduana; **on ~** de servicio; (*at night etc*) de guardia; **off ~** libre (de servicio); **~-free** *a* libre de derechos de aduana.

duvet ['du:veı] *n* (*Brit*) edredón *m*.

dwarf [dwɔ:f], *pl* **dwarves** [dwɔ:vz] *n* enano/a // *vt* empequeñecer.

dwell [dwɛl], *pt, pp* **dwelt** [dwɛlt] *vi* morar; **to ~ on** *vt fus* explayarse en; **~ing** *n* vivienda.

dwindle ['dwındl] *vi* menguar, disminuir.

dye [daı] *n* tinte *m* // *vt* teñir.

dying ['daııŋ] *a* moribundo, agonizante; (*moments*) final; (*words*) último.

dyke [daık] *n* (*Brit*) dique *m*.

dynamic [daı'næmık] *a* dinámico.

dynamite ['daınəmaıt] *n* dinamita.

dynamo ['daınəməu] *n* dinamo *f*.

dynasty ['dɪnəstɪ] n dinastía.

E

E [iː] n (MUS) mi m.
each [iːtʃ] a cada inv // pron cada uno; ~ other el uno al otro; they hate ~ other se odian (entre ellos or mutuamente); they have 2 books ~ tienen 2 libros por persona.
eager ['iːgə*] a (gen) impaciente; (hopeful) ilusionado; (keen) entusiasmado; to be ~ to do sth tener muchas ganas de hacer algo, impacientarse por hacer algo; to be ~ for tener muchas ganasde; (news) esperar ansiosamente.
eagle ['iːgl] n águila.
ear [ɪə*] n oreja; (sense of hearing) oído; (of corn) espiga; ~ache n dolor m de oídos; ~drum n tímpano.
earl [əːl] n conde m.
early ['əːlɪ] ad (gen) temprano; (before time) con tiempo, con anticipación // a (gen) temprano; (reply) pronto; to have an ~ night acostarse temprano; in the ~ or ~ in the spring/19th century a principios de primavera/del siglo diecinueve; ~ retirement n jubilación f anticipada.
earmark ['ɪəmɑːk] vt: to ~ (for) reservar (para), destinar (a).
earn [əːn] vt (gen) ganar; (salary) percibir; (interest) devengar; (praise) merecerse.
earnest ['əːnɪst] a serio, formal; in ~ ad en serio.
earnings ['əːnɪŋz] npl (personal) sueldo sg, ingresos mpl; (company) ganancias fpl.
ear: ~phones npl auriculares mpl; ~ring n pendiente m, arete m; ~shot n: within ~shot al alcance del oído.
earth [əːθ] n (gen) tierra; (Brit: ELEC) cable m de toma de tierra // vt (Brit: ELEC) conectar a tierra; ~enware n loza (de barro); ~quake n terremoto; ~y a (fig: uncomplicated) sencillo; (: sensual) sensual.
earwig ['ɪəwɪg] n tijereta.
ease [iːz] n facilidad f; (comfort) comodidad f // vt (task) facilitar; (pain) aliviar; (loosen) soltar; (help pass): to ~ sth in/out meter/sacar algo con cuidado; at ~! (MIL) ¡descansen!; to ~ off or up vi (work, business) aflojar; (person) relajarse.
easel ['iːzl] n caballete m.
easily ['iːzɪlɪ] ad fácilmente; it is ~ the best es con mucho el/la mejor.
east [iːst] n este m, oriente m // a del este, oriental // ad al este, hacia el este; the E~ el Oriente.
Easter ['iːstə*] n Pascua (de Resurrección); ~ egg n huevo de Pascua.
easterly ['iːstəlɪ] a (to the east) al este;

(from the east) del este.
eastern ['iːstən] a del este, oriental.
East Germany n Alemania Oriental.
eastward(s) ['iːstwəd(z)] ad hacia el este.
easy ['iːzɪ] a fácil; (problem) sencillo; (comfortable) holgado, cómodo; (relaxed) natural, llano // ad: to take it or things ~ (not worry) tomarlo con calma; (go slowly) ir despacio; (rest) descansar; ~ chair n sillón m; ~-going a acomodadizo.
eat [iːt], pt ate, pp eaten ['iːtn] vt comer; to ~ into, to ~ away at vt fus corroer; (wear away) desgastar.
eau de Cologne [əudəkə'ləun] n (agua de) Colonia.
eaves [iːvz] npl alero sg.
eavesdrop ['iːvzdrɔp] vi: to ~ (on a conversation) escuchar (una conversación) a escondidas.
ebb [ɛb] n reflujo // vi bajar; (fig: also: ~ away) decaer; ~ tide n marea menguante.
ebony ['ɛbənɪ] n ébano.
eccentric [ɪk'sɛntrɪk] a, n excéntrico/a.
echo ['ɛkəu], pl ~es n eco m // vt (sound) repetir // vi resonar, hacer eco.
eclipse [ɪ'klɪps] n eclipse m.
ecology [ɪ'kɔlədʒɪ] n ecología.
economic [iːkə'nɔmɪk] a económico; (business etc) rentable; ~al a económico; ~s n economía.
economize [ɪ'kɔnəmaɪz] vi economizar, ahorrar.
economy [ɪ'kɔnəmɪ] n economía.
ecstasy ['ɛkstəsɪ] n éxtasis m inv; ecstatic [-'tætɪk] a extático.
Ecuador ['ɛkwədɔːr] n Ecuador m; E~ian a, n ecuatoriano/a m/f.
eczema ['ɛksɪmə] n eczema m.
edge [ɛdʒ] n (of knife etc) filo; (of object) borde m; (of lake etc) orilla // vt (SEWING) ribetear; on ~ (fig) = edgy; to ~ away from alejarse poco a poco de; ~ways ad: he couldn't get a word in ~ways no pudo meter ni baza; edging n (SEWING) ribete m; (of path) borde m.
edgy ['ɛdʒɪ] a nervioso, inquieto.
edible ['ɛdɪbl] a comestible.
edict ['iːdɪkt] n edicto.
edifice ['ɛdɪfɪs] n edificio.
Edinburgh ['ɛdɪnbərə] n Edimburgo.
edit ['ɛdɪt] vt (be editor of) dirigir; (rewrite) redactar; (cut) cortar; ~ion [ɪ'dɪʃən] n (gen) edición f; (number printed) tirada; ~or n (of newspaper) director(a) m/f; (of book) redactor(a) m/f; ~orial [-'tɔːrɪəl] a editorial // n editorial m.
educate ['ɛdjukeɪt] vt (gen) educar; (instruct) instruir.
education [ɛdju'keɪʃən] n educación f; (schooling) enseñanza; (SCOL) pedagogía; ~al a (policy etc) educacional;

(*teaching*) docente.

EEC *n abbr* (= *European Economic Community*) CEE *f*.

eel [iːl] *n* anguila.

eerie [ˈɪərɪ] *a* (*sound, experience*) espeluznante.

effect [ɪˈfɛkt] *n* efecto // *vt* efectuar, llevar a cabo; ~s *npl* efectos *mpl*; **to take ~** (*law*) entrar en vigor *or* vigencia; (*drug*) surtir efecto; **in ~** en realidad; ~**ive** *a* (*gen*) eficaz; (*real*) efectivo; **to become ~ive** (*law*) entrar en vigor; ~**ively** *ad* eficazmente; efectivamente; ~**iveness** *n* eficacia.

effeminate [ɪˈfɛmɪnɪt] *a* afeminado.

efficiency [ɪˈfɪʃənsɪ] *n* (*gen*) eficiencia; (*of machine*) rendimiento.

efficient [ɪˈfɪʃənt] *a* eficaz; (*person*) eficiente.

effigy [ˈɛfɪdʒɪ] *n* efigie *f*.

effort [ˈɛfət] *n* esfuerzo; ~**less** *a* sin ningún esfuerzo.

effrontery [ɪˈfrʌntərɪ] *n* descaro.

effusive [ɪˈfjuːsɪv] *a* efusivo.

e.g. *ad abbr* (= *exempli gratia*) p. ej.

egg [ɛg] *n* huevo; **hard-boiled/soft-boiled/poached ~** huevo duro/pasado por agua/escalfado; **scrambled ~s** huevos revueltos; **to ~ on** *vt* incitar; ~**cup** *n* huevera; ~ **plant** *n* (*esp US*) berenjena; ~**shell** *n* cáscara de huevo.

ego [ˈiːgəu] *n* ego; ~**tism** *n* egoísmo; ~**tist** *n* egoísta *m/f*.

Egypt [ˈiːdʒɪpt] *n* Egipto; ~**ian** [ɪˈdʒɪpʃən] *a, n* egipcio/a *m/f*.

eiderdown [ˈaɪdədaun] *n* edredón *m*.

eight [eɪt] *num* ocho; ~**een** *num* diez y ocho, dieciocho; ~**h** *a, n* octavo; ~**y** *num* ochenta.

Eire [ˈɛərə] *n* Eire *m*.

either [ˈaɪðə*] *a* cualquier de los dos; (*both, each*) cada; **on ~ side** en ambos lados // *pron*: ~ **(of them)** cualquiera (de los dos); **I don't like ~** no me gusta ninguno de los dos *ai* tampoco; **no, I don't ~** no, yo tampoco // *conj*: ~ **yes or no** o sí o no.

eject [ɪˈdʒɛkt] *vt* echar; (*tenant*) desahuciar; ~**or seat** *n* asiento proyectable.

eke [iːk]: **to ~ out** *vt* (*money*) hacer que alcance; (*add to*) suplir las deficiencias de.

elaborate [ɪˈlæbərɪt] *a* (*design*) elaborado; (*pattern*) intrincado // *vb* [ɪˈlæbəreɪt] *vt* elaborar // *vi* explicarse con muchos detalles.

elapse [ɪˈlæps] *vi* transcurrir.

elastic [ɪˈlæstɪk] *a, n* elástico; ~ **band** *n* (*Brit*) gomita.

elated [ɪˈleɪtɪd] *a*: **to be ~** regocijarse; **elation** [ɪˈleɪʃən] *n* regocijo.

elbow [ˈɛlbəu] *n* codo.

elder [ˈɛldə*] *a* mayor // *n* (*tree*) saúco; (*person*) mayor; (*of tribe*) anciano; ~**ly**

a de edad, mayor // *npl*: **the ~ly** los mayores.

eldest [ˈɛldɪst] *a, n* el/la mayor.

elect [ɪˈlɛkt] *vt* elegir; **to ~ to do** optar por hacer // *a*: **the president ~** el presidente electo; ~**ion** [ɪˈlɛkʃən] *n* elección *f*; ~**ioneering** [ɪlɛkʃəˈnɪərɪŋ] *n* campaña electoral; ~**or** *n* elector(a) *m/f*; ~**oral** *a* electoral; ~**orate** *n* electorado.

electric [ɪˈlɛktrɪk] *a* eléctrico; ~**al** *a* eléctrico; ~ **blanket** *n* manta eléctrica; ~ **cooker** *n* cocina eléctrica; ~ **fire** *n* estufa eléctrica.

electrician [ɪlɛkˈtrɪʃən] *n* electricista *m/f*.

electricity [ɪlɛkˈtrɪsɪtɪ] *n* electricidad *f*.

electrify [ɪˈlɛktrɪfaɪ] *vt* (*RAIL*) electrificar; (*fig: audience*) electrizar.

electron [ɪˈlɛktrɔn] *n* electrón *m*.

electronic [ɪlɛkˈtrɔnɪk] *a* electrónico; ~**s** *n* electrónica.

elegant [ˈɛlɪgənt] *a* elegante.

element [ˈɛlɪmənt] *n* (*gen*) elemento; (*of heater, kettle etc*) resistencia; ~**ary** [-ˈmɛntərɪ] *a* elemental; (*primitive*) rudimentario; (*school, education*) primario.

elephant [ˈɛlɪfənt] *n* elefante *m*.

elevate [ˈɛlɪveɪt] *vt* (*gen*) elevar; (*in rank*) ascender.

elevation [ɛlɪˈveɪʃən] *n* elevación *f*; (*height*) altura.

elevator [ˈɛlɪveɪtə*] *n* (*US*) ascensor *m*.

eleven [ɪˈlɛvn] *num* once; ~**ses** *npl* (*Brit*) café de las once; ~**th** *a* undécimo.

elicit [ɪˈlɪsɪt] *vt*: **to ~ (from)** sacar (de).

eligible [ˈɛlɪdʒəbl] *a* elegible; **to be ~ for sth** llenar los requisitos para algo.

eliminate [ɪˈlɪmɪneɪt] *vt* eliminar; (*strike out*) suprimir; (*suspect*) descartar.

elm [ɛlm] *n* olmo.

elongated [ˈiːlɔŋgeɪtɪd] *a* alargado, estirado.

elope [ɪˈləup] *vi* fugarse (para casarse); ~**ment** *n* fuga.

eloquent [ˈɛləkwənt] *a* elocuente.

else [ɛls] *ad*: **something ~** otra cosa; **somewhere ~** en otra parte; **everywhere ~** en todas partes menos aquí; **where ~?** ¿dónde más?, ¿en qué otra parte?; **there was little ~ to do** apenas quedaba otra cosa que hacer; **nobody ~ spoke** no habló nadie más; ~**where** *ad* (*be*) en otra parte; (*go*) a otra parte.

elucidate [ɪˈluːsɪdeɪt] *vt* aclarar.

elude [ɪˈluːd] *vt* eludir; (*blow, pursuer*) esquivar.

elusive [ɪˈluːsɪv] *a* esquivo; (*answer*) difícil de encontrar.

emaciated [ɪˈmeɪsɪeɪtɪd] *a* demacrado.

emanate [ˈɛməneɪt] *vi*: **to ~ from** (*idea*) surgir de; (*light, smell*) proceder de.

emancipate [ɪˈmænsɪpeɪt] *vt* emancipar.

embankment [ɪmˈbæŋkmənt] *n* terraplén *m*; (*riverside*) dique *m*.

embargo [ɪmˈbɑːgəu], *pl* ~**es** *n* prohibición f.

embark [ɪm'bɑːk] vi embarcarse // vt embarcar; **to ~ on** (fig) emprender, lanzarse a; **~ation** [ɛmbɑː'keɪʃən] n (people) embarco; (goods) embarque m.

embarrass [ɪm'bærəs] vt avergonzar; (financially etc) poner en un aprieto; **~ed** a azorado; **~ing** a (situation) violento; (question) embarazoso; **~ment** n desconcierto, azoramiento; (financial) apuros mpl.

embassy ['ɛmbəsɪ] n embajada.

embed [ɪm'bɛd] vt (jewel) empotrar; (teeth etc) clavar.

embellish [ɪm'bɛlɪʃ] vt embellecer; (fig) adornar.

embers ['ɛmbəz] npl rescoldo sg, ascua sg.

embezzle [ɪm'bɛzl] vt desfalcar, malversar.

embitter [ɪm'bɪtə*] vt (person) amargar; (relationship) envenenar; **~ed** a resentido, amargado.

embody [ɪm'bɔdɪ] vt (spirit) encarnar; (ideas) expresar.

embossed [ɪm'bɔst] a realzado.

embrace [ɪm'breɪs] vt abrazar, dar un abrazo a; (include) abarcar; (adopt: idea) adherirse a // vi abrazarse // n abrazo.

embroider [ɪm'brɔɪdə*] vt bordar; (fig: story) adornar, embellecer; **~y** n bordado.

embryo ['ɛmbrɪəu] n (also fig) embrión m.

emerald ['ɛmərəld] n esmeralda.

emerge [ɪ'məːdʒ] vi (gen) salir; (arise) surgir; **~nce** n salida; surgimiento.

emergency [ɪ'məːdʒənsɪ] n (event) emergencia; (crisis) crisis f inv; **in an ~** en caso de urgencia; **state of ~** estado de emergencia; **~ cord** n (US) timbre m de alarma; **~ exit** n salida de emergencia; **~ landing** n aterrizaje m forzoso; **~ meeting** n reunión f extraordinaria; **the ~ services** npl (fire, police, ambulance) los servicios mpl de urgencia or emergencia.

emery board ['ɛmərɪ-] n lima de uñas.

emigrant ['ɛmɪgrənt] n emigrante m/f.

emigrate ['ɛmɪgreɪt] vi emigrarse.

emit [ɪ'mɪt] vt emitir; (smoke) arrojar; (smell) despedir; (sound) producir.

emotion [ɪ'məuʃən] n emoción f; **~al** a (person) sentimental; (scene) conmovedor(a), emocionante; **~ally** ad con emoción.

emotive [ɪ'məutɪv] a emotivo.

emperor ['ɛmpərə*] n emperador m.

emphasis ['ɛmfəsɪs] pl **-ses** [-siːz] n énfasis m inv.

emphasize ['ɛmfəsaɪz] vt (word, point) subrayar, recalcar; (feature) hacer resaltar.

emphatic [ɛm'fætɪk] a (reply) categóri-

co; (person) insistente; **~ally** ad con énfasis.

empire ['ɛmpaɪə*] n imperio.

employ [ɪm'plɔɪ] vt emplear; **~ee** [-'iː] n empleado/a; **~er** n patrón/ona m/f; empresario; **~ment** n (gen) empleo; (work) trabajo; **~ment agency** n agencia de colocaciones.

empower [ɪm'pauə*] vt: **to ~ sb to do** sth autorizar a uno para hacer algo.

empress ['ɛmprɪs] n emperatriz f.

emptiness ['ɛmptɪnɪs] n (gen) vacío; (of life etc) vaciedad f.

empty ['ɛmptɪ] a vacío; (place) desierto; (house) desocupado; (threat) vano // n (bottle) envase m // vt vaciar; (place) dejar vacío // vi vaciarse; (house) quedar desocupado; (place) quedar desierto; **~-handed** a con las manos vacías.

emulate ['ɛmjuleɪt] vt emular.

emulsion [ɪ'mʌlʃən] n emulsión f.

enable [ɪ'neɪbl] vt: **to ~ sb to do** sth (allow) permitir a uno hacer algo; (prepare) capacitar a uno para hacer algo.

enact [ɪ'nækt] vt (law) promulgar; (play) representar; (role) hacer.

enamel [ɪ'næməl] n esmalte m.

enamoured [ɪ'næməd] a: **to be ~ of** (person) estar enamorado de; (activity etc) tener gran afición a; (idea) aferrarse a.

encased [ɪn'keɪst] a: **~ in** (covered) revestido de.

enchant [ɪn'tʃɑːnt] vt encantar; **~ing** a encantador(a).

encircle [ɪn'səːkl] vt rodear.

encl. abbr (= enclosed) adj.

enclose [ɪn'kləuz] vt (land) cercar; (with letter etc) adjuntar; (in receptacle): **to ~ (with)** encerrar (con); **please find ~d** le mandamos adjunto.

enclosure [ɪn'kləuʒə*] n cercado, recinto; (COMM) adjunto.

encompass [ɪn'kʌmpəs] vt abarcar.

encore [ɔŋ'kɔː*] excl ¡otra!, ¡bis! // n bis m.

encounter [ɪn'kauntə*] n encuentro // vt encontrar, encontrarse con; (difficulty) tropezar con.

encourage [ɪn'kʌrɪdʒ] vt alentar, animar; (growth) estimular; **~ment** n estímulo; (of industry) fomento.

encroach [ɪn'krəutʃ] vi: **to ~ (up)on** (gen) invadir; (time) adueñarse de.

encrusted [ɪn'krʌstəd] a: **~ with** incrustado de.

encumber [ɪn'kʌmbə*] vt: **to be ~ed with** (carry) estar cargado de; (debts) estar gravado de.

encyclop(a)edia [ɛnsaɪkləu'piːdɪə] n enciclopedia.

end [ɛnd] n (gen, also aim) fin m; (of table) extremo; (of street) final m; (SPORT) lado // vt terminar, acabar; (also: **bring to an ~, put an ~ to**) acabar con // *vi* terminar, acabar; **in the ~ al fin**; **on ~** (*object*) de punta, de cabeza; **to stand on ~** (*hair*) erizarse; **for hours on ~** hora tras hora; **to ~ up** *vi*: **to ~ up in** terminar en; (*place*) ir a parar en.

endanger [ɪn'deɪndʒə*] *vt* poner en peligro.

endearing [ɪn'dɪərɪŋ] *a* simpático, atractivo.

endeavour, (*US*) **endeavor** [ɪn'dɛvə*] *n* esfuerzo; (*attempt*) tentativa // *vi*: **to ~ to do** esforzarse por hacer; (*try*) procurar hacer.

ending ['endɪŋ] *n* fin *m*, conclusión *f*; (*of book*) desenlace *m*; (*LING*) terminación *f*.

endive ['endaɪv] *n* endibia, escarola.

endless ['endlɪs] *a* interminable, inacabable.

endorse [ɪn'dɔːs] *vt* (*cheque*) endosar; (*approve*) aprobar; **~ment** *n* (*on driving licence*) nota de inhabilitación.

endow [ɪn'dau] *vt* (*provide with money*) dotar (*with* de); (*found*) fundar; **to be ~ed with** (*fig*) estar dotado de.

endurance [ɪn'djuərəns] *n* resistencia.

endure [ɪn'djuə*] *vt* (*bear*) aguantar, soportar; (*resist*) resistir // *vi* (*last*) durar; (*resist*) resistir.

enemy ['enəmɪ] *a, n* enemigo/a *m/f*.

energetic [enə'dʒetɪk] *a* enérgico.

energy ['enədʒɪ] *n* energía.

enforce [ɪn'fɔːs] *vt* (*LAW*) hacer cumplir; **~d** *a* forzoso, forzado.

engage [ɪn'geɪdʒ] *vt* (*attention*) llamar; (*in conversation*) abordar; (*worker*) contratar; (*clutch*) embragar // *vi* (*TECH*) engranar; **to ~ in** dedicarse a, ocuparse en; **~d** *a* (*Brit: busy, in use*) ocupado; (*betrothed*) prometido; **to get ~d** prometerse; **he is ~d in research** se dedica a la investigación; **~d tone** *n* (*Brit TEL*) señal *f* de comunicando; **~ment** *n* (*appointment*) compromiso, cita; (*battle*) combate *m*; (*to marry*) compromiso; (*period*) noviazgo; **~ment ring** *n* alianza, anillo de prometida.

engaging [ɪn'geɪdʒɪŋ] *a* atractivo, simpático.

engender [ɪn'dʒendə*] *vt* engendrar.

engine ['endʒɪn] *n* (*AUT*) motor *m*; (*RAIL*) locomotora; **~ driver** *n* maquinista *m/f*.

engineer [endʒɪ'nɪə*] *n* ingeniero; (*US RAIL*) maquinista *m*; **~ing** *n* ingeniería.

England ['ɪŋɡlənd] *n* Inglaterra.

English ['ɪŋɡlɪʃ] *a* inglés/esa // *n* (*LING*) inglés *m*; **the ~** *npl* los ingleses *mpl*; **the ~ Channel** *n* (el Canal de) la Mancha; **~man/woman** *n* inglés/esa *m/f*.

engraving [ɪn'greɪvɪŋ] *n* grabado.

engrossed [ɪn'ɡrəust] *a*: **~ in** absorto en.

engulf [ɪn'ɡʌlf] *vt* sumergir, hundir.

enhance [ɪn'hɑːns] *vt* (*gen*) aumentar;

(*beauty*) realzar.

enjoy [ɪn'dʒɔɪ] *vt* (*health, fortune*) disfrutar de, gozar de; (*food*) comer con gusto; **I enjoy dancing** me gusta bailar; **to ~ o.s.** divertirse; **~able** *a* (*pleasant*) agradable; (*amusing*) divertido; **~ment** *n* (*use*) disfrute *m*; (*joy*) placer *m*.

enlarge [ɪn'lɑːdʒ] *vt* aumentar; (*broaden*) extender; (*PHOT*) ampliar // *vi*: **to ~ on** (*subject*) tratar con más detalles.

enlighten [ɪn'laɪtn] *vt* (*inform*) informar, **~ed** *a* iluminado, (*tolerant*) comprensivo; **the E~ment** *n* (*HISTORY*) ≈ la Ilustración, el Siglo de las Luces.

enlist [ɪn'lɪst] *vt* alistar; (*support*) conseguir // *vi* alistarse.

enmity ['enmɪtɪ] *n* enemistad *f*.

enormous [ɪ'nɔːməs] *a* enorme.

enough [ɪ'nʌf] *a*: **~ time/books** bastante tiempo/bastantes libros // *n*: **have you got ~?** ¿tiene usted bastante? // *ad*: **big ~** bastante grande; **he has not worked ~** no ha trabajado bastante; **~!** ¡basta ya!; **that's ~, thanks** con eso basta, gracias; **I've had ~ of him** estoy harto de él; **...which, funnily ~...** ...lo que, por extraño que parezca... .

enquire [ɪn'kwaɪə*] *vt, vi* = **inquire**.

enrage [ɪn'reɪdʒ] *vt* enfurecer.

enrich [ɪn'rɪtʃ] *vt* enriquecer.

enrol [ɪn'rəul] *vt* (*members*) inscribir; (*SCOL*) matricular // *vi* inscribirse; matricularse; **~ment** *n* inscripción *f*; matriculación *f*.

en route [ɔn'ruːt] *ad* durante el viaje.

ensign ['ensaɪn] *n* (*flag*) bandera; (*NAUT*) alférez *m*.

enslave [ɪn'sleɪv] *vt* esclavizar.

ensue [ɪn'sjuː] *vi* seguirse; (*result*) resultar.

ensure [ɪn'ʃuə*] *vt* asegurar.

entail [ɪn'teɪl] *vt* suponer.

entangle [ɪn'tæŋɡl] *vt* enredar, enmarañar.

enter ['entə*] *vt* (*room*) entrar en; (*club*) hacerse socio de; (*army*) alistarse en; (*sb for a competition*) inscribir; (*write down*) anotar, apuntar; (*COMPUT*) meter // *vi* entrar; **to ~ for** *vt fus* presentarse para; **to ~ into** *vt fus* (*relations*) establecer; (*plans*) formar parte de; (*debate*) tomar parte en; (*agreement*) llegar a, firmar; **to ~ (up)on** *vt fus* (*career*) emprender.

enterprise ['entəpraɪz] *n* empresa; (*spirit*) iniciativa; **free ~** la libre empresa; **private ~** la iniciativa privada; **enterprising** *a* emprendedor(a).

entertain [entə'teɪn] *vt* (*amuse*) divertir; (*receive: guest*) recibir (en casa); (*idea*) abrigar; **~er** *n* artista *m/f*; **~ing** *a* divertido, entretenido; **~ment** *n* (*amusement*) diversión *f*; (*show*) espectáculo; (*party*) fiesta.

enthralled [ɪn'θrɔːld] *a* encantado.

enthusiasm [ɪn'θuːzɪæzəm] *n* entusiasmo.

enthusiast [ɪn'θuːzɪæst] *n* entusiasta *m/f*; **~ic** [-'æstɪk] *a* entusiasta; **to be ~ic about** entusiasmarse por.

entice [ɪn'taɪs] *vt* tentar; *(seduce)* seducir.

entire [ɪn'taɪə*] *a* entero; **~ly** *ad* totalmente; **~ty** [ɪn'taɪərətɪ] *n*: **in its ~ty** en su totalidad.

entitle [ɪn'taɪtl] *vt*: **to ~ sb to sth** dar a uno derecho a algo; **~d** *a (book)* que se titula; **to be ~d to do** tener derecho a hacer.

entourage [ɔntu'rɑːʒ] *n* séquito.

entrails ['entreɪlz] *npl* entrañas *fpl*; *(US)* asadura *sg*, menudos *mpl*.

entrance ['entrəns] *n* entrada // *vt* [ɪn'trɑːns] encantar, hechizar; **to gain ~ to** *(university etc)* ingresar en; **~ examination** *n* examen *m* de ingreso; **~ fee** *n* cuota; **~ ramp** *n (US AUT)* rampa de acceso.

entrant ['entrənt] *n (race, competition)* participante *m/f*; *(examination)* candidato/a.

entreat [en'triːt] *vt* rogar, suplicar.

entrenched [en'trentʃd] *a*: **~ interests** intereses *mpl* creados.

entrepreneur [ɔntrəprə'nəː] *n* empresario.

entrust [ɪn'trʌst] *vt*: **to ~ sth to sb** confiar algo a uno.

entry ['entrɪ] *n* entrada; *(permission to enter)* acceso; *(in register)* apunte *m*; *(in account)* partida; **no ~** prohibido el paso; *(AUT)* dirección prohibida; **~ phone** *n* portero automático.

enunciate [ɪ'nʌnsɪeɪt] *vt* pronunciar; *(principle etc)* enunciar.

envelop [ɪn'veləp] *vt* envolver.

envelope ['envələup] *n* sobre *m*.

envious ['envɪəs] *a* envidioso; *(look)* de envidia.

environment [ɪn'vaɪərnmənt] *n* medio ambiente; **~al** [-'mentl] *a* ambiental.

envisage [ɪn'vɪzɪdʒ] *vt (foresee)* prever; *(imagine)* concebir.

envoy ['envɔɪ] *n* enviado.

envy ['envɪ] *n* envidia // *vt* tener envidia a; **to ~ sb sth** envidiar algo a uno.

epic ['epɪk] *n* épica // *a* épico.

epidemic [epɪ'demɪk] *n* epidemia.

epilepsy ['epɪlepsɪ] *n* epilepsia.

episode ['epɪsəud] *n* episodio.

epistle [ɪ'pɪsl] *n* epístola.

epitome [ɪ'pɪtəmɪ] *n* epítome *m*; **epitomize** *vt* epitomar, resumir.

equable ['ekwəbl] *a (climate)* templado; *(character)* tranquilo, afable.

equal ['iːkwl] *a (gen)* igual; *(treatment)* equitativo // *n* igual *m/f* // *vt* ser igual a; *(fig)* igualar; **to be ~ to** *(task)* estar a la altura de; **~ity** [iː'kwɔlɪtɪ] *n* igualdad *f*; **~ize** *vt, vi* igualar; *(SPORT)* empatar;

~izer *n* igualada; **~ly** *ad* igualmente; *(share etc)* a partes iguales.

equanimity [ekwə'nɪmɪtɪ] *n* ecuanimidad *f*.

equate [ɪ'kweɪt] *vt*: **to ~ sth with** equiparar algo con; **equation** [ɪ'kweɪʒən] *n (MATH)* ecuación *f*.

equator [ɪ'kweɪtə*] *n* ecuador *m*; **~ial** [ekwə'tɔːrɪəl] *a* ecuatorial.

equilibrium [iːkwɪ'lɪbrɪəm] *n* equilibrio.

equip [ɪ'kwɪp] *vt (gen)* equipar; *(person)* proveer; **to be well ~ped** estar bien equipado; **~ment** *n* equipo; *(tools)* avíos *mpl*.

equitable ['ekwɪtəbl] *a* equitativo.

equities ['ekwɪtɪz] *npl (Brit COMM)* derechos *mpl* sobre *or* en el activo.

equivalent [ɪ'kwɪvələnt] *a*: **~ (to)** equivalente (a) // *n* equivalente *m*.

equivocal [ɪ'kwɪvəkl] *a* equívoco.

era ['ɪərə] *n* era, época.

eradicate [ɪ'rædɪkeɪt] *vt* erradicar, extirpar.

erase [ɪ'reɪz] *vt* borrar; **~r** *n* goma de borrar.

erect [ɪ'rekt] *a* erguido // *vt* erigir, levantar; *(assemble)* montar.

erection [ɪ'rekʃən] *n* construcción *f*; *(assembly)* montaje *m*; *(structure)* edificio; *(MED)* erección *f*.

ermine ['əːmɪn] *n* armiño.

erode [ɪ'rəud] *vt (GEO)* erosionar; *(metal)* corroer, desgastar.

erotic [ɪ'rɔtɪk] *a* erótico.

err [əː*] *vi* equivocarse; *(REL)* pecar.

errand ['ernd] *n* recado, mandado *(LAm)*; **~ boy** *n* recadero.

erratic [ɪ'rætɪk] *a* variable; *(results etc)* desigual, poco uniforme.

erroneous [ɪ'rəunɪəs] *a* erróneo.

error ['erə*] *n* error *m*, equivocación *f*.

erupt [ɪ'rʌpt] *vi* entrar en erupción; *(MED)* hacer erupción; *(fig)* estallar; **~ion** [ɪ'rʌpʃən] *n* erupción *f*.

escalate ['eskəleɪt] *vi* extenderse, intensificarse.

escalation [eskə'leɪʃən] *n* escalamiento, intensificación *f*.

escalator ['eskəleɪtə*] *n* escalera móvil.

escapade [eskə'peɪd] *n* travesura.

escape [ɪ'skeɪp] *n (gen)* fuga; *(from duties)* escapatoria; *(from chase)* evasión *f* // *vi (gen)* escaparse; *(flee)* huir, evadirse; *(leak)* fugarse // *vt* evitar, eludir; *(consequences)* escapar a; **to ~ from** *(place)* escaparse de; *(person)* escaparse a; **escapism** *n* escapismo.

escort ['eskɔːt] *n* acompañante *m/f*; *(MIL)* escolta; *(NAUT)* convoy *m* // *vt* [ɪ'skɔːt] acompañar; *(MIL, NAUT)* escoltar.

Eskimo ['eskɪməu] *n* esquimal *m/f*.

especially [ɪ'speʃlɪ] *ad (gen)* especialmente; *(above all)* sobre todo; *(particularly)* en particular.

espionage [ˈespɪɔnɑːʒ] n espionaje m.

esplanade [esplɔˈneɪd] n (by sea) paseo marítimo.

espouse [ɪˈspauz] vt adherirse a.

Esquire [ɪˈskwaɪə] n (abbr Esq.): **J. Brown, ~ Sr. D. J. Brown.**

essay [ˈeseɪ] n (SCOL) ensayo.

essence [ˈesns] n esencia.

essential [ɪˈsenʃl] a (necessary) imprescindible; (basic) esencial; **~s** npl lo esencial sg; **~ly** ad esencialmente.

establish [ɪˈstæblɪʃ] vt establecer; (identity) verificar; (prove) demostrar; (relations) entablar; **~ment** n establecimiento; **the E~ment** la clase dirigente.

estate [ɪˈsteɪt] n (land) finca, hacienda; (property) propiedad f; (inheritance) herencia; (POL) estado; **~ agent** n (Brit) agente m/f inmobiliario/a; **~ car** n (Brit) furgoneta.

esteem [ɪˈstiːm] n: **to hold sb in high ~** estimar en mucho a uno // vt estimar.

esthetic [ɪsˈθetɪk] a (US) = **aesthetic.**

estimate [ˈestɪmət] n estimación f, apreciación f; (assessment) tasa, cálculo; (COMM) presupuesto // vt [-meɪt] estimar, tasar, calcular; **estimation** [-ˈmeɪʃən] n opinión f, juicio; (esteem) aprecio.

estranged [ɪˈstreɪndʒd] a separado.

estuary [ˈestjuərɪ] n estuario, ría.

etc abbr (= et cetera) etc.

etching [ˈetʃɪŋ] n aguafuerte m o f.

eternal [ɪˈtɜːnl] a eterno.

eternity [ɪˈtɜːnɪtɪ] n eternidad f.

ethical [ˈeθɪkl] a ético; (honest) honrado.

ethics [ˈeθɪks] n ética // npl moralidad fsg.

Ethiopia [iːˈθɪˈəupɪə] n Etiopia.

ethnic [ˈeθnɪk] a étnico.

ethos [ˈiːθɔs] n genio, carácter m.

etiquette [ˈetɪket] n etiqueta.

Eurocheque [ˈjuərəutʃek] n Eurocheque m.

Europe [ˈjuərəp] n Europa; **~an** [-ˈpiːən] a, n europeo/a m/f.

evacuate [ɪˈvækjueɪt] vt desocupar; **evacuation** [-ˈeɪʃən] n evacuación f.

evade [ɪˈveɪd] vt evadir, eludir.

evaluate [ɪˈvæljueɪt] vt evaluar; (value) tasar; (evidence) interpretar.

evangelist [ɪˈvændʒəlɪst] n (biblical) evangelista m; (preacher) evangelizador(a) m/f.

evaporate [ɪˈvæpəreɪt] vi evaporarse; (fig) desvanecerse // vt evaporar; **~d milk** n leche f evaporada.

evasion [ɪˈveɪʒən] n evasiva, evasión f.

eve [iːv] n: **on the ~** en vísperas de.

even [ˈiːvn] a (level) llano; (smooth) liso; (speed, temperature) uniforme; (number) par; (SPORT) igual(es) // ad hasta, incluso; **~ if, ~ though** aunque + subjun; **~ more** aun más; **~ so** aun así; **not ~** ni siquiera; **~ he was there** hasta él estuvo allí; **~ on Sundays** incluso los

domingos; **to get ~ with sb** ajustar cuentas con uno; **to ~ out** vi nivelarse.

evening [ˈiːvnɪŋ] n tarde f; (dusk) atardecer m; (night) noche f; **in the ~** por la tarde; **~ class** n clase f nocturna; **~ dress** n (man's) traje m de etiqueta; (woman's) traje m de noche.

event [ɪˈvent] n suceso, acontecimiento; (SPORT) prueba; **in the ~ of** en caso de; **~ful** a accidentado; (game etc) lleno de emoción.

eventual [ɪˈventʃuəl] a final; **~ity** [-ˈælɪtɪ] n eventualidad f; **~ly** ad (finally) finalmente.

ever [ˈevə] ad nunca, jamás; (at all times) siempre; **the best ~** lo nunca visto; **have you ~ seen it?** ¿lo ha visto usted alguna vez?; **better than ~** mejor que nunca; **~ since** ad desde entonces // conj después de que; **~green** n árbol m de hoja perenne; **~lasting** a eterno, perpetuo.

every [ˈevrɪ] a **1** (each) cada; **~ one of them** (persons) todos ellos/as; (objects) cada uno de ellos/as; **~ shop in the town was closed** todas las tiendas de la ciudad estaban cerradas

2 (all possible) todo/a; **I gave you ~ assistance** te di toda la ayuda posible; **I have ~ confidence in him** tiene toda mi confianza; **we wish you ~ success** te deseamos toda suerte de éxitos

3 (showing recurrence) todo/a; **~ day/week** todos los días/todas las semanas; **~ other car had been broken into** habían entrado en uno de cada dos coches; **she visits me ~ other/third day** me visita cada dos/tres días; **~ now and then de vez en cuando.

everybody [ˈevrɪbɔdɪ] pron = **everyone.**

everyone [ˈevrɪwʌn] pron todos/as, todo el mundo; **~ knows that** todo el mundo lo sabe; **~ has his own view** cada uno piensa de una manera.

everything [ˈevrɪθɪŋ] pron todo; **~'s ready** está todo listo; **~ you say is true** todo lo que dices es cierto; **this shop sells ~** esta tienda vende de todo.

everywhere [ˈevrɪweə] ad: **I've been looking for you ~** te he estado buscando por todas partes; **~ you go you meet...** en todas partes encuentras...

evict [ɪˈvɪkt] vt desahuciar; **~ion** [ɪˈvɪkʃən] n desahucio.

evidence [ˈevɪdəns] n (proof) prueba; (of witness) testimonio; (facts) datos mpl, hechos mpl; **to give ~** prestar declaración, dar testimonio.

evident [ˈevɪdənt] a evidente, manifiesto; **~ly** ad: **it is ~ly difficult** por lo visto es difícil.

evil [ˈiːvl] a malo; (influence) funesto; (smell) horrible // n mal m, maldad f.

evocative [ɪˈvɔkətɪv] a sugestivo, evocador(a).

evoke [ɪ'vəuk] vt evocar.

evolution [iːvə'luːʃən] n evolución f, desarrollo.

evolve [ɪ'vɒlv] vt desarrollar // vi evolucionar, desarrollarse.

ewe [juː] n oveja.

ex- [ɛks] pref ex.

exacerbate [ɛk'sæsəbeɪt] vt (pain, disease) exacerbar; (fig) empeorar.

exact [ɪg'zækt] a exacto // vt: **to ~ sth (from)** exigir algo (de); **~ing** a exigente; (conditions) arduo; **~ly** ad exactamente.

exaggerate [ɪg'zædʒəreɪt] vt, vi exagerar; **exaggeration** [-'reɪʃən] n exageración f.

exalted [ɪg'zɔːltɪd] a (position) exaltado; (elated) excitado.

exam [ɪg'zæm] n abbr (SCOL) = **examination**.

examination [ɪgzæmɪ'neɪʃən] n (gen) examen m; (LAW) interrogación f; (inquiry) investigación f.

examine [ɪg'zæmɪn] vt (gen) examinar; (inspect) inspeccionar, escudriñar; (SCOL, LAW: person) interrogar; (at customs: luggage) registrar; **~r** n inspector(a) m/f.

example [ɪg'zɑːmpl] n ejemplo; **for ~** por ejemplo.

exasperate [ɪg'zɑːspəreɪt] vt exasperar, irritar; **exasperation** [-ʃən] n exasperación f, irritación f.

excavate ['ɛkskəveɪt] vt excavar.

exceed [ɪk'siːd] vt exceder; (number) pasar de; (speed limit) sobrepasar; (limits) rebasar; (powers) excederse en; (hopes) superar; **~ingly** ad sumamente, sobremanera.

excel [ɪk'sɛl] vi sobresalir.

excellent ['ɛksələnt] a excelente.

except [ɪk'sɛpt] prep (also: **~ for**, **~ing**) excepto, salvo // vt exceptuar, excluir; **~ if/when** excepto si/cuando; **~ that** salvo que; **~ion** [ɪk'sɛpʃən] n excepción f; **to take ~ion to** ofenderse por; **~ional** [ɪk'sɛpʃənl] a excepcional.

excerpt ['ɛksəːpt] n extracto.

excess [ɪk'sɛs] n exceso; **~ baggage** n exceso de equipaje; **~ fare** n suplemento; **~ive** a excesivo.

exchange [ɪks'tʃeɪndʒ] n cambio; (of goods) canje m; (of ideas) intercambio; (also: telephone **~**) central f (telefónica) // vt: **to ~ (for)** cambiar (por); **~ rate** n tipo de cambio.

exchequer [ɪks'tʃɛkə*] n: **the ~** (Brit) la Hacienda del Fisco.

excise ['ɛksaɪz] n impuestos mpl sobre el comercio exterior.

excite [ɪk'saɪt] vt (stimulate) estimular; (anger) provocar; (move) entusiasmar; **~d** a: **to get ~d** emocionarse; **~ment** n emoción f; **exciting** a emocionante.

exclaim [ɪk'skleɪm] vi exclamar; **exclamation** [ɛksklə'meɪʃən] n exclamación f; **exclamation mark** n punto de admiración.

exclude [ɪk'skluːd] vt excluir; (except) exceptuar.

exclusive [ɪk'skluːsɪv] a exclusivo; (club, district) selecto; **~ of tax** excluyendo impuestos; **~ly** ad únicamente.

excommunicate [ɛkskə'mjuːnɪkeɪt] vt excomulgar.

excruciating [ɪk'skruːʃieɪtɪŋ] a (pain) agudísimo, atroz.

excursion [ɪk'skəːʃən] n excursión f.

excusable [ɪk'skjuːzəbl] a perdonable.

excuse [ɪk'skjuːs] n disculpa, excusa; (evasion) pretexto // vt [ɪk'skjuːz] disculpar, perdonar; **to ~ sb from doing sth** dispensar a uno de hacer algo; **~ me!** ¡perdón!; **if you will ~ me** con su permiso.

ex-directory ['ɛksdɪ'rɛktərɪ] a (Brit) que no consta en la guía.

execute ['ɛksɪkjuːt] vt (plan) realizar; (order) cumplir; (person) ajusticiar, ejecutar; **execution** [-'kjuːʃən] n realización f; cumplimiento; ejecución f; **executioner** [-'kjuːʃənə*] n verdugo.

executive [ɪg'zɛkjutɪv] n (COMM) ejecutivo; (POL) poder m ejecutivo // a ejecutivo.

executor [ɪg'zɛkjutə*] n albacea m, testamentario.

exemplify [ɪg'zɛmplɪfaɪ] vt ejemplificar.

exempt [ɪg'zɛmpt] a: **~ from** exento de // vt: **to ~ sb from** eximir a uno de; **~ion** [-ʃən] n exención f; (immunity) inmunidad f.

exercise ['ɛksəsaɪz] n ejercicio // vt ejercer; (right) valerse de; (dog) llevar de paseo // vi hacer ejercicio(s); **~ book** n cuaderno.

exert [ɪg'zəːt] vt ejercer; **to ~ o.s.** esforzarse; **~ion** [-ʃən] n esfuerzo.

exhale [ɛks'heɪl] vt despedir // vi exhalar.

exhaust [ɪg'zɔːst] n (pipe) escape m; (fumes) gases mpl de escape // vt agotar; **~ed** a agotado; **~ion** [ɪg'zɔːstʃən] n agotamiento; **nervous ~ion** postración f nerviosa; **~ive** a exhaustivo.

exhibit [ɪg'zɪbɪt] n (ART) obra expuesta; (LAW) objeto expuesto // vt (show: emotions) manifestar; (:courage, skill) demostrar; (paintings) exponer; **~ion** [ɛksɪ'bɪʃən] n exposición f.

exhilarating [ɪg'zɪləreɪtɪŋ] a estimulante, tónico.

exile ['ɛksaɪl] n exilio; (person) exiliado/a // vt desterrar, exiliar.

exist [ɪg'zɪst] vi existir; **~ence** n existencia; **~ing** a existente, actual.

exit ['ɛksɪt] n salida // vi (THEATRE) hacer mutis; (COMPUT) salir (al sistema); **~ ramp** n (US AUT) vía de acceso.

exodus ['ɛksədəs] n éxodo.

exonerate [ɪg'zɒnəreɪt] vt: **to ~ from** exculpar de.

exotic [ɪg'zɒtɪk] a exótico.

expand [ɪk'spænd] vt ampliar; (number) aumentar // vi (trade etc) expandirse; (gas, metal) dilatarse.

expanse [ɪk'spæns] n extensión f.

expansion [ɪk'spænʃən] n ampliación f; aumento; (of trade) expansión f.

expect [ɪk'spɛkt] vt (gen) esperar; (count on) contar con; (suppose) suponer // vi: **to be ~ing** estar encinta; **~ancy** n (anticipation) esperanza; **life ~ancy** esperanza de vida; **~ant mother** n mujer f encinta; **~ation** [ɛkspɛk'teɪʃən] n esperanza, expectativa.

expedience [ɪk'spiːdɪəns], **expediency** [ɪk'spiːdɪənsɪ] n conveniencia.

expedient [ɪk'spiːdɪənt] a conveniente, oportuno // n recurso, expediente m.

expedition [ɛkspə'dɪʃən] n expedición f.

expel [ɪk'spɛl] vt arrojar; (SCOL) expulsar.

expend [ɪk'spɛnd] vt gastar; (use up) consumir; **~able** a prescindible; **~iture** n gastos mpl, desembolso.

expense [ɪk'spɛns] n gasto, gastos mpl; (high cost) costa; **~s** npl (COMM) gastos mpl; **at the ~ of** a costa de; **~ account** n cuenta de gastos.

expensive [ɪk'spɛnsɪv] a caro, costoso.

experience [ɪk'spɪərɪəns] n experiencia // vt experimentar; (suffer) sufrir; **~d** a experimentado.

experiment [ɪk'spɛrɪmənt] n experimento // vi hacer experimentos; **~al** [-'mɛntl] a experimental.

expert ['ɛkspəːt] a experto, perito // n experto/a, perito/a; (specialist) especialista m/f; **~ise** [-'tiːz] n pericia.

expire [ɪk'spaɪə*] vi (gen) caducar, vencerse; **expiry** n vencimiento.

explain [ɪk'spleɪn] vt explicar; (mystery) aclarar; **explanation** [ɛksplə'neɪʃən] n explicación f; aclaración f; **explanatory** [ɪk'splænətrɪ] a explicativo; aclaratorio.

explicit [ɪk'splɪsɪt] a explícito.

explode [ɪk'spləud] vi estallar, explotar; (with anger) reventar // vt volar, explotar.

exploit ['ɛksplɔɪt] n hazaña // vt [ɪk'splɔɪt] explotar; **~ation** [-'teɪʃən] n explotación f.

exploratory [ɪk'splɔrətrɪ] a (fig: talks) exploratorio, preliminar.

explore [ɪk'splɔː*] vt explorar; (fig) examinar, sondear; **~r** n explorador(a) m/f.

explosion [ɪk'spləuʒən] n explosión f.

explosive [ɪks'pləusɪv] a, n explosivo.

exponent [ɪk'spəunənt] n partidario/a, intérprete m/f.

export [ɛk'spɔːt] vt exportar // n ['ɛkspɔːt] exportación f // cpd de exportación; **~er** n exportador m.

expose [ɪk'spəuz] vt exponer; (unmask)

desenmascarar; **~d** a expuesto.

exposure [ɪk'spəuʒə*] n exposición f; (PHOT: speed) velocidad f de obturación (: shot) fotografía; **to die from ~** (MED) morir de frío; **~ meter** n fotómetro.

expound [ɪk'spaund] vt exponer.

express [ɪk'sprɛs] a (definite) expreso, explícito; (Brit: letter etc) urgente // n (train) rápido // ad (send) por correo extraordinario // vt expresar; **~ion** [ɪk'sprɛʃən] n expresión f; **~ly** ad expresamente; **~way** n (US: urban motorway) autopista.

exquisite [ɛk'skwɪzɪt] a exquisito.

extend [ɪk'stɛnd] vt (visit, street) prolongar; (building) ensanchar; (thanks, friendship etc) extender // vi (land) extenderse.

extension [ɪk'stɛnʃən] n extensión f; (building) ampliación f; (TEL: line) línea derivada; (: telephone) extensión f; (of deadline) prórroga.

extensive [ɪk'stɛnsɪv] a (gen) extenso; (damage) importante; (knowledge) amplio; **~ly** ad: **he's travelled ~ly** ha viajado por muchos países.

extent [ɪk'stɛnt] n (breadth) extensión f; (scope) alcance m; **to some ~** hasta cierto punto; **to the ~ of...** hasta el punto de...; **to such an ~ that...** hasta tal punto que...; **to what ~?** ¿hasta qué punto?

extenuating [ɪk'stɛnjueɪtɪŋ] a: **~ circumstances** circunstancias fpl atenuantes.

exterior [ɛk'stɪərɪə*] a exterior, externo // n exterior m.

exterminate [ɪk'stəːmɪneɪt] vt exterminar; **extermination** [-'neɪʃən] n exterminación f.

external [ɛk'stəːnl] a externo, exterior; **~ly** ad por fuera.

extinct [ɪk'stɪŋkt] a (volcano) extinguido; (race) extinto.

extinguish [ɪk'stɪŋgwɪʃ] vt extinguir, apagar; **~er** n extintor m.

extort [ɪk'stɔːt] vt: **to ~ sth from sb** sacar algo de uno a la fuerza; **~ion** [ɪk'stɔːʃən] n exacción f; **~ionate** [ɪk'stɔːʃnət] a excesivo, exorbitante.

extra ['ɛkstrə] a adicional // ad (in addition) de más // n (addition) extra m, suplemento; (THEATRE) extra m/f, comparsa m/f; (newspaper) edición f extraordinaria.

extra... ['ɛkstrə] pref extra... .

extract [ɪk'strækt] vt sacar; (tooth) extraer; (confession) arrancar, obtener // n ['ɛkstrækt] extracto.

extracurricular [ɛkstrəkə'rɪkjulə*] a extraescolar, extra-académico.

extradite ['ɛkstrədaɪt] vt extraditar.

extramarital [ɛkstrə'mærɪtl] a extramatrimonial.

extramural [ɛkstrə'mjuərl] a extraescolar.

extraordinary [ɪk'strɔːdnrɪ] a extraordinario; (*odd*) raro.

extravagance [ık'strævəgəns] *n* prodigalidad *f*; derroche *m*; (*thing bought*) extravagancia.

extravagant [ık'strævəgənt] *a* (*lavish*) pródigo; (*wasteful*) derrochador(a); (*price*) exorbitante.

extreme [ık'striːm] *a* extremo; (*poverty etc*) extremado; (*case*) excepcional // *n* extremo, extremidad *f*; **~ly** *ad* sumamente, extremadamente; **extremist** *a*, *n* extremista *m/f*.

extremity [ık'stremətɪ] *n* extremidad *f*, punta; (*need*) apuro, necesidad *f*.

extricate ['ekstrɪkeɪt] *vt*: to ~ o.s. from librarse de.

extrovert ['ekstrəvəːt] *a*, *n* extrovertido/a.

exuberant [ıg'zjuːbərnt] *a* (*person*) eufórico; (*style*) exuberante.

exude [ıg'zjuːd] *vt* rezumar, sudar.

exult [ıg'zʌlt] *vi* regocijarse.

eye [aı] *n* ojo *m* // *vt* mirar de soslayo, ojear; to keep an ~ on vigilar; **~ball** *n* globo del ojo; **~bath** *n* ojera; **~brow** *n* ceja; **~brow pencil** *n* lápiz *m* de cejas; **~drops** *npl* gotas *fpl* para los ojos; **~lash** *n* pestaña; **~lid** *n* párpado; **~liner** *n* lápiz *m* de ojos; **~opener** *n* revelación *f*, gran sorpresa; **~shadow** *n* sombreador *m* de ojos; **~sight** *n* vista; **~sore** *n* monstruosidad *f*; **~ witness** *n* testigo *m/f* presencial.

F

F [ɛf] *n* (*MUS*) fa *m*.
F. *abbr* = **Fahrenheit**.
fable ['feıbl] *n* fábula.
fabric ['fæbrık] *n* tejido, tela.
fabrication [fæbrı'keıʃən] *n* invención *f*.
fabulous ['fæbjuləs] *a* fabuloso.
façade [fə'sɑːd] *n* fachada.
face [feıs] *n* (*ANAT*) cara, rostro; (*of clock*) esfera, cara (*LAm*); (*side, surface*) superficie *f* // *vt* (*subj: person*) encararse con; (: *building*) dar a; ~ **down** (*person, card*) boca abajo; to lose ~ desprestigiarse; to make or pull a ~ hacer muecas; in the ~ of (*difficulties etc*) ante; on the ~ of it a primera vista; ~ to ~ cara a cara; to ~ up to *vt fus* hacer frente a, arrostrar; ~ **cloth** *n* (*Brit*) manopla; ~ **cream** *n* crema (de belleza); ~ **lift** *n* estirado facial; ~ **powder** *n* polvos *mpl*; **~-saving** *a* para salvar las apariencias.
facetious [fə'siːʃəs] *a* chistoso.
face value *n* (*of stamp*) valor *m* nominal; to take sth at ~ (*fig*) tomar algo en sentido literal.
facile ['fæsaıl] *a* superficial.
facilities [fə'sılıtız] *npl* facilidades *fpl*; **credit** ~ facilidades de crédito.

facing ['feısıŋ] *prep* frente a // *a* de enfrente.
facsimile [fæk'sımılı] *n* (*document*) facsímil(e) *m*; (*machine*) telefax *m*.
fact [fækt] *n* hecho; in ~ en realidad.
factor ['fæktə*] *n* factor *m*.
factory ['fæktərı] *n* fábrica.
factual ['fæktjuəl] *a* basado en los hechos.
faculty ['fækəltı] *n* facultad *f*; (*US: teaching staff*) personal *m* docente.
fad [fæd] *n* novedad *f*, moda.
fade [feıd] *vi* desteñirse; (*sound, hope*) desvanecerse; (*light*) apagarse; (*flower*) marchitarse.
fag [fæg] *n* (*Brit: col: cigarette*) pitillo (*Sp*), cigarro; (*US: pej: homosexual*) maricón *m*.
fail [feıl] *vt* (*candidate*) suspender; (*exam*) no aprobar (*Sp*), reprobar (*LAm*); (*subj: memory etc*) fallar a // *vi* suspender; (*be unsuccessful*) fracasar; (*strength, engine*) fallar; to ~ to do sth (*neglect*) dejar de hacer algo; (*be unable*) no poder hacer algo; without ~ sin falta; **~ing** *n* falta, defecto // *prep* a falta de; **~ure** ['feıljə*] *n* fracaso; (*person*) fracasado/a; (*mechanical etc*) fallo.
faint [feınt] *a* débil; (*recollection*) vago; (*mark*) apenas visible // *n* desmayo // *vi* desmayarse; to feel ~ estar mareado, marearse.
fair [feə*] *a* justo; (*hair, person*) rubio; (*weather*) bueno; (*good enough*) regular; (*sizeable*) considerable // *ad* (*play*) limpio // *n* feria; (*Brit: funfair*) parque *m* de atracciones; **~ly** *ad* (*justly*) con justicia; (*equally*) equitativamente; (*quite*) bastante; **~ness** *n* justicia; (*impartiality*) imparcialidad *f*; ~ **play** *n* juego limpio.
fairy ['feərı] *n* hada; ~ **tale** *n* cuento de hadas.
faith [feıθ] *n* fe *f*; (*trust*) confianza; (*sect*) religión *f*; **~ful** *a* fiel; **~fully** *ad* fielmente; yours **~fully** (*Brit: in letters*) le saluda atentamente.
fake [feık] *n* (*painting etc*) falsificación *f*; (*person*) impostor(a) *m/f* // *a* falso // *vt* fingir; (*painting etc*) falsificar.
falcon ['fɔːlkən] *n* halcón *m*.
fall [fɔːl] *n* caída; (*US*) otoño // *vi* (*pt* **fell**, *pp* **fallen** ['fɔːlən]) caer(se); (*price*) bajar; ~s *npl* (*waterfall*) cascada *sg*, salto *sg* de agua; to ~ **flat** *vi* (*on one's face*) caerse (boca abajo); (*joke, story*) no hacer gracia; to ~ **back** *vi* retroceder; to ~ **back on** *vt fus* (*remedy etc*) recurrir a; to ~ **behind** *vi* quedarse atrás; to ~ **down** *vi* (*person*) caerse; (*building, hopes*) derrumbarse; to ~ **for** *vt fus* (*trick*) dejarse engañar por; (*person*) enamorarse de; to ~ **in** *vi* (*roof*) hundirse; (*MIL*) alinearse; to ~ **off** *vi* caerse; (*diminish*) disminuir; to ~ **out** *vi* (*friends etc*) reñir; (*MIL*) romper filas;

to ~ through vi (plan, project) fracasar.

fallacy ['fæləsɪ] n error m.

fallen [fɔ:lən] pp of **fall**.

fallout ['fɔ:laut] n lluvia radioactiva; **~ shelter** n refugio antiatómico.

fallow ['fæləu] a en barbecho.

false [fɔ:ls] a (gen) falso; (hair, teeth etc) postizo; (disloyal) desleal, traidor(a); **under ~ pretences** con engaños; **~ alarm** n falsa alarma; **~ teeth** npl (Brit) dentadura sg postiza.

falter ['fɔ:ltə*] vi vacilar.

fame [feɪm] n fama.

familiar [fə'mɪlɪə*] a familiar; (well-known) conocido; (tone) de confianza; **to be ~ with** (subject) estar enterado de; **~ity** [fəmɪlɪ'ærɪtɪ] n familiaridad f.

family ['fæmɪlɪ] n familia; **~ business** n negocio familiar; **~ doctor** n médico/a de cabecera.

famine ['fæmɪn] n hambruna.

famished ['fæmɪʃt] a hambriento.

famous ['feɪməs] a famoso, célebre; **~ly** ad (get on) estupendamente.

fan [fæn] n abanico; (ELEC) ventilador m; (person) aficionado/a // vt abanicar; (fire, quarrel) atizar; **to ~ out** vi desparramarse.

fanatic [fə'nætɪk] n fanático/a.

fan belt n correa de ventilador.

fanciful ['fænsɪful] a (gen) fantástico; (imaginary) fantasioso.

fancy ['fænsɪ] n (whim) capricho, antojo; (imagination) imaginación f // a (luxury) de lujo; (price) exorbitado // vt (feel like, want) tener ganas de; (imagine) imaginarse; **to take a ~ to sb** tomar cariño a uno; **he fancies her** le gusta (ella) mucho; **~ dress** n disfraz m; **~-dress ball** n baile m de disfraces.

fanfare ['fænfɛə*] n fanfarria (de trompeta).

fang [fæŋ] n colmillo.

fantastic [fæn'tæstɪk] a fantástico.

fantasy ['fæntəzɪ] n fantasía.

far [fɑ:*] a (distant) lejano // ad lejos; **~ away, ~ off** (a lo) lejos; **~ better** mucho mejor; **~ from** lejos de; **by ~** con mucho; **go as ~ as the farm** vaya hasta la granja; **as ~ as I know** que yo sepa; **how ~?** ¿hasta dónde?; (fig) ¿hasta qué punto?; **~away** a remoto.

farce [fɑ:s] n farsa; **farcical** a absurdo.

fare [fɛə*] n (on trains, buses) precio (del billete); (in taxi: cost) tarifa; (: passenger) pasajero/a; (food) comida; **half/full ~** medio pasaje/pasaje m completo.

Far East n: **the ~** el Extremo Oriente.

farewell [fɛə'wɛl] excl, n adiós m.

farm [fɑ:m] n granja, finca (LAm), estancia (LAm) // vt cultivar; **~er** n granjero, estanciero (LAm); **~hand** n peón m; **~house** n granja, casa de hacienda

(LAm); **~ing** n (gen) agricultura; (tilling) cultivo; **~land** n tierra de cultivo; **~ worker** n = **~hand**; **~yard** n corral m.

far-reaching [fɑ:'ri:tʃɪŋ] a (reform, effect) de gran alcance.

fart [fɑ:t] (col!) n pedo(!) // vi tirarse un pedo(!)

farther ['fɑ:ðə*] ad más lejos, más allá // a más lejano.

farthest ['fɑ:ðɪst] superlative of **far**.

fascinate ['fæsɪneɪt] vt fascinar; **fascinating** a fascinante; **fascination** [-'neɪʃən] n fascinación f.

fascism ['fæʃɪzəm] n fascismo.

fashion ['fæʃən] n moda; (manner) manera // vt formar; **in ~** a la moda; **out of ~** pasado de moda; **~able** a de moda; **~ show** n desfile m de modelos.

fast [fɑ:st] a rápido; (dye, colour) sólido; (clock): **to be ~** estar adelantado // ad rápidamente, de prisa; (stuck, held) firmemente // n ayuno // vi ayunar; **~ asleep** profundamente dormido.

fasten ['fɑ:sn] vt asegurar, sujetar; (coat, belt) abrochar // vi cerrarse; **~er, ~ing** n cierre m; (of door etc) cerrojo.

fast food n comida rápida, platos mpl preparados.

fastidious [fæs'tɪdɪəs] a (fussy) delicado; (demanding) exigente.

fat [fæt] a gordo; (meat) con mucha grasa; (greasy) grasiento // n grasa; (on person) carnes fpl; (lard) manteca.

fatal ['feɪtl] a (mistake) fatal; (injury) mortal; (consequence) funesto; **~ism** n fatalismo; **~ity** [fə'tælɪtɪ] n (road death etc) víctima f; **~ly** ad: **~ly injured** herido a muerte.

fate [feɪt] n destino; **~ful** a fatídico.

father ['fɑ:ðə*] n padre m; **~-in-law** n suegro; **~ly** a paternal.

fathom ['fæðəm] n braza // vt (mystery) desentrañar; (understand) lograr comprender.

fatigue [fə'ti:g] n fatiga, cansancio.

fatten ['fætn] vt, vi engordar.

fatty ['fætɪ] a (food) graso // n (fam) gordito/a, gordinflón/ona m/f.

fatuous ['fætjuəs] a fatuo, necio.

faucet ['fɔ:sɪt] n (US) grifo, llave f (LAm).

fault [fɔ:lt] n (blame) culpa; (defect: in character) defecto; (in manufacture) desperfecto; (GEO) falla // vt criticar; **it's my ~** es culpa mía; **to find ~ with** criticar, poner peros a; **at ~** culpable; **~less** a (action) intachable; (person) sin defectos; **~y** a defectuoso.

fauna ['fɔ:nə] n fauna.

faux pas [fəu'pɑ:] n plancha.

favour, (US) **favor** ['feɪvə*] n favor m; (approval) aprobación f // vt (proposition) estar a favor de, aprobar; (person etc) favorecer; (assist) ser propicio a;

to ask a ~ of pedir un favor a; to do sb
a ~ hacer un favor a uno; to find ~ with
caer en gracia de; in ~ of a favor de;
~**able** a favorable; ~**ite** [-rɪt] a, n favorito, preferido; ~**itism** n favoritismo.
fawn [fɔːn] n cervato // a (also: ~
coloured) color de cervato, leonado // vi:
to ~ (up)on adular.
fax [fæks] n (document) facsímil(e) m;
(machine) telefax m // vt mandar por
telefax.
FBI n abbr (US: = Federal Bureau of Investigation) ≈ BIC f (Sp).
fear [fɪə*] n miedo, temor m // vt temer;
for ~ of por temor a; ~**ful** a temeroso,
miedoso; (awful) terrible.
feasible ['fiːzəbl] a factible.
feast [fiːst] n banquete m; (REL: also: ~
day) fiesta // vi banquetear.
feat [fiːt] n hazaña.
feather ['feðə*] n pluma.
feature ['fiːtʃə*] n (gen) característica;
(ANAT) rasgo; (article) artículo de fondo
// vt (subj: film) presentar // vi figurar;
~s npl (of face) facciones fpl; ~ **film** n
largometraje m.
February ['februəri] n febrero.
fed [fed] pt, pp of **feed**.
federal ['fedərəl] a federal.
fed-up [fed'ʌp] a: to be ~ (with) estar
harto (de).
fee [fiː] n (professional) derechos mpl, ho-
norarios mpl; (of school) matrícula; (of
club) cuota.
feeble ['fiːbl] a débil.
feed [fiːd] n (gen, of baby) comida; (of
animal) pienso; (on printer) dispositivo
de alimentación // vt (pt, pp fed) (gen)
alimentar; (Brit: baby: breastfeed) dar
el pecho a; (animal) dar de comer a;
(data, information): to ~ into meter en;
to ~ on vt fus alimentarse de; ~**back**
n reacción f, feedback m; ~**ing bottle**
n (Brit) biberón m.
feel [fiːl] n (sensation) sensación f; (sense
of touch) tacto // vt (pt, pp felt) tocar;
(cold, pain etc) sentir; (think, believe)
creer; to ~ hungry/cold tener hambre/
frío; to ~ lonely/better sentirse solo/
mejor; I don't ~ well no me siento bien;
it ~s soft es suave al tacto; to ~ like
(want) tener ganas de; to ~ about or
around vi tantear; ~**er** n (of insect)
antena; to put out ~ers (fig) sondear;
~**ing** n (physical) sensación f; (foreboding) presentimiento; (emotion) sentimiento.
feet [fiːt] pl of **foot**.
feign [feɪn] vt fingir.
fell [fel] pt of **fall** // vt (tree) talar.
fellow ['feləʊ] n tipo, tío (Sp); (of
learned society) socio/a // cpd: ~ **stu-
dents** compañeros/as m/fpl de curso,
condiscípulos/as m/fpl; ~ **citizen** n
conciudadano/a; ~ **countryman** n com-

patriota m; ~ **men** npl semejantes
mpl; ~**ship** n compañerismo; (grant)
beca; ~ **student** n compañero/a de curso.
felony ['feləni] n crimen m.
felt [felt] pt, pp of **feel** // n fieltro; ~-**tip
pen** n rotulador m.
female ['fiːmeɪl] n (woman) mujer f;
(ZOOL) hembra // a femenino.
feminine ['femɪnɪn] a femenino.
feminist ['femɪnɪst] n feminista.
fence [fens] n valla, cerca // vt (also: ~
in) cercar // vi (SPORT) hacer esgrima;
fencing n esgrima.
fend [fend] vt: to ~ for o.s. valerse por sí
mismo; to ~ **off** vt (attack) rechazar.
fender ['fendə*] n guardafuego; (US:
AUT) parachoques m inv; (: RAIL) trompa.
ferment [fə'ment] vi fermentar // n
['fɔːment] (fig) agitación f.
fern [fɔːn] n helecho.
ferocious [fə'rəʊʃəs] a feroz; **ferocity**
[-'rɒsɪtɪ] n ferocidad f.
ferret ['ferɪt] n hurón m // vt: to ~ **out**
desentrañar.
ferry ['feri] n (small) barca (de pasaje),
balsa; (large: also: ~**boat**) transbordador m (Sp), embarcadero (LAm) // vt
transportar.
fertile ['fɔːtaɪl] a fértil; (BIOL) fecundo;
fertility [fə'tɪlɪtɪ] n fertilidad f; fecundi-
dad f; **fertilize** ['fɔːtɪlaɪz] vt (BIOL) fecundar; (AGR) abonar; **fertilizer** n
abono.
fervent ['fɔːvənt] a (admirer) entusiasta;
(hope) ferviente.
fervour ['fɔːvə*] n fervor m, ardor m.
fester ['festə*] vi ulcerarse.
festival ['festɪvəl] n (REL) fiesta; (ART,
MUS) festival m.
festive ['festɪv] a festivo; the ~ **season**
(Brit: Christmas) las Navidades.
festivities [fes'tɪvɪtɪz] npl fiestas fpl.
festoon [fes'tuːn] vt: to ~ **with** engalanar
de.
fetch [fetʃ] vt ir a buscar; (sell for) venderse por.
fetching ['fetʃɪŋ] a atractivo.
fête [feɪt] n fiesta.
fetus ['fiːtəs] n (US) = **foetus**.
feud [fjuːd] n (hostility) enemistad f;
(quarrel) disputa.
feudal ['fjuːdl] a feudal.
fever ['fiːvə*] n fiebre f; ~**ish** a febril.
few [fjuː] a (not many) pocos; (some) algunos, unos; a ~ a unos pocos // pron algunos, unos; ~**er** a menos; ~**est** a los/las menos.
fiancé [fɪ'ɑ̃ːŋseɪ] n novio, prometido; ~**e**
n novia, prometida.
fib [fɪb] n mentirilla // vi decir mentiri-
llas.
fibre, (US) **fiber** ['faɪbə*] n fibra; ~-
glass n fibra de vidrio.

fickle ['fɪkl] *a* inconstante.

fiction ['fɪkʃən] *n* (*gen*) ficción *f*; ~**al** *a* novelesco; **fictitious** [fɪk'tɪʃəs] *a* ficticio.

fiddle ['fɪdl] *n* (*MUS*) violín *m*; (*cheating*) trampa // *vt* (*Brit: accounts*) falsificar; **to ~ with** *vt fus* j igar con.

fidelity [fɪ'delɪtɪ] *n* fidelidad *f*.

fidget ['fɪdʒɪt] *vi* inquietarse.

field [fiːld] *n* campo; (*fig*) campo, esfera; (*SPORT*) campo, cancha (*LAm*); (*competitors*) competidores *mpl*; ~ **marshal** *n* mariscal *m*; ~**work** *n* trabajo de campo.

fiend [fiːnd] *n* demonio; ~**ish** *a* diabólico.

fierce [fɪəs] *a* feroz; (*wind, attack*) violento; (*heat*) intenso; (*fighting, enemy*) encarnizado.

fiery ['faɪərɪ] *a* (*burning*) ardiente; (*temperament*) apasionado.

fifteen [fɪf'tiːn] *num* quince.

fifth [fɪfθ] *a, n* quinto.

fifty ['fɪftɪ] *num* cincuenta; ~-~ *a*: a ~-~ chance *n* cincuenta por ciento de posibilidades // *ad* a medias, mitad por mitad.

fig [fɪg] *n* higo.

fight [faɪt] *n* (*gen*) pelea; (*MIL*) combate *m*; (*struggle*) lucha // (*vb: pt, pp* **fought**) *vt* luchar contra; (*cancer, alcoholism*) combatir // *vi* pelear, luchar; ~**er** *n* combatiente *m/f*; (*fig*) luchador(a) *m/f*; (*plane*) caza *m*; ~**ing** *n* combate *m*.

figment ['fɪgmənt] *n*: a ~ **of the imagination** una quimera.

figurative ['fɪgjurətɪv] *a* (*meaning*) figurado.

figure ['fɪgə*] *n* (*DRAWING, GEOM*) figura, dibujo; (*number, cipher*) cifra; (*body, outline*) talle *m*, tipo // *vt* (*esp US*) imaginar // *vi* (*appear*) figurar; (*US: make sense*) ser lógico; **to ~ out** *vt* (*understand*) comprender; ~**head** *n* (*fig*) testaferro; ~ **of speech** *n* figura retórica.

filch [fɪltʃ] *vt* (*col: steal*) hurtar, robar.

file [faɪl] *n* (*tool*) lima; (*dossier*) expediente *m*; (*folder*) carpeta; (*COMPUT*) fichero; (*row*) fila // *vt* limar; (*papers*) clasificar; (*LAW: claim*) presentar; (*store*) archivar; **to ~ in/out** *vi* entrar/salir en fila; **to ~ past** *vt fus* desfilar ante; **filing** *n*: **to do the filing** llevar los archivos; **filing cabinet** *n* fichero, archivo.

fill [fɪl] *vt* llenar // *n*: **to eat one's ~** llenarse; **to ~ in** *vt* rellenar; **to ~ up** *vt* llenar (hasta el borde) // *vi* (*AUT*) poner gasolina.

fillet ['fɪlɪt] *n* filete *m*; ~ **steak** *n* filete *m* de ternera.

filling ['fɪlɪŋ] *n* (*CULIN*) relleno; (*for tooth*) empaste *m*; ~ **station** *n* estación *f* de servicio.

film [fɪlm] *n* película // *vt* (*scene*) filmar // *vi* rodar (una película); ~ **star** *n* astro,

estrella de cine; ~**strip** *n* tira de película.

filter ['fɪltə*] *n* filtro // *vt* filtrar; ~ **lane** *n* (*Brit*) carril *m* de selección; ~**-tipped** *a* con filtro.

filth [fɪlθ] *n* suciedad *f*; ~**y** *a* sucio; (*language*) obsceno.

fin [fɪn] *n* (*gen*) aleta.

final ['faɪnl] *a* (*last*) final, último; (*definitive*) definitivo, terminante // *n* (*Brit: SPORT*) final *f*; ~**s** *npl* (*SCOL*) examen *m* de fin de curso; (*US: SPORT*) final *f*.

finale [fɪ'nɑːlɪ] *n* final *m*.

final: ~**ist** *n* (*SPORT*) finalista *m/f*; ~**ize** *vt* concluir, completar; ~**ly** *ad* (*lastly*) por último, finalmente; (*eventually*) por fin.

finance [faɪ'næns] *n* (*money*) fondos *mpl*; ~**s** *npl* finanzas *fpl* // *vt* financiar; **financial** [-'nænʃəl] *a* financiero; **financier** *n* financiero/a.

find [faɪnd] *vt* (*pt, pp* **found**) (*gen*) encontrar, hallar; (*come upon*) descubrir // *n* hallazgo; descubrimiento; **to ~ sb guilty** (*LAW*) declarar culpable a uno; **to ~ out** *vt* averiguar; (*truth, secret*) descubrir; **to ~ out about** enterarse de; ~**ings** *npl* (*LAW*) veredicto *sg*, fallo *sg*; (*of report*) recomendaciones *fpl*.

fine [faɪn] *a* (*delicate*) fino; (*beautiful*) hermoso // *ad* (*well*) bien // *n* (*LAW*) multa // *vt* (*LAW*) multar; **the weather is ~** hace buen tiempo; ~ **arts** *npl* bellas artes *fpl*.

finery ['faɪnərɪ] *n* adornos *mpl*.

finesse [fɪ'nes] *n* sutileza.

finger ['fɪŋgə*] *n* dedo // *vt* (*touch*) manosear; (*MUS*) puntear; **little/index ~** (dedo) meñique *m*/índice *m*; ~**nail** *n* uña; ~**print** *n* huella dactilar; ~**tip** *n* yema del dedo.

finicky ['fɪnɪkɪ] *a* (*fussy*) delicado.

finish ['fɪnɪʃ] *n* (*end*) fin *m*; (*SPORT*) meta; (*polish etc*) acabado // *vt, vi* terminar; **to ~ doing sth** acabar de hacer algo; **to ~ third** llegar el tercero; **to ~ off** *vt* acabar, terminar; (*kill*) acabar con; **to ~ up** *vt* acabar, terminar // *vi* ir a parar, terminar; ~**ing line** *n* línea de llegada *or* meta; ~**ing school** *n* academia para señoritas.

finite ['faɪnaɪt] *a* finito; (*verb*) conjugado.

Finland ['fɪnlənd] *n* Finlandia.

Finn [fɪn] *n* finlandés/esa *m/f*; ~**ish** *a* finlandés/esa // *n* (*LING*) finlandés *m*.

fir [fəː*] *n* abeto.

fire ['faɪə*] *n* (*gen*) fuego; (*accidental*) incendio // *vt* (*gun*) disparar; (*set fire to*) incendiar; (*excite*) exaltar; (*interest*) despertar; (*dismiss*) despedir // *vi* encenderse; **on ~** ardiendo, en llamas; ~ **alarm** *n* alarma de incendios; ~**arm** *n* arma de fuego; ~ **brigade**, (*US*) ~ **department** *n* (cuerpo de) bomberos *mpl*; ~ **engine** *n* coche *m* de bomberos;

~ escape n escalera de incendios; **~ extinguisher** n extintor m (de fuego); **~man** n bombero; **~place** n chimenea; **~side** n: **by the ~** al lado de la chimenea; **~ station** n parque m de bomberos; **~wood** n leña; **~works** npl fuegos mpl artificiales.

firing ['faɪərɪŋ] n (MIL) disparos mpl, tiroteo; **~ squad** n pelotón m de ejecución.

firm [fəːm] a firme // n firma, empresa; **~ly** ad firmemente; **~ness** n firmeza.

first [fəːst] a primero // ad (before others) primero/a; (when listing reasons etc) en primer lugar, primeramente // n (person: in race) primero/a; (AUT) primera; **at ~** al principio; **~ of all** ante todo; **~ aid** n primera ayuda, primeros auxilios mpl; **~-aid kit** n botiquín m; **~-class** a de primera clase; **~-hand** a de primera mano; **F~ Lady** n (esp US) primera dama; **~ly** ad en primer lugar; **~ name** n nombre m de pila; **~-rate** a de primera clase.

fish [fɪʃ] n, pl inv pez m; (food) pescado // vt, vi pescar; **to go ~ing** ir de pesca; **~erman** n pescador m; **~ farm** n criadero de peces; **~ fingers** npl (Brit) croquetas fpl de pescado; **~ing boat** n barca de pesca; **~ing line** n sedal m; **~ing rod** n caña (de pescar); **~ing tackle** n aparejo (de pescar); **~ market** n mercado de pescado; **~monger** n (Brit) pescadero; **~monger's (shop)** n (Brit) pescadería; **~ sticks** npl (US) = **~ fingers; ~seller** n (US) = **fishmonger; ~y** a (fig) sospechoso; **~store** n (US) = **fishmonger's.**

fist [fɪst] n puño.

fit [fɪt] a (MED, SPORT) en (buena) forma; (proper) adecuado, apropiado // vt (subj: clothes) sentar bien a; (try on: clothes) probar; (facts) cuadrar or corresponder con; (accommodate) ajustar, adaptar // vi (clothes) entallar; (in space, gap) caber; (facts) coincidir // n (MED) ataque m; **~ to apto para; ~ for** apropiado para; **a ~ of anger/pride** un arranque de cólera/orgullo; **this dress is a good ~** este vestido me sienta bien; by **~s and starts** a rachas; **to ~ in** vi (gen) encajarse; (fig: person) llevarse bien (con todos); **to ~ out** (Brit: also: **~ up**) vt equipar; **~ful** a espasmódico, intermitente; **~ment** n módulo adosable; **~ness** n (MED) salud f; (of remark) conveniencia; **~ted carpet** n moqueta; **~ted kitchen** n cocina amueblada; **~ter** n ajustador m; **~ting** a apropiado // n (of dress) prueba; **~ting room** n probador m; **~tings** npl instalaciones fpl.

five [faɪv] num cinco; **~r** n (col: Brit) billete m de cinco libras; (: US) billete m de cinco dólares.

fix [fɪks] vt (secure) fijar, asegurar; (mend) arreglar // n: **to be in a ~** estar en un aprieto; **to ~ up** vt (meeting) arreglar; **to ~ sb up with sth** proveer a uno de algo; **~ation** [fɪk'seɪʃən] n obsesión f; **~ed** [fɪkst] a (prices etc) fijo; **~ture** ['fɪkstʃə*] n (SPORT) encuentro; **~tures** npl instalaciones fpl fijas.

fizz [fɪz] vi hacer efervescencia.

fizzle out ['fɪzl]: vi apagarse.

fizzy ['fɪzɪ] a (drink) gaseoso.

flabbergasted ['flæbəgɑːstɪd] a pasmado.

flabby ['flæbɪ] a flojo (de carnes); (skin) fofo.

flag [flæg] n bandera; (stone) losa // vi decaer; **to ~ sb down** hacer señas a uno para que se pare; **~pole** n asta de bandera; **~ stop** n (US) parada a petición.

flair [flɛə*] n aptitud f especial.

flak [flæk] n (MIL) fuego antiaéreo; (col: criticism) lluvia de críticas.

flake [fleɪk] n (of rust, paint) escama; (of snow, soap powder) copo // vi (also: ~ off) (paint) desconcharse; (skin) descamarse.

flamboyant [flæm'bɔɪənt] a (dress) vistoso; (person) extravagante.

flame [fleɪm] n llama.

flamingo [flə'mɪŋɡəu] n flamenco.

flammable ['flæməbl] a inflamable.

flan [flæn] n (Brit) tarta.

flank [flæŋk] n flanco; (of person) costado // vt flanquear.

flannel ['flænl] n (Brit: also: **face ~**) manopla; (fabric) franela; **~s** npl pantalones mpl de franela.

flap [flæp] n (of pocket) solapa; (of envelope) solapa; (of table) hoja (plegadiza); (wing movement) aletazo // vt (wings) aletear // vi (sail, flag) ondear.

flare [flɛə*] n llamarada; (MIL) bengala; (in skirt etc) vuelo; **to ~ up** vi encenderse; (fig: person) encolerizarse; (: revolt) estallar.

flash [flæʃ] n relámpago; (also: **news ~**) noticias fpl de última hora; (PHOT) flash m // vt (light, headlights) encender y apagar; (torch) encender // vi brillar; **in a ~** en un instante; **he ~ed by or past** pasó como un rayo; **~bulb** n bombilla fusible; **~ cube** n cubo de flash; **~light** n linterna.

flashy ['flæʃɪ] a (pej) ostentoso.

flask [flɑːsk] n frasco; (also: **vacuum ~**) termo(s) m.

flat [flæt] a llano; (smooth) liso; (tyre) desinflado; (beer) muerto; (MUS) desafinado // n (Brit: apartment) piso (Sp), departamento (LAm), apartamento (AUT) pinchazo; (MUS) bemol m; **to work ~ out** trabajar a toda mecha; **~ly** ad terminantemente, de plano; **~ten** vt (also: **~ten out**) allanar; (smooth out) alisar.

flatter ['flætə*] vt adular, halagar; ~**ing** a halagüeño; ~**y** n adulación f.

flaunt [flɔːnt] vt ostentar, lucir.

flavour, (US) **flavor** ['fleɪvə*] n sabor m, gusto // vt sazonar, condimentar; ~**ed** a: **strawberry** ~**ed** con sabor a fresa; ~**ing** n (in product) aromatizante m.

flaw [flɔː] n defecto.

flax [flæks] n lino; ~**en** n rubio.

flea [fliː] n pulga.

fleck [flɛk] n (mark) mota; (pattern) punto.

flee [fliː], pt, pp **fled** [flɛd] vt huir de, abandonar // vi huir, fugarse.

fleece [fliːs] n vellón m; (wool) lana // vt (col) pelar.

fleet [fliːt] n flota; (of lorries etc) escuadra.

fleeting ['fliːtɪŋ] a fugaz.

Flemish ['flɛmɪʃ] a flamenco.

flesh [flɛʃ] n carne f; (of fruit) pulpa; **of** ~ **and blood** de carne y hueso; ~ **wound** n herida superficial.

flew [fluː] pt of **fly**.

flex [flɛks] n cordón m // vt (muscles) tensar; ~**ibility** [-ɪ'bɪlɪtɪ] n flexibilidad f; ~**ible** a flexible.

flick [flɪk] n golpecito; (with finger) capirotazo // vt dar un golpecito a; **to** ~ **through** vt fus hojear.

flicker ['flɪkə*] vi (light) parpadear; (flame) vacilar // n parpadeo.

flier ['flaɪə*] n aviador(a) m/f.

flight [flaɪt] n vuelo; (escape) huida, fuga; (also: ~ **of steps**) tramo (de escaleras); **to take** ~ huir, darse a la fuga; **to put to** ~ ahuyentar; ~ **attendant** n (US) (male) camarero, (female) azafata; ~ **deck** n (AVIAT) cabina de mandos.

flimsy ['flɪmzɪ] a (thin) muy ligero; (excuse) flojo.

flinch [flɪntʃ] vi encogerse.

fling [flɪŋ], pt, pp **flung** vt arrojar.

flint [flɪnt] n pedernal m; (in lighter) piedra.

flip [flɪp] vt dar la vuelta a; (coin) echar a cara o cruz.

flippant ['flɪpənt] a poco serio.

flipper ['flɪpə*] n aleta.

flirt [flɜːt] vi coquetear, flirtear // n coqueta f; ~**ation** [-'teɪʃən] n coqueteo, flirteo.

flit [flɪt] vi revolotear.

float [fləʊt] n flotador m; (in procession) carroza; (money) reserva // vi flotar; (swimmer) hacer la plancha // vt (gen) hacer flotar; (company) lanzar.

flock [flɒk] n (of sheep) rebaño; (of birds) bandada; (of people) multitud f.

flog [flɒg] vt azotar; (col) vender.

flood [flʌd] n inundación f; (of words, tears etc) torrente m // vt inundar; ~**ing** n inundación f; ~**light** n foco.

floor [flɔː*] n suelo; (storey) piso; (of sea) fondo; (dance ~) pista // vt (fig) de-

jar sin respuesta; **ground** ~, (US) **first** ~ planta baja; **first** ~, (US) **second** ~ primer piso; ~**board** n tabla; ~ **lamp** n (US) lámpara de pie; ~ **show** n cabaret m.

flop [flɒp] n fracaso.

floppy ['flɒpɪ] a flojo // a (COMPUT: also ~ **disk**) floppy m.

flora ['flɔːrə] n flora.

florist ['flɒrɪst] n florista m/f; ~**'s (shop)** n florería.

flounce [flaʊns] n volante m; **to** ~ **out** vi salir enfadado.

flounder ['flaʊndə*] vi tropezar // n (ZOOL) platija.

flour ['flaʊə*] n harina.

flourish ['flʌrɪʃ] vi florecer // n ademán m, movimiento (ostentoso); ~**ing** a floreciente.

flout [flaʊt] vt burlarse de.

flow [fləʊ] n (movement) flujo; (direction) curso; (tide) corriente f // vi (river, traffic, blood) fluir; ~ **chart** n organigrama m.

flower ['flaʊə*] n flor f // vi florecer; ~ **bed** n macizo; ~**pot** n tiesto; ~**y** a florido.

flown [fləʊn] pp of **fly**.

flu [fluː] n gripe f.

fluctuate ['flʌktjʊeɪt] vi fluctuar.

fluent ['fluːənt] a (speech) elocuente; **he speaks** ~ **French, he's** ~ **in French** domina el francés; ~**ly** ad con fluidez.

fluff [flʌf] n pelusa; ; ~**y** a velloso.

fluid ['fluːɪd] a, n fluido, líquido.

fluke [fluːk] n (col) chiripa.

flung [flʌŋ] pt, pp of **fling**.

fluoride ['fluərɑɪd] n fluoruro.

flurry ['flʌrɪ] n (of snow) temporal m; (haste) agitación f; ~ **of activity** frenesí m de actividad.

flush [flʌʃ] n (on face) rubor m; (fig: youth, beauty) resplandor m // vt limpiar con agua // vi ruborizarse // a: ~ **with** a ras de; **to** ~ **the toilet** hacer funcionar el WC; **to** ~ **out** vt (game, birds) levantar; (fig) desalojar; ~**ed** a ruborizado.

flustered ['flʌstəd] a aturdido.

flute [fluːt] n flauta.

flutter ['flʌtə*] n (of wings) revoloteo, aleteo // vi revolotear.

flux [flʌks] n: **to be in a state of** ~ estar continuamente cambiando.

fly [flaɪ] n (insect) mosca; (on trousers: also: **flies**) bragueta // vb (pt **flew**, pp **flown**) vt (plane) pilot(e)ar; (cargo) transportar (en avión); (distances) recorrer (en avión) // vi volar; (passengers) ir en avión; (escape) evadirse; (flag) ondear; **to** ~ **away or off** vi (bird, insect) emprender el vuelo; ~**ing** n (activity) (el) volar // a: ~**ing visit** visita relámpago; **with** ~**ing colours** con lucimiento; ~**ing saucer** n platillo volante; ~**ing start** n: to get off to a ~ing start empezar con buen pie; ~**over** n (Brit: bridge) paso a desnivel or superior; ~**past** n desfile m aéreo; ~**sheet** n (for tent) doble techo.

foal [fəul] n potro.

foam [fəum] n espuma // vi echar espuma; ~ **rubber** n espuma de caucho.

fob [fɔb] vt: to ~ sb off with sth despachar a uno con algo.

focus ['fəukəs], pl ~**es** n foco // vt (field glasses etc) enfocar // vi: to ~ **on** enfocar a; (issue etc) centrarse en; **in/out of** ~ enfocado/desenfocado.

fodder ['fɔdə*] n pienso.

foe [fəu] n enemigo.

foetus ['fiːtəs] n feto.

fog [fɔg] n niebla; ~**gy** a: it's ~gy hay niebla, está brumoso; ~ **lamp**, (US) ~ **light** n (AUT) faro de niebla.

foil [fɔɪl] vt frustrar // n hoja; (kitchen ~) papel m (de) aluminio; (FENCING) florete m.

fold [fəuld] n (bend, crease) pliegue m; (AGR) redil m // vt doblar; **to** ~ **up** vi plegarse, doblarse; (business) quebrar // vt (map etc) plegar; ~**er** n (for papers) carpeta; (brochure) folleto; ~**ing** a (chair, bed) plegable.

foliage ['fəulɪɪdʒ] n follaje m.

folk [fəuk] npl gente f // a popular, folklórico; ~**s** npl familia, parientes mpl; ~**lore** ['fəuklɔː*] n folklore m; ~ **song** n canción f popular or folklórica.

follow ['fɔləu] vt seguir // vi seguir; (result) resultar; **he** ~**ed suit** hizo lo mismo; **to** ~ **up** vt (letter, offer) responder a; (case) investigar; ~**er** n seguidor(a) m/f; (POL) partidario/a; ~**ing** a siguiente // n afición f, partidarios mpl.

folly ['fɔlɪ] n locura.

fond [fɔnd] a (loving) cariñoso; **to be** ~ **of** tener cariño a.

fondle ['fɔndl] vt acariciar.

fondness ['fɔndnɪs] n (for things) gusto; (for people) cariño.

font [fɔnt] n pila bautismal.

food [fuːd] n comida; ~ **mixer** n batidora; ~ **poisoning** n botulismo; ~ **processor** n robot m de cocina; ~**stuffs** npl comestibles mpl.

fool [fuːl] n tonto/a; (CULIN) puré m de frutas con nata // vt engañar // vi (gen: ~ **around**) bromear; (waste time) perder el tiempo; ~**hardy** a temerario; ~**ish** a tonto; (careless) imprudente; ~**proof** a (plan etc) infalible.

foot [fut], pl **feet** n pie m; (measure) pie m (= 304 = mm); (of animal) pata // vt (bill) pagar; **on** ~ a pie; ~**age** n (CINEMA) imágenes fpl; ~**ball** n balón m; (game: Brit) fútbol m; (: US) fútbol m americano; ~**ball player** n (Brit: also: ~**er**) n futbolista m; (US) jugador m de fútbol americano; ~**brake** n freno de

pie; ~**bridge** n puente m para peatones; ~**hills** npl estribaciones fpl; ~**hold** n pie m firme; ~**ing** n (fig) posición f; **to lose one's** ~**ing** perder el pie; **on an equal** ~**ing** en pie de igualdad; ~**lights** npl candilejas fpl; ~**man** n lacayo; ~**note** n nota de pie; ~**path** n sendero; ~**print** n huella, pisada; ~**sore** a con los pies doloridos; ~**step** n paso; ~**wear** n calzado.

for [fɔː] ♦ prep **1** (indicating destination, intention) para; **the train** ~ **London** el tren con destino a or de Londres; **he left** ~ **Rome** marchó para Roma; **he went** ~ **the paper** fue por el periódico; **is this** ~ **me?** ¿es esto para mí?; **it's time** ~ **lunch** es la hora de comer

2 (indicating purpose) para; **what('s it)** ~? ¿para qué (es)?; **to pray** ~ **peace** rezar por la paz

3 (on behalf of, representing): **the MP** ~ **Hove** el diputado por Hove; **he works** ~ **the government/a local firm** trabaja para el gobierno/en una empresa local; **I'll ask him** ~ **you** se lo pediré por ti; **G** ~ **George** G de George

4 (because of) por esta razón, ~ **fear of being criticized** por temor a ser criticado

5 (with regard to) para; **it's cold** ~ **July** hace frío para julio; **he has a gift** ~ **languages** tiene don de lenguas

6 (in exchange for) por; **I sold it** ~ **£5** lo vendí por £5; **to pay 50 pence** ~ **a ticket** pagar 50p por un billete

7 (in favour of): **are you** ~ **or against us?** ¿estás con nosotros o contra nosotros?; **I'm all** ~ **it** estoy totalmente a favor; **vote** ~ **X** vote (a) X

8 (referring to distance): **there are roadworks** ~ **5 km** hay obras en 5 km; **we walked** ~ **miles** caminamos kilómetros y kilómetros

9 (referring to time): **he was away** ~ **2 years** estuvo fuera (durante) dos años; **it hasn't rained** ~ **3 weeks** no ha llovido durante or en 3 semanas; **I have known her** ~ **years** la conozco desde hace años; **can you do it** ~ **tomorrow?** ¿lo podrás hacer para mañana?

10 (with infinitive clauses): **it is not** ~ **me to decide** la decisión no es cosa mía; **it would be best** ~ **you to leave** sería mejor que te fueras; **there is still time** ~ **you to do it** todavía te queda tiempo para hacerlo; ~ **this to be possible...** para que esto sea posible...

11 (in spite of) a pesar de; ~ **all his complaints** a pesar de sus quejas

♦ conj (since, as: rather formal) puesto que.

forage ['fɔrɪdʒ] n forraje m.

foray ['fɔreɪ] n incursión f.

forbid [fə'bɪd], pt **forbad(e)** [fə'bæd], pp **forbidden** [fə'bɪdn] vt prohibir; **to** ~ **sb to do sth** prohibir a uno hacer algo;

~ding *a* (*landscape*) inhóspito; (*severe*) severo.

force [fɔːs] *n* fuerza // *vt* forzar; **to ~ o.s. to do** hacer un esfuerzo por hacer; **the F~s** *npl* (*Brit*) las Fuerzas Armadas; **in ~** en vigor; **~d** [fɔːst] *a* forzado; **to ~-feed** *vt* (*animal, prisoner*) alimentar a la fuerza; **~ful** *a* enérgico.

forcibly ['fɔːsəblɪ] *ad* a la fuerza.

ford [fɔːd] *n* vado // *vt* vadear.

fore [fɔː*] *n*: **to the ~** en evidencia.

forearm ['fɔːrɑːm] *n* antebrazo.

foreboding [fɔː'bəudɪŋ] *n* presentimiento.

forecast ['fɔːkɑːst] *n* pronóstico // *vt* (*irg: like* cast) pronosticar.

forecourt ['fɔːkɔːt] *n* (*of garage*) patio.

forefathers ['fɔːfɑːðəz] *npl* antepasados *mpl*.

forefinger ['fɔːfɪŋgə*] *n* (dedo) índice *m*.

forefront ['fɔːfrʌnt] *n*: **in the ~ of** en la vanguardia de.

forego *vt* = **forgo**.

foregone ['fɔːgɔn] *a*: **it's a ~ conclusion** es una conclusión evidente.

foreground ['fɔːgraund] *n* primer plano.

forehead ['fɔrɪd] *n* frente *f*.

foreign ['fɔrɪn] *a* extranjero; (*trade*) exterior; **~er** *n* extranjero/a; **~ exchange** *n* divisas *fpl*; **F~ Office** *n* (*Brit*) Ministerio de Asuntos Exteriores; **F~ Secretary** *n* (*Brit*) Ministro de Asuntos Exteriores.

foreleg ['fɔːlɛg] *n* pata delantera.

foreman ['fɔːmən] *n* capataz *m*; (*in construction*) maestro de obras.

foremost ['fɔːməust] *a* principal // *ad*: **first and ~** ante todo.

forensic [fə'rɛnsɪk] *a* forense.

forerunner ['fɔːrʌnə*] *n* precursor(a) *m/f*.

foresee, *pt* **foresaw**, *pp* **foreseen** [fɔː'siː, -'sɔː, -siːn] *vt* prever; **~able** *a* previsible.

foreshadow [fɔː'ʃædəu] *vt* prefigurar, anunciar.

foresight ['fɔːsaɪt] *n* previsión *f*.

forest ['fɔrɪst] *n* bosque *m*.

forestall [fɔː'stɔːl] *vt* prevenir.

forestry ['fɔrɪstrɪ] *n* silvicultura.

foretaste ['fɔːteɪst] *n* muestra.

foretell, *pt*, *pp* **foretold** [fɔː'tɛl, -'təuld] *vt* predecir, pronosticar.

forever [fə'rɛvə*] *ad* para siempre.

foreword ['fɔːwəːd] *n* prefacio.

forfeit ['fɔːfɪt] *n* (*in game*) prenda // *vt* perder (derecho a).

forgave [fə'geɪv] *pt of* **forgive**.

forge [fɔːdʒ] *n* fragua; (*smithy*) herrería // *vt* (*signature; Brit: money*) falsificar; (*metal*) forjar; **to ~ ahead** *vi* avanzar constantemente; **~r** *n* falsificador(a) *m/f*; **~ry** *n* falsificación *f*.

forget [fə'gɛt], *pt* **forgot**, *pp* **forgotten** *vt* olvidar // *vi* olvidarse; **~ful** *a* olvida-

dizo; **~-me-not** *n* nomeolvides *f inv*.

forgive [fə'gɪv], *pt* **forgave**, *pp* **forgiven** *vt* perdonar; **to ~ sb for sth** perdonar algo a uno; **~ness** *n* perdón *m*.

forgo [fɔː'gəu], *pt* **forwent**, *pp* **forgone** *vt* (*give up*) renunciar a; (*go without*) privarse de.

forgot [fə'gɔt] *pt of* **forget**.

forgotten [fə'gɔtn] *pp of* **forget**.

fork [fɔːk] *n* (*for eating*) tenedor *m*; (*for gardening*) horca; (*of roads*) bifurcación *f* // *vi* (*road*) bifurcarse; **to ~ out** *vt* (*col: pay*) desembolsar; **~-lift truck** *n* máquina elevadora.

forlorn [fə'lɔːn] (*person*) triste, melancólico; (*place*) abandonado; (*attempt, hope*) desesperado.

form [fɔːm] *n* forma; (*Brit SCOL*) clase *f*; (*document*) formulario // *vt* formar; **in top ~** en plena forma.

formal ['fɔːməl] *a* (*offer, receipt*) por escrito; (*person etc*) correcto; (*occasion, dinner*) ceremonioso; (*dress*) de etiqueta; **~ity** [-'mælɪtɪ] *n* ceremonia; **~ly** *ad* oficialmente.

format ['fɔːmæt] *n* formato // *vt* (*COMPUT*) formatear.

formation [fɔː'meɪʃən] *n* formación *f*.

formative ['fɔːmətɪv] *a* (*years*) formativo.

former ['fɔːmə*] *a* anterior; (*earlier*) antiguo; (*ex*) ex; **the ~ ... the latter ...** aquél ... éste ...; **~ly** *ad* antiguamente.

formula ['fɔːmjulə] *n* fórmula.

forsake, *pt* **forsook**, *pp* **forsaken** [fə'seɪk, -'suk, -seɪkən] *vt* (*gen*) abandonar; (*plan*) renunciar a.

fort [fɔːt] *n* fuerte *m*.

forte ['fɔːtɪ] *n* fuerte *m*.

forth [fɔːθ] *ad*: **back and ~** de acá para allá; **and so ~** y así sucesivamente; **~coming** *a* próximo, venidero; (*character*) comunicativo; (*help*) disponible; **~right** *a* franco; **~with** *ad* en el acto.

fortify ['fɔːtɪfaɪ] *vt* fortalecer.

fortitude ['fɔːtɪtjuːd] *n* fortaleza.

fortnight ['fɔːtnaɪt] *n* (*Brit*) quincena; **~ly** *a* quincenal // *ad* quincenalmente.

fortress ['fɔːtrɪs] *n* fortaleza.

fortunate ['fɔːtʃənɪt] *a*: **it is ~ that...** (es una) suerte que...; **~ly** *ad* afortunadamente.

fortune ['fɔːtʃən] *n* suerte *f*; (*wealth*) fortuna; **~-teller** *n* adivino/a.

forty ['fɔːtɪ] *num* cuarenta.

forum ['fɔːrəm] *n* foro.

forward ['fɔːwəd] *a* (*movement, position*) avanzado; (*front*) delantero; (*not shy*) atrevido // *n* (*SPORT*) delantero // *vt* (*letter*) remitir; (*career*) promocionar; **to move ~** avanzar; **~(s)** *ad* (hacia) adelante.

forwent [fɔː'wɛnt] *pt of* **forgo**.

fossil ['fɔsl] *n* fósil *m*.

foster ['fɔstə*] *vt* fomentar; **~ child** *n*

hijo/a adoptivo/a; ~ **mother** *n* madre *f* adoptiva.

fought [fɔːt] *pt, pp of* **fight**.

foul [faul] *a* (*gen*) sucio, puerco; (*weather, smell etc*) asqueroso *n n* (*FOOTBALL*) falta // *vt* (*dirty*) ensuciar; (*block*) atascar; (*football player*) cometer una falta contra; ~ **play** *n* (*SPORT*) mala jugada; (*LAW*) muerte *f* violenta.

found [faund] *pt, pp of* **find** // *vt* (*establish*) fundar; ~**ation** [-'deɪʃən] *n* (*act*) fundación *f*; (*basis*) base *f*; (*also:* ~**ation cream**) crema base; ~**ations** *npl* (*of building*) cimientos *mpl*.

founder ['faundə*] *n* fundador(a) *m/f* // *vi* hundirse.

foundry ['faundrɪ] *n* fundición *f*.

fountain ['fauntɪn] *n* fuente *f*; ~ **pen** *n* (*pluma*) estilográfica, pluma-fuente *f* (*LAm*).

four [fɔː*] *num* cuatro; **on all** ~**s** a gatas; ~**-poster** (**bed**) *n* cama de dosel; ~**some** ['fɔːsəm] *n* grupo de cuatro personas; ~**teen** *num* catorce; ~**th** *a* cuarto.

fowl [faul] *n* ave *f* (de corral).

fox [fɔks] *n* zorro // *vt* confundir.

foyer ['fɔɪeɪ] *n* vestíbulo.

fracas ['frækɑː] *n* gresca, riña.

fraction ['frækʃən] *n* fracción *f*.

fracture ['fræktʃə*] *n* fractura.

fragile ['frædʒaɪl] *a* frágil.

fragment ['frægmənt] *n* fragmento.

fragrance ['freɪgrəns] *n* (*of flowers*) fragancia; (*perfume*) perfume *m*.

fragrant ['freɪgrənt] *a* fragante, oloroso.

frail [freɪl] *a* frágil; (*person*) débil.

frame [freɪm] *n* (*TECH*) armazón *m*; (*of picture, door etc*) marco; (*of spectacles: also:* ~**s**) montura // *vt* encuadrar; (*reply*) formular; (*fam*) incriminar; ~ **of mind** *n* estado de ánimo; ~**work** *n* marco.

France [frɑːns] *n* Francia.

franchise ['fræntʃaɪz] *n* (*POL*) derecho de votar, sufragio; (*COMM*) licencia, concesión *f*.

frank [fræŋk] *a* franco // *vt* (*Brit: letter*) franquear; ~**ly** *ad* francamente; ~**ness** *n* franqueza.

frantic ['fræntɪk] *a* frenético.

fraternal [frə'tɜːnl] *a* fraterno.

fraternity [frə'tɜːnɪtɪ] *n* (*club*) fraternidad *f*; (*US*) club *m* de estudiantes; (*guild*) cofradía.

fraud [frɔːd] *n* fraude *m*; (*person*) impostor(a) *m/f*.

fraught [frɔːt] *a*: ~ **with** cargado de.

fray [freɪ] *n* combate *m*, lucha // *vi* deshilacharse; **tempers were** ~**ed** el ambiente se ponía tenso.

freak [friːk] *n* (*person*) fenómeno; (*event*) suceso anormal.

freckle ['frekl] *n* peca.

free [friː] *a* (*person: at liberty*) libre;

(*not fixed*) suelto; (*gratis*) gratuito; (*unoccupied*) desocupado; (*liberal*) generoso // *vt* (*prisoner etc*) poner en libertad; (*jammed object*) soltar; ~ (**of charge**), **for** ~ *ad* gratis; ~**dom** ['friːdəm] *n* libertad *f*; ~**-for-all** *n* riña general; ~ **gift** *n* prima; ~**hold** *n* propiedad *f* vitalicia; ~ **kick** *n* tiro libre; ~**lance** *a, ad* por cuenta propia; ~**ly** *ad* libremente; generosamente; ~**mason** *n* francmasón *m*; ~**post** *n* porte *m* pagado; ~**-range** *a* (*hen, eggs*) de granja; ~ **trade** *n* libre comercio; ~**way** *n* (*US*) autopista; ~**wheel** *vi* ir en punto muerto; ~ **will** *n* libre albedrío *m*; **of one's own** ~ **will** por su propia voluntad.

freeze [friːz] *vb* (*pt* **froze**, *pp* **frozen**) *vi* helarse, congelarse // *vt* helar; (*prices, food, salaries*) congelar // *n* helada; congelación *f*; ~**-dried** *a* liofilizado; ~**r** *n* congelador *m* (*Sp*), congeladora (*LAm*).

freezing ['friːzɪŋ] *a* helado; ~ **point** *n* punto de congelación; **3 degrees below** ~ tres grados bajo cero.

freight [freɪt] *n* (*goods*) carga; (*money charged*) flete *m*; ~ **train** *n* (*US*) tren *m* de mercancías.

French [frentʃ] *a* francés/esa // *n* (*LING*) francés *m*; **the** ~ *npl* los franceses; ~ **bean** *n* judía verde; ~ **fried** (**potatoes**), (*US*) ~ **fries** *npl* patatas *fpl* or papas *fpl* (*LAm*) fritas; ~**man/woman** *n* francés/esa *m/f*; ~ **window** *n* puerta-ventana.

frenzy ['frenzɪ] *n* frenesí *m*.

frequent ['friːkwənt] *a* frecuente // *vt* [frɪ'kwent] frecuentar; ~**ly** [-əntlɪ] *ad* frecuentemente, a menudo.

fresh [freʃ] *a* (*gen*) fresco; (*new*) nuevo; (*water*) dulce; ~**en** *vi* (*wind, air*) soplar más recio; **to** ~**en up** *vi* (*person*) refrescarse; ~**er** *n* (*Brit SCOL: col*) estudiante *m/f* de primer año; ~**ly** *ad* (*newly*) nuevamente; (*recently*) recientemente; ~**man** *n* (*US*) = ~**er**; ~**ness** *n* frescura ~**water** *a* (*fish*) de agua dulce.

fret [fret] *vi* inquietarse.

friar ['fraɪə*] *n* fraile *m*; (*before name*) fray *m*.

friction ['frɪkʃən] *n* fricción *f*.

Friday ['fraɪdɪ] *n* viernes *m inv*.

fridge [frɪdʒ] *n* (*Brit*) nevera, frigo, refrigeradora (*LAm*).

friend [frend] *n* amigo/a; ~**liness** *n* simpatía; ~**ly** *a* simpático; ~**ship** *n* amistad *f*.

frieze [friːz] *n* friso.

frigate ['frɪgɪt] *n* fragata.

fright [fraɪt] *n* susto; **to take** ~ asustarse; ~**en** *vt* asustar; ~**ened** *a* asustado; ~**ening** *a* espantoso; ~**ful** *a* espantoso, horrible; ~**fully** *ad* terriblemente.

frigid ['frɪdʒɪd] *a* (*MED*) frígido, frío.

frill [frɪl] *n* volante *m*.

fringe [frɪndʒ] *n* (*Brit: of hair*) flequillo; (*edge: of forest etc*) borde *m*, margen *m*; ~ **benefits** *npl* ventajas *fpl* supletorias.

frisk [frɪsk] *vt* cachear, registrar.

frisky ['frɪskɪ] *a* juguetón/ona.

fritter ['frɪtə*] *n* buñuelo; **to ~ away** *vt* desperdiciar.

frivolous ['frɪvələs] *a* frívolo.

frizzy ['frɪzɪ] *a* rizado.

fro [frəʊ] *see* **to**.

frock [frɔk] *n* vestido.

frog [frɔg] *n* rana; ~**man** *n* hombre-rana *m*.

frolic ['frɔlɪk] *vi* juguetear.

from [frɔm] *prep* **1** (*indicating starting place*) de, desde; **where do you come ~?** ¿de dónde eres?; ~ **London to Glasgow** de Londres a Glasgow; **to escape ~** sth/ sb escaparse de algo/alguien

2 (*indicating origin etc*) de; **a letter/ telephone call ~ my sister** una carta/ llamada de mi hermana; **tell him ~ me that...** dígale de mi parte que...

3 (*indicating time*): ~ **one o'clock to** *or* **until** *or* **till two de**(sde) la una a *or* hasta las 2; ~ **January (on)** desde enero

4 (*indicating distance*) de; **the hotel is 1 km from the beach** el hotel está a 1 km de la playa

5 (*indicating price, number etc*) de; **prices range ~ £10 to £50** los precios van desde £10 a *or* hasta £50; **the interest rate was increased ~ 9% to 10%** el tipo de interés fue incrementado de un 9% a un 10%

6 (*indicating difference*) de; **he can't tell red ~ green** no sabe distinguir el rojo del verde; **to be different ~** sb/sth ser diferente a algo/alguien

7 (*because of, on the basis of*): ~ **what he says** por lo que dice; **weak ~ hunger** debilitado/a por el hambre.

front [frʌnt] *n* (*foremost part*) parte *f* delantera; (*of house*) fachada; (*promenade: also*: **sea** ~) paseo marítimo; (*MIL, POL, METEOROLOGY*) frente *m*; (*fig: appearances*) apariencias *fpl* // *a* (*wheel, leg*) delantero; (*row, line*) primero; **in ~ (of)** delante (de); ~ **door** *n* puerta principal; ~**ier** ['frʌntɪə*] *n* frontera; ~ **page** *n* primera plana; ~**room** *n* (*Brit*) salón *m*, sala; ~**wheel drive** *n* tracción *f* delantera.

frost [frɔst] *n* (*gen*) helada; (*also*: **hoar**~) escarcha // *vt* (*US CULIN*) escarchar; ~**bite** *n* congelación *f*; ~**ed** *a* (*glass*) deslustrado; ~**y** *a* (*surface*) cubierto de escarcha; (*welcome etc*) glacial.

froth [frɔθ] *n* espuma.

frown [fraʊn] *vi* fruncir el ceño.

froze [frəʊz] *pt of* **freeze**.

frozen ['frəʊzn] *pp of* **freeze** // *a* (*food*) congelado.

fruit [fruːt] *n, pl inv* fruta; ~**erer** *n* frutero/a; ~**erer's (shop)** *n* frutería; ~**ful** *a* provechoso; ~**ion** [fruː'ɪʃən] *n*: **to come to ~ion** realizarse; ~ **juice** *n* zumo *or* jugo (*LAm*) de fruta; ~ **machine** *n* (*Brit*) máquina *f* tragaperras; ~ **salad** *n* macedonia *or* ensalada (*LAm*) de frutas.

frustrate [frʌs'treɪt] *vt* frustrar; ~**d** *a* frustrado.

fry [fraɪ], *pt, pp* **fried** *vt* freír; **small ~** gente *f* menuda; ~**ing pan** *n* sartén *f*.

ft. *abbr* = **foot, feet**.

fuddy-duddy ['fʌdɪdʌdɪ] *n* carroza *m/f*.

fudge [fʌdʒ] *n* (*CULIN*) caramelo blando.

fuel [fjuəl] *n* (*for heating*) combustible *m*; (*coal*) carbón *m*; (*wood*) leña; (*for engine*) carburante *m*; ~ **oil** *n* fuel oil *m*; ~ **tank** *n* depósito (*de combustible*).

fugitive ['fjuːdʒɪtɪv] *n* fugitivo/a.

fulfil [ful'fɪl] *vt* (*function*) cumplir con; (*condition*) satisfacer; (*wish, desire*) realizar; ~**ment** *n* satisfacción *f*; realización *f*.

full [ful] *a* lleno; (*fig*) pleno; (*complete*) completo; (*information*) detallado // *ad*: ~ **well** perfectamente; **I'm ~ (up)** no puedo más; ~ **employment** pleno empleo; **a ~ two hours** dos horas completas; **at ~ speed** a máxima velocidad; ~ (*reproduce, quote*) íntegramente; ~ **moon** *n* luna llena; ~**scale** *a* (*attack, war*) en gran escala; (*model*) de tamaño natural; ~ **stop** *n* punto; ~**time** *a* (*work*) de tiempo completo // *ad*: **to work ~time** trabajar a tiempo completo; ~**y** *ad* completamente; ~**y-fledged** *a* (*teacher, barrister*) diplomado.

fulsome ['fulsəm] *a* (*pej: praise, gratitude*) excesivo, exagerado.

fumble ['fʌmbl] *vi*: **to ~ for sth** buscar algo con las manos; **to ~ with sth** manejar algo torpemente.

fume [fjuːm] *vi* humear, echar humo; ~**s** *npl* humo *sg*, gases *mpl*.

fun [fʌn] *n* (*amusement*) diversión *f*; (*joy*) alegría; **to have ~** divertirse; **for ~** en broma; **to make ~ of** *vt fus* burlarse de.

function ['fʌŋkʃən] *n* función *f* // *vi* funcionar; ~**al** *a* funcional.

fund [fʌnd] *n* fondo; (*reserve*) reserva; ~**s** *npl* fondos *mpl*.

fundamental [fʌndə'mentl] *a* fundamental.

funeral ['fjuːnərəl] *n* (*burial*) entierro; (*ceremony*) funerales *mpl*; ~ **parlour** *n* (*Brit*) funeraria; ~ **service** *n* misa de difuntos.

funfair ['fʌnfɛə*] *n* (*Brit*) parque *m* de atracciones.

fungus ['fʌŋgəs], *pl* -**gi** [-gaɪ] *n* hongo.

funnel ['fʌnl] *n* embudo; (*of ship*) chimenea.

funny ['fʌnɪ] *a* gracioso, divertido;

fur [fə:*] n piel f; (Brit: on tongue etc) sarro; ~ **coat** n abrigo de pieles.

furious ['fjuəriəs] a furioso; (effort) violento.

furlong ['fə:lɔŋ] n octava parte de una milla, = 201.17 m.

furlough ['fə:ləu] n (MIL, US) permiso.

furnace ['fə:nis] n horno.

furnish ['fə:niʃ] vt amueblar; (supply) suministrar; (information) facilitar; ~ings npl muebles mpl.

furniture ['fə:nitʃə*] n muebles mpl; **piece of** ~ mueble m.

furrow ['fʌrəu] n surco.

furry ['fə:ri] a peludo.

further ['fə:ðə*] a (new) nuevo, adicional; (place) más lejano // ad más lejos; (more) más; (moreover) además // vt promover, adelantar; ~ **education** n educación f superior; ~**more** [fə:ðə'mɔ:*] ad además.

furthest ['fə:ðist] superlative of **far**.

fury ['fjuəri] n furia.

fuse, (US) **fuze** [fju:z] n fusible m; (for bomb etc) mecha // vt (metal) fundir; (fig) fusionar // vi fundirse; fusionarse; (Brit ELEC): **to** ~ **the lights** fundir los plomos; ~ **box** n caja de fusibles.

fuss [fʌs] n (noise) bulla; (dispute) lío; (complaining) protesta; **to make a** ~ armar un lío o jaleo; ~**y** a (person) exigente.

futile ['fju:tail] a vano; **futility** [-'tiliti] n inutilidad f.

future ['fju:tʃə*] a (gen) futuro; (coming) venidero // n futuro; porvenir; **in** ~ de ahora en adelante.

fuze [fju:z] (US) = **fuse**.

fuzzy ['fʌzi] a (PHOT) borroso; (hair) muy rizado.

G

G [dʒi:] n (MUS) sol m.

g. abbr = **gram(s)**.

gabble ['gæbl] vi hablar atropelladamente; (gossip) cotorrear.

gable ['geibl] n aguilón m.

gadget ['gædʒit] n aparato.

Gaelic ['geilik] a, n (LING) gaélico.

gaffe [gæf] n plancha.

gag [gæg] n (on mouth) mordaza; (joke) chiste m // vt amordazar.

gaiety ['geiiti] n alegría.

gaily ['geili] ad alegremente.

gain [gein] n ganancia // vt ganar // vi (watch) adelantarse; **to** ~ **by sth** sacar provecho de algo; **to** ~ **on sb** ganar terreno a uno; **to** ~ **3 lbs** (in weight) engordar 3 libras.

gait [geit] n (modo de) andar m.

gal. abbr = **gallon**.

gala ['gɑ:lə] n fiesta.

gale [geil] n (wind) vendaval m.

gallant ['gælənt] a valiente; (towards ladies) atento.

gall bladder ['gɔ:l-] n vesícula biliar.

gallery ['gæləri] n galería; (also: **art** ~) pinacoteca.

galley ['gæli] n (ship's kitchen) cocina; (ship) galera.

gallon ['gæln] n galón m (= 8 pints; Brit = 4,546 litros, US = 3,785 litros).

gallop ['gæləp] n galope m // vi galopar.

gallows ['gæləuz] n horca.

gallstone ['gɔ:lstəun] n cálculo biliario.

galore [gə'lɔ:*] ad en cantidad, en abundancia.

galvanize ['gælvənaiz] vt (metal) galvanizar; (fig): **to** ~ **sb into action** animar a uno para que haga algo.

gambit ['gæmbit] n (fig): **opening** ~ estrategia inicial.

gamble ['gæmbl] n (risk) riesgo; (bet) apuesta // vt: **to** ~ **on** apostar a; (fig) confiar en que // vi jugar; (COMM) especular; ~**r** n jugador(a) m/f; **gambling** n juego.

game [geim] n juego; (match) partido; (of cards) partida; (HUNTING) caza // a valiente; (ready): **to be** ~ **for anything** atreverse a todo; **big** ~ caza mayor; ~**keeper** n guardabosques m inv.

gammon ['gæmən] n tocino or jamón m ahumado.

gamut ['gæmət] n gama.

gang [gæŋ] n pandilla; (of workmen) brigada // vi: **to** ~ **up on sb** conspirar contra uno.

gangster ['gæŋstə*] n gángster m.

gangway ['gæŋwei] n (Brit: in theatre, bus etc) pasillo; (on ship) pasarela.

gaol [dʒeil] n, vt (Brit) = **jail**.

gap [gæp] n vacío, hueco (LAm); (in trees, traffic) claro; (in time) intervalo.

gape [geip] vi mirar boquiabierto; **gaping** a (hole) muy abierto.

garage ['gærɑ:ʒ] n garaje m.

garbage ['gɑ:bidʒ] n (US) basura; ~**can** n cubo or bote m (LAm) de la basura; ~ **man** n basurero.

garbled ['gɑ:bld] a (distorted) falsificado, amañado.

garden ['gɑ:dn] n jardín m; ~**er** n jardinero(a); ~**ing** n jardinería.

gargle ['gɑ:gl] vi hacer gárgaras, gargarear (LAm).

gargoyle ['gɑ:gɔil] n gárgola.

garish ['gɛəriʃ] a chillón/ona.

garland ['gɑ:lənd] n guirnalda.

garlic ['gɑ:lik] n ajo.

garment ['gɑ:mənt] n prenda (de vestir).

garnish ['gɑ:niʃ] vt adornar; (CULIN) aderezar.

garrison ['gærisn] n guarnición f.

garrulous ['gærjuləs] a charlatán/ana.

garter ['gɑ:tə*] n (US) liga.

gas [gæs] n gas m; (US: gasoline) gasolina // vt asfixiar con gas; ~ **cooker** n (Brit) cocina de gas; ~ **cylinder** n bombona de gas; ~ **fire** n estufa de gas; ~ **pedal** n (esp US) acelerador m.

gash [gæʃ] n raja; (on face) cuchillada // vt rajar; (with knife) acuchillar.

gasket ['gæskɪt] n (AUT) junta de culata.

gas mask n careta antigás.

gas meter n contador m de gas.

gasoline ['gæsəliːn] n (US) gasolina.

gasp [gɑːsp] n grito sofocado // vi (pant) jadear; **to ~ out** vt (say) decir con voz entrecortada.

gas ring n hornillo de gas.

gas station n (US) gasolinera.

gassy ['gæsɪ] a gaseoso.

gas tap n llave f del gas.

gastric ['gæstrɪk] a gástrico.

gate [geɪt] n puerta; (RAIL) barrera; ~**crash** vt (Brit) colarse en; ~**way** n puerta.

gather ['gæðə*] vt (flowers, fruit) coger (Sp), recoger; (assemble) reunir; (pick up) recoger; (SEWING) fruncir; (understand) entender // vi (assemble) reunirse; **to ~ speed** ganar velocidad; ~**ing** n reunión f, asamblea.

gauche [gəuʃ] a torpe.

gaudy ['gɔːdɪ] a chillón/ona.

gauge [geɪdʒ] n calibre m; (RAIL) entrevía; (instrument) indicador m // vt medir.

gaunt [gɔːnt] a descarnado.

gauntlet ['gɔːntlɪt] n (fig): **to run the ~ of** exponerse a; **to throw down the ~** arrojar el guante.

gauze [gɔːz] n gasa.

gave [geɪv] pt of give.

gay [geɪ] a (person) alegre; (colour) vivo; (homosexual) gay.

gaze [geɪz] n mirada fija // vi: **to ~ at sth** mirar algo fijamente.

gazelle [gə'zɛl] n gacela.

gazetteer [gæzə'tɪə*] n diccionario geográfico.

gazumping [gə'zʌmpɪŋ] n (Brit) la subida del precio de una casa una vez que ya ha sido apalabrado.

GB n abbr = Great Britain.

GCE n abbr (Brit) = General Certificate of Education.

GCSE n abbr (Brit: = General Certificate of Secondary Education) ≈ Bachillerato Elemental y Superior.

gear [gɪə*] n equipo, herramientas fpl; (TECH) engranaje m; (AUT) velocidad f, marcha // vt (fig: adapt): **to ~ sth to** adaptar o ajustar algo a; **top** or (US) **high/low ~** cuarta/primera velocidad; **in ~** en marcha; ~ **box** n caja de cambios; ~ **lever**, (US) ~ **shift** n palanca de cambio; ~ **wheel** n rueda dentada.

geese [giːs] pl of goose.

gel [dʒɛl] n gel m.

gelignite ['dʒɛlɪgnaɪt] n gelignita.

gem [dʒɛm] n joya.

Gemini ['dʒɛmɪnaɪ] n Géminis m, Gemelos mpl.

gender ['dʒɛndə*] n género.

gene [dʒiːn] n gen(e) m.

general ['dʒɛnərl] n general m // a general; **in ~** en general; ~ **delivery** n (US) lista de correos; ~ **election** n elecciones fpl generales; ~**ization** [-aɪ'zeɪʃən] n generalización f; ~**ize** vi generalizar; ~**ly** ad generalmente, en general; ~ **practitioner (G.P.)** n médico general.

generate ['dʒɛnəreɪt] vt (ELEC) generar; (fig) producir.

generation [dʒɛnə'reɪʃən] n generación f.

generator ['dʒɛnəreɪtə*] n generador m.

generosity [dʒɛnə'rɔsɪtɪ] n generosidad f.

generous ['dʒɛnərəs] a generoso; (copious) abundante.

genetics [dʒɪ'nɛtɪks] n genética.

Geneva [dʒɪ'niːvə] n Ginebra.

genial ['dʒiːnɪəl] a afable, simpático.

genitals ['dʒɛnɪtlz] npl (órganos mpl) genitales mpl.

genius ['dʒiːnɪəs] n genio.

gent [dʒɛnt] n abbr = gentleman.

genteel [dʒɛn'tiːl] a fino, elegante.

gentle ['dʒɛntl] a (sweet) amable, dulce; (touch etc) ligero, suave.

gentleman ['dʒɛntlmən] n señor m; (well-bred man) caballero.

gentleness ['dʒɛntlnɪs] n dulzura; (of touch) suavidad f.

gently ['dʒɛntlɪ] ad suavemente.

gentry ['dʒɛntrɪ] n alta burguesía.

gents [dʒɛnts] n aseos (de caballeros).

genuine ['dʒɛnjuɪn] a auténtico; (person) sincero.

geography [dʒɪ'ɔgrəfɪ] n geografía.

geology [dʒɪ'ɔlədʒɪ] n geología.

geometric(al) [dʒɪə'mɛtrɪk(l)] a geométrico.

geometry [dʒɪ'ɔmətrɪ] n geometría.

geranium [dʒɪ'reɪnjəm] n geranio.

geriatric [dʒɛrɪ'ætrɪk] a, n geriátrico/a m/f.

germ [dʒəːm] n (microbe) microbio, bacteria; (seed, fig) germen m.

German ['dʒəːmən] a alemán/ana // alemán/ana m/f; (LING) alemán m; ~ **measles** n rubéola; ~ **Shepherd Dog** n pastor m alemán.

Germany ['dʒəːmənɪ] n Alemania.

gesture ['dʒɛstjə*] n gesto.

get [gɛt], pt, pp **got**, pp **gotten** (US) vi **1** (become, be) ponerse, volverse; **to ~ old/tired** envejecer/cansarse; **to ~ drunk** emborracharse; **to ~ dirty** ensuciarse; **to ~ married** casarse; **when do I ~ paid?** ¿cuándo me pagan or se me paga?; **it's ~ting late** se está haciendo tarde **2** (go): **to ~ to/from** llegar a/de; **to ~ home** llegar a casa **3** (begin) empezar a; **to ~ to know sb**

(llegar a) conocer a uno; **I'm ~ting to like him** me está empezando a gustar; **let's ~ going** or **started** ¡vamos (a empezar)!

4 (*modal auxiliary vb*): **you've got to do it** tienes que hacerlo

♦ *vt* **1**: **to ~ sth done** (*finish*) terminar algo; (*have done*) mandar hacer algo; **to ~ one's hair cut** cortarse el pelo; **to ~ the car going** or **to go** arrancar el coche; **to ~ sb to do sth** conseguir or hacer que alguien haga algo; **to ~ sth/sb ready** preparar algo/a alguien

2 (*obtain: money, permission, results*) conseguir; (*find: job, flat*) encontrar; (*fetch: person, doctor*) buscar; (*object*) ir a buscar, traer; **to ~ sth for sb** conseguir algo para alguien; **~ me Mr Jones, please** (*TEL*) póngame or comuníqueme (*LAm*) con el Sr. Jones, por favor; **can I ~ you a drink?** ¿te pido algo?

3 (*receive: present, letter*) recibir; (*acquire: reputation*) alcanzar; (*: prize*) ganar; **what did you ~ for your birthday?** ¿qué te regalaron por tu cumpleaños?; **how much did you ~ for the painting?** ¿cuánto sacaste por el cuadro?

4 (*catch*) coger (*Sp*), agarrar (*LAm*); (*hit: target etc*) dar en; **to ~ sb by the arm/throat** coger (*Sp*) or agarrar (*LAm*) a uno por el brazo/cuello; **~ him!** ¡cógelo! (*Sp*), ¡atrápalo! (*LAm*); **the bullet got him in the leg** la bala le dio en una pierna

5 (*take, move*) llevar; **to ~ sth to sb** llevar algo a alguien; **do you think we'll ~ it through the door?** ¿crees que lo podremos meter por la puerta?

6 (*catch, take: plane, bus etc*) coger (*Sp*), tomar (*LAm*); **where do I ~ the train for Birmingham?** ¿dónde se coge (*Sp*) or se toma (*LAm*) el tren para Birmingham?

7 (*understand*) entender; (*hear*) oír; **I've got it!** ¡ya lo tengo!, ¡eureka!; **I don't ~ your meaning** no te entiendo; **I'm sorry, I didn't ~ your name** lo siento, no cogí tu nombre

8 (*have, possess*): **to have got** tener.

geyser [ˈgiːzə*] *n* (*water heater*) calentador *m* de agua; (*GEO*) géiser *m*.

Ghana [ˈgɑːnə] *n* Ghana.

ghastly [ˈgɑːstlɪ] *a* horrible.

gherkin [ˈgəːkɪn] *n* pepinillo.

ghost [gəust] *n* fantasma *m*.

giant [ˈdʒaɪənt] *n* gigante *m/f* // *a* gigantesco, gigante.

gibberish [ˈdʒɪbərɪʃ] *n* galimatías *m*.

gibe [dʒaɪb] *n* mofa.

giblets [ˈdʒɪblɪts] *npl* menudillos *mpl*.

Gibraltar [dʒɪˈbrɔːltə*] *n* Gibraltar *m*.

giddiness [ˈgɪdɪnɪs] *n* vértigo.

giddy [ˈgɪdɪ] *a* (*height, speed*) vertiginoso; **to be ~** estar mareado/a.

gift [gɪft] *n* regalo; (*offering*) obsequio;

(*ability*) talento; **~ed** *a* dotado; **~ token** or **voucher** *n* vale *m* canjeable por un regalo.

gigantic [dʒaɪˈgæntɪk] *a* gigantesco.

giggle [ˈgɪgl] *vi* reírse tontamente // *n* risilla.

gill [dʒɪl] *n* (*measure*) = 0.25 pints (*Brit* = 0.148 l, US = 0.118l).

gills [gɪlz] *npl* (*of fish*) branquias *fpl*, agallas *fpl*.

gilt [gɪlt] *a, n* dorado; **~-edged** *a* (*COMM*) de máxima garantía.

gimmick [ˈgɪmɪk] *n* truco.

gin [dʒɪn] *n* (*liquor*) ginebra.

ginger [ˈdʒɪndʒə*] *n* jengibre *m*; **~ ale, ~ beer** *n* (*Brit*) gaseosa de jengibre; **~bread** *n* pan *m* de jengibre; **~-haired** *a* pelirrojo.

gingerly [ˈdʒɪndʒəlɪ] *ad* con cautela.

gipsy [ˈdʒɪpsɪ] *n* gitano/a.

giraffe [dʒɪˈrɑːf] *n* jirafa.

girder [ˈgəːdə*] *n* viga.

girdle [ˈgəːdl] *n* (*corset*) faja.

girl [gəːl] *n* (*small*) niña; (*young woman*) chica, joven *f*, muchacha; **an English ~** una (chica) inglesa; **~friend** *n* (*of girl*) amiga; (*of boy*) novia; **~ish** *a* de niña.

giro [ˈdʒaɪrəu] *n* (*Brit: bank ~*) giro bancario; (*post office ~*) giro postal; (*state benefit*) cheque quincenal del subsidio de desempleo.

girth [gəːθ] *n* circunferencia; (*of saddle*) cincha.

gist [dʒɪst] *n* lo esencial.

give [gɪv], *pt* **gave**, *pp* **given** *vt* dar; (*deliver*) entregar; (*as gift*) regalar // *vi* (*break*) romperse; (*stretch: fabric*) dar de sí; **to ~ sb sth, ~ sth to sb** dar algo a uno; **to ~ away** *vt* (*give free*) regalar; (*betray*) traicionar; (*disclose*) revelar; **to ~ back** *vt* devolver; **to ~ in** *vi* ceder // *vt* entregar; **to ~ off** *vt* despedir; **to ~ out** *vt* distribuir; **to ~ up** *vi* rendirse, darse por vencido // *vt* renunciar a; **to ~ up smoking** dejar de fumar; **to ~ o.s. up** entregarse; **to ~ way** *vi* ceder; (*Brit AUT*) ceder el paso.

glacier [ˈglæsɪə*] *n* glaciar *m*.

glad [glæd] *a* contento.

gladly [ˈglædlɪ] *ad* con mucho gusto.

glamorous [ˈglæmərəs] *a* encantador(a), atractivo.

glamour [ˈglæmə*] *n* encanto, atractivo.

glance [glɑːns] *n* ojeada, mirada // *vi*: **to ~ at** echar una ojeada a; **to ~ off** (*bullet*) rebotar; **glancing** *a* (*blow*) oblicuo.

gland [glænd] *n* glándula.

glare [glɛə*] *n* deslumbramiento, brillo // *vi* deslumbrar; **to ~ at** mirar ferozmente a; **glaring** *a* (*mistake*) manifiesto.

glass [glɑːs] *n* vidrio, cristal *m*; (*for drinking*) vaso; (*: with stem*) copa; (*also: looking ~*) espejo; **~es** *npl* gafas *fpl*; **~house** *n* invernadero; **~ware** *n* cristalería; **~y** *a* (*eyes*) vidrioso.

glaze [gleɪz] *vt* (*window*) poner cristales a; (*pottery*) barnizar // *n* barniz *m*.

glazier ['gleɪzɪə*] *n* vidriero/a.

gleam [gliːm] *n* destello // *vi* brillar; **~ing** *a* reluciente.

glean [gliːn] *vt* (*information*) recoger.

glee [gliː] *n* alegría, regocijo.

glen [glɛn] *n* cañada.

glib [glɪb] *a* de mucha labia.

glide [glaɪd] *vi* deslizarse; (AVIAT, *birds*) planear; **~r** *n* (AVIAT) planeador *m*; **gliding** *n* (AVIAT) vuelo sin motor.

glimmer ['glɪmə*] *n* luz *f* tenue.

glimpse [glɪmps] *n* vislumbre *m* // *vt* vislumbrar, entrever.

glint [glɪnt] *vi* centellear.

glisten ['glɪsn] *vi* relucir, brillar.

glitter ['glɪtə*] *vi* relucir, brillar // *n* brillo.

gloat [gləʊt] *vi*: **to ~ over** (*money*) recrearse en; (*sb's misfortune*) saborear.

global ['gləʊbl] *a* mundial.

globe [gləʊb] *n* globo, esfera.

gloom [gluːm] *n* tinieblas *fpl*, oscuridad *f*; (*sadness*) tristeza, melancolía; **~y** *a* (*dark*) oscuro; (*sad*) triste; (*pessimistic*) pesimista.

glorious ['glɔːrɪəs] *a* glorioso.

glory ['glɔːrɪ] *n* gloria.

gloss [glɔs] *n* (*shine*) brillo; (*paint*) pintura de aceite; **to ~ over** *vt fus* encubrir.

glossary ['glɔsərɪ] *n* glosario.

glossy ['glɔsɪ] *a* lustroso.

glove [glʌv] *n* guante *m*; **~ compartment** *n* (AUT) guantera.

glow [gləʊ] *vi* (*shine*) brillar // *n* brillo.

glower ['glaʊə*] *vi*: **to ~ at** mirar con ceño.

glue [gluː] *n* goma (de pegar), cemento (LAm) // *vt* pegar.

glum [glʌm] *a* (*mood*) abatido; (*person, tone*) melancólico.

glut [glʌt] *n* superabundancia.

glutton ['glʌtn] *n* glotón/ona *m/f*; **a ~ for punishment** masoquista *m/f*.

gnarled [nɑːld] *a* nudoso.

gnat [næt] *n* mosquito.

gnaw [nɔː] *vt* roer.

gnome [nəʊm] *n* gnomo.

go [gəʊ] *vb* (*pt* **went**, *pp* **gone**) *vi* ir; (*travel*) viajar; (*depart*) irse, marcharse; (*work*) funcionar, marchar; (*be sold*) venderse; (*time*) pasar; (*fit, suit*): **to ~ with** hacer juego con; (*become*) ponerse; (*break etc*) estropearse, romperse // *n* (*pl*: **~es**): **to have a ~** (**at**) probar suerte (**con**); **to be on the ~** no parar; **whose ~ is it?** ¿a quién le toca?; **he's going to do it** va a hacerlo; **to ~ for a walk** ir de paseo; **to ~ dancing** ir a bailar; **how did it ~?** ¿qué tal salió *or* resultó?, ¿cómo ha ido?; **to ~ round the back** pasar por detrás; **to ~ about** *vi* (*rumour*) propagarse // *vt fus*: **how do I ~ about this?**

¿cómo me las arreglo para hacer esto?; **to ~ ahead** *vi* seguir adelante; **to ~ along** *vi* ir // *vt fus* bordear; **to ~ along with** (*agree*) estar de acuerdo con; **to ~ away** *vi* irse, marcharse; **to ~ back** *vi* volver; **to ~ back on** *vt fus* (*promise*) faltar a; **to ~ by** *vi* (*years, time*) pasar // *vt fus* guiarse por; **to ~ down** *vi* bajar; (*ship*) hundirse; (*sun*) ponerse // *vt fus* bajar por; **to ~ for** *vt fus* (*fetch*) ir por; (*like*) gustar; (*attack*) atacar; **to ~ in** *vi* entrar; **to ~ in for** *vt fus* (*competition*) presentarse a; **to ~ into** *vt fus* entrar en; (*investigate*) investigar; (*embark on*) dedicarse a; **to ~ off** *vi* irse, marcharse; (*food*) pasarse; (*explode*) estallar; (*event*) realizarse; **I'm going off her/the idea** ya no me gusta tanto ella/la idea // *vt fus* dejar de gustar; **to ~ on** *vi* (*continue*) seguir, continuar; (*happen*) pasar, ocurrir; **to ~ on doing sth** seguir haciendo algo; **to ~ out** *vi* salir; (*fire, light*) apagarse; **to ~ over** *vi* (*ship*) zozobrar // *vt fus* (*check*) revisar; **to ~ through** *vt fus* (*town etc*) atravesar; **to ~ up** *vi* subir; **to ~ without** *vt fus* pasarse sin.

goad [gəʊd] *vt* aguijonear.

go-ahead ['gəʊəhɛd] *a* emprendedor(a) // *n* luz *f* verde.

goal [gəʊl] *n* meta; (*score*) gol *m*; **~keeper** *n* portero; **~-post** *n* poste *m* (de la portería).

goat [gəʊt] *n* cabra *f*.

gobble ['gɔbl] *vt* (*also*: **~ down**, **~ up**) engullirse.

go-between ['gəʊbɪtwiːn] *n* medianero/a, intermediario/a.

goblet ['gɔblɪt] *n* copa.

god [gɔd] *n* dios *m*; **G~** *n* Dios *m*; **~child** *n* ahijado/a; **~daughter** *n* ahijada; **~dess** *n* diosa; **~father** *n* padrino; **~forsaken** *a* dejado de la mano de Dios; **~mother** *n* madrina; **~send** *n* don *m* del cielo; **~son** *n* ahijado.

goggles ['gɔglz] *npl* (AUT) anteojos *mpl*; (*of skindiver*) gafas *fpl* submarinas.

going ['gəʊɪŋ] *n* (*conditions*) estado del terreno // *a*: **the ~ rate** la tarifa corriente *or* en vigor.

gold [gəʊld] *n* oro // *a* de oro; **~en** *a* (*made of* ~) de oro; (*in colour*) dorado; **~fish** *n* pez *m* de colores; **~-plated** *a* chapado en oro; **~smith** *n* orfebre *m/f*.

golf [gɔlf] *n* golf *m*; **~ ball** *n* (*for game*) pelota de golf; (*on typewriter*) esfera; **~ club** *n* club *m* de golf; (*stick*) palo (de golf); **~ course** *n* campo de golf; **~er** *n* golfista *m/f*.

gone [gɔn] *pp of* **go**.

good [gʊd] *a* bueno; (*kind*) bueno, amable; (*well-behaved*) educado // *n* bien *m*, provecho; **~s** *npl* bienes *mpl*; (COMM) mercancías *fpl*; **~!** ¡qué bien!; **to be ~**

at tener aptitud para; **to be ~ for** servir
para; **it's ~ for** you te hace bien; **would
you be ~ enough to...?** ¿podría hacerme
el favor de...?, ¿sería tan amable de...?;
a ~ deal (of) mucho; **a ~ many** muchos;
to make ~ reparar; **it's no ~** complaining no vale la pena (de) quejarse; **for ~**
para siempre, definitivamente; ~
morning/afternoon ¡buenos días/buenas
tardes!; **~ evening!** ¡buenas noches!; ~
night! ¡buenas noches!; **~bye!** ¡adiós!;
to say ~bye despedirse; **G~ Friday** n
Viernes m Santo; **~-looking** a guapo;
~-natured a amable, simpático; **~ness**
n (of person) bondad f; **for ~ness sake!**
¡por Dios!; **~ness gracious!** ¡Dios mío!;
~s train n (Brit) tren m de mercancías; **~will** n buena voluntad f.
goose [guːs], pl **geese** n ganso, oca.
gooseberry ['guzbəri] n grosella espino-
sa.
gooseflesh ['guːsfleʃ] n, **goose pimples**
npl carne f de gallina.
gore [gɔː*] vt cornear // n sangre f.
gorge [gɔːdʒ] n barranco // vr: **to ~ o.s.
(on)** atracarse (de).
gorgeous ['gɔːdʒəs] a magnífico, maravilloso.
gorilla [gə'rɪlə] n gorila m.
gorse [gɔːs] n aulaga.
gory ['gɔːri] a sangriento.
go-slow ['gəu'sləu] n (Brit) huelga de
manos caídas.
gospel ['gɔspl] n evangelio.
gossip ['gɔsɪp] n (scandal) chismorreo,
chismes mpl; (chat) charla; (scandal-
monger) chismoso/a; (talker) habla-
dor(a) m/f // vi chismear.
got [gɔt] pt, pp of **get**; **~ten** (US) pp of
get.
gout [gaut] n gota.
govern ['gʌvən] vt gobernar.
governess ['gʌvənɪs] n institutriz f.
government ['gʌvnmənt] n gobierno;
~al [-'mentl] a gubernamental.
governor ['gʌvənə*] n gobernador(a) m/
f; (of jail) director(a) m/f.
gown [gaun] n traje m; (of teacher;
Brit: of judge) toga.
G.P. n abbr = **general practitioner.**
grab [græb] vt coger (Sp) or agarrar
(LAm), arrebatar.
grace [greɪs] n gracia // vt honrar; **5
days' ~** un plazo de 5 días; **to say ~** bendecir la mesa; **~ful** a elegante, gracioso; **gracious** ['greɪʃəs] a amable.
grade [greɪd] n (quality) clase f, calidad
f; (in hierarchy) grado; (US SCOL) curso // vt clasificar; **~ crossing** n (US)
paso a nivel; **~ school** n (US) escuela
primaria.
gradient ['greɪdɪənt] n pendiente f.
gradual ['grædjuəl] a paulatino; **~ly** ad
paulatinamente.
graduate ['grædjuɪt] n graduado/a,

licenciado/a // vi ['grædjueɪt] graduarse,
licenciarse; **graduation** [-'eɪʃən] n graduación f.
graffiti [grə'fiːtɪ] n pintadas fpl.
graft [graːft] n (AGR, MED) injerto; (bribery) corrupción f // vt injertar; **hard ~**
(col) trabajo duro.
grain [greɪn] n (single particle) grano;
(corn) granos mpl, cereales mpl.
gram [græm] n (US) gramo.
grammar ['græmə*] n gramática: ~
school n (Brit) ≈ instituto de segunda
enseñanza, liceo (Sp).
grammatical [grə'mætɪkl] a gramatical.
gramme [græm] n = **gram.**
gramophone ['græməfəun] n (Brit) tocadiscos m inv.
granary ['grænəri] n granero, troj f.
grand [grænd] a magnífico, imponente;
~children npl nietos mpl; **~dad** n
yayo, abuelito; **~daughter** n nieta;
~eur ['grændjə*] n magnificencia, lo
grandioso; **~father** n abuelo; **~ma** n
yaya, abuelita; **~mother** n abuela;
~pa n = **~dad; ~parents** npl abuelos
mpl; **~ piano** n piano de cola; **~son** n
nieto; **~stand** n (SPORT) tribuna.
granite ['grænɪt] n granito.
granny ['grænɪ] n abuelita, yaya.
grant [graːnt] vt (concede) conceder;
(admit) reconocer // n (SCOL) beca; **to
take sth for ~ed** dar algo por sentado.
granulated ['grænjuleɪtɪd] n: ~ **sugar**
(Brit) azúcar m blanquilla refinado.
granule ['grænjuːl] n gránulo.
grape [greɪp] n uva.
grapefruit ['greɪpfruːt] n pomelo, toronja
(LAm).
graph [graːf] n gráfica; **~ic** a gráfico;
~ics n artes fpl gráficas // npl (COMPUT)
gráficos mpl.
grapple ['græpl] vi: **to ~ with a problem**
enfrentar un problema.
grasp [graːsp] vt agarrar, asir; (understand) comprender // n (grip) asimiento;
(reach) alcance m; (understanding)
comprensión f; **~ing** a avaro.
grass [graːs] n hierba; (lawn) césped m;
~hopper n saltamontes m inv; **~land**
n pradera, pampa (LAm); **~-roots** a
popular; **~ snake** n culebra.
grate [greɪt] n parrilla de chimenea // vi
chirriar // vt (CULIN) rallar.
grateful ['greɪtful] a agradecido.
grater ['greɪtə*] n rallador m.
gratify ['grætɪfaɪ] vt complacer; (whim)
satisfacer; **~ing** a grato.
grating ['greɪtɪŋ] n (iron bars) rejilla // a
(noise) áspero.
gratitude ['grætɪtjuːd] n agradecimiento.
gratuity [grə'tjuːɪtɪ] n gratificación f.
grave [greɪv] n tumba // a serio, grave.
gravel ['grævl] n grava.
gravestone ['greɪvstəun] n lápida.
graveyard ['greɪvjaːd] n cementerio.

gravity ['græviti] n gravedad f.

gravy ['greivi] n salsa de carne.

gray [grei] a = **grey**.

graze [greiz] vi pacer // vt (touch lightly) rozar; (scrape) raspar // n (MED) abrasión f.

grease [gri:s] n (fat) grasa; (lubricant) lubricante m // vt engrasar; **~proof** a a prueba de grasa; **~proof paper** n (Brit) papel m apergaminado; **greasy** a grasiento.

great [greit] a grande; (col) magnífico, estupendo; **G~ Britain** n Gran Bretaña; **~-grandfather/-grandmother** n bisabuelo/a; **~ly** ad muy; (with verb) mucho; **~ness** n grandeza.

Greece [gri:s] n Grecia.

greed [gri:d] n (also: **~iness**) codicia, avaricia; (for food) gula; **~y** a avaro; (for food) glotón/ona.

Greek [gri:k] a griego // n griego/a; (LING) griego.

green [gri:n] a verde; (inexperienced) novato // n verde m; (stretch of grass) césped m; **~s** npl verduras fpl; **~ belt** n zona verde; **~card** n (AUT) carta verde; **~ery** n verdura; **~gage** n claudia; **~grocer** n (Brit) verdulero/a; **~house** n invernadero; **~ish** a verdoso.

Greenland ['gri:nlənd] n Groenlandia.

greet [gri:t] vt saludar; (welcome) dar la bienvenida a; **~ing** n (gen) saludo; (welcome) bienvenida; **~ing(s) card** n tarjeta de felicitaciones.

grenade [grə'neid] n granada.

grew [gru:] pt of **grow**.

grey [grei] a gris; **~-haired** a canoso; **~hound** n galgo.

grid [grid] n reja; (ELEC) red f.

grief [gri:f] n dolor m, pena.

grievance ['gri:vəns] n motivo de queja, agravio.

grieve [gri:v] vi afligirse, acongojarse // vt dar pena a; **to ~ for** llorar por.

grievous ['gri:vəs] a : **~ bodily harm** (LAW) daños mpl corporales graves.

grill [gril] n (on cooker) parrilla // vt (Brit) asar a la parrilla; (question) interrogar.

grille [gril] n reja.

grim [grim] a (place) sombrío; (person) ceñudo.

grimace [gri'meis] n mueca // vi hacer muecas.

grimy ['graimi] a mugriento.

grin [grin] n sonrisa abierta // vi sonreír abiertamente.

grind [graind] vt (pt, pp ground) (coffee, pepper etc) moler; (US: meat) picar; (make sharp) afilar // n: **the daily ~** la rutina diaria; **to ~ one's teeth** hacer rechinar los dientes.

grip [grip] n (hold) asimiento; (of hands) apretón m; (handle) asidero; (holdall) maletín m // vt agarrar; **to get to ~s**

with enfrentarse con; **~ping** a absorbente.

grisly ['grizli] a horripilante, horrible.

gristle ['grisl] n cartílago.

grit [grit] n gravilla; (courage) valor m // vt (road) poner gravilla en; **to ~ one's teeth** apretar los dientes.

groan [grəun] n gemido; quejido // vi gemir; quejarse.

grocer ['grəusə*] n tendero (de ultramarinos); **~'s (shop)** n tienda de ultramarinos or de abarrotes (LAm).

groggy ['grɔgi] a atontado.

groin [grɔin] n ingle f.

groom [gru:m] n mozo/a de cuadra; (also: **bride~**) novio // vt (horse) almohazar.

groove [gru:v] n ranura, surco.

grope [grəup] vi ir a tientas; **to ~ for** vt fus buscar a tientas.

gross [grəus] a grueso; (COMM) bruto; **~ly** ad (greatly) enormemente.

grotesque [grə'tɛsk] a grotesco.

grotto ['grɔtəu] n gruta.

ground [graund] pt, pp of **grind** // n suelo, tierra; (SPORT) campo, terreno; (reason: gen pl) causa, razón f; (US: also: **~ wire**) tierra // vt (plane) mantener en tierra; (US ELEC) conectar con tierra // vi (ship) varar, encallar; **~s** npl (of coffee etc) poso sg; (gardens etc) jardines mpl, parque m; **on the ~** en el suelo; **to the ~** al suelo; **to gain/lose ~** ganar/perder terreno; **~ cloth** n (US) = **~sheet**; **~ing** n (in education) conocimientos mpl básicos; **~less** a infundado; **~sheet** n (Brit) tela impermeable; **~ staff** n personal m de tierra; **~work** n preparación f.

group [gru:p] n grupo; (musical) conjunto // (vb: also: **~ together**) vt agrupar // vi agruparse.

grouse [graus] n, pl inv (bird) urogallo // vi (complain) quejarse.

grove [grəuv] n arboleda.

grovel ['grɔvl] vi arrastrarse.

grow [grəu], pt **grew**, pp **grown** vi crecer; (increase) aumentarse; (expand) desarrollarse; (become) volverse; **to ~ rich/weak** enriquecerse/debilitarse // vt cultivar; (hair, beard) dejar crecer; **to ~ up** vi crecer, hacerse hombre/mujer; **~er** n cultivador(a) m/f, productor(a) m/f; **~ing** a creciente.

growl [graul] vi gruñir.

grown [grəun] pp of **grow**; **~-up** n adulto, mayor m/f.

growth [grəuθ] n crecimiento, desarrollo; (what has grown) brote m; (MED) tumor m.

grub [grʌb] n gusano; (col: food) comida.

grubby ['grʌbi] a sucio, mugriento.

grudge [grʌdʒ] n rencor // vt: **to ~ sb sth** dar algo a uno de mala gana; **to bear sb**

a ~ guardar rencor a uno; **he ~s** (giving) **the money** da el dinero de mala gana.

gruelling ['gruəlɪŋ] a penoso, duro.

gruesome ['gruːsəm] a horrible.

gruff [grʌf] a (voice) ronco; (manner) brusco.

grumble ['grʌmbl] vi refunfuñar, quejarse.

grumpy ['grʌmpɪ] a gruñón/ona.

grunt [grʌnt] vi gruñir // n gruñido.

G-string ['dʒiːstrɪŋ] n taparrabo.

guarantee [gærən'tiː] n garantía // vt garantizar.

guard [gɑːd] n guardia; (one man) guardia m; (Brit RAIL) jefe m de tren // vt guardar; **~ed** a (fig) cauteloso; **~ian** n guardián/ana m/f; (of minor) tutor(a) m/f; **~'s van** n (Brit RAIL) furgón n.

Guatemala [gwætɪ'mɑlə] n Guatemala; **~n** a, n guatemalteco/a m/f.

guerrilla [gə'rɪlə] n guerrillero/a; **~ warfare** n guerra de guerrillas.

guess [ges] vi adivinar // vt adivinar; (US) suponer // n suposición f, conjetura; **to take** or **have a ~** tratar de adivinar; **~work** n conjeturas fpl.

guest [gest] n invitado/a; (in hotel) huésped(a) m/f; **~-house** n casa de huéspedes, pensión f; **~ room** n cuarto de huéspedes.

guffaw [gʌ'fɔː] n reírse a carcajadas.

guidance ['gaɪdəns] n (gen) dirección f; (advice) consejos mpl.

guide [gaɪd] n (person) guía m/f; (book, fig) guía f // vt guiar; **(girl) ~** n exploradora; **~book** n guía; **~ dog** n perro m guía; **~lines** npl (fig) directiva sg.

guild [gɪld] n gremio; **~hall** n (Brit) ayuntamiento.

guile [gaɪl] n astucia.

guillotine ['gɪlətiːn] n guillotina.

guilt [gɪlt] n culpabilidad f; **~y** a culpable.

guinea pig ['gɪnɪ-] n cobayo.

guise [gaɪz] n: **in** or **under the ~ of** bajo apariencia de.

guitar [gɪ'tɑː*] n guitarra.

gulf [gʌlf] n golfo; (abyss) abismo.

gull [gʌl] n gaviota.

gullet ['gʌlɪt] n esófago.

gullible ['gʌlɪbl] a crédulo.

gully ['gʌlɪ] n barranco.

gulp [gʌlp] vi tragar saliva // vt (also: **~ down**) tragarse.

gum [gʌm] n (ANAT) encía; (glue) goma, cemento (LAm); (sweet) caramelo de goma; (also: **chewing-~**) chicle m // vt pegar con goma; **~boots** npl (Brit) botas fpl de goma.

gun [gʌn] n (small) pistola, revólver m; (shotgun) escopeta; (rifle) fusil m; (cannon) cañón m; **~boat** n cañonero; **~fire** n disparos mpl; **~man** n pistolero; **~ner** n artillero; **~point** n: **at**

~point a mano armada; **~powder** n pólvora; **~shot** n escopetazo; **~smith** n armero.

gurgle ['gɜːgl] vi gorgotear.

guru ['guːruː] n gurú m.

gush [gʌʃ] vi chorrear; (fig) deshacerse en efusiones.

gusset ['gʌsɪt] n escudete m.

gust [gʌst] n (of wind) ráfaga.

gusto ['gʌstəu] n entusiasmo.

gut [gʌt] n intestino; (MUS etc) cuerda de tripa; **~s** npl (courage) valor m.

gutter ['gʌtə*] n (of roof) canalón m; (in street) arroyo.

guy [gaɪ] n (also: **~rope**) cuerda; (col: man) tío (Sp), tipo.

guzzle ['gʌzl] vi tragar // vt engullir.

gym [dʒɪm] n (also: **gymnasium**) gimnasio; (also: **gymnastics**) gimnasia; **~nast** n gimnasta m/f; **~ shoes** npl zapatillas fpl deportivas; **~ slip** n (Brit) túnica de colegiala.

gynaecologist, (US) **gynecologist** [gaɪnɪ'kɔlədʒɪst] n ginecólogo/a.

gypsy ['dʒɪpsɪ] n = **gipsy**.

gyrate [dʒaɪ'reɪt] vi girar.

H

haberdashery ['hæbə'dæʃərɪ] n (Brit) mercería; (US: men's clothing) prendas fpl de caballero.

habit ['hæbɪt] n hábito, costumbre f.

habitat ['hæbɪtæt] n habitat m.

habitual [hə'bɪtjuəl] a acostumbrado, habitual; (drinker, liar) empedernido; **~ly** ad por costumbre.

hack [hæk] vt (cut) cortar; (slice) tajar // n corte m; (axe blow) hachazo; (pej: writer) escritor(a) m/f a sueldo.

hackneyed ['hæknɪd] a trillado, gastado.

had [hæd] pt, pp of **have**.

haddock ['hædək] pl ~ or **~s** n especie de merluza.

hadn't ['hædnt] = **had not**.

haemorrhage, (US) **hemorrhage** ['hemərɪdʒ] n hemorragia.

haemorrhoids, (US) **hemorrhoids** ['hemərɔɪdz] npl hemorroides fpl.

haggard ['hægəd] a ojeroso.

haggle ['hægl] vi (argue) discutir; (bargain) regatear.

Hague [heɪg] n: **The ~** La Haya.

hail [heɪl] n (weather) granizo // vt saludar; (call) llamar a // vi granizar; **~stone** n (piedra de) granizo.

hair [hɛə*] n (gen) pelo, cabellos mpl; (one ~) pelo, cabello; (head of ~) pelo, cabellera; (on legs etc) vello; **to do one's ~** arreglar el pelo; **grey ~** canas fpl; **~brush** n cepillo (para el pelo); **~cut** n corte m (de pelo); **~do** n peinado; **~dresser** n peluquero/a; **~dresser's** n peluquería; **~-dryer** n secador m de pelo; ~**grip**, ~**pin** n horquilla; ~**net** n redecilla; ~**piece** n postizo; ~**pin bend**, (US) ~**pin curve** n curva de horquilla; ~**raising** a espeluznante; ~ **remover** n depilatorio; ~ **spray** n laca; ~**style** n peinado; ~**y** a peludo; velludo.

hake [heik] n merluza.

half [hɑːf], pl **halves** n mitad f // a medio // ad medio, a medias; ~**an-hour** media hora; **two and a** ~ dos y media; ~ **a dozen** media docena; ~ **a pound** media libra; **to cut sth in** ~ cortar algo por la mitad; ~ **asleep** medio dormido; ~**back** n (SPORT) medio; ~**-breed**, ~**caste** n mestizo/a; ~**-hearted** a indiferente, poco entusiasta; ~**-hour** n media hora; ~**-mast** n: **at** ~**-mast** (flag) a media asta; ~**-price** a mitad de precio; ~ **term** n (Brit SCOL) vacaciones de mediados del trimestre; ~**-time** n descanso; ~**way** ad a medio camino.

halibut ['hælibət] n, pl inv halibut m.

hall [hɔːl] n (for concerts) sala; (entrance way) entrada, vestíbulo; ~ of **residence** n (Brit) colegio mayor.

hallmark ['hɔːlmɑːk] n (mark) contraste m; (fig) sello.

hallo [hə'ləu] excl = **hello.**

Hallowe'en [hæləu'iːn] n víspera de Todos los Santos.

hallucination [həluːsɪ'neɪʃən] n alucinación f.

hallway ['hɔːlweɪ] n vestíbulo.

halo ['heɪləu] n (of saint) aureola.

halt [hɔːlt] n (stop) alto, parada; (RAIL) apeadero // vt parar // vi pararse; (process) interrumpirse.

halve [hɑːv] vt partir por la mitad.

halves [hɑːvz] pl of **half.**

ham [hæm] n jamón m (cocido).

hamburger ['hæmbəːgə*] n hamburguesa.

hamlet ['hæmlɪt] n aldea.

hammer ['hæmə*] n martillo // vt (nail) clavar.

hammock ['hæmək] n hamaca.

hamper ['hæmpə*] vt estorbar // n cesto.

hand [hænd] n mano f; (of clock) aguja; (writing) letra; (worker) obrero // vt dar, pasar; **to give sb a** ~ echar una mano a uno, ayudar a uno; **at** ~ a la mano; **in** ~ entre manos; **on** ~ (person, services) a mano, al alcance; **to** ~ (information etc) a mano; **on the one** ~ ..., **on the other** ~ ... por una parte ... por otra (parte) ...; **to** ~ **in** vt entregar; **to** ~ **out** vt distribuir; **to** ~ **over** vt (deliver) entregar; (surrender) ceder; ~**bag** n bolso, cartera (LAm); ~**book** n manual m; ~**brake** n freno de mano; ~**cuffs** npl esposas fpl; ~**ful** n puñado.

handicap ['hændikæp] n desventaja, (SPORT) handicap m // vt estorbar; **handicapped** a: **to be mentally/**

physically ~**ped** ser deficiente m/f (mental)/minusválido/a (físico/a).

handicraft ['hændikrɑːft] n artesanía.

handiwork ['hændɪwəːk] n manualidad(es) f(pl); (fig) obra.

handkerchief ['hæŋkətʃɪf] n pañuelo.

handle ['hændl] n (of door etc) manija; (of cup etc) asa; (of knife etc) mango; (for winding) manivela // vt (touch) tocar; (deal with) encargarse de; (treat: people) manejar; '~ **with care**' '(manéjese) con cuidado'; **to fly off the** ~ perder los estribos; ~**bar(s)** n(pl) manillar msg.

hand: ~**-luggage** n equipaje m de mano; ~**made** ['hændmeɪd] a hecho a mano; ~**out** ['hændaut] n (leaflet) folleto; ~**rail** ['hændreɪl] n pasamanos m inv; ~**shake** ['hændʃeɪk] n apretón m de manos.

handsome ['hænsəm] a guapo.

handwriting ['hændraɪtɪŋ] n letra.

handy ['hændɪ] a (close at hand) a la mano; (tool etc) práctico; (skilful) hábil, diestro; ~**man** n manitas m inv.

hang [hæŋ], pt, pp **hung** vt colgar; (head) bajar; (criminal: pt, pp **hanged**) ahorcar // vi colgar; **to get the** ~ **of sth** (col) lograr dominar algo; **to** ~ **about** vi haraganear; **to** ~ **on** vi (wait) esperar; **to** ~ **up** vi (TEL) colgar.

hanger ['hæŋə*] n percha.

hang-gliding ['hæŋglaɪdɪŋ] n vuelo libre.

hangover ['hæŋəuvə*] n (after drinking) resaca.

hang-up ['hæŋʌp] n complejo.

hanker ['hæŋkə*] vi: **to** ~ **after** añorar.

hankie, hanky ['hæŋkɪ] n abbr = **handkerchief.**

haphazard [hæp'hæzəd] a fortuito.

happen ['hæpən] vi suceder, ocurrir; (take place) tener lugar, realizarse; **as it** ~**s** da la casualidad de que; ~**ing** n suceso, acontecimiento.

happily ['hæpɪlɪ] ad (luckily) afortunadamente; (cheerfully) alegremente.

happiness ['hæpɪnɪs] n (contentment) felicidad f; (joy) alegría.

happy ['hæpɪ] a feliz; (cheerful) alegre; **to be** ~ (**with**) estar contento (con); ~ **birthday!** ¡feliz cumpleaños!; ~**-go-lucky** a despreocupado.

harangue [hə'ræŋ] vt arengar.

harass ['hærəs] vt acosar, hostigar; ~**ment** n persecución f.

harbour, (US) **harbor** ['hɑːbə*] n puerto // vt dar abrigo a.

hard [hɑːd] a duro; (difficult) difícil; (work) arduo; (person) severo // ad (work) mucho, duro; (think) profundamente; **to look** ~ **at sb/sth** clavar los ojos en uno/algo; **to try** ~ esforzarse; **no** ~ **feelings!** ¡sin rencor(es)!; **to be** ~ **of hearing** ser duro de oído; **to be** ~ **done by** ser tratado injustamente; ~**back** n libro de tapas duras; ~ **cash** n dinero contante; ~ **disk** n (COMPUT) disco duro or rígido; ~**en** vt endurecer; (fig) curtir // vi endurecerse; ~**-headed** a poco sentimental, realista; ~ **labour** n trabajos mpl forzados.

hardly ['hɑːdlɪ] ad (scarcely) apenas; that can ~ be true eso difícilmente puede ser cierto; ~ ever casi nunca.

hardship ['hɑːdʃɪp] n (troubles) penas fpl; (financial) apuro.

hard-up [hɑːd'ʌp] a (col) sin un duro (Sp), sin plata (LAm).

hardware ['hɑːdwɛə*] n ferretería; (COMPUT) hardware m; ~ **shop** n ferretería.

hard-wearing [hɑːd'wɛərɪŋ] a resistente, duradero.

hard-working [hɑːd'wəːkɪŋ] a trabajador(a).

hardy ['hɑːdɪ] a fuerte; (plant) resistente.

hare [hɛə*] n liebre f; ~**-brained** a casquivano.

haricot (bean) ['hærɪkəu-] n alubia.

harm [hɑːm] n daño, mal m // vt (person) hacer daño a; (health, interests) perjudicar; (thing) dañar; **out of ~'s way** a salvo; ~**ful** a (gen) dañino; (to reputation) perjudicial; ~**less** a (person) inofensivo; (drugs) inocuo.

harmonize ['hɑːmənaɪz] vt, vi armonizar.

harmony ['hɑːmənɪ] n armonía.

harness ['hɑːnɪs] n arreos mpl // vt enjaezar; (fig) aprovechar.

harp [hɑːp] n arpa // vi: **to ~ on (about)** machacar (en).

harpoon [hɑː'puːn] n arpón m.

harrowing ['hærəuɪŋ] a angustioso.

harsh [hɑːʃ] a (cruel) duro, cruel; (severe) severo; (words) hosco; (colour) chillón/ona; (contrast) violento.

harvest ['hɑːvɪst] n cosecha; (of grapes) vendimia // vt, vi cosechar; ~**er** n (machine) cosechadora.

has [hæz] vb see **have**.

hash [hæʃ] n (CULIN) picadillo; (fig: mess) lío.

hashish ['hæʃɪʃ] n hachís m, hachich m.

hasn't ['hæznt] = **has not**.

hassle ['hæsl] n pelea.

haste [heɪst] n prisa; ~**n** ['heɪsn] vt acelerar // vi darse prisa; **hastily** ad de prisa; **hasty** a apresurado.

hat [hæt] n sombrero.

hatch [hætʃ] n (NAUT: also: ~**way**) escotilla // vi salir del cascarón // vt incubar; (plot) tramar.

hatchback ['hætʃbæk] n (AUT) tres or cinco puertas m.

hatchet ['hætʃɪt] n hacha.

hate [heɪt] vt odiar, aborrecer // n odio; ~**ful** a odioso; **hatred** ['heɪtrɪd] n odio.

hat trick n: **to score a ~** (Brit: SPORT)

marcar tres goles or tantos.

haughty ['hɔːtɪ] a altanero, arrogante.

haul [hɔːl] vt tirar; (by lorry) transportar // n (of fish) redada; (of stolen goods etc) botín m; ~**age** n (Brit) transporte m; (costs) gastos mpl de transporte; ~**ier**, (US) ~**er** n transportista m/f.

haunch [hɔːntʃ] n anca; (of meat) pierna.

haunt [hɔːnt] vt (subj: ghost) aparecer en; (frequent) frecuentar; (obsess) obsesionar // n guarida.

have [hæv], pt, pp **had** ♦ auxiliary vb **1** (gen) haber; **to ~ arrived/eaten** haber llegado/comido; **having finished** or **when he had finished**, **he left** cuando terminó, se fue
2 (in tag questions): **you've done it, ~n't you?** lo has hecho, ¿verdad? or ¿no?
3 (in short answers and questions): **I ~n't no; so I ~ pues, es verdad; we ~n't paid — yes we ~!** no hemos pagado — sí que hemos pagado; **I've been there before, ~ you?** he estado allí antes, ¿y tú?
♦ modal auxiliary vb (be obliged): **to ~ (got) to do sth** tener que hacer algo; **you ~n't to tell her** no hay que or no debes decírselo
♦ vt **1** (possess): **he has** (got) **blue eyes/dark hair** tiene los ojos azules/el pelo negro
2 (referring to meals etc): **to ~ breakfast/lunch/dinner** desayunar/comer/cenar; **to ~ a drink/a cigarette** tomar algo/fumar un cigarrillo
3 (receive) recibir; (obtain) obtener; **may I ~ your address?** ¿puedes darme tu dirección?; **you can ~ it for £5** te lo puedes quedar por £5; **I must ~ it by tomorrow** lo necesito para mañana; **to ~ a baby** tener un niño or bebé
4 (maintain, allow): **I won't ~ it/this nonsense!** ¡no lo permitiré!/¡no permitiré estas tonterías!; **we can't ~ that** no podemos permitir eso
5: to ~ sth done hacer or mandar hacer algo; **to ~ one's hair cut** cortarse el pelo; **to ~ sb do sth** hacer que alguien haga algo
6 (experience, suffer): **to ~ a cold/flu** tener un resfriado/gripe; **she had her bag stolen/her arm broken** le robaron el bolso/se rompió un brazo; **to ~ an operation** operarse
7 (+ noun): **to ~ a swim/walk/bath/rest** nadar/dar un paseo/darse un baño/descansar; **let's ~ a look** vamos a ver; **to ~ a meeting/party** celebrar una reunión/una fiesta; **let me ~ a try** déjame intentarlo;
to ~ out vt: **to ~ it out with sb** (settle a problem etc) dejar las cosas en claro con alguien.

haven ['heɪvn] n puerto; (fig) refugio.

haven't ['hævnt] = **have not**.

haversack [ˈhævəsæk] *n* mochila.
havoc [ˈhævək] *n* estragos *mpl*.
hawk [hɔːk] *n* halcón *m*.
hay [heɪ] *n* heno; ~ **fever** *n* fiebre *f* del heno; **~stack** *n* almiar *m*.
haywire [ˈheɪwaɪə*] *a* (*col*): **to go ~** (*person*) volverse loco; (*plan*) embrollarse.
hazard [ˈhæzəd] *n* riesgo; (*danger*) peligro // *vt* aventurar; **~ous** *a* peligroso; **~ warning lights** *npl* (*AUT*) señales *fpl* de emergencia.
haze [heɪz] *n* neblina.
hazelnut [ˈheɪzlnʌt] *n* avellana.
hazy [ˈheɪzɪ] *a* brumoso; (*idea*) vago.
he [hiː] *pron* él; ~ **who...** él que..., quien... .
head [hɛd] *n* cabeza; (*leader*) jefe/a *m/f* // *vt* (*list*) encabezar; (*group*) capitanear; **~s (or tails)** cara (o cruz); **~ first** de cabeza; **~ over heels** patas arriba; **to ~ the ball** cabecear (la pelota); **to ~ for** *vt fus* dirigirse a; **~ache** *n* dolor *m* de cabeza; **~dress** *n* tocado; **~ing** *n* título; **~lamp** *n* (*Brit*) = **~light**; **~land** *n* promontorio; **~light** *n* faro; **~line** *n* titular *m*; **~long** *ad* (*fall*) de cabeza; (*rush*) precipitadamente; **~master/ mistress** *n* director(a) *m/f* (de escuela); **~ office** *n* oficina central, central *f*; **~ on** *a* (*collision*) de frente; **~phones** *npl* auriculares *mpl*; **~quarters (HQ)** *npl* sede *f* central; (*MIL*) cuartel *m* general; **~-rest** *n* reposa-cabezas *m inv*; **~room** *n* (*in car*) altura interior; (*under bridge*) (límite *m* de) altura; **~scarf** *n* pañuelo; **~strong** *a* testarudo; **~ waiter** *n* maitre *m*; **~way** *n*: **to make ~way** (*fig*) hacer progresos; **~wind** *n* viento contrario; **~y** *a* (*experience, period*) apasionante; (*wine*) cabezón.
heal [hiːl] *vt* curar // *vi* cicatrizarse.
health [hɛlθ] *n* salud *f*; **~ food** *n* alimentos *mpl* orgánicos; **the H~ Service** *n* (*Brit*) servicio de salud pública; ≈ Insalud *m* (*Sp*); **~y** *a* (*gen*) sano.
heap [hiːp] *n* montón *m* // *vt* amontonar.
hear [hɪə*], *pt, pp* **heard** [həːd] *vt* oír; (*perceive*) sentir; (*listen to*) escuchar; (*lecture*) asistir a // *vi* oír; **to ~ about** oír hablar de; **to ~ from sb** tener noticias de uno; **~ing** *n* (*sense*) oído; (*LAW*) vista; **~ing aid** *n* audífono; **~say** *n* rumores *mpl*, habillas *fpl*.
hearse [həːs] *n* coche *m* fúnebre.
heart [hɑːt] *n* corazón *m*; **~s** *npl* (*CARDS*) corazones *mpl*; **at ~** en el fondo; **by ~** (*learn, know*) de memoria; **~ attack** *n* infarto (de miocardio); **~beat** *n* latido (del corazón); **~breaking** *a* desgarrador(a); **~broken** *a*: she was **~broken** about it esto le partió el corazón; **~burn** *n* acedia; **~ failure** *n* fallo cardíaco; **~felt** *a* (*cordial*) cordial; (*deeply felt*) más sentido.

hearth [hɑːθ] *n* (*gen*) hogar *m*; (*fireplace*) chimenea.
heartily [ˈhɑːtɪlɪ] *ad* sinceramente, cordialmente; (*laugh*) a carcajadas; (*eat*) con buen apetito.
heartless [ˈhɑːtlɪs] *a* cruel.
hearty [ˈhɑːtɪ] *a* cordial.
heat [hiːt] *n* (*gen*) calor *m*; (*SPORT: also*: **qualifying ~**) prueba eliminatoria // *vt* calentar; **to ~ up** *vi* (*gen*) calentarse; **~ed** *a* caliente; (*fig*) acalorado; **~er** *n* calentador *m*.
heath [hiːθ] *n* (*Brit*) brezal *m*.
heathen [ˈhiːðn] *a, n* pagano/a *m/f*.
heather [ˈhɛðə*] *n* brezo.
heating [ˈhiːtɪŋ] *n* calefacción *f*.
heatstroke [ˈhiːtstrəuk] *n* insolación *f*.
heatwave [ˈhiːtweɪv] *n* ola de calor.
heave [hiːv] *vt* (*pull*) tirar; (*push*) empujar con esfuerzo; (*lift*) levantar (con esfuerzo) // *vi* (*water*) subir y bajar // *n* tirón *m*; empujón *m*.
heaven [ˈhɛvn] *n* cielo; **~ly** *a* celestial.
heavily [ˈhɛvɪlɪ] *ad* pesadamente; (*drink, smoke*) con exceso; (*sleep, sigh*) profundamente.
heavy [ˈhɛvɪ] *a* pesado; (*work*) duro; (*sea, rain, meal*) fuerte; (*drinker, smoker*) gran; **~ goods vehicle (HGV)** *n* vehículo pesado; **~weight** *n* (*SPORT*) peso pesado.
Hebrew [ˈhiːbruː] *a, n* (*LING*) hebreo.
Hebrides [ˈhɛbrɪdiːz] *npl*: **the ~** las Hébridas.
heckle [ˈhɛkl] *vt* interrumpir.
hectic [ˈhɛktɪk] *a* agitado.
he'd [hiːd] = **he would, he had.**
hedge [hɛdʒ] *n* seto // *vt* cercar (con un seto) // *vi* contestar con evasivas; **to ~ one's bets** (*fig*) cubrirse.
hedgehog [ˈhɛdʒhɔg] *n* erizo.
heed [hiːd] *vt* (*also*: **take ~ of**) (*pay attention*) hacer caso de; (*bear in mind*) tener en cuenta; **~less** *a* desatento.
heel [hiːl] *n* talón *m* // *vt* (*shoe*) poner tacón a.
hefty [ˈhɛftɪ] *a* (*person*) fornido; (*piece*) grande; (*price*) gordo.
heifer [ˈhɛfə*] *n* novilla, ternera.
height [haɪt] *n* (*of person*) talle *m*; (*of building*) altura; (*high ground*) cerro; (*altitude*) altitud *f*; **~en** *vt* elevar; (*fig*) aumentar.
heir [ɛə*] *n* heredero; **~ess** *n* heredera; **~loom** *n* reliquia de familia.
held [hɛld] *pt, pp* of **hold**.
helicopter [ˈhɛlɪkɔptə*] *n* helicóptero.
helium [ˈhiːlɪəm] *n* helio.
hell [hɛl] *n* infierno; **~!** (*col*) ¡demonios!
he'll [hiːl] = **he will, he shall.**
hellish [ˈhɛlɪʃ] *a* infernal.
hello [həˈləu] *excl* ¡hola!; (*surprise*) ¡caramba!
helm [hɛlm] *n* (*NAUT*) timón *m*.
helmet [ˈhɛlmɪt] *n* casco.

help [hɛlp] *n* ayuda; (*charwoman*) criada, asistenta // *vt* ayudar; **~!** ¡socorro!; **~ yourself** sírvete; **he can't ~ it** no es culpa suya; **~er** *n* ayudante *m/f*; **~ful** *a* útil; (*person*) servicial; **~ing** *n* ración *f*; **~less** *a* (*incapable*) incapaz; (*defenceless*) indefenso.

hem [hɛm] *n* dobladillo // *vt* poner *or* coser el dobladillo; **to ~ in** *vt* cercar.

he-man ['hi:mæn] *n* macho.

hemorrhage ['hɛmərɪdʒ] *n* (*US*) = **haemorrhage**.

hemorrhoids ['hɛmərɔɪdʒ] *npl* (*US*) = **haemorrhoids**.

hen [hɛn] *n* gallina.

hence [hɛns] *ad* (*therefore*) por lo tanto; **2 years ~** de aquí a 2 años; **~forth** *ad* de hoy en adelante.

henchman ['hɛntʃmən] *n* (*pej*) secuaz *m*.

henpecked ['hɛnpɛkt] *a*: **to be ~** ser un calzonazos.

hepatitis [hɛpə'taɪtɪs] *n* hepatitis *f*.

her [hə:*] *pron* (*direct*) la; (*indirect*) le; (*stressed, after prep*) ella // *a* su; *see also* **me**, **my**.

herald ['hɛrəld] *n* heraldo // *vt* anunciar.

herb [hə:b] *n* hierba.

herd [hə:d] *n* rebaño.

here [hɪə*] *ad* aquí; **~!** (*present*) ¡presente!; (*offering sth*) ¡toma!; **~ is/are** aquí está/están; **~ she is** aquí está; **~after** *ad* en el futuro // *n*: **the ~after** el más allá; **~by** *ad* (*in letter*) por la presente.

heredity [hɪ'rɛdɪtɪ] *n* herencia.

heresy ['hɛrəsɪ] *n* herejía.

heretic ['hɛrətɪk] *n* hereje *m/f*.

heritage ['hɛrɪtɪdʒ] *n* (*gen*) herencia; (*fig*) patrimonio.

hermetically [hə:'mɛtɪklɪ] *ad*: **~ sealed** cerrado herméticamente.

hermit ['hə:mɪt] *n* ermitaño/a.

hernia ['hə:nɪə] *n* hernia.

hero ['hɪərəu], *pl* **~es** *n* héroe *m*; (*in book, film*) protagonista *m*; **~ic** [hɪ'rəuɪk] *a* heroico.

heroin ['hɛrəuɪn] *n* heroína.

heroine ['hɛrəuɪn] *n* heroína; (*in book, film*) protagonista.

heron ['hɛrən] *n* garza.

herring ['hɛrɪŋ] *n* arenque *m*.

hers [hə:z] *pron* (el) suyo/(la) suya *etc*; *see also* **mine**.

herself [hə:'sɛlf] *pron* (*reflexive*) se; (*emphatic*) ella misma; (*after prep*) sí (misma); *see also* **oneself**.

he's [hi:z] = **he is**; **he has**.

hesitant ['hɛzɪtənt] *a* vacilante.

hesitate ['hɛzɪteɪt] *vi* vacilar; **hesitation** ['-teɪʃən] *n* indecisión *f*.

heterosexual [hɛtərəu'sɛksjuəl] *a*, *n* heterosexual *m/f*.

heyday ['heɪdeɪ] *n*: **the ~ of** el apogeo de.

HGV *n abbr* = **heavy goods vehicle**.

hi [haɪ] *excl* ¡hola!

hiatus [haɪ'eɪtəs] *n* laguna; (*LING*) hiato.

hibernate ['haɪbəneɪt] *vi* invernar.

hiccough, **hiccup** ['hɪkʌp] *vi* hipar; **~s** *npl* hipo *sg*.

hide [haɪd] *n* (*skin*) piel *f* // *vb* (*pt* **hid**, *pp* **hidden**) *vt* esconder, ocultar // *vi*: **to ~** (**from sb**) esconderse *or* ocultarse (de uno); **~-and-seek** *n* escondite *m*; **~away** *n* escondite *m*.

hideous ['hɪdɪəs] *a* horrible.

hiding ['haɪdɪŋ] *n* (*beating*) paliza; **to be in ~** (*concealed*) estar escondido; **~ place** *n* escondrijo.

hierarchy ['haɪərɑ:kɪ] *n* jerarquía.

hi-fi ['haɪfaɪ] *n* estéreo, hifi *m* // *a* de alta fidelidad.

high [haɪ] *a* alto; (*speed, number*) grande; (*price*) elevado; (*wind*) fuerte; (*voice*) agudo // *ad* alto, a gran altura; **it is 20 m ~** tiene 20 m de altura; **~ in the air** en las alturas; **~boy** *n* (*US*) cómoda alta; **~brow** *a*, *n* intelectual *m/f*; **~chair** *n* silla alta; **~er education** *n* educación *f* or enseñanza superior; **~handed** *a* despótico; **~jack** = **hijack**; **~ jump** *n* (*SPORT*) salto de altura; **the H~lands** *npl* las tierras altas de Escocia; **~light** *n* (*fig: of event*) punto culminante // *vt* subrayar; **~ly** *ad* sumamente; **~ly strung** *a* hipertenso; **~ness** *n* altura; **Her** *or* **His H~ness** Su Alteza; **~-pitched** *a* agudo; **~-rise block** *n* torre *f* de pisos; **~ school** *n* centro de enseñanza secundaria; ≈ Instituto Nacional de Bachillerato (*Sp*); **~ season** *n* (*Brit*) temporada alta; **~ street** *n* (*Brit*) calle *f* mayor; **~way** *n* carretera; **H~way Code** *n* (*Brit*) código de la circulación.

hijack ['haɪdʒæk] *vt* secuestrar; **~er** *n* secuestrador(a) *m/f*.

hike [haɪk] *vi* (*go walking*) ir de excursión (de pie) // *n* caminata; **~r** *n* excursionista *m/f*.

hilarious [hɪ'lɛərɪəs] *a* divertidísimo.

hill [hɪl] *n* colina; (*high*) montaña; (*slope*) cuesta; **~side** *n* ladera; **~y** *a* montañoso; (*uneven*) accidentado.

hilt [hɪlt] *n* (*of sword*) empuñadura; **to the ~** (*fig: support*) incondicionalmente.

him [hɪm] *pron* (*direct*) le, lo; (*indirect*) le; (*stressed, after prep*) él; *see also* **me**; **~self** *pron* (*reflexive*) se; (*emphatic*) él mismo; (*after prep*) sí (mismo); *see also* **oneself**.

hind [haɪnd] *a* posterior // *n* cierva.

hinder ['hɪndə*] *vt* estorbar, impedir; **hindrance** ['hɪndrəns] *n* estorbo, obstáculo.

hindsight ['haɪndsaɪt] *n*: **with ~** en retrospectiva.

Hindu ['hɪndu:] *n* hindú *m/f*.

hinge [hɪndʒ] *n* bisagra, gozne *m* // *vi*

hint 90 **honey**

(fig): to ~ on depender de.
hint [hɪnt] n indirecta; *(advice)* consejo // vt: to ~ that insinuar que // vi: to ~ at hacer alusión a.
hip [hɪp] n cadera.
hippopotamus [hɪpə'pɒtəməs], pl **-es** or **-mi** [-maɪ] n hipopótamo.
hire ['haɪə*] vt *(Brit: car, equipment)* alquilar; *(worker)* contratar // n alquiler m; **for** ~ se alquila; *(taxi)* libre; ~ **purchase (H.P.)** n *(Brit)* compra a plazos.
his [hɪz] pron (el) suyo/(la) suya etc // a su; *see also* **my, mine.**
Hispanic [hɪs'pænɪk] a hispánico.
hiss [hɪs] vi silbar.
historian [hɪ'stɔːrɪən] n historiador(a) m/f.
historic(al) [hɪ'stɔrɪk(l)] a histórico.
history ['hɪstərɪ] n historia.
hit [hɪt] vt *(pt, pp hit) (strike)* golpear, pegar; *(reach: target)* alcanzar; *(collide with: car)* chocar contra; *(fig: affect)* afectar // n golpe m; *(success)* éxito; to ~ **it off with sb** llevarse bien con uno; ~**-and-run driver** n conductor(a) que atropella y huye.
hitch [hɪtʃ] vt *(fasten)* atar, amarrar; *(also:* ~ **up)** remangar // n *(difficulty)* dificultad f; to ~ **a lift** hacer autostop.
hitch-hike ['hɪtʃhaɪk] vi hacer autostop; ~**r** n autostopista m/f.
hi-tech [haɪ'tɛk] a de alta tecnología.
hitherto ['hɪðə'tuː] ad hasta ahora.
hive [haɪv] n colmena; to ~ **off** vt transferir; privatizar.
HMS abbr = His (Her) Majesty's Ship.
hoard [hɔːd] n *(treasure)* tesoro; *(stockpile)* provisión f // vt acumular; ~**ing** n *(for posters)* cartelera.
hoarfrost ['hɔːfrɒst] n escarcha.
hoarse [hɔːs] a ronco.
hoax [həuks] n trampa.
hob [hɒb] n quemador m.
hobble ['hɒbl] vi cojear.
hobby ['hɒbɪ] n pasatiempo, afición f; ~**-horse** n *(fig)* caballo de batalla.
hobo ['həubəu] n *(US)* vagabundo.
hockey ['hɒkɪ] n hockey m.
hoe [həu] n azadón m // vt azadonar.
hog [hɒg] n cerdo, puerco // vt *(fig)* acaparar; to go the whole ~ poner toda la carne en el asador.
hoist [hɔɪst] n *(crane)* grúa // vt levantar, alzar.
hold [həuld] vt *(pt, pp held)* tener; *(contain)* contener; *(keep back)* retener; *(believe)* sostener; *(take ~ of)* coger *(Sp)*, agarrar *(LAm)*; *(take weight)* soportar; *(meeting)* celebrar // vi *(withstand pressure)* resistir; *(be valid)* valer; *(stick)* pegarse // n *(grasp)* asimiento; *(fig)* dominio; *(WRESTLING)* presa; *(NAUT)* bodega; ~ **the line!** *(TEL)* ¡no cuelgue!; to ~ **one's own** *(fig)* defenderse; to catch or

get (a) ~ of agarrarse or asirse de; to ~ **back** vt retener; *(secret)* ocultar; to ~ **down** vt *(person)* sujetar; *(job)* mantener; to ~ **off** vt *(enemy)* rechazar; to ~ **on** vi agarrarse bien; *(wait)* esperar; to ~ **on to** vt fus agarrarse a; *(keep)* guardar; to ~ **out** vt ofrecer // vi *(resist)* resistir; to ~ **up** vt *(raise)* levantar; *(support)* apoyar; *(delay)* retrasar; *(rob)* asaltar; ~**all** n *(Brit)* bolsa; ~**er** n *(of ticket, record)* poseedor(a) m/f; *(of office, title etc)* titular m/f; ~**ing** n *(share)* interés m; ~**up** n *(robbery)* atraco; *(delay)* retraso; *(Brit: in traffic)* embotellamiento.
hole [həul] n agujero // vt agujerear.
holiday ['hɒlədɪ] n vacaciones fpl; *(day off)* (día m de) fiesta, día m feriado; **on** ~ de vacaciones; ~ **camp** n colonia veraniega; ~**maker** n *(Brit)* turista m/f; ~ **resort** n centro turístico.
holiness ['həulɪnɪs] n santidad f.
Holland ['hɒlənd] n Holanda.
hollow ['hɒləu] a hueco; *(fig)* vacío; *(eyes)* hundido; *(sound)* sordo // n *(gen)* hueco; *(in ground)* hoyo // vt: to ~ **out** ahuecar.
holly ['hɒlɪ] n acebo.
holocaust ['hɒləkɔːst] n holocausto.
holster ['həulstə*] n pistolera.
holy ['həulɪ] a *(gen)* santo, sagrado; *(water)* bendito; **H~ Ghost** or **Spirit** n Espíritu m Santo.
homage ['hɒmɪdʒ] n homenaje m.
home [həum] n casa; *(country)* patria; *(institution)* asilo // a *(domestic)* casero, de casa; *(ECON, POL)* nacional // ad *(direction)* a casa; at ~ en casa; to go/come ~ ir/volver a casa; make yourself at ~ ¡estás en tu casa!; ~ **address** n domicilio; ~ **computer** n ordenador m doméstico; ~**land** n tierra natal; ~**less** a sin hogar, sin casa; ~**ly** a *(domestic)* casero; *(simple)* sencillo; ~**-made** a hecho en casa; **H~ Office** n *(Brit)* Ministerio del Interior; ~ **rule** n autonomía; **H~ Secretary** n *(Brit)* Ministro del Interior; ~**sick** a: to be ~**sick** tener morriña, sentir nostalgia; ~ **town** n ciudad f natal; ~**ward** ['həumwəd] a *(journey)* hacia casa; ~**work** n deberes mpl.
homogeneous [hɒmə'dʒiːnɪəs] a homogéneo.
homicide ['hɒmɪsaɪd] n *(US)* homicidio.
homosexual [hɒməu'sɛksjuəl] a, n homosexual m/f.
Honduran [hɒn'djuərən] a, n hondureño/a m/f.
Honduras [hɒn'djuərəs] n Honduras f.
honest ['ɒnɪst] a honrado; *(sincere)* franco, sincero; ~**ly** ad honradamente; francamente; ~**y** n honradez f.
honey ['hʌnɪ] n miel f; ~**comb** n panal m; ~**moon** n luna de miel; ~**suckle** n madreselva.

honk [hɔŋk] vi (AUT) tocar la bocina.
honorary ['ɔnərərɪ] a (member, president) de honor; ~ **degree** doctorado honoris causa.
honour, (US) **honor** ['ɔnə*] vt honrar // n honor m, honra; ~**able** a honorable; ~**s degree** n (SCOL) título de licenciado de categoría superior.
hood [hud] n capucha; (Brit AUT) capota; (US: AUT) capó m.
hoodlum ['hu:dləm] n matón m.
hoodwink ['hudwɪŋk] vt (Brit) timar.
hoof [hu:f], pl **hooves** o pezuña.
hook [huk] n gancho; (on dress) corchete m, broche m; (for fishing) anzuelo // vt enganchar.
hooligan ['hu:lɪɡən] n gamberro.
hoop [hu:p] n aro.
hoot [hu:t] vi (Brit AUT) tocar la bocina; (siren) sonar la sirena // n bocinazo, toque m de sirena; **to ~ with laughter** morirse de risa; ~**er** n (Brit AUT) bocina; (NAUT) sirena.
hoover ® ['hu:və*] (Brit) n aspiradora // vt pasar la aspiradora.
hooves [hu:vz] pl of **hoof.**
hop [hɔp] vi saltar, brincar; (on one foot) saltar con un pie.
hope [həup] vt, vi esperar // n esperanza; **I ~ so/not** espero que sí/no; ~**ful** a (person) optimista; (situation) prometedor(a); ~**fully** ad con optimismo, con esperanza; ~**less** a desesperado.
hops [hɔps] npl lúpulo sg.
horizon [hə'raɪzn] n horizonte m; ~**tal** [hɔrɪ'zɔntl] a horizontal.
hormone ['hɔ:məun] n hormona.
horn [hɔ:n] n cuerno; (MUS: also: French ~) trompa; (AUT) bocina, claxón m (LAm).
hornet ['hɔ:nɪt] n avispón m.
horny ['hɔ:nɪ] a (material) córneo; (hands) calloso; (col) cachondo.
horoscope ['hɔrəskəup] n horóscopo.
horrendous [hə'rendəs] a horrendo.
horrible ['hɔrɪbl] a horrible.
horrid ['hɔrɪd] a horrible, horroroso.
horrify ['hɔrɪfaɪ] vt horrorizar.
horror ['hɔrə*] n horror m; ~ **film** n película de horror.
hors d'œuvre [ɔ:'də:vrə] n entremeses mpl.
horse [hɔ:s] n caballo; **on ~back** a caballo; ~ **chestnut** n (tree) castaño de Indias; ~**man/woman** n jinete/a m/f; ~**power (h.p.)** n caballo (de fuerza); ~**racing** n carreras fpl de caballos; ~**radish** n rábano picante; ~**shoe** n herradura.
hose [həuz] n (also: ~pipe) manga.
hosiery ['həuzɪərɪ] n calcetería.
hospitable [hɔs'pɪtəbl] a hospitalario.
hospital ['hɔspɪtl] n hospital m.
hospitality [hɔspɪ'tælɪtɪ] n hospitalidad f.
host [həust] n anfitrión m; (of inn etc)

mesonero; (REL) hostia; (large number): **a ~ of** multitud de.
hostage ['hɔstɪdʒ] n rehén m.
hostel ['hɔstl] n hostal m; (youth) ~ n albergue m juvenil.
hostess ['həustɪs] n anfitriona.
hostile ['hɔstaɪl] a hostil; **hostility** [-'stɪlɪtɪ] n hostilidad f.
hot [hɔt] a caliente; (weather) caluroso, de calor; (as opposed to only warm) muy caliente; (spicy) picante; (fig) ardiente, acalorado; **to be ~** (person) tener calor; (object) estar caliente; (weather) hacer calor; ~**bed** n (fig) semillero; ~ **dog** n perro caliente.
hotel [həu'tel] n hotel m; ~**ier** n hotelero.
hot: ~**headed** a exaltado; ~**house** n invernadero; ~ **line** n (POL) teléfono rojo; ~**ly** ad con pasión, apasionadamente; ~**plate** n (on cooker) hornillo; ~**water bottle** n bolsa de agua caliente.
hound [haund] vt acosar // n perro de caza.
hour ['auə*] n hora; ~**ly** a (de) cada hora // ad cada hora.
house [haus, pl: 'hauzɪz] n (also: firm) casa; (POL) cámara; (THEATRE) sala // vt [hauz] (person) alojar; **on the ~** (fig) la casa invita; ~ **arrest** n arresto domiciliario; ~**boat** n casa flotante; ~**breaking** n allanamiento de morada; ~**coat** n bata; ~**hold** n familia; ~**keeper** n ama de llaves; ~**keeping** n (work) trabajos mpl domésticos; ~**keeping (money)** n dinero para gastos domésticos; ~**warming party** n fiesta de estreno de una casa; ~**wife** n ama de casa; ~**work** n faenas fpl (de la casa).
housing ['hauzɪŋ] n (act) alojamiento; (houses) viviendas fpl; ~ **development**, (Brit) ~ **estate** n urbanización f.
hovel ['hɔvl] n casucha.
hover ['hɔvə*] vi flotar (en el aire); ~**craft** n aerodeslizador m.
how [hau] ad (in what way) cómo; ~ **are you?** ¿cómo estás?; ~ **much milk/many people?** ¿cuánta leche/gente?; ~ **much does it cost?** ¿cuánto cuesta?; ~ **long have you been here?** ¿cuánto hace que estás aquí?; ~ **old are you?** ¿cuántos años tienes?; ~ **tall is he?** ¿cómo es de alto?; ~ **is school?** ¿cómo (te) va (en) la escuela?; ~ **was the film?** ¿qué tal la película?; ~ **lovely/awful!** ¡qué bonito/horror!
howl [haul] n aullido // vi aullar.
H.P. n abbr = **hire purchase.**
h.p. abbr = **horse power.**
HQ n abbr = **headquarters.**
hub [hʌb] n (of wheel) centro.
hubbub ['hʌbʌb] n barahúnda, barullo.

hubcap ['hʌbkæp] *n* tapacubos *m inv.*
huddle ['hʌdl] *vi*: to ~ together amontonarse.
hue [hjuː] *n* color *m*, matiz *m*; ~ and cry *n* alarma.
huff [hʌf] *n*: in a ~ enojado.
hug [hʌg] *vt* abrazar // *n* abrazo.
huge [hjuːdʒ] *a* enorme.
hulk [hʌlk] *n* (*ship*) barco viejo; (*person, building etc*) mole *f.*
hull [hʌl] *n* (*of ship*) casco.
hullo [hə'ləu] *excl* = **hello.**
hum [hʌm] *vt* tararear, canturrear // *vi* tararear, canturrear; (*insect*) zumbar.
human ['hjuːmən] *a, n* humano *m/f.*
humane [hjuː'meɪn] *a* humano, humanitario.
humanitarian [hjuːmænɪ'tɛərɪən] *a* humanitario.
humanity [hjuː'mænɪtɪ] *n* humanidad *f.*
humble ['hʌmbl] *a* humilde // *vt* humillar.
humbug ['hʌmbʌg] *n* tonterías *fpl*; (*Brit*: *sweet*) caramelo de menta.
humdrum ['hʌmdrʌm] *a* (*boring*) monótono, aburrido; (*routine*) rutinario.
humid ['hjuːmɪd] *a* húmedo; ~ity [-'mɪdɪtɪ] *n* humedad *f.*
humiliate [hjuː'mɪlɪeɪt] *vt* humillar; **humiliation** [-'eɪʃən] *n* humillación *f.*
humility [hjuː'mɪlɪtɪ] *n* humildad *f.*
humorous ['hjuːmərəs] *a* gracioso, divertido.
humour, (*US*) **humor** ['hjuːmə*] *n* humorismo, sentido del humor; (*mood*) humor *m* // *vt* (*person*) complacer.
hump [hʌmp] *n* (*in ground*) montículo; (*camel's*) giba.
hunch [hʌntʃ] *n* (*premonition*) presentimiento; ~**back** *n* joroba *m/f*; ~**ed** *a* jorobado.
hundred ['hʌndrəd] *num* ciento; (*before n*) cien; ~s of centenares de; ~**weight** *n* (*Brit*) = 50.8 *kg*; 112 *lb*; (*US*) = 45.3 *kg*; 100 *lb.*
hung [hʌŋ] *pt, pp of* **hang.**
Hungarian [hʌŋ'gɛərɪən] *a, n* húngaro/a *m/f.*
Hungary ['hʌŋgərɪ] *n* Hungría.
hunger ['hʌŋgə*] *n* hambre *f* // *vi*: to ~ for (*fig*) tener hambre de, anhelar; ~ strike *n* huelga de hambre.
hungry ['hʌŋgrɪ] *a* hambriento; to be ~ tener hambre.
hunk [hʌŋk] *n* (*of bread etc*) trozo, pedazo.
hunt [hʌnt] *vt* (*seek*) buscar; (*SPORT*) cazar // *vi* cazar // *n* caza, cacería; ~**er** *n* cazador(a) *m/f*; ~**ing** *n* caza.
hurdle ['həːdl] *n* (*SPORT*) valla; (*fig*) obstáculo.
hurl [həːl] *vt* lanzar, arrojar.
hurrah [hu'rɑː], **hurray** [hu'reɪ] *n* ¡viva!, ¡vítor!
hurricane ['hʌrɪkən] *n* huracán *m.*

hurried ['hʌrɪd] *a* (*fast*) apresurado; (*rushed*) hecho de prisa; ~**ly** *ad* con prisa, apresuradamente.
hurry ['hʌrɪ] *n* prisa // *vb* (*also*: ~ up) *vi* apresurarse, darse prisa // *vt* (*person*) dar prisa a; (*work*) apresurar, hacer de prisa; to be in a ~ tener prisa.
hurt [həːt], *pt, pp* **hurt** *vt* hacer daño a // *vi* doler // *a* lastimado; ~**ful** *a* (*remark etc*) dañoso.
hurtle ['həːtl] *vi*: to ~ past pasar como un rayo.
husband ['hʌzbənd] *n* marido.
hush [hʌʃ] *n* silencio // *vt* hacer callar; (*cover up*) encubrir; ~! ¡chitón!, ¡cállate!
husk [hʌsk] *n* (*of wheat*) cáscara.
husky ['hʌskɪ] *a* ronco // *n* perro esquimal.
hustle ['hʌsl] *vt* (*push*) empujar; (*hurry*) dar prisa a // *n* bullicio, actividad *f* febril; ~ and bustle *n* vaivén *m.*
hut [hʌt] *n* cabaña; (*shed*) cobertizo.
hutch [hʌtʃ] *n* conejera.
hyacinth ['haɪəsɪnθ] *n* jacinto.
hydrant ['haɪdrənt] *n* (*also*: **fire** ~) boca de incendios.
hydraulic [haɪ'drɔːlɪk] *a* hidráulico.
hydroelectric [haɪdrəʊ'lektrɪk] *a* hidroeléctrico.
hydrofoil ['haɪdrəfɔɪl] *n* aerodeslizador *m.*
hydrogen ['haɪdrədʒən] *n* hidrógeno.
hyena [haɪ'iːnə] *n* hiena.
hygiene ['haɪdʒiːn] *n* higiene *f*; **hygienic** [-'dʒiːnɪk] *a* higiénico.
hymn [hɪm] *n* himno.
hype [haɪp] *n* (*col*) bombardeo publicitario.
hypermarket ['haɪpəmɑːkɪt] *n* hipermercado.
hyphen ['haɪfn] *n* guión *m.*
hypnotize ['hɪpnətaɪz] *vt* hipnotizar.
hypochondriac [haɪpəʊ'kɒndrɪæk] *n* hipocondríaco/a.
hypocrisy [hɪ'pɒkrɪsɪ] *n* hipocresía;
hypocrite ['hɪpəkrɪt] *n* hipócrita *m/f*; **hypocritical** [hɪpə'krɪtɪkl] *a* hipócrita.
hypothesis [haɪ'pɒθɪsɪs], *pl* -ses [-siːz] *n* hipótesis *f inv.*
hysteria [hɪ'stɪərɪə] *n* histeria; **hysterical** [-'sterɪkl] *a* histérico; **hysterics** [-'sterɪks] *npl* histeria *sg*, histerismo *sg.*

I

I [aɪ] *pron* yo.
ice [aɪs] *n* hielo // *vt* (*cake*) alcorzar // *vi* (*also*: ~ over, ~ up) helarse; ~ axe *n* piqueta (de alpinista); ~**berg** *n* iceberg *m*; ~**box** *n* (*Brit*) congelador *m*; (*US*) nevera, refrigeradora (*LAm*); ~ cream *n* helado; ~ cube *n* cubito de hielo; ~ hockey *n* hockey *m* sobre hielo.

Iceland ['aɪslənd] n Islandia.
ice: ~ **lolly** n (Brit) polo; ~ **rink** n pista de hielo; ~ **skating** n patinaje m sobre hielo.
icicle ['aɪsɪkl] n carámbano.
icing ['aɪsɪŋ] n (CULIN) alcorza; (AVIAT etc) formación f de hielo; ~ **sugar** n (Brit) azúcar m glas(eado).
icy ['aɪsɪ] a (road) helado; (fig) glacial.
I'd [aɪd] = **I would; I had.**
idea [aɪ'dɪə] n idea.
ideal [aɪ'dɪəl] n ideal m // a ideal; ~**ist** n idealista m/f.
identical [aɪ'dɛntɪkl] a idéntico.
identification [aɪdɛntɪfɪ'keɪʃən] n identificación f; **means of** ~ documentos mpl personales.
identify [aɪ'dɛntɪfaɪ] vt identificar.
identikit picture [aɪ'dɛntɪkɪt-] n retrato-robot m.
identity [aɪ'dɛntɪtɪ] n identidad f; ~ **card** n carnet m de identidad.
ideology [aɪdɪ'ɔlədʒɪ] n ideología.
idiom ['ɪdɪəm] n modismo; (style of speaking) lenguaje m; ~**atic** [-'mætɪk] a idiomático.
idiosyncrasy [ɪdɪəʊ'sɪŋkrəsɪ] n idiosincrasia.
idiot ['ɪdɪət] n (gen) idiota m/f; (fool) tonto/a; ~**ic** [-'ɔtɪk] a idiota; tonto.
idle ['aɪdl] a (lazy) holgazán/ana; (unemployed) parado, desocupado; (talk) frívolo // vi (machine) marchar en vacío // vt: **to** ~ **away the time** malgastar el tiempo; ~**ness** n holgazanería; paro, desocupación f.
idol ['aɪdl] n ídolo; ~**ize** vt idolatrar.
idyllic [ɪ'dɪlɪk] a idílico.
i.e. abbr (= that is) esto es.
if [ɪf] conj si; ~ **necessary** si fuera necesario, si hiciese falta; ~ **I were you** yo en tu lugar; ~ **so/not** de ser así/si no; ~ **only I could!** ¡ojalá pudiera!; see also **as, even.**
igloo ['ɪgluː] n iglú m.
ignite [ɪg'naɪt] vt (set fire to) encender // vi encenderse.
ignition [ɪg'nɪʃən] n (AUT) encendido; **to switch on/off the** ~ arrancar/apagar el motor; ~ **key** n (AUT) llave f de contacto.
ignorance ['ɪgnərəns] n ignorancia.
ignorant ['ɪgnərənt] a ignorante; **to be** ~ **of** ignorar.
ignore [ɪg'nɔː*] vt (person) no hacer caso de; (fact) pasar por alto.
ill [ɪl] a enfermo, malo // n mal m // ad mal; **to take** or **be taken** ~ caer or ponerse enfermo; ~**-advised** a (decision) imprudente; **he was** ~**-advised to go** se equivocaba al ir; ~**-at-ease** a incómodo.
I'll [aɪl] = **I will; I shall.**
illegal [ɪ'liːgl] a ilegal.
illegible [ɪ'lɛdʒɪbl] a ilegible.

illegitimate [ɪlɪ'dʒɪtɪmət] a ilegítimo.
ill-fated [ɪl'feɪtɪd] a malogrado.
ill feeling n rencor m.
illicit [ɪ'lɪsɪt] a ilícito.
illiterate [ɪ'lɪtərət] a analfabeto.
ill-mannered [ɪl'mænəd] a mal educado.
illness ['ɪlnɪs] n enfermedad f.
ill-treat [ɪl'triːt] vt maltratar.
illuminate [ɪ'luːmɪneɪt] vt (room, street) iluminar, alumbrar; (subject) aclarar; **illumination** [-'neɪʃən] n alumbrado; **illuminations** npl iluminaciones fpl, luces fpl.
illusion [ɪ'luːʒən] n ilusión f; **to be under the** ~ **that...** hacerse ilusiones de que ....
illusory [ɪ'luːsərɪ] a ilusorio.
illustrate ['ɪləstreɪt] vt ilustrar.
illustration [ɪlə'streɪʃən] n (example) ejemplo, ilustración f; (in book) lámina.
illustrious [ɪ'lʌstrɪəs] a ilustre.
ill will n rencor m.
I'm [aɪm] = **I am.**
image ['ɪmɪdʒ] n imagen f; ~**ry** [-ərɪ] n imágenes fpl.
imaginary [ɪ'mædʒɪnərɪ] a imaginario.
imagination [ɪmædʒɪ'neɪʃən] n imaginación f; (inventiveness) inventiva; (illusion) fantasía.
imaginative [ɪ'mædʒɪnətɪv] a imaginativo.
imagine [ɪ'mædʒɪn] vt imaginarse; (delude o.s.) hacerse la ilusión (de que).
imbalance [ɪm'bæləns] n desequilibrio.
imbecile ['ɪmbəsiːl] n imbécil m/f.
imitate ['ɪmɪteɪt] vt imitar; **imitation** [-'teɪʃən] n imitación f; (copy) copia; (pej) remedo.
immaculate [ɪ'mækjʊlət] a perfectamente limpio; (REL) inmaculado.
immaterial [ɪmə'tɪərɪəl] a incorpóreo; **it is** ~ **whether...** no importa si....
immature [ɪmə'tjʊə*] a (person) inmaduro; (of one's youth) joven.
immediate [ɪ'miːdɪət] a inmediato; (pressing) urgente, apremiante; ~**ly** ad (at once) en seguida; ~**ly next to** muy junto a.
immense [ɪ'mɛns] a inmenso, enorme.
immerse [ɪ'mɜːs] vt (submerge) sumergir; **to be** ~**d in** (fig) estar absorto en.
immersion heater [ɪ'mɜːʃən-] n (Brit) calentador m de inmersión.
immigrant ['ɪmɪgrənt] n inmigrante m/f.
immigrate ['ɪmɪgreɪt] vi inmigrar; **immigration** [-'greɪʃən] n inmigración f.
imminent ['ɪmɪnənt] a inminente.
immobile [ɪ'məʊbaɪl] a inmóvil.
immoral [ɪ'mɔrl] a inmoral.
immortal [ɪ'mɔːtl] a inmortal.
immune [ɪ'mjuːn] a: ~ **(to)** inmune (contra); **immunity** n (MED, of diplomat) inmunidad f.
immunize ['ɪmjunaɪz] vt inmunizar.
imp [ɪmp] n diablillo.
impact ['ɪmpækt] n (gen) impacto.

impair [ɪmˈpɛə*] vt perjudicar.
impart [ɪmˈpɑːt] vt comunicar.
impartial [ɪmˈpɑːʃl] a imparcial.
impassable [ɪmˈpɑːsəbl] a (barrier) infranqueable; (river, road) intransitable.
impasse [æmˈpɑːs] n: to reach an ~ alcanzar un punto muerto.
impassive [ɪmˈpæsɪv] a impasible.
impatience [ɪmˈpeɪʃəns] n impaciencia.
impatient [ɪmˈpeɪʃənt] a impaciente; to get or grow ~ impacientarse.
impeccable [ɪmˈpekəbl] a impecable.
impede [ɪmˈpiːd] vt estorbar.
impediment [ɪmˈpɛdɪmənt] n obstáculo, estorbo; (also: speech ~) defecto (del habla).
impending [ɪmˈpendɪŋ] a inminente.
impenetrable [ɪmˈpenɪtrəbl] a (gen) impenetrable; (unfathomable) insondable.
imperative [ɪmˈperətɪv] a (tone) imperioso; (necessary) imprescindible // n (LING) imperativo.
imperfect [ɪmˈpəːfɪkt] a imperfecto; (goods etc) defectuoso; ~ion [-ˈfekʃən] n (blemish) desperfecto; (fault) defecto.
imperial [ɪmˈpɪərɪəl] a imperial; ~ism n imperialismo.
impersonal [ɪmˈpəːsənl] a impersonal.
impersonate [ɪmˈpəːsəneɪt] vt hacerse pasar por.
impertinent [ɪmˈpəːtɪnənt] a impertinente, insolente.
impervious [ɪmˈpəːvɪəs] a impermeable; (fig): ~ to insensible a.
impetuous [ɪmˈpetjuəs] a impetuoso.
impetus [ˈɪmpətəs] n ímpetu m; (fig) impulso.
impinge [ɪmˈpɪndʒ]: to ~ on vt fus (affect) afectar a.
implacable [ɪmˈplækəbl] a implacable.
implement [ˈɪmplɪment] n instrumento, herramienta // vt [ˈɪmplɪment] hacer efectivo; (carry out) realizar.
implicate [ˈɪmplɪkeɪt] vt (compromise) comprometer; (involve) enredar; **implication** [-ˈkeɪʃən] n consecuencia.
implicit [ɪmˈplɪsɪt] a (gen) implícito; (complete) absoluto.
implore [ɪmˈplɔː*] vt (person) suplicar.
imply [ɪmˈplaɪ] vt (involve) suponer; (hint) dar a entender que.
impolite [ɪmpəˈlaɪt] a mal educado.
import [ɪmˈpɔːt] vt importar // n [ˈɪmpɔːt] (COMM) importación f; (meaning) significado, sentido.
importance [ɪmˈpɔːtəns] n importancia.
important [ɪmˈpɔːtənt] a importante; it's not ~ no importa, no tiene importancia.
importer [ɪmˈpɔːtə*] n importador(a) m/f.
impose [ɪmˈpəuz] vt imponer // vi: to ~ on sb abusar de uno; **imposing** a imponente, impresionante.
imposition [ɪmpəˈzɪʃn] n (of tax etc) imposición f; to be an ~ (on person) moles-

tar.
impossible [ɪmˈpɔsɪbl] a imposible; (person) insoportable.
impostor [ɪmˈpɔstə*] n impostor(a) m/f.
impotent [ˈɪmpətənt] a impotente.
impound [ɪmˈpaund] vt embargar.
impoverished [ɪmˈpɔvərɪʃt] a necesitado; (land) agotado.
impracticable [ɪmˈpræktɪkəbl] a no factible, irrealizable.
impractical [ɪmˈpræktɪkl] a (person) poco práctico.
imprecise [ɪmprɪˈsaɪs] a impreciso.
impregnable [ɪmˈpregnəbl] a invulnerable; (castle) inexpugnable.
impregnate [ˈɪmpregneɪt] vt impregnar; (BIOL) fecundar.
impress [ɪmˈpres] vt impresionar; (mark) estampar // vi hacer buena impresión; to ~ sth on sb hacer entender algo a uno.
impression [ɪmˈprɛʃən] n impresión f; (footprint etc) huella; (print run) edición f; to be under the ~ that tener la impresión de que; ~able a impresionable; ~ist n impresionista m/f.
impressive [ɪmˈpresɪv] a impresionante.
imprint [ˈɪmprɪnt] n (PUBLISHING) pie m de imprenta; (fig) sello.
imprison [ɪmˈprɪzn] vt encarcelar; ~ment n encarcelamiento; (term of ~) cárcel f.
improbable [ɪmˈprɔbəbl] a improbable, inverosímil.
impromptu [ɪmˈprɔmptjuː] a improvisado // ad de improvisto.
improper [ɪmˈprɔpə*] a (incorrect) impropio; (unseemly) indecoroso; (indecent) indecente.
improve [ɪmˈpruːv] vt mejorar; (foreign language) perfeccionar // vi mejorarse; (pupils) hacer progresos; ~ment n mejoramiento; perfección f; progreso.
improvise [ˈɪmprəvaɪz] vt, vi improvisar.
imprudent [ɪmˈpruːdnt] a imprudente.
impudent [ˈɪmpjudnt] a descarado, insolente.
impulse [ˈɪmpʌls] n impulso; to act on ~ obrar sin reflexión; **impulsive** [-ˈpʌlsɪv] a irreflexivo.
impunity [ɪmˈpjuːnɪtɪ] n: with ~ impunemente.
impure [ɪmˈpjuə*] a (adulterated) adulterado; (morally) impuro; **impurity** n (gen) impureza.
in [ɪn] ♦ prep 1 (indicating place, position, with place names) en; ~ the house/garden en (la) casa/el jardín; ~ here/there aquí/ahí or allí dentro; ~ London/England en Londres/Inglaterra
2 (indicating time) en; ~ spring en (la) primavera; ~ the afternoon por la tarde; at 4 o'clock ~ the afternoon a las 4 de la tarde; I did it ~ 3 hours/days lo hice en 3 horas/días; I'll see you ~ 2

weeks *or* ~ **2 weeks' time** te veré dentro de 2 semanas
3 (*indicating manner etc*) en; ~ **a loud/ soft voice** en voz alta/baja; ~ **pencil/ink** a lápiz/bolígrafo; **the boy** ~ **the blue shirt** el chico de la camisa azul
4 (*indicating circumstances*): ~ **the sun/shade/rain** al sol/a la sombra/bajo la lluvia; **a change** ~ **policy** un cambio de política
5 (*indicating mood, state*): ~ **tears** en lágrimas, llorando; ~ **anger/despair** enfadado(a)/desesperado(a); **to live** ~ **luxury** vivir lujosamente
6 (*with ratios, numbers*): **1** ~ **10 house- holds, 1 household** ~ **10** una de cada 10 familias; **20 pence** ~ **the pound** 20 peni- ques por libra; **they lined up** ~ **twos** se alinearon de dos en dos
7 (*referring to people, works*) en; entre; **the disease is common** ~ **children** la en- fermedad es común entre los niños; ~ **(the works of) Dickens** en (las obras de) Dickens
8 (*indicating profession etc*): **to be** ~ **teaching** estar en la enseñanza
9 (*after superlative*): **the best pupil** ~ **the class** el/la mejor alumno/a de la clase
10 (*with present participle*): ~ **saying this** al decir esto
♦ *ad:* **to be** ~ (*person: at home*) estar en casa; (*work*) estar; (*train, ship, plane*) haber llegado; (*in fashion*) estar de moda; **she'll be** ~ **later today** llegará más tarde hoy; **to ask sb** ~ hacer pasar a uno; **to run/limp** *etc* ~ entrar corriendo/cojeando *etc*
♦ *n:* **the** ~**s and outs** (*of proposal, situa- tion etc*) los detalles
in., ins *abbr* = **inch(es).**
inability [ɪnə'bɪlɪtɪ] *n* incapacidad *f*.
inaccessible [ɪnək'sɛsɪbl] *a* inaccesible.
inaccurate [ɪn'ækjurət] *a* inexacto, inco- rrecto.
inactivity [ɪnæk'tɪvɪtɪ] *n* inactividad *f*.
inadequate [ɪn'ædɪkwət] *a* (*insufficient*) insuficiente; (*unsuitable*) inadecuado; (*person*) incapaz.
inadvertently [ɪnəd'vəːtntlɪ] *ad* por des- cuido.
inadvisable [ɪnəd'vaɪzəbl] *a* poco aconse- jable.
inane [ɪ'neɪn] *a* necio, fatuo.
inanimate [ɪn'ænɪmət] *a* inanimado.
inappropriate [ɪnə'prəuprɪət] *a* inade- cuado.
inarticulate [ɪnaː'tɪkjulət] *a* (*person*) in- capaz de expresarse; (*speech*) mal pro- nunciado.
inasmuch as [ɪnəz'mʌtʃæz] *conj* puesto que, ya que.
inaudible [ɪn'ɔːdɪbl] *a* inaudible.
inaugural [ɪ'nɔːgjurəl] *a* (*speech*) de apertura.

inaugurate [ɪ'nɔːgjureɪt] *vt* inaugurar; **inauguration** [-'reɪʃən] *n* ceremonia de apertura.
in-between [ɪnbɪ'twiːn] *a* intermedio.
inborn [ɪn'bɔːn] *a* (*feeling*) innato.
inbred [ɪn'brɛd] *a* innato; (*family*) en- gendrado por endogamia.
Inc. *abbr* (*US*) = **incorporated.**
incapable [ɪn'keɪpəbl] *a* incapaz.
incapacitate [ɪnkə'pæsɪteɪt] *vt:* **to** ~ **sb** incapacitar a uno.
incapacity [ɪnkə'pæsɪtɪ] *n* (*inability*) in- capacidad *f*.
incarcerate [ɪn'kaːsəreɪt] *vt* encarcelar.
incarnation [ɪnkaː'neɪʃən] *n* encarnación *f*.
incendiary [ɪn'sɛndɪərɪ] *a* incendiario.
incense ['ɪnsɛns] *n* incienso // *vt* [ɪn'sɛns] (*anger*) indignar, encolerizar.
incentive [ɪn'sɛntɪv] *n* incentivo, estímu- lo.
incessant [ɪn'sɛsnt] *a* incesante, conti- nuo; ~**ly** *ad* constantemente.
incest ['ɪnsɛst] *n* incesto.
inch [ɪntʃ] *n* pulgada; **to be within an** ~ **of** estar a dos dedos de; **he didn't give an** ~ no dio concesión alguna; **to** ~ **for- ward** *vi* avanzar palmo a palmo.
incidence ['ɪnsɪdns] *n* (*of crime, disease*) incidencia.
incident ['ɪnsɪdnt] *n* incidente *m*; (*in book*) episodio.
incidental [ɪnsɪ'dɛntl] *a* circunstancial, accesorio; (*unplanned*) fortuito; ~ **to** re- lacionado con; ~ **music** ambientación *f* musical; ~**ly** [-'dɛntəlɪ] *ad* (*by the way*) a propósito.
incinerator [ɪn'sɪnəreɪtə*] *n* incinerador *m*.
incipient [ɪn'sɪpɪənt] *a* incipiente.
incision [ɪn'sɪʒən] *n* incisión *f*.
incisive [ɪn'saɪsɪv] *a* (*mind*) penetrante; (*remark etc*) incisivo.
incite [ɪn'saɪt] *vt* provocar.
inclination [ɪnklɪ'neɪʃən] *n* (*tendency*) tendencia, inclinación *f*.
incline ['ɪnklaɪn] *n* pendiente *m*, cuesta // *vb* [ɪn'klaɪn] *vt* (*slope*) inclinar; (*head*) poner de lado // *vi* inclinarse; **to be** ~**d to** (*tend*) ser propenso a; (*be willing*) estar dispuesto a.
include [ɪn'kluːd] *vt* incluir, comprender; (*in letter*) adjuntar; **including** *prep* in- cluso, inclusive.
inclusion [ɪn'kluːʒən] *n* inclusión *f*.
inclusive [ɪn'kluːsɪv] *a* inclusivo // *ad* in- clusive; ~ **of tax** incluidos los impuestos.
incognito [ɪnkəg'niːtəu] *ad* de incógnito.
incoherent [ɪnkəu'hɪərənt] *a* incoherente.
income ['ɪnkʌm] *n* (*personal*) ingresos *mpl*; (*from property etc*) renta; (*profit*) rédito; ~ **tax** *n* impuesto sobre la renta; ~ **tax return** *n* declaración *f* de renta.
incoming ['ɪnkʌmɪŋ] *a:* ~ **flight** vuelo entrante.

incomparable [ɪn'kɒmpərəbl] a incomparable, sin par.

incompatible [ɪnkəm'pætɪbl] a incompatible.

incompetence [ɪn'kɒmpɪtəns] n incompetencia.

incompetent [ɪn'kɒmpɪtənt] a incompetente.

incomplete [ɪnkəm'pliːt] a incompleto; (*unfinished*) sin terminar.

incomprehensible [ɪnkɒmprɪ'hɛnsɪbl] a incomprensible.

inconceivable [ɪnkən'siːvəbl] a inconcebible.

incongruous [ɪn'kɒŋgruəs] a discordante.

inconsiderate [ɪnkən'sɪdərət] a desconsiderado; **how ~ of him!** ¡qué falta de consideración (de su parte)!

inconsistency [ɪnkən'sɪstənsɪ] n inconsecuencia.

inconsistent [ɪnkən'sɪstnt] a inconsecuente; **~ with** (que) no concuerda con.

inconspicuous [ɪnkən'spɪkjuəs] a (*discreet*) discreto; (*person*) que llama poca la atención.

inconvenience [ɪnkən'viːnjəns] n (*gen*) inconvenientes mpl; (*trouble*) molestia, incomodidad f // vt incomodar.

inconvenient [ɪnkən'viːnjənt] a incómodo, poco práctico; (*time, place*) inoportuno.

incorporate [ɪn'kɔːpəreɪt] vt incorporar; (*contain*) comprender; (*add*) agregar; **~d** a: **~d company** (*US*: abbr **Inc.**) ≈ Sociedad f Anónima (S.A.).

incorrect [ɪnkə'rɛkt] a incorrecto.

incorrigible [ɪn'kɒrɪdʒəbl] a incorregible.

increase ['ɪnkriːs] n aumento // vi [ɪn'kriːs] aumentarse; (*grow*) crecer; (*price*) subir // vt aumentar; **increasing** [ɪn'kriːsɪŋ] a (*number*) creciente, que va en aumento; **increasingly** [ɪn'kriːsɪŋlɪ] ad de más en más, cada vez más.

incredible [ɪn'krɛdɪbl] a increíble.

incredulous [ɪn'krɛdjuləs] a incrédulo.

increment ['ɪnkrɪmənt] n aumento, incremento.

incriminate [ɪn'krɪmɪneɪt] vt incriminar.

incubator ['ɪnkjubeɪtə*] n incubadora.

incumbent [ɪn'kʌmbənt] n titular m/f // a: **it is ~ on him to...** le incumbe... .

incur [ɪn'kɜː*] vt (*expenditure*) incurrir; (*loss*) sufrir.

incurable [ɪn'kjuərəbl] a incurable.

indebted [ɪn'dɛtɪd] a: **to be ~ to sb** estar agradecido a uno.

indecent [ɪn'diːsnt] a indecente; **~ assault** n (*Brit*) atentado contra el pudor; **~ exposure** n exhibicionismo.

indecisive [ɪndɪ'saɪsɪv] a indeciso; (*discussion*) no resuelto, inconcluyente.

indeed [ɪn'diːd] ad efectivamente, en realidad; **yes ~!** ¡claro que sí!

indefinite [ɪn'dɛfɪnɪt] a indefinido; (*un-*

certain) incierto; **~ly** ad (*wait*) indefinidamente.

indelible [ɪn'dɛlɪbl] a imborrable.

indemnify [ɪn'dɛmnɪfaɪ] vt indemnizar, resarcir.

indemnity [ɪn'dɛmnɪtɪ] n (*insurance*) indemnidad f; (*compensation*) indemnización f.

independence [ɪndɪ'pɛndns] n independencia.

independent [ɪndɪ'pɛndənt] a independiente; **to become ~** independizarse.

indestructible [ɪndɪs'trʌktəbl] a indestructible.

index ['ɪndɛks] n (pl: **~es**: *in book*) índice m; (: *in library etc*) catálogo; (pl: **indices** ['ɪndɪsiːz]: *ratio, sign*) exponente m; **~ card** n ficha; **~ finger** n índice m; **~-linked**, (*US*) **~ed** a vinculado al índice del coste de la vida.

India ['ɪndɪə] n la India; **~n** a, n indio/a m/f; **Red ~n** piel roja m/f; **the ~n Ocean** n el Océano Índico.

indicate ['ɪndɪkeɪt] vt indicar; **indication** [-'keɪʃən] n indicio, señal f; **indicative** [ɪn'dɪkətɪv] a: **to be indicative of** indicar // n (*LING*) indicativo; **indicator** n (*gen*) indicador m.

indices ['ɪndɪsiːz] pl of **index**.

indict [ɪn'daɪt] vt acusar; **~ment** n acusación f.

indifference [ɪn'dɪfrəns] n indiferencia.

indifferent [ɪn'dɪfrənt] a indiferente; (*poor*) regular.

indigenous [ɪn'dɪdʒɪnəs] a indígena.

indigestion [ɪndɪ'dʒɛstʃən] n indigestión f.

indignant [ɪn'dɪgnənt] a: **to be ~ about sth** indignarse por algo.

indignity [ɪn'dɪgnɪtɪ] n indignidad f.

indigo ['ɪndɪgəu] a de color añil // n añil m.

indirect [ɪndɪ'rɛkt] a indirecto; **~ly** ad indirectamente.

indiscreet [ɪndɪ'skriːt] a indiscreto, imprudente.

indiscriminate [ɪndɪ'skrɪmɪnət] a indiscriminado.

indispensable [ɪndɪ'spɛnsəbl] a indispensable, imprescindible.

indisposed [ɪndɪ'spəuzd] a (*unwell*) indispuesto.

indisputable [ɪndɪ'spjuːtəbl] a incontestable.

individual [ɪndɪ'vɪdjuəl] n individuo // a individual; (*personal*) personal; (*for/of one only*) particular; **~ist** n individualista m/f; **~ity** [-'ælɪtɪ] n individualidad f; **~ly** ad individualmente; particularmente.

indoctrinate [ɪn'dɒktrɪneɪt] vt adoctrinar; **indoctrination** [-'neɪʃən] n adoctrinamiento.

indolent ['ɪndələnt] a indolente, perezoso.

Indonesia [ɪndəu'niːzɪə] n Indonesia.

indoor ['ɪndɔː*] a (swimming pool) cubierto; (plant) de interior; (sport) bajo cubierta; ~s [ɪn'dɔːz] ad dentro; (at home) en casa.

induce [ɪn'djuːs] vt inducir, persuadir; (bring about) producir; ~ment n (incentive) incentivo, aliciente m.

induction [ɪn'dʌkʃən] n (MED: of birth) inducción f; ~ course n (Brit) curso de inducción.

indulge [ɪn'dʌldʒ] vt (whim) satisfacer; (person) complacer; (child) mimar // vi: to ~ in darse el gusto de; ~nce n vicio; ~nt a indulgente.

industrial [ɪn'dʌstrɪəl] a industrial; ~ action n huelga; ~ estate n (Brit) polígono or zona (LAm) industrial; ~ist n industrial m/f; ~ize vt industrializar; ~ park n (US) = ~ estate.

industrious [ɪn'dʌstrɪəs] a (gen) trabajador(a); (student) aplicado.

industry ['ɪndəstrɪ] n industria; (diligence) aplicación f.

inebriated [ɪ'niːbrɪeɪtɪd] a borracho.

inedible [ɪn'edɪbl] a incomible; (plant etc) no comestible.

ineffective [ɪnɪ'fektɪv], **ineffectual** [ɪnɪ'fektʃuəl] a ineficaz, inútil.

inefficiency [ɪnɪ'fɪʃənsɪ] n ineficacia.

inefficient [ɪnɪ'fɪʃənt] a ineficaz, ineficiente.

inept [ɪ'nept] a incompetente.

inequality [ɪnɪ'kwɔlɪtɪ] n desigualdad f.

inert [ɪ'nɜːt] a inerte, inactivo; (immobile) inmóvil; ~ia [ɪ'nɜːʃə] n inercia; (laziness) pereza.

inescapable [ɪnɪ'skeɪpəbl] a ineludible.

inevitable [ɪn'evɪtəbl] a inevitable; (necessary) forzoso; **inevitably** ad inevitablemente.

inexcusable [ɪnɪks'kjuːzəbl] a imperdonable.

inexhaustible [ɪnɪg'zɔːstɪbl] a inagotable.

inexpensive [ɪnɪk'spensɪv] a económico.

inexperience [ɪnɪk'spɪərɪəns] n falta de experiencia; ~d a inexperto.

inextricably [ɪnɪks'trɪkəblɪ] ad indisolublemente.

infallible [ɪn'fælɪbl] a infalible.

infamous ['ɪnfəməs] a infame.

infancy ['ɪnfənsɪ] n infancia.

infant ['ɪnfənt] n niño/a; ~ile a infantil; (pej) aniñado; ~ school n (Brit) escuela de párvulos.

infantry ['ɪnfəntrɪ] n infantería.

infatuated [ɪn'fætjueɪtɪd] a: ~ with (in love) loco por.

infatuation [ɪnfætu'eɪʃən] n enamoramiento.

infect [ɪn'fekt] vt (wound) infectar; (person) contagiar; (fig: pej) corromper; ~ed a (with illness) contagiado de; ~ion [ɪn'fekʃən] n infección f; (fig) contagio; ~ious [ɪn'fekʃəs] a contagioso; (also fig)

infeccioso.

infer [ɪn'fɜː*] vt deducir, inferir; ~ence ['ɪnfərəns] n deducción f, inferencia.

inferior [ɪn'fɪərɪə*] a, n inferior m/f; ~ity [-rɪ'ɔrətɪ] n inferioridad f; ~ity complex n complejo de inferioridad.

inferno [ɪn'fɜːnəu] n (fire) hoguera.

infertile [ɪn'fɜːtaɪl] a estéril; (person) infecundo; **infertility** [-'tɪlɪtɪ] n esterilidad f; infecundidad f.

infested [ɪn'festɪd] a: ~ with plagado de.

in-fighting ['ɪnfaɪtɪŋ] n (fig) lucha(s) f(pl) interna(s).

infiltrate ['ɪnfɪltreɪt] vt (troops etc) infiltrar en // vi infiltrarse.

infinite ['ɪnfɪnɪt] a infinito.

infinitive [ɪn'fɪnɪtɪv] n infinitivo.

infinity [ɪn'fɪnɪtɪ] n (also MATH) infinito; (an ~) infinidad f.

infirm [ɪn'fɜːm] a enfermo, débil; ~ary n hospital m; ~ity n debilidad f; (illness) enfermedad f, achaque m.

inflamed [ɪn'fleɪmd] a: to become ~ inflamarse.

inflammable [ɪn'flæməbl] a (Brit) inflamable; (situation etc) explosivo.

inflammation [ɪnflə'meɪʃən] n inflamación f.

inflatable [ɪn'fleɪtəbl] a (ball, boat) inflable.

inflate [ɪn'fleɪt] vt (tyre, balloon) inflar; (fig) hinchar; **inflation** [ɪn'fleɪʃən] n (ECON) inflación f.

inflict [ɪn'flɪkt] vt: to ~ on infligir en; (tax etc) imponer a.

influence ['ɪnfluəns] n influencia // vt influir en, influenciar; **under the ~ of** alcohol en estado de embriaguez; **influential** [-'enʃl] a influyente.

influenza [ɪnflu'enzə] n gripe f.

influx ['ɪnflʌks] n afluencia.

inform [ɪn'fɔːm] vt: to ~ sb of sth informar a uno sobre or de algo; (warn) avisar a uno de algo; (communicate) comunicar algo a uno // vi: to ~ on sb delatar a uno.

informal [ɪn'fɔːml] a (manner, tone) desenfadado; (dress, interview, occasion) informal; ~ity [-'mælɪtɪ] n desenfado; falta de ceremonia.

informant [ɪn'fɔːmənt] n informante m/f.

information [ɪnfə'meɪʃən] n información f; (news) noticias fpl; (knowledge) conocimientos mpl; (LAW) delación f; **a piece of** ~ un dato; ~ **office** n información f.

informative [ɪn'fɔːmətɪv] a informativo.

informer [ɪn'fɔːmə*] n delator(a) m/f; (also: **police** ~) soplón/ona m/f.

infra-red [ɪnfrə'red] a infrarrojo.

infrastructure ['ɪnfrəstrʌktʃə*] n (of system etc, ECON) infraestructura.

infringe [ɪn'frɪndʒ] vt infringir, violar // vi: to ~ on abusar de; ~ment n infracción f; (of rights) usurpación f; (SPORT) falta.

infuriating [ɪn'fjuərɪeɪtɪŋ] a: I find it ~ me saca de quicio.

infusion [ɪn'fju:ʒən] n (tea etc) infusión f.

ingenious [ɪn'dʒi:njəs] a ingenioso; **ingenuity** [-dʒɪ'nju:ɪtɪ] n ingeniosidad f.

ingenuous [ɪn'dʒɛnjuəs] a ingenuo.

ingot ['ɪŋɡət] n lingote m, barra.

ingrained [ɪn'ɡreɪnd] a arraigado.

ingratiate [ɪn'ɡreɪʃɪeɪt] vt: to ~ o.s. with congraciarse con.

ingredient [ɪn'ɡri:dɪənt] n ingrediente m.

inhabit [ɪn'hæbɪt] vt vivir en; (occupy) ocupar; ~ant n habitante m/f.

inhale [ɪn'heɪl] vt inhalar // vi (in smoking) tragar.

inherent [ɪn'hɪərənt] a: ~ in or to inherente a.

inherit [ɪn'hɛrɪt] vt heredar; ~ance n herencia; (fig) patrimonio.

inhibit [ɪn'hɪbɪt] vt inhibir, impedir; to ~ sb from doing sth impedir a uno hacer algo; ~ed a cohibido; ~ion [-'bɪʃən] n cohibición f.

inhospitable [ɪnhɔs'pɪtəbl] a (person) inhospitalario; (place) inhóspito.

inhuman [ɪn'hju:mən] a inhumano.

iniquity [ɪ'nɪkwɪtɪ] n iniquidad f; (injustice) injusticia.

initial [ɪ'nɪʃl] a inicial; (first) primero // n inicial f // vt firmar con las iniciales; ~s npl iniciales fpl; (abbreviation) siglas fpl; ~ly ad al principio.

initiate [ɪ'nɪʃɪeɪt] vt (start) iniciar; to ~ proceedings against sb (LAW) entablar proceso contra uno; **initiation** [-'eɪʃən] n (into secret etc) iniciación f; (beginning) comienzo.

initiative [ɪ'nɪʃətɪv] n iniciativa.

inject [ɪn'dʒɛkt] vt inyectar; ~ion [ɪn'dʒɛkʃən] n inyección f.

injunction [ɪn'dʒʌŋkʃən] n interdicto.

injure ['ɪndʒə*] vt herir; (hurt) lastimar; (fig: reputation etc) perjudicar; ~d a (person, arm) herido; **injury** n herida, lesión f; (wrong) perjuicio, daño; **injury time** n (SPORT) descuento.

injustice [ɪn'dʒʌstɪs] n injusticia.

ink [ɪŋk] n tinta.

inkling ['ɪŋklɪŋ] n sospecha; (idea) idea.

inlaid ['ɪnleɪd] a (wood) taraceado; (tiles) entarimado.

inland ['ɪnlənd] a interior; (town) del interior // ad [ɪn'lænd] tierra adentro; **I~ Revenue** n (Brit) departamento de impuestos; ≈ Hacienda (Sp).

in-laws ['ɪnlɔ:z] npl suegros mpl.

inlet ['ɪnlɛt] n (GEO) ensenada, cala; (TECH) admisión f, entrada.

inmate ['ɪnmeɪt] n (in prison) preso/a; presidiario/a; (in asylum) internado/a.

inn [ɪn] n posada, mesón m.

innate [ɪ'neɪt] a innato.

inner ['ɪnə*] a interior, interno; ~ **city** n

barrios deprimidos del centro de una ciudad; ~ **tube** n (of tyre) cámara or llanta (LAm).

innings ['ɪnɪŋz] n (CRICKET) entrada, turno.

innocence ['ɪnəsns] n inocencia.

innocent ['ɪnəsnt] a inocente.

innocuous [ɪ'nɔkjuəs] a inocuo.

innovation [ɪnəu'veɪʃən] n novedad f.

innuendo [ɪnju'ɛndəu], pl ~es n indirecta.

inoculation [ɪnɔkju'leɪʃən] n inoculación f.

inopportune [ɪn'ɔpətju:n] a inoportuno.

inordinately [ɪ'nɔ:dɪnətlɪ] ad desmesuradamente.

in-patient ['ɪnpeɪʃənt] n paciente m/f interno/a.

input ['ɪnput] n (ELEC) entrada; (COMPUT) entrada de datos.

inquest ['ɪnkwɛst] n (coroner's) encuesta judicial.

inquire [ɪn'kwaɪə*] vi preguntar // vt: to ~ whether preguntar si; to ~ about (person) preguntar por; (fact) informarse de; to ~ into vt fus investigar, indagar; **inquiry** n pregunta; (LAW) investigación f, pesquisa; (commission) comisión f investigadora; **inquiry office** n (Brit) oficina de informaciones.

inquisitive [ɪn'kwɪzɪtɪv] a (mind) inquisitivo; (person) fisgón/ona.

inroad ['ɪnrəud] n incursión f; (fig) invasión f.

insane [ɪn'seɪn] a loco; (MED) demente.

insanity [ɪn'sænɪt] n demencia, locura.

insatiable [ɪn'seɪʃəbl] a insaciable.

inscribe [ɪn'skraɪb] vt inscribir; (book etc): to ~ (to sb) dedicar (a uno).

inscription [ɪn'skrɪpʃən] n (gen) inscripción f; (in book) dedicatoria.

inscrutable [ɪn'skru:təbl] a inescrutable, insondable.

insect ['ɪnsɛkt] n insecto; ~**icide** [ɪn'sɛktɪsaɪd] n insecticida m.

insecure [ɪnsɪ'kjuə*] a inseguro.

insemination [ɪnsɛmɪ'neɪʃn] n: artificial ~ inseminación f artificial.

insensible [ɪn'sɛnsɪbl] a inconsciente; (unconscious) sin conocimiento.

insensitive [ɪn'sɛnsɪtɪv] a insensible.

inseparable [ɪn'sɛprəbl] a inseparable.

insert [ɪn'sə:t] vt (into sth) introducir; // n ['ɪnsə:t] encarte m; ~**ion** [ɪn'sə:ʃən] n inserción f.

in-service [ɪn'sə:vɪs] a (training, course) a cargo de la empresa.

inshore [ɪn'ʃɔ:*] a: ~ **fishing** pesca f costera // ad (fish) a lo largo de la costa; (move) hacia la orilla.

inside ['ɪn'saɪd] n interior m; (lining) forro // a interior, interno; (information) confidencial // ad (within) (por) dentro; (with movement) hacia dentro; (fam: in prison) en la cárcel // prep dentro de;

(*of time*): ~ **10 minutes** en menos de 10 minutos; ~**s** *npl* (*col*) tripas *fpl*; ~ **forward** *n* (*SPORT*) interior *m*; ~ **lane** *n* (*AUT*: *in Britain*) carril *m* izquierdo; ~ **out** *ad* (*turn*) al revés; (*know*) a fondo.

insidious [in'sidiəs] *a* insidioso.

insight ['insait] *n* perspicacia.

insignia [in'signiə] *npl* insignias *fpl*.

insignificant [insig'nifiknt] *a* insignificante.

insincere [insin'siə*] *a* poco sincero.

insinuate [in'sinjueit] *vt* insinuar.

insipid [in'sipid] *a* soso, insulso.

insist [in'sist] *vi* insistir; **to ~ on doing** empeñarse en hacer; **to ~ that** insistir en que; (*claim*) exigir que; ~**ence** *n* insistencia; (*stubbornness*) empeño; ~**ent** *a* insistente.

insole ['insəul] *n* plantilla.

insolent ['insələnt] *a* insolente, descarado.

insoluble [in'sɔljubl] *a* insoluble.

insomnia [in'sɔmniə] *n* insomnio.

inspect [in'spekt] *vt* inspeccionar, examinar; (*troops*) pasar revista a; ~**ion** [in'spekʃən] *n* inspección *f*, examen *m*; ~**or** *n* inspector(a) *m/f*; (*Brit*: *on buses*, *trains*) revisor(a) *m/f*.

inspiration [inspə'reiʃən] *n* inspiración *f*; **inspire** [in'spaiə*] *vt* inspirar.

instability [instə'biliti] *n* inestabilidad *f*.

install [in'stɔ:l] *vt* instalar; ~**ation** [instə'leiʃən] *n* instalación *f*.

instalment, (*US*) **installment** [in'stɔ:lmənt] *n* plazo; (*of story*) entrega; (*of TV serial etc*) capítulo; **in ~s** (*pay*, *receive*) a plazos; ~ **plan** *n* (*US*) compra a plazos.

instance ['instəns] *n* ejemplo, caso; **for ~** por ejemplo; **in the first ~** en primer lugar.

instant ['instənt] *n* instante *m*, momento // *a* inmediato; (*coffee*) instantáneo.

instantly ['instəntli] *ad* en seguida.

instead [in'sted] *ad* en cambio; ~ **of** en lugar de, en vez de.

instep ['instep] *n* empeine *m*.

instil [in'stil] *vt*: **to ~ into** inculcar a.

instinct ['instiŋkt] *n* instinto; ~**ive** [-'stiŋktiv] *a* instintivo.

institute ['institju:t] *n* instituto; (*professional body*) colegio // *vt* (*begin*) iniciar, empezar; (*proceedings*) entablar.

institution [insti'tju:ʃən] *n* institución *f*; (*MED*: *home*) asilo; (: *asylum*) manicomio.

instruct [in'strʌkt] *vt*: **to ~ sb in sth** instruir a uno en *or* sobre algo; **to ~ sb to do sth** dar instrucciones a uno de hacer algo; ~**ion** [in'strʌkʃən] *n* (*teaching*) instrucción *f*; ~**ions** *npl* órdenes *fpl*; ~**ions** (**for use**) modo *sg* de empleo; ~**ive** *a* instructivo; ~**or** *n* instructor(a) *m/f*.

instrument ['instrəmənt] *n* instrumento; ~ **panel** *n* tablero (de instrumentos);

~**al** [-'mentl] *a* (*MUS*) instrumental; **to be ~al in** ser (el) artífice de.

insubordinate [insə'bɔ:dinət] *a* insubordinado.

insufferable [in'sʌfrəbl] *a* insoportable.

insufficient [insə'fiʃənt] *a* insuficiente.

insular ['insjulə*] *a* insular; (*person*) estrecho de miras.

insulate ['insjuleit] *vt* aislar; **insulating tape** *n* cinta aislante; **insulation** [-'leiʃən] *n* aislamiento.

insulin ['insjulin] *n* insulina.

insult ['insʌlt] *n* insulto; (*offence*) ofensa // *vt* [in'sʌlt] insultar; ofender; ~**ing** *a* insultante; ofensivo.

insuperable [in'sju:prəbl] *a* insuperable.

insurance [in'fuərəns] *n* seguro; **fire/life ~** seguro contra incendios/sobre la vida; ~ **agent** *n* agente *m/f* de seguros; ~ **policy** *n* póliza (de seguros).

insure [in'ʃuə*] *vt* asegurar.

intact [in'tækt] *a* íntegro; (*untouched*) intacto.

intake ['inteik] *n* (*TECH*) entrada, toma; (: *pipe*) tubo de admisión; (*of food*) ingestión *f*; (*Brit SCOL*): **an ~ of 200 a year** 200 matriculados al año.

integral ['intigrəl] *a* (*whole*) íntegro; (*part*) integrante.

integrate ['intigreit] *vt* integrar // *vi* integrarse.

integrity [in'tegriti] *n* honradez *f*, rectitud *f*.

intellect ['intəlekt] *n* intelecto; ~**ual** [-'lektjuəl] *a*, *n* intelectual *m/f*.

intelligence [in'telidʒəns] *n* inteligencia; **I~ Service** *n* Servicio de Inteligencia.

intelligent [in'telidʒənt] *a* inteligente.

intelligentsia [inteli'dʒentsiə] *n* intelectualidad *f*.

intelligible [in'telidʒibl] *a* inteligible, comprensible.

intend [in'tend] *vt* (*gift etc*): **to ~ sth for** destinar algo a; **to ~ to do sth** tener intención de *or* pensar hacer algo; ~**ed** *a* (*effect*) deseado.

intense [in'tens] *a* (*gen*) intenso; ~**ly** *ad* intensamente; (*very*) sumamente.

intensify [in'tensifai] *vt* intensificar; (*increase*) aumentar.

intensity [in'tensiti] *n* (*gen*) intensidad *f*.

intensive [in'tensiv] *a* intensivo; ~ **care unit** *n* unidad de vigilancia intensiva.

intent [in'tent] *n* propósito // *a* (*absorbed*) absorto; (*attentive*) atento; **to all ~s and purposes** prácticamente; **to be ~ on doing sth** estar resuelto a hacer algo.

intention [in'tenʃən] *n* intención *f*, propósito; ~**al** *a* deliberado; ~**ally** *ad* a propósito.

intently [in'tentli] *ad* atentamente.

interact [intər'ækt] *vi* influirse mutuamente; ~**ion** [-'ækʃən] *n* interacción *f*, acción *f* recíproca.

intercede [ɪntə'siːd] *vi*: to ~ (with) interceder (con).

intercept [ɪntə'sɛpt] *vt* interceptar; (*stop*) detener.

interchange ['ɪntətʃeɪndʒ] *n* intercambio; (*on motorway*) intersección *f* // *vt* [ɪntə'tʃeɪndʒ] intercambiar; canjear; ~**able** *a* intercambiable.

intercom ['ɪntəkɔm] *n* interfono.

intercourse ['ɪntəkɔːs] *n* (*sexual*) relaciones *fpl* sexuales; (*social*) trato.

interest ['ɪntrɪst] *n* (*also COMM*) interés *m* // *vt* interesar; **to be ~ed in** interesarse por; ~**ing** *a* interesante; ~ **rate** *n* tipo *or* tasa de interés.

interface ['ɪntəfeɪs] *n* (*COMPUT*) junción *f*.

interfere [ɪntə'fɪə*] *vi*: to ~ in (*quarrel, other people's business*) entrometerse en; to ~ with (*hinder*) estorbar; (*damage*) estropear; (*radio*) interferir con.

interference [ɪntə'fɪərəns] *n* (*gen*) intromisión *f*; (*RADIO, TV*) interferencia.

interim ['ɪntərɪm] *n*: in the ~ en el ínterin // *a* provisional.

interior [ɪn'tɪərɪə*] *n* interior *m* // *a* interior; ~ **designer** *n* interiorista *m/f*.

interlock [ɪntə'lɔk] *vi* entrelazarse; (*wheels etc*) endentarse.

interloper ['ɪntələupə*] *n* intruso/a.

interlude ['ɪntəluːd] *n* intervalo; (*rest*) descanso; (*THEATRE*) intermedio.

intermediary [ɪntə'miːdɪərɪ] *n* intermediario/a.

intermediate [ɪntə'miːdɪət] *a* intermedio.

interminable [ɪn'təːmɪnəbl] *a* inacabable.

intermission [ɪntə'mɪʃən] *n* (*THEATRE*) descanso.

intermittent [ɪntə'mɪtnt] *a* intermitente.

intern [ɪn'təːn] *vt* internar; (*enclose*) encerrar // *n* ['ɪntəːn] (*US*) interno/a.

internal [ɪn'təːnl] *a* interno, interior; ~**ly** *ad* interiormente; **'not to be taken ~ly'** 'uso externo'; **I~ Revenue Service (IRS)** *n* (*US*) departamento de impuestos; ≈ Hacienda (*Sp*).

international [ɪntə'næʃənl] *a* internacional; ~ (*game*) partido internacional; ~ (*player*) jugador/a *m/f* internacional.

interplay ['ɪntəpleɪ] *n* interacción *f*.

interpret [ɪn'təːprɪt] *vt* interpretar; (*translate*) traducir; (*understand*) entender // *vi* hacer de intérprete; ~**ation** [-'teɪʃən] *n* interpretación *f*; traducción *f*; entendimiento; ~**er** *n* intérprete *m/f*.

interrelated [ɪntərɪ'leɪtɪd] *a* interrelacionado.

interrogate [ɪn'tɛrəugeɪt] *vt* interrogar; **interrogation** [-'geɪʃən] *n* interrogatorio; **interrogative** [ɪntə'rɔgətɪv] *a* interrogativo.

interrupt [ɪntə'rʌpt] *vt, vi* interrumpir; ~**ion** [-'rʌpʃən] *n* interrupción *f*.

intersect [ɪntə'sɛkt] *vt* cruzar // *vi*

(*roads*) cruzarse; ~**ion** [-'sɛkʃən] *n* intersección *f*; (*of roads*) cruce *m*.

intersperse [ɪntə'spəːs] *vt*: to ~ with salpicar de.

intertwine [ɪntə'twaɪn] *vt* entrelazar // *vi* entrelazarse.

interval ['ɪntəvl] *n* intervalo; (*Brit: THEATRE, SPORT*) descanso; **at ~s** a ratos, de vez en cuando.

intervene [ɪntə'viːn] *vi* intervenir; (*take part*) participar; (*occur*) sobrevenir; **intervention** [-'vɛnʃən] *n* intervención *f*.

interview ['ɪntəvjuː] *n* (*RADIO, TV etc*) entrevista // *vt* entrevistarse con; ~**er** *n* entrevistador(a) *m/f*.

intestine [ɪn'tɛstɪn] *n*: **large/small ~** intestino grueso/delgado.

intimacy ['ɪntɪməsɪ] *n* intimidad *f*; (*relations*) relaciones *fpl* íntimas.

intimate ['ɪntɪmət] *a* íntimo; (*friendship*) estrecho; (*knowledge*) profundo // *vt* ['ɪntɪmeɪt] (*announce*) dar a entender.

intimidate [ɪn'tɪmɪdeɪt] *vt* intimidar, amedrentar.

into ['ɪntuː] *prep* (*gen*) en; (*towards*) a; (*inside*) hacia el interior de; ~ **3 pieces/ French** en 3 pedazos/al francés.

intolerable [ɪn'tɔlərəbl] *a* intolerable, insoportable.

intolerance [ɪn'tɔlərəns] *n* intolerancia.

intolerant [ɪn'tɔlərənt] *a*: ~ **of** intolerante con *or* para.

intonation [ɪntəu'neɪʃən] *n* entonación *f*.

intoxicate [ɪn'tɔksɪkeɪt] *vt* embriagar; ~**d** *a* embriagado; **intoxication** [-'keɪʃən] *n* embriaguez *f*.

intractable [ɪn'træktəbl] *a* (*person*) intratable; (*problem*) espinoso.

intransitive [ɪn'trænsɪtɪv] *a* intransitivo.

intravenous [ɪntrə'viːnəs] *a* intravenoso.

in-tray ['ɪntreɪ] *n* bandeja de entrada.

intricate ['ɪntrɪkət] *a* intrincado; (*plot, problem*) complejo.

intrigue [ɪn'triːg] *n* intriga // *vt* fascinar; *vi* andar en intrigas; **intriguing** *a* fascinante.

intrinsic [ɪn'trɪnsɪk] *a* intrínseco.

introduce [ɪntrə'djuːs] *vt* introducir, meter; to ~ sb (to sb) presentar uno (a otro); to ~ sb to (*pastime, technique*) introducir a uno a; **introduction** [-'dʌkʃən] *n* introducción *f*; (*of person*) presentación *f*; **introductory** [-'dʌktərɪ] *a* introductorio.

introvert ['ɪntrəvəːt] *a, n* introvertido/a *m/f*.

intrude [ɪn'truːd] *vi* (*person*) entrometerse; to ~ on estorbar; ~**r** *n* intruso/a; **intrusion** [-ʒən] *n* invasión *f*.

intuition [ɪntjuː'ɪʃən] *n* intuición *f*.

inundate ['ɪnʌndeɪt] *vt*: to ~ with inundar de.

invade [ɪn'veɪd] *vt* invadir; ~**r** *n* invasor(a) *m/f*.

invalid ['ɪnvəlɪd] *n* minusválido/a // *a*

[ɪn'vælɪd] (*not valid*) inválido, nulo.
invaluable [ɪn'væljuəbl] *a* inestimable.
invariably [ɪn'vɛərɪəblɪ] *ad* sin excepción.
invasion [ɪn'veɪʒən] *n* invasión *f*.
invent [ɪn'vent] *vt* inventar; **~ion** [ɪn'venʃən] *n* invento; (*inventiveness*) inventiva; (*lie*) ficción *f*, mentira; **~ive** *a* inventivo; **~iveness** *n* ingenio, inventiva; **~or** *n* inventor(a) *m/f*.
inventory ['ɪnvəntrɪ] *n* inventario.
invert [ɪn'vɜːt] *vt* invertir; **~ed commas** *npl* (*Brit*) comillas *fpl*.
invertebrate [ɪn'vɜːtɪbrət] *n* invertebrado.
invest [ɪn'vest] *vt*, *vi* invertir.
investigate [ɪn'vestɪgeɪt] *vt* investigar; (*study*) estudiar, examinar; **investigation** [-'geɪʃən] *n* investigación *f*, pesquisa; examen *m*; **investigator** *n* investigador(a) *m/f*.
investment [ɪn'vestmənt] *n* inversión *f*.
investor [ɪn'vestə*] *n* inversionista *m/f*.
inveterate [ɪn'vetərət] *a* empedernido.
invidious [ɪn'vɪdɪəs] *a* odioso.
invigilate [ɪn'vɪdʒɪleɪt] *vt*, *vi* (*in exam*) vigilar.
invigorating [ɪn'vɪgəreɪtɪŋ] *a* vigorizante.
invincible [ɪn'vɪnsɪbl] *a* invencible.
invisible [ɪn'vɪzɪbl] *a* invisible; **~ ink** *n* tinta simpática.
invitation [ɪnvɪ'teɪʃən] *n* invitación *f*.
invite [ɪn'vaɪt] *vt* invitar; (*opinions etc*) solicitar, pedir; (*trouble*) buscarse; **inviting** *a* atractivo; (*look*) provocativo; (*food*) apetitoso.
invoice ['ɪnvɔɪs] *n* factura // *vt* facturar.
invoke [ɪn'vəuk] *vt* invocar; (*aid*) pedir; (*law*) recurrir a.
involuntary [ɪn'vɔləntrɪ] *a* involuntario.
involve [ɪn'vɔlv] *vt* (*entail*) suponer, implicar; **to ~ sb (in)** comprometer a uno (con); **~d** *a* complicado; **~ment** *n* (*gen*) enredo; (*obligation*) compromiso; (*difficulty*) apuro.
inward ['ɪnwəd] *a* (*movement*) interior, interno; (*thought, feeling*) íntimo; **~(s)** *ad* hacia dentro.
I/O *abbr* (*COMPUT* = *input/output*) entrada/salida.
iodine ['aɪəudiːn] *n* yodo.
iota [aɪ'əutə] *n* (*fig*) jota, ápice *m*.
IOU *n abbr* (= *I owe you*) pagaré *m*.
IQ *n abbr* (= *intelligence quotient*) cociente *m* intelectual.
IRA *n abbr* (= *Irish Republican Army*) IRA *m*.
Iran [ɪ'rɑːn] *n* Irán *m*; **~ian** [ɪ'reɪnɪən] *a*, *n* iraní *m/f*.
Iraq [ɪ'rɑːk] *n* Irak; **~i** *a*, *n* iraquí *m/f*.
irascible [ɪ'ræsɪbl] *a* irascible.
irate [aɪ'reɪt] *a* enojado, airado.
Ireland ['aɪələnd] *n* Irlanda.
iris ['aɪrɪs], *pl* **~es** *n* (*ANAT*) iris *m*; (*BOT*) lirio.

Irish ['aɪrɪʃ] *a* irlandés/esa // *npl*: **the ~** los irlandeses; **~man/woman** *n* irlandés/esa *m/f*; **the ~ Sea** *n* el Mar de Irlanda.
irk [əːk] *vt* fastidiar; **~some** *a* fastidioso.
iron ['aɪən] *n* hierro; (*for clothes*) plancha // *a* de hierro // *vt* (*clothes*) planchar; **to ~ out** *vt* (*crease*) quitar; (*fig*) allanar; **the I~ Curtain** *n* el Telón de Acero.
ironic(al) [aɪ'rɔnɪk(l)] *a* irónico.
ironing ['aɪənɪŋ] *n* (*act*) planchado; (*clothes: ironed*) ropa planchada; (: *to be ironed*) ropa por planchar; **~ board** *n* tabla de planchar.
ironmonger ['aɪənmʌŋgə*] *n* (*Brit*) ferretero/a; **~'s (shop)** *n* ferretería, quincallería.
iron ore *n* mineral *m* de hierro.
irony ['aɪrənɪ] *n* ironía.
irrational [ɪ'ræʃənl] *a* irracional.
irreconcilable [ɪrekən'saɪləbl] *a* (*idea*) incompatible; (*enemies*) irreconciliable.
irregular [ɪ'regjulə*] *a* irregular; (*surface*) desigual.
irrelevant [ɪ'reləvənt] *a* fuera de lugar, inoportuno.
irreplaceable [ɪrɪ'pleɪsəbl] *a* irremplazable.
irrepressible [ɪrɪ'presəbl] *a* incontenible.
irresistible [ɪrɪ'zɪstɪbl] *a* irresistible.
irresolute [ɪ'rezəluːt] *a* indeciso.
irrespective [ɪrɪ'spektɪv]: **~ of** *prep* sin tener en cuenta, no importa.
irresponsible [ɪrɪ'spɔnsɪbl] *a* (*act*) irresponsable; (*person*) poco serio.
irrigate ['ɪrɪgeɪt] *vt* regar; **irrigation** [-'geɪʃən] *n* riego.
irritable ['ɪrɪtəbl] *a* (*person: temperament*) de (mal) carácter; (: *mood*) de mal humor.
irritate ['ɪrɪteɪt] *vt* fastidiar; (*MED*) picar; **irritating** *a* fastidioso; **irritation** [-'teɪʃən] *n* fastidio; picazón *f*, picor *m*.
IRS *n abbr* (*US*) = **Internal Revenue Service**.
is [ɪz] *vb see* **be**.
Islam ['ɪzlɑːm] *n* Islam *m*.
island ['aɪlənd] *n* isla; (*also*: **traffic ~**) isleta; **~er** *n* isleño/a.
isle [aɪl] *n* isla.
isn't ['ɪznt] = **is not**.
isolate ['aɪsəleɪt] *vt* aislar; **~d** *a* aislado; **isolation** [-'leɪʃən] *n* aislamiento.
Israel ['ɪzreɪl] *n* Israel *m*; **~i** [ɪz'reɪlɪ] *a*, *n* israelí *m/f*.
issue ['ɪsjuː] *n* cuestión *f*, asunto; (*outcome*) resultado; (*of banknotes etc*) emisión *f*; (*of newspaper etc*) número; (*offspring*) sucesión *f*, descendencia // *vt* (*rations, equipment*) distribuir, repartir; (*orders*) dar; (*certificate, passport*) expedir; (*decree*) promulgar; (*magazine*) publicar; (*cheques*) extender; (*bank-*

notes, stamps) emitir; **at ~** en cuestión; **to take ~ with sb (over)** estar en desacuerdo con uno (sobre).

isthmus ['ısməs] n istmo.

it [ıt] pron **1** (specific: subject: not generally translated) él/ella; (: direct object) lo, la; (: indirect object) le; (after prep) él/ella; (abstract concept) ello; **~'s on the table** está en la mesa; **I can't find ~** no lo (or la) encuentro; **give ~ to me** dámelo (or dámela); **I spoke to him about ~** le hablé del asunto; **what did you learn from ~?** ¿qué aprendiste de él (or ella)?; **did you go to ~?** (party, concert etc) ¿fuiste? **2** (impersonal): **~'s raining** llueve, está lloviendo; **~'s 6 o'clock/the 10th of August** son las 6/es el 10 de agosto; **how far is ~?** — **~'s 10 miles/2 hours on the train** ¿a qué distancia está? — a 10 millas/2 horas en tren; **who is ~?** — **~'s me** ¿quién es? — soy yo.

Italian [ı'tæljən] a italiano // n italiano/a; (LING) italiano.

italic [ı'tælık] a cursivo; **~s** npl cursiva sg.

Italy ['ıtəlı] n Italia.

itch [ıtʃ] n picazón f; (fig) prurito // vi (person) sentir or tener comezón; (part of body) picar; **to be ~ing to do sth** rabiar por hacer algo; **~y** a: **to be ~y** = **to ~**.

it'd ['ıtd] = **it would, it had**.

item ['aıtəm] n artículo; (on agenda) asunto (a tratar); (in programme) número; (also: news ~) noticia; **~ize** vt detallar.

itinerant [ı'tınərənt] a ambulante.

itinerary [aı'tınərərı] n itinerario.

it'll ['ıtl] = **it will, it shall**.

its [ıts] a su.

it's [ıts] = **it is, it has**.

itself [ıt'sɛlf] pron (reflexive) sí mismo/a; (emphatic) él mismo/ella misma.

ITV n abbr (Brit: = Independent Television) cadena de televisión comercial independiente del Estado.

I.U.D. n abbr (= intra-uterine device) DIU m.

I've [aıv] = **I have**.

ivory ['aıvərı] n marfil m.

ivy ['aıvı] n hiedra.

J

jab [dʒæb] vt: **to ~ sth into sth** clavar algo en algo // n (MED: col) pinchazo.

jabber ['dʒæbə*] vt, vi farfullar.

jack [dʒæk] n (AUT) gato; (BOWLS) boliche m; (CARDS) sota; **to ~ up** vt (AUT) levantar con el gato.

jackal ['dʒækɔ:l] n (ZOOL) chacal m.

jackdaw ['dʒækdɔ:] n grajo.

jacket ['dʒækıt] n chaqueta, americana;

saco (LAm); (of boiler etc) camisa; (of book) sobrecubierta.

jack-knife ['dʒæknaıf] vi colear.

jack plug n (ELEC) enchufe m de clavija.

jackpot ['dʒækpɔt] n premio gordo.

jaded ['dʒeıdıd] a (tired) cansado; (fed-up) hastiado.

jagged ['dʒægıd] a dentado.

jail [dʒeıl] n cárcel f // vt encarcelar; **~break** n fuga or evasión f (de la cárcel); **~er** n carcelero/a.

jam [dʒæm] n mermelada; (also: traffic ~) embotellamiento; (difficulty) apuro // vt (passage etc) obstruir; (mechanism, drawer etc) atascar; (RADIO) interferir // vi atascarse, trabarse; **to ~ sth into sth** meter algo a la fuerza en algo.

Jamaica [dʒə'meıkə] n Jamaica.

jangle ['dʒæŋgl] vi sonar (de manera) discordante.

janitor ['dʒænıtə*] n (caretaker) portero, conserje m.

January ['dʒænjuərı] n enero.

Japan [dʒə'pæn] n (el) Japón; **~ese** [dʒæpə'ni:z] a japonés/esa // n, pl inv japonés/esa m/f; (LING) japonés m.

jar [dʒa:*] n (glass: large) jarra; (: small) tarro // vi (sound) chirriar; (colours) desentonar.

jargon ['dʒa:gən] n jerga.

jasmin(e) ['dʒæzmın] n jazmín m.

jaundice ['dʒɔ:ndıs] n ictericia; **~d** a (fig: embittered) amargado; (: disillusioned) desilusionado.

jaunt [dʒɔ:nt] n excursión f; **~y** a alegre.

javelin ['dʒævlın] n jabalina.

jaw [dʒɔ:] n mandíbula.

jay [dʒeı] n (ZOOL) arrendajo.

jaywalker ['dʒeıwɔ:kə*] n peatón/ona m/f imprudente.

jazz [dʒæz] n jazz m; **to ~ up** vt (liven up) animar, avivar.

jealous ['dʒɛləs] a celoso; (envious) envidioso; **to be ~** tener celos; tener envidia; **~y** n celos mpl; envidia.

jeans [dʒi:nz] npl (pantalones mpl) vaqueros mpl or tejanos mpl.

jeep [dʒi:p] n jeep m.

jeer [dʒıə*] vi: **to ~ (at)** (boo) abuchear; (mock) mofarse (de).

jelly ['dʒɛlı] n jalea, gelatina; **~fish** n medusa.

jeopardize ['dʒɛpədaız] vt arriesgar, poner en peligro.

jeopardy ['dʒɛpədı] n: **to be in ~** estar en peligro.

jerk [dʒə:k] n (jolt) sacudida; (wrench) tirón m // vt dar una sacudida a; tirar bruscamente de // vi (vehicle) traquetear.

jerkin ['dʒə:kın] n chaleco.

jerky ['dʒə:kı] a espasmódico.

jersey ['dʒə:zı] n jersey m.

jest [dʒest] *n* broma.

Jesus ['dʒiːzəs] *n* Jesús *m*.

jet [dʒet] *n* (*of gas, liquid*) chorro; (*AVIAT*) avión *m* a reacción; **~-black** *a* negro como el azabache; **~ engine** *n* motor *m* a reacción; **~ lag** *n* desorientación *f* después de un largo vuelo.

jettison ['dʒetɪsn] *vt* desechar.

jetty ['dʒetɪ] *n* muelle *m*, embarcadero.

Jew [dʒuː] *n* judío.

jewel ['dʒuːəl] *n* joya; (*in watch*) rubí *m*; **~ler** *n* joyero/a; **~ler's** (**shop**), (*US*) **~ry store** *n* joyería; (*US*) **~ery**, **~lery** *n* joyas *fpl*, alhajas *fpl*.

Jewess ['dʒuːɪs] *n* judía.

Jewish ['dʒuːɪʃ] *a* judío.

jibe [dʒaɪb] *n* mofa.

jiffy ['dʒɪfɪ] *n* (*col*): **in a ~** en un santiamén.

jig [dʒɪg] *n* jiga.

jigsaw ['dʒɪgsɔː] *n* (*also:* **~ puzzle**) rompecabezas *m inv*.

jilt [dʒɪlt] *vt* dejar plantado a.

jingle ['dʒɪŋgl] *n* (*advert*) musiquilla // *vi* tintinear.

jinx [dʒɪŋks] *n*: **there's a ~ on it** está gafado.

jitters ['dʒɪtəz] *npl* (*col*): **to get the ~** ponerse nervioso.

job [dʒɔb] *n* trabajo; (*task*) tarea; (*duty*) deber *m*; (*post*) empleo; **it's a good ~ that...** menos mal que...; **just the ~!** ¡estupendo!; **~ centre** *n* (*Brit*) oficina estatal de colocaciones; **~less** *a* sin trabajo.

jockey ['dʒɔkɪ] *n* jockey *m/f* // *vi*: **to ~ for position** maniobrar para conseguir una posición.

jocular ['dʒɔkjulə*] *a* (*humorous*) gracioso; (*merry*) alegre.

jog [dʒɔg] *vt* empujar (ligeramente) // *vi* (*run*) hacer footing; **to ~ along** ir tirando; **to ~ sb's memory** refrescar la memoria a uno; **~ging** *n* footing *m*.

join [dʒɔɪn] *vt* (*things*) juntar, unir; (*become member of: club*) hacerse socio de; (*POL: party*) afiliarse a; (*meet: people*) reunirse con // *vi* (*roads*) empalmar; (*rivers*) confluir // *n* juntura; **to ~ in** *vi* tomar parte, participar // *vt fus* tomar parte *or* participar en; **to ~ up** *vi* unirse; (*MIL*) alistarse.

joiner ['dʒɔɪnə*] *n* carpintero/a; **~y** *n* carpintería.

joint [dʒɔɪnt] *n* (*TECH*) junta, unión *f*; (*ANAT*) articulación *f*; (*Brit CULIN*) pieza de carne (para asar); (*col: place*) garito // *a* (*common*) común; (*combined*) combinado; (*committee*) mixto; **~ account** (*with bank etc*) cuenta común; **~ly** *ad* en común; conjuntamente.

joist [dʒɔɪst] *n* viga.

joke [dʒəuk] *n* chiste *m*; (*also:* **practical ~**) broma // *vi* bromear; **to play a ~ on** gastar una broma a; **~r** *n* chistoso/a,

bromista *m/f*; (*CARDS*) comodín *m*.

jolly ['dʒɔlɪ] *a* (*merry*) alegre; (*enjoyable*) divertido // *ad* (*col*) muy, terriblemente.

jolt [dʒəult] *n* (*shake*) sacudida; (*blow*) golpe *m*; (*shock*) susto // *vt* sacudir; asustar.

jostle ['dʒɔsl] *vt* dar empellones a, codear.

jot [dʒɔt] *n*: **not one ~** ni jota, ni pizca; **to ~ down** *vt* apuntar; **~ter** *n* (*Brit*) bloc *m*.

journal ['dʒəːnl] *n* (*paper*) periódico; (*magazine*) revista; (*diary*) diario; **~ism** *n* periodismo; **~ist** *n* periodista *m/f*, reportero/a.

journey ['dʒəːnɪ] *n* viaje *m*; (*distance covered*) trayecto // *vi* viajar.

jovial ['dʒəuvɪəl] *a* risueño.

joy [dʒɔɪ] *n* alegría; **~ful**, **~ous** *a* alegre; **~ ride** *n* (*illegal*) paseo en coche robado; **~ stick** *n* (*AVIAT*) palanca de mando; (*COMPUT*) palanca de control.

J.P. *n abbr* = **Justice of the Peace**.

Jr *abbr* = **junior**.

jubilant ['dʒuːbɪlnt] *a* jubiloso.

jubilee ['dʒuːbɪliː] *n* aniversario.

judge [dʒʌdʒ] *n* juez *m/f* // *vt* juzgar; (*estimate*) considerar; **judg(e)ment** *n* juicio; (*punishment*) sentencia, fallo.

judiciary [dʒuːˈdɪʃɪərɪ] *n* poder *m* judicial.

judicious [dʒuːˈdɪʃəs] *a* juicioso.

judo ['dʒuːdəu] *n* judo.

jug [dʒʌg] *n* jarro.

juggernaut ['dʒʌgənɔːt] *n* (*Brit*: *huge truck*) camionazo.

juggle ['dʒʌgl] *vi* hacer juegos malabares; **~r** *n* malabarista *m/f*.

Jugoslav ['juːgəuslɑːv] *etc* = **Yugoslav** *etc*.

juice [dʒuːs] *n* zumo, jugo (*esp LAm*); **juicy** *a* jugoso.

jukebox ['dʒuːkbɔks] *n* tocadiscos *m inv* tragaperras.

July [dʒuːˈlaɪ] *n* julio.

jumble ['dʒʌmbl] *n* revoltijo // *vt* (*also:* **~ up: mix up**) revolver; (: *disarrange*) mezclar; **~ sale** *n* (*Brit*) venta de objetos usados con fines benéficos.

jumbo (jet) ['dʒʌmbəu-] *n* jumbo.

jump [dʒʌmp] *vi* saltar, dar saltos; (*start*) asustarse, sobresaltarse; (*increase*) aumentar // *vt* saltar // *n* salto; aumento; **to ~ the queue** (*Brit*) colarse.

jumper ['dʒʌmpə*] *n* (*Brit*: *pullover*) suéter *m*, jersey *m*; (*US*: *dress*) mandil *m*; **~ cables** *npl* (*US*) = **jump leads**.

jump leads *npl* (*Brit*) cables *mpl* puente de batería.

jumpy ['dʒʌmpɪ] *a* nervioso.

Jun. *abbr* = **junior**.

junction ['dʒʌŋkʃən] *n* (*Brit*: *of roads*) cruce *m*; (*RAIL*) empalme *m*.

juncture ['dʒʌŋktʃə*] n: at this ~ en este momento, en esta coyuntura.

June [dʒu:n] n junio.

jungle ['dʒʌŋgl] n selva, jungla.

junior ['dʒu:nɪə*] a (in age) menor, más joven; (competition) juvenil; (position) subalterno // n menor m/f, joven m/f; he's ~ to me es menor que yo; ~ **school** n (Brit) escuela primaria.

junk [dʒʌŋk] n (cheap goods) baratijas fpl; (lumber) trastos mpl viejos; (rubbish) basura; ~ **food** n alimentos preparados y envasados de escaso valor nutritivo; ~ **shop** n tienda de objetos usados.

Junr abbr = **junior**.

jurisdiction [dʒuərɪs'dɪkʃən] n jurisdicción f.

juror ['dʒuərə*] n jurado.

jury ['dʒuərɪ] n jurado.

just [dʒʌst] a justo // ad (exactly) exactamente; (only) sólo, solamente; he's ~ **done it/left** acaba de hacerlo/irse; ~ **right** perfecto; ~ **two o'clock** las dos en punto; she's ~ **as clever as you** (ella) es tan lista como tú; ~ **as well that...** menos mal que...; ~ **as he was leaving** en el momento en que se marchaba; ~ **before/enough** justo antes/lo suficiente; ~ **here** aquí mismo; he ~ **missed** ha fallado por poco; ~ **listen to this** escucha esto un momento.

justice ['dʒʌstɪs] n justicia; **J~ of the Peace (J.P.)** n juez m de paz.

justifiable [dʒʌstɪ'faɪəbl] a justificable.

justify ['dʒʌstɪfaɪ] vt justificar; (text) alinear.

justly ['dʒʌstlɪ] ad (gen) justamente; (with reason) con razón.

jut [dʒʌt] vi (also: ~ **out**) sobresalir.

juvenile ['dʒu:vənaɪl] a juvenil; (court) de menores // n joven m/f, menor m de edad.

juxtapose ['dʒʌkstəpəuz] vt yuxtaponer.

K

K abbr (= one thousand) mil; (= kilobyte) kilobyte m, kilococteto.

kaleidoscope [kə'laɪdəskəup] n calidoscopio.

Kampuchea [kæmpu'tʃɪə] n Kampuchea.

kangaroo [kæŋgə'ru:] n canguro.

karate [kə'ra:tɪ] n karate m.

kebab [kə'bæb] n pincho moruno.

keel [ki:l] n quilla; **on an even ~** (fig) en equilibrio.

keen [ki:n] a (interest, desire) grande, vivo; (eye, intelligence) agudo; (competition) intenso; (edge) afilado; (Brit: eager) entusiasta; **to be ~ to do** or **on doing sth** tener muchas ganas de hacer algo; **to be ~ on sth/sb** interesarse por algo/uno.

keep [ki:p] vb (pt, pp **kept**) vt (retain, preserve) guardar; (hold back) quedarse con; (shop) ser propietario de; (feed: family etc) mantener; (promise) cumplir; (chickens, bees etc) criar // vi (food) conservarse; (remain) seguir, continuar // n (of castle) torreón m; (food etc) comida, subsistencia; (col): for ~s para siempre; **to ~ doing sth** seguir haciendo algo; **to ~ sb from doing sth** impedir a uno hacer algo; **to ~ sth from happening** impedir que algo ocurra; **to ~ sb happy** tener a uno contento; **to ~ a place tidy** mantener un lugar limpio; **to ~ sth to o.s.** guardar algo para sí mismo; **to ~ sth (back) from sb** ocultar algo a uno; **to ~ time** (clock) mantener la hora exacta; **to ~ on** vi seguir, continuar; **to ~ out** vi (stay out) permanecer fuera; **'~ out'** prohibida la entrada; **to ~ up** vt mantener, conservar // vi no retrasarse; **to ~ up with** (pace) ir al paso de; (level) mantenerse a la altura de; ~**er** n guardián/ana m/f; ~**-fit** n gimnasia (para mantenerse en forma); ~**ing** n (care) cuidado; **in ~ing with** de acuerdo con; ~**sake** n recuerdo.

keg [kɛg] n barrilete m, barril m.

kennel ['kɛnl] n perrera; ~**s** npl perreras fpl.

Kenya ['kɛnjə] n Kenia; ~**n** a, n keniano/a m/f.

kept [kɛpt] pt, pp of **keep**.

kerb [kə:b] n (Brit) bordillo.

kernel ['kə:nl] n (nut) fruta; (fig) meollo.

kerosene ['kɛrəsi:n] n keroseno.

ketchup ['kɛtʃəp] n salsa de tomate, catsup m.

kettle ['kɛtl] n hervidor m, olla; ~ **drum** n (MUS) timbal m.

key [ki:] n (gen) llave f; (MUS) tono; (of piano, typewriter) tecla // vt (also: ~ **in**) teclear; ~**board** n teclado; ~**ed up** a (person) nervioso; ~**hole** n ojo (de la cerradura); ~**note** n (MUS) tónica; ~**ring** n llavero.

khaki ['ka:kɪ] n caqui.

kick [kɪk] vt (person) dar una patada a; (ball) dar un puntapié a // vi (horse) dar coces // n patada; puntapié m; (of rifle) culetazo; (thrill): he does it for ~**s** lo hace por pura diversión; **to ~ off** vi (SPORT) hacer el saque inicial.

kid [kɪd] n (col: child) chiquillo/a; (animal) cabrito; (leather) cabritilla // vi (col) bromear.

kidnap ['kɪdnæp] vt secuestrar; ~**per** n secuestrador(a) m/f; ~**ping** n secuestro.

kidney ['kɪdnɪ] n riñón m.

kill [kɪl] vt matar; (murder) asesinar; (fig: story) suprimir; (: rumour) acabar con; **to be ~ed (by a bullet)** ser muerto (por una bala) // n matanza; ~**er** n asesino/a; ~**ing** n (one) asesinato; (several) matanza; ~**joy** n (Brit) aguafiestas *m/f inv*.

kiln [kɪln] *n* horno.

kilo ['kiːləu] *n* kilo; **~byte** *n* (COMPUT) kilobyte *m*, kiloocteto; **~gram(me)** ['kɪləugræm] *n* kilo, kilogramo; **~metre**, (US) **~meter** ['kɪləmiːtə*]* *n* kilómetro; **~watt** ['kɪləuwɔt] *n* kilovatio.

kilt [kɪlt] *n* falda escocesa.

kin [kɪn] *n* parientes *mpl*.

kind [kaɪnd] *a* (*treatment*) bueno, cariñoso; (*person, act, word*) amable, atento // *n* clase *f*, especie *f*; (*species*) género; **in ~** (COMM) en especie; **a ~ of** una especie de; **to be two of a ~** ser tal para cual.

kindergarten ['kɪndəgɑːtn] *n* jardín *m* de infantes.

kind-hearted [kaɪnd'hɑːtɪd] *a* bondadoso, de buen corazón.

kindle ['kɪndl] *vt* encender.

kindly ['kaɪndlɪ] *a* bondadoso; (*gentle*) cariñoso // *ad* bondadosamente, amablemente; **will you ~...** sea usted tan amable de... .

kindness ['kaɪndnɪs] *n* bondad *f*, amabilidad *f*.

kindred ['kɪndrɪd] *a*: **~ spirits** almas *fpl* gemelas.

kinetic [kɪ'netɪk] *a* cinético.

king [kɪŋ] *n* rey *m*; **~dom** *n* reino; **~fisher** *n* martín *m* pescador; **~-size** *a* de tamaño gigante.

kinky ['kɪŋkɪ] *a* (*pej*) perverso.

kiosk ['kiːɔsk] *n* quiosco; (*Brit* TEL) cabina.

kipper ['kɪpə*]* *n* arenque *m* ahumado.

kiss [kɪs] *n* beso // *vt* besar; **to ~** (each other) besarse.

kit [kɪt] *n* avíos *mpl*; (*equipment*) equipo; (*set of tools etc*) (caja de) herramientas *fpl*; (*assembly ~*) juego de armar.

kitchen ['kɪtʃɪn] *n* cocina; **~ sink** *n* fregadero.

kite [kaɪt] *n* (*toy*) cometa.

kith [kɪθ] *n*: **~ and kin** parientes *mpl* y allegados.

kitten ['kɪtn] *n* gatito/a.

kitty ['kɪtɪ] *n* (*pool of money*) fondo común; (CARDS) puesta.

km *abbr* (= *kilometre*) km.

knack [næk] *n*: **to have the ~ of doing sth** tener el don de hacer algo.

knapsack ['næpsæk] *n* mochila.

knead [niːd] *vt* amasar.

knee [niː] *n* rodilla; **~cap** *n* rótula.

kneel [niːl], *pt, pp* **knelt** *vi* (*also:* **~ down**) arrodillarse.

knell [nel] *n* toque *m* de difuntos.

knelt [nelt] *pt, pp of* **kneel**.

knew [njuː] *pt of* **know**.

knickers ['nɪkəz] *npl* (*Brit*) bragas *fpl*.

knife [naɪf], *pl* **knives** *n* cuchillo // *vt* acuchillar.

knight [naɪt] *n* caballero; (CHESS) caballo; **~hood** *n* (*title*): **to get a ~hood** recibir el título de *Sir*.

knit [nɪt] *vt* tejer, tricotar; (*brows*) fruncir // *vi* tejer, tricotar; (*bones*) soldarse; **to ~ together** *vt* (*fig*) unir, juntar; **~ting** *n* labor *f* de punto; **~ting machine** *n* máquina de tricotar; **~ting needle**, (US) **~ pin** *n* aguja de tejer; **~wear** *n* prendas *fpl* de punto.

knives [naɪvz] *pl of* **knife**.

knob [nɔb] *n* (*of door*) tirador *m*; (*of stick*) puño; **a ~ of butter** (*Brit*) un pedazo de mantequilla.

knock [nɔk] *vt* (*strike*) golpear; (*bump into*) chocar contra; (*fig: col*) criticar // *vi* (*at door etc*): **to ~ at/on** llamar a // *n* golpe *m*; (*on door*) llamada; **to ~ down** *vt* (*pedestrian*) atropellar; **to ~ off** *vi* (*col: finish*) salir del trabajo // *vt* (*col: steal*) birlar; **to ~ out** *vt* dejar sin sentido; (BOXING) poner fuera de combate, dejar K.O.; **to ~ over** *vt* (*object*) tirar; (*person*) atropellar; **~er** *n* (*on door*) aldaba; **~-kneed** *a* patizambo; **~out** *n* (BOXING) K.O. *m*, knockout *m*.

knot [nɔt] *n* (*gen*) nudo // *vt* anudar; **~ty** *a* (*fig*) complicado.

know [nəu], *pt* **knew**, *pp* **known** *vt* (*gen*) saber; (*person, author, place*) conocer; **to ~ how to do** saber como hacer; **to ~ how to swim** saber nadar; **to ~ about** *or* **of sb/sth** saber de uno/algo; **~-all** *n* sabelotodo *m/f*; **~-how** *n* conocimientos *mpl*; **~ing** *a* (*look*) de complicidad; **~ingly** *ad* (*purposely*) adrede; (*smile, look*) con complicidad.

knowledge ['nɔlɪdʒ] *n* (*gen*) conocimiento; (*learning*) saber *m*, conocimientos *mpl*; **~able** *a* (*able about*) enterado de.

known [nəun] *pp of* **know**.

knuckle ['nʌkl] *n* nudillo.

K.O. *n abbr* = **knockout**.

Koran [kɔ'rɑːn] *n* Corán *m*.

Korea [kə'rɪə] *n* Corea.

kosher ['kəuʃə*]* *a* autorizado por la ley judía.

L

l. *abbr* = **litre**.

lab [læb] *n abbr* = **laboratory**.

label ['leɪbl] *n* etiqueta; (*brand: of record*) sello (discográfico) // *vt* poner etiqueta a.

laboratory [lə'bɔrətərɪ] *n* laboratorio.

laborious [lə'bɔːrɪəs] *a* penoso.

labour, (US) **labor** ['leɪbə*]* *n* (*task*) trabajo; (*~ force*) mano *f* de obra; (MED) parto // *vi*: **to ~ (at)** trabajar (en) // *vt* insistir en; **in ~** (MED) de parto; **L~, the L~ party** (*Brit*) el partido laborista, los laboristas *mpl*; **~ed** *a* (*breathing*) fatigoso; (*style*) pesado; **~er** *n* peón *m*; (*on farm*) peón *m*; (*day ~er*) jornalero.

labyrinth ['læbirinθ] n laberinto.

lace [leis] n encaje m; (of shoe etc) cordón m // vt (shoes: also: ~ **up**) atarse (los zapatos).

lack [læk] n (absence) falta; (scarcity) escasez f // vt faltarle a uno, carecer de; **through** or **for** ~ **of** por falta de; **to be** ~ing faltar, no haber.

lackadaisical [lækə'deizikl] a (careless) descuidado; (indifferent) indiferente.

lacquer ['lækə*] n laca.

lad [læd] n muchacho, chico; (in stable etc) mozo.

ladder ['lædə*] n escalera (de mano); (Brit: in tights) carrera // vt (Brit: tights) hacer una carrera en.

laden ['leidn] a: ~ (with) cargado (de).

ladle ['leidl] n cucharón m.

lady ['leidi] n señora; (distinguished, noble) dama; **young** ~ señorita; **the ladies' (room)** los servicios de señoras; ~**bird**, (US) ~**bug** n mariquita; ~**in-waiting** n dama de honor; ~**like** a fino; **L~ship** n: **your L~ship** su Señoría.

lag [læg] vi (also: ~ **behind**) retrasarse, quedarse atrás // vt (pipes) revestir.

lager ['la:gə*] n cerveza (rubia).

lagoon [lə'gu:n] n laguna.

laid [leid] pt, pp of **lay**; ~ **back** a (col) relajado.

lain [lein] pp of **lie**.

lair [leə*] n guarida.

laity ['leiti] n laicado.

lake [leik] n lago.

lamb [læm] n cordero; (meat) carne f de cordero; ~ **chop** n chuleta de cordero; ~**swool** n lana de cordero.

lame [leim] a cojo; (excuse) poco convincente.

lament [lə'ment] vt lamentarse de.

laminated ['læmineitid] a laminado.

lamp [læmp] n lámpara.

lampoon [læm'pu:n] vt satirizar.

lamp: ~**post** n (Brit) (poste m de) farol m; ~**shade** n pantalla.

lance [la:ns] n lanza // vt (MED) abrir con lanceta; ~ **corporal** n (Brit) soldado de primera clase.

land [lænd] n tierra; (country) país m; (piece of ~) terreno; (estate) tierras fpl, finca; (AGR) campo // vi (from ship) desembarcar; (AVIAT) aterrizar; (fig: fall) caer, terminar // vt (obtain) conseguir; (passengers, goods) desembarcar; **to** ~ **up** in/at ir a parar a/en; ~**ing** n desembarco; aterrizaje m; (of staircase) rellano; ~**ing stage** n (Brit) desembarcadero; ~**ing strip** n pista de aterrizaje; ~**lady** n (of boarding house) patrona; (owner) dueña; ~**lord** n propietario; (of pub etc) patrón m; ~**mark** n lugar m conocido; **to be a** ~**mark** (fig) hacer época; ~**owner** n terrateniente m/f.

landscape ['lænskeip] n paisaje m.

landslide ['lændslaid] n (GEO) corrimien-

to de tierras; (fig: POL) victoria arrolladora.

lane [lein] n (in country) camino; (in town) callejón m; (AUT) carril m; (in race) calle f; (for air or sea traffic) ruta.

language ['læŋgwidʒ] n lenguaje m; (national tongue) idioma m, lengua; **bad** ~ palabrotas fpl; ~ **laboratory** n laboratorio de idiomas.

languid ['læŋgwid] a lánguido.

languish ['læŋgwiʃ] vi languidecer.

lank [læŋk] a (hair) lacio.

lanky ['læŋki] a larguirucho.

lantern ['læntn] n linterna, farol m.

lap [læp] n (of track) vuelta; (of body): **to sit on sb's** ~ sentarse en las rodillas de uno // vt (also: ~ **up**) lamer // vi (waves) chapotear.

lapel [lə'pel] n solapa.

Lapland ['læplænd] n Laponia.

lapse [læps] n error m, fallo; (moral) desliz m // vi (expire) caducar; (morally) cometer un desliz; (time) pasar, transcurrir; **to** ~ **into bad habits** caer en malos hábitos; ~ **of time** lapso, período.

larceny ['la:sənɪ] n latrocinio.

lard [la:d] n manteca (de cerdo).

larder ['la:də*] n despensa.

large [la:dʒ] a grande; **at** ~ (free) en libertad; (generally) en general; ~**ly** ad en gran parte; ~**-scale** a (map) en gran escala; (fig) importante.

largesse [la:'ʒes] n generosidad f.

lark [la:k] n (bird) alondra; (joke) broma; **to** ~ **about** vi bromear, hacer el tonto.

laryngitis [lærɪn'dʒaɪtɪs] n laringitis f.

larynx ['lærɪŋks] n laringe f.

laser ['leɪzə*] n láser m; ~ **printer** n impresora (por) láser.

lash [læʃ] n latigazo; (punishment) azote m; (also: **eyelash**) pestaña // vt azotar; (tie) atar; **to** ~ **out** vi (col: spend) gastar a la loca; **to** ~ **out at** or **against sb** lanzar invectivas contra uno.

lass [læs] n chica.

lasso [læ'su:] n lazo.

last [la:st] a (gen) último; (final) último, final // ad por último // vi (endure) durar; (continue) continuar, seguir; ~ **night** anoche; ~ **week** la semana pasada; **at** ~ por fin; ~ **but one** penúltimo; ~**-ditch** a (attempt) último, desesperado; ~**ing** a duradero; ~**ly** ad por último, finalmente; ~**-minute** a de última hora.

latch [lætʃ] n picaporte m, pestillo.

late [leit] a (not on time) tarde, atrasado; (towards end of period, life) tardío; (hour) avanzado; (dead) fallecido // ad tarde; (behind time, schedule) con retraso; **of** ~ últimamente; **in** ~ **May** hacia fines de mayo; **the** ~ **Mr X** el difunto Sr X; ~**comer** n recién llegado/a; ~**ly** ad últimamente.

later ['leɪtə*] a (date etc) posterior; (version etc) más reciente // ad más tarde, después.

lateral ['lætərl] a lateral.

latest ['leɪtɪst] a último; **at the ~** a más tardar.

lathe [leɪð] n torno.

lather ['lɑːðə*] n espuma (de jabón) // vt enjabonar.

Latin ['lætɪn] n latín m // a latino; **~ America** n América latina; **~ American** a latinoamericano.

latitude ['lætɪtjuːd] n latitud f.

latter ['lætə*] a último; (of two) segundo // n: **the ~** el último, éste; **~ly** ad últimamente.

lattice ['lætɪs] n enrejado.

laudable ['lɔːdəbl] a loable.

laugh [lɑːf] n risa; (loud) carcajada // vi reír(se); **to ~ at** vt fus reírse de; **to ~ off** vt tomar algo a risa; **~able** a ridículo; **~ing stock** n: the **~ing stock of** el hazmerreír de; **~ter** n risa.

launch [lɔːntʃ] n (boat) lancha; see also **~ing** // vt (ship, rocket, plan) lanzar; **~ing** n (of rocket etc) lanzamiento; (inauguration) estreno; **~(ing) pad** n plataforma de lanzamiento.

launder ['lɔːndə*] vt lavar.

launderette [lɔːn'drɛt], (US) **laundromat** ['lɔːdrəmæt] n lavandería (automática).

laundry ['lɔːndrɪ] n lavandería; (clothes) ropa sucia; **to do the ~** hacer la colada.

laureate ['lɔːrɪət] a see poet.

lavatory ['lævətərɪ] n wáter m; **lavatories** npl servicios mpl, aseos mpl, sanitarios mpl (LAm).

lavender ['lævəndə*] n lavanda.

lavish ['lævɪʃ] a abundante; (giving freely): **~ with** pródigo en // vt: **to ~ sth on sb** colmar a uno de algo.

law [lɔː] n ley f; (study) derecho; (of game) regla; **~-abiding** a respetuoso de la ley; **~ and order** n orden m público; **~ court** n tribunal m (de justicia); **~ful** a legítimo, lícito; **~fully** ad legalmente.

lawn [lɔːn] n césped m; **~mower** n cortacésped m; **~ tennis** n tenis m sobre hierba.

law school n facultad f de derecho.

lawsuit ['lɔːsuːt] n pleito.

lawyer ['lɔːjə*] n abogado/a; (for sales, wills etc) notario/a.

lax [læks] a (discipline) relajado; (person) negligente al hacer.

laxative ['læksətɪv] n laxante m.

laxity ['læksɪtɪ] n flojedad f; (moral) relajamiento; (negligence) negligencia.

lay [leɪ] pt of **lie** // a laico; (not expert) lego // vt (pt, pp laid) (place) colocar; (eggs, table) poner; (trap) tender; **to ~ aside** or **by** vt dejar a un lado; **to ~ down** vt (pen etc) dejar; (arms) rendir; (policy) asentar; **to ~ down the law** imponer las normas; **to ~ off** vt (workers) despedir; **to ~ on** vt (water, gas) instalar; (meal, facilities) proveer; **to ~ out** vt (plan) trazar; (display) disponer; (spend) gastar; **to ~ up** vt (store) guardar; (ship) desarmar; (subj: illness) obligar a guardar cama; **~about** n vago/a; **~-by** n (Brit AUT) área de aparcamiento.

layer ['leɪə*] n capa.

layette [leɪ'ɛt] n ajuar m (de niño).

layman ['leɪmən] n lego.

layout ['leɪaut] n (design) plan m, trazado; (disposition) disposición f; (PRESS) composición f.

laze [leɪz] vi holgazanear.

laziness ['leɪzɪnɪs] n pereza.

lazy ['leɪzɪ] a perezoso, vago.

lb. abbr = **pound** (weight).

lead [liːd] n (front position) delantera; (distance, time ahead) ventaja; (clue) pista; (ELEC) cable m; (for dog) correa; (THEATRE) papel m principal; [lɛd] (metal) plomo; (in pencil) mina // (vb: pt, pp led) vt conducir; (life) llevar; (be leader of) dirigir; (SPORT) ir en cabeza de // vi ir primero; **to be in the ~** (SPORT) llevar la delantera; (fig) ir a la cabeza; **to ~ astray** llevar por mal camino; **to ~ away** vt llevar; **to ~ back** vt (person, route) llevar de vuelta; **to ~ on** vt (tease) engañar; **to ~ on to** (induce) incitar a; **to ~ to** vt fus producir, provocar; **to ~ up to** vt fus conducir a.

leaden ['lɛdn] a (sky, sea) plomizo; (heavy: footsteps) pesado.

leader ['liːdə*] n jefe/a m/f, líder m; (of union etc) dirigente m/f; (guide) guía m/f; (of newspaper) artículo de fondo; **~ship** n dirección f.

leading ['liːdɪŋ] a (main) principal; (outstanding) destacado; (first) primero; (front) delantero; **~ lady** n (THEATRE) primera actriz f; **~ light** n (person) figura principal.

leaf [liːf], pl **leaves** n hoja // vi: **to ~ through** hojear; **to turn over a new ~** reformarse.

leaflet ['liːflɪt] n folleto.

league [liːg] n sociedad f; (FOOTBALL) liga; **to be in ~ with** estar de acuerdo con.

leak [liːk] n (of liquid, gas) escape m, fuga; (in pipe) agujero; (in roof) gotera; (in security) filtración f // vi (shoes, ship) hacer agua; (pipe) tener (un) escape; (roof) gotear; (also: **~ out:** liquid, gas) escaparse, fugarse; (fig: news) divulgarse // vt (gen) dejar escapar; (fig: information) filtrarse.

lean [liːn] a (thin) flaco; (meat) magro // (vb: pt, pp leaned or leant [lɛnt]) vt: **to ~ sth on sth** apoyar algo en algo // vi (slope) inclinarse; (rest): **to ~ against** apoyarse contra; **to ~ on** apoyarse en; (fig: rely on) contar con (el apoyo de); **to ~ back/forward** vi inclinarse hacia atrás/adelante; **to ~ out** vi asomarse; **to ~ over** vi inclinarse; **~ing** n: **~ing (towards)** inclinación f (hacia); **~-to** n cobertizo.

leap [li:p] n salto // vi (pt, pp **leaped** or **leapt** [lɛpt]) saltar; **~frog** n pídola; **~ year** n año bisiesto.

learn [lɜ:n], pt, pp **learned** or **learnt** vt (gen) aprender; (come to know of) enterarse de // vi aprender; **to ~ how to do sth** aprender a hacer algo; **~ed** [ˈlɜ:nɪd] a erudito; **~er** n principiante m/f; (Brit: also: **~er driver**) aprendiz(a) m/f; **~ing** n el saber m, conocimientos mpl.

lease [li:s] n arriendo // vt arrendar.

leash [li:ʃ] n correa.

least [li:st] a (slightest) menor, más pequeño; (smallest amount of) mínimo // ad menos // n: **the ~** lo menos; **the ~ expensive car** el coche menos costoso; **at ~** por lo menos, al menos; **not in the ~** en absoluto.

leather [ˈlɛðə*] n cuero.

leave [li:v], pt, pp **left** vt dejar; (go away from) abandonar // vi irse; (train) salir // n permiso; **to be left** quedar, sobrar; **there's some milk left over** sobra or queda algo de leche; **on ~** de permiso; **to ~ behind** vt (on purpose) dejar (atrás); (accidentally) olvidar; **to take one's ~ of** despedirse de; **to ~ out** vt omitir; **~ of absence** n permiso de ausentarse.

leaves [li:vz] pl of **leaf**.

Lebanon [ˈlɛbənən] n : **the ~** el Líbano.

lecherous [ˈlɛtʃərəs] a lascivo.

lecture [ˈlɛktʃə*] n conferencia; (SCOL) clase f // vi dar una clase // vt (scold) sermonear; **to give a ~ on** dar una conferencia; **~r** n conferenciante m/f; (Brit: at university) profesor(a) m/f.

led [lɛd] pt, pp of **lead**.

ledge [lɛdʒ] n (of window, on wall) repisa, reborde m; (of mountain) saliente m.

ledger [ˈlɛdʒə*] n libro mayor.

lee [li:] n sotavento.

leech [li:tʃ] n sanguijuela.

leek [li:k] n puerro.

leer [lɪə*] vi: **to ~ at sb** mirar de manera lasciva a uno.

leeway [ˈli:weɪ] n (fig): **to have some ~** tener cierta libertad de acción.

left [lɛft] pt, pp of **leave** // a izquierdo // n izquierda // ad a la izquierda; **on or to the ~** a la izquierda; **the L~** (POL) la izquierda; **~-handed** a zurdo; **the ~-hand side** n la izquierda; **~-luggage (office)** n (Brit) consigna; **~-overs** npl sobras fpl; **~-wing** a (POL) de izquierda, izquierdista.

leg [lɛg] n pierna; (of animal) pata; (of

chair) pie m; (CULIN: of meat) pierna; (of journey) etapa; **lst/2nd ~** (SPORT) partido de ida/de vuelta.

legacy [ˈlɛgəsɪ] n herencia.

legal [ˈli:gl] a (permitted by law) lícito; (of law) legal; (inquiry etc) jurídico; **~ holiday** n (US) fiesta oficial; **~ize** vt legalizar; **~ly** ad legalmente; **~ tender** n moneda de curso legal.

legend [ˈlɛdʒənd] n leyenda.

legislation [lɛdʒɪsˈleɪʃən] n legislación f.

legislature [ˈlɛdʒɪslətʃə*] n cuerpo legislativo.

legitimate [lɪˈdʒɪtɪmət] a legítimo.

leg-room [ˈlɛgru:m] n espacio para las piernas.

leisure [ˈlɛʒə*] n ocio, tiempo libre; **at ~** con tranquilidad; **~ centre** n centro de recreo; **~ly** a sin prisa; lento.

lemon [ˈlɛmən] n limón m; **~ade** [-ˈneɪd] n (fruit juice) limonada; (fizzy) gaseosa; **~ tea** n té m con limón.

lend [lɛnd], pt, pp **lent** vt: **to ~ sth to sb** prestar algo a alguien; **~ing library** n biblioteca de préstamo.

length [lɛŋθ] n (size) largo, longitud f; (section: of road, pipe) tramo; (: rope etc) largo; **at ~** (at last) por fin, finalmente; (lengthily) largamente; **~en** vt alargar // vi alargarse; **~ways** ad a lo largo; **~y** a largo, extenso; (meeting) prolongado.

lenient [ˈli:nɪənt] a indulgente.

lens [lɛnz] n (of spectacles) lente f; (of camera) objetivo.

lent [lɛnt] pt, pp of **lend**.

Lent [lɛnt] n Cuaresma.

lentil [ˈlɛntl] n lenteja.

Leo [ˈli:əu] n Leo.

leotard [ˈli:əta:d] n leotardo.

leper [ˈlɛpə*] n leproso/a.

leprosy [ˈlɛprəsɪ] n lepra.

lesbian [ˈlɛzbɪən] n lesbiana.

less [lɛs] a (in size, degree etc) menor; (in quantity) menos // pron, ad menos; **~ than half** menos de la mitad; **~ than ever** menos que nunca; **~ and ~** cada vez menos; **the ~ he works...** cuanto menos trabaja...

lessen [ˈlɛsn] vi disminuir, reducirse // vt disminuir, reducir.

lesser [ˈlɛsə*] a menor; **to a ~ extent** en menor grado.

lesson [ˈlɛsn] n clase f; **a maths ~** una clase de matemáticas.

lest [lɛst] conj: **~ it happen** para que no pase.

let [lɛt], pt, pp **let** vt (allow) dejar, permitir; (Brit: lease) alquilar; **to ~ sb do sth** dejar que uno haga algo; **to ~ sb know sth** comunicar algo a uno; **~'s go** ¡vamos!; **~ him come** que venga; **'to ~'** 'se alquila'; **to ~ down** vt (lower) bajar; (dress) alargar; (tyre) desinflar; (hair) soltar; (disappoint) defraudar; **to**

~ go *vi* soltar; (*fig*) dejarse ir // *vt* soltar; **to ~ in** *vt* dejar entrar; (*visitor etc*) hacer pasar; **to ~ off** *vt* dejar escapar; (*firework etc*) disparar; (*bomb*) accionar; **to ~ on** *vi* (*col*) divulgar; **to ~ out** *vt* dejar salir; (*dress*) ensanchar; **to ~ up** *vi* amainar, disminuir.

lethal ['li:θl] *a* (*weapon*) mortífero; (*poison, wound*) mortal.

lethargy ['leθədʒɪ] *n* letargo.

letter ['lɛtə*] *n* (*of alphabet*) letra; (*correspondence*) carta; **~ bomb** *n* cartabomba; **~box** *n* (*Brit*) buzón *m*; **~ of credit** *n* carta de crédito; **~ing** *n* letras *fpl*.

lettuce ['lɛtɪs] *n* lechuga.

leukaemia, (*US*) **leukemia** [luːˈkiːmɪə] *n* leucemia.

level ['lɛvl] *a* (*flat*) llano; (*flattened*) nivelado; (*uniform*) igual // *ad* a nivel // *n* nivel *m* // *vt* nivelar; allanar; **to be ~ with** estar a nivel de; **'A'** **~s** *npl* (*Brit*) ≈ Bachillerato Superior, B.U.P.; **'O'** **~s** *npl* (*Brit*) ≈ bachillerato elemental, octavo de básica; **on the ~** (*fig: honest*) en serio; **to ~ off** *or* **out** *vi* (*prices etc*) estabilizarse; **~ crossing** *n* (*Brit*) paso a nivel; **~-headed** *a* sensato.

lever ['liːvə*] *n* palanca // *vt*: **to ~ up** levantar con palanca; **~age** *n* (*fig: influence*) influencia.

levy ['lɛvɪ] *n* impuesto // *vt* exigir, recaudar.

lewd [luːd] *a* lascivo; (*joke*) obsceno, colorado (*LAm*).

liability [laɪəˈbɪlətɪ] *n* responsabilidad *f*; (*handicap*) desventaja; **liabilities** *npl* obligaciones *fpl*, (*COMM*) pasivo *sg*.

liable ['laɪəbl] *a* (*subject*): **~ to** sujeto a; (*responsible*): **~ for** responsable de; (*likely*): **~ to do** propenso a hacer.

liaise [lɪˈeɪz] *vi*: **to ~ with** enlazar con.

liaison [liːˈeɪzɔn] *n* (*coordination*) enlace *m*; (*affair*) relación *f*.

liar ['laɪə*] *n* mentiroso/a.

libel ['laɪbl] *n* calumnia // *vt* calumniar.

liberal ['lɪbərl] *a* (*gen*) liberal; (*generous*): **~ with** generoso con.

liberty ['lɪbətɪ] *n* libertad *f*; **to be at ~ to do** estar libre para hacer.

Libra ['liːbrə] *n* Libra.

librarian [laɪˈbrɛərɪən] *n* bibliotecario/a.

library ['laɪbrərɪ] *n* biblioteca.

libretto [lɪˈbrɛtəu] *n* libreto.

Libya ['lɪbɪə] *n* Libia; **~n** *a*, *n* libio/a *m/f*.

lice [laɪs] *pl* de **louse**.

licence, (*US*) **license** ['laɪsns] *n* licencia; (*permit*) permiso; (*also*: **driving ~**, (*US*) **driver's ~**) carnet *m* de conducir (*Sp*), permiso (*LAm*); (*excessive freedom*) libertad *f*; **~ number** *n* matrícula; **~ plate** *n* placa (de matrícula).

license ['laɪsns] *n* (*US*) = **licence** // *vt* autorizar, dar permiso a; **~d** *a* (*for alcohol*) autorizado para vender bebidas alcohólicas.

licentious [laɪˈsɛnʃəs] *a* licencioso.

lichen ['laɪkən] *n* liquen *m*.

lick [lɪk] *vt* lamer // *n* lamedura; **a ~ of paint** una mano de pintura.

licorice ['lɪkərɪs] *n* = **liquorice**.

lid [lɪd] *n* (*of box*, *case*) tapa; (*of pan*) cobertera.

lido ['laɪdəu] *n* (*Brit*) piscina.

lie [laɪ] *n* mentira // *vi* mentir; (*pt* **lay**, *pp* **lain**) (*rest*) estar echado, estar acostado; (*of object: be situated*) estar, encontrarse; **to ~ low** (*fig*) mantenerse a escondidas; **to ~ about** *vi* (*things*) estar tirado; (*Brit*) (*people*) estar tumbado; **to have a ~-down** (*Brit*) echarse (una siesta); **to have a ~-in** (*Brit*) quedarse en la cama.

lieu [luː]: **in ~ of** *prep* en lugar de.

lieutenant [lɛfˈtɛnənt, (*US*) luːˈtɛnənt] *n* (*MIL*) teniente *m*.

life [laɪf], *pl* **lives** *n* vida; (*way of ~*) modo de vivir; (*of licence etc*) vigencia; **~ assurance** *n* (*Brit*) seguro de vida; **~belt** *n* (*Brit*) cinturón *m* salvavidas; **~boat** *n* lancha de socorro; **~guard** *n* vigilante *mf*; **~ insurance** *n* = **~ assurance**; **~ jacket** *n* chaleco salvavidas; **~less** *a* sin vida; (*dull*) soso; **~like** *a* natural; **~line** *n* (*fig*) cordón *m* umbilical; **~long** *a* de toda la vida; **~ preserver** *n* (*US*) = **~belt**; **~-saver** *n* socorrista *m/f*; **~ sentence** *n* condena perpetua; **~-sized** *a* de tamaño natural; **~ span** *n* vida; **lifestyle** *n* estilo de vida; **~ support system** *n* (*MED*) sistema *m* de respiración asistida; **~time** *n*: **in his ~time** durante su vida; **once in a ~time** una vez en la vida.

lift [lɪft] *vt* levantar; (*copy*) plagiar // *vi* (*fog*) disiparse // *n* (*Brit: elevator*) ascensor *m*; **to give sb a ~** (*Brit*) llevar a uno en el coche; **~-off** *n* despegue *m*.

light [laɪt] *n* luz *f*; (*flame*) lumbre *f*; (*lamp*) luz *f*, lámpara; (*daylight*) luz *f* del día; (*headlight*) faro; (*rear ~*) luz *f* trasera; (*for cigarette etc*): **have you got a ~?** ¿tienes fuego? // *vt* (*pt*, *pp* **lighted** *or* **lit**) (*candle, cigarette, fire*) encender (*Sp*), prender (*LAm*); (*room*) alumbrar // *a* (*colour*) claro; (*not heavy, also fig*) ligero; (*room*) alumbrado; **to come to ~** salir a luz; **to ~ up** *vi* (*smoke*) encender un cigarrillo; (*face*) iluminarse // *vt* (*illuminate*) iluminar, alumbrar; **~ bulb** *n* bombilla, foco (*LAm*); **~en** *vi* (*grow ~*) clarear // *vt* (*give light to*) iluminar; (*make lighter*) aclarar; (*make less heavy*) aligerar; **~er** *n* (*also*: **cigarette ~er**) encendedor *m*, mechero; **~-headed** *a* (*dizzy*) mareado; (*excited*) exaltado; (*by nature*) casquivano; **~-hearted** *a* alegre; **~house** *n* faro; **~ing** *n* (*act*) iluminación *f*; (*system*) alumbrado; **~ly** *ad* ligeramente; (not seriously) con poca seriedad; **to get off** ~ly ser castigado con poca severidad; **~ness** n claridad f; (in weight) ligereza.

lightning ['laɪtnɪŋ] n relámpago, rayo; ~ **conductor**, (US) ~ **rod** n pararrayos m inv.

light: ~ **pen** n lápiz m óptico; **~weight** a (suit) ligero // n (BOXING) peso ligero; ~ **year** n año luz.

like [laɪk] vt gustarle a uno // prep como // a parecido, semejante // n: **the** ~ semejante m/f; **his** ~s **and dislikes** sus gustos y aversiones; **I would** ~, **I'd** ~ me gustaría; (for purchase) quisiera; **would you** ~ **a coffee?** ¿te apetece un café?; **I** ~ **swimming** me gusta nadar; **she** ~s **apples** le gustan las manzanas; **to be** or **look** ~ **sb/sth** parecerse a alguien/algo; **that's just** ~ **him** es muy de él, es característico de él; **do it** ~ **this** hazlo así; **it is nothing** ~... no tiene parecido alguno con...; **~able** a simpático, agradable.

likelihood ['laɪklɪhud] n probabilidad f.

likely ['laɪklɪ] a probable; **he's** ~ **to leave** es probable que se vaya; **not** ~! ¡ni hablar!

likeness ['laɪknɪs] n semejanza, parecido.

likewise ['laɪkwaɪz] ad igualmente.

liking ['laɪkɪŋ] n: ~ **(for)** (person) cariño (a); (thing) afición (a).

lilac ['laɪlək] n lila // a (colour) de color lila.

lily ['lɪlɪ] n lirio, azucena; ~ **of the valley** n lirio de los valles.

limb [lɪm] n miembro.

limber ['lɪmbə*] n: **to** ~ **up** vi (fig) entrenarse; (SPORT) desentumecerse.

limbo ['lɪmbəu] n: **to be in** ~ (fig) quedar a la expectativa.

lime [laɪm] n (tree) limero; (fruit) lima; (GEO) cal f.

limelight ['laɪmlaɪt] n: **to be in the** ~ (fig) ser el centro de atención.

limerick ['lɪmərɪk] n quintilla humorística.

limestone ['laɪmstəun] n piedra caliza.

limit ['lɪmɪt] n límite m // vt limitar; **~ed** a limitado; **to be ~ed to** limitarse a; **~ed (liability) company (Ltd)** n (Brit) sociedad f anónima.

limousine ['lɪməziːn] n limusina.

limp [lɪmp] n: **to have a** ~ tener cojera // vi cojear // a flojo.

limpet ['lɪmpɪt] n lapa.

line [laɪn] n (gen) línea; (straight ~) raya; (rope) cuerda; (for fishing) sedal m; (wire) hilo; (row, series) fila, hilera; (of writing) renglón m; (on face) arruga; (speciality) rama // vt (SEWING) forrar (with de); **to** ~ **the streets** ocupar las aceras; **in** ~ **with** de acuerdo con; **to** ~ **up** vi hacer cola // vt alinear, poner en fila.

linear ['lɪnɪə*] a lineal.

lined [laɪnd] a (face) arrugado; (paper) rayado.

linen ['lɪnɪn] n ropa blanca; (cloth) lino.

liner ['laɪnə*] n vapor m de línea, transatlántico.

linesman ['laɪnzmən] n (SPORT) juez m de línea.

line-up ['laɪnʌp] n alineación f.

linger ['lɪŋgə*] vi retrasarse, tardar en marcharse; (smell, tradition) persistir.

lingerie ['lænʒəriː] n ropa interior (de mujer).

lingo ['lɪŋgəu], pl ~es n (pej) jerga.

linguist ['lɪŋgwɪst] n lingüista m/f; **~ic** a lingüístico; **~ics** n lingüística.

lining ['laɪnɪŋ] n forro.

link [lɪŋk] n (of a chain) eslabón m; (connection) conexión f; (bond) vínculo, lazo // vt vincular, unir; ~s npl (GOLF) campo sg de golf; **to** ~ **up** vt acoplar // vi unirse; **~-up** n (gen) unión f; (in space) acoplamiento.

lino ['laɪnəu], **linoleum** [lɪ'nəuliəm] n linóleo.

lion ['laɪən] n león m; **~ess** n leona.

lip [lɪp] n labio; (of jug) pico; (of cup etc) borde m; **~read** vi leer los labios; ~ **salve** n crema protectora para labios; ~ **service** n: **to pay** ~ **service to sth** prometer algo de palabra; **~stick** n lápiz m de labios, carmín m.

liqueur [lɪ'kjuə*] n licor m.

liquid ['lɪkwɪd] a, n líquido.

liquidize ['lɪkwɪdaɪz] vt (CULIN) licuar.

liquidizer ['lɪkwɪdaɪzə*] n licuadora.

liquor ['lɪkə*] n licor m, bebidas fpl alcohólicas.

liquorice ['lɪkərɪs] n regaliz m.

liquor store n (US) bodega, tienda de vinos y bebidas alcohólicas.

Lisbon ['lɪzbən] n Lisboa.

lisp [lɪsp] n ceceo.

list [lɪst] n lista; (of ship) inclinación f // vt (write down) hacer una lista de; (enumerate) catalogar // vi (ship) inclinarse.

listen ['lɪsn] vi escuchar, oír; (pay attention) atender; **~er** n oyente m/f.

listless ['lɪstlɪs] a apático, indiferente.

lit [lɪt] pt, pp of **light**.

litany ['lɪtənɪ] n letanía.

liter ['liːtə*] n (US) = **litre**.

literacy ['lɪtərəsɪ] n capacidad f de leer y escribir.

literal ['lɪtərl] a literal.

literary ['lɪtərərɪ] a literario.

literate ['lɪtərət] a que sabe leer y escribir; (fig) culto.

literature ['lɪtərɪtʃə*] n literatura; (brochures etc) folletos mpl.

lithe [laɪð] a ágil.

litigation [lɪtɪ'geɪʃən] n litigio.

litre, (US) **liter** ['liːtə*] n litro.

litter ['lɪtə*] n (rubbish) basura; (paper) papel m tirado; (young animals) camada, cría; ~ **bin** n (Brit) papelera; **~ed**

a: ~ed with (*scattered*) esparcido con; (*covered with*) lleno de.

little ['lɪtl] *a* (*small*) pequeño; (*not much*) poco; (*often translated by suffix: eg* ~ house casita) // *ad* poco; a ~ un poco (de); ~ by ~ poco a poco.

live [lɪv] *vi* vivir // *vt* (*a life*) llevar; (*experience*) vivir // *a* [laɪv] (*animal*) vivo; (*wire*) conectado; (*broadcast*) en directo; (*shell*) cargado; **to ~ down** *vt* hacer olvidar; **to ~ on** *vt fus* (*food*) vivirse de, alimentarse de; **to ~ together** *vi* vivir juntos; **to ~ up to** *vt fus* (*fulfil*) cumplir con; (*justify*) justificar.

livelihood ['laɪvlihud] *n* sustento.

lively ['laɪvlɪ] *a* (*gen*) vivo; (*animado*); (*pace*) rápido; (*party, tune*) alegre.

liven up ['laɪvn-] *vt* animar.

liver ['lɪvə*] *n* hígado.

livery ['lɪvərɪ] *n* librea.

lives [laɪvz] *pl of* **life.**

livestock ['laɪvstɔk] *n* ganado.

livid ['lɪvɪd] *a* lívido; (*furious*) furioso.

living ['lɪvɪŋ] *a* (*alive*) vivo // *n*: **to earn** *or* **make a ~** ganarse la vida; ~ **conditions** *npl* condiciones *fpl* de vida; ~ **room** *n* sala (de estar); ~ **wage** *n* sueldo suficiente para vivir.

lizard ['lɪzəd] *n* lagartija.

load [ləud] *n* (*gen*) carga; (*weight*) peso // *vt* (*COMPUT*) cargar; (*also:* ~ **up**): **to** ~ **(with)** cargar (con *or* de); a ~ **of**, ~**s of** (*fig*) (gran) cantidad de, montones de; ~**ed** *a* (*dice*) cargado; (*question*) intencionado; (*col: rich*) forrado (de dinero); ~**ing bay** *n* área de carga y descarga.

loaf [ləuf], *pl* **loaves** *n* (barra de) pan *m* // *vi* (*also:* ~ **about**, ~ **around**) holgazanear.

loan [ləun] *n* préstamo; (*COMM*) empréstito // *vt* prestar; **on** ~ prestado.

loath [ləuθ] *a:* **to be** ~ **to do sth** estar poco dispuesto a hacer algo.

loathe [ləuð] *vt* aborrecer; (*person*) odiar; **loathing** *n* aversión *f*; odio.

loaves [ləuvz] *pl of* **loaf.**

lobby ['lɔbɪ] *n* vestíbulo, sala de espera; (*POL: pressure group*) grupo de presión // *vt* presionar.

lobe [ləub] *n* lóbulo.

lobster ['lɔbstə*] *n* langosta.

local ['ləuklɪ] *a* local // *n* (*pub*) bar *m*; the ~**s** los vecinos, los del lugar; ~ **anaesthetic** *n* (*MED*) anestesia local; ~ **authority** *n* municipio, ayuntamiento (*Sp*); ~ **call** (*TEL*) llamada local; ~ **government** *n* gobierno municipal; ~**ity** [-'kælɪtɪ] *n* localidad *f*; ~**ly** [-kəlɪ] *ad* en la vecindad.

locate [ləu'keɪt] *vt* (*find*) localizar; (*situate*) colocar.

location [ləu'keɪʃən] *n* situación *f*; **on** ~ (*CINEMA*) en exteriores.

loch [lɔx] *n* lago.

lock [lɔk] *n* (*of door, box*) cerradura; (*of canal*) esclusa; (*of hair*) mechón *m* // *vt* (*with key*) cerrar con llave; (*immobilize*) inmovilizar // *vi* (*door etc*) cerrarse con llave; (*wheels*) trabarse.

locker ['lɔkə*] *n* casillero; ~-**room** *n* (*US SPORT*) vestuario.

locket ['lɔkɪt] *n* medallón *m*.

lockout ['lɔkaut] *n* paro patronal, lockout *m*.

locksmith ['lɔksmɪθ] *n* cerrajero/a.

lock-up ['lɔkʌp] *n* (*garage*) cochera.

locomotive [ləukə'məutɪv] *n* locomotora.

locum ['ləukəm] *n* (*MED*) (médico/a) interino/a.

locust ['ləukəst] *n* langosta.

lodge [lɔdʒ] *n* casa del guarda; (*porter's*) portería; (*FREEMASONRY*) logia // *vi* (*person*): **to** ~ **(with)** alojarse (en casa de) // *vt* (*complaint*) presentar; ~**r** *n* huésped(a) *m/f*.

lodgings ['lɔdʒɪŋz] *npl* alojamiento *sg*; (*house*) casa *sg* de huéspedes.

loft [lɔft] *n* desván *m*.

lofty ['lɔftɪ] *a* alto; (*haughty*) orgulloso.

log [lɔg] *n* (*of wood*) leño, tronco; (*book*) = **logbook.**

logbook ['lɔgbuk] *n* (*NAUT*) diario de a bordo; (*AVIAT*) libro de vuelo; (*of car*) documentación *f* (del coche).

loggerheads ['lɔgəhɛdz] *npl:* **at** ~ **(with)** de pique (con).

logic ['lɔdʒɪk] *n* lógica; ~**al** *a* lógico.

logo ['ləugəu] *n* logotipo.

loin [lɔɪn] *n* (*CULIN*) lomo, solomillo; ~**s** *npl* lomos *mpl*.

loiter ['lɔɪtə*] *vi* vagar; (*pej*) merodear.

loll [lɔl] *vi* (*also:* ~ **about**) repantigarse.

lollipop ['lɔlɪpɔp] *n* pirulí *m*; (*iced*) polo; ~ **man/lady** *n* (*Brit*) persona encargada de ayudar a los niños a cruzar la calle.

London ['lʌndən] *n* Londres; ~**er** *n* londinense *m/f*.

lone [ləun] *a* solitario.

loneliness ['ləunlɪnɪs] *n* soledad *f*, aislamiento.

lonely ['ləunlɪ] *a* solitario, solo.

long [lɔŋ] *a* largo // *ad* mucho tiempo, largamente // *vi:* **to** ~ **for sth** anhelar algo; **in the** ~ **run** a la larga; **so** *or* **as** ~ **as** mientras, mientras que; **don't be** ~! ¡no tardes!, ¡vuelve pronto!; **how** ~ **is the street?** ¿cuánto tiene la calle de largo?; **how** ~ **is the lesson?** ¿cuánto dura la clase?; **6 metres** ~ que mide 6 metros, de 6 metros de largo; **6 months** ~ que dura 6 meses, de 6 meses de duración; **all night** ~ toda la noche; **he no** ~**er comes** ya no viene; ~ **before** mucho antes; **before** ~ (+ *future*) dentro de poco; (+ *past*) poco tiempo después; **at** ~ **last** al fin, por fin; ~-**distance** *a* (*race*) de larga distancia; (*call*) interurbano; ~-**haired** *a* de pelo largo; ~**hand** *n* escritura sin abreviaturas; ~**ing** n anhelo, ansia; (nostalgia) nostalgia // a anhelante.

longitude ['lɔŋgɪtjuːd] n longitud f.

long: ~ **jump** n salto de longitud; ~-**lost** a desaparecido hace mucho tiempo; ~-**playing record (L.P.)** n elepé m, disco de larga duración; ~-**range** a de gran alcance; ~-**sighted** a (Brit) présbita; ~-**standing** a de mucho tiempo; ~-**suffering** a sufrido; ~-**term** a a largo plazo; ~ **wave** n onda larga; ~-**winded** a prolijo.

loo [luː] n (Brit: col) wáter m.

look [luk] vi mirar; (seem) parecer; (building etc): to ~ **south/on to the sea** dar al sur/al mar // n mirada; (glance) vistazo; (appearance) aire m, aspecto; ~**s** npl físico sg, apariencia sg; to ~ **after** vt fus cuidar; **to** ~ **at** vt fus mirar; (consider) considerar; **to** ~ **back** vi mirar hacia atrás; **to** ~ **down on** vt fus (fig) despreciar, mirar con desprecio; **to** ~ **for** vt fus buscar; **to** ~ **forward to** vt fus esperar con ilusión; (in letters): **we** ~ **forward to hearing from you** quedamos a la espera de sus gratas noticias; **to** ~ **into** vt investigar; **to** ~ **on** vi mirar (como espectador); **to** ~ **out** vi (beware): **to** ~ **out (for)** tener cuidado (de); ~ **out for** vt fus (seek) buscar; (await) esperar; **to** ~ **round** vi volver la cabeza; **to** ~ **to** vt fus ocuparse de; (rely on) contar con; **to** ~ **up** vi mirar hacia arriba; (improve) mejorar // vt (word) buscar; (friend) visitar; **to** ~ **up to** vt fus admirar; ~-**out** n (tower etc) puesto de observación; (person) vigía m/f; **to be on the** ~-**out for sth** estar al acecho de algo.

loom [luːm] n telar m // vi (threaten) amenazar.

loony ['luːnɪ] n (col) loco/a.

loop [luːp] n lazo; (bend) vuelta, recodo; ~**hole** n escapatoria.

loose [luːs] a (gen) suelto; (not tight) flojo; (wobbly etc) movedizo; (clothes) ancho; (morals, discipline) relajado; **to be at a** ~ **end** or (US) **at** ~ **ends** no saber qué hacer; ~ **change** n cambio; ~ **chippings** npl (on road) gravilla sg suelta; ~**ly** ad libremente, aproximadamente; ~**n** vt (free) soltar; (untie) desatar; (slacken) aflojar.

loot [luːt] n botín m // vt saquear.

lop [lɔp] n: **to** ~ **off** vt cortar; (branches) podar.

lop-sided ['lɔp'saɪdɪd] a desequilibrado.

lord [lɔːd] n señor m; **L**~ **Smith** Lord Smith; **the L**~ el Señor; **the (House of) L**~**s** (Brit) la Cámara de los Lores; ~**ship** n: **your L**~**ship** su Señoría.

lore [lɔː*] n tradiciones fpl.

lorry ['lɔrɪ] n (Brit) camión m; ~ **driver** n camionero/a.

lose [luːz], pt, pp **lost** vt perder // vi per-

der, ser vencido; **to** ~ **(time)** (clock) atrasarse; ~**r** n perdedor(a) m/f.

loss [lɔs] n pérdida; **heavy** ~**es** (MIL) grandes pérdidas; **to be at a** ~ no saber qué hacer; **to make a** ~ sufrir pérdidas.

lost [lɔst] pt, pp of lose // a perdido; ~ **property,** (US) ~ **and found** n objetos mpl perdidos.

lot [lɔt] n (at auctions) lote m; (destiny) suerte f; **the** ~ el todo, todos; **a** ~ mucho, bastante; **a** ~ **of,** ~**s of** mucho(s) (pl); **I read a** ~ leo bastante; **to draw** ~**s (for sth)** echar suertes (para decidir algo).

lotion ['ləuʃən] n loción f.

lottery ['lɔtərɪ] n lotería.

loud [laud] a (voice, sound) fuerte; (laugh, shout) estrepitoso; (gaudy) chillón/ona // ad (speak etc) en alta voz; ~**hailer** n (Brit) megáfono; ~**ly** ad (noisily) fuerte; (aloud) en alta voz; ~**speaker** n altavoz m.

lounge [laundʒ] n salón m, sala (de estar) // vi reposar, holgazanear; ~ **suit** n (Brit) traje m de calle.

louse [laus], pl **lice** n piojo.

lousy ['lauzɪ] a (fig) vil, asqueroso.

lout [laut] n gamberro/a.

louvre, (US) **louver** ['luːvə*] a (door) de rejilla; (window) de libro.

lovable ['lʌvəbl] a amable, simpático.

love [lʌv] n amor m // vt amar, querer; **to** ~ **to do** encantarle a uno hacer; **to be in** ~ **with** estar enamorado de; **to make** ~ hacer el amor; **for the** ~ **of** por amor de; **'15** ~' (TENNIS) 15 a cero; **I** ~ **paella** me encanta la paella; ~ **affair** n aventura sentimental; ~ **letter** n carta de amor; ~ **life** n vida sentimental.

lovely ['lʌvlɪ] a (delightful) precioso, encantador(a); (beautiful) hermoso.

lover ['lʌvə*] n amante m/f; (amateur): **a** ~ **of** un aficionado/a or un amante de.

loving ['lʌvɪŋ] a amoroso, cariñoso.

low [ləu] a, ad bajo // n (METEOROLOGY) área de baja presión // vi (cow) mugir; **to feel** ~ sentirse deprimido; **to turn (down)** ~ bajar; ~-**cut** a (dress) escotado.

lower ['ləuə*] vt bajar; (reduce) reducir // vr: **to** ~ **o.s. to** (fig) rebajarse a.

low: ~-**fat** a (milk, yoghurt) desnatado; (diet) bajo en calorías; ~**lands** npl (GEO) tierras fpl bajas; ~**ly** a humilde; ~-**lying** a bajo.

loyal ['lɔɪəl] a leal; ~**ty** n lealtad f.

lozenge ['lɔzɪndʒ] n (MED) pastilla.

L.P. n abbr (= **long-playing record.**

L-plates ['elpleɪts] npl (Brit) placas de aprendiz de conductor.

Ltd abbr (= limited company) S.A.

lubricant ['luːbrɪkənt] n lubricante m.

lubricate ['luːbrɪkeɪt] vt lubricar, engrasar.

lucid ['luːsɪd] a lúcido.

luck [lʌk] n suerte f; **bad ~** mala suerte; **good ~!** ¡que tengas suerte!, ¡suerte!; **~ily** ad afortunadamente; **~y** a afortunado.

ludicrous ['luːdɪkrəs] a absurdo.

lug [lʌg] vt (drag) arrastrar.

luggage ['lʌgɪdʒ] n equipaje m; **~ rack** n (in train) rejilla, redecilla; (on car) baca, portaequipajes m inv.

lukewarm ['luːkwɔːm] a tibio, templado.

lull [lʌl] n tregua f // vt (child) acunar; (person, fear) calmar.

lullaby ['lʌləbaɪ] n nana.

lumbago [lʌm'beɪgəu] n lumbago.

lumber ['lʌmbə*] n (junk) trastos mpl viejos; (wood) maderos mpl; **~jack** n maderero.

luminous ['luːmɪnəs] a luminoso.

lump [lʌmp] n terrón m; (fragment) trozo; (in sauce) grumo; (in throat) nudo; (swelling) bulto // vt (also: **~ together**) juntar; **~ sum** n suma global.

lunacy ['luːnəsɪ] n locura.

lunar ['luːnə*] a lunar.

lunatic ['luːnətɪk] a, n loco/a; **~ asylum** n manicomio.

lunch [lʌntʃ] n almuerzo, comida // vi almorzar.

luncheon ['lʌntʃən] n almuerzo; **~ meat** n tipo de fiambre; **~ voucher** n vale m de comida.

lung [lʌŋ] n pulmón m.

lunge [lʌndʒ] vi (also: **~ forward**) abalanzarse; **to ~ at** arremeter contra.

lurch [lɜːtʃ] vi dar sacudidas // n sacudida; **to leave sb in the ~** dejar a uno plantado.

lure [luə*] n (bait) cebo; (decoy) señuelo // vt convencer con engaños.

lurid ['luərɪd] a (colour) chillón/ona; (account) sensacional; (detail) horripilante.

lurk [lɜːk] vi (hide) esconderse; (wait) estar al acecho.

luscious ['lʌʃəs] a delicioso.

lush [lʌʃ] a exuberante.

lust [lʌst] n lujuria; (greed) codicia; **to ~ after** vt fus codiciar.

lustre, (US) **luster** ['lʌstə*] n lustre m, brillo.

lusty ['lʌstɪ] a robusto, fuerte.

Luxembourg ['lʌksəmbəːg] n Luxemburgo.

luxuriant [lʌg'zjuərɪənt] a exuberante.

luxurious [lʌg'zjuərɪəs] a lujoso.

luxury ['lʌkʃərɪ] n lujo // cpd de lujo.

lying ['laɪɪŋ] n mentiras fpl.

lyric ['lɪrɪk] a lírico; **~s** npl (of song) letra sg; **~al** a lírico.

M

m. abbr = **metre**; **mile**; **million**.

M.A. abbr = **Master of Arts**.

mac [mæk] n (Brit) impermeable m.

macaroni [mækə'rəunɪ] n macarrones mpl.

mace [meɪs] n (weapon, ceremonial) maza; (spice) macis f.

machine [mə'ʃiːn] n máquina // vt (dress etc) coser a máquina; **~ gun** n ametralladora; **~ language** n (COMPUT) lenguaje m máquina; **~ry** n maquinaria; (fig) mecanismo.

mackerel ['mækrl] n, pl inv caballa.

mackintosh ['mækɪntɔʃ] n (Brit) impermeable m.

mad [mæd] a loco; (idea) disparatado; (angry) furioso.

madam ['mædəm] n señora.

madden ['mædn] vt volver loco.

made [meɪd] pt, pp of **make**.

Madeira [mə'dɪərə] n (GEO) Madera; (wine) vino de Madera.

made-to-measure ['meɪdtəmɛʒə*] a (Brit) hecho a la medida.

madly ['mædlɪ] ad locamente.

madman ['mædmən] n loco.

madness ['mædnɪs] n locura.

Madrid [mə'drɪd] n Madrid.

Mafia ['mæfɪə] n Mafia.

magazine [mægə'ziːn] n revista; (MIL: store) almacén m; (of firearm) recámara.

maggot ['mægət] n gusano.

magic ['mædʒɪk] n magia // a mágico; **~al** a mágico; **~ian** [mə'dʒɪʃən] n mago/a; (conjurer) prestidigitador(a) m/f.

magistrate ['mædʒɪstreɪt] n juez m/f (municipal).

magnet ['mægnɪt] n imán m; **~ic** [-'nɛtɪk] a magnético.

magnificent [mæg'nɪfɪsnt] a magnífico.

magnify ['mægnɪfaɪ] vt aumentar; (fig) exagerar; **~ing glass** n lupa.

magnitude ['mægnɪtjuːd] n magnitud f.

magpie ['mægpaɪ] n urraca.

mahogany [mə'hɔgənɪ] n caoba // cpd de caoba.

maid [meɪd] n criada; **old ~** (pej) solterona.

maiden ['meɪdn] n doncella // a (aunt etc) solterona; (speech, voyage) inaugural; **~ name** n nombre m de soltera.

mail [meɪl] n correo; (letters) cartas fpl // vt (post) echar al correo; (send) mandar por correo; **~box** n (US) buzón m; **~ing list** n lista de direcciones; **~-order** n pedido postal; (business) venta por correo.

maim [meɪm] vt mutilar, lisiar.

main [meɪn] a principal, mayor // n (pipe) cañería maestra; (US) red f eléctrica; **the ~s** (Brit ELEC) la red eléctrica; **in the ~** en general; **~frame** n (COMPUT) ordenador m central; **~land** n continente m; **~ly** ad principalmente; **~ road** n carretera; **~stay** n (fig) pilar m; **~stream** n corriente f principal; **~**

street n calle f mayor.

maintain [meɪnˈteɪn] vt mantener; (affirm) sostener; **maintenance** [ˈmeɪntənəns] n mantenimiento; (alimony) pensión f alimenticia.

maize [meɪz] n (Brit) maíz m, choclo (LAm).

majestic [məˈdʒestɪk] a majestuoso.

majesty [ˈmædʒɪstɪ] n majestad f.

major [ˈmeɪdʒə*] n (MIL) comandante m // a principal; (MUS) mayor.

Majorca [məˈjɔːkə] n Mallorca.

majority [məˈdʒɒrɪtɪ] n mayoría.

make [meɪk] vt (pt, pp made) hacer; (manufacture) hacer, fabricar; (cause to be): to ~ sb sad hacer or poner triste a alguien; (force): to ~ sb do sth obligar a alguien a hacer algo; (equal): 2 and 2 ~ 4 2 y 2 son 4 // n marca; to ~ a fool of sb poner a alguien en ridículo; to ~ a profit/loss obtener ganancias/sufrir pérdidas; to ~ it (arrive) llegar; (achieve sth) tener éxito; what time do you ~ it? ¿qué hora tienes?; to ~ do with contentarse con; to ~ for vt fus (place) dirigirse a; to ~ out vt (decipher) descifrar; (understand) entender; (see) distinguir; (write: cheque) extender; to ~ up vt (invent) inventar; (parcel) hacer // vi reconciliarse; (with cosmetics) maquillarse; to ~ up for vt fus compensar; ~-**believe** n ficción f, invención f; ~**r** n fabricante m/f; ~**shift** a improvisado; ~-**up** n maquillaje m; ~-**up remover** n desmaquillador m.

making [ˈmeɪkɪŋ] n (fig): in the ~ en vías de formación; to have the ~s of (person) tener madera de.

malaise [mæˈleɪz] n malestar m.

malaria [məˈlɛərɪə] n malaria.

Malaya [məˈleɪə] n Malaya, Malaca.

Malaysia [məˈleɪzɪə] n Malasia.

male [meɪl] n (BIOL, ELEC) macho // a (sex, attitude) masculino; (child etc) varón.

malevolent [məˈlɛvələnt] a malévolo.

malfunction [mælˈfʌŋkʃən] n mal funcionamiento.

malice [ˈmælɪs] n (ill will) malicia; (rancour) rencor m; **malicious** [məˈlɪʃəs] a malicioso; rencoroso.

malign [məˈlaɪn] vt difamar, calumniar // a maligno.

malignant [məˈlɪgnənt] a (MED) maligno.

mall [mɔːl] n (US: also: shopping ~) centro comercial.

malleable [ˈmælɪəbl] a maleable.

mallet [ˈmælɪt] n mazo.

malnutrition [mælnjuːˈtrɪʃən] n desnutrición f.

malpractice [mælˈpræktɪs] n negligencia profesional.

malt [mɔːlt] n malta.

Malta [ˈmɔːltə] n Malta.

maltreat [mælˈtriːt] vt maltratar.

mammal [ˈmæml] n mamífero.

mammoth [ˈmæməθ] n mamut m // a gigantesco.

man [mæn], pl **men** n hombre m; (CHESS) pieza // vt (NAUT) tripular; (MIL) guarnecer; **an old ~** un viejo; ~ **and wife** marido y mujer.

manage [ˈmænɪdʒ] vi arreglárselas, ir tirando // vt (be in charge of) dirigir; (person etc) manejar; ~**able** a manejable; ~**ment** n dirección f, administración f; ~**r** n director m; (SPORT) entrenador m; ~**ress** n directora; (SPORT) entrenadora; ~**rial** [-əˈdʒɪərɪəl] a directivo; **managing director** n director(a) m/f general.

mandarin [ˈmændərɪn] n (also: ~ orange) mandarina.

mandate [ˈmændeɪt] n mandato.

mandatory [ˈmændətərɪ] a obligatorio.

mane [meɪn] n (of horse) crin f; (of lion) melena.

maneuver [məˈnuːvə*] (US) = **manoeuvre**.

manfully [ˈmænfəlɪ] ad valientemente.

mangle [ˈmæŋgl] vt mutilar, destrozar // n rodillo.

mango [ˈmæŋgəu], pl ~**es** n mango.

mangy [ˈmeɪndʒɪ] a roñoso; (MED) sarnoso.

manhandle [ˈmænhændl] vt maltratar.

manhood [ˈmænhud] n edad f viril; virilidad f.

man-hour [ˈmænˈauə*] n hora-hombre f.

mania [ˈmeɪnɪə] n manía; ~**c** [ˈmeɪnɪæk] n maníaco/a; (fig) maniático.

manic [ˈmænɪk] a (behaviour, activity) frenético; ~-**depressive** n maníaco/a depresivo/a.

manicure [ˈmænɪkjuə*] n manicura; ~ **set** n estuche m de manicura.

manifest [ˈmænɪfest] vt manifestar, mostrar // a manifiesto.

manifesto [mænɪˈfestəu] n manifiesto.

manipulate [məˈnɪpjuleɪt] vt manipular.

mankind [mænˈkaɪnd] n humanidad f, género humano.

manly [ˈmænlɪ] a varonil.

man-made [ˈmænˈmeɪd] a artificial.

manner [ˈmænə*] n manera, modo; (behaviour) conducta, manera de ser; (type) clase f; ~**s** npl modales mpl, educación fsg; **bad ~s** mala educación; ~**ism** n peculiaridad f de lenguaje (or de comportamiento).

manoeuvre, (US) **maneuver** [məˈnuːvə*] vt, vi maniobrar // n maniobra.

manor [ˈmænə*] n (also: ~ house) casa solariega.

manpower [ˈmænpauə*] n mano f de obra.

mansion [ˈmænʃən] n palacio, casa grande.

manslaughter ['mænslɔ:tə*] n homicidio no premeditado.

mantelpiece ['mæntlpi:s] n repisa, chimenea.

manual ['mænjuəl] a manual // n manual m.

manufacture [mænju'fæktʃə*] vt fabricar // n fabricación f; ~r n fabricante m/f.

manure [mə'njuə*] n estiércol m, abono.

manuscript ['mænjuskrɪpt] n manuscrito.

many ['mɛnɪ] a muchos/as // pron muchos/as; a great ~ muchísimos, buen número de; ~ a time muchas veces.

map [mæp] n mapa m // vt trazar el mapa de; to ~ out vt proyectar.

maple ['meɪpl] n arce m, maple m (LAm).

mar [mɑ:*] vt estropear.

marathon ['mærəθən] n maratón m.

marauder [mə'rɔ:də*] n merodeador(a) m/f, intruso/a.

marble ['mɑ:bl] n mármol m; (toy) canica.

March [mɑ:tʃ] n marzo.

march [mɑ:tʃ] vi (MIL) marchar; (fig) caminar con resolución // n marcha; (demonstration) manifestación f; ~-past n desfile m.

mare [mɛə*] n yegua.

margarine [mɑ:dʒə'ri:n] n margarina.

margin ['mɑ:dʒɪn] n margen m; ~al a marginal; ~al seat n (POL) escaño electoral difícil de asegurar.

marigold ['mærɪɡəuld] n caléndula.

marijuana [mærɪ'wɑ:nə] n marijuana.

marinate ['mærɪneɪt] vt adobar.

marine [mə'ri:n] a marino // n soldado de marina.

marital ['mærɪtl] a matrimonial; ~ status estado civil.

maritime ['mærɪtaɪm] a marítimo.

marjoram ['mɑ:dʒərəm] n mejorana.

mark [mɑ:k] n marca, señal f; (imprint) huella; (stain) mancha; (Brit SCOL) nota; (currency) marco // vt marcar; manchar; (Brit SCOL) calificar, corregir; to ~ time marcar el paso; to ~ out vt trazar; ~ed a marcado, acusado; ~er n (sign) marcador m; (bookmark) registro.

market ['mɑ:kɪt] n mercado // vt (COMM) comercializar; ~ garden n (Brit) huerto; ~ing n márketing m, mercadotecnia; ~place n mercado; ~ research n (COMM) análisis m inv de mercados; ~ value n valor m en el mercado.

marksman ['mɑ:ksmən] n tirador m.

marmalade ['mɑ:məleɪd] n mermelada de naranja.

maroon [mə'ru:n] vt (fig): to be ~ed (in or at) quedar bloqueado (en) // a marrón.

marquee [mɑ:'ki:] n entoldado.

marriage ['mærɪdʒ] n (state) matrimonio; (wedding) boda; (act) casamiento; ~ bureau n agencia matrimonial; ~ certificate n partida de casamiento.

married ['mærɪd] a casado; (life, love) conyugal.

marrow ['mærəu] n médula; (vegetable) calabacín m.

marry ['mærɪ] vt casarse con; (subj: father, priest etc) casar // vi (also: get married) casarse.

Mars [mɑ:z] n Marte m.

marsh [mɑ:ʃ] n pantano; (salt ~) marisma.

marshal ['mɑ:ʃl] n (MIL) mariscal m; (at sports meeting etc) oficial m; (US: of police, fire department) jefe/a // vt (facts) ordenar; (soldiers) formar.

marshy ['mɑ:ʃɪ] a pantanoso.

martial ['mɑ:ʃl] a marcial; ~ law n ley f marcial.

martyr ['mɑ:tə*] n mártir m/f // vt martirizar; ~dom n martirio.

marvel ['mɑ:vl] n maravilla, prodigio // vi: to ~ (at) maravillarse (de); ~lous, (US) ~ous a maravilloso.

Marxist ['mɑ:ksɪst] a, n marxista m/f.

marzipan ['mɑ:zɪpæn] n mazapán m.

mascara [mæs'kɑ:rə] n rimel m.

masculine ['mæskjulɪn] a masculino.

mash [mæʃ] n (mix) mezcla; (pulp) amasijo; ~ed potatoes npl puré m de patatas or papas (LAm).

mask [mɑ:sk] n máscara // vt enmascarar.

masochist ['mæsəkɪst] n masoquista m/f.

mason ['meɪsn] n (also: stone~) albañil m; (also: free~) masón m; ~ic [mə'sɒnɪk] a masónico; ~ry n masonería; (in building) mampostería.

masquerade [mæskə'reɪd] n baile m de máscaras; (fig) mascarada // vi: to ~ as disfrazarse de, hacerse pasar por.

mass [mæs] n (people) muchedumbre f; (PHYSICS) masa; (REL) misa; (great quantity) montón m // vi reunirse; (MIL) concentrarse; the ~es las masas.

massacre ['mæsəkə*] n masacre f.

massage ['mæsɑ:ʒ] n masaje m // vt dar masaje a.

masseur [mæ'sə:*] n masajista m; **masseuse** [-'sə:z] n masajista f.

massive ['mæsɪv] a enorme; (support, intervention) masivo.

mass media npl medios mpl de comunicación masiva.

mass-production ['mæsprə'dʌkʃən] n fabricación f en serie.

mast [mɑ:st] n (NAUT) mástil m; (RADIO etc) torre f.

master ['mɑ:stə*] n maestro; (in secondary school) profesor m; (title for boys): M~ X Señorito X // vt dominar; (learn) aprender a fondo; M~ of Arts/Science (M.A./M.Sc.) n licenciatura superior en Letras/Ciencias; ~ key n llave *f* maestra; **~ly** *a* magistral; **~mind** *n* inteligencia superior // *vt* dirigir, planear; **~piece** *n* obra maestra; **~y** *n* maestría.

mat [mæt] *n* estera; (*also*: door~) felpudo // *a* = **matt**.

match [mætʃ] *n* cerilla, fósforo; (*game*) partido; (*fig*) igual *m/f* // *vt* emparejar; (*go well with*) hacer juego con; (*equal*) igualar // *vi* hacer juego; **to be a good ~** hacer buena pareja; **~box** *n* caja de cerillas; **~ing** *a* que hace juego.

mate [meɪt] *n* (work~) colega *m/f*; (*col*: *friend*) amigo/a; (*animal*) macho *m/* hembra *f*; (*in merchant navy*) segundo de a bordo // *vi* acoplarse, parearse // *vt* acoplar, parear.

material [mə'tɪərɪəl] *n* (*substance*) materia; (*equipment*) material *m*; (*cloth*) tela, tejido // *a* material; (*important*) esencial; **~s** *npl* materiales *mpl*.

maternal [mə'tɜ:nl] *a* maternal.

maternity [mə'tɜ:nɪtɪ] *n* maternidad *f*; **~ dress** *n* vestido premamá; **~ hospital** *n* hospital *m* de maternidad.

math [mæθ] *n* (US) = **maths**.

mathematical [mæθə'mætɪkl] *a* matemático.

mathematician [mæθəmə'tɪʃən] *n* matemático/a.

mathematics [mæθə'mætɪks], **maths** [mæθs], (US) **math** [mæθ] *n* matemáticas *fpl*.

matinée ['mætɪneɪ] *n* función *f* de la tarde.

mating ['meɪtɪŋ] *n* aparejamiento; **~ call** *n* llamada del macho.

matrices ['meɪtrɪsi:z] *pl of* **matrix**.

matrimonial [mætrɪ'məʊnɪəl] *a* matrimonial.

matrimony ['mætrɪmənɪ] *n* matrimonio.

matrix ['meɪtrɪks], *pl* **matrices** *n* matriz *f*.

matron ['meɪtrən] *n* (*in hospital*) enfermera *f* jefe; (*in school*) ama de llaves; **~ly** *a* de matrona; (*fig*: *figure*) corpulento.

mat(t) [mæt] *a* mate.

matted ['mætɪd] *a* enmarañado.

matter ['mætə*] *n* cuestión *f*, asunto; (*PHYSICS*) sustancia, materia; (*content*) contenido; (*MED*: *pus*) pus *m* // *vi* importar; **it doesn't ~** no importa; **what's the ~?** ¿qué pasa?; **no ~ what** pase lo que pase; **as a ~ of course** por rutina; **as a ~ of fact** de hecho; **~-of-fact** *a* prosaico, práctico.

mattress ['mætrɪs] *n* colchón *m*.

mature [mə'tjʊə*] *a* maduro // *vi* madurar; **maturity** *n* madurez *f*.

maul [mɔ:l] *vt* magullar.

mauve [məʊv] *a* de color malva *or* guinda (*LAm*).

maxim ['mæksɪm] *n* máxima.

maximum ['mæksɪməm] *a* máximo // *n*

(*pl* **maxima** ['mæksɪmə]) máximo.

May [meɪ] *n* mayo.

may [meɪ] *vi* (*conditional*: might) (*indicating possibility*): **he ~ come** puede que venga; (*be allowed to*): **~ I smoke?** ¿puedo fumar?; (*wishes*): **~ God bless you!** ¡que Dios le bendiga!

maybe ['meɪbɪ] *ad* quizá(s).

May Day *n* el primero de Mayo.

mayday ['meɪdeɪ] *n* S.O.S. *m*.

mayhem ['meɪhɛm] *n* caos *m* total.

mayonnaise [meɪə'neɪz] *n* mayonesa.

mayor [mɛə*] *n* alcalde *m*; **~ess** *n* alcaldesa.

maze [meɪz] *n* laberinto.

M.D. *abbr* = **Doctor of Medicine**.

me [mi:] *pron* (*direct*) me; (*stressed*, *after pronoun*) mí; **can you hear ~?** ¿me oyes?; **he heard ME!** me oyó a mí; **it's ~** soy yo; **give them to ~** dámelos (*or* dámelas); **with/without ~** conmigo/sin mí.

meadow ['mɛdəʊ] *n* prado, pradera.

meagre, (US) **meager** ['mi:gə*] *a* escaso, pobre.

meal [mi:l] *n* comida; (*flour*) harina; **~time** *n* hora de comer.

mean [mi:n] *a* (*with money*) tacaño; (*unkind*) mezquino, malo; (*average*) medio // *vt* (*pt*, *pp* meant) (*signify*) querer decir, significar; (*intend*): **to ~ to do sth** pensar *or* pretender hacer algo // *n* medio, término medio; **~s** *npl* medio *sg*, manera *sg*; (*resource*) recursos *mpl*, medios *mpl*; **by ~s of** mediante, por medio de; **by all ~s!** ¡naturalmente!, ¡claro que sí!; **do you ~ it?** ¿lo dices en serio?; **what do you ~?** ¿qué quiere decir?; **to be meant for sb/sth** ser para uno/algo.

meander [mɪ'ændə*] *vi* (*river*) serpentear; (*person*) vagar.

meaning ['mi:nɪŋ] *n* significado, sentido; **~ful** *a* significativo; **~less** *a* sin sentido.

meanness ['mi:nnɪs] *n* (*with money*) tacañería; (*unkindness*) maldad *f*, mezquindad *f*.

meant [mɛnt] *pt*, *pp of* **mean**.

meantime ['mi:ntaɪm], **meanwhile** ['mi:nwaɪl] *ad* (*also*: **in the ~**) mientras tanto.

measles ['mi:zlz] *n* sarampión *m*.

measly ['mi:zlɪ] *a* (*col*) miserable.

measure ['mɛʒə*] *vt* medir; (*for clothes etc*) tomar las medidas a // *vi* medir // *n* medida; (*ruler*) regla; **~ments** *npl* medidas *fpl*.

meat [mi:t] *n* carne *f*; **cold ~** fiambre *m*; **~ball** *n* albóndiga; **~ pie** *n* pastel *m* de carne; **~y** *a* carnoso; (*fig*) sustancioso.

Mecca ['mɛkə] *n* La Meca.

mechanic [mɪ'kænɪk] *n* mecánico/a; **~s** *n* mecánica // *npl* mecanismo *sg*; **~al** *a* mecánico.

mechanism ['mɛkənɪzəm] *n* mecanismo.

medal ['mɛdl] n medalla; **~lion** [mɪ'dælɪən] n medallón m; **~list**, (US) **~ist** n (SPORT) medallero/a.

meddle ['mɛdl] vi: **to ~ in** entrometerse en; **to ~ with** sth manosear algo.

media ['miːdɪə] npl medios mpl de comunicación.

mediaeval [mɛdɪ'iːvl] a = **medieval**.

median ['miːdɪən] n (US: also: **~ strip**) mediana.

mediate ['miːdɪeɪt] vi mediar; **mediator** n intermediario/a, mediador(a) m/f.

Medicaid ['mɛdɪkeɪd] n (US) programa de ayuda médica.

medical ['mɛdɪkl] a médico // n reconocimiento médico.

Medicare ['mɛdɪkɛə*] n (US) seguro médico del Estado.

medicated ['mɛdɪkeɪtɪd] a medicinal.

medicine ['mɛdsɪn] n medicina; (drug) medicamento.

medieval [mɛdɪ'iːvl] a medieval.

mediocre [miːdɪ'əukə*] a mediocre.

meditate ['mɛdɪteɪt] vi meditar.

Mediterranean [mɛdɪtə'reɪnɪən] a mediterráneo; **the ~ (Sea)** el (Mar) Mediterráneo.

medium ['miːdɪəm] a mediano, regular // n (pl **media**: means) medio; (pl **mediums**: person) médium m/f; **happy ~** justo medio; **~ wave** n onda media.

medley ['mɛdlɪ] n mezcla; (MUS) popurrí m.

meek [miːk] a manso, sumiso.

meet [miːt], pt, pp **met** vt encontrar; (accidentally) encontrarse con, tropezar con; (by arrangement) reunirse con; (for the first time) conocer; (go and fetch) ir a buscar; (opponent) enfrentarse con; (obligations) cumplir // vi encontrarse; (in session) reunirse; (join: objects) unirse; (get to know) conocerse; **to ~ with** vt fus reunirse con; (difficulty) tropezar con; **~ing** n encuentro; (arranged) cita, compromiso (LAm); (session, business ~) reunión f; (POL) mitin m.

megabyte ['mɛgə'baɪt] n (COMPUT) megabyte m, megaocteto.

megaphone ['mɛgəfəun] n megáfono.

melancholy ['mɛlənkəlɪ] n melancolía // a melancólico.

mellow ['mɛləu] a (wine) añejo; (sound, colour) suave; (fruit) maduro // vi (person) ablandar.

melody ['mɛlədɪ] n melodía.

melon ['mɛlən] n melón m.

melt [mɛlt] vi (metal) fundirse; (snow) derretirse; (fig) ablandarse // vt (also: **~ down**) fundir; **to ~ away** vi desvanecerse; **~down** n (in nuclear reactor) fusión f de un reactor (nuclear); **~ing point** n punto de fusión; **~ing pot** n (fig) crisol m.

member ['mɛmbə*] n (gen) miembro;

(of club) socio/a; **M~ of Parliament (MP)** (Brit) diputado/a; **M~ of the European Parliament (MEP)** (Brit) eurodiputado/a; **~ship** n (members) número de miembros; **to seek ~ship of** pedir el ingreso a; **~ship card** n carnet m de socio.

memento [mə'mɛntəu] n recuerdo.

memo ['mɛməu] n apunte m, nota.

memoirs ['mɛmwaːz] npl memorias fpl.

memorandum [mɛmə'rændəm], pl **-da** [-də] n apunte m, nota; (POL) memorándum m.

memorial [mɪ'mɔːrɪəl] n monumento conmemorativo // a conmemorativo.

memorize ['mɛməraɪz] vt aprender de memoria.

memory ['mɛmərɪ] n memoria; (recollection) recuerdo.

men [mɛn] pl of **man**.

menace ['mɛnəs] n amenaza // vt amenazar; **menacing** a amenazador(a).

menagerie [mɪ'nædʒərɪ] n casa de fieras.

mend [mɛnd] vt reparar, arreglar; (darn) zurcir // vi reponerse // n (gen) remiendo; (darn) zurcido; **to be on the ~** ir mejorando; **~ing** n reparación f; (clothes) ropa por remendar.

menial ['miːnɪəl] a doméstico; (pej) bajo.

meningitis [mɛnɪn'dʒaɪtɪs] n meningitis f.

menopause ['mɛnəupɔːz] n menopausia.

menstruation [mɛnstru'eɪʃən] n menstruación f.

mental ['mɛntl] a mental; **~ity** [-'tælɪtɪ] n mentalidad f.

mention ['mɛnʃən] n mención f // vt mencionar; (speak of) hablar de; **don't ~ it!** ¡de nada!

mentor ['mɛntɔː*] n mentor m.

menu ['mɛnjuː] n (set ~) menú m; (printed) carta; (COMPUT) menú m.

MEP n abbr = **Member of the European Parliament.**

mercenary ['məːsɪnərɪ] a, n mercenario.

merchandise ['məːtʃəndaɪz] n mercancías fpl.

merchant ['məːtʃənt] n comerciante m/f; **~ bank** n (Brit) banco comercial; **~ navy**, (US) **~ marine** n marina mercante.

merciful ['məːsɪful] a compasivo.

merciless ['məːsɪlɪs] a despiadado.

mercury ['məːkjurɪ] n mercurio.

mercy ['məːsɪ] n compasión f; (REL) misericordia; **at the ~ of** a la merced de.

mere [mɪə*] a simple, mero; **~ly** ad simplemente, sólo.

merge [məːdʒ] vt (join) unir; (mix) mezclar; (fuse) fundir // vi unirse; (COMM) fusionarse; **~r** n (COMM) fusión f.

meringue [mə'ræŋ] n merengue m.

merit ['mɛrɪt] n mérito // vt merecer.

mermaid ['məːmeɪd] n sirena.

merry ['mɛrɪ] a alegre; **M~ Christmas!**

¡Felices Pascuas!; **~-go-round** n tiovivo.

mesh [meʃ] n malla; (TECH) engranaje m // vi (gears) engranar.

mesmerize ['mezmɔraɪz] vt hipnotizar.

mess [mes] n confusión f; (of objects) revoltijo; (tangle) lío; (MIL) comedor m; **to ~ about** or **around** vi (col) perder el tiempo; (pass the time) entretenerse; **to ~ about** or **around with** vt fus (col: play with) divertirse con; (: handle) manosear; **to ~ up** vt (disarrange) desordenar; (spoil) estropear; (dirty) ensuciar.

message ['mesɪdʒ] n recado, mensaje m.

messenger ['mesɪndʒɔ*] n mensajero/a.

Messrs abbr (on letters: = Messieurs) Sres.

messy ['mesɪ] a (dirty) sucio; (untidy) desordenado.

met [met] pt, pp of **meet**.

metabolism [me'tæbɔlɪzɔm] n metabolismo.

metal ['metl] n metal m; **~lic** [-'tælɪk] a metálico; **~lurgy** [-'tælədʒɪ] n metalurgia.

metaphor ['metɔfɔ*] n metáfora.

mete [miːt]: **to ~ out** vt fus (punishment) imponer.

meteor ['miːtɪɔ*] n meteoro; **~ite** [-aɪt] n meteorito.

meteorology [miːtɪɔ'rɔlɔdʒɪ] n meteorología.

meter ['miːtɔ*] n (instrument) contador m; (US: unit) = **metre** // vt (US POST) franquear.

method ['meθɔd] n método; **~ical** [mɪ'θɔdɪkl] a metódico.

Methodist ['meθɔdɪst] a, n metodista m/f.

meths [meθs], **methylated spirit** ['meθɪleɪtɪd-] n (Brit) alcohol m metilado or desnaturalizado.

metre, (US) **meter** ['miːtɔ*] n metro.

metric ['metrɪk] a métrico.

metropolis [mɪ'trɔpɔlɪs] n metrópoli f.

metropolitan [metrɔ'pɔlɪtɔn] a metropolitano; **the M~ Police** n (Brit) la policía londinense.

mettle ['metl] n valor m, ánimo.

mew [mjuː] vi (cat) maullar.

mews [mjuːz] n: **~ cottage** (Brit) casa acondicionada en antiguos establos o cocheras.

Mexican ['meksɪkɔn] a, n mejicano/a m/f, mexicano/a m/f (LAm).

Mexico ['meksɪkɔu] n Méjico, México (LAm); **~ City** n Ciudad f de Méjico or México (LAm).

mezzanine ['metsɔniːn] n entresuelo.

miaow [miː'au] vi maullar.

mice [maɪs] pl of **mouse**.

micro... [maɪkrɔu] pref micro....

microbe ['maɪkrɔub] n microbio.

micro: **~chip** n microplaqueta; **~**

(computer) n microordenador m; **~cosm** n microcosmo; **~phone** n micrófono; **~processor** n microprocesador m; **~scope** n microscopio; **~wave** n (also: **~wave oven**) horno microondas.

mid [mɪd] a: **in ~ May** a mediados de mayo; **in ~ afternoon** a media tarde; **in ~ air** en el aire; **~day** n mediodía m.

middle ['mɪdl] n medio, centro; (waist) cintura // a de en medio; **in the ~ of the night** en plena noche; **~-aged** a de mediana edad; **the M~ Ages** npl la Edad Media; **~-class** a de clase media; **the ~ class(es)** n(pl) la clase media; **M~ East** n Oriente m Medio; **~man** n intermediario; **~ name** n segundo nombre; **~weight** n (BOXING) peso medio.

middling ['mɪdlɪŋ] a mediano.

midge [mɪdʒ] n mosca.

midget ['mɪdʒɪt] n enano/a.

Midlands ['mɪdlɔndz] npl la región central de Inglaterra.

midnight ['mɪdnaɪt] n medianoche f.

midriff ['mɪdrɪf] n diafragma m.

midst [mɪdst] n: **in the ~ of** en medio de.

midsummer [mɪd'sʌmɔ*] n: **in ~** en pleno verano.

midway [mɪd'weɪ] a, ad: **~ (between)** a medio camino (entre).

midweek [mɪd'wiːk] ad entre semana.

midwife ['mɪdwaɪf], pl **-wives** [-waɪvz] n comadrona, partera; **~ry** [-wɪfɔrɪ] n partería.

midwinter [mɪd'wɪntɔ*] n: **in ~** en pleno invierno.

might [maɪt] vb see **may**: **he ~ be there** podría estar allí, puede que esté allí; **I ~ as well go** más vale que vaya; **you ~ like to try** podría intentar // n fuerza, poder m; **~y** a fuerte, poderoso.

migraine ['miːgreɪn] n jaqueca.

migrant ['maɪgrɔnt] n a (bird) migratorio; (worker) emigrante.

migrate [maɪ'greɪt] vi emigrar.

mike [maɪk] n abbr (= microphone) micro.

mild [maɪld] a (person) apacible; (climate) templado; (slight) ligero; (taste) suave; (illness) leve.

mildew ['mɪldjuː] n moho.

mildly ['maɪldlɪ] ad ligeramente; suavemente; **to put it ~** para no decir más.

mile [maɪl] n milla; **~age** n número de millas, ≈ kilometraje m; **~stone** n mojón m.

milieu ['miːljɔ:] n (medio) ambiente m.

militant ['mɪlɪtnt] a, n militante m/f.

military ['mɪlɪtɔrɪ] a militar.

militia [mɪ'lɪʃɔ] n milicia.

milk [mɪlk] n leche f // vt (cow) ordeñar; (fig) chupar; **~ chocolate** n chocolate m con leche; **~man** n lechero; **~ shake** n batido, malteada (LAm); **~y** a lechoso; **M~y Way** n Vía Láctea.

mill [mɪl] n (windmill etc) molino; (cof-

fee ~) molinillo; (*factory*) fábrica; (*spinning* ~) hilandería // *vt* moler // *vi* (*also:* ~ **about**) arremolinarse.

millennium [mɪ'lɛnɪəm], *pl* ~**s** *or* **-ia** [-nɪə] *n* milenio, milenario.

miller ['mɪlə*] *n* molinero.

millet ['mɪlɪt] *n* mijo.

milli... ['mɪlɪ] *pref:* ~**gram(me)** *n* miligramo; ~**litre** *n*, (*US*) ~**liter** mililitro; ~**metre**, (*US*) ~**meter** *n* milímetro.

milliner ['mɪlɪnə*] *n* sombrerero/a; ~**y** *n* sombrerería.

million ['mɪljən] *n* millón *m*; **a** ~ **times** un millón de veces; ~**aire** *n* millonario/a.

millstone ['mɪlstəun] *n* piedra de molino.

milometer [maɪ'lɒmɪtə*] *n* (*Brit*) ≈ cuentakilómetros *m inv*.

mime [maɪm] *n* mímica; (*actor*) mimo/a // *vt* remedar // *vi* actuar de mimo.

mimic ['mɪmɪk] *n* imitador(a) *m/f* // *a* mímico // *vt* remedar, imitar; ~**ry** *n* imitación *f*.

min. *abbr* = **minute(s); minimum**.

minaret [mɪnə'rɛt] *n* alminar *m*.

mince [mɪns] *vt* picar // *vi* (*in walking*) andar con pasos menudos // *n* (*Brit CULIN*) carne *f* picada, picadillo; ~**meat** *n* conserva de fruta picada; ~ **pie** *n* empanadilla rellena de fruta picada; ~**r** *n* picadora de carne.

mind [maɪnd] *n* (*gen*) mente *f*; (*contrasted with matter*) espíritu // *vt* (*attend to, look after*) ocuparse de, cuidar; (*be careful of*) tener cuidado con; (*object to*): **I don't** ~ **the noise** no me molesta el ruido; **it is on my** ~ me preocupa; **to my** ~ en mi opinión; **to be out of one's** ~ estar fuera de juicio; **to bear sth in** ~ tomar *or* tener algo en cuenta; **to make up one's** ~ decidirse; **I don't** ~ me es igual; ~ **you,** ... te advierto que ...; **never** ~! ¡es igual!, ¡no importa!; (*don't worry*) ¡no te preocupes!; '~ **the step'** 'cuidado con el escalón'; ~**er** *n* guardaespaldas *m inv*; ~**ful** *a:* ~**ful of** consciente de; ~**less** *a* (*crime*) sin motivo; (*work*) de autómata.

mine [maɪn] *pron* el mío/la mía *etc*; **a friend of** ~ un(a) amigo/a mío/mía // *a:* **this book is** ~ este libro es mío // *n* mina // *vt* (*coal*) extraer; (*ship, beach*) minar; ~**field** *n* campo de minas; **miner** *n* minero/a.

mineral ['mɪnərəl] *a* mineral // *n* mineral *m*; ~**s** *npl* (*Brit: soft drinks*) aguas *fpl* minerales, gaseosa *sg*; ~ **water** *n* agua mineral.

minesweeper ['maɪnswiːpə*] *n* dragaminas *m inv*.

mingle ['mɪŋgl] *vi:* **to** ~ **with** mezclarse con.

miniature ['mɪnətʃə*] *a* (en) miniatura // *n* miniatura.

minibus ['mɪnɪbʌs] *n* microbús *m*.

minim ['mɪnɪm] *n* (*Brit MUS*) blanca.

minimal ['mɪnɪml] *a* mínimo.

minimum ['mɪnɪməm] *n, pl* **minima** ['mɪnɪmə] mínimo // *a* mínimo.

mining ['maɪnɪŋ] *n* explotación *f* minera // *a* minero.

miniskirt ['mɪnɪskəːt] *n* minifalda.

minister ['mɪnɪstə*] *n* (*Brit POL*) ministro/a (*Sp*), secretario/a (*LAm*); (*REL*) pastor *m* // *vi:* **to** ~ **to** atender a; ~**ial** [-'tɪərɪəl] *a* (*Brit POL*) ministerial.

ministry ['mɪnɪstrɪ] *n* (*Brit POL*) ministerio (*Sp*), secretaria (*LAm*); (*REL*) sacerdocio.

mink [mɪŋk] *n* visón *m*.

minnow ['mɪnəu] *n* pececillo (*de agua dulce*).

minor ['maɪnə*] *a* (*unimportant*) secundario; (*MUS*) menor // *n* (*LAW*) menor *m/f* de edad.

Minorca [mɪ'nɔːkə] *n* Menorca.

minority [maɪ'nɔrɪtɪ] *n* minoría.

mint [mɪnt] *n* (*plant*) menta, hierbabuena; (*sweet*) caramelo de menta // *vt* (*coins*) acuñar; **the (Royal) M~**, (*US*) **the (US) M~** la Casa de la Moneda; **in** ~ **condition** en perfecto estado.

minus ['maɪnəs] *n* (*also:* ~ **sign**) signo de menos // *prep* menos.

minute ['mɪnɪt] *n* minuto; (*fig*) momento; ~**s** *npl* actas *fpl* // *a* [maɪ'njuːt] diminuto; (*search*) minucioso; **at the last** ~ a última hora.

miracle ['mɪrəkl] *n* milagro; **miraculous** [mɪ'rækjuləs] *a* milagroso.

mirage ['mɪrɑːʒ] *n* espejismo.

mire [maɪə*] *n* fango, lodo.

mirror ['mɪrə*] *n* espejo; (*in car*) retrovisor *m* // *vt* reflejar.

mirth [məːθ] *n* alegría.

misadventure ['mɪsəd'vɛntʃə*] *n* desgracia; **death by** ~ muerte *f* accidental.

misanthropist [mɪ'zænθrəpɪst] *n* misántropo/a.

misapprehension ['mɪsæprɪ'hɛnʃən] *n* equivocación *f*.

misbehave [mɪsbɪ'heɪv] *vi* portarse mal.

miscalculate [mɪs'kælkjuleɪt] *vt* calcular mal.

miscarriage ['mɪskærɪdʒ] *n* (*MED*) aborto; ~ **of justice** error *m* judicial.

miscellaneous [mɪsɪ'leɪnɪəs] *a* varios/as, diversos/as.

mischief ['mɪstʃɪf] *n* (*naughtiness*) travesura; (*harm*) mal *m*, daño; (*maliciousness*) malicia; **mischievous** [-ʃɪvəs] *a* travieso; dañoso; (*playful*) malicioso.

misconception ['mɪskən'sɛpʃən] *n* concepto erróneo; equivocación *f*.

misconduct [mɪs'kɒndʌkt] *n* mala conducta; **professional** ~ falta profesional.

miscount [mɪs'kaunt] *vt, vi* contar mal.

misconstrue [mɪskən'struː] *vt* interpretar mal.

misdeed [mɪs'diːd] *n* delito.

misdemeanour, (US) **misdemeanor** [mɪsdɪ'miːnə*] n delito, ofensa.

miser ['maɪzə*] n avaro/a.

miserable ['mɪzərəbl] a (unhappy) triste, desgraciado; (wretched) miserable.

miserly ['maɪzəlɪ] a avariento, tacaño.

misery ['mɪzərɪ] n (unhappiness) tristeza; (wretchedness) miseria, desdicha.

misfire [mɪs'faɪə*] vi fallar.

misfit ['mɪsfɪt] n (person) inadaptado/a.

misfortune [mɪs'fɔːtʃən] n desgracia.

misgiving(s) [mɪs'gɪvɪŋ(z)] n(pl) (mistrust) recelo; (apprehension) presentimiento.

misguided [mɪs'gaɪdɪd] a equivocado.

mishandle [mɪs'hændl] vt (treat roughly) maltratar; (mismanage) manejar mal.

mishap ['mɪshæp] n desgracia, contratiempo.

misinform [mɪsɪn'fɔːm] vt informar mal.

misinterpret [mɪsɪn'təːprɪt] vt interpretar mal.

misjudge [mɪs'dʒʌdʒ] vt juzgar mal.

mislay [mɪs'leɪ] (irg: like lay) vt extraviar, perder.

mislead [mɪs'liːd] (irg: like lead) vt llevar a conclusiones erróneas; ~ing a engañoso.

mismanage [mɪs'mænɪdʒ] vt administrar mal.

misnomer [mɪs'nəumə*] n término inapropiado o equivocado.

misogynist [mɪ'sɔdʒɪnɪst] n misógino.

misplace [mɪs'pleɪs] vt (lose) extraviar.

misprint ['mɪsprɪnt] n errata, error m de imprenta.

Miss [mɪs] n Señorita.

miss [mɪs] vt (train etc) perder; (fail to hit: target) no dar en; (regret the absence of): I ~ him (yo) le echo de menos or a faltar // vi fallar // n (shot) tiro fallido or perdido; **to ~ out** vt (Brit) omitir.

misshapen [mɪs'ʃeɪpən] a deforme.

missile ['mɪsaɪl] n (AVIAT) mísil m; (object thrown) proyectil m.

missing ['mɪsɪŋ] a (pupil) ausente; (thing) perdido; (MIL) desaparecido; **to be ~** faltar.

mission ['mɪʃən] n misión f; ~**ary** n misionero/a.

misspent ['mɪs'spɛnt] a: **his ~ youth** su juventud disipada.

mist [mɪst] n (light) neblina; (heavy) niebla; (at sea) bruma // vi (also: ~ over, ~ up: weather) nublarse; (: Brit: windows) empañarse.

mistake [mɪs'teɪk] n error m // vt (irg: like take) entender mal; **by ~** por equivocación; **to make a ~** equivocarse; **to ~ A for B** confundir A con B; ~**n** a (idea etc) equivocado; **to be ~n** equivocarse, engañarse.

mister ['mɪstə*] n (col) señor m; see Mr.

mistletoe ['mɪsltəu] n muérdago.

mistook [mɪs'tuk] pt of **mistake**.

mistress ['mɪstrɪs] n (lover) amante f; (of house) señora (de la casa); (Brit: in primary school) maestra; (in secondary school) profesora; see Mrs.

mistrust [mɪs'trʌst] vt desconfiar de.

misty ['mɪstɪ] a nebuloso, brumoso; (day) de niebla; (glasses) empañado.

misunderstand [mɪsʌndə'stænd] (irg: like understand) vt, vi entender mal; ~**ing** n malentendido.

misuse [mɪs'juːs] n mal uso; (of power) abuso // [mɪs'juːz] abusar de; (funds) malversar.

mitre, (US) **miter** ['maɪtə*] n mitra.

mitt(en) ['mɪt(n)] n manopla.

mix [mɪks] vt (gen) mezclar; (combine) unir // vi mezclarse; (people) llevarse bien // n mezcla; **to ~ up** vt mezclar; (confuse) confundir; ~**ed** a (assorted) variado, surtido; (school etc) mixto; ~**ed-up** a (confused) confuso, revuelto; ~**er** n (for food) licuadora; (person): he's a good ~**er** tiene don de gentes; ~**ture** n mezcla; ~**-up** n confusión f.

mm abbr (= millimetre) mm.

moan [məun] n gemido // vi gemir; (col: complain): **to ~ (about)** quejarse (de).

moat [məut] n foso.

mob [mɔb] n multitud f; (pej): **the ~** el populacho // vt acosar.

mobile ['məubaɪl] a móvil // n móvil m; ~ **home** n caravana.

mock [mɔk] vt (make ridiculous) ridiculizar; (laugh at) burlarse de // a fingido; ~**ery** n burla.

mod [mɔd] a see **convenience**.

mode [məud] n modo.

model ['mɔdl] n (gen) modelo; (ARCH) maqueta; (person: for fashion, ART) modelo m/f // a modelo // vt modelar // vi ser modelo; ~ **railway** ferrocarril m de juguete; **to ~ clothes** pasar modelos, ser modelo.

modem ['məudəm] n modem m.

moderate ['mɔdərət] a, n moderado/a m/f // vb ['mɔdəreɪt] vi moderarse, calmarse // vt moderar.

modern ['mɔdən] a moderno; ~**ize** vt modernizar.

modest ['mɔdɪst] a modesto; ~**y** n modestia.

modicum ['mɔdɪkəm] n: **a ~ of** un mínimo de.

modify ['mɔdɪfaɪ] vt modificar.

module ['mɔdjuːl] n (unit, component, SPACE) módulo.

mogul ['məugəl] n (fig) magnate m.

mohair ['məuhɛə*] n mohair m.

moist [mɔɪst] a húmedo; ~**en** ['mɔɪsn] vt humedecer; ~**ure** ['mɔɪstʃə*] n humedad f; ~**urizer** ['mɔɪstʃəraɪzə*] n crema hidratante.

molar ['məulə*] n muela.

molasses [məu'læsɪz] n melaza.

mold [məuld] *n*, *vt* (*US*) = **mould**.
mole [məul] *n* (*animal*) topo; (*spot*) lunar *m*.
molecule ['mɔlɪkjuːl] *n* molécula.
molest [məu'lest] *vt* importunar.
mollycoddle ['mɔlɪkɔdl] *vt* mimar.
molt [məult] *vi* (*US*) = **moult**.
molten ['məultən] *a* fundido; (*lava*) líquido.
mom [mɔm] *n* (*US*) = **mum**.
moment ['məumənt] *n* momento; at the ~ de momento, por ahora; **~ary** *a* momentáneo; **~ous** [-'mentəs] *a* trascendental, importante.
momentum [məu'mentəm] *n* momento; (*fig*) ímpetu *m*; **to gather ~** cobrar velocidad.
mommy ['mɔmɪ] *n* (*US*) = **mummy**.
Monaco ['mɔnəkəu] *n* Mónaco.
monarch ['mɔnək] *n* monarca *m/f*; **~y** *n* monarquía.
monastery ['mɔnəstərɪ] *n* monasterio.
Monday ['mʌndɪ] *n* lunes *m inv*.
monetary ['mʌnɪtərɪ] *a* monetario.
money ['mʌnɪ] *n* dinero; **to make ~** ganar dinero; **~lender** *n* prestamista *m/f*; **~ order** *n* giro; **~-spinner** *n* (*col*): **to be a ~-spinner** dar mucho dinero.
mongol ['mɔŋgəl] *a*, *n* (*MED*) mongólico.
mongrel ['mʌŋgrəl] *n* (*dog*) perro mestizo.
monitor ['mɔnɪtə*] *n* (*SCOL*) monitor *m*; (*also*: television ~) receptor *m* de control; (*of computer*) monitor *m* // *vt* controlar.
monk [mʌŋk] *n* monje *m*.
monkey ['mʌŋkɪ] *n* mono; **~ nut** *n* (*Brit*) cacahuete *m*, maní (*LAm*); **~ wrench** *n* llave *f* inglesa.
mono... [mɔnəu] *pref*: **~chrome** *a* monocromo.
monocle ['mɔnəkl] *n* monóculo.
monologue ['mɔnəlɔg] *n* monólogo.
monopoly [mə'nɔpəlɪ] *n* monopolio.
monotone ['mɔnətəun] *n* voz *f* (*or* tono) monocorde.
monotonous [mə'nɔtənəs] *a* monótono.
monotony [mə'nɔtənɪ] *n* monotonía.
monsoon [mɔn'suːn] *n* monzón *m*.
monster ['mɔnstə*] *n* monstruo.
monstrosity [mɔns'trɔsɪtɪ] *n* monstruosidad *f*.
monstrous ['mɔnstrəs] *a* (*huge*) enorme; (*atrocious*) monstruoso.
montage ['mɔntɑːʒ] *n* montaje *m*.
month [mʌnθ] *n* mes *m*; **~ly** *a* mensual // *ad* mensualmente // *n* (*magazine*) revista mensual.
monument ['mɔnjumənt] *n* monumento; **~al** [-'mentl] *a* monumental.
moo [muː] *vi* mugir.
mood [muːd] *n* humor *m*; **to be in a good/bad ~** estar de buen/mal humor; **~y** *a* (*changeable*) de humor variable; (*sullen*) malhumorado.

moon [muːn] *n* luna; **~light** *n* luz *f* de la luna; **~lighting** *n* pluriempleo; **~lit** *a*: a **~lit night** una noche de luna.
Moor [muə*] *n* moro/a.
moor [muə*] *n* páramo // *vt* (*ship*) amarrar // *vi* echar las amarras.
Moorish ['muərɪʃ] *a* moro; (*architecture*) árabe, morisco.
moorland ['muələnd] *n* páramo, brezal *m*.
moose [muːs] *n*, *pl inv* alce *m*.
mop [mɔp] *n* fregona; (*of hair*) greña, melena // *vt* fregar; **to ~ up** *vt* limpiar.
mope [məup] *vi* estar *or* andar deprimido.
moped ['məuped] *n* ciclomotor *m*.
moral ['mɔrl] *a* moral // *n* moraleja; **~s** *npl* moralidad *f*.
morale [mɔ'rɑːl] *n* moral *f*.
morality [mə'rælɪtɪ] *n* moralidad *f*.
morass [mə'ræs] *n* pantano.
morbid ['mɔːbɪd] *a* (*interest*) morboso; (*MED*) mórbido.
more [mɔː*] ♦ *a* **1** (*greater in number etc*) más; **~ people/work than before** más gente/trabajo que antes
2 (*additional*) más; **do you want (some) ~ tea?** ¿quieres más té?; **is there any ~ wine?** ¿queda vino?; **it'll take a few ~ weeks** tardará unas semanas más; **it's 2 kms ~ to the house** faltan 2 kms para la casa; **more/letters than we expected** más tiempo del que/más cartas de las que esperábamos
♦ *pron* (*greater amount, additional amount*) más; **~ than 10** más de 10; **it cost ~ than the other one/than we expected** costó más que el otro/más de lo que esperábamos; **is there any ~?** ¿hay más?; **many/much ~** mucho(a)/muchos(as) más
♦ *ad* más; **~ dangerous/easily (than)** más peligroso/fácilmente (que); **~ and ~ expensive** cada vez más caro; **~ or less** más o menos; **~ than ever** más que nunca.
moreover [mɔː'rəuvə*] *ad* además, por otra parte.
morgue [mɔːg] *n* depósito de cadáveres.
Mormon ['mɔːmən] *n* mormón/ona *m/f*.
morning ['mɔːnɪŋ] *n* (*gen*) mañana; (*early* ~) madrugada; **in the ~** por la mañana; **7 o'clock in the ~** las 7 de la mañana.
Moroccan [mə'rɔkən] *a*, *n* marroquí *m/f*.
Morocco [mə'rɔkəu] *n* Marruecos *m*.
moron ['mɔːrɔn] *n* imbécil *m/f*.
morose [mə'rəus] *a* hosco, malhumorado.
morphine ['mɔːfiːn] *n* morfina.
Morse [mɔːs] *n* (*also*: ~ code) (código) morse.
morsel ['mɔːsl] *n* (*of food*) bocado.
mortal ['mɔːtl] *a*, *n* mortal *m*; **~ity** [-'tælɪtɪ] *n* mortalidad *f*.
mortar ['mɔːtə*] *n* argamasa; (*imple-*

ment) mortero.

mortgage ['mɔːgɪdʒ] *n* hipoteca // *vt* hipotecar; ~ **company** *n* (*US*) ≈ banco hipotecario.

mortify ['mɔːtɪfaɪ] *vt* mortificar, humillar.

mortuary ['mɔːtjuərɪ] *n* depósito de cadáveres.

mosaic [məu'zeɪɪk] *n* mosaico.

Moscow ['mɔskəu] *n* Moscú *m*.

Moslem ['mɔzləm] *a, n* = **Muslim**.

mosque [mɔsk] *n* mezquita.

mosquito [mɔs'kiːtəu], *pl* ~**es** *n* mosquito (*Sp*), zancudo (*LAm*).

moss [mɔs] *n* musgo.

most [məust] *a* la mayor parte de, la mayoría de // *pron* la mayor parte, la mayoría // *ad* el más; (*very*) muy; **the** ~ (*also:* + *adjective*) el más; ~ **of them** la mayor parte de ellos; **I saw the** ~ yo vi el que más; **at the** (**very**) ~ a lo sumo, todo lo más; **to make the** ~ **of** aprovechar (al máximo); **a** ~ **interesting book** un libro interesantísimo; ~**ly** *ad* en su mayor parte, principalmente.

MOT *n abbr* (*Brit* = *Ministry of Transport*): **the** ~ (*test*) *inspección (anual) obligatoria de coches y camiones.*

moth [mɔθ] *n* mariposa nocturna; (*clothes* ~) polilla; ~**ball** *n* bola de naftalina.

mother ['mʌðə*] *n* madre *f* // *a* materno // *vt* (*care for*) cuidar (como una madre); ~**hood** *n* maternidad *f*; ~**-in-law** *n* suegra; ~**ly** *a* maternal; ~**-of-pearl** *n* nácar *m*; ~**-to-be** *n* futura madre; ~ **tongue** *n* lengua materna.

motif [məu'tiːf] *n* motivo; (*theme*) tema *m*.

motion ['məuʃən] *n* movimiento; (*gesture*) ademán *m*, señal *f*; (*at meeting*) moción *f* // *vt, vi*: **to** ~ (**to**) **sb to do sth** hacer señas a uno para que haga algo; ~**less** *a* inmóvil; ~ **picture** *n* película.

motivated ['məutɪveɪtɪd] *a* motivado.

motive ['məutɪv] *n* motivo.

motley ['mɔtlɪ] *a* variado.

motor ['məutə*] *n* motor *m*; (*Brit: col: vehicle*) coche *m*, carro (*LAm*), automóvil *m* // *a* motor (*f*: motora, motriz); ~**bike** *n* moto *f*; ~**boat** *n* lancha motora; ~**car** *n* (*Brit*) coche *m*, carro (*LAm*), automóvil *m*; ~**cycle** *n* motocicleta; ~**cycle racing** *n* motociclismo; ~**cyclist** *n* motociclista *m/f*; ~**ing** *n* (*Brit*) automovilismo; ~**ist** *n* conductor(a) *m/f*, automovilista *m/f*; ~ **racing** *n* (*Brit*) carreras *fpl* de coches, automovilismo; ~ **scooter** *n* moto *f*; ~ **vehicle** *n* automóvil *m*; ~**way** *n* (*Brit*) autopista.

mottled ['mɔtld] *a* abigarrado, multicolor.

motto ['mɔtəu], *pl* ~**es** *n* lema *m*;

(*watchword*) consigna.

mould, (*US*) **mold** [məuld] *n* molde *m*; (*mildew*) moho // *vt* moldear; (*fig*) formar; ~**er** *vi* (*decay*) decaer; ~**ing** *n* moldura; ~**y** *a* enmohecido.

moult, (*US*) **molt** [məult] *vi* mudar (la piel/las plumas).

mound [maund] *n* montón *m*, montículo.

mount [maunt] *n* monte *m*; (*horse*) montura; (*for jewel etc*) engarce *m*; (*for picture*) marco // *vt* montar, subir a // *vi* (*also:* ~ **up**) subirse, montarse.

mountain ['mauntɪn] *n* montaña // *cpd* de montaña; ~**eer** [-'nɪə*] *n* alpinista *m/f*, andinista *m/f* (*LAm*); ~**eering** [-'nɪərɪŋ] *n* alpinismo, andinismo (*LAm*); ~**ous** *a* montañoso; ~**side** *n* ladera de la montaña.

mourn [mɔːn] *vt* llorar, lamentar // *vi*: **to** ~ **for** llorar la muerte de, lamentarse por; ~**er** *n* doliente *m/f*; dolorido/a; ~**ful** *a* triste, lúgubre; ~**ing** *n* luto // *cpd* (*dress*) de luto; **in** ~**ing** de luto.

mouse [maus], *pl* **mice** *n* ratón *m*; (*COMPUT*) ratón *m*; ~**trap** *n* ratonera.

mousse [muːs] *n* (*CULIN*) crema batida; (*for hair*) espuma (moldeadora).

moustache [məs'tɑːʃ] *n* bigote *m*.

mousy ['mausɪ] *a* (*person*) tímido; (*hair*) pardusco.

mouth [mauθ], *pl* ~**s** [-ðz] *n* boca; (*of river*) desembocadura; ~**ful** *n* bocado; ~ **organ** *n* armónica; ~**piece** *n* (*of musical instrument*) boquilla; (*spokesman*) portavoz *m/f*; ~**wash** *n* enjuague *m*; ~**watering** *a* apetitoso.

movable ['muːvəbl] *a* movible.

move [muːv] *n* (*movement*) movimiento; (*in game*) jugada; (: *turn to play*) turno; (*change of house*) mudanza // *vt* mover; (*emotionally*) conmover; (*POL: resolution etc*) proponer // *vi* (*gen*) moverse; (*traffic*) circular; (*also: Brit:* ~ **house**) trasladarse, mudarse; **to** ~ **sb to do sth** mover a uno a hacer algo; **to get a** ~ **on** darse prisa; **to** ~ **about** *or* **around** *vi* moverse; (*travel*) viajar; **to** ~ **along** *vi* avanzar, adelantarse; **to** ~ **away** *vi* alejarse; **to** ~ **back** *vi* retroceder; **to** ~ **forward** *vi* avanzar // *vt* adelantar; **to** ~ **in** *vi* (*to a house*) instalarse; **to** ~ **on** *vi* ponerse en camino; **to** ~ **out** *vi* (*of house*) mudarse; **to** ~ **over** *vi* apartarse; **to** ~ **up** *vi* subir; (*employee*) ser ascendido.

movement ['muːvmənt] *n* movimiento; (*TECH*) mecanismo.

movie ['muːvɪ] *n* película; **to go to the** ~**s** ir al cine; ~ **camera** *n* cámara cinematográfica.

moving ['muːvɪŋ] *a* (*emotional*) conmovedor(a); (*that moves*) móvil.

mow [məu], *pt* **mowed**, *pp* **mowed** *or* **mown** *vt* (*grass*) cortar; (*corn: also:* ~ **down**) segar; (*shoot*) acribillar; ~**er** *n* *(also:* **lawnmower**) cortacéspedes *m inv.*

MP *n abbr* = **Member of Parliament.**

m.p.h. *abbr* = *miles per hour (60 m.p.h.* = *96 k.p.h.).*

Mr, Mr. ['mɪstə*] *n:* ~ **Smith** (el) Sr. Smith.

Mrs, Mrs. ['mɪsɪz] *n:* ~ **Smith** (la) Sra. Smith.

Ms, Ms. [mɪz] *n (* = *Miss* or *Mrs):* ~ **Smith** (la) Sr(t)a. Smith.

M.Sc. *abbr* = **Master of Science.**

much [mʌtʃ] *a* mucho // *ad, n or pron* mucho; *(before pp)* muy; **how** ~ **is it?** ¿cuánto es?, ¿cuánto cuesta?; **too** ~ demasiado; **it's not** ~ no es mucho; **as** ~ **as** tanto como; **however** ~ **he tries** por mucho que se esfuerce.

muck [mʌk] *n (dirt)* suciedad *f; (fig)* porquería; **to** ~ **about** *or* **around** *vi* *(col)* perder el tiempo; *(enjoy o.s.)* entretenerse; **to** ~ **up** *vt (col: ruin)* arruinar, estropear; ~**y** *a (dirty)* sucio.

mucus ['mjuːkəs] *n* moco.

mud [mʌd] *n* barro, lodo.

muddle ['mʌdl] *n* desorden *m,* confusión *f; (mix-up)* embrollo, lío // *vt (also:* ~ **up**) embrollar, confundir; **to** ~ **through** *vi* salir del paso.

muddy ['mʌdɪ] *a* fangoso, cubierto de lodo.

mud: ~**guard** *n* guardabarros *m inv;* ~**-slinging** *n* injurias *fpl,* difamación *f.*

muff [mʌf] *n* manguito // *vt (chance)* desperdiciar; *(lines)* estropear.

muffin ['mʌfɪn] *n* mollete *m.*

muffle ['mʌfl] *vt (sound)* amortiguar; *(against cold)* embozar; ~**r** *n (US AUT)* silenciador *m.*

mug [mʌg] *n (cup)* taza grande *(sin platillo); (for beer)* jarra; *(col: face)* jeta; *(: fool)* bobo // *vt (assault)* asaltar; ~**ging** *n* asalto.

muggy ['mʌgɪ] *a* bochornoso.

mule [mjuːl] *n* mula.

mull [mʌl]: **to** ~ **over** *vt* meditar sobre.

mulled [mʌld] *a:* ~ **wine** vino caliente.

multifarious [mʌltɪ'fɛərɪəs] *a* múltiple.

multi-level [mʌltɪ'lɛvl] *a (US)* = **multi-storey.**

multiple ['mʌltɪpl] *a, n* múltiplo; ~ **sclerosis** *n* esclerosis *f* múltiple; ~ **store** *n (Brit)* (cadena de) grandes almacenes.

multiplication [mʌltɪplɪ'keɪʃən] *n* multiplicación *f.*

multiply ['mʌltɪplaɪ] *vt* multiplicar // *vi* multiplicarse.

multistorey [mʌltɪ'stɔːrɪ] *a (Brit: building, car park)* de muchos pisos.

multitude ['mʌltɪtjuːd] *n* multitud *f.*

mum [mʌm] *n (Brit)* mamá // *a:* **to keep** ~ mantener la boca cerrada.

mumble ['mʌmbl] *vt, vi* hablar entre dientes, refunfuñar.

mummy ['mʌmɪ] *n (Brit: mother)* ma-

má; *(embalmed)* momia.

mumps [mʌmps] *n* paperas *fpl.*

munch [mʌntʃ] *vt, vi* mascar.

mundane [mʌn'deɪn] *a* trivial.

municipal [mjuː'nɪsɪpl] *a* municipal; ~**ity** [-'pælɪtɪ] *n* municipio.

mural ['mjuərl] *n (pintura)* mural *m.*

murder ['mɜːdə*] *n* asesinato; *(in law)* homicidio // *vt* asesinar, matar; ~**er/** ~**ess** *n* asesino/a; ~**ous** *a* homicida.

murky ['mɜːkɪ] *a (water, past)* turbio; *(room)* sombrío.

murmur ['mɜːmə*] *n* murmullo // *vt, vi* murmurar.

muscle ['mʌsl] *n* músculo; **to** ~ **in** *vi* entrometerse; **muscular** ['mʌskjulə*] *a* muscular; *(person)* musculoso.

muse [mjuːz] *vi* meditar // *n* musa.

museum [mjuː'zɪəm] *n* museo.

mushroom ['mʌʃrum] *n (gen)* seta, hongo; *(small)* champiñón *m* // *vi (fig)* crecer de la noche a la mañana.

music ['mjuːzɪk] *n* música; ~**al** *a* melodioso; *(person)* musical // *n (show)* comedia musical; ~**al instrument** *n* instrumento musical; ~ **hall** *n* teatro de variedades; ~**ian** [-'zɪʃən] *n* músico/a.

Muslim ['mʌzlɪm] *a, n* musulmán/ana *m/ f.*

muslin ['mʌzlɪn] *n* muselina.

mussel ['mʌsl] *n* mejillón *m.*

must [mʌst] *auxiliary vb (obligation):* **I** ~ **do it** debo hacerlo, tengo que hacerlo; *(probability):* **he** ~ **be there by now** ya debe (de) estar allí // *n:* **it's a** ~ es imprescindible.

mustard ['mʌstəd] *n* mostaza.

muster ['mʌstə*] *vt* juntar, reunir.

mustn't ['mʌsnt] = **must not.**

musty ['mʌstɪ] *a* mohoso, que huele a humedad.

mute [mjuːt] *a, n* mudo/a.

muted ['mjuːtɪd] *a* callado.

mutiny ['mjuːtɪnɪ] *n* motín *m* // *vi* amotinarse.

mutter ['mʌtə*] *vt, vi* murmurar.

mutton ['mʌtn] *n* carne *f* de cordero.

mutual ['mjuːtʃuəl] *a* mutuo; *(friend)* común; ~**ly** *ad* mutuamente.

muzzle ['mʌzl] *n* hocico; *(protective device)* bozal *m; (of gun)* boca // *vt* amordazar; *(dog)* poner un bozal a.

my [maɪ] *a* mi(s); ~ **house/brother/sisters** mi casa/mi hermano/mis hermanas; **I've washed** ~ **hair/cut** ~ **finger** me he lavado el pelo/cortado un dedo; **is this** ~ **pen or yours?** ¿es este bolígrafo mío o tuyo?

myriad ['mɪrɪəd] *n (of people, things)* miríada.

myself [maɪ'self] *pron (reflexive)* me; *(emphatic)* yo mismo; *(after prep)* mí *(mismo); see also* **oneself.**

mysterious [mɪs'tɪərɪəs] *a* misterioso.

mystery ['mɪstərɪ] *n* misterio.

mystify ['mɪstɪfaɪ] *vt (perplex)* dejar perplejo; (*disconcert*) desconcertar.

mystique [mɪs'tiːk] *n* misterio (profesional *etc*).

myth [mɪθ] *n* mito; **~ical** *a* mítico.

N

n/a *abbr* (= *not applicable*) ≈ no interesa.

nab [næb] *vt* (col: *grab*) coger (*Sp*), agarrar (*LAm*); (: *catch out*) pillar.

nag [næg] *n* (pej: *horse*) rocín *m* // *vt* (*scold*) regañar; (*annoy*) fastidiar; **~ging** *a* (*doubt*) persistente; (*pain*) continuo // *n* quejas *fpl*.

nail [neɪl] *n* (*human*) uña; (*metal*) clavo // *vt* clavar; (*fig*: *catch*) coger (*Sp*), pillar; **to ~ sb down to doing sth** comprometer a uno a que haga algo; **~brush** *n* cepillo para las uñas; **~file** *n* lima para las uñas; **~ polish** *n* esmalte *m* or laca para las uñas; **~ polish remover** *n* quitaesmalte *m*; **~ scissors** *npl* tijeras *fpl* para las uñas; **~ varnish** *n* (*Brit*) = **~ polish.**

naïve [naɪ'iːv] *a* ingenuo.

naked ['neɪkɪd] *a* (*nude*) desnudo; (*flame*) expuesto al aire.

name [neɪm] *n* (*gen*) nombre *m*; (*surname*) apellido; (*reputation*) fama, renombre *m* // *vt* (*child*) poner nombre a; (*appoint*) nombrar; **by ~** de nombre; **in the ~ of** en nombre de; **what's your ~?** ¿cómo se llama?; **to give one's ~ and address** dar sus señas; **~less** *a* anónimo, sin nombre; **~ly** *ad* a saber; **~sake** *n* tocayo/a.

nanny ['nænɪ] *n* niñera.

nap [næp] *n* (*sleep*) sueñecito, siesta; **to be caught ~ping** estar desprevenido.

napalm ['neɪpɑːm] *n* nápalm *m*.

nape [neɪp] *n*: **~ of the neck** nuca, cogote *m*.

napkin ['næpkɪn] *n* (*also*: **table ~**) servilleta.

nappy ['næpɪ] *n* (*Brit*) pañal *m*; **~ liner** *n* gasa; **~ rash** *n* prurito.

narcissus [nɑː'sɪsəs], *pl* **-si** [-saɪ] *n* narciso.

narcotic [nɑː'kɔtɪk] *a*, *n* narcótico.

narrative ['nærətɪv] *n* narrativa // *a* narrativo.

narrow ['nærəu] *a* estrecho, angosto // *vi* estrecharse, angostarse; (*diminish*) reducirse; **to have a ~ escape** escaparse por los pelos; **to ~ sth down** reducir algo; **~ly** *ad* (*miss*) por poco; **~-minded** *a* de miras estrechas.

nasty ['nɑːstɪ] *a* (*remark*) feo; (*person*) antipático; (*revolting*: *taste*, *smell*) asqueroso; (*wound*, *disease etc*) peligroso, grave.

nation ['neɪʃən] *n* nación *f*.

national ['næʃənl] *a*, *n* nacional *m/f*; **~**

dress *n* vestido nacional; **N~ Health Service (NHS)** *n* (*Brit*) servicio nacional de salud pública; ≈ Insalud *m* (*Sp*); **N~ Insurance** *n* (*Brit*) seguro social nacional; **~ism** *n* nacionalismo; **~ist** *a*, *n* nacionalista *m/f*; **~ity** [-'nælɪtɪ] *n* nacionalidad *f*; **~ize** *vt* nacionalizar; **~ly** *ad* (*nationwide*) en escala nacional; (*as a nation*) nacionalmente, como nación.

nationwide ['neɪʃənwaɪd] *a* en escala or a nivel nacional.

native ['neɪtɪv] *n* (*local inhabitant*) natural *m/f*, nacional *m/f*; (*in colonies*) indígena *m/f*, nativo/a // *a* (*indigenous*) indígena; (*country*) natal; (*innate*) natural, innato; **a ~ of Russia** un(a) natural *m/f* de Rusia; **~ language** *n* lengua materna; **a ~ speaker of French** un hablante nativo de francés.

Nativity [nə'tɪvɪtɪ] *n*: **the ~** Navidad *f*.

NATO ['neɪtəu] *n* *abbr* (= *North Atlantic Treaty Organization*) OTAN *f*.

natural ['nætʃrəl] *a* natural; **~ gas** *n* gas *m* natural; **~ize** *vt*: **to become ~ized** (*person*) naturalizarse; (*plant*) aclimatarse; **~ly** *ad* (*speak etc*) naturalmente; (*of course*) desde luego, por supuesto; (*instinctively*) por instinto, por naturaleza.

nature ['neɪtʃə*] *n* naturaleza; (*group*, *sort*) género, clase *f*; (*character*) carácter *m*, genio; **by ~** por or de naturaleza.

naught [nɔːt] *n* = **nought.**

naughty ['nɔːtɪ] *a* (*child*) travieso; (*story*, *film*) verde, escabroso, colorado (*LAm*).

nausea ['nɔːsɪə] *n* náusea; **~te** [-sɪeɪt] *vt* dar náuseas a; (*fig*) dar asco a.

nautical ['nɔːtɪkl] *a* náutico, marítimo; (*mile*) marino.

naval ['neɪvl] *a* naval, de marina; **~ officer** *n* oficial *m/f* de marina.

nave [neɪv] *n* nave *f*.

navel ['neɪvl] *n* ombligo.

navigate ['nævɪgeɪt] *vt* gobernar // *vi* navegar; **navigation** [-'geɪʃən] *n* (*action*) navegación *f*; (*science*) náutica; **navigator** *n* navegador(a) *m/f*, navegante *m/f*.

navvy ['nævɪ] *n* (*Brit*) peón *m* caminero.

navy ['neɪvɪ] *n* marina de guerra; (*ships*) armada, flota; **~(-blue)** *a* azul marino.

Nazi ['nɑːtsɪ] *n* nazi *m/f*.

NB *abbr* (= *nota bene*) nótese.

near [nɪə*] *a* (*place*, *relation*) cercano; (*time*) próximo // *ad* cerca // *prep* (*also*: **~ to**: *space*) cerca de, junto a; (: *time*) cerca de // *vt* acercarse a, aproximarse a; **~by** [nɪə'baɪ] *a* cercano, próximo // *ad* cerca; **~ly** *ad* casi, por poco; **I ~ly fell** por poco me caigo; **~ miss** *n* tiro cercano; **~side** *n* (*AUT*) lado derecho; **~-sighted** *a* miope, corto de vista.

neat [niːt] *a* (*place*) ordenado, bien cuidado; (*person*) pulcro; (*plan*) ingenioso;

(*spirits*) solo; **~ly** *ad* (*tidily*) con esmero; (*skilfully*) ingeniosamente.

nebulous ['nɛbjuləs] *a* (*fig*) vago, confuso.

necessarily ['nɛsɪsrɪlɪ] *ad* necesariamente.

necessary ['nɛsɪsrɪ] *a* necesario, preciso; **he did all that was ~** hizo todo lo necesario.

necessity [nɪ'sɛsɪtɪ] *n* necesidad *f*; **necessities** *npl* artículos *mpl* de primera necesidad.

neck [nɛk] *n* (*ANAT*) cuello; (*of animal*) pescuezo // *vi* besuquearse; **~ and ~** parejos.

necklace ['nɛklɪs] *n* collar *m*.

neckline ['nɛklaɪn] *n* escote *m*.

necktie ['nɛktaɪ] *n* (*US*) corbata.

née [neɪ] *a:* ~ Scott de soltera Scott.

need [niːd] *n* (*lack*) escasez *f*, falta; (*necessity*) necesidad *f* // *vt* (*require*) necesitar; **I ~ to do it** tengo que *or* debo hacerlo; **you don't ~ to go** no hace falta que vayas.

needle ['niːdl] *n* aguja // *vt* (*fig: col*) picar, fastidiar.

needless ['niːdlɪs] *a* innecesario, inútil; **~ to say** huelga decir que.

needlework ['niːdlwəːk] *n* (*activity*) costura, labor *f* de aguja.

needn't ['niːdnt] = **need not**.

needy ['niːdɪ] *a* necesitado.

negative ['nɛgətɪv] *n* (*PHOT*) negativo; (*LING*) negación *f* // *a* negativo.

neglect [nɪ'glɛkt] *vt* (*one's duty*) faltar a, no cumplir con; (*child*) descuidar, desatender // *n* (*state*) abandono; (*personal*) dejadez *f*; (*of duty*) incumplimiento.

negligee ['nɛglɪʒeɪ] *n* (*nightdress*) salto de cama.

negligence ['nɛglɪdʒəns] *n* negligencia, descuido.

negligible ['nɛglɪdʒɪbl] *a* insignificante, despreciable.

negotiate [nɪ'gəuʃɪeɪt] *vt* (*treaty, loan*) negociar; (*obstacle*) franquear // *vi:* **to ~ (with)** negociar (con); **negotiation** [-'eɪʃən] *n* negociación *f*, gestión *f*.

Negress ['niːgrɪs] *n* negra.

Negro ['niːgrəu] *a, n* negro.

neigh [neɪ] *n* relincho // *vi* relinchar.

neighbour, (*US*) **neighbor** ['neɪbə*] *n* vecino/a; **~hood** *n* (*place*) vecindad *f*, barrio; (*people*) vecindario; **~ing** *a* vecino.

neither ['naɪðə*] *a* ni // *conj:* **I didn't move and ~ did John** no me he movido, ni Juan tampoco // *pron* ninguno; **~ is true** ninguno/a de los/las dos es cierto/a // *ad:* **~ good nor bad** ni bueno ni malo.

neon ['niːɔn] *n* neón *m*; **~ light** *n* lámpara de neón.

nephew ['nɛvjuː] *n* sobrino.

nerve [nəːv] *n* (*ANAT*) nervio; (*courage*) valor *m*; (*impudence*) descaro, frescura;

a fit of ~s un ataque de nervios; **~-racking** *a* desquiciante.

nervous ['nəːvəs] *a* (*anxious, ANAT*) nervioso; (*timid*) tímido, miedoso; **~ breakdown** *n* crisis *f* nerviosa.

nest [nɛst] *n* (*of bird*) nido // *vi* anidar; **~ egg** *n* (*fig*) ahorros *mpl*.

nestle ['nɛsl] *vi:* **to ~ down** acurrucarse.

net [nɛt] *n* (*gen*) red *f* // *a* (*COMM*) neto, líquido // *vt* coger (*Sp*) *or* agarrar (*LAm*) con red; (*SPORT*) marcar; **~ball** *n* básquet *m*; **~ curtain** *n* visillo.

Netherlands ['nɛðələndz] *npl:* **the ~** los Países Bajos.

nett [nɛt] *a* = **net**.

netting ['nɛtɪŋ] *n* red *f*, redes *fpl*.

nettle ['nɛtl] *n* ortiga.

network ['nɛtwəːk] *n* red *f*.

neurosis [njuə'rəusɪs], *pl* **-ses** [-siːz] *n* neurosis *f inv*; **neurotic** [-'rɔtɪk] *a, n* neurótico/a *m/f*.

neuter ['njuːtə*] *a* (*LING*) neutro // *vt* castrar, capar.

neutral ['njuːtrəl] *a* (*person*) neutral; (*colour etc, ELEC*) neutro // *n* (*AUT*) punto muerto; **~ity** [-'trælɪtɪ] *n* neutralidad *f*; **~ize** *vt* neutralizar.

neutron ['njuːtrɔn] *n* neutrón *m*; **~ bomb** *n* bomba de neutrones.

new [njuː] *a* nuevo; (*recent*) reciente; **~born** *a* recién nacido; **~comer** ['njuːkamə*] *n* recién venido/a *or* llegado/a; **~fangled** *a* (*pej*) modernísimo; **~found** *a* (*friend*) nuevo; (*enthusiasm*) recién adquirido; **~ly** *ad* nuevamente, recién; **~ly-weds** *npl* recién casados *mpl*; **~ moon** *n* luna nueva.

news [njuːz] *n* noticias *fpl*; **a piece of ~** una noticia; **the ~** (*RADIO, TV*) las noticias *fpl*, telediario; **~ agency** *n* agencia de noticias; **~agent** *n* (*Brit*) vendedor(a) *m/f* de periódicos; **~caster** *n* presentador(a) *m/f*, locutor(a) *m/f*; **~ dealer** *n* (*US*) = **~agent**; **~ flash** *n* noticia de última hora; **~letter** *n* hoja informativa, boletín *m*; **~paper** *n* periódico, diario; **~print** *n* papel *m* de periódico; **~reader** *n* = **~caster**; **~reel** *n* noticiario; **~ stand** *n* quiosco *or* puesto de periódicos.

newt [njuːt] *n* tritón *m*.

New Year *n* Año Nuevo; **~'s Day** *n* Día *m* de Año Nuevo; **~'s Eve** *n* Nochevieja.

New York ['njuː'jɔːk] *n* Nueva York.

New Zealand [njuː'ziːlənd] *n* Nueva Zelanda; **~er** *n* neozelandés/esa *m/f*.

next [nɛkst] *a* (*house, room*) vecino; (*bus stop, meeting*) próximo; (*page*) siguiente // *ad* después; **the ~ day** el día siguiente;

~ **time** la próxima vez; ~ **year** el año próximo or que viene; ~ **door** ad en la casa de al lado // a vecino, de al lado; ~**-of-kin** n pariente m más cercano; ~ **to** prep junto a, al lado de; ~ **to nothing** casi nada.

NHS n abbr = **National Health Service.**

nib [nɪb] n plumilla.

nibble ['nɪbl] vt mordisquear, mordiscar.

Nicaragua [nɪkə'ræɡjuə] n Nicaragua; ~**n** a, n nicaragüense m/f.

nice [naɪs] a (likeable) simpático; (kind) amable; (pleasant) agradable; (attractive) bonito, mono, lindo (LAm); (distinction) fino; ~**-looking** a guapo; ~**ly** ad amablemente; bien.

niche [ni:ʃ] n nicho.

nick [nɪk] n (wound) rasguño; (cut, indentation) mella, muesca // vt (col) birlar, robar; **in the ~ of time** justo a tiempo.

nickel ['nɪkl] n níquel m; (US) moneda de 5 centavos.

nickname ['nɪkneɪm] n apodo, mote m // vt apodar.

nicotine ['nɪkəti:n] n nicotina.

niece [ni:s] n sobrina.

Nigeria [naɪ'dʒɪərɪə] n Nigeria; ~**n** a, n nigeriano/a m/f.

nigger ['nɪɡə*] n (col!: highly offensive) negro/a.

niggling ['nɪɡlɪŋ] a (trifling) nimio, insignificante; (annoying) molesto.

night [naɪt] n (gen) noche f; (evening) tarde f; **last ~** anoche; **the ~ before last** anteanoche; **at ~, by ~** de noche, por la noche; ~**cap** n (drink) bebida que se toma antes de acostarse; ~ **club** n cabaret m; ~**dress** n (Brit) camisón m; ~**fall** n anochecer m; ~**gown**, ~**ie** ['naɪtɪ] n (Brit) = ~**dress**.

nightingale ['naɪtɪŋɡeɪl] n ruiseñor m.

nightly ['naɪtlɪ] a de todas las noches // ad todas las noches, cada noche.

nightmare ['naɪtmɛə*] n pesadilla.

night: ~ **porter** n guardián m nocturno; ~ **school** n clase(s) f(pl) nocturna(s); ~ **shift** n turno nocturno or de noche; ~**-time** n noche f.

nil [nɪl] n (Brit SPORT) cero, nada.

Nile [naɪl] n: **the** ~ el Nilo.

nimble ['nɪmbl] a (agile) ágil, ligero; (skilful) diestro.

nine [naɪn] num nueve; ~**teen** num diecinueve, diez y nueve; ~**ty** num noventa.

ninth [naɪnθ] a noveno.

nip [nɪp] vt (pinch) pellizcar; (bite) morder.

nipple ['nɪpl] n (ANAT) pezón m; (of bottle) tetilla.

nitrogen ['naɪtrədʒən] n nitrógeno.

no [nəu] ♦ ad (opposite of 'yes') no; **are you coming?** — ~ **(I'm not)** ¿vienes? —

no; **would you like some more?** — ~ **thank you** ¿quieres más? — no gracias ♦ a (not any): **I have** ~ **money/time/books** no tengo dinero/tiempo/libros; ~ **other man would have done it** ningún otro lo hubiera hecho; '~ **entry**' 'prohibido el paso'; '~ **smoking**' 'prohibido fumar'

♦ n (pl ~**es**) no m.

nobility [nəu'bɪlɪtɪ] n nobleza.

noble ['nəubl] a noble.

nobody ['nəubədɪ] pron nadie.

nod [nɔd] vi saludar con la cabeza; (in agreement) decir que sí con la cabeza // vt: **to** ~ **one's head** inclinar la cabeza // n inclinación f de cabeza; **to** ~ **off** vi cabecear.

noise [nɔɪz] n ruido; (din) escándalo, estrépito; **noisy** a (gen) ruidoso; (child) escandaloso.

nominal ['nɔmɪnl] a nominal.

nominate ['nɔmɪneɪt] vt (propose) proponer; (appoint) nombrar; **nomination** [-'neɪʃən] n propuesta; nombramiento.

nominee [nɔmɪ'ni:] n candidato/a.

non... [nɔn] pref no, des..., in...; ~**alcoholic** a no alcohólico; ~**-aligned** a no alineado.

nonchalant ['nɔnʃələnt] a indiferente.

non-committal ['nɔnkə'mɪtl] a (reserved) reservado; (uncommitted) evasivo.

nonconformist [nɔnkən'fɔ:mɪst] a (attitude) heterodoxo; (person) inconformista m/f.

nondescript ['nɔndɪskrɪpt] a soso.

none [nʌn] pron ninguno/a // ad de ninguna manera; ~ **of you** ninguno de vosotros; **I've** ~ **left** no me queda ninguno/a; **he's** ~ **the worse for it** no está peor por ello.

nonentity [nɔ'nɛntɪtɪ] n cero a la izquierda, nulidad f.

nonetheless [nʌnðə'lɛs] ad sin embargo, no obstante.

non-existent [nɔnɪɡ'zɪstənt] a inexistente.

non-fiction [nɔn'fɪkʃən] n literatura no novelesca.

nonplussed [nɔn'plʌst] a perplejo.

nonsense ['nɔnsəns] n tonterías fpl, disparates fpl; ~! ¡qué tonterías!

non: ~**-smoker** n no fumador(a) m/f; ~**-stick** a (pan, surface) antiadherente; ~**-stop** a continuo; (RAIL) directo // ad sin parar.

noodles ['nu:dlz] npl tallarines mpl.

nook [nuk] n rincón m; ~**s and crannies** escondrijos mpl.

noon [nu:n] n mediodía m.

no-one ['nəuwʌn] pron = **nobody.**

noose [nu:s] n lazo corredizo.

nor [nɔ:*] conj = **neither** // ad see **neither.**

norm [nɔ:m] n norma.

normal ['nɔːml] *a* normal; **~ly** *ad* normalmente.

north [nɔːθ] *n* norte *m* // *a* del norte, norteño // *ad* al or hacia el norte; **N~ America** *n* América del Norte; **~-east** *n* nor(d)este *m*; **~erly** ['nɔːðəlɪ] *a* (*point, direction*) norteño; **~ern** ['nɔːðən] *a* norteño, del norte; **N~ern Ireland** *n* Irlanda del Norte; **N~ Pole** *n* Polo Norte; **N~ Sea** *n* Mar *m* del Norte; **~ward(s)** ['nɔːθwəd(z)] *ad* hacia el norte; **~-west** *n* nor(d)oeste *m*.

Norway ['nɔːweɪ] *n* Noruega; **Norwegian** [-'wiːdʒən] *a, n* noruego/a *m/f*.

nose [nəuz] *n* (*ANAT*) nariz *f*; (*ZOOL*) hocico; (*sense of smell*) olfato *m* // *vi*: to ~ **about** curiosear; **~bleed** *n* hemorragia nasal; **~-dive** *n* picado vertical; **~y** *a* curioso, fisgón/ona.

nostalgia [nɔsˈtældʒɪə] *n* nostalgia.

nostril ['nɔstrɪl] *n* ventana de la nariz.

nosy ['nəuzɪ] *a* = **nosey.**

not [nɔt] *ad* no; ~ **that**... no es que...; **it's too late, isn't it?** es demasiado tarde, ¿verdad *or* no?; ~ **yet/now** todavía/ahora no; **why ~?** ¿por qué no?; *see also* **all, only.**

notably ['nəutəblɪ] *ad* especialmente.

notary ['nəutərɪ] *n* notario/a.

notch [nɔtʃ] *n* muesca, corte *m*.

note [nəut] *n* (*MUS, record, letter*) nota; (*banknote*) billete *m*; (*tone*) tono // *vt* (*observe*) notar, observar; (*write down*) apuntar, anotar; **~book** *n* libreta, cuaderno; **~d** ['nəutɪd] *a* célebre, conocido; **~pad** *n* bloc *m*; **~paper** *n* papel *m* para cartas.

nothing ['nʌθɪŋ] *n* nada; (*zero*) cero; **he does** ~ no hace nada; ~ **new** nada nuevo; **for** ~ (*free*) gratis, sin pago; (*in vain*) en balde.

notice ['nəutɪs] *n* (*announcement*) anuncio; (*dismissal*) despido; (*resignation*) dimisión *f* // *vt* (*observe*) notar, observar; **to take** ~ **of** tomar nota de, prestar atención a; **at short** ~ con poca anticipación; **until further** ~ hasta nuevo aviso; **to hand in one's** ~ dimitir; **~able** *a* evidente, obvio; ~ **board** *n* (*Brit*) tablón *m* de anuncios.

notify ['nəutɪfaɪ] *vt*: **to** ~ **sb (of sth)** comunicar (algo) a uno.

notion ['nəuʃən] *n* noción *f*, concepto; (*opinion*) opinión *f*; **~s** *n* (*US*) mercería.

notorious [nəuˈtɔːrɪəs] *a* notorio.

notwithstanding [nɔtwɪθˈstændɪŋ] *ad* no obstante, sin embargo; ~ **this** a pesar de esto.

nougat ['nuːgɑː] *n* turrón *m*.

nought [nɔːt] *n* cero.

noun [naun] *n* nombre *m*, sustantivo.

nourish ['nʌrɪʃ] *vt* nutrir; **~ing** *a* nutritivo; **~ment** *n* alimento, sustento.

novel ['nɔvl] *n* novela // *a* (*new*) nuevo, original; (*unexpected*) insólito; **~ist** *n*

novelista *m/f*; **~ty** *n* novedad *f*.

November [nəuˈvɛmbə*] *n* noviembre *m*.

novice ['nɔvɪs] *n* principiante *m/f*, novato/a; (*REL*) novicio/a.

now [nau] *ad* (*at the present time*) ahora; (*these days*) actualmente, hoy día // *conj*: ~ (**that**) ya que, ahora que; **right** ~ ahora mismo; **by** ~ ya; **just** ~: **I'll do it just** ~ ahora mismo lo hago; ~ **and then,** ~ **and again** de vez en cuando; **from** ~ **on** de ahora en adelante; **~adays** ['nauədeɪz] *ad* hoy (en) día, actualmente.

nowhere ['nəuwɛə*] *ad* (*direction*) a ninguna parte; (*location*) en ninguna parte.

nozzle ['nɔzl] *n* boquilla.

nuance ['njuːɑːns] *n* matiz *m*.

nuclear ['njuːklɪə*] *a* nuclear.

nucleus ['njuːklɪəs], *pl* **-lei** [-lɪaɪ] *n* núcleo.

nude [njuːd] *a, n* desnudo/a *m/f*; **in the** ~ desnudo.

nudge [nʌdʒ] *vt* dar un codazo a.

nudist ['njuːdɪst] *n* nudista *m/f*.

nudity ['njuːdɪtɪ] *n* desnudez *f*.

nuisance ['njuːsns] *n* molestia, fastidio; (*person*) pesado, latoso; **what a** ~! ¡qué lata!

nuke ['njuːk] (*col*) *n* bomba atómica // *vt* atacar con arma nuclear.

null [nʌl] *a*: ~ **and void** nulo y sin efecto.

numb [nʌm] *a* entumecido; (*fig*) insensible // *vt* entumecer, entorpecer.

number ['nʌmbə*] *n* número; (*numeral*) número, cifra // *vt* (*pages etc*) numerar, poner número a; (*amount to*) sumar, ascender a; **to be ~ed among** figurar entre; **a** ~ **of** varios, algunos; **they were ten in** ~ eran diez; ~ **plate** *n* (*Brit*) matrícula, placa.

numeral ['njuːmərəl] *n* número, cifra.

numerate ['njuːmərɪt] *a* competente en la aritmética.

numerical ['njuːˈmɛrɪkl] *a* numérico.

numerous ['njuːmərəs] *a* numeroso, muchos.

nun [nʌn] *n* monja, religiosa.

nurse [nəːs] *n* enfermero/a; (*nanny*) niñera // *vt* (*patient*) cuidar, atender; (*baby: Brit*) mecer; (: *US*) criar, amamantar.

nursery ['nəːsərɪ] *n* (*institution*) guardería infantil; (*room*) cuarto de los niños; (*for plants*) criadero, semillero; ~ **rhyme** *n* canción *f* infantil; ~ **school** *n* parvulario, escuela de párvulos; ~ **slope** *n* (*Brit SKI*) cuesta para principiantes.

nursing ['nəːsɪŋ] *n* (*profession*) profesión *f* de enfermera; (*care*) asistencia, cuidado; ~ **home** *n* clínica de reposo.

nurture ['nəːtʃə*] *vt* (*child, plant*) alimentar, nutrir.

nut [nʌt] *n* (*TECH*) tuerca; (*BOT*) nuez *f*; **~crackers** *npl* cascanueces *m inv*; **~s**

a (*col*) loco.
nutmeg ['nʌtmɛg] *n* nuez *f* moscada.
nutritious [nju:'trɪʃəs] *a* nutritivo, rico.
nutshell ['nʌtʃɛl] *n* cáscara de nuez; in a ~ en resumidas cuentas.
nylon ['naɪlɔn] *n* nilón *m* // *a* de nilón.

O

oak [əuk] *n* roble *m* // *a* de roble.
O.A.P. *abbr* = **old-age pensioner.**
oar [ɔ:*] *n* remo.
oasis [əu'eɪsɪs], *pl* **-ses** [-si:z] *n* oasis *m* *inv*.
oath [əuθ] *n* juramento; (*swear word*) palabrota; **on** (*Brit*) *or* **under** ~ bajo juramento.
oatmeal ['əutmi:l] *n* harina de avena.
oats [əuts] *n* avena.
obedience [ə'bi:dɪəns] *n* obediencia.
obedient [ə'bi:dɪənt] *a* obediente.
obey [ə'beɪ] *vt* obedecer; (*instructions, regulations*) cumplir.
obituary [ə'bɪtjuərɪ] *n* necrología.
object ['ɔbdʒɪkt] *n* (*gen*) objeto; (*purpose*) objeto, propósito; (*LING*) complemento // *vi* [əb'dʒɛkt]: **to** ~ **to** (*attitude*) protestar contra; (*proposal*) oponerse a; **expense is no** ~ no importa cuánto cuesta; **I** ~! ¡yo protesto!; **to** ~ **that** objetar que; ~**ion** [əb'dʒɛkʃən] *n* protesta; **I have no** ~**ion to...** no tengo inconveniente en que...; ~**ionable** [əb'dʒɛkʃənəbl] *a* (*gen*) desagradable; (*conduct*) censurable; ~**ive** *a, n* objetivo.
obligation [ɔblɪ'geɪʃən] *n* obligación *f*; (*debt*) deber *m*; **without** ~ sin compromiso.
oblige [ə'blaɪdʒ] *vt* (*do a favour for*) complacer, hacer un favor a; **to** ~ **sb to do sth** forzar *or* obligar a uno a hacer algo; **to be** ~**d to sb for sth** estarle agradecido a uno por algo; **obliging** *a* servicial, atento.
oblique [ə'bli:k] *a* oblicuo; (*allusion*) indirecto.
obliterate [ə'blɪtəreɪt] *vt* borrar.
oblivion [ə'blɪvɪən] *n* olvido; **oblivious** [-ɪəs] *a*: **oblivious of** inconsciente de.
oblong ['ɔblɔŋ] *a* rectangular // *n* rectángulo.
obnoxious [əb'nɔkʃəs] *a* odioso, detestable; (*smell*) nauseabundo.
oboe ['əubəu] *n* oboe *m*.
obscene [əb'si:n] *a* obsceno.
obscure [əb'skjuə*] *a* oscuro // *vt* oscurecer; (*hide: sun*) esconder.
observance [əb'zə:vns] *n* observancia, cumplimiento; (*ritual*) práctica.
observant [əb'zə:vnt] *a* observador(a).
observation [ɔbzə'veɪʃən] *n* observación *f*; (*by police etc*) vigilancia; (*MED*) examen *m*.
observatory [əb'zə:vətrɪ] *n* observatorio.

observe [əb'zə:v] *vt* (*gen*) observar; (*rule*) cumplir; ~**r** *n* observador(a) *m/f*.
obsess [əb'sɛs] *vt* obsesionar; ~**ive** *a* obsesivo; obsesionante.
obsolescence [ɔbsə'lɛsns] *n* obsolescencia.
obsolete ['ɔbsəli:t] *a*: **to be** ~ estar en desuso.
obstacle ['ɔbstəkl] *n* obstáculo; (*nuisance*) estorbo; ~ **race** *n* carrera de obstáculos.
obstinate ['ɔbstɪnɪt] *a* terco, porfiado; (*determined*) tenaz.
obstruct [əb'strʌkt] *vt* (*block*) obstruir; (*hinder*) estorbar, obstaculizar; ~**ion** [əb'strʌkʃən] *n* obstrucción *f*; estorbo, obstáculo.
obtain [əb'teɪn] *vt* (*get*) obtener; (*achieve*) conseguir; ~**able** *a* asequible.
obtrusive [əb'tru:sɪv] *a* (*person*) importuno, entrometido; (*building etc*) demasiado visible.
obvious ['ɔbvɪəs] *a* (*clear*) obvio, evidente; (*unsubtle*) poco sutil; ~**ly** *ad* evidentemente, naturalmente.
occasion [ə'keɪʒən] *n* oportunidad *f*, ocasión *f*; (*event*) acontecimiento // *vt* ocasionar, causar; ~**al** *a* poco frecuente, ocasional; ~**ally** *ad* de vez en cuando.
occupant ['ɔkjupənt] *n* (*of house*) inquilino/a; (*of car*) ocupante *m/f*.
occupation [ɔkju'peɪʃən] *n* (*of house*) tenencia; (*job*) trabajo; (: *calling*) oficio; ~**al hazard** *n* riesgo profesional.
occupier ['ɔkjupaɪə*] *n* inquilino/a.
occupy ['ɔkjupaɪ] *vt* (*seat, post, time*) ocupar; (*house*) habitar; **to** ~ **o.s. with** *or* **by doing** (*as job*) dedicarse a hacer; (*to pass time*) pasar el tiempo haciendo.
occur [ə'kə:*] *vi* pasar, suceder; **to** ~ **to sb** ocurrírsele a uno; ~**rence** [ə'kʌrəns] *n* acontecimiento.
ocean ['əuʃən] *n* océano; ~**-going** *a* de alta mar.
ochre, (*US*) **ocher** ['əukə*] *n* ocre *m*.
OCR *n* *abbr* = **optical character recognition/reader.**
o'clock [ə'klɔk] *ad*: **it is 5** ~ son las 5.
octave ['ɔktɪv] *n* octava.
October [ɔk'təubə*] *n* octubre *m*.
octopus ['ɔktəpəs] *n* pulpo.
odd [ɔd] *a* (*strange*) extraño, raro; (*number*) impar; (*left over*) sobrante, suelto; **60-**~ 60 y pico; **at** ~ **times** de vez en cuando; **to be the** ~ **one out** estar de más; ~**s and ends** *npl* minucias *fpl*; ~**ity** *n* rareza; (*person*) excéntrico; ~ **jobs** *npl* bricolaje *m*; ~**ly** *ad* curiosamente, extrañamente; ~**ments** *npl* (*Brit COMM*) retales *mpl*; ~**s** *npl* (*in betting*) puntos *mpl* de ventaja; **it makes no** ~**s** da lo mismo; **at** ~**s** reñidos/as.
odometer [ɔ'dɔmɪtə*] *n* (*US*) cuentakilómetros *m* *inv*.
odour, (*US*) **odor** ['əudə*] *n* olor *m*;

(perfume) perfume *m*.

of *prep* **1** *(gen)* de; a friend ~ ours un amigo nuestro; a boy ~ 10 un chico de 10 años; that was kind ~ you muy amable por *or* de tu parte
2 *(expressing quantity, amount, dates etc)* de; a kilo ~ flour un kilo de harina; there were 3 ~ them había tres; 3 ~ us went tres de nosotros fuimos; the 5th ~ July el 5 de julio
3 *(from, out of)* de; made ~ wood (hecho) de madera.

off [ɔf] *a, ad (engine)* desconectado; *(light)* apagado; *(tap)* cerrado; *(Brit: food: bad)* pasado, malo; (: *milk)* cortado; *(cancelled)* cancelado // *prep* de; to be ~ *(to leave)* irse, marcharse; to be ~ sick estar enfermo *or* de baja; a day ~ un día libre *or* sin trabajar; to have an ~ day tener un día malo; he had his coat ~ se había quitado el abrigo; 10% ~ *(COMM)* (con el) 10% de descuento; 5 km ~ (the road) a 5 km (de la carretera); ~ the coast frente a la costa; I'm ~ meat *(no longer eat/like it)* paso de la carne; on the ~ chance por si acaso; ~ and on de vez en cuando.

offal [ɔfl] *n (Brit CULIN)* menudencias *fpl*.

off-colour [ɔfˈkʌlə•] *a (Brit: ill)* indispuesto.

offence, *(US)* **offense** [əˈfɛns] *n (crime)* delito; *(insult)* ofensa; to take ~ at ofenderse por.

offend [əˈfɛnd] *vt (person)* ofender; **~er** *n* delincuente *m/f; (against regulations)* infractor(a) *m/f*.

offensive [əˈfɛnsɪv] *a* ofensivo; *(smell etc)* repugnante // *n (MIL)* ofensiva.

offer [ˈɔfə•] *n (gen)* oferta, ofrecimiento; *(proposal)* propuesta // *vt* ofrecer; *(opportunity)* facilitar; 'on ~' *(COMM)* 'en oferta'; **~ing** *n* ofrenda.

offhand [ɔfˈhænd] *a* informal // *ad* de improviso.

office [ˈɔfɪs] *n (place)* oficina; *(room)* despacho; *(position)* carga, oficio; doctor's ~ *(US)* consultorio; to take ~ entrar en funciones; ~ **automation** *n* ofimática, buromática; ~ **block,** *(US)* ~ **building** *n* bloque *m* de oficinas; ~ **hours** *npl* horas *fpl* de oficina; *(US MED)* horas *fpl* de consulta.

officer [ˈɔfɪsə•] *n (MIL etc)* oficial *m/f; (of organization)* director(a) *m/f; (also: police officer)* agente *m/f* de policía.

office worker *n* oficinista *m/f*.

official [əˈfɪʃl] *a (authorized)* oficial, autorizado // *n* funcionario, oficial *m*; **~dom** *n* burocracia.

offing [ˈɔfɪŋ] *n*: in the ~ *(fig)* en perspectiva.

off: **~licence** *n (Brit: shop)* bodega, tienda de vinos y bebidas alcohólicas; **~line** *a, ad (COMPUT)* fuera de línea;

~peak *a (holiday)* de temporada baja; *(electricity)* de banda económica; **~putting** *a (Brit)* asqueroso; desalentador(a); **~season** *a, ad* fuera de temporada.

offset [ˈɔfsɛt] *(irg: like set) vt (counteract)* contrarrestar, compensar.

offshoot [ˈɔfʃuːt] *n (fig)* ramificación *f*.

offshore [ɔfˈʃɔː•] *a (breeze, island)* costera; *(fishing)* de bajura.

offside [ˈɔfˈsaɪd] *a (SPORT)* fuera de juego; *(AUT)* del lado izquierdo.

offspring [ˈɔfsprɪŋ] *n* descendencia.

off: **~stage** *ad* entre bastidores; **~-the-peg,** *(US)* **~-the-rack** *ad* confeccionado; **~white** *a* blanco grisáceo.

often [ˈɔfn] *ad* a menudo, con frecuencia; how ~ do you go? ¿cada cuánto vas?

ogle [ˈəugl] *vt* comerse con los ojos a.

oh [əu] *excl* ¡ah!

oil [ɔɪl] *n* aceite *m; (petroleum)* petróleo // *vt (machine)* engrasar; **~can** *n* lata de aceite; **~field** *n* campo petrolífero; ~ **filter** *n (AUT)* filtro de aceite; **~-fired** *a* que quema aceite combustible; ~ **painting** *n* pintura al óleo; ~ **rig** *n* torre *f* de perforación; **~skins** *npl* impermeables *mpl* de hule, chubasquero *sg*; ~ **tanker** *n* petrolero; ~ **well** *n* pozo (de petróleo); **~y** *a* aceitoso; *(food)* grasiento.

ointment [ˈɔɪntmənt] *n* ungüento.

O.K., okay [ˈəuˈkeɪ] *excl* O.K., ¡está bien!, ¡vale! // *a* bien // *vt* dar el visto bueno a.

old [əuld] *a* viejo; *(former)* antiguo; how ~ are you? ¿cuántos años tienes?, ¿qué edad tienes? he's 10 years ~ tiene 10 años; **~er brother** hermano mayor; ~ **age** *n* vejez *f*; **~-age pensioner (O.A.P.)** *n (Brit)* jubilado/a; **~-fashioned** *a* anticuado, pasado de moda.

olive [ˈɔlɪv] *n (fruit)* aceituna; *(tree)* olivo // *a (also:* **~-green)** verde oliva; ~ **oil** *n* aceite *m* de oliva.

Olympic [əuˈlɪmpɪk] *a* olímpico; the ~ Games, the **~s** *npl* las Olimpiadas *fpl*.

omelet(te) [ˈɔmlɪt] *n* tortilla, tortilla de huevo *(LAm)*.

omen [ˈəumən] *n* presagio.

ominous [ˈɔmɪnəs] *a* de mal agüero, amenazador(a).

omit [əuˈmɪt] *vt* omitir.

on [ɔn] ♦ *prep* **1** *(indicating position)* en; sobre; ~ the wall en la pared; it's ~ the table está sobre *or* en la mesa; ~ the left a la izquierda
2 *(indicating means, method, condition etc)*: ~ foot a pie; ~ the train/plane *(go)* en tren/avión; *(be)* en el tren/el avión; ~ the radio/television/telephone por *or* en la radio/televisión/al teléfono; to be ~ drugs drogarse; *(MED)* estar a tratamiento; to be ~ holiday/business es-

tar de vacaciones/en viaje de negocios
3 (*referring to time*): ~ **Friday** el viernes; ~ **Fridays** los viernes; ~ **June 20th** el 20 de junio; **a week** ~ **Friday** del viernes en una semana; ~ **arrival** al llegar; ~ **seeing this** al ver esto
4 (*about, concerning*) sobre, acerca de; **a book** ~ **physics** un libro de *or* sobre física
♦ *ad* **1** (*referring to dress*): **to have one's coat** ~ tener *or* llevar el abrigo puesto; **she put her gloves** ~ se puso los guantes
2 (*referring to covering*): 'screw the lid ~ tightly' 'cerrar bien la tapa'
3 (*further, continuously*): **to walk** *etc* ~ seguir caminando *etc*
♦ *a* **1** (*functioning, in operation: machine, radio, TV, light*) encendido/a, prendido/a (*LAm*); (: *tap*) abierto/a; (: *brakes*) echado/a, puesto/a; **is the meeting still** ~? (*in progress; not cancelled*) ¿todavía continúa la reunión?; **there's a good film** ~ **at the cinema** ponen una buena película en el cine
2: **that's not** ~! (*col : not possible*) ¡eso ni hablar!, ¡eso no está bien!; (: *not acceptable*) ¡eso no se hace!

once [wʌns] *ad* una vez; (*formerly*) antiguamente // *conj* una vez que; ~ **he had left/it was done** una vez que se había marchado/se hizo; **at** ~ en seguida, inmediatamente; (*simultaneously*) a la vez; ~ **a week** una vez por semana; ~ **more** otra vez; ~ **and for all** de una vez por todas; ~ **upon a time** érase una vez.

oncoming ['ɔnkʌmɪŋ] *a* (*traffic*) que viene de frente.

one [wʌn] ♦ *num* un(o)/una; ~ **hundred and fifty** ciento cincuenta; ~ **by** ~ uno a uno
♦ *a* **1** (*sole*) único; **the** ~ **book which** el único libro que; **the** ~ **man who** el único que
2 (*same*) mismo/a; **they came in the** ~ **car** vinieron en un solo coche
♦ *pron* **1**: **this** ~ éste/ésta; **that** ~ ése/ésa; (*more remote*) aquél/aquella; **I've already got (a red** ~**)** ya tengo uno/a (rojo/a); ~ **by** ~ uno a uno por uno/a
2: ~ **another** os (*Sp*), se (+ *el uno al otro, unos a otros etc*); **do you two ever see** ~ **another?** ¿vosotros dos os veis alguna vez (*Sp*), ¿se ven ustedes dos alguna vez?; **the boys didn't dare look at** ~ **another** los chicos no se atrevieron a mirarse (el uno al otro); **they all kissed** ~ **another** se besaron unos a otros
3 (*impersonal*): ~ **never knows** nunca se sabe; **to cut** ~**'s finger** cortarse el dedo; ~ **needs to eat** hay que comer.

one: ~**-armed bandit** *n* máquina tragaperras; ~**-day excursion** *n* (*US*) billete *m* de ida y vuelta en un día; ~**-man** *a* (*business*) individual; ~**-man band** *n* hombre-orquesta *m*; ~**-off** *n* (*Brit col*:

event) acontecimiento único.

oneself [wʌn'sɛlf] *pron* (*reflexive*) se; (*after prep*) sí; (*emphatic*) uno/a mismo/a; **to hurt** ~ hacerse daño; **to keep sth for** ~ guardarse algo; **to talk to** ~ hablar solo.

one: ~**-sided** *a* (*argument*) parcial; ~**-to-**~ *a* (*relationship*) de dos; ~**-upmanship** *n* arte *m* de aventajar a los demás.

ongoing ['ɔngəuɪŋ] *a* continuo.

onion ['ʌnjən] *n* cebolla.

on-line ['ɔnlaɪn] *a, ad* (*COMPUT*) en línea.

onlooker ['ɔnlukə*] *n* espectador(a) *m/f*.

only ['əunlɪ] *ad* solamente, sólo // *a* único, solo // *conj* solamente que, pero; **an** ~ **child** un hijo único; **not** ~ ... **but also...** no sólo ... sino también...

onset ['ɔnsɛt] *n* comienzo.

onshore ['ɔnʃɔ:*] *a* (*wind*) que sopla del mar hacia la tierra.

onslaught ['ɔnslɔ:t] *n* ataque *m*, embestida.

onto ['ɔntu] *prep* = **on to**.

onus ['əunəs] *n* responsabilidad *f*.

onward(s) ['ɔnwəd(z)] *ad* (*move*) (hacia) adelante.

ooze [u:z] *vi* rezumar.

opaque [əu'peɪk] *a* opaco.

OPEC ['əupɛk] *n abbr* (= *Organization of Petroleum-Exporting Countries*) OPEP *f*.

open ['əupn] *a* (*gen*) abierto/a; (*car*) descubierto; (*road, view*) despejado; (*meeting*) público; (*admiration*) manifiesto // *vt* abrir // *vi* (*flower, eyes, door, debate*) abrirse; (*book etc: commence*) comenzar; **in the** ~ (**air**) al aire libre; **to** ~ **on to** *vt fus* (*subj: room, door*) dar a; **to** ~ **up** *vt* abrir; (*blocked road*) despejar // *vi* abrirse, empezar; ~**ing** *n* abertura, comienzo; (*opportunity*) oportunidad *f*; (*job*) puesto vacante, vacante *f*; ~**ly** *ad* abiertamente; ~**-minded** *a* imparcial; ~**-plan** *a*: ~**-plan office** gran oficina sin particiones.

opera ['ɔpərə] *n* ópera; ~ **house** *n* teatro de la ópera.

operate ['ɔpəreɪt] *vt* (*machine*) hacer funcionar; (*company*) dirigir // *vi* funcionar; (*drug*) hacer efecto; **to** ~ **on sb** (*MED*) operar a uno.

operatic [ɔpə'rætɪk] *a* de ópera.

operating ['ɔpəreɪtɪŋ] *a*: ~ **table/theatre** mesa/sala de operaciones.

operation [ɔpə'reɪʃən] *n* (*gen*) operación *f*; (*of machine*) funcionamiento; **to be in** ~ estar funcionando *or* en funcionamiento; **to have an** ~ (*MED*) ser operado; ~**al** *a* operacional, en buen estado.

operative ['ɔpərətɪv] *a* (*measure*) en vigor.

operator ['ɔpəreɪtə*] *n* (*of machine*) maquinista *m/f*, operario/a; (*TEL*) operador(a) *m/f*, telefonista *m/f*.

ophthalmic [ɔf'θælmɪk] *a* oftálmico.

opinion [ə'pɪnɪən] *n* (*gen*) opinión *f*; **in my ~** en mi opinión, a mi juicio; **~ated** *a* testarudo; **~ poll** *n* encuesta, sondeo.

opponent [ə'pəunənt] *n* adversario/a, contrincante*m/f*.

opportunist [ɔpə'tjuːnɪst] *n* oportunista *m/f*.

opportunity [ɔpə'tjuːnɪtɪ] *n* oportunidad *f*; **to take the ~ of doing** aprovechar la ocasión para hacer.

oppose [ə'pəuz] *vt* oponerse a; **to be ~d to sth** oponerse a algo; **as ~d to** a diferencia de; **opposing** *a* (*side*) opuesto, contrario.

opposite ['ɔpəzɪt] *a* opuesto, contrario a; (*house etc*) de enfrente // *ad* en frente // *prep* en frente de, frente a // *n* lo contrario.

opposition [ɔpə'zɪʃən] *n* oposición *f*.

oppress [ə'prɛs] *vt* oprimir.

opt [ɔpt] *vi*: **to ~ for** optar por; **to ~ to do** optar por hacer; **to ~ out of** optar por no hacer.

optical ['ɔptɪkl] *a* óptico; **~ character recognition/reader (OCR)** *n* reconocimiento/lector *m* óptico de caracteres.

optician [ɔp'tɪʃən] *n* óptico *m/f*.

optimist ['ɔptɪmɪst] *n* optimista *m/f*; **~ic** [-'mɪstɪk] *a* optimista.

optimum ['ɔptɪməm] *a* óptimo.

option ['ɔpʃən] *n* opción *f*; **to keep one's ~s open** (*fig*) mantener las opciones abiertas; **~al** *a* facultativo, discrecional.

or [ɔː*] *conj* o; (*before o, ho*) u; (*with negative*): **he hasn't seen ~ heard anything** no ha visto ni oído nada; **~ else** si no.

oracle ['ɔrəkl] *n* oráculo.

oral ['ɔːrəl] *a* oral // *n* examen *m* oral.

orange ['ɔrɪndʒ] *n* (*fruit*) naranja // *a* color naranja.

orator ['ɔrətə*] *n* orador(a) *m/f*.

orbit ['ɔːbɪt] *n* órbita // *vt, vi* orbitar.

orchard ['ɔːtʃəd] *n* huerto.

orchestra ['ɔːkɪstrə] *n* orquesta; (*US: seating*) platea; **~l** [-'kɛstrəl] *a* de orquesta.

orchid ['ɔːkɪd] *n* orquídea.

ordain [ɔː'deɪn] *vt* (*REL*) ordenar, decretar; (*decide*) mandar.

ordeal [ɔː'diːl] *n* experiencia horrorosa.

order ['ɔːdə*] *n* orden *m*; (*command*) orden *f*; (*type, kind*) clase *f*; (*state*) estado; (*COMM*) pedido, encargo // *vt* (*also: put in ~*) arreglar, poner en orden; (*COMM*) encargar, pedir; (*command*) mandar, ordenar; **in ~** (*gen*) en orden; (*of document*) en regla; **in (working) ~** en funcionamiento; **in ~ to do** para hacer; **on ~** (*COMM*) pedido; **to ~ sb to do sth** mandar a uno hacer algo; **~ form** *n* hoja de pedido; **~ly** *n* (*MIL*) ordenanza *m*; (*MED*) enfermero/a (auxiliar) // *a* ordenado.

ordinary ['ɔːdnrɪ] *a* corriente, normal; (*pej*) corriente y corriente; **out of the ~** fuera de lo común.

ordnance ['ɔːdnəns] *n* (*MIL: unit*) artillería.

ore [ɔː*] *n* mineral *m*.

organ ['ɔːgən] *n* órgano; **~ic** [ɔː'gænɪk] *a* orgánico.

organization [ɔːgənaɪ'zeɪʃən] *n* organización *f*.

organize ['ɔːgənaɪz] *vt* organizar; **~r** *n* organizador(a) *m/f*.

orgasm ['ɔːgæzəm] *n* orgasmo.

orgy ['ɔːdʒɪ] *n* orgía.

Orient ['ɔːrɪənt] *n* Oriente *m*; **oriental** [-'ɛntl] *a* oriental.

origin ['ɔrɪdʒɪn] *n* origen *m*; (*point of departure*) procedencia.

original [ə'rɪdʒɪnl] *a* original; (*first*) primero; (*earlier*) primitivo // *n* original *m*; **~ity** [-'nælɪtɪ] *n* originalidad *f*; **~ly** *ad* (*at first*) al principio; (*with originality*) con originalidad.

originate [ə'rɪdʒɪneɪt] *vi*: **to ~ from, to ~ in** surgir de, tener su origen en.

Orkneys ['ɔːknɪz] *npl*: **the ~** (*also: the Orkney Islands*) las Orcadas.

ornament ['ɔːnəmənt] *n* adorno; (*trinket*) chuchería; **~al** [-'mɛntl] *a* decorativo, de adorno.

ornate [ɔː'neɪt] *a* muy ornado, vistoso.

orphan ['ɔːfn] *n* huérfano/a // *vt*: **to be ~ed** quedar huérfano/a; **~age** *n* orfanato.

orthodox ['ɔːθədɔks] *a* ortodoxo; **~y** *n* ortodoxia.

orthopaedic, (*US*) **orthopedic** [ɔːθə'piːdɪk] *a* ortopédico.

oscillate ['ɔsɪleɪt] *vi* oscilar; (*person*) vacilar.

ostensibly [ɔs'tɛnsɪblɪ] *ad* aparentemente.

ostentatious [ɔstɛn'teɪʃəs] *a* ostentoso.

osteopath ['ɔstɪəpæθ] *n* osteópata *m/f*.

ostracize ['ɔstrəsaɪz] *vt* hacer el vacío a.

ostrich ['ɔstrɪtʃ] *n* avestruz *m*.

other ['ʌðə*] *a* otro // *pron*: **the ~ (one)** el/la otro/a; **~s** (*~ people*) otros; **~ than** (*apart from*) aparte de; **~wise** *ad, conj* de otra manera; (*if not*) si no.

otter ['ɔtə*] *n* nutria.

ouch [autʃ] *excl* ¡ay!

ought [ɔːt], *pt* **ought** *auxiliary vb*: **I ~ to do it** debería hacerlo; **this ~ to have been corrected** esto debiera de haberse corregido; **he ~ to win** (*probability*) debe *or* debiera ganar.

ounce [auns] *n* onza (28.35g).

our ['auə*] *a* nuestro; *see also* **my**; **~s** *pron* (el) nuestro/(la) nuestra *etc*; *see also* **mine**; **~selves** *pron pl* (*reflexive, after prep*) nosotros; (*emphatic*) nosotros mismos; *see also* **oneself**.

oust [aust] *vt* desalojar.

out [aut] *ad* fuera, afuera; (*not at home*)

fuera (de casa); (*light, fire*) apagado; ~ **there** allí (fuera); he's ~ (*absent*) no está, ha salido; **to be ~ in one's calculations** equivocarse (en sus cálculos); **to run ~** salir corriendo; **~ loud** en alta voz; **~ of** (*outside*) fuera de; (*because of: anger etc*) por; **~ of petrol** sin gasolina; **'~ of order'** 'no funciona'; **~-and-~** a (*liar, thief etc*) redomado, empedernido.

outback ['autbæk] n interior m.

outboard ['autbɔːd] a: **~ motor** (motor m) fuera borda m.

outbreak ['autbreɪk] n (*of war*) comienzo; (*of disease*) epidemia; (*of violence etc*) ola.

outburst ['autbəːst] n explosión f, arranque m.

outcast ['autkɑːst] n paria m/f.

outcome ['autkʌm] n resultado.

outcrop ['autkrɔp] n (*of rock*) afloramiento.

outcry ['autkraɪ] n protestas fpl.

outdated [aut'deɪtɪd] a anticuado, fuera de moda.

outdo [aut'duː] (*irg: like do*) vt superar.

outdoor [aut'dɔː•] a, **~s** ad al aire libre.

outer ['autə•] a exterior, externo; **~ space** n espacio exterior.

outfit ['autfɪt] n equipo; (*clothes*) traje m; **~ter's** n (*Brit*) sastrería.

outgoing ['autgəʊɪŋ] a (*character*) extrovertido; **~s** npl (*Brit*) gastos mpl.

outgrow [aut'grəʊ] (*irg: like grow*) vt: he has **~n** his clothes su ropa le queda pequeña ya.

outhouse ['authaus] n dependencia.

outing ['autɪŋ] n excursión f, paseo.

outlandish [aut'lændɪʃ] a estrafalario.

outlaw ['autlɔː] n proscrito.

outlay ['autleɪ] n inversión f.

outlet ['autlet] n salida; (*of pipe*) desagüe m; (*US ELEC*) toma de corriente; (*for emotion*) desahogo; (*also: retail ~*) punto de venta.

outline ['autlaɪn] n (*shape*) contorno, perfil m; in ~ (*fig*) a grandes rasgos.

outlive [aut'lɪv] vt sobrevivir a.

outlook ['autluk] n perspectiva; (*opinion*) punto de vista.

outlying ['autlaɪɪŋ] a remoto, aislado.

outmoded [aut'məʊdɪd] a anticuado, pasado de moda.

outnumber [aut'nʌmbə•] vt exceder en número.

out-of-date [autəv'deɪt] a (*passport*) caducado; (*clothes*) pasado de moda.

out-of-the-way [autəvðə'weɪ] a (*place*) apartado.

outpatient ['autpeɪʃənt] n paciente m/f externo/a.

outpost ['autpəʊst] n puesto avanzado.

output ['autput] n (volumen m de) producción f, rendimiento; (*COMPUT*) salida.

outrage ['autreɪdʒ] n (*scandal*) escándalo; (*atrocity*) atrocidad f // vt ultrajar; **~ous** [-'reɪdʒəs] a monstruoso.

outright [aut'raɪt] ad (*win*) de manera absoluta; (*be killed*) en el acto; (*completely*) completamente // a ['autraɪt] completo.

outset ['autset] n principio.

outside [aut'saɪd] n exterior m // a exterior, externo // ad fuera // prep fuera de; (*beyond*) más allá de; **at the ~** (*fig*) a lo sumo; **~ lane** n (*AUT: in Britain*) carril m de la derecha; **~-left/right** n (*FOOTBALL*) extremo izquierdo/derecho; **~ line** n (*TEL*) línea (exterior); **~r** n (*stranger*) extraño, forastero.

outsize ['autsaɪz] a (*clothes*) de talla grande.

outskirts ['autskəːts] npl alrededores mpl, afueras fpl.

outspoken [aut'spəukən] a muy franco.

outstanding [aut'stændɪŋ] a excepcional, destacado; (*unfinished*) pendiente.

outstay [aut'steɪ] vt: **to ~ one's welcome** quedarse más de la cuenta.

outstretched [aut'stretʃt] a (*hand*) extendido.

outstrip [aut'strɪp] vt (*competitors, demand*) dejar atrás, aventajar.

out-tray ['auttreɪ] n bandeja de salida.

outward ['autwəd] a (*sign, appearances*) externo; (*journey*) de ida; **~ly** ad por fuera.

outweigh [aut'weɪ] vt pesar más que.

outwit [aut'wɪt] vt ser más listo que.

oval ['əuvl] a ovalado // n óvalo.

ovary ['əuvərɪ] n ovario.

oven ['ʌvn] n horno; **~proof** a resistente al horno.

over ['əuvə•] ad encima, por encima // a (*or ad*) (*finished*) terminado; (*surplus*) de sobra // prep (*por*) encima de; (*above*) sobre; (*on the other side of*) al otro lado de; (*more than*) más de; (*during*) durante; **~ here** (por) aquí; **~ there** (por) allí *or* allá; **all ~** (*everywhere*) por todas partes; **~ and ~** (*again*) una y otra vez; **~ and above** además de; **to ask sb ~** invitar a uno a casa; **to bend ~** inclinarse.

overall ['əuvərɔːl] a (*length*) total; (*study*) de conjunto // ad [əuvər'ɔːl] en conjunto // n (*Brit*) guardapolvo; **~s** npl mono sg, overol msg (*LAm*).

overawe [əuvər'ɔː] vt: **to be ~d** (*by*) quedar impresionado (con).

overbalance [əuvə'bæləns] vi perder el equilibrio.

overbearing [əuvə'bɛərɪŋ] a autoritario, imperioso.

overboard ['əuvəbɔːd] ad (*NAUT*) por la borda.

overbook [əuvə'buk] vt sobrereservar.

overcast ['əuvəkɑːst] a encapotado.

overcharge [əuvə'tʃɑːdʒ] vt: **to ~ sb** cobrar un precio excesivo a uno.

overcoat ['əuvəkəut] *n* abrigo, sobretodo.

overcome [əuvə'kʌm] (*irg: like* come) *vt* (*gen*) vencer; (*difficulty*) superar.

overcrowded [əuvə'kraudɪd] *a* atestado de gente; (*city, country*) superpoblado.

overdo [əuvə'du:] (*irg: like* do) *vt* exagerar; (*overcook*) cocer demasiado.

overdose ['əuvədəus] *n* sobredosis *f inv.*

overdraft ['əuvədra:ft] *n* saldo deudor.

overdrawn [əuvə'drɔ:n] *a* (*account*) en descubierto.

overdue [əuvə'dju:] *a* retrasado; (*recognition*) tardío.

overestimate [əuvər'ɛstɪmeɪt] *vt* sobreestimar.

overflow [əuvə'fləu] *vi* desbordarse // *n* ['əuvəfləu] (*excess*) exceso; (*of river*) desbordamiento; (*also:* ~ pipe) (cañería de) desagüe *m*.

overgrown [əuvə'grəun] *a* (*garden*) invadido por la vegetación.

overhaul [əuvə'hɔ:l] *vt* revisar, repasar // *n* ['əuvəhɔ:l] revisión *f.*

overhead [əuvə'hɛd] *ad* por arriba *or* encima // *a* ['əuvəhɛd] (*cable*) aéreo; (*railway*) elevado, aéreo // *n* (*US*) = ~**s**; ~**s** *npl* gastos *mpl* generales.

overhear [əuvə'hɪə*] (*irg: like* hear) *vt* oír por casualidad.

overheat [əuvə'hi:t] *vi* (*engine*) recalentarse.

overjoyed [əuvə'dʒɔɪd] *a* encantado, lleno de alegría.

overkill ['əuvəkɪl] *n*: that would be ~ eso sería sobrepasarse.

overland ['əuvəlænd] *a, ad* por tierra.

overlap [əuvə'læp] *vi* traslaparse.

overleaf [əuvə'li:f] *ad* al dorso.

overload [əuvə'ləud] *vt* sobrecargar.

overlook [əuvə'luk] *vt* (*have view of*) dar a, tener vistas a; (*miss*) pasar por alto; (*forgive*) hacer la vista gorda a.

overnight [əuvə'naɪt] *ad* durante la noche; (*fig*) de la noche a la mañana // *a* de noche; to stay ~ pasar la noche.

overpass ['əuvəpɑ:s] *n* (*US*) paso superior.

overpower [əuvə'pauə*] *vt* dominar; (*fig*) embargar; ~**ing** *a* (*heat*) agobiante; (*smell*) penetrante.

overrate [əuvə'reɪt] *vt* sobreestimar.

override [əuvə'raɪd] (*irg: like* ride) *vt* (*order, objection*) no hacer caso de; **overriding** *a* predominante.

overrule [əuvə'ru:l] *vt* (*decision*) anular; (*claim*) denegar.

overrun [əuvə'rʌn] (*irg: like* run) *vt* (*country*) invadir; (*time limit*) rebasar, exceder.

overseas [əuvə'si:z] *ad* en ultramar; (*abroad*) en el extranjero // *a* (*trade*) exterior; (*visitor*) extranjero.

overseer ['əuvəsɪə*] *n* (*in factory*) superintendente *m/f*; (*foreman*) capataz *m.*

overshadow [əuvə'ʃædəu] *vt* (*fig*) eclipsar.

overshoot [əuvə'ʃu:t] (*irg: like* shoot) *vt* excederse.

oversight ['əuvəsaɪt] *n* descuido.

oversleep [əuvə'sli:p] (*irg: like* sleep) *vi* quedarse dormido.

overspill ['əuvəspɪl] *n* exceso de población.

overstep [əuvə'stɛp] *vt*: to ~ the mark pasarse de la raya.

overt [əu'vɔ:t] *a* abierto.

overtake [əuvə'teɪk] (*irg: like* take) *vt* sobrepasar; (*Brit AUT*) adelantar.

overthrow [əuvə'θrəu] (*irg: like* throw) *vt* (*government*) derrocar.

overtime ['əuvətaɪm] *n* horas *fpl* extraordinarias.

overtone ['əuvətəun] *n* (*fig*) tono.

overture ['əuvətʃuə*] *n* (*MUS*) obertura; (*fig*) preludio.

overturn [əuvə'tə:n] *vt, vi* volcar.

overweight [əuvə'weɪt] *a* demasiado gordo *or* pesado.

overwhelm [əuvə'wɛlm] *vt* aplastar; ~**ing** *a* (*victory, defeat*) arrollador(a); (*desire*) irresistible.

overwork [əuvə'wə:k] *n* trabajo excesivo // *vi* trabajar demasiado.

overwrought [əuvə'rɔ:t] *a* sobreexcitado.

owe [əu] *vt* deber; to ~ sb sth, to ~ sth to sb deber algo a uno; **owing to** *prep* debido a, por causa de.

owl [aul] *n* búho, lechuza.

own [əun] *vt* tener, poseer // *a* propio; a room of my ~ una habitación propia; to get one's ~ back tomar revancha; on one's ~ solo, a solas; to ~ up *vi* confesar; ~**er** *n* dueño/a; ~**ership** *n* posesión *f.*

ox [ɔks], *pl* ~**en** ['ɔksn] *n* buey *m.*

oxtail ['ɔksteɪl] *n*: ~ soup sopa de rabo de buey.

oxygen ['ɔksɪdʒən] *n* oxígeno; ~ **mask/tent** *n* máscara/tienda de oxígeno.

oyster ['ɔɪstə*] *n* ostra.

oz. *abbr* = **ounce(s).**

ozone ['əuzəun] *n*: ~ **layer** capa de ozono *or* ozónica.

P

p [pi:] *abbr* = **penny, pence.**

P.A. *n abbr* = **personal assistant; public address system.**

p.a. *abbr* = **per annum.**

pa [pɑ:] *n* (*col*) papá *m.*

pace [peɪs] *n* paso; (*rhythm*) ritmo // *vi*: to ~ up and down pasearse de un lado a otro; to keep ~ with llevar el mismo paso que; (*events*) mantenerse a la altura de *or* al corriente de; ~**maker** *n* (*MED*) regulador *m* cardíaco, marcapa-

sos *m inv.*
pacific [pə'sɪfɪk] *a* pacífico // *n*: **the P~** **(Ocean)** el (Océano) Pacífico.
pacify ['pæsɪfaɪ] *vt* (*soothe*) apaciguar; (*country*) pacificar.
pack [pæk] *n* (*packet*) paquete *m*; (*of hounds*) jauría; (*of thieves etc*) manada, bando; (*of cards*) baraja; (*bundle*) fardo; (*US: of cigarettes*) paquete *m* // *vt* (*wrap*) empaquetar; (*fill*) llenar; (*in suitcase etc*) meter, poner; (*cram*) llenar, atestar; (*fig: meeting etc*) llenar de partidarios; **to ~** (*one's bags*) hacerse la maleta; **to ~ sb off** despachar a uno; **~ it in!** (*col*) ¡déjalo!
package ['pækɪdʒ] *n* paquete *m*; (*bulky*) bulto; (*also:* **~ deal**) acuerdo global; **~ tour** *n* viaje *m* organizado.
packed lunch *n* almuerzo frío.
packet ['pækɪt] *n* paquete *m*.
packing ['pækɪŋ] *n* embalaje *m*; **~ case** *n* cajón *m* de embalaje.
pact [pækt] *n* pacto.
pad [pæd] *n* (*of paper*) bloc *m*; (*cushion*) cojinete *m*; (*launching* **~**) plataforma (*de lanzamiento*); (*col: flat*) casa // *vt* rellenar; **~ding** *n* relleno; (*fig*) paja.
paddle ['pædl] *n* (*oar*) canalete *m*; (*US: for table tennis*) raqueta // *vt* impulsar con canalete // *vi* (*with feet*) chapotear; **~ steamer** *n* vapor *m* de ruedas; **paddling pool** *n* (*Brit*) estanque *m* de juegos.
paddock ['pædək] *n* corral *m*.
paddy field ['pædɪ-] *n* arrozal *m*.
padlock ['pædlɔk] *n* candado.
paediatrics [piːdɪ'ætrɪks] *n* pediatría.
pagan ['peɪgən] *a*, *n* pagano/a *m/f*.
page [peɪdʒ] *n* (*of book*) página; (*of newspaper*) plana; (*also:* **~ boy**) paje *m* // *vt* (*in hotel etc*) llamar por altavoz a.
pageant ['pædʒənt] *n* (*procession*) desfile *m*; (*show*) espectáculo; **~ry** *n* pompa.
paid [peɪd] *pt, pp of* **pay** // *a* (*work*) remunerado; (*official*) asalariado; **to put ~ to** (*Brit*) acabar con.
pail [peɪl] *n* cubo, balde *m*.
pain [peɪn] *n* dolor *m*; **to be in ~** sufrir; **to take ~s over/to do sth** tomarse grandes molestias con/en hacer algo; **~ed** *a* (*expression*) afligido; **~ful** *a* doloroso; (*difficult*) penoso; (*disagreeable*) desagradable; **~fully** *ad* (*fig: very*) terriblemente; **~killer** *n* analgésico; **~less** *a* que no causa dolor; **~staking** ['peɪnzteɪkɪŋ] *a* (*person*) concienzudo, esmerado.
paint [peɪnt] *n* pintura // *vt* pintar; **to ~ the door blue** pintar la puerta de azul; **~brush** *n* (*artist's*) pincel *m*; (*decorator's*) brocha; **~er** *n* pintor(a) *m/f*; **~ing** *n* pintura; **~work** *n* pintura.
pair [peə*] *n* (*of shoes, gloves etc*) par *m*; (*of people*) pareja; **a ~ of scissors** unas tijeras; **a ~ of trousers** unos panta-

lones, un pantalón.
pajamas [pɪ'dʒɑːməz] *npl* (*US*) pijama *msg.*
Pakistan [pɑːkɪ'stɑːn] *n* Paquistán *m*; **~i** *a*, *n* paquistaní *m/f*.
pal [pæl] *n* (*col*) compinche *m/f*, compañero/a.
palace ['pæləs] *n* palacio.
palatable ['pælɪtəbl] *a* sabroso; (*acceptable*) aceptable.
palate ['pælɪt] *n* paladar *m*.
palatial [pə'leɪʃəl] *a* (*surroundings, residence*) suntuoso, espléndido.
palaver [pə'lɑːvə*] *n* (*fuss*) lío.
pale [peɪl] *a* (*gen*) pálido; (*colour*) claro // *n*: **to be beyond the ~** pasarse de la raya; **to grow ~** palidecer.
Palestine ['pælɪstaɪn] *n* Palestina; **Palestinian** [-'tɪnɪən] *a*, *n* palestino/a *m/f*.
palette ['pælɪt] *n* paleta.
paling ['peɪlɪŋ] *n* (*stake*) estaca; (*fence*) valla.
pall [pɔːl] *n* (*of smoke*) capa (de humo) // *vi* perder el sabor.
pallet ['pælɪt] *n* (*for goods*) pallet *m*.
pallor ['pælə*] *n* palidez *f*.
pallid ['pælɪd] *a* pálido.
palm [pɑːm] *n* (*ANAT*) palma; (*also:* **~ tree**) palmera, palma // *vt*: **to ~ sth off on sb** (*Brit col*) encajar algo a uno; **P~ Sunday** *n* Domingo de Ramos.
palpable ['pælpəbl] *a* palpable.
palpitation [pælpɪ'teɪʃən] *n* palpitación *f*; **to have ~s** tener vahídos.
paltry ['pɔːltrɪ] *a* (*quantity*) irrisorio; (*person*) insignificante.
pamper ['pæmpə*] *vt* mimar.
pamphlet ['pæmflət] *n* folleto.
pan [pæn] *n* (*also:* **sauce~**) cacerola, cazuela, olla; (*also:* **frying ~**) sartén *m*; (*of lavatory*) taza // *vi* (*CINEMA*) tomar panorámicas.
panache [pə'næʃ] *n*: **with ~** con estilo.
Panama ['pænəmɑː] *n* Panamá *m*; **the ~ Canal** el Canal de Panamá.
pancake ['pænkeɪk] *n* crepe *f*.
panda ['pændə] *n* panda *m*; **~ car** *n* (*Brit*) coche *m* Z.
pandemonium [pændɪ'məʊnɪəm] *n*: **there was ~** se armó un tremendo jaleo.
pander ['pændə*] *vi*: **to ~ to** complacer a.
pane [peɪn] *n* cristal *m*.
panel ['pænl] *n* (*of wood*) panel *m*; (*of cloth*) paño; (*RADIO, TV*) panel *m* de invitados; **~ling**, (*US*) **~ing** *n* paneles *mpl.*
pang [pæŋ] *n*: **~s of conscience** remordimiento *sg*; **~s of hunger** dolores *mpl* del hambre.
panic ['pænɪk] *n* (*terror m*) pánico // *vi* dejarse llevar por el pánico; **~ky** *a* (*person*) asustadizo; **~-stricken** *a* preso de pánico.
pansy ['pænzɪ] *n* (*BOT*) pensamiento;

(*col: pej*) maricón *m*.

pant [pænt] *vi* jadear.

panther ['pænθə*] *n* pantera.

panties ['pæntɪz] *npl* bragas *fpl*, pantis *mpl*.

pantihose ['pæntɪhəʊz] *n* (*US*) pantimedias *fpl*.

pantomime ['pæntəmaɪm] *n* (*Brit*) revista musical representada en Navidad, basada en cuentos de hadas.

pantry ['pæntrɪ] *n* despensa.

pants [pænts] *n* (*Brit: underwear: woman's*) bragas *fpl*; (: *man's*) calzoncillos *mpl*; (*US: trousers*) pantalones *mpl*.

papal ['peɪpl] *a* papal.

paper ['peɪpə*] *n* papel *m*; (*also: news~*) periódico, diario; (*study, article*) artículo; (*exam*) examen *m* // *a* de papel // *vt* empapelar, tapizar (*LAm*); (*identity*) ~s *npl* papeles *mpl*, documentos *mpl*; ~**back** *n* libro de bolsillo; ~ **bag** *n* bolsa de papel; ~ **clip** *n* clip *m*; ~ **hankie** *n* pañuelo de papel; ~**weight** *n* pisapapeles *m inv*; ~**work** *n* trabajo administrativo; (*pej*) papeleo.

papier-mâché ['pæpɪeɪ'mæʃeɪ] *n* cartón *m* piedra.

paprika ['pæprɪkə] *n* pimienta húngara *or* roja.

par [pɑ:*] *n* par *f*; (*GOLF*) par *m*; **to be on a ~ with** estar a la par con.

parable ['pærəbl] *n* parábola.

parachute ['pærəʃu:t] *n* paracaídas *m inv* // *vi* lanzarse en paracaídas.

parade [pə'reɪd] *n* desfile *m* // *vt* (*gen*) recorrer, desfilar por; (*show off*) hacer alarde de // *vi* desfilar; (*MIL*) pasar revista.

paradise ['pærədaɪs] *n* paraíso.

paradox ['pærədɔks] *n* paradoja; ~**ically** [-'dɔksɪklɪ] *ad* paradójicamente.

paraffin ['pærəfɪn] *n* (*Brit*): ~ (**oil**) parafina.

paragon ['pærəgɔn] *n* modelo.

paragraph ['pærəgrɑ:f] *n* párrafo.

Paraguay ['pærəgwaɪ] *n* Paraguay *m*.

parallel ['pærəlɛl] *a* en paralelo; (*fig*) semejante // *n* (*line*) paralela; (*fig, GEO*) paralelo.

paralysis [pə'rælɪsɪs] *n* parálisis *f inv*.

paralyze ['pærəlaɪz] *vt* paralizar.

paramedic [pærəmɛdɪk] *n* (*US*) ambulanciero/a.

paramount ['pærəmaʊnt] *a*: **of ~** importance de suma importancia.

paranoid ['pærənɔɪd] *a* (*person, feeling*) paranoico.

paraphernalia [pærəfə'neɪlɪə] *n* (*gear*) avíos *mpl*.

parasite ['pærəsaɪt] *n* parásito/a.

parasol ['pærəsɔl] *n* sombrilla, quitasol *m*.

paratrooper ['pærətru:pə*] *n* paracaidista *m/f*.

parcel ['pɑ:sl] *n* paquete *m* // *vt* (*also: ~*

up) empaquetar, embalar.

parch [pɑ:tʃ] *vt* secar, resecar; ~**ed** *a* (*person*) muerto de sed.

parchment ['pɑ:tʃmənt] *n* pergamino.

pardon ['pɑ:dn] *n* perdón *m*; (*LAW*) indulto // *vt* perdonar; indultar; ~ **me!, I beg your** ~! ¡perdone usted!; (*I beg your*) ~?, (*US*) ~ **me?** ¿cómo?

parent ['pɛərənt] *n*: ~**s** *npl* padres *mpl*; ~**al** [pə'rɛntl] *a* paternal/maternal.

parenthesis [pə'rɛnθɪsɪs], *pl* -**theses** [-θɪsi:z] *n* paréntesis *m inv*.

Paris ['pærɪs] *n* París *m*.

parish ['pærɪʃ] *n* parroquia.

parity ['pærɪtɪ] *n* paridad *f*, igualdad *f*.

park [pɑ:k] *n* parque *m* // *vt* aparcar, estacionar // *vi* aparcar, estacionarse.

parking ['pɑ:kɪŋ] *n* aparcamiento, estacionamiento; '**no ~**' 'prohibido estacionarse'; ~ **lot** *n* (*US*) parking *m*; ~ **meter** *n* parquímetro; ~ **ticket** *n* multa de aparcamiento.

parlance ['pɑ:ləns] *n* lenguaje *m*.

parliament ['pɑ:ləmənt] *n* parlamento; (*Spanish*) Cortes *fpl*; ~**ary** [-'mɛntərɪ] *a* parlamentario.

parlour, (*US*) **parlor** ['pɑ:lə*] *n* sala de recibo, salón *m*, living (*LAm*).

parochial [pə'rəʊkɪəl] *a* parroquial; (*pej*) de miras estrechas.

parody ['pærədɪ] *n* parodia.

parole [pə'rəʊl] *n*: **on ~** libre bajo palabra.

parquet ['pɑ:keɪ] *n*: ~ **floor**(**ing**) parquet *m*.

parrot ['pærət] *n* loro, papagayo.

parry ['pærɪ] *vt* parar.

parsimonious [pɑ:sɪ'məʊnɪəs] *a* tacaño.

parsley ['pɑ:slɪ] *n* perejil *m*.

parsnip ['pɑ:snɪp] *n* chirivía.

parson ['pɑ:sn] *n* cura *m*.

part [pɑ:t] *n* (*gen, MUS*) parte *f*; (*bit*) trozo; (*of machine*) pieza; (*THEATRE etc*) papel *m*; (*of serial*) entrega; (*US: in hair*) raya // *ad* = **partly** // *vt* separar; (*break*) partir // *vi* (*people*) separarse; (*roads*) bifurcarse; (*crowd*) apartarse; (*break*) romperse; **to take ~ in** participar *or* tomar parte en; **to take sth in good ~** tomar algo en buena parte; **to take sb's ~** defender a uno; **for my ~** por mi parte; **for the most ~** en su mayor parte; (*people*) en su mayoría; **to ~ with** *vt fus* ceder, entregar; (*money*) pagar; (*get rid of*) deshacerse de; ~ **exchange** *n* (*Brit*): **in ~ exchange** como parte del pago.

partial ['pɑ:ʃl] *a* parcial; **to be ~ to** ser aficionado a.

participant [pɑ:'tɪsɪpənt] *n* (*in competition*) concursante *m/f*.

participate [pɑ:'tɪsɪpeɪt] *vi*: **to ~ in** participar en; **participation** [-'peɪʃən] *n* participación *f*.

participle ['pɑ:tɪsɪpl] *n* participio.

particle ['pɑːtɪkl] n partícula; (of dust) grano; (fig) pizca.

particular [pə'tɪkjulə*] a (special) particular; (concrete) concreto; (given) determinado; (detailed) detallado, minucioso; (fussy) quisquilloso, exigente; ~s npl (information) datos mpl, detalles mpl; (details) pormenores mpl; in ~ en particular; ~ly ad especialmente, en particular.

parting ['pɑːtɪŋ] n (act of) separación f; (farewell) despedida; (Brit: in hair) raya f // a de despedida.

partisan [pɑːtɪ'zæn] a, n partidario/a.

partition [pɑː'tɪʃən] n (POL) división f; (wall) tabique m.

partly ['pɑːtlɪ] ad en parte.

partner ['pɑːtnə*] n (COMM) socio/a; (SPORT, at dance) pareja; (spouse) cónyuge m/f; (friend etc) compañero/a // vt acompañar; ~ship n (gen) asociación f; (COMM) sociedad f.

partridge ['pɑːtrɪdʒ] n perdiz f.

part-time ['pɑːt'taɪm] a, ad a tiempo parcial.

party ['pɑːtɪ] n (POL) partido; (celebration) fiesta; (group) grupo; (LAW) parte f, interesado // a (POL) de partido; (dress etc) de fiesta, de gala; ~ line n (TEL) línea compartida.

pass [pɑːs] vt (time, object) pasar; (place) pasar por; (exam) aprobar; (overtake, surpass) rebasar; (approve) aprobar // vi pasar; (SCOL) aprobar, ser aprobado // n (permit) permiso; (membership card) carnet m; (in mountains) puerto, desfiladero; (SPORT) pase m; (SCOL: also: ~ mark): to get a ~ in aprobar en; to ~ sth through sth pasar algo por algo; to make a ~ at sb (col) hacer proposiciones a uno; to ~ away vi fallecer; to ~ by vi pasar // vt (ignore) pasar por alto; to ~ for pasar por; to ~ on vt transmitir; to ~ out vi desmayarse; to ~ up vt (opportunity) renunciar a; ~able a (road) transitable; (tolerable) pasable.

passage ['pæsɪdʒ] n (also: ~way) pasillo; (act of passing) tránsito; (fare, in book) pasaje m; (by boat) travesía.

passbook ['pɑːsbuk] n libreta de banco.

passenger ['pæsɪndʒə*] n pasajero/a, viajero/a.

passer-by [pɑːsə'baɪ] n transeúnte m/f.

passing ['pɑːsɪŋ] a (fleeting) pasajero; in ~ de paso; ~ place n (AUT) apartadero.

passion ['pæʃən] n pasión f; ~ate a apasionado.

passive ['pæsɪv] a (also LING) pasivo.

Passover ['pɑːsəuvə*] n Pascua (de los judíos).

passport ['pɑːspɔːt] n pasaporte m; ~ control n control m de pasaporte.

password ['pɑːswɔːd] n contraseña.

past [pɑːst] prep (further than) más allá de; (later than) después de // a pasado; (president etc) antiguo // n (time) el pasado; (of person) antecedentes mpl; he's ~ forty tiene más de cuarenta años; for the ~ few/3 days durante los últimos días/últimos 3 días; to run ~ sb pasar a uno corriendo.

pasta ['pæstə] n pasta.

paste [peɪst] n (gen) pasta; (glue) engrudo // vt (stick) pegar; (glue) engomar.

pasteurized ['pæstəraɪzd] a pasteurizado.

pastille ['pæstɪl] n pastilla.

pastime ['pɑːstaɪm] n pasatiempo.

pastor ['pɑːstə*] n pastor m.

pastry ['peɪstrɪ] n (dough) pasta; (cake) pastel m.

pasture ['pɑːstʃə*] n (grass) pasto.

pasty n ['pæstɪ] n empanada // a ['peɪstɪ] pastoso; (complexion) pálido.

pat [pæt] vt dar una palmadita a; (dog etc) acariciar.

patch [pætʃ] n (of material) parche m; (mended part) remiendo; (of land) terreno // vt (clothes) remendar; (to go through) a bad ~ (pasar por) una mala racha; to ~ up vt (mend temporarily) reparar; (quarrel) hacer las paces en; ~work n labor m de retazos; ~y a desigual.

pâté ['pæteɪ] n paté m.

patent ['peɪtnt] n patente f // vt patentar // a patente, evidente; ~ leather n charol m.

paternal [pə'tɜːnl] a paternal; (relation) paterno.

paternity [pə'tɜːnɪtɪ] n paternidad f.

path [pɑːθ] n camino, sendero; (trail, track) pista; (of missile) trayectoria.

pathetic [pə'θetɪk] a (pitiful) patético, lastimoso; (very bad) malísimo; (moving) conmovedor(a).

pathological [pæθə'lɔdʒɪkəl] a patológico.

pathology [pə'θɔlədʒɪ] n patología.

pathos ['peɪθɔs] n patetismo.

pathway ['pɑːθweɪ] n sendero, vereda.

patience ['peɪʃns] n paciencia; (Brit CARDS) solitario.

patient ['peɪʃnt] n paciente m/f // a paciente, sufrido.

patio ['pætɪəu] n patio.

patriotic [pætrɪ'ɔtɪk] a patriótico.

patrol [pə'trəul] n patrulla // vt patrullar por; ~ car n coche m patrulla; ~man n (US) policía m.

patron ['peɪtrən] n (in shop) cliente m/f; (of charity) patrocinador(a) m/f; ~ of the arts mecenas m; ~ize ['pætrənaɪz] vt (shop) ser cliente de; (look down on) condescender con.

patter ['pætə*] n golpeteo; (sales talk) labia // vi (rain) tamborilear.

pattern ['pætən] n (SEWING) patrón m; (design) dibujo.

paunch [pɔ:ntʃ] *n* panza, barriga.
pauper ['pɔ:pə*] *n* pobre *m/f*.
pause [pɔ:z] *n* pausa; *(interval)* intérvalo // *vi* hacer una pausa.
pave [peɪv] *vt* pavimentar; **to ~ the way for** preparar el terreno para.
pavement ['peɪvmənt] *n* (Brit) acera, vereda (LAm).
pavilion [pə'vɪlɪən] *n* pabellón *m*; (SPORT) caseta.
paving ['peɪvɪŋ] *n* pavimento, enlosado; **~ stone** *n* losa.
paw [pɔ:] *n* pata; *(claw)* garra.
pawn [pɔ:n] *n* (CHESS) peón *m*; *(fig)* instrumento // *vt* empeñar; **~ broker** *n* prestamista *m/f*; **~shop** *n* monte *m* de piedad.
pay [peɪ] *n* paga; *(wage etc)* sueldo, salario // *(vb: pt, pp paid)* vt pagar // *vi* pagar; *(be profitable)* rendir; **to ~ attention (to)** prestar atención (a); **to ~ back** vt *(money)* reembolsar; *(person)* pagar; **to ~ for** vt pagar; **to ~ in** vt ingresar; **to ~ off** vt liquidar // vi *(scheme, decision)* dar resultado; **to ~ up** vt pagar (de mala gana); **~able** *a* pagadero; **~ day** *n* día *m* de paga; **~ee** *n* portador(a) *m/f*; **~ envelope** *n* (US) = **~ packet**; **~ment** *n* pago; advance **~ment** anticipo; monthly **~ment** mensualidad *f*; **~ packet** *n* (Brit) sobre *m* (de paga); **~-phone** *n* teléfono público; **~roll** *n* nómina; **~ slip** *n* recibo de sueldo.
PC *n* abbr = **personal computer**.
p.c. abbr = **per cent**.
pea [pi:] *n* guisante *m*, chícharo (LAm), arveja (LAm).
peace [pi:s] *n* paz *f*; *(calm)* paz *f*, tranquilidad *f*; **~able** *a* pacífico; **~ful** *a* *(gentle)* pacífico; *(calm)* tranquilo, sosegado.
peach [pi:tʃ] *n* melocotón *m*, durazno (LAm).
peacock ['pi:kɔk] *n* pavo real.
peak [pi:k] *n* *(of mountain: top)* cumbre *f*, cima; *(: point)* pico; *(of cap)* visera; *(fig)* cumbre *f*; **~ hours** *npl*, **~ period** *n* horas *fpl* punta.
peal [pi:l] *n* *(of bells)* repique *m*; **~ of laughter** carcajada.
peanut ['pi:nʌt] *n* cacahuete *m*, maní *m* (LAm).
pear [pɛə*] *n* pera.
pearl [pə:l] *n* perla.
peasant ['pɛznt] *n* campesino/a.
peat [pi:t] *n* turba.
pebble ['pɛbl] *n* guijarro.
peck [pɛk] *vt* *(also: ~ at)* picotear; *(food)* comer sin ganas // *n* picotazo; *(kiss)* besito; **~ing order** *n* orden *m* de jerarquía; **~ish** *a* (Brit col): I feel **~ish** tengo ganas de picar algo.
peculiar [pɪ'kju:lɪə*] *a* *(odd)* extraño, raro; *(typical)* propio, característico; **~**

to propio de; **~ity** [pɪkju:lɪ'ærɪtɪ] *n* peculiaridad *f*, característica.
pedal ['pɛdl] *n* pedal *m* // *vi* pedalear.
pedantic [pɪ'dæntɪk] *a* pedante.
peddler ['pɛdlə*] *n* vendedor(a) *m/f* ambulante.
pedestal ['pɛdəstl] *n* pedestal *m*.
pedestrian [pɪ'dɛstrɪən] *n* peatón/ona *m/f* // *a* pedestre; **~ crossing** (Brit) paso de peatones.
pediatrics [pi:dɪ'ætrɪks] *n* (US) = **paediatrics**.
pedigree ['pɛdɪgri:] *n* genealogía; *(of animal)* raza // *cpd* *(animal)* de raza, de casta.
pedlar ['pɛdlə*] *n* = **peddler**.
pee [pi:] *vi* *(col)* mear.
peek [pi:k] *vi* mirar a hurtadillas.
peel [pi:l] *n* piel *f*; *(of orange, lemon)* cáscara; *(: removed)* peladuras *fpl* // *vt* pelar // *vi* *(paint etc)* desconcharse; *(wallpaper)* despegarse, desprenderse.
peep [pi:p] *n* (Brit: look) mirada furtiva; *(sound)* pío // *vi* (Brit) piar; **to ~ out** *vi* asomar la cabeza; **~hole** *n* mirilla.
peer [pɪə*] *vi*: **to ~ at** esudriñar // *n* *(noble)* par *m*; *(equal)* igual *m*; **~age** *n* nobleza.
peeved [pi:vd] *a* enojado.
peevish ['pi:vɪʃ] *a* malhumorado.
peg [pɛg] *n* clavija; *(for coat etc)* gancho, colgadero; (Brit: also: clothes **~**) pinza; *(tent ~)* estaca // *vt* *(prices)* fijar.
Peking [pi:'kɪŋ] *n* Pekín.
pekinese [pi:kɪ'ni:z] *n* pequinés/esa *m/f*.
pelican ['pɛlɪkən] *n* pelícano; **~ crossing** *n* (Brit AUT) paso de peatones señalizado.
pellet ['pɛlɪt] *n* bolita; *(bullet)* perdigón *m*.
pelmet ['pɛlmɪt] *n* galería.
pelt [pɛlt] *vt*: **to ~ sb with sth** arrojarle algo a uno // *vi* *(rain)* llover a cántaros // *n* pellejo.
pen [pɛn] *n* pluma; *(for sheep)* redil *m*.
penal ['pi:nl] *a* penal; **~ize** *vt* *(punish: SPORT)* castigar.
penalty ['pɛnltɪ] *n* *(gen)* pena; *(fine)* multa; *(SPORT)* castigo; **~ (kick)** *n* (FOOTBALL) penalty *m*.
penance ['pɛnəns] *n* penitencia.
pence [pɛns] *pl of* **penny**.
pencil ['pɛnsl] *n* lápiz *m*, lapicero (LAm); **~ case** *n* estuche *m*; **~ sharpener** *n* sacapuntas *m inv*.
pendant ['pɛndnt] *n* pendiente *m*.
pending ['pɛndɪŋ] *prep* antes de // *a* pendiente; **~ the arrival of ...** hasta que llegue ...
pendulum ['pɛndjuləm] *n* péndulo.
penetrate ['pɛnɪtreɪt] *vt* penetrar.
penfriend ['pɛnfrɛnd] *n* (Brit) amigo/a por carta.
penguin ['pɛngwɪn] *n* pingüino.
penicillin [pɛnɪ'sɪlɪn] *n* penicilina.

peninsula [pə'nɪnsjulə] n península.
penis [ˈpiːnɪs] n pene m.
penitent [ˈpenɪtnt] a arrepentido; (REL) penitente.
penitentiary [penɪ'tenʃərɪ] n (US) cárcel f, presidio.
penknife [ˈpennaɪf] n navaja.
pen name n seudónimo.
penniless [ˈpenɪlɪs] a sin dinero.
penny [ˈpenɪ], pl **pennies** [ˈpenɪz] or (Brit) **pence** [pens] n penique m; (US) centavo.
penpal [ˈpenpæl] n amigo/a por carta.
pension [ˈpenʃən] n (allowance, state payment) pensión f; (old-age) jubilación f; **~er** n (Brit) jubilado/a.
pensive [ˈpensɪv] a pensativo; (withdrawn) preocupado.
pentagon [ˈpentəgən] n: the P~ (US POL) el Pentágono.
Pentecost [ˈpentɪkɔst] n Pentecostés m.
penthouse [ˈpenthaus] n ático de lujo.
pent-up [ˈpentʌp] a (feelings) reprimido.
people [ˈpiːpl] npl gente f; (citizens) pueblo sg, ciudadanos mpl // n (nation, race) pueblo, nación f // vt poblar; **several ~** came vinieron varias personas; **~ say that...** dice la gente que... .
pep [pep] n (col) energía; **to ~ up** vt animar.
pepper [ˈpepə*] n (spice) pimienta; (vegetable) pimiento // vt (fig) salpicar; **~mint** n menta; (sweet) pastilla de menta.
peptalk [ˈpeptɔːk] n: to give sb a ~ darle a uno una inyección de ánimo.
per [pəː*] prep por; **~ day/person** por día/persona; **~ annum** ad al año; **~ capita** a, ad per capita.
perceive [pə'siːv] vt percibir; (realize) darse cuenta de.
per cent n por ciento.
percentage [pə'sentɪdʒ] n porcentaje m.
perception [pə'sepʃən] n percepción f; (insight) perspicacia; **perceptive** [-'septɪv] a perspicaz.
perch [pəːtʃ] n (fish) perca; (for bird) percha // vi posarse.
percolator [ˈpəːkəleɪtə*] n cafetera de filtro.
perennial [pə'renɪəl] a perenne.
perfect [ˈpəːfɪkt] a perfecto // n (also: ~ tense) perfecto // vt [pə'fekt] perfeccionar; **~ly** ad perfectamente.
perforate [ˈpəːfəreɪt] vt perforar; **perforation** [-ˈreɪʃən] n perforación f.
perform [pə'fɔːm] vt (carry out) realizar, llevar a cabo; (THEATRE) representar; (piece of music) interpretar // vi (THEATRE) actuar; (TECH) funcionar; **~ance** n (of task) realización f; (of a play) representación f; (of player etc) actuación f; (of car, engine) rendimiento; (of function) desempeño; **~er** n (actor) actor m, actriz f; (MUS) intérprete

m/f; **~ing** a (animal) amaestrado.
perfume [ˈpəːfjuːm] n perfume m.
perfunctory [pə'fʌŋktərɪ] a superficial.
perhaps [pə'hæps] ad quizá(s), tal vez.
peril [ˈperɪl] n peligro, riesgo.
perimeter [pə'rɪmɪtə*] n perímetro.
period [ˈpɪərɪəd] n período; (HISTORY) época; (SCOL) clase f; (full stop) punto; (MED) regla // a (costume, furniture) de época; **~ic** [-'ɔdɪk] a periódico; **~ical** [-'ɔdɪkl] n periódico; **~ically** [-'ɔdɪklɪ] ad de vez en cuando, cada cierto tiempo.
peripheral [pə'rɪfərəl] a periférico // n (COMPUT) periférico, unidad f periférica.
perish [ˈperɪʃ] vi perecer; (decay) echarse a perder; **~able** a perecedero.
perjury [ˈpəːdʒərɪ] n (LAW) perjurio.
perk [pəːk] n extra m; **to ~ up** vi (cheer up) animarse; **~y** a alegre, despabilado.
perm [pəːm] n permanente f.
permanent [ˈpəːmənənt] a permanente.
permeate [ˈpəːmɪeɪt] vi penetrar, trascender // vt penetrar, trascender a.
permissible [pə'mɪsɪbl] a permisible, lícito.
permission [pə'mɪʃən] n permiso.
permissive [pə'mɪsɪv] a permisivo.
permit [ˈpəːmɪt] n permiso, licencia // vt [pə'mɪt] permitir; (accept) tolerar.
pernicious [pəː'nɪʃəs] a nocivo; (MED) pernicioso.
perpetrate [ˈpəːpɪtreɪt] vt cometer.
perpetual [pə'petjuəl] a perpetuo.
perplex [pə'pleks] vt dejar perplejo.
persecute [ˈpəːsɪkjuːt] vt (pursue) perseguir; (harass) acosar.
perseverance [pəːsɪ'vɪərəns] n perseverancia.
persevere [pəːsɪ'vɪə*] vi persistir.
Persian [ˈpəːʃən] a, n persa m/f; **the (~) Gulf** el Golfo Pérsico.
persist [pə'sɪst] vi: **to ~ (in doing sth)** persistir (en hacer algo); **~ence** n empeño; **~ent** a persistente; (determined) porfiado; (continuing) constante.
person [ˈpəːsn] n persona; **in ~** en persona; **~able** a atractivo; **~al** a personal; individual; (visit) en persona; (Brit TEL) persona a persona; **~al assistant (P.A.)** n ayudante m/f personal; **~al column** n anuncios mpl personales; **~al computer (PC)** n computador m personal; **~ality** [-'nælɪtɪ] n personalidad f; **~ally** ad personalmente; **~ify** [-'sɔnɪfaɪ] vt encarnar.
personnel [pəːsə'nel] n personal m.
perspective [pə'spektɪv] n perspectiva.
Perspex [ˈpəːspeks] n ® plexiglás m.
perspiration [pəːspɪ'reɪʃən] n transpiración f.
persuade [pə'sweɪd] vt: **to ~ sb to do sth** persuadir a uno para que haga algo.
pert [pəːt] a impertinente, fresco.
pertaining [pəː'teɪnɪŋ]: **~ to** prep rela-

cionado con.

pertinent ['pə:tɪnənt] *a* pertinente, a propósito.

Peru [pə'ru:] *n* el Perú.

peruse [pə'ru:z] *vt* leer con detención, examinar.

Peruvian [pə'ru:vɪən] *a, n* peruano/a *m/f.*

pervade [pə'veɪd] *vt* impregnar, infundirse en.

perverse [pə'və:s] *a* perverso; (*stubborn*) terco; (*wayward*) travieso.

pervert ['pə:və:t] *n* pervertido/a // *vt* [pə'və:t] pervertir.

pessimist ['pesɪmɪst] *n* pesimista *m/f;* ~**ic** [-'mɪstɪk] *a* pesimista.

pest [pest] *n* (*insect*) insecto nocivo; (*fig*) lata, molestia.

pester ['pestə*] *vt* molestar, acosar.

pet [pet] *n* animal *m* doméstico; (*favourite*) favorito/a // *vt* acariciar // *vi* (*col*) besuquearse.

petal ['petl] *n* pétalo.

peter ['pi:tə*]: **to ~ out** *vi* agotarse, acabarse.

petite [pə'ti:t] *a* chiquito.

petition [pə'tɪʃən] *n* petición *f.*

petrified ['petrɪfaɪd] *a* horrorizado.

petrol ['petrəl] (*Brit*) *n* gasolina; (*for lighter*) bencina; **two/four-star ~** gasolina normal/súper; **~ can** *n* bidón *m* de gasolina.

petroleum [pə'trəʊlɪəm] *n* petróleo.

petrol: ~ pump *n* (*Brit*) (*in car*) bomba de gasolina; (*in garage*) surtidor *m* de gasolina; **~ station** *n* (*Brit*) gasolinera; **~ tank** *n* (*Brit*) depósito (de gasolina).

petticoat ['petɪkəʊt] *n* enaguas *fpl.*

petty ['petɪ] *a* (*mean*) mezquino; (*unimportant*) insignificante; **~ cash** *n* dinero para gastos menores; **~ officer** *n* contramaestre *m.*

petulant ['petjʊlənt] *a* malhumorado.

pew [pju:] *n* banco.

pewter ['pju:tə*] *n* peltre *m.*

phantom ['fæntəm] *n* fantasma *m.*

pharmacist ['fɑ:məsɪst] *n* farmacéutico/a.

pharmacy ['fɑ:məsɪ] *n* farmacia.

phase [feɪz] *n* fase *f* // *vt:* **to ~ sth in/out** introducir/retirar algo por etapas.

Ph.D. *abbr* = **Doctor of Philosophy.**

pheasant ['feznt] *n* faisán *m.*

phenomenon [fə'nɒmɪnən], *pl* **phenomena** [-nə] *n* fenómeno.

phial ['faɪəl] *n* ampolla.

philately [fɪ'lætəlɪ] *n* filatelia.

Philippines ['fɪlɪpi:nz]: **the ~** las Filipinas.

philosopher [fɪ'lɒsəfə*] *n* filósofo/a.

philosophy [fɪ'lɒsəfɪ] *n* filosofía.

phlegm [flem] *n* flema; **~atic** [fleg'mætɪk] *a* flemático.

phobia ['fəʊbjə] *n* fobia.

phone [fəʊn] *n* teléfono // *vt* telefonear,

llamar por teléfono; **to be on the ~** tener teléfono; (*be calling*) estar hablando por teléfono; **to ~ back** *vt, vi* volver a llamar; **to ~ up** *vt, vi* llamar por teléfono; **~ book** *n* guía telefónica; **~ box** *or* **booth** cabina telefónica; **~ call** *n* llamada (telefónica); **~-in** *n* (*Brit RADIO, TV*) programa *m* de participación (telefónica).

phonetics [fə'netɪks] *n* fonética.

phoney ['fəʊnɪ] *a* falso // *n* (*person*) farsante *m/f.*

phonograph ['fəʊnəgræf] *n* (*US*) fonógrafo, tocadiscos *m inv.*

phosphate ['fɒsfeɪt] *n* fosfato.

photo ['fəʊtəʊ] *n* foto *f.*

photo... ['fəʊtəʊ] *pref:* **~copier** *n* fotocopiadora; **~copy** *n* fotocopia // *vt* fotocopiar; **~graph** *n* fotografía // *vt* fotografiar; **~grapher** [fə'tɒgrəfə*] *n* fotógrafo; **~graphy** [fə'tɒgrəfɪ] *n* fotografía.

phrase [freɪz] *n* frase *f* // *vt* expresar; **~ book** *n* libro de frases.

physical ['fɪzɪkl] *a* físico; **~ education** *n* educación *f* física; **~ly** *ad* físicamente.

physician [fɪ'zɪʃən] *n* médico/a.

physicist ['fɪzɪsɪst] *n* físico/a.

physics ['fɪzɪks] *n* física.

physiotherapy [fɪzɪəʊ'θerəpɪ] *n* fisioterapia.

physique [fɪ'zi:k] *n* físico.

pianist ['pi:ənɪst] *n* pianista *m/f.*

piano [pɪ'ænəʊ] *n* piano.

piccolo ['pɪkələʊ] *n* (*MUS*) flautín *m.*

pick [pɪk] *n* (*tool: also:* **~-axe**) pico, piqueta // *vt* (*select*) elegir, escoger; (*gather*) coger (*Sp*), recoger (*LAm*); (*lock*) abrir con ganzúa; **take your ~** escoja lo que quiera; **the ~** of lo mejor de; **to ~ one's nose/teeth** hurgarse las narices/limpiarse los dientes; **to ~ pockets** ratear, ser carterista; **to ~ off** *vt* (*kill*) matar uno a uno; **to ~ on** *vt fus* (*person*) meterse con; **to ~ out** *vt* escoger; (*distinguish*) identificar; **to ~ up** *vi* (*improve: sales*) ir mejor; (: *patient*) reponerse; (: *FINANCE*) recobrarse // *vt* (*from floor*) recoger; (*buy*) comprar; (*find*) encontrar; (*learn*) aprender; **to ~ up speed** acelerarse; **to ~ o.s. up** levantarse.

picket ['pɪkɪt] *n* (*in strike*) piquete *m* // *vt* piquetear; **~ line** *n* piquete *m.*

pickle ['pɪkl] *n* (*also:* **~s:** *as condiment*) escabeche *m;* (*fig: mess*) apuro // *vt* encurtir; (*in vinegar*) envinagrar.

pickpocket ['pɪkpɒkɪt] *n* carterista *m/f.*

pickup ['pɪkʌp] *n* (*Brit: on record player*) pickup *m;* (*small truck*) furgoneta.

picnic ['pɪknɪk] *n* merienda // *vi* ir de merienda.

pictorial [pɪk'tɔ:rɪəl] *a* pictórico; (*magazine etc*) ilustrado.

picture ['pɪktʃə*] *n* cuadro; (*painting*) pintura; (*photograph*) fotografía; (*film*) película // vt pintar; the ~s (Brit) el cine; ~ **book** n libro de dibujos.

picturesque [pɪktʃəˈrɛsk] a pintoresco.

pie [paɪ] n pastel m; (open) tarta; (small: of meat) empanada.

piece [piːs] n pedazo, trozo; (of cake) trozo; (item): **a ~ of furniture/advice** un mueble/un consejo // vt: to ~ together juntar; (TECH) armar; to take to ~s desmontar; ~**meal** ad poco a poco; ~**work** n trabajo a destajo.

pie chart n gráfico de sectores or tarta.

pier [pɪə*] n muelle m, embarcadero.

pierce [pɪəs] vt penetrar en; perforar.

piercing [ˈpɪəsɪŋ] a (cry) penetrante.

piety [ˈpaɪətɪ] n piedad f.

pig [pɪg] n cerdo, puerco; (fig) cochino.

pigeon [ˈpɪdʒən] n paloma; (as food) pichón m; ~**hole** n casilla.

piggy bank [ˈpɪgɪbæŋk] n hucha (en forma de cerdito).

pigheaded [ˈpɪgˈhɛdɪd] a terco, testarudo.

pigskin [ˈpɪgskɪn] n piel f de cerdo.

pigsty [ˈpɪgstaɪ] n pocilga.

pigtail [ˈpɪgteɪl] n (girl's) trenza; (Chinese, TAUR) coleta.

pike [paɪk] n (spear) pica; (fish) lucio.

pilchard [ˈpɪltʃəd] n sardina.

pile [paɪl] n (heap) montón m; (of carpet) pelo // (vb: also: ~ **up**) vt amontonar; (fig) acumular // vi amontonarse; to ~ **into** (car) meterse en.

piles [paɪlz] npl (MED) almorranas fpl, hemorroides mpl.

pile-up [ˈpaɪlʌp] n (AUT) accidente m múltiple.

pilfering [ˈpɪlfərɪŋ] n ratería.

pilgrim [ˈpɪlgrɪm] n peregrino/a; ~**age** n peregrinación f, romería.

pill [pɪl] n píldora; the ~ la píldora.

pillage [ˈpɪlɪdʒ] vt pillar, saquear.

pillar [ˈpɪlə*] n (gen) pilar m; (concrete) columna; ~ **box** n (Brit) buzón m.

pillion [ˈpɪljən] n (of motorcycle) asiento trasero.

pillow [ˈpɪləu] n almohada; ~**case** n funda.

pilot [ˈpaɪlət] n piloto // a (scheme etc) piloto // vt pilotar; (fig) guiar, conducir; ~ **light** n piloto.

pimp [pɪmp] n chulo, cafiche m (LAm).

pimple [ˈpɪmpl] n grano.

pin [pɪn] n alfiler m; (TECH) perno; (: wooden) clavija // vt prender (con alfiler); sujetar con perno; ~**s and needles** npl hormigueo sg; to ~ **sb down** (fig) hacer que uno concrete; to ~ **sth on sb** (fig) colgarle a uno el sambenito de algo.

pinafore [ˈpɪnəfɔː*] n delantal m; ~ **dress** n (Brit) mandil m.

pinball [ˈpɪnbɔːl] n fliper m.

pincers [ˈpɪnsəz] npl pinzas fpl, tenazas fpl.

pinch [pɪntʃ] n pellizco; (of salt etc) pizca // vt pellizcar; (col: steal) birlar // vi (shoe) apretar; at a ~ en caso de apuro.

pincushion [ˈpɪnkuʃən] n acerico.

pine [paɪn] n (also: ~ **tree**) pino // vi: to ~ **for** suspirar por; to ~ **away** vi morirse de pena.

pineapple [ˈpaɪnæpl] n piña, ananás m.

ping [pɪŋ] n (noise) sonido agudo; ~-**pong** n ® pingpong m ®.

pink [pɪŋk] a rosado, (color de) rosa // n (colour) rosa; (BOT) clavel m, clavellina.

pinnacle [ˈpɪnəkl] n cumbre f.

pinpoint [ˈpɪnpɔɪnt] vt precisar.

pint [paɪnt] n pinta (Brit = 0.57 l; US = 0.47 l); (Brit col: of beer) pinta de cerveza, ≈ jarra (Sp).

pioneer [paɪəˈnɪə*] n pionero/a.

pious [ˈpaɪəs] a piadoso, devoto.

pip [pɪp] n (seed) pepita; the ~s (Brit TEL) la señal.

pipe [paɪp] n tubo, caño; (for smoking) pipa // vt conducir en cañerías; ~s npl (gen) cañería sg; (also: bag~s) gaita sg; to ~ **down** vi (col) callarse; ~ **cleaner** n limpiapipas m inv; ~ **dream** n sueño imposible; ~**line** n tubería, cañería; (for oil) oleoducto; (for gas) gasoducto; ~**r** n (gen) flautista m/f; (with bagpipes) gaitero/a.

piping [ˈpaɪpɪŋ] ad: to be ~ **hot** estar que quema.

piquant [ˈpiːkənt] a picante.

pique [piːk] n pique m, resentimiento.

pirate [ˈpaɪərət] n pirata m/f; ~ **radio** n (Brit) emisora pirata.

pirouette [pɪruˈɛt] n pirueta // vi piruetear.

Pisces [ˈpaɪsiːz] n Piscis m.

piss [pɪs] vi (col) mear; ~**ed** a (col: drunk) borracho.

pistol [ˈpɪstl] n pistola.

piston [ˈpɪstən] n pistón m, émbolo.

pit [pɪt] n hoyo; (also: **coal ~**) mina; (in garage) foso de inspección; (also: **orchestra ~**) platea // vt: to ~ **A against B** oponer A a B; ~s npl (AUT) box msg.

pitch [pɪtʃ] n (throw) lanzamiento; (MUS) tono; (Brit SPORT) campo, terreno; (tar) brea; (in market etc) puesto // vt (throw) arrojar, lanzar // vi (fall) caer(se); (NAUT) cabecear; to ~ **a tent** montar una tienda (de campaña); ~-**black** a negro como boca de lobo; ~**ed battle** n batalla campal.

pitcher [ˈpɪtʃə*] n cántaro, jarro.

pitchfork [ˈpɪtʃfɔːk] n horca.

piteous [ˈpɪtɪəs] a lastimoso.

pitfall [ˈpɪtfɔːl] n riesgo.

pith [pɪθ] n (of orange) médula; (fig) meollo.

pithy [ˈpɪθɪ] a jugoso.

pitiful [ˈpɪtɪful] a (touching) lastimoso, conmovedor(a); (contemptible) lamentable, miserable.

pitiless ['pɪtɪlɪs] *a* despiadado.

pittance ['pɪtns] *n* miseria.

pity ['pɪtɪ] *n* compasión *f*, piedad *f* // *vt* compadecer(se de); **what a ~!** ¡qué pena!

pivot ['pɪvət] *n* eje *m*.

pizza ['piːtsə] *n* pizza.

placard ['plækɑːd] *n* (*in march etc*) pancarta.

placate [plə'keɪt] *vt* apaciguar.

place [pleɪs] *n* lugar *m*, sitio; (*rank*) rango; (*seat*) plaza, asiento; (*post*) puesto; (*home*): **at/to his ~** en/a su casa // *vt* (*object*) poner, colocar; (*identify*) reconocer; (*find a post for*) dar un puesto a, colocar; **to take ~** tener lugar; **to be ~d** (*in race, exam*) colocarse; **out of ~** (*not suitable*) fuera de lugar; **in the first ~** (*first of all*) en primer lugar; **to change ~s with sb** cambiarse de sitio con alguien.

placid ['plæsɪd] *a* apacible.

plague [pleɪg] *n* plaga; (*MED*) peste *f* // *vt* (*fig*) acosar, atormentar.

plaice [pleɪs] *n*, *pl inv* platija.

plaid [plæd] *n* (*material*) tartán *m*.

plain [pleɪn] *a* (*clear*) claro, evidente; (*simple*) sencillo; (*frank*) franco, abierto; (*not handsome*) poco atractivo; (*pure*) natural, puro // *ad* claramente // *n* llano, llanura; **in ~ clothes** (*police*) vestido de paisano; **~ly** *ad* claramente, evidentemente; (*frankly*) francamente.

plaintiff ['pleɪntɪf] *n* demandante *m/f*.

plait [plæt] *n* trenza // *vt* trenzar.

plan [plæn] *n* (*drawing*) plano; (*scheme*) plan *m*, proyecto // *vt* (*think*) pensar; (*prepare*) proyectar, planificar // *vi* hacer proyectos; **to ~ to do** pensar hacer.

plane [pleɪn] *n* (*AVIAT*) avión *m*; (*tree*) plátano; (*tool*) cepillo; (*MATH*) plano.

planet ['plænɪt] *n* planeta *m*.

plank [plæŋk] *n* tabla.

planner ['plænə*] *n* planificador(a) *m/f*.

planning ['plænɪŋ] *n* planificación *f*; **family ~** planificación familiar; **~ permission** permiso para realizar obras.

plant [plɑːnt] *n* planta; (*machinery*) maquinaria; (*factory*) fábrica // *vt* plantar; (*field*) sembrar; (*bomb*) colocar.

plaque [plæk] *n* placa.

plaster ['plɑːstə*] *n* (*for walls*) yeso; (*also*: **~ of Paris**) yeso mate; (*Brit*: *also*: **sticking ~**) tirita, esparadrapo, curita (*LAm*) // *vt* enyesar; (*cover*): **to ~ with** llenar *or* cubrir de; **~ed** *a* (*col*) borracho; **~er** *n* yesero.

plastic ['plæstɪk] *n* plástico // *a* de plástico; **~ bag** *n* bolsa de plástico.

plasticine ['plæstɪsiːn] *n* (*Brit*) ® plastilina ®.

plastic surgery *n* cirugía plástica.

plate [pleɪt] *n* (*dish*) plato; (*metal, in book*) lámina; (*PHOT*) placa.

plateau ['plætəu], *pl* **~s** *or* **~x** [-z] *n* meseta, altiplanicie *f*.

plate glass *n* vidrio cilindrado.

platform ['plætfɔːm] *n* (*RAIL*) andén *m*; (*stage*) plataforma; (*at meeting*) tribuna; (*POL*) programa *m* (electoral); **~ ticket** *n* (*Brit*) billete *m* de andén.

platinum ['plætɪnəm] *n* platino.

platitude ['plætɪtjuːd] *n* lugar *m* común, tópico.

platoon [plə'tuːn] *n* pelotón *m*.

platter ['plætə*] *n* fuente *f*.

plausible ['plɔːzɪbl] *a* verosímil; (*person*) convincente.

play [pleɪ] *n* (*gen*) juego; (*THEATRE*) obra, comedia // *vt* (*game*) jugar; (*instrument*) tocar; (*THEATRE*) representar; (: *part*) hacer el papel de; (*fig*) desempeñar // *vi* jugar; (*frolic*) juguetear; **to ~ safe** ir a lo seguro; **to ~ down** *vt* quitar importancia a; **to ~ up** *vi* (*cause trouble to*) dar guerra; **~boy** *n* playboy *m*; **~er** *n* jugador(a) *m/f*; (*THEATRE*) actor *m*/actriz *f*; (*MUS*) músico/a; **~ful** *a* juguetón/ona; **~ground** *n* (*in school*) patio de recreo; **~group** *n* jardín *m* de niños; **~ing card** *n* naipe *m*, carta; **~ing field** *n* campo de deportes; **~mate** *n* compañero/a de juego; **~-off** *n* (*SPORT*) (partido de) desempate *m*; **~pen** *n* corral *m*; **~school** *n* = **~ group**; **~thing** *n* juguete *m*; **~wright** *n* dramaturgo/a.

plc *abbr* (= *public limited company*) S.A.

plea [pliː] *n* (*request*) súplica, petición *f*; (*excuse*) pretexto, disculpa; (*LAW*) alegato, defensa.

plead [pliːd] *vt* (*LAW*): **to ~ sb's case** defender a uno; (*give as excuse*) poner como pretexto // *vi* (*LAW*) declararse; (*beg*): **to ~ with sb** suplicar *or* rogar a uno.

pleasant ['plɛznt] *a* agradable; **~ries** *npl* (*polite remarks*) cortesías *fpl*.

please [pliːz] *vt* (*give pleasure to*) dar gusto a, agradar // *vi* (*think fit*): **do as you ~** haz lo que quieras; **~!** ¡por favor!; **~ yourself!** ¡haz lo que quieras!, ¡como quieras!; **~d** *a* (*happy*) alegre, contento; **~d (with)** satisfecho (de); **~d to meet you** ¡encantado!, ¡tanto gusto!; **pleasing** *a* agradable, grato.

pleasure ['plɛʒə*] *n* placer *m*, gusto; (*will*) voluntad *f*; **'it's a ~'** el gusto es mío.

pleat [pliːt] *n* pliegue *m*.

pledge [plɛdʒ] *n* (*object*) prenda; (*promise*) promesa, voto // *vt* empeñar; prometer.

plentiful ['plɛntɪful] *a* copioso, abundante.

plenty ['plɛntɪ] *n* abundancia; **~ of** mucho(s)/a(s).

pliable ['plaɪəbl] a flexible.

pliers ['plaɪəz] npl alicates mpl, tenazas fpl.

plight [plaɪt] n situación f difícil.

plimsolls ['plɪmsəlz] npl (Brit) zapatos mpl de tenis.

plinth [plɪnθ] n plinto.

plod [plɔd] vi caminar con paso pesado; (fig) trabajar laboriosamente; ~**der** n trabajador(a) m/f diligente pero lento/a.

plonk [plɔŋk] (col) n (Brit: wine) vino peleón // vt: **to ~ sth down** dejar caer algo.

plot [plɔt] n (scheme) complot m, conjura; (of story, play) argumento; (of land) terreno, lote m (LAm) // vt (mark out) trazar; (conspire) tramar, urdir // vi conspirar; ~**ter** n (instrument) trazador m de gráficos.

plough, (US) **plow** [plaʊ] n arado // vt (earth) arar; **to ~ back** vt (COMM) reinvertir; **to ~ through** vt fus (crowd) abrirse paso por la fuerza por; (book, work) roer.

ploy [plɔɪ] n truco, estratagema.

pluck [plʌk] vt (fruit) coger (Sp), recoger (LAm); (musical instrument) puntear; (bird) desplumar // n valor m, ánimo; **to ~ up courage** hacer de tripas corazón; ~**y** a valiente.

plug [plʌg] n tapón m; (ELEC) enchufe m, clavija; (AUT: also: **spark(ing)** ~) bujía // vt (hole) tapar; (col: advertise) dar publicidad a; **to ~ in** vt (ELEC) enchufar.

plum [plʌm] n (fruit) ciruela // a: ~ **job** (col) puesto (de trabajo) muy codiciado.

plumb [plʌm] a vertical // n plomo // ad (exactly) exactamente, en punto // vt sondar; (fig) sondear.

plumber ['plʌmə*] n fontanero/a, plomero/a.

plumbing ['plʌmɪŋ] n (trade) fontanería; (piping) cañería.

plume [pluːm] n pluma.

plummet ['plʌmɪt] vi: **to ~ (down)** caer a plomo.

plump [plʌmp] a rechoncho, rollizo // vt: **to ~ sth (down) on** dejar caer algo en; **to ~ for** vt fus (col: choose) optar por.

plunder ['plʌndə*] n pillaje m; (loot) botín m // vt pillar, saquear.

plunge [plʌndʒ] n zambullida // vt sumergir, hundir // vi (fall) caer; (dive) saltar; (person) arrojarse; (sink) hundirse; **to take the ~** lanzarse; ~**r** n émbolo; (for drain) desatascador m.

pluperfect [pluː'pəːfɪkt] n pluscuamperfecto.

plural ['plʊərl] n plural m.

plus [plʌs] n (also: ~ **sign**) signo más // prep más, y, además de; **ten/twenty** ~ más de diez/veinte.

plush [plʌʃ] a de felpa.

plutonium [pluː'təʊnɪəm] n plutonio.

ply [plaɪ] vt (a trade) ejercer // vi (ship) ir y venir; (for hire) ofrecerse (para alquilar); **to ~ sb with drink** insistir en ofrecer a alguien muchas copas; ~**wood** n madera contrachapada.

P.M. abbr = **Prime Minister.**

p.m. ad abbr (= post meridiem) de la tarde or noche.

pneumatic [njuː'mætɪk] a neumático; ~ **drill** n martillo neumático.

pneumonia [njuː'məʊnɪə] n pulmonía.

poach [pəʊtʃ] vt (cook) escalfar; (steal) cazar/pescar en vedado // vi cazar/pescar en vedado; ~**ed** a (egg) escalfado; ~**er** n cazador(a) m/f furtivo/a; ~**ing** n caza/pesca furtiva.

P.O. Box n abbr = **Post Office Box.**

pocket ['pɔkɪt] n bolsillo; (of air, GEO, fig) bolsa; (BILLIARDS) tronera // vt meter en el bolsillo; (steal) embolsar; (BILLIARDS) entronerar; **to be out of** ~ salir perdiendo; ~**book** n (US: wallet) cartera; ~ **knife** n navaja; ~ **money** n asignación f.

pod [pɔd] n vaina.

podgy ['pɔdʒɪ] a gordinflón/ona.

podiatrist [pɔ'diːətrɪst] n (US) pedicuro/a.

poem ['pəʊɪm] n poema m.

poet ['pəʊɪt] n poeta m/f; ~**ic** [-'etɪk] a poético; ~ **laureate** n poeta m laureado; ~**ry** n poesía.

poignant ['pɔɪnjənt] a conmovedor(a).

point [pɔɪnt] n punto; (tip) punta; (purpose) fin m, propósito; (use) utilidad f; (significant part) lo significativo; (also: **decimal** ~): **2 ~ 3 (2.3)** dos coma tres (2,3) // vt (gun etc): **to ~ sth at sb** apuntar algo a uno // vi señalar con el dedo; ~**s** npl (AUT) contactos mpl; (RAIL) agujas fpl; **to be on the ~ of doing sth** estar a punto de hacer algo; **to make a ~ of** poner empeño en; **to get the ~** comprender; **to come to the ~** ir al meollo; **there's no ~ (in doing)** no tiene sentido (hacer); **to ~ out** vt señalar; **to ~ to** vt fus indicar con el dedo; (fig) indicar, señalar; ~-**blank** ad (also: **at** ~-**blank range**) a quemarropa; ~**ed** a (shape) puntiagudo, afilado; (remark) intencionado; ~**edly** ad intencionadamente; ~**er** n (stick) puntero; (needle) aguja, indicador m; ~**less** a sin sentido; ~ **of view** n punto de vista.

poise [pɔɪz] n (of head, body) porte m; (calmness) aplomo, elegancia.

poison ['pɔɪzn] n veneno // vt envenenar; ~**ing** n envenenamiento; ~**ous** a venenoso; (fumes etc) tóxico; (fig) pernicioso.

poke [pəʊk] vt (fire) hurgar, atizar; (jab with finger, stick etc) empujar; (put): **to ~ sth in(to)** introducir algo en; **to ~ about** vi fisgonear.

poker ['pəʊkə*] n atizador m; (CARDS)

póker *m*; **~-faced** *a* de cara impasible.
poky ['pəʊkɪ] *a* estrecho.
Poland ['pəʊlənd] *n* Polonia.
polar ['pəʊlə*] *a* polar.
Pole [pəʊl] *n* polaco/a.
pole [pəʊl] *n* palo; (*GEO*) polo; (*TEL*) poste *m*; (*flag* ~) asta; (*tent* ~) mástil *m*; ~ **bean** *n* (*US*) judía trepadora; ~ **vault** *n* salto con pértiga.
police [pə'li:s] *n* policía // *vt* vigilar; ~ **car** *n* coche-patrulla *m*; ~**man** *n* policía *m*, guardia *m*; ~ **state** *n* estado policial; ~ **station** *n* comisaría; ~**woman** *n* mujer *f* policía.
policy ['pɒlɪsɪ] *n* política; (*also:* **insurance** ~) póliza.
polio ['pəʊlɪəʊ] *n* polio *f*.
Polish ['pəʊlɪʃ] *a* polaco // *n* (*LING*) polaco.
polish ['pɒlɪʃ] *n* (*for shoes*) betún *m*; (*for floor*) cera (de lustrar); (*for nails*) esmalte *m*; (*shine*) brillo, lustre *m*; (*fig: refinement*) educación *f* // *vt* (*shoes*) limpiar; (*make shiny*) pulir, sacar brillo a; (*fig: improve*) perfeccionar; **to ~ off** *vt* (*work*) terminar; (*food*) despachar; **~ed** *a* (*fig: person*) elegante.
polite [pə'laɪt] *a* cortés, atento; (*formal*) correcto; **~ness** *n* cortesía.
politic ['pɒlɪtɪk] *a* prudente; **~al** [pə'lɪtɪkl] *a* político; **~ian** [-'tɪʃən] *n* político/a; **~s** *n* política.
polka ['pɒlkə] *n* polca; ~ **dot** *n* lunar *m*.
poll [pəʊl] *n* (*votes*) votación *f*, votos *mpl*; (*also:* **opinion** ~) sondeo, encuesta // *vt* (*votes*) obtener.
pollen ['pɒlən] *n* polen *m*.
polling ['pəʊlɪŋ] (*Brit*): ~ **booth** *n* cabina de votar; ~ **day** *n* día *m* de elecciones; ~ **station** *n* centro electoral.
pollution [pə'lu:ʃən] *n* polución *f*, contaminación *f* del medio ambiente.
polo ['pəʊləʊ] *n* (*sport*) polo; **~-neck** *a* de cuello vuelto.
polyester [pɒlɪ'estə*] *n* poliéster *m*.
polyethylene [pɒlɪ'eθɪli:n] *n* (*US*) politeno.
Polynesia [pɒlɪ'ni:zɪə] *n* Polinesia.
polystyrene [pɒlɪ'staɪri:n] *n* poliestireno.
polytechnic [pɒlɪ'teknɪk] *n* ≈ escuela de formación profesional.
polythene ['pɒlɪθi:n] *n* (*Brit*) politeno.
pomegranate ['pɒmɪgrænɪt] *n* granada.
pomp [pɒmp] *n* pompa.
pompom ['pɒmpɒm], **pompon** ['pɒmpɒn] *n* borla.
pompous ['pɒmpəs] *a* pomposo.
pond [pɒnd] *n* (*natural*) charca; (*artificial*) estanque *m*.
ponder ['pɒndə*] *vt* meditar; **~ous** *a* pesado.
pong [pɒŋ] *n* (*Brit col*) hedor *m*.
pontoon [pɒn'tu:n] *n* pontón *m*; (*Brit: card game*) veintiuna.
pony ['pəʊnɪ] *n* poney *m*, jaca, potro

(*LAm*); **~tail** *n* cola de caballo; ~ **trekking** *n* (*Brit*) excursión *f* a caballo.
poodle ['pu:dl] *n* caniche *m*.
pool [pu:l] *n* (*natural*) charca; (*pond*) estanque *m*; (*also:* **swimming** ~) piscina, alberca (*LAm*); (*billiards*) chapolín // *vt* juntar; **typing** ~ servicio de mecanografía; (*football*) **~s** *npl* quinielas *fpl*.
poor [pʊə*] *a* pobre; (*bad*) de mala calidad // *npl*: **the** ~ los pobres; **~ly** *a* mal, enfermo.
pop [pɒp] *n* (*sound*) ruido seco; (*MUS*) (música) pop *m*; (*US: col: father*) papá *m*; (*lemonade*) gaseosa // *vt* (*burst*) hacer reventar // *vi* reventar; (*cork*) saltar; **to ~ in/out** *vi* entrar/salir un momento; **to ~ up** *vi* aparecer inesperadamente; ~ **concert** *n* concierto pop; **~corn** *n* palomitas *fpl*.
pope [pəʊp] *n* papa *m*.
poplar ['pɒplə*] *n* álamo.
poppy ['pɒpɪ] *n* amapola.
popsicle ['pɒpsɪkl] *n* (*US*) polo.
populace ['pɒpjʊləs] *n* pueblo, plebe *f*.
popular ['pɒpjʊlə*] *a* popular; **~ize** *vt* popularizar; (*disseminate*) vulgarizar.
population [pɒpju'leɪʃən] *n* población *f*.
porcelain ['pɔ:slɪn] *n* porcelana.
porch [pɔ:tʃ] *n* pórtico, entrada.
porcupine ['pɔ:kjupaɪn] *n* puerco *m* espín.
pore [pɔ:*] *n* poro // *vi*: **to ~ over** engolfarse en.
pork [pɔ:k] *n* carne *f* de cerdo *or* chancho (*LAm*).
pornography [pɔ:'nɒgrəfɪ] *n* pornografía.
porous ['pɔ:rəs] *a* poroso.
porpoise ['pɔ:pəs] *n* marsopa.
porridge ['pɒrɪdʒ] *n* gachas *fpl* de avena.
port [pɔ:t] *n* (*harbour*) puerto; (*NAUT: left side*) babor *m*; (*wine*) vino de Oporto; ~ **of call** puerto de escala.
portable ['pɔ:təbl] *a* portátil.
portent ['pɔ:tent] *n* presagio, augurio.
porter ['pɔ:tə*] *n* (*for luggage*) maletero; (*doorkeeper*) portero/a, conserje *m/f*.
portfolio [pɔ:t'fəʊlɪəʊ] *n* (*case, of artist*) cartera, carpeta; (*POL, FINANCE*) cartera.
porthole ['pɔ:thəʊl] *n* portilla.
portion ['pɔ:ʃən] *n* porción *f*; (*helping*) ración *f*.
portly ['pɔ:tlɪ] *a* corpulento.
portrait ['pɔ:treɪt] *n* retrato.
portray [pɔ:'treɪ] *vt* retratar; (*in writing*) representar.
Portugal ['pɔ:tjugl] *n* Portugal *m*.
Portuguese [pɔ:tju'gi:z] *a* portugués/esa // *n*, *pl inv* portugués/esa *m/f*; (*LING*) portugués *m*.
pose [pəʊz] *n* postura, actitud *f*; (*pej*) afectación *f*, pose *f* // *vi* posar; (*pretend*): **to ~ as** hacerse pasar por // *vt* (*question*) plantear.

posh [pɒʃ] a (col) elegante, de lujo.
position [pə'zɪʃən] n posición f; (job) puesto // vt colocar.
positive ['pɒzɪtɪv] a positivo; (certain) seguro; (definite) definitivo.
posse ['pɒsɪ] n (US) pelotón m.
possess [pə'zɛs] vt poseer; ~ion [pə'zɛʃən] n posesión f.
possibility [pɒsɪ'bɪlɪtɪ] n posibilidad f.
possible ['pɒsɪbl] a posible; as big as ~ lo más grande posible; **possibly** ad (perhaps) posiblemente, tal vez; I cannot possibly come me es imposible venir.
post [pəust] n (Brit: letters, delivery) correo; (job, situation) puesto; (pole) poste m // vt (Brit: send by post) echar al correo; (MIL) apostar; (bills) fijar, pegar; (Brit: appoint): **to ~ to** enviar a; ~**age** n porte m, franqueo; ~**al** a postal, de correos; ~**al order** n giro postal; ~**box** n (Brit) buzón m; ~**card** n tarjeta postal; ~**code** n (Brit) código postal.
postdate [pəust'deɪt] vt (cheque) poner fecha adelantada a.
poster ['pəustə*] n cartel m.
poste restante [pəust'rɛstɔ̃nt] n (Brit) lista de correos.
posterior [pɒs'tɪərɪə*] n (col) culo, trasero.
postgraduate ['pəust'grædjuət] n posgraduado/a.
posthumous ['pɒstjuməs] a póstumo.
post: ~**man** n cartero; ~**mark** n matasellos m inv; ~**master** n administrador m de correos.
post-mortem [pəust'mɔːtəm] n autopsia.
post office n (building) (oficina de) correos m; (organization): **the P~ O~** Administración f General de Correos; **P~ O~ Box (P.O. Box)** n apartado postal, casilla de correos (LAm).
postpone [pəs'pəun] vt aplazar.
postscript ['pəustskrɪpt] n posdata.
posture ['pɒstʃə*] n postura, actitud f.
postwar [pəust'wɔː*] a de la posguerra.
posy ['pəuzɪ] n ramillete m (de flores).
pot [pɒt] n (for cooking) olla; (for flowers) maceta; (for jam) tarro, pote m; (col: marijuana) costo // vt (plant) poner en tiesto; (conserve) conservar; **to go to ~** (col: work, performance) irse al traste.
potato [pə'teɪtəu], pl ~**es** n patata, papa (LAm); ~ **peeler** n pelapatatas m inv.
potent ['pəutnt] a potente, poderoso; (drink) fuerte.
potential [pə'tɛnʃl] a potencial, posible // n potencial m; ~**ly** ad en potencia.
pothole ['pɒthəul] n (in road) bache m; (Brit: underground) gruta; **potholing** n (Brit): **to go potholing** dedicarse a la espeleología.
potion ['pəuʃən] n poción f, pócima.
potluck [pɒt'lʌk] n: **to take ~** tomar lo que haya.

potshot ['pɒtʃɒt] n: **to take a ~ at** sth tirar a algo sin apuntar.
potted ['pɒtɪd] a (food) en conserva; (plant) en tiesto or maceta.
potter ['pɒtə*] n alfarero/a // vi: **to ~ around, ~ about** hacer trabajitos; ~**y** n cerámica; alfarería.
potty ['pɒtɪ] a (col: mad) chiflado // n orinal m de niño.
pouch [pautʃ] n (ZOOL) bolsa; (for tobacco) petaca.
poultry ['pəultrɪ] n aves fpl de corral; (dead) pollos mpl.
pounce [pauns] vi: **to ~ on** precipitarse sobre.
pound [paund] n libra (weight = 453g, 16oz; money = 100 pence); (for dogs) corral m; (for cars) depósito // vt (beat) golpear; (crush) machacar // vi (beat) dar golpes.
pour [pɔː*] vt echar; (tea) servir // vi correr, fluir; (rain) llover a cántaros; **to ~ away** or **off** vt vaciar, verter; **to ~ in/out** vi (people) entrar/salir en tropel // vt (drink) echar, servir; ~**ing** a: ~**ing rain** lluvia torrencial.
pout [paut] vi hacer pucheros.
poverty ['pɒvətɪ] n pobreza, miseria; ~**stricken** a necesitado.
powder ['paudə*] n polvo; (face ~) polvos mpl; (gun ~) pólvora // vt polvorear; **to ~ one's face** ponerse polvos; ~ **compact** n polvera; ~**ed milk** n leche f en polvo; ~ **puff** n borla; ~ **room** n aseos mpl.
power ['pauə*] n poder m; (strength) fuerza; (nation, TECH) potencia; (drive) empuje m; (ELEC) fuerza, energía // vt impulsar; **to be in ~** (POL) estar en el poder; ~ **cut** n (Brit) apagón m; ~**ed** a: ~**ed by** impulsado por; ~ **failure** n = ~ **cut**; ~**ful** a poderoso; (engine) potente; ~**less** a impotente, ineficaz; ~ **point** n (Brit) enchufe m; ~ **station** n central f eléctrica.
p.p. abbr (= per procurationem): ~ **J.** Smith p.p. (por poder de) J. Smith.
PR n abbr = **public relations**.
practicable ['præktɪkəbl] a (scheme) factible.
practical ['præktɪkl] a práctico; ~**ity** [-'kælɪtɪ] n (of situation etc) factibilidad f; ~ **joke** n broma pesada; ~**ly** ad (almost) casi.
practice ['præktɪs] n (habit) costumbre f; (exercise) práctica, ejercicio; (training) adiestramiento; (MED) clientela // vt, vi (US) = **practise**; **in ~** (in reality) en la práctica; **out of ~** desentrenado.
practise, (US) **practice** ['præktɪs] vt (carry out) practicar; (profession) ejercer; (train at) practicar // vi ejercer; (train) practicar; **practising** a (Christian etc) practicante; (lawyer) que ejerce.

practitioner [præk'tɪʃənə*] n practicante m/f; (MED) médico/a.

prairie ['prɛərɪ] n (in N. America) pampa.

praise [preɪz] n alabanza(s) f(pl), elogio(s) m(pl); ~**worthy** a loable.

pram [præm] n (Brit) cochecito de niño.

prance [prɑːns] vi (horse) hacer cabriolas.

prank [præŋk] n travesura.

prawn [prɔːn] n gamba.

pray [preɪ] vi rezar.

prayer [prɛə*] n oración f, rezo; (entreaty) ruego, súplica; ~ **book** n devocionario, misal m.

preach [priːtʃ] vi predicar.

precaution [prɪ'kɔːʃən] n precaución f.

precede [prɪ'siːd] vt, vi preceder.

precedence ['presɪdəns] n precedencia; (priority) prioridad f.

precedent ['presɪdənt] n precedente m.

precinct ['priːsɪŋkt] n recinto; ~s npl contornos mpl; **pedestrian** ~ (Brit) zona peatonal; **shopping** ~ (Brit) centro comercial.

precious ['preʃəs] a precioso.

precipice ['presɪpɪs] n precipicio.

precipitate [prɪ'sɪpɪtɪt] a (hasty) precipitado // vt [prɪ'sɪpɪteɪt] precipitar.

precise [prɪ'saɪs] a preciso, exacto; ~**ly** ad exactamente, precisamente.

preclude [prɪ'kluːd] vt excluir.

precocious [prɪ'kəʊʃəs] a precoz.

precondition [priːkən'dɪʃən] n condición f previa.

predator ['predətə*] n animal m de rapiña.

predecessor ['priːdɪsesə*] n antecesor(a) m/f.

predicament [prɪ'dɪkəmənt] n apuro.

predict [prɪ'dɪkt] vt pronosticar; ~**able** a previsible.

predominantly [prɪ'dɒmɪnəntlɪ] ad en su mayoría.

preen [priːn] vt: to ~ **itself** (bird) limpiarse (las plumas); to ~ **o.s.** pavonearse.

prefab ['priːfæb] n casa prefabricada.

preface ['prefəs] n prefacio.

prefect ['priːfekt] n (Brit: in school) monitor(a) m/f.

prefer [prɪ'fɜː*] vt preferir; ~**able** ['prefrəbl] a preferible; ~**ably** ['prefrəblɪ] ad de preferencia; ~**ence** ['prefrəns] n preferencia; (priority) prioridad f; ~**ential** [prefə'renʃəl] a preferente.

prefix ['priːfɪks] n prefijo.

pregnancy ['pregnənsɪ] n embarazo.

pregnant ['pregnənt] a embarazada.

prehistoric ['priːhɪs'tɔrɪk] a prehistórico.

prejudice ['predʒudɪs] n (bias) prejuicio; (harm) perjuicio // vt (bias) predisponer; (harm) perjudicar; ~**d** a (person) predispuesto; (view) parcial, interesado.

prelude ['preljuːd] n preludio.

premarital ['priː'mærɪtl] a premarital.

premature ['prɛmətʃuə*] a prematuro.

premier ['premɪə*] a primero, principal // n (POL) primer(a) ministro/a.

première ['premɪə*] n estreno.

premise ['premɪs] n premisa; ~s npl local msg; **on the** ~s en el lugar mismo.

premium ['priːmɪəm] n premio; (COMM) prima; **to be at a** ~ ser muy solicitado; ~ **bond** n (Brit) bono del estado que participa en una lotería nacional.

premonition [premə'nɪʃən] n presentimiento.

preoccupied [priː'ɔkjupaɪd] a (worried) preocupado; (absorbed) ensimismado.

prep [prep] n (SCOL: study) deberes mpl; ~ **school** n = **preparatory school.**

prepaid [priː'peɪd] a porte pagado.

preparation [prepə'reɪʃən] n preparación f; ~s npl preparativos mpl.

preparatory [prɪ'pærətərɪ] a preparatorio, preliminar; ~ **school** n escuela preparatoria.

prepare [prɪ'pɛə*] vt preparar, disponer // vi: to ~ **for** prepararse or disponerse para; (make preparations) hacer preparativos para; ~**d to** dispuesto a.

preposition [prepə'zɪʃən] n preposición f.

preposterous [prɪ'pɒstərəs] a absurdo, ridículo.

prerequisite [priː'rekwɪzɪt] n requisito.

prerogative [prɪ'rɒgətɪv] n prerrogativa.

preschool ['priː'skuːl] a preescolar.

prescribe [prɪ'skraɪb] vt prescribir; (MED) recetar.

prescription [prɪ'skrɪpʃən] n (MED) receta.

presence ['prezns] n presencia; (attendance) asistencia; ~ **of mind** aplomo.

present a ['preznt] (in attendance) presente; (current) actual // n (gift) regalo; (actuality) actualidad f, presente m // vt [prɪ'zent] (introduce) presentar; (expound) exponer; (give) presentar, dar, ofrecer; (THEATRE) representar; **to give sb a** ~ regalar algo a uno; **at** ~ actualmente; ~**able** [prɪ'zentəbl] a: **to make o.s.** ~**able** arreglarse; ~**ation** [-'teɪʃən] n presentación f; (gift) obsequio; (of case) exposición f; (THEATRE) representación f; ~**-day** a actual; ~**er** [prɪ'zentə*] n (RADIO, TV) locutor(a) m/f; ~**ly** ad (soon) dentro de poco.

preservation [prezə'veɪʃən] n conservación f.

preservative [prɪ'zɜːvətɪv] n conservante m.

preserve [prɪ'zɜːv] vt (keep safe) preservar, proteger; (maintain) mantener; (food) conservar; (in salt) salar // n (for game) coto, vedado; (often pl: jam) conserva, confitura.

president ['prezɪdənt] n presidente m/f;

~**ial** [-'dɛnʃl] *a* presidencial.
press [prɛs] *n* (*tool, machine, newspapers*) prensa; (*printer's*) imprenta; (*of hand*) apretón *m* // *vt* (*push*) empujar; (*squeeze*) apretar; (*grapes*) pisar; (*clothes: iron*) planchar; (*pressure*) presionar; (*insist*): **to ~ sth on sb** insistir en que uno acepte algo // *vi* (*squeeze*) apretar; (*pressurize*) ejercer presión; **we are ~ed for time** tenemos poco tiempo; **to ~ on** *vi* avanzar; (*hurry*) apretar el paso; **~ agency** *n* agencia de prensa; **~ conference** *n* rueda de prensa; **~ing** *a* apremiante; **~ stud** *n* (*Brit*) botón *m* de presión; **~-up** *n* (*Brit*) plancha.
pressure ['prɛʃə*] *n* presión *f*; **~ cooker** *n* olla a presión; **~ gauge** *n* manómetro; **~ group** *n* grupo de presión; **pressurized** *a* (*container*) a presión.
prestige [prɛs'tiːʒ] *n* prestigio.
presumably [prɪ'zjuːməblɪ] *ad* es de suponer que, cabe presumir que.
presume [prɪ'zjuːm] *vt* presumir, suponer; **to ~ to do** (*dare*) atreverse a hacer.
presumption [prɪ'zʌmpʃən] *n* suposición *f*; (*pretension*) presunción *f*.
presumptuous [prɪ'zʌmptjuəs] *a* presumido.
pretence, (US) pretense [prɪ'tɛns] *n* (*claim*) pretensión *f*; (*pretext*) pretexto; (*make-believe*) fingimiento; **on the ~ of** bajo pretexto de.
pretend [prɪ'tɛnd] *vt* (*feign*) fingir // *vi* (*feign*) fingir; (*claim*): **to ~ to sth** pretender a algo.
pretense [prɪ'tɛns] *n* (*US*) = **pretence**.
pretension [prɪ'tɛnʃən] *n* (*claim*) pretensión *f*.
pretentious [prɪ'tɛnʃəs] *a* presumido; (*ostentatious*) ostentoso, aparatoso.
pretext ['priːtɛkst] *n* pretexto.
pretty ['prɪtɪ] *a* (*gen*) bonito, lindo (*LAm*) // *ad* bastante.
prevail [prɪ'veɪl] *vi* (*gain mastery*) prevalecer; (*be current*) predominar; (*persuade*): **to ~ (up)on sb to do sth** persuadir a uno para que haga algo; **~ing** *a* (*dominant*) predominante.
prevalent ['prɛvələnt] *a* (*dominant*) dominante; (*widespread*) extendido; (*fashionable*) de moda.
prevent [prɪ'vɛnt] *vt*: **to ~ (sb from doing sth)** impedir (a uno hacer algo); **~ive** *a* preventivo.
preview ['priːvjuː] *n* (*of film*) preestreno.
previous ['priːvɪəs] *a* previo, anterior; **~ly** *ad* antes.
prewar [priː'wɔː*] *a* de antes de la guerra.
prey [preɪ] *n* presa // *vi*: **to ~ on** vivir a costa de; (*feed on*) alimentarse de.
price [praɪs] *n* precio // *vt* (*goods*) fijar el precio de; **~less** *a* que no tiene precio; **~ list** *n* tarifa.

prick [prɪk] *n* pinchazo; (*sting*) picadura // *vt* pinchar; picar; **to ~ up one's ears** aguzar el oído.
prickle ['prɪkl] *n* (*sensation*) picor *m*; (*BOT*) espina; (*ZOOL*) púa; **prickly** *a* espinoso; (*fig: person*) enojadizo; **prickly heat** *n* sarpullido causado por exceso de calor.
pride [praɪd] *n* orgullo; (*pej*) soberbia // *vt*: **to ~ o.s. on** enorgullecerse de.
priest [priːst] *n* sacerdote *m*; **~ess** *n* sacerdotisa; **~hood** *n* (*practice*) sacerdocio; (*priests*) clero.
prig [prɪg] *n* gazmoño/a.
prim [prɪm] *a* (*demure*) remilgado; (*prudish*) gazmoño.
primarily ['praɪmərɪlɪ] *ad* (*above all*) ante todo.
primary ['praɪmərɪ] *a* primario; (*first in importance*) principal; **~ school** *n* (*Brit*) escuela primaria.
primate ['praɪmɪt] *n* (*REL*) primado // *n* ['praɪmeɪt] (*ZOOL*) primate *m*.
prime [praɪm] *a* primero, principal; (*basic*) fundamental; (*excellent*) selecto, de primera clase // *n*: **in the ~ of life** en la flor de la vida // *vt* (*gun, pump*) cebar; (*fig*) preparar; **P~ Minister (P.M.)** *n* primer(a) ministro/a.
primer ['praɪmə*] *n* (*book*) texto elemental; (*paint*) imprimación *f*.
primeval [praɪ'miːvəl] *a* primitivo.
primitive ['prɪmɪtɪv] *a* primitivo; (*crude*) rudimentario.
primrose ['prɪmrəʊz] *n* primavera, prímula.
primus (stove) ['praɪməs-] *n* ® (*Brit*) hornillo de camping.
prince [prɪns] *n* príncipe *m*.
princess [prɪn'sɛs] *n* princesa.
principal ['prɪnsɪpl] *a* principal, mayor // *n* director/a *m/f*.
principle ['prɪnsɪpl] *n* principio; **in ~** en principio; **on ~** por principio.
print [prɪnt] *n* (*impression*) marca, impresión *f*; huella; (*letters*) letra de molde; (*fabric*) estampado; (*ART*) grabado; (*PHOT*) impresión *f* // *vt* (*gen*) imprimir; (*on mind*) grabar; (*write in capitals*) escribir en letras de molde; **out of ~** agotado; **~ed matter** *n* impresos *mpl*; **~er** *n* (*person*) impresor(a) *m/f*; (*machine*) impresora; **~ing** *n* (*art*) imprenta; (*act*) impresión *f*; (*quantity*) tirada; **~out** *n* (*COMPUT*) impresión *f*.
prior ['praɪə*] *a* anterior, previo // *n* prior *m*; **~ to doing** antes de hacer.
priority [praɪ'ɒrɪtɪ] *n* prioridad *f*.
prise [praɪz] *vt*: **to ~ open** abrir con palanca.
prison ['prɪzn] *n* cárcel *f*, prisión *f* // *cpd* carcelario; **~er** *n* (*in prison*) preso/a; (*under arrest*) detenido/a; (*in dock*) acusado/a.
privacy ['prɪvəsɪ] *n* (*seclusion*) soledad *f*;

(*intimacy*) intimidad *f*.

private ['praɪvɪt] *a* (*personal*) particular; (*confidential*) secreto, confidencial; (*sitting etc*) a puertas cerradas // *n* soldado raso; '~' (*on envelope*) 'confidencial'; (*on door*) 'prohibido el paso'; **in ~** en privado; ~ **enterprise** *n* la empresa privada; ~ **eye** *n* detective *m/f* privado/a; **~ly** *ad* en privado; (*in o.s.*) personalmente; ~ **property** *n* propiedad *f* privada; ~ **school** *n* colegio particular.

privet ['prɪvɪt] *n* alheña.

privilege ['prɪvɪlɪdʒ] *n* privilegio; (*prerogative*) prerrogativa.

privy ['prɪvɪ] *a*: **to be ~ to** estar enterado de; **P~ Council** *n* Consejo del Estado.

prize [praɪz] *n* premio // *a* (*first class*) de primera clase // *vt* apreciar, estimar; **~-giving** *n* distribución *f* de premios; **~winner** *n* premiado/a.

pro [prəʊ] *n* (*SPORT*) profesional *m/f*; **the ~s and cons** los pros y los contras.

probability [prɔbə'bɪlɪtɪ] *n* probabilidad *f*.

probable ['prɔbəbl] *a* probable.

probably ['prɔbəblɪ] *ad* probablemente.

probation [prə'beɪʃən] *n*: **on ~** (*employee*) a prueba; (*LAW*) en libertad condicional.

probe [prəʊb] *n* (*MED, SPACE*) sonda; (*enquiry*) encuesta, investigación *f* // *vt* sondar; (*investigate*) investigar.

problem ['prɔbləm] *n* problema *m*.

procedure [prə'siːdʒə*] *n* procedimiento; (*bureaucratic*) trámites *mpl*.

proceed [prə'siːd] *vi* proceder; (*continue*): **to ~ (with)** continuar *or* seguir (con); **~s** ['prəʊsiːdz] *npl* ganancias *fpl*, ingresos *mpl*; **~ings** *npl* acto *sg*, actos *mpl*; (*LAW*) proceso *sg*; (*meeting*) función *fsg*; (*records*) actas *fpl*.

process ['prəʊsɛs] *n* proceso; (*method*) método, sistema *m* // *vt* tratar, elaborar; **in ~** en curso; **~ing** *n* tratamiento, elaboración *f*.

procession [prə'sɛʃən] *n* desfile *m*; funeral ~ cortejo fúnebre.

proclaim [prə'kleɪm] *vt* proclamar; (*announce*) anunciar; **proclamation** [prɔklə'meɪʃən] *n* proclamación *f*; (*written*) proclama.

procrastinate [prəʊ'kræstɪneɪt] *vi* demorarse.

procure [prə'kjʊə*] *vt* conseguir

prod [prɔd] *vt* empujar.

prodigal ['prɔdɪgl] *a* pródigo.

prodigy ['prɔdɪdʒɪ] *n* prodigio.

produce ['prɔdjuːs] *n* (*AGR*) productos *mpl* agrícolas // *vt* [prə'djuːs] producir; (*yield*) rendir; (*show*) presentar, mostrar; (*THEATRE*) presentar, poner en escena; (*offspring*) dar a luz; ~ **dealer** *n* (*US*) verdulero/a; **~r** *n* (*THEATRE*) director(a) *m/f*; (*AGR, CINEMA*) produc-

tor(a) *m/f*.

product ['prɔdʌkt] *n* producto; (*result*) fruto, producto.

production [prə'dʌkʃən] *n* (*act*) producción *f*; (*THEATRE*) presentación *f*; ~ **line** *n* línea de producción.

productive [prə'dʌktɪv] *a* productivo; **productivity** [prɔdʌk'tɪvɪtɪ] *n* productividad *f*.

profane [prə'feɪn] *a* profano.

profession [prə'fɛʃən] *n* profesión *f*; **~al** *n* profesional *m/f* // *a* profesional; (*by profession*) de profesión.

professor [prə'fɛsə*] *n* (*Brit*) catedrático/a; (*US*) profesor(a) *m/f*.

proficiency [prə'fɪʃənsɪ] *n* capacidad, habilidad *f*.

proficient [prə'fɪʃənt] *a* experto, hábil.

profile ['prəʊfaɪl] *n* perfil *m*.

profit ['prɔfɪt] *n* (*COMM*) ganancia; (*fig*) provecho; **to make a ~** obtener beneficios // *vi*: **to ~ by** *or* **from** aprovechar *or* sacar provecho de; **~ability** [-ə'bɪlɪtɪ] *n* rentabilidad *f*; **~able** *a* (*ECON*) rentable; (*beneficial*) provechoso; **~eering** [-'tɪərɪŋ] *n* (*pej*) explotación *f*.

profound [prə'faʊnd] *a* profundo.

profusely [prə'fjuːslɪ] *ad* profusamente; **profusion** [-'fjuːʒən] *n* profusión *f*, abundancia.

progeny ['prɔdʒɪnɪ] *n* progenie *f*.

programme, (*US*) **program** ['prəʊgræm] *n* programa *m* // *vt* programar; **~r,** (*US*) **programer** *n* programador(a) *m/f*; **programming,** (*US*) **programing** *n* programación *f*.

progress ['prəʊgres] *n* progreso; (*development*) desarrollo // *vi* [prə'gres] progresar, avanzar; **desarrollarse**; **in ~** en curso; **~ive** [-'gresɪv] *a* progresivo; (*person*) progresista.

prohibit [prə'hɪbɪt] *vt* prohibir; **to ~ sb from doing sth** prohibir a uno hacer algo.

project ['prɔdʒɛkt] *n* proyecto // (*vb*: [prə'dʒɛkt]) *vt* proyectar // *vi* (*stick out*) salir, sobresalir.

projectile [prə'dʒɛktaɪl] *n* proyectil *m*.

projection [prə'dʒɛkʃən] *n* proyección *f*; (*overhang*) saliente *m*.

projector [prə'dʒɛktə*] *n* proyector *m*.

proletariat [prəʊlɪ'tɛərɪət] *n* proletariado.

prologue ['prəʊlɔg] *n* prólogo.

prolong [prə'lɔŋ] *vt* prolongar, extender.

prom [prɔm] *n abbr* = **promenade**; (*US: ball*) baile *m* de gala.

promenade [prɔmə'nɑːd] *n* (*by sea*) paseo marítimo; ~ **concert** *n* concierto (en que parte del público permanece de pie).

prominence ['prɔmɪnəns] *n* (*fig*) importancia.

prominent ['prɔmɪnənt] *a* (*standing out*) saliente; (*important*) eminente, importante.

promiscuous [prə'mɪskjuəs] *a* (*sexually*) promiscuo.

promise ['prɒmɪs] *n* promesa // *vt, vi* prometer; **promising** *a* prometedor(a).

promontory ['prɒməntrɪ] *n* promontorio.

promote [prə'məut] *vt* promover; (*new product*) hacer propaganda por; (*MIL*) ascender; **~r** *n* (*of sporting event*) promotor(a) *m/f*; **promotion** [-'məuʃən] *n* (*advertising*) promoción *f*; (*in rank*) ascenso.

prompt [prɒmpt] *a* (*punctual*) puntual; (*quick*) rápido // *ad*: at 6 o'clock ~ a las seis en punto // *n* (*COMPUT*) aviso // *vt* (*urge*) mover, incitar; (*THEATRE*) apuntar; to ~ sb to do sth instar a uno a hacer algo; **~ly** *ad* puntualmente; rápidamente.

prone [prəun] *a* (*lying*) postrado; ~ to propenso a.

prong [prɒŋ] *n* diente *m*, punta.

pronoun ['prəunaun] *n* pronombre *m*.

pronounce [prə'nauns] *vt* pronunciar // *vi*: to ~ (up)on pronunciarse sobre; **~d** *a* (*marked*) marcado; **~ment** *n* declaración *f*.

pronunciation [prənʌnsɪ'eɪʃən] *n* pronunciación *f*.

proof [pru:f] *n* prueba; 70° ~ graduación *f* del 70 por 100 // *a*: ~ against a prueba de.

prop [prɒp] *n* apoyo; (*fig*) sostén *m* // *vt* (*also*: ~ up) apoyar; (*lean*): to ~ sth against apoyar algo contra.

propaganda [prɒpə'gændə] *n* propaganda.

propel [prə'pel] *vt* impulsar, propulsar; **~ler** *n* hélice *f*; **~ling pencil** *n* (*Brit*) lapicero.

propensity [prə'pensɪtɪ] *n* propensión *f*.

proper ['prɒpə*] *a* (*suited, right*) propio; (*exact*) justo; (*apt*) apropiado, conveniente; (*timely*) oportuno; (*seemly*) decente; (*authentic*) verdadero; (*col*: *real*) auténtico; **~ly** *ad* (*adequately*) correctamente; (*decently*) decentemente; ~ **noun** *n* nombre *m* propio.

property ['prɒpətɪ] *n* propiedad *f*; (*personal*) bienes *mpl* muebles; (*estate*) finca; ~ **owner** *n* dueño/a de propiedades.

prophecy ['prɒfɪsɪ] *n* profecía.

prophesy ['prɒfɪsaɪ] *vt* profetizar; (*fig*) predecir.

prophet ['prɒfɪt] *n* profeta *m*.

proportion [prə'pɔ:ʃən] *n* proporción *f*; (*share*) parte *f*; **~al** *a* proporcional; **~ate** *a* proporcionado.

proposal [prə'pəuzl] *n* propuesta; (*offer of marriage*) oferta de matrimonio; (*plan*) proyecto.

propose [prə'pəuz] *vt* proponer // *vi* declararse; to ~ to do sth tener intención de hacer algo.

proposition [prɒpə'zɪʃən] *n* propuesta.

proprietor [prə'praɪətə*] *n* propietario/a, dueño/a.

propriety [prə'praɪətɪ] *n* decoro.

pro rata [prəu'rɑːtə] *ad* a prorrateo.

prose [prəuz] *n* prosa; (*SCOL*) traducción *f* inversa.

prosecute ['prɒsɪkju:t] *vt* (*LAW*) procesar; **prosecution** [-'kju:ʃən] *n* proceso, causa; (*accusing side*) acusación *f*; **prosecutor** *n* acusador(a) *m/f*; (*also*: **public prosecutor**) fiscal *m*.

prospect ['prɒspekt] *n* (*view*) vista; (*outlook*) perspectiva; (*hope*) esperanza // *vb* [prə'spekt] *vt* explorar // *vi* buscar; **~s** *npl* (*for work etc*) perspectivas *fpl*; **~ing** *n* prospección *f*; **~ive** [prə'spektɪv] *a* (*possible*) probable, eventual; (*certain*) futuro; **~or** [prə'spektə*] *n* explorador(a) *m/f*.

prospectus [prə'spektəs] *n* prospecto.

prosper ['prɒspə*] *vi* prosperar; **~ity** [-'sperɪtɪ] *n* prosperidad *f*; **~ous** *a* próspero.

prostitute ['prɒstɪtju:t] *n* prostituta.

prostrate ['prɒstreɪt] *a* postrado.

protagonist [prə'tægənɪst] *n* protagonista *m/f*.

protect [prə'tekt] *vt* proteger; **~ion** [-'tekʃən] *n* protección *f*; **~ive** *a* protector(a).

protégé ['prəute:ʒeɪ] *n* protegido/a.

protein ['prəuti:n] *n* proteína.

protest ['prəutest] *n* protesta // *vb*: [prə'test] *vi* protestar // *vt* (*affirm*) afirmar, declarar.

Protestant ['prɒtɪstənt] *a, n* protestante *m/f*.

protester [prə'testə*] *n* manifestante *m/f*.

protracted [prə'træktɪd] *a* prolongado.

protrude [prə'tru:d] *vi* salir, sobresalir.

proud [praud] *a* orgulloso; (*pej*) soberbio, altanero.

prove [pru:v] *vt* probar; (*verify*) comprobar; (*show*) demostrar // *vi*: to ~ correct resultar correcto; to ~ o.s. probar su valía.

proverb ['prɒvə:b] *n* refrán *m*.

provide [prə'vaɪd] *vt* proporcionar, dar; to ~ sb with sth proveer a uno de algo; **~d** (**that**) *conj* con tal de que, a condición de que; to ~ for *vt fus* (*person*) mantener a; (*problem etc*) tener en cuenta.

providing [prə'vaɪdɪŋ] *conj* a condición de que, con tal de que.

province ['prɒvɪns] *n* provincia; (*fig*) esfera; **provincial** [prə'vɪnʃəl] *a* provincial; (*pej*) provinciano.

provision [prə'vɪʒən] *n* provisión *f*; (*supply*) suministro, abastecimiento; **~s** *npl* (*food*) comestibles *mpl*; **~al** *a* provisional; (*temporary*) interino.

proviso [prə'vaɪzəu] *n* condición *f*, estipulación *f*.

provocative [prə'vɒkətɪv] *a* provocativo.

provoke [prə'vəuk] *vt* (*arouse*) provocar, incitar; (*anger*) enojar.

prow [prau] *n* proa.

prowess ['prauis] *n* destreza.

prowl [praul] *vi* (*also*: ~ about, ~ around) merodear // *n*: on the ~ de merodeo; ~**er** *n* merodeador(a) *m/f*.

proxy ['prɒksi] *n* poder *m*; (*person*) apoderado/a; by ~ por poderes.

prudence ['pru:dns] *n* prudencia.

prudent ['pru:dənt] *a* prudente.

prudish ['pru:dɪʃ] *a* gazmoño.

prune [pru:n] *n* ciruela pasa // *vt* podar.

pry [prai] *vi*: to ~ into entrometerse en.

PS *n abbr* (= *postscript*) P.D.

psalm [sɑ:m] *n* salmo.

pseudo- [sju:dəu] *pref* seudo-; **pseudonym** *n* seudónimo.

psyche ['saiki] *n* psique *f*.

psychiatric [saiki'ætrik] *a* psiquiátrico.

psychiatrist [sai'kaiətrist] *n* psiquiatra *m/f*.

psychiatry [sai'kaiətri] *n* psiquiatría.

psychic ['saikik] *a* (*also*: ~al) psíquico.

psychoanalysis [saikəuə'nælisis] *n* psicoanálisis *m* *inv*; **psychoanalyst** [-'ænəlist] *n* psicoanalista *m/f*.

psychological [saikə'lɒdʒikl] *a* psicológico.

psychologist [sai'kɒlədʒist] *n* psicólogo/a.

psychology [sai'kɒlədʒi] *n* psicología.

PTO *abbr* (= *please turn over*) sigue.

pub [pʌb] *n abbr* (= *public house*) pub *m*, taberna.

puberty ['pju:bəti] *n* pubertad *f*.

pubic ['pju:bik] *a* púbico.

public ['pʌblik] *a, n* público; in ~ en público; ~ **address system (P.A.)** *n* megafonía.

publican ['pʌblikən] *n* tabernero/a.

publication [pʌbli'keiʃən] *n* publicación *f*.

public: ~ **company** *n* sociedad *f* anónima; ~ **convenience** *n* (*Brit*) aseos *mpl* públicos, sanitarios *mpl* (*LAm*); ~ **holiday** *n* día de fiesta, (día) feriado (*LAm*); ~ **house** *n* (*Brit*) bar *m*, pub *m*.

publicity [pʌb'lisiti] *n* publicidad *f*.

publicize ['pʌblisaiz] *vt* publicitar; (*advertise*) hacer propaganda para.

publicly ['pʌblikli] *ad* públicamente, en público.

public: ~ **opinion** *n* opinión *f* pública; ~ **relations (PR)** *n* relaciones *fpl* públicas; ~ **school** *n* (*Brit*) escuela privada; (*US*) instituto; ~**spirited** *a* que tiene sentido del deber ciudadano; ~ **transport** *n* transporte *m* público.

publish ['pʌbliʃ] *vt* publicar; ~**er** *n* (*person*) editor(a) *m/f*; (*firm*) editorial *f*; ~**ing** *n* (*industry*) industria del libro.

puce [pju:s] *a* de color pardo rojizo.

pucker ['pʌkə*] *vt* (*pleat*) arrugar; (*brow etc*) fruncir.

pudding ['pudiŋ] *n* pudín *m*; (*Brit: sweet*) postre *m*; **black** ~ morcilla.

puddle ['pʌdl] *n* charco.

puff [pʌf] *n* soplo; (*of smoke*) bocanada; (*of breathing, engine*) resoplido // *vt*: ~ one's pipe chupar la pipa // *vi* (*gen*) soplar; (*pant*) jadear; to ~ out smoke echar humo; ~**ed** *a* (col: *out of breath*) sin aliento.

puff pastry *n* hojaldre *m*.

puffy ['pʌfi] *a* hinchado.

pull [pul] *n* (*tug*): to give sth a ~ dar un tirón a algo; (*influence*) influencia // *vt* tirar de; (*muscle*) agarrotarse; (*haul*) tirar, arrastrar // *vi* tirar; to ~ to pieces hacer pedazos; to ~ one's punches (*fig*) no andarse con bromas; to ~ one's weight hacer su parte; to ~ o.s. together tranquilizarse; to ~ sb's leg tomar el pelo a uno; to ~ apart *vt* (*take apart*) desmontar; to ~ down *vt* (*house*) derribar; to ~ in *vi* (AUT: *at the kerb*) parar (junto a la acera); (RAIL) llegar a la estación; to ~ off *vt* (*deal etc*) cerrar; to ~ out *vi* irse, marcharse; (AUT: *from kerb*) salir // *vt* sacar, arrancar; to ~ over *vi* (AUT) hacerse a un lado; to ~ through *vi* salir adelante; (MED) recobrar la salud; to ~ up *vi* (*stop*) parar // *vt* (*uproot*) arrancar, desarraigar; (*stop*) parar.

pulley ['puli] *n* polea.

pullover ['puləuvə*] *n* jersey *m*, suéter *m*.

pulp [pʌlp] *n* (*of fruit*) pulpa; (*for paper*) pasta.

pulpit ['pulpit] *n* púlpito.

pulsate [pʌl'seit] *vi* pulsar, latir.

pulse [pʌls] *n* (ANAT) pulso; (*of music, engine*) pulsación *f*; (BOT) legumbre *f*.

pummel ['pʌml] *vt* aporrear.

pump [pʌmp] *n* bomba; (*shoe*) zapatilla // *vt* sacar con una bomba; (*fig: col*) sonsacar; to ~ up *vt* inflar.

pumpkin ['pʌmpkin] *n* calabaza.

pun [pʌn] *n* juego de palabras.

punch [pʌntʃ] *n* (*blow*) golpe *m*, puñetazo; (*tool*) punzón *m*; (*for paper*) perforadora; (*for tickets*) taladro; (*drink*) ponche *m* // *vt* (*hit*): to ~ sb/sth dar un puñetazo *or* golpear a uno/algo; (*make a hole in*) punzar; perforar; ~**line** *n* palabras que rematan un chiste; ~**-up** *n* (*Brit col*) riña.

punctual ['pʌŋktjuəl] *a* puntual.

punctuation [pʌŋktju'eiʃən] *n* puntuación *f*.

puncture ['pʌŋktʃə*] (*Brit*) *n* pinchazo // *vt* pinchar.

pundit ['pʌndit] *n* experto/a.

pungent ['pʌndʒənt] *a* acre.

punish ['pʌniʃ] *vt* castigar; ~**ment** *n* castigo.

punk [pʌŋk] *n* (*also*: ~ rocker) punki *m/*

f; (also: ~ **rock**) música punk; *(US col: hoodlum)* rufián *m.*

punt [pʌnt] *n (boat)* batea.

punter ['pʌntə*] *n (Brit: gambler)* jugador(a) *m/f.*

puny ['pju:nɪ] *a* débil.

pup [pʌp] *n* cachorro.

pupil ['pju:pl] *n* alumno/a.

puppet ['pʌpɪt] *n* títere *m.*

puppy ['pʌpɪ] *n* cachorro, perrito.

purchase ['pɔ:tʃɪs] *n* compra *// vt* comprar; ~**r** *n* comprador(a) *m/f.*

pure [pjuə*] *a* puro.

purée ['pjuəreɪ] *n* puré *m.*

purely ['pjuəlɪ] *ad* puramente.

purge [pɔ:dʒ] *n (MED, POL)* purga *// vt* purgar.

purify ['pjuərɪfaɪ] *vt* purificar, depurar.

puritan ['pjuərɪtən] *n* puritano/a.

purity ['pjuərɪtɪ] *n* pureza.

purl [pɔ:l] *n* punto del revés.

purple ['pɔ:pl] *a* purpúreo; morado.

purport [pɔ:'pɔ:t] *vi:* **to** ~ **to be/do** dar a entender que es/hace.

purpose ['pɔ:pəs] *n* propósito; **on** ~ *a* propósito, adrede; ~**ful** *a* resuelto, determinado.

purr [pɔ:*] *vi* ronronear.

purse [pɔ:s] *n* monedero; *(US)* bolsa, cartera *(LAm) // vt* fruncir.

purser ['pɔ:sə*] *n (NAUT)* comisario/a.

pursue [pə'sju:] *vt* seguir; ~**r** *n* perseguidor(a) *m/f.*

pursuit [pə'sju:t] *n (chase)* caza; *(occupation)* actividad *f.*

purveyor [pə'veɪə*] *n* proveedor(a) *m/f.*

push [puʃ] *n* empuje *m*, empujón *m;* *(MIL)* ataque *m;* *(drive)* empuje *m // vt* empujar; *(button)* apretar; *(promote)* promover; *(thrust):* **to** ~ **sth (into)** meter algo a la fuerza (en) *// vi* empujar; *(fig)* hacer esfuerzos; **to** ~ **aside** *vt* apartar con la mano; **to** ~ **off** *vi (col)* largarse; **to** ~ **on** *vi (continue)* seguir adelante; **to** ~ **through** *vt (measure)* despachar; **to** ~ **up** *vt (total, prices)* hacer subir; ~**chair** *n (Brit)* sillita de ruedas; ~**er** *n (drug* ~**er**) traficante *m/f* de drogas; ~**over** *n (col):* it's a ~**over** está tirado; ~**-up** *n (US)* plancha; ~**y** *a (pej)* agresivo.

puss [pus], **pussy(-cat)** ['pusɪ(kæt)] *n* minino.

put [put], *pt, pp put vt (place)* poner, colocar; *(~ into)* meter; *(say)* expresar; *(a question)* hacer; **to** ~ **about** *vi (NAUT)* virar *// vt (rumour)* diseminar; **to** ~ **across** *vt (ideas etc)* comunicar; **to** ~ **away** *vt (store)* guardar; **to** ~ **back** *vt (replace)* devolver a su lugar; *(postpone)* aplazar; **to** ~ **by** *vt (money)* guardar; **to** ~ **down** *vt (on ground)* poner en el suelo; *(animal)* sacrificar; *(in writing)* apuntar; *(suppress: revolt etc)* sofocar; *(attribute)*

atribuir; **to** ~ **forward** *vt (ideas)* presentar, proponer; *(date)* adelantar; **to** ~ **in** *vt (application, complaint)* presentar; **to** ~ **off** *vt (postpone)* aplazar; *(discourage)* desanimar; **to** ~ **on** *vt (clothes, lipstick etc)* ponerse; *(light etc)* encender; *(play etc)* presentar; *(weight)* ganar; *(brake)* echar; **to** ~ **out** *vt (fire, light)* apagar; *(one's hand)* alargar; *(news, rumour)* hacer circular; *(tongue etc)* sacar; *(person: inconvenience)* molestar, fastidiar; **to** ~ **up** *vt (raise)* levantar, alzar; *(hang)* colgar; *(build)* construir; *(increase)* aumentar; *(accommodate)* alojar; **to** ~ **up with** *vt fus* aguantar.

putrid ['pju:trɪd] *a* podrido.

putt [pʌt] *vt* hacer un putt *// n* putt *m*, golpe *m* corto; ~**ing green** *n* green *m;* minigolf *m.*

putty ['pʌtɪ] *n* masilla.

puzzle ['pʌzl] *n (riddle)* acertijo; *(jigsaw)* rompecabezas *m inv; (also: crossword* ~*)* crucigrama *m; (mystery)* misterio *// vt* dejar perplejo, confundir *// vi:* **to** ~ **about** quebrar la cabeza por; **puzzling** *a* misterioso, extraño.

pyjamas [pɪ'dʒɑ:məz] *npl (Brit)* pijama *m.*

pylon ['paɪlən] *n* torre *f* de conducción eléctrica.

pyramid ['pɪrəmɪd] *n* pirámide *f.*

Pyrenees [pɪrə'ni:z] *npl:* **the** ~ los Pirineos.

python ['paɪθən] *n* pitón *m.*

Q

quack [kwæk] *n (of duck)* graznido; *(pej: doctor)* curandero/a.

quad [kwɔd] *n abbr* = **quadrangle; quadruplet.**

quadrangle ['kwɔdræŋgl] *n (Brit: courtyard: abbr:* **quad**) patio.

quadruple [kwɔ'drupl] *vt, vi* cuadruplicar.

quadruplet [kwɔ:'dru:plɪt] *n* cuatrillizo/a.

quagmire ['kwægmaɪə*] *n* lodazal *m*, cenegal *m.*

quail [kweɪl] *n (bird)* codorniz *f // vi* amedrentarse.

quaint [kweɪnt] *a* extraño; *(picturesque)* pintoresco.

quake [kweɪk] *vi* temblar *// n abbr* = **earthquake.**

Quaker ['kweɪkə*] *n* cuáquero/a.

qualification [kwɔlɪfɪ'keɪʃən] *n (ability)* capacidad *f; (requirement)* requisito; *(diploma etc)* título.

qualified ['kwɔlɪfaɪd] *a (trained, fit)* capacitado; *(professionally)* titulado; *(limited)* limitado.

qualify ['kwɔlɪfaɪ] *vt (LING)* calificar a; *(capacitate)* capacitar; *(modify)* modificar // vi (SPORT) clasificarse; to ~ (as) calificarse (de), graduarse (en); to ~ (for) reunir los requisitos (para).

quality ['kwɔlɪtɪ] n calidad f; (moral) cualidad f.

qualm [kwɑːm] n escrúpulo.

quandary ['kwɔndrɪ] n: to be in a ~ tener dudas.

quantity ['kwɔntɪtɪ] n cantidad f; ~ surveyor n aparejador(a) m/f.

quarantine ['kwɔrntiːn] n cuarentena.

quarrel ['kwɔrl] n riña, pelea // vi reñir, pelearse; ~some a pendenciero.

quarry ['kwɔrɪ] n (for stone) cantera; (animal) presa.

quart [kwɔːt] n cuarto de galón = 1.136 l.

quarter ['kwɔːtə*] n cuarto, cuarta parte f; (of year) trimestre m; (district) barrio // vt dividir en cuartos; (MIL: lodge) alojar; ~s npl (barracks) cuartel m; (living ~s) alojamiento sg; a ~ of an hour un cuarto de hora; ~ final n cuarto de final; ~ly a trimestral // ad cada 3 meses, trimestralmente; ~master n (MIL) comisario, intendente m militar.

quartet(te) [kwɔːˈtɛt] n cuarteto.

quartz [kwɔːts] n cuarzo.

quash [kwɔʃ] vt (verdict) anular.

quasi- ['kweɪzaɪ] pref cuasi.

quaver ['kweɪvə*] n (Brit MUS) corchea // vi temblar.

quay [kiː] n (also: ~side) muelle m.

queasy ['kwiːzɪ] a: to feel ~ tener náuseas.

queen [kwiːn] n reina; (CARDS etc) dama; ~ mother n reina madre.

queer [kwɪə*] a (odd) raro, extraño // n (pej: col) maricón m.

quell [kwɛl] vt (feeling) calmar; (rebellion etc) sofocar.

quench [kwɛntʃ] vt (flames) apagar; to ~ one's thirst apagar la sed.

querulous ['kwɛruləs] a (person, voice) quejumbroso.

query ['kwɪərɪ] n (question) pregunta; (doubt) duda // vt dudar de.

quest [kwɛst] n busca, búsqueda.

question ['kwɛstʃən] n pregunta; (matter) asunto, cuestión f // vt (doubt) dudar de; (interrogate) interrogar, hacer preguntas a; beyond ~ fuera de toda duda; it's out of the ~ imposible; ni hablar; ~able a discutible; (doubtful) dudoso; ~ mark n punto de interrogación; ~naire [-'nɛə*] n cuestionario.

queue [kjuː] n (Brit) n cola // vi hacer cola.

quibble ['kwɪbl] vi sutilizar.

quick [kwɪk] a rápido; (temper) vivo; (mind) listo; (eye) agudo // n: the ~ (fig) herido en lo vivo; be ~! ¡date prisa!; ~en vt apresurar // vi apresurarse, darse prisa; ~ly ad rápidamente, de prisa; ~sand n arenas fpl movedizas; ~-witted a perspicaz.

quid [kwɪd] n, pl inv (Brit col) libra.

quiet ['kwaɪət] a tranquilo; (person) callado; (discreet) discreto // n silencio, tranquilidad f // vt, vi (US) = ~en; keep ~! ¡cállate!, ¡silencio!; ~en (also: ~en down) vi (grow calm) calmarse; (grow silent) callarse // vt calmar; hacer callar; ~ly ad tranquilamente; (silently) silenciosamente; ~ness n (silence) silencio; (calm) tranquilidad f.

quilt [kwɪlt] n (Brit) edredón m.

quin [kwɪn] n abbr = **quintuplet**.

quinine [kwɪˈniːn] n quinina.

quintet(te) [kwɪnˈtɛt] n quinteto.

quintuplet [kwɪnˈtjuːplɪt] n quintillizo/a.

quip [kwɪp] n pulla.

quirk [kwɔːk] n peculiaridad f.

quit [kwɪt], pt, pp **quit** or **quitted** vt dejar, abandonar; (premises) desocupar // vi (give up) renunciar; (go away) irse; (resign) dimitir.

quite [kwaɪt] ad (rather) bastante; (entirely) completamente; ~ a few of them un buen número de ellos; ~ (so)! ¡así es!, ¡exactamente!

quits [kwɪts] a: ~ (with) en paz (con); let's call it ~ dejémoslo en tablas.

quiver ['kwɪvə*] vi estremecerse

quiz [kwɪz] n (game) concurso; (: TV, RADIO) programa-concurso // vt interrogar; ~zical a burlón(ona).

quota ['kwəʊtə] n cuota.

quotation [kwəʊˈteɪʃən] n cita; (estimate) presupuesto; ~ marks npl comillas fpl.

quote [kwəʊt] n cita // vt (sentence) citar; (price) cotizar // vi: to ~ from citar de.

quotient ['kwəʊʃənt] n cociente m.

R

rabbi ['ræbaɪ] n rabino.

rabbit ['ræbɪt] n conejo; ~ hutch n coneja jera.

rabble ['ræbl] n (pej) chusma, populacho.

rabies ['reɪbiːz] n rabia.

RAC n abbr (Brit) = Royal Automobile Club.

race [reɪs] n carrera; (species) raza // vt (horse) hacer correr; (person) competir contra; (engine) acelerar // vi (compete) competir; (run) correr; (pulse) latir a ritmo acelerado; ~ car n (US) = racing car; ~ car driver n (US) = racing driver; ~course n hipódromo; ~horse n caballo de carreras; ~track n hipódromo; (for cars) autódromo.

racial ['reɪʃl] a racial; ~ist a, n racista m/f.

racing ['reɪsɪŋ] n carreras fpl; ~ car n (Brit) coche m de carreras; ~ driver n (Brit) corredor(a) m/f de coches.

racism ['reɪsɪzəm] n racismo; **racist**

[-sıst] *a*, *n* racista *m/f*.

rack [ræk] *n* (*also*: **luggage ~**) rejilla; (*shelf*) estante *m*; (*also*: **roof ~**) baca, portaequipajes *m inv*; (*clothes ~*) percha // *vt* (*cause pain to*) atormentar; **to ~ one's brains** devanarse los sesos.

racket ['rækıt] *n* (*for tennis*) raqueta; (*noise*) ruido, estrépito; (*swindle*) estafa, timo.

racquet ['rækıt] *n* raqueta.

racy ['reısı] *a* picante, salado.

radar ['reıdɑ:*] *n* radar *m*.

radiance ['reıdıəns] *n* brillantez *f*, resplandor *m*.

radiant ['reıdıənt] *a* brillante, resplandeciente.

radiate ['reıdıeıt] *vt* (*heat*) radiar, irradiar // *vi* (*lines*) extenderse.

radiation [reıdı'eıʃən] *n* radiación *f*.

radiator ['reıdıeıtə*] *n* radiador *m*.

radical ['rædıkl] *a* radical.

radii ['reıdıaı] *npl of* **radius**.

radio ['reıdıəu] *n* radio *f*; **on the ~** por radio.

radio... [reıdıəu] *pref*: **~active** *a* radioactivo.

radio-controlled [reıdıəukən'trəuld] *a* teledirigido.

radiography [reıdı'ɔgrəfı] *n* radiografía.

radiology [reıdı'ɔlədʒı] *n* radiología.

radio station *n* emisora.

radiotherapy ['reıdıəuθerəpı] *n* radioterapia.

radish ['rædıʃ] *n* rábano.

radius ['reıdıəs], *pl* **radii** [-ıaı] *n* radio.

RAF *n abbr* = **Royal Air Force.**

raffle ['ræfl] *n* rifa, sorteo // *vt* rifar.

raft [rɑ:ft] *n* (*craft*) baba; (*also*: **life ~**) balsa salvavidas.

rafter ['rɑ:ftə*] *n* viga.

rag [ræg] *n* (*piece of cloth*) trapo; (*torn cloth*) harapo; (*pej*: *newspaper*) periodicucho; (*for charity*) actividades estudiantiles benéficas // *vt* (*Brit*) tomar el pelo a; **~s** *npl* harapos *mpl*; **~-and-bone man** *n* (*Brit*) = **~man**; **~ doll** *n* muñeca de trapo.

rage [reıdʒ] *n* (*fury*) rabia, furor *m* // *vi* (*person*) rabiar, estar furioso; (*storm*) bramar; **it's all the ~** es lo último.

ragged ['rægıd] *a* (*edge*) desigual, mellado; (*cuff*) roto; (*appearance*) andrajoso, harapiento.

ragman ['rægmæn] *n* trapero.

raid [reıd] *n* (*MIL*) incursión *f*; (*criminal*) asalto; (*by police*) redada // *vt* invadir, atacar; asaltar; **~er** *n* invasor(a) *m/f*.

rail [reıl] *n* (*on stair*) barandilla, pasamanos *m inv*; (*on bridge, balcony*) pretil *m*; (*of ship*) barandilla; (*for train*) riel *m*, carril *m*; **~s** *npl* vía *sg*; **by ~** por ferrocarril; **~ing(s)** *n(pl)* verja *sg*, enrejado *sg*; **~road** *n* (*US*) = **~way**; **~way** *n* (*Brit*) ferrocarril *m*, vía férrea; **~way line** *n* (*Brit*) línea (de fe-

rrocarril); **~wayman** *n* (*Brit*) ferroviario; **~way station** *n* (*Brit*) estación *f* de ferrocarril.

rain [reın] *n* lluvia // *vi* llover; **in the ~** bajo la lluvia; **it's ~ing** llueve, está lloviendo; **~bow** *n* arco iris; **~coat** *n* impermeable *m*; **~drop** *n* gota de lluvia; **~fall** *n* lluvia; **~y** *a* lluvioso.

raise [reız] *n* aumento // *vt* (*lift*) levantar; (*build*) erigir, edificar; (*increase*) aumentar; (*doubts*) suscitar; (*a question*) plantear; (*cattle, family*) criar; (*crop*) cultivar; (*army*) reclutar; (*funds*) reunir; (*loan*) obtener; **to ~ one's voice** alzar la voz.

raisin ['reızn] *n* pasa de Corinto.

rake [reık] *n* (*tool*) rastrillo; (*person*) libertino // *vt* (*garden*) rastrillar; (*fire*) hurgar; (*with machine gun*) barrer.

rally ['rælı] *n* (*POL etc*) reunión *f*, mitin *m*; (*AUT*) rallye *m*; (*TENNIS*) peloteo // *vt* reunir // *vi* reunirse; (*sick person, Stock Exchange*) recuperarse; **to ~ round** *vt fus* (*fig*) dar apoyo a.

RAM [ræm] *n abbr* (= *random access memory*) RAM *f*.

ram [ræm] *n* carnero; (*TECH*) pisón *m* // *vt* (*crash into*) dar contra, chocar con; (*tread down*) apisonar.

ramble ['ræmbl] *n* caminata, excursión *f* en el campo // *vi* (*pej*: *also*: **~ on**) divagar; **~r** *n* excursionista *m/f*; (*BOT*) trepadora; **rambling** *a* (*speech*) inconexo; (*BOT*) trepador(a).

ramp [ræmp] *n* rampa; **on/off ~** *n* (*US AUT*) vía de acceso/salida.

rampage [ræm'peıdʒ] *n*: **to be on the ~** desmandarse.

rampant ['ræmpənt] *a* (*disease etc*): **to be ~** estar extendiéndose mucho.

rampart ['ræmpɑ:t] *n* terraplén *m*; (*wall*) muralla.

ramshackle ['ræmʃækl] *a* destartalado.

ran [ræn] *pt of* **run**.

ranch [rɑ:ntʃ] *n* (*US*) hacienda, estancia; **~er** *n* ganadero.

rancid ['rænsıd] *a* rancio.

rancour, (*US*) **rancor** ['ræŋkə*] *n* rencor *m*.

random ['rændəm] *a* fortuito, sin orden; (*COMPUT, MATH*) aleatorio // *n*: **at ~** al azar.

randy ['rændı] *a* (*Brit col*) cachondo.

rang [ræŋ] *pt of* **ring**.

range [reındʒ] *n* (*of mountains*) cadena de montañas, cordillera; (*of missile*) alcance *m*; (*of voice*) registro; (*series*) serie *f*; (*of products*) surtido; (*MIL*: *also*: **shooting ~**) campo de tiro; (*also*: **kitchen ~**) fogón *m* // *vt* (*place*) colocar; (*arrange*) arreglar // *vi*: **to ~ over** (*wander*) recorrer; (*extend*) extenderse por; **to ~ from ... to...** oscilar entre ... y....

ranger [reındʒə*] *n* guardabosques *m inv*.

rank [ræŋk] n (row) fila; (MIL) rango; (status) categoría; (Brit: also: taxi ~) parada // vi: to ~ among figurar entre // a (stinking) fétido, rancio; the ~ and file (fig) la base.

rankle ['ræŋkl] vi (insult) doler.

ransack ['rænsæk] vt (search) registrar; (plunder) saquear.

ransom ['rænsəm] n rescate m; to hold sb to ~ (fig) hacer chantaje a uno.

rant [rænt] vi divagar, desvariar.

rap [ræp] vt golpear, dar un golpecito en.

rape [reɪp] n violación f; (BOT) colza // vt violar; ~ (seed) oil n aceite m de colza.

rapid ['ræpɪd] a rápido; ~s npl (GEO) rápidos mpl; ~ity [rə'pɪdɪti] n rapidez f; ~ly ad rápidamente.

rapist ['reɪpɪst] n violador m.

rapport [ræ'pɔ:*] n simpatía.

rapture ['ræptʃə*] n éxtasis m.

rare [rɛə*] a raro, poco común; (CULIN: steak) poco hecho.

rarely ['rɛəlɪ] ad pocas veces.

raring ['rɛərɪŋ] a: to be ~ to go (col) tener muchas ganas de empezar.

rarity ['rɛərɪtɪ] n rareza.

rascal ['rɑ:skl] n pillo, pícaro.

rash [ræʃ] a imprudente, precipitado // n (MED) salpullido, erupción f (cutánea).

rasher ['ræʃə*] n lonja.

raspberry ['rɑ:zbərɪ] n frambuesa.

rasping ['rɑ:spɪŋ] a: a ~ noise un ruido áspero.

rat [ræt] n rata.

rate [reɪt] n (ratio) razón f; (percentage) tanto por ciento; (price) precio; (: of hotel) tarifa; (of interest) tipo; (speed) velocidad f // vt (value) tasar; (estimate) estimar; to ~ as ser considerado como; ~s npl (Brit) impuesto sg municipal; (fees) tarifa sg; ~able value n (Brit) valor m impuesto; ~payer n (Brit) contribuyente m/f.

rather ['rɑ:ðə*] ad: it's ~ expensive es algo caro; (too much) es demasiado caro; there's ~ a lot hay bastante; I would or I'd ~ go preferiría ir; or ~ mejor dicho.

ratify ['rætɪfaɪ] vt ratificar.

rating ['reɪtɪŋ] n (valuation) tasación f; (standing) posición f; (Brit NAUT: sailor) marinero.

ratio ['reɪʃɪəu] n razón f; in the ~ of 100 to 1 a razón de 100 a 1.

ration ['ræʃən] n ración f; ~s npl víveres mpl // vt racionar.

rational ['ræʃənl] a racional; (solution, reasoning) lógico, razonable; (person) cuerdo, sensato; ~e [-'nɑ:l] n razón f fundamental; ~ize vt (industry) reconvertir; (behaviour) justificar.

rationing ['ræʃnɪŋ] n racionamiento.

rat race n lucha incesante por la supervivencia.

rattle ['rætl] n golpeteo; (of train etc) traqueteo; (object: of baby) sonaja, sonajero; (: of sports fan) matraca // vi sonar, golpear; traquetear; (small objects) castañetear // vt hacer sonar agitando; ~snake n serpiente f de cascabel.

raucous ['rɔ:kəs] a estridente, ronco.

ravage ['rævɪdʒ] vt hacer estragos en, destrozar; ~s npl estragos mpl.

rave [reɪv] vi (in anger) encolerizarse; (with enthusiasm) entusiasmarse; (MED) delirar, desvariar.

raven ['reɪvən] n cuervo.

ravenous ['rævənəs] a hambriento.

ravine [rə'vi:n] n barranco.

raving ['reɪvɪŋ] a: ~ lunatic loco de atar.

ravishing ['rævɪʃɪŋ] a encantador(a).

raw [rɔ:] a (uncooked) crudo; (not processed) bruto; (sore) vivo; (inexperienced) novato, inexperto; ~ deal n injusticia; ~ material n materia prima.

ray [reɪ] n rayo; ~ of hope (rayo de) esperanza.

rayon ['reɪɔn] n rayón m.

raze [reɪz] vt arrasar.

razor ['reɪzə*] n (open) navaja; (safety ~) máquina de afeitar; ~ blade n hoja de afeitar.

Rd abbr = road.

re [ri:] prep con referencia a.

reach [ri:tʃ] n alcance m; (BOXING) envergadura; (of river etc) extensión f entre dos recodos // vt alcanzar, llegar a; (achieve) lograr // vi extenderse; within ~ al alcance (de la mano); out of ~ fuera del alcance; to ~ out for sth alargar or tender la mano para tomar algo.

react [ri:'ækt] vi reaccionar; ~ion [-'ækʃən] n reacción f.

reactor [ri:'æktə*] n reactor m.

read [ri:d], pt, pp **read** [red] vi leer // vt leer; (understand) entender; (study) estudiar; to ~ out vt leer en alta voz; ~able a (writing) legible; (book) leíble; ~er n lector(a) m/f; (book) libro de lecturas; (Brit: at university) profesor(a) m/f adjunto/a; ~ership n (of paper etc) (número de) lectores mpl.

readily ['redɪlɪ] ad (willingly) de buena gana; (easily) fácilmente; (quickly) en seguida.

readiness ['redɪnɪs] n buena voluntad; (preparedness) preparación f; in ~ (prepared) listo, preparado.

reading ['ri:dɪŋ] n lectura; (understanding) comprensión f; (on instrument) indicación f.

readjust [ri:ə'dʒʌst] vt reajustar // vi (person): to ~ to reajustarse a.

ready ['redɪ] a listo, preparado; (willing) dispuesto; (available) disponible // ad: ~-cooked listo para comer // n: at the ~ (MIL) listo para tirar; to get ~ vi prepararse // vt preparar; ~-made a confeccionado; ~ money n dinero contante;

~ **reckoner** n libro de cálculos hechos; ~**-to-wear** a confeccionado.

real [rɪəl] a verdadero, auténtico; **in ~ terms** en términos reales; ~ **estate** n bienes mpl raíces; ~**istic** [-'lɪstɪk] a realista.

reality [rɪ:'ælɪtɪ] n realidad f.

realization [rɪəlaɪ'zeɪʃən] n comprensión f; realización f.

realize ['rɪəlaɪz] vt (understand) darse cuenta de; (a project; COMM: asset) realizar.

really ['rɪəlɪ] ad realmente; ~? ¿de veras?

realm [rɛlm] n reino; (fig) esfera.

realtor ['rɪəltɔ:*] n (US) corredor(a) m/f de bienes raíces.

reap [rɪ:p] vt segar; (fig) cosechar, recoger.

reappear [rɪ:ə'pɪə*] vi reaparecer.

rear [rɪə*] a trasero // n parte f trasera // vt (cattle, family) criar // vi (also: ~ up) (animal) encabritarse; ~**guard** n retaguardia.

rearmament [rɪ:'ɑ:məmənt] n rearme m.

rearrange [rɪə'reɪndʒ] vt ordenar or arreglar de nuevo.

rear-view ['rɪəvju:]: ~ **mirror** n (AUT) (espejo) retrovisor m.

reason ['rɪ:zn] n razón f // vi: **to ~ with sb** tratar de que uno entre en razón; **it stands to ~ that** es lógico que; ~**able** a razonable; (sensible) sensato; ~**ably** ad razonablemente; ~**ed** a (argument) razonado; ~**ing** n razonamiento, argumentos mpl.

reassurance [rɪ:ə'ʃuərəns] n consuelo.

reassure [rɪ:ə'ʃuə*] vt tranquilizar, alentar; **to ~ sb that** tranquilizar a uno asegurando que; **reassuring** a alentador(a).

rebate ['rɪ:beɪt] n (on product) rebaja; (on tax etc) descuento; (repayment) reembolso.

rebel ['rɛbl] n rebelde m/f // vi [rɪ'bɛl] rebelarse, sublevarse; ~**lion** [rɪ'bɛljən] n rebelión f, sublevación f; ~**lious** [rɪ'bɛljəs] a rebelde; (child) revoltoso.

rebound [rɪ'baund] vi (ball) rebotar // n ['rɪ:baund] rebote m.

rebuff [rɪ'bʌf] n desaire m, rechazo.

rebuild [rɪ:'bɪld] (irg: like build) vt reconstruir.

rebuke [rɪ'bju:k] vt reprender.

rebut [rɪ'bʌt] vt rebatir.

recalcitrant [rɪ'kælsɪtrənt] a reacio.

recall [rɪ'kɔ:l] vt (remember) recordar; (ambassador etc) retirar // n recuerdo.

recant [rɪ'kænt] vi retractarse.

recap [rɪ'kæp] vt, vi recapitular.

recapitulate [rɪ:kə'pɪtjuleɪt] vt, vi = **recap**.

rec'd abbr (= received) rbdo.

recede [rɪ'sɪ:d] vi retroceder; **receding** a (forehead, chin) huidizo; receding hair-line entradas fpl.

receipt [rɪ'sɪ:t] n (document) recibo; (for parcel etc) acuse m de recibo; (act of receiving) recepción f; ~**s** npl (COMM) ingresos mpl.

receive [rɪ'sɪ:v] vt recibir; (guest) acoger; (wound) sufrir; ~**r** n (TEL) auricular m; (RADIO) receptor m; (of stolen goods) perista m/f; (LAW) administrador m jurídico.

recent ['rɪ:snt] a reciente; ~**ly** ad recientemente; ~**ly arrived** recién llegado.

receptacle [rɪ'sɛptɪkl] n receptáculo.

reception [rɪ'sɛpʃən] n (gen) recepción f; (welcome) acogida; ~ **desk** n recepción f; ~**ist** n recepcionista m/f.

recess [rɪ'sɛs] n (in room) hueco; (for bed) nicho; (secret place) escondrijo; (POL etc: holiday) clausura; ~**ion** [-'sɛʃən] n recesión f.

recharge [rɪ:'tʃɑ:dʒ] vt (battery) recargar.

recipe ['rɛsɪpɪ] n receta.

recipient [rɪ'sɪpɪənt] n recibidor(a) m/f; (of letter) destinatario/a.

recital [rɪ'saɪtl] n recital m.

recite [rɪ'saɪt] vt (poem) recitar; (complaints etc) enumerar.

reckless ['rɛkləs] a temerario, imprudente; (speed) peligroso; ~**ly** ad imprudentemente; de modo peligroso.

reckon ['rɛkən] vt (count) contar; (consider) considerar; **I ~ that...** me parece que...; **to ~ on** vt fus contar con; ~**ing** n (calculation) cálculo.

reclaim [rɪ'kleɪm] vt (land) recuperar; (: from sea) rescatar; (demand back) reclamar.

recline [rɪ'klaɪn] vi reclinarse; **reclining** a (seat) reclinable.

recluse [rɪ'klu:s] n recluso/a.

recognition [rɛkəg'nɪʃən] n reconocimiento; **transformed beyond ~** irreconocible.

recognizable ['rɛkəgnaɪzəbl] a: ~ **(by)** reconocible (por).

recognize ['rɛkəgnaɪz] vt: **to ~ (by/as)** reconocer (por/como).

recoil [rɪ'kɔɪl] vi (person): **to ~ from doing sth** retraerse de hacer algo // n (of gun) retroceso.

recollect [rɛkə'lɛkt] vt recordar, acordarse de; ~**ion** [-'lɛkʃən] n recuerdo.

recommend [rɛkə'mɛnd] vt recomendar.

recompense ['rɛkəmpɛns] vt recompensar // n recompensa.

reconcile ['rɛkənsaɪl] vt (two people) reconciliar; (two facts) compaginar; **to ~ o.s. to sth** conformarse a algo.

recondition [rɪ:kən'dɪʃən] vt (machine) reacondicionar.

reconnaissance [rɪ'kɔnɪsns] n (MIL) reconocimiento.

reconnoitre, (US) **reconnoiter** [rɛkə'nɔɪtə*] vt, vi (MIL) reconocer.

reconsider [ri:kən'sɪdə*] vt repensar.

reconstruct [ri:kən'strʌkt] vt reconstruir.

record ['rɛkɔːd] n (MUS) disco; (of meeting etc) relación f; (register) registro, partida; (file) archivo; (also: police ~) antecedentes mpl; (written) expediente m; (SPORT) récord m // vt [rɪ'kɔːd] (set down) registrar; (relate) hacer constar; (MUS: song etc) grabar; in ~ time en un tiempo récord; off the ~ a no oficial // ad confidencialmente; ~ card n (in file) ficha; ~ed delivery n (Brit POST) entrega con acuse de recibo; ~er n (MUS) flauta de pico; (TECH) contador m; ~ holder n (SPORT) actual poseedor(a) m/f del récord; ~ing n (MUS) grabación f; ~ player n tocadiscos m inv.

recount [rɪ'kaunt] vt contar.

re-count ['ri:kaunt] n (POL: of votes) segundo escrutinio // vt [ri:'kaunt] volver a contar.

recoup [rɪ'kuːp] vt: to ~ one's losses recuperar las pérdidas.

recourse [rɪ'kɔːs] n recurso.

recover [rɪ'kʌvə*] vt recuperar; (rescue) rescatar // vi (from illness, shock) recuperarse; (country) recuperar; ~y n recuperación f; rescate m; (MED): to make a ~y restablecerse.

recreation [rɛkrɪ'eɪʃən] n (amusement, SCOL) recreo; ~al a de recreo.

recruit [rɪ'kruːt] n recluta m/f // vt reclutar; (staff) contratar (personal); ~ment n reclutamiento.

rectangle ['rɛktæŋgl] n rectángulo; **rectangular** [-'tæŋgjulə*] a rectangular.

rectify ['rɛktɪfaɪ] vt rectificar.

rector ['rɛktə*] n (REL) párroco; ~y n casa del párroco.

recuperate [rɪ'kuːpəreɪt] vi reponerse, restablecerse.

recur [rɪ'kə:*] vi repetirse; (pain, illness) producirse de nuevo; ~rence [rɪ'kʌrens] n repetición f; ~rent [rɪ'kʌrent] a repetido.

red [rɛd] n rojo // a rojo; to be in the ~ (account) estar en números rojos; (business) tener un saldo negativo; to give sb the ~ carpet treatment recibir a uno con todos los honores; R~ Cross n Cruz f Roja; ~currant n grosella roja; ~den vt enrojecer // vi enrojecerse; ~dish a (hair) rojizo.

redeem [rɪ'diːm] vt (sth in pawn) desempeñar; (fig, also REL) rescatar; ~ing a: ~ing feature rasgo bueno or favorable.

redeploy [ri:dɪ'plɔɪ] vt (resources) reorganizar.

red: ~-haired a pelirrojo; ~-handed a: to be caught ~-handed cogerse (Sp) or pillarse (LAm) con las manos en la masa; ~head n pelirrojo/a; ~ herring n (fig) pista falsa; ~-hot a candente.

redirect [ri:daɪ'rɛkt] vt (mail) reexpedir.

red light n: to go through a ~ (AUT) pasar la luz roja; **red-light district** n barrio chino.

redo [ri:'duː] (irg: like do) vt rehacer.

redolent ['rɛdələnt] a: ~ of (smell) con fragancia a; to be ~ of (fig) recordar.

redouble [ri:'dʌbl] vt: to ~ one's efforts intensificar los esfuerzos.

redress [rɪ'drɛs] n reparación f // vt reparar.

Red Sea n: the ~ el mar Rojo.

redskin ['rɛdskɪn] n piel roja m/f.

red tape n (fig) trámites mpl.

reduce [rɪ'djuːs] vt reducir; (lower) rebajar; '~ speed now' (AUT) 'reduzca la velocidad'; at a ~d price (of goods) (a precio) rebajado; **reduction** [rɪ'dʌkʃən] n reducción f; (of price) rebaja; (discount) descuento.

redundancy [rɪ'dʌndənsɪ] n desempleo.

redundant [rɪ'dʌndnt] a (Brit) (worker) parado, sin trabajo; (detail, object) superfluo; to be made ~ quedar(se) sin trabajo.

reed [riːd] n (BOT) junco, caña.

reef [riːf] n (at sea) arrecife m.

reek [riːk] vi: to ~ (of) apestar (a).

reel [riːl] n carrete m, bobina; (of film) rollo // vt (TECH) devanar; (also: ~ in) sacar // vi (sway) tambalear(se).

ref [rɛf] n abbr (col) = **referee**.

refectory [rɪ'fɛktərɪ] n comedor m.

refer [rɪ'fə:*] vt (send) remitir; (ascribe) referir a, relacionar con // vi: to ~ to (allude to) referirse a, aludir a; (apply to) relacionarse con; (consult) consultar.

referee [rɛfə'riː] n árbitro; (Brit: for job application) valedor m; to be a ~ (for job application) proporcionar referencias // vt (match) arbitrar en.

reference ['rɛfrəns] n (mention) referencia; (for job application: letter) carta de recomendación; with ~ to con referencia a; (COMM: in letter) me remito a; ~ book n libro de consulta; ~ number n número de referencia.

refill [ri:'fɪl] vt rellenar // n ['ri:fɪl] repuesto, recambio.

refine [rɪ'faɪn] vt (sugar, oil) refinar; ~d a (person, taste) fino; ~ment n (of person) cultura, educación f.

reflect [rɪ'flɛkt] vt (light, image) reflejar // vi (think) reflexionar, pensar; it ~s badly/well on him la perjudica/le hace honor; ~ion [-'flɛkʃən] n (act) reflexión f; (image) reflejo; (discredit) crítica; on ~ion pensándolo bien; ~or n (AUT) captafaros m inv; (telescope) reflector m.

reflex ['ri:flɛks] a, n reflejo; ~ive [rɪ'flɛksɪv] a (LING) reflexivo.

reform [rɪ'fɔːm] n reforma // vt reformar; **the R~ation** [rɛfə'meɪʃən] n la Reforma; ~atory n (US) reformatorio; ~er n reformador(a) m/f.

refrain [rɪ'freɪn] vi: to ~ from doing abstenerse de hacer // n estribillo.

refresh [rɪ'freʃ] vt refrescar; ~**er course** n (Brit) curso de repaso; ~**ing** a (drink) refrescante; (change etc) estimulante; ~**ments** npl (drinks) refrescos mpl.

refrigerator [rɪ'frɪdʒəreɪtə*] n nevera, refrigeradora (LAm).

refuel [riː'fjuəl] vi repostar (combustible).

refuge ['refjuːdʒ] n refugio, asilo; **to take ~** in refugiarse en.

refugee [refju'dʒiː] n refugiado/a.

refund ['riːfʌnd] n reembolso // vt [rɪ'fʌnd] devolver, reembolsar.

refurbish [riː'fəːbɪʃ] vt restaurar, renovar.

refusal [rɪ'fjuːzəl] n negativa; **to have first ~ on** tener la primera opción a.

refuse ['refjuːs] n basura // vb [rɪ'fjuːz] vt rechazar // vi negarse; (horse) rehusar; ~ **collection** recolección f de basuras.

regain [rɪ'geɪn] vt recobrar, recuperar.

regal ['riːgl] a regio, real.

regalia [rɪ'geɪlɪə] n insignias fpl.

regard [rɪ'gɑːd] n (esteem) respeto, consideración f // vt (consider) considerar; **to give one's ~s to** saludar de su parte a; **'with kindest ~s'** 'con muchos recuerdos'; ~**ing**, as ~s, with ~ to prep con respecto a, en cuanto a; ~**less** ad a pesar de todo; ~**less of** sin reparar en.

régime [reɪ'ʒiːm] n régimen m.

regiment ['redʒɪmənt] n regimiento // vt reglamentar; ~**al** [-'mentl] a militar.

region ['riːdʒən] n región f; **in the ~ of** (fig) alrededor de; ~**al** a regional.

register ['redʒɪstə*] n registro // vt registrar; (birth) declarar; (letter) certificar; (subj: instrument) marcar, indicar // vi (at hotel) registrarse; (sign on) inscribirse; (make impression) producir impresión; ~**ed** a (design) registrado; (Brit: letter) certificado; ~**ed trademark** n marca registrada.

registrar ['redʒɪstrɑː*] n secretario/a (del registro civil).

registration [redʒɪs'treɪʃən] n (act) declaración f; (AUT: also: ~ **number**) matrícula.

registry ['redʒɪstrɪ] n registro; ~ **office** n (Brit) registro civil; **to get married in a ~ office** casarse por lo civil.

regret [rɪ'gret] n sentimiento, pesar m; (remorse) remordimiento // vt sentir, lamentar; (repent of) arrepentirse de; ~**fully** ad con pesar; ~**table** a lamentable; (loss) sensible.

regroup [riː'gruːp] vt reagrupar // vi reagruparse.

regular ['regjulə*] a regular; (soldier) profesional; (col: intensive) verdadero // n (client etc) cliente/a m/f habitual; ~**ity** [-'lærɪtɪ] n regularidad f; ~**ly** ad con regularidad.

regulate ['regjuleɪt] vt (gen) controlar; **regulation** [-'leɪʃən] n (rule) regla, reglamento; (adjustment) regulación f.

rehearsal [rɪ'həːsəl] n ensayo.

rehearse [rɪ'həːs] vt ensayar.

reign [reɪn] n reinado; (fig) predominio // vi reinar; (fig) imperar.

reimburse [riːɪm'bəːs] vt reembolsar.

rein [reɪn] n (for horse) rienda.

reindeer ['reɪndɪə*] n, pl inv reno.

reinforce [riːɪn'fɔːs] vt reforzar; ~**d concrete** n hormigón m armado; ~**ment** n (action) refuerzo; ~**ments** npl (MIL) refuerzos mpl.

reinstate [riːɪn'steɪt] vt (worker) reintegrar (a su puesto).

reiterate [riː'ɪtəreɪt] vt reiterar, repetir.

reject ['riːdʒekt] n (thing) desecho // vt [rɪ'dʒekt] rechazar; (suggestion) descartar; ~**ion** [rɪ'dʒekʃən] n rechazo.

rejoice [rɪ'dʒɔɪs] vi: **to ~ at** or **over** regocijarse or alegrarse de.

rejuvenate [rɪ'dʒuːvəneɪt] vt rejuvenecer.

relapse [rɪ'læps] n (MED) recaída.

relate [rɪ'leɪt] vt (tell) contar, relatar; (connect) relacionar // vi relacionarse; ~**d** a afín; (person) emparentado; ~**d to** (subject) relacionado con; **relating to** prep referente a.

relation [rɪ'leɪʃən] n (person) pariente/a m/f; (link) relación f; ~**ship** n relación f; (personal) relaciones fpl; (also: **family ~ship**) parentesco.

relative ['relətɪv] n pariente/a m/f, familiar m/f // a relativo; ~**ly** ad (comparatively) relativamente.

relax [rɪ'læks] vi descansar; (unwind) relajarse // vt relajar; (mind, person) descansar; ~**ation** [riːlæk'seɪʃən] n (rest) descanso; (entertainment) diversión f; ~**ed** a relajado; (tranquil) tranquilo; ~**ing** a relajante.

relay ['riːleɪ] n (race) carrera de relevos // vt (RADIO, TV, pass on) retransmitir.

release [rɪ'liːs] n (liberation) liberación f; (discharge) puesta en libertad f; (of gas etc) escape m; (of film etc) estreno // vt (prisoner) poner en libertad; (film) estrenar; (book) publicar; (piece of news) difundir; (gas etc) despedir, arrojar; (free: from wreckage etc) soltar; (TECH: catch, spring etc) desenganchar; (let go) soltar, aflojar.

relegate ['reləgeɪt] vt relegar; (SPORT): **to be ~d to** bajar a.

relent [rɪ'lent] vi ablandarse; ~**less** a implacable.

relevant ['reləvənt] a (fact) pertinente; **relevant to** relacionado con.

reliability [rɪlaɪə'bɪlɪtɪ] n fiabilidad f; seguridad f; veracidad f.

reliable [rɪ'laɪəbl] a (person, firm) de confianza, de fiar; (method, machine) seguro; (source) fidedigno; **reliably** ad: **to**

be **reliably informed that...** saber de fuente fidedigna que... .

reliance [rɪ'laɪəns] n: ~ **(on)** dependencia (de).

relic ['rɛlɪk] n (REL) reliquia; (of the past) vestigio.

relief [rɪ'liːf] n (from pain, anxiety) alivio; (help, supplies) socorro, ayuda; (ART, GEO) relieve m.

relieve [rɪ'liːv] vt (pain, patient) aliviar; (bring help to) ayudar, socorrer; (burden) aligerar; (take over from: gen) sustituir; (: guard) relevar; **to ~ sb of sth** quitar algo a uno; **to ~ o.s.** hacer sus necesidades.

religion [rɪ'lɪdʒən] n religión f; **religious** a religioso.

relinquish [rɪ'lɪŋkwɪʃ] vt abandonar; (plan, habit) renunciar a.

relish ['rɛlɪʃ] n (CULIN) salsa; (enjoyment) entusiasmo // vt (food etc) saborear; **to ~ doing** gustar mucho de hacer.

relocate [riːləʊ'keɪt] vt cambiar de lugar, mudar // vi mudarse.

reluctance [rɪ'lʌktəns] n renuencia; **reluctant** a renuente; **reluctantly** ad de mala gana.

rely [rɪ'laɪ]: **to ~ on** vt fus confiar en, fiarse de; (be dependent on) depender de.

remain [rɪ'meɪn] vi (survive) quedar; (be left) sobrar; (continue) quedar(se), permanecer; **~der** n resto; **~ing** a sobrante; **~s** npl restos mpl.

remand [rɪ'mɑːnd] n: **on ~** detenido (bajo custodia) // vt: **to ~ in custody** mantener bajo custodia; **~ home** n (Brit) reformatorio.

remark [rɪ'mɑːk] n comentario // vt comentar; **~able** a notable; (outstanding) extraordinario.

remarry [riː'mærɪ] vi volver a casarse.

remedial [rɪ'miːdɪəl] a: **~ education** educación f de los niños atrasados.

remedy ['rɛmədɪ] n remedio // vt remediar, curar.

remember [rɪ'mɛmbə*] vt recordar, acordarse de; (bear in mind) tener presente; **remembrance** n: **in remembrance of** en conmemoración de.

remind [rɪ'maɪnd] vt: **to ~ sb to do sth** recordar a uno que haga algo; **to ~ sb of sth** recordar algo a uno; **she ~s me of her mother** me recuerda a su madre; **~er** n notificación f; (memento) recuerdo.

reminisce [rɛmɪ'nɪs] vi recordar (viejas historias); **~nt** a: **to be ~nt of sth** recordar algo.

remiss [rɪ'mɪs] a descuidado; **it was ~ of him** fue un descuido de su parte.

remission [rɪ'mɪʃən] n remisión f; (of sentence) disminución f de pena.

remit [rɪ'mɪt] vt (send: money) remitir, enviar; **~tance** n remesa, envío.

remnant ['rɛmnənt] n resto; (of cloth)

retazo; **~s** npl (COMM) restos mpl de serie.

remorse [rɪ'mɔːs] n remordimientos mpl; **~ful** a arrepentido; **~less** a (fig) implacable; inexorable.

remote [rɪ'məʊt] a (distant) lejano; (person) distante; **~ control** n telecontrol m; **~ly** ad remotamente; (slightly) levemente.

remould ['riːməʊld] n (Brit: tyre) neumático or llanta (LAm) recauchutado/a.

removable [rɪ'muːvəbl] a (detachable) separable.

removal [rɪ'muːvəl] n (taking away) el quitar; (Brit: from house) mudanza; (from office: dismissal) destitución f; (MED) extirpación f; **~ van** n (Brit) camión m de mudanzas.

remove [rɪ'muːv] vt quitar; (employee) destituir; (name: from list) tachar, borrar; (doubt) disipar; (abuse) suprimir, acabar con; (TECH) retirar, separar; (MED) extirpar; **~rs** npl (Brit: company) agencia de mudanzas.

Renaissance [rɪ'neɪsɔns] n: **the ~** el Renacimiento.

render ['rɛndə*] vt (thanks) dar; (aid) proporcionar, prestar; (honour) dar, conceder; (assistance) dar, prestar; **to ~ sth + a** volver algo + a; **~ing** n (MUS etc) interpretación f.

rendez-vous ['rɔndɪvuː] n cita.

renegade ['rɛnɪgeɪd] n renegado/a.

renew [rɪ'njuː] vt renovar; (resume) reanudar; (extend date) prorrogar; **~al** n renovación f; reanudación f; prórroga.

renounce [rɪ'naʊns] vt renunciar a; (right, inheritance) renunciar.

renovate ['rɛnəveɪt] vt renovar.

renown [rɪ'naʊn] n renombre m; **~ed** a renombrado.

rent [rɛnt] n alquiler m; (for house) arriendo, renta // vt alquilar; **~al** n (for television, car) alquiler m.

renunciation [rɪnʌnsɪ'eɪʃən] n renuncia.

rep [rɛp] n abbr = **representative**; **repertory**.

repair [rɪ'pɛə*] n reparación f, compostura // vt reparar, componer; (shoes) remendar; **in good/bad ~** en buen/mal estado; **~ kit** n caja de herramientas.

repartee [rɛpɑː'tiː] n réplicas fpl agudas.

repatriate [riː'pætrɪeɪt] vt repatriar.

repay [riː'peɪ] (irg: like pay) vt (money) devolver, reembolsar; (person) pagar; (debt) liquidar; (sb's efforts) devolver, corresponder a; **~ment** n reembolso, devolución f; (sum of money) recompensa.

repeal [rɪ'piːl] n revocación f // vt revocar.

repeat [rɪ'piːt] n (RADIO, TV) reposición f // vt repetir // vi repetirse; **~edly** ad repetidas veces.

repel [rɪ'pɛl] vt (fig) repugnar; **~lent** a

repugnante // n: insect ~lent crema/ loción f anti-insectos.

repent [rɪ'pɛnt] vi: to ~ (of) arrepentirse (de); ~ance n arrepentimiento.

repercussion [riːpə'kʌʃən] n (consequence) repercusión f; to have ~s repercutir.

repertoire ['rɛpətwɑ:*] n repertorio.

repertory ['rɛpətərɪ] n (also: ~ theatre) teatro de repertorio.

repetition [rɛpɪ'tɪʃən] n repetición f.

repetitive [rɪ'pɛtɪtɪv] a repetitivo.

replace [rɪ'pleɪs] vt (put back) devolver a su sitio; (take the place of) reemplazar, sustituir; ~ment n (act) reposición f; (thing) recambio; (person) suplente m/f.

replay ['riːpleɪ] n (SPORT) desempate m; (of tape, film) repetición f.

replenish [rɪ'plɛnɪʃ] vt (tank etc) rellenar; (stock etc) reponer.

replete [rɪ'pliːt] a repleto, lleno.

replica ['rɛplɪkə] n copia, reproducción f (exacta).

reply [rɪ'plaɪ] n respuesta, contestación f // vi contestar, responder; ~ coupon n cupón-respuesta m.

report [rɪ'pɔːt] n informe m; (PRESS etc) reportaje m; (Brit: also: school ~) boletín m escolar; (of gun) estallido // vt informar de; (PRESS etc) hacer un reportaje sobre; (notify: accident, culprit) denunciar // vi (make a report) presentar un informe; (present o.s.): to ~ (to sb) presentarse (ante uno); ~ card n (US, Scottish) cartilla escolar; ~edly ad según se dice; ~er n periodista m/f.

repose [rɪ'pəʊz] n: in ~ (face, mouth) en reposo.

reprehensible [rɛprɪ'hɛnsɪbl] a reprensible, censurable.

represent [rɛprɪ'zɛnt] vt representar; (COMM) ser agente de; ~ation [-'teɪʃən] n representación f; ~ations npl (protest) quejas fpl; ~ative n (gen) representante m/f; (US POL) diputado/a m/f // a representativo.

repress [rɪ'prɛs] vt reprimir; ~ion [-'prɛʃən] n represión f.

reprieve [rɪ'priːv] n (LAW) indulto; (fig) alivio.

reprimand ['rɛprɪmɑːnd] n reprimenda // vt reprender.

reprisal [rɪ'praɪzl] n represalia.

reproach [rɪ'prəʊtʃ] n reproche m // vt: to ~ sb with sth reprochar algo a uno; ~ful a de reproche, de acusación.

reproduce [riːprə'djuːs] vt reproducir // vi reproducirse; **reproduction** [-'dʌkʃən] n reproducción f.

reproof [rɪ'pruːf] n reproche m.

reprove [rɪ'pruːv] vt: to ~ sb for sth reprochar algo a uno.

reptile ['rɛptaɪl] n reptil m.

republic [rɪ'pʌblɪk] n república f; ~an a, n republicano/a m/f.

repudiate [rɪ'pjuːdɪeɪt] vt (accusation) rechazar; (obligation) desconocer.

repulse [rɪ'pʌls] vt rechazar; **repulsive** a repulsivo.

reputable ['rɛpjutəbl] a (make etc) de renombre.

reputation [rɛpju'teɪʃən] n reputación f.

repute [rɪ'pjuːt] n reputación f, fama; ~d a supuesto; ~dly ad según dicen or se dice.

request [rɪ'kwɛst] n solicitud f; petición f // vt: to ~ sth of or from sb solicitar algo a uno; ~ stop n (Brit) parada discrecional.

require [rɪ'kwaɪə*] vt (need: subj: person) necesitar, tener necesidad de; (: thing, situation) exigir; (want) pedir; (demand) insistir en que; ~ment n requisito; (need) necesidad f.

requisite ['rɛkwɪzɪt] n requisito // a necesario.

requisition [rɛkwɪ'zɪʃən] n: ~ (for) solicitud f (de) // vt (MIL) requisar.

rescind [rɪ'sɪnd] vt (LAW) abrogar; (contract, order etc) anular.

rescue ['rɛskjuː] n rescate m // vt rescatar; to ~ from librar de; ~ party n expedición f de salvamento; ~r n salvador(a) m/f.

research [rɪ'sɜːtʃ] n investigaciones fpl // vt investigar; ~er n investigador(a) m/f.

resemblance [rɪ'zɛmbləns] n parecido.

resemble [rɪ'zɛmbl] vt parecerse a.

resent [rɪ'zɛnt] vt tomar a mal; ~ful a resentido; ~ment n resentimiento.

reservation [rɛzə'veɪʃən] n (area of land, doubt) reserva; (booking) reservación f; (Brit: also: central ~) mediana.

reserve [rɪ'zɜːv] n reserva; (SPORT) suplente m/f // vt (seats etc) reservar; ~s npl (MIL) reserva sg; in ~ de reserva; ~d a reservado.

reservoir ['rɛzəvwɑː*] n (for irrigation, etc) embalse m; (tank etc) depósito.

reshape [riː'ʃeɪp] vt (policy) reformar, rehacer.

reshuffle [riː'ʃʌfl] n: cabinet ~ (POL) remodelación f del gabinete.

reside [rɪ'zaɪd] vi residir, vivir.

residence ['rɛzɪdəns] n residencia; (formal: home) domicilio; (length of stay) permanencia; ~ permit n (Brit) permiso de permanencia.

resident ['rɛzɪdənt] n (of area) vecino/a; (in hotel) huésped(a) m/f // a (population) permanente; ~ial [-'dɛnʃəl] a residencial.

residue ['rɛzɪdjuː] n resto; (CHEM, PHYSICS) residuo.

resign [rɪ'zaɪn] vt (gen) renunciar a // vi dimitir; to ~ o.s. to (endure) resignarse a; ~ation [rɛzɪg'neɪʃən] n dimisión f; (state of mind) resignación f; ~ed a resignado.

resilience [rɪ'zɪlɪəns] n (of material) elasticidad f; (of person) resistencia.
resilient [rɪ'zɪlɪənt] a (person) resistente.
resin ['rezɪn] n resina.
resist [rɪ'zɪst] vt resistir, oponerse a; ~ance n resistencia.
resolute ['rezəluːt] a resuelto.
resolution [rezə'luːʃən] n resolución f.
resolve [rɪ'zɔlv] n resolución f // vt resolver // vi resolverse; to ~ to do resolver hacer; ~d a resuelto.
resort [rɪ'zɔːt] n (town) centro turístico; (recourse) recurso m // vi: to ~ to recurrir a; in the last ~ como último recurso.
resound [rɪ'zaund] vi: to ~ (with) resonar (con); ~ing a sonoro; (fig) clamoroso.
resource [rɪ'sɔːs] n recurso m; ~s npl recursos mpl; ~ful a despabilado, ingenioso.
respect [rɪs'pekt] n (consideration) respeto; ~s npl recuerdos mpl, saludos mpl // vt respetar with ~ to con respecto a; in this ~ en cuanto a eso; ~able a respetable; (large) apreciable; (passable) tolerable; ~ful a respetuoso.
respective [rɪs'pektɪv] a respectivo; ~ly ad respectivamente.
respite ['respaɪt] n respiro; (LAW) prórroga.
resplendent [rɪs'plendənt] a resplandeciente.
respond [rɪs'pɔnd] vi responder; (react) reaccionar; **response** [-'pɔns] n respuesta; reacción f.
responsibility [rɪspɔnsɪ'bɪlɪtɪ] n responsabilidad f.
responsible [rɪs'pɔnsɪbl] a (character) serio, formal; (job) de confianza; (liable): ~ (for) responsable (de).
responsive [rɪs'pɔnsɪv] a sensible.
rest [rest] n descanso, reposo; (MUS) pausa, silencio; (support) apoyo; (remainder) resto // vi descansar; (be supported): to ~ on descansar sobre // vt (lean): to ~ sth on/against apoyar algo en or sobre/contra; the ~ of them (people, objects) los demás; it ~s with him depende de él.
restaurant ['restərɔŋ] n restorán m, restaurante m; ~ car n (Brit RAIL) coche-comedor m.
restful ['restful] a descansado, tranquilo.
rest home n residencia para jubilados.
restitution [restɪ'tjuːʃən] n: to make ~ to sb for sth indemnizar a uno por algo.
restive ['restɪv] a inquieto; (horse) rebelón(ona).
restless ['restlɪs] a inquieto.
restoration [restə'reɪʃən] n restauración f; devolución f.
restore [rɪ'stɔː*] vt (building) restaurar; (sth stolen) devolver; (health) restablecer.
restrain [rɪs'treɪn] vt (feeling) contener,

refrenar; (person): to ~ (from doing) disuadir (de hacer); ~ed a (style) reservado; ~t n (restriction) restricción f; (of manner) reserva.
restrict [rɪs'trɪkt] vt restringir, limitar; ~ion [-kʃən] n restricción f, limitación f; ~ive a restrictivo.
rest room n (US) aseos mpl.
result [rɪ'zʌlt] n resultado // vi: to ~ in terminar en, tener por resultado; as a ~ of a consecuencia de.
resume [rɪ'zjuːm] vt (work, journey) reanudar // vi (meeting) continuar.
résumé ['reɪzjuːmeɪ] n resumen m.
resumption [rɪ'zʌmpʃən] n reanudación f.
resurgence [rɪ'səːdʒəns] n resurgimiento.
resurrection [rezə'rekʃən] n resurrección f.
resuscitate [rɪ'sʌsɪteɪt] vt (MED) resucitar.
retail ['riːteɪl] n venta al por menor // cpd al por menor // vt vender al por menor; ~er n detallista m/f // ~ price n precio de venta al público.
retain [rɪ'teɪn] vt (keep) retener, conservar; (employ) contratar; ~er n (servant) criado; (fee) anticipo.
retaliate [rɪ'tælɪeɪt] vi: to ~ (against) tomar represalias (contra); **retaliation** [-'eɪʃən] n represalias fpl.
retarded [rɪ'tɑːdɪd] a retrasado.
retch [retʃ] vi dársele a uno arcadas.
retentive [rɪ'tentɪv] a (memory) retentivo.
reticent ['retɪsnt] a reservado.
retina ['retɪnə] n retina.
retinue ['retɪnjuː] n séquito, comitiva.
retire [rɪ'taɪə*] vi (give up work) jubilarse; (withdraw) retirarse; (go to bed) acostarse; ~d a (person) jubilado; ~ment n (state) retiro; (act) jubilación f; **retiring** a (leaving) saliente; (shy) retraído.
retort [rɪ'tɔːt] n (reply) réplica // vi contestar.
retrace [riː'treɪs] vt: to ~ one's steps volver sobre sus pasos, desandar lo andado.
retract [rɪ'trækt] vt (statement) retirar; (claws) retraer; (undercarriage, aerial) replegar // vi retractarse.
retrain [riː'treɪn] vt reciclar; ~ing n readaptación f profesional.
retread ['riːtred] n neumático or llanta (LAm) recauchutado/a.
retreat [rɪ'triːt] n (place) retiro; (MIL) retirada // vi retirarse; (flood) bajar.
retribution [retrɪ'bjuːʃən] n desquite m.
retrieval [rɪ'triːvəl] n recuperación f; information ~ recuperación f de datos.
retrieve [rɪ'triːv] vt recobrar; (situation, honour) salvar; (COMPUT) recuperar; (error) reparar; ~r n perro cobrador.
retrograde ['retrəgreɪd] a retrógrado.

retrospect ['rɛtrəspɛkt] *n*: **in ~** retrospectivamente; **~ive** [-'spɛktɪv] *a* restrospectivo; (*law*) retroactivo.

return [rɪ'təːn] *n* (*going or coming back*) vuelta, regreso; (*of sth stolen etc*) devolución *f*; (*recompense*) recompensa; (*FINANCE: from land, shares*) ganancia, ingresos *mpl* // *cpd* (*journey*) de regreso; (*Brit: ticket*) de ida y vuelta; (*match*) de desquite // *vi* (*person etc: come or go back*) volver, regresar; (*symptoms etc*) reaparecer // *vt* devolver; (*favour, love etc*) corresponder a; (*verdict*) pronunciar; (*POL: candidate*) elegir; **~s** *npl* (*COMM*) ingresos *mpl*; **in ~ (for)** en cambio (de); **by ~ of post** a vuelta de correo; **many happy ~s (of the day)!** ¡feliz cumpleaños!

reunion [riː'juːnɪən] *n* reunión *f*.

reunite [riːjuː'naɪt] *vt* reunir; (*reconcile*) reconciliar.

rev [rɛv] (*AUT*) *n abbr* (= *revolution*) revolución // (*vb: also: ~ up*) *vt* girar // *vi* (*engine*) girarse; (*driver*) girar el motor.

revamp [riː'væmp] *vt* (*company, organization*) reorganizar.

reveal [rɪ'viːl] *vt* (*make known*) revelar; **~ing** *a* revelador(a).

reveille [rɪ'vælɪ] *n* (*MIL*) diana.

revel ['rɛvl] *vi*: **to ~ in sth/in doing sth** gozar de algo/con hacer algo.

revelry ['rɛvlrɪ] *n* jarana, juerga.

revenge [rɪ'vɛndʒ] *n* venganza; (*in sport*) revancha; **to take ~ on** vengarse de.

revenue ['rɛvənjuː] *n* ingresos *mpl*, rentas *fpl*.

reverberate [rɪ'vəːbəreɪt] *vi* (*sound*) resonar, retumbar; **reverberation** [-'reɪʃən] *n* retumbo, eco.

revere [rɪ'vɪə*] *vt* venerar; **~nce** ['rɛvərəns] *n* reverencia.

Reverend ['rɛvərənd] *a* (*in titles*): **the ~ John Smith** (*Anglican*) el Reverendo John Smith; (*Catholic*) el Padre John Smith; (*Protestant*) el Pastor John Smith.

reverie ['rɛvərɪ] *n* ensueño.

reversal [rɪ'vəːsl] *n* (*of order*) inversión *f*; (*of policy*) cambio; (*of decision*) revocación *f*.

reverse [rɪ'vəːs] *n* (*opposite*) contrario; (*back: of cloth*) revés *m*; (: *of coin*) reverso, (: *of paper*) dorso; (*AUT: also: ~ gear*) marcha atrás // *a* (*order*) inverso; (*direction*) contrario // *vt* (*decision, AUT*) dar marcha atrás a; (*position, function*) invertir // *vi* (*Brit AUT*) dar marcha atrás; **~-charge call** *n* (*Brit*) llamada a cobro revertido; **reversing lights** *npl* (*Brit AUT*) luces *fpl* de marcha atrás.

revert [rɪ'vəːt] *vi*: **to ~ to** volver a.

review [rɪ'vjuː] *n* (*magazine, MIL*) revista; (*of book, film*) reseña; (*US: exami-*

nation) repaso, examen *m* // *vt* repasar, examinar; (*MIL*) pasar revista a; (*book, film*) reseñar; **~er** *n* crítico/a.

revile [rɪ'vaɪl] *vt* injuriar, vilipendiar.

revise [rɪ'vaɪz] *vt* (*manuscript*) corregir; (*opinion*) modificar; (*Brit: study: subject*) repasar; (*look over*) revisar; **revision** [rɪ'vɪʒən] *n* corrección *f*; modificación *f*; repaso; revisión *f*.

revitalize [riː'vaɪtəlaɪz] *vt* revivificar.

revival [rɪ'vaɪvəl] *n* (*recovery*) reanimación *f*; (*POL*) resurgimiento; (*of interest*) renacimiento; (*THEATRE*) reestreno; (*of faith*) despertar *m*.

revive [rɪ'vaɪv] *vt* resucitar; (*custom*) restablecer; (*hope, interest*) despertar; (*play*) reestrenar // *vi* (*person*) volver en sí; (*from tiredness*) reponerse; (*business etc*) reactivarse.

revolt [rɪ'vəʊlt] *n* rebelión *f* // *vi* rebelarse, sublevarse // *vt* dar asco a, repugnar; **~ing** *a* asqueroso, repugnante.

revolution [rɛvə'luːʃən] *n* revolución *f*; **~ary** *a*, *n* revolucionario/a *m/f*.

revolve [rɪ'vɔlv] *vi* dar vueltas, girar.

revolver [rɪ'vɔlvə*] *n* revólver *m*.

revolving [rɪ'vɔlvɪŋ] *a* (*chair, door etc*) giratorio.

revue [rɪ'vjuː] *n* (*THEATRE*) revista.

revulsion [rɪ'vʌlʃən] *n* asco, repugnancia.

reward [rɪ'wɔːd] *n* premio, recompensa // *vt*: **to ~ (for)** recompensar *or* premiar (por); **~ing** *a* (*fig*) valioso.

rewire [riː'waɪə*] *vt* (*house*) renovar la instalación eléctrica de.

reword [riː'wəːd] *vt* expresar en otras palabras.

rewrite [riː'raɪt] (*irg: like write*) *vt* reescribir.

rhapsody ['ræpsədɪ] *n* (*MUS*) rapsodia.

rhetoric ['rɛtərɪk] *n* retórica; **~al** [rɪ'tɔrɪkl] *a* retórico.

rheumatism ['ruːmətɪzəm] *n* reumatismo, reúma *m*.

Rhine [raɪn] *n*: **the ~** el (río) Rin.

rhinoceros [raɪ'nɔsərəs] *n* rinoceronte *m*.

rhododendron [rəʊdə'dɛndrn] *n* rododendro.

Rhone [rəʊn] *n*: **the ~** el (río) Ródano.

rhubarb ['ruːbɑːb] *n* ruibarbo.

rhyme [raɪm] *n* rima; (*verse*) poesía.

rhythm ['rɪðm] *n* ritmo.

rib [rɪb] *n* (*ANAT*) costilla // *vt* (*mock*) tomar el pelo a.

ribald ['rɪbəld] *a* escabroso.

ribbon ['rɪbən] *n* cinta; **in ~s** (*torn*) hecho trizas.

rice [raɪs] *n* arroz *m*; **~ pudding** *n* arroz *m* con leche.

rich [rɪtʃ] *a* rico; (*soil*) fértil; (*food*) pesado; (: *sweet*) empalagoso; **the ~** *npl* los ricos; **~es** *npl* riqueza *sg*; **~ly** *ad* ricamente; **~ness** *n* riqueza; fertilidad *f*.

rickets ['rɪkɪts] *n* raquitismo.

rickety ['rɪkɪtɪ] a (old) desvencijado; (shaky) tambaleante.

rickshaw ['rɪkʃɔː] n carro de culí.

ricochet ['rɪkəʃeɪ] n rebote m // vi rebotar.

rid [rɪd], pt, pp rid vt: to ~ sb of sth librar a uno de algo; **to get ~ of** deshacerse or desembarazarse de.

ridden ['rɪdn] pp of ride.

riddle ['rɪdl] n (puzzle) acertijo; (mystery) enigma m, misterio // vt: **to be ~d with** ser lleno or plagado de.

ride [raɪd] n paseo; (distance covered) viaje m, recorrido // (vb: pt rode, pp ridden) vi (horse: as sport) montar; (go somewhere: on horse, bicycle) dar un paseo, pasearse; (journey: on bicycle, motorcycle, bus) viajar // vt (a horse) montar andar en bicicleta; **to ~ a bicycle** andar en bicicleta; **to ~ at anchor** (NAUT) estar fondeado; **to take sb for a ~** (fig) engañar a uno; **~r** n (on horse) jinete/a m/f; (on bicycle) ciclista m/f; (on motorcycle) motociclista m/f.

ridge [rɪdʒ] n (of hill) cresta; (of roof) caballete m.

ridicule ['rɪdɪkjuːl] n irrisión f, burla // vt poner en ridículo, burlarse de; **ridiculous** [-'dɪkjuləs] a ridículo.

riding ['raɪdɪŋ] n equitación f; **I like ~** me gusta montar a caballo; **~ school** n escuela de equitación.

rife [raɪf] a: **to be ~** ser muy común; **to be ~ with** abundar en.

riffraff ['rɪfræf] n gentuza.

rifle ['raɪfl] n rifle m, fusil m // vt saquear; **~ range** n campo de tiro; (at fair) tiro al blanco.

rift [rɪft] n (fig: between friends) desavenencia; (: in party) ruptura f.

rig [rɪg] n (also: oil ~: on land) torre f de perforación; (: at sea) plataforma petrolera // vt (election etc) amañar; **to ~ out** vt (Brit) ataviar; **to ~ up** vt improvisar; **~ging** n (NAUT) aparejo.

right [raɪt] a (true, correct) correcto, exacto; (suitable) indicado, debido; (proper) apropiado; (just) justo; (morally good) bueno; (not left) derecho // n (title, claim) derecho; (not left) derecha // ad (correctly) bien, correctamente; (straight) derecho, directamente; (not left) a la derecha; (to the ~) hacia la derecha // vt enderezar // excl ¡bueno!, ¡está bien!; **to be ~** (person) tener razón; **by ~s** en justicia; **on the ~** a la derecha; **to be in the ~** tener razón; **~ now** ahora mismo; **~ in the middle** exactamente en el centro; **~ away** en seguida; **~ angle** n ángulo recto; **~eous** ['raɪtʃəs] a justado, honrado; (anger) justificado; **~ful** a (heir) legítimo; **~handed** a (person) que usa la mano derecha; **~-hand man** n brazo derecho; **the ~-hand side** n la derecha; **~ly** ad

correctamente, debidamente; (with reason) con razón; **~ of way** n (on path etc) derecho de paso; (AUT) prioridad f; **~-wing** a (POL) derechista.

rigid ['rɪdʒɪd] a rígido; (person, ideas) inflexible; **~ity** [rɪ'dʒɪdɪtɪ] n rigidez f; inflexibilidad f.

rigmarole ['rɪgmərəul] n galimatías m inv.

rigorous ['rɪgərəs] a riguroso.

rigour, (US) **rigor** ['rɪgə*] n rigor m, severidad f.

rile [raɪl] vt irritar.

rim [rɪm] n borde m; (of spectacles) aro; (of wheel) llanta.

rind [raɪnd] n (of bacon) corteza; (of lemon etc) cáscara; (of cheese) costra.

ring [rɪŋ] n (of metal) aro; (on finger) anillo; (also: wedding ~) alianza; (of people) corro; (of objects) círculo; (gang) banda; (for boxing) cuadrilátero; (of circus) pista; (bull ~) ruedo, plaza; (sound of bell) toque m; (telephone call) llamada // vb (pt rang, pp rung) vi (on telephone) llamar por teléfono; (large bell) repicar; (also: ~ out: voice, words) sonar; (ears) zumbar // vt (Brit TEL: also: ~ up) llamar, telefonear (esp LAm); (bell etc) hacer sonar; (doorbell) tocar; **to ~ back** vt, vi (TEL) devolver la llamada; **to ~ off** vi (Brit TEL) colgar, cortar la comunicación; **~ing** n (of large bell) repique m; (in ears) zumbido; **~ing tone** n (TEL) tono de llamada; **~leader** n (of gang) cabecilla m.

ringlets ['rɪŋlɪts] npl rizos mpl, bucles mpl.

ring road n (Brit) carretera periférica or de circunvalación.

rink [rɪŋk] n (also: ice ~) pista de hielo.

rinse [rɪns] vt (dishes) enjuagar; (clothes) aclarar; (hair) dar reflejos a.

riot ['raɪət] n motín m, disturbio // vi amotinarse; **to run ~** desmandarse; **~er** n amotinado/a; **~ous** a alborotado; (party) bullicioso; (uncontrolled) desenfrenado.

rip [rɪp] n rasgón m, rasgadura // vt rasgar, desgarrar // vi rasgarse, desgarrarse; **~cord** n cabo de desgarre.

ripe [raɪp] a (fruit) maduro; **~n** vt madurar // vi madurarse.

rip-off ['rɪpɔf] n (col): **it's a ~!** ¡es una estafa!

ripple ['rɪpl] n onda, rizo; (sound) murmullo // vi rizarse // vt rizar.

rise [raɪz] n (slope) cuesta, pendiente f; (hill) altura; (increase: in wages: Brit) aumento; (: in prices, temperature) subida; (fig: to power etc) ascenso // vi (pt rose, pp risen ['rɪzn]) (gen) elevarse; (prices) subir; (waters) crecer; (river) nacer; (sun) salir; (person: from bed etc) levantarse; (also: ~ up: rebel) sublevarse; (in rank) ascender; **to give ~ to**

dar lugar or origen a; **to ~ to the occasion** ponerse a la altura de las circunstancias; **rising** a (increasing: number) creciente; (: prices) en aumento or alza; (tide) creciente; (sun, moon) naciente // n (uprising) sublevación f.

risk [rɪsk] n riesgo, peligro // vt arriesgar; (run the ~ of) exponerse a; **to take** or **run the ~ of doing** correr el riesgo de hacer; **at ~** en peligro; **at one's own ~** bajo su propia responsabilidad; **~y** a arriesgado, peligroso.

risqué ['ri:skeɪ] a (joke) subido de color.

rissole ['rɪsəul] n croqueta.

rite [raɪt] n rito; **last ~s** exequias fpl.

ritual ['rɪtjuəl] a ritual // n ritual m, rito.

rival ['raɪvl] n rival m/f; (in business) competidor(a) m/f // a rival, opuesto // vt competir con; **~ry** n rivalidad f, competencia.

river ['rɪvə*] n río // cpd (port, fish) de río; (traffic) fluvial; **up/down ~** río arriba/abajo; **~bank** n orilla (del río); **~bed** n lecho, cauce m.

rivet ['rɪvɪt] n roblón m, remache m // vt remachar; (fig) captar.

Riviera [rɪvɪ'ɛərə] n: **the (French) ~** la Costa Azul (francesa); **the Italian ~** la Riviera italiana.

road [rəud] n (gen) camino; (motorway etc) carretera; (in town) calle f; **major/minor ~** carretera principal/secundaria; **~block** n barricada; **~hog** n loco/a del volante; **~ map** n mapa m de carreteras; **~ safety** n seguridad f vial; **~side** n borde m (del camino) // cpd al lado de la carretera; **~sign** n señal f de tráfico; **~ user** n usuario/a de la vía pública; **~way** n calzada; **~works** npl obras fpl; **~worthy** a (car) en buen estado para circular.

roam [rəum] vi vagar // vt vagar por.

roar [rɔ:*] n (of animal) rugido, bramido; (of crowd) rugido; (of vehicle, storm) estruendo; (of laughter) carcajada // vi rugir, bramar; hacer estruendo; **to ~ with laughter** reírse a carcajadas; **to do a ~ing trade** hacer buen negocio.

roast [rəust] n carne f asada, asado // vt (meat) asar; (coffee) tostar; **~ beef** n rosbif m.

rob [rɔb] vt robar; **to ~ sb of sth** robar algo a uno; (fig: deprive) quitar algo a uno; **~ber** n ladrón/ona m/f; **~bery** n robo.

robe [rəub] n (for ceremony etc) toga; (also: bath ~) bata.

robin ['rɔbɪn] n petirrojo.

robot ['rəubɔt] n robot m.

robust [rəu'bʌst] a robusto, fuerte.

rock [rɔk] n (gen) roca; (boulder) peña, peñasco; (Brit: sweet) ≈ piruli // vt (swing gently: cradle) balancear, mecer; (: child) arrullar; (shake) sacudir // vi mecerse, balancearse; sacudirse; **on**

the ~s (drink) con hielo; (marriage etc) en ruinas; **~ and roll** n rocanrol m; **~-bottom** n (fig) punto más bajo // a: **at ~-bottom prices** a precios regalados; **~ery** n cuadro alpino.

rocket ['rɔkɪt] n cohete m.

rocking ['rɔkɪŋ]: **~ chair** n mecedora; **~ horse** n caballo de balancín.

rocky ['rɔkɪ] a (gen) rocoso; (unsteady: table) inestable.

rod [rɔd] n vara, varilla; (TECH) barra; (also: fishing ~) caña.

rode [rəud] pt of **ride**.

rodent ['rəudnt] n roedor m.

roe [rəu] n (species: also: ~ deer) corzo; (of fish): **hard/soft ~** hueva/lecha.

rogue [rəug] n pícaro, pillo.

role [rəul] n papel m, rol m.

roll [rəul] n rollo; (of bank notes) fajo; (also: bread ~) panecillo; (register) lista, nómina; (sound: of drums etc) redoble m; (movement: of ship) balanceo // vt hacer rodar; (also: ~ up: string) enrollar; (: sleeves) arremangar; (cigarettes) liar; (also: ~ out: pastry) aplanar // vi (gen) rodar; (drum) redoblar; (in walking) bambolearse; (ship) balancearse; **to ~ about** or **around** vi (person) revolcarse; **to ~ by** vi (time) pasar; **to ~ in** vi (mail, cash) entrar a raudales; **to ~ over** vi dar una vuelta; **to ~ up** vi (col: arrive) aparecer // vt (carpet) arrollar; **~ call** n: **to take a ~ call** pasar lista; **~er** n rodillo; (wheel) rueda; **~er coaster** n montaña rusa; **~er skates** npl patines mpl de rueda.

rolling ['rəulɪŋ] a (landscape) ondulado; **~ pin** n rodillo (de cocina); **~ stock** n (RAIL) material m rodante.

ROM [rɔm] n abbr (= read only memory) ROM f.

Roman ['rəumən] a, n romano/a m/f; **~ Catholic** a, n católico/a m/f (romano/a).

romance [rə'mæns] n (love affair) amor m; (charm) lo romántico; (novel) novela de amor.

Romania [ru:'meɪnɪə] n = **Rumania**.

Roman numeral n número romano.

romantic [rə'mæntɪk] a romántico.

Rome [rəum] n Roma.

romp [rɔmp] n retozo, juego // vi (also: ~ about) jugar, brincar.

rompers ['rɔmpəz] npl pelele m.

roof [ru:f], pl **~s** n (gen) techo; (of house) techo, tejado; (of car) baca // vt techar, poner techo a; **the ~ of the mouth** el paladar; **~ing** n techumbre f; **~ rack** n (AUT) baca, portaequipajes m inv.

rook [ruk] n (bird) graja; (CHESS) torre f.

room [ru:m] n (in house) cuarto, habitación f, pieza (esp LAm); (also: bed~) dormitorio; (in school etc) sala; (space) sitio, cabida; **~s** npl (lodging) alojamiento sg; '~s to let', (US) '~s for rent' 'se alquilan pisos or cuartos'; single/ double ~ habitación individual/doble or para dos personas; ~ing house n (US) pensión f; ~mate n compañero/a de cuarto; ~ service n servicio de habitaciones; ~y a espacioso.

roost [ruːst] n percha // vi pasar la noche.

rooster ['ruːstə*] n gallo.

root [ruːt] n (BOT, MATH) raíz f // vi (plant, belief) arraigarse; **to ~ about** vi (fig) buscar y rebuscar; **to ~ for** vt fus apoyar a; **to ~ out** vt desarraigar.

rope [rəup] n cuerda; (NAUT) cable m // vt (box) atar or amarrar con (una) cuerda; (climbers: also: ~ **together**) encordarse; **to ~ sb in** (fig) persuadir a uno a tomar parte; **to know the ~s** (fig) conocer los trucos (del oficio); **~ ladder** n escala de cuerda.

rosary ['rəuzəri] n rosario.

rose [rəuz] pt of **rise** // n rosa; (also: ~bush) rosal m; (on watering can) roseta // a color de rosa.

rosé ['rəuzei] n vino rosado.

rose: ~bud n capullo de rosa; ~bush n rosal m.

rosemary ['rəuzməri] n romero.

rosette [rəu'zet] n escarapela.

roster ['rɒstə*] n: **duty ~** lista de deberes.

rostrum ['rɒstrəm] n tribuna.

rosy ['rəuzi] a rosado, sonrosado; **the future looks ~** el futuro parece prometedor.

rot [rɒt] n (fig: pej) tonterías fpl // vt, vi pudrirse; **it has ~** está podrido.

rota ['rəutə] n lista de (tandas).

rotary ['rəutəri] a rotativo.

rotate [rəu'teit] vt (revolve) hacer girar, dar vueltas a; (change round: crops) cultivar en rotación; (: jobs) alternar // vi (revolve) girar, dar vueltas; **rotating** a (movement) rotativo.

rote [rəut] n: **by ~** maquinalmente, de memoria.

rotten ['rɒtn] a (decayed) podrido; (dishonest) corrompido; (col: bad) pésimo; **to feel ~** (ill) sentirse muy mal.

rouge [ruːʒ] n colorete m.

rough [rʌf] a (skin, surface) áspero; (terrain) quebrado; (road) desigual; (voice) bronco; (person, manner: coarse) tosco, grosero; (weather) borrascoso; (treatment) brutal; (sea) bravo; (cloth) basto; (plan) preliminar; (guess) aproximado; (violent) violento // n (GOLF): **in the ~** en las hierbas altas; **to ~ it** vivir sin comodidades; **to sleep ~** (Brit) pasar la noche al raso; **~age** n fibra(s) f(pl); ~-and-ready a improvisado; ~cast n mezcla gruesa; ~ copy n, ~ draft n borrador m; ~en vt (a surface) poner áspero; ~ly ad (han-

dle) torpemente; (make) toscamente; (approximately) aproximadamente.

roulette [ruːˈlet] n ruleta.

Roumania [ruːˈmeiniə] n = **Rumania.**

round [raund] a redondo // n círculo; (Brit: of toast) rodaja; (of policeman) ronda; (of milkman) recorrido; (of doctor) visitas fpl; (game: of cards, in competition) partida; (of ammunition) cartucho; (BOXING) asalto; (of talks) ronda // vt (corner) doblar // prep alrededor de // ad: **all ~** por todos lados; **the long way ~** por el camino menos directo; **all the year ~** durante todo el año; **it's just ~ the corner** (fig) está a la vuelta de la esquina; ~ **the clock** ad las 24 horas; **to go ~ to sb's (house)** ir a casa de uno; **to go ~ the back** pasar por atrás; **to go ~ a house** visitar una casa; **enough to go ~** bastante (para todos); **to go the ~s** (story) circular; **a ~ of applause** una salva de aplausos; **a ~ of drinks/ sandwiches** una ronda de bebidas/ bocadillos; **to ~ off** vt (speech etc) acabar, poner término a; **to ~ up** vt (cattle) acorralar; (people) reunir; (prices) redondear; ~**about** n (Brit: AUT) isleta; (: at fair) tiovivo // a (route, means) indirecto; ~**ers** n (Brit: game) juego similar al béisbol; ~**ly** ad (fig) rotundamente; ~-**shouldered** a cargado de espaldas; ~ **trip** n viaje m de ida y vuelta; ~**up** n rodeo; (of criminals) redada.

rouse [rauz] vt (wake up) despertar; (stir up) suscitar; **rousing** a (applause) caluroso; (speech) conmovedor(a).

rout [raut] n (MIL) derrota.

route [ruːt] n ruta, camino; (of bus) recorrido; (of shipping) derrota; ~ **map** n (Brit: for journey) mapa m de carreteras.

routine [ruːˈtiːn] a (work) rutinario // n rutina; (THEATRE) número.

roving ['rəuviŋ] a (wandering) errante; (salesman) ambulante.

row [rəu] n (line) fila, hilera; (KNITTING) pasada; [rau] (noise) escándalo; (dispute) bronca, pelea; (fuss) jaleo; (scolding) regaño // vi (in boat) remar; [rau] reñir(se) // vt (boat) conducir remando; **4 days in a ~** 4 días seguidos; ~**boat** n (US) bote m de remos.

rowdy ['raudi] a (person: noisy) ruidoso; (: quarrelsome) pendenciero; (occasion) alborotado // n pendenciero.

row houses (US) casas fpl adosadas.

rowing ['rəuiŋ] n remo; ~ **boat** n (Brit) bote m de remos.

royal ['rɔiəl] a real; **R~ Air Force (RAF)** n Fuerzas Aéreas Británicas fpl; ~**ty** n (~ persons) familia real; (payment to author) derechos mpl de autor.

rpm abbr (= revs per minute) r.p.m.

Rt.Hon. *abbr* (*Brit*: = *Right Honourable*) título honorífico de diputado.

rub [rʌb] *vt* (*gen*) frotar; (*hard*) restregar // *n* (*gen*) frotamiento; (*touch*) roce *m*; **to ~ sb up** *or* (*US*) **~ sb the wrong way** entrarle uno por mal ojo; **to ~ off** *vi* borrarse; **to ~ off on** *vt fus* influir en; **to ~ out** *vt* borrar.

rubber ['rʌbə*] *n* caucho, goma; (*Brit*: *eraser*) goma de borrar; **~ band** *n* goma, gomita; **~ plant** *n* ficus *m*; **~y** *a* elástico.

rubbish ['rʌbɪʃ] *n* (*Brit*) (*from household*) basura; (*waste*) desperdicios *mpl*; (*fig: pej*) tonterías *fpl*; (*trash*) pacotilla; **~ bin** *n* cubo *or* bote *m* (*LAm*) de la basura; **~ dump** *n* (*in town*) vertedero, basurero.

rubble ['rʌbl] *n* escombros *mpl*.

ruby ['ru:bɪ] *n* rubí *m*.

rucksack ['rʌksæk] *n* mochila.

ructions ['rʌkʃənz] *npl* lío *sg*.

rudder ['rʌdə*] *n* timón *m*.

ruddy ['rʌdɪ] *a* (*face*) rubicundo; (*col: damned*) condenado.

rude [ru:d] *a* (*impolite*: *person*) mal educado; (: *word, manners*) grosero; (*indecent*) indecente.

rueful ['ru:ful] *a* arrepentido.

ruffian ['rʌfɪən] *n* matón *m*, criminal *m*.

ruffle ['rʌfl] *vt* (*hair*) despeinar; (*clothes*) arrugar; **to get ~d** (*fig: person*) alterarse.

rug [rʌg] *n* alfombra; (*Brit*: *for knees*) manta.

rugby ['rʌgbɪ] *n* (*also*: **~ football**) rugby *m*.

rugged ['rʌgɪd] *a* (*landscape*) accidentado; (*features*) robusto.

rugger ['rʌgə*] *n* (*Brit col*) rugby *m*.

ruin ['ru:ɪn] *n* ruina // *vt* arruinar; (*spoil*) estropear; **~s** *npl* ruinas *fpl*, restos *mpl*.

rule [ru:l] *n* (*norm*) norma, costumbre *f*; (*regulation*) regla; (*government*) dominio // *vt* (*country, person*) gobernar; (*decide*) disponer // *vi* gobernar; (*LAW*) fallar; **as a ~** por regla general; **to ~ out** *vt* excluir; **~d** *a* (*paper*) rayado; **~r** *n* (*sovereign*) soberano; (*for measuring*) regla; **ruling** *a* (*party*) gobernante; (*class*) dirigente // *n* (*LAW*) fallo, decisión *f*.

rum [rʌm] *n* ron *m*.

Rumania [ruːˈmeɪnɪə] *n* Rumanía; **~n** *a*, *n* rumano/a *m/f*.

rumble ['rʌmbl] *vi* retumbar, hacer un ruido sordo; (*stomach, pipe*) sonar.

rummage ['rʌmɪdʒ] *vi*: **to ~** (**in** *or* **among**) revolver (en).

rumour, (*US*) **rumor** ['ru:mə*] *n* rumor *m* // *vt*: **it is ~ed that...** se rumorea que... .

rump [rʌmp] *n* (*of animal*) ancas *fpl*, grupa; **~ steak** *n* filete *m* de lomo.

rumpus ['rʌmpəs] *n* (*col*) lío, jaleo;

(*quarrel*) pelea, riña.

run [rʌn] *n* (*SPORT*) carrera; (*outing*) paseo, excursión *f*; (*distance travelled*) trayecto; (*series*) serie *f*; (*THEATRE*) temporada; (*SKI*) pista; (*in tights, stockings*) carrera; // *vb* (*pt* **ran**, *pp* **run**) *vt* (*operate*: *business*) dirigir; (: *competition, course*) organizar; (: *hotel, house*) administrar, llevar; (*COMPUT*) ejecutar; (*to pass: hand*) pasar; (*bath*): **to ~ a bath** llenar la bañera // *vi* (*gen*) correr; (*work*: *machine*) funcionar, marchar; (*bus, train*: *operate*) circular, ir; (: *travel*) ir; (*continue*: *play*) seguir; (: *contract*) ser válido; (*flow*: *river, bath*) fluir; (*colours, washing*) desteñirse; (*in election*) ser candidato; **there was a ~ on** (*meat, tickets*) hubo mucha demanda de; **in the long ~** a la larga; **on the ~** en fuga; **I'll ~ you** to the station te llevaré a la estación en coche; **to ~ a risk** correr un riesgo; **to ~ about** *or* **around** *vi* (*children*) correr por todos lados; **to ~ across** *vt fus* (*find*) dar *or* topar con; **to ~ away** *vi* huir; **to ~ down** *vi* (*clock*) parar // *vt* (*production*) ir reduciendo; (*factory*) ir restringiendo la producción en; (*AUT*) atropellar; (*criticize*) criticar; **to be ~ down** (*person*: *tired*) estar debilitado; **to ~ in** *vt* (*Brit*: *car*) rodar; **to ~ into** *vt fus* (*meet*: *person, trouble*) tropezar con; (*collide with*) chocar con; **to ~ off** *vt* (*water*) dejar correr // *vi* huir corriendo; **to ~ out** *vi* (*person*) salir corriendo; (*liquid*) irse; (*lease*) caducar, vencer; (*money*) acabarse; **to ~ out of** *vt fus* quedar sin; **to ~ over** *vt* (*AUT*) atropellar // *vt fus* (*revise*) repasar; **to ~ through** *vt fus* (*instructions*) repasar; **to ~ up** *vt* (*debt*) contraer; **to ~ up against** (*difficulties*) tropezar con; **~away** *a* (*horse*) desbocado; (*truck*) sin frenos; (*inflation*) galopante.

rung [rʌŋ] *pp of* **ring** // *n* (*of ladder*) escalón *m*, peldaño.

runner ['rʌnə*] *n* (*in race: person*) corredor(a) *m/f*; (: *horse*) caballo; (*on sledge*) patín *m*; (*wheel*) ruedecilla; **~ bean** *n* (*Brit*) judía escarlata; **~-up** *n* subcampeón/ona *m/f*.

running ['rʌnɪŋ] *n* (*sport*) atletismo; (*race*) carrera // *a* (*water, costs*) corriente; (*commentary*) continuo; **to be in/out of the ~ for sth** tener/no tener posibilidades de ganar algo; **6 days ~** 6 días seguidos.

runny ['rʌnɪ] *a* derretido.

run-of-the-mill ['rʌnəvðə'mɪl] *a* común y corriente.

runt [rʌnt] *n* (*also pej*) redrojo, enano.

run-up ['rʌnʌp] *n*: **~ to** (*election etc*) período previo a.

runway ['rʌnweɪ] *n* (*AVIAT*) pista de aterrizaje.

rupee [ruː'piː] n rupia.
rupture ['rʌptʃə*] n (MED) hernia // vt: **to ~ o.s.** causarse una hernia.
rural ['ruərl] a rural.
ruse [ruːz] n ardid m.
rush [rʌʃ] n ímpetu m; (hurry) prisa; (COMM) demanda repentina; (BOT) junco; (current) corriente f fuerte, ráfaga // vt apresurar; (work) hacer de prisa; (attack: town etc) asaltar // vi correr, precipitarse; **~ hour** n horas fpl punta.
rusk [rʌsk] n bizcocho tostado.
Russia ['rʌʃə] n Rusia; **~n** a, n ruso/a m/f.
rust [rʌst] n herrumbre f, moho // vi oxidarse.
rustic ['rʌstɪk] a rústico.
rustle ['rʌsl] vi susurrar // vt (paper) hacer crujir; (US: cattle) hurtar, robar.
rustproof ['rʌstpruːf] a inoxidable.
rusty ['rʌstɪ] a oxidado.
rut [rʌt] n surco; (ZOOL) celo; **to be in a ~** ser esclavo de la rutina.
ruthless ['ruːθlɪs] a despiadado.
rye [raɪ] n centeno; **~ bread** n pan de centeno.

S

sabbath ['sæbəθ] n domingo; (Jewish) sábado.
sabotage ['sæbətɑːʒ] n sabotaje m // vt sabotear.
saccharin(e) ['sækərɪn] n sacarina.
sachet ['sæʃeɪ] n sobrecito.
sack [sæk] n (bag) saco, costal m // vt (dismiss) despedir; (plunder) saquear; **to get the ~** ser despedido; **~ing** n (material) arpillera.
sacred ['seɪkrɪd] a sagrado, santo.
sacrifice ['sækrɪfaɪs] n sacrificio // vt sacrificar.
sacrilege ['sækrɪlɪdʒ] n sacrilegio.
sacrosanct ['sækrəʊsæŋkt] a sacrosanto.
sad [sæd] a (unhappy) triste; (deplorable) lamentable.
saddle ['sædl] n silla (de montar); (of cycle) sillín m // vt (horse) ensillar; **to be ~d with sth** (col) quedar cargado con algo; **~bag** n alforja.
sadistic [sə'dɪstɪk] a sádico.
sadness ['sædnɪs] n tristeza.
s.a.e. abbr (= stamped addressed envelope) sobre con las propias señas de uno y con sello.
safari [sə'fɑːrɪ] n safari m.
safe [seɪf] a (out of danger) fuera de peligro; (not dangerous, sure) seguro; (unharmed) ileso; (trustworthy) digno de confianza // n caja de caudales, caja fuerte; **~ and sound** sano y salvo; **(just) to be on the ~ side** para mayor seguridad; **~-conduct** n salvoconducto; **~-deposit** n (vault) cámara acorazada;

(box) caja de seguridad; **~guard** n protección f, garantía // vt proteger, defender; **~keeping** n custodia; **~ly** ad seguramente, con seguridad; **to arrive ~ly** llegar bien.
safety ['seɪftɪ] n seguridad f // a de seguridad; **~ first!** ¡precaución!; **~ belt** n cinturón m de seguridad; **~ pin** n imperdible m, seguro (LAm).
saffron ['sæfrən] n azafrán m.
sag [sæg] vi aflojarse.
sage [seɪdʒ] n (herb) salvia; (man) sabio.
Sagittarius [sædʒɪ'tɛərɪəs] n Sagitario.
Sahara [sə'hɑːrə] n: **the ~** (Desert) el (desierto del) Sáhara.
said [sed] pt, pp of **say**.
sail [seɪl] n (on boat) vela // vt (boat) gobernar // vi (travel: ship) navegar; (: passenger) pasear en barco; (set off) zarpar; **to go for a ~** dar un paseo en barco; **they ~ed into Copenhagen** arribaron a Copenhague; **to ~ through** vt fus (exam) no tener problemas para aprobar; **~boat** n (US) velero, barco de vela; **~ing** n (SPORT) balandrismo; **to go ~ing** salir en balandro; **~ing ship** n barco de vela; **~or** n marinero, marino.
saint [seɪnt] n santo; **~ly** a santo.
sake [seɪk] n: **for the ~ of** por.
salad ['sæləd] n ensalada; **~ bowl** n ensaladera; **~ cream** n (Brit) (especie de) mayonesa; **~ dressing** n aliño.
salary ['sælərɪ] n sueldo.
sale [seɪl] n venta; (at reduced prices) liquidación f, saldo; **'for ~'** 'se vende'; **on ~** en venta; **on ~ or return** (goods) venta por reposición; **~room** n sala de subastas; **~s assistant**, (US) **~s clerk** n dependiente/a m/f; **salesman/woman** n vendedor/a m/f; (in shop) dependiente/a m/f; (representative) viajante m/f.
salient ['seɪlɪənt] a sobresaliente.
saliva [sə'laɪvə] n saliva.
sallow ['sæləʊ] a cetrino.
salmon ['sæmən] n, pl inv salmón m.
salon ['sælɔn] n salón m.
saloon [sə'luːn] n (US) bar m, taberna; (Brit AUT) (coche m de) turismo; (ship's lounge) cámara, salón m.
salt [sɔlt] n sal f // vt salar; (put ~ on) poner sal en; **to ~ away** vt (col: money) ahorrar; **~ cellar** n salero; **~water** a de agua salada; **~y** a salado.
salutary ['sæljutərɪ] a saludable.
salute [sə'luːt] n saludo; (of guns) salva // vt saludar.
salvage ['sælvɪdʒ] n (saving) salvamento, recuperación f; (things saved) objetos mpl salvados // vt salvar.
salvation [sæl'veɪʃən] n salvación f; **S~ Army** n Ejército de Salvación.
same [seɪm] a mismo // pron: **the ~** el/la mismo/a, los/las mismos/as; **the ~ book as** el mismo libro que; **at the ~ time** (at

the ~ moment) al mismo tiempo; (*yet*) sin embargo; all *or* just the ~ sin embargo, aun así; **to do the ~ (as sb)** hacer lo mismo (que uno); **the ~ to you!** ¡igualmente!

sample ['sɑːmpl] *n* muestra // *vt* (*food, wine*) probar.

sanatorium [sænə'tɔːrɪəm], *pl* **-ria** [-rɪə] *n* (*Brit*) sanatorio.

sanction ['sæŋkʃən] *n* sanción *f* // *vt* sancionar.

sanctity ['sæŋktɪtɪ] *n* (*gen*) santidad *f*; (*inviolability*) inviolabilidad *f*.

sanctuary ['sæŋktjuərɪ] *n* santuario; (*refuge*) asilo, refugio; (*for wildlife*) reserva.

sand [sænd] *n* arena // *vt* (*also*: ~ **down**) lijar.

sandal ['sændl] *n* sandalia; ~**wood** *n* sándalo.

sand: ~**box** *n* (*US*) = ~**pit**; ~**castle** *n* castillo de arena; ~ **dune** *n* duna; ~**paper** *n* papel *m* de lija; ~**pit** *n* (*for children*) cajón *m* de arena; ~**stone** *n* piedra arenisca.

sandwich ['sændwɪtʃ] *n* bocadillo (*Sp*), sandwich *m* (*LAm*) // *vt* (*also*: ~ **in**) intercalar; ~**ed between** apretujado entre; **cheese/ham ~** sandwich de queso/jamón; ~ **board** *n* cartelón *m*; ~ **course** *n* (*Brit*) curso de medio tiempo.

sandy ['sændɪ] *a* arenoso; (*colour*) rojizo.

sane [seɪn] *a* cuerdo, sensato.

sang [sæŋ] *pt of* **sing.**

sanitarium [sænɪ'tɛərɪəm] *n* (*US*) = **sanatorium.**

sanitary ['sænɪtərɪ] *a* (*system, arrangements*) sanitario; (*clean*) higiénico; ~ **towel**, (*US*) ~ **napkin** *n* paño higiénico, compresa.

sanitation [sænɪ'teɪʃən] *n* (*in house*) servicios *mpl* higiénicos; (*in town*) servicio de desinfección; ~ **department** *n* (*US*) departamento de limpieza y recogida de basuras.

sanity ['sænɪtɪ] *n* cordura; (*of judgment*) sensatez *f*.

sank [sæŋk] *pt of* **sink.**

Santa Claus [sæntə'klɔːz] *n* San Nicolás, Papá Noel.

sap [sæp] *n* (*of plants*) savia // *vt* (*strength*) minar, agotar.

sapling ['sæplɪŋ] *n* árbol nuevo *or* joven.

sapphire ['sæfaɪə*] *n* zafiro.

sarcasm ['sɑːkæzm] *n* sarcasmo.

sardine [sɑː'diːn] *n* sardina.

Sardinia [sɑː'dɪnɪə] *n* Cerdeña.

sash [sæʃ] *n* faja.

sat [sæt] *pt, pp of* **sit.**

Satan ['seɪtn] *n* Satanás *m*.

satchel ['sætʃl] *n* (*child's*) cartera, mochila (*LAm*).

sated ['seɪtɪd] *a* (*appetite, person*) saciado.

satellite ['sætəlaɪt] *n* satélite *m*.

satin ['sætɪn] *n* raso // *a* de raso.

satire ['sætaɪə*] *n* sátira.

satisfaction [sætɪs'fækʃən] *n* satisfacción *f*.

satisfactory [sætɪs'fæktərɪ] *a* satisfactorio.

satisfy ['sætɪsfaɪ] *vt* satisfacer; (*convince*) convencer; ~**ing** *a* satisfactorio.

saturate ['sætʃəreɪt] *vt*: **to ~ (with)** empapar *or* saturar (de).

Saturday ['sætədɪ] *n* sábado.

sauce [sɔːs] *n* salsa; (*sweet*) crema; ~**pan** *n* cacerola, olla.

saucer ['sɔːsə*] *n* platillo.

saucy ['sɔːsɪ] *a* fresco, descarado.

Saudi ['saudɪ]: ~ **Arabia** *n* Arabia Saudí *or* Saudita; ~ **(Arabian)** *a*, *n* saudí *m/f*, saudita *m/f*.

sauna ['sɔːnə] *n* sauna.

saunter ['sɔːntə*] *vi*: **to ~ in/out** entrar/salir sin prisa.

sausage ['sɔsɪdʒ] *n* salchicha; ~ **roll** *n* empanadita de salchicha.

sautéed ['sauteɪd] *a* salteado.

savage ['sævɪdʒ] *a* (*cruel, fierce*) feroz, furioso; (*primitive*) salvaje // *n* salvaje *m/f* // *vt* (*attack*) embestir.

save [seɪv] *vt* (*rescue*) salvar, rescatar; (*money, time*) ahorrar; (*put by*) guardar; (*COMPUT*) salvar (y guardar); (*avoid: trouble*) evitar // *vi* (*also*: ~ **up**) ahorrar // *n* (*SPORT*) parada // *prep* salvo, excepto.

saving ['seɪvɪŋ] *n* (*on price etc*) economía // *a*: **the ~ grace of** el único mérito de; ~**s** *npl* ahorros *mpl*; ~ **account** *n* cuenta de ahorros; ~**s bank** *n* caja de ahorros.

saviour, (*US*) **savior** ['seɪvjə*] *n* salvador(a) *m/f*.

savour, (*US*) **savor** ['seɪvə*] *n* sabor *m*, gusto // *vt* saborear; ~**y** *a* sabroso; (*dish: not sweet*) salado.

saw [sɔː] *pt of* **see** // *n* (*tool*) sierra // *vt* (*pt* **sawed**, *pp* **sawed** *or* **sawn**) serrar; ~**dust** *n* (a)serrín *m*; ~**mill** *n* aserradero; ~**n-off shotgun** *n* escopeta de cañones recortados.

saxophone ['sæksəfəun] *n* saxófono.

say [seɪ] *n*: **to have one's ~** expresar su opinión; **to have a** *or* **some ~ in sth** tener voz *or* tener que ver en algo // *vt* (*pt, pp* **said**) decir; **to ~ yes/no** decir que sí/no; **that is to ~** es decir; **that goes without ~ing** ni que decir tiene; ~**ing** *n* dicho, refrán *m*.

scab [skæb] *n* costra; (*pej*) esquirol *m*.

scaffold ['skæfəuld] *n* (*for execution*) cadalso; ~**ing** *n* andamio, andamiaje *m*.

scald [skɔːld] *n* escaldadura // *vt* escaldar.

scale [skeɪl] *n* (*gen*, *MUS*) escala; (*of fish*) escama; (*of salaries, fees etc*) escalafón *m* // *vt* (*mountain*) escalar; (*tree*) trepar; ~**s** *npl* (*small*) balanza *sg*; (*large*) báscula *sg*; **on a large ~** en gran escala; **~ of charges** tarifa, lista de precios; **to ~ down** *vt* reducir a escala; **~ model** *n* modelo a escala.

scallop ['skɔləp] *n* (*ZOOL*) venera; (*SEWING*) festón *m*.

scalp [skælp] *n* cabellera // *vt* escalpar.

scalpel ['skælpl] *n* bisturí *m*.

scamper ['skæmpə*] *vi*: **to ~ away, ~ off** irse corriendo.

scampi ['skæmpɪ] *npl* gambas *fpl*.

scan [skæn] *vt* (*examine*) escudriñar; (*glance at quickly*) dar un vistazo a; (*TV, RADAR*) explorar, registrar.

scandal ['skændl] *n* escándalo; (*gossip*) chismes *mpl*.

Scandinavia [skændɪ'neɪvɪə] *n* Escandinavia; **~n** *a, n* escandinavo/a *m/f*.

scant [skænt] *a* escaso; **~y** *a* (*meal*) insuficiente; (*clothes*) ligero.

scapegoat ['skeɪpgəut] *n* cabeza de turco, chivo expiatorio.

scar [skɑː] *n* cicatriz *f*.

scarce [skɛəs] *a* escaso; **~ly** *ad* apenas; **scarcity** *n* escasez *f*.

scare [skɛə*] *n* susto, sobresalto; (*panic*) pánico // *vt* asustar, espantar; **to ~ sb stiff** dar a uno un susto de muerte; **bomb ~** amenaza de bomba; **~crow** *n* espantapájaros *m inv*; **~d** *a*: **to be ~d** estar asustado.

scarf [skɑːf], *pl* **scarves** [skɑːvz] *n* (*long*) bufanda; (*square*) pañuelo.

scarlet ['skɑːlɪt] *a* escarlata; **~ fever** *n* escarlatina.

scarves [skɑːvz] *pl of* scarf.

scathing ['skeɪðɪŋ] *a* mordaz.

scatter ['skætə*] *vt* (*spread*) esparcir, desparramar; (*put to flight*) dispersar // *vi* desparramarse; dispersarse; **~brained** *a* ligero de cascos.

scavenger ['skævəndʒə*] *n* (*person*) basurero/a; (*ZOOL*: *animal*) animal *m* de carroña; (: *bird*) ave *f* de carroña.

scenario [sɪ'nɑːrɪəu] *n* (*THEATRE*) argumento; (*CINEMA*) guión *m*; (*fig*) escenario.

scene [siːn] *n* (*THEATRE, fig etc*) escena; (*of crime, accident*) escenario; (*sight, view*) panorama *m*; (*fuss*) escándalo; **~ry** *n* (*THEATRE*) decorado; (*landscape*) paisaje *m*; **scenic** *a* (*picturesque*) pintoresco.

scent [sɛnt] *n* perfume *m*, olor *m*; (*fig: track*) rastro, pista; (*sense of smell*) olfato.

sceptic, (*US*) **skeptic** ['skɛptɪk] *n* escéptico/a; **~al** *a* escéptico; **~ism** ['skɛptɪsɪzm] *n* escepticismo.

sceptre, (*US*) **scepter** ['sɛptə*] *n* cetro.

schedule ['ʃɛdjuːl] *n* (*of trains*) horario; (*of events*) programa *m*; (*list*) lista // (*visit*) fijar la hora de; **to arrive on ~** llegar a la hora debida; **to be ahead of/behind ~** estar adelantado/en retraso;

~d flight *n* vuelo regular.

schematic [skɪ'mætɪk] *a* (*diagram etc*) esquemático.

scheme [skiːm] *n* (*plan*) plan *m*, proyecto; (*method*) esquema *m*; (*plot*) intriga; (*trick*) ardid *m*; (*arrangement*) disposición *f*; (*pension ~ etc*) sistema *m* // *vt* proyectar // *vi* (*plan*) hacer proyectos; (*intrigue*) intrigar; **scheming** *a* intrigante.

schism ['skɪzəm] *n* cisma *m*.

scholar ['skɔlə*] *n* (*learned person*) sabio/a, erudito/a; **~ly** *a* erudito; **~ship** *n* erudición *f*; (*grant*) beca.

school [skuːl] *n* (*gen*) escuela, colegio; (*in university*) facultad *f* // *vt* (*animal*) amaestrar; **~ age** *n* edad *f* escolar; **~book** *n* libro de texto; **~boy** *n* alumno; **~ children** *npl* alumnos *mpl*; **~days** *npl* años *mpl* del colegio; **~girl** *n* alumna; **~ing** *n* enseñanza; **~master/mistress** *n* (*primary*) maestro/a; (*secondary*) profesor(a) *m/f*; **~teacher** *n* (*primary*) maestro/a; (*secondary*) profesor(a) *m/f*.

schooner ['skuːnə*] *n* (*ship*) goleta.

sciatica [saɪ'ætɪkə] *n* ciática.

science ['saɪəns] *n* ciencia; **~ fiction** *n* ciencia-ficción *f*; **scientific** [-'tɪfɪk] *a* científico; **scientist** *n* científico/a.

scintillating ['sɪntɪleɪtɪŋ] *a* brillante, ingenioso.

scissors ['sɪzəz] *npl* tijeras *fpl*; **a pair of ~** unas tijeras.

scoff [skɔf] *vt* (*Brit col: eat*) engullir // *vi*: **to ~ (at)** (*mock*) mofarse (de).

scold [skəuld] *vt* regañar.

scone [skɔn] *n* pastel de pan.

scoop [skuːp] *n* cucharón *m*; (*for flour etc*) pala; (*PRESS*) exclusiva; **to ~ out** *vt* excavar; **to ~ up** *vt* recoger.

scooter ['skuːtə*] *n* (*motor cycle*) moto *f*; (*toy*) patinete *m*.

scope [skəup] *n* (*of plan, undertaking*) ámbito; (*reach*) alcance *m*; (*of person*) competencia; (*opportunity*) libertad *f* (*de acción*).

scorch [skɔːtʃ] *vt* (*clothes*) chamuscar; (*earth, grass*) quemar, secar; **~ing** *a* abrasador(a).

score [skɔː*] *n* (*points etc*) puntuación *f*; (*MUS*) partitura; (*reckoning*) cuenta; (*twenty*) veintena // *vt* (*goal, point*) ganar; (*mark*) rayar // *vi* marcar un tanto; (*FOOTBALL*) marcar (un) gol; (*keep score*) llevar el tanteo; **on that ~** en lo que se refiere a eso; **to ~ 6 out of 10** obtener una puntuación de 6 sobre 10; **to ~ out** *vt* tachar; **~board** *n* marcador *m*; **~r** *n* marcador *m*; (*keeping score*) tanteador(a) *m/f*.

scorn [skɔːn] *n* desprecio // *vt* despreciar; **~ful** *a* desdeñoso, despreciativo.

Scorpio ['skɔːpɪəu] *n* Escorpión *m*.

scorpion ['skɔːpɪən] *n* alacrán *m*.

Scot [skɔt] n escocés/esa m/f.

scotch [skɔtʃ] vt (rumour) desmentir; (plan) abandonar; **S~** n whisky m escocés; **S~ tape** n ® (US) cinta adhesiva, celo, scotch m (LAm).

scot-free [skɔt'fri:] ad: to get off ~ (unpunished) salir impune.

Scotland ['skɔtlənd] n Escocia.

Scots [skɔts] a escocés/esa; ~**man/woman** n escocés/esa m/f; **Scottish** ['skɔtɪʃ] a escocés/esa.

scoundrel ['skaundrl] n canalla m/f, sinvergüenza m/f.

scour ['skauə*] vt (clean) fregar, estregar; (search) recorrer, registrar.

scourge [skɔ:dʒ] n azote m.

scout [skaut] n (MIL, also: boy ~) explorador m; **to ~ around** vi reconocer el terreno.

scowl [skaul] vi fruncir el ceño; **to ~ at** sb mirar con ceño a uno.

scrabble ['skræbl] vi (claw): **to ~ (at)** arañar; (also: **to ~ around**: search) revolver todo buscando // n: **S~** ® Scrabble m ®.

scraggy ['skrægɪ] a flaco, descarnado.

scram [skræm] vi (col) largarse.

scramble ['skræmbl] n (climb) subida (difícil); (struggle) pelea // vi: **to ~ out/through** salir/abrirse paso con dificultad; **to ~ for** pelear por; ~**d eggs** npl huevos mpl revueltos.

scrap [skræp] n (bit) pedacito; (fig) pizca; (fight) riña, bronca; (also: ~ **iron**) chatarra, hierro viejo // vt (discard) desechar, descartar // vi reñir, armar (una) bronca; ~**s** npl (waste) sobras fpl, desperdicios mpl; ~**book** n álbum m de recortes; ~ **dealer** n chatarrero/a.

scrape [skreɪp] n: to get into a ~ meterse en un lío // vt raspar; (skin etc) rasguñar; (~ **against**) rozar // vi: **to ~ through** (exam) aprobar por los pelos; ~**r** n raspador m.

scrap: ~ **heap** n (fig): to be on the ~ heap estar acabado; ~ **merchant** n (Brit) chatarrero/a; ~ **paper** n pedazos mpl de papel.

scratch [skrætʃ] n rasguño; (from claw) arañazo // a: ~ **team** equipo improvisado // vt (record) rayar; (with claw, nail) rasguñar, arañar // vi rascarse; **to start from** ~ partir de cero; **to be up to** ~ cumplir con los requisitos.

scrawl [skrɔ:l] n garabatos mpl // vi hacer garabatos.

scrawny ['skrɔ:nɪ] a (person, neck) flaco.

scream [skri:m] n chillido // vi chillar.

scree [skri:] n cono de desmoronamiento.

screech [skri:tʃ] vi chirriar.

screen [skri:n] n (CINEMA, TV) pantalla; (movable) biombo; (wall) tabique m; (also: **wind~**) parabrisas m inv // vt (conceal) tapar; (from the wind etc) proteger; (film) proyectar; (candidates etc) investigar a; ~**ing** n (MED) investigación f médica; ~**play** n guión m.

screw [skru:] n tornillo; (propeller) hélice f // vt atornillar; **to ~ up** vt (paper etc) arrugar; (col: ruin) fastidiar; **to ~ up one's eyes** arrugar el entrecejo; ~**driver** n destornillador m.

scribble ['skrɪbl] n garabatos mpl // vt escribir con prisa.

script [skrɪpt] n (CINEMA etc) guión m; (writing) escritura, letra.

Scripture ['skrɪptʃə*] n Sagrada Escritura.

scroll [skrəul] n rollo.

scrounge [skraundʒ] vt (col): **to ~ sth off** or **from** sb obtener algo de uno de gorra // vi: **to ~ on** sb vivir a costa de uno; ~**r** n gorrón/ona m/f.

scrub [skrʌb] n (clean) fregado; (land) maleza // vt fregar, restregar; (reject) cancelar, anular.

scruff [skrʌf] n: by the ~ of the neck por el pescuezo.

scruffy ['skrʌfɪ] a desaliñado, piojoso.

scrum(mage) ['skrʌm(mɪdʒ)] n (RUGBY) melée f.

scruple ['skru:pl] n escrúpulo.

scrutinize ['skru:tɪnaɪz] vt escudriñar; (votes) escrutar.

scrutiny ['skru:tɪnɪ] n escrutinio, examen m.

scuff [skʌf] vt (shoes, floor) rayar.

scuffle ['skʌfl] n refriega.

scullery ['skʌlərɪ] n trascocina.

sculptor ['skʌlptə*] n escultor(a) m/f.

sculpture ['skʌlptʃə*] n escultura.

scum [skʌm] n (on liquid) espuma; (pej: person) canalla m.

scupper ['skʌpə*] vt (plans) dar al traste con.

scurrilous ['skʌrɪləs] a difamatorio, calumnioso.

scurry ['skʌrɪ] vi: **to ~ off** escabullirse.

scuttle ['skʌtl] n (also: **coal** ~) cubo, carbonera // vt (ship) barrenar // vi (scamper): **to ~ away, ~ off** escabullirse.

scythe [saɪð] n guadaña.

SDP n abbr (Brit) = **Social Democratic Party**.

sea [si:] n mar m // cpd de mar, marítimo; **by** ~ (travel) en barco; **on the** ~ (boat) en el mar; (town) junto al mar; **to be all at** ~ (fig) estar despistado; **out to** or **at** ~ en alta mar; ~**board** n litoral m; ~ **breeze** n brisa de mar; ~**food** n mariscos mpl; ~ **front** n paseo marítimo; ~**gull** n gaviota.

seal [si:l] n (animal) foca; (stamp) sello // vt (close) cerrar; (: with ~) sellar; **to ~ off** vt (area) acordonar.

sea level n nivel m del mar.

seam [si:m] n costura; (of metal) juntura; (of coal) veta, filón m.

seaman ['si:mən] n marinero.

seamy ['si:mɪ] *a* sórdido.
seance ['seɪɔns] *n* sesión *f* de espiritismo.
sea plane ['si:pleɪn] *n* hidroavión *m*.
seaport ['si:pɔ:t] *n* puerto de mar.
search [sɔ:tʃ] *n* (*for person, thing*) busca, búsqueda; (*of drawer, pockets*) registro; (*inspection*) reconocimiento // *vt* (*look in*) buscar en; (*examine*) examinar; (*person, place*) registrar // *vi*: to ~ for buscar; in ~ of en busca de; to ~ through *vt fus* registrar; ~ing *a* penetrante; ~light *n* reflector *m*; ~ party *n* pelotón *m* de salvamento; ~ warrant *n* mandamiento (judicial).
sea: ~shore *n* playa, orilla del mar; ~sick *a* mareado; ~side *n* playa, orilla del mar; ~side resort *n* playa.
season ['si:zn] *n* (*of year*) estación *f*; (*sporting etc*) temporada; (*gen*) época, período // *vt* (*food*) sazonar; ~al *a* estacional; ~ed *a* (*fig*) experimentado; ~ing *n* condimento, aderezo; ~ ticket *n* abono.
seat [si:t] *n* (*in bus, train: place*) asiento; (*chair*) silla; (*PARLIAMENT*) escaño; (*buttocks*) culo, trasero; (*of government*) sede *f* // *vt* sentar; (*have room for*) tener cabida para; to be ~ed sentarse; ~ belt *n* cinturón *m* de seguridad.
sea: ~ water *n* agua del mar; ~weed *n* alga marina; ~worthy *a* en condiciones de navegar.
sec. *abbr* = **second(s)**.
secluded [sɪ'klu:dɪd] *a* retirado.
second ['sɛkənd] *a* segundo // *ad* (*in race etc*) en segundo lugar // *n* (*gen*) segundo; (*AUT: also*: ~ gear) segunda; (*COMM*) artículo con algún desperfecto // *vt* (*motion*) apoyar; ~ary *a* secundario; ~ary school *n* escuela secundaria; ~-class *a* de segunda clase // *ad* (*RAIL*) en segunda; ~hand *a* de segunda mano, usado; ~ hand *n* (*on clock*) segundero; ~ly *ad* en segundo lugar; ~ment [sɪ'kɔndmənt] *n* (*Brit*) traslado temporal; ~-rate *a* de segunda categoría; ~ thoughts *npl*: to have ~ thoughts cambiar de opinión; on ~ thoughts or (*US*) thought pensándolo bien.
secrecy ['si:krəsɪ] *n* secreto.
secret ['si:krɪt] *a, n* secreto; in ~ *ad* en secreto.
secretarial [sɛkrɪ'tɛərɪəl] *a* de secretario.
secretary ['sɛkrətərɪ] *n* secretario/a; S~ of State (for) (*Brit POL*) Ministro (de).
secretion [sɪ'kri:ʃən] *n* secreción *f*.
secretive ['si:krətɪv] *a* reservado, sigiloso.
secretly ['si:krɪtlɪ] *ad* en secreto.
sect [sɛkt] *n* secta; ~arian [-'tɛərɪən] *a* sectario.
section ['sɛkʃən] *n* sección *f*; (*part*) parte *f*; (*of document*) artículo; (*of opinion*) sector *m*.
sector ['sɛktə*] *n* sector *m*.

secular ['sɛkjulə*] *a* secular, seglar.
secure [sɪ'kjuə*] *a* (*free from anxiety*) seguro; (*firmly fixed*) firme, fijo // *vt* (*fix*) asegurar, afianzar; (*get*) conseguir.
security [sɪ'kjuərɪtɪ] *n* seguridad *f*; (*for loan*) fianza; (: *object*) prenda.
sedan [sɪ'dæn] *n* (*US AUT*) sedán *m*.
sedate [sɪ'deɪt] *a* tranquilo; // *vt* tratar con sedantes.
sedation [sɪ'deɪʃən] *n* (*MED*) sedación *f*.
sedative ['sɛdɪtɪv] *n* sedante *m*, sedativo.
seduce [sɪ'dju:s] *vt* (*gen*) seducir; **seduction** [-'dʌkʃən] *n* seducción *f*; **seductive** [-'dʌktɪv] *a* seductor(a).
see [si:] (*pt* saw, *pp* seen) *vt* (*gen*) ver; (*understand*) ver, comprender // *vi* ver // *n* (*arz*)obispado; to ~ sb to the door acompañar a uno a la puerta; to ~ that (*ensure*) asegurar que; ~ you soon! ¡hasta pronto!; to ~ about *vt fus* atender a, encargarse de; to ~ off *vt* despedir; to ~ through *vt fus* calar // *vt* (*plan*) llevar a cabo; to ~ to *vt fus* atender a, encargarse de.
seed [si:d] *n* semilla; (*in fruit*) pepita; (*fig*) germen *m*; (*TENNIS*) preseleccionado/a; to go to ~ (*plant*) granar; (*fig*) descuidarse; ~ling *n* planta de semillero; ~y *a* (*shabby*) desaseado, raído.
seeing ['si:ɪŋ] *conj*: ~ (that) visto que, en vista de que.
seek [si:k], *pt, pp* **sought** *vt* (*gen*) buscar; (*post*) solicitar.
seem [si:m] *vi* parecer; there seems to be... parece que hay; ~ingly *ad* aparentemente, según parece.
seen [si:n] *pp* of **see**.
seep [si:p] *vi* filtrarse.
seesaw ['si:sɔ:] *n* balancín *m*, columpio.
seethe [si:ð] *vi* hervir; to ~ with anger estar furioso.
see-through ['si:θru:] *a* transparente.
segregate ['sɛgrɪgeɪt] *vt* segregar.
seize [si:z] *vt* (*grasp*) agarrar, asir; (*take possession of*) secuestrar; (: *territory*) apoderarse de; (*opportunity*) aprovecharse de; to ~ (up)on *vt fus* aprovechar; to ~ up *vi* (*TECH*) agarrotarse.
seizure ['si:ʒə*] *n* (*MED*) ataque *m*; (*LAW*) incautación *f*.
seldom ['sɛldəm] *ad* rara vez.
select [sɪ'lɛkt] *a* selecto, escogido // *vt* escoger, elegir; (*SPORT*) seleccionar; ~ion [-'lɛkʃən] *n* selección *f*, elección *f*; (*COMM*) surtido.
self [sɛlf] *n* (*pl* selves) uno mismo; the ~ el yo // *pref* auto...; ~-assured *a* seguro de sí mismo; ~-catering *a* (*Brit*) con cocina; ~-centred, (*US*) ~-centered *a* egocéntrico; ~-coloured, (*US*) ~-colored *a* de color natural; (*of one colour*) de un color; ~-confidence *n* confianza en sí mismo; ~-conscious *a*

cohibido; **~-contained** a (gen) autónomo; (Brit: flat) con entrada particular; **~-control** n autodominio; **~-defence**, (US) **~-defense** n defensa propia; **~-discipline** n autodisciplina; **~-employed** a que trabaja por cuenta propia; **~-evident** a patente; **~-governing** a autónomo; **~-indulgent** a autocomplaciente; **~-interest** n egoísmo; **~-ish** a egoísta; **~-ishness** n egoísmo; **~-less** a desinteresado; **~-made** a: **~-made man** hombre m que se ha hecho a sí mismo; **~-pity** n lástima de sí mismo; **~-portrait** n autorretrato; **~-possessed** a sereno, dueño de sí mismo; **~-preservation** n propia conservación f; **~-reliant** a independiente, autosuficiente; **~-respect** n amor m propio; **~-righteous** a santurrón/ona; **~-sacrifice** n abnegación f; **~-satisfied** a satisfecho de sí mismo; **~-service** a de autoservicio; **~-sufficient** a autosuficiente; **~-taught** a autodidacta.

sell [sɛl], pt, pp **sold** vt vender // vi venderse; **to ~ at** or **for £10** venderse a 10 libros; **to ~ off** vt liquidar; **to ~ out** vi transigir, transar (LAm); **~-by date** n fecha de caducidad; **~er** n vendedor/a m/f; **~ing price** n precio de venta.

sellotape ['sɛləuteɪp] n ® (Brit) cinta adhesiva, celo, scotch m (LAm).

sellout ['sɛlaut] n traición f; **it was a ~** (THEATRE etc) fue un éxito de taquilla.

selves [sɛlvz] pl of **self**.

semaphore ['sɛməfɔ:*] n semáforo.

semblance ['sɛmbləns] n apariencia.

semen ['si:mən] n semen m.

semester [sɪ'mɛstə*] n (US) semestre m.

semi... [sɛmɪ] pref semi..., medio...; **~circle** n semicírculo; **~colon** n punto y coma; **~conductor** n semiconductor m; **~detached (house)** n (casa) semiseparada; **~final** n semifinal m.

seminar ['sɛmɪnɑ:*] n seminario.

seminary ['sɛmɪnərɪ] n (REL) seminario.

semiskilled ['sɛmɪskɪld] a (work, worker) semi-cualificado.

senate ['sɛnɪt] n senado; **senator** n senador(a) m/f.

send [sɛnd], pt, pp **sent** vt mandar, enviar; **to ~ away** vt (letter, goods) despachar; **to ~ away for** vt fus pedir; **to ~ back** vt devolver; **to ~ for** vt fus mandar traer; **to ~ off** vt (goods) despachar; (Brit SPORT: player) expulsar; **to ~ out** vt (invitation) mandar; (signal) emitir; **to ~ up** vt (person, price) hacer subir; (Brit: parody) parodiar; **~er** n remitente m/f; **~-off** n: **a good ~-off** una buena despedida.

senior ['si:nɪə*] a (older) mayor, más viejo; (: on staff) de más antigüedad; (of higher rank) superior // n mayor m; **~ citizen** n persona de la tercera edad; **~ity** [-'ɔrɪtɪ] n antigüedad f.

sensation [sɛn'seɪʃən] n sensación f; **~al** a sensacional.

sense [sɛns] n (faculty, meaning) sentido; (feeling) sensación f; (good ~) sentido común, juicio // vt sentir, percibir; **~ of humour** sentido del humor; **it makes ~** tiene sentido; **~less** a estúpido, insensato; (unconscious) sin conocimiento.

sensibility [sɛnsɪ'bɪlɪtɪ] n sensibilidad f; **sensibilities** npl susceptibilidades fpl.

sensible ['sɛnsɪbl] a sensato; (reasonable) razonable, lógico.

sensitive ['sɛnsɪtɪv] a sensible; (touchy) susceptible.

sensual ['sɛnsjuəl] a sensual.

sensuous ['sɛnsjuəs] a sensual.

sent [sɛnt] pt, pp of **send**.

sentence ['sɛntns] n (LING) oración f; (LAW) sentencia, fallo // vt: **to ~ sb to death/to 5 years** condenar a uno a muerte/a 5 años de cárcel.

sentiment ['sɛntɪmənt] n sentimiento; (opinion) opinión f; **~al** [-'mɛntl] a sentimental.

sentry ['sɛntrɪ] n centinela m.

separate ['sɛprɪt] a separado; (distinct) distinto // vb ['sɛpəreɪt] vt separar; (part) dividir // vi separarse; **~s** npl (clothes) coordinados mpl; **~ly** ad por separado; **separation** [-'reɪʃən] n separación f.

September [sɛp'tɛmbə*] n se(p)tiembre m.

septic ['sɛptɪk] a séptico; **~ tank** n fosa séptica.

sequel ['si:kwl] n consecuencia, resultado; (of story) continuación f.

sequence ['si:kwəns] n sucesión f, serie f; (CINEMA) secuencia.

serene [sɪ'ri:n] a sereno, tranquilo.

sergeant ['sɑ:dʒənt] n sargento.

serial ['sɪərɪəl] n (TV) telenovela, serie f televisiva; **~ number** n número de serie.

series ['sɪəri:s] n, pl inv serie f.

serious ['sɪərɪəs] a serio; (grave) grave; **~ly** ad en serio; (ill, wounded etc) gravemente; **~ness** n seriedad f; gravedad f.

sermon ['sə:mən] n sermón m.

serrated [sɪ'reɪtɪd] a serrado, dentellado.

serum ['sɪərəm] n suero.

servant ['sə:vənt] n (gen) servidor(a) m/f; (house ~) criado/a.

serve [sə:v] vt servir; (customer) atender; (subj: train) pasar por; (apprenticeship) hacer; (prison term) cumplir // vi (also TENNIS) sacar; **to ~ as/for/to do** servir de/para/para hacer // n (TENNIS) saque m; **it ~s him right** se lo merece, se lo tiene merecido; **to ~ out, ~ up** vt (food) servir.

service ['sə:vɪs] n (gen) servicio; (REL) misa; (AUT) mantenimiento; (of dishes) juego // vt (car, washing machine) mantener; (: *repair*) reparar; **the S~s** las fuerzas armadas; **to be of ~ to** sb ser útil a uno; **~able** a servible, utilizable; **~ area** n (*on motorway*) servicios mpl; **~ charge** n (*Brit*) servicio; **~man** n militar m; **~ station** n estación f de servicio.

serviette [sɔːvɪ'et] n (*Brit*) servilleta.

session ['sɛʃən] n (*sitting*) sesión f; **to be in ~** estar en sesión.

set [set] n juego; (*RADIO*) aparato; (*TV*) televisor m; (*of utensils*) batería; (*of cutlery*) cubierto; (*of books*) colección f; (*TENNIS*) set m; (*group of people*) grupo; (*CINEMA*) plató m; (*THEATRE*) decorado; (*HAIRDRESSING*) marcado // a (*fixed*) fijo; (*ready*) listo; (*resolved*) resuelto, decidido // vb (*pt, pp* **set**) vt (*place*) poner, colocar; (*fix*) fijar; (*adjust*) ajustar, arreglar; (*decide: rules etc*) establecer, decidir // vi (*sun*) ponerse; (*jam, jelly*) cuajarse; (*concrete*) fraguar; **to be ~ on doing sth** estar empeñado en hacer algo; **to ~ to music** poner música a; **to ~ on fire** incendiar, poner fuego a; **to ~ free** poner en libertad; **to ~ sth going** poner algo en marcha; **to ~ sail** zarpar, hacerse a la vela; **to ~ about** vt fus: **to ~ about doing sth** ponerse a hacer algo; **to ~ aside** vt poner aparte, dejar de lado; **to ~ back** vt: **~ back (by)** retrasar (por); **to ~ off** vi partir // vt (*bomb*) hacer estallar; (*cause to start*) poner en marcha; (*show up well*) hacer resaltar; **to ~ out** vi: **to ~ out to do sth** proponerse hacer algo // vt (*arrange*) disponer; (*state*) exponer; **to ~ up** vt (*organization*) establecer; **~back** n (*hitch*) revés m, contratiempo; **~ menu** n menú m.

settee [se'tiː] n sofá m.

setting ['setɪŋ] n (*scenery*) marco; (*of jewel*) engaste m, montadura.

settle ['setl] vt (*argument, matter*) resolver; (*accounts*) ajustar, liquidar; (*land*) colonizar; (*MED: calm*) calmar, sosegar // vi (*dust etc*) depositarse; (*weather*) serenarse; (*also:* **~ down**) instalarse; tranquilizarse; **to ~ for sth** convenir en aceptar algo; **to ~ on sth** decidirse por algo; **to ~ up with sb** ajustar cuentas con uno; **to ~ in** vi instalarse; **~ment** n (*payment*) liquidación f; (*agreement*) acuerdo, convenio; (*village etc*) pueblo; **~r** n colono/a, colonizador(a) m/f.

setup ['setʌp] n sistema m.

seven ['sevn] num siete; **~teen** num diez y siete, diecisiete; **~th** a séptimo; **~ty** num setenta.

sever ['sevə*] vt cortar; (*relations*) romper.

several ['sevərl] a, pron varios/as m/fpl, algunos/as m/fpl; **~ of us** varios de nosotros.

severance ['sevərəns] n (*of relations*)

ruptura; **~ pay** n pago de despedida.

severe [sɪ'vɪə*] a severo; (*serious*) grave; (*hard*) duro; (*pain*) intenso; **severity** [sɪ'verɪtɪ] n severidad f; gravedad f; intensidad f.

sew [səu], pt **sewed**, pp **sewn** vt, vi coser; **to ~ up** vt coser, zurcir.

sewage ['suːɪdʒ] n aguas fpl residuales.

sewer ['suːə*] n alcantarilla, cloaca.

sewing ['səuɪŋ] n costura; **~ machine** n máquina de coser.

sewn [səun] pp of **sew**.

sex [seks] n sexo; **to have ~ with** sb tener relaciones (sexuales) con uno; **~ist** a, n sexista m/f.

sexual ['seksjuəl] a sexual.

sexy ['seksɪ] a sexy.

shabby ['ʃæbɪ] a (*person*) desharrapado; (*clothes*) raído, gastado.

shack [ʃæk] n choza, chabola.

shackles ['ʃæklz] npl grillos mpl, grilletes mpl.

shade [ʃeɪd] n sombra; (*for lamp*) pantalla; (*for eyes*) visera; (*of colour*) matiz m, tonalidad f // vt dar sombra a; **in the ~** en la sombra; **a ~ of** un poquito de; **a ~ smaller** un poquito menor.

shadow ['ʃædəu] n sombra // vt (*follow*) seguir y vigilar; **~ cabinet** n (*Brit POL*) gabinete paralelo formado por el partido de oposición; **~y** a oscuro; (*dim*) indistinto.

shady ['ʃeɪdɪ] a sombreado; (*fig: dishonest*) sospechoso; (: *deal*) turbio.

shaft [ʃɑːft] n (*of arrow, spear*) astil m; (*AUT, TECH*) eje m, árbol m; (*of mine*) pozo; (*of lift*) hueco, caja; (*of light*) rayo.

shaggy ['ʃægɪ] a peludo.

shake [ʃeɪk] vb (*pt* **shook**, *pp* **shaken**) vt sacudir; (*building*) hacer temblar; (*bottle, cocktail*) agitar // vi (*tremble*) temblar // n (*movement*) sacudida; **to ~ one's head** (*in refusal*) negar con la cabeza; (*in dismay*) mover or menear la cabeza, incrédulo; **to ~ hands with** sb estrechar la mano a uno; **to ~ off** vt sacudirse; (*fig*) deshacerse de; **to ~ up** vt agitar; **shaky** a (*hand, voice*) trémulo; (*building*) inestable.

shall [ʃæl] auxiliary vb: **I ~ go** iré; **~ I help you?** ¿quieres que te ayude?; **I'll buy three, ~ I?** compro tres, ¿no te parece?

shallow ['ʃæləu] a poco profundo; (*fig*) superficial.

sham [ʃæm] n fraude m, engaño // a falso, fingido // vt fingir, simular.

shambles ['ʃæmblz] n confusión f.

shame [ʃeɪm] n vergüenza; (*pity*) lástima // vt avergonzar; **it is a ~ that/to do** es una lástima que/hacer; **what a ~!** ¡qué lástima!; **~faced** a avergonzado; **~ful** a vergonzoso; **~less** a descarado.

shampoo [ʃæm'puː] n champú m // vt lavar con champú; ~ **and set** *n* lavado y marcado.

shamrock ['ʃæmrɔk] *n* trébol *m* (*emblema nacional irlandés*).

shandy ['ʃændɪ], (*US*) **shandygaff** ['ʃændɪgaef] *n mezcla de cerveza con gaseosa.*

shan't [ʃɑ:nt] = **shall not.**

shanty town ['ʃæntɪ-] *n* barrio de chabolas.

shape [ʃeɪp] *n* forma // *vt* formar, dar forma a; (*sb's ideas*) formar; (*sb's life*) determinar // *vi* (*also:* ~ **up**) (*events*) desarrollarse; (*person*) formarse; **to take** ~ tomar forma; **-∼d** *suffix*: **heart-∼d** en forma de corazón; ∼**less** *a* informe, sin forma definida; ∼**ly** *a* bien formado or proporcionado.

share [ʃɛə*] *n* (*part*) parte *f*, porción *f*; (*contribution*) cuota; (*COMM*) acción *f* // *vt* dividir; (*have in common*) compartir; **to** ~ **out** (*among or between*) repartir (entre); ∼**holder** *n* (*Brit*) accionista *m/f.*

shark [ʃɑ:k] *n* tiburón *m*.

sharp [ʃɑ:p] *a* (*razor, knife*) afilado; (*point*) puntiagudo; (*outline*) definido; (*pain*) intenso; (*MUS*) desafinado; (*contrast*) marcado; (*voice*) agudo; (*person: quick-witted*) astuto; (: *dishonest*) poco escrupuloso // *n* (*MUS*) sostenido // *ad*: **at 2 o'clock** ~ **a las 2 en punto;** ∼**en** *vt* afilar; (*pencil*) sacar punta a; (*fig*) agudizar; ∼**ener** *n* (*also:* **pencil** ∼**ener**) sacapuntas *m inv*; ∼**eyed** *a* de vista aguda; ∼**ly** *ad* (*turn, stop*) bruscamente; (*stand out, contrast*) claramente; (*criticize, retort*) severamente.

shatter ['ʃætə*] *vt* hacer añicos or pedazos; (*fig: ruin*) destruir, acabar con // *vi* hacerse añicos.

shave [ʃeɪv] *vb* (*pt* **shaved**, *pp* **shaved** or **shaven**) *vt* afeitar, rasurar // *vi* afeitarse // *n*: **to have a** ~ afeitarse; ∼**r** *n* (*also:* **electric** ∼**r**) máquina de afeitar (eléctrica).

shaving ['ʃeɪvɪŋ] *n* (*action*) el afeitarse, rasurado; ∼**s** *npl* (*of wood etc*) virutas *fpl*; ~ **brush** *n* brocha (de afeitar); ~ **cream** *n* crema (de afeitar).

shawl [ʃɔ:l] *n* chal *m*.

she [ʃi:] *pron* ella; ∼**-cat** *n* gata; *NB: for ships, countries follow the gender of your translation.*

sheaf [ʃi:f], *pl* **sheaves** [ʃi:vz] *n* (*of corn*) gavilla *f*; (*of arrows*) haz *m*; (*of papers*) fajo.

shear [ʃɪə*] *vb* (*pt* **sheared**, *pp* **sheared** or **shorn**) *vt* (*sheep*) esquilar, trasquilar; ∼**s** *npl* (*for hedge*) tijeras *fpl* de jardín; **to** ~ **off** *vi* romperse.

sheath [ʃi:θ] *n* vaina; (*contraceptive*) preservativo.

sheaves [ʃi:vz] *pl of* **sheaf.**

shed [ʃɛd] *n* cobertizo // *vt* (*pt, pp* **shed**)

(*skin*) mudar; (*tears*) derramar.

she'd [ʃi:d] = **she had; she would.**

sheen [ʃi:n] *n* brillo, lustre *m*.

sheep [ʃi:p] *n, pl inv* oveja; ∼**dog** *n* perro pastor; ∼**ish** *a* tímido, vergonzoso; ∼**skin** *n* piel *f* de carnero.

sheer [ʃɪə*] *a* (*utter*) puro, completo; (*steep*) escarpado; (*material*) diáfano // *ad* verticalmente.

sheet [ʃi:t] *n* (*on bed*) sábana; (*of paper*) hoja; (*of glass, metal*) lámina.

sheik(h) [ʃeɪk] *n* jeque *m*.

shelf [ʃelf], *pl* **shelves** *n* estante *m*.

shell [ʃel] *n* (*on beach*) concha; (*of egg, nut etc*) cáscara; (*explosive*) proyectil *m*, obús *m*; (*of building*) armazón *f* // *vt* (*peas*) desenvainar; (*MIL*) bombardear.

she'll [ʃi:l] = **she will; she shall.**

shellfish ['ʃelfɪʃ] *n, pl inv* crustáceo; (*pl: as food*) mariscos *mpl*.

shelter ['ʃeltə*] *n* abrigo, refugio // *vt* (*aid*) amparar, proteger; (*give lodging to*) abrigar; (*hide*) esconder // *vi* abrigarse, refugiarse; ∼**ed** *a* (*life*) protegido; (*spot*) abrigado.

shelve [ʃelv] *vt* (*fig*) aplazar; ∼**s** *pl of* **shelf.**

shepherd ['ʃepəd] *n* pastor *m* // *vt* (*guide*) guiar, conducir; ∼**'s pie** *n* pastel de carne y patatas.

sherry ['ʃerɪ] *n* jerez *m*.

she's [ʃi:z] = **she is; she has.**

Shetland ['ʃetlənd] *n* (*also:* **the** ∼**s, the** ~ **Isles**) las Islas *fpl* de Zetlandia.

shield [ʃi:ld] *n* escudo; (*TECH*) blindaje *m* // *vt*: **to** ~ (**from**) proteger (de).

shift [ʃɪft] *n* (*change*) cambio; (*at work*) turno // *vt* trasladar; (*remove*) quitar // *vi* moverse; (*change place*) cambiar de sitio; ∼**less** *a* (*person*) perezoso; ~ **work** *n* (*Brit*) trabajo por turno; ∼**y** *a* tramposo; (*eyes*) furtivo.

shilling ['ʃɪlɪŋ] *n* (*Brit*) chelín *m*.

shilly-shally ['ʃɪlɪʃælɪ] *vi* titubear, vacilar.

shimmer ['ʃɪmə*] *n* reflejo trémulo // *vi* relucir.

shin [ʃɪn] *n* espinilla.

shine [ʃaɪn] *n* brillo, lustre *m* // (*vb: pt, pp* **shone**) *vi* brillar, relucir // *vt* (*shoes*) lustrar, sacar brillo a; **to** ~ **a torch on** sth dirigir una linterna hacia algo.

shingle ['ʃɪŋgl] *n* (*on beach*) guijarras *fpl*; ∼**s** *n* (*MED*) herpes *mpl* or *fpl*.

shiny ['ʃaɪnɪ] *a* brillante, lustroso.

ship [ʃɪp] *n* buque *m*, barco // *vt* (*goods*) embarcar; (*oars*) desarmar; (*send*) transportar or enviar por vía marítima; ∼**building** *n* construcción *f* de buques; ∼**ment** *n* (*act*) embarque *m*; (*goods*) envío; ∼**per** *n* exportador(a) *m/f*; ∼**ping** *n* (*act*) embarque *m*; (*traffic*) buques *mpl*; ∼**shape** *a* en buen orden; ∼**wreck** *n* naufragio // *vt*: **to be** ∼**wrecked** naufragar; ∼**yard** *n* astillero.

shire [ʃaɪə*] n (Brit) condado.
shirk [ʃɔːk] vt eludir, esquivar; (obligations) faltar a.
shirt [ʃɔːt] n camisa; **in ~ sleeves** en mangas de camisa.
shit [ʃɪt] excl (col!) ¡mierda! (!)
shiver [ʃɪvə*] vi temblar, estremecerse; (with cold) tiritar.
shoal [ʃəʊl] n (of fish) banco.
shock [ʃɔk] n (impact) choque m; (ELEC) descarga (eléctrica); (emotional) conmoción f; (start) sobresalto, susto; (MED) postración f nerviosa // vt dar un susto a; (offend) escandalizar; **~ absorber** n amortiguador m; **~ing** a (awful) espantoso; (improper) escandaloso.
shod [ʃɔd] pt, pp of **shoe**.
shoddy [ʃɔdɪ] a de pacotilla.
shoe [ʃuː] n zapato; (for horse) herradura; (brake **~**) zapata f (pt, pp **shod**) (horse) herrar; **~brush** n cepillo para zapatos; **~horn** n calzador m; **~lace** n cordón m; **~ polish** n betún m; **~shop** n zapatería; **~string** n (fig): **on a ~string** con muy poco dinero.
shone [ʃɔn] pt, pp of **shine**.
shoo [ʃuː] excl ¡fuera!
shook [ʃʊk] pt of **shake**.
shoot [ʃuːt] n (on branch, seedling) retoño, vástago // vt (pt, pp **shot**) vt disparar; (kill) matar a tiros; (execute) fusilar; (film) rodar, filmar // vi (FOOTBALL) chutar; **to ~ (at)** tirar (a); **to ~ down** vt (plane) derribar; **to ~ in/out** vi entrar corriendo/salir disparado; **to ~ up** vi (prices) dispararse; **~ing** n (shots) tiros mpl; (HUNTING) caza con escopeta; **~ing star** n estrella fugaz.
shop [ʃɔp] n tienda; (workshop) taller m // vi (also: **go ~ping**) ir de compras; **~ assistant** n (Brit) dependiente/a m/f; **~ floor** n (Brit fig) taller m, fábrica; **~keeper** n (Brit) tendero/a; **~lifting** n mechería; **~per** n comprador(a) m/f; **~ping** n (goods) compras fpl; **~ping bag** n bolsa (de compras); **~ping centre**, (US) **~ping center** n centro comercial; **~-soiled** a (Brit) usado; **~ steward** n (Brit INDUSTRY) enlace m sindical; **~ window** n escaparate m, vidriera (LAm); **~worn** a (US) usado.
shore [ʃɔː*] n (of sea, lake) orilla // vt: **to ~ (up)** reforzar.
shorn [ʃɔːn] pp of **shear**.
short [ʃɔːt] a (not long) corto; (in time) breve, de corta duración; (person) bajo; (curt) brusco, seco // n (also: **~ film**) cortometraje m; (a pair of) **~s** (unos) pantalones mpl cortos; **to be ~ of sth** estar falto de algo; **in ~** en pocas palabras; **~ of doing...** fuera de hacer...; **everything ~ of...** todo menos...; **it is ~ for** es la forma abreviada de; **to cut ~** (speech, visit) interrumpir, terminar inesperadamente; **to fall ~ of** no alcan-

zar; **to stop ~** parar en seco; **to stop ~ of** detenerse antes de; **~age** n escasez f, falta; **~bread** n especie de mantecada; **~change** vt no dar el cambio completo a; **~circuit** n cortocircuito // vt poner en cortocircuito // vi ponerse en cortocircuito; **~coming** n defecto, deficiencia; **~(crust) pastry** n (Brit) pasta quebradiza; **~cut** n atajo; **~en** vt acortar; (visit) interrumpir; **~fall** n déficit m; **~hand** n (Brit) taquigrafía; **~hand typist** n (Brit) taquimecanógrafo/a; **~ list** n (Brit: for job) lista de candidatos escogidos; **~ly** ad en breve, dentro de poco; **~sighted** a (Brit) corto de vista, miope; (fig) imprudente; **~staffed** a falto de personal; **~ story** n cuento; **~tempered** a enojadizo; **~term** a (effect) a corto plazo; **~wave** n (RADIO) onda corta.
shot [ʃɔt] pt, pp of **shoot** // n (sound) tiro, disparo; (person) tirador(a) m/f; (try) tentativa; (injection) inyección f; (PHOT) toma, fotografía; **like a ~** (without any delay) como un rayo; **~gun** n escopeta.
should [ʃʊd] auxiliary vb: **I ~** go now debo irme ahora; **he ~** be there now debe de haber llegado (ya); **I ~** go if I were you yo en tu lugar me iría; **I ~** like to me gustaría.
shoulder [ʃəʊldə*] n hombro; (Brit: of road) andén m // vt (fig) cargar con; **~ blade** n omóplato; **~ strap** n tirante m.
shouldn't [ʃʊdnt] = **should not**.
shout [ʃaʊt] n grito // vt gritar // vi gritar, dar voces; **to ~ down** vt hundir a gritos; **~ing** n griterío.
shove [ʃʌv] n empujón m // vt empujar; (col: put): **to ~ sth in** meter algo a empellones; **to ~ off** vi (NAUT) alejarse del muelle; (fig: col) largarse.
shovel [ʃʌvl] n pala; (mechanical) excavadora // vt mover con pala.
show [ʃəʊ] n (of emotion) demostración f; (semblance) apariencia; (exhibition) exposición f; (THEATRE) función f, espectáculo // vb (pt showed, pp shown) vt mostrar, enseñar; (courage etc) mostrar, manifestar; (exhibit) exponer; (film) proyectar // vi mostrarse; (appear) aparecer; on **~** (exhibits etc) expuesto; **to ~ in** vt (person) hacer pasar; **to ~ off** vi (pej) presumir // vt (display) lucir; (pej) hacer gala de; **to ~ out** vt: **to ~ sb out** acompañar a uno a la puerta; **to ~ up** vi (stand out) destacar; (col: turn up) aparecer // vt descubrir; (unmask) desenmascarar; **~ business** n el mundo del espectáculo; **~down** n enfrentamiento (final).
shower [ʃaʊə*] n (rain) chaparrón m, chubasco; (of stones etc) lluvia; (also: **~bath**) ducha, regadera (LAm) // vi llo-

ver // vt: **to ~ sb with sth** colmar a uno de algo; **~proof** a impermeable.

showing ['ʃəuɪŋ] n (of film) proyección f.

show jumping n hipismo.

shown [ʃəun] pp of **show**.

show: **~-off** n (col: person) presumido/a; **~piece** n (of exhibition etc) objeto cumbre; **~room** n sala de muestras.

shrank [ʃræŋk] pt of **shrink**.

shrapnel ['ʃræpnl] n metralla.

shred [ʃred] n (gen pl) triza, jirón m // vt hacer trizas; (CULIN) desmenuzar; **~der** n (vegetable ~der) picadora; (document ~der) trituradora (de papel).

shrewd [ʃruːd] a astuto.

shriek [ʃriːk] n chillido // vt, vi chillar.

shrill [ʃrɪl] a agudo, estridente.

shrimp [ʃrɪmp] n camarón m.

shrine [ʃraɪn] n santuario, sepulcro.

shrink [ʃrɪŋk], pt **shrank**, pp **shrunk** vi encogerse; (be reduced) reducirse // vt encoger; **to ~ from doing sth** no atreverse a hacer algo; **~age** n encogimiento; reducción f; **~wrap** vt empaquetar al vacío.

shrivel ['ʃrɪvl] (also: ~ **up**) vt (dry) secar; (crease) arrugar // vi secarse; arrugarse.

shroud [ʃraud] n sudario // vt: **~ed in mystery** envuelto en el misterio.

Shrove Tuesday ['ʃrəuv-] n martes m de carnaval.

shrub [ʃrʌb] n arbusto; **~bery** n arbustos mpl.

shrug [ʃrʌg] n encogimiento de hombros // vt, vi: **to ~ (one's shoulders)** encogerse de hombros; **to ~ off** vt negar importancia a.

shrunk [ʃrʌŋk] pp of **shrink**.

shudder ['ʃʌdə*] n estremecimiento, escalofrío // vi estremecerse.

shuffle ['ʃʌfl] vt (cards) barajar; **to ~ (one's feet)** arrastrar los pies.

shun [ʃʌn] vt rehuir, esquivar.

shunt [ʃʌnt] vt (RAIL) maniobrar.

shut [ʃʌt], pt, pp **shut** vt cerrar // vi cerrarse; **to ~ down** vt, vi cerrar; **to ~ off** vt (supply etc) interrumpir, cortar; **to ~ up** vi (col: keep quiet) callarse // vt (close) cerrar; (silence) callar; **~ter** n contraventana; (PHOT) obturador m.

shuttle ['ʃʌtl] n lanzadera; (also: ~ service: AVIAT) puente m aéreo.

shuttlecock ['ʃʌtlkɔk] n volante m.

shy [ʃaɪ] a tímido; **~ness** n timidez f.

sibling ['sɪblɪŋ] n hermano/a.

Sicily ['sɪsɪlɪ] n Sicilia.

sick [sɪk] a (ill) enfermo; (nauseated) mareado; (humour) negro; **to be ~** (Brit) vomitar; **to feel ~** tener náuseas; **to be ~ of** (fig) estar harto de; **~ bay** n enfermería; **~en** vt dar asco a // vi enfermar; **~ening** a (fig) asqueroso.

sickle ['sɪkl] n hoz f.

sick: **~ leave** n baja por enfermedad; **~ly** a enfermizo; (taste) empalagoso; **~ness** n enfermedad f, mal m; (vomiting) náuseas fpl; **~ pay** n subsidio de enfermedad.

side [saɪd] n (gen) lado; (of body) costado; (of lake) orilla; (team) equipo; (of hill) ladera // cpd (door, entrance) lateral // vi: **to ~ with sb** tomar el partido de uno; **by the ~ of** al lado de; **~ by ~** juntos/as; **from all ~s** de todos lados; **to take ~s (with)** tomar partido (con); **~board** n aparador m; **~boards** (Brit), **~burns** npl patillas fpl; **~ effect** n efecto secundario; **~light** n (AUT) luz f lateral; **~line** n (SPORT) línea lateral; (fig) empleo suplementario; **~long** a de soslayo; **~saddle** ad a mujeriegas, a la inglesa; **~ show** n (stall) caseta; **~step** vt (fig) esquivar; **~street** n calle f lateral; **~track** vt (fig) desviar (de su propósito); **~walk** n (US) acera; **~ways** ad de lado.

siding ['saɪdɪŋ] n (RAIL) apartadero, vía muerta.

sidle ['saɪdl] vi: **to ~ up (to)** acercarse furtivamente a.

siege [siːdʒ] n cerco, sitio.

sieve [sɪv] n colador m // vt cribar.

sift [sɪft] vt cribar; (fig: information) escudriñar.

sigh [saɪ] n suspiro // vi suspirar.

sight [saɪt] n (faculty) vista; (spectacle) espectáculo; (on gun) mira, alza // vt divisar; **in ~** a la vista; **out of ~** fuera de (la) vista; **~seeing** n excursionismo, turismo; **to go ~seeing** hacer turismo.

sign [saɪn] n (with hand) señal f, seña; (trace) huella, rastro; (notice) letrero; (written) signo // vt firmar; **to ~ sth over to sb** firmar el traspaso de algo a uno; **to ~ on** vi (MIL) alistarse; (as unemployed) registrarse como desempleado // vt (MIL) alistar; (employee) contratar; **to ~ up** vi (MIL) alistarse // vt (contract) contratar.

signal ['sɪgnl] n señal f // vi (AUT) hacer señales // vt (person) hacer señas a; (message) comunicar por señales; **~man** n (RAIL) guardavía m.

signature ['sɪgnətʃə*] n firma; **~ tune** n sintonía de apertura de un programa.

signet ring ['sɪgnət-] n anillo de sello.

significance [sɪg'nɪfɪkəns] n significado; (importance) trascendencia.

significant [sɪg'nɪfɪkənt] a significativo; trascendente.

signify ['sɪgnɪfaɪ] vt significar.

signpost ['saɪnpəust] n indicador m.

silence ['saɪlns] n silencio // vt hacer callar; (guns) reducir al silencio; **~r** n (on gun, Brit AUT) silenciador m.

silent ['saɪlnt] a (gen) silencioso; (not speaking) callado; (film) mudo; **to remain ~** guardar silencio; **~ partner** n

(COMM) socio/a comanditario/a.
silhouette [sɪluːˈet] n silueta.
silicon chip [ˈsɪlɪkən-] n plaqueta de silicio.
silk [sɪlk] n seda // cpd de seda; ~**y** a sedoso.
silly [ˈsɪlɪ] a (person) tonto; (idea) absurdo.
silo [ˈsaɪləu] n silo.
silt [sɪlt] n sedimento.
silver [ˈsɪlvə*] n plata; (money) moneda suelta // cpd de plata; ~ **paper** n (Brit) papel m de plata; ~**-plated** a plateado; ~**smith** n platero/a; ~ **ware** n plata; ~**y** a plateado.
similar [ˈsɪmɪlə*] a: ~ **to** parecido or semejante a; ~**ly** ad del mismo modo.
simile [ˈsɪmɪlɪ] n símil m.
simmer [ˈsɪmə*] vi hervir a fuego lento.
simpering [ˈsɪmpərɪŋ] a afectado; (foolish) bobo.
simple [ˈsɪmpl] a (easy) sencillo; (foolish, COMM: interest) simple; **simplicity** [-ˈplɪsɪtɪ] n sencillez f; **simplify** [ˈsɪmplɪfaɪ] vt simplificar.
simply [ˈsɪmplɪ] ad (live, talk) sencillamente; (just, merely) sólo.
simultaneous [sɪməlˈteɪnɪəs] a simultáneo; ~**ly** ad simultáneamente.
sin [sɪn] n pecado // vi pecar.
since [sɪns] ad desde entonces, después // prep desde // conj (time) desde que; (because) ya que, puesto que; ~ **then** desde entonces.
sincere [sɪnˈsɪə*] a sincero; ~**ly** ad: yours ~**ly**, (US) ~**ly yours** (in letters) le saluda atentamente; **sincerity** [-ˈsɛrɪtɪ] n sinceridad f.
sinew [ˈsɪnjuː] n tendón m.
sinful [ˈsɪnful] a (thought) pecaminoso; (person) pecador(a).
sing [sɪŋ], pt **sang**, pp **sung** vt cantar // vi cantar.
Singapore [sɪŋəˈpɔː*] n Singapur m.
singe [sɪndʒ] vt chamuscar.
singer [ˈsɪŋə*] n cantante m/f.
singing [ˈsɪŋɪŋ] n (gen) canto; (songs) canciones fpl.
single [ˈsɪŋgl] a único, solo; (unmarried) soltero; (not double) simple, sencillo // n (Brit: also: ~ **ticket**) billete m sencillo; (record) sencillo, single m; ~**s** npl (TENNIS) individual msg; **to** ~ **out** vt (choose) escoger; ~ **bed** n cama individual; ~**-breasted** a (jacket, suit) recto; **single-file** n: **in** ~ **file** en fila de uno; ~**-handed** ad sin ayuda; ~**-minded** a resuelto, firme; ~ **room** n cuarto individual.
singlet [ˈsɪŋglɪt] n camiseta.
singly [ˈsɪŋglɪ] ad uno por uno.
singular [ˈsɪŋgjulə*] a (odd) raro, extraño; (LING) singular // n (LING) singular m.
sinister [ˈsɪnɪstə*] a siniestro.

sink [sɪŋk] n fregadero // vb (pt **sank**, pp **sunk**) vt (ship) hundir, echar a pique; (foundations) excavar; (piles etc): **to** ~ **sth into** hundir algo en // vi (gen) hundirse; **to** ~ **in** vi (fig) penetrar, calar.
sinner [ˈsɪnə*] n pecador/a m/f.
sinus [ˈsaɪnəs] n (ANAT) seno.
sip [sɪp] n sorbo // vt sorber, beber a sorbitos.
siphon [ˈsaɪfən] n sifón m; **to** ~ **off** vt desviar.
sir [sə*] n señor m; S~ **John Smith** Sir John Smith; **yes** ~ sí, señor.
siren [ˈsaɪərn] n sirena.
sirloin [ˈsəːlɔɪn] n solomillo.
sissy [ˈsɪsɪ] n (col) marica m.
sister [ˈsɪstə*] n hermana; (Brit: nurse) enfermera jefe; ~**-in-law** n cuñada.
sit [sɪt], pt, pp **sat** vi sentarse; (be sitting) estar sentado; (assembly) reunirse // vt (exam) presentarse a; **to** ~ **down** vi sentarse; **to** ~ **in on** vt fus asistir a; **to** ~ **up** vi incorporarse; (not go to bed) velar.
sitcom [ˈsɪtkɒm] n abbr (= situation comedy) comedia de situación.
site [saɪt] n sitio; (also: **building** ~) solar m // vt situar.
sit-in [ˈsɪtɪn] n (demonstration) ocupación f.
sitting [ˈsɪtɪŋ] n (of assembly etc) sesión f; (in canteen) turno; ~ **room** n sala de estar.
situated [ˈsɪtjueɪtɪd] a situado.
situation [sɪtjuˈeɪʃən] n situación f; '~**s vacant**' 'ofrecen trabajo'.
six [sɪks] num seis; ~**teen** num diez y seis, dieciséis; ~**th** a sexto; ~**ty** num sesenta.
size [saɪz] n (gen) tamaño; (extent) extensión f; (of clothing) talla; (of shoes) número; **to** ~ **up** vt formarse una idea de; ~**able** a importante, considerable.
sizzle [ˈsɪzl] vi crepitar.
skate [skeɪt] n patín m; (fish: pl inv) raya // vi patinar; ~**board** n monopatín m; ~**r** n patinador(a) m/f; **skating** n patinaje m; **skating rink** n pista de patinaje.
skeleton [ˈskelɪtn] n esqueleto; (TECH) armazón f; (outline) esquema m; ~ **key** n llave f maestra; ~ **staff** n personal m reducido.
skeptic [ˈskeptɪk] etc (US) = **sceptic**.
sketch [sketʃ] n (drawing) dibujo; (outline) esbozo, bosquejo; (THEATRE) sketch m // vt dibujar; esbozar; ~ **book** n libro de dibujos; ~**y** a incompleto.
skewer [ˈskjuːə*] n broqueta.
ski [skiː] n esquí m // vi esquiar; ~ **boot** n bota de esquí.
skid [skɪd] n patinazo // vi patinar.
ski: ~**er** n esquiador(a) m/f; ~**ing** n esquí m; ~ **jump** n salto con esquís.
skilful [ˈskɪlful] a diestro, experto.

ski lift n telesilla m, telesquí m.
skill [skɪl] n destreza, pericia; ~ed a hábil, diestro; (worker) cualificado.
skim [skɪm] vt (milk) desnatar; (glide over) rozar, rasar // vi: to ~ through (book) hojear; ~med milk n leche f desnatada.
skimp [skɪmp] vt (work) chapucear; (cloth etc) escatimar; ~y a (meagre) escaso; (skirt) muy corto.
skin [skɪn] n (gen) piel f; (complexion) cutis m // vt (fruit etc) pelar; (animal) despellejar; ~-deep a superficial; ~ diving n buceo; ~ny a flaco; ~tight a (dress etc) muy ajustado.
skip [skɪp] n brinco, salto; (container) cuba // vi brincar; (with rope) saltar a la comba // vt (pass over) omitir, saltar.
ski pants npl pantalones mpl de esquí.
ski pole n bastón m de esquiar.
skipper ['skɪpə*] n (NAUT, SPORT) capitán m.
skipping rope ['skɪpɪŋ-] n (Brit) cuerda (de saltar).
skirmish ['skə:mɪʃ] n escaramuza.
skirt [skə:t] n falda, pollera (LAm) // vt (surround) ceñir, rodear; (go round) ladear.
ski suit n traje m de esquiar.
skit [skɪt] n sátira, parodia.
skittle ['skɪtl] n bolo; ~s n (game) boliche m.
skive [skaɪv] vi (Brit col) gandulear.
skulk [skʌlk] vi esconderse.
skull [skʌl] n calavera; (ANAT) cráneo.
skunk [skʌŋk] n mofeta.
sky [skaɪ] n cielo; ~light n tragaluz m, claraboya; ~scraper n rascacielos m inv.
slab [slæb] n (stone) bloque m; (flat) losa; (of cake) trozo.
slack [slæk] a (loose) flojo; (slow) de poca actividad; (careless) descuidado; ~s npl pantalones mpl; ~en (also: ~en off) vi aflojarse // vt aflojar; (speed) disminuir.
slag [slæg] n escoria, escombros mpl; ~ heap n escorial m, escombrera.
slain [sleɪn] pp of slay.
slam [slæm] vt (throw) arrojar (violentamente); to ~ the door dar un portazo // vi cerrarse de golpe.
slander ['slɑ:ndə*] n calumnia, difamación f // vt calumniar, difamar.
slang [slæŋ] n argot m; (jargon) jerga.
slant [slɑ:nt] n sesgo, inclinación f; (fig) interpretación f; ~ed a parcial; ~ing a inclinado.
slap [slæp] n palmada; (in face) bofetada // vt dar una palmada/bofetada a // ad (directly) exactamente, directamente; ~dash a descuidado; ~stick n: ~stick comedy comedia de golpe y porrazo; ~up a: a ~up meal (Brit) un banquetazo, una comilona.

slash [slæʃ] vt acuchillar; (fig: prices) quemar.
slat [slæt] n tablilla, listón m.
slate [sleɪt] n pizarra // vt (Brit: fig: criticize) criticar duramente.
slaughter ['slɔːtə*] n (of animals) matanza; (of people) carnicería // vt matar; ~house n matadero.
Slav [slɑːv] a eslavo.
slave [sleɪv] n esclavo/a // vi (also: ~ away) sudar tinta; ~ry n esclavitud f.
slay [sleɪ], pt slew, pp slain vt matar.
SLD n abbr = Social and Liberal Democrats.
sleazy ['sliːzɪ] a de mala fama.
sled [slɛd] n (US) trineo.
sledge [slɛdʒ] n (Brit) trineo; ~hammer n mazo.
sleek [sliːk] a (shiny) lustroso.
sleep [sliːp] n sueño // vi (pt, pp slept) dormir; to go to ~ quedarse dormido; to ~ in vi (oversleep) quedarse dormido; ~er n (person) durmiente m/f; (Brit RAIL: on track) traviesa; (: train) coche-cama m; ~ing bag n saco de dormir; ~ing car n coche-cama m; ~ing pill n somnífero; ~less a: a ~less night una noche en blanco; ~walker n sonámbulo/a; ~y a soñoliento.
sleet [sliːt] n nevisca.
sleeve [sliːv] n manga; (TECH) manguito.
sleigh [sleɪ] n trineo.
sleight [slaɪt] n: ~ of hand escamoteo.
slender ['slɛndə*] a delgado; (means) escaso.
slept [slɛpt] pt, pp of sleep.
slew [sluː] vi (veer) torcerse // pt of slay.
slice [slaɪs] n (of meat) tajada; (of bread) rebanada; (of lemon) rodaja; (utensil) pala // vt cortar (en tajos); rebanar.
slick [slɪk] a (skilful) hábil, diestro // n (also: oil ~) marea negra.
slide [slaɪd] n (in playground) tobogán m; (PHOT) diapositiva; (Brit: also: hair ~) pasador m // vb (pt, pp slid) vt correr, deslizar // vi (slip) resbalarse; (glide) deslizarse; ~ rule n regla de cálculo; **sliding** a (door) corredizo; **sliding scale** n escala móvil.
slight [slaɪt] a (slim) delgado; (frail) delicado; (pain etc) leve; (trivial) insignificante; (small) pequeño // n desaire m // vt (offend) ofender, desairar; not in the ~est en absoluto; ~ly ad ligeramente, un poco.
slim [slɪm] a delgado, esbelto // vi adelgazar.
slime [slaɪm] n limo, cieno.
slimming ['slɪmɪŋ] n adelgazamiento.
sling [slɪŋ] n (MED) cabestrillo; (weapon) honda // vt (pt, pp slung) tirar, arrojar.
slip [slɪp] n (slide) resbalón m; (mistake) descuido; (underskirt) combinación f; (of paper) papelito // vt (slide) deslizar //

vi (*slide*) deslizarse; (*stumble*) resbalar(se); (*decline*) decaer; (*move smoothly*): to ~ into/out of (*room etc*) introducirse en/salirse de; **to give sb the ~** eludir a uno; **a ~ of the tongue** un lapsus; **to ~ sth on/off** ponerse/quitarse algo; **to ~ away** *vi* escabullirse; **to ~ in** *vt* meter // *vt* meterse; **to ~ out** *vi* (*go out*) salir (un momento); **~ped disc** *n* vértebra dislocada.

slipper ['slɪpə*] *n* zapatilla, pantufla.

slippery ['slɪpərɪ] *a* resbaladizo.

slip: ~ **road** *n* (*Brit*) carretera de acceso; **~shod** *a* descuidado; **~-up** *n* (*error*) desliz *m*; **~way** *n* grada, gradas *fpl*.

slit [slɪt] *n* raja; (*cut*) corte *m* // *vt* (*pt, pp* slit) rajar, cortar.

slither ['slɪðə*] *vi* deslizarse.

sliver ['slɪvə*] *n* (*of glass, wood*) astilla; (*of cheese etc*) raja.

slob [slɔb] *n* (*col*) patán/ana *m/f*.

slog [slɔg] (*Brit*) *vi* sudar tinta; **it was a** ~ costó trabajo (hacerlo).

slogan ['sləugən] *n* eslogan *m*, lema *m*.

slop [slɔp] *vi* (*also*: ~ **over**) derramarse, desbordarse // *vt* derramar, verter.

slope [sləup] *n* (*up*) cuesta, pendiente *f*; (*down*) declive *m*; (*side of mountain*) falda, vertiente *m* // *vi*: **to ~ down** estar en declive; **to ~ up** inclinarse; **sloping** *a* en pendiente; en declive.

sloppy ['slɔpɪ] *a* (*work*) descuidado; (*appearance*) desaliñado.

slot [slɔt] *n* ranura // *vt*: **to ~ into** encajar en.

sloth [sləuθ] *n* (*laziness*) pereza.

slot machine *n* (*Brit: vending machine*) aparato vendedor, distribuidor *m* automático; (*for gambling*) máquina tragaperras.

slouch [slautʃ] *vi*: **to ~ about** (*laze*) gandulear.

slovenly ['slʌvənlɪ] *a* (*dirty*) desaliñado, desaseado; (*careless*) descuidado.

slow [sləu] *a* lento; (*watch*): **to be ~** atrasarse // *ad* lentamente, despacio // *vt, vi* (*also*: ~ **down**, ~ **up**) retardar; **'~'** (*road sign*) 'disminuir velocidad'; **~ down** *n* (*US*) huelga de manos caídas; **~ly** *ad* lentamente, despacio; **slow motion** *n*: **in ~ motion** a cámara lenta.

sludge [slʌdʒ] *n* lodo, fango.

slug [slʌg] *n* babosa; (*bullet*) posta; **~gish** *a* (*slow*) lento; (*lazy*) perezoso.

sluice [slu:s] *n* (*gate*) esclusa; (*channel*) canal *m*.

slum [slʌm] *n* casucha.

slumber ['slʌmbə*] *n* sueño.

slump [slʌmp] *n* (*economic*) depresión *f* // *vi* hundirse.

slung [slʌŋ] *pt, pp* of **sling**.

slur [slə:*] *n* calumnia // *vt* calumniar, difamar; (*word*) pronunciar mal.

slush [slʌʃ] *n* nieve *f* a medio derretir; ~

fund *n* caja negra (*fondos para sobornar*).

slut [slʌt] *n* (*sloppy*) marrana.

sly [slaɪ] *a* astuto.

smack [smæk] *n* (*slap*) manotada; (*blow*) golpe *m* // *vt* dar una manotada a; golpear con la mano // *vi*: **to ~ of** saber a, oler a.

small [smɔːl] *a* pequeño; ~ **ads** *npl* (*Brit*) anuncios *mpl* por palabras; ~ **change** *n* suelto, cambio; **~holder** *n* (*Brit*) granjero/a, parcelero/a; ~ **hours** *npl*: **in the ~ hours** en las altas horas (de la noche); **~pox** *n* viruela; ~ **talk** *n* cháchara.

smart [smɑːt] *a* elegante; (*clever*) listo, inteligente; (*quick*) rápido, vivo // *vi* escocer, picar; **to ~en up** *vi* arreglarse // *vt* arreglar.

smash [smæʃ] *n* (*also*: **~-up**) choque *m* // *vt* (*break*) hacer pedazos; (*car etc*) estrellar; (*SPORT: record*) batir // *vi* hacerse pedazos; (*against wall etc*) estrellarse; **~ing** *a* (*col*) cojonudo.

smattering ['smætərɪŋ] *n*: **a ~ of** Spanish algo de español.

smear [smɪə*] *n* mancha; (*MED*) frotis *m inv* // *vt* untar; (*fig*) calumniar, difamar.

smell [smɛl] *n* olor *m*; (*sense*) olfato // (*pt, pp* smelt *or* smelled) *vt, vi* oler; **it ~s good/of garlic** huele bien/a ajo; **~y** *a* maloliente.

smile [smaɪl] *n* sonrisa // *vi* sonreír; **smiling** *a* sonriente.

smirk [smə:k] *n* sonrisa falsa *or* afectada.

smith [smɪθ] *n* herrero; **~y** ['smɪðɪ] *n* herrería.

smock [smɔk] *n* blusa; (*children's*) delantal *m*; (*US: overall*) guardapolvo.

smog [smɔg] *n* esmog *m*.

smoke [sməuk] *n* humo // *vi* fumar; (*chimney*) echar humo // *vt* (*cigarettes*) fumar; **~d** *a* (*bacon, glass*) ahumado; **~r** *n* (*person*) fumador(a) *m/f*; (*RAIL*) coche *m* fumador; ~ **screen** *n* cortina de humo; ~ **shop** *n* (*US*) estanco, tabaquería (*LAm*); **smoking** *n*: **'no smoking'** 'prohibido fumar'; **smoky** *a* (*room*) lleno de humo.

smolder ['sməuldə*] *vi* (*US*) = **smoulder**.

smooth [smu:ð] *a* liso; (*sea*) tranquilo; (*flavour, movement*) suave; (*person: pej*) meloso // *vt* alisar; (*also*: ~ **out**: *creases, difficulties*) allanar.

smother ['smʌðə*] *vt* sofocar; (*repress*) contener.

smoulder, (*US*) **smolder** ['sməuldə*] *vi* arder sin llama.

smudge [smʌdʒ] *n* mancha // *vt* manchar.

smug [smʌg] *a* presumido.

smuggle ['smʌgl] *vt* pasar de contrabando; **~r** *n* contrabandista *m/f*; **smuggling** *n* contrabando.

smutty ['smʌtɪ] a (fig) verde, obsceno.
snack [snæk] n bocado; ~ **bar** n cafetería.
snag [snæg] n problema m.
snail [sneɪl] n caracol m.
snake [sneɪk] n (gen) serpiente f; (harmless) culebra; (poisonous) víbora.
snap [snæp] n (sound) chasquido; golpe m seco; (photograph) foto f // a (decision) instantáneo // vt (fingers etc) castañetear; (break) quebrar; (photograph) tomar una foto de // vi (break) quebrarse; (fig: person) contestar bruscamente; to ~ **shut** cerrarse de golpe; **to ~ at** vt fus (subj: dog) intentar morder; **to ~ off** vi (break) partirse; **to ~ up** vt agarrar; ~ **fastener** n (US) botón m de presión; ~py a (col: answer) instantáneo; (slogan) conciso; **make it ~py!** (hurry up) ¡date prisa!; ~**shot** n foto f (instantánea).
snare [snɛə*] n trampa // vt cazar con trampa; (fig) engañar.
snarl [snɑːl] vi gruñido // vi gruñir.
snatch [snætʃ] n (fig) robo; ~es of trocitos mpl de // vt (~ away) arrebatar; (grasp) agarrar (Sp), agarrar.
sneak [sniːk] vi: to ~ **in/out** entrar/salir a hurtadillas // n (col) soplón/ona m/f; ~**ers** npl (US) zapatos mpl de lona; ~y a furtivo.
sneer [snɪə*] vi sonreír con desprecio.
sneeze [sniːz] vi estornudar.
sniff [snɪf] vi sorber (por la nariz) // vt husmear, oler.
snigger ['snɪgə*] vi reírse con disimulo.
snip [snɪp] n (piece) recorte m; (bargain) ganga // vt tijeretear.
sniper ['snaɪpə*] n francotirador(a) m/f.
snippet ['snɪpɪt] n retazo.
snivelling ['snɪvlɪŋ] a llorón/ona.
snob [snɔb] n (e)snob m/f; ~**bery** n (e)snobismo; ~**bish** a (e)snob.
snooker ['snuːkə*] n especie de billar.
snoop [snuːp] vi: to ~ **about** fisgonear.
snooty ['snuːtɪ] a (e)snob.
snooze [snuːz] n siesta // vi echar una siesta.
snore [snɔː*] vi roncar; **snoring** n ronquidos mpl.
snorkel ['snɔːkl] n (tubo) respirador m.
snort [snɔːt] n bufido // vi bufar.
snout [snaut] n hocico, morro.
snow [snəu] n nieve f // vi nevar; ~**ball** n bola de nieve; ~**bound** a bloqueado por la nieve; ~**drift** n ventisquero; ~**drop** n campanilla; ~**fall** n nevada; ~**flake** n copo de nieve; ~**man** n figura de nieve; ~**plough**, (US) ~**plow** n quitanieves m inv; ~**shoe** n raqueta (de nieve); ~**storm** n nevada, nevasca.
snub [snʌb] vt: to ~ **sb** desairar a alguien // n desaire m, repulsa; ~-**nosed** a chato.
snuff [snʌf] n rapé m.

snug [snʌg] a (cosy) cómodo; (fitted) ajustado.
snuggle ['snʌgl] vi: to ~ **up to sb** arrimarse a uno.
so [səu] ♦ ad 1 (thus, likewise) así, de este modo; if ~ de ser así; I like swimming — ~ **do** I a mí me gusta nadar — a mí también; I've got work to do — ~ **has** Paul tengo trabajo que hacer — Paul también; it's 5 o'clock — ~ **it is!** son las cinco — ¡pues es verdad!; I **hope/think** ~ espero/creo que sí; ~ **far** hasta ahora; (in past) hasta este momento
2 (in comparisons etc: to such a degree) tan; ~ **quickly (that)** tan rápido (que); ~ **big (that)** tan grande (que); **she's not** ~ **clever as her brother** no es tan lista como su hermano; **we were** ~ **worried** estábamos preocupadísimos
3: ~ **much** a tanto/a // ad tanto; ~ **many** tantos/as
4 (phrases): **10 or** ~ unos 10, 10 o así; ~ **long!** (col: goodbye) ¡hasta luego!
♦ conj 1 (expressing purpose): ~ **as to** do para hacer; ~ **(that)** para que + subjun
2 (expressing result) así que; ~ **you see,** I could have gone así que ya ves, (yo) podría haber ido.
soak [səuk] vt (drench) empapar; (put in water) remojar // vi remojarse, estar a remojo; **to ~ in** vi penetrar; **to ~ up** vt absorber.
so-and-so ['səuənsəu] n (somebody) fulano/a de tal.
soap [səup] n jabón m; ~**flakes** npl escamas fpl de jabón; ~ **opera** n telenovela; ~ **powder** n jabón m en polvo; ~y a jabonoso.
soar [sɔː*] vi (on wings) remontarse; (building etc) elevarse.
sob [sɔb] n sollozo // vi sollozar.
sober ['səubə*] a (moderate) moderado; (not drunk) sobrio; (colour, style) discreto; **to ~ up** vi pasársele a uno la borrachera.
so-called ['səu'kɔːld] a así llamado.
soccer ['sɔkə*] n fútbol m.
social ['səuʃl] a social // n velada, fiesta; ~ **club** n club m; ~**ism** n socialismo; ~**ist** a, n socialista m/f; ~**ize** vi: to ~ize **(with)** alternar (con); ~**ly** ad socialmente; ~ **security** n seguridad f social; ~ **work** n asistencia social; ~ **worker** n asistente/a m/f social.
society [sə'saɪətɪ] n sociedad f; (club) asociación f; (also: **high ~**) buena sociedad.
sociologist [səusɪ'ɔlədʒɪst] n sociólogo/a.
sociology [səusɪ'ɔlədʒɪ] n sociología.
sock [sɔk] n calcetín m, media (LAm).
socket ['sɔkɪt] n (ELEC) enchufe m.
sod [sɔd] n (of earth) césped m; (col!) cabrón/ona m/f (!).
soda ['səudə] n (CHEM) sosa; (also: ~

water) soda; (US: also: ~ **pop**) gaseosa.
sodden ['sɔdn] a empapado.
sodium ['səudiəm] n sodio.
sofa ['səufə] n sofá m.
soft [sɔft] a (not hard, lenient) blando; (gentle, not loud) suave; (stupid) bobo; ~ **drink** n bebida no alcohólica; ~**en** ['sɔfn] vt ablandar; suavizar // vi ablandarse; suavizarse; ~**ly** ad suavemente; (gently) delicadamente, con delicadeza; ~**ness** n blandura; suavidad f; ~**ware** n (COMPUT) software m.
soggy ['sɔgɪ] a empapado.
soil [sɔɪl] n (earth) tierra, suelo // vt ensuciar; ~**ed** a sucio.
solace ['sɔlɪs] n consuelo.
sold [səuld] pt, pp of sell; ~ **out** a (COMM) agotado.
solder ['səuldə*] vt soldar // n soldadura.
soldier ['səuldʒə*] n (gen) soldado; (army man) militar m.
sole [səul] n (of foot) planta; (of shoe) suela; (fish: pl inv) lenguado // a único.
solemn ['sɔləm] a solemne.
solicit [sə'lɪsɪt] vt (request) solicitar // vi (prostitute) importunar.
solicitor [sə'lɪsɪtə*] n (Brit: for wills etc) ≈ notario/a; (: in court) ≈ abogado/a.
solid ['sɔlɪd] a sólido; (gold etc) macizo // n sólido.
solidarity [sɔlɪ'dærɪtɪ] n solidaridad f.
solitaire [sɔlɪ'tɛə*] n (game, gem) solitario.
solitary ['sɔlɪtərɪ] a solitario, solo; ~ **confinement** n incomunicación f.
solitude ['sɔlɪtjuːd] n soledad f.
solo ['səuləu] n solo; ~**ist** n solista m/f.
solution [sə'luːʃən] n solución f.
solve [sɔlv] vt resolver, solucionar.
solvent ['sɔlvənt] a (COMM) solvente // n (CHEM) solvente m.
sombre, (US) **somber** ['sɔmbə*] a sombrío.
some [sʌm] ♦ a 1 (a certain amount or number of): ~ tea/water/biscuits té/agua/(unas) galletas; there's ~ milk in the fridge hay leche en el frigo; there were ~ people outside había algunas personas fuera; I've got ~ money, but not much tengo algo de dinero, pero no mucho
2 (certain: in contrasts) algunos/as; ~ people say that ... hay quien dice que ...; ~ films were excellent, but most were mediocre hubo películas excelentes, pero la mayoría fueron mediocres
3 (unspecified): ~ woman was asking for you una mujer estuvo preguntando por ti; he was asking for ~ book (or other) pedía un libro; ~ day algún día; ~ day next week un día de la semana que viene
♦ pron **1** (a certain number): I've got ~ (books etc) tengo algunos/as
2 (a certain amount) algo; I've got ~

(money, milk) tengo algo; **could I have** ~ **of that cheese?** ¿me puede dar un poco de ese queso?; **I've read** ~ **of the book** he leído parte del libro
♦ ad: ~ **10 people** unas 10 personas, una decena de personas
somebody ['sʌmbədɪ] pron = **someone**.
somehow ['sʌmhau] ad de alguna manera; (for some reason) por una u otra razón.
someone ['sʌmwʌn] pron alguien.
someplace ['sʌmpleɪs] ad (US) = **somewhere**.
somersault ['sʌməsɔːlt] n (deliberate) salto mortal; (accidental) vuelco // vi dar un salto mortal; dar vuelcos.
something ['sʌmθɪŋ] pron algo; **would you like** ~ **to eat/drink?** ¿te gustaría cenar/tomar algo?
sometime ['sʌmtaɪm] ad (in future) algún día, en algún momento; ~ **last month** durante el mes pasado.
sometimes ['sʌmtaɪmz] ad a veces.
somewhat ['sʌmwɔt] ad algo.
somewhere ['sʌmwɛə*] ad (be) en alguna parte; (go) a alguna parte; ~ **else** (be) en otra parte; (go) a otra parte.
son [sʌn] n hijo.
song [sɔŋ] n canción f.
sonic ['sɔnɪk] a (boom) sónico.
son-in-law ['sʌnɪnlɔ:] n yerno.
sonnet ['sɔnɪt] n soneto.
sonny ['sʌnɪ] n (col) hijo.
soon [suːn] ad pronto, dentro de poco; ~ **afterwards** poco después; see also **as**; ~**er** ad (time) antes, más temprano; **I would** ~**er do that** preferiría hacer eso; ~**er or later** tarde o temprano.
soot [sut] n hollín m.
soothe [suːð] vt tranquilizar; (pain) aliviar.
sophisticated [sə'fɪstɪkeɪtɪd] a sofisticado.
sophomore ['sɔfəmɔ:*] n (US) estudiante m/f de segundo año.
soporific [sɔpə'rɪfɪk] a soporífero.
sopping ['sɔpɪŋ] a: ~ (wet) empapado.
soppy ['sɔpɪ] a (pej) bobo, tonto.
soprano [sə'prɑːnəu] n soprano f.
sorcerer ['sɔːsərə*] n hechicero.
sore [sɔː*] a (painful) doloroso, que duele; (offended) resentido // n llaga; ~**ly** ad: **I am** ~**ly tempted to** estoy muy tentado a.
sorrow ['sɔrəu] n pena, dolor m.
sorry ['sɔrɪ] a (regretful) arrepentido; (condition, excuse) lastimoso; ~! ¡perdón!, ¡perdone!; **to feel** ~ **for sb** tener lástima a uno; **I feel** ~ **for him** me da lástima.
sort [sɔːt] n clase f, género, tipo // vt (also: ~ **out**: papers) clasificar; (: problems) arreglar, solucionar; ~**ing office** n sala de batalla.

SOS *n abbr* (= *save our souls*) SOS *m*.
so-so ['səʊsəʊ] *ad* regular, así así.
soufflé ['suːfleɪ] *n* suflé *m*.
sought [sɔːt] *pt, pp* of **seek**.
soul [səʊl] *n* alma *f*; **~-destroying** *a*
(*work*) deprimente; **~ful** *a* lleno de sentimiento.
sound [saʊnd] *a* (*healthy*) sano; (*safe,
not damaged*) en buen estado; (*reliable:
person*) digno de confianza; (*sensible*)
sensato, razonable // *ad*: **~ asleep** profundamente dormido // *n* (*noise*) sonido,
ruido; (*GEO*) estrecho // *vt* (*alarm*) sonar; (*also*: **~ out**: *opinions*) consultar,
sondear // *vi* sonar, resonar; (*fig: seem*)
parecer; **to ~ like** sonar a; **~ barrier** *n*
barrera del sonido; **~ effects** *npl* efectos *mpl* sonoros; **~ing** *n* (*NAUT etc*) sondeo; **~ly** *ad* (*sleep*) profundamente;
(*beat*) completamente; **~proof** *a* insonorizado; **~track** *n* (*of film*) banda sonora.
soup [suːp] *n* (*thick*) sopa; (*thin*) caldo;
in the ~ (*fig*) en apuros; **~ plate** *n* plato sopero; **~spoon** *n* cuchara sopera.
sour ['saʊə*] *a* agrio; (*milk*) cortado; **it's
just ~ grapes!** (*fig*) ¡están verdes!
source [sɔːs] *n* fuente *f*.
south [saʊθ] *n* sur *m* // *a* del sur // *ad* al
sur, hacia el sur; **S~ Africa** *n* África
del Sur; **S~ African** *a, n* sudafricano/a;
S~ America *n* América del Sur, Sudamérica;   **S~   American**   *a,   n*
sudamericano/a *m/f*; **~-east** *n* sudeste
m; **~erly** ['sʌðəlɪ] *a* sur; (*from the ~*)
del sur; **~ern** ['sʌðən] *a* del sur, meridional; **S~ Pole** *n* Polo Sur; **~ward(s)**
ad hacia el sur; **~-west** *n* suroeste *m*.
souvenir [suːvə'nɪə*] *n* recuerdo.
sovereign ['sɒvrɪn] *a, n* soberano/a *m/f*.
soviet ['səʊvɪət] *a* soviético; **the S~ Union** la Unión Soviética.
sow [saʊ] *n* cerda, puerca // *vt* ([səʊ], *pt*
sowed, *pp* sown [səʊn]) (*gen*) sembrar.
soya ['sɔɪə], (*US*) **soy** [sɔɪ] *n* soja.
spa [spaː] *n* balneario.
space [speɪs] *n* espacio; (*room*) sitio // *vt*
(*also*: **~ out**) espaciar; **~craft** *n* nave *f*
espacial; **~man/woman** *n* astronauta
m/f, cosmonauta *m/f*; **~ship** *n* =
~craft; **spacing** *n* espaciamiento.
spacious ['speɪʃəs] *a* amplio.
spade [speɪd] *n* (*tool*) pala, laya; **~s** *npl*
(*CARDS: British*) picos *mpl*; (: *Spanish*)
espadas *fpl*.
spaghetti [spə'ɡetɪ] *n* espaguetis *mpl*,
fideos *mpl*.
Spain [speɪn] *n* España.
span [spæn] *n* (*of bird, plane*) envergadura; (*of hand*) palmo; (*of arch*) luz *f*; (*in
time*) lapso // *vt* extenderse sobre, cruzar; (*fig*) abarcar.
Spaniard ['spænjəd] *n* español/a *m/f*.
spaniel ['spænjəl] *n* perro de aguas.
Spanish ['spænɪʃ] *a* español(a) // *n*

(*LING*) español *m*, castellano; **the ~** *npl*
los españoles.
spank [spæŋk] *vt* zurrar.
spanner ['spænə*] *n* (*Brit*) llave *f* (inglesa).
spar [spaː*] *n* palo, verga // *vi* (*BOXING*)
entrenarse.
spare [spɛə*] *a* de reserva; (*surplus*) sobrante, de más // *n* (*part*) pieza de repuesto // *vt* (*do without*) pasarse sin; (*afford to give*) tener de sobra; (*refrain
from hurting*) perdonar; (*details etc*)
ahorrar; **to ~** (*surplus*) sobrante, de sobra; **~ part** *n* pieza de repuesto; **~
time** *n* tiempo libre; **~ wheel** *n* (*AUT*)
rueda de recambio.
sparing ['spɛərɪŋ] *a*: **to be ~ with** ser
parco en; **~ly** *ad* poco; con moderación.
spark [spaːk] *n* chispa; **~ plug**, (*Brit*)
~ing plug *n* bujía.
sparkle ['spaːkl] *n* centelleo, destello // *vi*
centellear; (*shine*) relucir, brillar;
sparkling *a* centelleante; (*wine*) espumoso.
sparrow ['spærəʊ] *n* gorrión *m*.
sparse [spaːs] *a* esparcido, escaso.
spartan ['spaːtən] *a* (*fig*) espartano.
spasm ['spæzəm] *n* (*MED*) espasmo; (*fig*)
arranque *m*, ataque *m*.
spastic ['spæstɪk] *n* espástico/a.
spat [spæt] *pt, pp* of **spit**.
spate [speɪt] *n* (*fig*): **~ of** torrente *m* de;
in ~ (*river*) crecido.
spatter ['spætə*] *vt*: **to ~ with** salpicar
de.
spawn [spɔːn] *vi* desovar, frezar // *n* huevas *fpl*.
speak [spiːk], *pt* **spoke**, *pp* **spoken** *vt*
(*language*) hablar; (*truth*) decir // *vi* hablar; (*make a speech*) intervenir; **to ~
to sb/of or about sth** hablar con uno/de *or*
sobre algo; **~ up!** ¡habla fuerte!; **~er** *n*
(*in public*) orador(a) *m/f*; (*also*:
loud~er) altavoz *m*; (*for stereo etc*)
bafle *m*; (*POL*): **the S~er** (*Brit*) el Presidente de la Cámara de los Comunes;
(*US*) el Presidente del Congreso.
spear [spɪə*] *n* lanza; (*for fishing*) arpón
m // *vt* alancear; arponear; **~head** *vt*
(*attack etc*) encabezar.
spec [spek] *n* (*col*): **on ~** como especulación.
special ['speʃl] *a* especial; (*edition etc*)
extraordinario; (*delivery*) urgente; **~ist**
n especialista *m/f*; **~ity** [speʃɪ'ælɪtɪ] *n*
(*Brit*) especialidad *f*; **~ize** *vi*: **to ~ize
(in)** especializarse (en); **~ly** *ad* sobre
todo, en particular; **~ty** *n* (*US*) = **~ity**.
species ['spiːʃiːz] *n* especie *f*.
specific [spə'sɪfɪk] *a* específico; **~ally** *ad*
específicamente.
specify ['spesɪfaɪ] *vt, vi* especificar, precisar.
specimen ['spesɪmən] *n* ejemplar *m*;
(*MED: of urine*) espécimen *m* (: *of*

blood) muestra.

speck [spɛk] *n* grano, mota.

speckled ['spɛkld] *a* moteado.

specs [spɛks] *npl* (*col*) gafas *fpl* (*Sp*), anteojos *mpl*.

spectacle ['spɛktəkl] *n* espectáculo; ~**s** *npl* (*Brit*) gafas *fpl* (*Sp*), anteojos *mpl*; **spectacular** [-'tækjulə*] *a* espectacular; (*success*) impresionante.

spectator [spɛk'teɪtə*] *n* espectador(a) *m/f*.

spectre, (*US*) **specter** ['spɛktə*] *n* espectro, fantasma *m*.

spectrum ['spɛktrəm], *pl* -**tra** [-trə] *n* espectro.

speculation [spɛkju'leɪʃən] *n* especulación *f*.

speech [spiːtʃ] *n* (*faculty*) habla; (*formal talk*) discurso; (*words*) palabras *fpl*; (*manner of speaking*) forma de hablar; lenguaje *m*; ~**less** *a* mudo, estupefacto.

speed [spiːd] *n* velocidad *f*; (*haste*) prisa; (*promptness*) rapidez *f*; **at full** *or* **top** ~ a máxima velocidad; **to** ~ **up** *vi* acelerarse // *vt* acelerar; ~**boat** *n* lancha motora; ~**ily** *ad* rápido, rápidamente; ~**ing** *n* (*AUT*) exceso de velocidad; ~ **limit** *n* límite *m* de velocidad, velocidad *f* máxima; ~**ometer** [spɪ'dɔmɪtə*] *n* velocímetro; ~**way** *n* (*SPORT*) pista de carrera; ~**y** *a* (*fast*) veloz, rápido; (*prompt*) pronto.

spell [spɛl] *n* (*also*: **magic** ~) encanto, hechizo; (*period of time*) rato, período; (*turn*) turno // *vt* (*pt*, *pp* **spelt** (*Brit*) *or* **spelled**) (*also*: ~ **out**) deletrear; (*fig*) anunciar, presagiar; **to cast a** ~ **on sb** hechizar a uno; **he can't** ~ no sabe escribir bien, sabe poco de ortografía; ~**bound** *a* embelesado, hechizado; ~**ing** *n* ortografía.

spend [spɛnd], *pt*, *pp* **spent** [spɛnt] *vt* (*money*) gastar; (*time*) pasar; (*life*) dedicar; ~**thrift** *n* derrochador(a) *m/f*, pródigo/a.

sperm [spəːm] *n* esperma.

spew [spjuː] *vt* vomitar, arrojar.

sphere [sfɪə*] *n* esfera.

spice [spaɪs] *n* especia.

spick-and-span ['spɪkən'spæn] *a* aseado, (bien) arreglado.

spider ['spaɪdə*] *n* araña.

spike [spaɪk] *n* (*point*) punta; (*ZOOL*) pincho, púa; (*BOT*) espiga.

spill [spɪl], *pt*, *pp* **spilt** *or* **spilled** *vt* derramar, verter // *vi* derramarse; **to** ~ **over** desbordarse.

spin [spɪn] *n* (*revolution of wheel*) vuelta, revolución *f*; (*AVIAT*) barrena; (*trip in car*) paseo (en coche) // *vb* (*pt*, *pp* **spun**) *vt* (*wool etc*) hilar; (*wheel*) girar // *vi* girar, dar vueltas; **to** ~ **out** *vt* alargar, prolongar.

spinach ['spɪnɪtʃ] *n* espinaca; (*as food*) espinacas *fpl*.

spinal ['spaɪnl] *a* espinal; ~ **cord** *n* columna vertebral.

spindly ['spɪndlɪ] *a* (*leg*) zanquivano.

spin-dryer [spɪn'draɪə*] *n* (*Brit*) secador *m* centrífugo.

spine [spaɪn] *n* espinazo, columna vertebral; (*thorn*) espina.

spinning ['spɪnɪŋ] *n* (*of thread*) hilado; (*art*) hilandería; ~ **top** *n* peonza; ~ **wheel** *n* rueca, torno de hilar.

spin-off ['spɪnɔf] *n* derivado, producto secundario.

spinster ['spɪnstə*] *n* soltera.

spiral ['spaɪərl] *n* espiral *f* // *a* en espiral; ~ **staircase** *n* escalera de caracol.

spire [spaɪə*] *n* aguja, chapitel *m*.

spirit ['spɪrɪt] *n* (*soul*) alma *f*; (*ghost*) fantasma *m*; (*attitude*) espíritu *m*; (*courage*) valor *m*, ánimo; ~**s** *npl* (*drink*) alcohol *msg*, bebidas *fpl* alcohólicas; **in good** ~**s** alegre, de buen ánimo; ~**ed** *a* enérgico, vigoroso; ~ **level** *n* nivel *m* de aire.

spiritual ['spɪrɪtjuəl] *a* espiritual.

spit [spɪt] *n* (*for roasting*) asador *m*, espetón *m* // *vi* (*pt*, *pp* **spat**) escupir; (*sound*) chisporrotear.

spite [spaɪt] *n* rencor *m*, ojeriza // *vt* causar pena a, mortificar; **in** ~ **of** a pesar de, pese a; ~**ful** *a* rencoroso, malévolo.

spittle ['spɪtl] *n* saliva, baba.

splash [splæʃ] *n* (*sound*) chapoteo; (*of colour*) mancha // *vt* salpicar de // *vi* (*also*: ~ **about**) chapotear.

spleen [spliːn] *n* (*ANAT*) bazo.

splendid ['splɛndɪd] *a* espléndido.

splint [splɪnt] *n* tablilla.

splinter ['splɪntə*] *n* (*of wood*) astilla; (*in finger*) espigón *m* // *vi* astillarse, hacer astillas.

split [splɪt] *n* hendedura, raja; (*fig*) división *f*; (*POL*) escisión *f* // *vb* (*pt*, *pp* **split**) *vt* partir, rajar; (*party*) dividir; (*work*, *profits*) repartir // *vi* (*divide*) dividirse, escindirse; **to** ~ **up** *vi* (*couple*) separarse; (*meeting*) acabarse.

splutter ['splʌtə*] *vi* chisporrotear; (*person*) balbucear.

spoil [spɔɪl], *pt*, *pp* **spoilt** *or* **spoiled** *vt* (*damage*) dañar; (*ruin*) estropear, echar a perder; (*child*) mimar, consentir; ~**s** *npl* despojo *sg*, botín *msg*; ~**ed** *a* (*US*: *food*: *bad*) pasado, malo; (: *milk*) cortado; ~**sport** *n* aguafiestas *m inv*.

spoke [spəuk] *pt* of **speak** // *n* rayo, radio.

spoken ['spəukn] *pp* of **speak**.

spokesman ['spəuksmən] *n*, **spokeswoman** [-wumən] *n* vocero *m/f*, portavoz *m/f*.

sponge [spʌndʒ] *n* esponja // *vt* (*wash*) lavar con esponja // *vi*: **to** ~ **off** *or* **on sb** vivir a costa de uno; ~ **bag** *n* (*Brit*) esponjera; ~ **cake** *n* bizcocho.

sponsor ['spɔnsə*] *n* (*RADIO*, *TV*) patrocinador(a) *m/f*; (*for membership*) padrino/madrina; (*COMM*) fiador(a) *m/f* // *vt* patrocinar; apadrinar; (*idea etc*) presentar, promover; **~ship** *n* patrocinio.

spontaneous [spɔn'teɪnɪəs] *a* espontáneo.

spooky ['spu:kɪ] *a* espeluznante, horripilante.

spool [spu:l] *n* carrete *m*; (*of sewing machine*) canilla.

spoon [spu:n] *n* cuchara; **~-feed** *vt* dar de comer con cuchara a; (*fig*) tratar como un niño a; **~ful** *n* cucharada.

sport [spɔ:t] *n* deporte *m*; (*person*): to be a good **~** ser muy majo; **~ing** *a* deportivo; to give sb a **~ing** chance darle a uno una (buena) oportunidad; **~s car** *n* coche *m* sport; **~s jacket**, (*US*) **~ jacket** *n* chaqueta deportiva; **~sman** *n* deportista *m*; **~smanship** *n* deportividad *f*; **~swear** *n* trajes *mpl* de deporte or sport; **~swoman** *n* deportista *f*; **~y** *a* deportivo.

spot [spɔt] *n* sitio, lugar *m*; (*dot: on pattern*) punto, mancha; (*pimple*) grano; (*small amount*): a **~** of un poquito de // *vt* (*notice*) notar, observar; **on the ~** en el acto, acto seguido; **~ check** *n* reconocimiento rápido; **~less** *a* perfectamente limpio; **~light** *n* foco, reflector *m*; (*AUT*) faro auxiliar; **~ted** *a* (*pattern*) de puntos; **~ty** *a* (*face*) con granos.

spouse [spauz] *n* cónyuge *m/f*.

spout [spaut] *n* (*of jug*) pico; (*pipe*) caño // *vi* chorrear.

sprain [spreɪn] *n* torcedura // *vt*: to **~** one's ankle torcerse el tobillo.

sprang [spræŋ] *pt* of **spring**.

sprawl [sprɔ:l] *vi* tumbarse.

spray [spreɪ] *n* rociada; (*of sea*) espuma; (*container*) atomizador *m*; (*of paint*) pistola rociadora; (*of flowers*) ramita // *vt* rociar; (*crops*) regar.

spread [spred] *n* extensión *f*; (*of idea*) diseminación *f*; (*food*) pasta para untar // *vt* (*pt, pp* **spread**) *vt* extender; diseminar; (*butter*) untar; (*wings, sails*) desplegar; (*scatter*) esparcir // *vi* extenderse; diseminarse; untarse; desplegarse; esparcirse; **~-eagled** *a* a pata tendida; **~sheet** *n* (*COMPUT*) hoja electrónica *or* de cálculo.

spree [spri:] *n*: to go on a **~** ir de juerga.

sprightly ['spraɪtlɪ] *a* vivo, enérgico.

spring [sprɪŋ] *n* (*season*) primavera; (*leap*) salto, brinco; (*coiled metal*) resorte *m*; (*of water*) fuente *f*, manantial *m* // *vi* (*pt* **sprang**, *pp* **sprung**) (*arise*) brotar, nacer; (*leap*) saltar, brincar; **to ~ up** (*problem*) surgir; **~board** *n* trampolín *m*; **~-clean** *n* (*also:* **~-cleaning**) limpieza general; **~time** *n* primavera; **~y** *a* elástico; (*grass*) muelle.

sprinkle ['sprɪŋkl] *vt* (*pour*) rociar; **to ~** water *etc* on, **~ with water** *etc* rociar *or* salpicar de agua *etc*; **~r** *n* (*for lawn*) rociadera; (*to put out fire*) aparato de rociadura automática.

sprint [sprɪnt] *n* esprint *m* // *vi* esprintar.

sprout [spraut] *vi* brotar, retoñar; **(Brussels) ~s** *npl* coles *fpl* de Bruselas.

spruce [spru:s] *n* (*BOT*) pícea // *a* aseado, pulcro.

sprung [sprʌŋ] *pp* of **spring**.

spry [spraɪ] *a* ágil, activo.

spun [spʌn] *pt, pp* of **spin**.

spur [spə:*] *n* espuela; (*fig*) estímulo, aguijón *m* // *vt* (*also:* **~ on**) estimular, incitar; **on the ~ of the moment** de improviso.

spurious ['spjuərɪəs] *a* falso.

spurn [spə:n] *vt* desdeñar, rechazar.

spurt [spə:t] *n* chorro; (*of energy*) arrebato // *vi* chorrear.

spy [spaɪ] *n* espía *m/f* // *vi*: **to ~ on** espiar a // *vt* (*see*) divisar, lograr ver; **~ing** *n* espionaje *m*.

sq. *abbr* = **square**.

squabble ['skwɔbl] *vi* reñir, pelear.

squad [skwɔd] *n* (*MIL*) pelotón *m*; (*POLICE*) brigada; (*SPORT*) equipo.

squadron ['skwɔdrn] *n* (*MIL*) escuadrón *m*; (*AVIAT, NAUT*) escuadra.

squalid ['skwɔlɪd] *a* vil, miserable.

squall [skwɔ:l] *n* (*storm*) chubasco; (*wind*) ráfaga.

squalor ['skwɔlə*] *n* miseria.

squander ['skwɔndə*] *vt* (*money*) derrochar, despilfarrar; (*chances*) desperdiciar.

square [skweə*] *n* cuadro; (*in town*) plaza // *a* cuadrado; (*col: ideas, tastes*) trasnochado // *vt* (*arrange*) arreglar; (*MATH*) cuadrar // *vi* cuadrar, conformarse; **all ~** igual(es); **to have a ~ meal** comer caliente; **2 metres ~** 2 metros en cuadro; **a ~ metre** un metro cuadrado; **~ly** *ad* (*fully*) de lleno.

squash [skwɔʃ] *n* (*Brit: drink*): **lemon/ orange ~** zumo (*Sp*) *or* jugo (*LAm*) de limón/naranja; (*SPORT*) squash *m*, frontenis *m* // *vt* aplastar.

squat [skwɔt] *a* achaparrado // *vi* agacharse, sentarse en cuclillas; **~ter** *n* persona que ocupa ilegalmente una casa.

squawk [skwɔ:k] *vi* graznar.

squeak [skwi:k] *vi* (*hinge, wheel*) chirriar, rechinar; (*shoe, wood*) crujir.

squeal [skwi:l] *vi* chillar, dar gritos agudos.

squeamish ['skwi:mɪʃ] *a* delicado, remilgado.

squeeze [skwi:z] *n* presión *f*; (*of hand*) apretón *m*; (*COMM*) restricción *f* // *vt* (*lemon etc*) exprimir; (*hand, arm*) apretar; **to ~ out** *vt* exprimir; (*fig*) excluir.

squelch [skwɛltʃ] *vi* chapotear.

squid [skwɪd] *n* calamar *m*.

squiggle ['skwɪgl] *n* garabato.

squint [skwɪnt] *vi* bizquear, ser bizco // *n* (*MED*) estrabismo; **to ~ at sth** mirar algo de soslayo.

squire ['skwaɪə*] *n* (*Brit*) terrateniente *m*.

squirm [skwə:m] *vi* retorcerse, revolverse.

squirrel ['skwɪrəl] *n* ardilla.

squirt [skwə:t] *vi* salir a chorros.

Sr *abbr* = **senior**.

St *abbr* = **saint; street**.

stab [stæb] *n* (*of pain*) pinchazo; **to have a ~ at (doing) sth** (*col*) intentar (hacer) algo // *vt* apuñalar.

stable ['steɪbl] *a* estable // *n* cuadra, caballeriza.

stack [stæk] *n* montón *m*, pila // *vt* amontonar, apilar.

stadium ['steɪdɪəm] *n* estadio.

staff [stɑ:f] *n* (*work force*) personal *m*, plantilla; (*Brit SCOL*) cuerpo docente; (*stick*) bastón *m* // *vt* proveer de personal.

stag [stæg] *n* ciervo, venado.

stage [steɪdʒ] *n* escena; (*point*) etapa; (*platform*) plataforma; **the ~** el escenario, el teatro // *vt* (*play*) poner en escena, representar; (*organize*) montar, organizar; (*fig: perform: recovery etc*) efectuar; **in ~s** por etapas; **~coach** *n* diligencia; **~ door** *n* entrada de artistas; **~ manager** *n* director(a) *m/f* de escena.

stagger ['stægə*] *vi* tambalear // *vt* (*amaze*) asombrar; (*hours, holidays*) escalonar.

stagnant ['stægnənt] *a* estancado.

stagnate [stæg'neɪt] *vi* estancarse.

stag night, stag party *n* despedida de soltero.

staid [steɪd] *a* (*clothes*) serio, formal.

stain [steɪn] *n* mancha; (*colouring*) tintura // *vt* manchar; (*wood*) teñir; **~ed glass window** *n* vidriera de colores; **~less** *a* (*steel*) inoxidable; **~ remover** *n* quitamanchas *m inv*.

stair [stɛə*] *n* (*step*) peldaño, escalón *m*; **~s** *npl* escaleras *fpl*; **~case, ~way** *n* escalera.

stake [steɪk] *n* estaca, poste *m*; (*BETTING*) apuesta // *vt* apostar; **to be at ~** estar en juego.

stale [steɪl] *a* (*bread*) duro; (*food*) pasado.

stalemate ['steɪlmeɪt] *n* tablas *fpl* (por ahogado); **to reach ~** (*fig*) estancarse.

stalk [stɔ:k] *n* tallo, caña // *vt* acechar, cazar al acecho; **to ~ off** irse airado.

stall [stɔ:l] *n* (*in market*) puesto; (*in stable*) casilla (de establo) // *vt* (*AUT*) parar // *vi* (*AUT*) pararse; (*fig*) buscar evasivas; **~s** *npl* (*Brit: in cinema, theatre*) butacas *fpl*.

stallion ['stælɪən] *n* semental *m*.

stalwart ['stɔ:lwət] *n* partidario/a incondicional.

stamina ['stæmɪnə] *n* resistencia.

stammer ['stæmə*] *n* tartamudeo // *vi* tartamudear.

stamp [stæmp] *n* sello, estampilla (*LAm*); (*mark, also fig*) marca, huella; (*on document*) timbre *m* // *vi* (*also:* **~ one's foot**) patear // *vt* patear, golpear con el pie; (*letter*) poner sellos en; (*with rubber ~*) marcar con sello; **~ album** *n* álbum *m* para sellos; **~ collecting** *n* filatelia.

stampede [stæm'pi:d] *n* estampida.

stance [stæns] *n* postura.

stand [stænd] *n* (*attitude*) posición *f*, postura; (*for taxis*) parada; (*SPORT*) tribuna; (*at exhibition*) stand *m* // *vb* (*pt, pp stood*) *vi* (*be*) estar, encontrarse; (*be on foot*) estar de pie; (*rise*) levantarse; (*remain*) quedar en pie // *vt* (*place*) poner, colocar; (*tolerate, withstand*) aguantar, soportar; **to make a ~** resistir; (*fig*) mantener una postura firme; **to ~ for parliament** (*Brit*) presentarse (como candidato) a las elecciones; **to ~ by** *vi* (*be ready*) estar listo // *vt fus* (*opinion*) aferrarse a; **to ~ down** *vi* (*withdraw*) ceder el puesto; **to ~ for** *vt fus* (*signify*) significar; (*tolerate*) aguantar, permitir; **to ~ in for** *vt fus* suplir a; **to ~ out** *vi* (*be prominent*) destacarse; **to ~ up** *vi* (*rise*) levantarse, ponerse de pie; **to ~ up for** *vt fus* defender; **to ~ up to** *vt fus* hacer frente a.

standard ['stændəd] *n* patrón *m*, norma; (*flag*) estandarte *m* // *a* (*size etc*) normal, corriente, estándar; **~s** *npl* (*morals*) valores *mpl* morales; **~ lamp** *n* (*Brit*) lámpara de pie; **~ of living** *n* nivel *m* de vida.

stand-by ['stændbaɪ] *n* (*alert*) alerta, aviso; **to be on ~** estar sobre aviso; **~ ticket** *n* (*AVIAT*) (billete *m*) standby *m*.

stand-in ['stændɪn] *n* suplente *m/f*; (*CINEMA*) doble *m/f*.

standing ['stændɪŋ] *a* (*upright*) derecho; (*on foot*) de pie, en pie // *n* reputación *f*; **of many years'** que lleva muchos años; **~ order** *n* (*Brit: at bank*) orden *f* de pago permanente; **~ orders** *npl* (*MIL*) reglamento *sg* general; **~ room** *n* sitio para estar de pie.

stand-: ~-offish *a* reservado, poco afable; **~point** *n* punto de vista; **~still** *n*: **at a ~still** (*industry, traffic*) paralizado; (*car*) parado; **to come to a ~still** quedar paralizado; pararse.

stank [stæŋk] *pt of* **stink**.

staple ['steɪpl] *n* (*for papers*) grapa // *a* (*food etc*) básico // *vt* engrapar; **~r** *n* grapadora.

star [stɑ:*] *n* estrella; (*celebrity*) estrella, astro // *vi*: **to ~ in** ser la estrella *or* el astro de.

starboard ['stɑːbəd] n estribor m.

starch [stɑːtʃ] n almidón m.

stardom ['stɑːdəm] n estrellato.

stare [stɛə*] n mirada fija // vi: to ~ at mirar fijo.

starfish ['stɑːfɪʃ] n estrella de mar.

stark [stɑːk] a (bleak) severo, escueto // ad: ~ naked en cueros.

starling ['stɑːlɪŋ] n estornino.

starry ['stɑːrɪ] a estrellado; ~-eyed a (innocent) inocentón/ona, ingenuo.

start [stɑːt] n (beginning) principio, comienzo; (of race) salida; (sudden movement) salto, sobresalto // vt empezar, comenzar; (cause) causar; (found) fundar; (engine) poner en marcha // vi (begin) comenzar, empezar; (with fright) asustarse, sobresaltarse; (train etc) salir; to ~ doing or to do sth empezar a hacer algo; to ~ off vi empezar, comenzar; (leave) salir, ponerse en camino; to ~ up vi comenzar; (car) ponerse en marcha // vt comenzar; (car) poner en marcha; ~er n (AUT) botón de arranque; (SPORT: official) juez m/f de salida; (: runner) corredor(a) m/f; (Brit CULIN) entrada; ~ing point n punto de partida.

startle ['stɑːtl] vt asustar, sobrecoger; **startling** a alarmante.

starvation [stɑːˈveɪʃən] n hambre f.

starve [stɑːv] vi pasar hambre; to ~ to death morir de hambre // vt hacer pasar hambre; (fig) privar de; I'm starving estoy muerto de hambre.

state [steɪt] n estado // vt (say, declare) afirmar; (a case) presentar, exponer; to be in a ~ estar agitado; the S~s los Estados Unidos; ~ly a majestuoso, imponente; ~ment n afirmación f; (LAW) declaración f; ~sman n estadista m.

static ['stætɪk] n (RADIO) parásitos mpl // a estático; ~ electricity n estática.

station ['steɪʃən] n (gen) estación f; (RADIO) emisora; (rank) posición f social // vt colocar, situar; (MIL) apostar.

stationary ['steɪʃnərɪ] a estacionario, fijo.

stationer ['steɪʃənə*] n papelero/a; ~'s (shop) n (Brit) papelería; ~y [-nərɪ] n papel m de escribir, artículos mpl de escritorio.

station master n (RAIL) jefe m de estación.

station wagon n (US) furgoneta.

statistic [stəˈtɪstɪk] n estadística; ~s n (science) estadística; ~al a estadístico.

statue ['stætjuː] n estatua.

status ['steɪtəs] n estado; (reputation) estatus m; ~ symbol n símbolo de prestigio.

statute ['stætjuːt] n estatuto, ley f; **statutory** a estatutario.

staunch [stɔːntʃ] a leal, incondicional.

stave [steɪv] vt: to ~ off (attack) rechazar; (threat) evitar.

stay [steɪ] n (period of time) estancia // vi (remain) quedar(se); (as guest) hospedarse; to ~ put seguir en el mismo sitio; to ~ the night/5 days pasar la noche/estar 5 días; to ~ behind vi quedar atrás; to ~ in vi (at home) quedarse en casa; to ~ on vi quedarse; to ~ out vi (of house) no volver a casa; to ~ up vi (at night) velar, no acostarse; ~ing power n aguante m.

stead [stɛd] n: in sb's ~ en lugar de uno; to stand sb in good ~ ser muy útil a uno.

steadfast ['stɛdfɑːst] a firme, resuelto.

steadily ['stɛdɪlɪ] ad (improve, grow) constantemente; (work) sin parar; (gaze) fijamente.

steady ['stɛdɪ] a (fixed) firme, fijo; (regular) regular; (person, character) sensato, juicioso // vt (hold) mantener firme; (stabilize) estabilizar; (nerves) calmar; to ~ o.s. on or against sth afirmarse en algo.

steak [steɪk] n (gen) filete m; (beef) bistec m.

steal [stiːl], pt **stole**, pp **stolen** vt, vi robar.

stealth [stɛlθ] n: by ~ a escondidas, sigilosamente; ~y a cauteloso, sigiloso.

steam [stiːm] n vapor m; (mist) vaho, humo // vt (CULIN) cocer al vapor // vi echar vapor; (ship): to ~ along avanzar, ir avanzando; to ~ up vi empañar; ~ engine n máquina de vapor; ~er n (buque m de) vapor m; ~roller n apisonadora; ~ship n = ~er; ~y a (room) lleno de vapor; (window) empañado.

steel [stiːl] n acero // cpd de acero; ~works n acería.

steep [stiːp] a escarpado, abrupto; (stair) empinado; (price) exorbitante, excesivo // vt empapar, remojar.

steeple ['stiːpl] n aguja.

steer [stɪə*] vt (car) conducir (Sp), manejar (LAm); (person) dirigir // vi conducir; ~ing n (AUT) dirección f; ~ing wheel n volante m.

stem [stɛm] n (of plant) tallo; (of glass) pie m; (of pipe) cañón m // vt detener; (blood) restañar; to ~ from vt fus ser consecuencia de.

stench [stɛntʃ] n hedor m.

stencil ['stɛnsl] n (typed) cliché m, clisé m; (lettering) plantilla // vt hacer un cliché de.

stenographer [stɛˈnɔɡrəfə*] n (US) taquígrafo/a.

step [stɛp] n paso; (sound) paso, pisada; (on stair) peldaño, escalón m // vi: to ~ forward dar un paso adelante; ~s npl (Brit) = ~ladder; to be in/out of ~ with estar acorde con/estar en disonancia con; to ~ down vi (fig) retirarse; to ~ off vt fus bajar de; to ~ up vt (increase) aumentar; ~brother n hermanastro; **~daughter** n hijastra; **~father** n padrastro; **~ladder** n escalera doble or de tijera; **~mother** n madrastra; **~ping stone** n pasadera; (fig) trampolín m; **~sister** n hermanastra; **~son** n hijastro.

stereo ['stɛrɪəu] n estéreo // a (also: **~phonic**) estéreo, estereofónico.

sterile ['stɛraɪl] a estéril; **sterilize** ['stɛrɪlaɪz] vt esterilizar.

sterling ['stə:lɪŋ] a (silver) de ley // n (ECON) (libras fpl) esterlinas fpl; **a pound ~** una libra esterlina.

stern [stə:n] a severo, austero // n (NAUT) popa.

stethoscope ['stɛθəskəup] n estetoscopio.

stew [stju:] n cocido, estofado, guisado (LAm) // vt estofar, guisar; (fruit) cocer.

steward ['stju:əd] n (Brit: AVIAT, NAUT, RAIL) camarero; **~ess** n azafata.

stick [stɪk] n palo; (as weapon) porra; (walking ~) bastón m // vb (pt, pp stuck) vt (glue) pegar; (col: put) meter; (: tolerate) aguantar, soportar // vi pegarse; (come to a stop) quedarse parado; **to ~ sth into** clavar or hincar algo en; **to ~ out, ~ up** vi sobresalir; **to ~ up for** vt fus defender; **~er** n (label) etiqueta engomada; (with slogan) pegatina; **~ing plaster** n (Brit) esparadrapo.

stickler ['stɪklə*] n: **to be a ~ for** insistir mucho en.

stick-up ['stɪkʌp] n asalto, atraco.

sticky ['stɪkɪ] a pegajoso; (label) engomado; (fig) difícil.

stiff [stɪf] a rígido, tieso; (hard) duro; (difficult) difícil; (person) inflexible; (price) exorbitante; **~en** vt hacer más rígido; (limb) entumecer // vi endurecerse; (grow stronger) fortalecerse; **~ neck** n tortícolis m inv; **~ness** n rigidez f, tiesura.

stifle ['staɪfl] vt ahogar, sofocar; **stifling** a (heat) sofocante, bochornoso.

stigma ['stɪgmə], pl (BOT, MED, REL) **~ta** [-tə], (fig) **~s** n estigma m.

stile [staɪl] n escalera (para pasar una cerca).

stiletto [stɪ'lɛtəu] n (Brit: also: **~ heel**) tacón m de aguja.

still [stɪl] a inmóvil, quieto // ad (up to this time) todavía; (even) aun; (nonetheless) sin embargo, aun así; **~born** a nacido muerto; **~ life** n naturaleza muerta.

stilt [stɪlt] n zanco; (pile) pilar m, soporte m.

stilted ['stɪltɪd] a afectado.

stimulate ['stɪmjuleɪt] vt estimular.

stimulus ['stɪmjuləs], pl **-li** [-laɪ] n estímulo, incentivo.

sting [stɪŋ] n (wound) picadura; (pain)

escozor m, picazón f; (organ) aguijón m // vb (pt, pp stung) vt picar // vi picar, escocer.

stingy ['stɪndʒɪ] a tacaño.

stink [stɪŋk] n hedor m, tufo // vi (pt stank, pp stunk) heder, apestar; **~ing** a hediondo, fétido; (fig: col) horrible.

stint [stɪnt] n tarea, destajo // vi: **to ~ on** escatimar; **to do one's ~** hacer su parte.

stir [stə:*] n (fig: agitation) conmoción f // vt (tea etc) remover; (move) agitar; (fig: emotions) provocar // vi moverse; **to ~ up** vt excitar; (trouble) fomentar.

stirrup ['stɪrəp] n estribo.

stitch [stɪtʃ] n (SEWING) puntada; (KNITTING) punto; (MED) punto (de sutura); (pain) punzada // vt coser; (MED) suturar.

stoat [stəut] n armiño.

stock [stɔk] n (COMM: reserves) existencias fpl, stock m; (: selection) surtido; (AGR) ganado, ganadería; (CULIN) caldo; (FINANCE) capital m; (: shares) acciones fpl // a (fig: reply etc) clásico // vt (have in ~) tener existencias de; (supply) proveer, abastecer; **~s** npl cepo sg; **in ~** en existencia or almacén; **out of ~** agotado; **to take ~ of** (fig) asesorar, examinar; **~s and shares** acciones y valores; **to ~ up with** vt fus abastecerse de.

stockbroker ['stɔkbrəukə*] n agente m/f or corredor(a) m/f de bolsa.

stock cube n pastilla de caldo.

stock exchange n bolsa.

stocking ['stɔkɪŋ] n media.

stock: ~holder n (US) accionista m/f; **~ist** n (Brit) distribuidor(a) m/f; **~ market** n bolsa (de valores); **~ phrase** n cliché m; **~pile** n reserva // vt acumular, almacenar; **~taking** n (Brit COMM) inventario.

stocky ['stɔkɪ] a (strong) robusto; (short) achaparrado.

stodgy ['stɔdʒɪ] a indigesto, pesado.

stoke [stəuk] vt atizar.

stole [stəul] pt of **steal** // n estola.

stolen ['stəuln] pp of **steal**.

stolid ['stɔlɪd] a (person) imperturbable, impasible.

stomach ['stʌmək] n (ANAT) estómago; (abdomen) vientre m // vt tragar, aguantar; **~ache** n dolor m de estómago.

stone [stəun] n piedra; (in fruit) hueso; (Brit: weight) = 6.348kg; 14 pounds // cpd de piedra // vt apedrear; **~-cold** a helado; **~-deaf** a sordo como una tapia; **~work** n (art) cantería.

stood [stud] pt, pp of **stand**.

stool [stu:l] n taburete m.

stoop [stu:p] vi (also: **have a ~**) ser cargado de espaldas.

stop [stɔp] n parada, alto; (in punctuation) punto // vt parar, detener; (break *off*) suspender; (*block*) tapar, cerrar; (*also:* put a ~ to) poner término a // *vi* pararse, detenerse; (*end*) acabarse; to ~ doing sth dejar de hacer algo; to ~ dead pararse en seco; **to ~ off** *vi* interrumpir el viaje; **to ~ up** *vt* (*hole*) tapar; **~gap** *n* (*person*) interino/a; **~lights** *npl* (*AUT*) luces *fpl* de detención; **~over** *n* parada; (*AVIAT*) rescala.

stoppage ['stɔpɪdʒ] *n* (*strike*) paro; (*temporary stop*) interrupción *f*; (*of pay*) suspensión *f*; (*blockage*) obstrucción *f*.

stopper ['stɔpə*] *n* tapón *m*.

stop press *n* noticias *fpl* de última hora.

stopwatch ['stɔpwɔtʃ] *n* cronómetro.

storage ['stɔːrɪdʒ] *n* almacenaje *m*; (*COMPUT*) almacenamiento; ~ **heater** *n* acumulador *m*.

store [stɔː*] *n* (*stock*) provisión *f*; (*depot; Brit: large shop*) almacén *m*; (*US*) tienda; (*reserve*) reserva, repuesto // *vt* almacenar; (*keep*) guardar; **~s** *npl* víveres *mpl*; **to ~ up** *vt* acumular; **~keeper** *n* (*US*) tendero/a; **~room** *n* despensa.

storey, (*US*) **story** ['stɔːrɪ] *n* piso.

stork [stɔːk] *n* cigüeña.

storm [stɔːm] *n* tormenta; (*wind*) vendaval *m* // *vi* (*fig*) rabiar // *vt* tomar por asalto; **~y** *a* tempestuoso.

story ['stɔːrɪ] *n* historia; (*joke*) cuento, chiste *m*; (*US*) = **storey**; **~book** *n* libro de cuentos; **~teller** *n* cuentista *m/f*.

stout [staut] *a* (*strong*) sólido; (*fat*) gordo, corpulento // *n* cerveza negra.

stove [stəuv] *n* (*for cooking*) cocina; (*for heating*) estufa.

stow [stəu] *vt* meter, poner; (*NAUT*) estibar; **~away** *n* polizón/ona *m/f*.

straddle ['strædl] *vt* montar a horcajadas.

straggle ['strægl] *vi* (*lag behind*) rezagarse; **~r** *n* rezagado.

straight [streɪt] *a* recto, derecho; (*frank*) franco, directo // *ad* derecho, directamente; (*drink*) sin mezcla; **to put** or **get sth** ~ dejar algo en claro; ~ **away,** ~ **off** (*at once*) en seguida; **~en** *vt* (*also:* ~en out) enderezar, poner derecho; **~-faced** *a* serio; **~forward** *a* (*simple*) sencillo; (*honest*) honrado, franco.

strain [streɪn] *n* (*gen*) tensión *f*; (*MED*) torcedura // *vt* (*back etc*) torcerse; (*tire*) cansar; (*stretch*) estirar; (*filter*) filtrar // *vi* esforzarse; **~s** *npl* (*MUS*) son *m*; **~ed** *a* (*muscle*) torcido; (*laugh*) forzado; (*relations*) tenso; **~er** *n* colador *m*.

strait [streɪt] *n* (*GEO*) estrecho; **~-jacket** *n* camisa de fuerza; **~-laced** *a* mojigato, gazmoño.

strand [strænd] *n* (*of thread*) hebra; (*of hair*) trenza; **~ed** *a* (*person: without money*) desamparado; (*: transport*) colgado.

strange [streɪndʒ] *a* (*not known*) desconocido; (*odd*) extraño, raro; **~r** *n* desconocido/a; (*from another area*) forastero/a.

strangle ['stræŋgl] *vt* estrangular; **~hold** *n* (*fig*): **to have a ~hold on sth** dominar algo completamente.

strap [stræp] *n* correa; (*of slip, dress*) tirante *m* // *vt* atar con correa.

strapping ['stræpɪŋ] *a* robusto, fornido.

stratagem ['strætɪdʒəm] *n* estratagema.

strategic [strə'tiːdʒɪk] *a* estratégico.

strategy ['strætɪdʒɪ] *n* estrategia.

straw [strɔː] *n* paja; (*drinking ~*) caña, pajita; **that's the last ~!** ¡eso es el colmo!

strawberry ['strɔːbərɪ] *n* fresa, frutilla (*LAm*).

stray [streɪ] *a* (*animal*) extraviado; (*bullet*) perdido // *vi* extraviarse, perderse.

streak [striːk] *n* raya; (*fig: of madness etc*) vena // *vt* rayar // *vi*: **to ~ past** pasar como un rayo.

stream [striːm] *n* riachuelo, arroyo; (*jet*) chorro; (*flow*) corriente *f*; (*of people*) oleada // *vt* (*SCOL*) dividir en grupos por habilidad // *vi* correr, fluir; **to ~ in/out** (*people*) entrar/salir en tropel.

streamer ['striːmə*] *n* serpentina.

streamlined ['striːmlaɪnd] *a* aerodinámico; (*fig*) racionalizado.

street [striːt] *n* calle *f* // *cpd* callejero; **~car** *n* (*US*) tranvía *m*; ~ **lamp** *n* farol *m*; ~ **plan** *n* plano; **~wise** *a* (*col*) que tiene mucha calle.

strength [streŋθ] *n* fuerza; (*of girder, knot etc*) resistencia; **~en** *vt* fortalecer, reforzar.

strenuous ['strenjuəs] *a* (*tough*) arduo; (*energetic*) enérgico.

stress [stres] *n* (*force, pressure*) presión *f*; (*mental strain*) estrés *m*; (*accent*) acento; (*TECH*) tensión *f*, carga // *vt* subrayar, recalcar.

stretch [stretʃ] *n* (*of sand etc*) trecho; (*of road*) tramo // *vi* estirarse // *vt* extender, estirar; (*make demands of*) exigir el máximo esfuerzo a; **to** ~ **to** or **as far as** extenderse hasta; **to ~ out** *vi* tenderse // *vt* (*arm etc*) extender; (*spread*) estirar.

stretcher ['stretʃə*] *n* camilla.

strewn [struːn] *a*: ~ **with** cubierto or sembrado de.

stricken ['strɪkən] *a* (*person*) herido; (*city, industry etc*) condenado; ~ **with** (*disease*) afligido por.

strict [strɪkt] *a* estricto; **~ly** *ad* estrictamente; (*totally*) terminantemente.

stride [straɪd] *n* zancada, tranco // *vi* (*pt* **strode,** *pp* **stridden** ['strɪdn]) dar zancadas, andar a trancos.

strident ['straɪdnt] *a* estridente; (*colour*) chillón/ona.

strife [straɪf] *n* lucha.

strike [straɪk] *n* huelga; (*of oil etc*) descubrimiento; (*attack*) ataque *m*; (*SPORT*) golpe *m* // *vb* (*pt, pp* struck) *vt* golpear, pegar; (*oil etc*) descubrir; (*obstacle*) topar con // *vi* declarar la huelga; (*attack*) atacar; (*clock*) dar la hora; **on ~** (*workers*) en huelga; **to ~ a match** encender un fósforo; **to ~ down** *vt* derribar; **to ~ out** *vt* borrar, tachar; **to ~ up** *vt* (*MUS*) empezar a tocar; (*conversation*) entablar; (*friendship*) trabar; **~r** *n* huelgista *m/f*; (*SPORT*) delantero; **striking** *a* llamativo; (*obvious: resemblance*) notorio.

string [strɪŋ] *n* (*gen*) cuerda; (*row*) hilera // *vt* (*pt, pp* strung): **to ~ together** ensartar; **to ~ out** extenderse; **the ~s** *npl* (*MUS*) los instrumentos de cuerda; **to pull ~s** (*fig*) mover palancas; **~ bean** *n* judía verde, habichuela; **~(ed) instrument** *n* (*MUS*) instrumento de cuerda.

stringent ['strɪndʒənt] *a* riguroso, severo.

strip [strɪp] *n* tira; (*of land*) franja; (*of metal*) cinta, lámina // *vt* desnudar; (*also: ~ down: machine*) desmontar // *vi* desnudarse; **~ cartoon** *n* tira cómica, historieta (*LAm*).

stripe [straɪp] *n* raya; (*MIL*) galón *m*; **~d** *a* a rayas, rayado.

strip lighting *n* alumbrado fluorescente.

stripper ['strɪpə*] *n* artista *m/f* de striptease.

strive [straɪv], *pt* **strove**, *pp* **striven** ['strɪvn] *vi*: **to ~ to do sth** esforzarse *or* luchar por hacer algo.

strode [strəud] *pt of* **stride**.

stroke [strəuk] *n* (*blow*) golpe *m*; (*MED*) apoplejía; (*caress*) caricia // *vt* acariciar; **at a ~** de un solo golpe.

stroll [strəul] *n* paseo, vuelta // *vi* dar un paseo *or* una vuelta; **~er** *n* (*US: for child*) sillita de ruedas.

strong [strɔŋ] *a* fuerte; **they are 50 ~** son 50; **~box** *n* caja fuerte; **~hold** *n* fortaleza; (*fig*) baluarte *m*; **~ly** *ad* fuertemente, con fuerza; (*believe*) firmemente; **~room** *n* cámara acorazada.

strove [strəuv] *pt of* **strive**.

struck [strʌk] *pt, pp of* **strike**.

structure ['strʌktʃə*] *n* estructura; (*building*) construcción *f*.

struggle ['strʌgl] *n* lucha // *vi* luchar.

strum [strʌm] *vt* (*guitar*) rasguear.

strung [strʌŋ] *pt, pp of* **string**.

strut [strʌt] *n* puntal *m* // *vi* pavonearse.

stub [stʌb] *n* (*of ticket etc*) talón *m*; (*of cigarette*) colilla; **to ~ one's toe** dar con el dedo (del pie) contra algo; **to ~ out** *vt* apagar.

stubble ['stʌbl] *n* rastrojo; (*on chin*) barba (incipiente).

stubborn ['stʌbən] *a* terco, testarudo.

stucco ['stʌkəu] *n* estuco.

stuck [stʌk] *pt, pp of* **stick** // *a* (*jammed*) atascado; **~-up** *a* engreído, presumido.

stud [stʌd] *n* (*shirt ~*) corchete *m*; (*of boot*) taco; (*of horses*) caballeriza; (*also: ~ horse*) caballo semental // *vt* (*fig*): **~ded with** salpicado de.

student ['stju:dənt] *n* estudiante *m/f* // *cpd* estudiantil; **~ driver** *n* (*US AUT*) aprendiz(a) *m/f*.

studio ['stju:dɪəu] *n* estudio; (*artist's*) taller *m*; **~ flat**, (*US*) **~ apartment** *n* estudio.

studious ['stju:dɪəs] *a* estudioso; (*studied*) calculado; **~ly** *ad* (*carefully*) con esmero.

study ['stʌdɪ] *n* estudio // *vt* estudiar; (*examine*) examinar, investigar // *vi* estudiar.

stuff [stʌf] *n* materia; (*cloth*) tela; (*substance*) material *m*, sustancia; (*things, belongings*) cosas *fpl* // *vt* llenar; (*CULIN*) rellenar; (*animals*) disecar; **~ing** *n* relleno; **~y** *a* (*room*) mal ventilado; (*person*) de miras estrechas.

stumble ['stʌmbl] *vi* tropezar, dar un traspié; **to ~ across** (*fig*) tropezar con; **stumbling block** *n* tropiezo, obstáculo.

stump [stʌmp] *n* (*of tree*) tocón *m*; (*of limb*) muñón *m* // *vt*: **to be ~ed for an answer** no saber qué contestar.

stun [stʌn] *vt* dejar sin sentido.

stung [stʌŋ] *pt, pp of* **sting**.

stunk [stʌŋk] *pp of* **stink**.

stunning ['stʌnɪŋ] *a* (*news*) pasmoso; (*fabulous*) sensacional.

stunt [stʌnt] *n* (*AVIAT*) vuelo acrobático; (*publicity ~*) truco publicitario; **~ed** *a* enano, achaparrado; **~man** *n* especialista *m*.

stupefy ['stju:pɪfaɪ] *vt* dejar estupefacto.

stupendous [stju:'pɛndəs] *a* estupendo, asombroso.

stupid ['stju:pɪd] *a* estúpido, tonto; **~ity** [-'pɪdɪtɪ] *n* estupidez *f*.

sturdy ['stɜ:dɪ] *a* robusto, fuerte.

stutter ['stʌtə*] *vi* tartamudear.

sty [staɪ] *n* (*for pigs*) pocilga.

stye [staɪ] *n* (*MED*) orzuelo.

style [staɪl] *n* estilo; (*fashion*) moda; **stylish** *a* elegante, a la moda; **stylist** *n* (*hair stylist*) peluquero/a.

stylus ['staɪləs] *n* (*of record player*) aguja.

suave [swɑ:v] *a* cortés; (*pej*) zalamero.

sub... [sʌb] *pref* sub...; **~conscious** *a* subconsciente // *n* subconsciente *m*; **~contract** *vt* subcontratar; **~divide** *vt* subdividir.

subdue [səb'dju:] *vt* sojuzgar; (*passions*) dominar; **~d** *a* (*light*) tenue; (*person*) sumiso, manso.

subject ['sʌbdʒɪkt] *n* súbdito; (*SCOL*) tema *m*, materia // *vt* [səb'dʒɛkt]: **to ~ sb to sth** someter a uno a algo; **to be ~ to** (*law*) estar sujeto a; (*subj: person*) ser propenso a; **~ive** [-'dʒɛktɪv] *a* subjetivo; ~ **matter** *n* materia; (*content*) contenido.

subjunctive [səb'dʒʌŋktɪv] *a, n* subjuntivo.

sublet [sʌb'lɛt] *vt* subarrendar.

submachine gun ['sʌbmə'ʃi:n-] *n* metralleta.

submarine [sʌbmə'ri:n] *n* submarino.

submerge [səb'mɜːdʒ] *vt* sumergir; (*flood*) inundar // *vi* sumergirse.

submissive [səb'mɪsɪv] *a* sumiso.

submit [səb'mɪt] *vt* someter // *vi* someterse.

subnormal [sʌb'nɔːməl] *a* subnormal.

subordinate [sə'bɔːdɪnət] *a, n* subordinado/a *m/f*.

subpoena [səb'piːnə] (*LAW*) *n* citación *f* // *vt* citar.

subscribe [səb'skraɪb] *vi* suscribir; to ~ to (*opinion, fund*) suscribir, aprobar; (*newspaper*) suscribirse a; ~**r** *n* (*to periodical, telephone*) abonado/a.

subscription [səb'skrɪpʃən] *n* (*to club*) abono; (*to magazine*) suscripción *f*.

subsequent ['sʌbsɪkwənt] *a* subsiguiente, posterior; ~**ly** *ad* posteriormente, más tarde.

subside [səb'saɪd] *vi* hundirse; (*flood*) bajar; (*wind*) amainar; ~**nce** [-'saɪdns] *n* hundimiento; (*in road*) socavón *m*.

subsidiary [səb'sɪdɪərɪ] *n* sucursal *f*, filial *f*.

subsidize ['sʌbsɪdaɪz] *vt* subvencionar.

subsidy ['sʌbsɪdɪ] *n* subvención *f*.

substance ['sʌbstəns] *n* sustancia; (*fig*) esencia.

substantial [səb'stænʃl] *a* sustancial, sustancioso; (*fig*) importante.

substantiate [səb'stænʃɪeɪt] *vt* comprobar.

substitute ['sʌbstɪtjuːt] *n* (*person*) suplente *m/f*; (*thing*) sustituto // *vt*: to ~ **A for B** sustituir B por A, reemplazar A por B.

subtitle ['sʌbtaɪtl] *n* subtítulo.

subtle ['sʌtl] *a* sutil; ~**ty** *n* sutileza.

subtract [səb'trækt] *vt* restar, sustraer; ~**ion** [-'trækʃən] *n* resta; sustracción *f*.

suburb ['sʌbəːb] *n* suburbio; the ~**s** los afueras (de la ciudad); ~**an** [sə'bəːbən] *a* suburbano; (*train etc*) de cercanías; ~**ia** [sə'bəːbɪə] *n* barrios *mpl* residenciales.

subway ['sʌbweɪ] *n* (*Brit*) paso subterráneo *or* inferior; (*US*) metro.

succeed [sək'siːd] *vi* (*person*) tener éxito; (*plan*) salir bien // *vt* suceder a; to ~ **in doing** lograr hacer; ~**ing** *a* (*following*) sucesivo.

success [sək'sɛs] *n* éxito; ~**ful** *a* (*venture, person*) exitoso; (*business*) próspero; to be ~**ful** (in doing) lograr (hacer); ~**fully** *ad* con éxito.

succession [sək'sɛʃən] *n* sucesión *f*, serie *f*.

successive [sək'sɛsɪv] *a* sucesivo, consecutivo.

succinct [sək'sɪŋkt] *a* sucinto.

such [sʌtʃ] *a* tal, semejante; (*of that kind*): ~ **a book** tal libro; (*so much*): ~ **courage** tanto valor // *ad* tan; ~ **a long trip** un viaje tan largo; ~ **a lot of** tanto(s)/a(s); ~ **as** (*like*) tal como; a **noise** ~ **as to** un ruido tal que; **as** ~ *ad* como tal; ~**-and-**~ *a* tal o cual.

suck [sʌk] *vt* chupar; (*bottle*) sorber; (*breast*) mamar; ~**er** *n* (*BOT*) serpollo; (*ZOOL*) ventosa; (*col*) bobo, primo.

suction ['sʌkʃən] *n* succión *f*.

Sudan [su'dæn] *n* Sudán *m*.

sudden ['sʌdn] *a* (*rapid*) repentino, súbito; (*unexpected*) imprevisto; **all of a** ~ *ad* de repente; ~**ly** *ad* de repente.

suds [sʌdz] *npl* espuma *sg* de jabón.

sue [suː] *vt* demandar.

suede [sweɪd] *n* ante *m*, gamuza (*LAm*).

suet ['suɪt] *n* sebo.

Suez ['suːɪz] *n*: the ~ **Canal** el Canal de Suez.

suffer ['sʌfə*] *vt* sufrir, padecer; (*tolerate*) aguantar, soportar // *vi* sufrir; ~**er** *n* víctima; (*MED*) enfermo/a; ~**ing** *n* sufrimiento; (*pain*) dolor *m*.

suffice [sə'faɪs] *vi* bastar, ser suficiente.

sufficient [sə'fɪʃənt] *a* suficiente, bastante; ~**ly** *ad* suficientemente, bastante.

suffocate ['sʌfəkeɪt] *vi* ahogarse, asfixiarse.

suffrage ['sʌfrɪdʒ] *n* sufragio.

suffused [sə'fjuːzd] *a*: ~ **with** bañado de.

sugar ['ʃugə*] *n* azúcar *m* // *vt* echar azúcar a, azucarar; ~ **beet** *n* remolacha; ~ **cane** *n* caña de azúcar; ~**y** *a* azucarado.

suggest [sə'dʒɛst] *vt* sugerir; (*recommend*) aconsejar; ~**ion** [-'dʒɛstʃən] *n* sugerencia.

suicide ['suɪsaɪd] *n* suicidio; (*person*) suicida *m/f*.

suit [suːt] *n* (*man's*) traje *m*; (*woman's*) conjunto; (*LAW*) pleito; (*CARDS*) palo // *vt* convenir; (*clothes*) sentar a, ir bien a; (*adapt*): to ~ **sth to** adaptar *or* ajustar algo a; **well** ~**ed** (*well matched: couple*) hechos el uno para el otro; ~**able** *a* conveniente; (*apt*) indicado; ~**ably** *ad* convenientemente; en forma debida.

suitcase ['suːtkeɪs] *n* maleta, valija (*LAm*).

suite [swiːt] *n* (*of rooms, MUS*) suite *f*; (*furniture*): **bedroom/dining room** ~ (juego de) dormitorio/comedor *m*.

suitor ['suːtə*] *n* pretendiente *m*.

sulfur ['sʌlfə*] *n* (*US*) = **sulphur**.

sulk [sʌlk] *vi* estar de mal humor; ~**y** *a* malhumorado.

sullen ['sʌlən] *a* hosco, malhumorado.

sulphur, (*US*) **sulfur** ['sʌlfə*] *n* azufre *m*.

sultana [sʌl'tɑːnə] *n* (*fruit*) pasa de Esmirna.

sultry ['sʌltrɪ] a (*weather*) bochornoso.

sum [sʌm] n suma; (*total*) total m; **to ~ up** vt resumir // vi hacer un resumen.

summarize ['sʌmǝraɪz] vt resumir.

summary ['sʌmǝrɪ] n resumen m // a (*justice*) sumario.

summer ['sʌmǝ*] n verano // cpd de verano; **~house** n (*in garden*) cenador m, glorieta; **~time** n (*season*) verano; **~ time** n (*Brit: by clock*) hora de verano.

summit ['sʌmɪt] n cima, cumbre f; **~ (conference)** n (conferencia) cumbre f.

summon ['sʌmǝn] vt (*person*) llamar; (*meeting*) convocar; (*LAW*) citar; **to ~ up** vt (*courage*) armarse de; **~s** n llamamiento, llamada // vt citar, emplazar.

sump [sʌmp] n (*Brit AUT*) cárter m.

sumptuous ['sʌmptjuǝs] a suntuoso.

sun [sʌn] n sol m.

sunbathe ['sʌnbeɪð] vi tomar el sol.

sunburn ['sʌnbǝ:n] n (*painful*) quemadura; (*tan*) bronceado.

Sunday ['sʌndɪ] n domingo; **~ school** n catequesis f dominical.

sundial ['sʌndaɪǝl] n reloj m de sol.

sundown ['sʌndaun] n anochecer m.

sundry ['sʌndrɪ] a varios/as, diversos/as; **all and ~** todos sin excepción; **sundries** npl géneros mpl diversos.

sunflower ['sʌnflauǝ*] n girasol m.

sung [sʌŋ] pp of **sing**.

sunglasses ['sʌnglɑ:sɪz] npl gafas fpl or anteojos mpl (*LAm*) de sol.

sunk [sʌŋk] pp of **sink**.

sun: ~light n luz f del sol; **~lit** a iluminado por el sol; **~ny** a soleado; (*day*) de sol; (*fig*) alegre; **~rise** n salida del sol; **~ roof** n (*AUT*) techo corredizo; **~set** n puesta del sol; **~shade** n (*over table*) sombrilla; **~shine** n sol m; **~stroke** n insolación f; **~tan** n bronceado; **~tan oil** n aceite m bronceador.

super ['su:pǝ*] a (col) bárbaro.

superannuation [su:pǝrænju'eɪʃǝn] n cuota de jubilación.

superb [su:'pǝ:b] a magnífico, espléndido.

supercilious [su:pǝ'sɪlɪǝs] a altanero.

superfluous [su'pǝ:fluǝs] a superfluo, de sobra.

superhuman [su:pǝ'hju:mǝn] a sobrehumano.

superimpose ['su:pǝrɪm'pǝuz] vt sobreponer.

superintendent [su:pǝrɪn'tɛndǝnt] n director(a) m/f; (*police* ~) subjefe/a m/f.

superior [su'pɪǝrɪǝ*] a superior; (*smug*) desdeñoso // n superior m; **~ity** [-'ɔrɪtɪ] n superioridad f; desdén m.

superlative [su'pǝ:lǝtɪv] a, n superlativo.

superman ['su:pǝmæn] n superhombre m.

supermarket ['su:pǝmɑ:kɪt] n supermercado.

supernatural [su:pǝ'nætʃǝrǝl] a sobrena-

tural.

superpower ['su:pǝpauǝ*] n (*POL*) superpotencia.

supersede [su:pǝ'si:d] vt suplantar.

supersonic ['su:pǝ'sɔnɪk] a supersónico.

superstitious [su:pǝ'stɪʃǝs] a supersticioso.

supertanker ['su:pǝtæŋkǝ*] n superpetrolero.

supervise ['su:pǝvaɪz] vt supervisar; **supervision** [-'vɪʒǝn] n supervisión f; **supervisor** n supervisor(a) m/f.

supper ['sʌpǝ*] n cena; **to have ~** cenar.

supplant [sǝ'plɑ:nt] vt suplantar.

supple ['sʌpl] a flexible.

supplement ['sʌplɪmǝnt] n suplemento // vt [sʌplɪ'mɛnt] suplir; **~ary** [-'mɛntǝrɪ] a suplementario.

supplier [sǝ'plaɪǝ*] n suministrador(a) m/f; (*COMM*) distribuidor(a) m/f.

supply [sǝ'plaɪ] vt (*provide*) suministrar; (*information*) facilitar; (*equip*): **to ~ (with)** proveer (de) // n provisión f; (*gas, water etc*) suministro // cpd (*Brit: teacher etc*) suplente; **supplies** npl (*food*) víveres mpl; (*MIL*) pertrechos mpl.

support [sǝ'pɔ:t] n (*moral, financial etc*) apoyo; (*TECH*) soporte m // vt apoyar; (*financially*) mantener; (*uphold*) sostener; **~er** n (*POL etc*) partidario/a; (*SPORT*) aficionado/a.

suppose [sǝ'pǝuz] vt, vi suponer; (*imagine*) imaginarse; **to be ~d to do sth** deber hacer algo; **~dly** [sǝ'pǝuzɪdlɪ] ad según cabe suponer; **supposing** conj en caso de que.

suppress [sǝ'prɛs] vt suprimir; (*yawn*) ahogar.

supreme [su'pri:m] a supremo.

surcharge ['sǝ:tʃɑ:dʒ] n sobretasa, recargo.

sure [ʃuǝ*] a seguro; (*definite, convinced*) cierto; **to make ~ of sth/that** asegurarse de algo/asegurar que; **~!** (*of course*) ¡claro!, ¡por supuesto!; **~ enough** efectivamente; **~ly** ad (*certainly*) seguramente.

surety ['ʃuǝrtɪ] n fianza; (*person*) fiador(a) m/f.

surf [sǝ:f] n olas fpl.

surface ['sǝ:fɪs] n superficie f // vt (*road*) revestir // vi salir a la superficie; **~ mail** n vía terrestre.

surfboard ['sǝ:fbɔ:d] n plancha (de surf).

surfeit ['sǝ:fɪt] n: **a ~ of** un exceso de.

surfing ['sǝ:fɪŋ] n surf m.

surge [sǝ:dʒ] n oleada, oleaje m // vi avanzar a tropel.

surgeon ['sǝ:dʒǝn] n cirujano/a.

surgery ['sǝ:dʒǝrɪ] n cirugía; (*Brit: room*) consultorio; **to undergo ~** operarse; **~ hours** npl (*Brit*) horas fpl de consulta.

surgical ['sǝ:dʒɪkl] a quirúrgico; **~ spir-**

it n (Brit) alcohol m de 90°.
surly ['səːlɪ] a hosco, malhumorado.
surmount [səˈmaunt] vt superar, vencer.
surname ['səːneɪm] n apellido.
surpass [səːˈpaːs] vt superar, exceder.
surplus ['səːpləs] n excedente m; (COMM) superávit m // a excedente, sobrante.
surprise [səˈpraɪz] n sorpresa // vt sorprender; **surprising** a sorprendente; **surprisingly** ad (easy, helpful) de modo sorprendente.
surrender [səˈrɛndə*] n rendición f, entrega // vi rendirse, entregarse.
surreptitious [sʌrəpˈtɪʃəs] a subrepticio.
surrogate ['sʌrəgɪt] n sucedáneo; ~ **mother** n madre f portadora.
surround [səˈraund] vt rodear, circundar; (MIL etc) cercar; ~**ing** a circundante; ~**ings** npl alrededores mpl, cercanías fpl.
surveillance [səːˈveɪləns] n vigilancia.
survey ['səːveɪ] n inspección f, reconocimiento; (inquiry) encuesta // vt [səːˈveɪ] examinar, inspeccionar; (look at) mirar, contemplar; (make inquiries about) hacer una encuesta de; ~**or** n (Brit) agrimensor(a) m/f.
survival [səˈvaɪvl] n supervivencia.
survive [səˈvaɪv] vi sobrevivir; (custom etc) perdurar // vt sobrevivir a; **survivor** n superviviente m/f.
susceptible [səˈsɛptəbl] a: ~ (to) (disease) susceptible (a); (flattery) sensible (a).
suspect ['sʌspɛkt] a, n sospechoso/a m/f // vt [səsˈpɛkt] sospechar.
suspend [səsˈpɛnd] vt suspender; ~**ed sentence** n (LAW) libertad f condicional; ~**er belt** n portaligas m inv; ~**ers** npl (Brit) ligas fpl; (US) tirantes mpl.
suspense [səsˈpɛns] n incertidumbre f, duda; (in film etc) suspense m.
suspension [səsˈpɛnʃən] n (gen, AUT) suspensión f; (of driving licence) privación f; ~ **bridge** n puente m colgante.
suspicion [səsˈpɪʃən] n sospecha; (distrust) recelo; (trace) traza; **suspicious** [-ʃəs] a (suspecting) receloso; (causing ~) sospechoso.
sustain [səsˈteɪn] vt sostener, apoyar; (suffer) sufrir, padecer; ~**ed** a (effort) sostenido.
sustenance ['sʌstɪnəns] n sustento.
swab [swɔb] n (MED) algodón m; (for specimen) frotis m inv.
swagger ['swægə*] vi pavonearse.
swallow ['swɔləu] n (bird) golondrina // vt tragar; **to ~ up** vt (savings etc) consumir.
swam [swæm] pt of swim.
swamp [swɔmp] n pantano, ciénaga // vt: **to ~ (with)** abrumar (de), agobiar (de); ~**y** a pantanoso.

swan [swɔn] n cisne m.
swap [swɔp] vt: **to ~ (for)** canjear (por).
swarm [swɔːm] n (of bees) enjambre m; (fig) multitud f // vi: **to ~ (with)** pulular (de).
swarthy ['swɔːðɪ] a moreno.
swastika ['swɔstɪkə] n esvástica, cruz f gamada.
swat [swɔt] vt aplastar.
sway [sweɪ] vi mecerse, balancearse // vt (influence) mover, influir en.
swear [swɛə*], pt **swore**, pp **sworn** vi jurar; **to ~** to sth declarar algo bajo juramento; ~**word** n taco, palabrota.
sweat [swɛt] n sudor m // vi sudar.
sweater ['swɛtə*], **sweatshirt** ['swɛtʃəːt] n suéter m.
sweaty ['swɛtɪ] a sudoroso.
Swede [swiːd] n sueco/a.
swede [swiːd] n (Brit) nabo.
Sweden ['swiːdn] n Suecia.
Swedish ['swiːdɪʃ] a sueco // n (LING) sueco.
sweep [swiːp] n (act) barrido, n (of arm) manotazo; (curve) curva, alcance m; (also: chimney ~) deshollinador(a) m/f // vb (pt, pp swept) vt, vi barrer; **to ~ away** vt barrer; (rub out) borrar; **to ~ past** vi pasar majestuosamente; **to ~ up** vi barrer; ~**ing** a (gesture) dramático; (generalized) generalizado.
sweet [swiːt] n (candy) dulce m, caramelo; (Brit: pudding) postre m // a dulce; (sugary) azucarado; (fig) dulce, amable; ~**corn** n maíz m; ~**en** vt (person) endulzar; (add sugar to) poner azúcar a; ~**heart** n novio/a; ~**ness** n (gen) dulzura; ~ **pea** n guisante m de olor.
swell [swɛl] n (of sea) marejada, oleaje m // a (US: col: excellent) estupendo, fenomenal // vt (pt **swelled**, pp **swollen** or **swelled**) vt hinchar, inflar // vi hincharse, inflarse; ~**ing** n (MED) hinchazón f.
sweltering ['swɛltərɪŋ] a sofocante, de mucho calor.
swept [swɛpt] pt, pp of sweep.
swerve [swəːv] vi desviarse bruscamente.
swift [swɪft] n (bird) vencejo // a rápido, veloz; ~**ly** ad rápidamente.
swig [swɪg] n (col: drink) trago.
swill [swɪl] n bazofia // vt (also: ~ out, ~ down) lavar, limpiar con agua.
swim [swɪm] n: **to go for a ~** ir a nadar or a bañarse // vb (pt **swam**, pp **swum**) vi nadar; (head, room) dar vueltas // vt pasar or cruzar a nado; ~**mer** n nadador(a) m/f; ~**ming** n natación f; ~**ming cap** n gorro de baño; ~**ming costume** n bañador m, traje m de baño; ~**ming pool** n piscina, alberca (LAm); ~**suit** n = ~ming costume.
swindle ['swɪndl] n estafa // vt estafar.
swine [swaɪn] n, pl inv cerdos mpl, puercos mpl; (col!) canalla sg (!).

swing [swɪŋ] n (in playground) columpio; (movement) balanceo, vaivén m; (change of direction) viraje m; (rhythm) ritmo // vb (pt, pp swung) vt balancear; (on a ~) columpiar; (also: ~ round) voltear, girar // vi balancearse, columpiarse; (also: ~ round) dar media vuelta; to be in full ~ estar en plena marcha; ~ bridge n puente m giratorio; ~ door, (US) ~ing door n puerta giratoria.

swingeing ['swɪndʒɪŋ] a (Brit) abrumador(a).

swipe [swaɪp] vt (hit) golpear fuerte; (col: steal) guindar.

swirl [swəːl] vi arremolinarse.

swish [swɪʃ] a (col: smart) elegante // vi chasquear.

Swiss [swɪs] a, n, pl inv suizo/a m/f.

switch [swɪtʃ] n (for light, radio etc) interruptor m; (change) cambio // vt (change) cambiar de; to ~ off vt apagar; (engine) parar; to ~ on vt encender, prender (LAm); (engine, machine) arrancar; ~board n (TEL) centralita (de teléfonos), conmutador m (LAm).

Switzerland ['swɪtsələnd] n Suiza.

swivel ['swɪvl] vi (also: ~ round) girar.

swollen ['swəulən] pp of swell.

swoon [swuːn] vi desmayarse.

swoop [swuːp] n (by police etc) redada // vi (also: ~ down) calarse.

swop [swɔp] = swap.

sword [sɔːd] n espada; ~fish n pez m espada.

swore [swɔː*] pt of swear.

sworn [swɔːn] pp of swear.

swot [swɔt] (Brit) vt, vi empollar.

swum [swʌm] pp of swim.

swung [swʌŋ] pt, pp of swing.

sycamore ['sɪkəmɔː*] n sicomoro.

syllable ['sɪləbl] n sílab:.

syllabus ['sɪləbəs] n programa m de estudios.

symbol ['sɪmbl] n símbolo.

symmetry ['sɪmɪtrɪ] n simetría.

sympathetic [sɪmpə'θetɪk] a compasivo; (understanding) comprensivo.

sympathize ['sɪmpəθaɪz] vi: to ~ with sb compadecerse de uno; ~r n (POL) simpatizante m/f.

sympathy ['sɪmpəθɪ] n (pity) compasión f; (understanding) comprensión f; with our deepest ~ nuestro más sentido pésame.

symphony ['sɪmfənɪ] n sinfonía.

symposium [sɪm'pəuzɪəm] n simposio.

symptom ['sɪmptəm] n síntoma m, indicio.

synagogue ['sɪnəgɔg] n sinagoga.

syndicate ['sɪndɪkɪt] n (gen) sindicato; (of newspapers) agencia (de noticias).

syndrome ['sɪndrəum] n síndrome m.

synonym ['sɪnənɪm] n sinónimo.

synopsis [sɪ'nɔpsɪs], pl -ses [-siːz] n si-

nopsis f inv.

syntax ['sɪntæks] n sintaxis f inv.

synthesis ['sɪnθəsɪs], pl -ses [-siːz] n síntesis f inv.

synthetic [sɪn'θetɪk] a sintético.

syphilis ['sɪfɪlɪs] n sífilis f.

syphon ['saɪfən] n = siphon.

Syria ['sɪrɪə] n Siria; ~n a, n sirio/a m/f.

syringe [sɪ'rɪndʒ] n jeringa.

syrup ['sɪrəp] n jarabe m, almíbar m.

system ['sɪstəm] n sistema m; (ANAT) organismo; ~atic [-'mætɪk] a sistemático; metódico; ~ disk n (COMPUT) disco del sistema; ~s analyst n analista m/f de sistemas.

T

ta [tɑː] excl (Brit col) ¡gracias!

tab [tæb] n lengüeta; (label) etiqueta; to keep ~s on (fig) vigilar.

tabby ['tæbɪ] n (also: ~ cat) gato atigrado.

table ['teɪbl] n mesa; (of statistics etc) cuadro, tabla // vt (Brit: motion etc) presentar; to lay o set the ~ poner la mesa; ~cloth n mantel m; ~ of contents n índice m de materias; ~ d'hôte [tɑːbl'dəut] n menú m; ~ lamp n lámpara de mesa; ~mat n salvamantel m; ~ spoon n cuchara grande; (also: ~spoonful: as measurement) cucharada.

tablet ['tæblɪt] n (MED) pastilla, comprimido; (for writing) bloc m; (of stone) lápida.

table tennis n ping-pong m, tenis m de mesa.

table wine n vino de mesa.

tabloid ['tæblɔɪd] n periódico popular sensacionalista; the ~s la prensa amarilla.

tabulate ['tæbjuleɪt] vt disponer en tablas.

tacit ['tæsɪt] a tácito.

tack [tæk] n (nail) tachuela; (stitch) hilván m; (NAUT) bordada // vt (nail) clavar con tachuelas; (stitch) hilvanar // vi virar.

tackle ['tækl] n (gear) equipo; (fishing ~, for lifting) aparejo; (RUGBY) placaje m // vt (difficulty) enfrentar; (grapple with) agarrar; (RUGBY) placar.

tacky ['tækɪ] a pegajoso.

tact [tækt] n tacto, discreción f; ~ful a discreto, diplomático.

tactical ['tæktɪkl] a táctico.

tactics ['tæktɪks] n, npl táctica sg.

tactless ['tæktlɪs] a indiscreto.

tadpole ['tædpəul] n renacuajo.

taffy ['tæfɪ] n (US) melcocha.

tag [tæg] n (label) etiqueta; to ~ along with sb acompañar a uno.

tail [teɪl] n cola; (of shirt, coat) faldón m

// *vt* (*follow*) vigilar a; **to ~ away, ~ off** *vi* (*in size, quality etc*) ir disminuyendo; **~back** *n* (*Brit AUT*) cola; **~ coat** *n* frac *m*; **~ end** *n* cola, parte *f* final; **~gate** *n* (*AUT*) puerta trasera.

tailor ['teɪlə*] *n* sastre *m*; **~ing** *n* (*cut*) corte *m*; **~-made** *a* (*also fig*) hecho a la medida.

tailwind ['teɪlwɪnd] *n* viento de cola.

tainted ['teɪntɪd] *a* (*water, air*) contaminado; (*fig*) manchado.

take [teɪk], *pt* **took**, *pp* **taken** *vt* tomar; (*grab*) coger (*Sp*), agarrar (*LAm*); (*gain: prize*) ganar; (*require: effort, courage*) exigir; (*support weight of*) aguantar; (*hold: passengers etc*) tener cabida para; (*accompany, bring, carry*) llevar; (*exam*) presentarse a; **to ~ sth from** (*drawer etc*) sacar algo de; (*person*) coger (*Sp*) or tomar (*LAm*) algo a; **I ~ it that...** supongo que...; **to ~ after** *vt fus* parecerse a; **to ~ apart** *vt* desmontar; **to ~ away** *vt* (*remove*) quitar; (*carry off*) llevar; **to ~ back** *vt* (*return*) devolver; (*one's words*) retractar; **to ~ down** *vt* (*building*) derribar; (*letter etc*) apuntar; **to ~ in** *vt* (*Brit: deceive*) engañar; (*understand*) entender; (*include*) abarcar; (*lodger*) acoger, recibir; **to ~ off** *vi* (*AVIAT*) despegar // *vt* (*remove*) quitar; (*imitate*) imitar; **to ~ on** *vt* (*work*) aceptar; (*employee*) contratar; (*opponent*) desafiar; **to ~ out** *vt* sacar; (*remove*) quitar; **to ~ over** *vt* (*business*) tomar posesión de // *vi*: **to ~ over from sb** reemplazar a uno; **to ~ to** *vt fus* (*person*) coger cariño a (*Sp*), encariñarse con (*LAm*); (*activity*) aficionarse a; **to ~ up** *vt* (*a dress*) acortar; (*occupy: time, space*) ocupar; (*engage in: hobby etc*) dedicarse a; **~away** *a* (*Brit: food*) para llevar; **~ home pay** *n* salario neto; **~off** *n* (*AVIAT*) despegue *m*; **~over** *n* (*COMM*) absorción *f*.

takings ['teɪkɪŋz] *npl* (*COMM*) ingresos *mpl*.

talc [tælk] *n* (*also:* **~um powder**) talco.

tale [teɪl] *n* (*story*) cuento; (*account*) relación *f*; **to tell ~s** (*fig*) chismear.

talent ['tælnt] *n* talento; **~ed** *a* talentoso.

talk [tɔːk] *n* charla; (*gossip*) habladurías *fpl*, chismes *mpl*; (*conversation*) conversación *f* // *vi* (*speak*) hablar; (*chatter*) charlar; **~s** *npl* (*POL etc*) conversaciones *fpl*; **to ~ about** hablar de; **to ~ sb into doing sth** convencer a uno para que haga algo; **to ~ sb out of doing sth** disuadir a uno de que haga algo; **to ~ shop** hablar del trabajo; **to ~ over** *vt* discutir; **~ative** *a* hablador(a); **~ show** *n* programa *m* magazine.

tall [tɔːl] *a* alto; (*tree*) grande; **to be 6 feet ~** ≈ medir 1 metro 80, tener 1 metro 80 de alto; **~boy** *n* (*Brit*) cómoda alta;

~ story *n* cuento chino.

tally ['tælɪ] *n* cuenta // *vi*: **to ~ (with)** corresponder (con).

talon ['tælən] *n* garra.

tambourine [tæmbə'riːn] *n* pandereta.

tame [teɪm] *a* (*mild*) manso; (*tamed*) domesticado; (*fig: story, style*) mediocre.

tamper ['tæmpə*] *vi*: **to ~ with** tocar, andar con.

tampon ['tæmpɒn] *n* tampón *m*.

tan [tæn] *n* (*also: sun~*) bronceado // *vt* broncear // *vi* ponerse moreno // *a* (*colour*) marrón.

tang [tæŋ] *n* sabor *m* fuerte.

tangent ['tændʒənt] *n* (*MATH*) tangente *f*; **to go off at a ~** (*fig*) salirse por la tangente.

tangerine [tændʒə'riːn] *n* mandarina.

tangle ['tæŋgl] *n* enredo; **to get in(to) a ~** enredarse.

tank [tæŋk] *n* (*water ~*) depósito, tanque *m*; (*for fish*) acuario; (*MIL*) tanque *m*.

tanker ['tæŋkə*] *n* (*ship*) buque *m* cisterna; (*truck*) camión *m* cisterna.

tanned [tænd] *a* (*skin*) moreno, bronceado.

tantalizing ['tæntəlaɪzɪŋ] *a* tentador(a).

tantamount ['tæntəmaunt] *a*: **~ to** equivalente a.

tantrum ['tæntrəm] *n* rabieta.

tap [tæp] *n* (*Brit: on sink etc*) grifo, canilla (*LAm*); (*gentle blow*) golpecito; (*gas ~*) llave *f* // *vt* (*table etc*) tamborilear; (*shoulder etc*) palmear; (*resources*) utilizar, explotar; (*telephone*) intervenir; **on ~** (*fig: resources*) a mano; **~ dancing** *n* zapateado.

tape [teɪp] *n* cinta; (*also: magnetic ~*) cinta magnética; (*sticky*) cinta adhesiva // *vt* (*record*) grabar (en cinta); **~ measure** *n* cinta métrica, metro.

taper ['teɪpə*] *n* cirio // *vi* afilarse.

tape recorder *n* grabadora.

tapestry ['tæpɪstrɪ] *n* (*object*) tapiz *m*; (*art*) tapicería.

tar [tɑː] *n* alquitrán *m*, brea.

target ['tɑːgɪt] *n* (*gen*) blanco; **~ practice** *n* tiro al blanco.

tariff ['tærɪf] *n* tarifa.

tarmac ['tɑːmæk] *n* (*Brit: on road*) alquitranado; (*AVIAT*) pista (de aterrizaje).

tarnish ['tɑːnɪʃ] *vt* deslustrar.

tarpaulin [tɑː'pɔːlɪn] *n* alquitranado.

tart [tɑːt] *n* (*CULIN*) tarta; (*Brit col: pej: woman*) puta // *a* (*flavour*) agrio, ácido; **to ~ up** *vt* (*room, building*) dar tono a.

tartan ['tɑːtn] *n* tartán *m*, escocés *m* // *a* de tartán.

tartar ['tɑːtə*] *n* (*on teeth*) sarro; **~(e) sauce** *n* salsa tártara.

task [tɑːsk] *n* tarea; **to take to ~** reprender; **~ force** *n* (*MIL. POLICE*) grupo de operaciones.

tassel ['tæsl] *n* borla.

taste [teɪst] *n* sabor *m*, gusto; (*also:*

after~) dejo; (*sip*) sorbo; (*fig: glimpse, idea*) muestra, idea // vt probar // vi: to ~ of or like (*fish etc*) saber a; you can ~ the garlic (in it) se nota el sabor a ajo; can I have a ~ of this wine? ¿puedo probar este vino?; to have a ~ for sth ser aficionado a algo; in good/bad ~ de buen/mal gusto; ~ful a de buen gusto; ~less a (*food*) soso; (*remark*) de mal gusto; tasty a sabroso, rico.

tatters ['tætəz] npl: in ~ (*also*: tattered) hecho jirones.

tattoo [tə'tu:] n tatuaje m; (*spectacle*) espectáculo militar // vt tatuar.

tatty ['tætɪ] a (*Brit col*) raído.

taught [tɔ:t] pt, pp of **teach**.

taunt [tɔ:nt] n burla // vt burlarse de.

Taurus ['tɔ:rəs] n Tauro.

taut [tɔ:t] a tirante, tenso.

tawdry ['tɔ:drɪ] a de mal gusto.

tax [tæks] n impuesto // vt gravar (con un impuesto); (*fig: test*) poner a prueba (: *patience*) agotar; ~able a (*income*) imponible; ~ation [-'seɪʃən] n impuestos mpl; ~ avoidance n evasión f de impuestos; ~ collector n recaudador(a) m/f; ~ disc n (*Brit AUT*) pegatina del impuesto de circulación; ~ evasion n evasión f fiscal; ~-free a libre de impuestos.

taxi ['tæksɪ] n taxi m // vi (*AVIAT*) rodar por la pista; ~ driver n taxista m/f; (*Brit*) ~ rank, ~ stand n parada de taxis.

tax: ~ payer n contribuyente m/f; ~ relief n desgravación f fiscal; ~ return n declaración f de ingresos.

TB n abbr = **tuberculosis**.

tea [ti:] n té m; (*Brit: snack*) merienda; high ~ (*Brit*) merienda-cena; ~ bag n bolsita de té; ~ break n (*Brit*) descanso para el té.

teach [ti:tʃ], pt, pp taught vt: to ~ sb sth, ~ sth to sb enseñar algo a uno // vi enseñar; (*be a teacher*) ser profesor(a); ~er n (*in secondary school*) profesor(a) m/f; (*in primary school*) maestro/a; ~ing n enseñanza.

tea cosy n cubretetera n.

teacup ['ti:kʌp] n taza para el té.

teak [ti:k] n (madera de) teca.

team [ti:m] n equipo; (*of animals*) pareja; ~work n trabajo en equipo.

teapot ['ti:pɔt] n tetera.

tear [tɛə*] n rasgón m, desgarrón m // n [tɪə*] lágrima // vb (pt tore, pp torn) vt romper, rasgar // vi rasgarse; in ~s llorando; to ~ along vi (*rush*) precipitarse; to ~ up vt (*sheet of paper etc*) romper; ~ful a lloroso; ~ gas n gas m lacrimógeno.

tearoom ['ti:ru:m] n salón m de té, cafetería.

tease [ti:z] n bromista m/f // vt tomar el pelo a.

tea: ~ set n servicio de té; ~spoon n cucharita; (*also*: ~spoonful: *as measurement*) cucharadita.

teat [ti:t] n (*of bottle*) tetina.

teatime ['ti:taɪm] n hora del té.

tea towel n (*Brit*) paño de cocina.

technical ['tɛknɪkl] a técnico; ~ity [-'kælɪtɪ] n detalle m técnico.

technician [tɛk'nɪʃn] n técnico/a.

technique [tɛk'ni:k] n técnica.

technological [tɛknə'lɔdʒɪkl] a tecnológico.

technology [tɛk'nɔlədʒɪ] n tecnología.

teddy (bear) ['tɛdɪ-] n osito de felpa.

tedious ['ti:dɪəs] a pesado, aburrido.

tee [ti:] n (*GOLF*) tee m.

teem [ti:m] vi: to ~ with rebosar de; it is ~ing (with rain) llueve a mares.

teenage ['ti:neɪdʒ] a (*fashions etc*) juvenil; ~r n adolescente m/f.

teens [ti:nz] npl: to be in one's ~ ser adolescente.

tee-shirt ['ti:ʃə:t] n = **T-shirt**.

teeter ['ti:tə*] vi balancearse.

teeth [ti:θ] npl of **tooth**.

teethe [ti:ð] vi echar los dientes.

teething ['ti:ðɪŋ]: ~ ring n mordedor m; ~ troubles npl (*fig*) dificultades fpl iniciales.

teetotal ['ti:'təutl] a (*person*) abstemio.

telegram ['tɛlɪgræm] n telegrama m.

telegraph ['tɛlɪgrɑ:f] n telégrafo.

telepathy [tə'lɛpəθɪ] n telepatía.

telephone ['tɛlɪfəun] n teléfono // vt llamar por teléfono, telefonear; ~ booth, (*Brit*) ~ box n cabina telefónica; ~ call n llamada (telefónica); ~ directory n guía (telefónica); ~ number n número de teléfono; telephonist [tə'lɛfənɪst] n (*Brit*) telefonista m/f.

telephoto ['tɛlɪ'fəutəu] a: ~ lens teleobjetivo.

telescope ['tɛlɪskəup] n telescopio.

televise ['tɛlɪvaɪz] vt televisar.

television ['tɛlɪvɪʒən] n televisión f; ~ set n televisor m.

telex ['tɛlɛks] n télex m // vt, vi enviar un télex (a).

tell [tɛl], pt, pp told vt decir; (*relate: story*) contar; (*distinguish*): to ~ sth from distinguir algo de // vi (*talk*): to ~ (of) contar; (*have effect*) tener efecto; to ~ sb to do sth mandar a uno hacer algo; to ~ off vt: to ~ sb off regañar a uno; ~er n (*in bank*) cajero/a; ~ing a (*remark, detail*) revelador(a); ~tale a (*sign*) indicador(a).

telly ['tɛlɪ] n (*Brit col*) tele f.

temp [tɛmp] n abbr (*Brit:* = temporary) temporero/a // vi trabajar de interino/a.

temper ['tɛmpə*] n (*mood*) humor m; (*bad ~*) (mal) genio; (*fit of anger*) ira; (*of child*) rabieta // vt (*moderate*) moderar; to be in a ~ estar furioso; to lose one's ~ enfadarse, enojarse (*LAm*).

temperament ['tɛmprəmənt] n (nature) temperamento.

temperate ['tɛmprət] a moderado; (climate) templado.

temperature ['tɛmprətʃə*] n temperatura; to have or run a ~ tener fiebre.

tempest ['tɛmpɪst] n tempestad f.

template ['tɛmplɪt] n plantilla.

temple ['tɛmpl] n (building) templo; (ANAT) sien f.

temporarily ['tɛmpərərɪlɪ] ad temporalmente.

temporary ['tɛmpərərɪ] a provisional, temporal; (passing) transitorio; (worker) temporero.

tempt [tɛmpt] vt tentar; to ~ sb into doing sth tentar or inducir a uno a hacer algo; ~**ation** [-'teɪʃən] n tentación f; ~**ing** a tentador(a).

ten [tɛn] num diez.

tenable ['tɛnəbl] a sostenible.

tenacity [tə'næsɪtɪ] n tenacidad f.

tenancy ['tɛnənsɪ] n alquiler m; (of house) inquilinato.

tenant ['tɛnənt] n (rent-payer) inquilino/a; (occupant) habitante m/f.

tend [tɛnd] vt cuidar // vi: to ~ to do sth tener tendencia a hacer algo.

tendency ['tɛndənsɪ] n tendencia.

tender ['tɛndə*] a (meat) tierno; (sore) sensible; (affectionate) tierno, cariñoso // n (COMM: offer) oferta; (money): **legal** ~ moneda de curso legal // vt ofrecer; ~**ness** n ternura; (of meat) blandura.

tenement ['tɛnəmənt] n casa de pisos or vecinos (Sp).

tenet ['tɛnət] n principio.

tennis ['tɛnɪs] n tenis m; ~ **ball** n pelota de tenis; ~ **court** n cancha de tenis; ~ **player** n tenista m/f; ~ **racket** n raqueta de tenis; ~ **shoes** npl zapatillas fpl de tenis.

tenor ['tɛnə*] n (MUS) tenor m.

tense [tɛns] a (moment, atmosphere) tenso; (stretched) tirante; (stiff) rígido, tieso; (person) nervioso // n (LING) tiempo.

tension ['tɛnʃən] n tensión f.

tent [tɛnt] n tienda (de campaña), carpa (LAm).

tentacle ['tɛntəkl] n tentáculo.

tenterhooks ['tɛntəhuks] npl: on ~ sobre ascuas.

tenth [tɛnθ] a décimo.

tent peg n clavija, estaca.

tent pole n mástil m.

tenuous ['tɛnjuəs] a tenue.

tenure ['tɛnjuə*] n (of land) tenencia; (of job: period) ejercicio.

tepid ['tɛpɪd] a tibio.

term [tɜ:m] n (COMM: time limit) plazo; (word) término; (period) período; (SCOL) trimestre m // vt llamar; ~s npl (conditions) condiciones fpl; in the short/long ~ a corto/largo plazo; to be on good ~s with sb llevarse bien con uno; to

come to ~s with (problem) adaptarse a.

terminal ['tɜ:mɪnl] a (disease) mortal // n (ELEC) borne m; (COMPUT) terminal m; (also: air ~) terminal f; (Brit: also: coach ~) (estación f) terminal f.

terminate ['tɜ:mɪneɪt] vt terminar // vi: to ~ in acabar por.

terminus ['tɜ:mɪnəs], pl -**mini** [-mɪnaɪ] n término, (estación f) terminal f.

terrace ['tɛrəs] n terraza; (Brit: row of houses) hilera de casas adosadas; the ~s (Brit SPORT) las gradas fpl; ~**d** a (garden) colgante; (house) adosado.

terrain [tɛ'reɪn] n terreno.

terrible ['tɛrɪbl] a terrible, horrible; (fam) atroz; **terribly** ad terriblemente; (very badly) malísimamente.

terrier ['tɛrɪə*] n terrier m.

terrific [tə'rɪfɪk] a fantástico, fenomenal; (wonderful) maravilloso.

terrify ['tɛrɪfaɪ] vt aterrorizar.

territory ['tɛrɪtərɪ] n territorio.

terror ['tɛrə*] n terror m; ~**ism** n terrorismo; ~**ist** n terrorista m/f; ~**ize** vt aterrorizar.

terse [tɜ:s] a (style) conciso; (reply) brusco.

Terylene ['tɛrəli:n] n ® (Brit) terylene m ®.

test [tɛst] n (trial, check) prueba, ensayo; (: of goods in factory) control m; (of courage etc, CHEM) prueba; (MED) examen m; (exam) examen m, test m; (also: driving ~) examen m de conducir // vt probar, poner a prueba; (MED) examinar.

testament ['tɛstəmənt] n testamento; the Old/New T~ el Antiguo/Nuevo Testamento.

testicle ['tɛstɪkl] n testículo.

testify ['tɛstɪfaɪ] vi (LAW) prestar declaración; to ~ to sth atestiguar algo.

testimony ['tɛstɪmənɪ] n (LAW) testimonio, declaración f.

test: ~ **match** n (CRICKET, RUGBY) partido internacional; ~ **pilot** n piloto/mujer piloto m/f de pruebas; ~ **tube** n probeta; ~ **tube baby** n niño/a probeta.

tetanus ['tɛtənəs] n tétano.

tether ['tɛðə*] vt atar (con una cuerda) // n: to be at the end of one's ~ no aguantar más.

text [tɛkst] n texto; ~**book** n libro de texto.

textiles ['tɛkstaɪlz] npl textiles mpl, tejidos mpl.

texture ['tɛkstʃə*] n textura.

Thai [taɪ] a, n tailandés/esa m/f; ~**land** n Tailandia.

Thames [tɛmz] n: the ~ el (río) Támesis.

than [ðæn] conj (in comparisons): more ~ 10/once más de 10/una vez; I have more/less ~ you/Paul tengo más/menos que tú/Paul; she is older ~ you think es mayor de lo que piensas.

thank [θæŋk] *vt* dar las gracias a, agradecer; ~ **you (very much)** muchas gracias; ~**s** *npl* gracias *fpl* // *excl* ¡gracias!; ~**s to** *prep* gracias a; ~**ful** *a*: ~**ful (for)** agradecido (por); ~**less** *a* ingrato; **T~sgiving (Day)** *n* día *m* de Acción de Gracias.

that [ðæt] ♦ *a* (*demonstrative*: *pl* those) ese/a, *pl* esos/as; (*more remote*) aquel/aquella, *pl* aquellos/as; **leave those books on the table** deja esos libros sobre la mesa; ~ **one** ése/ésa; (*more remote*) aquél/aquélla, ~ **one over there** ése/ésa de ahí; aquél/aquélla de allí

♦ *pron* **1** (*demonstrative*: *pl* those) ése/a, *pl* ésos/as; (*neuter*) eso; (*more remote*) aquél/aquélla, *pl* aquéllos/as; (*neuter*) aquello; **what's** ~? ¿qué es eso (or aquello)?; **who's** ~? ¿quién es ése/a (or aquél/aquélla)?; **is** ~ **you?** ¿eres tú?; **will you eat all** ~? ¿vas a comer todo eso?; ~**'s my house** ésa es mi casa; ~**'s what he said** eso es lo que dijo; ~ **is** (**to say**) es decir

2 (*relative: subject, object*) que; (*with preposition*) que *etc*, el/la cual *etc*; **the book** (~) **I read** el libro que leí; **the books** ~ **are in the library** los libros que están en la biblioteca; **all** (~) **I have** todo lo que tengo; **the box** (~) **I put it in** la caja en la que *or* donde lo puse; **the people** (~) **I spoke to** la gente con la que hablé

3 (*relative: of time*) que; **the day** (~) **he came** el día (en) que vino

♦ *conj* que; **he thought** ~ **I was ill** creyó que estaba enfermo

♦ *ad* (*demonstrative*): **I can't work** ~ **much** no puedo trabajar tanto; **I didn't realise it was** ~ **bad** no creí que fuera tan malo; ~ **high** así de alto.

thatched [θætʃt] *a* (*roof*) de paja; ~ **cottage** casita con tejado de paja.

thaw [θɔː] *n* deshielo // *vi* (*ice*) derretirse; (*food*) descongelarse // *vt* (*food*) descongelar.

the [ðiː, ðə] *definite article* **1** (*gen*) el, *f* la, *pl* los, *fpl* las (*NB* = el *immediately before f noun beginning with stressed* (*h*)*a*; *a* + *el* = al; *de* + *el* = del); ~ **boy/girl** el chico/la chica; ~ **books/flowers** los libros/las flores; **to** ~ **postman/from** ~ **drawer** al cartero/del cajón; **I haven't** ~ **time/money** no tengo tiempo/dinero

2 (+ *adjective to form noun*) los; lo; ~ **rich and** ~ **poor** los ricos y los pobres; **to attempt** ~ **impossible** intentar lo imposible

3 (*in titles*): **Elizabeth** ~ **First** Isabel primera; **Peter** ~ **Great** Pedro el Grande **4** (*in comparisons*): ~ **more he works** ~ **more he earns** cuanto más trabaja más gana.

theatre, (*US*) **theater** ['θɪətə*] *n* teatro; ~**-goer** *n* aficionado/a al teatro.

theatrical [θɪ'ætrɪkl] *a* teatral.

theft [θɛft] *n* robo.

their [ðɛə*] *a* su; ~**s** *pron* (el) suyo/(la) suya *etc*; *see also* **my, mine**.

them [ðɛm, ðəm] *pron* (*direct*) los/las; (*indirect*) les; (*stressed, after prep*) ellos/ellas; *see also* **me**.

theme [θiːm] *n* tema *m*; ~ **song** *n* tema *m* (musical).

themselves [ðəm'sɛlvz] *pl pron* (*subject*) ellos mismos/ellas mismas; (*complement*) se; (*after prep*) sí (mismos/as); *see also* **oneself**.

then [ðɛn] *ad* (*at that time*) entonces; (*next*) pues; (*later*) luego, después; (*and also*) además // *conj* (*therefore*) en ese caso, entonces // *a*: **the** ~ **president** el entonces presidente; **from** ~ **on** desde entonces.

theology [θɪ'ɔlədʒɪ] *n* teología.

theoretical [θɪə'rɛtɪkl] *a* teórico.

theory ['θɪərɪ] *n* teoría.

therapist ['θɛrəpɪst] *n* terapeuta *m/f*.

therapy [θɛrəpɪ] *n* terapia.

there ['ðɛə*] *ad* **1**: ~ **is,** ~ **are** hay; ~ **is no-one here/no bread left** no hay nadie aquí/no queda pan; ~ **has been an accident** ha habido un accidente

2 (*referring to place*) ahí; (*distant*) allí; **it's** ~ está ahí; **put it in/on/up/down** ~ ponlo ahí dentro/encima/arriba/abajo; **I want that book** ~ quiero ese libro de ahí; ~ **he is!** ¡ahí está!

3: ~, ~ (*esp to child*) ea, ea.

there: ~**abouts** *ad* por ahí; ~**after** *ad* después; ~**by** *ad* así, de ese modo; ~**fore** *ad* por lo tanto; ~**'s** = ~ **is;** ~ **has.**

thermal ['θəːml] *a* termal; (*paper*) térmico; ~ **printer** *n* termoimpresora.

thermometer [θə'mɔmɪtə*] *n* termómetro.

Thermos ['θəːməs] *n* ® (*also:* ~ **flask**) termo.

thermostat ['θəːməustæt] *n* termostato.

thesaurus [θɪ'sɔːrəs] *n* tesoro.

these [ðiːz] *pl a* estos/as // *pl pron* éstos/as.

thesis ['θiːsɪs], *pl* -**ses** [-siːz] *n* tesis *f inv*.

they [ðeɪ] *pl pron* ellos/ellas; (*stressed*) ellos (mismos)/ellas (mismas); ~ **say that...** (*it is said that*) se dice que...; ~**'d** = **they had, they would;** ~**'ll** = **they shall, they will;** ~**'re** = **they are;** ~**'ve** = **they have.**

thick [θɪk] *a* (*liquid, smoke*) espeso; (*wall, slice*) grueso; (*vegetation, beard*) tupido; (*stupid*) torpe // *n*: **in the** ~ **of the battle** en lo más reñido de la batalla; **it's 20 cm** ~ tiene 20 cm de espesor; ~**en** *vi* espesarse // *vt* (*sauce etc*) espesar; ~**ness** *n* espesor *m*, grueso; ~**set** *a* fornido; ~**skinned** *a* (*fig*) insensible.

thief [θiːf], pl **thieves** [θiːvz] n ladrón/ona m/f.

thigh [θaɪ] n muslo.

thimble ['θɪmbl] n dedal m.

thin [θɪn] a (person, animal) flaco; (material) delgado; (liquid) poco denso; (soup) aguado; (fog) ligero; (crowd) escaso // vt: **to ~ (down)** (sauce, paint) diluir.

thing [θɪŋ] n cosa; (object) objeto, artículo; (contraption) chisme m; **~s** npl (belongings) efectos mpl (personales); **the best ~ would be to...** lo mejor sería...; **how are ~s?** ¿qué tal?

think [θɪŋk], pt, pp **thought** vi pensar // vt pensar, creer; **what did you ~ of them?** ¿qué te parecieron?; **to ~ about** sth/sb pensar en algo/uno; **I'll ~ about it** lo pensaré; **to ~ of doing sth** pensar en hacer algo; **I ~ so/not** creo que sí/no; **to ~ well of sb** tener buen concepto de uno; **to ~ over** vt reflexionar sobre, meditar; **to ~ up** vt imaginar; **~ tank** n gabinete m de estrategia.

third [θəːd] a tercer(a) // n tercero/a; (fraction) tercio; (Brit SCOL: degree) de tercera clase; **~ly** ad en tercer lugar; **~ party insurance** n (Brit) seguro contra terceros; **~-rate** a (de calidad) mediocre; **the T~ World** el Tercer Mundo.

thirst [θəːst] n sed f; **~y** a: **to be ~y** tener sed.

thirteen ['θəː'tiːn] num trece.

thirty ['θəːtɪ] num treinta.

this [ðɪs] ♦ a (demonstrative: pl **these**) este/a; pl estos/as; (neuter) esto; **~ man/woman** este hombre/esta mujer; **these children/flowers** estos chicos/estas flores; **~ one (here)** éste/a, esto (de aquí)
♦ pron (demonstrative: pl **these**) éste/a; pl éstos/as; (neuter) esto; **who is ~?** ¿quién es éste/ésta?; **what is ~?** ¿qué es esto?; **~ is where I live** aquí vivo; **~ is what he said** esto es lo que dijo; **~ is Mr Brown** (in introductions) le presento al Sr. Brown; (photo) éste es el Sr. Brown; (on telephone) habla el Sr. Brown
♦ ad (demonstrative): **~ high/long** etc así de alto/largo etc; **~ far** hasta aquí.

thistle ['θɪsl] n cardo.

thong [θɒŋ] n correa.

thorn [θɔːn] n espina.

thorough ['θʌrə] a (search) minucioso; (knowledge, research) profundo; **~bred** a (horse) de pura sangre; **~fare** n calle f; **'no ~fare'** 'prohibido el paso'; **~ly** ad minuciosamente; profundamente, a fondo.

those [ðəuz] pl pron ésos/ésas; (more remote) aquéllos/as // pl a esos/esas; aquellos/as.

though [ðəu] conj aunque // ad sin embargo.

thought [θɔːt] pt, pp of **think** // n pensa-

miento; (opinion) opinión f; (intention) intención f; **~ful** a pensativo; (considerate) atento; **~less** a desconsiderado.

thousand ['θauzənd] num mil; **two ~** dos mil; **~s of** miles de; **~th** a milésimo.

thrash [θræʃ] vt apalear; (defeat) derrotar; **to ~ about** vi revolcarse; **to ~ out** vt discutir a fondo.

thread [θrɛd] n hilo; (of screw) rosca // vt (needle) enhebrar; **~bare** a raído.

threat [θrɛt] n amenaza; **~en** vi amenazar // vt: **to ~en sb** with sth/to do amenazar a uno con algo/con hacer.

three [θriː] num tres; **~-dimensional** a tridimensional; **~-piece suit** n traje m de tres piezas; **~-piece suite** n tresillo; **~-ply** a (wool) triple; **~-wheeler** n (car) coche m cabina.

thresh [θrɛʃ] vt (AGR) trillar.

threshold ['θrɛʃhəuld] n umbral m.

threw [θruː] pt of **throw**.

thrifty ['θrɪftɪ] a económico.

thrill [θrɪl] n (excitement) emoción f // vt emocionar; **to be ~ed** (with gift etc) estar encantado; **~er** n película/novela de suspense.

thrilling ['θrɪlɪŋ] a emocionante.

thrive [θraɪv], pt **thrived** or **throve** [θrəuv], pp **thrived** or **thriven** ['θrɪvn] vi (grow) crecer; (do well) prosperar; **thriving** a próspero.

throat [θrəut] n garganta; **to have a sore ~** tener dolor de garganta.

throb [θrɒb] vi (heart) latir; (engine) vibrar; (with pain) dar punzadas.

throes [θrəuz] npl: **in the ~ of** en medio de.

throne [θrəun] n trono.

throng [θrɒŋ] n multitud f, muchedumbre f // vt agolparse en.

throttle ['θrɒtl] n (AUT) acelerador m // vt estrangular.

through [θruː] prep por, a través de; (time) durante; (by means of) por medio de, mediante; (owing to) gracias a // a (ticket, train) directo // ad completamente, de parte a parte; de principio a fin; **to put sb ~ to sb** (TEL) poner or pasar a uno con uno; **to be ~** (TEL) tener comunicación; (have finished) haber terminado; **'no ~ road'** (Brit) 'calle sin salida'; **~out** prep (place) por todas partes de, por todo; (time) durante todo // ad por or en todas partes.

throve [θrəuv] pt of **thrive**.

throw [θrəu] n tiro; (SPORT) lanzamiento // vt (pt **threw**, pp **thrown**) tirar, echar; (SPORT) lanzar; (rider) derribar; (fig) desconcertar; **to ~ a party** dar una fiesta; **to ~ away** vt tirar; **to ~ off** vt deshacerse de; **to ~ out** vt tirar; **to ~ up** vi vomitar; **~away** a para tirar, desechable; **~-in** n (SPORT) saque m.

thru [θruː] (US) = **through**.

thrush [θrʌʃ] n zorzal m, tordo.

thrust [θrʌst] n (TECH) empuje m // vt (pt, pp **thrust**) empujar; (push in) introducir.

thud [θʌd] n golpe m sordo.

thug [θʌg] n gamberro/a.

thumb [θʌm] n (ANAT) pulgar m // vt: to ~ a lift hacer autostop; **to ~ through** vt fus (book) hojear; **~tack** n (US) chincheta, chinche m (LAm).

thump [θʌmp] n golpe m; (sound) ruido seco or sordo // vt, vi golpear.

thunder ['θʌndə*] n trueno; (of applause etc) estruendo // vi tronar; (train etc): **to ~ past** pasar como un trueno; **~bolt** n rayo; **~clap** n trueno; **~storm** n tormenta; **~y** a tormentoso.

Thursday ['θə:zdı] n jueves m inv.

thus [ðʌs] ad así, de este modo.

thwart [θwɔ:t] vt frustrar.

thyme [taım] n tomillo.

thyroid ['θaırɔıd] n tiroides m inv.

tiara [tı'ɑ:rə] n tiara, diadema.

tic [tık] n tic m.

tick [tık] n (sound: of clock) tictac m; (mark) palomita; (ZOOL) garrapata; (Brit col): **in a ~** en un instante // vi hacer tictac // vt marcar; **to ~ off** vt marcar; (person) reñir; **to ~ over** vi (engine) girar en marcha lenta; (fig) ir tirando.

ticket ['tıkıt] n billete m, tiquet m, boleto (LAm); (for cinema etc) entrada, boleto (LAm); (in shop: on goods) etiqueta; (for library) tarjeta; **~ collector** n revisor(a) m/f; **~ office** n (THEATRE) taquilla, boletería (LAm); (RAIL) despacho de billetes or boletos (LAm).

tickle ['tıkl] n: **to give sb a ~** hacer cosquillas a uno // vt hacer cosquillas; **ticklish** a (person) cosquilloso.

tidal ['taıdl] a de marea; **~ wave** n maremoto.

tidbit ['tıdbıt] (US) = **titbit**.

tiddlywinks ['tıdlıwıŋks] n juego infantil de habilidad con fichas de plástico.

tide [taıd] n marea; (fig: of events) curso, marcha; **high/low ~** marea alta/baja.

tidy ['taıdı] a (room) ordenado; (drawing, work) limpio; (person) (bien) arreglado // vt (also: ~ **up**) poner en orden.

tie [taı] n (string etc) atadura; (Brit: neck~) corbata; (fig: link) vínculo, lazo; (SPORT: draw) empate m // vt atar // vi (SPORT) empatar; **to ~ in a bow** atar con un lazo; **to ~ a knot in sth** hacer un nudo en algo; **to ~ down** vt atar; (fig): **to ~ sb down** to obligar a uno a; **to ~ up** vt (parcel) envolver; (dog) atar; (boat) amarrar; (arrangements) concluir; **to be ~d up** (busy) estar ocupado.

tier [tıə*] n grada; (of cake) piso.

tiger ['taıgə*] n tigre m.

tight [taıt] a (rope) tirante; (clothes, budget) ajustado; (programme) apretado; (bend) cerrado; (col: drunk) borracho // ad (squeeze) muy fuerte; (shut) herméticamente; **~s** npl (Brit) pantimedias fpl; **~en** vt (rope) estirar; (screw) apretar // vi apretarse; estirarse; **~fisted** a tacaño; **~ly** ad (grasp) muy fuerte; **~rope** n cuerda floja.

tile [taıl] n (on roof) teja; (on floor) baldosa; (on wall) azulejo; **~d** a embaldosado.

till [tıl] n caja (registradora) // vt (land) cultivar // prep, conj = **until**.

tiller ['tılə*] n (NAUT) caña del timón.

tilt [tılt] vt inclinar // vi inclinarse.

timber ['tımbə*] n (material) madera; (trees) árboles mpl.

time [taım] n tiempo; (epoch: often pl) época; (by clock) hora; (moment) momento; (occasion) vez f; (MUS) compás m // vt calcular or medir el tiempo de; (race) cronometrar; (remark etc) elegir el momento para; **a long ~** mucho tiempo; **4 at a ~** 4 a la vez; **for the ~ being** de momento, por ahora; **from ~ to ~** de vez en cuando; **in ~** (soon enough) a tiempo; (after some time) con el tiempo; (MUS) al compás; **in a week's ~** dentro de una semana; **in no ~** en un abrir y cerrar de ojos; **any ~** cuando sea; **on ~** a la hora; **5 ~s 5** 5 por 5; **what ~ is it?** ¿qué hora es?; **to have a good ~** pasarlo bien, divertirse; **~ bomb** n bomba de efecto retardado; **~ lag** n desfase m; **~less** a eterno; **~ly** a oportuno; **~ off** n tiempo libre; **~r** n (~ switch) interruptor m; (in kitchen etc) programador m horario; **~ scale** n escala de tiempo; **~ switch** n (Brit) interruptor m (horario); **~table** n horario; **~ zone** n huso horario.

timid ['tımıd] a tímido.

timing ['taımıŋ] n (SPORT) cronometraje m; **the ~ of his resignation** el momento que eligió para dimitir.

timpani ['tımpənı] npl tímpanos mpl.

tin [tın] n estaño; (also: ~ **plate**) hojalata; (Brit: can) lata; **~foil** n papel m de estaño.

tinge [tındʒ] n matiz m // vt: **~d with** teñido de.

tingle ['tıŋgl] vi sentir hormigueo.

tinker ['tıŋkə*] n calderero/a; (gipsy) gitano/a; **to ~ with** vt fus jugar con, tocar.

tinkle ['tıŋkl] vi tintinear.

tinned [tınd] a (Brit: food) en lata, en conserva.

tin opener [-əupnə*] n (Brit) abrelatas m inv.

tinsel ['tınsl] n oropel m.

tint [tınt] n matiz m; (for hair) tinte m; **~ed** a (hair) teñido; (glass, spectacles) ahumado.

tiny ['taını] a minúsculo, pequeñito.

tip [tıp] n (end) punta; (gratuity) propi-

na; (*Brit: for rubbish*) vertedero; (*advice*) consejo // *vt* (*waiter*) dar una propina a; (*tilt*) inclinar; (*empty: also* ~ **out**) vaciar, echar; **to ~ over** *vt* volcar // *vi* volcarse; **~-off** *n* (*hint*) advertencia; **~ped** *a* (*Brit: cigarette*) con filtro.
tipsy ['tɪpsɪ] *a* alegre, mareado.
tiptoe ['tɪptəu] *n* (*Brit*): **on ~** de puntillas.
tiptop ['tɪp'tɔp] *a*: **in ~ condition** en perfectas condiciones.
tire ['taɪə*] *n* (*US*) = **tyre** // *vt* cansar // *vi* (*gen*) cansarse; (*become bored*) aburrirse; **~d** *a* cansado; **to be ~d of sth** estar harto de algo; **~less** *a* incansable; **~some** *a* aburrido; **tiring** *a* cansado.
tissue ['tɪʃuː] *n* tejido; (*paper handkerchief*) pañuelo de papel, kleenex *m* ®; **~ paper** *n* papel *m* de seda.
tit [tɪt] *n* (*bird*) herrerillo común; **to give ~ for tat** dar ojo por ojo.
titbit ['tɪtbɪt], (*US*) **tidbit** *n* (*food*) golosina; (*news*) pedazo.
titillate ['tɪtɪleɪt] *vt* estimular, excitar.
titivate ['tɪtɪveɪt] *vt* emperejilar.
title ['taɪtl] *n* título; **~ deed** *n* (*LAW*) título de propiedad; **~ role** *n* papel *m* principal.
titter ['tɪtə*] *vi* reírse entre dientes.
titular ['tɪtjulə*] *a* (*in name only*) nominal.
TM *abbr* (= *trademark*) marca de fábrica.
to [tuː, tə] ♦ *prep* **1** (*direction*) a; **to go ~ France/London/school/the station** ir a Francia/Londres/al colegio/a la estación; **to go ~ Claude's/the doctor's** ir a casa de Claude/al médico; **the road ~ Edinburgh** la carretera de Edimburgo
2 (*as far as*) hasta, a; **from here ~ London** de aquí a *or* hasta Londres; **to count ~ 10** contar hasta 10; **from 40 ~ 50 people** entre 40 y 50 personas
3 (*with expressions of time*): **a quarter/twenty ~ 5** las 5 menos cuarto/veinte
4 (*for, of*): **the key ~ the front door** la llave de la puerta principal; **she is secretary ~ the director** es la secretaria del director; **a letter ~ his wife** una carta a *or* para su mujer
5 (*expressing indirect object*) a; **to give sth ~ sb** darle algo a alguien; **to talk ~ sb** hablar con alguien; **to be a danger ~ sb** ser un peligro para alguien; **to carry out repairs ~ sth** hacer reparaciones en algo
6 (*in relation to*): **3 goals ~ 2** 3 goles a 2; **30 miles ~ the gallon** ≈ 9,4 litros a los cien (kms)
7 (*purpose, result*): **to come ~ sb's aid** venir en auxilio *or* ayuda de alguien; **to sentence sb ~ death** condenar a uno a muerte; **~ my great surprise** con gran sorpresa mía
♦ *with vb* **1** (*simple infinitive*): **~ go/eat**

ir/comer
2 (*following another vb*): **to want/try/start ~ do** querer/intentar/empezar a hacer; *see also relevant verb*
3 (*with vb omitted*): **I don't want ~** no quiero
4 (*purpose, result*) para; **I did it ~ help you** lo hice para ayudarte; **he came ~ see you** vino a verte
5 (*equivalent to relative clause*): **I have things ~ do** tengo cosas que hacer; **the main thing is ~ try** lo principal es intentarlo
6 (*after adjective etc*): **ready ~ go** listo para irse; **too old ~ ...** demasiado viejo (como) para ...
♦ *ad*: **pull/push the door ~** tirar de/empujar la puerta
toad [təud] *n* sapo; **~stool** *n* hongo venenoso.
toast [təust] *n* (*CULIN: also: piece of ~*) tostada; (*drink, speech*) brindis *m* // *vt* (*CULIN*) tostar; (*drink to*) brindar; **~er** *n* tostador *m*.
tobacco [tə'bækəu] *n* tabaco; **~nist** *n* estanquero/a, tabaquero/a (*LAm*); **~nist's (shop)** *n* (*Brit*) estanco, tabaquería (*LAm*); **~ shop** *n* (*US*) = **~nist's (shop)**.
toboggan [tə'bɔgən] *n* tobogán *m*.
today [tə'deɪ] *ad*, *n* (*also: fig*) hoy *m*.
toddler ['tɔdlə*] *n* niño/a (que empieza a andar).
toddy ['tɔdɪ] *n* ponche *m*.
to-do [tə'duː] *n* (*fuss*) lío.
toe [təu] *n* dedo (del pie); (*of shoe*) punta; **to ~ the line** (*fig*) conformarse; **~nail** *n* uña del pie.
toffee ['tɔfɪ] *n* caramelo.
together [tə'gɛðə*] *ad* juntos; (*at same time*) al mismo tiempo, a la vez; **~ with** *prep* junto con.
toil [tɔɪl] *n* trabajo duro, labor *f*.
toilet ['tɔɪlət] *n* (*Brit: lavatory*) servicios *mpl*, wáter *m*, sanitario (*LAm*) // *cpd* (*soap etc*) de aseo; **~ bag** *n* esponjera; **~ bowl** *n* taza (de retrete); **~ paper** *n* papel *m* higiénico; **~ries** *npl* artículos *mpl* de aseo; (*make-up etc*) artículos *mpl* de tocador; **~ roll** *n* rollo de papel higiénico; **~ water** *n* (agua de) colonia.
token ['təukən] *n* (*sign*) señal *f*, muestra; (*souvenir*) recuerdo; (*voucher*) vale *m*; (*disc*) ficha; **book/record ~** (*Brit*) vale *m* para comprar libros/discos.
Tokyo ['təukjəu] *n* Tokio, Tokío.
told [təuld] *pt*, *pp* of **tell**.
tolerable ['tɔlərəbl] *a* (*bearable*) soportable; (*fairly good*) pasable.
tolerance ['tɔlərns] *n* (*also: TECH*) tolerancia.
tolerant ['tɔlərnt] *a*: **~ of** tolerante con.
tolerate ['tɔləreɪt] *vt* tolerar.
toll [təul] *n* (*of casualties*) número de víctimas; (*tax, charge*) peaje *m* // *vi* (*bell*)

doblar.

tomato [tə'mɑːtəu], pl ~**es** n tomate m.

tomb [tuːm] n tumba.

tomboy ['tɔmbɔɪ] n marimacho.

tombstone ['tuːmstəun] n lápida.

tomcat ['tɔmkæt] n gato.

tomorrow [tə'mɔrəu] ad, n (also: fig) mañana; **the day after** ~ pasado mañana; ~ **morning** mañana por la mañana; **a week** ~ de mañana en ocho (días).

ton [tʌn] n tonelada (Brit = 1016 kg; US = 907 kg); (metric ~) tonelada métrica; ~**s** of (col) montones de.

tone [təun] n tono // vi armonizar; **to** ~ **down** vt (criticism) suavizar; (colour) atenuar; **to** ~ **up** vt (muscles) tonificar; ~**deaf** a que no tiene oído musical.

tongs [tɔŋz] npl (for coal) tenazas fpl; (for hair) tenacillas fpl.

tongue [tʌŋ] n lengua; ~ **in cheek** ad irónicamente; ~**tied** a (fig) mudo; ~**twister** n trabalenguas m inv.

tonic ['tɔnɪk] n (MED) tónico; (MUS) tónica; (also: ~ **water**) (agua) tónica.

tonight [tə'naɪt] ad, n esta noche.

tonnage ['tʌnɪdʒ] n (NAUT) tonelaje m.

tonsil ['tɔnsl] n amígdala; ~**litis** [-'laɪtɪs] n amigdalitis f.

too [tuː] ad (excessively) demasiado; (also) también; ~ **much** ad, a demasiado; ~ **many** a demasiados/as; ~ **bad!** ¡mala suerte!

took [tuk] pt of **take**.

tool [tuːl] n herramienta; ~ **box** n caja de herramientas.

toot [tuːt] vi (with car horn) tocar la bocina.

tooth [tuːθ], pl **teeth** n (ANAT, TECH) diente m; (molar) muela; ~**ache** n dolor m de muelas; ~**brush** n cepillo de dientes; ~**paste** n pasta de dientes; ~**pick** n palillo.

top [tɔp] n (of mountain) cumbre f, cima; (of head) coronilla; (of ladder) lo alto; (of cupboard, table) superficie f; (lid: of box, jar) tapa; (: of bottle) tapón m; (of list etc) cabeza; (toy) peonza // a de arriba; (in rank) principal, primero; (best) mejor // vt (exceed) exceder; (be first in) encabezar; **on** ~ **of** sobre, encima de; **from** ~ **to bottom** de pies a cabeza; **to** ~ **up**, (US) **to** ~ **off** vt llenar; ~ **floor** n último piso; ~ **hat** n sombrero de copa; ~**heavy** a (object) descompensado en la parte superior.

topic ['tɔpɪk] n tema m; ~**al** a actual.

top: ~**less** a (bather etc) topless; ~**level** a (talks) al más alto nivel; ~**most** a más alto.

topple ['tɔpl] vt volcar, derribar // vi caerse.

top-secret ['tɔp'siːkrɪt] a de alto secreto.

topsy-turvy ['tɔpsɪ'təːvɪ] a, ad patas arriba.

torch [tɔːtʃ] n antorcha; (Brit: electric) linterna.

tore [tɔː*] pt of **tear**.

torment ['tɔːment] n tormento // vt [tɔː'ment] atormentar; (fig: annoy) fastidiar.

torn [tɔːn] pp of **tear**.

torrent ['tɔrnt] n torrente m.

torrid ['tɔrɪd] a (fig) apasionado.

tortoise ['tɔːtəs] n tortuga; ~**shell** ['tɔːtəʃel] a de carey.

torture ['tɔːtʃə*] n tortura // vt torturar; (fig) atormentar.

Tory ['tɔːrɪ] a, n (Brit POL) conservador(a) m/f.

toss [tɔs] vt tirar, echar; (head) sacudir; **to** ~ **a coin** echar a cara o cruz; **to** ~ **up for sth** jugar a cara o cruz algo; **to** ~ **and turn** (in bed) dar vueltas.

tot [tɔt] n (Brit: drink) copita; (child) nene/a m/f.

total ['təutl] a total, entero // n total m, suma // vt (add up) sumar; (amount to) ascender a.

totalitarian [təutælɪ'tɛərɪən] a totalitario.

totally ['təutəlɪ] ad totalmente.

totter ['tɔtə*] vi tambalearse.

touch [tʌtʃ] n tacto; (contact) contacto; (FOOTBALL): **to be in** ~ estar fuera de juego // vt tocar; (emotionally) conmover; **a** ~ **of** (fig) una pizca or un poquito de; **to get in** ~ **with sb** ponerse en contacto con uno; **to lose** ~ (friends) perder contacto; **to** ~ **on** vt fus (topic) aludir (brevemente) a; **to** ~ **up** vt (paint) retocar; ~**and-go** a arriesgado; ~**down** n aterrizaje m; (on sea) amerizaje m; (US FOOTBALL) ensayo; ~**ed** a conmovido; (col) chiflado; ~**ing** a conmovedor(a); ~**line** n (SPORT) línea de banda; ~**y** a (person) quisquilloso.

tough [tʌf] a (meat) duro; (difficult) difícil; (resistant) resistente; (person) fuerte // n (gangster etc) gorila m; ~**en** vt endurecer.

toupée ['tuːpeɪ] n peluca.

tour ['tuə*] n viaje m, vuelta; (also: **package** ~) viaje m todo comprendido; (of town, museum) visita // vt viajar por; ~**ing** n viajes mpl turísticos, turismo.

tourism ['tuərɪzm] n turismo.

tourist ['tuərɪst] n turista m/f // cpd turístico; ~ **office** n oficina de turismo.

tournament ['tuənəmənt] n torneo.

tousled ['tauzld] a (hair) despeinado.

tout [taut] vi: **to** ~ **for business** solicitar clientes // n (also: **ticket** ~) revendedor(a) m/f.

tow [təu] vt remolcar; 'on or (US) in ~' (AUT) 'a remolque'.

toward(s) [tə'wɔːd(z)] prep hacia; (of attitude) respecto a, con; (of purpose) para.

towel ['tauəl] n toalla; ~**ling** n (fabric)

felpa; ~ **rail**, (US) ~ **rack** n toallero.
tower ['tauə*] n torre f; ~ **block** n
(Brit) torre f (de pisos); ~**ing** a muy
alto, imponente.
town [taun] n ciudad f; **to go to** ~ ir a la
ciudad; (fig) echar los bofes por; ~
centre n centro de la ciudad; ~ **clerk** n
secretario/a del ayuntamiento; ~ **council** n ayuntamiento, consejo municipal;
~ **hall** n ayuntamiento; ~ **plan** n plano
de la ciudad; ~ **planning** n urbanismo.
towrope ['təurəup] n cable m de remolque.
tow truck n (US) camión m grúa.
toy [tɔɪ] n juguete m; **to ~ with** vt fus
jugar con; (idea) acariciar; ~**shop** n
juguetería.
trace [treɪs] n rastro f // vt (draw) trazar,
delinear; (locate) encontrar; **tracing
paper** n papel m de calco.
track [træk] n (mark) huella, pista;
(path: gen) camino, senda; (: of bullet
etc) trayectoria; (: of suspect, animal)
pista, rastro; (RAIL) vía; (SPORT) pista;
(on record) canción f // vt seguir la pista
de; **to keep ~ of** mantenerse al tanto de,
seguir; **to ~ down** vt (person) localizar; (sth lost) encontrar; ~**suit** n chan-
dal m.
tract [trækt] n (GEO) región f; (pamphlet) folleto.
traction ['trækʃən] n (AUT, power) tracción f; **in ~** (MED) en tracción.
tractor ['træktə*] n tractor m.
trade [treɪd] n comercio; (skill, job) oficio // vi negociar, comerciar; **to ~ in sth**
comerciar en algo; **to ~ in** vt (old car
etc) ofrecer como parte del pago; ~ **fair**
n feria comercial; ~**in price** n valor de
un objeto usado que se descuenta del
precio de otro nuevo; ~**mark** n marca
de fábrica; ~ **name** n marca registrada; ~**r** n comerciante m/f; ~**sman**
n (shopkeeper) tendero; ~ **union** n sindicato; ~ **unionist** n sindicalista m/f;
trading n comercio; **trading estate** n
(Brit) zona comercial.
tradition [trə'dɪʃən] n tradición f; ~**al** a
tradicional.
traffic ['træfɪk] n (gen, AUT) tráfico, circulación f, tránsito (LAm); **air ~** tránsito aéreo // vi: **to ~ in** (pej: liquor,
drugs) traficar en; ~ **circle** n (US) glorieta de tráfico; ~ **jam** n embotellamiento; ~ **lights** npl semáforo sg; ~
warden n guardia m/f de tráfico.
tragedy ['trædʒədɪ] n tragedia.
tragic ['trædʒɪk] a trágico.
trail [treɪl] n (tracks) rastro, pista;
(path) camino, sendero; (dust, smoke)
estela // vt (drag) arrastrar; (follow) seguir la pista de; (follow closely) vigilar
// vi arrastrarse; **to ~ behind** vi quedar a la zaga; ~**er** n (AUT) remolque
m; (caravan) caravana; (CINEMA) trai-

ler m, avance m; ~ **truck** n (US) trailer m.
train [treɪn] n tren m; (of dress) cola;
(series) serie f // vt (educate) formar;
(teach skills to) adiestrar; (sportsman)
entrenar; (dog) amaestrar; (point: gun
etc): **to ~ on** apuntar a // vi (SPORT) entrenarse; (be educated) formarse; **one's
~ of thought** razonamiento de uno; ~**ed**
a (worker) cualificado; (animal) amaestrado; ~**ee** [treɪ'niː] n aprendiz(a) m/f;
~**er** n (SPORT) entrenador(a) m/f; (of
animals) domador(a) m/f; ~**ing** n formación f; entrenamiento; **to be in ~ing**
(SPORT) estar entrenando; (: fit) estar
en forma; ~**ing college** n (gen) colegio
de formación profesional; (for teachers)
escuela normal; ~**ing shoes** npl zapatillas fpl (de deporte).
traipse [treɪps] vi andar penosamente.
trait [treɪt] n rasgo.
traitor ['treɪtə*] n traidor(a) m/f.
tram [træm] n (Brit: also: ~**car**) tranvía
m.
tramp [træmp] n (person) vagabundo/a;
(col: offensive: woman) puta // vi andar
con pasos pesados.
trample ['træmpl] vt: **to ~ (underfoot)** pisotear.
trampoline ['træmpəliːn] n trampolín m.
tranquil ['træŋkwɪl] a tranquilo; ~**lizer** n
(MED) tranquilizante m.
transact [træn'zækt] vt (business) tramitar; ~**ion** [-'zækʃən] n transacción f,
operación f.
transcend [træn'sɛnd] vt rebasar.
transcript ['trænskrɪpt] n copia; ~**ion**
[-'skrɪpʃən] n transcripción f.
transfer ['trænsfə*] n transferencia;
(SPORT) traspaso; (picture, design) calcomanía // vt [træns'fəː*] trasladar, pasar; **to ~ the charges** (Brit TEL) llamar
a cobro revertido.
transform [træns'fɔːm] vt transformar.
transfusion [træns'fjuːʒən] n transfusión
f.
transient ['trænzɪənt] a transitorio.
transistor [træn'zɪstə*] n (ELEC) transistor m; ~ **radio** n transistor m.
transit ['trænzɪt] n: **in ~** en tránsito.
transitive ['trænzɪtɪv] a (LING) transiti-
vo.
translate [trænz'leɪt] vt traducir; **translation** [-'leɪʃən] n traducción f; **translator** n traductor(a) m/f.
transmission [trænz'mɪʃən] n transmisión f.
transmit [trænz'mɪt] vt transmitir; ~**ter**
n transmisor m; (station) emisora.
transparency [træns'pɛərnsɪ] n (Brit
PHOT) diapositiva.
transparent [træns'pærnt] a transparente.
transpire [træns'paɪə*] vi (turn out) resultar; (happen) ocurrir, suceder; **it ~d**

that ... se supo que ...

transplant [træns'plɑ:nt] vt transplantar // n ['trænsplɑ:nt] (MED) transplante m.

transport ['trænspɔ:t] n transporte m // vt [-'pɔ:t] transportar; **~ation** [-'teɪʃən] n transporte m; (of prisoners) deportación f; **~ café** n (Brit) bar-restaurant m de carretera.

trap [træp] n (snare, trick) trampa; (carriage) cabriolé m // vt coger (Sp) or agarrar (LAm) en una trampa; (immobilize) bloquear; (jam) atascar; **~ door** n escotilla.

trapeze [trə'piːz] n trapecio.

trappings ['træpɪŋz] npl adornos mpl.

trash [træʃ] n (pej: goods) pacotilla; (: nonsense) tonterías fpl; **~ can** n (US) cubo or balde m (LAm) de la basura.

travel ['trævl] n viaje m // vi viajar // vt (distance) recorrer; **~ agency** n agencia de viajes; **~ agent** n agente m/f de viajes; **~ler**, (US) **~er** n viajero/a; **~ler's cheque**, (US) **~er's check** n cheque m de viajero; **~ling**, (US) **~ing** n los viajes mpl, el viajar; **~ sickness** n mareo.

travesty ['trævəstɪ] n parodia.

trawler ['trɔːlə*] n pesquero de arrastre.

tray [treɪ] n (for carrying) bandeja; (on desk) cajón m.

treachery ['tretʃərɪ] n traición f.

treacle ['triːkl] n (Brit) melaza.

tread [trɛd] n (step) paso, pisada; (sound) ruido de pasos; (of tyre) banda de rodadura // vi (pt trod, pp trodden) pisar; **to ~ on** vt fus pisar.

treason ['triːzn] n traición f.

treasure ['trɛʒə*] n tesoro // vt (value) apreciar, valorar.

treasurer ['trɛʒərə*] n tesorero/a.

treasury ['trɛʒərɪ] n: **the T~**, (US) **the T~ Department** el Ministerio de Hacienda.

treat [triːt] n (present) regalo; (pleasure) placer m // vt tratar; **to ~ sb to sth** invitar a uno a algo.

treatise ['triːtɪz] n tratado.

treatment ['triːtmənt] n tratamiento.

treaty ['triːtɪ] n tratado.

treble ['trɛbl] a triple // vt triplicar // vi triplicarse; **~ clef** n (MUS) clave f de sol.

tree [triː] n árbol m.

trek [trɛk] n (long journey) expedición f; (tiring walk) caminata.

trellis ['trɛlɪs] n enrejado.

tremble ['trɛmbl] vi temblar.

tremendous [trɪ'mɛndəs] a tremendo; (enormous) enorme; (excellent) estupendo.

tremor ['trɛmə*] n temblor m; (also: earth ~) temblor m de tierra.

trench [trɛntʃ] n zanja; (MIL) trinchera.

trend [trɛnd] n (tendency) tendencia; (of events) curso; (fashion) moda; **~y** a de

moda.

trepidation [trɛpɪ'deɪʃən] n inquietud f.

trespass ['trɛspəs] vi: **to ~ on** entrar sin permiso en; **'no ~ing'** 'prohibido el paso'.

tress [trɛs] n trenza.

trestle ['trɛsl] n caballete m; **~ table** n mesa de caballete.

trial ['traɪəl] n (LAW) juicio, proceso; (test: of machine etc) prueba; (hardship) desgracia; **by ~ and error** a fuerza de probar.

triangle ['traɪæŋgl] n (MATH, MUS) triángulo.

tribe [traɪb] n tribu f.

tribunal [traɪ'bjuːnl] n tribunal m.

tributary ['trɪbjutərɪ] n (river) afluente m.

tribute ['trɪbjuːt] n homenaje m, tributo; **to pay ~ to** rendir homenaje a.

trice [traɪs] n: **in a ~** en un santiamén.

trick [trɪk] n trampa; (conjuring ~, deceit) truco; (joke) broma; (CARDS) baza // vt engañar; **to play a ~ on sb** gastar una broma a uno; **that should do the ~** a ver si funciona así; **~ery** n engaño.

trickle ['trɪkl] n (of water etc) chorrito // vi gotear.

tricky ['trɪkɪ] a difícil; delicado.

tricycle ['traɪsɪkl] n triciclo.

trifle ['traɪfl] n bagatela; (CULIN) dulce de bizcocho borracho, gelatina, fruta y natillas // ad: **a ~ long** un poquito largo; **trifling** a insignificante.

trigger ['trɪgə*] n (of gun) gatillo; **to ~ off** vt desencadenar.

trill [trɪl] n (of bird) gorjeo.

trim [trɪm] a (elegant) aseado; (house, garden) en buen estado; (figure) de talle esbelto // n (haircut etc) recorte m // vt (neaten) arreglar; (cut) recortar; (decorate) adornar; (NAUT: a sail) orientar; **~mings** npl (extras) accesorios mpl; (cuttings) recortes mpl.

trinket ['trɪŋkɪt] n chuchería, baratija.

trip [trɪp] n viaje m; (excursion) excursión f; (stumble) traspié m // vi (stumble) tropezar; (go lightly) andar a paso ligero; **on a ~** de viaje; **to ~ up** vi tropezar, caerse // vt hacer tropezar or caer.

tripe [traɪp] n (CULIN) callos mpl; (pej: rubbish) bobadas fpl.

triple ['trɪpl] a triple.

triplets ['trɪplɪts] npl trillizos/as m/fpl.

triplicate ['trɪplɪkət] n: **in ~** por triplicado.

tripod ['traɪpɔd] n trípode m.

trite [traɪt] a trillado.

triumph ['traɪʌmf] n triunfo // vi: **to ~ (over)** vencer.

trivia ['trɪvɪə] npl trivialidades fpl.

trivial ['trɪvɪəl] a insignificante, trivial.

trod [trɔd], **trodden** ['trɔdn] pt, pp of **tread.**

trolley ['trɒlɪ] *n* carrito.

trombone [trɒm'bəʊn] *n* trombón *m*.

troop [truːp] *n* grupo, banda; **~s** *npl* (*MIL*) tropas *fpl*; **to ~ in/out** *vi* entrar/salir en tropel; **~er** *n* (*MIL*) soldado (de caballería); **~ing the colour** *n* (*ceremony*) presentación *f* de la bandera.

trophy ['trəʊfɪ] *n* trofeo.

tropic ['trɒpɪk] *n* trópico; **~al** *a* tropical.

trot [trɒt] *n* trote *m* // *vi* trotar; **on the ~** (*Brit fig*) seguidos/as.

trouble ['trʌbl] *n* problema *m*, dificultad *f*; (*worry*) preocupación *f*; (*bother, effort*) molestia, esfuerzo; (*unrest*) inquietud *f*; (*MED*): **stomach ~** problemas *mpl* gástricos // *vt* molestar; (*worry*) preocupar, inquietar // *vi*: **to ~ to do sth** molestarse en hacer algo; **~s** *npl* (*POL etc*) conflictos *mpl*; **to be in ~** estar en un apuro; **to go to the ~ of doing sth** tomarse la molestia de hacer algo; **what's the ~?** ¿qué pasa?; **~d** *a* (*person*) preocupado; (*epoch, life*) agitado; **~maker** *n* agitador(a) *m/f*; **~shooter** *n* (*in conflict*) conciliador(a) *m/f*; **~some** *a* molesto, inoportuno.

trough [trɒf] *n* (*also:* **drinking ~**) abrevadero; (*also:* **feeding ~**) comedero; (*channel*) canal *m*.

troupe [truːp] *n* grupo.

trousers ['traʊzəz] *npl* pantalones *mpl*; **short ~** pantalones *mpl* cortos.

trousseau ['truːsəʊ], *pl* **~x** *or* **~s** [-z] *n* ajuar *m*.

trout [traʊt] *n*, *pl inv* trucha.

trowel ['traʊəl] *n* paleta.

truant ['truːənt] *n*: **to play ~** (*Brit*) hacer novillos.

truce [truːs] *n* tregua.

truck [trʌk] *n* (*US*) camión *m*; (*RAIL*) vagón *m*; **~ driver** *n* camionero; **~ farm** *n* (*US*) huerto de hortalizas.

truculent ['trʌkjʊlənt] *a* agresivo.

trudge [trʌdʒ] *vi* caminar penosamente.

true [truː] *a* verdadero; (*accurate*) exacto; (*genuine*) auténtico; (*faithful*) fiel.

truffle ['trʌfl] *n* trufa.

truly ['truːlɪ] *ad* (*genuinely, emphatic: very*) realmente; (*faithfully*) fielmente.

trump [trʌmp] *n* triunfo; **~ed-up** *a* inventado.

trumpet ['trʌmpɪt] *n* trompeta.

truncheon ['trʌntʃən] *n* (*Brit*) porra.

trundle ['trʌndl] *vt*, *vi*: **to ~ along** rodar haciendo ruido.

trunk [trʌŋk] *n* (*of tree, person*) tronco; (*of elephant*) trompa; (*case*) baúl *m*; (*US AUT*) maletero; **~s** *npl* (*also:* **swimming ~s**) bañador *m*; **~ call** *n* (*Brit TEL*) llamada interurbana.

truss [trʌs] *n* (*MED*) braguero; **to ~ (up)** *vt* atar; (*CULIN*) espetar.

trust [trʌst] *n* confianza; (*COMM*) trust *m*; (*LAW*) fideicomiso // *vt* (*rely on*) tener confianza en; (*entrust*): **to ~ sth to sb** confiar algo a uno; **~ed** *a* de confianza; **~ee** [trʌs'tiː] *n* (*LAW*) fideicomisario; **~ful, ~ing** *a* confiado; **~worthy** *a* digno de confianza.

truth [truːθ], *pl* **~s** [truːðz] *n* verdad *f*; **~ful** *a* (*person*) veraz.

try [traɪ] *n* tentativa, intento; (*RUGBY*) ensayo // *vt* (*LAW*) juzgar, procesar; (*test: sth new*) probar, someter a prueba; (*attempt*) intentar; (*strain: patience*) hacer perder // *vi* probar; **to ~ to do sth** intentar hacer algo; **to ~ on** *vt* (*clothes*) probarse; **to ~ out** *vt* probar, poner a prueba; **~ing** *a* cansado; (*person*) pesado.

T-shirt ['tiːʃəːt] *n* camiseta.

T-square ['tiːskwɛə*] *n* regla en T.

tub [tʌb] *n* cubo (*Sp*), balde *m* (*LAm*); (*bath*) tina, bañera.

tuba ['tjuːbə] *n* tuba.

tubby ['tʌbɪ] *a* regordete.

tube [tjuːb] *n* tubo; (*Brit: underground*) metro.

tuberculosis [tjubəːkju'ləʊsɪs] *n* tuberculosis *f inv*.

tubing ['tjuːbɪŋ] *n* tubería (*Sp*), cañería; **a piece of ~** un trozo de tubo.

tubular ['tjuːbjʊlə*] *a* tubular.

TUC *n abbr* (*Brit*: = *Trades Union Congress*) *federación nacional de sindicatos*.

tuck [tʌk] *n* (*SEWING*) pliegue *m* // *vt* (*put*) poner; **to ~ away** *vt* esconder; **to ~ in** *vt* meter dentro; (*child*) arropar // *vi* (*eat*) comer con apetito; **to ~ up** *vt* (*child*) arropar; **~ shop** *n* (*SCOL*) tienda de golosinas.

Tuesday ['tjuːzdɪ] *n* martes *m inv*.

tuft [tʌft] *n* mechón *m*; (*of grass etc*) manojo.

tug [tʌg] *n* (*ship*) remolcador *m* // *vt* remolcar; **~-of-war** *n* lucha de tiro de cuerda.

tuition [tjuː'ɪʃən] *n* (*Brit*) enseñanza; (: *private ~*) clases *fpl* particulares; (*US: school fees*) matrícula.

tulip ['tjuːlɪp] *n* tulipán *m*.

tumble ['tʌmbl] *n* (*fall*) caída // *vi* caerse, tropezar; **to ~ to sth** (*col*) caer en la cuenta de algo; **~down** *a* destartalado; **~ dryer** *n* (*Brit*) secadora.

tumbler ['tʌmblə*] *n* vaso.

tummy ['tʌmɪ] *n* (*col*) barriga, vientre *m*.

tumour, (*US*) **tumor** ['tjuːmə*] *n* tumor *m*.

tuna ['tjuːnə] *n*, *pl inv* (*also:* **~ fish**) atún *m*.

tune [tjuːn] *n* (*melody*) melodía // *vt* (*MUS*) afinar; (*RADIO, TV, AUT*) sintonizar; **to be in/out of ~** (*instrument*) estar afinado/desafinado; (*singer*) cantar afinadamente/desafinar; **to ~ in (to)** (*RADIO, TV*) sintonizar (con); **to ~ up** *vi* (*musician*) afinar (su instrumento);

~ful *a* melodioso; **~r** *n* (*radio set*) sintonizador *m*; **piano ~r** afinador(a) *m/f* de pianos.

tunic ['tjuːnɪk] *n* túnica.

tuning ['tjuːnɪŋ] *n* sintonización *f*; (*MUS*) afinación *f*; **~ fork** *n* diapasón *m*.

Tunisia [tjuːˈnɪzɪə] *n* Túnez *m*.

tunnel ['tʌnl] *n* túnel *m*; (*in mine*) galería // *vi* construir un túnel/una galería.

turban ['təːbən] *n* turbante *m*.

turbine ['təːbaɪn] *n* turbina.

turbulence ['təːbjuləns] *n* (*AVIAT*) turbulencia.

tureen [təˈriːn] *n* sopera.

turf [təːf] *n* césped *m*; (*clod*) tepe *m* // *vt* cubrir con césped; **to ~ out** *vt* (*col*) echar a la calle.

turgid ['təːdʒɪd] *a* (*prose*) pesado.

Turk [təːk] *n* turco/a.

Turkey ['təːkɪ] *n* Turquía.

turkey ['təːkɪ] *n* pavo.

Turkish ['təːkɪʃ] *a* turco.

turmoil ['təːmɔɪl] *n* desorden *m*, alboroto.

turn [təːn] *n* turno; (*in road*) curva; (*THEATRE*) número; (*MED*) ataque *m* // *vt* girar, volver; (*collar, steak*) dar la vuelta a; (*change*): **to ~ sth into** convertir algo en // *vi* volver; (*person: look back*) volverse; (*reverse direction*) dar la vuelta; (*milk*) cortarse; (*change*) cambiar; (*become*) convertirse en; **a good ~** un favor; **it gave me quite a ~** me dio un susto; **'no left ~'** (*AUT*) 'prohibido girar a la izquierda'; **it's your ~** te toca a ti; **in ~** por turnos; **to take ~s** turnarse; **to ~ away** *vi* apartar la vista; **to ~ back** *vi* volverse atrás; **to ~ down** *vt* (*refuse*) rechazar; (*reduce*) bajar; (*fold*) doblar; **to ~ in** *vi* (*col: go to bed*) acostarse // *vt* (*fold*) doblar hacia dentro; **to ~ off** *vi* (*from road*) desviarse // *vt* (*light, radio etc*) apagar; (*engine*) parar; **to ~ on** *vt* (*light, radio etc*) encender, prender (*LAm*); (*engine*) poner en marcha; **to ~ out** *vt* (*light, gas*) apagar // *vi*: **to ~ out to be...** resultar ser...; **to ~ over** *vi* (*person*) volverse // *vt* (*object*) dar la vuelta a; (*page*) volver; **to ~ round** *vi* volverse; (*rotate*) girar; **to ~ up** *vi* (*person*) llegar, presentarse; (*lost object*) aparecer // *vt* (*gen*) subir; **~ing** *n* (*in road*) vuelta; **~ing point** *n* (*fig*) momento decisivo.

turnip ['təːnɪp] *n* nabo.

turnout ['təːnaut] *n* concurrencia.

turnover ['təːnəuvə*] *n* (*COMM: amount of money*) facturación *f*; (*: of goods*) movimiento.

turnpike ['təːnpaɪk] *n* (*US*) autopista de peaje.

turnstile ['təːnstaɪl] *n* torniquete *m*.

turntable ['təːnteɪbl] *n* plato.

turn-up ['təːnʌp] *n* (*Brit: on trousers*) vuelta.

turpentine ['təːpəntaɪn] *n* (*also:* **turps**) trementina.

turquoise ['təːkwɔɪz] *n* (*stone*) turquesa // *a* color turquesa.

turret ['tʌrɪt] *n* torreón *m*.

turtle ['təːtl] *n* galápago; **~neck (sweater)** *n* (jersey *m* de) cuello cisne.

tusk [tʌsk] *n* colmillo.

tussle ['tʌsl] *n* lucha, pelea.

tutor ['tjuːtə*] *n* profesor(a) *m/f*; **~ial** [-'tɔːrɪəl] *n* (*SCOL*) seminario.

tuxedo [tʌkˈsiːdəu] *n* (*US*) smóking *m*, esmoquin *m*.

TV [tiːˈviː] *n abbr* (= *television*) tele *f*.

twang [twæŋ] *n* (*of instrument*) punteado; (*of voice*) timbre *m* nasal.

tweezers ['twiːzəz] *npl* pinzas *fpl* (de depilar).

twelfth [twelfθ] *a* duodécimo.

twelve [twelv] *num* doce; **at ~ o'clock** (*midday*) a mediodía; (*midnight*) a medianoche.

twentieth ['twentɪθ] *a* vigésimo.

twenty ['twentɪ] *num* veinte.

twice [twaɪs] *ad* dos veces; **~ as much** dos veces más.

twiddle ['twɪdl] *vt, vi*: **to ~ (with) sth** dar vueltas a algo; **to ~ one's thumbs** (*fig*) estar mano sobre mano.

twig [twɪg] *n* ramita // *vi* (*col*) caer en la cuenta.

twilight ['twaɪlaɪt] *n* crepúsculo.

twin [twɪn] *a, n* gemelo/a *m/f* // *vt* hermanar; **~-bedded room** *n* habitación *f* con camas gemelas.

twine [twaɪn] *n* bramante *m* // *vi* (*plant*) enroscarse.

twinge [twɪndʒ] *n* (*of pain*) punzada; (*of conscience*) remordimiento.

twinkle ['twɪŋkl] *vi* centellear; (*eyes*) parpadear.

twirl [twəːl] *n* giro // *vt* dar vueltas a // *vi* piruetear.

twist [twɪst] *n* (*action*) torsión *f*; (*in road, coil*) vuelta; (*in wire, flex*) doblez *f*; (*in story*) giro // *vt* torcer, retorcer; (*roll around*) enrollar; (*fig*) deformar // *vi* serpentear.

twit [twɪt] *n* (*col*) tonto.

twitch [twɪtʃ] // *vi* moverse nerviosamente.

two [tuː] *num* dos; **to put ~ and ~ together** (*fig*) atar cabos; **~-door** *a* (*AUT*) de dos puertas; **~-faced** *a* (*pej: person*) falso; **~fold** *ad*: **to increase ~fold** doblarse; **~-piece (suit)** *n* traje *m* de dos piezas; **~-piece (swimsuit)** *n* dos piezas *m inv*, bikini *m*; **~-seater plane/car** *n* avión *m*/coche *m* de dos plazas; **~some** *n* (*people*) pareja; **~-way** *a*: **~-way traffic** circulación *f* de dos sentidos.

tycoon [taɪˈkuːn] *n*: **(business) ~** magnate *m/f*.

type [taɪp] *n* (*category*) tipo, género; (*model*) modelo; (*TYP*) tipo, letra // *vt*

(*letter etc*) escribir a máquina; ~-**cast**
a (*actor*) encasillado; ~**face** *n* tipo;
~**script** *n* texto mecanografiado;
~**writer** *n* máquina de escribir;
~**written** *a* mecanografiado.
typhoid ['taɪfɔɪd] *n* tifoidea.
typical ['tɪpɪkl] *a* típico.
typing ['taɪpɪŋ] *n* mecanografía.
typist ['taɪpɪst] *n* mecanógrafo/a.
tyranny ['tɪrənɪ] *n* tiranía.
tyrant ['taɪərnt] *n* tirano/a.
tyre, (*US*) **tire** ['taɪə*] *n* neumático, llanta (*LAm*); ~ **pressure** *n* presión *f* de
los neumáticos.

U

U-bend ['juː'bend] *n* (*AUT, in pipe*) recodo.
udder ['ʌdə*] *n* ubre *f*.
UFO ['juːfəʊ] *n abbr* = (*unidentified flying object*) OVNI *m*.
ugh [əːh] *excl* ¡uf!
ugly ['ʌglɪ] *a* feo; (*dangerous*) peligroso.
UK *n abbr* = **United Kingdom**.
ulcer ['ʌlsə*] *n* úlcera.
Ulster ['ʌlstə*] *n* Ulster *m*.
ulterior [ʌl'tɪərɪə*] *a* ulterior; ~ **motive**
segundas intenciones *fpl*.
ultimate ['ʌltɪmət] *a* último, final; (*authority*) más alto; ~**ly** *ad* (*in the end*) por último, al final; (*fundamentally*) *a or* en fin de cuentas.
ultrasound [ʌltrə'saʊnd] *n* (*MED*) ultrasonido.
umbilical cord [ʌm'bɪlɪkl-] *n* cordón *m* umbilical.
umbrella [ʌm'brelə] *n* paraguas *m inv*.
umpire ['ʌmpaɪə*] *n* árbitro.
umpteen [ʌmp'tiːn] *a* enésimos/as; **for the ~th time** por enésima vez.
UN *n abbr* = **United Nations (Organization)**.
unable [ʌn'eɪbl] *a*: **to be ~ to do sth** no poder hacer algo.
unaccompanied [ʌnə'kʌmpənɪd] *a* no acompañado.
unaccountably [ʌnə'kaʊntəblɪ] *ad* inexplicablemente.
unaccustomed [ʌnə'kʌstəmd] *a*: **to be ~ to** no estar acostumbrado a.
unanimous [juː'nænɪməs] *a* unánime; ~**ly** *ad* unánimemente.
unarmed [ʌn'ɑːmd] *a* desarmado.
unassuming [ʌnə'sjuːmɪŋ] *a* modesto, sin pretensiones.
unattached [ʌnə'tætʃt] *a* (*person*) sin pareja; (*part etc*) suelto.
unattended [ʌnə'tendɪd] *a* (*car, luggage*) sin atender.
unauthorized [ʌn'ɔːθəraɪzd] *a* no autorizado.
unavoidable [ʌnə'vɔɪdəbl] *a* inevitable.
unaware [ʌnə'weə*] *a*: **to be ~ of** igno-

rar; ~**s** *ad* de improviso.
unbalanced [ʌn'bælənst] *a* desequilibrado; (*mentally*) trastornado.
unbearable [ʌn'beərəbl] *a* insoportable.
unbeknown(st) [ʌnbɪ'nəun(st)] *ad*: ~ **to me** sin saberlo yo.
unbelievable [ʌnbɪ'liːvəbl] *a* increíble.
unbend [ʌn'bend] (*irg: like bend*) *vi* (*fig: person*) relajarse // *vt* (*wire*) enderezar.
unbiased [ʌn'baɪəst] *a* imparcial.
unborn [ʌn'bɔːn] *a* que va a nacer.
unbreakable [ʌn'breɪkəbl] *a* irrompible.
unbroken [ʌn'brəukən] *a* (*seal*) intacto; (*series*) continuo; (*record*) no batido; (*spirit*) indómito.
unbutton [ʌn'bʌtn] *vt* desabrochar.
uncalled-for [ʌn'kɔːldfɔː*] *a* gratuito, inmerecido.
uncanny [ʌn'kænɪ] *a* extraño, extraordinario.
unceasing [ʌn'siːsɪŋ] *a* incesante.
unceremonious ['ʌnserɪ'məunɪəs] *a* (*abrupt, rude*) brusco, hosco.
uncertain [ʌn'sɜːtn] *a* incierto; (*indecisive*) indeciso; ~**ty** *n* incertidumbre *f*.
unchecked [ʌn'tʃekt] *a* desenfrenado.
uncivilized [ʌn'sɪvɪlaɪzd] *a* (*gen*) inculto; (*fig: behaviour etc*) bárbaro.
uncle ['ʌŋkl] *n* tío.
uncomfortable [ʌn'kʌmfətəbl] *a* incómodo; (*uneasy*) inquieto.
uncommon [ʌn'kɔmən] *a* poco común, raro.
uncompromising [ʌn'kɔmprəmaɪzɪŋ] *a* intransigente.
unconcerned [ʌnkən'sɜːnd] *a* indiferente, despreocupado.
unconditional [ʌnkən'dɪʃənl] *a* incondicional.
unconscious [ʌn'kɔnʃəs] *a* sin sentido; (*unaware*) inconsciente // *n*: **the ~** el inconsciente; ~**ly** *ad* inconscientemente.
uncontrollable [ʌnkən'trəuləbl] *a* (*temper*) indomable; (*laughter*) incontenible.
unconventional [ʌnkən'venʃənl] *a* poco convencional.
uncouth [ʌn'kuːθ] *a* grosero, inculto.
uncover [ʌn'kʌvə*] *vt* (*gen*) descubrir; (*take lid off*) destapar.
undecided [ʌndɪ'saɪdɪd] *a* (*character*) indeciso; (*question*) no resuelto, pendiente.
under ['ʌndə*] *prep* debajo de; (*less than*) menos de; (*according to*) según, de acuerdo con // *ad* debajo, abajo; ~ **there** allí abajo; ~ **construction** bajo construcción.
under... ['ʌndə*] *pref* sub; ~-**age** *a* menor de edad; ~**carriage** *n* (*Brit AVIAT*) tren *m* de aterrizaje; ~**charge** *vt* cobrar menos de la cuenta; ~**clothes** *npl* ropa *sg* interior *or* íntima (*LAm*); ~**coat** *n* (*paint*) primera mano; ~**cover** *a* clandestino; ~**current** *n* corriente *f* submarina; (*fig*) tendencia oculta; ~**cut**

understand *vt irg* vender más barato que; **~developed** *a* subdesarrollado; **~dog** *n* desvalido/a; **~done** *a* (*CULIN*) poco hecho; **~estimate** *vt* subestimar; **~exposed** *a* (*PHOT*) subexpuesto; **~fed** *a* subalimentado; **~foot** *ad*: it's wet **~foot** el suelo está mojado; **~go** *vt irg* sufrir; (*treatment*) recibir; **~graduate** *n* estudiante *m/f*; **~ground** *n* (*Brit: railway*) metro; (*POL*) movimiento clandestino // *a* subterráneo; **~growth** *n* maleza; **~hand(ed)** *a* (*fig*) socarrón; **~lie** *vt irg* (*fig*) ser la razón fundamental de; **~line** *vt* subrayar; **~ling** ['ʌndəliŋ] *n* (*pej*) subalterno/a; **~mine** *vt* socavar, minar; **~neath** [ʌndə'niːθ] *ad* debajo // *prep* debajo de, bajo; **~paid** *a* mal pagado; **~pants** *npl* calzoncillos *mpl*; **~pass** *n* (*Brit*) paso subterráneo; **~privileged** *a* desvalido; **~rate** *vt* menospreciar, subestimar; **~shirt** *n* (*US*) camiseta; **~shorts** *npl* (*US*) calzoncillos *mpl*; **~side** *n* parte *f* inferior, revés *m*; **~skirt** *n* (*Brit*) enaguas *fpl*.

understand [ʌndə'stænd] (*irg: like stand*) *vt, vi* entender, comprender; (*assume*) tener entendido; **~able** *a* comprensible; **~ing** *a* comprensivo // *n* comprensión *f*, entendimiento; (*agreement*) acuerdo.

understatement ['ʌndəsteitmənt] *n* subestimación *f*; (*modesty*) modestia (excesiva).

understood [ʌndə'stud] *pt, pp of* understand // *a* entendido; (*implied*): it is ~ that se sobreentiende que.

understudy ['ʌndəstʌdɪ] *n* suplente *m/f*.

undertake [ʌndə'teik] (*irg: like take*) *vt* emprender; to ~ to do sth comprometerse a hacer algo.

undertaker ['ʌndəteikə*] *n* director(a) *m/f* de pompas fúnebres.

undertaking ['ʌndəteikiŋ] *n* empresa; (*promise*) promesa.

undertone ['ʌndətəun] *n*: in an ~ en voz baja.

underwater [ʌndə'wɔːtə*] *ad* bajo el agua // *a* submarino.

underwear ['ʌndəwɛə*] *n* ropa interior *or* íntima (*LAm*).

underworld ['ʌndəwɜːld] *n* (*of crime*) hampa, inframundo.

underwriter ['ʌndəraitə*] *n* (*INSURANCE*) asegurador/a *m/f*.

undies ['ʌndɪz] *npl* (*col*) ropa interior *or* íntima (*LAm*).

undo [ʌn'duː] (*irg: like do*) *vt* deshacer; **~ing** *n* ruina, perdición *f*.

undoubted [ʌn'dautɪd] *a* indudable; **~ly** *ad* indudablemente, sin duda.

undress [ʌn'drɛs] *vi* desnudarse.

undue [ʌn'djuː] *a* indebido, excesivo.

undulating ['ʌndjuleitɪŋ] *a* ondulante.

unduly [ʌn'djuːlɪ] *ad* excesivamente, demasiado.

unearth [ʌn'ɜːθ] *vt* desenterrar.

unearthly [ʌn'ɜːθlɪ] *a* (*hour*) inverosímil.

uneasy [ʌn'iːzɪ] *a* intranquilo; (*worried*) preocupado.

uneducated [ʌn'ɛdjukeitɪd] *a* ignorante, inculto.

unemployed [ʌnɪm'plɔɪd] *a* parado, sin trabajo // *n*: the ~ los parados.

unemployment [ʌnɪm'plɔɪmənt] *n* paro, desempleo.

unending [ʌn'ɛndɪŋ] *a* interminable.

unerring [ʌn'ɜːrɪŋ] *a* infalible.

uneven [ʌn'iːvn] *a* desigual; (*road etc*) quebrado.

unexpected [ʌnɪk'spɛktɪd] *a* inesperado; **~ly** *ad* inesperadamente.

unfailing [ʌn'feilɪŋ] *a* (*support*) indefectible; (*energy*) inagotable.

unfair [ʌn'fɛə*] *a*: ~ (to sb) injusto (con uno).

unfaithful [ʌn'feiθful] *a* infiel.

unfamiliar [ʌnfə'mɪlɪə*] *a* extraño, desconocido.

unfashionable [ʌn'fæʃnəbl] *a* pasado *or* fuera de moda.

unfasten [ʌn'faːsn] *vt* desatar.

unfavourable, (*US*) **unfavorable** [ʌn'feivərəbl] *a* desfavorable.

unfeeling [ʌn'fiːlɪŋ] *a* insensible.

unfinished [ʌn'fɪnɪʃt] *a* inacabado, sin terminar.

unfit [ʌn'fɪt] *a* indispuesto, enfermo; (*incompetent*) incapaz; ~ for work no apto para trabajar.

unfold [ʌn'fəuld] *vt* desdoblar; (*fig*) revelar // *vi* abrirse; revelarse.

unforeseen ['ʌnfɔː'siːn] *a* imprevisto.

unforgettable [ʌnfə'gɛtəbl] *a* inolvidable.

unforgivable [ʌnfə'gɪvəbl] *a* imperdonable.

unfortunate [ʌn'fɔːtʃnət] *a* desgraciado; (*event, remark*) inoportuno; **~ly** *ad* desgraciadamente.

unfounded [ʌn'faundɪd] *a* infundado.

unfriendly [ʌn'frɛndlɪ] *a* antipático.

ungainly [ʌn'geinlɪ] *a* (*walk*) desgarbado.

ungodly [ʌn'gɒdlɪ] *a*: at an ~ hour a una hora inverosímil.

ungrateful [ʌn'greitful] *a* ingrato.

unhappiness [ʌn'hæpinɪs] *n* tristeza.

unhappy [ʌn'hæpɪ] *a* (*sad*) triste; (*unfortunate*) desgraciado; (*childhood*) infeliz; ~ with (*arrangements etc*) poco contento con, descontento de.

unharmed [ʌn'haːmd] *a* (*person*) ileso.

unhealthy [ʌn'hɛlθɪ] *a* (*gen*) malsano; (*person*) enfermizo.

unheard-of [ʌn'hɜːdɒv] *a* inaudito, sin precedente.

unhook [ʌn'huk] *vt* desenganchar; (*from wall*) descolgar; (*undo*) desabrochar.

unhurt [ʌn'hɜːt] *a* ileso.

uniform ['juːnɪfɔːm] *n* uniforme *m* // *a* uniforme; **~ity** [-'fɔːmɪtɪ] *n* uniformidad *f*.

unify ['juːnɪfaɪ] *vt* unificar, unir.

uninhabited [ʌnɪn'hæbɪtɪd] *a* desierto.

unintentional [ʌnɪn'tɛnʃənəl] *a* involuntario.

union ['juːnjən] *n* unión *f*; (*also:* trade ~) sindicato // *cpd* sindical; **U~ Jack** *n* bandera del Reino Unido.

unique [juː'niːk] *a* único.

unison ['juːnɪsn] *n*: **in ~** (*speak,* reply) al unísono; **in ~ with** junto con.

unit ['juːnɪt] *n* unidad *f*; (*team, squad*) grupo; **kitchen ~** módulo de cocina.

unite [juː'naɪt] *vt* unir // *vi* unirse; **~d** *a* unido; **U~d Kingdom (UK)** *n* Reino Unido; **U~d Nations (Organization) (UN, UNO)** *n* Naciones *fpl* Unidas (ONU *f*); **U~d States (of America) (US, USA)** *n* Estados *mpl* Unidos (EE.UU.).

unit trust *n* (*Brit*) bono fiduciario.

unity ['juːnɪtɪ] *n* unidad *f*.

universal [juːnɪ'vɜːsl] *a* universal.

universe ['juːnɪvɜːs] *n* universo.

university [juːnɪ'vɜːsɪtɪ] *n* universidad *f*.

unjust [ʌn'dʒʌst] *a* injusto.

unkempt [ʌn'kɛmpt] *a* descuidado; (*hair*) despeinado.

unkind [ʌn'kaɪnd] *a* poco amable; (*comment etc*) cruel.

unknown [ʌn'nəun] *a* desconocido.

unlawful [ʌn'lɔːful] *a* ilegal, ilícito.

unleash [ʌn'liːʃ] *vt* desatar.

unless [ʌn'lɛs] *conj* a menos que; **~ he comes** a menos que venga; **~ otherwise stated** salvo indicación contraria.

unlike [ʌn'laɪk] *a* distinto // *prep* a diferencia de.

unlikely [ʌn'laɪklɪ] *a* improbable.

unlisted [ʌn'lɪstɪd] *a* (*US TEL*) que no consta en la guía.

unload [ʌn'ləud] *vt* descargar.

unlock [ʌn'lɔk] *vt* abrir (con llave).

unlucky [ʌn'lʌkɪ] *a* desgraciado; (*object, number*) que da mala suerte; **to be ~** tener mala suerte.

unmarried [ʌn'mærɪd] *a* soltero.

unmistakable [ʌnmɪs'teɪkəbl] *a* inconfundible.

unmitigated [ʌn'mɪtɪgeɪtɪd] *a* rematado, absoluto.

unnatural [ʌn'nætʃrəl] *a* (*gen*) antinatural; (*manner*) afectado; (*habit*) perverso.

unnecessary [ʌn'nɛsəsərɪ] *a* innecesario, inútil.

unnoticed [ʌn'nəutɪst] *a*: **to go ~** pasar desapercibido.

UNO ['juːnəu] *n abbr* = **United Nations Organization.**

unobtainable [ʌnəb'teɪnəbl] *a* inconseguible; (*TEL*) inexistente.

unobtrusive [ʌnəb'truːsɪv] *a* discreto.

unofficial [ʌnə'fɪʃl] *a* no oficial.

unpack [ʌn'pæk] *vi* deshacer las maletas, desempacar (*LAm*).

unpalatable [ʌn'pælətəbl] *a* (*truth*) desagradable.

unparalleled [ʌn'pærəleɪd] *a* (*unequalled*) sin par; (*unique*) sin precedentes.

unpleasant [ʌn'plɛznt] *a* (*disagreeable*) desagradable; (*person, manner*) antipático.

unplug [ʌn'plʌg] *vt* desenchufar, desconectar.

unpopular [ʌn'pɔpjulə*] *a* poco popular.

unprecedented [ʌn'prɛsɪdəntɪd] *a* sin precedentes.

unpredictable [ʌnprɪ'dɪktəbl] *a* imprevisible.

unprofessional [ʌnprə'fɛʃənl] *a*: **~ conduct** negligencia.

unqualified [ʌn'kwɔlɪfaɪd] *a* sin título, no cualificado; (*success*) total, incondicional.

unquestionably [ʌn'kwɛstʃənəblɪ] *ad* indiscutiblemente.

unravel [ʌn'rævl] *vt* desenmarañar.

unreal [ʌn'rɪəl] *a* irreal.

unrealistic [ʌnrɪə'lɪstɪk] *a* poco realista.

unreasonable [ʌn'riːznəbl] *a* irrazonable; (*demand*) excesivo.

unrelated [ʌnrɪ'leɪtɪd] *a* sin relación; (*family*) no emparentado.

unreliable [ʌnrɪ'laɪəbl] *a* (*person*) informal; (*machine*) poco fiable.

unremitting [ʌnrɪ'mɪtɪŋ] *a* constante.

unreservedly [ʌnrɪ'zɜːvɪdlɪ] *ad* sin reserva.

unrest [ʌn'rɛst] *n* inquietud *f*, malestar *m*; (*POL*) disturbios *mpl*.

unroll [ʌn'rəul] *vt* desenrollar.

unruly [ʌn'ruːlɪ] *a* indisciplinado.

unsafe [ʌn'seɪf] *a* peligroso.

unsaid [ʌn'sɛd] *a*: **to leave sth ~** dejar algo sin decir.

unsatisfactory ['ʌnsætɪs'fæktərɪ] *a* poco satisfactorio.

unsavoury, (*US*) **unsavory** [ʌn'seɪvərɪ] *a* (*fig*) repugnante.

unscathed [ʌn'skeɪðd] *a* ileso.

unscrew [ʌn'skruː] *vt* destornillar.

unscrupulous [ʌn'skruːpjuləs] *a* sin escrúpulos.

unsettled [ʌn'sɛtld] *a* inquieto; (*situation*) inestable; (*weather*) variable.

unshaven [ʌn'ʃeɪvn] *a* sin afeitar.

unsightly [ʌn'saɪtlɪ] *a* feo.

unskilled [ʌn'skɪld] *a*: **~ workers** mano *fsg* de obra no cualificada.

unspeakable [ʌn'spiːkəbl] *a* indecible; (*awful*) incalificable.

unstable [ʌn'steɪbl] *a* inestable.

unsteady [ʌn'stɛdɪ] *a* inestable.

unstuck [ʌn'stʌk] *a*: **to come ~** despegarse; (*fig*) fracasar.

unsuccessful [ʌnsək'sɛsful] *a* (*attempt*) infructuoso; (*writer, proposal*) sin éxito;

unsuitable [ʌn'suːtəbl] *a* inapropiado; (*time*) inoportuno.

unsure [ʌn'ʃuə*] *a* inseguro, poco seguro.

unsympathetic [ʌnsɪmpə'θetɪk] *a* poco comprensivo.

untapped [ʌn'tæpt] *a* (*resources*) sin explotar.

unthinkable [ʌn'θɪŋkəbl] *a* inconcebible, impensable.

untidy [ʌn'taɪdɪ] *a* (*room*) desordenado, en desorden; (*appearance*) desaliñado.

untie [ʌn'taɪ] *vt* desatar.

until [ən'tɪl] *prep* hasta // *conj* hasta que; ~ **he comes** hasta que venga; ~ **now** hasta ahora; ~ **then** hasta entonces.

untimely [ʌn'taɪmlɪ] *a* inoportuno; (*death*) prematuro.

untold [ʌn'təuld] *a* (*story*) nunca contado; (*suffering*) indecible; (*wealth*) incalculable.

untoward [ʌntə'wɔːd] *a* (*behaviour*) impropio; (*event*) adverso.

unused [ʌn'juːzd] *a* sin usar.

unusual [ʌn'juːʒuəl] *a* insólito, poco común.

unveil [ʌn'veɪl] *vt* (*statue*) descubrir.

unwavering [ʌn'weɪvərɪŋ] *a* inquebrantable.

unwelcome [ʌn'wɛlkəm] *a* (*at a bad time*) inoportuno.

unwell [ʌn'wɛl] *a*: **to feel** ~ estar indispuesto.

unwieldy [ʌn'wiːldɪ] *a* difícil de manejar.

unwilling [ʌn'wɪlɪŋ] *a*: **to be** ~ **to do sth** estar poco dispuesto a hacer algo; ~**ly** *ad* de mala gana.

unwind [ʌn'waɪnd] (*irg: like* wind) *vt* desenvolver // *vi* (*relax*) relajarse.

unwise [ʌn'waɪz] *a* imprudente.

unwitting [ʌn'wɪtɪŋ] *a* inconsciente.

unworkable [ʌn'wəːkəbl] *a* (*plan*) impráctico.

unworthy [ʌn'wəːðɪ] *a* indigno.

unwrap [ʌn'ræp] *vt* deshacer.

unwritten [ʌn'rɪtn] *a* (*agreement*) tácito; (*rules, law*) no escrito.

up [ʌp] ♦ *prep*: **to go/be** ~ **sth** subir/estar subido en algo; **he went** ~ **the stairs/the hill** subió las escaleras/la colina; **we walked/climbed** ~ **the hill** subimos la colina; **they live further** ~ **the street** viven más arriba en la calle; **go** ~ **that road and turn left** sigue por esa calle y gira a la izquierda

♦ *ad* **1** (*upwards, higher*) más arriba; ~ **in the mountains** en lo alto (de la montaña); **put it a bit higher** ~ ponlo un poco más arriba *or* alto; ~ **there** ahí *or* allí arriba; ~ **above** en lo alto, por encima, arriba

2: **to be** ~ (*out of bed*) estar levantado;

(*prices, level*) haber subido

3: ~ **to** (*as far as*) hasta; ~ **to now** hasta ahora *or* la fecha

4: **to be** ~ **to** (*depending on*): **it's** ~ **to you** depende de ti; **he's not** ~ **to it** (*job, task etc*) no es capaz de hacerlo; **his work is not** ~ **to the required standard** su trabajo no da la talla; (*col: be doing*): **what is he** ~ **to?** ¿que estará tramando?

♦ *n*: ~**s and downs** altibajos *mpl*.

up-and-coming [ʌpənd'kʌmɪŋ] *a* prometedor(a).

upbringing ['ʌpbrɪŋɪŋ] *n* educación *f*.

update [ʌp'deɪt] *vt* poner al día.

upheaval [ʌp'hiːvl] *n* trastornos *mpl*; (*POL*) agitación *f*.

uphill [ʌp'hɪl] *a* cuesta arriba; (*fig: task*) penoso, difícil // *ad*: **to go** ~ ir cuesta arriba.

uphold [ʌp'həuld] (*irg: like* hold) *vt* sostener.

upholstery [ʌp'həulstərɪ] *n* tapicería.

upkeep ['ʌpkiːp] *n* mantenimiento.

upon [ə'pɒn] *prep* sobre.

upper ['ʌpə*] *a* superior, de arriba // *n* (*of shoe: also*: ~**s**) pala; ~**-class** *a* de clase alta; ~ **hand** *n*: **to have the** ~ **hand** tener la sartén por el mango; ~**most** *a* el más alto; **what was** ~**most in my mind** lo que me preocupaba más.

upright ['ʌpraɪt] *a* vertical; (*fig*) honrado.

uprising ['ʌpraɪzɪŋ] *n* sublevación *f*.

uproar ['ʌprɔː*] *n* tumulto, escándalo.

uproot [ʌp'ruːt] *vt* desarraigar.

upset ['ʌpset] *n* (*to plan etc*) revés *m*, contratiempo; (*MED*) trastorno // *vt* [ʌp'set] (*irg: like* set) (*glass etc*) volcar; (*spill*) derramar; (*plan*) alterar; (*person*) molestar, perturbar // *a* [ʌp'set] molesto, perturbado; (*stomach*) revuelto.

upshot ['ʌpʃɒt] *n* resultado.

upside-down ['ʌpsaɪd'daun] *ad* al revés.

upstairs [ʌp'steəz] *ad* arriba // *a* (*room*) de arriba // *n* el piso superior.

upstart ['ʌpstɑːt] *n* advenedizo/a.

upstream [ʌp'striːm] *ad* río arriba.

uptake ['ʌpteɪk] *n*: **he is quick/slow on the** ~ es muy listo/torpe.

uptight [ʌp'taɪt] *a* tenso, nervioso.

up-to-date ['ʌptə'deɪt] *a* moderno, actual.

upturn ['ʌptəːn] *n* (*in luck*) mejora; (*COMM: in market*) resurgimiento económico.

upward ['ʌpwəd] *a* ascendente; ~**(s)** *ad* hacia arriba.

urban ['əːbən] *a* urbano.

urbane [əː'beɪn] *a* cortés, urbano.

urchin ['əːtʃɪn] *n* pilluelo, golfillo.

urge [əːdʒ] *n* (*force*) impulso; (*desire*) deseo // *vt*: **to** ~ **sb to do sth** animar a uno a hacer algo.

urgency ['əːdʒənsɪ] *n* urgencia.

urgent ['ɔːdʒənt] *a* urgente.
urinate ['juərɪneɪt] *vi* orinar.
urine ['juərɪn] *n* orina, orines *mpl*.
urn [əːn] *n* urna; (*also:* tea ~) cacharro metálico grande para hacer té.
Uruguay ['juerəgwaɪ] *n* el Uruguay; **~an** *a*, *n* uruguayo/a *m/f*.
us [ʌs] *pron* nos; (*after prep*) nosotros/as; *see also* me.
US, USA *n abbr* = **United States (of America).**
usage ['juːzɪdʒ] *n* (LING) uso; (*utilization*) utilización *f*.
use [juːs] *n* uso, empleo; (*usefulness*) utilidad *f* // *vt* [juːz] usar, emplear; **she ~d to do it** (ella) solía *or* acostumbraba hacerlo; **in ~** en uso; **out of ~** en desuso; **to be of ~** servir; **it's no ~** (*pointless*) es inútil; (*not useful*) no sirve; **to be ~d to** estar acostumbrado a, acostumbrar; **to ~ up** *vt* agotar; **~d** *a* (*car*) usado; **~ful** *a* útil; **~fulness** *n* utilidad; **~less** *a* inútil; **~r** *n* usuario/a; **~r-friendly** *a* (*computer*) amistoso.
usher ['ʌʃə*] *n* (*at wedding*) ujier *m*; (*in cinema etc*) acomodador *m*; **~ette** [-'rɛt] *n* (*in cinema*) acomodadora.
USSR *n abbr:* **the ~** la URSS.
usual ['juːʒuəl] *a* normal, corriente; **as ~** como de costumbre; **~ly** *ad* normalmente.
utensil [juː'tɛnsl] *n* utensilio; **kitchen ~s** batería *sg* de cocina.
uterus ['juːtərəs] *n* útero.
utilitarian [juːtɪlɪ'tɛərɪən] *a* utilitario.
utility [juː'tɪlɪtɪ] *n* utilidad *f*; **~ room** *n* trascocina.
utilize ['juːtɪlaɪz] *vt* utilizar.
utmost ['ʌtməust] *a* mayor // *n*: **to do one's ~** hacer todo lo posible.
utter ['ʌtə*] *a* total, completo // *vt* pronunciar, proferir; **~ance** *n* palabras *fpl*, declaración *f*; **~ly** *ad* completamente, totalmente.
U-turn ['juː'təːn] *n* viraje *m* en U.

V

v. *abbr* = **verse; versus; volt;** (= *vide*) véase.
vacancy ['veɪkənsɪ] *n* (*Brit: job*) vacante *f*; (*room*) cuarto libro.
vacant ['veɪkənt] *a* desocupado, libre; (*expression*) distraído; **~ lot** *n* (US) solar *m*.
vacate [və'keɪt] *vt* (*house, room*) desocupar; (*job*) dejar (vacante).
vacation [və'keɪʃən] *n* vacaciones *fpl*; **~er** *n* (US) turista *m/f*.
vaccinate ['væksɪneɪt] *vt* vacunar.
vaccine ['væksiːn] *n* vacuna.
vacuum ['vækjum] *n* vacío; **~ bottle** *n* (US) = **~ flask**; **~ cleaner** *n* aspiradora; **~ flask** (*Brit*) *n* termo; **~-packed**

a empaquetado al vacío.
vagina [və'dʒaɪnə] *n* vagina.
vagrant ['veɪgrnt] *n* vagabundo/a.
vague [veɪg] *a* vago; (*blurred: memory*) borroso; (*ambiguous*) impreciso; (*person*) distraído; **~ly** *ad* vagamente.
vain [veɪn] *a* (*conceited*) presumido; (*useless*) vano, inútil; **in ~** en vano.
valentine ['væləntaɪn] *n* (*also:* ~ **card**) tarjeta del Día de los Enamorados.
valet ['væleɪ] *n* ayuda *m* de cámara.
valiant ['væljənt] *a* valiente.
valid ['vælɪd] *a* válido; (*ticket*) valedero; (*law*) vigente.
valley ['vælɪ] *n* valle *m*.
valour, (US) **valor** ['vælə*] *n* valor *m*, valentía.
valuable ['væljuəbl] *a* (*jewel*) de valor; (*time*) valioso; **~s** *npl* objetos *mpl* de valor.
valuation [væljuˈeɪʃən] *n* tasación *f*, valuación *f*.
value ['væljuː] *n* valor *m*; (*importance*) importancia // *vt* (*fix price of*) tasar, valorar; (*esteem*) apreciar; **~ added tax (VAT)** *n* (*Brit*) impuesto sobre el valor añadido (IVA *m*); **~d** *a* (*appreciated*) apreciado.
valve [vælv] *n* (ANAT, TECH) válvula.
van [væn] *n* (AUT) furgoneta, camioneta (LAm); (*Brit RAIL*) furgón *m* (de equipajes).
vandal ['vændl] *n* vándalo/a; **~ism** *n* vandalismo; **~ize** *vt* dañar, destruir.
vanilla [və'nɪlə] *n* vainilla.
vanish ['vænɪʃ] *vi* desaparecer, esfumarse.
vanity ['vænɪtɪ] *n* vanidad *f*; **~ case** *n* neceser *m*.
vantage point ['vɑːntɪdʒ-] *n* (*for views*) punto panorámico.
vapour, (US) **vapor** ['veɪpə*] *n* vapor *m*; (*on breath, window*) vaho.
variable ['vɛərɪəbl] *a* variable; (*person*) voluble.
variance ['vɛərɪəns] *n*: **to be at ~ (with)** estar en desacuerdo (con).
variation [vɛərɪ'eɪʃən] *n* variación *f*.
varicose ['værɪkəus] *a*: **~ veins** varices *fpl*.
varied ['vɛərɪd] *a* variado.
variety [və'raɪətɪ] *n* variedad *f*; **~ show** *n* espectáculo de variedades.
various ['vɛərɪəs] *a* varios/as, diversos/as.
varnish ['vɑːnɪʃ] *n* barniz *m* // *vt* barnizar; (*nails*) pintar (con esmalte).
vary ['vɛərɪ] *vt* variar; (*change*) cambiar // *vi* variar.
vase [vɑːz] *n* florero.
Vaseline ['væsɪliːn] *n* ® Vaselina ®.
vast [vɑːst] *a* enorme; (*success*) abrumador(a).
VAT [væt] *n* (*Brit*) *abbr* = **value added tax.**

vat [væt] *n* tina, tinaja.
Vatican ['vætɪkən] *n*: **the ~** el Vaticano.
vault [vɔːlt] *n* (*of roof*) bóveda; (*tomb*) panteón *m*; (*in bank*) cámara acorazada // *vt* (*also*: **~ over**) saltar (por encima de).
vaunted ['vɔːntɪd] *a*: **much ~** cacareado, alardeada.
VCR *n abbr* = **video cassette recorder.**
VD *n abbr* = **venereal disease.**
VDU *n abbr* = **visual display unit.**
veal [viːl] *n* ternera.
veer [vɪə*] *vi* (*ship*) virar.
vegetable ['vɛdʒtəbl] *n* (*BOT*) vegetal *m*; (*edible plant*) legumbre *f*, hortaliza // *a* vegetal; **~s** *npl* (*cooked*) verduras *fpl*.
vegetarian [vɛdʒɪ'tɛərɪən] *a*, *n* vegetariano/a *m/f*.
vehement ['viːɪmənt] *a* vehemente, apasionado.
vehicle ['viːɪkl] *n* vehículo.
veil [veɪl] *n* velo // *vt* velar.
vein [veɪn] *n* vena; (*of ore etc*) veta.
velocity [vɪ'lɔsɪtɪ] *n* velocidad *f*.
velvet ['vɛlvɪt] *n* terciopelo.
vending machine ['vɛndɪŋ-] *n* distribuidor *m* automático.
vendor ['vɛndə*] *n* vendedor(a) *m/f*.
veneer [və'nɪə*] *n* chapa, enchapado; (*fig*) barniz *m*.
venereal [vɪ'nɪərɪəl] *a*: **~ disease (VD)** enfermedad *f* venérea.
Venetian blind [vɪ'niːʃən-] *n* persiana.
Venezuela [vɛnɪ'zweɪlə] *n* Venezuela; **~n** *a*, *n* venezolano/a *m/f*.
vengeance ['vɛndʒəns] *n* venganza; **with a ~** (*fig*) con creces.
venison ['vɛnɪsn] *n* carne *f* de venado.
venom ['vɛnəm] *n* veneno.
vent [vɛnt] *n* (*opening*) abertura; (*airhole*) respiradero; (*in wall*) rejilla (de ventilación) // *vt* (*fig: feelings*) desahogar.
ventilate ['vɛntɪleɪt] *vt* ventilar; **ventilator** *n* ventilador *m*.
ventriloquist [vɛn'trɪləkwɪst] *n* ventrílocuo/a.
venture ['vɛntʃə*] *n* empresa // *vt* arriesgar; (*opinion*) ofrecer // *vi* arriesgarse, lanzarse.
venue ['vɛnjuː] *n* lugar *m* de reunión.
veranda(h) [və'rændə] *n* terraza; (*with glass*) galería.
verb [vəːb] *n* verbo; **~al** *a* verbal.
verbatim [vəː'beɪtɪm] *a*, *ad* palabra por palabra.
verbose [vəː'bəus] *a* prolijo.
verdict ['vəːdɪkt] *n* veredicto, fallo; (*fig*) opinión *f*, juicio.
verge [vəːdʒ] *n* (*Brit*) borde *m*; **to be on the ~** of doing sth estar a punto de hacer algo; **to ~ on** *vt fus* rayar en.
verify ['vɛrɪfaɪ] *vt* comprobar, verificar.
veritable ['vɛrɪtəbl] *a* verdadero, auténtico.

vermin ['vəːmɪn] *npl* (*animals*) bichos *mpl*; (*insects, fig*) sabandijas *fpl*.
vermouth ['vəːməθ] *n* vermut *m*.
versatile ['vəːsətaɪl] *a* (*person*) polifacético; (*machine, tool etc*) versátil.
verse [vəːs] *n* versos *mpl*, poesía; (*stanza*) estrofa; (*in bible*) versículo.
versed [vəːst] *a*: **(well-)~** in versado en.
version ['vəːʃən] *n* versión *f*.
versus ['vəːsəs] *prep* contra.
vertebra ['vəːtɪbrə], *pl* **~e** [-briː] *n* vértebra.
vertical ['vəːtɪkl] *a* vertical.
vertigo ['vəːtɪgəu] *n* vértigo.
verve [vəːv] *n* brío.
very ['vɛrɪ] *ad* muy // *a*: **the ~ book which** el mismo libro que; **the ~ last** el último de todos; **at the ~ least** al menos; **~ much** muchísimo.
vessel ['vɛsl] *n* (*ANAT*) vaso; (*ship*) barco; (*container*) vasija.
vest [vɛst] *n* (*Brit*) camiseta; (*US: waistcoat*) chaleco; **~ed interests** *npl* (*COMM*) intereses *mpl* creados.
vestibule ['vɛstɪbjuːl] *n* vestíbulo.
vestige ['vɛstɪdʒ] *n* vestigio, rastro.
vestry ['vɛstrɪ] *n* sacristía.
vet [vɛt] *n abbr* = **veterinary surgeon** // *vt* repasar, revisar.
veteran ['vɛtərn] *n* veterano.
veterinary ['vɛtrɪnərɪ] *a* veterinario; **~ surgeon**, (*US*) **veterinarian** *n* veterinario/a *m/f*.
veto ['viːtəu], *pl* **~es** *n* veto // *vt* prohibir, vedar.
vex [vɛks] *vt* fastidiar; **~ed** *a* (*question*) controvertido.
VHF *abbr* (= *very high frequency*) muy alta frecuencia.
via ['vaɪə] *prep* por, por vía de.
vibrate [vaɪ'breɪt] *vi* vibrar.
vicar ['vɪkə*] *n* párroco (de la Iglesia Anglicana); **~age** *n* parroquia.
vicarious [vɪ'kɛərɪəs] *a* indirecto.
vice [vaɪs] *n* (*evil*) vicio; (*TECH*) torno de banco.
vice- [vaɪs] *pref* vice-; **~-chairman** *n* vicepresidente *m*.
vice versa ['vaɪsɪ'vəːsə] *ad* viceversa.
vicinity [vɪ'sɪnɪtɪ] *n* vecindad *f*; **in the ~ (of)** cercano (a).
vicious ['vɪʃəs] *a* (*remark*) malicioso; (*blow*) fuerte; **~ circle** *n* círculo vicioso.
victim ['vɪktɪm] *n* víctima; **~ize** *vt* (*strikers etc*) tomar represalias contra.
victor ['vɪktə*] *n* vencedor(a) *m/f*.
victory ['vɪktərɪ] *n* victoria.
video ['vɪdɪəu] *cpd* video // *n* (= *film*) videofilm *m*; (*also*: **~ cassette**) videocassette *f*; (*also*: **~ cassette recorder**) videograbadora; **~ tape** *n* cinta de video.
vie [vaɪ] *vi*: **to ~ with** competir con.
Vienna [vɪ'ɛnə] *n* Viena.
Vietnam [vjɛt'næm] *n* Vietnam *m*.
view [vjuː] *n* vista, perspectiva; (*land-*

scape) paisaje *m*; (*opinion*) opinión *f*, criterio // (*look at*) mirar; (*examine*) examinar; **on ~** (*in museum etc*) expuesto; **in full ~** (*of*) en plena vista (de); **in ~ of the fact that** en vista del hecho de que; **~er** *n* (*small projector*) visionadora; (*TV*) televidente *m/f*; **~finder** *n* visor *m* de imagen; **~point** *n* punto de vista.

vigil ['vɪdʒɪl] *n* vigilia.

vigorous ['vɪɡərəs] *a* enérgico, vigoroso.

vigour, (*US*) **vigor** ['vɪɡə*] *n* energía, vigor *m*.

vile [vaɪl] *a* (*action*) vil, infame; (*smell*) asqueroso.

vilify ['vɪlɪfaɪ] *vt* vilipendiar.

villa ['vɪlə] *n* (*country house*) casa de campo; (*suburban house*) chalet *m*.

village ['vɪlɪdʒ] *n* aldea; **~r** *n* aldeano/a.

villain ['vɪlən] *n* (*scoundrel*) malvado/a; (*criminal*) maleante *m/f*.

vindicate ['vɪndɪkeɪt] *vt* vindicar, justificar.

vindictive [vɪn'dɪktɪv] *a* vengativo.

vine [vaɪn] *n* vid *f*.

vinegar ['vɪnɪɡə*] *n* vinagre *m*.

vineyard ['vɪnjɑːd] *n* viña, viñedo.

vintage ['vɪntɪdʒ] *n* (*year*) vendimia, cosecha; **~ wine** *n* vino añejo.

vinyl ['vaɪnl] *n* vinilo.

viola [vɪ'əulə] *n* (*MUS*) viola.

violate ['vaɪəleɪt] *vt* violar.

violence ['vaɪələns] *n* violencia.

violent ['vaɪələnt] *a* (*gen*) violento; (*pain*) intenso.

violet ['vaɪələt] *a* violado, violeta // *n* (*plant*) violeta.

violin [vaɪə'lɪn] *n* violín *m*; **~ist** *n* violinista *m/f*.

VIP *n abbr* (= *very important person*) VIP *m*.

viper ['vaɪpə*] *n* víbora.

virgin ['vɜːdʒɪn] *n* virgen *f* // *a* virgen.

Virgo ['vɜːɡəu] *n* Virgo.

virile ['vɪraɪl] *a* viril.

virtually ['vɜːtjuəlɪ] *ad* prácticamente.

virtue ['vɜːtjuː] *n* virtud *f*; **by ~ of** en virtud de.

virtuous ['vɜːtjuəs] *a* virtuoso.

virus ['vaɪərəs] *n* virus *m*.

visa ['viːzə] *n* visado, visa (*LAm*).

vis-à-vis [viːzə'viː] *prep* con respecto a.

visibility [vɪzɪ'bɪlɪtɪ] *n* visibilidad *f*.

visible ['vɪzəbl] *a* visible.

vision ['vɪʒən] *n* (*sight*) vista; (*foresight, in dream*) visión *f*.

visit ['vɪzɪt] *n* visita // *vt* (*person*) visitar, hacer una visita a; (*place*) ir a, (ir a) conocer; **~ing hours** *npl* (*in hospital etc*) horas de visita; **~or** *n* (*in museum*) visitante *m/f*; (*tourist*) turista *m/f*; **to have ~ors** (*at home*) tener visita; **~ors' book** *n* libro de visitas.

visor ['vaɪzə*] *n* visera.

vista ['vɪstə] *n* vista, panorama.

visual ['vɪzjuəl] *a* visual; **~ aid** *n* medio visual; **~ display unit (VDU)** *n* unidad *f* de presentación visual (UPV); **~ize** *vt* imaginarse; (*foresee*) prever.

vital ['vaɪtl] *a* (*essential*) esencial, imprescindible; (*dynamic*) dinámico **~ly** *ad*: **~ly important** de primera importancia; **~ statistics** *npl* (*fig*) medidas *fpl* vitales.

vitamin ['vɪtəmɪn] *n* vitamina.

vivacious [vɪ'veɪʃəs] *a* vivaz, alegre.

vivid ['vɪvɪd] *a* (*account*) gráfico; (*light*) intenso; (*imagination*) vivo; **~ly** *ad* (*describe*) gráficamente; (*remember*) como si fuera hoy.

V-neck ['viːnɛk] *n* cuello de pico.

vocabulary [vəu'kæbjulərɪ] *n* vocabulario.

vocal ['vəukl] *a* vocal; (*articulate*) elocuente; **~ chords** *npl* cuerdas *fpl* vocales.

vocation [vəu'keɪʃən] *n* vocación *f*; **~al** *a* profesional.

vociferous [və'sɪfərəs] *a* vociferante.

vodka ['vɔdkə] *n* vodka *m*.

vogue [vəuɡ] *n* boga, moda.

voice [vɔɪs] *n* voz *f* // *vt* (*opinion*) expresar.

void [vɔɪd] *n* vacío; (*hole*) hueco // *a* (*invalid*) nulo, inválido; (*empty*): **~ of** carente *or* desprovisto de.

volatile ['vɔlətaɪl] *a* volátil.

volcano [vɔl'keɪnəu], *pl* **-es** *n* volcán *m*.

volition [və'lɪʃən] *n*: **of one's own ~** de su propia voluntad.

volley ['vɔlɪ] *n* (*of gunfire*) descarga; (*of stones etc*) lluvia; (*TENNIS etc*) volea; **~ball** *n* vol(e)ibol *m*.

volt [vəult] *n* voltio; **~age** *n* voltaje *m*.

voluble ['vɔljubl] *a* locuaz, hablador(a).

volume ['vɔljuːm] *n* (*gen*) volumen *m*; (*book*) tomo.

voluntarily ['vɔləntrɪlɪ] *ad* libremente, voluntariamente.

voluntary ['vɔləntərɪ] *a* voluntario; (*statement*) espontáneo.

volunteer [vɔlən'tɪə*] *n* voluntario/a // *vi* ofrecerse (de voluntario); **to ~ to do** ofrecerse a hacer.

vomit ['vɔmɪt] *n* vómito // *vt, vi* vomitar.

vote [vəut] *n* voto; (*votes cast*) votación *f*; (*right to ~*) derecho de votar; (*franchise*) sufragio // *vt* (*chairman*) elegir // *vi* votar, ir a votar; **~ of thanks** voto de gracias; **~r** *n* votante *m/f*; **voting** *n* votación *f*.

vouch [vautʃ]: **to ~ for** *vt fus* garantizar, responder de.

voucher ['vautʃə*] *n* (*for meal, petrol*) vale *n*.

vow [vau] *n* voto // *vi* jurar.

vowel ['vauəl] *n* vocal *f*.

voyage ['vɔɪdʒ] *n* (*journey*) viaje *m*; (*crossing*) travesía.

vulgar ['vʌlɡə*] *a* (*rude*) ordinario, gro-

sero; (*in bad taste*) de mal gusto; ~**ity** [-'gærɪtɪ] *n* grosería; mal gusto.
vulnerable ['vʌlnərəbl] *a* vulnerable.
vulture ['vʌltʃə*] *n* buitre *m*.

W

wad [wɒd] *n* (*of cotton wool, paper*) bolita; (*of banknotes etc*) fajo.
waddle ['wɒdl] *vi* anadear.
wade [weɪd] *vi*: to ~ **through** (*water*) caminar por; (*fig: a book*) leer con dificultad; **wading pool** *n* (*US*) piscina para niños.
wafer ['weɪfə*] *n* (*biscuit*) galleta, barquillo; (*COMPUT, REL*) oblea.
waffle ['wɒfl] *n* (*CULIN*) gofre *m* // *vi* dar el rollo.
waft [wɒft] *vt* llevar por el aire // *vi* flotar.
wag [wæg] *vt* menear, agitar // *vi* moverse, menearse.
wage [weɪdʒ] *n* (*also*: ~s) sueldo, salario // *vt*: to ~ **war** hacer la guerra; ~ **earner** *n* asalariado/a; ~ **packet** *n* sobre *m* de paga.
wager ['weɪdʒə*] *n* apuesta // *vt* apostar.
waggle ['wægl] *vt* menear, mover.
wag(g)on ['wægən] *n* (*horse-drawn*) carro; (*Brit RAIL*) vagón *m*.
wail [weɪl] *n* gemido // *vi* gemir.
waist [weɪst] *n* cintura, talle *m*; ~**coat** *n* (*Brit*) chaleco; ~**line** *n* talle *m*.
wait [weɪt] *n* espera; (*interval*) pausa // *vi* esperar; to lie in ~ **for** acechar; a; I can't ~ **to** (*fig*) estoy deseando; to ~ **for** esperar (a); **to** ~ **behind** *vi* quedarse; **to** ~ **on** *vt fus* servir a; ~**er** *n* camarero; ~**ing** *n*: 'no ~**ing**' (*Brit AUT*) 'prohibido estacionarse'; ~**ing list** *n* lista de espera; ~**ing room** *n* sala de espera; ~**ress** *n* camarera.
waive [weɪv] *vt* suspender.
wake [weɪk] *vb* (*pt* woke *or* waked, *pp* woken *or* waked) *vt* (*also*: ~ **up**) despertar // *vi* (*also*: ~ **up**) despertarse // *n* (*for dead person*) vela, velatorio; (*NAUT*) estela; ~**n** *vt*, *vi* = **wake.**
Wales [weɪlz] *n* País *m* de Gales.
walk [wɔːk] *n* (*stroll*) paseo; (*hike*) excursión *f* a pie, caminata; (*gait*) paso, andar *m*; (*in park etc*) paseo, alameda // *vi* andar, caminar; (*for pleasure, exercise*) pasearse // *vt* (*distance*) recorrer a pie, andar; (*dog*) pasear; **10 minutes'** ~ **from here** a 10 minutos de aquí andando; **people from all** ~**s of life** gente de todas las esferas; **to walk out on** *vt fus* (*col*) abandonar; ~**er** *n* (*person*) paseante *m/f*, caminante *m/f*; ~**ie-talkie** ['wɔːkɪ'tɔːkɪ] *n* walkie-talkie *m*; ~**ing** *n* el andar; ~**ing shoes** *npl* zapatos *mpl* para andar; ~**ing stick** *n* bastón *m*; ~**out** *n* (*of workers*) huelga; ~**over** *n*

(*col*) pan *m* comido; ~**way** *n* paseo.
wall [wɔːl] *n* pared *f*; (*exterior*) muro; (*city* ~ *etc*) muralla; ~**ed** *a* (*city*) amurallado; (*garden*) con tapia.
wallet ['wɒlɪt] *n* cartera, billetera (*LAm*).
wallflower ['wɔːlflauə*] *n* alhelí *m*; to be a ~ (*fig*) comer pavo.
wallop ['wɒləp] *vt* (*col*) zurrar.
wallow ['wɒləu] *vi* revolcarse.
wallpaper ['wɔːlpeɪpə*] *n* papel *m* pintado.
wally ['wɒlɪ] *n* (*Brit: col*) palurdo/a.
walnut ['wɔːlnʌt] *n* nuez *f*; (*tree*) nogal *m*.
walrus ['wɔːlrəs], *pl* ~ *or* ~**es** *n* morsa.
waltz [wɔːlts] *n* vals *m* // *vi* bailar el vals.
wan [wɒn] *a* pálido.
wand [wɒnd] *n* (*also*: **magic** ~) varita (mágica).
wander ['wɒndə*] *vi* (*person*) vagar; deambular; (*thoughts*) divagar; (*get lost*) extraviarse // *vt* recorrer, vagar por.
wane [weɪn] *vi* menguar.
wangle ['wæŋgl] *vt* (*Brit col*): to ~ **sth** agenciarse algo.
want [wɒnt] *vt* (*wish for*) querer, desear; (*need*) necesitar; (*lack*) carecer de // *n*: **for** ~ **of** por falta de; ~**s** *npl* (*needs*) necesidades *fpl*; **to** ~ **to do** querer hacer; **to** ~ **sb to do sth** querer que uno haga algo; ~**ing**: to be found ~ing no estar a la altura de las circunstancias.
wanton ['wɒntn] *a* (*playful*) juguetón/ona; (*licentious*) lascivo.
war [wɔː*] *n* guerra; to make ~ hacer la guerra.
ward [wɔːd] *n* (*in hospital*) sala; (*POL*) distrito electoral; (*LAW: child*) pupilo/a; **to** ~ **off** *vt* (*blow*) desviar, parar; (*attack*) rechazar.
warden ['wɔːdn] *n* (*Brit: of institution*) director(a) *m/f*; (*of park, game reserve*) guardián/ana *m/f*; (*Brit: also*: **traffic** ~) guardia *m/f*.
warder ['wɔːdə*] *n* (*Brit*) guardián/ana *m/f*, carcelero/a.
wardrobe ['wɔːdrəub] *n* armario, guardarropa, ropero (*esp LAm*).
warehouse ['wɛəhaus] *n* almacén *m*, depósito.
wares [wɛəz] *npl* mercancías *fpl*.
warfare ['wɔːfɛə*] *n* guerra.
warhead ['wɔːhed] *n* cabeza armada.
warily ['wɛərɪlɪ] *ad* con cautela, cautelosamente.
warm [wɔːm] *a* caliente; (*thanks*) efusivo; (*clothes etc*) abrigado; (*welcome, day*) caluroso; it's ~ hace calor; I'm ~ tengo calor; **to** ~ **up** *vi* (*room*) calentarse; (*person*) entrar en calor; (*athlete*) hacer ejercicios de calentamiento; (*discussion*) acalorarse // *vt* calentar;

~-**hearted** a afectuoso; ~**ly** ad afectuosamente; ~**th** n calor m.

warn [wɔːn] vt avisar, advertir; ~**ing** n aviso, advertencia; ~**ing light** n luz f de advertencia; ~**ing triangle** n (AUT) triángulo señalizador.

warp [wɔːp] vi (wood) combarse // vt combar; (mind) pervertir.

warrant ['wɔrnt] n (LAW: to arrest) orden f de detención; (: to search) mandamiento de registro.

warranty ['wɔrntɪ] n garantía.

warren ['wɔrn] n (of rabbits) madriguera; (fig) laberinto.

warrior ['wɔrɪə*] n guerrero/a.

Warsaw ['wɔːsɔː] n Varsovia.

warship ['wɔːʃɪp] n buque m o barco de guerra.

wart [wɔːt] n verruga.

wartime ['wɔːtaɪm] n: **in** ~ en tiempos de guerra, en la guerra.

wary ['wɛərɪ] a cauteloso.

was [wɔz] pt of **be**.

wash [wɔʃ] vt lavar // vi lavarse // n (clothes etc) lavado; (bath) baño; (of ship) estela; **to have a** ~ lavarse; **to** ~ **away** vt (stain) quitar lavando; (subj: river etc) llevarse; (fig) limpiar; **to** ~ **off** vt quitar lavando; **to** ~ **up** vi (Brit) fregar los platos; (US) lavarse; ~**able** a lavable; ~**basin**, (US) ~**bowl** n lavabo; ~**cloth** n (US) manopla; ~**er** n (TECH) arandela; ~**ing** n (dirty) ropa sucia; (clean) colada; ~**ing machine** n lavadora; ~**ing powder** n (Brit) detergente m (en polvo); ~**ing-up** n fregado, platos mpl (para fregar); ~**ing-up liquid** n líquido lavavajillas; ~**out** n (col) fracaso; ~**room** n servicios mpl.

wasn't ['wɔznt] = **was not**.

wasp [wɔsp] n avispa.

wastage ['weɪstɪdʒ] n desgaste m; (loss) pérdida; **natural** ~ desgaste natural.

waste [weɪst] n derroche m, despilfarro; (misuse) desgaste m; (of time) pérdida; (food) sobras fpl; (rubbish) basura, desperdicios mpl // a (material) de desecho; (left over) sobrante // vt (squander) malgastar, derrochar; (time) perder; (opportunity) desperdiciar; ~**s** npl (area of land) tierras fpl baldías; **to lay** ~ devastar, arrasar; **to** ~ **away** vi consumirse; ~ **disposal unit** n (Brit) triturador m de basura; ~**ful** a derrochador(a); (process) antieconómico; ~ **ground** n (Brit) terreno baldío; ~**paper basket** n papelera; ~ **pipe** n tubo de desagüe.

watch [wɔtʃ] n reloj m; (MIL: guard) centinela m; (: spell of duty) guardia // vt (look at) mirar, observar; (: match, programme) ver; (spy on, guard) vigilar; (be careful of) cuidarse de, tener cuidado de // vi ver, mirar; (keep guard) montar guardia; **to keep** ~ **on sb** mantener a uno bajo vigilancia; **to** ~

out vi cuidarse, tener cuidado; ~**dog** n perro guardián; ~**ful** a vigilante, sobre aviso; ~**maker** n relojero/a; ~**man** n guardián m; (also: **night** ~**man**) sereno, vigilante m (LAm); (in factory) vigilante m nocturno; ~ **strap** n pulsera (de reloj).

water ['wɔːtə*] n agua // vt (plant) regar // vi (eyes) hacerse agua; **in British** ~**s** en aguas británicas; **to** ~ **down** vt (milk etc) aguar; ~ **closet** n wáter m; ~**colour** n acuarela; ~**cress** n berro; ~**fall** n cascada, salto de agua; ~ **heater** n calentador m de agua; ~**ing can** n regadera; ~ **level** n nivel m del agua; ~ **lily** n nenúfar m; ~**line** n (NAUT) línea de flotación; ~**logged** a (boat) anegado; (ground) inundado; ~**main** n cañería del agua; ~**mark** n (on paper) filigrana; ~**melon** n sandía; ~ **polo** n polo acuático; ~**proof** a impermeable; ~**shed** n (GEO) cuenca; (fig) momento crítico; ~-**skiing** n esquí m acuático; ~ **tank** n depósito de agua; ~**tight** a hermético; ~**way** n vía fluvial or navegable; ~**works** npl central f depuradora; ~**y** a (colour) desvaído; (coffee) aguado; (eyes) lloroso.

watt [wɔt] n vatio.

wave [weɪv] n ola; (of hand) señal f con la mano; (RADIO, in hair) onda; (fig) oleada // vi agitar la mano; (flag) ondear // vt (handkerchief, gun) agitar; ~**length** n longitud f de onda.

waver ['weɪvə*] vi (flame etc) oscilar; (confidence) disminuir; (faith) flaquear.

wavy ['weɪvɪ] a ondulado.

wax [wæks] n cera // vt encerar // vi (moon) crecer; ~ **paper** n (US) papel apergaminado; ~**works** npl museo sg de cera.

way [weɪ] n camino; (distance) trayecto, recorrido; (direction) dirección f, sentido; (manner) modo, manera; (habit) costumbre f; **which** ~? — **this** ~ ¿por dónde?, ¿en qué dirección? — por aquí; **on the** ~ (en route) en (el) camino; **to be on one's** ~ estar en camino; **to be in the** ~ bloquear el camino; (fig) estorbar; **to go out of one's** ~ **to do sth** desvirse por hacer algo; **to lose one's** ~ extraviarse; **in a** ~ en cierto modo or sentido; **by the** ~ a propósito; **'~ in'** (Brit) 'entrada'; **'~ out'** (Brit) 'salida'; **the** ~ **back** el camino de vuelta; **'give** ~**'** (Brit AUT) 'ceda el paso'; **no** ~! (col) ¡ni pensarlo!

waylay [weɪ'leɪ] (irg: like lay) vt: **I was waylaid (by)** me entretuve (con).

wayward ['weɪwəd] a díscolo; caprichoso.

W.C. ['dʌblju:'si:] n (Brit) wáter m.

we [wiː] pl pron nosotros/as.

weak [wiːk] a débil, flojo; (tea) claro; ~**en** vi debilitarse; (give way) ceder //

vt debilitar; **~ling** *n* debilucho/a; **~ness** *n* debilidad *f*; (*fault*) punto débil.
wealth [welθ] *n* (*money, resources*) riqueza; (*of details*) abundancia; **~y** *a* rico.
wean [wi:n] *vt* destetar.
weapon ['wepən] *n* arma.
wear [wɛə*] *n* (*use*) uso; (*deterioration through use*) desgaste *m*; (*clothing*): **sports/baby~** ropa de deportes/de niños // *vb* (*pt* **wore**, *pp* **worn**) *vt* (*clothes*) llevar; (*shoes*) calzar; (*damage: through use*) gastar, usar // *vi* (*last*) durar; (*rub through etc*) desgastarse; **evening ~** (*man's*) traje *m* de etiqueta; (*woman's*) traje *m* de noche; **to ~ away** *vt* gastar // *vi* desgastarse; **to ~ down** *vt* gastar; (*strength*) agotar; **to ~ off** *vi* (*pain etc*) pasar, desaparecer; **to ~ out** *vt* desgastar; (*person, strength*) agotar; **~ and tear** *n* desgaste *m*.
weary ['wɪərɪ] *a* (*tired*) cansado; (*dispirited*) abatido.
weasel ['wi:zl] *n* (ZOOL) comadreja.
weather ['wɛðə*] *n* tiempo // *vt* (*storm, crisis*) hacer frente a; **under the ~** (*fig: ill*) indispuesto, pachucho; **~-beaten** *a* curtido; **~cock** *n* veleta; **~ forecast** *n* boletín *m* meteorológico; **~ vane** *n* = **~cock**.
weave [wi:v], *pt* **wove**, *pp* **woven** *vt* (*cloth*) tejer; (*fig*) entretejer; **~r** *n* tejedor(a) *m/f*.
web [web] *n* (*of spider*) telaraña; (*on foot*) membrana; (*network*) red *f*.
wed [wed], *pt*, *pp* **wedded** *vt* casar // *vi* casarse.
we'd [wi:d] = **we had; we would.**
wedding ['wedɪŋ] *n* boda, casamiento; **silver/golden ~ anniversary** bodas *fpl* de plata/de oro; **~ day** *n* día *m* de la boda; **~ dress** *n* traje *m* de novia; **~ present** *n* regalo de boda; **~ ring** *n* alianza.
wedge [wedʒ] *n* (*of wood etc*) cuña; (*of cake*) trozo // *vt* acuñar; (*push*) apretar.
wedlock ['wedlɔk] *n* matrimonio.
Wednesday ['wednzdɪ] *n* miércoles *m inv*.
wee [wi:] *a* (*Scottish*) pequeñito.
weed [wi:d] *n* mala hierba, maleza // *vt* escardar, desherbar; **~killer** *n* herbicida *m*; **~y** *a* (*person*) debilucho.
week [wi:k] *n* semana; **a ~ today/on Friday** de hoy/del viernes en ocho días; **~day** *n* día *m* laborable; **~end** *n* fin *m* de semana; **~ly** *ad* semanalmente, cada semana // *a* semanal // *n* semanario.
weep [wi:p], *pt*, *pp* **wept** *vi*, *vt* llorar; **~ing willow** *n* sauce *m* llorón.
weigh [weɪ] *vt*, *vi* pesar; **to ~ anchor** levar anclas; **to ~ down** *vt* sobrecargar; (*fig: with worry*) agobiar; **to ~ up** *vt* pesar.
weight [weɪt] *n* peso; (*metal ~*) pesa; **to lose/put on ~** adelgazar/engordar; **~ing**

n (*allowance*): (**London**)**~ing** dietas *fpl* (*por residir en Londres*); **~ lifter** *n* levantador(a) *m/f* de pesas; **~y** *a* pesado.
weir [wɪə*] *n* presa.
weird [wɪəd] *a* raro, extraño.
welcome ['welkəm] *a* bienvenido // *n* bienvenida // *vt* dar la bienvenida a; (*be glad of*) alegrarse de; **thank you — you're ~** gracias — de nada.
weld [weld] *n* soldadura // *vt* soldar.
welfare ['welfɛə*] *n* bienestar *m*; (*social aid*) asistencia social; **W~** *n* (*US*) subsidio de paro; **~ state** *n* estado del bienestar; **~ work** *n* asistencia social.
well [wel] *n* fuente *f*, pozo // *ad* bien // *a*: **to be ~** estar bien (de salud) // *excl* ¡vaya!, ¡bueno!; **as ~** también; **as ~ as** además de; **~ done!** ¡bien hecho!; **get ~ soon!** ¡que te mejores pronto!; **to do ~** (*business*) ir bien; (*in exam*) salir bien; **to ~ up** *vi* brotar.
we'll [wi:l] = **we will; we shall.**
well: ~-behaved *a* modoso; **~-being** *n* bienestar *m*; **~-built** *a* (*person*) fornido; **~-deserved** *a* merecido; **~-dressed** *a* bien vestido; **~-heeled** *a* (*col: wealthy*) rico.
wellingtons ['welɪŋtənz] *npl* (*also*: **wellington boots**) botas *fpl* de goma.
well: ~-known *a* (*person*) conocido; **~-mannered** *a* educado; **~-meaning** *a* bienintencionado; **~-off** *a* acomodado; **~-read** *a* leído; **~-to-do** *a* acomodado; **~-wisher** *n* admirador(a) *m/f*.
Welsh [welʃ] *a* galés/esa // *n* (LING) galés *m*; **the ~** *npl* los galeses; **~man/woman** *n* galés/esa *m/f*; **~ rarebit** *n* pan *m* con queso tostado.
went [went] *pt* of **go.**
wept [wept] *pt*, *pp* of **weep.**
were [wə:*] *pt* of **be.**
we're [wɪə*] = **we are.**
weren't [wə:nt] = **were not.**
west [west] *n* oeste *m* // *a* occidental, del oeste // *ad* al *or* hacia el oeste; **the W~** *n* el Oeste, el Occidente; **the W~ Country** *n* (*Brit*) el suroeste de Inglaterra; **~erly** *a* (*wind*) del oeste; **~ern** *a* occidental // *n* (CINEMA) película del oeste; **W~ Germany** *n* Alemania Occidental; **W~ Indian** *a*, *n* antillano/a *m/f*; **W~ Indies** *npl* Antillas *fpl*; **~ward(s)** *ad* hacia el oeste.
wet [wet] *a* (*damp*) húmedo; (**~ through**) mojado; (*rainy*) lluvioso; **to get ~** mojarse; '**~ paint**' 'recién pintado'; **~ blanket** *n*: **to be a ~ blanket** (*fig*) ser un/una aguafiestas; **~ suit** *n* traje *m* de buzo.
we've [wi:v] = **we have.**
whack [wæk] *vt* dar un buen golpe a.
whale [weɪl] *n* (ZOOL) ballena.
wharf [wɔ:f], *pl* **wharves** [wɔ:vz] *n* muelle *m*.
what [wɔt] ♦ *a* **1** (*in direct/indirect ques-*

tions) qué; ~ size is he? ¿qué talla usa?; ~ colour/shape is it? ¿de qué color/forma es?
2 (*in exclamations*): ~ a mess! ¡qué desastre!; ~ a fool I am! ¡qué tonto soy!
♦ *pron* **1** (*interrogative*) qué; ~ are you doing? ¿qué haces *or* estás haciendo?; ~ is happening? ¿qué pasa *or* está pasando?; ~ is it called? ¿cómo se llama?; ~ about me? ¿y yo qué?; ~ about doing ...? ¿qué tal si hacemos ...?
2 (*relative*) lo que; I saw ~ you did/was on the table vi lo que hiciste/había en la mesa
♦ *excl* (*disbelieving*) ¡cómo!; ~, no coffee! ¡que no hay café!

whatever [wɒtˈevə*] *a*: ~ book you choose cualquier libro que elijas // *pron*: do ~ is necessary haga lo que sea necesario; no reason ~ *or* whatsoever ninguna razón sea la que sea; nothing ~ nada en absoluto.

wheat [wi:t] *n* trigo.

wheedle [ˈwi:dl] *vt*: to ~ sb into doing sth engatusar a uno para que haga algo; to ~ sth out of sb sonsacar algo a uno.

wheel [wi:l] *n* rueda; (*AUT: also: steering* ~) volante *m*; (*NAUT*) timón *m* // *vt* (*pram etc*) empujar // *vi* (*also:* ~ round) dar la vuelta, girar; ~**barrow** *n* carretilla; ~**chair** *n* silla de ruedas; ~ **clamp** *n* (*AUT*) cepo.

wheeze [wi:z] *vi* resollar.

when [wen] ♦ *ad* cuando; ~ did it happen? ¿cuándo ocurrió?; I know ~ it happened sé cuándo ocurrió
♦ *conj* **1** (*at, during, after the time that*) cuando; be careful ~ you cross the road ten cuidado al cruzar la calle; that was ~ I needed you fue entonces que te necesité
2 (*on, at which*): on the day ~ I met him el día en qué le conocí
3 (*whereas*) cuando.

whenever [wenˈevə*] *conj* cuando; (*every time*) cada vez que.

where [wɛə*] ♦ *ad* dónde // *conj* donde; this is ~ aquí es donde; ~**abouts** *ad* dónde // *n*: nobody knows his ~**abouts** nadie conoce su paradero; ~**as** *conj* visto que, mientras; ~**by** *pron* por lo cual; ~**upon** *conj* con lo cual, después de lo cual; ~**ver** [-ˈevə*] *ad* dondequiera que; (*interrogative*) dónde; ~**withal** *n* recursos *mpl*.

whet [wet] *vt* estimular.

whether [ˈweðə*] *conj* si; I don't know ~ to accept or not no sé si aceptar o no; ~ you go or not vayas o no vayas.

which [wɪtʃ] ♦ *a* **1** (*interrogative: direct, indirect*) qué; ~ picture(s) do you want? ¿qué cuadro(s) quieres?; ~ one? ¿cuál?
2: in ~ case en cuyo caso; we got there at 8 pm, by ~ time the cinema was full llegamos allí a las 8, cuando el cine esta-

ba lleno
♦ *pron* **1** (*interrogative*) cual; I don't mind ~ el/la que sea
2 (*relative: replacing noun*) que; (: *replacing clause*) lo que; (: *after preposition*) (el/la) que *etc*, el/la cual *etc*; the apple ~ you ate/~ is on the table la manzana que comiste/que está en la mesa; the chair on ~ you are sitting la silla en la que estás sentado; he said he knew, ~ is true/I feared dijo que lo sabía, lo cual *or* lo que es cierto/me temía.

whichever [wɪtʃˈevə*] *a*: take ~ book you prefer coja el libro que prefiera; ~ book you take cualquier libro que coja.

whiff [wɪf] *n* bocanada.

while [waɪl] *n* rato, momento // *conj* durante; (*whereas*) mientras; (*although*) aunque; for a ~ durante algún tiempo; to ~ away the time pasar el rato.

whim [wɪm] *n* capricho.

whimper [ˈwɪmpə*] *vi* (*weep*) lloriquear; (*moan*) quejarse.

whimsical [ˈwɪmzɪkl] *a* (*person*) caprichoso.

whine [waɪn] *vi* (*with pain*) gemir; (*engine*) zumbar.

whip [wɪp] *n* látigo; (*POL: person*) encargado/a de la disciplina partidaria en el parlamento // *vt* azotar; (*snatch*) arrebatar; (*US: CULIN*) batir; ~**ped cream** *n* nata *or* crema montada; ~**round** *n* (*Brit*) colecta.

whirl [wə:l] *vt* hacer girar, dar vueltas a // *vi* girar, dar vueltas; (*leaves, water etc*) arremolinarse; ~**pool** *n* remolino; ~**wind** *n* torbellino.

whirr [wə:*] *vi* zumbar.

whisk [wɪsk] *n* (*Brit: CULIN*) batidor *m* // *vt* (*Brit: CULIN*) batir; to ~ sb away *or* off llevar volando a uno.

whisker [ˈwɪskə*] *n*: ~s (*of animal*) bigotes *mpl*; (*of man: side* ~s) patillas *fpl*.

whisky, (*US, Ireland*) **whiskey** [ˈwɪskɪ] *n* whisky *m*.

whisper [ˈwɪspə*] *vi* cuchichear, hablar bajo // *vt* decir en voz muy baja.

whistle [ˈwɪsl] *n* (*sound*) silbido; (*object*) silbato // *vi* silbar.

white [waɪt] *a* blanco; (*pale*) pálido // *n* blanco; (*of egg*) clara; ~ **coffee** *n* (*Brit*) café *m* con leche; ~**collar worker** *n* oficinista *m/f*; ~ **elephant** *n* (*fig*) maula; ~ **lie** *n* mentirilla; ~**ness** *n* blancura; ~ **noise** *n* sonido blanco; ~ **paper** *n* (*POL*) libro rojo; ~**wash** *n* (*paint*) jalbegue *m*, cal *f* // *vt* (*also fig*) encubrir.

whiting [ˈwaɪtɪŋ] *n, pl inv* (*fish*) pescadilla.

Whitsun [ˈwɪtsn] *n* (*Brit*) pentecostés *m*.

whittle [ˈwɪtl] *vt*: to ~ away, ~ down ir reduciendo.

whizz [wɪz] *vi*: to ~ past *or* by pasar a toda velocidad; ~ **kid** *n* (*col*) prodigio.

who [huː] *pron* **1** (*interrogative*) quién; ~ is it?, ~'s there? ¿quién es?; ~ are you looking for? ¿a quién buscas?; I told her ~ I was le dije quién era yo **2** (*relative*) que; the man/woman ~ spoke to me el hombre/la mujer que habló conmigo; those ~ can swim los que saben *or* sepan nadar.

whodun(n)it [huːˈdʌnɪt] *n* (*col*) novela policíaca.

whoever [huːˈɛvə*] *pron*: ~ finds it cualquiera *or* quienquiera que lo encuentre; ask ~ you like pregunta a quien quieras; ~ he marries no importa con quién se case.

whole [həul] *a* (*not broken*) intacto; (*all*): the ~ of the town toda la ciudad, la ciudad entera // *n* (*total*) total *m*; (*sum*) conjunto; on the ~, as a ~ in general; ~hearted *a* sincero, cordial; ~meal *a* integral; ~sale *n* venta al por mayor // *a* al por mayor; (*destruction*) sistemático; ~saler *n* mayorista *m/f*; ~some *a* sano; ~wheat *a* = ~meal; wholly *ad* totalmente, enteramente.

whom [huːm] *pron* **1** (*interrogative*): ~ did you see? ¿a quién viste?; to ~ did you give it? ¿a quién se lo diste?; tell me from ~ you received it dígame de quién lo recibió **2** (*relative*): *direct object* que; to ~ a quien(es); of ~ de quien(es), del/de la que *etc*; the man ~ I saw/to ~ I wrote el hombre que vi/a quien escribí; the lady about/with ~ I was talking la señora de/con quien *or* (la) que hablaba.

whooping cough [ˈhuːpɪŋ-] *n* tos *f* ferina.

whore [hɔː*] *n* (*col: pej*) puta.

whose [huːz] ♦ *a* **1** (*possessive: interrogative*): ~ book is this?, ~ is this book? ¿de quién es este libro?; ~ pencil have you taken? ¿de quién es el lápiz que has cogido?; ~ daughter are you? ¿de quién eres hija? **2** (*possessive: relative*) cuyo/a, *pl* cuyos/as; the man ~ son you rescued el hombre cuyo hijo rescataste; those ~ passports I have aquellas personas cuyos pasaportes tengo; the woman ~ car was stolen la mujer a quien le robaron el coche ♦ *pron* de quién; ~ is this? ¿de quién es esto?; I know ~ it is sé de quién es.

why [waɪ] ♦ *ad* por qué; ~ not? ¿por qué no?; ~ not do it now? ¿por qué no lo haces (*or* hacemos *etc*) ahora? ♦ *conj*: I wonder ~ he said that me pregunto por qué dijo eso; that's not ~ I'm here no es por eso (por lo) que estoy aquí; the reason ~ la razón por la que ♦ *excl* (*expressing surprise, shock, annoyance*) ¡hombre!; ¡vaya! (*explaining*): ~, it's you! ¡hombre, eres tú!; ~, that's impossible! ¡pero si eso es impossible!

wick [wɪk] *n* mecha.

wicked [ˈwɪkɪd] *a* malvado, cruel.

wicker [ˈwɪkə*] *n* (*also:* ~work) artículos *mpl* de mimbre // *cpd* de mimbre.

wicket [ˈwɪkɪt] *n* (*CRICKET*) palos *mpl.*

wide [waɪd] *a* ancho; (*area, knowledge*) vasto, grande; (*choice*) grande // *ad*: to open ~ abrir de par en par; to shoot ~ errar el tiro; ~-angle lens *n* objetivo granangular; ~-awake *a* bien despierto; ~ly *ad* (*differing*) muy; it is ~ly believed that... hay una convicción general de que...; ~n *vt* ensanchar; ~ open *a* abierto de par en par; ~spread *a* (*belief etc*) extendido, general.

widow [ˈwɪdəu] *n* viuda; ~ed *a* viudo; ~er *n* viudo.

width [wɪdθ] *n* anchura; (*of cloth*) ancho.

wield [wiːld] *vt* (*sword*) manejar; (*power*) ejercer.

wife [waɪf], *pl* wives [waɪvz] *n* mujer *f*, esposa.

wig [wɪg] *n* peluca.

wiggle [ˈwɪgl] *vt* menear // *vi* menearse.

wild [waɪld] *a* (*animal*) salvaje; (*plant*) silvestre; (*rough*) furioso, violento; (*idea*) descabellado; ~s *npl* regiones *fpl* salvajes, tierras *fpl* vírgenes; ~erness [ˈwɪldənɪs] *n* desierto; ~-goose chase *n* (*fig*) búsqueda inútil; ~life *n* fauna; ~ly *ad* (*roughly*) violentamente; (*foolishly*) locamente; (*rashly*) descabelladamente.

wilful [ˈwɪlful] *a* (*action*) deliberado; (*obstinate*) testarudo.

will [wɪl] ♦ *auxiliary vb* **1** (*forming future tense*): I ~ finish it tomorrow lo terminaré *or* voy a terminar mañana; I ~ have finished it by tomorrow lo habré terminado para mañana; ~ you do it? — yes I ~/no I won't ¿lo harás? — sí/no **2** (*in conjectures, predictions*): he ~ or he'll be there by now ya habrá *or* debe (de) haber llegado; that ~ be the postman será *or* debe ser el cartero **3** (*in commands, requests, offers*): ~ you be quiet! ¡quieres callarte?; ~ you help me? ¿quieres ayudarme?; ~ you have a cup of tea? ¿te apetece un te?; I won't put up with it! ¡no lo soporto! ♦ *vt* (*pt, pp willed*): to ~ sb to do sth desear que alguien haga algo; he ~ed himself to go on con gran fuerza de voluntad, continuó ♦ *n* voluntad *f*; (*testament*) testamento.

willing [ˈwɪlɪŋ] *a* (*with goodwill*) de buena voluntad; complaciente; he's ~ to do it está dispuesto a hacerlo; ~ly *ad* con mucho gusto; ~ness *n* buena voluntad.

willow [ˈwɪləu] *n* sauce *m.*

will power *n* fuerza de voluntad.

willy-nilly [wɪlɪˈnɪlɪ] *ad* quiérase o no.

wilt [wɪlt] *vi* marchitarse.

wily [ˈwaɪlɪ] *a* astuto.

win [wɪn] *n* (*in sports etc*) victoria, triun-

fo // vb (pt, pp **won**) vt ganar; (obtain)
conseguir, lograr // vi ganar; **to ~
over**, (Brit) **~ round** vt convencer a.
wince [wɪns] vi encogerse.
winch [wɪntʃ] n torno.
wind [wɪnd] n viento; (MED) gases mpl
// vb [waɪnd] (pt, pp **wound**) vt enrollar;
(wrap) envolver; (clock, toy) dar cuerda
a // vi (road, river) serpentear // vt
[wɪnd] (take breath away from) dejar sin
aliento a; **to ~ up** vt (clock) dar cuerda a; (debate) concluir, terminar; **~fall**
n golpe m de suerte; **~ing** a (road) tortuoso; **~ instrument** n (MUS) instrumento de viento; **~mill** n molino de
viento.
window ['wɪndəu] n ventana; (in car,
train) ventanilla; (in shop etc) escaparate m, vitrina (LAm), vidriera (LAm); **~
box** n jardinera de ventana; **~ cleaner**
n (person) limpiacristales m inv; **~
ledge** n alféizar m, repisa (LAm); **~
pane** n cristal m; **~sill** n alféizar m, repisa (LAm).
windpipe ['wɪndpaɪp] n tráquea.
windscreen ['wɪndskriːn], (US) **windshield** ['wɪndfiːld] n parabrisas m inv;
~ washer n lavaparabrisas m inv; **~
wiper** n limpiaparabrisas m inv.
windswept ['wɪndswept] a azotado por
el viento.
windy ['wɪndɪ] a de mucho viento; it's ~
hace viento.
wine [waɪn] n vino; **~ cellar** n bodega;
~ glass n copa (para vino); **~ list** n
lista de vinos; **~ merchant** n vinatero;
~ tasting n degustación f de vinos; **~
waiter** n escanciador m.
wing [wɪŋ] n ala; (Brit AUT) aleta; **~s**
npl (THEATRE) bastidores mpl; **~er** n
(SPORT) extremo.
wink [wɪŋk] n guiño, pestañeo // vi guiñar, pestañear; (light etc) parpadear.
winner ['wɪnə*] n ganador(a) m/f.
winning ['wɪnɪŋ] a (team) ganador(a);
(goal) decisivo; **~s** npl ganancias fpl; **~
post** n meta.
winter ['wɪntə*] n invierno // vi invernar;
~ sports npl deportes mpl de invierno.
wintry ['wɪntrɪ] a invernal.
wipe [waɪp] n: to give sth a ~ pasar un
trapo sobre algo // vt limpiar; **to ~ off**
vt limpiar con un trapo; **to ~ out** vt
(debt) liquidar; (memory) borrar; (destroy) destruir; **to ~ up** vt limpiar.
wire ['waɪə*] n alambre m; (ELEC) cable
m (eléctrico); (TEL) telegrama m // vt
(house) instalar el alambrado en; (also:
~ up) conectar.
wireless ['waɪəlɪs] n (Brit) radio f.
wiring ['waɪərɪŋ] n alambrado.
wiry ['waɪərɪ] a enjuto y fuerte.
wisdom ['wɪzdəm] n sabiduría, saber m;
(good sense) cordura; **~ tooth** n muela
del juicio.

wise [waɪz] a sabio; (sensible) juicioso.
...wise [waɪz] suffix: time~ en cuanto a
or respecto al tiempo.
wisecrack ['waɪzkræk] n broma.
wish [wɪʃ] n (desire) deseo // vt desear;
(want) querer; best ~es (on birthday
etc) felicidades fpl; with best ~es (in letter) saludos mpl, recuerdos mpl; **to ~ sb
goodbye** despedirse de uno; he ~ed me
well me deseó mucha suerte; **to ~ to do/
sb to do** sth querer hacer/que alguien
haga algo; **to ~ for** desear; **~ful** n: it's
~ful thinking eso sería soñar
wishy-washy ['wɪʃɪwɒʃɪ] a (col: colour,
ideas) desvaído.
wisp [wɪsp] n mechón m; (of smoke) vo-
luta.
wistful ['wɪstful] a pensativo.
wit [wɪt] n (wittiness) ingenio, gracia;
(intelligence: also: ~s) inteligencia;
(person) chistoso/a.
witch [wɪtʃ] n bruja.
with [wɪð, wɪθ] prep 1 (accompanying, in
the company of) con (con + mí, ti, si =
conmigo, contigo, consigo); I was ~ him
estaba con él; we stayed ~ friends nos
hospedamos en casa de unos amigos;
I'm (not) ~ you (understand) (no) te entiendo; to be ~ it (col: person: up-to-
date) estar al tanto; (: alert) ser despabilado
2 (descriptive, indicating manner etc)
con; de; a room ~ a view una habitación
con vistas; the man ~ the grey hat/blue
eyes el hombre del sombrero gris/de los
ojos azules; red ~ anger rojo/a de ira; to
shake ~ fear temblar de miedo; to fill
sth ~ water llenar algo de agua.
withdraw [wɪθ'drɔː] (irg: like **draw**) vt
retirar, sacar // vi retirarse; (go back on
promise) retractarse; **to ~ money** (from
the bank) retirar fondos (del banco);
~al n retirada; **~n** a (person) reservado, introvertido.
wither ['wɪðə*] vi marchitarse.
withhold [wɪθ'həuld] (irg: like **hold**) vt
(money) retener; (decision) aplazar;
(permission) negar; (information) ocultar.
within [wɪð'ɪn] prep dentro de // ad dentro; ~ reach al alcance de la mano; ~
sight of a la vista de; ~ the week antes
de acabar la semana.
without [wɪð'aut] prep sin.
withstand [wɪθ'stænd] (irg: like **stand**)
vt resistir a.
witness ['wɪtnɪs] n (person) testigo m/f;
(evidence) testimonio // vt (event) presenciar; (document) atestiguar la veracidad de; **~ box**, (US) **~ stand** n tribuna de los testigos.
witticism ['wɪtɪsɪzm] n occurencia.
witty ['wɪtɪ] a ingenioso.
wives [waɪvz] npl of **wife**.
wizard ['wɪzəd] n hechicero.

wk *abbr* = **week**.

wobble ['wɔbl] *vi* tambalearse; *(chair)* ser poco firme.

woe [wəu] *n* desgracia.

woke [wəuk], **woken** ['wəukən] *pt, pp of* **wake**.

wolf [wulf], *pl* **wolves** [wulvz] *n* lobo.

woman ['wumən], *pl* **women** ['wimin] *n* mujer *f*; ~ **doctor** *n* médica; **women's lib** *n* *(pej)* la liberación de la mujer; ~**ly** *a* femenino.

womb [wu:m] *n (ANAT)* matriz *f*, útero.

women ['wimin] *npl of* **woman**.

won [wʌn] *pt, pp of* **win**.

wonder ['wʌndə*] *n* maravilla, prodigio; *(feeling)* asombro // *vi*: **to ~ whether** preguntarse si; **to ~ at** asombrarse de; **to ~ about** pensar sobre *or* en; **it's no ~ that** no es de extrañarse que + *subjun*; ~**ful** *a* maravilloso; ~**fully** *ad* maravillosamente, estupendamente.

won't [wəunt] = **will not**.

woo [wu:] *vt (woman)* cortejar.

wood [wud] *n (timber)* madera; *(forest)* bosque *m*; ~ **alcohol** *n (US)* alcohol *m* desnaturalizado; ~ **carving** *n* tallado en madera; ~**ed** *a* arbolado; ~**en** *a* de madera; *(fig)* inexpresivo; ~**pecker** *n* pájaro carpintero; ~**wind** *n (MUS)* instrumentos *mpl* de viento de madera; ~**work** *n* carpintería; ~**worm** *n* carcoma.

wool [wul] *n* lana; **to pull the ~ over sb's eyes** *(fig)* dar a uno gato por liebre; ~**len**, *(US)* ~**en** *a* de lana; ~**lens** *npl* géneros *mpl* de lana; ~**ly**, *(US)* ~**y** *a* lanudo, de lana; *(fig: ideas)* confuso.

word [wə:d] *n* palabra; *(news)* noticia; *(promise)* palabra (de honor) // *vt* redactar; **in other ~s** en otras palabras; **to break/keep one's ~** faltar a la palabra/cumplir la promesa; ~**ing** *n* redacción *f*; ~ **processing** *n* proceso de textos; ~ **processor** *n* procesador *m* de palabras.

wore [wɔ:*] *pt of* **wear**.

work [wə:k] *n* trabajo; *(job)* empleo, trabajo; *(ART, LITERATURE)* obra // *vi* trabajar; *(mechanism)* funcionar, marchar; *(medicine)* ser eficaz, surtir efecto // *vt (shape)* trabajar; *(stone etc)* tallar; *(mine etc)* explotar; *(machine)* manejar, hacer funcionar; **to be out of ~** estar parado, no tener trabajo; ~**s** *n (Brit: factory)* fábrica // *npl (of clock, machine)* mecanismo *sg*; **to ~ loose** *vi (part)* desprenderse; *(knot)* aflojarse; **to ~ on** *vt fus* trabajar en, dedicarse a; *(principle)* basarse en; **to ~ out** *vi (plans etc)* salir bien, funcionar // *vt (problem)* resolver; *(plan)* elaborar; **it ~s out at £100** suma 100 libras; **to ~ up** *vt*: **to get ~ed up** excitarse; ~**able** *a (solution)* práctico, factible; **workaholic** *n* trabajador(a) obsesivo/a *m/f*; ~**er** *n* trabajador(a) *m/f*, obrero/a; ~**force** *n*

mano *f* de obra; ~**ing class** *n* clase *f* obrera; ~**ing-class** *a* obrero; ~**ing order** *n*: **in ~ing order** en funcionamiento; ~**man** *n* obrero; ~**manship** *n (art)* hechura, arte *m*; *(skill)* habilidad *f*, trabajo; ~**mate** *n* compañero/a de trabajo; ~**sheet** *n* hoja de trabajo; ~**shop** *n* taller *m*; ~ **station** *n* puesto *or* estación *f* de trabajo; ~**-to-rule** *n (Brit)* huelga de brazos caídos.

world [wə:ld] *n* mundo // *cpd (champion)* del mundo; *(power, war)* mundial; **to think the ~ of sb** *(fig)* tener un concepto muy alto de uno; ~**ly** *a* mundano; ~**wide** *a* mundial, universal.

worm [wə:m] *n* gusano; *(earth ~)* lombriz *f*.

worn [wɔ:n] *pp of* **wear** // *a* usado; ~**out** *a (object)* gastado; *(person)* rendido, agotado.

worried ['wʌrid] *a* preocupado.

worry ['wʌri] *n* preocupación *f* // *vt* preocupar, inquietar // *vi* preocuparse; ~**ing** *a* inquietante.

worse [wə:s] *a, ad* peor // *n* lo peor; **a change for the ~** un empeoramiento; ~**n** *vt, vi* empeorar; ~ **off** *a (fig)*: **you'll be ~ off this way** de esta forma estarás peor que nunca.

worship ['wə:ʃip] *n (organized ~)* culto; *(act)* adoración *f* // *vt* adorar; **Your W~** *(Brit: to mayor)* señor alcalde; *(: to judge)* señor juez.

worst [wə:st] *a* el/la peor // *ad* peor // *n* lo peor; **at ~** en lo peor de los casos.

worsted ['wustid] *n*: **(wool) ~** estambre *m*.

worth [wə:θ] *n* valor *m* // *a*: **to be ~** valer; **it's ~ it** vale *or* merece la pena; **to be ~ one's while (to do)** merecer la pena (hacer), valer la pena; ~**less** *a* sin valor; *(useless)* inútil; ~**while** *a (activity)* que merece la pena; *(cause)* loable.

worthy ['wə:ði] *a (person)* respetable; *(motive)* honesto; ~ **of** digno de.

would [wud] *auxiliary vb* **1** *(conditional tense)*: **if you asked him he ~ do it** si se lo pidieras, lo haría; **if you had asked him he ~ have done it** si se lo hubieras pedido, lo había *or* hubiera hecho **2** *(in offers, invitations, requests)*: ~ **you like a biscuit?** ¿quiere(s) una galleta?; *(formal)* ¿querría una galleta?; ~ **you ask him to come in?** ¿quiere(s) hacerle pasar?; ~ **you open the window please?** ¿quiere *or* podría abrir la ventana, por favor? **3** *(in indirect speech)*: **I said I ~ do it** dije que lo haría **4** *(emphatic)*: **it WOULD have to snow today!** ¡tenía que nevar precisamente hoy! **5** *(insistence)*: **she ~n't behave** no quiso comportarse bien **6** *(conjecture)*: **it ~ have been midnight** sería medianoche; **it ~ seem so** parece

ser que sí
7 (*indicating habit*): he ~ go there on Mondays iba allí los lunes.
would-be ['wudbiː] *a* (*pej*) presunto.
wouldn't ['wudnt] = **would not**.
wound [waund] *pt, pp of* **wind** // *n* [wuːnd] herida // *vt* herir.
wove [wəuv], **woven** ['wəuvən] *pt, pp of* **weave**.
wrangle ['ræŋgl] *n* riña // *vi* reñir.
wrap [ræp] *n* (*stole*) chal *m* // *vt* (*also*: ~ **up**) envolver; **~per** *n* (*Brit*: *of book*) sobrecubierta; **~ping paper** *n* papel *m* de envolver.
wrath [rɔθ] *n* cólera.
wreak [riːk] *vt*: to ~ **havoc** (**on**) hacer estragos (en); to ~ **vengeance** (**on**) vengarse (de).
wreath [riːθ], *pl* **~s** [riːðz] *n* (*funeral* ~) corona; (*of flowers*) guirnalda.
wreck [rɛk] *n* (*ship*: *destruction*) naufragio; (: *remains*) restos *mpl* del barco; (*pej*: *person*) ruina // *vt* (*ship*) hundir; (*fig*) arruinar; **~age** *n* (*remains*) restos *mpl*; (*of building*) escombros *mpl*.
wren [rɛn] *n* (*ZOOL*) reyezuelo.
wrench [rɛntʃ] *n* (*TECH*) llave *f* inglesa; (*tug*) tirón *m* // *vt* arrancar; to ~ **sth from sb** arrebatar algo violentamente a uno.
wrestle ['rɛsl] *vi*: to ~ (**with sb**) luchar (con *o* contra uno); **~r** *n* luchador(a) *m/f* (de lucha libre); **wrestling** *n* lucha libre.
wretched ['rɛtʃid] *a* miserable.
wriggle ['rɪgl] *vi* serpentear.
wring [rɪŋ], *pt, pp* **wrung** *vt* torcer, retorcer; (*wet clothes*) escurrir; (*fig*): to ~ **sth out of sb** sacar algo por la fuerza a uno.
wrinkle ['rɪŋkl] *n* arruga // *vt* arrugar // *vi* arrugarse.
wrist [rɪst] *n* muñeca; ~ **watch** *n* reloj *m* de pulsera.
writ [rɪt] *n* mandato judicial.
write [raɪt], *pt* **wrote**, *pp* **written** *vt, vi* escribir; to ~ **down** *vt* escribir; (*note*) apuntar; to ~ **off** *vt* (*debt*) borrar (como incobrable); (*fig*) desechar por inútil; to ~ **out** *vt* escribir; to ~ **up** *vt* redactar; **~-off** *n* pérdida total; the car is a **~-off** el coche quedó para chatarra; **~r** *n* escritor(a) *m/f*.
writhe [raɪð] *vi* retorcerse.
writing ['raɪtɪŋ] *n* escritura; (*hand-*~) letra; (*of author*) obras *fpl*; in ~ por escrito; ~ **paper** *n* papel *m* de escribir.
written ['rɪtn] *pp of* **write**.
wrong [rɔŋ] *a* (*wicked*) malo; (*unfair*) injusto; (*incorrect*) incorrecto; (*not suitable*) inoportuno, inconveniente // *ad* mal; equivocadamente // *n* mal *m*; (*injustice*) injusticia // *vt* ser injusto con; (*hurt*) agraviar; you are ~ to do it haces mal en hacerlo; you are ~

about that, you've got it ~ en eso estás equivocado; to be in the ~ no tener razón, tener la culpa; what's ~? ¿qué pasa?; to go ~ (*person*) equivocarse; (*plan*) salir mal; (*machine*) estropearse; **~ful** *a* injusto; **~ly** *ad* injustamente.
wrote [rəut] *pt of* **write**.
wrought [rɔːt] *a*: ~ **iron** hierro forjado.
wrung [rʌŋ] *pt, pp of* **wring**.
wry [raɪ] *a* irónico.
wt. *abbr* = **weight**.

X

Xmas ['ɛksməs] *n abbr* = **Christmas**.
X-ray [ɛks'reɪ] *n* radiografía; **~s** *npl* rayos *mpl* X.
xylophone ['zaɪləfəun] *n* xilófono.

Y

yacht [jɔt] *n* yate *m*; **~ing** *n* (*sport*) balandrismo; **~sman/woman** *n* balandrista *m/f*.
Yank [jæŋk], **Yankee** ['jæŋkɪ] *n* (*pej*) yanqui *m/f*.
yap [jæp] *vi* (*dog*) aullar.
yard [jɑːd] *n* patio; (*measure*) yarda; **~stick** *n* (*fig*) criterio, norma.
yarn [jɑːn] *n* hilo; (*tale*) cuento, historia.
yawn [jɔːn] *n* bostezo // *vi* bostezar; **~ing** *a* (*gap*) muy abierto.
yd(s). *abbr* = **yard(s)**.
yeah [jɛə] *ad* (*col*) sí.
year [jɪə*] *n* año; to be 8 **~s** old tener 8 años; an **eight-~-old child** un niño de ocho años (de edad); **~ly** *a* anual // *ad* anualmente, cada año.
yearn [jɔːn] *vi*: to ~ **for sth** añorar algo, suspirar por algo; **~ing** *n* ansia, añoranza.
yeast [jiːst] *n* levadura.
yell [jɛl] *n* grito, alarido // *vi* gritar.
yellow ['jɛləu] *a, n* amarillo.
yelp [jɛlp] *n* aullido // *vi* aullar.
yeoman ['jəumən] *n*: **Y~ of the Guard** alabardero de la Casa Real.
yes [jɛs] *ad, n* sí *m*; to say/answer ~ decir/contestar que sí.
yesterday ['jɛstədɪ] *ad, n* ayer *m*; ~ **morning/evening** ayer por la mañana/tarde; **all day** ~ todo el día de ayer.
yet [jɛt] *ad* todavía // *conj* sin embargo, a pesar de todo; it is **not finished** ~ todavía no está acabado; **the best** ~ el/la mejor hasta ahora; **as** ~ hasta ahora, todavía.
yew [juː] *n* tejo.
yield [jiːld] *n* producción *f*; (*AGR*) cosecha; (*COMM*) rendimiento // *vt* producir, dar; (*profit*) rendir // *vi* rendirse, ceder; (*US AUT*) ceder el paso.
YMCA *n abbr* (= *Young Men's Christian*

Association) Asociación *f* de Jóvenes Cristianos.

yoga ['jəʊgə] *n* yoga *m*.

yog(h)ourt, yog(h)urt ['jəʊgət] *n* yogur *m*.

yoke [jəʊk] *n* yugo.

yolk [jəʊk] *n* yema (de huevo).

yonder ['jɒndə*] *ad* allá (a lo lejos).

you [juː] *pron* **1** (*subject: familiar*) tú, *pl* vosotros/as (*Sp*), ustedes (*LAm*); (*polite*) usted, *pl* ustedes; ~ **are very kind** eres/es *etc* muy amable; ~ **French enjoy your food** a vosotros (*or* ustedes) los franceses os (*or* les) gusta la comida; ~ **and I will go** iremos tú y yo **2** (*object: direct: familiar*) te, *pl* os (*Sp*), les ((*LAm*); (*polite*) le, *pl* les, *f* la, *pl* las; **I know** ~ te/le *etc* conozco **3** (*object: indirect: familiar*) te, *pl* os (*Sp*), les (*LAm*); (*polite*) le, *pl* les; **I gave the letter to** ~ **yesterday** te/os *etc* di la carta ayer **4** (*stressed*): **I told YOU to do it** te dije a ti que lo hicieras, es a ti a quien dije que lo hicieras; *see also* **3, 5** **5** (*after prep: NB*: con + ti = contigo: *familiar*) ti, *pl* vosotros/as (*Sp*), ustedes (*LAm*); (: *polite*) usted, *pl* ustedes; **it's for** ~ es para ti/vosotros *etc*. **6** (*comparisons: familiar*) tú, *pl* vosotros/as (*Sp*), ustedes (*LAm*); (: *polite*) usted, *pl* ustedes; **she's younger than** ~ es más joven que tú/vosotros *etc* **7** (*impersonal: one*): **fresh air does** ~ **good** el aire puro (te) hace bien; ~ **never know** nunca se sabe; ~ **can't do that!** ¡eso no se hace!

you'd [juːd] = **you had, you would.**

you'll [juːl] = **you will, you shall.**

young [jʌŋ] *a* joven // *npl* (*of animal*) cría *sg*; (*people*): **the** ~ los jóvenes, la juventud *sg*; ~**er** *a* (*brother etc*) menor; ~**ster** *n* joven *m/f*.

your [jɔː*] = **you are.**

you're [jʊə*] = **you are.**

yours [jɔːz] *pron* tuyo; (: *pl*) vuestro; (*formal*) suyo; *see also* **faithfully, mine, sincerely.**

yourself [jɔːˈsɛlf] *pron* (*reflexive*) tú

mismo; (*complement*) te; (*after prep*) tí (mismo); (*formal*) usted mismo; (: *complement*) se; (: *after prep*) sí (mismo); **yourselves** *pl pron* vosotros mismos; (*after prep*) vosotros (mismos); (*formal*) ustedes (mismos); (: *complement*) se; (: *after prep*) sí mismos; *see also* **oneself.**

youth [juːθ] *n* juventud *f*; (*young man*: *pl* ~**s** [juːðz]) joven *m*; ~ **club** *n* club *m* juvenil; ~**ful** *a* juvenil; ~ **hostel** *n* albergue *m* de juventud.

you've [juːv] = **you have.**

YTS *n abbr* (*Brit*: = *Youth Training Scheme*) plan de inserción profesional juvenil.

Yugoslav ['juːgəʊslɑːv] *a*, *n* yugo(e)slavo/a *m/f*.

Yugoslavia [juːgəʊˈslɑːvɪə] *n* Yugoslavia.

yuppie ['jʌpɪ] (*col*) *a*, *n* yuppie *m/f*.

YWCA *n abbr* (= *Young Women's Christian Association*) Asociación *f* de Jóvenes Cristianas.

Z

zany ['zeɪnɪ] *a* estrafalario.

zap [zæp] *vt* (*COMPUT*) borrar.

zeal [ziːl] *n* celo, entusiasmo.

zebra ['ziːbrə] *n* cebra; ~ **crossing** *n* (*Brit*) paso de peatones.

zenith ['zɛnɪθ] *n* cénit *m*.

zero ['zɪərəʊ] *n* cero.

zest [zɛst] *n* ánimo, vivacidad *f*.

zigzag ['zɪgzæg] *n* zigzag *m*.

zinc [zɪŋk] *n* cinc *m*, zinc *m*.

zip [zɪp] *n* (*also*: ~ **fastener**, (*US*) ~**per**) cremallera, cierre *m* (*LAm*) // *vt* (*also*: ~ **up**) cerrar la cremallera de; ~ **code** *n* (*US*) código postal.

zodiac ['zəʊdɪæk] *n* zodíaco.

zone [zəʊn] *n* zona.

zoo [zuː] *n* (jardín *m*) zoológico.

zoologist [zuːˈɒlədʒɪst] *n* zoólogo/a.

zoology [zuːˈɒlədʒɪ] *n* zoología.

zoom [zuːm] *vi*: **to** ~ **past** pasar zumbando; ~ **lens** *n* zoom *m*.

zucchini [zuːˈkiːnɪ] *n(pl)* (*US*) calabacín(ines) *m(pl)*.

SPANISH VERBS

1 Gerund *2* Imperative *3* Present *4* Preterite *5* Future *6* Present subjunctive *7* Imperfect subjunctive *8* Past participle *9* Imperfect. *Etc* indicates that the irregular root is used for all persons of the tense, e.g. o*ir 6* oiga *etc* = oigas, oigamos, oigáis, oigan. Forms which consist of the unmodified verb root + verb ending are not shown, e.g. acertamos, acertáis.

acertar *2* acierta *3* acierto, aciertas, acierta, aciertan *6* acierte, aciertes, acierte, acierten

acordar *2* acuerda *3* acuerdo, acuerdas, acuerda, acuerdan *6* acuerde, acuerdes, acuerde, acuerden

advertir *1* advirtiendo *2* advierte *3* advierto, adviertes, advierte, advierten *4* advirtió, advirtieron *6* advierta, adviertas, advierta, advirtamos, advirtáis, adviertan *7* advirtiera *etc*

agradecer *3* agradezco *6* agradezca *etc*

aparecer *3* aparezco *6* aparezca *etc*

aprobar *2* aprueba *3* apruebo, apruebas, aprueba, aprueban *6* apruebe, apruebes, apruebe, aprueben

atravesar *2* atraviesa *3* atravieso, atraviesas, atraviesa, atraviesan *6* atraviese, atravieses, atraviese, atraviesen

caber *3* quepo *4* cupe, cupiste, cupo, cupimos, cupisteis, cupieron *5* cabré *etc 6* quepa *etc 7* cupiera *etc*

caer *1* cayendo *3* caigo *4* cayó, cayeron *6* caiga *etc 7* cayera *etc*

calentar *2* calienta *3* caliento, calientas, calienta, calientan *6* caliente, calientes, caliente, calienten

cerrar *2* cierra *3* cierro, cierras, cierra, cierran *6* cierre, cierres, cierre, cierren

COMER *1* comiendo *2* come, comed *3* como, comes, come comemos, coméis, comen *4* comí, comiste, comió, comimos, comisteis, comieron *5* comeré, comerás, comerá, comeremos, comeréis, comerán *6* coma, comas, coma, comamos, comáis, coman *7* comiera, comieras, comiera, comiéramos, comierais, comieran *8* comido *9* comía, comías, comía, comíamos comíais, comían

conocer *3* conozco *6* conozca *etc*

contar *2* cuenta *3* cuento, cuentas, cuenta, cuentan *6* cuente, cuentes, cuente, cuenten

costar *2* cuesta *3* cuesto, cuestas, cuesta, cuestan *6* cueste, cuestes, cueste, cuesten

dar *3* doy *4* di, diste, dio, dimos, disteis, dieron *7* diera *etc*

decir *2* di *3* digo *4* dije, dijiste, dijo, dijimos, dijisteis, dijeron *5* diré *etc 6* diga *etc 7* dijera *etc 8* dicho

despertar *2* despierta *3* despierto, despiertas, despierta, despiertan *6* despierte, despiertes, despierte, despierten

divertir *1* divirtiendo *2* divierte *3* divierto, diviertes, divierte, divierten *4* divirtió, divirtieron *6* divierta, diviertas, divierta, divirtamos, divirtáis, diviertan *7* divirtiera *etc*

dormir *1* durmiendo *2* duerme *3* duermo,

duermes, duerme, duermen *4* durmió, durmieron *6* duerma, duermas, duerma, durmamos, durmáis, duerman *7* durmiera *etc*

empezar *2* empieza *3* empiezo, empiezas, empieza, empiezan *4* empecé *6* empiece, empieces, empiece, empecemos, empecéis, empiecen

entender *2* entiende *3* entiendo, entiendes, entiende, entienden *6* entienda, entiendas, entienda, entiendan

ESTAR *2* está *3* estoy, estás, está, están *4* estuve, estuviste, estuvo, estuvimos, estuvisteis, estuvieron *6* esté, estés, esté, estén *7* estuviera *etc*

HABER *3* he, has, ha, hemos, han *4* hube, hubiste, hubo, hubimos, hubisteis, hubieron *5* habré *etc 6* haya *etc 7* hubiera *etc*

HABLAR *1* hablando *2* habla, hablad *3* hablo, hablas, habla, hablamos, habláis, hablan *4* hablé, hablaste, habló, hablamos, hablasteis, hablaron *5* hablaré, hablarás, hablará, hablaremos, hablaréis, hablarán *6* hable, hables, hable, hablemos, habléis, hablen *7* hablara, hablaras, hablara, habláramos, hablarais, hablaran *8* hablado *9* hablaba, hablabas, hablaba, hablábamos, hablabais, hablaban

hacer *2* haz *3* hago *4* hice, hiciste, hizo, hicimos, hicisteis, hicieron *5* haré *etc 6* haga *etc 7* hiciera *etc 8* hecho

instruir *1* instruyendo *2* instruye *3* instruyo, instruyes, instruye, instruyen *4* instruyó, instruyeron *6* instruya *etc 7* instruyera *etc*

ir *1* yendo *2* ve *3* voy, vas, va, vamos, vais, van *4* fui, fuiste, fue, fuimos, fuisteis, fueron *6* vaya, vayas, vaya, vayamos, vayáis, vayan *7* fuera *etc 8* iba, ibas, iba, íbamos, ibais, iban

jugar *2* juega *3* juego, juegas, juega, juegan *4* jugué *6* juegue *etc*

leer *1* leyendo *4* leyó, leyeron *7* leyera *etc*

morir *1* muriendo *2* muere *3* muero, mueres, muere, mueren *4* murió, murieron *6* muera, mueras, muera, muramos, muráis, mueran *7* muriera *etc 8* muerto

mostrar *2* muestra *3* muestro, muestras, muestra, muestran *6* muestre, muestres, muestre, muestren

mover *2* mueve *3* muevo, mueves, mueve, mueven *6* mueva, muevas, mueva, muevan

negar *2* niega *3* niego, niegas, niega, niegan *4* negué *6* niegue, niegues, niegue, neguemos, neguéis, nieguen

ofrecer *3* ofrezco *6* ofrezca *etc*

oír *1* oyendo *2* oye *3* oigo, oyes, oye, oyen *4* oyó, oyeron *6* oiga *etc 7* oyera *etc*

oler *2* huele *3* huelo, hueles, huele, huelen *6*

huela, huelas, huela, huelan

parecer *3* parezco *6* parezca *etc*

pedir *1* pidiendo *2* pide *3* pido, pides, pide, piden *4* pidió, pidieron *6* pida *etc 7* pidiera *etc*

pensar *2* piensa *3* pienso, piensas, piensa, piensan *6* piense, pienses, piense, piensen

perder *2* pierde *3* pierdo, pierdes, pierde, pierden *6* pierda, pierdas, pierda, pierdan

poder *1* pudiendo *2* puede *3* puedo, puedes, puede, pueden *4* pude, pudiste, pudo, pudimos, pudisteis, pudieron *5* podré *etc 6* pueda, puedas, pueda, puedan *7* pudiera *etc*

poner *2* pon *3* pongo *4* puse, pusiste, puso, pusimos, pusisteis, pusieron *5* pondré *etc 6* ponga *etc 7* pusiera *etc 8* puesto

preferir *1* prefiriendo *2* prefiere *3* prefiero, prefieres, prefiere, prefieren *4* prefirió, prefirieron *6* prefiera, prefieras, prefiera, prefiramos, prefiráis, prefieran *7* prefiriera *etc*

querer *2* quiere *3* quiero, quieres, quiere, quieren *4* quise, quisiste, quiso, quisimos, quisisteis, quisieron *5* querré *etc 6* quiera, quieras, quiera, quieran *7* quisiera *etc*

reír *2* ríe *3* río, ríes, ríe, ríen *4* rio, rieron *6* ría, rías, ría, riamos, riáis, rían *7* riera *etc*

repetir *1* repitiendo *2* repite *3* repito, repites, repite, repiten *4* repitió, repitieron *6* repita *etc 7* repitiera *etc*

rogar *2* ruega *3* ruego, ruegas, ruega, ruegan *4* rogué *6* ruegue, ruegues, ruegue, roguemos, roguéis, rueguen

saber *3* sé *4* supe, supiste, supo, supimos, supisteis, supieron *5* sabré *etc 6* sepa *etc 7* supiera *etc*

salir *2* sal *3* salgo *5* saldré *etc 6* salga *etc*

seguir *1* siguiendo *2* sigue *3* sigo, sigues, sigue, siguen *4* siguió, siguieron *6* siga *etc 7* siguiera *etc*

sentar *2* sienta *3* siento, sientas, sienta, sien-

tan *6* siente, sientes, siente, sienten

sentir *1* sintiendo *2* siente *3* siento, sientes, siente, sienten *4* sintió, sintieron *6* sienta, sientas, sienta, sintamos, sintáis, sientan *7* sintiera *etc*

SER *2* sé *3* soy, eres, es, somos, sois, son *4* fui, fuiste, fue, fuimos, fuisteis, fueron *6* sea *etc 7* fuera *etc 9* era, eras, era, éramos, erais, eran

servir *1* sirviendo *2* sirve *3* sirvo, sirves, sirve, sirven *4* sirvió, sirvieron *6* sirva *etc 7* sirviera *etc*

soñar *2* sueña *3* sueño, sueñas, sueña, sueñan *6* sueñe, sueñes, sueñe, sueñen

tener *2* ten *3* tengo, tienes, tiene, tienen *4* tuve, tuviste, tuvo, tuvimos, tuvisteis, tuvieron *5* tendré *etc 6* tenga *etc 7* tuviera *etc*

traer *1* trayendo *3* traigo *4* traje, trajiste, trajo, trajimos, trajisteis, trajeron *6* traiga *etc 7* trajera *etc*

valer *2* val *3* valgo *5* valdré *etc 6* valga *etc*

venir *2* ven *3* vengo, vienes, viene, vienen *4* vine, viniste, vino, vinimos, vinisteis, vinieron *5* vendré *etc 6* venga *etc 7* viniera *etc*

ver *3* veo *6* vea *etc 8* visto *9* veía *etc*

vestir *1* vistiendo *2* viste *3* visto, vistes, viste, visten *4* vistió, vistieron *6* vista *etc 7* vistiera *etc*

VIVIR *1* viviendo *2* vive, vivid *3* vivo, vives, vive, vivimos, vivís, viven *4* viví, viviste, vivió, vivimos, vivisteis, vivieron *5* viviré, vivirás, vivirá, viviremos, viviréis, vivirán *6* viva, vivas, viva, vivamos, viváis, vivan *7* viviera, vivieras, viviera, viviéramos, vivierais, vivieran *8* vivido *9* vivía, vivías, vivía, vivíamos, vivíais, vivían

volver *2* vuelve *3* vuelvo, vuelves, vuelve, vuelven *6* vuelva, vuelvas, vuelva, vuelvan *8* vuelto

VERBOS IRREGULARES EN INGLÉS

present	pt	pp	present	pt	pp
arise	arose	arisen	fly (flies)	flew	flown
awake	awoke	awaked	forbid	forbade	forbidden
be (am, is,	was, were	been	forecast	forecast	forecast
are;			forego	forewent	foregone
being)			foresee	foresaw	foreseen
bear	bore	born(e)	foretell	foretold	foretold
beat	beat	beaten	forget	forgot	forgotten
become	became	become	forgive	forgave	forgiven
begin	began	begun	forsake	forsook	forsaken
behold	beheld	beheld	freeze	froze	frozen
bend	bent	bent	get	got	got, (US)
beset	beset	beset			gotten
bet	bet, betted	bet, betted			
bid	bid, bade	bid, bidden	give	gave	given
bind	bound	bound	go (goes)	went	gone
bite	bit	bitten	grind	ground	ground
bleed	bled	bled	grow	grew	grown
blow	blew	blown	hang	hung,	hung,
break	broke	broken		hanged	hanged
breed	bred	bred	have (has;	had	had
bring	brought	brought	having)		
build	built	built	hear	heard	heard
burn	burnt,	burnt,	hide	hid	hidden
	burned	burned	hit	hit	hit
burst	burst	burst	hold	held	held
buy	bought	bought	hurt	hurt	hurt
can	could	(been able)	keep	kept	kept
cast	cast	cast	kneel	knelt,	knelt,
catch	caught	caught		kneeled	kneeled
choose	chose	chosen	know	knew	known
cling	clung	clung	lay	laid	laid
come	came	come	lead	led	led
cost	cost	cost	lean	leant, leaned	leant, leaned
creep	crept	crept	leap	leapt, leaped	leapt, leaped
cut	cut	cut	learn	learnt,	learnt,
deal	dealt	dealt		learned	learned
dig	dug	dug	leave	left	left
do (3rd	did	done	lend	lent	lent
person;			let	let	let
he/she/it			lie (lying)	lay	lain
does)			light	lit, lighted	lit, lighted
			lose	lost	lost
draw	drew	drawn	make	made	made
dream	dreamed,	dreamed,	may	might	
	dreamt	dreamt	mean	meant	meant
drink	drank	drunk	meet	met	met
drive	drove	driven	mistake	mistook	mistaken
dwell	dwelt	dwelt	mow	mowed	mown,
eat	ate	eaten			mowed
fall	fell	fallen	must	(had to)	(had to)
feed	fed	fed	pay	paid	paid
feel	felt	felt	put	put	put
fight	fought	fought	quit	quit, quitted	quit, quitted
find	found	found	read	read	read
flee	fled	fled	rid	rid	rid
fling	flung	flung	ride	rode	ridden

223

present	pt	pp	present	pt	pp
ring	rang	rung	spoil	spoiled, spoilt	spoiled, spoilt
rise	rose	risen			
run	ran	run	spread	spread	spread
saw	sawed	sawn	spring	sprang	sprung
say	said	said	stand	stood	stood
see	saw	seen	steal	stole	stolen
seek	sought	sought	stick	stuck	stuck
sell	sold	sold	sting	stung	stung
send	sent	sent	stink	stank	stunk
set	set	set	stride	strode	stridden
shake	shook	shaken	strike	struck	struck, stricken
shall	should	—			
shear	sheared	shorn, sheared	strive	strove	striven
			swear	swore	sworn
shed	shed	shed	sweep	swept	swept
shine	shone	shone	swell	swelled	swollen, swelled
shoot	shot	shot			
show	showed	shown	swim	swam	swum
shrink	shrank	shrunk	swing	swung	swung
shut	shut	shut	take	took	taken
sing	sang	sung	teach	taught	taught
sink	sank	sunk	tear	tore	torn
sit	sat	sat	tell	told	told
slay	slew	slain	think	thought	thought
sleep	slept	slept	throw	threw	thrown
slide	slid	slid	thrust	thrust	thrust
sling	slung	slung	tread	trod	trodden
slit	slit	slit	wake	woke, waked	woken, waked
smell	smelt, smelled	smelt, smelled	waylay	waylaid	waylaid
			wear	wore	worn
sow	sowed	sown, sowed	weave	wove, weaved	woven, weaved
speak	spoke	spoken			
speed	sped, speeded	sped, speeded	wed	wedded, wed	wedded, wed
			weep	wept	wept
spell	spelt, spelled	spelt, spelled	win	won	won
			wind	wound	wound
spend	spent	spent	withdraw	withdrew	withdrawn
spill	spilt, spilled	spilt, spilled	withhold	withheld	withheld
spin	spun	spun	withstand	withstood	withstood
spit	spat	spat	wring	wrung	wrung
split	split	split	write	wrote	written

LOS NÚMEROS

NUMBERS

un, uno(a)	1	one
dos	2	two
tres	3	three
cuatro	4	four
cinco	5	five
seis	6	six
siete	7	seven
ocho	8	eight
nueve	9	nine
diez	10	ten
once	11	eleven
doce	12	twelve
trece	13	thirteen
catorce	14	fourteen
quince	15	fifteen
dieciséis	16	sixteen
diecisiete	17	seventeen
dieciocho	18	eighteen
diecinueve	19	nineteen
veinte	20	twenty
veintiuno	21	twenty-one
veintidós	22	twenty-two
treinta	30	thirty
treinta y uno(a)	31	thirty-one
treinta y dos	32	thirty-two
cuarenta	40	forty
cuarenta y uno(a)	41	forty-one
cincuenta	50	fifty
sesenta	60	sixty
setenta	70	seventy
ochenta	80	eighty
noventa	90	ninety
cien, ciento	100	a hundred, one hundred
ciento uno(a)	101	a hundred and one
doscientos(as)	200	two hundred
doscientos(as) uno(a)	201	two hundred and one
trescientos(as)	300	three hundred
trescientos(as) uno(a)	301	three hundred and one
cuatrocientos(as)	400	four hundred
quinientos(as)	500	five hundred
seiscientos(as)	600	six hundred
setecientos(as)	700	seven hundred
ochocientos(as)	800	eight hundred
novecientos(as)	900	nine hundred
mil	1 000	a thousand
mil dos	1 002	a thousand and two
cinco mil	5 000	five thousand
un millón	1 000 000	a million

LOS NÚMEROS

primer, primero(a), 1º, 1er (1ª, 1^{era})
segundo(a) 2º (2ª)
tercer, tercero(a), 3º (3ª)
cuarto(a), 4º (4ª)
quinto(a), 5º (5ª)
sexto(a), 6º (6ª)
séptimo(a)
octavo(a)
noveno(a)
décimo(a)
undécimo(a)
duodécimo(a)
decimotercio(a)
decimocuarto(a)
decimoquinto(a)
decimosexto(a)
decimoséptimo(a)
decimoctavo(a)
decimonoveno(a)
vigésimo(a)
vigésimo(a) primero(a)
vigésimo(a) segundo(a)
trigésimo(a)
centésimo(a)
centésimo(a) primero(a)
milésimo(a)

NUMBERS

first, 1st
second, 2nd
third, 3rd
fourth, 4th
fifth, 5th
sixth, 6th
seventh
eighth
ninth
tenth
eleventh
twelfth
thirteenth
fourteenth
fifteenth
sixteenth
seventeenth
eighteenth
nineteenth
twentieth
twenty-first
twenty-second
thirtieth
hundredth
hundred-and-first
thousandth

Números Quebrados etc

un medio
un tercio
dos tercios
un cuarto
un quinto
cero coma cinco, 0,5
tres coma cuatro, 3,4
diez por cien(to)
cien por cien

Fractions etc

a half
a third
two thirds
a quarter
a fifth
(nought) point five, 0.5
three point four, 3.4
ten per cent
a hundred per cent

Ejemplos

va a llegar el 7 (de mayo)
vive en el número 7
el capítulo/la página 7
llegó séptimo

Examples

he's arriving on the 7th (of May)
he lives at number 7
chapter/page 7
he came in 7th

N.B. In Spanish the ordinal numbers from 1 to 10 are commonly used; from 11 to 20 rather less; above 21 they are rarely written and almost never heard in speech. The custom is to replace the forms for 21 and above by the cardinal number.

LA HORA

THE TIME

¿qué hora es?

what time is it?

es/son

it's o it is

medianoche, las doce (de la noche)	midnight, twelve p.m.
la una (de la madrugada)	one o'clock (in the morning), one (a.m.)
la una y cinco	five past one
la una y diez	ten past one
la una y cuarto *or* quince	a quarter past one, one fifteen
la una y veinticinco	twenty-five past one, one twenty-five
la una y media *or* treinta	half-past one, one thirty
las dos menos veinticinco, la una treinta y cinco	twenty-five to two, one thirty-five
las dos menos veinte, la una cuarenta	twenty to two, one forty
las dos menos cuarto, la una cuarenta y cinco	a quarter to two, one forty-five
las dos menos diez, la una cincuenta	ten to two, one fifty
mediodía, las doce (de la tarde)	twelve o'clock, midday, noon
la una (de la tarde)	one o'clock (in the afternoon), one (p.m.)
las siete (de la tarde)	seven o'clock (in the evening), seven (p.m.)

¿a qué hora?

(at) what time?

a medianoche	at midnight
a las siete	at seven o'clock
en veinte minutos	in twenty minutes
hace quince minutos	fifteen minutes ago

Esta obra se terminó de imprimir
en junio de 1998, en
Compañía Editorial Ultra, S.A. de C.V.
Centeno 162, Col. Granjas Esmeralda
México, D.F.

La edición consta de 80,000 ejemplares

Hermana política

Hermana cuñado

Also = también

exquisito

está bien

page 166
_____

for snork. underwater camera

also blow dryer

- tiny ziplox for money when
snork